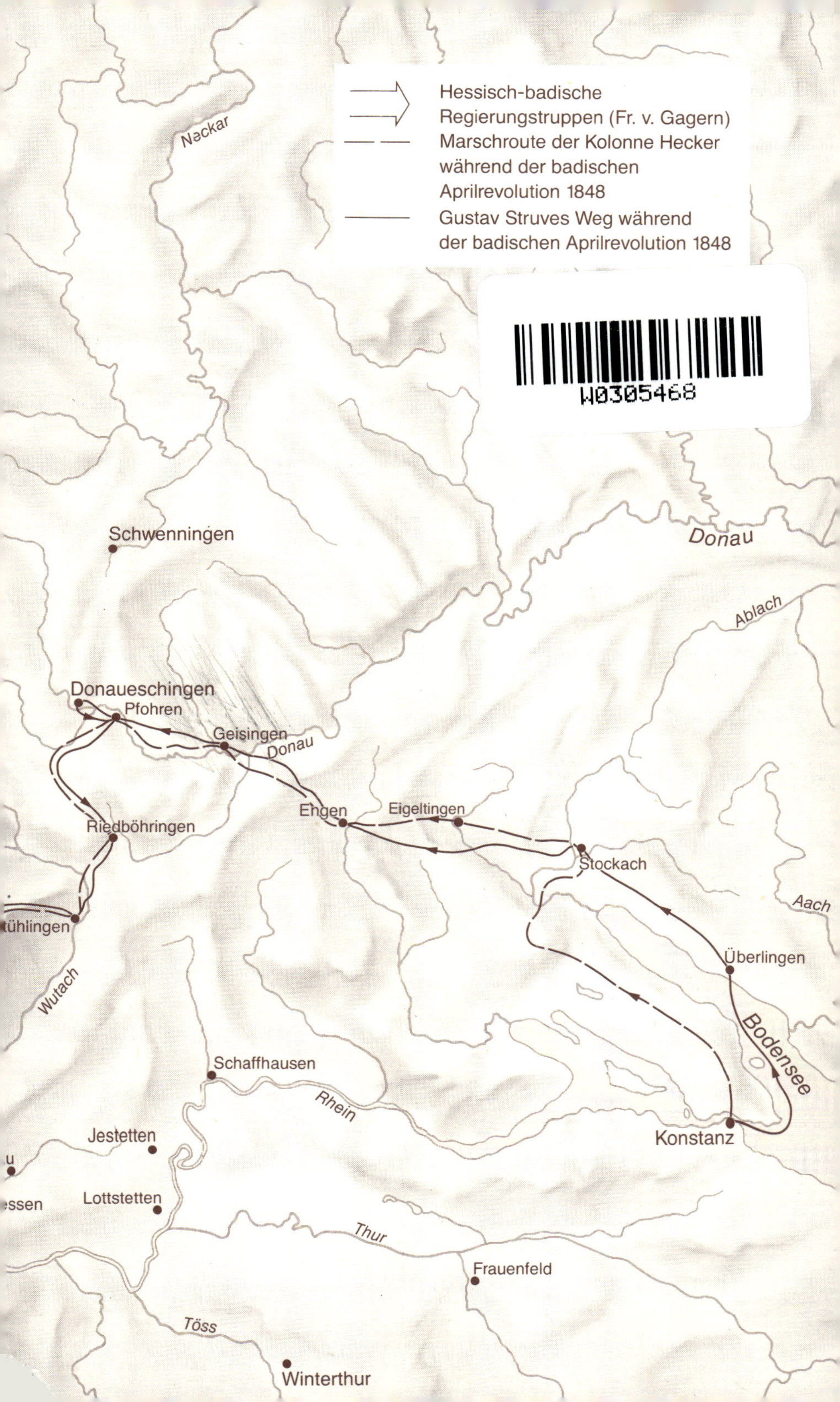
Hessisch-badische
Regierungstruppen (Fr. v. Gagern)
Marschroute der Kolonne Hecker
während der badischen
Aprilrevolution 1848
Gustav Struves Weg während
der badischen Aprilrevolution 1848
Neckar
Donau
Schwenningen
Ablach
Donaueschingen
Pfohren
Geisingen
Donau
Engen
Eigeltingen
Riedböhringen
Stockach
Aach
ühlingen
Überlingen
Wutach
Bodensee
Schaffhausen
Rhein
Konstanz
Jestetten
Lottstetten
Thur
Frauenfeld
Töss
Winterthur

Michael Kunze

Der Freiheit eine Gasse

Michael Kunze

Der Freiheit eine Gasse

Traum und Leben eines deutschen Revolutionärs

verlegt bei Kindler

Umschlaggestaltung: Graupner & Partner, München
Satzarbeiten: Ventura Publisher im Verlag
Filmbelichtung: Appl, Wemding
Druck und Bindung: May & Co., Darmstadt
Printed in Germany
ISBN 3-463-40004-9

2 3 5 4 1

INHALT

Für Roswitha,
die mit mir aufbrach,
mich auf dem langen Weg begleitete
und am Ziel auf mich wartete.

ERSTES BUCH

INFEKTION

1

Im neunten Kreis der Hölle herrscht bittere Kälte. Bis zur Scham in die Eismassen des Cocytus eingefroren, büßen die Verräter ihre Verbrechen, nackt, heulend, blaulippig. Oft schritt ich im Traum durch jene Region, barfuß über höckrige Totenschädel schwankend, vorbei an dem unseligen Hungergrafen, der, im Eise steckend, den Nacken seines neben ihm festsitzenden Erzfeindes zerbeißt und benagt. Und ich sah die Treulosen in erstarrten Gruppen auf dem Rücken im Schnee liegen, die Hände flehentlich erhoben, die Gesichter verzerrt. Aus ihren vereisten Augenhöhlen rinnen Tränen, die zu gezackten Kristallen frieren.

Diese Bilder aus Dantes *Commedía* sind mir vertraut wie eigene Erinnerungen. Unzählige Male habe ich die Verse, die sie beschwören, gelesen; immer, wenn ich verzweifelt war. Ich finde Trost in ihnen, weil all der Schrecken nur das Vorspiel der Erlösung ist. Das macht die letzten Gesänge des *Inferno* so wunderbar. Dante ist seinem Führer Vergil in die tiefste Tiefe des Höllenschlundes hinabgefolgt, Ring um Ring den enger werdenden Krater hinuntergestiegen. Die beiden befinden sich ganz unten, an der engsten Stelle des Trichters, und es scheint ausgeschlossen, daß sie je wieder herauskommen. Doch statt umzukehren, ruft Vergil etwas wie *Nur zu, die Fahne flattert uns voran!* So steigen die beiden noch tiefer, und unterm gläsernen Eis des Kratersees stehen sie vor dem Riesenschädel Luzifers. Er hat drei Gesichter, deren Kiefer nach Wiederkäuerart mahlen, denn unentwegt zermalmt Luzifer in seinen Mäulern die drei Erzverräter Brutus, Cassius und Judas. Vergil drängt den Dichter weiter. Die beiden drücken sich vorbei an den riesigen Fratzen und klettern den Hals des Ungeheuers hinunter. Sich an dem eisverkrusteten Zottelhaar festhaltend, hangeln sie sich abwärts.

Und plötzlich kippt die Welt.

Das ist die aufregendste Stelle. Dante hat Luzifers Hüftknochen passiert, da hört er Vergil unter sich keuchen. Er blickt nach unten und sieht seinen Begleiter am Oberschenkel des Teufels hängen. An ein Haarbüschel geklammert, dreht er sich um die eigene Achse und kriecht nun kopfüber weiter hinab. Hinab? Nein, hinauf! Alles hat sich gewendet, das Unterste ist zuoberst, oben und unten sind vertauscht. Dante sieht plötzlich alles anders. Luzifer steckt mit dem Kopf nach unten in einer Höhle, und an seinem Körper entlang geht es aufwärts, Vergil nach, immer höher. Dann sieht der Dichter dämmriges Licht über sich, Sternenglanz. Der Leser stutzt und versteht, daß die beiden auf ihrem Weg durch die Hölle den Mittelpunkt der Erde durchquert haben und zur anderen Seite der Welt, *nel chiaro mondo,* gelangt sind.

Schon als junger Mann vermutete ich eine tiefe Wahrheit hinter dieser überraschenden Wendung. Und heute, als Mann von fast fünfundsechzig Jahren, habe ich das Gefühl, ein Leben lang durch den neunten Kreis der Hölle gegangen zu sein. Mein Weg führte abwärts, keine Frage; Eiseskälte war um mich und Verrat. Doch irgendwann, ich glaube daran, wird sich das Unten nach oben kehren. Die lichte Seite der Welt liegt noch vor uns.

Mein Name ist Gustav Struve. Ich bin ein deutscher Demokrat und habe mich an der Revolution von 1848 maßgeblich beteiligt. Mit erhobener Faust rief ich zum Widerstand auf, unter der Fahne der Freiheit stand ich auf der Barrikade, mit geschultertem Gewehr zog ich an der Spitze republikanischer Freischaren über die Höhen des Schwarzwaldes. Ich wurde von Zehntausenden umjubelt und in Ketten durch gaffende Massen geführt. Man hat mich geliebt und verraten, gefeiert und geschmäht. Mehrmals entkam ich nur um Haaresbreite dem Tod. Ich mußte über den Ozean ins Exil und habe, mit den Worten Dante Alighieris gesagt, erfahren, wie salzig fremdes Brot schmeckt und wie hart es ist, fremde Treppen auf- und abzusteigen. Doch

meinen Idealen blieb ich treu. Im amerikanischen Bürgerkrieg kämpfte ich gegen die Sklavenhalter. Nun bin ich zurückgekehrt nach Europa, alt und müde, aber nicht entmutigt. Immer noch gehöre ich zum kleinen Häufchen derer, die am Traum einer sozialen Bundesrepublik Deutschland festhalten.
Hätte ich, wie so viele, nur geredet von Freiheit und Gerechtigkeit, mein Leben wäre ruhiger und glanzvoller verlaufen. Aber, um mit Jean-Jacques Rousseau zu sprechen, um ganz man selbst zu sein, muß man so handeln, wie man redet. Ich habe immer so gehandelt, wie ich gedacht habe, getreu meinem Wahlspruch: Wort und Tat, Hand in Hand.
Nach vielen Nöten und Irrfahrten bin ich in Wien gestrandet, wo ich mit Vorträgen und journalistischen Arbeiten mich und meine kleine Familie recht und schlecht über Wasser halte. Manchmal bin ich den ewigen Kampf leid; dann würde ich mich am liebsten nur noch der Leitung des hiesigen Vegetariervereins widmen, dessen Vorsitzender ich bin. Aber die Vergangenheit läßt mich nicht los. In den letzten Tagen – heute ist Montag, der 25. Juli 1870 – habe ich in meinen alten Papieren und Notizbüchern geblättert und gelesen, obwohl ich einen Vortrag vorbereiten muß, der gar nichts mit meinen Erinnerungen zu tun hat. Dafür habe ich nun keinen Kopf mehr. Was mich ablenkt, ist ein Buch. Es wühlt auf, was zur Ruhe gekommen schien. Ich spreche von der kürzlich erschienenen Lebensbeschreibung des Karl Mathy.
Mathy war in den Jahren vor der Revolution einer meiner engsten Freunde. Als Journalist trat er frühzeitig für eine Demokratisierung der Verhältnisse ein, als Abgeordneter der badischen Zweiten Kammer hielt er scharfe Reden gegen die monarchische Regierung. Doch als im März 1848 der Sturm des Aufruhrs losbrach, bekam mein wortgewandter Freund Angst vor dem Geist, den er selbst beschworen hatte. Auf einmal beschimpfte er, der Volksvertreter, das Volk als Pöbel. Der allgemeine Ruf nach Freiheit und Gleichheit ging ihm plötzlich zu

weit. Weil er das bürgerliche Lager durch die aufbegehrende Masse der Kleinbauern, Handwerker und Arbeiter bedroht sah, schlug er sich auf die Seite der bedrängten Staatsmacht. Und um den Verrat vollkommen zu machen, sorgte er höchstpersönlich für die Verhaftung seines bisherigen Mitstreiters und alten Freundes Josef Fickler. Diese skrupellose Tat löste den ersten bewaffneten Aufstand in Baden aus, und Mathy und ich standen uns erstmals als Feinde gegenüber. Von da an verfolgte mich mein ehemaliger Freund mit dem Haß des Konvertiten. Als ich nach dem zweiten badischen Aufstand in Gefangenschaft geriet, intervenierte er persönlich, um meine sofortige Hinrichtung durchzusetzen. Und als im Mai 1849 in Baden die erste deutsche Republik ausgerufen wurde, war er es, der von Frankfurt aus die Preußen aufforderte, ihre Armee zu schicken und die *badische Freiheit* niederzukartätschen.
Jeder hat sein Leben selbst zu verantworten. Was mich anbetrifft, so habe ich meinen Frieden mit Karl Mathy gemacht. Vor drei Jahren starb er als hochgeehrter Minister a.D. und Direktor einer florierenden Großbank. *De mortuis nil nisi bene*, habe ich mir gedacht, als ich die Todesnachricht las. Vielleicht umstanden die Seelen seiner in Rastatt hingemordeten Landsleute sein Sterbebett. Wahrscheinlicher scheint mir, daß er sein Gewissen längst mit tausend guten Gründen reingewaschen hatte und diese Welt mit dem Gefühl verließ, seine Pflicht getan zu haben. Leute wie er berufen sich immer auf irgendwelche Pflichten. Es interessiert mich nicht mehr.
Aber daß man nun ausgerechnet Karl Mathy ein literarisches Denkmal errichten will, das geht zu weit. Vergessen und verzeihen ist eine Sache; eine andere ist es, die Verdrehung historischer Wahrheiten schweigend mit anzusehen. Ich fühle mich herausgefordert, wenn ein Mann zum Helden der Nation und zum Vorbild der Jugend erklärt wird, der die Freiheitsbewegung verraten und den Traum von einem menschlichen Deutschland dem preußischen Militarismus geopfert hat. Es empört mich,

wenn Feigheit als Mut, Halbherzigkeit als Entschiedenheit und Beschränktheit als Weitsicht gepriesen wird. Ich würde nichts sagen, handelte es sich bei dieser Biographie nur um eine obskure Parteischrift. Aber sie ist das neueste Werk von Gustav Freytag, der seit Jahren höchst erfolgreich die gebildeten Schichten mit farbenfrohen Beschreibungen aus der deutschen Vergangenheit versorgt. Auch die Mathy-Biographie wird gewiß zahlreiche Leser finden. Sie ist erhabener Lesestoff. In seinem Bemühen, eine Legende zu begründen, versteigt sich der Autor in biblische Höhen und befindet sich unversehens auf dem Berg Sinai, von dem aus er in Karl Mathy einen deutschen Moses erkennt. Er sei ein *Auserwählter* gewesen, erfahren wir, weil er *sein Volk in das Land der Verheißung*, nämlich in einen preußischen Bundesstaat, geführt habe.

Ginge es nur um das Andenken eines umstrittenen Mannes, gäbe es kein weiteres Wort zu verlieren. Wie gerne würde ich die kaum vernarbten Wunden der Vergangenheit unberührt lassen! Doch hinter der Glorifizierung des Verräters steckt mehr als irrende Verehrung. Es ist ja kein Zufall, daß dieses volltönende Hohelied auf Karl Mathy gerade jetzt erklingt. Preußen rüstet in diesen Tagen zum Krieg gegen Frankreich. Selbst hier in Wien fließen die Zeitungen über von deutschtümelndem Franzosenhaß. Ein Gebräu aus Leidenschaften vernebelt die Hirne. Überall ruft man zur Rettung des deutschen Vaterlandes auf, das doch längst verloren ist. Sind denn alle blind? Bismarck ist dabei, aus *Blut und Eisen* einen Militär- und Wirtschaftsblock zu schmieden, den er Deutsches Reich nennt. Großpreußen. Nur dem Aufgehen der deutschen Mittel- und Kleinstaaten in Preußen dient die Glut der Kriegsbegeisterung. Nicht um Rache an Frankreich geht es, nicht um die Auferstehung eines neuen römischen Kaiserreiches aus den Trümmern des alten, nicht um *Einigkeit und Recht und Freiheit.* Es geht um schiere Machtpolitik.

Für den Bau, der da im Entstehen ist, eignet sich Karl Mathy nun allerdings ganz gut als Säulenheiliger. Ein Mann der großen Worte, den Elenden ein Prediger, den Mächtigen ein Diener. Ein Verteidiger der Freiheit, jedenfalls der Freiheit des Geldes. Ein Hüter des Rechts, wenn auch nur des Rechts der Starken. Sozial auch, freilich nach Art eines Almosengebers, der Wohlanständigkeit von den Armen erwartet. Und vor allem ein Wahrer von Ruhe und Ordnung. Nichts war Karl Mathy verhaßter, nichts schien ihm gefährlicher als der *Anarchismus*. Denn sein Gott war der Staat, und zwar der bestehende. Ihm, dem Allmächtigen, war er treuer als den Menschen. Ihm, dem Sicheren, galt seine Zuversicht. Für Ruhe und Ordnung opferte er seine Träume, seine Gesinnung, seine Freunde: Er wollte, daß Deutschland groß, reich und mächtig werde. Alles andere war zweitrangig für ihn. Was für ein Vorbild für die Bürger des entstehenden Deutschen Reiches!

Nun muß nur noch vergessen gemacht werden, daß die Mehrheit der Deutschen 1848 ein ganz anderes Deutschland wollte. Schon sind Historiker vom Schlag eines Ludwig Häusser dabei, die Spuren der republikanischen Freiheitsbewegung aus den Geschichtsbüchern zu streichen. Ein *Europa der Nationen* paßt nicht mehr ins Konzept. Die Nachwelt soll glauben, seit den Befreiungskriegen hätten alle guten Deutschen Karl Mathys *Land der Verheißung* vor Augen gehabt, wenn sie von Deutschland sprachen: ein Land, in dem nicht Milch und Honig, sondern Blut und Eisen fließen.

Ein großer Betrug ist im Gange. Seine Opfer sind die deutschen Demokraten von 1848. Nachdem man uns die Gegenwart geraubt hat, macht man sich daran, uns auch noch die Vergangenheit zu stehlen. Wie viele meiner Freunde habe ich mich bisher mit dem Gedanken getröstet, daß die Geschichte uns eines Tages recht geben wird. Doch sicher scheint mir das nicht mehr. Auch das Urteil der Geschichte ist manipulierbar. Seit einiger Zeit verbiegt man die Tatsachen und läßt falsche Zeugen auftreten. Man entstellt die Ideen und Taten, verleumdet die

Personen und verzerrt das Andenken, um die ganze demokratische Bewegung des 19. Jahrhunderts irgendwann auf den Müllplatz der Geschichte zu werfen.
Dort wird man sie vergessen, die vielen tausend, denen Freiheit und Gerechtigkeit wichtiger waren als Ruhe und Ordnung. Die Familie und bürgerliche Stellung aufgegeben haben, um für eine bessere Zukunft zu kämpfen. Die nicht nur an sich und ihresgleichen dachten, sondern an ein menschenwürdigeres Leben für alle. Die der Mehrheit der Armen im Lande das gleiche Recht auf Wohlstand zusprachen wie der kleinen Minderheit des Großbürgertums. Die von einem Deutschland träumten, in dem kein Platz sein sollte für Haß, Gewalt und Ausbeutung. Die von Leuten wie Karl Mathy verraten und von preußischen Soldaten geschlagen, eingekerkert und erschossen wurden. Die in Scharen ihre Heimat verlassen mußten und jenseits des Ozeans elend zugrunde gingen. Auch die, die noch heute in Irrenhäusern dahindämmern oder in der Fremde stumpf und sprachlos geworden sind.
Die Gegenseite hat es für richtig befunden, Karl Mathy in den Zeugenstand der Geschichte zu zitieren; sie hat sein Leben als beispielhaft und sein Handeln als vorbildlich gepriesen. Unter Berufung auf das Prinzip des *audiatur et altera pars* melde auch ich mich zu Wort. Mit meiner ganzen Person will ich Zeugnis ablegen, denn mein Leben scheint mir nicht weniger exemplarisch zu sein wie das des Karl Mathy. Ob mein Weg oder der seine der richtige gewesen ist, überlasse ich getrost dem Urteil späterer Generationen.
Heute nacht träumte mir, ich sei aus hundertjährigem Todesschlaf aufgeweckt und in einen lichtdurchfluteten Gerichtssaal geführt worden. Eine riesige Menschenmenge füllte den Zuschauerraum. Auf der Zeugenbank sah ich Mathy sitzen, der mir mit spöttisch verzogenem Mund zu verstehen gab, ich käme zu spät. Er hatte seine Aussage bereits gemacht und die Geschworenen tief beeindruckt.

– Treten Sie vor, Zeuge, forderte mich die Stimme des Richters auf.

Ich wollte in den Zeugenstand, doch man führte mich zu einem Tisch, auf dem die Waage der Gerechtigkeit stand. Die rechte Waagschale hing tief nach unten, und ich sah, daß Gustav Freytags Buch über Karl Mathy darin lag.

– Was haben Sie dem entgegenzusetzen? hörte ich die Stimme fragen.

Ich durchsuchte mein Totenhemd in der Hoffnung, irgend etwas von Gewicht bei mir zu tragen. Doch ich fand nichts. Angstschweiß trat mir auf die Stirn. Im Hintergrund hörte ich Karl Mathy zuerst leise, dann immer lauter lachen. Nach und nach stimmten die Zuschauer in das Lachen mit ein, während ich weitersuchte und verzweifelter wurde und das Gelächter zunehmend schriller und böser ... Schweißgebadet wachte ich auf.

Gleich nach dem Aufstehen setzte ich mich an den Schreibtisch und begann, das Vortragsmanuskript beiseite legend, mit der Niederschrift dieser Zeilen. Inzwischen ist es später Vormittag. Das Fenster zum Innenhof steht offen, und ich höre von draußen die Stimmen spielender Kinder. Vor mir liegen Zeitungsausschnitte, Briefe, Dokumente und Aufzeichnungen. Gelegentlich werde ich auf das eine oder andere dieser Schriftstücke zurückgreifen. Ansonsten will ich die Bilder beschreiben, die aus den Tiefen meiner Erinnerung aufsteigen.

2

Ich wurde am 11. Oktober 1805 in München geboren, in eine bewegte, geschichtsträchtige Zeit hinein. Zwei Monate vor meiner Geburt war Österreich dem englisch-russischen Bündnis gegen Napoleon beigetreten. Frankreichs Truppen hatten sich daraufhin nach Südosten gewandt und überrollten in jenen Oktobertagen Bayern. Als Sekretär des russischen Gesandten durfte mein Vater den anrückenden Franzosen nicht in die Hände fallen, weshalb er München kurz vor meiner Geburt verließ. Meine Mutter war allein mit der Hebamme, als spätabends die Wehen einsetzten. In ihr kaum erleuchtetes Zimmer drangen bedrohliche Geräusche von den Straßen, dunkles Grollen und Dröhnen, helles Geknatter, eilige Schritte unterm Fenster, erschreckte Rufe, unverständliches Gebrüll. Beunruhigt fragte die Kreißende, was der Lärm zu bedeuten habe.

– Nichts, log die Hebamme. Ein Gewitter zieht auf. Der Sturm stößt die offenen Läden zu.

Aber es waren rollende Geschützwagen, marschierende Soldaten und Gewehrschüsse, die man hörte. Meine Mutter ahnte wohl, daß man ihr die Wahrheit verschwieg. Ihre Angst beschleunigte die Geburt, so daß ich überstürzt und aufgeregt auf die Welt kam. Ich wurde, wie es bei Dante im vierten Gesang des *Inferno* heißt,

> ... aufgeschreckt von einem Krachen
> wie schwerem Donner, und ich fuhr empor
> gleich Leuten, die im großen Schreck erwachen.

Genau zur Stunde meiner Geburt rückten die Franzosen in München ein, so daß ich behaupten kann, mit den Truppen der Revolution angekommen zu sein.

Meine Mutter war eine geborene Friederike Freifrau Hochstetter von Hohenstedt und stammte aus einer altschwäbischen Pastorenfamilie. Der Ruhm ihrer Vorfahren reicht bis in die Reformationszeit zurück. Ihr Vater war Reichsritter, worunter man sich keinen Hünen in schimmernder Rüstung vorstellen darf, denn Großvater Hochstetter war ein kleiner wohlbeleibter Mann mit roten Pausbacken, der eine Soutane trug. Wie seine Vorfahren war er evangelischer Geistlicher, allerdings einer der

angesehensten im Königreich Württemberg, Direktor des Kirchenrats, wenn ich nicht irre.
Wer weiß, vielleicht wäre auch aus mir ein passabler Pastor geworden. Vom Hochstetterschen Hang zum Wunderbaren habe ich mehr geerbt als vom Autoritätsglauben meines Vaters. Eine meiner vielen Tanten sagte einmal, als sie mir bei einem Besuch im Landhaus den Kopf tätschelte:
– Nein, Gustavchen, wie sehr du deiner Mutter ähnelst! Aus dir wird ein richtiger Hochstetter.
Darin irrte die gute Seele. Aber ein richtiger Struve bin ich auch nicht geworden, was schon mein Mangel an Familiensinn zeigt. Meinen beiden Töchtern bin ich ein liebender, aber miserabler Vater; von einer zahlreichen Kinderschar habe ich nie geträumt. Das ist ganz untypisch für einen Struve, von dem zumindest zehn Nachkommen erwartet werden.
Viginti-quattuor liberis librisque ediit obiit heißt es vom berühmtesten meiner Ahnen, dem Rechtslehrer Georg Adam Struve. Vierundzwanzig Bücher hat er verfaßt und ebenso viele Kinder gezeugt. Wenn ich an ihn denke, sehe ich einen schwarzgrauen Stich vor mir, der in der Stuttgarter Zeit im Herrenkabinett über dem Schreibschrank hing. Aus einem Oval blickte ein wohlgenährtes, matronenhaftes Gesicht, große dunkle Augen, umwallt von üppig quellender Lockenpracht. Als Kind pflegte ich dieses Bildnis mit großer Andacht zu betrachten. Im gestrichelten Untergrund des Ovals war am unteren Rand ein Schild ausgespart, das vorgab, eine kleine Steintafel zu sein, indem es zum Schein nach rechts unten einen schmalen Schattenrand warf. Darauf stand, wie mir Großvater Hochstetter, noch bevor ich selbst lesen konnte, erklärte, der Name des dicken Mannes mit der Frauenfrisur, dazu seine Titel: *Prof. in Jena, Hofrath und Cammerdirector in Weymar, President des Consistorii dass.* Darunter hatte jemand, vielleicht mein Vater, zwei Jahreszahlen geschrieben, *1619–1692,* eingerahmt von Klammern. Diese Zahlen kamen mir lange Zeit geheimnisvoll vor. Da ist er geboren, sagte

der Großvater und zeigte auf die erste Zahl, und da – der Finger wanderte hinter den waagrechten Strich – ist er gestorben. Ich nickte, als verstünde ich, doch dieses Erscheinen und Verschwinden kam mir merkwürdig vor. Der Lockenkopf war mir angenehm, doch ich nahm es ihm insgeheim übel, daß er nur auf Besuch gewesen war in unserem Haus. Eine Zeitlang hoffte ich, sein Gesicht unter den vielen Gästen zu entdecken, die zu uns kamen. Erst bei Großvaters Tod – da war ich schon zehn – ging mir der Sinn der eingeklammerten Zahlen auf. Damals malte ich eine Steintafel in das Schulheft, das mir als erstes Tagebuch diente, und schrieb darauf Großvaters Namen und, in Klammern, die Daten seines Kommens und Gehens.
Ehrfurcht vor der Vergangenheit hatte ich eigentlich nie. Dabei wurde bei uns in der Familie viel von der Verpflichtung gegenüber den Vorfahren gesprochen. *Vous êtes un von Struve*, höre ich meinen Vater sagen, *et c'est une obligation!* Ich wagte keine Widerrede – meinem Vater widersprach ich erst viel später –, doch ich konnte nicht einsehen, warum ich meinen Ahnen etwas schulden sollte. Was haben sie mit mir zu schaffen? Mein Urgroßvater Friedrich Gottlieb Struve war Professor der Rechte in Kiel, mehr weiß ich nicht von ihm. Und auch meinen Großvater väterlicherseits habe ich nie kennengelernt. Er kommt mir immer noch wie ein Fabelwesen vor, denn über ihn wurde zu Hause nur in feierlichem Ton geredet. Anton Sebastian von Struve verdankte die Familie Stellung und Ansehen. Er war – erst später konnte ich mir etwas darunter vorstellen – Holstein-Gottorpscher Gesandtschaftssekretär am Deutschen Reichstag und erhielt, als sein damaliger Herzog Peter den russischen Zarenthron bestieg, zu seiner holsteinischen auch noch eine russische Sekretärsstelle. Später, als die holsteinischen Lande im Tausch gegen Oldenburg und Delmenhorst an Dänemark fielen, trat mein Großvater ausschließlich in russische Dienste. Als Diplomat machte er eine glänzende Karriere, die in der Verleihung des erblichen Adels durch Katharina die Große gipfelte. Seine

Söhne – auch er hatte mehr als ein Dutzend Kinder – brachte er fast alle im russischen Staatsdienst unter, auch Vater. Daher der feierliche Ton. In der Familie galt Anton Sebastian von Struve als der verehrungswürdigste aller Vorfahren. Sein Porträt – kein düsterer Stich wie das des weißlockigen Bücher- und Kinderproduzenten Georg Adam, sondern ein Ölgemälde im niederländischen Stil – hing über dem Sofa im Salon. Manchmal stand ich mißtrauisch davor und sah dem Wunder-Großvater in die Augen. Sie gaben mir, anders als die des Ururgroßvaters im Herrenzimmer, keine Antwort.

Blutsverwandtschaft bedeutet nichts, wenn die Seelen nicht verwandt sind. Meine Ahnen sind Platon, Dante, Rousseau. Sie stehen mir näher als alle Struves. Und meinen Vater schließe ich dabei nicht aus. Über Johann Gustav von Struve, dessen Sohn ich bin, kann ich nicht sehr viel erzählen. Er war Jurist wie die meisten seiner Vorfahren und Diplomat wie sein Vater, nämlich kaiserlich-russischer Staatsrat und Geschäftsträger. Als hochgebildeter Mann aus jüngst geadelter Familie hielt er es für angemessen, sich im Umgang mit seinen Kindern ausschließlich der französischen Sprache zu bedienen. Das schuf eine Fremdheit, hinter der er sich vor uns verbarg. In meiner Erinnerung gleicht er mehr einer Statue als einem Wesen aus Fleisch und Blut. Er starb früh, zu früh für mich. Wahrscheinlich hätte er mich aber auch später nicht verstanden. Ich zweifle daran, daß er sich selbst verstand. Er kam mir immer unzufrieden vor. Vielleicht lag das an seiner norddeutschen Verschlossenheit – er war gebürtiger Kieler –, die in so auffallendem Kontrast zur schwäbischen Herzlichkeit meiner Mutter stand. Seine Unnahbarkeit erhöhte seine Gestalt ins drohend Imposante. Als Knabe war ich stolz auf diesen Vater; es gab eine Zeit, in der ich werden wollte wie er.

Meinem Herkommen nach war es jedenfalls nicht vorhersehbar, daß ein Aufrührer aus mir werden würde. Das ließe sich eher von Karl Mathy behaupten, der, anderthalb Jahre später als ich, an einem *rauhen Sturmtag des kommenden Frühlings* zur Welt kam, wie es sein Biograph Freytag berichtet. Mathys Vater, ein konvertierter Jesuit, war Gymnasiallehrer in Mannheim. Schon der Säugling, lese ich, verriet seine Bestimmung zu künftiger Größe. *Denn er bewies vom ersten Tage seinen Eigenwillen dadurch, daß er laut gegen die herkömmliche Nahrung aller Säuglinge ankämpfte: Und er mußte zuletzt nach dem Rate eines klugen Arztes wie ein Heldenkind der Sage durch zarte Brühe aus den Schenkeln geopferter Kälber ernährt werden.*

Mit Erbaulichem dieser Art kann ich nicht dienen. Eine Amme nährte mich, dieselbe, die ich später beim Stillen meines jüngsten Bruders beobachtete: eine rosige Bauernmagd mit fleischigen Oberarmen und schweren Brüsten. Vielleicht sog ich mit ihrer Milch das Vertrauen in die gesunde Kraft des Vierten Standes in mich ein. Die Erziehung des Menschen fängt mit seiner Geburt an, lehrt Rousseau: *In dem Augenblick, da er seine Amme erkennt, hat er schon viel begriffen.*

3

Im Frühjahr 1806 wurde Vater nach Stuttgart versetzt. Für meine Mutter war es eine Rückkehr ins Elternhaus, das nun auch mein Zuhause wurde. In dem herrschaftlichen Anwesen der Hochstetters war Platz genug für uns alle. Offiziell residierte Vater in der russischen Gesandtschaft nahe dem alten Schloß. Unser Lebensmittelpunkt war aber Großvaters Landhaus am Hang über der Stadt. Dort habe ich meine ersten Eindrücke empfangen, meine ersten Gedanken gedacht, die ersten Gefühle bewußt empfunden.

Es gibt keine dunklen Bilder aus dieser Zeit. Das Landhaus war mein Paradies, und noch heute kann ich in Gedanken jeden seiner Winkel durchwandern, sehe alle Einzelheiten vor mir: das barocke Eingangstor, auf dessen beiden Türmchen je ein kleiner Löwe kauerte; der Innenhof mit dem Ziehbrunnen in der Mitte; die Stallungen, in denen ich dem Knecht beim Striegeln der Pferde zusah; das Kutschenhaus; die hohe Eingangshalle und die vielen verwinkelten, holzgetäfelten Gänge; der Salon, das Herrenkabinett, der Schlafraum der Buben, die Dachkammer der Schwestern, unser Spielzimmer und all die anderen Stuben und Kammern; die große Küche mit dem gewaltigen Herd in der Mitte; die Wirtschaftsräume und das geheimnisvolle Labyrinth der Verschläge im Keller; die Dachböden und Bühnen, auf denen die Wäsche zum Trocknen hing. Wieviel Wärme und Licht in diesen Bildern überlebt hat! Und dann Garten und Park: die weiß und lila blühenden Fliederbüsche hinterm Haus, das ovale Rosenbeet mit den drei Rosenbäumchen in der Mitte, die Terrasse mit den Geranientrögen, das Pflanzgärtchen der Köchin hinter den Lorbeerhecken, die Wiese mit den Kirschbäumen, die wir an heißen Junitagen plünderten. Dahinter lag eine Böschung, auf der wir im Winter Schlitten fuhren und im Frühjahr Himmelsschlüssel pflückten.

Wir – das waren außer meinen neun Geschwistern und mir Vettern und Cousinen, Schulfreunde und Nachbarskinder. Immer gab es Feste zu feiern, kam Verwandtschaft zu Besuch. Horden von Kindern jagten durch den Garten, krochen unter die Jasminbüsche vor dem Haus, bauten Baumhäuser ins Laub der alten Buchen. Eltern, Großeltern, Tanten und Dienstboten hatten unauffällig ein Auge auf uns, doch an Verbote und Strafen kann ich mich kaum erinnern.

Freiheit und Geborgenheit – im Landhaus war dies kein Gegensatz. Jeder lebte dort sein eigenes kleines Leben und war doch aufgehoben in der Gemeinschaft. So ungefähr stelle ich mir den idealen Staat vor. Eine Utopie? Ich habe als Kind selbst erfahren, daß ein Zusammenleben, in dem sich der einzelne frei und doch in Harmonie mit allen anderen entwickeln kann, möglich ist. Meine Hoffnung auf eine menschenwürdige Gesell-

schaft mag auch mit der Sehnsucht nach dieser verlorenen Kindheit zu tun haben.
Mein Lieblingsplatz war unterm Dach, in einem Versteck zwischen den mächtigen Holzbalken. Von hier aus sah man über die Rebhänge hinab in den Talkessel und auf die Hügel auf der anderen Seite der Stadt. Hier oben hatte sich, wie ich von Großvater Hochstetter wußte, fast dreihundert Jahre vorher der schwäbische Reformator Johann Brenz vor seinen Verfolgern versteckt. Vierzehn Tage lang war er unentdeckt zwischen den Balken gelegen. Um ihn vor dem Hungertod zu bewahren, hatte Gott ein Huhn hinaufgeschickt, das dem Flüchtling täglich ein Ei legte – heimlich, wie Großvater mir versicherte, ohne das übliche Gegacker, denn das hätte den Verborgenen verraten können. An diese Geschichte dachte ich, wenn ich auf dem Dachbalken saß und übers Tal blickte. Und in meiner Phantasie war ich selbst der tapfere Brenz, ein Mann des Gewissens und Held des Volkes, den Gott auf wunderbare Weise auch beschützte.
Von Großvater Hochstetters Anekdoten hielt mein Vater nicht sehr viel. *On ne fait pas de processions pour tailler les vignes,* sagte er dunkel. Er liebte es, Sprichwörter zu zitieren. Viele davon weiß ich noch auswendig: *Qui ne pétrit, bon pain ne mange* zum Beispiel, oder: *Qui n'avance pas recule.* Viel mehr als diese Lebensweisheiten blieb von seiner Erziehung nicht hängen, denn zum Pädagogen fehlte es ihm an Zeit und Geduld. Trotzdem wollte er seinen Söhnen *partout* ein Lehrer sein und hielt uns, sooft er ein paar Stunden Zeit hatte, unverständliche Vorträge. In den langen Perioden seiner Abwesenheit hatten wir keinerlei Unterricht, von ein paar Schreibübungen und den Klavierstunden bei Großmutter Hochstetter einmal abgesehen. Schließlich sprach Mutter ein Machtwort. Eine Reihe von Hauslehrern kam ins Landhaus – ein milchbärtiger Jüngling, ein humpelnder Offizier, ein Tabak kauender Pastor –, doch keiner von ihnen genügte Vaters hohen Anforderungen. Jede Überprüfung

unseres Wissensstandes endete mit der Entlassung des Lehrers. Vaters Zorn war schrecklich.
Eine Szene am Frühstückstisch fällt mir ein. Ein heller Sonntagmorgen, ich war etwa sechs und stolz darauf, mit meinen älteren Geschwistern und den Erwachsenen an einem Tisch zu sitzen. Fasziniert beobachtete ich, wie Großvater Hochstetter ein Stück Hefekuchen in die warme Milch stippte, um es dann schlürfend in sich einzusaugen. Das machte ich ihm nach, was mein Vater vom Tischende aus sah.
– *C'est une méchanceté,* sagte er streng.
Hoch aufgerichtet saß er mit dem Rücken zum Fenster jenseits der silbernen Kannen, Schalen, Dosen und Kännchen, dunkle Silhouette im Gegenlicht. Alle Blicke waren auf mich gerichtet. Ich senkte nicht den Kopf, denn ich war mir keiner Schuld bewußt.
– So schmeckt's viel besser, sagte ich und tauchte den Kuchen erneut in die Tasse. Da krachte Vaters Faust auf den Tisch, daß das Geschirr klirrte.
– *Qu'on l'emmène!* schrie er. *Quelle insolence!*
Augenblicklich mußte ich den Tisch verlassen, wurde ins Kinderzimmer verbannt. Ich begriff nicht, was ich verbrochen hatte. Erst viel später wurde mir klar, warum in unserem Haus soviel Wert auf Vornehmheit gelegt wurde. Unser Adel war jung. Um so wichtiger nahm Vater die damit verbundenen Pflichten. Auch sein desolates Unterrichtssystem entsprang der Rücksicht aufs Standesgemäße. Wie gerne wäre ich mit den Nachbarskindern in die öffentliche Bürgerschule gegangen. Doch davon wollte Vater nichts wissen.
Die Familie war distinguiert, der Lebensstil im Landhaus hochherrschaftlich. Während der napoleonischen Ära lebten wir etwas isoliert, doch ab 1813 kam zu unseren festlichen Soirees, Diners und Hauskonzerten *tout Stuttgart,* wie meine Schwester Sophie festzustellen pflegte. Sie, Antoine, Amand und Elise durften teilnehmen an den Gesellschaften, während ich mit

Georg, Kathinke und den jüngeren Geschwistern Friederike, Philippine und Heinrich nach oben verschwinden mußte, sobald die erste Kutsche vorfuhr. Maulend ließen wir uns von den Kindermädchen zu Bett bringen und stellten uns schlafend, sobald die Kerzen gelöscht wurden. Wenn wir dann allein waren, schlichen wir uns aus den Schlafzimmern und beobachteten, hinter das Holzgeländer der Treppe geduckt, die Ankunft der Gäste in der Halle. Da saßen wir in unseren Nachthemden auf den Stufen, bis uns die Füße kalt wurden oder einer der Dienstboten uns entdeckte. Manchmal kam Sophie herauf, um uns die Köstlichkeiten des Festes in den herrlichsten Farben zu schildern und mit einer sehr bestimmten Bewegung der nach unten gekehrten offenen Hand wiederholt zu versichern: *Tout Stuttgart est là, tout Stuttgart!*, um sich dann, unsere neidvollen Blicke im Rücken, sehr damenhaft treppabwärts zu begeben.

Was mich anzog, waren weniger die Musik und der Glanz des Festes, es war die Neugier auf die Welt der Erwachsenen. Wann immer es ging, lauschte ich heimlich ihren Gesprächen.

Dabei erfuhr ich so manches, was meine Ansichten früh und nachhaltig geprägt hat. Schon mit fünf hatte ich zwei Erzfeinde: Napoleon und den württembergischen König Friedrich. Über Napoleon wurde zu Hause nur in grimmigem Ton gesprochen; er galt als der Urheber aller Schwierigkeiten, die meinem Vater das Leben sauer machten. Immerhin befand sich die Macht, in deren Dienst er stand, im Krieg mit dem Franzosenkaiser. Seinetwegen – soviel verstand ich – mußte Vater die Familie mehrmals für längere Zeit verlassen; einmal wurde er mit Rücksicht auf die politische Lage sogar ein ganzes Jahr lang nach Holland versetzt. Das nahm ich persönlich und beschloß, dem Franzosenkaiser nie zu verzeihen. Wer meinem Vater Böses antat, mußte schlecht sein. Aus ähnlichem Grund haßte ich den württembergischen König. Der dicke Friedrich, wie ihn meine Mutter abschätzig nannte, hatte meinem geliebten Großvater bitteres Unrecht zugefügt. Natürlich verstand ich damals noch nichts davon, daß der verdiente Mann wegen politischer Differenzen mit der Regierung vorzeitig in den Ruhestand versetzt worden war. Noch weniger ahnte ich vom Hintergrund dieser Differenzen, der eigensüchtigen Willfährigkeit der Rheinbundfürsten gegenüber Frankreichs Vorherrschaft und der dadurch betriebenen Auflösung des Heiligen Römischen Reiches Deutscher Nation. Aber ich entnahm den erregten Diskussionen der Erwachsenen doch genug, um Württembergs König Friedrich als *Despoten von Napoleons Gnaden* zu verachten und von seiner Bosheit überzeugt zu sein. Die meisten Kinder denken bei dem Wort König an eine gekrönte Märchenfigur, vor meinen Augen stand ein finsterer Tyrann. Alles, was ich über den württembergischen König hörte, bestätigte dieses Bild: die ungerechte Bestrafung des Generals von Hügel, der doch die Stadt Stuttgart vor der Zerstörung bewahrt hatte; die grausame Festungshaft des braven Obersten Wolf; und die Verbannung meines Onkels Konrad, dessen Verbrechen darin bestand, ohne Erlaubnis geheiratet zu haben.

Nie vergesse ich jenen Nachmittag, an dem ich zusammen mit Antoine und Amand die Verbrennung englischer Waren vor dem Stuttgarter Büchsentor erlebte. Ich mag vielleicht sechs gewesen sein damals. Was ich beobachtete, erschien mir eine unglaubliche Barbarei. Möbel, Stoffballen, Kisten und Säcke mit Lebensmitteln waren zu einem riesigen Scheiterhaufen aufgetürmt und von Soldaten des Königs mit Fackeln entzündet worden. Das Prasseln des Brandes, das Knacken der zerberstenden Stühle und Tische, der Geruch der verglühenden Nahrungsmittel – das alles bewegte mich so, daß ich zu weinen anfing. Worauf Antoine es für notwendig hielt, mir zu erklären:

– Das hat der Kaiser Napoleon befohlen. Er läßt alles verbrennen, was ihm nicht gefällt!

Wie anders hätte er mir Napoleons Kontinentalsperre erklären sollen, jenen ersten Versuch, einen Weltkrieg durch wirtschaftlichen Boykott zu entscheiden? Viele Erwachsene verstanden auch nicht genau, was geschah. Mutter und Großvater Hochstetter nahmen mir mehrfach das Versprechen ab, außerhalb des Landhauses nicht über Napoleon zu sprechen. Grund für dieses Redeverbot war, daß in Württemberg jede Agitation gegen Frankreich als Hochverrat galt. Ich gelobte Stillschweigen, doch es zu bewahren fiel mir schwer. Schon damals sträubte sich alles in mir dagegen, meine Meinung für mich zu behalten, wenn ich mich im Recht fühlte.

Ich erinnere mich an einen Sommertag, an dem meine Brüder und ich mit gleichaltrigen Franzosen in Streit gerieten. Das war 1812. Georg und Amand, damals zehn und dreizehn, waren mit mir auf dem Weg zum Neckarbad in Berg. Unterwegs holten wir drei französische Jungen ein, die meine Brüder kannten. Gemeinsam gingen wir weiter. Der jüngste der Franzosen war etwa neun, also gut zwei Jahre älter als ich. Er machte sich einen Spaß daraus, mich zu hänseln. Zuerst zog er mir das Hemd aus der Hose, dann stellte er sich mir in den Weg, schließlich riß er mir die Mütze vom Kopf. Meine Wut verbergend, strafte ich den Quälgeist mit Nichtbeachtung, weil ich mitbekommen wollte, was die beiden älteren Franzosen über meinen Vater und Rußland sagten. Napoleon würde die ganze Welt französisch machen, prahlten sie, und Leuten wie uns, die es mit den Feinden Frankreichs hielten, würde es bald übel ergehen. Der Jüngste hatte inzwischen einen Maikäfer gefangen, den er mir vor die Nase hielt, wobei er dem armen Tier mit Daumen und Mittelfinger den Kopf abknipste. Lachend rief er:

– *C'est ton père, c'est ton père!*

Als er mir nun auch noch mit dem malträtierten Käfer ins Gesicht fuhr, war es aus mit meiner Selbstbeherrschung. Ich packte den gut einen Kopf größeren Widersacher an der Brust und warf ihn zu Boden. Seine Brüder wollten mich wegreißen, doch Georg und Amand kamen mir zu Hilfe. Im Nu war eine wilde Keilerei im Gange, die damit endete, daß die Franzosen geschlagen das Feld räumten. Ich rief ihnen nach:

– So wird es euch auch in Rußland ergehen!
Das war nur so dahergesagt im kindlichen Zorn. Doch die Prognose erwies sich als richtig. Zwar klangen noch über ein Jahr lang Böllerschüsse und Kirchenglocken zum Landhaus hinauf, um zu verkünden, daß Napoleon wieder irgendwo einen Sieg errungen hatte. Aber die Begeisterung über den französischen Imperator schwand im selben Maße, wie dessen Stern sank. Anfangs sprachen die Erwachsenen nur mit gedämpfter Stimme über die Niederlagen der Franzosen, doch bald ließ man jede Vorsicht beiseite. Im Landhaus wurden nun die Flaschen geöffnet und Hochrufe auf den Zaren ausgebracht, wenn Napoleon eine Schlacht verloren hatte. Gegen Ende des Jahres 1813 zogen russische Truppen auf dem Marsch nach Frankreich durch Stuttgart. Ich stand mit meinen Brüdern am Straßenrand und schrie hurra, bis ich heiser war. Und kam mir unendlich klug vor, weil ich diese Wendung vorausgesagt hatte.
Damals erfuhr ich, wie leicht Menschen ihre Ansichten ändern. Kaum ein Jahr war es her, daß unsere Familie überall angefeindet worden war. Nun gab es nur noch Freunde. Daß Vater in Stuttgart nicht mehr geduldet und außer Landes gedrängt worden war, fanden auf einmal alle empörend. Unsere erbittertsten Feinde gaben sich plötzlich als heimliche Parteigänger zu erkennen, die immer schon gegen Napoleon gewesen waren.
Der Wind dreht die Fahnen. In den fünfundsechzig Jahren meines Lebens habe ich wieder und wieder erlebt, wie rasch Menschen die Fronten wechseln. Gestern stand in der *Neuen Freien Presse* zu lesen, Arnold Ruge und Friedrich Kapp hätten Ergebenheitsadressen an Bismarck unterzeichnet. Kann das die Wahrheit sein? Da haben wir jahrzehntelang gemeinsam für ein demokratisches, weltoffenes Deutschland gekämpft, und nun machen solche Männer ihren Bückling vor diesem preußischen Junker. Warum verraten sie, wofür wir gekämpft und gelitten haben? Sie schreiben: *In einer Stunde wie dieser muß aller Streit verstummen. Die Liebe zum Vaterland verbindet uns. So laßt uns*

sein ein einig Volk von Brüdern ... Klingt aufrichtig, aber falsch ist es trotz allem. Gerade in dieser Zeit verlangt die Liebe zum Vaterland, gegen den Mißbrauch von Deutschlands Namen zu protestieren. Leicht ist es freilich nicht, Spielverderber zu sein, wenn alles jubelt. Da ist die Versuchung groß, den fruchtlosen Widerspruch aufzugeben und zu sagen: Nun gut, unser Deutschland ist es nicht, das da entsteht; aber es ist besser als gar nichts. Lang genug war man verfemt und ausgeschlossen, nun möchte man seinen Frieden machen. Nicht länger der Neinsager sein, Fünfe grade sein lassen, die Augen schließen.
Nein, ich nehme es Ruge und Kapp und all den anderen Mitstreitern von früher nicht übel, daß sie ihren Groll begraben wollen. Aber anschließen kann ich mich ihnen nicht. Ich werde die Augen erst schließen, wenn ich sterbe.

4

Zur wahren Menschlichkeit, so lernte ich es auf dem Gymnasium, führt kein anderer Weg als der durchs klassische Altertum.
Ich wurde im Herbst 1815 Gymnasiast. Anfangs ging ich sehr ungern zur Schule. Nach jahrelangem Privatunterricht war es nicht leicht, sich an die ungeschriebenen Gesetze einer Schulklasse zu gewöhnen. Hinzu kam, daß meine Stuttgarter Mitschüler besonders grob und übermütig waren. Jeden Morgen wurden Verschwörungen gegen die Lehrer ausgeheckt. Diese rächten sich durch Schläge und ungerechte Zensuren.
Zugegeben, ich fühlte mich überlegen. Ich glaubte, den Lauf der Welt besser zu durchschauen als meine Kameraden. Russen und Preußen hatten die Franzosen 1813 in der Völkerschlacht bei Leipzig geschlagen, wie ich es vorhergesagt hatte. Napoleon war seit 1814 in der Verbannung, der Wiener Kongreß hatte ein neues Gleichgewicht der Mächte geschaffen. Seit Juni 1815 gab

es den Deutschen Bund als lose Verbindung souveräner Staaten. Mein Vater gehörte als Beamter in russischen Diensten zu denen, die diese Entwicklung nicht genug loben konnten. Ich hielt mich für eingeweiht in das Wissen der Erwachsenen und erhaben über Schulstreiche.
Zum Glück zogen wir im Frühjahr 1817 nach Karlsruhe um. Mein Vater wurde russischer Geschäftsträger bei der Regierung des Großherzogtums Baden. Für mich war der Schulwechsel ein Segen. Meine neuen Mitschüler waren wohlerzogen und, auch untereinander, höflich und hilfsbereit. Schon am ersten Tag hatte ich das Gefühl, willkommen zu sein. Den Lehrern, durchwegs protestantische Theologen, war mehr an der Ausbildung von Charakter und Talent gelegen und nicht soviel am Einpauken von Wissen. Bis auf eine einzige Ausnahme habe ich sie alle in guter Erinnerung behalten.
Professor Petersen unterrichtete Latein und Griechisch. Mit vorgerecktem Kopf blickte er, einer Schildkröte gleich, prüfend in die Runde. Dann hob er den Zeigefinger der rechten Hand, rief ein Stichwort und hörte befriedigt, wie die Klasse unisono einen Vers skandierte:

Er, ir, ur, us sind Maskula,
Um steht allein als Neutrum da!

Hunderte solcher grammatischer Merkverse hat er uns beigebracht, und ich glaube, die meisten davon könnte ich heute noch mitbeten.
In die Geschichte – vornehmlich die des klassischen Altertums – führte uns Professor Doll ein, ein wohlbeleibter Herr mit einer Warze auf der Nase. Anhand von Kohlrauschs *Abriß der Weltgeschichte* erlaubte er sich manche Abschweifung vom eigentlichen Lehrstoff ins Kulturgeschichtliche. Mehr als die Kriege der Spartaner interessierten ihn ihre Turnübungen. Ausführlicher als über Caesars Feldzüge sprach er über die Kultur der alten

Germanen. Sein Lieblingsthema war das Goldene Zeitalter. Er meinte, mit diesem Begriff den Beweggrund der Geschichte entdeckt zu haben. Alle Menschen, pflegte er zu sagen, trügen in sich die Sehnsucht nach dem Goldenen Zeitalter. Ihre Sagen verlegten es in die Urzeit, aber das sei nur eine mythische Verbrämung und fromme Irreführung. In Wahrheit suche der menschliche Geist das Paradies auf Erden. Aus der Hoffnung auf dieses Ziel schöpfe er die Kraft zum Fortschreiten. Der Gedanke beeindruckte mich sehr.

Der einzige, an den ich mit Schrecken zurückdenke, war Professor Kühlmichel. Er hatte immer ein spanisches Rohr in der Hand, mit dem er zur Unterstreichung seines Vortrags auf das Katheder schlug, daß es knallte. Mit lauerndem Blick und zischender Stimme rief er einzelne Schüler an die Tafel, baute sich vor ihnen auf wie ein Inquisitor und stellte im Ton eines Verhörs kurze, schnell aufeinanderfolgende Fragen.

– Hauptflüsse von Gallia Cisalpina? Inseln im Mare Tyrrhenum? Sizilien – wie groß?

Wer nicht sofort mit der Antwort herausschoß, bekam mit dem Rohrstock eins übergezogen. Bei solchen Befragungen bezog ich regelmäßig Prügel, denn vor Angst und Verwirrung brachte ich kein Wort heraus. Der Mann flößte mir eine solche Abscheu vor der Geographie ein, daß es mir noch heute schwerfällt, mir die Namen von Flüssen und Hauptstädten zu merken.

Vielleicht lag es auch daran, daß Professor Kühlmichel uns bloß Wörter lernen ließ, wo es doch darum gegangen wäre, uns ein Bild von der Welt zu vermitteln. Nur mit wenigen geographischen Bezeichnungen, die wir auswendig lernen mußten, verband ich anschauliche Vorstellungen. Ebendarin waren dem Wüterich mit dem Stock die anderen Lehrer des Lyceums voraus: Sie lehrten uns Ideen, nicht nur Wörter.

In dieser Beziehung entsprachen sie, wie ich erst jetzt völlig klar erkenne, dem Rousseauschen Ideal des Erziehers. Ihnen kam es weniger darauf an, daß wir irgendwelche Tabellen, Jahreszahlen oder Begriffe auswendig kannten als darauf, daß wir verstanden, wovon wir sprachen. Sie ließen sich Zeit mit uns und hüteten sich, uns zu überfordern. Ich kann es ihnen nachträglich kaum hoch genug anrechnen, daß sie mich nicht mit unnützem Wissensballast befrachteten. Denn das sture Auswendiglernen fiel mir schwer. Lange genug hielt ich dies für ein Zeichen von schwacher Intelligenz. Bis ich dann im *Émile* las, was meine Lehrer offenbar wußten: Die scheinbare Leichtigkeit zu lernen ist ein Nachteil, denn sie beweist nur, daß der Lernende nichts lernt. Sein ebenes und glattes Gehirn gibt nur wie ein Spiegel die Gegenstände wider, die man ihm vorhält; nichts aber bleibt, nichts dringt ein. *L'enfant retient les mots, les idées se réfléchissent.* Meine Karlsruher Professoren sorgten dafür, daß es mir anders erging: Ich begriff die Ideen und hielt mich nicht an Worten fest.

Thematisch drehte sich alles um das Altertum. Sechsundzwanzig Stunden pro Woche waren allein dem Griechischen vorbehalten, dazu kamen an die zwanzig Lateinstunden. Alles andere waren Nebenfächer: eine Wochenstunde Französisch, zwei bis drei Stunden Mathematik, gelegentlich und nach Belieben des Lehrers etwas Naturkunde. Auch Rhetorik, Stilistik, Logik und Psychologie standen in den höheren Klassen auf dem Stundenplan, aber eigentlich waren alle diese Fächer nur eine versteckte Ausweitung des Griechischunterrichts. Am Ideal der Klassik sollten wir uns orientieren, um die Anlagen unserer Natur zu entfalten und in ein harmonisches Gleichgewicht zu bringen.

Niemand schien zu bemerken, daß das griechisch-römische Menschenbild heidnisch und sein Gesellschaftsideal die Demokratie war. Beides vertrug sich schlecht mit dem Christentum Luthers und dem Untertanengeist der Zeit. Ausgerechnet die evangelischen Theologen machten aus mir einen religiösen Zweifler und Bewunderer der Republik. Für sie lag es offenbar fern, die Lehren der Antike auf den Alltag der Gegenwart anzuwenden.

Ich aber begann sehr bald, die Wirklichkeit an den griechischen Idealen zu messen.
Die ersten politischen Diskussionen, die diese Bezeichnung verdienen, führte ich, wenn ich mich recht erinnere, im Oktober 1817, als alles über das Wartburgfest sprach. Damals war ich zwölf. Die Wellen der Erregung bei den Erwachsenen gingen so hoch, daß sie auch uns Schüler erfaßten. Studenten aus Jena, hieß es, seien auf die Wartburg gezogen, um das dreihundertjährige Jubiläum der Reformation und den fünften Jahrestag der Völkerschlacht bei Leipzig zu feiern. Sie hatten schwarz-rotgoldene Fahnen geschwenkt und aufrührerische Reden gehalten, namentlich die Fürsten der deutschen Territorialstaaten aufgefordert, das während der Befreiungskriege gegebene Verfassungsversprechen einzulösen. Nach Abschluß des Festes war es zu einer unerhörten Demonstration gekommen: In Nachahmung Luthers, der zu seiner Zeit die päpstliche Bannbulle verbrannt hatte, waren mehrere Ballen alten Druckpapiers, beschrieben mit den Titeln mißliebiger Bücher, ins Feuer geflogen; ferner als Symbol der Reaktion ein Ulanenschnürleib, ein Korporalsstock und ein Zopf.
Die einen, wie zum Beispiel meine Brüder Antoine und Amand, sahen in dem Wartburger Feuer ein Fanal, das den Geist des Freiheitskampfes gegen Napoleon neu erwecken würde. Die anderen, so mein Vater und die meisten meiner Mitschüler, betrachteten die studentische *Ausschreitung* als verbrecherischen Akt. Durch die Presse heulte ein Sturm der Entrüstung. Die Regierungen des Deutschen Bundes, allen voran Österreichs Fürst Metternich und der preußische Minister Wittgenstein, forderten Satisfaktion. Sie wollten die *Übeltäter* wegen der begangenen *Majestätsbeleidigung* hart bestraft wissen und den auf dem Wartburgfest zutage getretenen *Geist des Jakobinismus* an der Wurzel ausrotten. Doch die Studenten ließen sich nicht einschüchtern. Wie zum Trotz gründeten sie die Deutsche Burschenschaft. Eine Zeitlang wurde deren Verbot diskutiert, doch man be-

schränkte sich darauf, den Verein zu verdächtigen und zu verteufeln.
Meine Sympathie gehörte den Studenten, zumal mir Antoine versicherte, die deutschen Fürsten hätten tatsächlich ein gegebenes Versprechen gebrochen. Im Krieg gegen Napoleon hätten sie feierlich geschworen, ihren Völkern nach der Befreiung parlamentarische Verfassungen zu gewähren. Nur in einigen kleineren deutschen Staaten, darunter in Baden, sei das Versprechen eingelöst worden. Daher nahm ich in den Gesprächen mit meinen Mitschülern Partei für die *Aufrührer* von der Wartburg. Aus den Attacken Metternichs und Wittgensteins gegen sie glaubte ich das Wutgebrüll ertappter Schwindler herauszuhören. Und was die Forderung nach demokratischer Mitbestimmung anging, so war sie, nach allem, was ich über Sparta und Athen gehört hatte, nur gerecht. Gerechtigkeit aber, sagt Platon, muß eine der wesentlichen Tugenden des Staates sein. Was auf der Wartburg geschehen war, kam mir vor wie das Scherbengericht des Kleisthenes. Das Volk hatte seinen Herrschern das Mißtrauen erklärt.
Langsam glätteten sich die Wogen der Empörung. Über die Sache begann Gras zu wachsen. Doch dann kam im März 1819 eine Nachricht, die einschlug wie ein Blitz. Ein Theologiestudent namens Karl Ludwig Sand hatte den Schriftsteller August von Kotzebue ermordet. Die Untat war in nächster Nähe und auf badischem Boden, in Mannheim, geschehen. Entsprechend groß war in Karlsruhe die Aufregung. Gerade als stünde nun ein allgemeines Morden bevor, patrouillierten grimmig blickende Soldaten durch die Straßen der Stadt. Nach Sands vielfach verbreiteter Selbstbezichtigung sollte sein Mord ein Symbol für das Wiedererwachen der deutschen Nation sein. Die Begründung dafür verstand ich nicht. Kotzebue, hieß es, habe der russischen Regierung Korrespondentenberichte zugesandt und sei deshalb ein Hochverräter gewesen. Was für ein Unfug! Mein Vater schickte auch Berichte nach Petersburg.

Was immer in Sands Kopf vorgegangen sein mag – er hielt sich für einen romantischen Freiheitshelden. Er war Burschenschaftler. Doch gerade der Freiheit hatte er einen üblen Dienst erwiesen. Nun begann ein wahres Kesseltreiben gegen alle, die je von Deutschlands Einheit und Freiheit geschwärmt hatten. Froh darüber, ihren Wortbruch nicht länger verteidigen zu müssen, gingen die fürstlichen Regierungen zum Angriff über. Obwohl die Polizei keine Hintermänner von Sands Bluttat ausmachen konnte, war von geheimer Verschwörung und revolutionären Umtrieben die Rede. Metternich setzte, die allgemeine Angst vor Terror ausnützend, die *Karlsbader Beschlüsse* durch. Die Burschenschaft wurde als staatsfeindliche Vereinigung verboten, die Preßzensur verschärft, die Universitäten unter Kuratel gestellt. Damals begann auch die sogenannte Demagogenverfolgung. Meine Schulkameraden fanden das ganz in Ordnung. Ihre Eltern, die durchwegs der Karlsruher Oberschicht angehörten, hatten ihnen von klein auf die Furcht vor angeblich blutrünstigen Jakobinern eingeimpft. Wenn ich nun von Freiheit sprach, bekam ich die blutigen Exzesse der Französischen Revolution vorgehalten. Man sehe ja, belehrte mich mein Freund August von Marschall, wohin das Gerede von Mord und Totschlag führe: zu Mord und Totschlag.

– Die Würde des Menschen, widersprach ich, fordert, daß er frei sei. Genau so steht es bei Äschylos, du selbst hast es übersetzt. Selbst der Tod ist besser als Tyrannei. Man verfolgt Überzeugungen und verbietet Gedanken.

– In der Theorie hast du recht, räumte August ein, aber die griechischen Ideale sind nun mal auf die deutsche Wirklichkeit nicht anwendbar.

Da war ich anderer Meinung. Wozu sollte eine richtige Idee gut sein, wenn sie nicht verwirklicht würde? Ich nahm die Vision vom Goldenen Zeitalter, der wahren Menschlichkeit, sehr ernst.

5

Von Sankt Josef klingt der Stundenschlag der Turmuhr herüber, während ich zur Feder greife, um weiterzuschreiben. Es ist 5 Uhr morgens. Ich war immer schon ein Frühaufsteher und bin es jetzt erst recht, denn ich schlafe sehr schlecht.

Seit 4 Uhr bin ich wach. Am offenen Fenster habe ich im Zwielicht des dämmernden Tags meine morgendliche Gymnastik absolviert, nackt, mit knackenden Gelenken, ächzend vor Anstrengung. Danach ging ich schwer atmend zum Waschtisch, wo ich eine kleine Ewigkeit lang in den Spiegel sah und mich betrachtete: knochiger Brustkorb unter käsiger Haut, Altmännerbäuchlein, hängende Schultern, dünne Arme mit quellendem Geäder, schlaffe Schenkel, das Schamhaar grau geworden. Das Gesicht breitknochig, faltig, bartumkräuselt, die Augenlider gerötet, die Nase spitz. Auf der Glatze braune Altersflecken wie riesige Sommersprossen. Ich bin alt geworden, das ist nicht zu leugnen. Doch ich lebe, und Karl Mathy ist tot. Dabei höre ich ihn noch sagen, in jener Zeit, als wir Freunde waren:

– Wenn du bei deiner Gemüsediät bleibst, wirst du's nicht mehr lang machen!

Er hat sich getäuscht. Wahrscheinlich habe ich überhaupt nur deshalb die Strapazen meines bewegten Lebens überstanden, weil ich Vegetarier bin. Aber so war eben Mathy: Dem wahrhaft Neuen mißtraute er. Und dabei wird nichts besser auf dieser Welt, wenn wir verkehrte Gewohnheiten nicht aufgeben.

Ich schweife ab und eile voraus. Als Gymnasiasten ahnten Mathy und ich nichts voneinander, obwohl wir gewissermaßen schon nebeneinander her gingen. Er besuchte das Lyceum von Mannheim, nur dreißig Meilen rheinabwärts gelegen, und lernte dort auf ganz ähnliche Weise wie ich das klassische Ideal der wahren Menschlichkeit kennen. Einzelheiten über seine Schulzeit hat er mir nie erzählt, und Freytag deutet den Grund an: Mathy war als Schüler nicht sehr beliebt. Seinen Klassenkameraden erschien er als Besserwisser, da er, vom Vater frühzeitig ins Griechische und Lateinische eingeführt, den anderen weit voraus war. Aber auch die Lehrer mochten ihn nicht, denn er durchschaute ihre Schwächen und ließ sie auf ironische Art seine Überlegenheit spüren. Wenn er einen Professor bei einem Übersetzungsfehler ertappte, wies er mit süffisantem Lächeln darauf hin, daß die betreffende Stelle auch anders, nämlich richtig, verstanden werden könne. So zeigte sich, wie ich ohne Überraschung in Freytags Biographie lese, schon zu einem frühen Zeitpunkt sein kennzeichnender Charakterzug: eine Überheblichkeit, die um so mehr verletzte, als sie auf wirklicher Überlegenheit beruhte.

Auch ich neigte schon als Schüler dazu, Autorität in Frage zu stellen. Doch ich konnte auch verehren. Besonders einen meiner Lehrer bewunderte ich so sehr, daß ich selbst seine Mängel für Tugenden hielt.

Er hieß Ernst Friedrich Kärcher und war noch ziemlich jung, als er ans Karlsruher Lyceum kam. Das war 1820, ein Jahr nach der Aufregung um das Sand-Attentat also. Ich ging damals in die Tertia. Kärcher wurde unser Klassenlehrer und blieb es bis zum Ende meiner Schulzeit. Ich sehe ihn noch neben dem Katheder stehen: schlank und hochgewachsen, sehr aufrecht, ein Buch in der rechten Hand. Jungenhaft fällt sein dunkelblondes Haar in krausen Locken bis auf die Schultern. Das Gesicht ist ernst. Die Augen – nicht besonders eindrucksvolle, nur ungewöhnlich große Augen hinter einer Nickelbrille – sind wach, kritisch. Mißtrauisch? Wenn er mich ansah, war mir, als lese er meine Gedanken. Er hatte einen Kinnbart, was damals gegen jede Mode war. Überhaupt sah er verwegen aus, jedenfalls nach Karlsruher Maßstäben. Gewöhnlich trug er einen knielangen Überrock aus grauem Wollstoff mit Samtbordüren, den er nur an heißen Sommertagen ablegte. Meist war er bis zum Hals zugeknöpft. Oben sah ein breiter, runder Spitzenkragen aus weißem Leinen heraus. Die dünnen Beine steckten in strumpf-

artigen, eng anliegenden Hosen, die von einem Band unter den Schuhen gespannt wurden.
Sein Aufzug war ein Andenken an Heidelberger Studentenjahre. In schwachen Momenten erzählte er uns mit leuchtenden Augen von dieser Zeit und gab uns den Rat, wenn irgend möglich auch einmal in Heidelberg zu studieren. Er selbst hatte dort das Predigerexamen abgelegt, doch davon sprach er nur nebenbei. Seine Liebe galt nicht den Schriften Luthers, sondern denen von Platon, Homer, Vergil und Horaz. Von seinen akademischen Lehrern Creuzer und Boeckh sprach er öfter und enthusiastischer als von den Evangelisten. Er war mit Leib und Seele Philologe. Später gelangte er als Verfasser von Wörterbüchern und wissenschaftlichen Arbeiten zu einiger Berühmtheit. 1847 habe ich ihn noch einmal besucht, da war er zum Direktor des Lyceums avanciert und Mitglied des badischen Oberstudienrats. Während der Revolution verlor ich ihn dann aus den Augen. 1855 ist er gestorben, doch das habe ich erst nach meiner Rückkehr aus Amerika erfahren.
In meinem Kopf ist er lebendig geblieben. Die Art, wie er sprach und die Sätze dabei durch Gesten unterstrich! Wenn er etwas besonders Wichtiges zu sagen hatte, legte er das Buch aufs Katheder und dirigierte seine eigene Rede mit der rechten Hand, formte aus Daumen und Zeigefinger einen Pfeil, mit dem er an den entscheidenden Stellen auf uns deutete. Er hatte einen leichten Sprachfehler, was an einwärts stehenden Schneidezähnen lag, an die seine Zunge bei allen Zischlauten stieß. Keinem von uns Schülern wäre es eingefallen, diesen Defekt lächerlich zu finden. Denn Professor Kärcher war ein Mann, der erhaben war über Spott und Schülergetuschel. Er hatte Autorität. Was er zu sagen hatte, faszinierte uns so, daß eine Kritik an der Form des Vortrags gar nicht in Frage kam. In der Sekunda las er mit uns den Phaidon.
– Sokrates hätte fliehen können, erklärte er, und sprach den Namen des großen Philosophen wie Schokratesch aus. Wahr-

scheinlich wären die Behörden von Athen sogar froh gewesen über die Flucht des Philosophen. Er aber wollte nichts davon wissen. Obwohl er zu Unrecht zum Tode verurteilt worden war, wollte er sich dem Urteil nicht entziehen. Man darf nicht Unrecht mit Unrecht vergelten, sagte er. Weil er im ordentlichen Verfahren verurteilt worden war, gebot ihm die Achtung vor dem Gesetz, die Strafe auf sich zu nehmen. Lieber wollte er sterben, als sich selbst untreu werden.

Nach dieser Einführung begann die Lektüre: Die letzte Stunde des Sokrates ist gekommen, man nimmt ihm die Fesseln ab und läßt seine Freunde herein. Sein heulendes Weib schickt er fort, weil ihr Gejammer das Gespräch stört. Auch die Freunde muß er trösten: Der Tod sei ihm willkommen, sagt er, denn er scheide die Seele vom Körper und mache sie frei. In der Gewißheit, zu verstorbenen Menschen zu kommen, welche besser sind als die hiesigen, trinkt er den Becher mit Gift aus. *O Kriton*, mahnt er zuletzt, *wir sind dem Asklepios einen Hahn schuldig: entrichtet ihm den und versäumt es ja nicht!* An welcher Stelle uns Kärcher, mit dem zum Kreis geformten Daumen und Zeigefinger durch die Luft fahrend, erläuterte, was es mit dieser Ermahnung auf sich hat: Die Griechen pflegten Asklepios einen Hahn zu opfern, wenn sie von einer Krankheit genesen waren. Sokrates will sagen, das Leben sei eine Krankheit. Man muß ein Dankesopfer bringen, wenn es überstanden ist.

Es war an einem Junitag, als wir auf diese Weise in Platons Unsterblichkeitslehre eingeführt wurden. Vom Marktplatz fiel die Sonne durch die Fenster unseres Schulzimmers im zweiten Stock und malte lichte Felder auf die Bänke und den weißgescheuerten Dielenboden. Kärcher ging vor der Tafel auf und ab, sprach leise und zischend vom Tod, der das Leben, und vom Leben, das den Tod zeugt.

Kärchers Schulstunden waren abenteuerliche Reisen in andere Welten. Und die abenteuerlichste war die Wanderung durch Dantes Jenseits. Ja, Professor Kärcher verdanke ich die Träume von den eingefrorenen Nackten und den erstarrten Jammergestalten mit den vereisten Augenhöhlen. Er ließ uns hinabsteigen in den Höllenkrater, dessen Gliederung er sehr anschaulich machte. Seine neun Kreise malte er konzentrisch auf die Tafel, einen in den anderen, jeden Tag einen engeren. Staunend kletterten wir in den gewaltigen Erdtrichter hinab, bis unter den Eissee der Verräter, wo Luzifers Kopf steckt. Dann ging es rauh und wundersam den Körper des Ungeheuers entlang, und ich erlebte zum erstenmal das Kippen der Welt. Durch den Höhlenausgang traten wir ins Sternenlicht der anderen Erdhälfte. Hier ragte aus öder Wasserfläche der Berg der Läuterung. An seinem Ufer angekommen, hörten wir erstmals Dante selbst sprechen. Vom zweiten Buch der *Commedia* besaß Kärcher eine italienische Ausgabe, ein in rotes Leder gebundenes und mit Merkzetteln gespicktes Oktavbändchen. Gewisse Strophen, die ihm besonders gelungen erschienen, schrieb er an die Tafel. Dann trat er zurück, überflog prüfend die Zeilen und ging durch die Bankreihe ans andere Ende des Zimmers. Von dort aus las er mit weicher Stimme und speichelnassen Zischlauten:

Per correr miglior acque alza le vele
omai la navicella del mio ingegno
che lascia dietro a sé mar sí crudele;
e canterò di quel secondo regno
dove l'umano spirito si purga
e di salire al ciel diventa degno.*

Wir verstanden kein Wort, was den Reiz der Verse nicht wenig verstärkte. Sie waren geheimnisvolle Apokryphen, die wir mit Kärchers Hilfe nach und nach entschlüsselten. Zuerst wies er

* »Zu fahren bessere Wasser, hebt die Segel / Nunmehr von neuem meines Geistes Kahn / der hinter sich gebracht so grausen Pegel. / Besingen werd ich jetzt den zweiten Plan: / Hier läutert sich des Menschengeistes Streben, bis daß er würdig für des Himmels Plan« (Übertragung von Wilhelm G. Hertz)

uns auf die Ähnlichkeit der italienischen Wörter mit lateinischen und französischen Vokabeln hin, dann durften wir Übersetzungsvorschläge anbieten, schließlich diktierte er uns seine eigene deutsche Version. Wenn wir die Strophe an der Tafel auswendig wußten, fuhr er fort mit seiner Schilderung von Dantes Aufstieg auf den Läuterungsberg, bis er bei der nächsten geeigneten Stelle innehielt.

Es war kein Lernen, es war ein Miterleben. Wie anschaulich mir die Gestalten Dantes im Gedächtnis geblieben sind! Gerade so, als wäre ich ihnen leibhaftig begegnet: Vergil, eher ein antiker Kriegsheld als ein Dichter; Cato, der greise, mürrische Wächter; die Felsbrocken schleppenden Seelen der Stolzen, die Neidischen mit den zugenähten Augen; die zu Skeletten abgemagerten Schlemmer; und all die anderen Figuren. Vor allem aber – Beatrice.

Wie gut ich den Dichter verstehen konnte, daß er für diese *Madonna in der Blumenwolke* alles zu tun, alles zu erleiden bereit war! Sie war ihm, *nel mezzo del cammin di nostra vita*, in der Mitte seines Lebensweges, als er sich verirrt hatte, zu Hilfe gekommen. Damit er sich wiederfinde, hatte sie ihm Vergil gesandt, dem er durch Hölle und Fegefeuer gefolgt war. Und nun, an der Pforte zum Himmel, übernahm sie selbst die Führung. Stufe um Stufe stieg sie mit Dante ins Paradies hinauf, zum Mondhimmel, zum Venus- und Sonnenhimmel, immer höher, in den Saturn- und Fixsternhimmel und endlich ins erhabene Empyreum.

Welch eine Dichtung! Und in welch merkwürdigem Kontrast sie stand zu Dantes elendem Leben, über das uns Kärcher nicht im unklaren ließ. Der Dichter der *Commedía* war der Sohn adeliger Eltern, der mit dem Herkommen der Familie brach. Anfangs arbeitete er als eine Art Beamter in der Verwaltung seiner Heimatstadt Florenz, bis er in politische Kämpfe geriet und sich, seiner Überzeugung folgend, die Mächtigen zu Feinden machte. Angewidert von den politischen Machenschaften seiner Stadt, wandte

er sich der Wissenschaft und der Poesie zu. Er wurde verbannt und litt schwer darunter, doch er war zu stolz, seine Feinde um schmachvolle Begnadigung zu bitten.
Ich überfliege diese Zeilen und finde mich darin wieder. So viele Parallelen zu meinem eigenen Leben! Nur, daß ich kein bleibendes Werk zurücklassen werde. Also messe ich den Ähnlichkeiten der Biographie besser keine Bedeutung bei, sonst muß ich noch an ein Satyrspiel des Schicksals glauben.

6

Ich ging gern zur Schule. Der Unterricht im Karlsruher Lyceum begann jeden Morgen um 7 Uhr früh mit einer kurzen Andacht. Von 12 bis 2 Uhr war Mittagspause, und danach hatten wir noch zwei Nachmittagsstunden. Schulschluß war um vier, doch gab es meistens noch Hausaufgaben zu erledigen für den nächsten Tag.
Zum Mittagessen, das bei uns pünktlich um halb eins auf den Tisch kam, ging ich nach Hause. Der Weg war nicht weit: zuerst quer über den Marktplatz an der fremdartigen Pyramide vorbei, die von einem badischen Soldaten in einem Schilderhäuschen bewacht wurde; dann durch die Zähringerstraße nach Westen bis zur Ritterstraße, wo ich nach rechts abbog, denn an der Ecke Kaiserstraße lag das Palais, in dem wir wohnten. Nicht immer nahm ich den direkten Weg. Oft begleitete ich meinen Freund August von Marschall sowie die Mitschüler Stockhorn und Berckheim, die wie die Marschalls in der Nähe des Ettlinger Tors wohnten. Trotz des Umwegs hätte ich rechtzeitig zum Mittagessen zu Hause sein können. Wenn ich mich verspätete, lag das an den Diskussionen, die wir führten.
Ich geriet oft in Streitgespräche, obwohl ich eigentlich eine friedliche Natur war. Kirchenrat Hebel hat mich scherzhaft

einen stillen Vulkan genannt, weil ich meist schweigsam vor mich hin brütete. Ich hörte zu und bedachte, was man sagte. Bis ich unvermutet mit einem Argument alles bisher Vorgebrachte in Frage stellte. Dabei ging es nicht immer um Grundsätze. Manchmal machte es mir nur Spaß, abwegige Positionen zu verteidigen, gelegentlich den Lehrern, meistens aber meinen Freunden gegenüber.

Wenn August von Marschall zum Beispiel mit klugen, ernsten Augen von unserem armen Großherzog Karl sprach und behauptete, dieser badische Herrscher sei der beste Fürst gewesen, der je ein Land regiert habe, so hätte ich das gelten lassen können. Erstens, weil August als Sohn des berühmten Freiherrn Karl Wilhelm Marschall von Bieberstein unserem jüngst verstorbenen Landesvater persönlich vorgestellt worden war und ihm deshalb ein Urteil dieser Art zustand. Zweitens, weil man über Tote nur Gutes sagen soll. Und drittens, weil dieser letzte Zähringer aus gutem Grund gerühmt und betrauert wurde. Immerhin hatte er Baden die fortschrittlichste Verfassung Deutschlands gegeben – im Unterschied zu anderen deutschen Fürsten, die ihren Untertanen im Rausch der Befreiungskriege alles versprochen und später nichts gehalten hatten.

Im August 1818 war die von Großherzog Karl gewährte badische Konstitution feierlich verkündet worden. Ein wahrer Freudentaumel hatte damals Karlsruhe erfaßt. Nachts war ein langer Fackelzug an unserem Haus vorbei zur Residenz gezogen. Ich hatte mit meinen Geschwistern vom offenen Fenster des Kinderzimmers aus die Hochrufe gehört und die Lichterprozession beobachtet. Mir war, als würde ich den Aufbruch einer neuen, besseren Zeit miterleben. Warum also gab ich meinem Schulfreund nicht recht? Warum sagte ich:

– Er hat nur getan, was das Beste für ihn war, und das macht noch keinen guten Fürsten!

Ich sagte es, weil ich politische Ereignisse schon damals kritischer analysierte als andere. Meine Bemerkung traf den Kern

der Sache. Baden war ein sehr junger Staat, eine Schöpfung Napoleons. Aus strategischen und administrativen Gründen hatte der Franzosenkaiser zahllose Kleinstherrschaften, Splitterterritorien, Kirchengüter und Städte am Oberrhein zwischen Schwarzwald und Neckar zu einem geschlossenen Gebiet zusammengeschmolzen. Der Zähringer, einer der vielen Kleinfürsten der Region, wurde zum Landesherrn ernannt. Sein Geschlecht war zwar eines der ehrwürdigsten, aber zum Großherzog hatten ihn nicht Kriegskunst oder Verdienst, sondern die Gunst der Stunde und die Gnade Napoleons gemacht. Nach dessen Sturz war Großherzog Karls Herrschaft von innen und außen bedroht. Bayern und Österreich hätten gern die Ländereien zurückgehabt, die ihnen der französische Imperator zugunsten Badens weggenommen hatte; auch die katholische Kirche, die ehemals reichsfreien Städte und die ihrer Selbstherrlichkeit beraubten Zwergmonarchen hofften auf die Wiederherstellung des vornapoleonischen Zustands. Nur weil den europäischen Großmächten ein geschlossener Mittelstaat am Oberrhein besser auf die Landkarte paßte als der vormalige Fleckenteppich, entschied der Wiener Kongreß, es bei der Flurbereinigung zu belassen. So überstand der badische Großherzog – man muß sagen: wunderbarerweise – ungeschoren das Strafgericht über seinen nach Sankt Helena verbannten Gönner. Damit war auch die äußere Gefahr für das junge Großherzogtum gebannt.
Die innere aber bestand fort: Mit dem Zweiten Stand war kein Staat zu machen. Die ehemaligen Kleinfürsten und andere Miniatur-Souveräne trauerten ihrer Unabhängigkeit nach. Sie lauerten nur auf eine Gelegenheit, sich dem ungeliebten Landesherrn zu entziehen. Dem Großherzog blieb also gar nichts anderes übrig, als seine Macht mit Hilfe des Dritten Standes zu festigen. Ein vernünftiges Bündnis, denn das Bürgertum hatte selbst das lebhafteste Interesse am Fortbestand der neuen Ordnung. Wirtschaftlich ging es ihm vor allem um Handel und Verkehr, weshalb es die Wiederaufrichtung gefallener Zoll-

schranken verhindern mußte. Politisch strebte es die Garantie eines gewissen Freiraums und einige Mitwirkungsrechte am Gemeinwesen an, kurz: eine liberale Konstitution. In dieser Beziehung mußte der Großherzog sich also gefällig erweisen. Bei nüchterner Betrachtung war die Gewährung einer Verfassung kein zu hoher Preis.

Großherzog Karl selbst war allerdings viel zu beschränkt und hinfällig – er litt unter der Französischen Krankheit –, um solche Erwägungen anzustellen. In Wien, wo er während des Kongresses um gut Wetter bat, wurde er zu seinem Glück von einem der hellsten Köpfe der Zeit beraten: vom preußischen Freiherrn von und zum Stein. Stein befand sich im Gefolge des russischen Zaren, dessen Frau die Schwester unseres Großherzogs war. Der russische Familienrat machte die Sache des bedrängten Schwagers zu seiner eigenen. Unglaublich, was dabei herauskam. Stein empfahl, schleunigst ein Verfassungsversprechen abzugeben und eine Konstitution für Baden ausarbeiten zu lassen.

So geschah es. Und welche Ironie darin lag, daß die Badener ausgerechnet dem russischen Zaren, dem Erzfeind aller liberalen Bestrebungen und Haupt der Reaktion, ihre fortschrittliche Verfassung verdankten!

Meine Kameraden wollten weder an die russische Geburtshilfe für unsere Verfassung noch an das Kalkül unseres Landesherrn glauben. Da der *arme Großherzog* kurz nach der Verkündung der Verfassung gestorben war, kamen ihnen meine Zweifel vollends blasphemisch vor. So standen wir beim Ettlinger Tor, wo sich unsere Wege trennten, und tauschten mit erhitzten Köpfen Argumente aus: ich mit kraus gezogener Stirn zuhörend und mit hoher Stimme antwortend, die anderen vier im Halbkreis um mich herum, bald einzeln, bald durcheinanderredend. Die Passanten – Dienstmädchen mit Körben, eilige Beamte auf dem Weg zum Mittagstisch, Handwerker und Bauern – mußten einen Bogen um uns machen. Vermutlich dachten sie, wir, in

unseren Lyceumsröcken mit dem violetten goldschnurgefaßten Samtkragen, heckten Schülerstreiche aus.
Bei anderer Gelegenheit war ich es dann, der die Verfassung des Großherzogs Karl verteidigte. Ob freiwillig gewährt oder nicht, es war eine gute Verfassung, jedenfalls nach damaligen Begriffen. Der berühmte Karl Friedrich Nebenius hatte sie ausgearbeitet. Nach englischem Muster sah sie als parlamentarische Volksvertretung ein Ober- und ein Unterhaus vor. Jenes hieß bei uns die Erste Kammer und war eine Versammlung der ständischen Privilegienträger, der Aristokratie also; dieses, die Zweite Kammer, bestand aus dreiundsechzig Abgeordneten des Bürgertums. Während ich deren Wahl für ziemlich undemokratisch hielt – wählbar waren nur Männer mit einem versteuerten Einkommen von wenigstens zehntausend Gulden und wahlberechtigt nur Wahlkollegien aus wirtschaftlich unabhängigen Bürgern –, fanden meine Mitschüler, der *arme Großherzog* sei mit seinen Zugeständnissen zu weit gegangen. In Hofkreisen war dies die allgemeine Meinung. Dem neuen Landesherrn und letzten Überlebenden des Hauses Zähringen, Karls Onkel Ludwig, paßte die Verfassung von Anfang an nicht.
Großherzog Ludwig war kein Fanatiker, aber er war auch kein Taktiker. Das Bündnis mit dem Bürgertum schien ihm verächtlich. Immerhin war er königlich preußischer Infanteriegeneral und persönlicher Freund des mächtigen österreichischen Kanzlers Metternich.
– Die Freiheit in Baden wird von den Wühlern ausgenutzt, die französische Verhältnisse wollen, behauptete August von Marschall.
– Alle Menschen sind gleich, hielt ich dagegen, und ein Tuchhändler hat dasselbe Recht, seine Meinung zu sagen, wie ein Freiherr.
Das war auf Augusts Vater gemünzt, der in der Ersten Kammer saß. Weniger vornehm ging es in der Zweiten Kammer zu. Hier herrschte ein neuer, revolutionärer Ton. Ein Abgeordneter,

hörte man, hatte die Abschaffung des Adels verlangt, ein anderer, nämlich Rotteck, die Einrichtung einer unabhängigen, volkstümlichen Justiz, ein dritter – er hieß Liebenstein und war selbst Freiherr – die Freiheit der Presse. Auf dem Schulweg begegneten uns manchmal Abordnungen von auswärts, die Dankadressen und Geschenke in den Landtag brachten: Ehrenbecher und Eichenkränze, Weinfäßchen und Obstkörbe. Die Zuhörertribüne des Ständehauses war jeden Tag überfüllt. Aus ganz Deutschland kamen die Leute nach Karlsruhe, um das unerhörte Schauspiel von Demokratie mitten in Deutschland mit eigenen Augen zu sehen.

– Wir sollten stolz sein auf Baden, sagte ich meinen Kameraden. An unserem Land können sich andere ein Beispiel nehmen. Bei uns geht der Fortschritt seinen ruhigen Gang. Nur wo man ihn gewaltsam aufhält, kommt es irgendwann zur Revolution.

Im Frühjahr 1819 kam es infolge des Sandschen Attentats zum großen Meinungsumschwung in Karlsruhe. Im Oktober darauf ließ Großherzog Ludwig – nun wieder von Gottes Gnaden – die Karlsbader Beschlüsse als Gesetz verkünden und hob wichtige Bestimmungen der Verfassung auf. Von der nun einsetzenden Gesinnungsschnüffelei blieb unser Lyceum zwar verschont, doch Zensur und Demagogenverfolgung veränderten die Atmosphäre, in der wir lebten. Am meisten störte mich die plötzliche Sorge alltäglicher Bekannter – des Bäckers, der Gemüsefrau, des Schulpedells –, als freisinnig zu gelten, und dabei waren sie vor dem März 1819 stolz gewesen auf dieses Attribut. Es kam nun vor, daß meine Freunde mir rieten, leiser zu reden bei unseren mittäglichen Straßendiskussionen. Obwohl anderer Ansicht als ich, wollten sie doch nicht, daß ich verhaftet würde.

Das geschah zum Glück nicht. Die schlimmste Folge der Streitgespräche beim Ettlinger Tor war ein strafender Blick meines Vaters, weil ich zu spät zum Mittagessen kam. *Ponctualité est la vertu des rois*, pflegte er streng zu sagen. Ich senkte den Kopf und begann, die kaltgewordene Suppe zu löffeln; schuldbewußt,

obwohl ich an den Tugenden der Könige schon seit den Tagen im Landhaus zweifelte. Es schmerzte mich, daß Vater unzufrieden war mit mir. Manchmal nahm ich mir vor, nach dem Essen auf ihn zuzugehen, um ihn um Verständnis zu bitten.
– Ich bin nicht freiwillig unpünktlich gewesen, wollte ich sagen; ich habe ein Streitgespräch geführt, in dem ich allein gegen vier Freunde meinen Standpunkt verteidigen mußte. In einer solchen Situation kann man nicht derjenige sein, der zum Heimgehen mahnt. Das würde einem als Rückzug ausgelegt. Verstehst du nicht, Vater? Doch ich sagte höchstens: *Je suis désolé, père.* Ich wußte, daß er meine Entschuldigung nicht akzeptiert hätte.
Er war mir fremd. Dabei hoffte ich so, er könnte mein Freund sein. Meine zaghaften Versuche, ihm näherzukommen, scheiterten alle. Einmal schrieb ich ihm, da war ich vierzehn, ein Geburtstagsgedicht, natürlich auf französisch. Darin hieß es sinngemäß: Uns beide trennt ein Graben, Vater, ich stehe hier und du stehst drüben; wirf mir ein Seil zu, und ich will es festbinden, um darauf zu dir hinüberzutanzen. Das Ganze hatte ich in Hexameter gefaßt. Stolz sah ich zu, wie er es las. Ängstlich beobachtete ich jede Regung in seinem Gesicht, denn ich bildete mir ein, das Eis zwischen uns müßte nun gleich zu tauen beginnen. Er aber legte das Blatt zur Seite und sagte nur:
– *Merci, mon fils. Mais je n'aime pas les funambules!*
War er unbeeindruckt? Wagte er nicht, sein Gefühl zu zeigen? Ich weiß es bis heute nicht. Natürlich blieben ihm meine oppositionellen Neigungen nicht verborgen, zumal ich meinen Geschwistern gegenüber keinen Hehl daraus machte. Insgeheim hoffte ich, er würde mich streng zur Rechenschaft ziehen. Dann hätte ich eine Gelegenheit gehabt, ihm meinen Standpunkt zu erläutern. Mir schwebte so etwas vor wie ein *Hier stehe ich, ich kann nicht anders.* Er aber vermied die Auseinandersetzung mit mir. Statt dessen sagte mir meine Mutter eines Abends vor dem Schlafengehen:
– Vater hat gestern mit mir über dich gesprochen. Es ist ihm zu-

getragen worden, daß du sehr freisinnige Ansichten vertrittst. Für den Sohn des russischen Geschäftsträgers, meine ich, schikken sich solche Ansichten nicht.
Ich nickte. Vor dem Einschlafen fragte ich mich dann, ob sie einen eigenen Tadel ausgesprochen oder mir nur Vaters Mißfallen ausgedrückt hatte.
Mutters größte Sorge galt meinem Seelenheil. Denn mein Widerspruchsgeist machte auch vor den Mysterien der Religion nicht halt, was sie als Tochter eines Pastors besonders bekümmerte. Ursprünglich äußerte sich mein Mangel an Frömmigkeit nur in respektlosen Fragen, die sie mir anfangs gutwillig zu beantworten versuchte, später einfach verbot. Vergeblich erhoffte sie sich eine Vertiefung meines Glaubens durch den Konfirmandenunterricht, den ich im Winter 1818/19 gemeinsam mit meinen Freunden August und Adolf von Marschall besuchte. Unser Lehrer – Kirchenrat Knittel – war so aufgeklärt, wie es unter äußerlichem Festhalten an protestantischen Dogmen überhaupt möglich war.
– Gott will keine unmündigen Menschen, schärfte er uns ein.
Statt meine Fragesucht zu tadeln, ermutigte er mich zum Nachdenken. Hätte Gott nicht gewollt, daß wir unseren Verstand gebrauchen, so seine Logik, wären wir ohne Verstand auf die Welt gekommen. Niemand, auch kein Pastor, habe das Recht, sich zu unserem Vormund aufzuwerfen. Und keiner von uns habe vor Gott die Ausrede, er richte sich nach den Anweisungen anderer Menschen. Wir seien für uns selbst verantwortlich und nur unserem eigenen Gewissen unterworfen.
– Aber natürlich ist es viel bequemer, sich von andern gängeln zu lassen. Wenn ihr glaubt, daß Gott diese Faulheit mit der ewigen Seligkeit belohnt, seid ihr auf dem Holzweg. Er will eure Überzeugung, nicht euern Gehorsam. Also werde ich euch sagen: Unsere Kirche lehrt dieses und jenes; das sind die Gründe und Traditionen dieser Lehren. Was für einen Gewinn ihr daraus zieht, ist eure Sache!

Meiner Mutter hätten solche Sätze nicht gefallen. Sie verstand unter Frömmigkeit die blinde Unterordnung unter die Autorität der Kirche. Mir jedoch gefiel sehr, was Kirchenrat Knittel sagte. Wahrscheinlich haben wenige Dreizehnjährige im Konfirmationsunterricht soviel Wichtiges gelernt wie wir damals. Habt Mut, selber zu denken! Ich ließ mir das nicht zweimal sagen.

Der Tag, an dem wir zum ersten Abendmahl zugelassen wurden, war bitter kalt. Wir Konfirmanden froren schrecklich in der ungeheizten Kirche. Während der Andacht drehte mir August den Kopf zu und flüsterte:

– Gleich friert mir das Gebiß zu!

Ich hätte beinah laut gelacht und hielt mir gerade noch rechtzeitig die Hand vor den Mund. Mutter hatte die Szene von ihrer Bank aus beobachtet und stellte mich beim Nachhausegehen zur Rede. Für sie war unser Benehmen unverzeihlich. Scherze in der Kirche! Noch dazu während der heiligen Konfirmation! Der Himmel gab seinen eigenen Kommentar: Infolge der Abendmahlszeremonie in der klirrend kalten Kirche bekam ich eine fiebrige Erkältung und konnte an der eigentlichen Konfirmation am folgenden Sonntag nicht teilnehmen.

Später habe ich gerne gesagt, wenn das Gespräch auf die Religion kam:

– Ich bin nur zur Hälfte konfirmiert, daher mein schwacher Glaube!

7

Für Onkel Heinrich war Sands Attentat nur ein Anlaß mehr für einen seiner launigen Monologe.

– Verräter des Vaterlands? Dummes Zeug. Wenn dieser Kotzebue den Tod verdient hat, dann wegen seiner miserablen Theaters-tücke!

Er sprach das »s« in Worten wie steif und spitz wie ein richtiges s aus, denn er kam aus Hamburg. Jeden Herbst, wenn er zur Kur nach Baden fuhr, machte er bei uns Station. Dann klang unser Haus wider von seiner dröhnenden Baritonstimme, und schon im Vorzimmer hing das Aroma seiner Zigarre. Solange er da war, beherrschte er jedes Tischgespräch und jede Abendunterhaltung. Er hatte eine unnachahmliche Art zu erzählen. Scheinbar mühelos formulierte er sorgsam gedrechselte Sätze, verschenkte kein farbiges Detail und verriet nie eine Pointe zu früh.

In jeder Beziehung war diese Hamburger Frohnatur das Gegenteil von meinem Vater; wie Brüder sahen die beiden nicht aus. Massig, rund, laut und leutselig, immer gut gelaunt, nie in Eile, saß Onkel Heinrich mit zufriedenem Gesicht im Salon. Das Sofa nahm er für sich allein in Beschlag. Nie wäre es ihm eingefallen, zum Rauchen ins Herrenkabinett zu gehen, wie das üblich war. Er beanspruchte Sonderrechte, und jeder fand das angemessen. Vor sich auf dem Mahagonitisch ein Glas mit Portwein, in der Hand die Zigarre, unterhielt er die im Zimmer verteilte Familie wie ein Schauspieler sein Publikum.

– Ich weiß, wovon ich s-preche. Vor vier Jahren habe ich ein Lusts-piel von diesem Kotzebue gesehn. Da trat ein reicher Spießer namens Hippeldanz auf, der um die Hand einer jungen Frau anhielt. Er verband seinen Antrag mit der Beschreibung des Verlobungsessens. Das war nun allerdings bezeichnend für den Geschmack von diesem Kotzebue: russischer Kaviar und französische Paté de Périgord!

An dieser Stelle spuckte mein Onkel angewidert in den neben dem Sofa stehenden Spucknapf.

– Was für eine grauenhafte Zusammenstellung! Kaviar mit Périgordpastete, abscheulich. Wo bleibt da die Poesie?! Der Mann war ein S-tümper!

Wie Vater stand auch Onkel Heinrich im diplomatischen Dienst Rußlands. Er war in der Hansestadt Gesandter des Zaren. Seine Frau – Tante Anna – schien sich dieser Würde bewußter zu sein als er. Sie war sehr vornehm gekleidet, in langfließende weiße Gewänder mit hoher Taille und besticktem Saum. Ihr langes braunes Haar war streng nach oben gezogen und überm Scheitel zu einem kunstvollen Gebilde aus Knoten und Wülsten geformt. Sehr vorteilhaft wirkte das nicht. Die Schatten fallender Haarlocken hätten Tante Annas Gesicht gutgetan. Nicht weil es zu alt, sondern weil es so männlich war. Tante Anna redete nie. Offenbar hatte sie das Reden verlernt im Zusammenleben mit Onkel Heinrich, der am liebsten selber sprach. Auch das Lachen war ihr im Laufe der Ehejahre vergangen, doch den Grund dafür erkannte ich erst später. Mit vierzehn fand ich nichts dabei, daß mein Onkel mit jedem unserer Dienstmädchen schäkerte und auf unseren Hausfesten die anziehendsten Damen um sich scharte. Ich konnte mir nicht erklären, warum Tante Anna so sauertöpfisch in die Welt sah, obwohl sie mit einem so lustigen Mann verheiratet war.

Onkel Heinrich besaß in überreichem Maß all das, was mir fehlte: Unbefangenheit im Umgang mit Fremden, Gemütsruhe, Charme und eine wohltönende Stimme. So wie er wäre ich gerne gewesen, doch ich wußte, so würde ich nie sein. Diese heimliche Sehnsucht in mir nach Leichtsinn und Leutseligkeit, wozu mir doch jegliche Veranlagung fehlt! Nie konnte ich mich gehenlassen. Ängstlich kontrollierte ich meine Worte, Gedanken, Gefühle. Es muß herrlich sein, sich nur dem Augenblick zu ergeben, den Leidenschaften und Bedürfnissen freien Lauf lassen zu können und sich nicht einmal Eitelkeiten zu verbieten. Onkel Heinrich hat sich niemals gefragt, ob seine Geschichten uns langweilten oder nicht. Er kam gar nicht auf die Idee, an seiner Wirkung zu zweifeln. Weil er sich für unwiderstehlich hielt, war er unwiderstehlich. Die Welt liebt nicht die Bescheidenen. Wie soll sie auch ihr Vertrauen in Menschen setzen, die selbst an sich zweifeln.

Ich war nie zufrieden mit mir. Ich fand mich häßlich. Das dünne rotblonde Haar, die großen abstehenden Ohren, das schmale

Gesicht mit den hohen Wangenknochen, die kurze Nase, die großen Augen, der lippenlose Mund. Und diese Stimme, die im Stimmbruch steckengeblieben war! Ich haßte alles an mir: die Sommersprossen auf Stirn und Nase, die unreine Haut, den viel zu langen Hals, die abfallenden Schultern, meine großknochige, jammervolle Statur. O, wie mißfiel mir der Körper, in den ich hineingeboren war! Aber was sollte ich tun? Schließlich mußte ich mich mit ihm abfinden, es blieb mir keine Wahl. Ich war fünfzehn.

Zum Glück war ich kein Mädchen. Mit meinen Schwestern hatte es die Natur besser gemeint. Nur Elise, die älteste, begann schon damals altjüngferlich zu werden. Mitte Zwanzig und noch immer unverheiratet, war sie schmal und lang und trug hochgeschlossene dunkle Kleider. Mehrmals täglich eilte sie, das Gebetbuch in der Hand, zur Kirche. Und doch befand sie sich in einem Teufelskreis: Sie tat so fromm, weil sie keinen Mann hatte; und weil sie so fromm tat, bekam sie keinen Mann. Sophie dagegen war eine Schönheit: neunzehn Jahre, hochgewachsen, mit blitzenden Augen und Grübchen in den Wangen. Sie heiratete später einen italienischen Hauptmann, mit dem sie nach Neapel zog. Kathinke, die nächstjüngere, hatte große Ähnlichkeit mit Mutter, die gleichen Augen, die gleiche Haarfarbe, die gleichen weichen Bewegungen. Unverständlich, warum sie keinen Mann gefunden hat. Friederike, ein Jahr jünger als ich, sah unansehnlich aus, war aber weniger schüchtern. Sie machte die beste Partie von allen, denn sie heiratete den begüterten Freiherrn Josef von Gemmingen. Was aus Philippine werden würde, konnte damals noch keiner wissen; sie war erst zehn.

Und dann war da noch Louise. Meine Cousine Louise Kielmann, die meine Eltern aufgenommen hatten, weil sie ein Waisenkind war. In der Zeit, als mir ihre Gegenwart auffiel, war sie dreizehn und glich einem Engel. Ich war verliebt in sie. Beim Mittagessen beobachtete ich heimlich, wie sie die Gabel zum

Mund führte. Sie nahm kleine Bissen, die sie artig mit geschlossenen Lippen kaute. Ich fand das sehr aufregend. Nachts träumte ich manchmal, daß Beatrice ebenso kaute. Überhaupt bekam Dantes Retterin mehr und mehr Ähnlichkeit mit meiner anmutigen Cousine. Doch diese ahnte nichts von der schmerzhaften Sehnsucht, die mir das Herz zerriß. Völlig unbefangen spielte sie mit mir *Der Raubgraf*, ein Würfelspiel, das ich zu Weihnachten 1819 geschenkt bekommen hatte. Nie bemerkte sie die Zärtlichkeit meiner Blicke, und das war gut so. Ich wollte gar nicht, daß sie wußte, was ich empfand. Lieber will ich dich heimlich lieben, sagte ich mir, als zurückgestoßen zu werden. Denn daß ich zurückgestoßen würde, stand für mich fest. Schließlich war sie schön, zart und unschuldig, und ich war häßlich, ungeschickt und voller dunkler Gedanken.

So sah ich mich damals. Manchmal genoß ich es geradezu, mich mit schonungsloser Selbstkritik zu quälen. Aber es gab auch helle Momente, in denen ich meine Zweifel vergaß. Da war ich dann einfach ein junger Gymnasiast. Die Kinderspiele aus Landhaustagen – Anschlag, Versteck, Hüttenbauen und Bäumeklettern – kamen natürlich nicht mehr in Frage. Schließlich sprach mich die Bäckersfrau schon mit junger Herr an. Aber dafür gab es neue Vergnügungen. An manchen Sonntagen ritt ich mit August von Marschall und meinem Bruder Georg durch die nahen Wälder. Unser Ziel war meist der Erlachsee, der, eine halbe Wegstunde von der Stadt entfernt, still und schwarz zwischen uralten Bäumen liegt. Im Hochsommer kamen wir hierher zum Baden, im Winter erprobten wir die Tragfähigkeit der blaugrünen Eisfläche und rutschten lachend darüber hin.

Samstagnachmittags holte mich August ab, um flanieren zu gehen. In unseren besten Röcken stolzierten wir durch die Stadt und kehrten schließlich – das war der Höhepunkt und eigentliche Zweck des Ausflugs – in eines der Kaffeehäuser ein. Hier benahmen wir uns wie erwachsene Männer und wurden auch so behandelt. Der Reiz des Unternehmens bestand in dem Risiko,

einem unserer Lehrer zu begegnen. Denn den Zöglingen des Lyceums verboten die schulischen Sittengesetze ausdrücklich den Besuch von Billard-, Kaffee- und Bierhäusern. In aller Regel blieb unser Verstoß unentdeckt. Ein paarmal beobachtete uns Professor Kärcher, ohne uns anzuzeigen. Aber es kam auch vor, daß uns strengere Lehrer erwischten und zu Karzer verurteilten. Eine andere Abwechslung brachten die Bälle und Geburtstagsfeste, zu denen ich einlud und eingeladen wurde. Kaum eine Woche verging ohne ein derartiges Ereignis. Da hatte ich dann keine Gelegenheit, schwermütigen Gedanken nachzuhängen. Das Programm solcher Feiern war ausgefüllt mit Gesellschaftsspielen, von denen sich keiner ausschließen konnte. Ich war ein hervorragender Scharadespieler! Auch die Kreis- und Reihentänze, die damals in Mode waren, machten mir Spaß.
Ich war, nebenbei bemerkt, auch als erwachsener Mann noch ein eifriger Tänzer. Auf den Bürgerfesten im unruhigen Mannheim vor und während der Revolution tanzte ich oft bis in die Morgenstunden. Karl Mathy fand das tadelnswert. Das Gehopse sei lächerlich, pflegte er zu sagen, man solle es den Wilden überlassen. Worauf ich ihm gelegentlich erwiderte, ich verachte die Wilden nicht, sondern glaube, man könne manches von ihnen lernen. Aber merkwürdig scheint es mir im nachhinein doch, daß er, der Selbstsichere, Sorge hatte, er würde beim Tanzen lächerlich wirken, während ich diese Gefahr, allen Selbstzweifeln zum Trotz, niemals scheute. Zumal Mathy weitaus musikalischer war als ich und gern und oft Volks- und Freiheitslieder sang.
Den größten Spaß hatte ich an den Maskenbällen, die im Karlsruhe meiner Kindheit sehr beliebt waren. Sie standen meist unter einem bestimmten Motto, etwa Römische Nacht oder Ritterturnier, und ich setzte meinen Ehrgeiz darein, mich möglichst unerwartet zu kostümieren. Auf das römische Maskenfest ging ich als Taschendieb, auf das Ritterturnier als Gevatter Tod. Mir gefiel es, mich zu verwandeln und mich inkognito unter Ver-

mummten – gewissermaßen im Geisterdickicht – zu bewegen. Mein Spaß war am größten, wenn mich keiner erkannte. Für ein paar Stunden war ich nicht ich. Sprach mich jemand mit Namen an, tat ich so, als kenne ich diesen Gustav von Struve nicht.

In den Sommerferien reiste Mutter mit uns nach Stuttgart, wo Großmutter Hochstetter noch immer das Landhaus bewohnte. Für mich war das jedesmal eine Rückkehr in die Kindheit. Sobald wir ankamen, stieg ich hinauf zu meinem Lieblingsplatz unterm Dach und versuchte, wieder acht Jahre alt zu sein. Doch es gelang mir nicht. Nichts hatte sich verändert, aber nichts war mehr wie früher, denn ich war nicht mehr derselbe. Ich fühlte mich wie zu Besuch; das Haus, der Garten, der Blick ins Tal – das alles gehörte nicht mehr zu mir. Jedes Jahr freute ich mich auf die Ferien, doch kaum waren wir in Stuttgart, sehnte ich mich nach Karlsruhe zurück.

Über die Zukunft machte ich mir keine Gedanken. Alles schien festgelegt, denn Vater hatte mein Leben vorausgeplant. Selbstverständlich sollte ich Jurist werden wie meine großen Vorfahren und die diplomatische Laufbahn einschlagen wie er selbst. Für den russischen Staatsdienst kam ich allerdings, das hatte er seufzend irgendwann eingesehen, wegen meines Hangs zur Opposition nicht in Frage. Aber das mußte kein Nachteil sein. Der Herzog von Oldenburg war uns zu Dank verpflichtet. In napoleonischer Zeit hatte er sich als Emigrant in Holland aufgehalten und dort die Hilfe meines Vaters in Anspruch genommen. Schon damals war festgelegt worden, daß einer der Struve-Söhne in oldenburgische Dienste treten würde. Vater hatte nun mich zu demjenigen bestimmt, dem dieser Gunstbeweis zugute kommen sollte.

Immer noch war Vater unzufrieden mit meinen Lehrern. Ein zukünftiger Diplomat, meinte er, müsse mehr können als Griechisch und Latein. Schon in Stuttgart hatte ich wie alle meine Geschwister Klavierunterricht erhalten. Verlorene Müh! So gern ich Musik höre, zum Musizieren tauge ich nicht. Schon Großmutter Hochstetter, die uns die ersten Etüden beibrachte, verzweifelte an mir. Ich habe immer nur mechanisch auf den Tasten herumgehackt. Nicht viel geschickter stellte ich mich bei meinen ersten Reitstunden an. Vater hielt es jedoch für unverzichtbar, mich zu einem tüchtigen Reiter zu machen. So mußte ich als Gymnasiast jeden Dienstag nach der Schule zum Marstall der Residenz, wo Leutnant Luckwald mich erwartete. Er gehörte der großherzoglichen Kavallerie an und empfand es merklich als Zumutung, ein Bürschchen wie mich zum Chevalier zu machen. Wenn ich ankam, saß er meist schon hoch zu Roß und drängte zur Eile. Ein Stallbursche brachte mir Galathee, eine gutmütige Fuchsstute, und half mir beim Aufsitzen. Dann ritten wir zum Exerzierplatz, der um diese Tageszeit leer war. Immerhin lernte ich, zu Pferde eine gute Figur zu machen, und mehr muß ein zukünftiger Diplomat nicht können.

An meinem fünfzehnten Geburtstag sagte Vater, ich müsse nun in die Staatswissenschaften eingeführt werden. Von da an ging ich dreimal die Woche nach der Schule zu Monsieur Bouvier.

Ah, Monsieur Bouvier! Wie führe ich ihn ein, um klarzustellen, was er mir bedeutet hat und immer noch bedeutet? Er war jahrelang die rechte Hand des Schweizer Gesandten in Karlsruhe gewesen und besserte sich seit seiner Pensionierung die Rente mit Privatstunden auf. Als ich ihn zum erstenmal sah, war er mir unheimlich. Aus dem Rücken wuchs ihm ein Höcker, der Brustkorb war unnatürlich geweitet; der ganze Oberkörper wirkte gestaucht, die dünnen Beine zu lang, die Hände an den baumelnden Armen zu groß. Er ging nach vorne gebeugt und zog im Gehen das rechte Bein nach. Aber was für ein Kopf saß auf diesem mißgestalteten Körper! So muß der alte Platon ausgesehen haben: kahl der Schädel, wuchernd die weißbuschigen Brauen, ebenmäßig die Nase, weich die Lippen, tief eingegraben die Falten um den Mund. Und was für große, wissende, gutmütige Augen! Ich blickte in diese Augen und verlor jede Scheu vor dem mißgestalteten alten Mann.

Er bewohnte ein kleines Haus vor dem Durlacher Tor. Überall waren Bücher – im Flur, im Vorzimmer, in dem winzigen Salon und natürlich in Bouviers Arbeitszimmer, wo er mich zu empfangen pflegte. Roh gezimmerte Regale, die von gebundenen und brochierten Oktavbänden überquollen, bedeckten jede Wand. Vor den Fenstern standen auf hölzernen Gestellen üppig grünende Pflanzen, wie ich sie vorher nie gesehen hatte. Sie waren der Anlaß für manche Auseinandersetzung des alten Herrn mit seiner Wirtschafterin, die durchaus nicht einsehen wollte, daß sie die Töpfe nicht gießen durfte. Diese Arbeit hatte sich der Greis selbst vorbehalten, was die Frau offenbar von Zeit zu Zeit vergaß. Wenn sie wieder einmal eigenmächtig zur Gießkanne gegriffen hatte, wurde Monsieur Bouvier sehr ärgerlich, machte der Übeltäterin heftige Vorwürfe und verwies sie streng des Zimmers. Es dauerte dann einige Zeit, bis er sich beruhigt hatte. Heftig atmend stand er vor dem zierlichen Vogelbauer, der vor dem Fenster des Arbeitszimmers von der Decke hing. Durch das Gezwitscher des Kanarienvogels fand er seinen inneren Frieden wieder. Ich saß währenddessen still in dem abgewetzten Polsterstuhl neben dem Schreibtisch, beobachtete den verwachsenen Alten

> der mir durch langes Schweigen
> schien voll Schwäche

und wartete auf den Fortgang des Unterrichts.
Monsieur Bouvier war nicht nur belesen und erfahren, er hatte auch eine wunderbare Begabung, den spröden Gegenstand seiner Stunden lebendig werden zu lassen.
– Gerade so, sagte er, wie alle Menschen ein Gehirn, ein Herz, Lungen, Leber, Magen und andere Organe haben, so haben auch die verschiedenen Staaten gewisse notwendige Organismen.
Er lehrte mich, die Staaten als lebende Wesen zu betrachten. Ich

fand es aufregend, sie miteinander zu vergleichen und nach wechselnden Kriterien zu beurteilen. Monsieur Bouvier vertrat die Auffassung, daß Staaten wie Menschen Jugend, Reife und Alter durchleben und irgendwann absterben. Doch die Erfahrung der Jahrtausende, sagte er, gehe nicht verloren. Sehr allmählich und unterbrochen von mancherlei Rückschlägen, verbessere sich die Qualität unserer Gemeinwesen, wie ja auch der Mensch seit seinen Anfängen stetig vernünftiger geworden sei. An dieser Entwicklung mitzuwirken sei eine wichtige Aufgabe. Ihretwegen studiere man Staatswissenschaft.
Einiges von dem, was Monsieur Bouvier mir beigebracht hat, kann ich immer noch auswendig. Platons Definition vom Staat zum Beispiel: *Der Staat ist die Vereinigung einer Anzahl von Menschen unter Gesetzen, deren Entstehungsgrund in der Unzulänglichkeit jedes einzelnen liegt, seine Bedürfnisse allein zu befriedigen.* Die Griechen, lehrte Bouvier, hätten es als erste unternommen, die Bildung von Staaten zu untersuchen und aus ihren Schicksalen zu lernen. Damit, betonte er mit vorgerecktem Kopf, hätten sie der Menschheit einen unschätzbaren Dienst erwiesen. Wie der Mensch seit den Anfängen immer vernünftiger werde, so würden nun auch die Staaten allmählich vollkommener.
– Laß dich nicht täuschen, sagte er, von den Rückschlägen und Umwegen der Entwicklung. Das dunkle Mittelalter etwa kannst du getrost vergessen. Es fehlte ihm am Verständnis für das klassische Altertum. Macht nichts. Was ist schon ein verlorenes Jahrtausend in der Geschichte der Menschheit? Der Samen, den der Geist ausstreut, bedarf oft der Jahrtausende zu seiner Entwicklung. Auch das begabteste Kind faßt die Bestrebungen des Mannes noch nicht. So mußte das Kind des Mittelalters zum Jüngling der neueren Geschichte werden, um die Überlieferung der Alten aufgreifen und weiterdenken zu können.
Weitergedacht hatten inzwischen nach Monsieur Bouviers Ansicht vor allem Hobbes, Locke und Rousseau. Über Hobbes,

dessen Werke *De cive* und *Leviathan* er in englischen Ausgaben aus dem 18. Jahrhundert besaß, hörte ich freilich nicht viel Gutes.

– Hobbes behauptet, erklärte mir mein Lehrer, der Mensch sei von Natur aus ein Egoist und das Zusammenleben ein Krieg aller gegen alle. Da dieser Zustand gegenseitiger Bedrohung unhaltbar sei, müßten die Menschen um ihres eigenen Vorteils willen aus ihm heraustreten und, um ihr Überleben zu sichern, sich der absoluten Gewalt des Staates unterwerfen. Seine Argumentation leuchtet ein, doch hat sie einen entscheidenden Fehler: Sie geht von der Voraussetzung aus, der Mensch habe nichts als seinen eigenen Vorteil im Kopf. Was für ein Irrtum! Nichts ist dem Menschen unerträglicher, als allein und ungeliebt zu sein. Die Gesellschaft ist dem Menschen an und für sich schon ein Bedürfnis, ohne alles Weitere. Und sollen wir wirklich glauben, die Menschen täten sich zusammen aus Furcht voreinander? O nein! Nicht die Furcht, sondern die Hoffnung führt zur Gemeinschaft.

Locke kam etwas besser weg in Bouviers Unterricht. Immerhin hielt er den Menschen für moralisch von Natur aus, wie mein Lehrer anerkennend bemerkte. Aber diese kleinliche Sorge um das Eigentum! Typisch englisch, sagte Bouvier. Aber, fügte er hinzu, Locke hat zumindest eine sehr richtige Idee gehabt. Eine Idee, die dann vom großen Montesquieu übernommen und ausgebaut wurde, die Idee der Gewaltenteilung. Alle guten Gedanken sind einfach, auch dieser: Das Parlament kontrolliert den König, der König kontrolliert das Parlament. Konsequent durchgeführt, ist dieses Prinzip der Schlüssel, um jeden Mißbrauch zu verhindern.

Im Januar 1821 – draußen fiel dichter Schnee, drinnen knackte das Holz im Kachelofen, auf Monsieur Bouviers Schreibtisch waren schon bei meiner Ankunft um halb fünf die Lichter zur Hälfte heruntergebrannt – kamen wir dann zu Jean-Jacques Rousseau. Wie die Augen meines Lehrers leuchteten, wenn er

diesen Namen aussprach! Sein ganzer Unterricht hatte nur den Zweck verfolgt, mich dem Verständnis von Rousseaus Hauptwerken näherzubringen. Mit der bisherigen Methode des Referierens und Nachfragens war es nun vorbei. Ich sollte selbst die Schriften des Meisters lesen, Abschnitt für Abschnitt, um dann mit meinem Lehrer über den Inhalt zu reden. In dessen Bibliothek befand sich die von Du Peyrou edierte siebzehnbändige Gesamtausgabe der Werke Rousseaus. Zuerst gab Monsieur Bouvier mir den *Contrat social* zu lesen. Er legte mir das Buch mit bedeutungsvoller Miene in die Hände, als stünde darin die Auflösung aller Menschheitsrätsel.
Das rief meinen Widerspruchsgeist auf den Plan. Ich begann die Lektüre in der Absicht, mich nicht von Monsieur Bouviers Begeisterung beeinflussen zu lassen. Aber schon die ersten Zeilen entwaffneten mich. *Der Mensch ist frei geboren, und überall liegt er in Ketten.* In diesem Satz lag unausgesprochen und doch überdeutlich die Aufforderung, die naturwidrige Unterdrückung schleunigst zu beenden. Und gleich darauf wurde Rousseau noch deutlicher: *Solange ein Volk zu gehorchen gezwungen ist und gehorcht, tut es gut daran; sobald es das Joch abschütteln kann und es abschüttelt, tut es noch besser.* Allem Widerspruchsgeist zum Trotz: Das war eine Sprache, die mir gefiel. So etwas liest einer wie ich einmal und merkt es sich ein Leben lang.

8

Die heutige Zeitung – es ist Montag, der 1. August – enthält außer diversen Aufmarschberichten einen Artikel über das diplomatische Vorspiel zum bevorstehenden Krieg. Während die Waffen diesseits und jenseits des Rheins noch schweigen, tobt nämlich auf dem Felde der Propaganda bereits eine erbitterte Schlacht. Frankreich beschuldigt Preußen, und Preußen be-

schuldigt Frankreich. Vor lauter Eifer, dem Gegner schmutzige Machenschaften nachzuweisen, gibt man geheime Dokumente preis. Da eröffnen sich denn mit einemmal tiefe Einblicke in den Gang der Politik. Als eine der Ursachen des Krieges entpuppt sich beispielsweise ein höchst unmoralischer Länderschacher. Preußen soll Frankreich Belgien und Piemont versprochen haben. Wie konnte es das? Es hat doch ebensowenig ein Recht, über die Zukunft dieser Kleinstaaten zu verfügen, wie Frankreich! Die kriegführenden Parteien erwecken den Eindruck zweier Wölfe, die sich am Rande der Schafsweide in die Haare geraten sind, weil der eine dem andern das ins Auge gefaßte Opfer nicht gönnt. Im Morgenblatt der *Neuen Freien Presse* heißt es dazu mit vornehmer Zurückhaltung: *Es kann nicht geleugnet werden, daß diese ganze Enthüllungsgeschichte einen für beide Theile höchst ungünstigen Eindruck macht, denn es geht daraus hervor, daß die leitenden Persönlichkeiten auf beiden Seiten zu dem Schlag jener Geschäftspolitiker gehören, denen Alles zuzutrauen ist. Als Niederschlag des Ganzen ergibt sich unstreitig, daß Frankreich nur mit den Waffen in der Hand erringen will, was Bismarck ihm wiederholt versprochen, aber nicht gewährt hat.*
Ich bin ein leidenschaftlicher Zeitungsleser, nicht nur in Zeiten wie diesen. Mein Hunger nach dem neuesten Journal wurde schon in Karlsruhe geweckt und hat seither nie nachgelassen. Im Gasthof zum Bären am Marktplatz, einem zweistöckigen Fachwerkhaus mit Erker und Schindeldach, war ständig ein Nebenzimmer reserviert für die *Resource.* So nannte sich der örtliche Leseclub, in dem jeder Karlsruher von Rang und Namen Mitglied war. Nach englischem Vorbild traf man sich hier, einerseits um in den ausliegenden Zeitungen und Zeitschriften zu blättern, andererseits um im Gespräch mit seinesgleichen zu erfahren, was nicht in der Zeitung stand. An meinem fünfzehnten Geburtstag nahm mich Vater zum erstenmal in die *Resource* mit. Damit war ich eingeführt und durfte von nun an auch allein das Clubzimmer besuchen. Anfangs tat ich das nur einmal die

Woche, meistens am Samstagnachmittag, wenn ich beim Flanieren mit August von Marschall am Bären vorbeikam.
So betraten wir jungen Herren auf unserem Rundgang den Gasthof. Uns unserer Würde wohl bewußt, durchquerten wir mit hocherhobenen Köpfen Lärm, Qualm und Bierdunst der Wirtsstube. Eine steile Holztreppe führte in den ersten Stock. *Resource. Nur für Mitglieder,* stand auf der Holztür. Dahinter lag das nußbaummöblierte Lesezimmer. Hier herrschte andächtige Ruhe. Wir murmelten ein *Bonjour, Messieurs,* schlossen möglichst leise die Tür hinter uns und wählten unter den auf der Kommode liegenden Druckschriften aus, was wir für besonders lesenswert hielten. Dann setzten wir uns in die Sessel zu den anderen vornehmen Karlsruhern, die mit den Zeitungen raschelten oder im Flüsterton miteinander sprachen.
Zu lesen gab es mehr als genug. Außer der örtlichen *Karlsruher Zeitung* hatte die *Resource* alle wichtigen deutschsprachigen Zeitungen abonniert. Zum Angebot gehörten die Augsburger *Allgemeine Zeitung,* die *Königlich Berlinische Privilegierte Staats- und gelehrte Zeitung,* das *Intelligenzblatt der Freien Stadt Frankfurt,* der *Schwäbische Mercur,* die *Leipziger Zeitung,* die *Wiener Zeitung* und der Nürnberger *Friedens- und Kriegs-Courier,* außerdem Wochenschriften wie die Erlanger *Realzeitung,* das *Freyburger Wochenblatt* und das Stuttgarter *Morgenblatt für die gebildeten Stände.* Auch einige ausländische, namentlich französische Zeitungen lagen aus.
Die Vielfalt war nur scheinbar. Die meisten Zeitungen füllten ihre Spalten damit, daß sie von den anderen abschrieben, manchmal mit, meist ohne Quellenangabe. Statt mehrere Blätter zu überfliegen, gewöhnte ich mir an, eine Zeitung richtig zu lesen.
Meine Wahl fiel auf die Augsburger *Allgemeine Zeitung.* Das war damals noch kein so betulich-konservatives Blatt wie heute, sondern eine oft kritische, vergleichsweise freisinnige Stimme. Ihre Korrespondentenberichte waren nach Städten geordnet

und in einer Übersicht auf der ersten Seite links oben stichwortartig zusammengefaßt. Leitartikel im heutigen Sinn gab es damals noch nicht, aber die Tendenz des Blattes ging deutlich aus den einzelnen Meldungen hervor, die immer den subjektiven Standpunkt des Verfassers erkennen ließen. Eigentlich war das ein ehrlicherer Stil als die neuerdings aufkommende Reduzierung der Nachrichten auf angeblich objektive Tatsachen. Bei der *Allgemeinen* hatte ich damals als Leser das Gefühl, jede Nachricht aus erster Hand zu bekommen, von einem Beobachter vor Ort, der gar nicht vorgab, neutral zu sein. Ich weiß nicht, was gewonnen sein soll, wenn der Informant heutzutage im dunkeln bleibt.

Seit ich in die *Resource* ging, wußte ich mehr als andere über den Lauf der Welt. Ich genoß diese Informiertheit. Mein Interesse galt vor allem der Politik. In ihr kannte ich mich bald viel besser aus als meine Mitschüler, und das erwies sich bei den Diskussionen vorm Ettlinger Tor als großer Vorteil.

Die Welt wurde damals vom österreichischen Staatskanzler Clemens Fürst von Metternich beherrscht. Weil er glaubte, die großen europäischen Mächte auf dem Wiener Kongreß ins Gleichgewicht gebracht zu haben, und weil er argwöhnisch auf die Beibehaltung des bestehendes Zustands bedacht war, alarmierte ihn selbst die geringste Bewegung. Seine Sorge war nicht unbegründet. Österreich war schon damals in einer labilen Verfassung. Die französischen Ideen der Nation, der Volkssouveränität und der Konstitution bedrohten den Vielvölkerstaat an der Donau in seiner Existenz. Von der Zukunft hatte Metternich nichts Gutes zu erwarten, weshalb er alles tat, ihren Anbruch zu verhindern. Am liebsten hätte er das Rad der Geschichte nicht nur blockiert, sondern zurückgedreht. Auch wenn ich ganz unpolitisch gewesen wäre, hätte mir das mit meinen sechzehn Jahren mißfallen. Schließlich glaubte ich ein Recht auf Zukunft zu haben. Mein Oppositionsgeist sorgte dafür, daß ich mich mit allen Unterdrückten solidarisch fühlte. So ergriff ich ganz natürlich Partei gegen eine Großmacht, die jede Regung nationalen oder demokratischen Widerstands mit brutaler Gewalt erstickte, und zwar nicht nur im eigenen Land, sondern überall. Wie viele kleine und kleinste Despoten verdankten damals ihre Macht einzig und allein der Hilfe Metternichs! Die anderen europäischen Mächte waren mit dieser Politik einverstanden und machten mit. Frankreich zum Beispiel bekämpfte die spanische Freiheitsbewegung, Preußen und Rußland sorgten mit Österreich zusammen in Osteuropa für Friedhofsruhe. Nur Großbritannien lehnte das Prinzip der Intervention gegen liberale Entwicklungen ab; das lag, meine ich, nicht so sehr an seiner Insellage als an seiner parlamentarischen Tradition.

Das europäische Einverständnis über die Verhinderung der Zukunft hat sich in Deutschland am verhängnisvollsten ausgewirkt. Österreich und Preußen, das war ganz offensichtlich, benutzten den Deutschen Bund, von denen sich einige unverbesserliche Optimisten immer noch die Einigung der deutschen Nation versprachen, nur für ihre eigenen Zwecke. Die Frankfurter Bundesversammlung war für sie ein Instrument, Kontrolle auszuüben. Die Wiener Schlußakte von 1820 bewies das deutlich. Auf Betreiben Metternichs wurde der noch unter dem Eindruck der Befreiungskriege formulierte Artikel 13 der Bundesakte, nach dem die Mitgliedstaaten ihren Völkern eine Verfassung gewähren sollten, in sein Gegenteil verkehrt: Nun wurde bestimmt, daß die deutschen Souveräne nichts von ihrer Macht abgeben dürften und die Redefreiheit in den Kammern, wenn sie denn nicht mehr aufzulösen seien, so beschränkt werden müsse, daß keine *Gefährdung der Staats- und Bundesinteressen* daraus erwachse. Metternich ging auf seine Art mit gutem Beispiel voran, indem er das nach der Niederwerfung Napoleons gegebene Versprechen einer Verfassung formell widerrief.

Eine Zeitlang hatte ich Hoffnung, die süddeutschen und mitteldeutschen Staaten, die bereits eine Verfassung hatten, würden sich gegen den Eingriff in ihre Souveränitätsrechte wehren. 1820 geisterte die sogenannte Trias-Idee durch die Zeitungen, die Vorstellung von einem dritten Deutschland, das sich neben Österreich und Preußen als eigene Kraft organisieren sollte. Aber kleinlicher Egoismus und Eifersüchteleien – von Metternichs Intrigen schlau genährt – verhinderten eine solche Einigung der deutschen Kleinstaaten.

Deren Politiker hatten ohnehin meist keinen Blick fürs Ganze. Launische, habgierige und engstirnige Duodezfürsten, klatschsüchtige Hofschranzen, devote Lakaien, geschäftstüchtige Lieferanten und kleinliche Bürokraten hatten nichts weiter im Sinn als ihr eigenes Wohlbefinden. So gelang wohl, wenn auch unter Schwierigkeiten, allmählich der Abbau der lästigen Zollschranken zwischen den Herzogtümern und Königreichen, nicht aber die Befreiung von der preußisch-österreichischen Hegemonie. Aus vielen Hauptstädten wußte die *Allgemeine* tagtäglich nichts anderes zu melden, als daß Seine Majestät Herzog Soundso ausgeritten sei, daß der Kronprinz Masern habe oder daß die Königin ein Gartenfest gebe.

Trotzdem: Die Revolution lag in der Luft. Bilde ich mir das nur rückblickend ein? Nein, die Revolution – oder besser: die Angst davor – war schon damals allgegenwärtig. Wer will, daß alles beim alten bleibt, verteufelt alle, die etwas Neues wollen. Mit dem Schreckgespenst *revolutionärer Umtriebe und demagogischer Verbindungen* wurde den besorgten Spießbürgern täglich gedroht. Auf einmal galt jeder Verein als verdächtig, gar als terroristisch, wenn in ihm von deutscher Einheit und Demokratie gesprochen oder gesungen wurde. Mitzumachen bei den Jahnschen Turnern, dem Tugendbund, erst recht bei der Burschenschaft war ein strafwürdiges Verbrechen. Und wer Metternichs Friedhofsruhe durch laute Zweifel und Fragen störte, verschwand im Gefängnis.

In Mainz leistete die Schwarze Kommission gründliche Arbeit. Sie war aufgrund der Karlsbader Beschlüsse eingerichtet worden als Inquisitionsbehörde zur Aufdeckung verfassungsfeindlicher

Bestrebungen. Gegenüber den einzelstaatlichen Polizeibehörden besaß die Mainzer Kommission Weisungsbefugnis und das Recht, Haft- und Haussuchungsbefehle auszustellen, zu deren Vollstreckung die Polizei der Gliedstaaten des Deutschen Bundes verpflichtet war. Es ist bezeichnend, daß ausgerechnet auf dem Gebiet der polizeilichen Bevormundung der Bund am meisten Kompetenz in Anspruch nahm. Umgekehrt wurde der Bund von den Bürgern mehr und mehr als bloße Polizeibehörde betrachtet. Jeden Tag wußte die Zeitung von neuen Urteilen gegen überführte Demagogen zu berichten. Etwa von zwei Berliner Studenten, die für das Tragen einer schwarz-rot-goldenen Kokarde vier Jahre Festungshaft erhalten hatten. Oder von einem Wiener Professor, der Verständnis für die italienischen Patrioten in Neapel geäußert hatte – Amtsenthebung, Verlust der bürgerlichen Ehrenrechte, sechs Jahre schwerer Kerker. Wie viele Existenzen sind wohl schon damals vernichtet, wie viele der Besten in die Emigration getrieben worden? Und, fast die wichtigere Frage, wie viele aufrechte Menschen wurden zu Duckmäusern gemacht? Mein stolzer Vater, der doch immer gesagt hatte: *Sincérité est le mieux*, nahm mich eines Abends zur Seite und riet mir, meine Zunge zu hüten. Ich könne denken, was ich wolle, räumte er ein, aber ich solle meine Meinung für mich behalten. Und als ich erwiderte, ich hätte keine Angst, sagte er:
– *Mais votre mère et votre père sont dans les transes.* Darauf sah ich ihm lange ins Gesicht und nickte, aber nur um zu zeigen, daß ich verstanden hatte. Einverstanden war ich nicht. Von diesem Tag an kam mir mein Vater viel kleiner vor.
Dann brach wirklich die Revolution aus. Nicht bei uns, sondern in Griechenland. Dort hatte am 6. April 1821 der Erzbischof von Patras zum Freiheitskampf gegen die türkische Herrschaft aufgerufen, und schon befand sich die ganze griechische Nation in Aufruhr. Mitte Mai meldeten die Zeitungen die Einnahme von Athen. Andererseits wurde von grausamen Rachefeldzügen der

Türken berichtet; mit Schaudern las ich, die Türken hätten eine ganze Reihe griechischer Geistlicher an der Hagia Sophia aufgeknüpft. Die Resonanz dieser und ähnlicher Nachrichten in Deutschland war ungeheuer, die Begeisterung für den Freiheitskampf der Griechen allgemein. Erstmals hörte ich unsere Lehrer ganz offen über Politik sprechen.

– Ich habe euch von den Heldenkämpfen von Marathon und Salamis erzählt, sagte Professor Kärcher, wie könnte ich da schweigen zu den aktuellen Ereignissen in Hellas. Griechenland ist nicht irgendein Land, das um seine Freiheit kämpft. Es ist die Heimat unserer europäischen Gesittung und Kultur, und wir schulden dem Land unendlichen Dank.

Zusammen mit anderen Lehrern des Lyceums organisierte Kärcher einen philhellenischen Hilfsverein. Den mit einem weißen Hellaskreuz bemalten Gabenkasten unterm Arm, schwärmten wir Primaner am Samstagnachmittag aus, um von Haustür zu Haustür zu ziehen und unsere Bitte um Unterstützung der griechischen Freiheitskämpfer vorzutragen. Merkwürdigerweise schloß sich fast keiner aus. Nicht nur liberale Bürger standen auf seiten der Griechen. Auch konservative, ja reaktionäre Kreise, denen das Wort Freiheit doch sonst so verdächtig war, spendeten reichlich. Wahrscheinlich aus einer Art Kreuzfahrergesinnung heraus, denn es ging ja um die Vertreibung der mohammedanischen Türken aus christlichem Stammland. Sogar der König von Württemberg und die Kronprinzen von Preußen und Bayern nahmen für die Griechen Partei, und zwar ohne Nebenabsichten, was kaum für den russischen Zaren galt, der aus der Rebellion der Griechen Vorteile für seine Balkanpolitik erhoffte. Metternich zum Trotz konnte man auf einmal ungestraft von Nation, Freiheit und Menschenrechten sprechen, sofern man von den Griechen redete. Die Zeitungen machten von dieser Möglichkeit reichlich Gebrauch.

In der *Allgemeinen Zeitung* las ich einen Aufruf des Münchner Professors Friedrich Thiersch *zur Errichtung einer deutschen*

Legion in Griechenland, den ich, am Nußbaumsekretär in der *Resource* sitzend, mit zitternder Hand abschrieb. Ich war erst sechzehn, aber fest entschlossen, so bald wie möglich nach Griechenland zu ziehen. Ich wollte Freiheitskämpfer werden.

9

Mit meiner Manie des Zeitunglesens stand ich ziemlich allein. August, der anfangs immer mitgegangen war in den Bären, langweilte sich im Zimmer der *Resource*, während ich die Spalten der *Allgemeinen* studierte. Von unserer Versetzung in die Prima an beherrschte ihn wie fast alle meine Mitschüler eine andere Leidenschaft: das Sammeln von Stammbucheinträgen. Irgendeiner hatte damit angefangen unter der Begründung, die Schulzeit gehe nun langsam dem Ende zu, und daher müsse man die Erinnerung daran festhalten. Die neue Mode grassierte wie ein Fieber in unserer Klasse. Auch ich wurde davon erfaßt. Zu Weihnachten 1821 wünschte ich mir ein Stammbuch und bekam wirklich ein wunderbares Exemplar geschenkt: ein kleines Queroktav-Bändchen in türkisch Marmor gebunden, jede der makellos weißen Seiten mit vergoldeten Prägeornamenten eingerahmt, die Schnittflächen verschwenderisch vergoldet. Auf die erste Seite hatte Mutter in liebevoller Kleinarbeit einen griechischen Tempel gezeichnet und koloriert und darunter in Druckbuchstaben geschrieben: Denkmal der Freundschaft. Stammbuch des Gustav von Struve.

Auch ein erster Eintrag war in dem Buch. Vater hatte ihn geschrieben. Sicher wollte er mir damit auf seine Art zeigen, daß er mich liebte, aber er verletzte mich. Ich solle immer daran denken, las ich im warmen Licht der Christbaumkerzen, daß Hochmut vor dem Fall komme – *premièrement l'orgueil, puis la chute*. Alle Wissenschaft nütze einem Menschen nicht, dem die

Bescheidenheit fehle. Er mahnte mich, den Glauben meiner Väter – *la confession de votre ancêtres* – zu ehren und der weltlichen Obrigkeit gehorsam zu sein. *Rappelez-vous du destin d'Icare!*
Seine Worte erwuchsen aus der Besorgnis um meine Zukunft. Mit Kummer hatte er seit Jahren beobachtet, wie sehr ich mich gegen jede Anpassung sträubte, wie hartnäckig ich an der Rolle des kritischen Außenseiters festhielt. Er wollte mir Leid ersparen. Ich aber sah nur, daß er nicht zufrieden war mit mir. Er versteht mich nicht, dachte ich, er liebt mich nicht wie die andern, er verachtet mich. Während die Geschwister sich fröhlich plappernd gegenseitig ihre Geschenke zeigten und meine Eltern mit *Château d'Yquem* auf das Weihnachtsfest anstießen, klappte ich laut mein Stammbuch zu und warf es mit einem gezischten: *Merci pour votre franchise, père!,* meinem Vater vor die Füße. Dann lief ich aus dem Salon, rannte im Flur fast das Dienstmädchen um und stürzte die Treppen hinauf, um mich auf mein Bett fallen und den Tränen freien Lauf zu lassen. Weder Elise noch Amand, die mir nachgeschickt wurden, konnten mich beruhigen. Schließlich kam Mutter. Sie wies meine Geschwister aus dem Zimmer, setzte sich auf mein Bett und streichelte mir stumm den Kopf.
Wie ich diese seltene Zärtlichkeit genoß! Meine Seele trank gierig von der Wärme, die von den streichelnden Händen ausging. Meine Mutter hatte mich lange nicht mehr wie ein Kind behandelt. Es tat so gut, noch einmal, vielleicht das letztemal, hilflos und unvernünftig zu sein. Statt mich zu beruhigen, weinte ich, das Gesicht ins Kissen vergraben, noch hemmungsloser als zuvor. Nicht mehr aus verletztem Stolz und jugendlicher Empörung, sondern aus Verzweiflung über mich. Und ich fragte mich: Warum bin ich nur, wie ich bin? Wieso muß ich jede Autorität in Frage stellen, jedes Unrecht zu meiner eigenen Angelegenheit machen, jede Lüge richtigstellen wollen? Vater hat ganz recht, ich werde wie Ikarus abstürzen. Mein Leben

wird ein einziger, sinnloser Kampf sein. Bin ich nicht der geborene Verlierer? Dann erwachte wieder der alte Trotz in mir, und die Tränen versiegten. Wollte ich wirklich wie die andern sein? Ich haßte ihre Kälte, ihre Buckelei, ihre Spießigkeit. Sie würden nie abstürzen, gewiß nicht, aber sie würden auch nie fliegen. Um ihr kleines Alltagsschicksal besorgt, arrangierten sie sich mit den Gegebenheiten und verwiesen die griechische Idee der Menschlichkeit auf die Bühne des Theaters.

– Du hast Vater sehr gekränkt, sagte Mutter. Geh nach unten und entschuldige dich!

Wortlos richtete ich mich auf und umarmte meine Mutter, wohl wissend, daß sie nichts von meinem Schmerz verstand. Mit ihrem bestickten Taschentuch wischte sie mir die Spuren der Tränen vom Gesicht, ordnete mein Halstuch, nahm mich bei der Hand und begleitete mich ins Herrenzimmer, wo Vater mit finsterem Gesicht unter dem Bild seines Ahnen stand.

– Gustav möchte dir etwas sagen, meinte Mutter und ließ meine Hand los.

Vater sah mir streng in die Augen. Ich ging einen Schritt auf ihn zu und sagte:

– Vater, ich möchte als Freiheitskämpfer nach Griechenland gehn!

Mein armer Vater. Er geriet völlig aus der Fassung. Erst stotterte er, dann überschüttete er mich mit Vorwürfen – all der lange angestaute Ärger über meine *libre-pensée* brach aus ihm heraus. Schließlich schrie er nur noch *Jamais! Jamais! Jamais!* Mutter zog mich aus dem Zimmer, aus dem Vater an diesem Abend nicht mehr herauskam. Es war ein trauriges Fest, dieses letzte Weihnachten zu Hause. Mir war elend zumute, denn ich war schuld an dieser schrecklichen Szene. Und doch konnte ich mein Verhalten nicht bereuen. Meine Geschwister, glaube ich, haben mir diesen Weihnachtsabend nie verziehen. Wahrscheinlich haben sie mich damals schon aufgegeben. Nur Antoine hielt zu mir; auch er hatte seine Probleme mit Vater gehabt und war ihnen durch seinen frühen Auszug ausgewichen.

Vater sprach tagelang kein Wort mit mir. Bei den Mahlzeiten, die in unserer großen Familie immer dem Austausch von Neuigkeiten aller Art dienten, herrschte eisiges Schweigen. Am Neujahrstag ließ er mich dann in sein Arbeitszimmer kommen. Auf eine neue Strafpredigt gefaßt, klopfte ich schüchtern an die Tür, hörte von innen sein *Entrez* und trat ein. Er saß am Schreibtisch und sah zu mir auf.

– *J'ai écri au Comte de Nesselrode à cause de vous*, sagte er. Es sei zu erwarten, daß Rußland in einen Krieg um die Pforte eintreten werde; er habe seinem Vorgesetzten daher mitgeteilt, daß sein Sohn in Griechenland gegen die Türken zu kämpfen wünsche, und bitte, die Möglichkeit einer Verwendung im russischen Militärdienst zu überprüfen. Ich war überwältigt. Am liebsten wäre ich Vater um den Hals gefallen, doch die Fremdheit zwischen uns war schon zu groß. So brachte ich nur ein stockendes *Merci, merci bien, père*, aus dem trockenen Hals heraus und verließ das Zimmer mit dem Gefühl, einen Sieg errungen zu haben.

Nach der Ordnung des Karlsruher Lyceums hatte ich noch anderthalb Jahre in der Prima zu bleiben, doch ich war entschlossen, spätestens im Herbst abzugehen. Voraussetzung dafür war ein Beschluß des Lehrerkollegiums, der mir vorzeitig die Hochschulreife zuerkannte. Gleich im Januar redete ich mit Professor Kärcher über diese Möglichkeit. Schon aus Begeisterung für den griechischen Freiheitskampf versprach er, mir zu helfen. Ich müßte allerdings, schränkte er ein, den Lehrstoff von zwei Jahren in diesem einen Jahr bewältigen. Daran würde mein Abgang nicht scheitern, gelobte ich und stürzte mich mit Feuereifer in die Arbeit. Ab sofort verbot ich mir die Lesestunden in der *Resource* bis auf einen kurzen Besuch am Samstagnachmittag und saß statt dessen bis in die sinkende Nacht über meinen Schulbüchern.

Auch die Stunden bei Monsieur Bouvier mußten gestrichen werden. Zum letztenmal war ich an einem verschneiten Februartag in der Bücherhöhle des buckligen alten Herrn zu Gast.
– Ich hätte gerne noch den *Émile* mit dir gelesen, sagte er.
Und er holte aus dem Schrank ein dickes Buch, schlug es an einer markierten Stelle auf und las: *Wollen wir aber aus Émile einen fahrenden Ritter, einen Verfechter der Notleidenden, einen Paladin machen? Soll er sich in die öffentlichen Händel mischen, den Weisen und den Verteidiger der Gesetze bei den Großen, bei der Obrigkeit, bei dem Fürsten spielen, bei den Richtern den Anwalt und vor Gericht den Sachwalter abgeben? Ich weiß nichts von alledem. Die scherzhaften und lächerlichen Namen ändern nichts an der Natur der Dinge. Er wird alles tun, wovon er weiß, daß es nützlich und gut ist.*
Warum hat mein Vater, frage ich mich, nie solches Vertrauen in mich setzen können? Fürchtete er, ich würde mich als ein Don Quichotte der Gerechtigkeit lächerlich machen? Wollte er seinen *bon nom* schützen? Ich habe die Worte, die mir Monsier Bouvier damals vorlas, später noch oft gelesen und habe sie nicht vergessen. Mein alter Lehrer schenkte mir damals den *Émile* zum Abschied. Ich wollte erst nicht annehmen, doch er zeigte mir ein zweites Exemplar des Werkes – ein Band der Rousseauschen Gesamtausgabe – und nahm mir so das Gefühl, ihn zu berauben. Seit jenem Februarabend hat dieses Buch mich begleitet. Es gehört zu den wenigen Habseligkeiten, die ich über die Revolution retten konnte; es war in meinem Reisegepäck nach Amerika, und es kehrte mit mir in die Heimat zurück. Und jetzt steht es auf dem Bücherbord über meinem Schreibtisch hier in Wien.
Eigentlich wollte ich das obige Rousseau-Zitat, in dem ich meine Situation so treffend beschrieben fand, meinem Freund August von Marschall ins Stammbuch schreiben. Doch dann schienen mir diese Zeilen auf einmal zu ichbezogen und unbescheiden. So entschloß ich mich zu einem anderen Eintrag. In

die Mitte des Blattes zeichnete ich einen Federhut auf einer Stange, darunter ein Stück grasbewachsene Erde, aus der ein Palmbaum wuchs; zwischen Baum und Stange malte ich eine zerbrochene Kette. Dazu schrieb ich in meiner schönsten Schrift:

Wir wollen beide Freiheit,
ich für die ganze Welt,
und Du für Dich allein;
und trotzdem wird die Freundschaft,
die uns zusammenhält,
niemals zu Ende sein.

Noch vor Ostern 1822 ließ Graf Nesselrode meinen Vater wissen, daß Rußland auf meinen freiwilligen Einsatz in Griechenland schon deshalb verzichten werde, weil ein Krieg um die Pforte durchaus nicht zu erwarten sei. Meine kühnen Zukunftspläne zerplatzten wie eine Seifenblase. Zuerst war ich niedergeschlagen, dann versuchte ich Vater davon zu überzeugen, daß ich auch auf eigene Faust nach Griechenland reisen könne. Davon wollte er jedoch absolut nichts wissen. Ich glaube allerdings, daß er mich durchschaute: Obwohl noch keine siebzehn, wollte ich mit Macht fort aus dem elterlichen Haus. Schon bei der nächsten Gelegenheit zum Absprung unternahm ich einen neuen Vorstoß. Georg, zwei Jahre älter als ich, sollte im Oktober die Universität Göttingen beziehen. Ihm wollte ich mich anschließen. Mutter war strikt dagegen und fand tausend Gründe, warum ich noch ein Jahr im Haus bleiben sollte. Doch Vater unterstützte mich. Wenn die Schule mir ein Abgangszeugnis erteile, entschied er, sei nichts gegen meinen Wunsch einzuwenden. Je früher ich studiere, desto früher stünde ich auf eigenen Füßen. Dieses Argument wußte Mutter nicht zu entkräften. So war es denn beschlossene Sache, daß ich im Herbst das Elternhaus verlassen würde.

Den letzten Sommer meiner Kindheit ließ ich ohne Bedauern an mir vorübergehen. Ich begriff gar nicht, was ich verlor. Meine Gedanken waren viel zu sehr mit der zukünftigen Freiheit beschäftigt, um sich bei Abschiedsgefühlen aufzuhalten. Nur morgens beim Frühstück beschlich mich an gewissen hellen Junitagen eine kleine Wehmut, wenn ich meine Cousine Louise beobachtete und daran dachte, daß ich bald nicht mehr mit ihr am selben Tisch sitzen würde. Ich nahm mir vor, ihr vor meinem Abschied meine Liebe zu erklären. Gelegenheiten, mit ihr allein zu reden, ergaben sich mehrmals. Doch nie fand ich den Mut, ihr mein Herz zu öffnen.

Mein siebzehnter Geburtstag war ein richtiges Abschiedsfest. Alle meine Mitschüler und auch einige Lehrer kamen. Mutter hatte ein musikalisches Programm inszeniert, und Amand trug ein lustiges Gedicht über meine Kinderjahre vor. Später wurde Walzer getanzt. Als Geburtstagskind durfte ich den Tanz eröffnen. Jetzt oder nie, sagte ich mir, und ging geradewegs auf Louise Kielmann zu, die rot wurde und die Augen niederschlug. Während wir uns im Kreis drehten und die anderen Geburtstagsgäste sich ebenfalls zu Paaren gruppierten und zu tanzen anfingen, überlegte ich fieberhaft, was ich sagen könnte. Alles, was ich mir seit Monaten zurechtgelegt hatte, schien mir auf einmal dumm. So sagte ich gar nichts. Meine Cousine jedoch sah mir ins Gesicht und begann von sich aus das Gespräch.

– Danke, Gustav, daß du mich zum Walzertanzen aufgefordert hast!

– Dafür mußt du mir doch nicht danken.

– Doch, doch. Wahrscheinlich kannst du meine Gedanken lesen.

– Meinst du, Louise?

– Ja. Ich wollte nämlich, daß du mit mir tanzt.

– Das ist schön. Ich wollte auch mit dir tanzen.

– Ich möchte dich nämlich etwas fragen.

– Ich möchte dich auch etwas fragen, aber frag du zuerst!

– Würdest du mir einen Gefallen tun?

– Jeden, Louise.
– Dann stell mich bitte deinem Freund August von Marschall vor, sagte sie rot vor Verlegenheit. Ich finde ihn nämlich sehr nett.
Ich brachte kein Wort heraus, nickte nur. Wie ich den Tanz überstand, weiß ich nicht.
Ich wollte sterben.
Am nächsten Morgen stand ich wie gewohnt um 6 Uhr früh auf, obwohl ich nicht mehr zur Schule gehen mußte. Ich hatte kaum geschlafen und sehnte mich nach frischer Luft. Es war ein kühler, grauer Herbsttag. Ohne zu frühstücken, verließ ich das Haus. Ziellos ging ich durch die Straßen, am Lyceum vorbei und durchs Ettlinger Tor hinaus in die weite Ebene am Südrand der Stadt. Auf den Wiesen und Feldern lag weiß der Rauhreif, Krähenschwärme kreisten im Nebel des Morgens. Ich war unendlich traurig, aber ich ballte auch ab und zu die Fäuste in den Taschen meines Überrocks und sagte laut: Ich werde es euch schon noch zeigen! Und ich nahm mir vor, daß es Louise Kielmann noch einmal leid tun sollte, mir August vorgezogen zu haben. Ich wollte groß und berühmt werden. Auf welchem Feld, das war mir noch nicht klar; vielleicht als Dichter oder als Wissenschaftler, es kam eigentlich nicht darauf an. In solche Gedanken versunken, marschierte ich weiter durch die trübe Landschaft und in den herbstfeuchten Wald hinein, wo ich nach einiger Zeit den Erlachsee durch die Bäume schimmern sah. An heißen Sommertagen war ich hier oft mit Freunden gewesen. Wir hatten Flöße gebaut und zu Wasser gebracht oder einfach nur in dem weichen, schwarzen Wasser gebadet. Nun stand ich ganz allein am Ufer.
Ich hob einen Stein auf und warf ihn ins Wasser. Konzentrische Kreise markierten die Stelle, an der er versank. Das erinnerte mich an eine Zeichnung, die Professor Kärcher vor Jahren an die Tafel gemalt hatte. O ja, die neun Kreise von Dantes *Inferno*, die Stufen des Höllentrichters, in den Vergil mit dem

Dichter hinabsteigt. Während die Wellen sich gleichförmig über das stille Wasser ausbreiteten, kam mir der merkwürdige Gedanke, selbst ein Stein zu sein. Ein Stein, den man hinauswirft ins schwarze Nichts, wo er versinkt. Zurück bleiben die neun Kreise der Hölle.

10

Auch Karl Mathy wollte als Freiheitskämpfer nach Griechenland gehen, einige Jahre später als ich. Glaubt man seinem Biographen, so trieb es ihn fort, weil er zu Hause seinen Traum von *Manneswürde, von einem großen Deutschland und dem Stolz eines Bürgers, der mit sicherem Herrengefühl auf der Erde steht,* nicht verwirklichen konnte. Und so, lesen wir weiter, *spähte er in die Ferne: dort weit im Osten rang ein Christenvolk von edlem Namen im Heldenkampf gegen scheußliche Paschawirtschaft.*
Dummes Zeug! Mathy, zur Zeit dieser Pläne ein strebsamer Student der Kameralwissenschaften, träumte vielleicht von Manneswürde und einem großen Deutschland, aber nach Griechenland wollte er aus anderen Gründen. Und die waren frei von kreuzzüglerischem Fanatismus. Um ehrlich zu sein: Es ging uns nicht um die Freiheit der Griechen. Von der sprachen wir zwar, aber wir meinten die eigene Freiheit. Wir wollten einfach den engen Verhältnissen und der ständigen Bevormundung durch Eltern, Professoren, Vorgesetzte und Bürokraten entkommen. Weil dieses Motiv nur allzu bekannt war, wurden wir abgewiesen. Umsonst reiste Mathy persönlich nach Paris, um sich dort ans Griechische Komitee zu wenden, das die Hilfsmaßnahmen für die aufständischen Hellenen organisierte. Es erging ihm nicht besser als mir. Man wies ihn ab.
Wie wäre es uns ergangen, wenn man uns akzeptiert hätte? Die griechische Sonne hätte uns bald die romantische Vorstellung vom ruhmvollen Freiheitskampf aus den Hirnen gebrannt. Wir

wären in ausgedörrten Landstrichen im Stroh gelegen und hätten uns kaum des Ungeziefers erwehren können; wir wären mit wunden Füßen über karstige Höhen geklettert und hätten uns von Ziegenmilch ernährt. Wahrscheinlich wären wir nie aus der Etappe herausgekommen. Immerhin möglich, daß wir uns auch dort kennengelernt hätten. Der List des Schicksals ist alles zuzutrauen.

Statt in Griechenland fand ich mich Ende Oktober 1822 in Göttingen. Ich war siebzehn und frei, was wollte ich mehr. Mein älterer Bruder Georg machte nicht den Versuch, mich zu beaufsichtigen. Er studierte Forstwirtschaft, ich schrieb mich als Jurastudent ein. Wir wohnten zwar im selben Logis und speisten am selben Tisch, doch wir gingen getrennte Wege.

Um es gleich zu sagen: Ich habe nicht viel studiert in Göttingen. Das lag daran, daß mich die Jurisprudenz langweilte, und das wiederum lag an meinen akademischen Lehrern. Mit 1453 Studenten war Göttingen damals zwar die größte und berühmteste deutsche Universität, aber ihre Größen hatten sich selbst überlebt, waren müde und engstirnig geworden oder einfach stehengeblieben auf der Höhe ihres Ruhms.

Unvergeßlich ist mir die Enttäuschung, die ich empfand, als ich Gustav Hugo gegenüberstand. Er war damals ein Mann von legendärem Ruhm und galt als Begründer der modernen Rechtswissenschaft. Vater hatte mir ein Empfehlungsschreiben an ihn mitgegeben und mich angewiesen, es gleich nach der Ankunft zu überreichen. Einer lokalen Gepflogenheit nach durfte jeder Student zwischen 11 und 12 Uhr vormittags in der Privatwohnung eines Professors ohne Voranmeldung erscheinen. So ging ich gleich nach meiner Immatrikulation zu Hugos Haus, überreichte dem Hausdiener meine Karte und wurde nach kurzer Wartezeit in das Arbeitszimmer des Herrn Geheimrats geführt. Da saß er hinter einem riesigen Schreibtisch, auf dem sich Papiere, Zeitschriften und Manuskripte zu säuberlich abgegrenzten Türmchen stapelten: ein kleiner, dicker Mann ohne

Hals mit wirrem grauem Haar und buschigen Augenbrauen. Im roten Gesicht wuchs neben der gewaltigen Nase eine häßliche schwarzbraune Warze. Und ich fragte mich: Das soll der große Hugo sein? Das juristische Pendant zu Immanuel Kant? Brummend wies mich Hugo an, Platz zu nehmen, während er den Brief meines Vaters las. Dann sah er mich aus wäßrigen Augen an und nuschelte im vertrauten badischen Tonfall:
– No send Sie also e Nachkomme von Georg Adam Struve?! Des war e großer Ma. In Irrtümern befange freilich, aber groß. Und fleißig. Ma ka net groß sei, wenn mer net fleißig isch. In Karlsruh sind Sie daheim? Ja, Karlsruh kenn ich gut. Da bin ich ins Gymnasium gange. Vierzig Jahr isch des her. Und jetzt wollet Sie studiere! Gut, recht. Vielleicht werd aus Ihne e zweiter Georg Adam Struve. Sie habet Glück, mein Herr! Diesen Winter läs ich wieder mei Änzyklopädie. Einführung in die Rechtswissenschaft! Besorge Se sich mei Lehrbuch, ohne des könnet Sie meiner Vorlesung net folge. Und net des Bezahle vergesse! Sie send mer willkomme! Am negschte Montag um neun.
Er klingelte dem Diener zum Zeichen, daß die Audienz zu Ende war. Auf der Straße rieb ich mir die Augen. Statt des erwarteten Geistesheros hatte ich einen Kneipenwirt gesehen, der mich drängte, die Börse zu zücken. Nun ja, sagte ich mir, Zopyros war vom äußeren Eindruck des Sokrates auch enttäuscht, dabei war er Physiognom. *Stupidum esse Socraten dixit et bardum.* Blödgesichtig schien ihm der große Philosoph. Man soll eben nicht vom Körper auf den Geist schließen, mahnte ich mich.
Doch die Vorlesung des großen Rechtsgelehrten war kaum geeignet, den ersten Eindruck zu revidieren. Kein Satz des nuschelnden Alten war frei von unverständlichem Pandektenlatein. Statt anschauliche Beispiele zu geben, bot er trockene Dogmatik. Dabei verhedderte er sich in nebensächliche Details und kam vom Hundertsten ins Tausendste, und wahrte durch ein Labyrinth von ineinander verschachtelten Gliederungs- und Unter-

gliederungspunkten nur mühsam den Schein pedantischer Ordnung. Irgendwann verlor selbst der eifrigste Mitschreiber den Faden und mußte resigniert den Versuch aufgeben, dem großen Mann auf seinen wirren Streifzügen über Höhen und Abgründe des Rechts zu folgen. Hugo ahnte wohl gelegentlich, wenn er in die leeren Gesichter seiner Studenten blickte, daß er nicht verstanden wurde. Dann mühte er sich, durch witzig gemeinte Bemerkungen für Auflockerung zu sorgen; Versuche, die wegen der Flachheit seines Humors zu kläglichem Scheitern verurteilt waren.

Ähnlich trostlos waren die Vorlesungen des Professor Göschen. In leierndem Ton trug er römisches Privatrecht vor, gelangweilt von der eigenen Rede und so, als habe er ohnehin nichts Neues zu sagen. Auf Erstsemester wie mich, die noch nie etwas von *condictiones, actiones, quae mixtam causam habent* oder der *litis contestatio* gehört hatten, nahm er keinerlei Rücksicht. Ziemlich bald weigerte ich mich, das Geleier weiter anzuhören. In einer Buchhandlung in der Weender Straße war mir Reitemeiers *Enzyklopädie und Geschichte der Rechte in Deutschland* in die Hände gefallen und ersetzte mir von da an die Collegien von Hugo und Göschen.

An andere Göttinger Hochschullehrer kann ich mich erinnern. Blumenbach, Heeren, Schulz ... Relikte aus einer vergangenen Zeit, nicht nur ihres greisenhaften Alters, auch ihrer weltfremden Ansichten wegen. Und der berühmte Eichhorn? Ich hörte sein Collegium über Deutsches Privatrecht, kam aber nach drei Wochen dahinter, daß er das Wort Vorlesung ganz wörtlich nahm und einfach sein Lehrbuch vorlas. Lesen kann ich selber, dachte ich, besorgte mir das Buch und verzichtete hinfort auf die öde Veranstaltung.

Statt dessen saß ich stundenlang in der Dachstube, die mein Bruder und ich gemietet hatten, und dichtete. Ich wollte ein Poet werden, und Dante war mein Vorbild. Im Frühling und Sommer steckte ich Notizbuch und Bleistift ein und wanderte, während meine Kommilitonen in die Vorlesungen eilten, über den Hainberg und Kerstlingerrode zur Bruck, von deren Höhe man bis zum Harz hinübersieht. Auch in den Ruinen des Hardenberger Schlosses bei Nörten verbrachte ich manchen Nachmittag, saß, an eine Mauer gelehnt, in der Sonne und arbeitete hingebungsvoll an einem dramatischen Gedicht über Ulrich von Hutten.

In Göttingen war das gesellige Leben damals noch sehr steif. Nur widerwillig gewöhnte ich mich an den Comment, jenes ungeschriebene Gesetz, das die Rangordnung und das Verhalten der Studenten untereinander bestimmt. Als Neuling mußte man ständig fürchten, etwas falsch zu machen. Selbst das Ausweichen auf dem Gehsteig richtete sich in Göttingen nach dem Comment: Immer derjenige, der die Gosse zur Rechten hatte, mußte dem Entgegenkommenden den Weg frei machen auf dem schmalen Gehsteig. Jedes Gespräch im Collegium mit einem Unbekannten war gefährlich. Worte wie *sonderbar, närrisch, komisch, merkwürdig* konnten, wenn sie auf Personen gemünzt waren, als Beleidigung verstanden werden. Wenn einer sagte: Dein Rock sieht aber komisch aus, mußte man, um nicht ehrlos zu werden, sogleich fragen: Wie meinst du das? Wenn dann der andere erklärte, er habe nicht beleidigen wollen, der Ausdruck sei ihm aus Unachtsamkeit herausgerutscht, war die Angelegenheit damit erledigt. Möglicherweise hieß die Antwort aber auch: Das kannst du nehmen, wie du willst. Dann mußte man den anderen fordern. Wer das nicht tat, wurde *in Verruf* erklärt und galt als verächtlich. Dies waren nicht etwa irgendwelche Vereinsstatuten, die nur von Verbindungsstudenten beachtet wurden, sondern allgemeine Verhaltensmaßregeln.

Offiziell gab es ja seit Sands Attentat auf Kotzebue gemäß den Karlsbader Beschlüssen keine Studentenverbindungen mehr. Im geheimen aber existierten sie weiter, was jedermann wußte. Viele meiner Kommilitonen waren Mitglieder der verbotenen Burschenschaft, jener Studentenopposition, die aus dem Wartburgfest hervorgegangen war. Ein gewisser Franz Portisch, neben dem ich am ersten Tag im Hugo-Collegium saß, lud mich wiederholt zum Kneipabend ein. Ein freisinnig-demokratischer Student wie ich, meinte er, gehöre einfach in die Burschenschaft. Aber ich blieb lieber für mich. Ich hielt die Burschenschaft für nicht viel besser als die sogenannten Landsmannschaften, in denen sich die Studenten allen Verboten zum Trotz wie eh und je besoffen und verprügelten.

Aus Abneigung vor der Kraft- und Vereinsmeierei mied ich die bekannten Studentenkneipen. Mit anderen Studenten traf ich oft tagelang nicht zusammen. Trotzdem hatte ich ein paar Freunde oder, besser gesagt, Bekannte. Göttingen ist ein so kleiner Ort, daß selbst scheue Menschen Anschluß finden. Man begegnet immer denselben Gesichtern.

An einem Frühsommerabend ging ich zum Abendessen in Bettmanns Garten. Die Tische im Freien zwischen den Hecken und Lauben waren alle besetzt. Nur in einer Ecke, in der Studenten saßen, entdeckte ich einen freien Platz. Dort ging ich hin, stellte mich vor und bat, mich mit an den Tisch setzen zu dürfen. Das wurde mir erlaubt. Erst jetzt bemerkte ich, daß ich in eine Gruppe von *bemoosten Häuptern* – Studenten höherer Semester – geraten war, die offenbar alle einer preußischen Landsmannschaft angehörten. Pfeiferauchend taxierten mich die Burschen über die Bierkrüge hinweg ab. Schon als ich mich setzte, glaubte ich eine gewisse Feindseligkeit zu spüren und wäre am liebsten wieder aufgestanden. Während ich meine Bestellung aufgab, wandten sich meine Tischgenossen zu meiner Erleichterung wieder ihrem Gespräch zu und schienen mich nicht weiter zu beachten. Rechts neben mir saß ein fleischiger Kerl mit einer samtenen Studentenmütze auf dem Kopf.

– Ey, sprach er mich mit dröhnender Stimme an, du machst dich zart, Junge! Dein Alter Herr rückt wohl manchen Extrawechsel los für deine noble Ausstattung. In welcher Landsmannschaft suitisierst du herum?

Vorsicht, dachte ich. Mein Nachbar wollte mich beleidigen, was sich schon daraus ergab, daß er mich duzte. Auch das Wort Junge galt unter Studenten als Beschimpfung. Ich nahm mir vor, mich nicht reizen zu lassen, und antwortete höflich:
– Ich habe mich noch keiner Verbindung angeschlossen!
– Ey, ey! brüllte da mein Gesprächspartner, griff nach einem Knüppel, den er quer über dem Schoß liegen hatte, und ließ ihn mit dem dicken Ende auf die hölzerne Tischplatte krachen.
– Hört her, Burschen! Was für ein rasender Pommer! Der Fuchs hier ist ein Wilder!
Allgemeines Mißfallen war zu hören. Ich hatte lang genug in Göttingen gelebt, um zu wissen, daß *Wilde* – Studenten, die keiner Landsmannschaft angehörten – von gewissen Verbindungen als vogelfrei betrachtet wurden. Um der Tischgesellschaft keinen Anlaß zu einem Streit zu geben, reagierte ich überhaupt nicht. Gerade wurde mir das Bier gebracht. Alle sahen mir zu. Schüchtern hob ich den vollen Krug und sagte versöhnlich zu meinem Nachbarn: Prost!
Statt seinerseits das Glas zu erheben, schlug der massige Bursche erneut mit dem Ziegenhainer auf den Tisch.
– Habt ihr das gehört? Der dumme Junge bietet mir Smollis an! Er will mich beleidigen.
Die Situation begann gefährlich zu werden für mich. Ohne getrunken zu haben, setzte ich den Krug wieder ab und versicherte:
– Das muß ein Mißverständnis sein, Herr Kommilitone. Es lag keineswegs in meiner Absicht, Sie zu beleidigen. Sollte ich etwas falsch gemacht haben, liegt das nur an meiner Unerfahrenheit mit dem studentischen Brauch. Lassen wir doch den dummen Streit und ...
Abermals knallte der Knüppel auf die Tischplatte, daß die Krüge hüpften.
– Dumm! schrie mein Nachbar. Dumm hat er gesagt! Dafür wirst du mir Satisfaktion geben, Bürschchen.

– Aber ich versichere Ihnen ...
– Ich bin Friedrich David Müller und wohne in der Prinzenstraße 3 bei Familie Riemann. Schicken Sie mir den Sekundanten. Und jetzt gehn Sie mir aus den Augen!
– Sie haben mich mißverstanden, Herr ...
Ich kam nicht mehr dazu, mich zu rechtfertigen. Man brüllte mich förmlich in die Flucht:
– Drück dich, Fuchs! Streich ab! Verschwinde! riefen alle gleichzeitig.
Mir blieb nichts anderes übrig, als eine Münze für das Bier auf den Tisch zu legen und das Gartenlokal schleunigst zu verlassen. Ich schlief sehr schlecht in dieser Nacht. Verzweifelt versuchte ich einen Ausweg aus der Lage, in die mich mein Ausflug gebracht hatte. Am liebsten hätte ich meine Sachen gepackt und wäre im Morgengrauen nach Karlsruhe zurückgefahren. Doch diesen Gedanken verwarf ich rasch. Ich war kein Feigling. Natürlich hatte ich, soviel war klar, nicht die geringste Chance im Zweikampf mit meinem Herausforderer. Aber Davonlaufen war keine akzeptable Lösung. Dem Ehrbegriff der organisierten Studenten brachte ich zwar wenig Sympathie entgegen, aber ich wußte von der Macht der Verbindungen. Der Ruf der *Ehrlosigkeit* würde mich auf jede andere Universität verfolgen. Andererseits wollte ich mich wegen eines provozierten Streits auch nicht totstechen lassen. Gab es denn keine Möglichkeit, auf anständige Art aus der Sache herauszukommen? Ich kannte den Comment der Studenten zuwenig, um eine Antwort auf diese Frage zu finden.
Am nächsten Morgen ging ich nach langer Abwesenheit wieder einmal in Hugos Enzyklopädie-Collegium, und zwar nur zu dem Zweck, mir bei Franz Portisch Rat zu holen. Ich fand ihn an seinem angestammten Platz und erzählte ihm, was mir widerfahren war.
– Was soll ich tun, Franz? fragte ich. Soll ich mich umbringen lassen?

– So schlimm wird's nicht werden, beruhigte er mich. In Göttingen ist der Hieb Comment. Auf ein Duell mit Säbeln oder Pistolen brauchst du dich nicht einzulassen. Außerdem ist dieser Müller in der Avantage, das heißt, er wird nichts unternehmen, bis du ihm den Termin für den Zweikampf nennst.
– Er kann mich auch mit seinem Ziegenhainer totschlagen, wandte ich ein.
– Nicht, wenn du dich auf den Kampf ordentlich vorbereitest. Paß auf, ich nehme dich heute abend mit auf unser Burschenschaftlertreffen. Wir halten zwar nichts von Duellen, aber es gibt ein paar Philistranden bei uns, die mit dir üben werden.
So kam ich zur Burschenschaft. Meine Vorbehalte erwiesen sich schon am ersten Kneipabend als unbegründet. Anders als in den Landsmannschaften wurde das übermäßige Saufen nicht als Kunst gepflegt; niemand verspottete mich, weil ich die ganze Zeit bei einem einzigen Krug Bier saß. Franz Portisch stellte mich einem älteren Semester vor, der mich über meine Situation aufklärte.
– Gestern sind Sie gefordert worden? Dann bleiben uns fast sechs Wochen, um einen tüchtigen Pauker aus Ihnen zu machen. Der Herausforderung muß binnen vierzehn Tagen genügt werden, doch der Fuchs hat außerdem noch vier Wochen Vorbereitungszeit. Kommen Sie morgen um vier in die Maschmühle, dort werden wir von jetzt an jeden Tag den Hieber schwingen. Dieser maliziöse Bursche soll den Blassen kriegen, wenn er gegen Sie antritt.
Mir fiel ein gewaltiger Stein vom Herzen. Ich vertraute meinen neuen Freunden und faßte Mut. Sechs Wochen lang bereitete ich mich mit verbissenem Eifer auf das Treffen mit meinem Herausforderer vor. Franz machte den Sekundanten. Zum Austragungsort bestimmten wir das Dachzimmer in der abgelegenen Mühle, in der ich meine Übungen absolviert hatte. An einem heißen Julinachmittag versammelten sich hier die Parteien: der Bursche aus dem Gartenlokal in Begleitung eines Medizinstu-

denten, zweier Zeugen und seines Sekundanten und ich mit einer entsprechenden Zahl von Helfern.
Mit Prügeln bewaffnet standen wir uns gegenüber. Keine Frage, ich war meinem muskulösen Herausforderer körperlich entschieden unterlegen. Doch das Gefühl, im Recht zu sein, glich diesen Nachteil fast aus. Mein Fechtlehrer hatte mir außerdem einige wirksame Abwehrschläge beigebracht. Mit ungläubigem Staunen bemerkte mein Gegner schon nach dem ersten Schlagabtausch, daß er kein leichtes Spiel mit mir haben würde. Nach den Duellregeln genügte eine blutende Wunde zur Satisfaktionsnehmung. Es gelang dem Preußen jedoch nicht, mich ernsthaft zu treffen. Seine Hiebe waren zwar härter als meine, doch ich konnte sie alle mit dem Knüppel abfangen. Nach zwölf Gängen wurde der Kampf abgebrochen, und mein Widersacher erklärte zischend die Angelegenheit für erledigt. Wortlos verließ er mit seinen Begleitern das Zimmer und schlug die Tür hinter sich zu.
Jubelnd umarmten mich die Burschenschaftler. Ich hatte mich über Erwarten gut gehalten. Wie gut, dachte ich, daß ich in der ersten Panik nicht einfach abgereist bin. Denn das war die Lehre aus dem Vorfall: Man muß sich Herausforderungen stellen, auch wenn sie ungerecht sind.

11

Es ist spät, und ich bin müde. Heute abend habe ich mit meiner Vortragsreihe im Hotel Krenn zur gegenwärtigen politischen Lage begonnen, und das hat mich doch ziemlich angestrengt. Leider war der Besuch sehr mäßig. Das liegt an diesem schwülen Sommerwetter, das die Wiener in die Wirtsgärten treibt. Wer setzt sich an einem Abend wie diesem schon ins Nebenzimmer eines Kaffees, um die *Wahrheit über den Deutsch-Französi-*

schen Krieg zu erfahren? Fünfzehn Zuhörer! Ich hatte auf mindestens hundert gehofft.
Meine junge Frau ist bereits zu Bett gegangen, aber ich habe die Gaslampe auf meinem Schreibtisch entzündet, um noch ein wenig zu schreiben. Der Blick zurück wird mir guttun. Ah, die Studentenzeit! Die Kraft, die ich damals in mir fühlte, diese Zuversicht, dieses Vertrauen in die Zukunft!
Im Herbst 1823 verließ mein Bruder Georg die Universität, um eine Stelle in einem bayerischen Forsthaus anzunehmen. Nun hielt mich nichts mehr in Göttingen. Seit der Lyceumszeit hatte ich mir gewünscht, in Heidelberg studieren zu können, denn Professor Kärcher hatte das dortige Leben immer in den buntesten Farben geschildert. Meine Eltern waren mit dem Wechsel der Universität einverstanden, und so reiste ich Ende April 1824 mit Koffer und *Corpus juris* nach Heidelberg.
Es dämmerte schon, als der Wagen über die steinerne Brücke fuhr. Vom jenseitigen Ufer leuchteten helle Fenster aus der dunklen Häusermasse herüber. Ihr Licht spiegelte sich im Fluß, dessen Rauschen im Gepolter der eisernen Kutschenräder und im Klappern der Pferdehufe unterging. Vor dem blaßroten Himmel zeichneten sich die dunklen Umrisse bewaldeter Hügel ab. Vom ersten Moment an spürte ich den Zauber, der über dieser Stadt lag. Von der Schloßruine konnte ich zu dieser Stunde nichts mehr erkennen, doch ich ahnte ihre Nähe.
Die erste Nacht verbrachte ich, Vaters Anweisung befolgend, im Hotel König von Portugal. Früh am Morgen, gleich nach dem Frühstück, machte ich mich auf Zimmersuche. Professor Kärcher hatte mir ein paar Adressen mitgegeben, und schon mein erster Besuch bei einer Beamtenwitwe in der Mittelbadgasse enthob mich der Sorge um meine Unterbringung. Ich fand ein geräumiges, hübsch möbliertes Zimmer samt einer freundlichen Schlafkammer, wofür einschließlich Frühstück und Aufwartung zwanzig Gulden per Halbjahr gewiß kein zu hoher Mietzins waren. Noch am selben Tag zog ich ein.

Auf dem Weg zur Immatrikulation traf ich am nächsten Morgen vor der Universität alte Bekannte: August und Adolf von Marschall, den dicken Stockhorn und David Berckheim. Meine Schulkameraden, die ein Jahr länger auf dem Lyceum geblieben waren, begrüßten mich mit großem Hallo. Zugegeben, ich spielte den erfahrenen Studenten, der sich von akademischen Formalitäten nicht mehr beeindrucken läßt. Aber froh war ich doch über das Wiedersehen. Nachdem wir uns eingeschrieben hatten, kehrten wir zusammen im Hecht ein, wo wir bei Wein und Mittagsmenü Neuigkeiten austauschten und unsere Freundschaft erneuerten. Dann meldeten wir uns alle beim Wirt als Kostgänger der *table d'hôte* an. In Heidelberg war es nämlich üblich, daß man als Student seinen festen Mittagstisch hatte.

Obwohl ich meinen ehemaligen Mitschülern drei Semester voraus war, fing erst in Heidelberg meine Studentenzeit richtig an. Irgend etwas in mir öffnete sich in diesen Frühjahrstagen des Jahres 1824. Zum erstenmal sah ich mit wachen Augen die Schönheiten der Natur, die mir bis dahin nur eine Art Kulisse gewesen war. Als ich ankam, blühten rosarot die Mandelbäume, und von Tag zu Tag wurden die Hänge über der Stadt grüner. Mit August wanderte ich an einem kühlen, klaren Aprilnachmittag zur Schloßruine hinauf, vorbei an weißen Kirschbäumen auf gelbgetupften Wiesen und durch eine Allee aus hohen Eichen, deren gewaltige Kronen das erste Laub zierte.

Das Heidelberger Schloß, Symbol der deutschen Romantik! Mit Wehmut erinnere ich mich daran: an den von zwei Engeln gehaltenen Kranz aus sieben Rosen über dem Eingangstor zum zerfallenen Ruprechtsbau; an den gotischen Erker der Bibliotheksruine; an die rotsteinerne Fassade des Ott-Heinrichsbaus mit ihren gedrechselten Säulchen, Schnitzereien, Leisten und Friesen, ihren tempelähnlichen Fensterhöhlen und den Nischen für allegorische Steinfiguren. Seltsame Mischung aus Ewigkeit und Zerfall. Ein stummes ironisches Gelächter liegt über der Szenerie. Nirgends war mir je die Vergänglichkeit fürstlicher

Macht gegenwärtiger. Respektlos wuchert das Unkraut der Gegenwart über die architektonische Protzerei von einst. Efeu und Moos kriechen über Wappen und Bildsäulen, Sträucher wachsen zwischen den gesprengten Teilen eines Turms, Bäume schauen mit ihren Ästen aus kunstvoll gemeißelten Fensterrahmen.
Als wir unseren Rundgang durch die Schloßanlage beendet hatten und von der großen Terrasse ins Tal hinunterblickten, war die Sonne hinterm Horizont verschwunden. Im Halbdunkel lag Heidelberg unter uns. Bewaldete Hügel und der grüne Neckar, an dessen jenseitigem Ufer die Weinberge hochsteigen. Der Himmel war von einem rosa Licht überzogen und spielte nach Westen zu ins Violette. Jenseits der weiten, frühlingshellen Rheinebene ahnte man die Silhouette der Vogesen. Rasch wurde es dunkel.
Ich war in dichterischer Stimmung. Trotzdem versuchte ich in den nächsten Wochen meine Gedanken ganz dem Studium zuzuwenden. Schließlich hatte ich Vater mein Wort gegeben. In Heidelberg, hatte ich ihm gesagt, würde ich viel besser lernen, denn da gäbe es tüchtigere Professoren als in Göttingen. Damit hatte ich vollkommen recht. Schon die erste Pandektenvorlesung bei Thibaut änderte meine Einstellung zur Jurisprudenz. Bisher hatte ich sie als ein notwendiges Übel, als mühevolle Voraussetzung für einen ungeliebten Brotberuf betrachtet. Nun begann sie mich zu interessieren.
Anton Friedrich Justus Thibaut war der erste wirklich bedeutende Mensch, den ich aus der Nähe sah. Seine hohe, aufrechte Gestalt im langen dunkelblauen Überrock, das offene Gesicht mit den ungewöhnlich großen Augen, das lange weiße Haar unter dem dunklen Käppchen – man mußte gar nichts von seinem Ruhm wissen, um den Mann imponierend zu finden. Nichts Schwaches war an ihm, aber auch nicht die Spur von Überheblichkeit. Ohne Konzept handelte er komplizierte juristische Probleme so lebendig und anschaulich ab, daß die Stunden

seiner Vorlesungen wie im Fluge vergingen. Sein Ehrgeiz ging dahin, auch den unbedarftesten seiner Zuhörer zu fesseln. Sein Vortrag sprühte vor Witz. Dabei war er vornehm in Gestik und Ausdruck. Über seinen wissenschaftlichen Gegner Savigny verlor er den Studenten gegenüber nie ein abfälliges Wort; im Gegenteil, er pries Savignys *Recht vom Besitz* bei jeder Gelegenheit als höchst lesenswertes Werk. Ich besorgte mir damals Savignys Streitschrift *Über den Beruf unserer Zeit zur Gesetzgebung und Rechtswissenschaft.* Darin wies er Thibauts Forderung nach einem allgemeinen bürgerlichen Gesetzbuch zurück. Mir schien zuviel Aufhebens gemacht zu werden um dieses Pamphlet. In meinen Augen war es das Werk eines wortgewandten Opportunisten. Denn was bezweckte Savignys gelehrtes Geschwafel vom organischen Wirken des Volksgeists? Meiner Ansicht nach kaschierte es nur die traurigen politischen Machtverhältnisse, die weder ein gesamtdeutsches noch ein bürgerliches Recht zuließen. Kein Wunder, daß Thibauts Gegner sich mit seiner Ansicht durchsetzte. Wer es mit den Herrschenden hält, hat leicht siegen – auch in der Wissenschaft.

Freilich war Thibaut, der Verlierer in diesem Streit der Juristen, auch nicht gerade freisinnig. Ich glaube, er war überhaupt kein politischer Mensch. Seine ganze Liebe gehörte der Musik. Jeden Donnerstagabend lud er Studenten ein, an den in seinem Haus veranstalteten Chorkonzerten teilzunehmen. Einmal ging auch ich hin. Für die Musik, die da geboten wurde, konnte ich mich allerdings nicht erwärmen. Thibaut war ein Kenner der italienischen Meister und Verfasser einer vielgerühmten Abhandlung. *Über die Reinheit der Tonkunst.* An dem Juniabend, den ich in seinem Haus verbrachte, trug ein gemischter Chor eine dem Papst Marcello gewidmete Messe von Palestrina vor. Thibaut selbst saß am Klavier, spielte die begleitenden Akkorde und gab mit der erhobenen Rechten den hinter ihm aufgereihten Sängern die Einsätze. Links neben dem Pianoforte stand ein kleiner, verwachsener Mann – es handelte sich um den Landschaftsmaler

Köster –, der mit einer großen, leeren Papierrolle den Takt schlug. Eine groteske Szene, zumal der Chor den dirigierenden Krüppel gar nicht zu beachten schien.
Ein anderer Heidelberger Rechtslehrer von Format war Karl Joseph Anton Mittermaier. Seine Vorlesungen über Kriminalrecht und Strafprozeßrecht faszinierten durch scharfsinnige Argumente und direkten Bezug zur Gegenwart. Er entsprach eher dem Bild eines erfolgreichen Anwalts als dem eines Gelehrten. Breitschultrig und selbstsicher stand er vor Gericht im Hörsaal und schleuderte seine Sätze im baritonalen Tonfall des gebürtigen Münchners bis in die letzte Reihe. Durch und durch ein Mann der Praxis, maß er den Wert akademischer Theorien an ihrer Auswirkung auf Prozeß und Verbrechensbekämpfung. Statt uns mit allgemeinen Erörterungen zu langweilen, schilderte er meist einen konkreten Fall, zeigte dann auf, wie nach dem geltenden Recht zu entscheiden sei, und unterzog schließlich diese Lösung einer kritischen Prüfung, wobei er darauf hinwies, wie der Fall in Italien, Frankreich oder England beurteilt werden würde. Das badische Straf- und Prozeßrecht kam bei solchen Vergleichen oft sehr schlecht weg. Vor Spitzeln im Auditorium, mit denen damals jeder Professor rechnen mußte, schien Mittermaier keine Angst zu haben. Das lag wohl daran, daß er als Abgeordneter der Zweiten Kammer nicht ganz schutzlos war. Mehr als einmal nannte er vor allen Studenten das geltende Prozeßrecht untragbar und forderte Reformen. Die Gerichtsverhandlungen in Strafsachen müßten endlich öffentlich und mündlich geführt werden, und nicht abhängige Staatsbeamte, sondern Geschworene aus der Mitte des Volkes sollten die Urteile fällen.
Mittermaiers Lieblingsthema war die Unmenschlichkeit der Todesstrafe. Ich hatte noch nie zuvor jemanden an dieser Einrichtung zweifeln hören und traute meinen Ohren nicht, als ich ausgerechnet eine Koryphäe des Kriminalrechts über *die Barbarei des Hängens und Kopfabschlagens* schimpfen hörte.

– In hundert Jahren, prophezeite unser fortschrittlicher Professor, wird man es unbegreiflich finden, daß der Staat einmal mit Vorbedacht getötet hat. Lassen Sie sich nicht täuschen von denen, die alles rechtfertigen, was es immer schon gegeben hat. Solche Leute haben auch die Folter der Inquisition und die Verbrennung der Hexen mit gelehrten Abhandlungen verteidigt. Prüfen Sie alles, was für die Todesstrafe vorgebracht wird, und Sie werden immer auf denselben übelriechenden Bodensatz stoßen: das Motiv der Rache. In allem wollen wir Christen sein, nur bei der Behandlung unserer Verbrecher halten wir uns immer noch ans Alte Testament.
Und wie er dann die Theorie von der Abschreckungswirkung der Todesstrafe zerpflückte! Ich schrieb jedes Wort mit, begeistert von der Kühnheit seines Standpunktes. Nie werde ich verstehen, warum Mittermaier als Politiker so ein halbherziger Taktierer war. Er hatte, zumindest damals in Heidelberg, etwas Radikales an sich. Natürlich gab es manche, die ihn dafür haßten. Ich erinnere mich an einen gewissen Privatdozenten Morstadt, der eines Tages in seiner Vorlesung ein Buch von Mittermaier in die Höhe hielt und ins Auditorium rief:
– Hier habe ich ein Buch, meine Herren. Seiner Schlechtigkeit wegen sollte man es für ein Werk von Hugo halten, aber es stammt von Mittermaier. Warum ich es Ihnen zeige? Nun, um eine Probe zu machen. Ich werfe das Buch jetzt an die Wand. Was gut ist daran, bleibt hängen.
An solchen Scherzen hatten die Studenten ihren Spaß. Auch ich hätte wahrscheinlich darüber gelacht, wenn ich Mittermaier damals nicht so bewundert hätte. Es wäre mir unehrlich vorgekommen, für den Verspotteten nicht entschieden Partei zu ergreifen. Ich stand also auf und verließ demonstrativ das Auditorium. Ich hatte schon vorher das Gefühl gehabt, bei Morstadt meine Zeit zu vertun, und dieser ehrenwerte Abgang kam mir nicht ungelegen.
Es gab wahrhaft lohnendere Vorlesungen. Auf das enge Gebiet

der juristischen Fakultät hatte ich mich schon in Göttingen nicht beschränkt. In Heidelberg war es geradezu ein Muß, bei Philologen wie Friedrich Creuzer und Johann Heinrich Voß zu hospitieren oder den Historiker Schlosser und den Nationalökonomen Rau zu hören. Creuzers Vorlesung über Symbolik und Mythologie zog derart viele Zuhörer aus allen Fakultäten an, daß der große Pandektensaal jeden Morgen von acht bis neun überfüllt war. Auch ich ging hin, denn schon Professor Kärcher hatte uns mit leuchtenden Augen von Creuzer erzählt. Er war ein Vertrauter Goethes, den er, wie man sagte, zu manchem seiner Gedichte inspiriert hatte. Berühmter hatte ihn in Studentenkreisen seine Affäre mit Karoline von Günderode gemacht. Aus enttäuschter Liebe zu Creuzer war sie ins Wasser gegangen, nachdem sie sich schon am Rheinufer den Dolch in die Brust gestoßen hatte. O rätselhafte Weiblichkeit! Professor Creuzer war ein dürres Männlein, das eine lächerlich rote Perücke auf dem Kopf trug und mit Leichenbittermiene hinter dem Katheder hin und her watschelte. Diesen Körper sollte die Günderode bis zum Wahnsinn geliebt haben? Das war schwer zu glauben. Was sie geliebt hatte, war wohl der Geist in diesem kümmerlichen Körper. Und der bezauberte! Obwohl Creuzers Vortrag weder besonders flüssig noch mitreißend war, versäumte ich keines seiner Collegien. Worum es im einzelnen ging, weiß ich nicht mehr. Nur soviel habe ich behalten, daß Creuzer in den verschiedenen Göttermythen des Altertums eine Urreligion entdeckt zu haben glaubte, eine Grundidee des Absoluten, die in vielfacher Verkleidung und bildhafter Verschlüsselung den eigentlichen Kern aller Religiosität ausmachen soll.
Damals diskutierte ich mit anderen Studenten über diese These und galt ein Semester lang als ergebener Jünger Creuzers. Freilich behielt ich für mich, was mich an dem Mythologen so faszinierte. Nicht seine Lehre, nicht seine Person! Wenn einer, der so aussieht – dachte ich –, geliebt werden kann, dann kann auch ich geliebt werden. Ich war noch immer sehr unglücklich

über meinen Körper, aber ich begann Hoffnung zu schöpfen. Offenbar gab es Frauen, denen die Schönheit der Seele genug war. Heute weiß ich, daß ich nicht umsonst gehofft habe. Amalie, meine erste Frau, war eines der schönsten Mädchen von ganz Mannheim. Obwohl ich unansehnlich, sonderlich und fast doppelt so alt war wie sie, liebte sie mich mehr, als ich je verstehen werde. Und meine zweite Frau, blutjung, sanft, anmutig ... Was kann ihr einer bieten wie ich – ein alt gewordener Revolutionär und entwurzelter Idealist? Sie fragt nicht danach, denn sie liebt meine Seele. O Käthchen, wie schön, dich bei mir zu haben ...

12

Auf einer Weihnachtsfeier der Heidelberger Burschenschaft sah ich Karl Mathy zum erstenmal.
Das war, wenn mich mein Gedächtnis nicht trügt, im Dezember 1824. Mehr als hundert Studenten drängten sich an diesem Abend in dem alten Wirtshaus, das uns als Versammlungslokal diente. Auf langen Holztischen standen kleine Tannenbäume mit brennenden Kerzen zwischen Weinkrügen, Tellern mit Weihnachtsgebäck und Gläsern. Mit Andacht wurde gesungen:

Rückt dichter in der heil'gen Runde
Und klingt den letzten Jubelklang,
Von Herz zu Herz, von Mund zu Munde
Erbrause freudig der Gesang:
Das Wort, das unsern Bund geschürzet,
Das Heil, das uns kein Teufel raubt,
Und Zwingherrntrug uns nimmer kürzet,
Das sei gehalten und geglaubt!

Nach jedem Lied stand einer der älteren Burschen auf und brachte mit erhobenem Glas einen Toast aus – auf Gott, Vaterland, Freiheit und die deutsche Treue. Zwischen und unter den Tischen balgten sich die Hunde, denn es war gerade in Mode, sich als Student einen Pudel, Terrier oder Mops zu halten.
– Silentium, rief einer vom Tisch des sogenannten engeren Kreises, ich möchte euch eine Kneipzeitung vorlesen, deren Verfasser es aus Bescheidenheit vorzieht, ein Anonymus zu bleiben. Also hört her:

Was trägt der alte Nikolaus
in seinem großen Sack?
Für den Studenten Saus und Braus
und einen Beutel mit Tabak.
Für den Philister eine Mütze,
er schläft so gern, fühlt sich so matt.
Und für den Bauern ein paar Witze,
weil er sonst nichts zu lachen hat.
Für den Herrn Zensor eine Tute,
die bläst Alarm bei jedem Strich.
Und eine riesengroße Rute
für den verlog'nen Metternich!

Von allen Tischen wurden diese Zeilen mit brüllendem Gelächter und anhaltendem Beifall quittiert.
– Wer hat das geschrieben? Aufstehn! Traut er sich nicht? rief man von verschiedenen Tischen.
Da zeigte der Student, der das Gedicht vorgelesen hatte, mit der flachen Hand auf einen etwa siebzehnjährigen Fuchs, der mit hochrotem Kopf aufstand und mit verlegenem Grinsen die ihm zugedachten Ovationen entgegennahm.
– Ehre, wem Ehre gebührt! sagte der Redner. Diese brillante Kneipzeitung hat unser junger Freund Karl Mathy aus Mannheim verfaßt!

Von einem entfernten Tisch aus sah ich durch den Qualm zu dem Verfasser des frechen Gedichts hinüber. Hoch aufgerichtet stand er im Licht des Christbäumchens, das Weinglas in der Hand. Mir fiel gleich sein Kopf auf, der übertrieben groß wirkte im Verhältnis zum Körper. Aus hervorquellenden Augen blickte ein knabenhafter Jüngling geschmeichelt in die Runde. Anders als wir trug er das Haar kurz geschnitten und säuberlich gescheitelt. Sonderlich beeindruckte er mich nicht.

Mein Verhältnis zur Burschenschaft war zwiespältig. Einerseits sympathisierte ich mit vielen ihrer Ziele, andererseits waren mir die Angeberei und der Chauvinismus mancher ihrer Wortführer zuwider. Nach meinem Verständnis sollte die Burschenschaft den Befreiungskampf von 1814 auf geistiger Ebene in den deutschen Hochschulen weiterführen. Nachdem Napoleons Despotie beseitigt war, galt es, das Metternichsche Unterdrückungssystem zu stürzen. Zu diesem Zweck, meinte ich, sollten sich die Studenten aller deutschen Universitäten zusammenschließen und eine unsichtbare Republik begründen. So würde Deutschland allen Hindernissen zum Trotz doch entstehen: als imaginäres Reich der Freiheit in den Köpfen der Jugend, das gerade darum wirklicher sein würde als jedes fest umgrenzte Territorium. In diesem Sinne begriff ich den Wahlspruch *Ehre, Freiheit, Vaterland* als geheimen Schwur und *Schwarz-Rot-Gold* als deutsche Entsprechung zur Trikolore der Französischen Revolution.

Ich war und bin Nationalist im ursprünglichen, das heißt revolutionären Sinn. Nationalismus und Volkssouveränität sind historisch und logisch zwei Seiten derselben Medaille. Um sich selbst regieren zu können, muß ein Volk seiner selbst bewußt werden. Mündige Völker sind freie Nationen. Nationalist sein heißt also für die Selbstbestimmung seines Volkes kämpfen, heißt Volksherrschaft wollen, heißt Demokrat sein. Und da ein revolutionärer Nationalist an das Recht aller Völker auf Selbstbestimmung glaubt, ist Nationalismus eine kosmopolitische, völkerverbindende Haltung. Daran gab es nie einen Zweifel unter den Freiheitskämpfern Europas, wenn wir uns als Emigranten in Genf, London oder New York trafen. Die Nationalisten Deutschlands, Frankreichs, Italiens und Spaniens wollten dasselbe, nämlich die Selbstbestimmung der Nationen. Sie fühlten sich solidarisch miteinander und meinten, die Befreiung der anderen begünstige die eigene Befreiung. Als Ziel der historischen Entwicklung sahen wir einen weltweiten Bund freier Nationen vor uns, das Ende aller Kriege.

All das hielt ich schon als Student für selbstverständlich. Ich war ja aufgewachsen in einer Zeit der Propaganda gegen die Ziele der Französischen Revolution, deren Frucht auch der Nationalismus war. Und die Gründer der Burschenschaft hatten nichts anderes im Sinn. Schwarz-Rot-Gold stand für *Freiheit, Gleichheit, Brüderlichkeit* und *Vaterland* für ein demokratisches Deutschland. Niemand erkannte rascher die revolutionäre Sprengkraft eines so verfaßten Studentenvereins als die Hüter des Status quo. Metternich persönlich betrieb das Verbot der Burschenschaft und nannte deren Bestrebungen umstürzlerisch. Um die Entstehung einer *deutschen Republik des Geistes* zu verhindern, erklärte die Wiener Schlußakte von 1820 die organisatorische Verbindung zwischen den Universitäten, ja sogar die bloße Korrespondenz, für *schlechterdings unzulässig.*

Leider war die Burschenschaft in Wahrheit nur ganz am Anfang eine potentielle Gefahr. Ihre revolutionären Ansätze wurden verwässert, ihre Schlagworte umgedeutet, ihre Ziele verändert. Sie wurde das Opfer ihres eigenen Erfolges und ihrer demokratischen Verfassung. Denn ein breiter Zustrom von Studenten, die für die eigentliche Idee der Burschenschaft gar keinen Sinn mehr hatten, majorisierte die fortschrittlichen Kräfte. Ich erlebte diese Entwicklung gerade noch mit. In Göttingen war von dem idealistischen Geist der Wartburg-Studenten noch viel zu spüren; Mäßigkeit, Toleranz und Gleichheit galten den Mitgliedern als wichtigste Tugenden. Aber in Heidelberg wurde in der

Burschenschaft nicht weniger gebechert und gefochten als bei den Westfalen oder Saxo-Borussen. Aus einer *Verschwörung für die Freiheit* machten unverständige Großmäuler eine gewöhnliche Studentenverbindung, die sich von den herkömmlichen Landsmannschaften nur darin unterschied, daß man sich in ihr nicht borussisch, westfälisch oder suebisch fühlte, sondern deutsch. Die einen grölten, tranken und prügelten für ihre engere Heimat, die anderen dafür, Deutsche und nicht Preußen, Schwaben oder Rheinländer zu sein. Deutschland aber erwies sich allmählich als zweideutiger Begriff. Wir sangen gemeinsam:

Was ist des Deutschen Vaterland?
Ist's Preußenland? Ist's Schwabenland?
Ist's, wo am Rhein die Rebe glüht?
Ist's, wo am Belt die Möwe zieht?
O nein, o nein, o nein, o nein!
Sein Vaterland muß größer sein.

Die einen dachten dabei an jenes imaginäre Reich der Freiheit, von dem ich sprach; die anderen, und das war leider die Mehrheit, an eine neue Großmacht, die Frankreich die Demütigungen der napoleonischen Zeit heimzahlen würde.
Ein überheblicher Ton klang auf einmal in dem Wort deutsch mit, derselbe überhebliche Ton, mit dem die Borussen sich ihres Preußentums und die Sueben sich ihres Schwabentums gebrüstet hatten. Jenes dümmliche Teutonentum gewann die Oberhand, das sich nationalistisch gebärdet, ohne revolutionär zu sein. Dieses Geschwätz vom gottlosen, welschen Erbfeind, das gerade jetzt so in Mode ist, hörte ich schon damals. Es lenkte ab von den wirklichen Feinden des Volkes: seinen Metternichs und Wittgensteins. Denen konnte das nur recht sein. Den Nationalismus hatten sie zu fürchten, der Chauvinismus aber nützte ihnen. Das wurde höheren Orts sofort begriffen. Während die Mainzer Zentral-Untersuchungs-Kommission, die

politische Polizeibehörde des Deutschen Bundes, Jagd auf die revolutionären Nationalisten unter den Burschenschaftlern machte, wurden die reaktionären Patrioten geschont. Die Heidelberger Burschenschaft galt schon als so zahm, daß sie trotz des offiziellen Verbots öffentlich auftreten durfte. Keine Behörde schritt gegen die Kneipabende im eigens dafür angemieteten Wirtshaus im Steinbruch ein, kein Amtmann unterband das tägliche Mensurenschlagen auf dem burschenschaftseigenen Fechtboden oder die Übungen auf dem Turnplatz in der Hirschgasse. Selbst das Tragen der schwarz-rot-goldenen Kokarde, das in Göttingen Festungshaft bedeutet hatte, wurde in Heidelberg nur mit Karzer geahndet oder schlicht übersehen.

Mein Mißfallen an der Verfälschung der burschenschaftlichen Ziele hat sich leider als allzu begründet erwiesen. Damals schon bemächtigte sich die Reaktion insgeheim der deutschen Farben. Es ist ein folgenreiches Unglück, daß der deutsche Patriotismus in Burschenschaftskneipen ausgebrütet worden ist. Diese Herkunft steht ihm auf die Stirn geschrieben. Der ganze Unsinn, der heutzutage über das *deutsche Wesen*, die *germanische Gesittung* und den *frechen Übermut der Franzosen* in den Zeitungen steht, entstammt diesem unreifen Renommiergehabe, das die Wortführer der Heidelberger Burschenschaft schon damals zur Schau trugen. Wie anders hätte sich das Nationalgefühl der Deutschen entwickelt, wäre es nicht an seiner natürlichen Entfaltung gehindert und in verqualmte Studentenlokale verbannt worden. Schuld daran sind letztlich die kleinen und großen Metternichs, die den Gang der Weltgeschichte im Herzen Europas gewaltsam aufhielten. Da man den Deutschen ihr Vaterland nicht gab, verkümmerte ihre Vaterlandsliebe zum studentischen Korpsgeist. Neidisch sahen sie über den Rhein, gedachten erlittener Schmach und schmiedeten abenteuerliche Rachepläne. Da sie im politischen Sinne nicht deutsch sein durften, machten sie aus dem Deutschsein eine alleinseligmachende Religion. Alles, was sie für gut, rein und gesund hielten, nannten sie deutsch; alles, was sie verachteten, galt als undeutsch. Kaum ein Kneipabend, an dem nicht Fichte zitiert wurde: *Charakter haben und deutsch sein ist ohne Zweifel gleichbedeutend.* Und manches Vivat wurde auf den Turnvater Jahn ausgebracht, der das *verderbliche Judentum* bekämpfen und zwischen Deutschland und Frankreich eine von Bären und Auerochsen bewohnte Wildnis anlegen wollte, um vor der fremden Kultur sicher zu sein.

Doch neben solchen Dummheiten lebten viele der ursprünglichen Ideale der Wartburg-Studenten in der Burschenschaft fort, wie etwa die nach Freiheit und Gleichheit aller Bürger oder die nach einer natürlichen Lebensweise. Daher mein Zwiespalt. Ein Schleier von Pathos und romantischer Verklärung umhüllte die Gegensätze. Weltbürgertum und Franzosenhaß, Freiheitstraum und Kaiserverehrung, Gleichheitsethos und Standesdünkel, Friedfertigkeit und Rauflust, Mäßigkeit und Kneiperei, Fortschrittsglaube und Mittelalterkult, Rebellion und Spießbürgertum – das alles vermischte sich, ohne daß die Burschenschaftler sich über die Unvereinbarkeit ihrer Ziele bewußt waren. Nicht nur die Studenten, die ganze Zeit liebte das Nebulöse.

Was mich anbetraf, so blieb ich auch aus Dankbarkeit dabei. In Göttingen hatte mir die Burschenschaft geholfen, nun wollte ich nicht mit ihr brechen, nur weil mir einiges mißfiel. Ein sehr eifriger Burschenschaftler war ich freilich nicht. Die Gelage lockten mich nicht, die Schlägereien stießen mich ab. Die Turnerei aber machte mir großen Spaß, und an den gymnastischen Übungen auf dem Turnplatz an der Hirschgasse nahm ich häufig teil. Hier traf ich, meine ich mich zu erinnern, auch das eine oder andere Mal mit Karl Mathy zusammen, ohne mit ihm bekannt zu werden. Ich bewegte mich damals eben noch in ganz anderen Kreisen als er und hatte keine Veranlassung, mich für den quelläugigen Jungkommilitonen zu interessieren. Erst bei Gustav Freytag habe ich gelesen, daß Mathy ein *geachteter Schläger* war und unter anderem einem Duellgegner die Nase abgesäbelt hat. Daraus schließe ich, daß Mathy nicht zu denen gehörte, denen die urprünglichen Ziele der Wartburg-Studenten besonders am Herzen lagen. Denn diese waren nicht nur für Demokratie und Selbstbestimmung, sondern auch gegen Duell und Mensur.

Eines freilich muß ich zugeben: Gesungen hat er wie kaum ein anderer. Schon als Fuchs kannte er alle gängigen Studentenlieder, und seine volle, kräftige Stimme klang schon auf jener Weihnachtsfeier aus allen anderen heraus: O *Deutschland, heil'ges Vaterland*, höre ich ihn schmettern,

> O deutsche Lieb' und Treue!
> Du hohes Land! Du schönes Land!
> Wir schwören dir aufs neue:
> Dem Buben und dem Knecht die Acht,
> Der nähre Kräh'n und Raben!
> So ziehn wir aus zur Hermannsschlacht
> Und wollen Rache haben!

Tannenduft und Tabaksqualm, Gläserklang und Weihechor, so habe ich diesen Abend, so habe ich eigentlich die ganze Burschenschaft in Erinnerung. Ein sentimentaler Blick auf ein zweifelhaftes Idyll, mehr ist nicht geblieben. Vergeblich hatte ich mehr erwartet. Zu einer fortschrittlichen Bewegung konnte die Burschenschaft mit ihrem Hinterwäldler-Patriotismus, ihrem Judenhaß, ihrer Verachtung der Bauern und Handwerker und ihrer Ritter-Sentimentalität nicht werden. Ihre historische Rolle war nur die einer Amme, die einen Patriotismus nährte, der so mißgestaltet wurde, daß er sogar einem Herrn von Bismarck ins Konzept paßt. Daß Nationalismus etwas mit Volkssouveränität zu tun hat, ist im Bierdunst der Kneipen einfach vergessen worden. Das ist eine der Ursachen der sich abzeichnenden deutschen Tragödie.

13

Kennzeichnend für die politische Atmosphäre Heidelbergs zur Zeit meines Studiums war der Kult um Karl Ludwig Sand. In der Schloßkirche befand sich ein Gestell mit dem Brustbild des Kotzebue-Attentäters und verschiedenen Reliquien – einer Haarlocke, einem Handschuh, einem Brief. Davor brannten Kerzen, lagen frische Blumensträuße. Viele Heidelberger trauerten um ihn wie um einen Heiligen, denn sie sahen in ihm einen Märtyrer der deutschen Freiheit. Zu seiner Hinrichtung waren seinerzeit Scharen von Verehrern aus der Universitätsstadt nach Mannheim gereist. Ich lernte mehrere Leute kennen, die aus eigener Anschauung von der Exekution zu berichten wußten. Der Scharfrichter, erzählten sie, habe sich mit Tränen in den Augen von Sand verabschiedet und um Verzeihung gebeten, bevor er ihm den Kopf abschlug. Nach der Hinrichtung verschwand der Stuhl, auf dem der Verurteilte den Todesstreich erwartet hatte. Wie sich herausstellte, hatten zwei Heidelberger Brüder das Möbelstück entwendet, um es zum Mittelpunkt eines Hausaltars zu Ehren des Exekutierten zu machen. Der Scharfrichter war nicht besser. Er ließ die Bretter des Schafotts nach Heidelberg transportieren und errichtete damit auf der westlichen Höhe vor der Stadt ein Gartenhäuschen, das er der Burschenschaft für heimliche Treffen zur Verfügung stellte.

Im Herbst 1825 nahm ich an einer nächtlichen Zusammenkunft in diesem *Sand-Häuschen* teil. Wir saßen auf Bänken um einen Holztisch, auf dem zwei blakende Kerzen klebten, und hörten andächtig einem jungen Professor der Theologie zu, der Karl Ullmann hieß und Sand unmittelbar vor seiner Tat gesprochen hatte.

– Das war im Frühjahr 1819, sagte er. Auf seiner Reise nach Mannheim machte Karl Sand in Heidelberg Station. Er meldete sich bei der Burschenschaft und kam auch zum Kneipabend. Zufällig saß ich neben ihm und erzählte, daß ich kurz vor dem theologischen Doktorexamen stand. Da fing er an, mit mir über die Sündlosigkeit Jesu zu diskutieren. Später verließen wir das Wirtshaus, um in der warmen Frühjahrsnacht einen Spaziergang zu machen. Das Problem von Schuld und Sühne beschäftigte ihn sehr. Doch mit keinem Wort deutete er an, daß er einen Mord begehen wollte. Ins Gespräch vertieft, wanderten wir den Neckar ein Stück hinunter und wieder hinauf. Es war eine mondhelle Nacht, die ich nie vergessen werde.

In Heidelberg sympathisierten viele Professoren mit der Burschenschaft. Die meisten von ihnen sahen in ihr noch die revolutionäre Vereinigung der Wartburg-Studenten und dachten radikaler als die junge Generation. Kern dieser politischen Opposition war der Kreis um den greisen Homer-Übersetzer Johann Heinrich Voß, den der Ruhm – er war mit Schiller befreundet gewesen und ein Vertrauter Goethes – vor polizeilichen Nachstellungen bewahrte. Er selbst äußerte sich nicht politisch, hielt seine schützende Hand aber über die Professoren Tiedemann, Paulus, Schlosser und den Buchhändler Winter, die alle Aktionen gegen Zensur und Bespitzelung unterstützten.

Für Oppositionelle wie sie kam gerade damals der Ausdruck *Liberale* auf, eine Bezeichnung, die, wie ich annehme, aus den spanischen Verfassungskämpfen jener Zeit übernommen wurde. In Heidelberg war das ein Wort, in dem viel Respekt mitklang. Die Regierungstreuen und Metternich-Anhänger nannte man allgemein die *Servilen* oder *Reaktionär.* Schon dieser Sprachgebrauch zeigt deutlich, wem die Sympathien der Bevölkerung gehörten. Im übrigen stellte ich fast täglich fest, daß meine fortschrittlichen Ansichten, mit denen ich in Karlsruhe ständig angeeckt war, in den Augen der meisten Heidelberger allzu zahm waren. Manchen galt ich als geradezu konservativ, weil ich zum Beispiel die badische Verfassung verteidigte.

Rousseau sagt: *Der Mensch fängt nicht leicht an zu denken; sobald er aber anfängt, hört er nicht mehr auf.* Wie recht er damit hat, zeigte sich auch bei mir. Meine politische Kritik machte vor der

Jurisprudenz nicht halt. Weit mehr als mit dem geltenden Recht befaßte ich mich mit den notwendigen Reformen. Mich beschäftigte die Forderung nach der Einrichtung von Geschworenengerichten im Strafprozeß, ich sammelte Argumente für die Öffentlichkeit und Mündlichkeit der Justiz und dachte bereits über eine juristische Dissertation über die Freiheit der Presse nach. Je mehr ich über Staats- und Völkerrecht erfuhr, desto deutlicher wurden mir die Rechtsbrüche, die in den Karlsbader Beschlüssen festgeschrieben waren. Und ich nahm mir vor, eines Tages die Unrechtmäßigkeit von Metternichs reaktionären Maßnahmen schlüssig zu beweisen. Dieser Vorsatz beflügelte meinen juristischen Lerneifer nicht wenig.

1825 stand Heidelberg im Zeichen nicht enden wollender Goethe-Feiern. An der *table d'hôte* im Hecht ließ sich das Thema Goethe gar nicht vermeiden. Ich erinnere mich an ein Gespräch, in dem August von Marschall den greisen Dichter des *Werther*, des *Faust* und des *Wilhelm Meister* als die sichtbare Verkörperung des deutschen Geistes, als die Inkarnation Deutschlands pries. Ich widersprach entschieden.

– Mein Deutschland repräsentiert Goethe nicht, sagte ich, und der Geist, den er verkörpert, ist der des vornehmen Spießers, der nach oben buckelt und nach unten tritt. Er verachtet die einfachen Menschen und redet der Despotie nach dem Mund. Preßfreiheit und parlamentarische Demokratie hält er für verderblich. Nicht einmal auf den Wiener Kongreß wollte er den Großherzog von Sachsen-Weimar gehen lassen, weil er in der Wiener Vereinbarung vorgesehene landständische Verfassungen ablehne. Er ist reaktionärer als Metternich, das will etwas heißen. In den Freiheitskriegen hat er mit Napoleon sympathisiert, und sein höhnisches *Rüttelt nur an eueren Ketten, der Mann ist euch zu groß!* verrät mehr über seinen Charakter als alle derzeitigen Festreden. Öffentlich kritisiert er die liberaleren deutschen Regierungen als weichlich und schlaff. Politische Gegner empfiehlt er *aus der Gesellschaft zu entfernen*, worunter er eigentlich nur die Zusammenfassung in Straflager meinen kann. Von einer milderen Justiz will er nichts wissen, gegen die Abschaffung grausamer Strafen und die Rücksichtnahme auf strafmildernde Umstände reitet er wütende Attacken. Auch die Judenemanzipation paßt ihm nicht und schon gar nicht die Gleichberechtigung der Frau; seine Schreckensvision ist eine jüdische Oberhofmeisterin in Weimar. Was ist das also für ein Deutschland, das dieser Mann verkörpert? Ein Untertanenland, in dem Minderheiten verfolgt und Mehrheiten verachtet werden! Ein Obrigkeitsstaat, dessen Sprache dieselbe gestelzte Vornehmheit, dieselbe verlogene Gesalbtheit atmet wie das Alterswerk dieses eitlen Dichterfürsten! Mit einem Deutschland, das diesen Mann für seinen Besten hält, habe ich, lieber August, nichts zu schaffen.

O ja, ich konnte mich ereifern, wenn man mich herausforderte. Mehr denn je war ich das *enfant terrible* im Kreis meiner Karlsruher Schulfreunde. Um des lieben Friedens willen versuchte ich politischen Diskussionen auszuweichen, doch das gelang mir nur selten. Wenn wir über die schwere Nordseesturmflut sprachen, mußte ich dem Elend der Betroffenen die Protzerei der deutschen Fürstenhöfe entgegensetzen. Wenn wir über die erste Gasbeleuchtung in Berlin redeten, sprach ich von der heraufkommenden neuen Zeit, die auch im übertragenen Sinne heller sein werde als die untergehende Epoche. Waren die phantastischen Berichte von den englischen Eisenbahnen unser Thema, dann kam ich wie von selbst von der neuen Beweglichkeit auf die Forderung der Zeit nach mehr Freiheit. Und schon war ich mittendrin in einem weiteren Streitgespräch, über dem der Braten kalt wurde. Aus gegebenem Anlaß kritisierte ich ein andermal die Allmacht und Willkür der Beamten, die brutale Polizeidespotie und das Spitzelwesen. Oder ich empörte mich erneut über den Wortbruch der deutschen Fürsten, die alle Hoffnungen der Jahre 1813 bis 1815 mit Füßen traten. Das war mein *Ceterum censeo.*

Wenn meine Freunde geglaubt hatten, radikaler als ich könne schwerlich jemand sein, so wurden sie bald eines Besseren belehrt. An unserem Tisch im Hecht stand nämlich ein leerer Stuhl, und eines Tages stellte uns der Wirt einen Kommilitonen namens Gabriel Riesser vor, dem er den freien Platz anwies. Von da an mußte ich die Rolle des Oppositionellen abgeben. Der kleine Abstand zwischen meinem politischen Standpunkt und dem meiner Freunde wurde von unserem neuen Tischgenossen schlichtweg ignoriert. In seinen Augen war ich ein Herr Aristokrat wie die anderen. Meine freisinnige Haltung betrachtete er wohl als Attitüde eines gelangweilten Adeligen. Er verbat sich jedenfalls meinen Beistand in den Auseinandersetzungen, die er in unsere Runde trug. Gabriel Riesser hielt sich für einzigartig. Zu Recht. Von den Studenten, die ich während meines Studiums kennenlernte, war er bei weitem der begabteste. Jeder seiner Sätze war geistreich, jedes Argument messerscharf. Äußerlich wirkte er unscheinbar. Er war ein Jahr jünger als ich, kleingewachsen, rundlich, mit einem weichen Kindergesicht unter dünnem aschblondem Haar, das strähnig auf den Kragen fiel. Sein schwarzer Leibrock glänzte speckig und war an den Ärmelenden abgestoßen, doch sein Hemd strahlte makellos weiß. Ganz gegen Studentenbrauch trug er eine in kühnem Schwung gebundene helle Krawatte, die ihm das Aussehen eines konservativen Stutzers gab. Er sprach im hanseatischen Tonfall wie Onkel Heinrich, aber ohne dessen vornehme Trennung des s vor t und p.

– Ich weiß es zu schätzen, meine Herren Aristokraten, eröffnete er am ersten Tag die Konversation, während er sich die Serviette in den Kragen schob, außerordentlich weiß ich es zu schätzen, daß Sie meiner Wenigkeit in Ihrem erlauchten Kreis zu speisen erlauben. Damit Sie gleich im Bilde über mich sind, gestatte ich mir den Hinweis, daß ich mosaischen Glaubens bin. Mein Name darf Sie nicht täuschen. Riesser nenne ich mich nur aus Bequemlichkeit. Mein Vater heißt Nazarus Jakob und ist

Sekretär beim jüdischen Gericht in Altona, und meine Mutter ist die Tochter eines Rabbiners namens Cohen. Ich hoffe, Sie fühlen sich nicht incommodiert durch meine Gegenwart. Zu meinen Gunsten kann ich anführen, daß ich keine kleinen Kinder zu verspeisen pflege.

Damit griff er zum Löffel und begann zu essen, während wir uns verblüfft ansahen. Wir wußten nicht, wie wir auf seine provozierende Ironie reagieren sollten. August machte ein paar mißlungene Versuche, seinerseits sarkastisch zu sein, merkte jedoch bald, daß er Gabriel Riesser in dieser Beziehung keineswegs gewachsen war. Der wortgewandte Neuling an unserem Tisch hatte immer das letzte Wort. Komisch war er, aber nicht eigentlich im positiven Sinn. Er hatte eine Art von Humor, bei der einem das Lachen im Hals steckenblieb. Selbst seine harmloseren Scherze waren irgendwie böse. Als eines Mittags ein gekochter Schweinskopf aufgetragen wurde, meinte er trocken:

– Beachten Sie die sinnige Dekoration, meine Herren Aristokraten! Hierzulande pflegt man den Schweinen Lorbeerblätter in die Rüssel zu schieben.

Gegen seine Attacken war meine Kritik an den herrschenden Zuständen von kindlicher Harmlosigkeit. Als ich einmal während eines Mittagessens mit meinen Schulfreunden über die Regierung des badischen Großherzogs Ludwig stritt, saß Gabriel Riesser stumm kauend dabei, als interessiere ihn das Thema gar nicht. Kein Nicken des Kopfes, als ich von den Verfassungsbrüchen des badischen Regenten sprach; kein zustimmender Blick, als ich Badens Willfährigkeit gegenüber Metternich beanstandete. Meine Freunde fanden tausend Entschuldigungen für ihren Landesvater, und Berckheim verstieg sich zu der Behauptung:

– Baden braucht in diesen Zeiten eine harte Hand. Gerade jetzt kann uns gar nichts Besseres passieren als ein solcher Großherzog.

Erst da – wir waren inzwischen bei der Nachspeise – griff unser sechster Tischgenosse in das Gespräch ein.
– Brav gesprochen, sagte er, auf den Großherzog Ludwig soll man nicht schimpfen, nur weil er den Rotteck, Itzstein und Winter nicht in seinem Landtag haben will. Verfassungsbruch? Wer wird so kleinlich sein, einem preußischen Soldaten auf dem Fürstenthron ein bißchen Rechtsbeugung vorzuwerfen. Schließlich kommt es doch nur darauf an, daß der Geist der Verfassung gewahrt wird. Und darin ist dieser Landesvater vorbildlich. Niemand tritt für Freiheit und Gleichheit entschiedener ein als er. Sehe ich einen Zweifel in Ihrem Blick, meine Herren Aristokraten? Meinen Sie, ich übertreibe? Nun, vielleicht was die Politik angeht! Aber auf dem Gebiet der Erotik kann man dem Großherzog nichts nachsagen. Mag er auch häßlich sein, mag er auch asthmatisch und nicht mehr der Jüngste sein, nichtsdestotrotz gibt er allnächtlich sein Bestes. Welcher deutsche Fürst ist seinen Untertanen näher als er – jedenfalls den weiblichen, denen er in nicht ermüdendem Eifer an die Wäsche geht, ohne Rücksicht auf Stand und Stellung. Kleinliche Moralgesetze und Kleidervorschriften gibt es nicht bei ihm. Das, meine Herren Aristokraten, nenne ich Ernst machen mit den Schlagworten der Französischen Revolution: *Liberté, Égalité, Fraternité.* Ein dreifach Vivat auf den Großherzog Ludwig!
Er hob das Glas und nötigte uns mit todernstem Gesicht, auf den badischen Landesherrn zu trinken. So war Gabriel Riesser.

14

Noblesse oblige, pflegte mein Vater zu sagen. Doch während die Pflichten des Adels mehr das uneinsehbare Gebiet moralischer Grundsätze betreffen, sind seine Rechte sehr konkreter Natur. Das *von* vor dem Familiennamen öffnet einem Studenten

manche Tür, die seinen bürgerlichen Kommilitonen verschlossen bleibt. Mit meinen adeligen Freunden war ich auf Soirees, Empfängen und Bällen der feineren Gesellschaft Heidelbergs ein häufig gesehener Gast. Bei diesen Gelegenheiten bewährte ich mich als geschickter Tänzer, mußte jedoch zunächst meine Schüchternheit überwinden. Sicher war der dicke Berckheim auch nicht ansehnlicher als ich, nur ging der schneidig auf jedes Mädchen los, machte seine Verbeugung mit plumper Eleganz, sagte ein albernes Kompliment – und reüssierte. Mich aber lähmte oft meine Unsicherheit. Es kostete mich unendliche Mühe, einen fremden Menschen, zumal weiblichen Geschlechts, anzusprechen. Ungezwungen konnte ich nur sein, wenn ich ein anderer war. Daher meine Vorliebe für Maskenbälle.
Anfang Februar 1826 lud die Großherzogin Stephanie zu einem ihrer berühmten Fastnachtsbälle nach Mannheim ein. Das Motto, *Une nuit à Florence*, kam mir sehr entgegen, denn nun konnte ich endlich einmal als Dante gehen. Ich besorgte mir einen weiten roten Umhang und ein dazu passendes Stirnband, unter das ich ein weißes Handtuch klemmte. Das Gesicht färbte ich mir mit brauner Kreide, die Brauen tuschte ich schwarz. So fuhr ich am Nachmittag mit den Marschalls sowie mit Stockhorn und Berckheim – die einen Papst, Julius Caesar, einen Florentiner Kaufmann und einen deutschen Künstler darstellten – in einer gemeinsam angemieteten Kutsche nach Mannheim.
Es war dunkel, als der Wagen vor dem Mannheimer Schloß hielt. Über die illuminierte Freitreppe ging es in die Empfangshalle, wo sich die Besucher in langen Reihen aufstellten, um der hohen Gastgeberin am Eingang zum Ballsaal ihre Reverenz zu erweisen. Unmittelbar vor uns war eine Familie Medici angekommen, ein Elternpaar mit drei Töchtern in rauschenden Renaissance-Gewändern. Während wir uns den Wartenden anschlossen, drehte sich die vor mir stehende Medici-Prinzessin um, sah mir ins Gesicht und strahlte mich mit verblüffender Unbefangenheit an.

Es war ein helles, kluges Gesicht, eingerahmt von schwarzen Locken. Kindliche Wachheit und frauliche Sinnlichkeit vermischten sich in ihm auf verwirrende Weise; die Lippen waren so voll, die Haut so zart, die Augen so dunkel.
– Ich habe Sie nur so betrachtet, sagte sie, weil ich Ihr Kostüm zu deuten versuche.
Und ich antwortete in der Sicherheit meiner Verkleidung:
– Es stört mich gar nicht, wenn Sie mich ansehen, im Gegenteil.
Das war kühn, und ich fürchtete schon, zu weit gegangen zu sein. Sie drehte sich um, denn in die Reihe kam Bewegung. Ich betrachtete meine Prinzessin von hinten. Sie war sehr zierlich und schmal, ein Backfisch, kaum älter als siebzehn. Das Brokatkleid, das sie trug, lag in der Taille eng an und fiel in weiten, bauschigen Falten bis auf den Boden. Ich betrachtete ihren bloßen Hals, das hochgesteckte braune Haar, als sie sich wieder nach mir umwandte.
– Lassen Sie mich raten, setzte sie unser Gespräch fort. Sie sind ein Scheich, ein arabischer Handelsmann.
– Ein Scheich? Wie kommen Sie darauf?
– Na ja, der Turban.
– Das ist kein Turban, sondern ein mittelalterliches Kopftuch. Ich bin Dante Alighieri!
– Dante Alighieri! Dann muß man sich wohl vor Ihnen hüten, wenn man nicht zur Hölle fahren will!
– Keine Sorge. Nur meine Phantasie fährt zur Hölle. Und Sie? Darf ich Sie nach Ihrem Namen fragen?
– Francesca da Rimini, Signore Alighieri.
– Ich hielt Sie für eine Medici. Aber bitte, nahm ich die Gelegenheit wahr, nennen Sie mich einfach Dante!
Sie lachte ein trockenes, kehliges Lachen, das über das Gemurmel der wartenden Fastnachtsgestalten stieg und Mutter Medici alarmierte. Um deren tadelndem Blick zuvorzukommen, drehte mir meine neue Freundin rasch den Rücken zu. Langsam rückte die Reihe vor. Über die Köpfe der vor mir Wartenden hinweg

sah ich durch die offene Tür in den Ballsaal, an dessen Eingang die Großherzogin stand und ihre Gäste begrüßte. Mit knapp vierzig Jahren war Stephanie immer noch eine schöne Frau, obwohl das Schicksal sie nicht geschont hatte. Als Nichte der Kaiserin Josephine de Beauharnais war sie 1806 von Napoleon adoptiert und als *Fille de France* an den späteren Großherzog Karl von Baden verheiratet worden. Gefesselt an einen Mann, den sie nicht liebte und der an der Französischen Krankheit litt, verbannt in ein Land, dessen Sprache sie kaum verstand, war sie von Anfang an zu bedauern. Doch nach dem Sturz ihres Adoptivvaters kam es noch viel schlimmer, denn von da an war sie wirklich verlassen. Badens politische Glücksritter, die erst kürzlich tiefe Bücklinge vor ihr gemacht hatten, feindeten sie nun an, um Gesinnungswandel zu beweisen. Ihrem dahinsiechenden Mann freilich, ich habe es schon erwähnt, wurde die Freundschaft mit Napoleon verziehen. Er überstand den Wiener Kongreß ohne Machtverlust und machte durch die Gewährung einer Verfassung seinen Frieden mit dem badischen Bürgertum. Als er 1818, erst fünfunddreißigjährig, starb, übernahm sein Onkel als Großherzog Ludwig die Regentschaft. Die junge Witwe mußte Karlsruhe verlassen. Als Ruhesitz überließ man ihr das Mannheimer Schloß. Hier lebte sie mit ihren drei Töchtern – ihre beiden Söhne waren auf mysteriöse Weise früh gestorben – in politischer Isolation, der sie durch ihre inzwischen berühmt gewordenen Feste und Empfänge zu entkommen suchte. Die Mannheimer Bevölkerung brachte ihr Sympathie entgegen. Immerhin war durch sie wieder Leben in das verwaiste Schloß eingekehrt.

Kurz bevor meine Prinzessin an der Reihe war, vor die Großherzogin zu treten, drehte sie sich noch einmal nach mir um. Sie hielt mir ihre Tanzkarte hin und fragte mit gezücktem Bleistift:

– Werden Sie mit mir tanzen, Dante?

– Sooft Sie wollen, Francesca!

– Gut, sagte sie und notierte geschäftsmäßig *Dante* auf ihrer

Karte. Ich merke Sie für den ersten Tanz vor. Versetzen Sie mich nicht!
Schon mußte sie sich beeilen, den Eltern und Geschwistern in den Ballsaal zu folgen. Meine Freunde grinsten. Ihnen war nicht entgangen, was sich abgespielt hatte. Ausgerechnet ich, der scheue, linkische Gustav von Struve, hatte sich zum Tanz verabredet, noch bevor das Fest begann.
– Gratuliere, flüsterte mir August über die Schulter ins Ohr, da hast du ja eine Eroberung gemacht. Weißt du, wer die Kleine ist?
Ich zuckte die Schultern.
– Der weißhaarige Herr, der jetzt gerade mit der Großherzogin spricht, ist der Vater deines Schwarms. Er heißt von Andlaw.
– Doch nicht der Freiherr von Andlaw?
– Genau der. Reichsfreiherr Konrad Karl Friedrich von Andlaw-Birseck, Hofrichter in Freiburg. Ich rate dir, ihm deine politischen Ansichten zu verschweigen, wenn du dich vorstellst.
Das war allerdings eine Überraschung. Freiherr von Andlaw war einer der Führer der konservativ-katholischen Partei in Baden. Man las seinen Namen täglich in der *Karlsruher Zeitung*. Er verkörperte alles das, was mir schon damals zuwider war: aristokratischen Hochmut, ultramontanen Katholizismus, reaktionäre Sturheit. Aber sollte ich deshalb seine Tochter weniger reizend finden?
Während ich noch darüber nachdachte, war es an uns, den Diener zu machen.
– *Bon soir, Altesse,* sagte ich zur Großherzogin. *Ordinairement je suis Gustav de Struve, mais aujourd'hui je préfère d'être Dante Alighieri dans l'exil à Florence. Merci beaucoup pour votre invitation, Altesse.*
Und die Großherzogin antwortete, meine Kostümierung betrachtend, in reizend-fremdartigem Deutsch:
– Ah, Herr von Struve, der *Étudiant;* Ihre Kostüm ist sär original. Isch freue misch, daß Sie hier mit mir sind. Isch kenne Ihre Vater, ein särr sympathisch Mann.

Damit war ich entlassen, das Fest konnte beginnen für mich. Maskierte aller Art standen in Gruppen zusammen und unterhielten sich, während livrierte Diener Tabletts mit gefüllten Champagnergläsern durch die Menge balancierten. An der Stirnseite des Saales warteten Stühle, Notenständer und diverse Instrumente auf die Musiker des Orchesters. An den Seitenwänden waren Fauteuils und zierliche Tische aufgebaut. Die Türen zu den angrenzenden Räumen standen offen für Gäste, die sich außerhalb des Ballsaales aufhalten wollten. Während ich, das erste Glas Champagner in der Hand, im Kreis meiner Freunde auf die Eröffnung des Festes wartete, hielt ich Ausschau nach meiner Francesca. Ich entdeckte sie auf der Fensterseite des Saales in einer größeren Gruppe von Menschen. August sah meinen suchenden Blick und erbot sich, mich den Eltern meines Schwarms vorzustellen, die er, Sohn eines anderen konservativen Politikers, recht gut kannte.

Ehe ich's mich versah, stand ich neben meiner zierlichen Prinzessin und sprach mit ihrem Vater über Thibaut und Savigny. Ein junger Dragoneroffizier in der Maske des Don Juan stellte sich vor, ihr Schwager, verheiratet mit ihrer ältesten Schwester. Sein Name war Alexander von Sickingen. Damals ahnte ich den geheimnisvoll-schicksalhaften Sinn dieser flüchtigen Begrüßung noch nicht. In der Gestalt dieses Don Juan begegnete mir die Zukunft. Ich mochte den Burschen nicht, er kam mir windig vor, und das lag nicht nur an seiner Kostümierung. Die Art, wie er den Damen Komplimente machte, hatte etwas Frivoles: Nun ja, er war ein gutaussehender Mann. Braunes, volles Haar unter dem breitkrempigen blauen Hut mit der Straußenfeder, ein offenes, leichtsinniges Gesicht, ein spöttischer Mund, eine schmale Nase, braune Augen, denen wohl schon manche Tugend zum Opfer gefallen war. Wie ein Ehemann wirkte er jedenfalls nicht, war eher denen zuzuordnen –

Die die Vernunft dem Trieb zulieb entweihn –,

wie Dante die Fleischessünde umschreibt. Sein unschuldig-raffiniertes Geplapper hatte mich jedenfalls von der Konversation mit dem alten Andlaw befreit.
Das Orchester hatte inzwischen Platz genommen und unterbrach alle Gespräche mit Tusch und Trommelwirbel. Auf die Tanzfläche trat ein Zeremonienmeister in altitalienischer Tracht, der die Gäste namens der Granduchessa willkommen hieß und das Zeichen zur ersten Quadrille gab. Meine kleine Francesca sah mich mit ihren Kinderaugen an und lächelte mir mit ihrem Frauenmund zu. Und mit einer leichten Verbeugung sagte ich:
– Gestatten Sie mir, Herr Freiherr, Ihre Tochter zum Tanz zu führen?
Hand in Hand stand ich mit ihr im Karree, die Musik setzte ein, der Tanz begann. Ich war wie in Trance. Noch nie hatte ich mit einem so hübschen Mädchen getanzt, nie mit einem, das mich so anstrahlte. Kann es wahr sein, fragte ich mich, daß sie mich mag? Daß sie mich nicht häßlich findet? Ihre Augen jedenfalls lachen mich so ehrlich an, als wäre sie in mich ... Ich wagte den Gedanken nicht zu Ende zu denken. Aber ich war verliebt in sie. Ich fühlte mich so leicht, so zufrieden. Wie anmutig sie den Fuß hob und mit der Zehenspitze aufs Parkett tippte, wie weich sie den Arm zur Seite schwang, wie harmonisch ihr Körper sich mit der Musik verband! Ich konnte mein Glück kaum begreifen.
Sie war außer Atem, als die Quadrille vorbei war. Ich führte sie zu einem der Fauteuils und besorgte uns zwei Gläser Punsch.
– Wer sind Sie, wenn Sie einmal nicht Dante sind? fragte sie, als wir die Gläser klingen ließen. Ich stellte mich vor. Darauf sie:
– Mein wirklicher Name ist Josephine.
– Ich werde Sie Beatrice nennen, sagte ich.
– Beatrice? lachte sie. Und fügte herausfordernd hinzu: So heißt wohl Ihre Verlobte!
Ich wurde rot unter meiner Schminke. Ich sagte:
– Ich habe keine Verlobte. Das heißt, nicht wirklich. Als Dante schon. Dante ...

Ich stockte. Verlegen blickte ich in mein Punschglas, auf das ich mit dem Finger unsichtbare Streifen malte.
– Dante liebt Beatrice, ergänzte sie meinen Satz. Ich verstehe. Dann ist es natürlich ganz in Ordnung, wenn Sie mich Beatrice nennen. Aber dann müssen wir auch du sagen. Oder spricht Dante seine Verlobte mit Sie an?
Diese schwarzgelockte Kindfrau, dachte ich, ist entweder völlig arglos oder sehr durchtrieben. Doch als wir auf unsere Freundschaft tranken, entschloß ich mich, das Nachdenken über den Grund ihrer Offenheit aufzugeben. Das ist also die Liebe, schoß es mir durch den Kopf. Josephines Mutter, die zusammen mit den Schwestern und einigen Commedia-dell'arte-Gestalten ein paar Tische weiter saß, sah ab und zu herüber zu uns. Damit war der Schicklichkeit Genüge getan. Wir ließen ein paar Tänze aus, doch zur Mazurka gingen wir wieder aufs Parkett. Der Glanz ihrer Augen wurde noch übermütiger. Während wir uns drehten und zogen, war sie wild und ausgelassen, doch nach dem Schlußakkord schien sie völlig erschöpft. Heftig und hastig atmend, wischte sie sich mit einem bestickten Seidentaschentuch kleine Schweißtropfen von Stirn und Schläfen. Ich führte sie zur Seite und holte ihr ein Glas Wasser.
– Du hast dich überanstrengt, sagte ich, wir hätten die Mazurka nicht mitmachen dürfen.
– Hast du nicht gern mit mir getanzt? fragte sie mit gespieltem Schmollen.
– O doch, antwortete ich, es ist schön, mit dir zu tanzen. Ich habe noch mit niemandem so getanzt wie mit dir. Es tut mir gut, wie du mich ansiehst.
Sie lächelte rätselhaft.
– Ich seh' dich an, wie Beatrice ihren Dante eben ansieht. Sie liebt ihn.
Verlegen sagte ich:
– Du spielst die Rolle sehr gut.
Darauf sie:

– Das fällt mir nicht schwer. Ich mag dich.
Mir schlug das Herz bis zum Hals.
– Ich mag dich auch!
– Du hast gute Augen, sagte sie. Zu dir könnte ich Vertrauen haben.
Ihre ältere Schwester kam in Begleitung des Don Juan kurz an unseren Tisch.
– Überanstrenge dich nicht, Josy, mahnte sie.
Wir wechselten ein paar Artigkeiten, dann ließen die beiden uns wieder allein. Auch August von Marschall setzte sich kurz zu uns, um mir mitzuteilen, daß die Heimfahrt nach Heidelberg unmittelbar nach dem Ende des Kotillons angetreten werden solle. Die Kutsche warte am Fuß der Freitreppe. Ob ich noch länger bleiben wolle? Ich glaube, ich hörte nur mit halbem Ohr hin. Ja, ich käme nach dem Kotillon zur Kutsche, sagte ich. Wenn ich jedoch nicht da sei, sollten sie ruhig ohne mich fahren.
Die Zeit verging viel zu schnell. Gegen 11 Uhr kündigte ein Tusch den Höhepunkt des Abends an, und der italienische Zeremonienmeister forderte die Paare auf, sich zum Kotillon zu formieren.
– Willst du noch einmal mit mir tanzen? fragte Beatrice.
Und ich sagte:
– Ich möchte schon. Aber wird es nicht zu anstrengend sein für dich?
Darauf gab sie keine Antwort, sondern stand lächelnd auf und ging mit mir aufs Parkett.
Die Musik setzte ein, und wir schwebten im weiten Kreis, drehend, drehend durch den hohen Saal. Harlekine, Königinnen, Seefahrer, Komtessen, Maler, Mönche und Matronen bewegten sich an uns vorbei, Paar um Paar, im gleichen Takt. Über uns glitzerten die Lüster im Schein tropfender Kerzen. Mir schwindelte. Ich sah Beatrice ins Gesicht. Sie war schneeweiß. Schweißperlen standen ihr auf der Stirn. Noch versuchte sie zu lächeln, doch sie war am Ende ihrer Kraft. Ich hielt im Tanz

inne. Alles drehte sich um mich. Sie klammerte sich an mich, ich hielt sie fest. Sobald ich den Schwindelanfall überwunden hatte, führte ich Beatrice von der Tanzfläche. Sie begann zu husten, heftiger und heftiger. Ihr zierlicher Körper wurde geschüttelt und durchzuckt von keuchender Verzweiflung, während ich hilflos neben ihr stand und sie am Arm hielt. Niemand schien uns zu beachten. Das Dröhnen des Orchesters, das Rauschen der Kleider, das Gesumm der Gespräche – dieser ausgelassene Lärm des Ballsaals verschluckte mitleidlos die Hilferufe des gepeinigten kleinen Körpers. Endlich schienen die Hustenkrämpfe nachzulassen. Ich wollte Beatrice zum Sessel führen, doch sie schüttelte den Kopf.
– Ich brauche frische Luft. Bring mich hinaus! sagte sie.
Suchend sah ich mich um. Es schien mir unpassend, mit dem Mädchen ohne Zustimmung der Eltern und ohne Begleitung den Saal zu verlassen. Doch es war niemand zu sehen, den ich hätte um Erlaubnis fragen können. Wahrscheinlich nahm die ganze Familie Andlaw am Kotillon teil. Noch bevor ich selbst eine Entscheidung treffen konnte, zog mich Beatrice, immer noch hustend, mit sich fort.
Wahrscheinlich war sie schon öfter im Mannheimer Schloß zu Gast gewesen, denn sie kannte sich aus. Durch einen Nebenraum gelangten wir, eine Fenstertür öffnend, auf die zum Park hinaus gelegene Terrasse. Es war stockdunkel und sehr kalt. Aus dem Ballsaal klang gedämpft der Schlußsatz des Kotillon-Walzers durch die Scheiben. Beatrice atmete tief und rasch ein.
– Erkälte dich nicht, Beatrice, sagte ich und wollte meinen Umhang ausziehen, um ihn ihr über die Schultern zu legen.
– Mir ist nicht kalt, widersprach sie, die Luft tut mir gut. Wenn du mich wärmen willst, laß mich unter deinen Umhang.
Ohne meine Antwort abzuwarten, lehnte sie sich an mich, tauchte, mich von hinten an der Hüfte umfassend, unter den Mantel. Mir wurde sehr heiß und auf unbestimmte Weise wohl. Ich roch den Duft ihres Haars, spürte die Wärme ihres Körpers,

wie elektrisiert von der Berührung ihrer Hand. Wie sollte ich mich verhalten? Unbeholfen legte ich meinen Arm um sie und sah über die Brüstung der Terrasse in die Nacht.
Da fühlte ich ihre kleine Hand im Nacken. Sie zog meinen Kopf zu sich und berührte mein Gesicht mit ihren Lippen. Weich und warm glitten sie über meine Haut, suchten meinen Mund. Ich war zwanzig Jahre und hatte noch nie eine Frau richtig geküßt. Ich preßte meine geschlossenen Lippen auf die ihren, weil ich es nicht besser wußte. Sie aber schob ihre Zunge vor, bis ich nachgab und den Mund öffnete zu einem tiefen, schwindelerregenden Kuß.
Ich vergaß völlig die Zeit. Beatrice war es, die schließlich sagte:
– Wir sollten jetzt wieder hineingehen.
Sie löste sich aus meiner Umarmung und zog mich an der Hand durch die halboffene Glastür in das immer noch leere Nebenzimmer.
Wir hätten keinen Augenblick später in den Ballsaal zurückkommen dürfen. Mutter Andlaw hatte die Tochter schon überall gesucht, denn die Familie war dabei, das Fest zu verlassen. Ich kam mir vor wie ein ertappter Verbrecher, doch Beatrice fand sofort ein paar Worte der Erklärung, mit der sie den Argwohn der Eltern plaudernd zerstreute. Sie habe einen bösen Hustenanfall gehabt, sagte sie, und ich sei so nett gewesen, ihr etwas frische Luft zu verschaffen. Das klang so harmlos, daß ihr Vater es für angebracht hielt, mir für meine Ritterlichkeit zu danken. Nur Alexander von Sickingen, der federhütige Don Juan, schien den Grund meiner Verwirrung zu ahnen. Von der Seite sah er mich auf eine geradezu unverschämte Weise mit wissendem Grinsen an. Ich verabschiedete mich reihum und sagte ganz zuletzt meiner Beatrice ein leises Adieu. Mit einer ablehnenden Bewegung des Kopfes entzog sie mir die Hand, drehte sich um und verließ mit ihren Verwandten den Ballsaal, ohne noch einmal zurückzusehen.
Ich erwachte wie aus einem Traum. Meine Freunde waren ohne

mich nach Heidelberg zurückgefahren. Mir war das ganz recht, denn in der Stimmung, in der ich mich befand, hätte ich ihre Fragen und Scherze nur schwer ertragen. Ich war so voll von Gefühl, so unbeschreiblich glücklich, daß mich der vierstündige Heimweg nicht schreckte. Dante Alighieri ließ das erleuchtete Schloß hinter sich, durchquerte die dunklen Straßen der Stadt und marschierte über aufgeweichte Landstraßen nach Hause. Eisiger Wind blies mir Schneeregen ins Gesicht. Schon nach wenigen Meilen war mein roter Umhang durchnäßt. In meinen Tanzschuhen quoll schlammiges Wasser, die nassen Hosen klebten mir an den Beinen. Und doch war mir nicht kalt. In dieser Nacht hätte ich bis ans Ende der Welt marschieren können. Selig deklamierte ich mit lauter Stimme unterm Gehen:

> Die Liebe, die in edles Herz sich senkt,
> Ließ ihn sich in den schönen Leib verlieben,
> der mir geraubt ward, was mich bitter kränkt.
> Die Liebe hat die Zweifel uns vertrieben
> und uns ergriffen mit so wildem Brand,
> Daß sie, wie du ersiehst, in mir geblieben.
> Die Liebe hat uns in e i n Grab gesandt.

Das traurige Schicksal der wirklichen Francesca da Rimini hatte den echten Dante im zweiten Kreis der Hölle zu Tränen gerührt. Ich aber hörte aus seinen Versen nur den hellen jubelnden Klang der Liebe.

15

Seit gestern liegt dumpfe Gewitterschwüle über Wien, eine berüchtigte Wetterlage, derentwegen reiche Familien die Stadt meiden. Ich fühle mich matt, fiebrig, elend. Mein altes Leiden –

eine Entzündung der Mundschleimhäute – macht mir wieder zu schaffen, und überdies quälen mich Kopfschmerzen. Als ob ich noch nicht genug geschlagen sei, lese ich soeben im Morgenblatt der *Neuen Freien Presse* folgende Meldung:

> [Vorlesung.] Wegen allzu geringer Theilnahme des Publicums zog Herr Gustav Struve seinen heute stattgefundenen zweiten Vortrag über den gegenwärtigen Krieg mit dem dritten seiner Vorträge, der für Freitag bestimmt war, zusammen. Der Vortragende entwickelte eine gedrängte Darstellung der Geschichte der militärischen Vergangenheit Frankreichs und Preußens, besprach die verschiedenen Mordwaffen der Neuzeit und die maritime Seite des gegenwärtigen Krieges. Schließlich richtete Herr Struve einen kräftigen Appell an die Anwesenden, ihre Sympathien den kämpfenden deutschen Brüdern zuzuwenden.

Kein Wort davon, daß ich vor den Gefahren des *Chauvinismus* gewarnt habe! Kein Hinweis auf die Differenzierung zwischen dem französischen Volk und dem *kleinen Napoleon!* Keine Erwähnung meiner Weigerung, die deutsche Nation mit Großpreußen gleichzusetzen!

Auch durch Weglassen kann man verfälschen, auch die halbe Wahrheit ist eine Lüge. Vor allem deshalb habe ich mein erstes Liebensabenteuer so ausführlich geschildert. Es hat mich geprägt und verändert. Und ich möchte nicht so tun, als hätte ich mich als junger Mann lediglich für Politik, Wissenschaft und Poesie interessiert. Kein Mensch besteht nur aus Verstand und Edelmut. Leider erfährt man aus Freytags Biographie viel zu wenig über das, was Karl Mathy in seiner Studentenzeit bewegt hat. Berichtet wird nur, daß er den Hund eines Freundes aus den Fluten des Rheins gerettet und den brustkranken Valentin Stromeyer nach Hause begleitet hat. *Et l'amour?*

Für mich hatte mein erstes Liebesabenteuer die Folge, daß ich den halben Februar 1826 im Bett verbrachte. Ich war nämlich keineswegs kräftig genug, eine nächtliche Wanderung durch

Wind und Schneeregen ohne Schaden zu überstehen. Was sich als Schnupfen anließ, wurde zur Fiebergrippe und diese zur Lungenentzündung. Sehr allein lag ich in meinem Studentenzimmer, dachte an gekräuselte Nackenhaare und kleine zärtliche Hände. Sehnsüchtig wünschte ich mir, meine Beatrice würde durch die Tür kommen und sich an mein Krankenlager setzen, um mich zu trösten und zu pflegen. Statt ihrer erschien meine Hauswirtin mit Zwieback und Kamillentee. Mit tadelnder Miene betrachtete sie mein fieberheißes Gesicht, schüttelte den Kopf und sagte:

– Lassen Sie sich das eine Lehre sein, Herr von Struve. Ihre Konstitution ist zu schwach für die Eskapaden der Fastnachtszeit. Das liederliche Leben macht Sie krank!

Sie sagte Eskapaden, ohne zu erläutern, was sie damit meinte. Vielleicht verriet mich ein gewisser Glanz in meinen Augen, der nicht nur vom Fieber herrührte. Ich bereute nichts. In gewisser Weise genoß ich es, krank zu sein. Denn die Schwäche meines Körpers entband mich von der Pflicht, den profanen Beschäftigungen des Alltags nachzugehen. Nun konnte ich stundenlang liegen und jeden Augenblick der märchenhaften Nacht wieder und wieder an mir vorüberziehen lassen.

Am dritten Tag meiner Krankheit schrieb ich Fräulein von Andlaw meinen ersten Brief. Wahrscheinlich war er ziemlich wirr und verriet in jeder Zeile den fragwürdigen Zustand, in dem ich mich befand. Ich hatte das Gefühl, das Schreiben nicht länger aufschieben zu können. Meine Ungeduld war ein Fehler, weil ich nicht sicher sein konnte, daß mein Brief in die richtigen Hände geraten würde. Die genaue Anschrift kannte ich nicht, und so adressierte ich mein *billet d'amour* an Josephine von Andlaw, über Hochwohlgeboren Freiherrn von Andlaw-Birseck, Hofrichter zu Freiburg. Mein Freund August von Marschall, der mich jeden Tag besuchen kam, warnte mich. Er hielt es für möglich, daß Josephines Vater den Brief öffnen oder zurückhalten würde. Doch ich war taub für seine Bedenken.

– Geh, geh, bat ich, trag den Brief zur Poststation, er muß fort.
Als nach einer Woche noch keine Antwort gekommen war, befürchtete ich das Schlimmste. Ich schrieb erneut. Diesmal – das Fieber war fast überwunden – legte ich dem versiegelten Liebesbrief ein höfliches Schreiben an den Hofrichter bei. Eine weitere Woche verstrich ohne Nachricht. Vergebens wiederholte ich meinen Versuch ein drittes und viertes Mal. Entweder meine Briefe hatten die Adressatin nicht erreicht, oder – das bedachte ich immerhin – ihr war an einer Fortsetzung unseres Abenteuers nicht gelegen. Um mir Gewißheit zu verschaffen, hätte ich selbst nach Freiburg reisen und eine persönliche Begegnung suchen müssen. Trotz meines erbärmlichen Seelenzustandes erlaubte ich mir eine solche Aufdringlichkeit nicht.
Ungeduldig wartete ich auf den nächsten Ball der Großherzogin Stephanie. Dank der Vermittlung meines Freundes August erhielt ich wieder eine Einladung. Nach Plauderei und Musik stand mir nicht der Sinn. Ich ging nur hin, um Ausschau nach der Familie von Andlaw, und zwar nach einem ganz bestimmten Mitglied derselben, zu halten. Doch ich entdeckte sie nicht. Der Ball begann ohne Beatrice. Noch vor dem Ende des ersten Tanzes ging ich durch das Nebenzimmer auf die Terrasse hinaus, auf der ich vor Wochen mit ihr gestanden hatte. Lampions hingen über der Balustrade, Gruppen von Gästen flanierten im Freien und genossen die Luft des frühlingshaften Märzabends, die aus dem Park stieg.
In Gedanken versunken lehnte ich an der Brüstung, als ich eine bekannte Stimme hinter mir hörte.
– Der Herr von Struve, wenn ich nicht irre!
Ich drehte mich um und blickte in das spöttische Gesicht eines mir wohlbekannten Don Juan. Allerdings trug Alexander von Sickingen diesmal die Uniform eines badischen Dragoners. Ich begrüßte ihn stotternd und erkundigte mich nach seiner Frau und dem Fräulein von Andlaw. Er lachte ein leichtes, flüchti-

ges Lachen, stellte sich, Hand in der Hosentasche, den rechten Fuß auf der Balustrade, neben mich und sagte in gleichgültigem Ton:
– Meine Gattin tanzt mit Graf Jenison den Contre-danse. Seit ich verheiratet bin, hat meine eigene Tanzlust merklich nachgelassen; zumindest, wenn ich mit meiner Frau tanzen soll. Aber warum tanzen Sie nicht? Ah, sagen Sie nichts, ich verstehe. Liebeskummer! Ich gebe Ihnen einen Rat: Vergessen Sie die kleine Andlaw. Die Welt ist voll von hübschen Mädeln. Ich spreche aus Erfahrung, mein Lieber. Wer sein Herz nur an eine hängt, versäumt die Freuden des Lebens!
Während er dies sagte, sah er mich wieder mit dieser Vertraulichkeit an, die mich schon einmal geärgert hatte.
– Sie haben gut reden, antwortete ich. Ich habe wenig Talent zum Don Juan.
Er grinste.
– Warum so bitter? fragte er. Liebe kommt, Liebe geht. Auch andere Väter haben schöne Töchter. Was meine kleine Schwägerin angeht ...
Abrupt drehte ich mich um und sah dem Offizier ins Gesicht.
– Ja?
– Nun, Sie sollten es nicht tragisch nehmen. Der alte Freiherr hat sich offenbar nach Ihnen erkundigt. Das kann man ihm nicht übelnehmen, wenn Sie ihn zu Ihrem *Postillon d'amour* machen. Die Auskünfte, die er erhielt, scheinen ihm nicht gefallen zu haben. Wissen Sie, Struve, mein Schwiegervater lebt noch im vorigen Jahrhundert. Und Sie sollen ja recht freisinnige Ansichten vertreten, gar mit Radikalen verkehren ...
So klärte mich Alexander von Sickingen über die Aussichtslosigkeit meiner Liebe auf. Ein merkwürdiger Zufall, daß gerade er es war, bedenkt man, daß ich letzten Endes ihm mein späteres Glück verdanke. Damals allerdings traf es mich hart, seine spöttische Väterlichkeit ertragen zu müssen. Immerhin, seine Nachricht enthielt etwas Gutes, so niederschmetternd sie

auch war. Wenn Josephines Vater meine Briefe abgefangen hatte, bedeutete ihr Schweigen nicht, daß sie mich vergessen wollte. In der Enttäuschung war Hoffnung.
Die Musik im Ballsaal endete, und von Sickingen verabschiedete sich. Ich blieb auf der Terrasse, versunken in Gedanken wechselnder Farbe. Lange sah ich schweigend in den dunklen Park hinaus. Dein despotischer Vater wird uns nicht trennen, dachte ich, ich werde um dich kämpfen, Beatrice. Unter der Schwelle des Bewußtseins hegte ich die romantische Vorstellung, ihr Vater halte sie gefangen. Ich stellte mir vor, sie blicke sehnsuchtsvoll aus dem Fenster eines Turmzimmers und warte auf mich, ihren Befreier. Am liebsten wäre ich auf der Stelle aufgebrochen, um sie zu retten. Beim zweiten Nachdenken verwarf ich diesen Plan. Solange Josephine der elterlichen Vormundschaft noch nicht entwachsen war, konnte eine übereilte Tat nur schaden. Ich war ja auch noch nicht in der Lage, eine Frau wie sie standesgemäß zu versorgen. Sie sollte doch stolz sein können auf mich! Ich beschloß, schleunigst etwas zu werden, etwas Beeindruckendes, etwas Bewundernswertes, ein Mann von Rang und Einfluß. So würde ich den Freiherrn beschämen und mich der Liebe seiner Tochter würdig erweisen.
Ich fuhr in dieser Nacht nicht nach Heidelberg zurück, sondern wanderte in entgegengesetzte Richtung. Am nächsten Mittag, an einem sonnigen 22. März, kam ich übernächtigt und müde in Karlsruhe an. Mutter geriet durch mein bloßes Erscheinen in schreckliche Aufregung. Man hörte damals viel von tödlich ausgehenden Duellen zwischen Studenten, die den überlebenden Teil zu eiliger Flucht zwangen. Wie sie mich nun in Frack und Zylinder, verschwitzt und unrasiert im Salon stehen sah, hielt sie mich für einen dieser unglücklichen Totschläger auf der Flucht. Doch ich konnte sie beruhigen:
– Nichts ist passiert. Ich bin nur gekommen, um Vater zu bitten, nach Oldenburg zu schreiben. Wegen meiner Anstellung.
Das war nun freilich eine freudige Überraschung. Selbst Vater

zeigte sich versöhnt. *Petit à petit l'oiseau fait son nid*, sagte er und klopfte mir auf die Schulter. Gleich nach dem Mittagessen setzte er in meinem Beisein den Bewerbungsbrief an den Herzog Peter Friedrich Ludwig von Oldenburg auf, und ich selbst brachte das Schreiben zur Post. Auf einmal konnte es mir nicht schnell genug gehen mit meiner Karriere.
Mitte April kam die Antwort, ich möge mich Anfang September vorstellen und dem allfälligen Examen unterziehen. Mir blieb nur noch das Sommersemester zur Vorbereitung. Zusätzlich zum römischen Recht mußte ich mich mit dem Oldenburgischen Territorialrecht vertraut machen, und da dies in Heidelberg nicht gelehrt wurde, blieb mir nichts anderes übrig, als Ende April 1826 ein zweites Mal die Göttinger Universität zu beziehen.
Von dort reiste ich am 1. September nach Oldenburg. Am Tag nach meiner Ankunft empfing mich der alte Herzog im Beisein seines Ministers von Brandenstein und des Geheimrats von Berg.
– Ihrem Herrn Vater, lieber Herr von Struve, eröffnete der Fürst die Audienz, wünsche ich gewiß auf jede Art nützlich zu sein. Er hat mir in schwierigen Zeiten einen großen Dienst erwiesen. In seinem Brief, der mir Ihr Kommen angekündigt hat, schildert er Sie als einen Jüngling von guten Anlagen, und ich zweifle nicht an der Richtigkeit seiner Worte. Wenn Sie sich also den Prüfungen und dem Ernste des hiesigen Dienstes unterziehen wollen, kann es mir nur angenehm sein, einen verdienten Mann mehr in meinen Dienst zu bekommen.
Ich antwortete höflich und untertänig, übergab dem Geheimrat meine Schul- und Universitätszeugnisse und versicherte, ich wünschte mir nichts sehnlicher, als mich durch Fleiß und Redlichkeit des fürstlichen Wohlwollens würdig zu erweisen. Offenbar machte ich keinen schlechten Eindruck. Als mich der Minister aus dem Zimmer führte, deutete er an, ich könne mit einer Stelle als Kabinettssekretär rechnen. Das davor abzulegende

Examen, meinte er, werde für einen Kandidaten wie mich kein Problem sein.
Leider hörte ich nicht den ironischen Unterton aus der Bemerkung des Ministers heraus. Ich war noch sehr blauäugig und taub und blind für die Intrigen am Hof eines deutschen Kleinfürsten. In meiner Freude über den freundlichen Empfang kam ich gar nicht auf die Idee, daß mich die alteingesessenen Beamtenfamilien Oldenburgs als unerwünschten Eindringling betrachten könnten. Die hatten selbst genug Söhne, welche in den Hofdienst wollten. Für das Wohlwollen ihres Herzogs einem Ausländer gegenüber fehlte ihnen jedes Verständnis. Von Anfang an war die Hofkamarilla darauf aus, möglichst hohe Hürden vor mir zu errichten. Ich dagegen meinte, willkommen zu sein, und verließ mich auf die fürstliche Protektion. Arglos ging ich in das für Anfang Oktober angesetzte Examen. Man verlangte von mir, dunkel erinnere ich mich, ein Gutachten zur Einklagung rückständiger Zinsen aus einer Schuldverschreibung und die schriftliche Beantwortung einer Reihe anderer juristischer Fragen. Gleichzeitig mit mir unterzog sich ein einheimischer Kandidat der Prüfung. Er brütete noch über der ersten Frage, als ich mit dem Prüfungsstoff bereits fertig war und meine Arbeit abgab.
Mit dem Gefühl, meine Sache gut gemacht zu haben, stieg ich anderntags in die Postkutsche nach Hamburg. Onkel Heinrich hatte mich eingeladen, die Zeit bis zum Antritt meiner Stelle in seinem Haus zu verbringen. Über drei Monate lebte ich, weder Student noch Beamter, in einem heiteren Zwischenzustand. Den einundzwanzigsten Geburtstag feierte ich in einer weißen Villa an der nebelverhangenen Alster, fern von Familie und Freunden, unendlich weit von meiner schwarzhaarigen Beatrice, allein mit der stummen, sauertöpfischen Tante und meinem polternd-fidelen Lieblingsonkel. Wie immer erzählte er von seinen *S-tudentenjahren* und seiner Ausbildung zum Diplomaten, paffte riesige Zigarren und trank große Mengen französischen Weins.

Sein scheinbar unerschütterlicher Frohsinn täuschte mich nicht. Onkel Heinrich war einsam. Sein großes Haus wirkte tagsüber leer und traurig, wie ein von Dienern bewachtes Schloß, in dem keiner mehr lebt. Es fehlten die Stimmen und Schritte der Kinder. Inzwischen waren sie alle erwachsen und fort.
– Ausgeflogen, sagte er, so wie die S-patzen, wenn sie flügge sind.
Und einen Moment lang verriet sein Schweigen so etwas wie Trauer.
Viele der Hamburger Herbsttage verbrachte ich in Onkel Heinrichs Bibliothek. Leider bestand seine Büchersammlung hauptsächlich aus juristischer Literatur, Reiseberichten und jener Gattung französischer Romane, die man aus unerfindlichen Gründen *galant* nennt. Für Rousseau, Dante oder gar Platon schien sich mein Onkel nie interessiert zu haben. Ich griff zu einem Buch mit dem Titel *Briefwechsel zwischen Heloise und Abälard*, das mich von der ersten Seite an in seinen Bann zog. Wenn ich nicht las, saß ich am Tisch unter dem hohen Fenster, das zur Alster hinaus ging, und schrieb sehnsuchtsvolle Gedichte in Terzinenketten, die von der Liebe handelten. Der Verliebte, bemerkt Rousseau im *Émile,* ist nicht in der Lage zu erraten, was ihm schadet. Ich wollte mir mein Verlangen von der Seele schreiben, aber es wurde durch die Beschwörung seines Ziels nur noch unerträglicher.
Endlich, Anfang Dezember, erhielt ich Post aus Oldenburg. Die Sendung bestand aus einer umfangreichen Beurteilung meiner Prüfungsarbeiten und einem herzoglichen Constitutorium. Ich las und fiel aus den Wolken. Zu spät erkannte ich, wie leichtfertig es gewesen war, auf das Wohlwollen der oldenburgischen Justizbehörde zu setzen. Nicht besonders großzügig, sondern besonders kleinlich hatte man mich geprüft. Nur der *dritte Charakter* war mir zuerkannt worden – der *vierte* hätte Nichtbestanden bedeutet. Sogar meine Handschrift kritisierte man. Natürlich war ich selber schuld. Ich hatte die Prüfung nicht ernst

genug genommen. Wenigstens, tröstete ich mich, war ich nicht durchgefallen. Den Prüfern war es nur darauf angekommen, mich vom Hof fernzuhalten, und dieses Ziel hatten sie, wie der zweite Teil der Sendung zeigte, erreicht: Statt zum Kabinettssekretär ernannte mich der Herzog nur zu einem Auditor bei der Kabinettsexpedition.
Am 8. Januar 1827 erhielt ich die Anweisung, mich umgehend nach Frankfurt am Main zu begeben, wo ich mich beim oldenburgischen Bundestagsgesandten melden sollte. Ihm war ich für ein Gehalt von dreihundert Talern und ein Quartiergeld von einhundertfünfzig Talern als Attaché zugeteilt worden.
Zum Bundestag in Frankfurt also, in die Hochburg der Reaktion und das Zentrum der Metternichschen Unterdrückung! Ich hielt das Schreiben mit meiner Bestallung in der Hand und lachte laut auf. Das war kein schlechter Witz, daß das Schicksal ausgerechnet mich, den freisinnigsten Sproß der Familie Struve, in die Höhle des Löwen schickte.

16

Guten Mutes machte ich mich auf den Weg. Es kann nicht schaden, sagte ich mir, die politische Wirklichkeit aus nächster Nähe kennenzulernen. Ich war neugierig.
Was sich Deutscher Bund nannte, in dessen Zentrale ich bald subaltern mitarbeiten sollte, war rechtlich ein Staatenbund der vierunddreißig Fürstentümer und vier freien Stadtstaaten, die auf dem Gebiet des untergegangenen Heiligen Römischen Reiches Deutscher Nation lagen. Die Verfassung dieser eigenartigen Verbindung war eine Schöpfung des Wiener Kongresses und atmete dessen Geist. Die Souveränität der einzelnen Mitglieder sollte nicht nur unangetastet bleiben, sondern durch den Zusammenschluß geschützt werden. Andererseits war eine Kün-

digung ausgeschlossen, und die Teile mußten dem Ganzen außenpolitische und polizeiliche Kompetenzen einräumen. Widersprüchlich erscheint das nur, wenn man das Ziel des Bündnisses verkennt. Neue Staatlichkeit sollte nur insofern begründet werden, als zur Verteidigung der Fürsten gegen ihre Völker notwendig. Die Bundesakte, der Grundvertrag des Deutschen Bundes, nannte als Bündniszweck *die Erhaltung der inneren Sicherheit Deutschlands und der Unabhängigkeit und Unverletzlichkeit der einzelnen deutschen Staaten.* Weniger verklausuliert ausgedrückt: Es handelte sich um eine Allianz gegen den Fortschritt und die eigenen Untertanen.

Die Frankfurter Bundesversammlung, zu der ich im Januar 1827 von der Nordseeküste landeinwärts reiste, war kein Parlament. Das Organ des *Willens und Handelns* des Deutschen Bundes setzte sich aus Bevollmächtigten der Gliedstaaten zusammen, aus weisungsgebundenen Gesandten also. Den Vorsitz führte Österreich. Sofern es sich mit Preußen einig war, hatten die Mittel- und Kleinstaaten in der Praxis wenig zu melden.

Schon die Fahrt nach Frankfurt war eine Lektion in politischer Gegenwartskunde. Kaum eine Stunde verging, in der die Kutsche nicht vor einem Schlagbaum haltmachen mußte. Und jedesmal kontrollierten unterschiedlich uniformierte Zöllner und Grenzbeamte Pässe und Gepäck. Je kleiner das Fürstentum, desto kleinlicher die Kontrollen. Nicht ohne Stolz wies ich mich als Attaché des oldenburgischen Bundestagsgesandten auf dem Weg nach Frankfurt aus, worauf man mich bevorzugt behandelte.

Während der Wagen über die vereiste Straße den Taunus hinaufschwankte und lange Reihen kahler Obstbäume an weißgefrorenen Hängen am Fenster vorbeizogen, sinnierte ich über die Wechselwirkung von geistiger und politischer Begrenztheit. In der Enge deutscher Kleinstaaten war auch das Denken eng, im Mief der Provinz gedeiht nichts Großes. Eifersüchtig beäugt ein Spießer den andern, katzbuckelnd tut der Biedermann den Hofleuten schön, hochfahrend pocht der Etablierte auf sein Ansehen. Minderwertigkeitsgefühl und Hoffart liegen in der Brust des Kleinstädters nah beieinander; alles Neue ist ihm verdächtig, alles Kühne scheint ihm gefährlich. Das Fremde wird gefürchtet und überschätzt. Vom dumpfen Mißtrauen zur devoten Anbiederung ist es nur ein kleiner Schritt. Da der Provinzler in seiner überschaubaren Welt etwas gelten will, ordnet er sich beflissen in die Hierarchie der Kriecher und Treter ein. Für ein großzügiges, gar weltbürgerliches Denken war in den Bienenwaben deutscher Emsigkeit kein Raum. Männer wie Metternich wußten schon, warum sie gegen eine Aufhebung der Grenzen waren.

Am frühen Nachmittag erreichten wir Bad Soden. In dünnem Schneegestöber ging es nach Frankfurt hinunter. Zum erstenmal kam ich in die alte Reichsstadt, sah mit Neugier in die winkligen Gassen und bestaunte das Getöse und Gedränge auf den gepflasterten Prachtstraßen. An der belebten Zeil stieg ich aus der Postkutsche und quartierte mich im Hotel de Russie ein.

Anderntags sprach ich in der Kanzlei der oldenburgischen Legation an der Eschenheimer Gasse vor. Nach kurzem Warten in den Arbeitssalon des Gesandten eingelassen und als der neue Herr Auditor vorgestellt, sah ich mich einem Mann von etwa fünfzig Jahren gegenüber, der mit einer Akte vor sich in einem Lederfauteuil saß. Durch mein Erscheinen fühlte er sich sichtlich gestört.

Freiherr von Both, mein neuer Dienstherr, hatte einen drahtigen Schnauzbart, dessen borstige Enden beidseitig über die Mundwinkel hingen. So griesgrämig und ungnädig er auch dreinsah, bemühte er sich doch, vornehm und weltgewandt zu erscheinen. In seine Rede streute er französische Vokabeln und sprach nach Art der Franzosen durch die Nase. Nach wesentlichen Sätzen spitzte er den Mund, als ob er pfeifen wolle, aber er tat das nur, um seine Aussage nach kurzer Pause mit einem scharfen *Nicht wahr?* zu bekräftigen. Er verkörperte den Typ des aristokratischen Bürokraten, der sein Amt als eine rudimentäre Form von Gottesgnadentum betrachtet. Ich kannte diese Sorte Mensch aus der Umgebung meines Vaters. Schon als Kind hatte sie mir mißfallen.

– *Voilà*, sagte von Both, der junge Herr von Struve! Man hat Sie avisiert. Aus Oldenburg kommt die *ordre*, Sie hier in der Gesandtschaft mit der Expedition, insbesondere der Ordnung der Registratur zu beschäftigen. Dies ist die Arbeit eines Kanzlisten, nicht wahr? Ich werde nicht umhinkönnen, dem gegenwärtig und nur provisorisch engagierten Kanzlisten die *démission* zu geben. Ein *malheur*, nicht wahr? Ich habe durchaus genug *confidence* in Ihre Fähigkeit, doch ich kann nicht verstehen, warum ich einen Attaché als Schreiber beschäftigen soll. *Naturellement*, wenn ich Sie nicht in der Kanzlei verwende, weiß ich gar nichts mit Ihnen anzufangen. Ein Legationssekretär oder Attaché ist entbehrlich, ein Kanzlist aber nicht. Auch stellt sich die Frage, ob *les bagatelles banales* des täglichen Dienstes einem Angestellten höherer Kategorie überhaupt zumutbar sind. Immerhin sind Sie Akademiker, nicht wahr? Andererseits scheint mir Ihr *traitement* eher nach den Bedürfnissen eines Kanzlisten als eines Attachés bemessen. Die Lebenskosten und *les obligations mondaines* in dieser Stadt sind enorm. Mit vierhundertfünfzig Talern im Jahr werden Sie nicht auskommen. Ich hoffe, Sie haben einen generösen Vater. Es geht um Ihre *éducation*, nicht wahr! Holen Sie sich also eine *autorisation paternelle*, mit den hiesigen jungen Leuten, *ce veut dire*, den Attachés und Legationssekretären der anderen Gesandtschaften, auf gleichem Fuß zu leben. Aber keine Exzesse! Außer Dienst erwarte ich Zucht und Anstand, im Dienst Fleiß, Beharrlichkeit, Ordnung und *ponctualité!* Sie wollen Staatsdiener werden, nicht wahr? Dann müssen Sie vor allem eine Tugend lernen: Gehorsam! Ich verlange absolute *subordination* unter meine Autorität!

In der Art sprach er über meine Pflichten und seine Erwartungen, ohne eine einzige Frage an mich zu richten. Von

Both stellte keine Fragen, weil er sich für allwissend hielt. Sein Bild von mir war fertig, bevor er mich kannte. In seinen Augen war ich ein mäßig begabter *protégé* aus adeligem Hause, der seiner starken Hand bedurfte.
Meinen Dienst in der Kanzlei empfand ich vom ersten Tag an als geisttötend. Ich mußte Akten sortieren und Formbriefe schreiben. Ab und zu hielt mir von Both Vorträge über die Pflichten eines Staatsdieners. Solange ich widerspruchslos lauschte, war er mit mir zufrieden. An Fleiß, Beharrlichkeit, Ordnung und Pünktlichkeit ließ ich es nicht fehlen und fand es auch nicht unter meiner Würde, die Arbeit des gleich nach meinem Eintreffen entlassenen Schreibers zu verrichten. Nur an die absolute Unterordnung unter die Autorität meines Vorgesetzten wollte ich mich nicht gewöhnen. Ich brachte es einfach nicht über mich, Einverständnis zu heucheln, wenn ich eine Anordnung für verkehrt hielt. Und so kam es zu unerfreulichen Szenen, deren Anlässe lächerlich unwichtig waren. Veränderte ich etwa die Schreibweise eines Wortes in der Reinschrift des wöchentlichen Berichts nach Oldenburg, geriet mein Chef in hellen Zorn. Kam er dahinter, daß ich die Akten anders ablegte, als er es gewohnt war, beschimpfte er mich als anmaßend. Korrigierte ich ihn, weil er sich hinsichtlich eines Vorgangs im Irrtum befand, verbat er mir den Mund.
– Sie stehen *sous mes ordres*, nicht wahr? schrie er mich an, Ihnen steht keine Widerrede zu! Ich bitte mir Respekt aus, absoluten Respekt!
Abgesehen von diesen Auseinandersetzungen konnte ich mit meinem Los zufrieden sein. Meine Neugier nach Einblick in den Gang der deutschen Politik wurde gestillt. Im Laufe der Monate gewann ich Einblick in die Arbeitsweise des Deutschen Bundes und lernte viele der Frankfurter Gesandten persönlich kennen. Im Haus des russischen Gesandten Baron von Arnstadt, eines guten Bekannten meines Vater, war ich ein häufig und gern gesehener Gast; Graf Reinhard, der Gesandte Frankreichs, lud

mich zu seinen Festen; der preußische Gesandte Karl Ferdinand Friedrich von Nagler und der bayerische Freiherr von Lerchenfeld nahmen Anteil am Fortgang meiner Ausbildung. Auch anderen führenden Politikern der damaligen Zeit begegnete ich, so den Generälen von Langenau und von Wolzogen, dem Staatsrat von Klüber und dem Fürsten von Thurn und Taxis, dem damaligen Militärkommissar des Deutschen Bundes. Auch wenn ich nur ein unwichtiger Auditor war, man nahm mich für voll. Erstaunt registrierte man, daß ich zu allem eine eigenständige Meinung hatte. Nach manchem Diner oder am Rande einer Tanzveranstaltung standen vier bis sechs Legationsräte und Gesandtschaftssekretäre im Kreis um mich herum, weil sie mich belehren und bekehren wollten. Sie hielten es für frivol, daß ich die Politik des Deutschen Bundes kritisierte. Andererseits fiel meine Aufrichtigkeit im allgemeinen Duckmäusertum auf. Meine Argumente belebten das Gespräch. Und deshalb schätzte man mich in manchen Diplomatenkreisen als jungen Feuerkopf, der Abwechslung in die faden Gesellschaften brachte.

Meinem Chef paßte es gar nicht, daß ich diese Rolle spielte. Eines Morgens stellte er mich zur Rede.

– Ich erhalte die ungünstigsten Rapports über Ihr Betragen, Herr Attaché, sagte er. Gestern sollen Sie geäußert haben, die deutschen Diplomaten dürften nicht allzusehr auf die vielgerühmte Geduld der Deutschen pochen. Das ist eine *impudence*, nicht wahr? Ich bin keineswegs geneigt, dergleichen zu dulden! Noch heute werde ich mich bei Ihrem Vater über Sie beschweren.

Das tat er wirklich. Ich sei vorlaut und uneinsichtig, schrieb er nach Karlsruhe. Mein Vater war entsetzt. Zuerst das schlechte Abschneiden im Examen und nun noch das! Ich erhielt einen bitterbösen Brief in französischer Sprache, in dem er mir unter anderem vorwarf, die Familienehre zu verletzen. Er schäme sich meiner, ließ er mich wissen. Es war Vaters letzter Brief an mich.

Ich war mir keiner Schuld bewußt. Von einer Verletzung der Familienehre konnte gar keine Rede sein. Angesehene Diplomaten zeigten Respekt vor der Unabhängigkeit meiner Meinung. Der alte Max von Lerchenfeld brummte in seinem unnachahmlichen Bayerisch:
– Recht ham S' net, aber reden S' nur, was S'denka. Hauptsach, Sie denka, nachher wird scho no was wer'n aus Eahna!
Und der preußische Legationsrat von Bülow, in vielen Streitgesprächen ein erbitterter Kontrahent, sagte einmal:
– Gut, daß es noch junge Leute gibt, die 's Maul aufmachen. Aus Leisetretern werden keine guten Diplomaten.
Im übrigen spielte die Politik eher eine untergeordnete Rolle im Privatleben der Frankfurter Diplomaten. In Anwesenheit von Damen galt es als unschicklich, über Politik zu reden. In diesem Fall drehte sich die Unterhaltung vor allem um die schönen Künste. Auf den Bällen hielten mich die damals beliebten Gruppen- und Reihentänze in Atem, in den nachmittäglichen Salons erweiterte ich meine literarische Bildung.
Auf Initiative der Baroneß von Arnstadt entstand ein Theaterzirkel, dem junge Leute aus Diplomatenkreisen angehörten. Ich wurde als Mitglied geworben und genötigt, mich am Lesen mit verteilten Rollen zu beteiligen. Anfangs hatte ich große Hemmungen, da ich mich meiner Diskantstimme schämte. Aber nach ersten Versuchen ermutigte mich die allgemeine Anerkennung, und ich wurde zu einem der eifrigsten Mitspieler der Runde. Auf diese Weise lernte ich einige der großen Dramen von Lessing, Kleist, Schiller und Goethe sehr genau kennen. Mein Lieblingsstück waren die *Räuber.* Man übertrug mir, weiß der Teufel, warum, die Rolle des Spiegelberg, und meine Interpretation fand großen Anklang. O ja, ich erinnere mich gut ...
– Also denn! Wenn noch ein Tropfen deutschen Heldenbluts in euren Adern rinnt – kommt! Wir wollen uns in den böhmischen Wäldern niederlassen, dort eine Räuberbande zusammenziehen und ... Was gafft ihr mich an? ... Ist euer bißchen Mut schon verdampft?

Unser Zirkel ging auch gemeinsam ins Theater, um danach ausführlich über Stück und Aufführung zu debattieren. Aus jener Zeit stammt meine Theaterbegeisterung, die meine junge Frau mit mir teilt. Obwohl wir mit jedem Kreuzer rechnen müssen, gönnen wir uns zweimal im Monat einen Stehplatz im Carltheater, Burgtheater oder Theater an der Wien. Leider besteht wenig Hoffnung, daß eines meiner eigenen Werke – ich habe mehrere Dramen verfaßt – auf einer hiesigen Bühne gegeben werden wird. Käthchen meint, ich sollte mit Heinrich Laube reden, dem Direktor des Burgtheaters. Wir kennen uns von früher, aber Freunde waren wir nie. 1848 standen wir auf entgegengesetzten Seiten. Ihn jetzt um einen Gefallen zu bitten fällt mir nicht ein. Vor einiger Zeit hat er sich sehr abfällig über mich geäußert. In seinen Erinnerungen an das deutsche Parlament schrieb er: *Struve ist von mittlerer Größe und hat einen trockenen mönchischen Kopf slawischer Rasse. Er ist auch der Mönch deutscher Republik, einem der Bettelorden angehörig, welche dem Luxus des Geistes verhaftet. Der nur mit dünnem Haar sparsam bedeckte Scheitel, die pergamentene Stirnhaut, die blicklosen, abstrakten kleinen Augen, die Bartschwäche, die lymphatische Gesichtsfarbe, der paletotartige Anzug, welchem Taille und Formen tief gleichgültig sind – alles deutet auf rousseau-robespierresche Richtung, arm an Gedanken, dürftig an Vorstellungen der Welt, begnügt mit der Gleichmachung, aber stark in genauer Kenntnis und Berechnung seines Pfennigreichtums.* Wie kann ich einem Menschen entgegentreten, der so ein Bild von mir hat?
Damals in Frankfurt erwog ich vorübergehend, Schauspieler zu werden. Ich sprach mit niemandem darüber, aber ich malte mir schon ein Leben am Theater aus. Nicht nur darstellen wollte ich, sondern auch schreiben und Regie führen! Einige Wochen lang war ich fasziniert von diesem Gedanken. Doch dann machte ich mir klar, daß Josephine von Andlaw niemals einen Schauspieler heiraten würde. Das heilte mich. Alles konnte ich aufgeben, nur

nicht die Hoffnung, Beatrice eines Tages zu meiner Frau zu machen.
Aus der Heiterkeit jener Frankfurter Monate riß mich am 9. Mai 1828 eine Eildepesche aus Karlsruhe. Mein Vater war gestorben. Die Nachricht traf mich wie ein Keulenschlag. Ohne Freiherr von Boths Rückkehr aus der Bundestagssitzung abzuwarten, verließ ich die Kanzlei, packte meine Reisetasche und lief zur Poststation, um nach Hause zu fahren.
Der traurige Anlaß führte nach langer Zeit die Familie wieder zusammen. Kurz nach mir traf Antoine ein, am nächsten Tag reisten Georg aus Bayern und Sophie aus Württemberg an. Auch Onkel Heinrich erschien im Trauerhaus. Mit gedämpfter Heiterkeit löste er es aus seiner Erstarrung.
– Mach dir mal um Johann keinen Kummer, Elschen, tröstete er Mutter. Er s-teigt die S-tufen zum Paradies hoch, um eine höhere Laufbahn als die diplomatische anzutreten. Was heißt schon ges-torben. Er wurde auf Weisung von oben versetzt!
Niemand hatte seinen Tod erwartet. Ohne Vorwarnung war der Fünfzigjährige am Schreibtisch zusammengesackt. In der steifen Hand hielt er eine Schreibfeder, die mitten im Wort *règlement* abgeglitten war. Sterbend hatte er einen letzten grotesken Strich quer über das Kanzleipapier gezogen. Nichts erschütterte mich mehr als der Anblick dieses Striches. Was für einen Sinn hat ein Tod, fragte ich mich, der einen Menschen willkürlich aus seiner Tätigkeit reißt? Meine Zweifel an der Religion regten sich wieder. Auf dem Heimweg vom Friedhof hatte ich eine heftige Auseinandersetzung mit meiner Schwester Kathinke.
– Das Leben ist wie ein Buch, sagte sie, das Gott dir zu lesen erlaubt hat. Wie er es dir gegeben hat, kann er es dir auch wieder wegnehmen. Das liegt ganz in seinem Belieben.
Ich widersprach entschieden.
– Es macht gar keinen Sinn, sagte ich, jemandem ein Buch zu geben und es ihm aus der Hand zu reißen, bevor er es ausgele-

sen hat. Es sei denn, der Eigentümer des Buches ist darauf aus, dem Leser seine Macht zu beweisen. Das aber nenne ich nicht göttlich, sondern gehässig.
– Schäm dich, schalt meine Schwester. Was maßt du dir an! Willst du mit deinem Menschenverstand beurteilen, ob Gott etwas gut oder schlecht macht?
– Allerdings, antwortete ich trotzig. Wenn Vernunft und Moral überhaupt einen Sinn haben, müssen sie auch für Gott gelten! Wenn man gegen Unvernunft und Unrecht kämpfen muß, dann überhaupt und unbedingt. Einen despotischen Gott kann ich sowenig verehren wie einen gottgleichen Despoten.
Mich an ein Gespräch mit Monsieur Bouvier erinnernd, berief ich mich auf Rousseau. Es sei besser, sagt dieser, an keinen Gott zu glauben, als einen unwürdigen Begriff von ihm zu haben. Doch meine Empörung war nicht ganz so philosophisch, wie ich tat. Vaters vorzeitiger Tod entsetzte mich aus einem sehr persönlichen Grund.
Ich hatte so sehr gehofft, ihm beweisen zu können, daß auch ich etwas taugte. Irgendwann sollte er sich seiner Zweifel schämen und stolz sein auf mich. Nun war er mit der Vorstellung gestorben, ich würde Schande über die Familie bringen. Das tat weh.

17

Das lang erwartete Gewitter ist da. Mein Töchterchen Amalie hat sich vor dem Blitzen und Krachen ins Bett geflüchtet. Noch sitzt Käthchen neben ihr, um sie zu beruhigen. Das Toben und Dröhnen im Innenhof war wirklich furchterregend; zwischen den Mauern explodierten die Donnerschläge und hallten in den Gewölben der Durchfahrten wider, der Sturm peitschte den Regen ans Fenster und warf Geranientöpfe von den Balustraden. Inzwischen ist das Schlimmste vorbei. Der Sturm läßt nach. Jetzt gießt es in Strömen, sintflutartig. Durch das geschlossene Fenster höre ich das Fallen, Platschen und Glucksen der Wassermassen.

Zum Schreiben zu unruhig, habe ich ein wenig in Freytags Buch gelesen. Während ich Attaché in Frankfurt war, versuchte Karl Mathy auszubrechen aus der ihm vorgezeichneten Bahn. Damals war es, kurz vor Abschluß seines Studiums, daß er für drei Monate nach Paris ging, wo er sich ans Griechische Komitee wandte. Ihn schreckte wohl die Vorstellung, den Rest seines Lebens in einer Amtsstube verbringen zu müssen. Aber als aus der Flucht nach Griechenland nichts wurde, wanderte er brav wieder heim und fügte sich. Rechtzeitig zum Examen traf er in Mannheim ein und bestand mit Auszeichnung. Und schon hatte er, schreibt Freytag, *die untersten Stufen der großen Staatstreppe betreten, auf welcher Glückliche langsam und vorsichtig schreitend zum Anteil an der höchsten Herrschaft aufsteigen.*

Mathy war ohne Frage vorsichtiger als ich. Sein Weg verlief geradlinig. Er reizte seine Vorgesetzten nicht durch Widerspruch, und statt seine Zeit mit Abendgesellschaften und Salongesprächen zu vertun, saß er über einer *statistischen Darstellung des Flächengehalts an urbaren Ländereien, Waldungen und unbebauten Strecken im Großherzogtum Baden.* Mit dieser Fleißarbeit, die der angehende Finanzbeamte außerhalb seiner Dienststunden anfertigte, lenkte er die Aufmerksamkeit der hohen Steuerbehörde auf sich. Sie belohnte ihn mit fünfzig Gulden Vergünstigung und baldiger Beförderung. Auch sonst lief alles nach Wunsch. In der Wohnung seiner besten Freunde, der Gebrüder Stromeyer, lernte er deren Schwester Anna kennen und gab ihr Französischstunden. Zum Dank schenkte sie ihm, berichtet Freytag, ein Paar selbstgenähte Hosenträger, und so erblühte, ich zitiere, *eine echte deutsche Liebe, welche seinem Leben Wärme und stille Weihe gab.* Um darüber hinaus auch einen eigenen Hausstand begründen zu können, besserte er sein Beamtengehalt durch

kleine schriftstellerische Arbeiten für das *Karlsruher Unterhaltungsblatt* auf.
Ich war anderthalb Jahre älter als Mathy, aber längst nicht so zielstrebig. Eigentlich wußte ich noch gar nicht, was ich wollte. Einerseits hoffte ich respektabel genug zu werden, um Freiherr von Andlaws Tochter heiraten zu können. Andererseits wollte ich unter keinen Umständen die herrschenden Verhältnisse akzeptieren. Ich schickte mich in die Pflichten des Staatsdienstes und stand gleichzeitig in Opposition zur Bürokratie, der ich angehörte. Obwohl ich kritisierte, spielte ich mit. Ich führte ein Zwischenleben. Zum Widerstand war ich noch zu schwach, zur Anpassung schon zu stark.
Nach meiner Rückkehr von Vaters Beerdigung fing der Ärger mit Freiherr von Both erst richtig an. Er beschwerte sich, daß ich ohne seine Erlaubnis abgereist war. Meine Verwirrung und Trauer ließ er als Entschuldigung nicht gelten. Ich weine nur meinem Monatswechsel nach, behauptete er.
– Streiten Sie es nicht ab, Herr Attaché, sagte er, ich kenne mich aus mit jungen Leuten Ihrer Art. Das liebe Geld – *perdu!* Da hilft nur eins: Schluß mit *la vie de luxe*, Adieu Herrenschneider, *au revoir mes amis nobles!* Jetzt heißt es, sparsam wirtschaften und bescheiden werden. Dazu gehört freilich eine *résolution firme* und mehr *résignation*, als ich Ihnen zutraue. Sie haben sich an das Frankfurter Leben gewöhnt – *les fêtes, les spectacles, les amusements*, nicht wahr? Die Kanzleiarbeit, das sehe ich wohl, lastet Sie nicht aus. *Plus des loisirs, plus des sottises!* Sie werden Ihre freien Stunden in Zukunft dazu benutzen, ein Gutachten für mich auszuarbeiten.
Ich schluckte seine Unverschämtheiten. Mir war es gleichgültig, wie von Both über mich dachte. Außerdem hatte ich mir vorgenommen, dem gesellschaftlichen Leben von nun an weniger Zeit zu opfern. Mir lag daran, möglichst bald das zweite Examen ablegen zu können. Ich wollte in eine andere Stellung kommen. Das Gutachten, das ich anzufertigen hatte, betraf das Verfah-

ren, das für Streitigkeiten zwischen den einzelnen Mitgliedern des Deutschen Bundes vorgesehen war. Je mehr ich mich mit der Problematik dieser Schiedsgerichtsbarkeit befaßte, desto mehr fesselte mich das Thema. Mein Chef hatte beabsichtigt, mich mit dieser Arbeit zu strafen, doch das mißlang ihm. Sein Empfehlungsschreiben öffnete mir Aktenschränke und Archive, die Dokumente enthielten, die aus gutem Grund geheimgehalten wurden. Damals erfuhr ich vieles, was mir später nützlich war.

Anfang September 1828 traf ich August von Marschall wieder. Mein Freund aus Gymnasiasten- und Studententagen stand in ähnlichem Dienst wie ich, und zwar als frischgebackener Privatsekretär des badischen Bundestagsgesandten von Blittersdorff. Mit großem Hallo begrüßten wir uns. Abends saßen wir oft beisammen und redeten uns von der Seele, was uns bedrückte.

Auch August hatte einen unangenehmen Vorgesetzten. Der Freiherr von Blittersdorff gehörte zum engeren Kreis um den Fürsten Metternich, den er an reaktionärem Eifer noch übertraf. Nicht nur die Liberalen nannten den gedrungenen Mann mit dem roten Kopf insgeheim den kleinen Wüterich. Bei jeder Gelegenheit empfahl er Großherzog Ludwig, die badische Verfassung durch einen Staatsstreich zu kassieren. Neuerdings betrieb er die Auflösung des Karlsruher Landtags. Mit seinem Parlament, behauptete er, verletze Baden die Loyalität gegenüber anderen Bundesmitgliedern, weil dort *den noch an Zucht und Ordnung gewöhnten Bewohnern anderer Bundesstaaten tagtäglich die empörendsten Maximen ungestraft gepredigt* würden. Seit der Landtag dem badischen Großherzog die Absegnung des Militärbudgets verweigert hatte, war Blittersdorff nicht mehr zu bremsen: Die Abgeordneten, zeterte er, müßten zur Rechenschaft gezogen und die Verfassung aufgehoben werden. Das Parlament verhindere, daß Baden seinen militärischen Verpflichtungen nachkomme; das bedeute eine schwerwiegende Verletzung der Bundesakte, die zur Exekution berechtige. Nicht einmal in Frankfurt fand er die nötige Unterstützung. Doch großsprecherisch verkündete er, die fürstlichen Regierungen hätten die Liberalen lange genug geschont, es sei an der Zeit, zum Angriff überzugehen. Entrüstet über die einreißende Widersetzlichkeit der Untertanen, übernahm er die unpopulärste Aufgabe, die Metternich zu vergeben hatte: Er trat mit dem Bericht der berüchtigten Mainzer Kommission über die Demagogenverfolgung an die Öffentlichkeit. Mit einem solchen Mann hätte ich keine zehn Minuten im selben Raum verbringen wollen. Aber mein Freund August hatte kälteres Blut als ich. Er war durch und durch Aristokrat – beherrscht, vornehm, konservativ.

Sich selbst gestattete er keine Abenteuer, doch er liebte romantische Geschichten. Ich erinnere mich an ein Gespräch über Kaspar Hauser, den geheimnisvollen Findling, der Pfingsten 1828 in Nürnberg aufgetaucht war.

Jedermann sprach über den Fall, die Zeitungen wurden nicht müde, über die Herkunft des Siebzehnjährigen zu spekulieren. Angeblich war er seit 1812 in einer dunklen Höhle gefangengehalten worden. Er lehne jede Nahrung außer Brot und Wasser ab, hieß es, und fürchte sich vor den alltäglichsten Gegenständen. Allmählich brachte man ihm das Sprechen bei. Der junge Mann erwies sich als erstaunlich begabt und empfindsam. Schon munkelte man, Hauser sei ein beiseite gebrachter Fürstensohn. Solchen Mutmaßungen gab ein Fahndungsaufruf Nahrung, in dem ausdrücklich erklärt wurde, bei dem Findling *wären wohl die Vorzüge vornehmer Geburt gewaltsam unterdrückt* worden. Hinter vorgehaltener Hand erzählte man, Kaspar Hauser sei ein Prinz des Hauses Baden. Und zwar einer der angeblich im Kindbett gestorbenen Söhne der Großherzogin Stephanie.

– Du hast die Großherzogin gesehen, sagte August. Das Bild einer Frau! Sie ist gesund. Ihre Töchter sind gesund. Da muß man sich doch wundern, daß ihr die Söhne weggestorben sind.

– Aha, sagte ich. Du hast den Unsinn also auch gelesen.

– Vielleicht Unsinn, vielleicht auch nicht. Bedenke bloß: In einer mit Kindern wohlgesegneten Familie sterben ausgerechnet die Söhne, während die Töchter blühen und gedeihen. Der Würgeengel ging durchs Kinderzimmer und griff die Knaben mitten aus der Reihe der Kinder heraus.

– Knaben, sagte ich, sind von Natur aus gefährdeter als Mädchen. Sie haben geringere Widerstandskräfte ...

– Gefährdeter ist schon das richtige Wort, unterbrach August. Jedenfalls in einem Fürstentum, das keine weibliche Erbfolge vorsieht. Das überraschende Aussterben der Zähringer sieht mir, geradeheraus gesagt, nicht nach einem Zufall aus. Wenn Großherzog Ludwig kinderlos stirbt, und damit ist zu rechnen, dann kommt ein Sohn der Gräfin Hochberg an die badische Regierung. Dann hat diese Hetäre erreicht, was sie wollte. Sie hat es nie verwunden, daß ihre Söhne nicht gleichberechtigt waren. Deshalb war sie der Großherzogin, ich meine Stephanie, immer schon spinnefeind.

– Und nun glaubst du, sie hätte die Prinzen, die ihrem Ehrgeiz im Wege standen, töten lassen. Kein schlechter Stoff für ein Drama!

– Nicht unbedingt töten, vielleicht nur beseitigen! Der Arzt oder die Amme könnten das gesunde gegen ein sterbendes Kind vertauscht haben. Und nun taucht der Prinz unvorhergesehenerweise wieder auf, freigelassen von einer mitleidigen Seele. Hast du gelesen, daß der Nürnberger Findling von einem Palast geträumt hat, der dem Karlsruher Schloß gleicht?

– Alle Schlösser gleichen einander, sagte ich. Wenn etwas dran wäre an der Geschichte, bewiese das nur einmal mehr, wie unsinnig das monarchische Prinzip ist. Mir ist es gleichgültig, ob ein Sohn der Hochberg oder der Großherzogin Stephanie auf dem Thron sitzt, solange das Volk seinen Repräsentanten nicht selbst bestimmen kann.

Ich ahnte, was meinem Freund an der Geschichte vom versteckt gehaltenen Prinzen so gut gefiel. Er verehrte die ins Mannheimer Schloß verbannte Witwe und hätte sie gern wieder in Ehren

gesehen. Außerdem entsprach es seiner Art von Phantasie, sich die schöne, unglückliche Frau als das Opfer eines Komplotts vorzustellen.
Ich sah die Welt der Politik etwas nüchterner. Weit mehr als das Kaspar-Hauser-Gerücht beschäftigte mich die preußische Zollpolitik. Nicht, daß ich etwas gegen den Abbau von Grenzen habe! Aber ich erkannte schon damals, daß es Preußen nur um die Vergrößerung seines Machtbereichs ging, nicht um die deutsche Einheit. Metternich konnte weder das eine noch das andere recht sein. Warum unternahm er nichts? Unter Österreichs Augen fügte Berlin mehr und mehr Nachbarstaaten in sein Zollsystem ein oder machte sie abhängig davon. Offenbar gab es eine geheime Absprache. Nur die beiden Großmächte bestimmten, was in Deutschland geschah. Die angebliche Gleichberechtigung der anderen achtunddreißig Mitglieder des Deutschen Bundes war ein leeres Wort. Zu den von der preußischen Wirtschaftsexpansion bedrohten Kleinstaaten gehörte auch Oldenburg. Dessen Bundestagsgesandter von Both hätte gut daran getan, auf die Unvereinbarkeit der preußischen Politik mit der Wiener Bundesakte hinzuweisen.
Als das Thema Zollverein wieder einmal auf der Tagesordnung stand, legte ich dem Freiherrn einen Zettel in seine Unterlagen, auf den ich den Wortlaut von Artikel 1 der Deutschen Bundesakte geschrieben und die Worte *Unabhängigkeit und Unverletzlichkeit der einzelnen deutschen Staaten* rot unterstrichen hatte.
– *Quelle impudence!* schrie von Both, als er am Nachmittag aus der Sitzung zurückkam. Krachend fiel die Tür ins Schloß. Die Hände auf dem Rücken, blieb der Gesandte schnaubend vor mir stehen.
– Ich verbitte mir, brüllte er, ein für allemal Ihre Unverschämtheiten. Das Bundesrecht ist mir geläufiger, als es Ihnen je sein wird! Sie nehmen es sich heraus, mich zu ermahnen, nicht wahr? Ausgerechnet Sie! Ihr Sansculottismus ist mir nur allzugut bekannt. Tagtäglich kommen mir Reklamationen

zu Ohren über Sie! Meine Geduld ist zu Ende, Herr Attaché! Wenn Sie sich meiner *éducation* nicht unterwerfen wollen, fort mit Ihnen! *Vous êtes un vaurien!* Ich habe es satt!
Von dieser Stunde an sprach er nur noch das Notwendigste mit mir und fertigte mich nie anders als mit kalten, verletzenden Worten ab. Die Arbeit in der Kanzlei wurde zur Qual. Ein paar Tage nach von Boths Wutanfall, am 11. Oktober, schrieb ich an den Herzog von Oldenburg und bat um meine Abberufung von Frankfurt. Als Gründe nannte ich meine pekuniären Verhältnisse und die Tatsache, daß ich am Bundestag nichts mehr lernen könne. Der Brief blieb ohne Antwort. Woche um Woche ging ins Land, und das Warten auf eine Änderung meiner mißlichen Lage zermürbte mich. Jeden Tag hoffte ich auf ein Schreiben mit der ersehnten Nachricht aus Oldenburg. Um mich abzulenken, vertiefte ich mich in meine Arbeit über die *verfassungsmäßige Erledigung der Streitigkeiten zwischen deutschen Bundesgliedern*, die inzwischen auf einen Umfang von über fünfhundert Seiten angeschwollen war. Nach einem halben Jahr hielt ich es nicht mehr aus. Um der täglichen Konfrontation mit dem Gesandten zu entkommen, hätte ich mich sogar ins tiefste Sibirien versetzen lassen. Am 23. April 1829 schrieb ich erneut an den Oldenburger Hof. Diesmal bekannte ich den wahren Grund meiner Unzufriedenheit:
Ich stehe zu meinem Chef, schrieb ich, *Herrn von Both, in einem durchaus kalten Verhältnis, obgleich nie das mindeste vorgefallen ist, welches eine Verstimmung zur unmittelbaren Folge hätte haben können. So ist mir der Aufenthalt hier sehr peinlich geworden, wenn ich auch an dem Zerwürfnis keine Schuld trage. Ich kann mir die Hoffnung nicht versagen, daß Euer Herzogliche Durchlaucht das unglückliche Verhältnis auflösen werden. Auch Herrn von Both, glaube ich, wird daran gelegen sein, dasselbe getrennt zu sehen. Mit unterthänigstem Dank werde ich jede Verfügung vernehmen, welche Euer Herzogliche Durchlaucht über mich zu treffen geruhen werden, jeden Ort werde ich freudig mit Frankfurt vertau-*

schen. Mit dem Gefühle der tiefsten Ehrfurcht verharre ich, Euer Herzoglichen Durchlaucht unterthänigster, treu gehorsamster Gustav von Struve.

Anfang Mai erhielt ich die erhoffte Antwort. Ich solle nach Oldenburg kommen, schrieb Minister von Brandenstein, um nach gehöriger Vorbereitungszeit mein zweites juristisches Staatsexamen abzulegen. Ich versäumte keine Zeit, mich von meinem Vorgesetzten zu verabschieden.

Diesmal nahm ich die Prüfung nicht so leicht wie beim erstenmal. Mir war klar, daß man mir nichts schenken würde. Nicht nur, weil der alte Herzog, dem ich meine Anstellung verdankte, inzwischen gestorben war und mich niemand vor den Ressentiments der einheimischen Bürokraten schützte. Sondern auch, weil von Both gedroht hatte, seine Regierung vollständig über meinen Charakter aufzuklären. Von ihm war die Behörde ins Bild gesetzt worden über meinen *hohen Grad von Selbstgefühl*, meinen Hang zu *ermüdenden Widersprüchen und Spekulationen* und meine *Überschätzung der eigenen unreifen Urtheilskraft*. Die Prüfer würden voreingenommen sein gegen mich. Um zu bestehen, müßte ich nicht nur gut, sondern ausgezeichnet abschneiden.

Im September reichte ich meine Proberelation und das in Frankfurt angefertigte Gutachten über die Streitigkeiten zwischen Bundesgliedern ein. Zwei Monate später erhielt ich die Vorladung zum mündlichen Examen. Eisige Mienen saßen über mich zu Gericht, kein aufmunternder Blick, keine freundliche Geste ermutigte mich. Man versuchte, mich durch besonders ausgefallene Fragen in die Enge zu treiben. Ich war auf alles vorbereitet. Mit sauren Mienen mußten mir die Herren die Bestnote zuerkennen.

So war die Scharte des ersten Examens ausgewetzt. Ich hatte bewiesen, daß ich ein tüchtiger Jurist war. Von Rechts wegen hätte man mir nun die höhere diplomatische Laufbahn öffnen müssen. Doch schon bei der Bekanntgabe des Prüfungsergebnisses ließ man mich wissen, daß ich für die diplomatische und administra-

tive Laufbahn nicht in Frage käme. Man empfahl mich der Justizkanzlei.
Kurz vor Weihnachten hielt ich meine neue Bestallung in den Händen. Ich war zum Landgerichtsassessor mit vierhundert Talern Gehalt ernannt worden und sollte per 31. Dezember 1829 in Jever meinen Dienst antreten. Ich hatte den üblichen Beamteneid zu unterschreiben, worin ich gelobte, treu, hold, gehorsam und gewärtig zu sein. Eine Enttäuschung war meine Versetzung in den Justizdienst wohl, doch ich fand mich damit ab. Ich mußte selbst zugeben, daß mir zum Diplomaten alle Voraussetzungen fehlten. Als Broterwerb war die Stellung eines Landrichters fürs erste nicht zu verachten, auch wenn ich insgeheim andere Pläne verfolgte. Mein Talent war das Schreiben, Analysieren, Theoretisieren! Daß man mit diesen Gaben zu hohem Ansehen kommen kann, zeigte das Beispiel meines Urgroßvaters Georg Adam Struve. Auch er war Richter gewesen. In Fortsetzung der Familientradition wollte ich gleich ihm ein wissenschaftlicher Schriftsteller und, nach einigen Jahren in der Justiz, akademischer Rechtslehrer werden; wer weiß, vielleicht in Heidelberg oder, besser noch, in Freiburg. Ich hatte die Hoffnung auf meine Beatrice noch nicht aufgegeben.
Soeben ist Käthchen hereingekommen, um mich zum Aufhören zu mahnen. Sie hat das Fenster geöffnet und erzählt mir, wie sie Amalie mit Geschichten beruhigt und in den Schlaf gesungen hat. Die Nachtluft tut gut. Vom Gewitter blieb nur fernes Wetterleuchten, auch der Regen ist vorbei.

18

Die ersten Schüsse in diesem Krieg sind gefallen; es hat die ersten Toten und Verwundeten gegeben. Der heutigen *Neuen Freien Presse* entnehme ich, daß die Franzosen Saarbrücken eingenommen haben und die Preußen bei Weißenburg auf dem Vormarsch sind.

Um mehr zu erfahren, war ich am Vormittag im Café Gabesam. Dort ist es um diese Zeit gewöhnlich sehr still, doch heute drängten sich um die wenigen Tische an die hundert Menschen, die durcheinanderredeten und sich die Zeitungen aus den Händen nahmen. Eine Zeitlang saß ich inmitten einer erregt diskutierenden Gruppe und las, eine Tasse Tee vor mir, die Dienstagsausgabe von *Le Monde.* Ein älterer Mann mit Nickelbrille und Kinnbart, vermutlich Gymnasialprofessor, erklärte der Runde mit dröhnender Stimme, daß der korsische Wolf sich der Heimat nähere, umgeben von wilden Prätorianerhorden. Und die bedrohten Bruderstämme besännen sich ihrer alten Blutsverwandtschaft und eilten jauchzend zu den Waffen. O wie rührend, wie schön, wie erhaben! Ich schenkte mir jeglichen Kommentar, zahlte und ging.

Der Weg nach Hause hat mich angestrengt. Trotz des gestrigen Gewitters ist die Luft wieder drückend und schwül. Auf der Kettenbrücke mußte ich einen Moment stehenbleiben, weil mir schwindlig war. Rousseau hat recht, *les villes sont le gouffre de l'espèce humaine.* Ich habe mein Leben lang in Städten gelebt, aber ich bin kein Stadtmensch. Mir ist nur richtig wohl in der freien Natur, unter schattigen Bäumen, zwischen Wiesen und Feldern, auf windigen Höhen. Da läßt sich der Sommer aushalten. In einer Stadt wie Wien wird er zur Qual.

Wieder am Schreibtisch, versuche ich mich an Jever zu erinnern. Klinkerrote Häuser fallen mir ein, weißgerahmte Sprossenfenster, Kopfsteinpflaster, der plumpe Rundturm des leeren Schlosses. Der Eingang zum Landgericht, in das ich täglich ging, lag ein gutes Stück über dem Straßenniveau; eine steinerne Treppe war vorgebaut und verengte den Gehsteig. Auf der einen Seite führte sie zehn Stufen hinauf, auf der anderen zehn Stufen hinunter. Die Treppe zur Gerechtigkeit, dachte ich am ersten Morgen.

Ich begann meine Arbeit als Landgerichtsassessor mit den besten Vorsätzen. Was dich ungeeignet zum Diplomaten macht, sagte ich mir, macht dich tauglich zum Richter; innere Unabhängigkeit und Gerechtigkeitsgefühl. Ich wollte ein Diener der *Themis* sein, der Göttin des Rechts, die mit verbundenen Augen die Waage in der Hand hält. Nur der Wahrheit und dem Gesetz fühlte ich mich verpflichtet.
Vom ersten Tag an geriet ich in Konflikt mit der Justizbürokratie. Diese war keineswegs geneigt, mir die Freiheit eigenen Ermessens zuzubilligen. Meine Befähigung als Richter wurde nicht nach meiner Unparteilichkeit oder meinem juristischen Wissen beurteilt, sondern nach dem Grad meiner Unterwürfigkeit gegenüber den Vorgesetzten. Man fand es befremdlich, daß ich mich mit den Sorgen und Nöten der Bauern, Handwerker und Kaufleute beschäftigte, deren Rechtsstreitigkeiten ich zu entscheiden hatte. Man untersagte mir, zwischen Schuld und Verhängnis, Bosheit und Verzweiflung zu unterscheiden. Nicht um Recht und Gewissen, wies man mich an, sondern um behördliche Richtlinien hätte ich mich zu kümmern. Die meisten der von mir entworfenen Urteile wurden vor der Verkündung revidiert. Einmal sollte ein Kleinbauer um das Geld für seine Kühe gebracht werden, weil er, der Analphabet, die Bezahlung nicht schriftlich angemahnt hatte; ein andermal durfte ein Großgrundbesitzer seinen Tagelöhnern ungestraft den Lohn kürzen; wieder ein anderes Mal sollte eine Dienstmagd fristlos entlassen werden können, weil sie ein Kind erwartete. Man zwang mich, Urteile zu unterschreiben, gegen die mein Gewissen revoltierte.
Ich war sehr einsam und verzweifelt. Um meinen Seelenfrieden ringend, machte ich lange Spaziergänge auf den birkenbewachsenen Dämmen, die im Jeverland die Entwässerungskanäle begrenzen. Im Sommer 1830 ahnte ich, daß ich abermals scheitern würde. Das war schlimm, doch mir selbst untreu werden wollte ich nicht. Nach und nach erkannte ich, welche Zwecke meine

Vorgesetzten verfolgten. Nicht mein Gerechtigkeitssinn störte sie, sondern meine Unabhängigkeit. Man konnte nicht dulden, daß ich selbständige Entscheidungen traf, weil ein Beamter mit einer eigenen Meinung das ganze System durcheinanderbrachte. Die Bürokratie, der ich angehörte, war eine große Maschine, die von der Regierung in Oldenburg gesteuert wurde; Schaltstellen gaben die Anweisungen weiter, willenlose Wesen führten sie mechanisch aus. Einer, der sich weigerte, als bloßes Zahnrad zu fungieren, war in diesem Apparat verloren. Folglich versuchte man, mich zum Beamten zu erziehen. Doch dafür war ich ungeeignet. Ich wollte nicht zu einem Instrument werden, das sich willfährig in jede Richtung drehen läßt. Nicht mein Widerspruchsgeist, nicht die Sturheit meiner Vorgesetzten waren der eigentliche Grund meiner Schwierigkeiten, sondern die Unvereinbarkeit von Prinzipien. Mein Eintritt in den Staatsdienst war von Anfang an ein Fehler gewesen.

Ich begann auf meinen Spaziergängen längs der schwarzglänzenden Wasserläufe über einen neuen Anfang nachzudenken. Die Hoffnung auf eine akademische Laufbahn wuchs zu unvernünftiger Größe. Ein Verlag in Bremen hatte meine in Frankfurt geschriebene *Erörterung über die Erledigung der Streitigkeiten zwischen den Bundesgliedern* veröffentlicht. War das nicht ein vielversprechender erster Schritt zur Schriftstellerexistenz? Taugte ich nicht viel mehr zum Universitätsprofessor als zum Richter? In Gedanken sah ich mich schon hinterm Katheder stehen.

Ein Anlaß, den Staatsdienst zu kündigen, fand sich bald, ein nichtiger Vorfall, der mir endgültig die Landrichterkarriere verleidete. Es ging darum, daß ich einem zweiundsechzigjährigen gichtkranken Zeugen ein Wegegeld von zwei Talern gewährt hatte. Dieser Beschluß wurde von der Justizkanzlei mit der Bemerkung gerügt, der Staat verlange von seinen Dienern äußerste Sparsamkeit. Ich verbat mir eine solche Ermahnung. Ich wisse wohl, schrieb ich zurück, den Grundsatz der Sparsamkeit gegen das Recht eines Zeugen auf angemessene Entschädigung abzuwägen. Und weiter: *Nachdem mir aber die Mißbilligung der Justizkanzlei hierüber zur Kenntnis gelangt ist, habe ich die zwei Taler aus eigener Tasche an die Kasse zurückgezahlt, um der Justizkanzlei weitere Erwägungen und mir selbst die Unannehmlichkeit weiterer Rechtfertigung zu ersparen.* Auf diesen Brief reagierten meine Vorgesetzten mit aufgeregter Empörung. Sie verriet, woran sie eigentlich Anstoß nahmen: nicht an meiner Entscheidung über die Zuerkennung der zwei Taler, sondern an meinem Selbstbewußtsein. *Dem Assessor von Struve*, hieß es in dem an mich gerichteten Reskript, *wird das Ungeziehmende dieses Verfahrens ernstlich verwiesen. Die Justiz-Canzley erwartet, daß er sich künftig in den Berichten an die vorgesetzten Behörden mit der gebührenden Bescheidenheit ausdrücken werde. So geneigt die Justiz-Canzley ist, Mißgriffe eines noch wenig erfahrenen Assessors nachsichtig zu beurtheilen, sowenig kann sie doch bei einem angehenden Richter Anmaßung und übertriebenes Selbstvertrauen dulden.*

Gegen diese Zurechtweisung erhob ich Einspruch bei der Regierung in Oldenburg. Die Vorwürfe von Anmaßung und übertriebenem Selbstvertrauen, beschwerte ich mich, stünden in keinem Zusammenhang mit der Sache. Ich könne zwar verschmerzen, daß man mir eine falsche Entscheidung und Unerfahrenheit vorhalte, nicht aber, daß man mich persönlich beleidige. Vom Kabinett würde ich erwarten, daß es mich gegen Beschimpfungen dieser Art jetzt und in Zukunft schütze.

Statt selbst Stellung zu nehmen, leitete die Regierung meine Beschwerde ans Oberappellationsgericht weiter, das keinen Grund für eine Verfügung sah. Wahrscheinlich begriffen die Herren Verwaltungsrichter nicht, worum es mir ging. Sie waren es gewohnt, die Beamten des Landes einschließlich der Richter bei jedem Anzeichen von Selbstbewußtsein abzukanzeln wie unartige Schulbuben, und deshalb empfanden sie es bereits als unanständig, wenn sich einer gegen diese Behandlung wehrte. Minister von Brandenstein schrieb mir einen privaten Brief, in dem er auf das Reskript der Justizkanzlei mit keinem Wort einging; nur meine Reaktion darauf wußte er zu tadeln. *In der Zurückzahlung der Zeugengebühr lag wirklich ein der Oberbehörde gebotener unbeikömmlicher Trotz.* Auch er sprach mit mir wie mit einem unfolgsamen Kind.

Die Auseinandersetzung zog sich über die zweite Hälfte des Jahres 1830 hin. Es war ein Jahr der Revolutionen, und die politischen Ereignisse haben meinen Widerstandswillen gewiß gestärkt. Die Zeit des Sichduckens schien vorbei. Selbst am nördlichen Ende Deutschlands spürte ich den Hauch der Freiheit, der durch Europa ging. Sehnsüchtig wartete ich täglich auf die *Allgemeine Zeitung*, die ich abonniert hatte. Je nachdem, wie die Meldungen aus Paris, Brüssel, Kassel oder Warschau lauteten, war ich hochgestimmt oder niedergeschlagen. Ich sah wohl eine ganz persönliche Befreiung und Ichwerdung im Zusammenhang mit dem Erwachen der europäischen Völker.

Von der Julirevolte in Paris erfuhr ich am Ende der ersten Augustwoche. Provoziert durch einen Staatsstreich Karls X., mit dem Ziel der Auflösung der liberalen Zweiten Kammer, der Aufhebung der Preßfreiheit und der Einschränkung des Wahlrechts, waren republikanisch gesinnte Studenten, Arbeiter, Journalisten und politische Emigranten auf die Straße gegangen. Sie hatten rasch Zulauf aus der Bevölkerung erhalten. Das Militär weigerte sich, auf die Massen zu schießen. Die Regierung trat zurück, Karl X. floh. Nun erst trat die bürgerliche Opposition aus den Kulissen. Die Abgeordneten der Zweiten Kammer nahmen den Republikanern das Heft aus der Hand und machten Prinz Louis Philippe von Orléans zum *Bürgerkönig.* Die Abschaffung der Monarchie konnten sie eben noch verhindern, trotzdem hatte die Demokratie gesiegt. In Paris herrschte nun, kaum vorstellbar, ein vom Parlament berufener König mit der Trikolore der Revolution vor seinem Palast!

Der französische Freiheitsdrang war ansteckend. In vielen deutschen Staaten machte sich die seit langem aufgestaute Unzufriedenheit Luft. Das ganze Königreich Sachsen geriet in Aufruhr. In der Oberlausitz rebellierten die Weber und Bauern gegen ihr elendes Los. Auch in Kurhessen, schrieb die *Allgemeine* im August, drohe ein *allgemeiner Krieg der Armen gegen die Vermögenden auszubrechen.* Im Großherzogtum Hessen bewaffneten sich die Bauern mit Pistolen, Sensen, Gewehren und Mistgabeln, um ihre Grundherren zu vertreiben. Eine aufgebrachte Volksmenge steckte am 7. September das Schloß zu Braunschweig in Brand, nachdem der verhaßte Herzog Karl mit knapper Not entkommen war.

Im fernen Jever gewann ein Zeitungsleser den Eindruck, Deutschland erwache aus seiner Stumpfheit und wende sich gegen seine Peiniger. Doch der Eindruck täuschte. Das Volk, dieser allzu lange geschundene Kettenhund, knurrte nur. Wohl hätte er seine Kette zerreißen können, aber er hatte Angst, und zwar weniger vor den Unterdrückern als vor der Freiheit. Vierzig Jahre lang war ihm eingebleut worden, daß Revolution Blut und Schrecken bedeute. Wohl wollte der deutsche Kleinbürger die ungeliebte Obrigkeit ein bißchen zittern sehen, aber schon bei der ersten Drohgebärde zitterte er selbst davor, die Revolte könnte zu weit gehen. Seit seiner Kindheit graute ihm vor der Guillotine der Jakobiner und den Körben voll abgeschlagener Köpfe. Schon den Volksschulkindern erzählte man davon. Die Angst vor einem allgemeinen Morden und Plündern war stärker als der Wunsch nach Reformen.

So lief das immer in Deutschland. Während man vorne noch: Nieder mit den Tyrannen! brüllte, schrie man im Hintergrund schon: Aber Ruhe und Ordnung wahren! Die deutsche Freiheit steht im Konditionalis.

Bezeichnenderweise blieb von den Juliunruhen in Deutschland nicht viel mehr übrig als die sogenannten Bürgerwehren. Sie wurden in aller Eile gegründet, wo die verachteten Ordnungsmächte – Polizei und Militär – die Waffen streckten. Mit seiner eigenen Wehr wollte das Bürgertum nicht etwa die Paläste stürmen. Es wollte nur für Disziplin in den eigenen Reihen sorgen. Vor dem Chaos hatte man mehr Angst als vor der Reaktion. Im bekanntesten Bürgerwehrlied, ich habe es oft mitgesungen, heißt es:

Es will die Bürgerwache,
Allein die gute Sache,
Nicht Pöbels Raserei,
Doch auch nicht Tyrannei.

In dieser Reihenfolge standen die Ziele des Aufstandes: Der Kampf gegen die Tyrannei kam erst an zweiter Stelle. Was Wunder, daß er verlorenging.

Damals sah ich das nicht so klar. Ich wußte nur, daß es überall in Deutschland gärte, und erwartete tiefgreifende Veränderungen. Und deshalb schien mir mein höchst persönlicher Kampf um mehr Unabhängigkeit nicht aussichtslos. Am 4. September 1830 schrieb ich an meinen obersten Dienstherrn, den Großherzog von Oldenburg. Ich schilderte die Art, wie man mich gekränkt hatte, und meine vergeblichen Versuche, bei den vorgesetzten Behörden Schutz zu finden. *Unter diesen Umständen ist es mir unmöglich, länger, als meine Pflicht es erfordert, unter einer Behörde zu stehen, welche, wenigstens nach meinem Gefühle, mit Schonungslosigkeit und Bitterkeit, mich, ihren Untergebenen, behandelt hat.* Ich bat um meine Entlassung zum nächstmöglichen Zeitpunkt.

Wochenlang kam keine Antwort. Wollte man mir den Austritt aus dem Dienst verweigern? Wurde die Angelegenheit nun doch noch einmal überprüft? Schon hielt ich es für denkbar, daß sich die Justizkanzlei auf höhere Weisung bei mir entschuldigen würde. So vieles änderte sich damals, alles schien möglich. Anfang Oktober proklamierte Belgien seine Unabhängigkeit und scherte aus dem von den Großmächten auf dem Wiener

Kongreß verordneten Königreich der Vereinigten Niederlande aus. Wie Louis Philippe war auch der neue belgische König Leopold von einem Parlament gewählter Bürger bestellt worden. Ein paar Wochen später las ich, daß sich zwölf Schweizer Kantone demokratische Verfassungen gegeben hatten. Überall schien eine neue, bessere Zeit anzubrechen.
Nicht im Großherzogtum Oldenburg. Am 21. November wurde mir mitgeteilt, mein Entlassungsgesuch sei angenommen worden. Allerdings sollte ich noch ein Vierteljahr in Jever bleiben.
Auch die Zeitung dämpfte meinen Optimismus von Tag zu Tag mehr. Nachdem die verschiedentlich aufgeflackerten Feuer gelöscht waren, herrschte in den deutschen Fürstentümern wieder Ruhe und Ordnung. Es gab einige Verfassungen mehr, ein paar wichtigtuerische Bürgergarden, zwei oder drei neue Landtage – sonst hatte sich nichts geändert. Die Machthaber waren klug genug gewesen, dem Druck von unten etwas nachzugeben. Sie konnten die Schraube jederzeit wieder anziehen. Die deutschen Großmächte Preußen und Österreich hatten das Ihre getan, um den bedrängten Kleinfürsten Macht und Pfründe zu erhalten. Besonders empörte mich ein Beschluß des Bundestages, der das preußische Militär zu einer Art Bundespolizei gegen Volksbewegungen erklärte. Preußen wurde formell zum Wachhund der Reaktion.
Gegen Ende des Jahres flackerte das Feuer noch einmal auf. Die Polen erhoben sich. Ihr Freiheitskampf hatte besondere Bedeutung, denn er traf die Heilige Allianz in ihrem neuralgischen Punkt. Die Zusammenarbeit der reaktionären Großmächte Österreich, Rußland und Preußen beruhte auch auf Spießgesellentum. Gemeinsam hatten sie Polen als fette Beute untereinander geteilt. Nirgends war die moralische Attitüde der Großmächte, Recht und Ordnung zu wahren, peinlicher als in Polen. Auch militärisch schwächte der Aufstand die Reaktion. Während des Sommers 1830 hatte der russische Bär drohend

im Hintergrund gestanden, der Zar war immer zur Niederschlagung der revolutionären Bewegung im Westen bereit gewesen. Nun brannte es in seinem eigenen Vorgarten, in dem von ihm kontrollierten Kongreßpolen. Um die Probleme Österreichs und Preußens konnte er sich vorerst nicht mehr kümmern.

Aus diesen Gründen wirkten die Nachrichten vom polnischen Aufstand so ermutigend. Eine neue Welle von Unruhen brach los. Im Königreich Hannover herrschte offene Rebellion. Göttingen, so las ich, befand sich im Belagerungszustand. Bürger, Studenten und Bauern hatten die Tore mit Balken verrammelt und die Wälle besetzt, um anrückenden Regierungstruppen Widerstand zu leisten. Allerdings meldete die Zeitung schon einen Tag später die Niederschlagung des Aufstands. Wieder einmal waren die Ängstlichen vor einer wirklichen Auseinandersetzung zurückgeschreckt und hatten dafür gesorgt, daß das Ultimatum der gegen das eigene Volk vorrückenden Armee schleunigst erfüllt wurde.

Mitte Januar 1831 genehmigte man mir den vorzeitigen Abschied aus meinem Amt, und am 4. Februar entließ mich der Großherzog *unter Bezeugung Unserer Zufriedenheit mit seinen bisherigen Dienstleistungen.* Auf die persönliche Verabschiedung in Oldenburg verzichtete ich. Mein Plan war, mich in Göttingen um die Position eines Privatdozenten zu bewerben. Bis ich zugelassen und erfolgreich wäre, würde ich mich mit journalistischer Arbeit über Wasser halten können. Sorgen um meinen Lebensunterhalt machte ich mir nicht. Ich stellte geringe Ansprüche, und die gewonnene Freiheit schien mir alle Entbehrungen tausendfach aufzuwiegen.

Ich erinnere mich an den letzten Spaziergang auf den Dämmen an einem kalten, nebligen Tag. Von den schwarzen Ästen der Birken hing Rauhreif, der Kanal war zugefroren. Die Hände in den Taschen meines Schaffellmantels, den Kragen hochgeschlagen, deklamierte ich Dante.

Gleichwie der Frosch sein Quaken läßt erschallen
Den Kopf hebt aus dem Wasser, wenn die Schönen
Des Dorfs zur Ährenlese singend wallen
So bis zum Schamtheil, mit Geheul und Thränen
Im Eisen lagen da voll Schmerz die Schatten
Und klapperten wie Störche mit den Zähnen

Mein Atem gefror in der Luft zu kleinen, feuchten Wolken. Ich war fröhlich.

19

In Göttingen hatte ich kein Glück, von Anfang an. Ich fand zwar ein preiswertes Logis in der Groner Straße und zog dort zusammen mit meinem jüngsten Bruder Heinrich ein, der gerade sein Studium begann. Aber der Rektor der Universität, den ich gleich nach meiner Ankunft aufsuchte, lehnte meine Bewerbung rundheraus ab. Das Buch über die Streitigkeiten zwischen den Mitgliedern des Deutschen Bundes sei kein ausreichender Nachweis für meine Befähigung zum akademischen Lehramt. Ich müßte mindestens drei weitere wissenschaftliche Veröffentlichungen aus verschiedenen Rechtsgebieten vorlegen, bevor meine Zulassung als Privatdozent überhaupt erwogen werden könnte.
– Gut, sagte ich. Ich werde im Herbst wiederkommen und die nötigen Arbeiten vorweisen.
Noch am selben Tag begann ich zu schreiben. Meiner ersten Abhandlung gab ich den Titel: *Über das positive Rechtsgesetz rücksichtlich seiner Ausdehnung in der Zeit oder über die Anwendung neuer Gesetze.* Wer in Deutschland Professor werden will, sagte ich mir, muß sich möglichst umständlich ausdrücken. Hierzulande schleppt sich die Wissenschaft mit bleiernen

Schuhen und schweren Koffern und Taschen zu den Höhen der Weisheit. Dieser Sitte versuchte ich mich anzupassen und belud meine Sätze mit gewichtigen Fremdwörtern, sperrigen Nebensätzen und Wortschlangen von imponierender Länge. Ich übersah nur leider, daß Unförmigkeit allein nicht genügt. Wer hier als bedeutend gelten will, muß auch dunkel sein. Unklarheit war mir jedoch verhaßt, und so standen meine Aussichten von vornherein schlecht. Meine Abhandlung betraf eine sehr einfache Frage: Auf welche Fälle ist ein neu erlassenes Gesetz anwendbar? Die Bürokratie sagte damals: auf alle. Nur auf zukünftige, behauptete ich. Ich begründete dies damit, daß die Vergangenheit außerhalb des Bereiches menschlicher Wirksamkeit liege. Insbesondere hielt ich es für ausgeschlossen, jemanden für eine Tat nach einem Gesetz zu bestrafen, das zum Zeitpunkt des Handelns noch gar nicht erlassen war. Die Richter ermahnte ich, sich in dieser Beziehung nichts vorschreiben zu lassen. Sie seien keine bloßen Befehlsempfänger, sondern ihrerseits zur Wahrung des Rechts aufgerufen. Gewiß könne der Richter nicht einfach ein Gesetz ignorieren, weil er es für verkehrt halte. Er habe aber die Pflicht zu überprüfen, ob es inhaltlich höheren Rechtsgrundsätzen widerspreche. Denn sonst könnte der schreiendste Akt von Kabinettsjustiz allein dadurch zu Recht werden, daß die Regierung ihn in die Form eines Gesetzes kleide.

Mit der Niederschrift dieser Gedanken beschäftigt, erreichte mich ein Brief von August von Marschall. Die Aufwartefrau legte ihn mir auf den Schreibtisch, ohne daß ich mich bei meiner Arbeit unterbrechen ließ. Erst in einer Arbeitspause erbrach ich das Siegel, klopfte den Lack ab und entfaltete das Papier, während ich es mir auf dem Sofa bequem machte. Ich erwartete eine amüsante Lektüre über den neuesten Klatsch aus den diplomatischen Kreisen Frankfurts. Doch kaum hatte ich die ersten Zeilen gelesen, begann meine Hand zu zittern. Ich ließ den Brief sinken und vergrub den Kopf im Kissen, um zu weinen.

Meine Beatrice war tot.
August hatte durch Zufall Alexander von Sickingen getroffen und mit ihm über mich und jenen Ball im Schloß der Großherzogin gesprochen. Dabei war auch die Rede auf Josephine von Andlaw gekommen. Sie sei, hatte der Dragoner nebenbei erwähnt, vor einiger Zeit ihrem schweren Lungenleiden erlegen.
Meine Trauer war verzehrend. Doch sie hatte auch, ich scheue mich, es niederzuschreiben, etwas Triumphales. Insgeheim hatte ich gewußt, daß meine liebe, zärtliche Josephine sterben würde. Auch Dantes Beatrice war jung und unerwartet gestorben, und so paßte der frühe Tod meiner Liebe zu dem Bild, das ich mir von ihr gemacht hatte. Von dieser Welt war sie nie gewesen. Nun würde ich sie weiter lieben können, nicht als Fräulein von Andlaw, sondern als ein von aller Körperlichkeit entrücktes Wesen. Mit diesem Gedanken tröstete ich mich. Hätte ich sie an der Seite eines Mannes wiedergesehen, oder wäre ich beim Wiedersehen zurückgewiesen worden, hätte mein Bild von ihr Schaden genommen. Ihr Tod jedoch ließ es unversehrt, ja, er verklärte es. Nun wollte ich mich meiner Beatrice erst recht würdig erweisen. Ich stürzte mich förmlich in die juristische Wissenschaft. Schon um 4 Uhr morgens saß ich am Schreibtisch und arbeitete mit geringen Unterbrechungen bis 11 oder 12 Uhr nachts zwischen hoch aufgetürmten Bücherstapeln und wachsenden Haufen von beschriebenem Papier.
Nach Abschluß meiner Abhandlung über den zeitlichen Geltungsbereich von Gesetzen machte ich mich an eine *positivrechtliche Untersuchung der auf die Presse sich beziehenden bundesgesetzlichen Bestimmungen.*
Die Preßfreiheit war eines der Schlüsselthemen der Zeit. Nimmt man den Begriff der Mündigkeit im demokratischen Sinne ganz wörtlich, muß ein mündiges Volk vor allem frei reden dürfen, um zu einem eigenen Willen zu finden, und sich ungehindert informieren und aus dem Hin und Her unterschiedlicher Meinun-

gen seine Schlüsse ziehen können. Die Gegner der Demokratie behaupten, ein Volk sei nicht fähig, sich selbst zu regieren. Wie einem Debilen bestellen sie ihm einen Vormund. Wir Demokraten halten es jedoch für lernfähig. Ohne freien Austausch der Meinungen und ohne offenen Zugang zu den vorhandenen Informationen kann ein Volk nicht mündig werden. Jeder Staatsbürger soll ungehindert jedes verfügbare Wissen erhalten können, gleichgültig, ob es der Regierung gefällt oder nicht. Und er muß seine Meinung unzensiert veröffentlichen dürfen, soweit er nicht die Rechte anderer verletzt.

Deutschlands Fürsten und ihre Berater versuchten, das System der Bevormundung zu retten, indem sie die politische Preßfreiheit verhinderten. Wahrscheinlich glaubten sie selbst nicht mehr an ihre Unersetzlichkeit. Jeden Angriff auf die Zensur empfanden sie als Angriff auf ihre Souveränität.

In dieser Situation kam einer juristischen Arbeit über die Preßgesetzgebung besondere Bedeutung zu. Ich vertiefte mich ein halbes Jahr lang in die einschlägigen Bestimmungen, Kommentare und Protokolle. Und ich kam zu dem Ergebnis, daß jede Zensur rechtswidrig sei. Rechtswidrig nach den Maßstäben der geltenden Gesetze, nicht etwa nur nach demokratischen Vorstellungen.

Die Bundesakte selbst, das Grundgesetz des Deutschen Bundes, stellte in Artikel 18 *gleichförmige Verfügungen über die Preßfreiheit* in Aussicht. Damit hatte sie die Freiheit der Presse grundsätzlich anerkannt. Darin lag ein Zugeständnis an die nationaldemokratischen Studenten, Kaufleute und Publizisten, ohne deren Hilfe die deutschen Fürsten 1813 ziemlich verlassen gewesen wären. Als die Monarchen dann wieder fest auf ihren Thronen saßen, reute sie die Zusage der Preßfreiheit genauso wie das Versprechen, landständische Verfassungen zu gewähren. Den nächstbesten Vorwand zum Widerruf lieferte ihnen das Attentat Sands auf Kotzebue. Ich bestritt und bestreite die rechtliche Wirksamkeit der sogenannten Karlsbader Beschlüsse;

unter Verstoß gegen zwingende bundesrechtliche Verfahrensvorschriften wurden sie binnen weniger Tage durchgepeitscht. Was hinsichtlich der Presse bestimmt wurde, war von vornherein nichtig. Es widersprach dem Artikel 18 der Bundesakte und damit höherrangigem Recht. Um das zu vertuschen, gab man das sogenannte Preßgesetz als die in der Bundesakte vorgesehene Verfügung über die Preßfreiheit aus. Das war ein plumper Schwindel. Statt die Freiheit der Presse zu ermöglichen, diente das Gesetz allein ihrer Verhinderung. Alle Bundesmitglieder verpflichtete es, Zeitungen und andere Druckschriften unter zwanzig Druckbogen vor dem Erscheinen zu zensieren. Bücher unterwarf es der Nachzensur. Die Durchführung dieser Vorschriften oblag den Einzelstaaten, so daß deren Souveränität scheinbar berücksichtigt blieb. Doch der Bundestag konnte sich in die Zensurpraxis der Mitglieder einmischen und das Verbot bestimmter Schriften verlangen.

Ausführlich wies ich in meiner Abhandlung nach, daß niemand verpflichtet war, dieses Gesetz zu beachten. Es verstieß gegen Sinn und Zweck von Artikel 18, denn auch die tollkühnste Begriffsakrobatik kann ein Wort wie Preßfreiheit nicht in ihr Gegenteil verkehren. Und es verletzte die Souveränität der deutschen Staaten, die zu wahren der erklärte Zweck des Bundes war.

Im Herbst 1831 erschien meine Schrift bei einem kleinen Verlag in Kassel. Aufsehen erregte sie nicht, fand aber nach und nach doch einige Verbreitung. Karl Mathy erzählte mir fünfzehn Jahre später, er hätte meine Ausführungen gleich nach ihrem Erscheinen gelesen und sich dadurch ermutigt gefühlt.

1831 arbeitete Mathy als Korrespondent für die Augsburger *Allgemeine Zeitung* und trug sich mit Plänen, die journalistische Nebenbeschäftigung auszuweiten. Auch er wollte die Mündigkeit des Volkes. Nirgendwo sonst hatte das ferne Gewitter der französischen Julirevolution für soviel frischen Wind gesorgt wie in Baden. In der Zweiten Kammer forderte der Abgeordnete

Karl Welcker die Aufhebung der Zensur mit den Worten: *Das repräsentative freie Staatssystem ist unmöglich ohne die volle Öffentlichkeit und ohne die volle Freiheit des öffentlichen Wortes, kurz: ohne freie Zeitungen.*
Ich war naiv genug zu glauben, auch in Göttingen habe die neue Luft den Staub von den Perücken geblasen. Immerhin waren schwere Unruhen vorgekommen. Ich wollte nicht wahrhaben, daß die Julirevolution für Deutschland nichts gebracht hatte. Dabei waren die Zeichen deutlich. Rußland und Preußen hatten den polnischen Aufstand grausam niedergeschlagen. Kongreßpolen wurde zur russischen Provinz. Zu Tausenden zogen polnische Flüchtlinge durch Europa, von mutigen Bürgern als Märtyrer der Freiheit begrüßt, von den Behörden als Gesindel beschimpft und verfolgt.
Was mich, jedenfalls was das Königreich Hannover betraf, trotzdem zuversichtlich stimmte, war die in Aussicht gestellte Verfassungsreform. Obwohl die Adelspartei in Hannover sehr mächtig war, blieb König Wilhelm bei seinem Reformversprechen. Der hannoversche Landtag ließ eine neue Verfassung ausarbeiten, deren Entwurf der König bereits genehmigt und zur Veröffentlichung freigegeben hatte.
Im Februar 1832 besorgte ich mir diesen Verfassungsentwurf und machte ihn zum Gegenstand meiner dritten juristischen Arbeit. Ein kleiner Verlag in Rinteln fand das Thema interessant genug, meine Kritik in Form von elf Flugschriften zu publizieren. Die einzelnen Folgen wurden später zu einem zweibändigen Werk zusammengefaßt mit dem Titel *Commentar zu dem Entwurfe eines Staatsgrundgesetzes für das Königreich Hannover, wie solcher der niedergesetzten Commissionen von Seiten der landesherrlichen Commissarien zu vorläufiger Berathung vorgelegt worden ist, von Gustav von Struve.*
Einleitend legte ich meine Grundansicht über den Gang der historischen Entwicklung dar. *Unaufhaltsam,* schrieb ich, *werden Freiheit und Aufklärung wachsen, bis die höchste Stufe errungen*

ist. Dieses Ziel im ruhigen Gang der Entwicklung der Völker ohne Sprünge, aber auch ohne Stocken zu gewinnen, muß das Streben hellsehender Regierungen sein. Davon bin ich auch heute noch überzeugt. Viel Blutvergießen auf dieser Welt ließe sich vermeiden, wenn die herrschenden Mächte nicht versuchen würden, den Lauf der Zeit mit Gewalt aufzuhalten. Sie können sich den Kräften des Fortschritts ja doch nicht ewig entgegenstemmen. Wer Dämme ohne Durchlaß baut, verschafft sich zwar eine Zeitlang Ruhe vor dem Drängen des Flusses. Aber er bezahlt diese Ruhepause mit einer Katastrophe, weil der Damm eines Tages brechen muß.

Ich hielt es für meine Pflicht, die hannoversche Regierung auf konkrete Mängel des Verfassungsentwurfs hinzuweisen. Die Berücksichtigung meiner Vorschläge hätte sie vor manchem Schaden bewahrt, möglicherweise ihr Überleben gesichert. Ich forderte zum Beispiel die Aufstellung eines Volksheeres. Wäre es dazu gekommen, hätte Hannover 1866 über zweihunderttausend waffengeübte Männer verfügt und sich wirksam gegen die Annexion durch das Haus Hohenzollern verteidigen können.

Anfang April 1832 sprach ich erneut beim Rektor der Universität vor. Unter Vorlage meiner neuen Arbeiten wiederholte ich den Antrag auf Zulassung zu privaten Vorlesungen. Zehn Tage später erhielt ich ein Schreiben, das mir ohne Angabe von Gründen die erwünschte Erlaubnis verweigerte.

Ich war verzweifelt.

So einfach wollte ich mich nicht abweisen lassen. Den Ablehnungsbescheid in der Hand, ging ich in die Barfüßerstraße und ließ mich bei Gustav Hugo melden, damals Dekan der juristischen Fakultät. Er empfing mich sehr kühl.

– Ja, guter Mann, schniefte er mit eingezogenem Nacken, was Sie uns da vorgelegt haben, sind politische Streitschriften von bedenklicher Tendenz. Zum Privatdozenten können Sie nur zugelassen werden, wenn Sie uns wissenschaftliche Qualifikation beweisen. Den Juristen als solchen hat die Politik nicht zu interessieren.

– Mit Verlaub, Herr Dekan, widersprach ich, das halte ich für einen gefährlichen Grundsatz. Damit machen Sie den Juristen zum Werkzeug jeder gerade herrschenden Regierung. Jede eigenverantwortliche Entscheidung über Recht oder Unrecht ist eine politische Entscheidung, denn sie hat Einfluß auf unser Gemeinwesen. Der Jurist ist dem Recht verpflichtet. Wenn die Regierung gegen Geist oder Buchstaben der Gesetze verstößt, muß der Rechtsgelehrte sich zur Wehr setzen. Wenn er in einem solchen Fall schweigt, weil er sich aus der Politik heraushalten will, versündigt er sich gegen seine Wissenschaft. Gerade den Juristen hat Politik zu interessieren.
Der kleine Alte sah ärgerlich unter seinen buschigen Brauen hervor.
– Sie reden ganz, wie Sie schreiben, sagte er, Ihnen fehlt die Bescheidenheit. Sie wollen akademischer Lehrer werden, aber Sie scheinen zu vergessen, daß auch Professoren Staatsdiener sind. Juristische Professoren schon gar.
– Durchaus, gab ich zu. Doch dem Staat dienen heißt dem Gemeinwesen dienen, nicht einer bestimmten Regierung. Ein Jurist, der die Würde des Rechts gegen Zumutungen der Bürokratie verteidigt, dient dem Staat mehr als einer, der einem Kabinett zuliebe dem Recht Gewalt antut. In dem zukünftigen Deutschland, von dem ich träume, werden die Juristen das Gewissen der Nation sein ...
Hugo ließ sich auf keine Diskussion ein. Mit knappen Worten erklärte er die Audienz für beendet, gab mir die eingereichten Druckschriften zurück und wünschte mir Glück für den weiteren Lebensweg. Das war gut gesagt. Ich sah keinen Weg mehr vor mir.

20

Wir werden zweimal geboren, sagt Rousseau, *l'une fois pour exister, et l'autre pour vivre*, einmal zum Dasein und das andere Mal zum Leben. Auf mich bezogen hat dieser Satz besondere Wahrheit. Gerade als ich das Gefühl hatte, am Ende zu sein, erlebte ich das Wunder einer neuen Geburt. Sie begann am Vormittag des 3. Mai 1832 mit einer blitzlichtartigen Erhellung meines Geistes und kam in der darauffolgenden Nacht zur Vollendung in einem Traum, der mir die Wahrheit über meine Seele offenbarte.

Abgewiesen von der Universität, wußte ich nicht mehr weiter. Nicht nur ein Jahr angestrengte Schreibtischarbeit schien auf einmal sinnlos, sondern mein ganzer bisheriger Lebensweg. Nach der Tradition meiner Familie wurde ein junger Struve entweder Staatsdiener oder Hochschullehrer. Beide Möglichkeiten hatte ich erkundet und war gescheitert. Umsonst das Studium in Göttingen und Heidelberg, umsonst zwei anstrengende Staatsexamina, umsonst die Qualen der Unterordnung unter einen selbstherrlichen Gesandten, umsonst die Erfahrung des Justizdienstes und die mühsame Schriftstellerei. Ich war soweit wie vor zehn Jahren! Nein, nicht einmal das, denn beim Abgang von der Schule hatte ich wenigstens Aussichten. Im Frühjahr 1832 sah ich kein Ziel mehr. Wie Dante hatte ich mich in der Mitte meines Lebens verlaufen.

> Nel mezzo del cammin di nostra vita
> mi ritrovai per una selva oscura,
> ché la diritta via era smarrita ...

Meine Geldmittel waren aufgebraucht; entwürdigenderweise mußte ich von Heinrichs Studentenwechsel leben. Meinetwegen verzichtete er auf einen ordentlichen Mittagstisch und kochte für uns in der kleinen Küche, die zu unserem Logis gehörte. Um die Kasse aufzubessern, unternahm ich einige journalistische Versuche, kleine Geschichten und Beobachtungen, auch Kommentare zum Tagesgeschehen. Fast alle meine Manuskripte kamen ungedruckt zurück, nur das *Karlsruher Unterhaltungsblatt* – zufällig dieselbe Zeitung, die auch Karl Mathys erste Artikel veröffentlichte – nahm zwei kurze Beiträge an. Das Honorar deckte kaum die diversen Versandkosten. Hätte ich meine freisinnige Richtung verleugnen können, wäre eine Mitarbeit bei der neugegründeten *Hannoverschen Zeitung* möglich gewesen; ihren Redakteur kannte ich aus meiner Studienzeit. Das Blatt war ein devotes Organ der Reaktion, auch wenn es sich national gab. In einer tollen Volte münzte es das deutsche Freiheitsstreben ins Gegenteil um mit dem Wahlspruch: *Treue ist Freiheit!* Mir kam die Galle hoch, sooft ich diesen Unsinn las.

Leider war das mehr als eine Metapher. Seit meiner Zeit in Jever litt ich an Anfällen von Gallenfieber und Gelbsucht. Überhaupt war mein Gesundheitszustand erbärmlich. Während der Wintermonate 1831 und 1832 hatten mich Kongestionen gelähmt und elende Schmerzen im After gepeinigt. Der seelische Schock der Abweisung traf mich in einem geschwächten Zustand. Man sah mir die Verzweiflung an. Ich erschrak vor meinem Spiegelbild: ein bleiches, eingefallenes Gesicht, von eiternden Pickeln entstellt, nervös zuckende, gerötete Augenlider, wirres, dünnes Haar. Damals entschloß ich mich, mir einen Bart wachsen zu lassen. Rücksichten hatte ich keine mehr zu nehmen, und es war mir gerade recht, daß Bartträger als Demagogen galten. Allerdings sprossen die Stoppeln nur zögerlich und ungleichmäßig; statt mein Elend zu kaschieren, verunstalteten sie mich noch mehr. Ich ging nur noch im Dunkeln aus und irrte ziellos und ohne zusammenhängende Gedanken durch die Straßen. Oft kam ich erst nach Mitternacht entkräftet und durchnäßt in unsere kleine Wohnung zurück.

Ich war bereit zu sterben. Schon beschäftigte mich der Gedanke des Freitods. Meine Tage verbrachte ich in dumpfem Brüten oder versunken in Lektüre. In meiner Ratlosigkeit hatte ich mich des Buches erinnert, das mir Monsieur Bouvier beim Abschied geschenkt hatte: Rousseaus *Émile*. Voll wehmütiger Gedanken an das Häuschen meines geliebten Lehrers mit den speckblättrigen Pflanzen und dem gelben Kanarienvogel, blätterte ich am späten Vormittag des 3. Mai in dem Lederband. Zufällig las ich mich in einem Abschnitt des zweiten Teils fest, in dem es um die richtige Ernährungsweise geht.

– *Alle Wilden sind grausam*, las ich, *und nicht ihre Sitten machen sie dazu; sie werdens durch ihre Speisen. Sie gehen in den Krieg, wie auf die Jagd, und behandeln die Menschen wie die Bären. In England selbst werden die Fleischer so wenig, als die Mundärzte zum Zeugnißablegen zugelassen; große Bösewichter härten sich zum Morden durch Bluttrinken ab. Homer macht aus den Cyklopen, den Fleischessern, Scheusale von Menschen, und aus den Lotophagen ein so liebenswürdiges Volk, daß, so bald man ihres Umganges gekostet hatte, man sogar sein Vaterland vergaß, um bei ihnen zu leben.*

Du fragst mich, sagte Plutarch, wodurch Pythagoras bewogen worden, sich des Fleischessens zu enthalten; aber ich frage dich vielmehr, was der erste Mensch für einen Muth gehabt haben mag, der es zuerst gewagt, mit seinem Munde ein blutiges Fleisch zu berühren, mit seinen Zähnen das Gebein eines sterbenden Thiers zu zerknirschen, Aeser, Leichname sich auftragen zu lassen, und Glieder in seinen Magen zu schlingen, die den Augenblick vorher brüllten, blöckten, gingen und sahen? Wie konnte seine Hand einem empfindenden Wesen ein Messer in das Herz stoßen? Wie seine Augen den Anblick eines Mordes ertragen? Wie hat er ein armes Thier schlachten, es schinden, es zerstückeln sehen können? Wie konnte er den Anblick zappelnden Fleisches ertragen? Wie hat sein Geruch nicht davon empört werden müssen? Wie hat nicht Ekel ihn angewandelt, ihn zurückgestoßen, Gräuel ihn ergriffen, da er in solchen widerlichen Wunden mantschen, und das schwarze geronnene Blut abtrocknen mußte, das an ihnen klebte?

Ha! Wie lebend, bewegen die Häute sich:
An den Spießen, röstend, brüllet noch auf
des frisch geschlachteten Rindes blutendes Fleisch!
Mit Schauder genießt der Wilde des Mahles;
Und es erseufzt im Innersten ihm
die schreckliche Kost noch.

Das wars, was er denken und empfinden mußte, als er zum erstenmale die Natur überwand, diese schreckliche Mahlzeit zu thun; das erstemal, als ihn nach einem lebendigen Thiere hungerte; als er sich mit einem Rinde auf der Weide nähren wollte, und sichs selbst sagte, wie ers anzufangen hätte, ein Schaaf, das ihm die Hände leckte, zu erwürgen, zu zerschneiden, und zuzubereiten. Ueber diejenigen sollte man sich wundern, die diese grausamen Feste begannen, nicht über diejenigen, die sie zuerst verließen; und gleichwol könnten jene Erstern Entschuldigungen für ihre Grausamkeit anführen, die uns bei der unsrigen fehlen, und uns in einem noch weit blutdürstigern Lichte zeigen.
Selige, von den Göttern geliebte Menschen, würden jene Ersteren zu uns sagen, vergleicht die Zeiten, seht, wie glücklich ihr seyd, und wie elend wir waren! Die neugebildete Erde, die noch mit Dünsten geschwängerte Luft, gehorchte der Ordnung der Jahreszeiten nicht; die Flüsse unbestimmt in ihrem Laufe, traten überall aus ihren Ufern; Teiche, Seen, tiefe Sümpfe überschwemmten drei Viertheil von der Erdoberfläche, Wälder und unfruchtbare Forsten bedeckten das Uebrige. Keine guten Früchte brachte der Boden hervor; wir hatten keine Werkzeuge des Ackerbaus, wir verstanden die Kunst, uns ihrer zu bedienen, nicht; und keine Erndte sproßte für den, der nicht ausgesäet hatte. Nie also waren wir ohne Hungersnoth. Winters dienten Moos und Baumfrüchte uns zur gewöhnlichen Speise: Wurzeln von Hundszahn und Heide waren unsre Leckerbissen, und fand man nur Buchmast, Eicheln und Nüsse, so tanzte man frohlockend um eine Eiche oder Buche, ungeschlachte Gesänge anstimmend, herum. Die Erde nannten diese Elenden ihre Säug-

amme und ihre Mutter; jenes war ihr einziges Fest, außerdem umgab nur Schmerz, Noth und Elend das menschliche Leben.
Endlich, als das entblößte und nackte Land uns nichts weiter mehr darbot, sahn wir uns genöthigt, um unser Leben zu fristen, die Natur zu beleidigen, und die Gefährten unseres Elends lieber zu verzehren, als mit ihnen umzukommen. Ihr aber, Grausame, wer zwingt euch, Blut zu vergießen? Seht, welche Fülle von Gütern euch umgiebt! Wie viele Früchte die Erde euch hervorbringt! Wie reiche Erndten eure Felder und Weinberge euch darbieten! Wie viel Heerden, euch zu ernähren, ihre Milch, und euch zu kleiden, ihre Wolle zinsen! Was verlangt ihr mehr; und welche Wuth treibt euch, gesättigt von diesem Ueberflusse an Gütern und Lebensmitteln, so viel Morde zu begehen? Warum lügt ihr gegen eure Mutter, da ihr sie anklagt, sie könne euch nicht ernähren? Warum versündigt ihr euch an Ceres, der Erfinderin der heiligen Gesetze und am frohen Bachus, dem Tröster der Menschen, als reichten ihre euch zuströmenden Güter nicht zur Erhaltung des menschlichen Geschlechts hin? Wie habt ihr das Herz, auf euren Tischen unter ihre sanften Gaben Gebeine zu bringen, und neben der Milch das Blut der Thiere zu genießen, die euch jene geben? Pardel und Löwen, diese wilden Thiere, wie ihr sie nennt, folgen nothgedrungen ihrem Instinct, und tödten andre Thiere, um zu leben. Aber ihr, unendlich wilder als sie, bestreitet ohne Noth den Instinct, euch euren grausamen Wollüsten zu überlassen; ihr eßt nicht die Thiere, die von andern leben, ihr eßt nicht diese fleischfressenden, ihr ahmt ihnen nach. Euch hungert nur nach den unschuldigen und zahmen, die niemand ein Leides thun, die sich an euch hängen. die euch dienen, und die ihr zum Dank für ihre Dienste verschlingt.
O Mörder wider die Natur, wenn du noch immer steifsinnig beharrst, zu behaupten, sie habe dich gemacht, deines gleichen zu verzehren, Wesen von Fleisch und Blut, lebend und empfindlich, wie du selbst: auf denn! ersticke das Grausen, das sie dir vor diesen schrecklichen Mahlzeiten einflößt, tödte diese Thiere, aber selbst, mit deinen eignen Händen, sag ich, sonder Schnur und Messer,

zerreiße sie mit deinen Zähnen, wie Löwen und Bären thun, beiß ein in diesen Stier und zerfleische ihn, hau ein mit deinen Klauen in seine Haut; friß lebendig dieses Lamm, zehr auf sein noch dampfendes Fleisch; trinke seine Seele mit seinem Blute! Du schauderst? Du wagsts nicht, unter deinen Zähnen ein noch lebendes Fleisch zappeln zu fühlen? Mitleidiger! Du tödtest erstlich dein Thier, und dann issest du's, als wolltest du es zweimal sterben lassen? Und nicht genug! Auch das todte Fleisch widerstrebt dir noch, dein Eingeweide kann's nicht vertragen, du mußts umschaffen durch Feuer, es kochen, es braten, durch verändernde Würze es bereiten; du bedarfst Köche, und andrer Helfer, um dir das Grausen des Mordes zu verbergen, und Leichname einzukleiden, damit der Sinn des Geschmacks durch diese Verkleidungen sich täusche, nicht abweise, was ihm fremd ist, und mit Vergnügen an todten Körpern zehre, deren Anblick selbst das Auge kaum hätte ertragen können!

Ich konnte nicht weiterlesen, denn ich hatte Tränen in den Augen. Meine Hände zitterten. Womöglich lag meine Empfänglichkeit für die Lehre dieser Zeilen an meinem damaligen Zustand, jedenfalls fühlte ich mich betroffen. Scham und Reue erfüllten mich. Mit einemmal wußte ich mich des hundertfachen Mordes schuldig. Ich wußte, das jeder Satz Rousseaus einer längst empfundenen Wahrheit entsprach. Und ich fragte mich: Wie habe ich nur jahrelang das Fleisch toter Tiere essen können, ohne ein Grausen zu empfinden? Wie konnte ich so ein barbarisches Unrecht begehen?

Mit Selbstvorwürfen beschäftigt, hörte ich meinen Bruder Heinrich zum Mittagessen rufen. Ich erklärte ihm, ich würde niemals mehr im Leben Fleisch essen. Vom Geruch des aufgetragenen Lungenhaschees wurde mir übel. Ich mußte den Tisch verlassen. Draußen im Abtritt erbrach ich mich.

Mein Bruder hielt diese Überempfindlichkeit für das Vorzeichen drohender Geistesverwirrung. Es galt damals als ausgemacht, daß der Mensch ohne fleischliche Nahrung nicht auskomme. Rein pflanzliche Ernährung, meinte man, führe zu Entkräftung,

Mattigkeit und Tod. In meiner Situation konnte mich diese Aussicht wenig schrecken. Sie hätte mich aber auch unter anderen Umständen nicht daran gehindert, meinem Gewissen zu folgen. Ich hatte erkannt, daß es unmoralisch ist, unschuldige Tiere zu töten, um sich zu erhalten. Im Besitz dieser Erkenntnis war es mir unmöglich, weiter Fleisch zu essen. Von dem Unverständnis meiner Mitmenschen ließ ich mich nicht beirren. Etwas Verkehrtes wird nicht dadurch richtig, daß alle es tun.
Womöglich war ich der erste Vegetarier Deutschlands, vielleicht Europas. Ganz allein auf mich gestellt, machte ich eine erstaunliche Erfahrung. Die vegetabilische Lebensweise schwächte mich keineswegs. Im Gegenteil. Schon wenige Tage nach der Umstellung meiner Ernährungsweise bemerkte ich eine deutliche Besserung meines Befindens. Nach einigen Monaten war ich alle meine Beschwerden los und fühlte mich so wohl wie seit Lyceumstagen nicht mehr. Selbst die Pickel verschwanden aus meinem Gesicht. Nach fast vier Jahrzehnten fleischloser Ernährung wage ich die Behauptung, daß Vegetarier widerstandsfähiger und gesünder sind als Fleischesser. Zum Beweis führe ich all die Strapazen an, die ich diesseits und jenseits des Ozeans überstanden habe. Im Sturm der Revolution arbeitete ich bis zu zweiundzwanzig Stunden täglich unter widrigsten Umständen, selbst Gewaltmärsche im strömenden Regen und entnervende Gefechte konnten mir nicht die Kraft rauben. Ich ertrug die Haft im eisigen Kerker von Bruchsal und in den berüchtigten Kasematten von Rastatt und blieb gesund. Auch der Hunger und die Anstrengungen der Emigration brachen mich nicht. Mit sechsundfünfzig Jahren zog ich als Soldat in den nordamerikanischen Bürgerkrieg und überlebte wie durch ein Wunder Strapazen, denen manch ein Zwanzigjähriger zum Opfer fiel. Fleischliche Nahrung, habe ich festgestellt, ist nicht nur entbehrlich, sondern sogar schädlich.
Aber die Menschen lassen nun einmal nicht von ihren Vorurteilen und Gewohnheiten. Für meine vegetabilische Le-

bensweise haben die meisten nur Spott. Auch Karl Mathy gehörte zu denen, die meine moralischen Bedenken als kauzige Marotte abtaten. Ich erinnere mich an ein nächtliches Gespräch in seiner Mannheimer Wohnung, in dem ich ihm meine Motive klarzumachen versuchte.

– In der Theorie hast du ja recht, räumte er mir irgendwann ein, aber im praktischen Leben kann man nicht immerzu moralisch handeln.

Den Satz habe ich mir gemerkt, weil er ein Grundübel dieser Welt beschreibt. Theoretisch sind alle Menschen einsichtig, im Prinzip wollen sie friedlich, gerecht und duldsam sein. Nur handeln sie nicht danach. Im alltäglichen Leben denkt jeder an seinen eigenen Vorteil und scheut vor keiner der kleinen Gemeinheiten zurück, die unsere Gesellschaft toleriert. So ist es üblich. Jede Generation lernt von der vorhergehenden, daß das Lügen, Stehlen und Betrügen in der Theorie zwar unmoralisch, in der Praxis aber nicht so schlimm sei, weil es nun einmal zum Lebenskampf dazugehöre. Die allgemeine Konvention beruhigt das Gewissen. Deshalb lassen sich auch die gutherzigsten Menschen ihren Sonntagsbraten nicht verleiden. Niemand findet das grausame Blutvergießen in den Schlachthäusern widerlich, niemand entsetzt sich über die beim Fleischer ausliegenden Kadaverteile. Alle anderen essen auch Fleisch, wie sollte man es da für absonderlich halten. Für absonderlich hält man nur den, der die allgemeine Barbarei nicht mitmacht.

Die Einsicht wird sich nur sehr langsam gegen die Gewohnheit durchsetzen. Aber ich glaube fest daran, daß ein zukünftiges, zivilisierteres Geschlecht nicht mehr begreifen wird, daß Menschen einmal Fleisch gegessen haben.

21

In der Nacht nach meiner Bekehrung zum Vegetarismus hatte ich einen Traum.
Ich sitze auf dem Rand eines Ziehbrunnens und blicke, mich an einem Seil festhaltend, in die Tiefe des Brunnenschachtes. Auf der Wasserfläche unter mir spiegelt sich mein nackter Oberkörper. Ich bin aber nicht Gustav von Struve, sondern ein dunkelhäutiger junger Mann von etwa achtzehn Jahren, muskulös, schlank, hochgewachsen. Mein Gesicht ist das eines Inders. Es ist mir vertrauter als das Struve-Gesicht, und ich lächle ihm erkennend zu. Eine Frauenstimme ruft:
– Mandaras! Mandaras!
Ich drehe mich um, denn dies ist mein Name. In der Stimme, die ihn ruft, liegt viel Zärtlichkeit. Ich springe vom Brunnenrand, laufe durch eine Allee von rotblühenden Bäumen.
Das Bild verschwimmt, und ein anderes taucht auf. Ich reite breitbeinig auf dem schwankenden Rücken eines Elefanten. Die Sonne scheint, die Erde dampft. Es muß kurz zuvor heftig ge regnet haben. Zu meiner Rechten ein sumpfiges Reisfeld, das von einem Ochsengespann durchpflügt wird. Halbnackte Männer, weiße Tücher um die Hüften geschlungen, rufen mir unverständliche Worte zu. Ich antworte lachend.
Danach das Geräusch von Schritten auf steinigem Boden. Ich schaue auf meine nackten Füße, die in abgetragenen Ledersandalen stecken. Vor mir zwei lange Schatten. An der Seite eines grauhaarigen Mannes wandere ich durch eine karstige Gebirgslandschaft. Dieser Mann ist mein Lehrer und Meister. Er bleibt stehen, legt mir die Hand auf die Schulter. Wir wenden uns um und blicken über rote Felsen und ein weites Tal zum Horizont. Mein Lehrer deutet auf die untergehende Sonne. Ich knie nieder.
Und dann das schönste Bild! Neben mir im Stroh liegt die Tochter meines Meisters. Ich beuge mich über sie und flüstere ihren Namen:

– Urwasi ...
Durch die Holzritzen einer Bretterwand fällt das weiche Blau einer sternhellen Sommernacht. Urwasi ist nackt. Meine Hand streichelt ihre Haut, spielt mit ihrem Haar. Ich rieche den herbsüßen Duft ihres Körpers und küsse die Knospen ihrer Brüste. Ihre Arme umfassen mich, ich spüre ihren Atem. Mir wird schwindlig und wohl.
Später kauere ich am Ufer eines schlammigen, träge fließenden Stromes. Zikaden schnarren, die Luft schwirrt vor Hitze. Ich höre Schritte hinter mir und sehe meinen Meister als Silhouette vor dem Himmel. Er hebt die Hand gegen mich, ich begreife es nicht. Blitzender Dolch in der Sonne. Stechender Schmerz in meiner Brust, Wärme, Müdigkeit. Im Mund der Geschmack von Blut.
– Verzeih, Mandaras, höre ich den Mörder von sehr weit. Strenge Prüfungen muß ich dir auferlegen. Doch leitet mich keine andere Rücksicht als dein und meiner Tochter Wohl. Du bedarfst der Erfahrung, denn dir fehlt die Harmonie der Seele. Reise in ein fernes Land, in eine ferne Zeit und werde zum Mann!
Ich lehne an der Reling eines Schiffes mit schwarzen Segeln, das soeben die Anker gelichtet hat. Am Ufer stehen der Meister und seine Tochter. Sie winken mir nach.
– Leb wohl, Meister, rufe ich, Adieu, Urwasi! Ich werde euch nicht enttäuschen! Drüben im Land der Schatten will ich lernen, was ich zu lernen habe, und alle Prüfungen bestehen. Deinetwegen, Urwasi. O Urwasi! Vergiß mich nicht! Ich komme wieder ...
In diesem Augenblick erwachte ich. Einen Moment lang wußte ich nicht, wo ich mich befand. Ich richtete mich im Bett auf, hörte den ruhigen Atem meines Bruders, und war wieder Gustav von Struve, der in Deutschland lebte.
Mit offenen Augen lag ich den Rest der Nacht auf dem Rücken und bedachte meine Erinnerung. Denn kein Traum, eine Erin-

nerung war es, daran gab es keinen Zweifel für mich. Ich hatte mich bis zu diesem Zeitpunkt nie mit Indien beschäftigt und von der Wiedergeburtslehre nur eine sehr ungefähre Vorstellung. Das Mystizieren war meinem Wesen völlig fremd. Mein Verstand sagte mir, ich hatte geträumt. Aber meine Seele lächelte gewissermaßen über diese Feststellung. Sie war sich ihrer indischen Herkunft mit einemmal völlig sicher. Ich hatte in meine eigene Vergangenheit geblickt.

Alle Niedergeschlagenheit wich von mir. Auf einmal sah ich klar. Nicht im Aufstieg zu Rang und Ansehen, nicht im Beschreiten einer vorgezeichneten Laufbahn bestand meine Aufgabe, sondern darin, Prüfungen erfolgreich zu bestehen und zu innerer Harmonie zu finden. Gemessen an dieser Aufgabe hatte ich wenig Grund, unzufrieden zu sein. Der Versuchung, mich aus Bequemlichkeit anzupassen, hatte ich widerstanden. In entscheidenden Augenblicken war mir die Wahrheit wichtiger gewesen als die Karriere. Als man mir die Seele grau färben wollte, um mich zum willenlosen Instrument der Staatsmaschine zu machen, hatte ich mich gewehrt. Und auch der Wunsch, an die Universität zu gelangen, war nicht stark genug gewesen, mich zu korrumpieren. Alle meine Mißerfolge erwiesen sich bei näherer Betrachtung als Erfolge. Auf das gesellschaftliche Ansehen kam es nicht an. Wohl aber darauf, anständig geblieben zu sein.

Vor der ersten Dämmerung des Morgens stand ich leise auf, zog mich an, nahm mein Notizbuch vom Tisch und verließ die Wohnung. Ohne bestimmtes Ziel wanderte ich aus der Stadt hinaus und war bei Sonnenaufgang schon hinter Kerstlingerode. Auf einem Baumstamm am Waldrand saß ich in der Morgensonne und hatte das Gefühl, erst jetzt wirklich zu leben. Es war ein kühler Frühlingstag, die Luft war feucht und vom Moderduft des Waldbodens durchtränkt. Vögel zwitscherten ihr Morgenkonzert, Ameisen eilten über die zerbröselnde Rinde, auf der mein Notizbuch lag. Die Welt war grün und jung und weit.

Den ganzen Tag blieb ich da draußen und schrieb wie im Rausch eine Novelle mit dem Titel *Mandaras' Wanderungen.* Ich schilderte in poetischen Bildern die Ankunft des jungen Inders in einem europäischen Hafen und seine ersten Erfahrungen mit den Bewohnern des Abendlandes. Mandaras glaubt an einen Vater im Himmel, doch er kann nicht verstehen, daß Menschen vor einem Holzkreuz mit einer geschnitzten Figur niederknien. Denen, die nach Freiheit verlangen, rät er, sich zunächst von Besitzgier und Unmäßigkeit zu befreien. Nur die Genügsamen nennt er glücklich. Den Schwachen gehört sein Mitgefühl, den Verachteten sein Respekt. Mit Liebe und Dankbarkeit erkennt er in der ihn umgebenden Natur die Schöpfung Gottes und im Tier den Gefährten. Sein Haß gilt der Lüge und der Gewalt, seine Hoffnung beruht auf der Macht des Gefühls. So zieht er als Wanderer durch fremd-vertrautes Land, mit seiner Urwasi sehnsüchtige Briefe wechselnd, und widersteht allen Versuchen, sich selbst untreu zu werden. Leider besitze ich diesen Text nicht mehr, aber eine Stelle ist mir noch im Gedächtnis. *Ich ziehe durch Städte*, klagt Mandaras, *ich streife durch Länder, aber noch immer geht mein Weg nicht der Heimat zu, ich ersteige Berge und durchwandle Täler, aber keine, die den unsrigen gleichen; ich sehe Frauen von vielen Völkern, aber keine Urwasi ist unter ihnen. Jede Stunde führt mich näher der Antwort, nach der ich mich sehne.*
Zwei Tage nach meiner Wiedergeburt erreichte mich aus Karlsruhe die Mitteilung, daß mir eine kleine Erbschaft zugefallen war. Nach Begleichung meiner Schulden blieben mir knapp tausend Gulden. Ich betrachtete dieses Geld als Geschenk des Schicksals für mein neues Leben. Was damit zu tun sei, mußte ich mir kaum überlegen. Ich wollte eine Zeitung gründen.
Von der Presse und ihren Aufgaben sprachen in jenem Frühjahr 1832 alle, die sich für das politische Geschehen interessierten. In Süddeutschland war der Kampf um die Preßfreiheit in eine neue Phase getreten. Zwei entschiedene Libera-

le führten ihn an: der Pfälzer Philipp Jakob Siebenpfeiffer und der Franke Johann August Georg Wirth. Seit der Julirevolution trat Siebenpfeiffer in seinem *Westboten* für die Abschaffung der Monarchie ein, während Wirth in seiner *Tribüne* die nordamerikanische Union zum Vorbild einer künftigen Bundesrepublik Deutschland erklärte. Der bayerischen Zensur war es nicht gelungen, die beiden mundtot zu machen. Schließlich hatte die Deutsche Bundesversammlung die Zeitungen verboten. Statt klein beizugeben, taten sich Wirth und Siebenpfeiffer zusammen. Sie gründeten einen *Vaterlandsverein zur Unterstützung der freien Presse*, dem viele Journalisten und zahlreiche Leser der liberalen Blätter beitraten. Auch dieser Verein wurde sofort verboten, aber die beiden Redakteure ließen sich nicht einschüchtern. Sie suchten, und das war das Neue, die Unterstützung der Öffentlichkeit.

Da eine gewöhnliche Protestversammlung schon im Vorfeld verhindert worden wäre, verbanden Siebenpfeiffer und Wirth ihr eigenes Anliegen mit einem staatsbürgerlichen Zweck. Am 27. Mai 1832 würde die bayerische Verfassung ein Jahr alt werden, und ein aus diesem Anlaß begangenes Freudenfest konnte die Regierung schwerlich verbieten, wenn sie nicht in den Verdacht geraten wollte, der eigenen Verfassung feindlich gesonnen zu sein. In Neustadt an der Haardt, in der bayerischen Pfalz, sollte die Feier stattfinden. Ergebenheitsadressen an die Münchner Regierung hatten die Veranstalter allerdings nicht im Sinn. Das ging schon aus ihrer Einladung hervor, die sich nicht so sehr an die Bürger Bayerns als vielmehr an *alle Deutschen* richtete und höchst zweideutig *den deutschen Mai* pries. Die Pfälzer verstanden sehr gut, wozu sie aufgerufen waren. Nicht dazu, für die Gewährung der Verfassung Dankbarkeit zu zeigen, sondern dazu, Verteidigungsbereitschaft zu demonstrieren. Es rumorte im Land. Bitter wurde vermerkt, daß die Regierung die Zugeständnisse vom Sommer 1830 nach und nach wieder zurückgenommen hatte. In einigen Dörfern errichteten Winzer Freiheitsbäume. Diese Sitte, hohe, bis auf den Wipfel kahlgeschälte Bäume als Symbol der wachsenden Freiheit zu pflanzen, stammte aus dem amerikanischen Unabhängigkeitskrieg und wurde nach der Französischen Revolution auch von deutschen Jakobinern nachgeahmt. Nun, im Frühjahr von 1832, verschmolz dieses Symbol der Freiheit mit dem germanischen Fruchtbarkeitszeichen eines in der Dorfmitte aufgestellten Maibaums. Mit vereinten Kräften wurden die Freiheitsbäume vielerorts erfolgreich gegen anrückendes Militär verteidigt. Ich las auch von einer republikanischen Demonstration, die in der feierlichen Krönung eines Hundes gipfelte, den man nach dieser Zeremonie johlend durch die Straßen jagte. Weniger spektakulär agierten die zahlreichen Vereine zur Unterstützung der polnischen Flüchtlinge, die seit der Niederschlagung des Freiheitskampfes durch Deutschland zogen. Doch ihre Versammlungen und Festessen waren eher trotzige Solidaritätsbekundungen als Veranstaltungen des Mitleids. Wenn man das populäre *Noch ist Polen nicht verloren* sang, meinte man mit Polen eigentlich die Demokratie.

Weiter im Norden Deutschlands war es viel ruhiger. Besorgt forderte der preußische Gesandte in Frankfurt, die Bundesversammlung müsse gegen die *Anmaßung des demokratischen Zeitgeistes* in Südwestdeutschland entschiedener einschreiten, damit der Bazillus nicht auch noch den *politisch weniger verpesteten Norden* infiziere.

Genau das wollte ich mit meiner Zeitung: den Norden infizieren. Es wäre viel einfacher gewesen, nach Karlsruhe zurückzukehren und dort mein Blatt erscheinen zu lassen. In Baden hatte die liberale Zweite Kammer ein Preßgesetz durchgesetzt, das die Zensur und Konzessionspflicht für Zeitungen aufhob. Aber da es mir darum ging, etwas zu bewirken, verschmähte ich diese Möglichkeit. Dort, wo die öffentliche Meinung bisher stumm geblieben war, wollte ich für eine liberale Stimme sorgen. So stellte ich den Antrag auf Erteilung einer Lizenz in Hannover.

Während ich auf Antwort wartete, traf ich erste Vorbereitungen. Ich sprach mit Druckern, schrieb Kommissionsverlage in den größeren Orten der weiteren Umgebung an, erkundigte mich nach den Versandkosten, entwarf Anschreiben zur Abonnentenwerbung, kalkulierte Auflage und Preis, warb ehemalige Studienfreunde als Korrespondenten. Mit glühendem Kopf saß ich bis spät in die Nacht über den Seiten meiner ersten Probenummer. Der Titel meiner Zeitung, *Bühne der Freiheit und des Muthes*, enthielt ihr ganzes Programm.

Anfang Juli las ich von dem Verlauf der Verfassungsfeier in der Pfalz. Wenn ich Karl Mathy je um irgend etwas beneidet habe, dann darum, daß er diesen eigentlichen Beginn der demokratischen Bewegung in Deutschland miterlebt hat. Er pflegte davon ohne große Begeisterung, vielmehr mit der ihm eigentümlichen Ironie zu sprechen. Als ich ihn während der Zeit unserer Freundschaft nach Einzelheiten fragte, stellte sich heraus, daß ich aus der Lektüre der Zeitungen ein vollständigeres Bild gewonnen hatte als er aus der unmittelbaren Beobachtung.

– Es war eine Art Narrentreiben, höre ich ihn noch sagen. Mummenschanz und Musik. Für meinen Geschmack ein bißchen zuviel Theater.

Theatralisch mag der Aufzug gewesen sein. In der *Allgemeinen Zeitung* las ich seinerzeit, die Landstraßen in der Gegend um Neustadt wären an jenem 26. Mai überfüllt gewesen von Wagen und Fußgängern. *Überall prangten schwarz-rot-goldene Kokarden*, hieß es weiter, *Bänder und Farben, denn die Farben der Burschenschaft gelten neuerdings als Symbol der deutschen Demokraten. Die Glocken läuten, Böllerschüsse krachen, Freudenfeuer brennen auf den Hügeln.*

Anderntags marschierten dreißigtausend in feierlichem Zug zur Hambacher Schloßruine, die, eine knappe Wegstunde vor Neustadt, auf dem Gipfel eines steilen Berges liegt. Die Menge sang *Hinauf, Patrioten, zum Schloß, zum Schloß*. Dem Korresponden-

ten fiel die große Zahl von Frauen und Kindern in dem Zug auf; überhaupt fand er es befremdlich, daß die Veranstalter Frauen zur Teilnahme an der Feier aufgerufen hatten. Oben auf dem Schloß wurden die Fahnen des demokratischen Deutschland und Polens unter dem Jubel der Menge auf dem Bergfried gehißt. Im Hof und auf den Trümmern der Ruine drängten sich die Menschen, und wer nicht Platz fand, lagerte auf dem Abhang zu Füßen des zerstörten Gemäuers. Delegationen aus Polen, dem Elsaß, der preußischen Rheinprovinz, Frankfurt, Mainz, Worms und Mannheim pflanzten Spruchbänder auf. Unaufhörlich wurde gesungen, vornehmlich vaterländische Lieder nach Schiller und Burschenschaftslieder.
Die Reihe der Festansprachen eröffnete Siebenpfeiffer. Sein Thema war die Emanzipation der Deutschen aus ihrer Unmündigkeit. Für bemerkenswert hielt der Beobachter der *Allgemeinen* den Ausruf des Redakteurs, der Tag werde kommen, an dem *das deutsche Weib nicht mehr die dienstpflichtige Magd des herrschenden Mannes* sei. Mit einem vielstimmigen Hoch auf Deutschland, Polen und *jedes Volk, das seine Ketten bricht*, endete die Ansprache. Als nächster Redner forderte Wirth den sofortigen Aufbau eines demokratischen Deutschland, das eine Konföderation von Freistaaten sein müsse, die ihrerseits Teil eines vereinigten republikanischen Europa zu werden bestimmt sei. Andere Appelle dieser Art kamen von einem französischen und zwei polnischen Delegierten. Ein Student aus Westfalen schwor allen deutschen Fürsten Todfeindschaft, was die Menge mit anhaltendem Jubel quittierte. Und ein pfälzischer Demokrat rief: *Selbst der beste Fürst von Gottes Gnaden ist ein geborener Hochverräter an der menschlichen Gesellschaft.*
An diesen Satz konnte sich Karl Mathy nicht erinnern. Er meinte, der größte Teil der Menge habe den endlosen Reden in der Ruine ohnehin nicht zugehört. Außerdem sei der lebhaft beschworene *deutsche Frühling* ziemlich naß gewesen und manches Lob auf die aufgehende Sonne der Freiheit von Regenschauern

unterbrochen worden. Viele der Versammelten hätten gar nicht gewußt, worum es gehe. So habe eine Abordnung von Weinbauern zwar eine schwarze Fahne geschwenkt und die Trommel gerührt, aber nicht aus Zorn auf die Monarchie, sondern um gegen französische Weinimporte zu protestieren.

Ich pflegte auf solche Bemerkungen zu antworten, man dürfe die historische Bedeutung des Hambacher Festes nicht an solchen Randerscheinungen messen. Eine Versammlung von dreißigtausend Menschen sei an sich schon ein staunenswertes Ereignis, und niemand könne ernstlich bestreiten, daß die Mehrheit dieser Menge zusammengekommen war, um ein demokratisches Deutschland zu fordern.

Die herrschenden Gewalten jedenfalls fühlten sich ernsthaft bedroht. Sie reagierten mit Unterdrückungsmaßnahmen. Alle politischen Vereine wurden verboten, ebenso sämtliche Volksversammlungen und Volksfeste, dazu die Freiheitsbäume und die deutschen Kokarden. Die Bundesversammlung verwies auf die Karlsbader Beschlüsse von 1819 und forderte die badische Regierung ultimativ auf, ihr eben erlassenes Preßgesetz zu annullieren. Gegen die liberalen Zeitungen Deutschlands begann ein Kesseltreiben.

In diesem politischen Klima lag dem hannoverschen Innenministerium mein *Antrag auf die Ertheilung einer Preßlizenz* vor. Er wurde ohne Begründung abgelehnt. Noch wenige Wochen vorher hätte mich dieses neuerliche Scheitern in einen Abgrund der Verzweiflung gestürzt. Doch nun nahm ich die Abweisung gelassen zur Kenntnis. Eine weitere Prüfung, dachte ich. Ich werde einen Weg finden, sie zu bestehen.

22

Die deutschen Waffen, lese ich heute in der *Neuen Freien Presse, haben zwei glänzende Erfolge errungen. Bei Wörth und Saarbrükken sind die Franzosen blutig geschlagen worden, hat Louis Napoleon zwei harte Lectionen erlitten für den Uebermuth und Leichtsinn, mit dem er den Krieg vom Zaune gebrochen. Auch dort, wo nicht die geringste Sympathie für die Hohenzollern oder die Politik Bismarcks besteht, leuchten heute die Augen freudiger, und die Brust jedes ehrlichen Deutschen hebt sich stolzer bei der Nachricht von der Züchtigung, die der freche Feind erfahren. Zur Stunde marschieren die deutschen Heeresmassen fast sämmtlich schon auf französischem Gebiete. Der Oldenburger kämpft neben dem Baier, der Mecklenburger neben dem Schwaben, es stürzt sich, wie Arndt es einst gesungen, Alldeutschland in Frankreich hinein.* Wenn schon eine österreichische Zeitung solche Töne anschlägt, kann man sich vorstellen, welche Stimmung im großpreußischen Lager herrscht. Ich meinerseits bin hin und her gerissen zwischen Freude und Trauer, Begeisterung und Entsetzen. Mein Kopf droht vor Schmerz zu zerspringen.

Ich muß mich zwingen, nicht an das Tagesgeschehen zu denken, auf das ich doch keinen Einfluß habe. Besser, ich versetze mich drei Jahrzehnte zurück, zurück in den Juli 1832, als ich Göttingen hinter mir ließ.

Aus Rinteln hatte ich einen Brief des Buchhändlers Osterwald erhalten, der meine Kritik am hannoverschen Verfassungsentwurf verlegt hatte. Er schlug mir vor, ich solle mit meiner *Bühne der Freiheit und des Muthes* doch zu ihm kommen, er habe eine Druckerei und könne sich auch um den Vertrieb kümmern. Das Angebot kam mir wie gerufen. Ich verkaufte mein *Corpus iuris* und schenkte meinem Bruder Heinrich Gehrock, Weste, Zylinder und meinen schweinsledernen Riemenkoffer. Bei einem Trödler vor dem Geismartor erwarb ich einen grobleinenen Rucksack und einen braunen Filzhut mit breiter Krempe. Der Verkäufer versicherte mir, das leicht ramponierte Stück habe während der Göttinger Revolte vom Januar den Kopf des Advokaten Eggeling geziert, der mit einer Schar Studenten kurzfristig das Rathaus besetzt gehalten hatte. Ich besah mich in einem zersprungenen Spiegel. Unter dem Schlapphut wirkte mein bärtiges Gesicht geradezu verwegen. Das meinte wohl auch der Trödler, der mit einem Paar Pistolen ankam, die angeblich dem Privatdozenten Rauschenplatt gehört hatten, einem der Anführer des Aufruhrs. Lachend wehrte ich ab.

– Ich bin Journalist, sagte ich. Meine Waffe ist das Wort!

An einem klaren Sommermorgen machte ich mich auf die Wanderschaft. In der Weender Straße begegneten mir einige Frühaufsteher, die mit verschlafenen Gesichtern ihren Amtsstuben und Läden zustrebten. Das Gefühl, freier zu sein als sie, machte mich heiter. Freundlich und zufrieden grüßte ich nach allen Seiten, aber kaum jemand kümmerte sich darum. Als ich dann das Tor passiert hatte und auf offener Landstraße nach Norden marschierte, gab ich mich meinen Gedanken hin. Ich fühlte mich jünger als je zuvor, es sauste und brauste in mir. Hunderte von Gedichten und Sinnsprüchen fielen mir ein, die ich laut vor mich hin sprach. *Persevera et obdura, si fractus illabatur orbis, impavidum ferient ruinae!* und natürlich meine Lieblingsverse aus Dantes *Inferno*, wie zum Beispiel:

> Wir gehn nicht ohne Grund zur Tiefe weiter,
> Dort will man's, dort, wo einst den Stolz mit Schmach
> Gezüchtigt Michael, der Himmelsreiter.

Das Wetter begünstigte meine Reise. Ich erinnere mich wolkenloser Tage und prachtvoller Sonnenuntergänge. In vier Tagen wanderte ich das Leinetal hinunter, überquerte die Berge zwischen Einbeck und Bodenwerder und kam durchs Wesertal über Hameln nach Rinteln. Die Gegend war teils friedlich schön, teils wildromantisch. Am dritten Tag überraschte mich ein Gewitterguß, in dem sich mein Schlapphut bestens bewährte. Nach kurzer Zeit verzogen sich die Wolken, und die Nachmittagssonne trocknete mir rasch die Kleider. Aus solchen nebensächlichen Begebenheiten schöpfte ich Mut und Zuversicht, schienen sie mir doch symbolhaft für mein zukünftiges Leben.

Gelegentlich schloß ich mich wandernden Handwerksburschen an, die mir von ihren alltäglichen Problemen erzählten. Auch in den Gasthäusern, in denen ich einkehrte, kam ich mit Fremden ins Gespräch. Ich entdeckte die Welt der Bauern, Handwerker und Dienstboten, von der ich kaum etwas gewußt hatte. Und mir wurde klar, daß die eigentliche Sprengkraft der demokratischen Idee in dieser Schicht der Mittellosen und Ausgebeuteten lag. Im Verhältnis zu ihrer Verzweiflung wog die politische Machtlosigkeit der Besitzbürger gering.

Über den ländlichen Gebieten Deutschlands lag noch wie ein eisernes Gitter der mittelalterliche Feudalismus. Adelige und Kleriker lebten wie die Drohnen von der Arbeit der Bauern. Wenig hatte sich geändert seit den Tagen des Bauernkrieges von 1524, allen Ankündigungen und Dekreten zum Trotz. Die Bauern klagten vor allem über die Pflicht zur Fronarbeit. Nach wie vor mußten sie, wann immer es dem Gerichts- und Ortsherren gerade paßte, dessen Felder statt der eigenen bewirtschaften. In einem Wirtshaus in Eimen wurde ich Zeuge, wie ein angetrunkener Bauer von anderen Dorfbewohnern nur mit Mühe davon abgehalten werden konnte, den an einem Nebentisch sitzenden Vogt des Ortsherren tätlich anzugreifen. Ich ließ mich daraufhin über die vielfältigen Abgaben und Verpflichtungen der Bauern aufklären und fand den Ausbruch verständlich. Außer der erwähnten Frondienstpflicht traf die Dorfbewohner am 1. Mai und am 11. November jeden Jahres eine Steuerabgabe, genannt *Beet* oder *Bede*, die zum Teil in Geld, zum Teil in Naturalien zu leisten war. Zu bestimmten Terminen mußte darüber hinaus jeder Hof sogenannte Zehnthühner abliefern und, übers Jahr

verteilt, eine festgelegte Zahl von Eiern. Für Wald, Weide und Wasser waren gesonderte Abgaben fällig. Nur die Leibeigenschaft und die Hörigkeit hatte ein Gesetz vom November 1831 aufgehoben, wodurch das empörende Recht des Grundherrn entfallen war, der Bauernfamilie im Erbfall nach Gutdünken das wertvollste Besitzstück – etwa das beste Pferd oder den stabilsten Wagen – wegzunehmen. Auch wenn den Bauern nun wenigstens der Besitz am eigenen Leib zugestanden war, besaßen sie darüber hinaus immer noch so gut wie nichts. Ihre Höfe waren Lehngüter, die sie im Halb- oder Drittelbau bewirtschafteten, das heißt, sie hatten die Hälfte beziehungsweise ein Drittel der Ernte an den Grundherrn abzuliefern. Unabhängig davon mußten sie auch noch zehn Prozent jeder Ernte als Zehntabgabe an die Kirche abführen.
Wie unhaltbar die Situation war, hatten die deutschen Fürsten zum größeren Teil erkannt. In Baden war die Ablösung der Feudallasten auf dem Papier schon so gut wie vollzogen, in Hannover stand eine von Stüve entworfene Landreform vor der Verwirklichung. Doch die Reformen blieben halbherzig. Man mußte die Verhältnisse für die Ausgebeuteten verbessern, das sah man ein, doch man scheute sich auch, die Ausbeuter zu verärgern. Dem entsprachen die Maßnahmen: statt einer ersatzlosen Streichung der mittelalterlichen Abgaben eine Umwandlung in regelmäßige Geldzahlungen oder Ablösung der grundherrlichen Lasten durch einmalige Zahlung enormer Summen. Unangetastet blieb die skandalöse Drittelpflichtigkeit, die dem Grundherrn bei jedem Eigentumsübergang ein Drittel des Hofes oder den entsprechenden Geldbetrag einbrachte. Auch die diversen Monopole und Bannrechte, die den Bauern zum Zwangskunden der Mühlen, Wirtschaften, Keltereien und Backöfen des Dorfgrafen machten, galten fast überall weiter.
Zu Unrecht meinten die Verantwortlichen, man könne die Unzufriedenheit der Landbewohner mit denselben Mitteln behandeln wie das Aufbegehren der Städter. Mit scheinbarem Nach-

geben, beschwichtigenden Vertröstungen und nachfolgendem Wiederanziehen der Schraube war die Lage im breiten Land nicht in den Griff zu bekommen. Man hätte die Ursachen der existenziellen Not draußen beseitigen müssen, von der die Herren Minister in ihren stuckverzierten Amtsräumen nicht viel zu wissen schienen. Seit der zweiten Hälfte des 18. Jahrhunderts war die Bevölkerungszahl ständig angewachsen, das verfügbare Land konnte diese vielen Menschen kaum noch ernähren.

Statt die Lasten rigoros zu vermindern, hatten die Regierungen neue Repressalien erfunden. Sie belegten zum Beispiel die wirtschaftlich Unselbständigen mit Heiratsverboten, um das Steigen der Geburtenzahlen zu verhindern. In vielen deutschen Staaten durfte nur eine Ehe schließen, wer eine Großfamilie ernähren konnte, Bauern mit eigenen Höfen also und Handwerksmeister mit eigenem Betrieb. Damit wurde die ungerechte Verteilung des Eigentums zusätzlich festgeschrieben und noch innerhalb des Vierten Standes eine in sich abgeschlossene Kaste der Besitzenden geschaffen.

Wer der Not, Ausbeutung und Bevormundung überdrüssig war – und ich traf auf meiner viertägigen Wanderung eigentlich nur Unzufriedene –, dem blieb nur die Hoffnung auf den großen Umbruch oder die Auswanderung. Und selbst den Verzweifelten, die auf der Flucht vor dem Elend ihre Heimat verlassen mußten, nahmen ihre Unterdrücker noch etwas ab von dem wenigen, was ihnen gehörte. In vielen Gegenden Deutschlands beanspruchte der Grund- und Standesherr das sogenannte Abzugsrecht, im allgemeinen zehn Prozent der Habe der Auswandernden in Geldwert. Kein Wunder, daß viele bei Nacht und Nebel ihre Dörfer verließen.

Den Handwerkern ging es nicht besser als den Bauern. Es gab zu viele Meister, Gesellen und Gehilfen und zu wenig Arbeit. Zwischen Bodenwerder und Hameln erzählte mir ein zerlumpter Tischlergeselle, er sei schon sieben Monate auf der Suche nach einem Meister und lebe seither nur von dem, was ihm barmherzige Menschen zusteckten. Dabei könne er noch von Glück reden, weil er gut zu Fuß sei. Auf dem Land ließe sich immer irgendwie Eßbares auftreiben, aber in den Städten wohne der Hunger. Das sagte er wirklich: In den Städten wohnt der Hunger – eine poetische Ausdrucksweise, die er einem der revolutionären Flugblätter entlehnt hatte, die er in seiner Tasche trug und mir arglos zeigte. Mein Vollbart und der Schlapphut machten ihn sicher, daß ich seine Ansichten teilte. Stolz erzählte er mir von Kontakten zu revolutionären Emigranten in der Schweiz, im Elsaß und in Belgien. In spätestens fünf Jahren, behauptete er, werde es ein einiges und republikanisches, ein schwarz-rot-goldenes Deutschland geben. Überall, wo er hinkomme, spreche man davon. Auf die Gnade und Einsicht der Fürsten gebe niemand mehr einen Pfifferling. Das Volk müsse seine Sache selbst in die Hand nehmen und sein Heil durch einen gewaltsamen Umsturz erreichen. Und er deklamierte ein Gedicht mit dem Titel *Die Hambacher Sterne*, das er von einem Heilbronner Tuchmacher kannte. Ich ließ es ihn mehrmals wiederholen und lernte es auswendig, denn es schien mir bestens geeignet für eine Veröffentlichung in der *Bühne der Freiheit und des Muthes.* Ich glaube, ich kann es noch vollständig aufsagen:

Es leuchten drei freundliche Sterne,
Weit aus dem Hambacher Schloß –
Sie leuchten hin über ganz Deutschland,
Erweckend, erwärmend und groß.

Die Sterne sind Vaterland, Freiheit,
Echt deutsche hochherrliche Ehr',
Die tragen noch Männer im Herzen,
Sonst leuchten die Sterne nicht mehr.

Bei Leipzig, da lagen sie knieend,
Die Fürsten, Sieg dankend vor Gott,

Und gelobten dem Volke die Freiheit.
Ihr Schwur war Hohn nur und Spott.

Die Fürsten, die haben's zerstückelt,
Umzingelt mit Maut und mit Zoll;
Die Länder, die Völker verarmen,
Die Kammern der Großen sind voll.

Doch wir wollen, wir werden schwören,
Euch schwören wir's und unserem Gott –
Des Vaterlands Ehre und Freiheit
Zu rächen einst bis in den Tod.

Derart war die Stimmung damals auf den Landstraßen Deutschlands. Doch in den Amtsstuben herrschte der Geist Metternichs. Obwohl Wilhelm Wippermann, der liberale Bürgermeister von Rinteln, meine Zeitungsgründung befürwortete, versagte mir auch das kurhessische Ministerium die erforderliche Staatsgenehmigung. Ein Besuch beim zuständigen Minister von Hassenpflug in Kassel hatte nicht den erhofften Erfolg. Vielmehr bekam der Bibliothekar Bernhardi, der meinen Antrag unterstützt hatte, nach meiner Abreise reichlich Ärger; der Minister ließ ihn zu sich kommen und kanzelte ihn gehörig ab. Die Zugeständnisse aus der Zeit der Julirevolution waren noch keine zwei Jahre alt, und schon war es wieder gefährlich, freisinnig zu sein.
Was war ich froh, daß ich kein Staatsdiener geworden war! Die fürstlichen Regierungen gingen mit ihren Beamten um wie mit Eseln. Mit Peitsche und Brotkorb dirigierten sie sie in jede beliebige Richtung. Vorübergehend hatte sich die kurhessische Regierung liberal gegeben und ihren Bürokraten das Denken erlaubt. Nachdem die akute Aufruhrgefahr vorüber war, wurden die Zügel wieder scharf angezogen. Hassenpflug betrieb bereits die Auflösung der Ständeversammlung. Kurhessen fuhr mit vollen Segeln ins Lager der Reaktion zurück.

Ich sah, daß nichts mehr auszurichten war. Den richtigen Zeitpunkt zur Gründung einer freisinnigen Zeitung hatte ich verpaßt. Auch im Großherzogtum Baden gab es keine freie Presse mehr. Schon nach vier Monaten hatte die Karlsruher Regierung, dem Druck aus Frankfurt nachgebend, ihr Preßgesetz wieder aufgehoben. Schlag auf Schlag wurden die freisinnigen Blätter des Landes vernichtet – durch Zensurmaßnahmen, Verhaftungen und andere Repressalien.
In dieser Zeit wurde Karl Mathy zum Radikalen.
Er hatte, zur selben Zeit wie ich, den Entschluß gefaßt, eine politische Zeitschrift herauszugeben. Schon neben seinem Dienst als Finanzbeamter war er journalistisch tätig gewesen, vor allem als Landtagskorrespondent der Augsburger *Allgemeinen.* Sein Freund und künftiger Schwager Franz Stromeyer redigierte in Mannheim den *Wächter am Rhein*, der die Tradition von Siebenpfeiffers *Westboten* und Wirths *Tribüne* fortführte. Mathy nahm die Freiheiten des badischen Preßgesetzes in Anspruch, um sein eigenes Blatt zu gründen. Es hieß *Der Zeitgeist* und verstand sich nicht als Karlsruher Lokalzeitung, sondern als *Volksblatt für Deutschland.*
Als ich damals in Kassel auf die Genehmigung für meine eigene Zeitung wartete, las ich zufällig die ersten beiden Nummern des *Zeitgeists*, ohne zu ahnen, wer dahintersteckte. An einzelne Artikel kann ich mich nach all diesen Jahren nicht mehr erinnern, aber ich weiß noch, daß der Ton des Blattes aggressiv war. Die *Maßregeln für Ruhe und Ordnung* des Deutschen Bundes vom 5. Juli druckte der *Zeitgeist* in Form einer Todesanzeige mit Trauerrand ab. Preußen und Österreich wurden als Erzfeinde der Freiheit bezeichnet und alle Deutschen zum Kampf gegen die wortbrüchigen Fürsten aufgefordert. Gleich nach der Wiedereinführung der Zensur geriet Mathy unter stärksten Druck. Er widerstand und wurde, da er das Unrecht der monarchischen Gewalt am eigenen Leibe verspürte, zum entschiedenen Republikaner. Mir sollte es später ganz ähnlich

ergehen, und deshalb weiß ich sehr gut, wie sehr Mathy von seinem Kampf gegen die Zensur geprägt worden ist. Dies war seine heroische Zeit, von der er selbst dann noch schwärmte, als er bereits die Fronten gewechselt hatte.
Wäre meine *Bühne der Freiheit und des Muthes* je erschienen, so hätte sie eine gemäßigtere Sprache geführt als der *Zeitgeist*. Ich war damals zahmer als Mathy. Aber die *Bühne* blieb ungedruckt.
Selbst wenn ich die Lizenz bekommen hätte, wäre die Verwirklichung meines Plans schwierig geworden. Ich hatte nicht mehr genügend Geld. Während des Zuwartens war mein kleines Vermögen trotz sparsamster Verwendung auf knapp hundert Gulden zusammengeschmolzen. Wohl oder übel mußte ich wieder an einen Brotberuf denken. Mit der mir eigenen Hartnäckigkeit kam ich auf meine Absicht zurück, Rechtslehrer zu werden. Daß ich in Göttingen abgewiesen worden war, bedeutete ja nicht das Ende aller Möglichkeiten. In Jena, erinnerte ich mich, hatte Georg Adam Struve gewirkt, der Urahn mit dem Lockenkopf aus Vaters Herrenkabinett. Im Gedächtnis an ihn würde man dort meiner Bewerbung wohl freundlicher gesonnen sein. Mit dieser Hoffnung im Herzen packte ich meine Habseligkeiten, um mich erneut auf die Wanderschaft zu begeben.
In Wahrheit war mein Ziel recht unbestimmt. Wie Rousseaus *Émile* suchte ich insgeheim nach einem Ort, wo man unabhängig und frei leben konnte, ohne Böses tun und ohne leiden zu müssen. Dabei wußte mein Verstand längst, daß es einen solchen Ort in Deutschland nirgendwo gab.

23

– Hier in Jena vertust du nur deine Zeit, Gustav. Wir leben in einer Epoche des öffentlichen Unrechts, da werden keine Privatdozenten für Öffentliches Recht gebraucht. Ich bin jetzt zum

drittenmal abgewiesen worden, und dir wird es nicht anders gehn. Mein Rat: Mach's wie ich, und werde Advokat.
So sprach Gabriel Riesser zu mir, während wir an einem grauen Dezembertag des Jahres 1832 auf den Landgrafenberg wanderten, einen beliebten Ausflugsort am nordöstlichen Stadtrand von Jena. Ich war meinem Bekannten aus Heidelberger Studententagen unvermutet auf der Treppe zum Hauptportal der Universität begegnet. Er hatte mich nicht erkannt. Mit Bart und Hut und in meinem abgewetzten Schnürrock glich ich nicht mehr dem jungen Herrn, der mit seinen adeligen Freunden das Mittagsmahl im Hecht einzunehmen pflegte. Ich war es, der Riesser ansprach. Er war ehrlich erfreut über das Wiedersehen.
Seither hatten wir einige Nachmittage miteinander verbracht. Im Begriff, der Stadt für immer den Rücken zu kehren, um sich als Advokat in Hamburg niederzulassen, führte er mich bei seiner Hauswirtin ein. Trotz meines schäbigen Aufzugs akzeptierte sie mich als seinen Nachfolger. So hatte ich glücklich ein Unterkommen in Jena gefunden, ein hübsches Zimmer in einem Fachwerkhaus nahe dem Johannestor.
Auch bei der Abfassung meines Gesuchs um Zulassung als Dozent half mir Gabriel. Er riet mir jedoch ab, mich auf ihn zu berufen. Über mein Gesuch würde ein gewisser Freiherr von Ziegeser, Oberappellationspräsident und Universitätskurator, befinden, den mein Freund bereits kennengelernt hatte.
– Ein mittelmäßiger Mann, beschrieb ihn Gabriel Riesser, nicht ganz ohne Salz und juristische Gelehrsamkeit. Ähnelt einem trockenen Hering, eingewickelt in gelehrte Makulatur. Rühmt sich, ein Schüler Hegels zu sein. Wie hätte ich da verschweigen können, was ich von Hegel halte. Ein schwäbischer Preuße und Weihrauchschwinger, der die Unvernunft für vernünftig erklärt, weil sie nun mal besteht. Ziegeser und ich hatten eine unerfreuliche, wenngleich philosophische Auseinandersetzung.
Nachdem Riesser als Referenz nicht in Frage kam, benannte ich eine in Jena wohnende alte Tante, die Witwe des russischen

Staatsrats Georg von Struve. Gabriel meinte, die Erwähnung einer vornehmen Verwandten bewirke in einer Kleinstadt wahre Wunder.

Ich hatte ihm von meinen Plänen und Enttäuschungen erzählt und über seine sarkastischen Kommentare laut gelacht. Der bittere Unterton seiner Scherze war schärfer geworden. Vielleicht hatten mich die eigenen Erfahrungen aber auch hellhöriger gemacht. Während unserer Wanderung auf den Landgrafenberg redete er sich seinen Zorn über die Lage Deutschlands von der Seele.

Auf der Anhöhe wehte ein eisiger Wind, doch Gabriel wollte von Umkehren nichts wissen. Er spielte den Fremdenführer. Mit ausgestrecktem Arm zeigte er mir die Stelle, wo die Truppen Napoleons das Vierzigtausend-Mann-Heer des Fürsten Hohenlohe eingekesselt hatten:

– Da drüben das Dorf heißt Vierzehnheiligen. Ein unschuldiger Name für einen Ort, auf dessen Feldern eine der blutigsten Metzeleien der Weltgeschichte stattgefunden hat. Hier fiel 1806 die Entscheidung. Selten wurde ein Heer vernichtender geschlagen als damals das preußische, nie befand sich ein Fürst in einer kläglicheren Lage als der König von Preußen nach dieser Schlacht. Nun, er wußte sich zu trösten. Schließlich war er fromm. Mein Reich ist nicht von dieser Welt, sagte der König ganz wie sein Heiland. Den Müttern, deren Söhne hier krepiert sind, mag ihr Christentum weniger geholfen haben; nicht Gottes Wille, sondern die Unfähigkeit zweier Generäle hat diesen Blutzoll gefordert. Preußens König machte aus der Not eine Tugend und vergab seinen Feinden. Eine weniger edle Handlung verbot sich ohnehin. Mit viermal hunderttausend Mann besetzten die Franzosen sein Land. Hätte er ihnen gegrollt, wäre er seines Amtes enthoben worden, und ein so gräßliches Schicksal wollte er sich ersparen. Schließlich liebte ihn sein Volk. Und es bewies diese Liebe sechs Jahre später, indem es Gut und Blut opferte, um die Besatzer aus dem Land zu treiben und den König wieder zum Herrn im eigenen Haus zu machen. Wie gerührt war da der Gute! Wie dankbar war er seinen Untertanen! Schwarz auf weiß und mit bestimmtesten Worten versprach er ihnen eine repräsentative Verfassung, eine volkstümliche Konstitution. Konnte er ahnen, daß man ihn beim Wort nehmen würde? Einen Mann wie ihn? Die dummen Untertanen taten es wirklich. Sie glaubten ihm genauso wie alle anderen Deutschen ihren Fürsten. Doch während sie ihre Wunden aus dem Befreiungskampf pflegten und ihre Toten beklagten, voll Freude über die Rettung ihrer geliebten Despoten, voll Vertrauen auf deren Dankbarkeit, schmiedeten diese schon in Wien die Bundesakte. Damit haben sie den Deutschen ihre täppische Vertrauensseligkeit ausgetrieben wie mit einem Eisenknüppel.

So redete Gabriel Riesser mit sanfter Bosheit, während wir uns auf den Rückweg machten. Der Wind trieb uns kalten Regen ins Gesicht. Ich schwieg zustimmend, voll Bewunderung über die Formulierungskunst meines Begleiters.

– Und die betrogenen Deutschen? fragte er theatralisch. Stehen sie auf wie ein Mann? Mitnichten! Sie üben sich in Unterwürfigkeit und lassen sich dafür auch noch verhöhnen. Wenn einige von ihnen aufbegehren, mahnt der Rest ängstlich: Hübsch gemäßigt bleiben, damit die Zugeständnisse nicht erzwungen und dadurch ungedeihlich werden! Manche Freunde des Vaterlandes wünschen gar die Vergrößerung Preußens, wollen den wortbrüchigen König zum Oberherrn eines vereinigten Deutschlands küren. Sie rühmen, wie kühn der preußische Adler der Sonne entgegenfliegt. Als wenn er etwas anderes als einen Beutezug in Sinn hätte mit seinen scharfen Augen und blutigen Krallen! Das arme Polen hat er feige und meuchlerisch zerrissen. Und statt sich seines Meineids zu schämen, hat er in den Bundestagsbeschlüssen vom 28. Juni auch noch die wenigen deutschen Fürsten zu Wortbruch und Treulosigkeit verführt, die sich für verpflichtet hielten, ihren Untertanen eine freie Verfassung zu gewähren. Das Schlimmste ist, daß Leute wie Gentz und Wittgenstein einen Metternich geradezu honett erscheinen lassen.

– Honett? sagte ich, während wir auf steilem Pfad durch kahlen Wald ins Saaletal hinuntergingen. Du übertreibst. Metternich ist der böse Geist der Reaktion. Er allein ist der Erfinder der Bundesakte und der oberste Polizist des Deutschen Bundes. Ihm verdanken wir die Karlsbader Beschlüsse. Und sicher ist er auch die treibende Kraft hinter den Bundestagsbeschlüssen dieses Sommers gewesen. Es gibt keinen entschiedeneren Feind des Liberalismus als ihn ...

– Richtig, unterbrach mich Gabriel Riesser, um seine Suada fortzusetzen. Österreich ist ein Feind, aber einer von der offenen, ehrlichen Art. Es hat nie mit der Göttin der Freiheit geliebäugelt, hat nie Arndts Lieder gesungen, nie auf der Hasenheide geturnt und nie mit denen geweint, die es kurz darauf in seine Gefängnisse warf. Man hat immer gewußt, was man von ihm zu halten hat. Aber Preußen ködert mit Vaterlandsliebe und hängt sich bei Bedarf ein liberales Mäntelchen über seine eiserne Rüstung. Preußen kann man nicht trauen. Es ist ein frömmelnder Gamaschenheld mit einem Korporalsstock, den es in Weihwasser taucht, bevor es damit losdrischt. Zum Teufel mit diesem philosophisch-christlichen Soldatentum, diesem ekligen Gebräu aus Bier, Lüge und Hochmut. Widerwärtig, tief widerwärtig ist mir dieses Preußen, dieser steife, zackige, scheinheilige Tartuffe unter den Staaten. Wenn es die Sache der Deutschen zu der seinen macht, ist sie unrettbar verloren.

Mir sind diese Worte jenes Dezembertags im Gedächtnis geblieben, und ich muß wohl kaum erklären, warum ich sie so ausführlich wiedergebe. Es ist ja noch schlimmer gekommen, als Gabriel Riesser befürchtet hat. In diesem Sommer 1870 macht nicht nur Preußen die Sache der Deutschen zu der seinen, sondern die Deutschen machen die Sache Preußens zu der ihren. Klägliche Begriffsverwirrung, die zu Sätzen wie diesen

führt: *Im Jahre 1848 haben wir auch eine gewaltige Bewegung erlebt, aber sie war unklar und wüst. Die Parteien standen sich gegenüber, die Einen schrien, die Anderen heulten. Heute ist sich das ganze Volk eines einzigen Zieles bewußt. Es gilt die Ehre, die Größe, die Einheit und auch die Freiheit des Vaterlandes. Wir wollen sein ein einig Volk von Brüdern. Der Nährstand, der Lehrstand, der Wehrstand ist alles Eins.* So zu lesen in einem Korrespondentenbericht aus Köln, abgedruckt in der *Neuen Freien Presse* vom 7. August. Dazu also ist der Wunsch nach deutscher Einheit verkommen: zum Gleichklang der Marschmusik und der Stiefeltritte. So zackig wollten wir Demokraten nie sein. Unsere *wüste Unklarheit* war das Zeichen von Meinungsvielfalt, ohne die es keine Freiheit für den einzelnen geben kann.
Ich schweife ab. Das liegt an meinem jämmerlichen Befinden. Die Mundentzündung wird nicht besser, die Kopfschmerzen sind schwer zu ertragen. Darunter leidet die Konzentration.
Gabriel Riesser war längst abgereist, als ich zur Universität bestellt wurde. Dort teilte mir der Kurator in gewundenen Sätzen mit, die Regierung könne meinem Antrag auf Zulassung als Dozent nicht entsprechen, weil Jena über eine ausreichende Zahl von Lehrkräften verfüge und meiner Dienste nicht bedürfe. Auf Nachfrage erhielt ich die vertrauliche Auskunft, daß der in meinen *Schriften zum Ausdruck kommende Radikalismus* den Ausschlag für meine Ablehnung gegeben habe.
Meine indische Seele nahm die Enttäuschung mit fatalistischem Gleichmut hin. Mir war offenbar ein anderer Weg bestimmt. Und da ich nun einmal hier war, beschloß ich, es ernsthafter als zuvor mit der Schriftstellerei zu versuchen. Jena war schließlich die Stadt der Dichtkunst. In ihrem Dunstkreis hatte sich im letzten halben Jahrhundert von Schiller über die Gebrüder Schlegel bis hin zu Goethe fast alles versammelt, was die deutsche Poesie ausmacht. Schon sah ich eine höhere Fügung darin, durch den Gedanken an meinen Urahn gerade jetzt hierhergelockt worden zu sein. War doch ein halbes Jahr vor meiner

Ankunft Goethe im benachbarten Weimar gestorben. Mit dem Dichterfürsten und Fürstendichter hatte die aristokratische Epoche der deutschen Literatur ihr Ende gefunden, die demokratische konnte beginnen. Womöglich bestand meine Aufgabe darin, einen ersten Beitrag dazu zu leisten.
Ich machte mich daran, poetische Werke mit freisinniger Tendenz zu schaffen. Im Frühjahr 1833 schrieb ich drei literarische Tragödien, und zwar *Die Verfolgung der Juden durch Emicho*, *Der Fall von Magdeburg* und *Die Pariser Bluthochzeit*. Außerdem verfaßte ich eine große Zahl von Gedichten, zum Beispiel dieses:

Treuer Gefährte, bitterer Schmerz,
Starr ist dein Auge, dein Antlitz von Erz;
Schon an der Wiege des Kindes als Wächter
Standest du mir mit dem leisen Gelächter,
Wardst der Gespiele des mutigen Jungen,
Welcher dich kämpfend hat häufig bezwungen,
Bis an die Grenze der männlichen Jahre
Du mich geleitet hast an eine Bahre.
Treuer Gefährte, bitterer Schmerz!
Damals erst sah ich dein Antlitz von Erz.

Treuer Gefährte, bitterer Schmerz!
Damals erst drangst du mir tief in das Herz.
Mochtest du früher mich oft auch verwunden,
Bald war mein Frohsinn schon wieder gefunden.
Wär mir die Zukunft, die weite, nicht offen?
Konnte ja wünschen und streben und hoffen!
Doch, um die Welt mir, die ganze zu trüben,
Lehrtest du einmal mich, einmal nur, lieben;
Treuer Gefährte, bitterer Schmerz,
Lehrtest mich lieben und brachst mir das Herz.

Treuer Gefährte, bitterer Schmerz,
Du läßt mich nie, nicht im Ernst, nicht im Scherz,
Seit in die Brust du mir ein bist gezogen,
Ist alle Hoffnung entschwunden, entflogen;
Aber noch ist ungebeuget mein Willen,
Kann er die Sehnsucht, die warme, nicht stillen,
Kann er die blutende Wunde nicht heilen,
Noch ruht mein Geist doch auf mächtigen Säulen.
Treuer Gefährte, bitterer Schmerz,
Neben dir wohnet doch auch noch der Scherz.

Heute weiß ich wohl, daß mein Talent nicht zum Dichter reichte. Doch da ich es unternommen habe, meinen Werdegang wahrheitsgemäß zu schildern, kann ich schwerlich meine poetische Zeit unterschlagen. Ich scheue mich nicht, mich bloßzustellen, denn ich bin, wie ich bin. Man muß all seine Anlagen erproben, um zu wissen, wozu man taugt.

Das angeführte Gedicht verrät übrigens meine damalige Stimmung. Mich hatte die Trauer um meine Beatrice wieder eingeholt. Ihr widmete ich alle meine Gedichte, in denen es um Liebe und Leid ging.

Einen Verleger für meine Werke fand ich nicht. Bei meiner Entscheidung, in Jena zu bleiben, hatte ich nicht bedacht, daß sich angehende Jungdichter an diesem Ort drängen wie nirgendwo sonst. Von allen Buchhändlern, die ich aufsuchte, hörte ich den gleichen Spruch: Man sei überhäuft mit Manuskripten und sähe keine Möglichkeit, meine Arbeiten zu veröffentlichen. Dann packte ich die beschriebenen Blätter zusammen und trottete, um eine weitere Hoffnung ärmer, durch die mittelalterlichen Gassen Jenas zu meiner Dichterklause zurück.

Nur meine Hauswirtin litt mit mir mit. Wenn ich von einem Buchhändler zurückkam, empfing sie mich mit fragendem Blick. Mein Gesicht verriet ihr sogleich meine neuerliche Niederlage. Mit Malzkaffee und Butterkuchen versuchte sie mich zu trösten.

Sie war eine mitleidige alte Dame, Gott sei Dank, denn ich hatte seit Mai keinen Mietzins mehr entrichten können. Ab und zu brachte sie mir einen Topf mit Brühe oder ein Stück gebratenes Fleisch. Ich lehnte jedesmal freundlich, aber bestimmt ab und erklärte von neuem, warum ich keine Fleischspeisen esse.
– Ach, Herr von Struve, höre ich sie sagen, es ist ein Jammer, Sie anzusehen. Ein junger Mann wie Sie – und nur Haut und Knochen! Kein Sträfling lebt so schlecht.
Genügsamkeit, antwortete ich, sei die Voraussetzung der Freiheit: *Quiconque désire peu de chose tient à peu de gens.* Seit meiner Wiedergeburt war ich reich, weil es mir an nichts fehlte. Wenn ich abends durch die Altstadt ging und hinter den Butzenscheiben der Gasthöfe schmausende Menschen an reichgedeckten Tischen sah, spürte ich keinen Neid. Ich hätte mit keinem tauschen wollen. Nicht, daß ich mich für besser hielt; ich war einfach zufrieden damit, anders zu sein.
Ich schwelgte in Poesie. Ununterbrochen spann ich irgendwelche dramatischen Fäden, ständig war ich auf der Suche nach Formulierungen. Das Schreiben kostete mich keine Mühe. Die Worte flossen mir nur so aus der Feder, die Reime und Bilder fanden sich von selbst ein. Mir war, als hätte sich die Tür zu einem verborgenen Raum meines Wesens geöffnet, in dem ein unerschöpflicher Vorrat von Einfällen darauf wartete, zu Papier gebracht zu werden.
Doch von Luft allein kann auch der gesündeste Mensch nicht leben. Den Sommer 1833 überstand ich dank der Nachsicht meiner Zimmerwirtin ganz leidlich, aber als der Herbst begann, war ich am Ende. Mein Schnürrock, zerschlissen vom täglichen Gebrauch, wärmte mich nicht mehr, meine beiden Hosen waren durchgescheuert, die Schuhe zerrissen. Zum Heizen fehlte mir das Holz, zum Weiterschreiben Papier und Tinte. So konnte ich nicht durch den Winter kommen. Ich hatte mir einmal vorgenommen, erst als gemachter Mann nach Hause zurückzukehren, doch es gab Gründe, diesen Vorsatz zu revidieren. Einer-

seits wußte ich seit meinem Traum, daß meine Lebensaufgabe nicht darin bestand, eine Stellung in der Welt zu erringen; ein gemachter Mann im Sinne Struvescher Familientradition würde ich ohnehin nicht werden. Andererseits stand fest, daß es in und um Jena keinen Buchhändler gab, der meine Arbeiten herauszubringen bereit war. Nichts außer meinem Stolz hinderte mich, nach Karlsruhe zurückzukehren.
Wachsendes Heimweh erleichterte mir die Entscheidung. Ich überredete mich zum Abschied von Jena. Das Eingeständnis, ein weiteres Mal gescheitert zu sein, fiel mir schwer. Insgeheim hatte ich der Poesie bereits abgeschworen. Gabriel Riessers Rat war mir wieder eingefallen, und auf der langen Wanderung nach Hause befreundete ich mich mit dem Gedanken, Advokat zu werden.

24

Daß ich auch den heutigen Nachmittag am Schreibtisch verbringe, hat meine junge Frau verärgert. Bei heiterem Sommerwetter wollte sie mit mir und Amalie in den Prater, wie wir es der Kleinen seit Tagen versprochen haben. Aber mir ist nicht nach Spazierengehen. Mein Gesicht ist geschwollen, mein Kopf schmerzt. Käthchen meinte, frische Luft und Sonne könnten mir nicht schaden. Schmollend nahm sie schließlich das Kind an die Hand, und sie gingen ohne mich. Es ist rührend, wie sie sich Amalies annimmt, einer leiblichen Tochter könnte sie nicht mehr Liebe entgegenbringen. Sie nimmt mir ein Stück Verantwortung ab, und ich nutze den gewonnenen Freiraum, mich meiner Arbeit zu widmen.
An einem kalten Oktoberabend des Jahres 1833 kam ich nach Karlsruhe zurück. Es war eine traurige Heimkehr. Aus dem Palastbau beim Schloß, in dem ich meine Jugendjahre verbracht hatte, war Mutter nach Vaters Tod in ein Häuschen am Stadt-

rand gezogen. Nach einigen Irrwegen stand ich bei strömendem Regen vor ihrer Tür und zog die Glocke. Elise, meine älteste Schwester, öffnete, hob die Petroleumlampe in die Höhe und sah mir mißtrauisch ins Gesicht. Ich kann es ihr nicht übelnehmen, daß sie mich nicht gleich erkannte. Mein Bart, der Schlapphut und der abgewetzte Rock verwirrten sie. Ich sah verwahrlost aus. Zwei Wochen war ich unterwegs gewesen, hatte nur in Scheunen übernachtet und schlechte Wege benutzt. Während der letzten Tage war ich über aufgeweichte Straßen gelaufen, auf denen mich eilige Gespanne mit Schlamm und Wasserfontänen bespritzt hatten.

– Guten Abend, Elise, sagte ich. Ich bin dein Bruder Gustav!

Nun war die Überraschung allerdings groß und die Begrüßung durch sie und die aus der Stube kommenden anderen Bewohner des Hauses herzlich und bewegend. Zu Mutters Hausstand gehörten außer Elise noch Kathinke, schon über dreißig und jenseits der Hoffnung auf einen Ehemann, sowie Louise Kielmann. Ach ja, Louise, meine heißgeliebte Cousine, um die ich als Gymnasiast bittere Tränen geweint hatte! Alle Weichheit war aus ihrem Gesicht gewichen, ihre Bewegungen hatten allen Reiz verloren. An ihr erkannte ich am deutlichsten, wie lange ich fort gewesen war. Mit sechzehn hatten wir uns getrennt, und nun gingen wir auf die Dreißig zu. Wir umarmten uns wie Geschwister.

Auch meine Mutter hatte sich sehr verändert. In den vier Jahren, die wir uns nicht gesehen hatten, war sie zur alten Frau geworden. Sie trug eine weiße Haube über dem nun grauen, festen Haar und ein Spitzentuch über den Schultern, was sie greisenhafter erscheinen ließ, als es ihrem Alter – sie war noch keine sechzig – entsprach. Von Natur aus kleinwüchsig, hatte sie sich in eine füllige Zwergin verwandelt. In gebückter Haltung kam sie durch die mit unseren alten Möbeln und unzähligen Erinnerungsstücken vollgestopfte Wohnung geschlurft. Meine einst so stolze und stattliche Mutter!

Sie nahm meine Hand und schmiegte sich an mich. Etwas verlegen und verkrampft umarmte ich sie und wußte nichts zu sagen. Aus feuchten Augen sah sie zu mir hoch und strich mir behutsam über das wirre Haar. Ihr Mutterinstinkt sagte ihr, daß ich ihres Trostes bedurfte, so wie an jenem unvergessenen Weihnachtsabend, als ich nach dem Streit mit Vater weinend auf meinem Bett lag.
Am nächsten Tag hielten wir Familienrat. Ich erklärte, ich sei inzwischen Schriftsteller geworden, hätte allerdings noch keinen Verleger für meine Manuskripte gefunden. Die vier Frauen quittierten dieses Geständnis mit Schweigen. Spöttisch verzog Elise schließlich den Mund.
– Gratulation, sagte sie. Dann sind wir ja gerettet!
Den Hintergrund ihrer Ironie verstand ich, als Mutter ihre finanzielle Lage schilderte. Sie hatte völlig die Übersicht über Ausgaben und Einnahmen verloren. Gläubiger bedrängten sie, erwartete Gelder trafen nicht ein. Statt über meine poetischen Visionen zu reden, versprach ich mich zuerst und vorrangig um die Ordnung der familiären Finanzen zu kümmern.
Die Erde hatte mich wieder. Zwar ließ ich nicht ab von der Hoffnung, doch noch einen Buchhändler zum Druck meiner Werke überreden zu können, aber ich schwebte nicht mehr in den Wolken. Von Verlagshonoraren, das sah ich ein, kann ein Schriftsteller, dem seine Freiheit teuer ist, nicht leben. Als Brotberuf bot sich der Advokatenstand an. Die Durchforstung der mütterlichen Schulden und Forderungen war dafür keine schlechte Vorbereitung. Unbeeindruckt von Elises skeptischem Lächeln, vertraute meine Mutter darauf, daß ich sie von ihren Sorgen befreien könne. Mir blieb nichts anderes übrig, als dieses Vertrauen zu rechtfertigen. Tagelang sah ich Papiere durch, Rechnungen, Verträge, Erbschaftsunterlagen; wochenlang beschäftigte mich nur noch die Frage, wie ich anstehende Forderungen würde eintreiben und drängende Gläubiger hinhalten können. Es ging buchstäblich um die Existenz der Familie.

Schließlich gelang es mir, Soll und Haben so miteinander auszugleichen, daß Mutter auf absehbare Zeit ein regelmäßiges Einkommen gesichert blieb. Dieser Erfolg befriedigte und ermutigte mich.

Am 11. Mai 1834 bewarb ich mich bei der Großherzoglich-Badischen Regierung um die Zulassung als Rechtsanwalt. Ich schrieb: *Nicht hoch anstehend ist meine Bitte. Mein Wunsch beschränkt sich darauf, jetzt, nachdem ich bereits vor mehr als sieben Jahren Cabinets-Expeditions-Auditor und Attaché bei der Herzogl. Oldenburgischen Bundestags-Gesandtschaft zu Frankfurt a/M., und bereits vor mehr als vier Jahren Landgerichtsassessor zu Jever gewesen, Obergerichts-Advokat zu Mannheim zu werden.* Gleichzeitig erbat ich beim Innenministerium die Erteilung des badischen Indigenats, da nur Inländer Advokat werden konnten. Ich legte die sonderbaren Umstände dar, die mich zum *vaterlandslosen* Badener hatten werden lassen: die Stellung meines Vaters, der mehrfache Wohnortwechsel und mein Ausflug in den oldenburgischen Staatsdienst. Ansonsten berief ich mich auf meine Jugendfreunde Marschall und Stockhorn, die einflußreichen badischen Familien angehörten. Sie würden, schrieb ich, bezeugen können, daß Baden meine Heimat sei. In der Tat erklärte sich das Innenministerium bereit, mir den Status eines Inländers zu gewähren. Ansonsten hatte mein Gesuch nur teilweise Erfolg. Weder die oldenburgischen Examina noch meine Frankfurter und Jever Jahre wollte das Justizministerium anerkennen. Als käme ich frisch von der Universität, verlangte man von mir die Absolvierung einer juristischen Staatsprüfung und eines zweijährigen Praktikums. Eine an den Großherzog gerichtete Bitte, mich *in Betracht meiner besonderen Verhältnisse* ganz oder teilweise zu dispensieren, wurde abschlägig beschieden.

So mußte ich, fast dreißigjährig, noch einmal ganz von vorn anfangen. Einmal mehr erlebte ich Deutschlands Zerrissenheit aus eigener Anschauung. Im Oldenburgischen galt im Zivilrecht prinzipiell das römische *Corpus iuris*, im Kriminalrecht dagegen

Feuerbachs bayerisches Strafgesetzbuch. Im Badischen richtete sich die Strafjustiz nach dem römischen Recht, während bürgerliche Streitfälle nach dem *Code Napoléon* zu entscheiden waren. Selbstverständlich hatte das Ländchen auch seine eigenen Prozeßanordnungen und eine Unmenge anderer partikularer Bestimmungen in allen Rechtsgebieten. Sehr weit fortgeschritten war in Baden die Entwicklung des Kriminalprozeßrechts. Das war vor allem meinem ehemaligen Professor Mittermaier aus Heidelberg zu verdanken, der inzwischen einer der prominentesten Liberalen des badischen Landtags war. Seiner Forderung entsprechend, bildete die mündliche Verhandlung den Kern aller Prozesse in Baden. Während meiner Vorbereitungszeit hatte ich reichlich Gelegenheit, mich in juristischen Streitgesprächen und der Kunst eines effektvollen Plädoyers zu üben. Nachdem ich meine Hemmungen überwunden hatte – meine Stimme kam mir immer zu schrill vor –, machten mir diese Auftritte großes Vergnügen. Ich glaubte, ein tüchtiger Strafverteidiger werden zu können.
Das Examen bestand ich ohne Schwierigkeiten. Anfang Oktober 1835 trat ich beim Karlsruher Stadtamt mein Probejahr an und wurde im Frühjahr darauf Praktikant bei einem Mannheimer Anwalt. Damals überließ man mir die ersten Fälle zur selbständigen Erledigung. Nichts Schwieriges oder Bedeutendes, nur Nachbarschaftsstreitigkeiten, Diebereien und dergleichen, aber doch Gelegenheiten, mein Geschick zu beweisen. Im Prozeß legte ich mir rasch eine gewisse Taktik zurecht. Sie bestand darin, mich zunächst ganz auf den Standpunkt des Staatsanwalts zu begeben und von seiner Warte aus die Rechtslage zu prüfen. Mit dem Prozeßgegner auf derselben Ebene sah ich leicht, mit welchem Geschütz er auffuhr. Und wenn ich sein juristisches Arsenal genau kannte, begann ich den Kampf. Dabei bediente ich mich der Waffen des Gegners, und stellte ihn auf seinem ureigenen Gebiet. Ich hatte lange genug Jura studiert, um zu wissen, daß sich aus fast jedem Gesetz gegenteilige Urteile be-

gründen lassen; es kommt immer auf die Auslegung an. Schon die berühmten Bologneser Juristen des Mittelalters sahen in der Interpretation die hohe Kunst des Advokaten. Und eines steht fest: Kein Gericht kann es ignorieren, wenn ein vom Staatsanwalt angeführtes Gesetz durch den Anwalt des Angeklagten so interpretiert zu werden vermag, daß es sich als entlastend oder nicht anwendbar erweist. Alle meine späteren Auseinandersetzungen mit der Staatsgewalt beruhen auf dieser Erkenntnis. Ich nannte meine Methode insgeheim die Taktik des gesetzlichen Widerstands.

Ich siedelte im Frühjahr 1836 von Karlsruhe nach Mannheim, Karl Mathys Heimatstadt, über. Allerdings hatte er die Stadt ein Jahr zuvor verlassen oder besser gesagt, verlassen müssen. Da ich am politischen Geschehen lebhaften Anteil nahm, hatte ich das gegen ihn veranstaltete Kesseltreiben mitverfolgt. Daß Mathy in die Schweiz geflohen war, hatte ich als schlimme Nachricht empfunden. Diese Flucht besiegelte den Sieg der Reaktion in Baden.

Länger als andere liberale Zeitschriften hatte Mathys *Zeitgeist* die letzte Wiener Schlußakte vom Sommer 1832 überlebt. Dieser neue Schulterschluß der im Deutschen Bund vereinigten Fürsten galt der Abwehr des Parlamentarismus und der Preßfreiheit. Gerettet werden sollte das *monarchische Prinzip*, eine Floskel, mit der die Bundesversammlung das Gottesgnadentum seligen Angedenkens zu umschreiben pflegte. In den berüchtigten *Sechs Artikeln* wurde den konstitutionellen Staaten Deutschlands auferlegt, die *Landstände* – sprich: die Landtage – in ihren Rechten zu beschneiden. Nur den Fürsten, nicht den Abgeordneten der Kammern sollten die Minister verantwortlich sein. Echte Mitwirkungsrechte hatten die Landtage ohnehin kaum. Ihre einzige Möglichkeit, Einfluß zu gewinnen, lag in der Verweigerung der Haushaltsmittel. Nun bestimmte die Wiener Schlußakte, daß die *Landstände* die Bewilligung des Budgets nicht zur *Durchsetzung anderweitiger Wünsche mißbrauchen* durften. Damit waren die

Landtage entmachtet und zu reinen Debattierclubs degradiert. Eine Polizeibehörde sollte die vorhandenen Landtage überwachen und *alle Ausschreitungen zur Sprache bringen.* Diese Abmachung verletzte einmal mehr die Souveränität der konstitutionellen Kleinstaaten. Wer aber hätte die Verfassungen verteidigen sollen? Den Fürsten der betroffenen Länder waren die Landtage selbst lästig; der Kollegialbeschluß befreite sie von der alleinigen Verantwortung für eine Unterdrückungsmaßnahme, die sie selbst wünschten.

Zur Rechtfertigung der Schlußakte, die seit der endgültigen Niederschlagung der Unruhen von 1830 vorbereitet worden war, hatte das Hambacher Fest herhalten müssen. Wieder einmal wurde jakobinischer Terror an die Wand gemalt. Der brave Bürger erschrak, wie es ihm beigebracht worden war, aber nicht mehr so heftig wie nach Sands Attentat. Diesmal regte sich der Unmut lauter. In Baden war Mathys *Zeitgeist* das einzige Journal, das diesen Unmut, zumindest verklausuliert und zwischen den Zeilen, publizistisch zum Ausdruck bringen konnte. Alle anderen liberalen Blätter des Landes, darunter der *Wächter am Rhein* und der *Freisinnige*, wurden verboten, die führenden Journalisten Wirth, Siebenpfeiffer, Stromeyer, Mebold und andere erhielten ein fünfjähriges Berufsverbot.

Zwei Jahre lang hatte Karl Mathy einen ähnlichen Kleinkrieg gegen die Zensur ausgefochten, wie ich ihn mehr als ein Jahrzehnt später selbst bestreiten sollte. Er hielt sich hervorragend. Immer wieder gelang es ihm, den Zensor zu überlisten und das Blatt mit gleichbleibender Tendenz weiter erscheinen zu lassen. Doch der Druck auf der Gegenseite nahm zu.

Im April 1833 gewannen die Eisenschädel auf seiten der Reaktion endgültig die Oberhand, nachdem ein Häuflein radikaler Studenten einen Sturm auf die Frankfurter Wache unternommen und sieben Tote zurückgelassen hatte. *Das Frankfurter Attentat*, jubilierte der preußische Bundestagsgesandte Friedrich Ancillon, *wird uns retten; man muß sich beeilen, das Ereignis aus-*

zubeuten. Nun ging die Demagogenschnüffelei wieder los. In Mainz wurde die berüchtigte Schwarze Kommission wiedereingerichtet. Und in Mannheim stellte man Karl Mathy vor die Entscheidung, entweder den *Zeitgeist* aufzugeben oder seine Stelle als Finanzsekretär.

Damals ließ er sich noch nicht korrumpieren. Er wählte die Freiheit. Dabei stand er kurz vor der Eheschließung und hätte in der Finanzbürokratie eine glänzende Karriere machen können. Worauf er rechnen konnte, war nur die Solidarität der badischen Liberalen. Doch der Weg, zu dem er sich entschlossen hatte, erwies sich als zu schwer für ihn. Die politische Polizei ließ Karl Mathy keine Ruhe mehr. Mit der für solche Fälle üblichen Methode wurde er in die Enge gedrängt: Eine willkürliche, maßlose Zensur sorgte dafür, daß seine Zeitschrift Abonnenten verlor; Haussuchungen und Bespitzelungen machten ihm das Leben schwer; Strafverfolgungen aufgrund lächerlicher Vorwürfe brachten ihn wochenlang in Untersuchungshaft. Eine Zeitlang hielt er durch, doch nach und nach brach ihm die Staatsgewalt das Rückgrat.

Seinen ersten Verrat, er hat es mir selbst gestanden, beging er aus Verzweiflung. Man hatte bei ihm Flugblätter gefunden und ihn deshalb ins Gefängnis gesteckt. Das geschah unmittelbar vor seiner Hochzeit mit Anna Stromeyer, der Schwester seines republikanischen Freundes und Journalisten. Der Stadtdirektor benutzte Mathys Wunsch nach rechtzeitiger Entlassung dazu, ihn zu erpressen. Mathy sollte sich seine Freiheit dadurch erkaufen, daß er den Drucker des Flugblatts verriet.

Und das tat er.

Nein, ich breche nicht den Stab. Jeder von uns tut Dinge, deren er sich später schämt. Erwähnt habe ich diesen Vorfall nur deshalb, weil er zeigt, daß Karl Mathy schon bald nach seinem Austritt aus dem Staatsdienst der Verfolgung durch die Behörden nicht mehr gewachsen war. Immerhin erschien der *Zeitgeist* noch über ein Jahr. Dann gab Mathy den Kampf auf. Ein letztes

Mal plädierte er für die Preßfreiheit, die er als *Recht des freien Menschen* bezeichnete, *sich von dem Tiere und dem Sklaven unterscheiden zu dürfen, indem er auf eigene Gefahr und Verantwortung hin seine Gedanken ausspricht.* Er verabschiedete sich mit der ironischen Bemerkung, er wolle die Zensurbehörde nicht länger belästigen.
Sicher hatte er geglaubt, sich mit der Aufgabe seiner Zeitschrift Ruhe verschafft zu haben. Er veröffentlichte eine Stellungnahme zum geplanten Zollverein, die der Regierung genehm war und auf seine liberalen Freunde befremdlich wirkte. Auch seine Landtagskorrespondenz für die *Allgemeine Zeitung* las sich plötzlich viel zahmer. Aber der politischen Polizei war der Kotau nicht tief genug. Sie setzte die Einschüchterung fort. Im Frühjahr 1835 warnten liberale Freunde den ehemaligen *Zeitgeist*-Redakteur vor einer bevorstehenden Verhaftung. Zermürbt durch die Jahre des Kampfes, verlor er die Nerven und setzte sich über die grüne Grenze in die Schweiz ab.
Eingeschüchtert hatte ihn, wie er mir später gestand, die Jagd auf radikale hessische Demokraten, von der in jenem Frühjahr zu lesen war. Unter dem Motto *Friede den Hütten! Krieg den Palästen!* hatte der Dichter Georg Büchner zwei Ausgaben einer Flugschrift mit dem unverfänglichen Titel *Der Hessische Landbote* verfaßt und im Druck verbreitet. Darin wurde zum Sturz der Tyrannen, zum Widerstand gegen den Deutschen Bund und zur Ausrufung eines gesamtdeutschen Freistaates aufgerufen. Um den *Landboten* hatte sich ein Kreis gesammelt, dem Dozenten, Studenten und Handwerker angehörten, die Gießener *Gesellschaft für Menschenrechte.* Neben Büchner war der Butzbacher Rektor und Pfarrer Friedrich Weidig ihr Wortführer. Weidig fiel im April 1835 in die Fänge der Schwarzen Kommission, während Georg Büchner in die Schweiz entkam. Beide gingen an der gegen sie gerichteten Verfolgung zugrunde. Der Dichter starb im Züricher Exil an einem Nervenfieber, der Pfarrer nahm sich nach jahrelanger, menschenunwürdiger Haft 1837 das Leben.

Alle Bosheit beruht auf Schwäche, sagt Rousseau, und ich füge hinzu: auch der Verrat. Sicher hat die Erfahrung dieser frühen Mannheimer Jahre Karl Mathys Charakter verändert. Wie sehr sie ihn verbogen haben muß, wird mir erst jetzt deutlich, während ich aus dem Abstand mehrerer Jahrzehnte seinen Lebensweg betrachte. Wie viele sah ich in ihm einen Märtyrer der Freiheit, als ich ihn 1845 kennenlernte. Aber zu diesem Zeitpunkt war er wahrscheinlich schon nicht mehr der Mann, für den man ihn hielt. Mutig hatte er sich auf einen Kampf mit der herrschenden Staatsgewalt eingelassen und die Ideale von Recht und Freiheit über sein persönliches Wohlergehen gestellt. Nur hatte er seine Kraft überschätzt und die Gefahr zu gering erachtet. Wie ein Keulenschlag muß ihn die Erkenntnis getroffen haben, daß der Staat nicht nur gesiegt hatte, sondern sich anschickte, ihn, den Gegner, physisch zu vernichten. Mathy floh, weil er dem Druck nicht mehr standhielt. Als er nach Jahren zurückkam, war er kein Freiheitskämpfer mehr, auch wenn er sich republikanischer gab als die meisten seiner Freunde. Nicht der Mut und nicht die Ideale waren ihm abhanden gekommen. Was er verloren hatte, war der Glaube, den Staat überwinden zu können. Im Grunde seines Herzens bewunderte er die Macht, die ihn bezwungen hatte. Freisinnig war er noch immer, aber ich vermute, er hatte ein schlechtes Gewissen dabei. Insgeheim sehnte er sich nach Versöhnung mit dem bestehenden Staat.

Im Flur höre ich Schritte und Stimmen. Meine Frau und die Kleine sind zurück. So löse ich mich von der Vergangenheit, um die beiden zu begrüßen. Der heutige Abend gehört ihnen, nicht der Erinnerung und dem Rätselraten über das Geheimnis meines treulosen Freundes Karl Mathy.

25

Die Wiener Regierung hat alle Arbeitervereine aufgelöst, auch die sogenannten Bildungsvereine. Das *social-demokratische Princip*, so die Begründung, sei *staatsgefährlich*, das Treiben in den Arbeiter-Bildungsvereinen *agitatorisch und hochverrätherisch*. Immer noch glauben Politiker, man könne Ideen durch Kabinettsbeschlüsse und Polizeieinsatz bekämpfen. Der Zeitpunkt ist allerdings geschickt gewählt. In der allgemeinen Aufregung über den gegenwärtigen Krieg und in der Begeisterung über die ersten preußischen Siege geht die Nachricht von diesem harten Schlag gegen die Freiheit der Arbeiter beinah unter.
Ich habe sie gelesen und bin zornig darüber. Unverändert fühle ich mich den arbeitenden Armen verbunden, denen nach wie vor Wohlstand, Bildung und Freiheit vorenthalten werden. Schon vor knapp einem Vierteljahrhundert prägte ich das Wort *social-demokratisch*, um meine Haltung zu umschreiben. Heute versteht man etwas anderes darunter. Die Arbeiterbewegung ist in die Hände von Marxisten gefallen, die so viel von der Herrschaft der Klasse und so wenig vom Glück des einzelnen reden. Sie wollen die Gesellschaft verändern, um die Menschen zu bessern; als könnte man die Probleme einer zerstrittenen Familie dadurch lösen, daß man ihr ein neues Haus baut. Ich bin überzeugt davon, daß man zuerst den Menschen verändern muß, sonst bleibt jedem Wandel zum Trotz alles beim alten. Nicht die Klasse, der einzelne muß frei, selbstbewußt und gebildet werden. Eines Tages, nach mancherlei Umwegen, wird man es begreifen.
Die Zeit prägt und verändert, ohne daß man es immer gleich bemerkt. Wie oft habe ich mein Advokatenleben zwischen 1836 und 1845 als Idylle beschrieben, wie sehr habe ich diese Jahre als Zeit des Stillstands empfunden! Erst jetzt wird mir klar, wieviel sich damals in mir geklärt hat. Ohne die Ruhe dieses knappen Jahrzehnts wäre ich in der darauf folgenden Zeit des Sturmes nicht der gewesen, der ich war und immer noch bin.

Meine Entscheidung, nach Mannheim zu gehen, entsprang nicht irgendeiner Laune, sondern meiner politischen Neigung. Die Stadt an der Mündung des Neckars in den Rhein war damals das Zentrum des badischen Liberalismus. Das hing mit ihrer Geschichte zusammen. Jahrhundertelang war Mannheim kurpfälzisch und ein Schmelztiegel für Einwanderer gewesen. Zwischen Frankreich und Deutschland angesiedelt, den religiösen und politischen Extremen beider Seiten ausgesetzt, sind die Pfälzer an sich schon weltoffen. Für die Mannheimer gilt das in besonderem Maße, weil ihre Stadt seit dem frühen 17. Jahrhundert Flüchtlingen aus Ost und West Asyl geboten hatte. Lange war es die erklärte Politik der Kurfürsten gewesen, die Stadt durch den Zuzug von *ehrlichen Leuten von allen Nationen* zu einer Metropole zu machen. Niederländer, Franzosen, Engländer und Deutsche aus den verschiedensten Regionen waren dem Ruf gefolgt, vor allem Juden, die hier mehr Freiheit genossen als irgendwo sonst in Deutschland. Mannheim wuchs zur Stadt von fünfundzwanzigtausend Einwohnern, und 1720 erhob Kurfürst Karl Philipp sie anstelle von Heidelberg zur Residenz. Damals wurde das riesige Schloß im Stil des Sonnenkönigs gebaut und die Stadt vor seinen Flügeln neu gruppiert. Ihre Freiheiten verloren die Mannheimer dabei nicht, wohl aber gewannen sie das Selbstbewußtsein von Hauptstädtern hinzu. Und das blieb ihnen erhalten, obwohl der Hof 1777 nach München übersiedelte, als die ältere Linie der Wittelsbacher ausstarb und der pfälzische Kurfürst zugleich bayerischer Herrscher wurde. In der Zeit der Revolutionskriege ging es bergab mit dem vom Handel lebenden Mannheim. Und als seine Bürger 1803 im Rahmen der napoleonischen Flurbereinigung zu Badenern wurden, zwang ihnen der neue Landesherr eine absolutistische Verwaltung auf, die ihnen alte Freiheiten nahm. Über den von der wohlhabenden Bevölkerung gewählten Bürgermeister und Gemeinderat setzte der Großherzog einen staatlichen Aufsichtsbeamten, den sogenannten Stadtdirektor.

Zwischen Bürgerschaft und Regierung herrschte in Mannheim ein sehr gespanntes Verhältnis. 1832 wählten die Bürger mit großer Mehrheit den liberalen Hofrat Gerbel zu ihrem Bürgermeister. Der Stadtdirektor verweigerte die Anerkennung der Wahl und ließ sie wiederholen. Abermals wurde Gerbel gewählt. Erneut versagte die Regierung die Bestätigung. Nun votierten die Mannheimer erst recht, und diesmal fast einstimmig, für den mißliebigen Kandidaten. Daraufhin ernannte der Stadtdirektor selbstherrlich einen ihm genehmen Bürgermeister, und die Regierung änderte vorsorglich das Wahlrecht. Durch Erhöhung des Zensus verminderte man damals die Zahl der 2300 Wahlberechtigten – ohnehin nur zehn Prozent der Bevölkerung – auf 944.
Anderswo war es die Regel, daß regierungstreu gewählt wurde. In Mannheim galt das nicht. Fast alle Abgeordneten, die die Stadt in die Zweite Kammer entsandte, waren liberal. Den Kopf der badischen Opposition, Adam von Itzstein, machten die Mannheimer zu ihrem Ehrenbürger. In keiner anderen badischen Stadt äußerte sich das bürgerliche Selbstbewußtsein ungezwungener als hier: Kaum eine Woche, in der nicht ein Festessen, ein Fackelzug oder ein Ständchen liberale Gesinnung demonstrierte. Allen Pressionen zum Trotz fanden regelmäßig Bürgerversammlungen statt mit schwarz-rot-goldenen Fahnen und patriotischen Liedern. Das Verbot von Stromeyers *Wächter am Rhein* und die Arretierung des Redakteurs hatten hier 1834 zu einem regelrechten Aufstand geführt, der von Infanterieeinheiten niedergeworfen werden mußte.
In einer solchen Stadt, dachte ich, würde ich mich wohl fühlen. Und ich irrte mich nicht.
Die Mannheimer, wie ich sie kennenlernte, waren großstädtisch im besten Sinne. Ihre Geschichte machte sie mündig, ihre Gegenwart weitblickend. Sie lebten überwiegend von Handel und Wandel. Viele von ihnen kamen in Geschäften herum, wußten von fremden Ländern und anderen Städten und hielten daher vieles für möglich. Der Anteil der ausländischen Bevölkerung

war hoch; fremdartig aussehende Gestalten, andernorts mißtrauisch beäugt, gehörten zum gewohnten Straßenbild. Es gab in Mannheim so viele Juden, daß man die Stadt das neue Jerusalem nannte. Nicht nach Religion und Herkunft beurteilte man hier die Menschen, sondern nach Umsatz und Weltgewandtheit. In der Hierarchie der Stadt hatten Aristokraten wenig zu sagen. Statt ihrer bildeten reiche Kaufleute mit italienischen, französischen, deutschen und jüdischen Namen das Patriziat, und in den prächtigen ehemaligen Adelspalais wohnten Großhändler, Spediteure und Bankiers.

Es kann sein, daß mich auch die Erinnerung an einen gewissen Maskenball in diese Stadt zog. In ihren Straßen fühlte ich mich jedenfalls von Anfang an wohl. Mannheim ist schön. Vor dem riesigen Schloß erstreckt es sich als quadratisch gegliedertes Oval, eingepaßt in das Dreieck zwischen Rhein und Neckar, umgeben von buschreichen Auen, Parkanlagen und Schrebergärten. Während ich dies im sommerlich staubigen Wien des Jahres 1870 schreibe, denke ich wehmütig an Mannheims gepflasterte Boulevards zurück, die Stuckfassaden der Palais im rosazuckrigen Rokokostil, die Bürgerhäuser mit ihren Erkern und Türmchen, die rosenbepflanzten Vorgärten und die bunten Blumenkästen vor den Fenstern. Von jedem Punkt der Stadt gelangte man in höchstens einer Viertelstunde auf reizvolle Wanderwege und Promenaden längs des noch unregulierten Rheins, zur Insel Mühlau oder ins Neckartal hinaus. Auch im Park des Schlosses konnte man spazierengehen; Großherzogin Stephanie hatte ihn den Bürgern der Stadt geöffnet. Zu ihren Bällen erhielt ich freilich keine Einladung mehr, denn auf Advokaten sah die bessere Gesellschaft mit Verachtung herab. Für einen von Adel galt es als unschicklich, Anwalt zu werden. Mir war der soziale Abstieg ziemlich gleichgültig. *Es gibt keine unauslöschlichen Kennzeichen*, sagt Rousseau, *außer denjenigen, welche die Natur prägt; und die Natur erschafft weder Fürsten noch Reiche, noch große Herren.*

In der Nähe des Schlosses fand ich eine geräumige Wohnung. Sie hatte ein großes Arbeitszimmer, in das durch zwei hohe, zur Straße hinausgehende Fenster freundliches Licht fiel. Der anschließende Salon war mit geblümtem Papier tapeziert, damals ein großer Luxus. An Möbeln besaß ich nur das Nötigste: einen Holztisch, zwei Stühle und schlichte Regale im großen Zimmer; Kommode, Schreibschrank, Sofa und Teetisch im Salon; einen hohen Kleiderschrank und ein altes Holzbett im Schlafzimmer. Vom Vormieter, einem nach Karlsruhe versetzten Gerichtsschreiber, übernahm ich die Dienste der Aufwartefrau. Philomena war eine energische Frau von ausufernder Leibesfülle, die mir jahrelang treue Dienste erweisen sollte. Morgens holte sie Wasser vom Brunnen, mittags kochte sie mir Tomatensuppe, Rübenauflauf, Kartoffelpuffer oder ein anderes vegetarisches Gericht, und dazwischen wusch und wienerte sie, kaufte ein, besorgte Briefe. Jeden Freitag scheuerte sie die Dielenbohlen weiß. Ordnung und Sauberkeit waren wichtige Tugenden in Mannheim.
Meine Erfolge als Advokat waren bescheiden. Ich merkte schnell, daß ein Anwalt mehr braucht als juristisches Wissen und Liebe zur Gerechtigkeit. Meinen ursprünglichen Plan, ein berühmter Strafverteidiger zu werden, gab ich nach wenigen Wochen auf. Um interessante und aussichtsreiche Fälle fand unter den Mannheimer Anwälten jedesmal ein zähes Ringen statt, das ich mangels Härte und Skrupellosigkeit immer verlor. Um dieses Gerangel zu beenden, lud ich meine Kollegen zu Versammlungen ein. Ich stellte es mir einfach vor, die Advokaten der Stadt an einen Tisch zu bringen und zu einer Absprache über gegenseitige Rücksichtnahme und gerechte Verteilung der Fälle zu kommen. Doch meine Einladungen stießen kaum auf Interesse. Enttäuscht gab ich meine Bemühungen auf.
Wäre es mir aufs Geld angekommen, hätte ich als Vermögensverwalter oder Hausanwalt begüterter Familien sicher eine zahlungskräftige Klientel gefunden. Immerhin führte ich ein ge-

schäftsförderndes Adelsprädikat im Namen, das meinen Konkurrenten fehlte. Aber es widerstrebte mir, mich bei Leuten anzubiedern, die ich im Grunde meines Herzens verachtete. Nach und nach gewann ich einen anderen Kreis von Mandanten – Schullehrer, Handwerker, einen pensionierten Major, zwei vermögende Schwestern –, alles in allem nicht mehr als dreißig Leute. Deren Fälle bearbeitete ich nach bestem Wissen und Gewissen, aber ohne Begeisterung. Um Erbschaften, Grundstücksanteile und Zahlungsansprüche stritt ich nur ungern; die Ausnützung von Klauseln und Gesetzeslücken, die Umdeutung von Vereinbarungen und Rechtsbegriffen zur Begründung windiger Forderungen war mir zuwider. In der Advokatur sah ich lediglich einen Brotberuf. Er ermöglichte es mir, meinen Neigungen nachzugehen, außerhalb derer, wie es im *Émile* heißt, der Mensch keine Befriedigung findet.

Meine Liebe gehörte nach wie vor der Poesie, und daß dies eine unglückliche, einseitige Liebe war, machte sie nur heftiger. Ich glaubte an meine Berufung und mein Talent. Aber aller Fleiß, alles Werben blieb umsonst; Kalliope, die schönstimmige Muse der Dichtkunst, wies mich ab.

Ein Jahrzehnt hindurch arbeitete ich abwechselnd an zwei gewaltigen Versepen. Das eine nannte ich *Kosmos.* In Reim und Rhythmus sollte es die Weltgeschichte von der Zeit der Höhlenmenschen bis zur Französischen Revolution erzählen. Ich schrieb an die zwanzigtausend Verse, bevor ich aufgab. Umsonst war die Qual nicht, denn sie war eine Vorarbeit zu meiner zwölfbändigen *Weltgeschichte,* die ich später verfassen sollte. Das andere Epos hieß *Die Sterne* und war eine Nachdichtung der *Göttlichen Komödie.* Ich dehnte Hölle, Fegefeuer und Paradies über unser ganzes Sonnensystem aus und machte mir einen Spaß daraus, Dantes Anspielungen und Urteile durch eigene zu ersetzen. Statt mittelalterlicher Bilder benutzte ich solche des 19. Jahrhunderts. Leider ging mir das umfangreiche Manuskript in den Wirren der Revolution verloren.

Man lächle nicht über die monströse Größe meiner Vorhaben. Wären sie mir gelungen, hätten sie eben wegen ihrer Kühnheit Staunen erregt. Dem Lächerlichen fehlt zum Erhabenen oft nur ein Hauch von Vollkommenheit. Nur an diesem unwägbaren, unfaßlichen Etwas mangelte es meinen Dichtungen, denn Stoff und Aufbau waren wohl erwogen und gestaltet. Aus gehörigem Abstand sehe ich ein, daß ich zu hoch griff und zuviel wollte. Zur Erreichung solcher Ziele bedarf es des Genies eines Dante.

> Es ist ja wahrhaft keine leichte Sache,
> Den Grund des ganzen Weltalls zu beschreiben,
> Noch reicht dazu der Menschen Kindersprache.

Ich dichtete auch weniger Großartiges, wie schon in Jena Liebesklagen und vor allem historische Dramen. Manches, was ich vor Jahren begonnen hatte, wurde erst jetzt fertig. Auch die *Mandaras*-Novelle überarbeitete und ergänzte ich noch einmal. Viele meiner Reime entstanden auf einsamen Spaziergängen entlang des Neckars, andere auf mehrtägigen Wanderungen in der lichten Umgebung Mannheims. Mich inspirierte die Natur. Kaum war die kalte Jahreszeit vorüber, trieb es mich hinaus. Immer hatte ich Papier und Bleistift bei mir, um aufzuschreiben, was ich unterm Gehen formulierte. An verschwiegenen Lieblingsplätzen auf den bewaldeten Höhen über dem Fluß, auf stillen Lichtungen und an moorigen Seen lag ich an schönen Tagen im Gras oder saß im Schatten eines Baumes und dichtete.

Im Spätherbst, wenn die Nebel aufzogen und der Tag nicht aus dem grauen Dämmern des Morgens herausfand, bemächtigte sich meiner eine andere Leidenschaft. Ich begann zu lesen – rastlos, gierig, unersättlich. Aus der Heidelberger Universität bezog ich dicke Bücherpakete, die mir der Bibliotheksdiener Bachmann einmal im Monat nach meinen Wunschlisten zusammenstellte.

Ich will nicht behaupten, daß ich alles verstand, was ich verschlang, nicht einmal, daß ich mir alles merkte. Meine Lektüre führte mich quer durch alle Wissenschaften. Zuerst beschränkte ich mich auf juristische Studien; dann vertiefte ich mich in mehrbändige historische Werke wie Raumers *Geschichte der Hohenstaufen* oder Niebuhrs *Römische Geschichte.* Von da fand ich zu Karl Ritters *Erdkunde im Verhältnis zur Natur und zur Geschichte des Menschen*, und über die Geographie zu Büchern über Afrika, China und Indien. Friedrich Schlegels Werk *Sprache und Weisheit der Indier* verschönte mir einen verregneten November und machte mich reif für die Philosophie. Kant, Voltaire, Herder, Fichte, Schelling und Hegel – ich las ohne System und Vorurteil, stets einen Zettel mit Notizen bekritzelnd. Dann entdeckte ich die Naturwissenschaften, war fasziniert von Oersteds Forschungen über den Elektromagnetismus und Baers *Entwicklungsgeschichte der Tiere*, begeisterte mich für die Enträtselung der Materie durch Chemiker wie Berzelius und Klaproth und staunte über die Fortschritte der Sternenkunde. Auch der Medizin galt meine Neugier, und so kam ich an Hahnemanns *Einführung in die homöopathische Heilkunde*, deren verblüffender Ansatz *similia similibus* mir sympathisch war. Und irgendwann schickte mir Bachmann auch Galls *System des Gehirn- und Schädelbaus.*

Gall hatte den menschlichen Schädel und die Funktion des Gehirns erforscht und behauptete, man könne aus der Form des Kopfes die geistigen Anlagen eines Menschen ableiten. Dem Buch waren Kupferstiche beigegeben, die Schädel aus verschiedenen Perspektiven darstellten. Gewissermaßen handelte es sich dabei um Landkarten des Kopfes, auf denen Gebiete unterschiedlicher Größe eingezeichnet und voneinander abgegrenzt waren, die Gall *Organe* nannte. In der Mitte des Hinterkopfes lag zum Beispiel das *Organ der Ehrerbietung*, am oberen Rand, aufgeteilt in mehrere Felder, das *Organ des Ortssinns*, in der Nackengegend das *Organ des Geschlechtstriebs.* Jeder psychi-

schen Kraft ordnete Gall einen bestimmten Teil des Schädels zu. Von den Wölbungen des Schädelknochens schloß er auf die Ausprägung des Gehirns an diesen Stellen und somit auf die Stärke der zugehörigen Charaktereigenschaften.
Wie wohl jeder Leser des Buches machte ich die Probe aufs Exempel. Mit dem Kupferstich vor mir saß ich vorm Spiegel und betastete meinen Schädel. Mein *Organ der Ehrerbietung* war wirklich nur schwach ausgeprägt, was Galls Theorie zu bestätigen schien; auch das *Organ der Musikalität* bestand nur aus einem schwachen Höcker. Derart setzte ich die Untersuchungen fort und fand alles, was ich über meine Anlagen wußte, durch die Kopfform bestätigt. Ich begann zu glauben, daß die Phrenologie, wie man Galls Wissenschaft nannte, eine große Entdekkung sei. Nach Art eines belesenen Laien untersuchte ich von da an die Köpfe meiner Freunde und Bekannten. Das war kaum mehr als ein unterhaltsames Gesellschaftsspiel, aber es brachte mich in den Ruf eines Phrenologen.

26

Mit fünfunddreißig erwartete ich keine Überraschungen mehr. Meine wilden Jahre lagen hinter mir. Als Advokat verdiente ich, was ich brauchte, und lebte ein freieres Leben als die meisten. Ich hatte meinen Demagogenbart manierlich gestutzt und den Schlapphut meiner Wanderjahre gegen einen dunkelbraunen Filz-Zylinder getauscht. Schon sah ich mich alt werden, ein einsamer Privatgelehrter, belesen und sonderlich, von manchen geehrt, von anderen verspottet, von allen verkannt. Meine Mandaras-Seele war zufrieden mit dieser Vorstellung. Nach und nach wollte sie sich das Wissen des Abendlandes einverleiben und in der Poesie zu sich selbst finden, wartend auf das schwarze Segelschiff, das sie heimbringen würde.

Aber was tat jenes andere Ich in mir, das kämpferische, das sich mit der Welt, wie sie war, nicht abfinden wollte? Oh, es erregte sich immer noch über den deutschen Alltag – über den Wortbruch der Großmächte, die Willfährigkeit der Kleinstaaten und die Ohnmacht der Beherrschten. Aber es zog sich in die Innenwelt zurück wie die Schnecke ins Gehäuse. Denn die Zeit war öde.

Auch über Baden hatte die Reaktion ihr Leichentuch gelegt, dabei war das Land, gemessen an den Zuständen in anderen deutschen Staaten, immer noch das fortschrittlichste. Die geheimen Wiener Beschlüsse vom Juni 1834, von deren Existenz man erst ein Jahrzehnt später erfahren sollte, sahen noch einmal eine Verschärfung der Zensur, der Überwachung der Universitäten und eine Beschränkung konstitutioneller Rechte vor. Österreich und Preußen zwangen die angeblich souveränen Klein- und Mittelstaaten zum Rechtsbruch gegenüber ihren Bürgern. Baden ließ sich nicht so leicht unterdrücken wie weniger fortgeschrittene Staaten. Zwar wurde auch hier der Landtag seiner Rechte beschnitten, doch die liberale Opposition unter Führung von Welcker, Rotteck und Itzstein protestierte lautstark. Auch hier gab es keine freie Presse mehr, aber von jenseits des Rheins kamen illegale Flugschriften ins Land. Schließlich gab es zwar auch in Baden ein Ministerium, das gemäß dem Wiener Protokoll von 1834 handelte, doch geleitet wurde es von Ludwig Winter, einem redlichen Mann. Winter war einer der Schöpfer der Verfassung, die jetzt ausgehöhlt werden sollte; als Abgeordneter der Zweiten Kammer hatte er sie entschlossen verteidigt. Niemand verdächtigte ihn, ein Totengräber der Freiheit zu sein. Insofern war es ein kluger Schachzug Großherzog Leopolds, den allseits geschätzten Liberalen im Amt zu belassen. Ihm nahm man das scharfe Anziehen der Zügel nicht übel; jedermann unterstellte, der gute Mann handle unter Druck. Obwohl er das neue Preßgesetz aufhob, die unruhige Freiburger Universität schloß und deren

Professoren Rotteck und Welcker Lehrverbot erteilte, blieb Winter populär. Als die Bürger Freiburgs den entlassenen Rotteck trotzig zum Bürgermeister wählten, versagte ihm Winter die Bestätigung. Sogar das verziehen die Liberalen dem Minister. Sie konnten sich nicht vorstellen, daß er freiwillig so hart durchgriff. Der Unmut machte gewissermaßen einen Bogen um Winter und richtete sich direkt gegen den Großherzog. Ihm und dem Deutschen Bund wurde alles Schlechte zugeschrieben, während man Winter das wenige Gute anrechnete, das die Regierung leistete: die Ablösung der bäuerlichen Lasten, das Volksschulgesetz, die Gründung der Polytechnischen An-stalt in Karlsruhe. Vor allem in Mannheim hatte Winters Name einen guten Klang. Ihm glaubten die Bürger den Bau des Rheinkanals und des Rheinhafens zu verdanken, durch den die Stadt an eines der wichtigsten Wasserstraßensysteme Europas angeschlossen wurde.

Als Winter im März 1837 starb, zeigte die Reaktion auch in Baden ihr wahres Gesicht. Nach einer kurzen Übergangszeit kam der Freiherr von Blittersdorff ans Ruder. Der vormalige Gesandte Badens in Frankfurt, dem mein Schulfreund August von Marschall als Attaché gedient hatte, war an den Konferenzbeschlüssen von 1834 selbst beteiligt gewesen und machte kein Hehl daraus, daß er die Verfassung für zu liberal hielt. Sein Auftreten war hochmütig, sein Ton herablassend, seine Politik rücksichtslos, sein Wesen intrigant. *Ich werde es so weit treiben, wie ich es vermag,* erklärte er bei seinem Amtsantritt. Er vermochte immerhin soviel, das Land in die Revolution zu treiben.

Blittersdorff unternahm es, das politische Leben in Baden völlig zu unterdrücken. Auf dieses Ziel marschierte er mit der Sturheit aller Übereifrigen los. Zunächst verschärfte er, soweit das noch möglich war, die Zensur; selbst die Berichte über die Verhandlungen in der Zweiten Kammer wurden nun zusammengestrichen und, was schlimmer war, verfälscht. Sodann baute er ein weitverzweigtes Spitzelsystem auf. Die Denunziation kam wieder zu Ehren; alle Behörden mußten auf Weisung des Freiherrn *Conduiten- und Verdächtigungslisten* anlegen. Die gesamte Bevölkerung sollte unter polizeiliche Aufsicht gestellt werden. Blittersdorff ermunterte die Beamten ausdrücklich zu Willkür und Rechtsbruch, um freisinnige Bürger zu schikanieren, den Widerstand im Land zu brechen und Servilität zu belohnen. Schließlich machte sich Blittersdorff daran, die Zweite Kammer zu zerschlagen.

Offenbar dachte er sich das ziemlich einfach. Er brach einen Streit vom Zaun und stellte die Machtfrage, um zum Staatsstreich auszuholen. Mit den sogenannten Urlaubsverweigerungen begann sein Angriff. Um die liberale Fraktion zu schwächen, verbot er den Beamten unter den Abgeordneten der Linken die Teilnahme an den Landtagssitzungen. Ein Staatsdiener, so sein Standpunkt, der nicht zum Dienst erscheine, bedürfe einer Urlaubsgenehmigung. Diese könne er als oberster Dienstherr, je nach der politischen Haltung des Abgeordneten, nach Belieben gewähren oder ablehnen. Die Landtagsmehrheit erklärte die Urlaubsverweigerungen für verfassungswidrig. Daraufhin bewog Blittersdorff den Großherzog zur öffentlichen Schelte des Parlaments. Er beklage die Verirrungen seiner Zweiten Kammer, ließ der ehemalige *Bürgerfreund* Leopold verlauten, und hoffe auf bessere Einsicht. Ton und Inhalt der ungnädigen Drohung erinnerten an die Zeit des Absolutismus, weshalb der Landtag sie entschieden zurückwies. Darauf hatte Blittersdorff, Badens *kleiner Metternich,* nur gewartet. Er erklärte die Zweite Kammer für aufgelöst und schrieb Neuwahlen aus. Insgeheim hatte er Vorkehrungen getroffen, um den Ausgang dieser Wahlen in seinem Sinne zu beeinflussen. Die Wahlberechtigten wurden mittels der Bürokratie auf vielfältige Weise unter Druck gesetzt, die Auftritte liberaler Wahlredner verhindert, die Auszählung der Stimmen in den liberalen Hochburgen sollte manipuliert werden. So wollte Blittersdorff der Opposition die Rück-

kehr in den Landtag versperren. Doch sein Plan mißlang. Aus den Wahlen von 1842 gingen die Liberalen, aller Wahlfälschung zum Trotz, gestärkt hervor. Bei regulärer Stimmenauszählung hätten sie wohl die Zweidrittelmehrheit erreicht.
In Baden, das war die Lektion für Blittersdorff, konnte man das Rad der Geschichte vielleicht anhalten, aber nicht mehr zurückdrehen. Nirgendwo sonst in Deutschland war die Verfassung so fest im Bewußtsein der Bevölkerung verankert. Die freisinnigen Abgeordneten wurden von ihren Landsleuten verehrt und gefeiert wie Helden, während man in der Regierung eine feindliche Macht sah. Als Rotteck starb, fanden im ganzen Land spontane Andachten, Schweigemärsche und Gedenkfeiern statt. Der Tod des Großherzogs wäre gewiß nicht so betrauert worden.
Auch ich bekannte mich zum Widerstand gegen das Blittersdorffsche System. Bei den Fackelzügen und Serenaden zur Begrüßung der aus Karlsruhe heimkehrenden liberalen Abgeordneten der Stadt, bei Ehrenempfängen, Huldigungen und Festzügen für Itzstein und Welcker stand ich in der Menge und winkte mit einer selbstgenähten schwarz-rot-goldenen Trikolore. Aber ich bildete mir nicht ein, durch solche Demonstrationen etwas ändern zu können. Die Umjubelten selbst bewirkten ja nichts mehr, sie verhinderten nur das Schlimmste. Ungeachtet ihres Widerstandes konnte Blittersdorff stolz nach Frankfurt melden: *Wir haben in Baden ungeheuere Rückschritte gemacht*!
Mit politischen Kreisen hatte ich damals wenig Kontakt. Berührungspunkte gab es genug, da der Mannheimer Advokatenstand gewissermaßen ein Nest für liberale Abgeordnete und Kommunalpolitiker war. Aber ich suchte nicht die Freundschaft mit ihnen. Mich schreckte die geschäftsmäßige Art, mit der sich gerade die erfolgreichsten meiner Kollegen der Politik widmeten. Insgeheim hatte ich den Verdacht, sie würden nur deshalb in die Kammer drängen, um volkstümlich und dadurch noch er-

folgreicher zu werden. Auch Friedrich Hecker, der zwei Jahre nach mir in Mannheim Advokat geworden war, unterstellte ich dieses Motiv. Zu Unrecht, wie ich heute weiß.

Wie fast alle meine Kollegen kannte ich ihn lange Zeit nur oberflächlich. Man traf sich im Gang des Schloßflügels, in dem das Hofobergericht untergebracht war, stand, auf den Beginn einer Sitzung wartend, ein paar Minuten beisammen und unterhielt sich über Juristisches. Gelegentlich lud man einander aus Höflichkeit oder zur Besprechung eines Vergleichs in den nächstgelegenen Gasthof ein. Bei solchen Begegnungen machte sich Hecker auf eine Art über mich lustig, die mich verletzte. Er nannte meinen Bart eine Kinnmatratze, meine Glatze eine Denkerplatte und den Klang meiner Stimme ein Kastratengefistel. Meine Zurückhaltung beim Weintrinken, meine Weigerung, Tabak zu rauchen, und meine vegetabilische Lebensweise kommentierte er mit ähnlichen Ausdrücken. Und als ich zeigte, wie gekränkt ich war, fand er auch das noch komisch.

Unsympathisch fand ich ihn trotz allem nicht. Hecker war ein ungewöhnlich gut aussehender Mann, der, obwohl nur sechs Jahre jünger als ich, den Charme eines übermütigen Studenten ausstrahlte. Groß von Gestalt, schlank und muskulös, wirkte er athletisch. Er hatte blondes Haar, das ihm bis zu den Schultern reichte. Sein Gesicht, jungenhaft offen, mit blauen Augen, einer hohen Stirn und einer Adlernase, war zur Hälfte von einem üppig sprießenden Vollbart verdeckt. Wer so aussieht, findet leicht Freunde und Frauen, die ihn bewundern. Verwöhnt von Zuneigung, vertraute er darauf, daß niemand ihm etwas übelnehmen würde. Wie einer sich fühlt, der mit seinem Äußeren unzufrieden ist, konnte er nicht nachempfinden.

Soweit es mein Brotberuf nicht erforderte, hielt ich mich vom gesellschaftlichen Leben der Advokaten fern. Nur beim alljährlichen Maskenball im Theatersaal sah man mich im Kostüm eines Spartaners oder Chinesen und wunderte sich, was für ein eifriger Tänzer ich sein konnte. Ansonsten deckte ich meinen Bedarf

an Geselligkeit im Salon der Witwe Fränzel und im Haus des englischen Obersten Arnsley.
Die Witwe war meine Vermieterin. Mit ihrer Tochter Caroline wohnte sie einen Stock unter mir in einer mit polierten Nußbaummöbeln und seidenglänzenden Vorhängen ausgestatteten Zimmerflucht. Jeden Dienstagabend lud sie mich und den Buchhändler Götz zu schöngeistigem Gespräch und einem leichten Abendessen, bei dessen Zusammenstellung sie liebevoll meine Abneigung gegen Fleischspeisen zu berücksichtigen wußte. Nach dem Essen saßen der Buchhändler und ich dann auf dem Kanapee, um einer musikalischen Darbietung der beiden Damen zu lauschen. Die Mutter saß hoch aufgerichtet am Pianoforte und schlug, den Blick auf das Notenblatt gerichtet, die Akkorde an, während Caroline Fränzel mit geröteten Wangen daneben stand und mit ihrer Sopranstimme eines der damals beliebten Kunstlieder sang:

Es schienen so golden die Sterne,
Am Fenster ich einsam stand
Und hörte aus wei-ei-ter Ferne
Ein Posthorn im stillen Land ...

Andächtig hörte ich zu und betrachtete die beiden leichtgeschürzten Karyatiden, die, geschnitzt und vergoldet, die Last der Klaviatur trugen, deren Tasten unsere Gastgeberin so einfühlsam bediente. War der Vortrag nach mehreren Strophen, einem lang ausgehaltenen Ton und einer effektvollen Coda beendet, spendeten der Buchhändler und ich reichlich Applaus und ehrlich gemeintes Lob.
Dann sprachen wir bei Tee und Gebäck über die Kunst im allgemeinen und das kulturelle Leben Mannheims im besonderen. Das Großherzogliche Hof- und Nationaltheater gab den *Oberon* mit Franz Lachner als Kapellmeister. Im Saal des evangelischen Schulhauses hatte der Musikverein das *Dritte Bran-*

denburgische Konzert aufgeführt. Eine *Liedertafel* sollte gegründet werden. Die Fastnachtsgesellschaft Räuberhöhle hatte zur Teilnahme an einem Maskenzug aufgefordert. Gutzkows Roman *Wally, die Zweiflerin* war wegen seiner angeblichen Unsittlichkeit und Gottesverachtung beschlagnahmt worden. Dieser Art waren die Neuigkeiten, die im Salon der Fränzels zur Sprache kamen. Außerdem wurde viel über Poesie geredet. Manchmal trug ich eigene Gedichte vor, die der Buchhändler, ein Kenner der Dichtkunst und aufgeschlossener Zuhörer, wohlwollend begutachtete. Er zeigte sich so überzeugt von meinem Talent, daß er 1840 einige meiner Werke drucken ließ. Davon hatte ich lange geträumt, doch leider blieb die erhoffte Resonanz aus.

Noch einen weiteren Gefallen erwies mir der Buchhändler. Eines Tages führte er mich in den *Verein für Naturkunde* ein, für den er das Amt des Bibliothekars versah. Zu den Einrichtungen des Vereins gehörten eine Sternwarte, ein Naturalienkabinett und ein botanischer Garten. Im Saal neben der Schloßbibliothek wurden Vortragsreihen über naturwissenschaftliche, historische und philosophische Themen veranstaltet, an deren Planung ich mich bald beteiligte.

Einem ganz anderen Kreis gehörte der englische Oberst Arnsley an, mit dem ich in jenen stillen Jahren befreundet war. Ich hatte ihn in meiner Eigenschaft als Advokat kennengelernt. Da ich schon damals recht gut englisch sprach, betraute er mich mit der Erledigung behördlicher Formalitäten. Colonel Arnsley, ein kahlköpfiger, bulliger Mann mit einer dröhnenden Baßstimme und blitzenden kleinen Augen, war zwei Jahrzehnte lang Kolonialoffizier in Indien gewesen. Nach seiner Heimkehr hatte er mit der Familie eine Erholungsreise durch Deutschland unternommen und war, vom Schwarzwald kommend, in Mannheim geblieben. Seine Frau Gillian, eine hingebungsvolle Landschaftsmalerin, hatte sich in die pittoreske Umgebung Mannheims verliebt. Außer dem Ehepaar gehörten zwei erwachsene

Töchter zur Familie. Die Arnsleys bewohnten einen Renaissancebau in der Nähe der Jesuitenkirche. Dort verbrachte ich viele reizvolle Abende im Kreis der englischen Gesellschaft, deren Angehörige sich teils der Geschäfte wegen, teils aus Vorliebe für die Schönheiten des Rhein- und Neckartals hier aufhielten. Bei den Gesprächen im Salon des Colonels lernte ich, mich geläufig auf englisch zu verständigen, was mir dann später in den Jahren der Emigration sehr nützlich war.
Mit Gillian Arnsley unterhielt ich mich gerne über die Schönheiten und Rätsel Indiens, vor allem über die Lehre der Wiedergeburt, an die sie glaubte. Des Colonels Lieblingsthema aber war Stephensons Lokomotive.
– *It's not a toy,* pflegte er zu sagen, *it's a revolution.*
In Deutschland hielten damals viele Leute die Eisenbahn für eine bloße Kirmesattraktion. Seit 1835 fuhren Züge zwischen Nürnberg und Fürth und seit 1837 zwischen Leipzig und Dresden, doch sie dienten weniger dem Verkehr als dem Vergnügen. Man konnte sich kaum vorstellen, daß Eisenschienen bald über Berg und Tal quer durch das Land führen würden. Auch gab es mahnende Stimmen, die vor den unabsehbaren Gesundheitsgefahren der neuen Erfindung warnten. Die medizinische Fakultät zu Erlangen hatte festgestellt, daß die schnelle Fortbewegung Gehirnschäden verursache. Als besonders gefährlich galten die unvermeidlichen Tunnels. Colonel Arnsley hielt diese Bedenken für typisch kontinentaleuropäisch. Hierzulande, meinte er, fehle der notwendige Pioniergeist. In Nordamerika würden täglich hundert Meilen neue Schienen verlegt, schon könne man per Eisenbahn von Philadelphia nach Baltimore reisen. Für die Erschließung der britischen Kolonien eröffne die Erfindung Stephensons völlig neue Perspektiven. Was sie etwa für so ausgedehnte Länder wie Indien bedeute, könne man in Deutschland überhaupt nicht ermessen. Der entscheidende Gesichtspunkt sei der militärische. Mit der Eisenbahn könnten große Truppenkontingente samt Kanonen und Ausrüstung in

kürzester Zeit über große Entfernungen transportiert werden. Dies ändere die gesamte Militärstrategie.
– *I dare say,* sagte der Oberst, *it's more than a revolution. It's a weapon!*
Wie recht er hatte, sollte ich Jahre später erfahren. Damals in Mannheim war ich am militärischen Nutzen der Eisenbahn nicht sonderlich interessiert. Sobald es ging, lenkte ich die Gespräche mit dem Obersten vom Kriegerischen aufs Humane. Ich hatte die Vision von einem weltumspannenden Verkehrsnetz, das die Menschen der Erde per Schiff, Ballon und Eisenbahn einander näherbrächte. Mit Vorliebe verwies ich auf den Zusammenhang von Freiheit und Beweglichkeit. Mein Vertrauen in die menschliche Vernunft war ungebrochen. Noch glaubte ich, jede Art von Fortschritt, auch der technische, mache den Menschen freier.
Bei den Gesellschaften der Arnsleys verlor ich viel von meinen Hemmungen. Die fremde Sprache diente mir als Verkleidung. In ihrem Schutz fiel mir vor allem der Umgang mit der Weiblichkeit leichter. Oft saß ich wie der Hahn im Korb in einem Kreis plappernder Engländerinnen, die mich über das deutsche Studentenleben oder die Bälle im Schloß der Großherzogin Stephanie ausfragten.
Zu einer dieser Töchter Albions fühlte ich mich hingezogen. Es war keine romantische Liebesbeziehung mit heimlicher Umarmung auf der Terrasse und schwindelerregenden Walzern. Aber Maggie und ich meinten, miteinander glücklich werden zu können. Unsere weitgesteckten Pläne scheiterten am Einspruch ihrer Eltern. Sie nannten mich einen *odd character*, einen Sonderling, und forderten mich auf, meine vegetabilische Lebensweise aufzugeben. Worauf ich ihnen einen Vortrag über Moral und Menschenwürde hielt und mich verabschiedete. Maggie weinte herzzerreißend, aber sie hatte nicht die Kraft, sich von ihren Eltern zu lösen. Wohlmeinende Freunde versuchten, mich zum Einlenken zu bewegen. Eine Frau, die mir zuliebe zur Pflanzenesserin würde, gäbe es nicht auf dieser Erde, versicherten sie

mir. Das sei noch die Frage, gab ich zur Antwort. Doch im Grunde meines Herzens hatte ich mich damit abgefunden, ledig zu bleiben.

27

Eines Tages im Winter von 1841 auf 1842 fand bei Arnsleys eine Gesellschaft zu Ehren des berühmten Phrenologen George Combe statt, der sich in Mannheim aufhielt. Man hatte ihm gesagt, ich sei ein Anhänger von Galls Schädelkunde. Das war zum damaligen Zeitpunkt stark übertrieben, aber immerhin wußte ich mehr über die Phrenologie als andere Gäste des Abends.

Der schottische Gelehrte war ein Mann jenseits der Fünfzig, mit einem struppigen grauen Haarkranz um den kahlen Schädel und langen, dichten Koteletten in einem hohlwangigen Gesicht; sehr elegant gekleidet, nußbraunes Jabot über weinroter Weste, glattes Hemd mit Stehkragen, dunkelbraune Samtkrawatte. Ich wußte, daß er ein in England und Amerika sehr erfolgreiches Buch mit dem Titel *The Constitution of Man* geschrieben hatte, dessen Inhalt ich nicht kannte. Vorsichtig begann ich die Unterhaltung mit ein paar englischen Sätzen übers Wetter. Er bat mich, deutsch zu sprechen, weil er unsere Sprache lernen wolle. In einigen Monaten hoffe er, an der Heidelberger Universität Vorträge über die Phrenologie halten zu können. Die Kindlichkeit seiner Ausdrucksweise gab mir ein gewisses Überlegenheitsgefühl, das meine Hemmungen ausglich und mir ein unbefangenes Verhältnis zu Combe ermöglichte. Ich fragte ihn, wie es ihm in Deutschland gefalle, und er antwortete, seine Muttersprache zu Hilfe nehmend, er liebe das Land, aber eben deshalb falle ihm die Rückständigkeit hier auf. Das Handwerk arbeite noch wie im Mittelalter, die Bauern bestellten ihre Felder noch wie

vor Jahrhunderten. Aufgrund seiner Erfahrungen in Amerika habe er die Überzeugung gewonnen, daß die republikanische Staatsform die Entwicklung auf allen Gebieten des Fortschritts begünstige, während autokratisch regierte Völker nur im Schneckentempo vorankämen.
– *But from their large intellect and coronal organs*, fügte er hinzu, *I am certain that the Germans would make a better use of free institutions than either the Americans or English have done, and by and by they will obtain them.*
Diese Bemerkung ließ mich aufhorchen. Ob ich ihn richtig verstanden hätte, fragte ich, und man aus der Schädelform des Durchschnittsdeutschen schließen könne, daß er zum guten Demokraten tauge? Genau das behaupte er, antwortete Combe. Ihm sei es unbegreiflich, wie unbekannt die Ergebnisse der Schädelforschung in Deutschland seien. Das Sprichwort vom Propheten im eigenen Lande gelte im besonderen Maße für Gall und Spurzheim, die Begründer der Phrenologie. Nirgendwo seien die beiden unbekannter als in ihrer Heimat. Er, Combe, betrachte es als seine Pflicht, diesen beschämenden Zustand zu beenden. Daher sein Plan, in Heidelberg Vorlesungen zu halten.
– *Germany gave Phrenology to the world*, sagte er, *it's time to bring it back to Germany.*
An diesem ersten Abend bot ich dem Gelehrten meine Dienste als Sprachlehrer an. Ich wollte dafür nicht bezahlt werden, sondern als Gegenleistung eine Einführung in die phrenologische Wissenschaft erhalten. So lernten wir im folgenden halben Jahr voneinander. An Hand von Gipsabdrücken merkwürdiger Schädel leitete Combe mich an, die Organe der Seele richtig zu bestimmen. Nach vier Monaten konnte ich nicht nur jede Charakteranlage ihrer Größe nach schätzen, sondern auch, was weit schwieriger ist, die Kombination der verschiedenen Anlagen sachgemäß beurteilen. Von da an war ich in der Lage, Analysen zu erstellen.
Die Möglichkeit, aus der Form eines Kopfes auf seinen Inhalt

zu schließen, faszinierte mich. Doch das allein war es nicht, was mich zum Phrenologen werden ließ. Mich reizte vor allem die Aussicht, das Unsichtbare vermessen, das Unbeschreibbare abgrenzen, die Kraft der Seele ertasten zu können.

Mit dem Geheimnis der Seele hatte ich mich seit Lyceumstagen beschäftigt. Demokrit behauptet, die Seele sei Feuer und Wärme, Empedokles schildert sie als ein Gemisch aus allen vier Elementen der Erde. Thales beschreibt sie als eine Art Magnet. Diogenes glaubt, sie sei aus Luft. Heraklit hält sie für einen Nebel. Die rätselhafteste Erklärung stammt von Xenokrates, der sagt, die Seele sei eine sich selbst bewegende Zahl. Mythische Bilder, die doch alle dasselbe besagen: daß es eine Kraft gibt, die aus Totem Lebendiges macht. Woher diese Kraft kommt und wohin sie geht, wird wohl nie wissenschaftlich erforscht werden können. Und dennoch ist eine *Physik der Seele* möglich, nicht weniger als eine Physik der Schwerkraft, deren Ursprung ja auch unerklärbar zu sein scheint. Galls bahnbrechende Untersuchungen über die Funktion des Gehirns haben bewiesen, daß den geistigen Anlagen des Menschen lokalisierbare Teile des Schädels entsprechen. Eine neue Naturwissenschaft ist entstanden, die sich mit den Gesetzen der seelischen Entwicklung beschäftigt.

Religiöse Eiferer werfen den Phrenologen vor, sie seien Atheisten. Sie entzauberten den Menschen, nähmen ihm seine Würde, degradierten ihn zur zerlegbaren Maschine. Das ist ein Mißverständnis. Nicht die Seele erforscht der Phrenologe, sondern ihre Wirkung auf den Körper. Freilich ist er überzeugt davon, daß alle Bestrebungen, Neigungen und Gefühle, auch die sogenannten erhabenen Ideen und das Gewissen, letztlich Funktionen des Gehirns sind. Doch diese Erkenntnis nimmt der Kraft, die sich derart äußert, nicht ihre Göttlichkeit.

Alles Verstehen ist nur ein Sich-Erinnern, sagt Platon, und letztlich begreift man wohl nur das, was man im Grunde seines Herzens schon weiß. Meine Mandaras-Seele erkannte in Galls

Lehre eine tiefe Wahrheit, die auch den alten Griechen vertraut war. Im *Phaidros* heißt es sinngemäß: Alles, was bewegt wird, kommt einmal zur Ruhe; nur bei dem, was sich selbst bewegt, hört die Bewegung nie auf; deshalb ist die Seele, Quelle und Anfang der Bewegung, unsterblich. Was die Phrenologie untersucht, sind die Gesetze dieses Bewegens.

Schon im Karlsruher Lyceum erklärte Professor Kärcher mir die Seele als Kraft, die sich durch Wollen, Denken, Hassen, Lieben und dergleichen Regungen äußere. Sie sei mit dem Körper verbunden und stünde mit ihm in Wechselwirkung, lehrte er, die Seele bestimme den Körper, aber der Körper beeinflusse auch die Seele.

Diese Ansicht stimmt mit den Erkenntnissen der Phrenologie überein. Genau wie die Phrenologen führt Platon alle Triebe des Menschen, sowohl die tierischen wie solche höherer Art, auf die Urkraft der Seele zurück. Es gibt an sich keine guten oder schlechten Triebe. Der Nahrungs- und Geschlechtstrieb, das Selbstgefühl und die Beifallsliebe sind ebenso notwendig für ein gutes Leben wie das Schönheitsgefühl, die Liebesfähigkeit und die Empfindung des Mitleids. Auf das richtige Verhältnis der verschiedenen Seelenkräfte kommt es an. Vollkommenheit, sagt Platon im *Staat*, ist Harmonie des Mannigfaltigen. Und deshalb muß die Vernunft als die regierende Gewalt im Menschen über die Triebe das Übergewicht haben, um sie in harmonische Übereinstimmung und ins richtige Verhältnis zu bringen.

Vielleicht sind das hohltönende Worte für jemanden, der keinen Professor Kärcher als Lehrer gehabt hat. Was mich angeht, so habe ich bei dem Wort Vollkommenheit eine ziemlich konkrete Vorstellung. Ich sehe eine griechische Skulptur vor mir. Wie bei einem vollendeten Kunstwerk alle Teile im richtigen Verhältnis und im harmonischen Gleichklang miteinander stehen, meine ich, ist ein Mensch vollkommen, wenn seine körperlichen und seelischen Kräfte in einer entsprechenden Balance sind. Dieses

wohl nie ganz erreichbare Ziel anzustreben ist die Aufgabe unseres Lebens.
Wer diese Auffassung teilt, wird verstehen, welche Chance ich in der Phrenologie sah. Da sie die Stärke der Seelenkräfte meßbar macht, kann sie dem Menschen Aufschluß über seinen Charakter verschaffen. Sie zeigt auf, welche Triebe gebremst, welche verstärkt werden müssen, welche Gefühle zu fördern, welche abzuschwächen sind. So kann die phrenologische Analyse zum Fahrplan fürs Leben werden. Welche Bedeutung diese Entdeckung für die Erziehung von Kindern und die Behandlung von Verbrechern und Geistesgestörten hat, ist offenkundig.
Ich dachte noch weiter. Da mir Monsieur Bouvier beigebracht hatte, den Staat als Lebewesen anzusehen, wollte ich nicht beim Menschen stehenbleiben. Ging es nicht allen Staatstheoretikern darum, ein Modell des vollkommenen Staates zu entwerfen? Nichts scheint mir naheliegender, als eine phrenologische Staatslehre zu entwerfen. Auch im Staat gibt es ja die verschiedensten Kräfte, zerstörerische und aufbauende, die alle in ein harmonisches Verhältnis zueinander gebracht werden müssen. Im Laufe meines Lebens habe ich oft über die Lösung dieses Problems nachgedacht, bin jedoch über Gedankenspiele und einige hundert Seiten Notizen nie hinausgekommen. Meinem verehrten Lehrer Combe gefiel diese Ausweitung der Schädelkunde auf das Gesellschaftliche ganz und gar nicht. Ihm ging schon mein Hinweis auf Platons Seelenlehre zu weit. Die Phrenologie, sagte er, müsse sich auf die empirische Erkenntnis von Naturgesetzen beschränken, alles andere sei Humbug. Ich war und bin in dieser Frage nicht seiner Meinung, doch ich vermied eine Auseinandersetzung. Statt dessen tat ich mein möglichstes, um seine Heidelberger Vorträge zum Erfolg werden zu lassen. Als er im Juni 1842 nach Edinburgh zurückfuhr, versprach ich ihm, hierzulande weiterhin für die Verbreitung der neuen Wissenschaft zu sorgen.

Auf die Erfüllung dieses Auftrags verwendete ich in den folgenden Jahren unsägliche Mühe und nahezu meine ganze Arbeitskraft. Leider ohne großen Erfolg. Zunächst versuchte ich in Mannheim, Heidelberg und Karlsruhe einflußreiche Persönlichkeiten und bekannte Akademiker, vornehmlich Mediziner, für die Phrenologie zu gewinnen. Die Resonanz war deprimierend. So verlegte ich mich auf die Abfassung aufklärender Schriften und Abhandlungen, von denen ich nur mein *Handbuch der Phrenologie* erwähnen möchte. Um das verstreute Häuflein der deutschen Phrenologen zu sammeln, gab ich unter großen finanziellen und persönlichen Opfern eine monatlich erscheinende *Zeitschrift für Phrenologie* heraus. Ich reiste durch Deutschland und hielt in Bonn, Heidelberg und Dresden öffentliche Vorträge über die Wissenschaft Galls. Am 21. September 1844 sprach ich vor der zweiten Generalversammlung der Naturforscher in Bremen *Über den Einfluß der Phrenologie auf die Wissenschaft überhaupt und die Naturwissenschaft insbesondere.* Ich erhielt viel Applaus und manchen Zuspruch, aber allgemeine Anerkennung erreichte ich nicht. Zusammen mit Dr. Hirschfeld und Dr. Schewe scharte ich noch einige Jahre lang ein Häuflein Getreuer um die Fahne der Phrenologie. Die *Société phrénologique* in Paris wählte mich zum Ehrenmitglied. Mit deutschen, französischen und englischen Schädelforschern führte ich eine ausgedehnte Korrespondenz. Doch dann beanspruchten mich andere Aufgaben, und ich gab auf.

Übrigens gehörte auch Karl Mathy zu denen, die sich in ihrem Vorurteil gegen die Phrenologie durch kein Argument beirren ließen. Er hatte irgendwo gelesen, daß der Kopf Napoleons, nach den Regeln der Schädellehre untersucht, auf Einfalt und Friedensliebe schließen lasse.

– Da hätte die Phrenologie wahrhaft segensreich sein können, sagte er mit ironischem Grinsen. Aber leider hat man dem Eigentümer des Kopfes zu Lebzeiten nicht mitgeteilt, daß er ein friedfertiger Tölpel ist.

Nun ja, über Dinge, die man nicht versteht, kann man leicht Witze machen. Das gilt als geistreich, solange die Mehrheit mitlacht. Ich halte es mit Rousseau, der sagt, *der Triumph der Spötter ist von kurzer Dauer; die Wahrheit überdauert ihr unsinniges Lachen.*

Als ich zum Phrenologen wurde, hatte ich zu Karl Mathy noch keinen Kontakt. Er kam Anfang 1841 überraschend aus der Schweiz zurück und übernahm sofort die Redaktion der neugegründeten *Badischen Zeitung.* Beschäftigt mit einer faszinierenden Wissenschaft, nahm ich wenig Notiz von der Heimkehr des Flüchtlings. Erst einige Jahre später lernten wir uns kennen, zusammengeführt durch die Phrenologie.

ZWEITES BUCH

FIEBER

1

Gestern abend auf der Sitzung des Wiener *Demokratenvereins* habe ich Karl Grün erzählt, woran ich gerade arbeite. Das Buch von Freytag hat er noch nicht gelesen. Er wollte kaum glauben, daß über Karl Mathy eine Biographie erschienen ist. Als ich ihm die Tendenz des Buches beschrieb, rückte er sich aufgeregt die Brille zurecht und schnaubte zornig. Der Beginn der Versammlung unterbrach unser Privatgespräch.

Grün ist gut zehn Jahre jünger als ich, Westfale von Geburt, entschiedener Demokrat, Schriftsteller und Literaturkritiker, Revolutionär und Kunstkenner. Ich schätze ihn seit langem, länger schon, als ich ihn persönlich kenne. Der badische Liberalismus hat ihm viel zu verdanken. 1842 war es Grün, der die letzte Phase des Kampfes um die Preßfreiheit eröffnete. Als Fünfundzwanzigjähriger übernahm er die kleine *Mannheimer Abendzeitung* und machte sie in kürzester Zeit zum Oppositionsblatt.

Davor hatte es fast zehn Jahre lang so gut wie keine kritische Presse mehr gegeben im Großherzogtum. Ihre Wiederauferstehung kam zur richtigen Zeit. Blittersdorff hatte sich angeschickt, unter Einsatz des gesamten Staatsapparates die Liberalen aus dem Parlament zu drängen und das politische Leben im Land zu ersticken. Daß beides mißlang, war auch Karl Grün zu verdanken. Die von ihm redigierte *Abendzeitung* scheute keinen Konflikt, wenn es galt, Blitterdorffs Angriffe auf die Verfassung abzuwehren und die liberale Partei zu stützen. Umsonst tobte der kleine Metternich in Karlsruhe, vergebens versuchte der Zensor, das Blatt zum Schweigen zu bringen. Endlich fiel der Regierung ein, daß der unbequeme Redakteur Preuße war, was es ihr ermöglichte, ihn zum unerwünschten Ausländer zu erklären. Geschickt wartete sie die Landtagsferien ab, um parlamentarische Proteste zu vermeiden. Dann ließ sie Karl Grün wie einen Verbrecher verhaften und über die badische Grenze nach

Norden abschieben. In seinem Paß von damals steht: *Inhaber wird wegen Versuchs, aufregende, deutsche Souveräns und Regierungen schwächende Artikel durch den Druck zu verbreiten, in Richtung nach seiner Heimat über die Grenze gewiesen.*

Ich erinnere mich noch gut, welche Aufregung diese Verschleppung damals verursachte. Die Zeit, in der solche Gewaltaktionen vertuscht werden konnten, war vorbei. Das ganze Land empörte sich, der Skandal schlug Wellen, die bis nach Berlin und Wien schwappten. Grün wurde berühmt und die *Abendzeitung* weit über Mannheim hinaus bekannt. Nach der Ausweisung ihres Redakteurs radikalisierte sie sich erst recht.

Jahre später lernte ich Grün in Frankfurt kennen und freundete mich mit ihm an. Er war entschiedener Demokrat wie ich. 1848 standen wir auf der gleichen Seite. Auch ihn vertrieb der Haß der Reaktion ins Ausland, auch er wurde zum heimwehkranken Emigranten. Merkwürdig, daß es uns letztlich beide nach Wien verschlagen hat.

In der gestrigen Sitzung ging es hoch her. Auf der Tagesordnung standen der Deutsch-Französische Krieg und das päpstliche Unfehlbarkeitsdogma. Lange und ergebnislos debattierte man über meinen Antrag, noch im September ein Treffen aller deutschen Demokraten zu veranstalten. Wir tagten bis 11 Uhr. Nach dem Schlußwort kam Karl Grün auf unsere Privatunterhaltung vom Anfang des Abends zurück.

Er fragte, ob ich beabsichtige, eine Rezension über das Buch Freytags zu schreiben. Dafür sei mir die Zeit zu schade, antwortete ich. Mein Plan sei, dem Leben Mathys mein eigenes gegenüberzustellen. Freytags Heldenepos sei nun einmal in der Welt und könne nicht daraus wegkritisiert, sondern allenfalls durch ein Gegenzeugnis aufgewogen und aufgehoben werden. Dann solle ich aber auch die ganze Wahrheit schreiben über Karl Mathy, sagte Grün finster. Da ich nicht ahnte, worauf er hinauswollte, antwortete ich etwas pathetisch, ich würde natürlich die Wahrheit schreiben, die reine und volle Wahrheit, aber über mich und mein Leben, nicht über Mathy. Ein weiteres Buch über ihn sei auf jeden Fall zu viel.

– Hast du gewußt, fragte Karl Grün, daß er ein Konfident war?

Wenn er damit sagen wolle, antwortete ich, daß Mathy ein Polizeispitzel gewesen sei, zwinge er mich, den Verräter zu verteidigen. Es sei nicht meine Art, politische Gegner mit Unrat zu bewerfen. Ich hätte Mathy sehr gut gekannt und wisse bestimmt, daß er wenigstens bis 1847 ein aufrichtiger Demokrat gewesen sei.

Grün sah mich mitleidig an, schob die Brille mit dem Mittelfinger der rechten Hand hoch und sagte geheimnisvoll:

– Gott erhalte dir deine Unschuld!

– Hast du etwa Beweise?

– Beweise nicht gerade, antwortete Karl Grün, aber eine Fülle von Indizien. 1840 stand Blittersdorff auf der Höhe seiner Macht. Ausgerechnet in diesem Jahr wurde Mathy aus dem Exil geholt, um justament in Karlsruhe, unter den Augen der Regierung, eine neue *liberale* Zeitung zu redigieren. Kannst du dir vorstellen, daß ein Mann wie Blittersdorff zu so einer Großzügigkeit bereit war, ohne Nebenabsichten zu verfolgen? Ist es wahrscheinlich, daß der berüchtigte *Zeitgeist*-Herausgeber heimkehren und gleich wieder als Journalist arbeiten durfte, ohne vorher umgedreht worden zu sein?

– Mathy hat, sagte ich, die *Badische Zeitung* nicht allein redigiert ...

– Das ist richtig. Sein Partner war ein gewisser Fischer, eine äußerst zwielichtige Figur. Bei ihm steht fest, daß er ein *agent provocateur* war. Der Metternich-Agent Ebner alias Dr. Lichtweiß hatte ihn ursprünglich auf die Presse Mannheims angesetzt. Fischer und Mathy waren beauftragt, eine scheinbar liberale Zeitung herauszubringen, die in Wahrheit von der Regierung kontrolliert wurde.

– Aber das gibt doch keinen Sinn. Was sollte die Regierung für ein Interesse daran gehabt haben ...

– Du mußt das im Zusammenhang sehen mit dem Kampf Blittersdorffs gegen die parlamentarische Opposition. Mathy hatte ja schon vor seiner Flucht in die Schweiz die beste Kammerkorrespondenz geschrieben. Verhindern konnte die Regierung es nicht, daß über die Verhandlungen der Zweiten Kammer berichtet wurde. Da wollte sie wenigstens diese Berichte kontrollieren. Mathy genoß das Vertrauen der Opposition, und tatsächlich nahm er auch gleich nach seiner Rückkehr seine Landtagsbesuche wieder auf. Nachdem die *Badische Zeitung* eingestellt worden war, wurde ihm sogar die Herausgabe einer *Landtagszeitung* gestattet. Und das auf dem Höhepunkt des Urlaubsstreits, in dem Blittersdorff vor keiner Intrige, keiner Infamie gegen den badischen Parlamentarismus zurückschreckte! Und trotzdem erteilte er Karl Mathy diese Genehmigung, einem aus politischen Gründen außer Landes getriebenen Liberalen! Dabei hatte schon 1835 der vergleichsweise freisinnige Winter einen entsprechenden Antrag abgelehnt, mit der Begründung, Mathy sei polizeilich unzuverlässig. Irgendeine Absprache muß ihn auf einmal polizeilich zuverlässig gemacht haben.
– Aber die Abgeordneten der Opposition, gerade die entschiedeneren, betrachteten Mathy immer noch als einen der Ihren. Sie traten mit ihm in enge Beziehung.
– Oder er mit ihnen. Er suchte den Kontakt, um an Informationen heranzukommen. Und um als Kandidat aufgestellt zu werden für die Wahlen nach der Landtagsauflösung.
– Du gehst zu weit. Willst du etwa behaupten, Mathy habe sich als Spitzel in die Opposition eingeschlichen? Etwa mit dem Auftrag, sie zu verderben?
– Ich behaupte nichts dergleichen. Ich nenne nur Tatsachen. Mathy trat im radikalsten aller Wahlkreise an. Keinem anderen als Josef Fickler hatte er seine Wahl zu verdanken. Im Seekreis galt Fickler als Volksheld, und seine Protektion war dem Wähler Befehl. Obwohl die Regierung diesen Wahlbezirk besonders fürchtete, blieb Mathy von Blittersdorffs Machenschaf-

ten verschont. Auf dem Höhepunkt des Wahlkampfs wanderte Fickler ins Gefängnis, doch sein Protégé Mathy durfte unbehindert Reden halten. Und unter den vielen Wahlurnen, die verschwanden oder ausgetauscht wurden, war seltsamerweise nicht die des ultraliberalen Konstanz! Höheren Orts muß jemand seine schützende Hand über den Kandidaten Mathy gehalten haben. Aus gutem Grund, wie sich dann gezeigt hat. Denn im neuen Landtag votierte Mathy alles andere als radikal.
– Und wie erklärst du dann, fragte ich, daß die Regierung die Wahl Mathys anfechten wollte? Daß man ihn, ich erinnere mich genau, ein *radikales Individuum* nannte und dunkler politischer Umtriebe verdächtigte?
– Das, antwortete Grün ruhig, erklärt sich leicht. Wenn Mathy, wie ich es behaupte, ein Konfident war, wußten das höchstens zwei, drei Leute im Regierungslager. Die Eingeweihten schwiegen. Die Angriffe der anderen beruhten auf ehrlicher Feindseligkeit. Es gab keinen Grund, Mathy davor zu schützen, da diese Attacken den Spitzel bei der Opposition noch vertrauenswürdiger machten.
Auf dem Heimweg durch die Straßen im Gaslicht ging mir Karl Grüns Verdacht nicht aus dem Kopf. Ich bin beeindruckt von seinen Argumenten, aber überzeugt haben sie mich nicht. Was die Zusammenarbeit mit dem Konfidenten Fischer angeht, so war dieser wahrscheinlich auf Mathy angesetzt. Und die Genehmigung der *Landtagszeitung* mag wohl ein Schachzug Blittersdorffs gewesen sein, dessen Absicht schwer zu durchschauen ist; Mathy könnte benutzt worden sein, ohne mitzuwirken. Seine Wahl zum Abgeordneten von Konstanz finde ich in keiner Weise verdächtig. Gerade in der Hochburg des liberalen Radikalismus wäre ein Wahlbetrug sofort durchschaut worden. Dort mußten sich Blittersdorffs Agenten zurückhalten. Und außerdem: Josef Fickler, der Mathy damals zum Mandat verhalf, pflegte zu sagen, er rieche einen Spitzel zehn Meter gegen den Wind. Daß er das vermeintliche Doppelspiel Mathys nicht

durchschaut haben sollte, ist unwahrscheinlich. Am stärksten spricht meine eigene Erinnerung an Mathy gegen den Verdacht. So kalt, verletzend und skrupellos er auch sein konnte, verlogen war er nicht. Wenn er Verrat beging, dann offen. Spitzel handeln anders.

Noch bevor ich ihn persönlich kannte, erlebte ich ihn im Landtag bei einem seiner frühen Auftritte. Als Mitglied der Budgetkommission begründete er die Ablehnung der Erhöhung des Truppenbestandes von zehntausend auf sechzehntausendfünfhundert Mann und drohte der Regierung mit Steuerverweigerung. Ich sehe ihn noch vor mir, die rechte Hand aufs Rednerpult gestützt, die Linke beschwörend vorgestreckt, den Kopf hoch erhoben.

– Wen sollen diese Truppen vor wem schützen? rief er in den Saal. Ich werde es Ihnen sagen, meine Herren: Die Regierung braucht immer mehr Soldaten, weil sie immer mehr Angst hat vor ihrem eigenen Volk!

Nein, so spricht kein Konfident.

Mit dem Jahr 1842 begann in Baden ein neuer Zeitabschnitt. Aus dem Konflikt mit der Regierung war die liberale Opposition gestärkt hervorgegangen. Die Knebelung der *Abendzeitung mißlang, der Kampf um die Preßfreiheit trat in eine neue Phase. Eine jüngere Generation liberaler Abgeordneter schlug entschiedenere Töne an. Zu ihr gehörte mein Kollege Friedrich Hecker. Mit einunddreißig Jahren war er, ein politischer Ziehsohn des alten Itzstein, ins Parlament gewählt worden. Schon seine erste Rede erregte Aufsehen. Wer im bürgerlichen Leben*, sagte er, *einen Wehrlosen verunglimpft und einen Toten schmäht, dem folgt die Verachtung. Die Minister haben nicht anders gehandelt. Durch die Fesselung der Presse haben sie es den Mitgliedern der aufgelösten Kammer unmöglich gemacht, sich zu verteidigen. Nachdem die Existenz der Kammer politisch nicht mehr vorhanden war, haben sie sie gleichwohl in Zirkularen herabzuwürdigen gesucht, und dies heißt, einen Toten zu beschimpfen. Durch die Anstiftung der Priester zur Wahl-*

fälschung und die Verführung der Wahlmänner zum Bruch des Wahleids haben sie die Moral des Volkes tief untergraben. Die Folgen dieses Verhaltens kann man in einem Wort zusammenfassen, und dieses Wort heißt Volkskorruption. Daß das Volk brav geblieben ist, daran sind wahrlich die Herren Minister nicht schuldig.
Als ich den Wortlaut der Rede in Mathys Landtagsbericht las, begann ich, meinen burschikosen Kollegen Hecker ganz in Ordnung zu finden.
In derselben Sitzung erklärte Friedrich Bassermann, ein anderer Mannheimer Abgeordneter: *In allen deutschen Staaten hat man die Verfassungen verstümmelt und die Parlamente entmachtet. Die badische Kammer war als einzige übrig, und nun sollte auch sie an die Reihe kommen. Das war die Prüfungsstunde für das badische Volk. Es hat sie glänzend bestanden. Die badische Kammer beweist, daß man dem deutschen Volk nicht alles bieten darf; sie hat diese Wahlen zu einem Wendepunkt in der deutschen Geschichte gemacht, sie hat die deutsche Ehre gerettet. Ich bin fest überzeugt: so wie es von 1830 an in Deutschland abwärtsging, so wird es von 1842 an wieder aufwärtsgehen*!
Ein neuer, rebellischer Geist war in der Luft, und, um es mit Dante zu sagen,

> Mir schien er einem Zornigen zu gleichen.
> Er ging ans Thor, berührt' es unverzagt
> Mit einem Stab, und krachend sah ich's weichen.

Ich unterschätzte die Widerstandskraft der Reaktion. Durch die kaum verhüllten Drohungen der Opposition fühlte sie sich zu einer härteren Gangart herausgefordert.
Eine leidvolle Erfahrung ließ damals die politischen Ereignisse und alles andere in den Hintergrund treten. Am 22. Oktober 1842 starb meine Mutter.
Zwei Tage lang hatte sie mit dem Tod gekämpft, während ich abwechselnd mit Elise an ihrem Bett gesessen war. Als sie den

Kampf schließlich aufgab, verlor ich mich in meinem Schmerz. Über eine Stunde sah ich schluchzend in das schrecklich verzerrte Gesicht, bis endlich Elise das Zimmer betrat, der Toten behutsam Mund und Augen schloß und mich beruhigte. Sie strich mir übers Haar, wie Mutter es getan hatte.
Bei der Beerdigung auf dem evangelischen Friedhof von Karlsruhe waren wir Geschwister zum letztenmal vollzählig beisammen. Elise und Antoine folgten Mutter wenige Jahre später; Kathinke, Sophie und Amand starben, während ich in Amerika war. Meine übrigen Geschwister leben noch, aber sie wollen nichts mehr wissen von mir. Sie schämen sich meiner. Ihrer Ansicht nach habe ich Schande über die Familie gebracht.

2

Der Schauplatz der Welt, sagt Pythagoras, gleicht dem der Olympischen Spiele. Einige haben dort ihre Buden aufgeschlagen und machen Geschäfte; andere tummeln sich auf dem Kampfplatz und suchen den Ruhm; und wieder andere begnügen sich mit der Rolle des Zuschauers. *Und diese,* bemerkt Rousseau im *Émile, sind nicht die schlechtesten.*
Bei allem Interesse für die politischen Ereignisse hatte ich doch wenig Neigung, selbst in die Arena zu steigen. Ich sah meine Aufgabe darin, als Schriftsteller und Privatgelehrter zu wirken. Meine Anwaltskanzlei glich einem schädelkundlichen Museum. Zwischen den Portraits von Gall, Spurzheim und Combe hingen die Vorder- und Seitenansichten von Schädeln genialischer und verbrecherischer Menschen. Auf einer Holzsäule stand das Modell eines kahlgeschorenen Kopfes mit den Feldern und Namen der phrenologischen Organe. Längs der Wand waren Gipsabdrücke merkwürdiger Schädel aufgereiht. Als wertvollstes Stück besaß ich einen Abdruck von Napoleons Kopf, den mir

die Pariser *Société phrénologique* geschenkt hatte. Auch Replikate der Schädel von Immanuel Kant, des Seeräubers Tardy und des Attentäters Tschech befanden sich in meiner Sammlung.

Mit George Combe unterhielt ich einen regen Briefwechsel. Was ich zur Förderung der Phrenologie unternahm, besprach ich mit ihm. Nicht immer waren wir uns einig. Das lag daran, daß ich doch stärker, als ich es zugab, von der politischen Atmosphäre Badens beeinflußt war. Im Januar 1844 wollte ich die Errichtung eines Denkmals für Gall in Heidelberg betreiben. Diese Absicht begründete ich in einem Brief an Combe mit der Bemerkung, die Deutschen könnten nicht allein durch das Schreiben von Artikeln, sondern nur durch eine direkte Aktion aus ihrer Lethargie geweckt werden. Mein Lehrer riet mir ab. Es sei unklug, schrieb er, die Schulmedizin durch ein solches Unternehmen zu provozieren. An den Wortlaut meiner Antwort erinnere ich mich genau. *Glauben Sie mir,* hieß es darin, *ich kenne meine Deutschen. Man muß sie vor allem dazu bringen, tätig zu werden, damit sie bereit werden, sich belehren zu lassen. Übertriebene Rücksicht wird nicht honoriert. Wenn ich einen Vorzug habe, dann den, daß ich immer geradeaus gehe, ohne zurückzuweichen. Ich glaube, jeder Mensch muß wissen, wie weit er gehen kann. Er sollte nie weiter gehen, als seine natürliche Kraft es ihm erlaubt. Aber wenn er einmal so weit gegangen ist, darf er nicht zurückweichen. Dann muß er entweder seinen Standpunkt verteidigen oder weiterschreiten.*

Ohne daß ich es wollte, zog mich die Politik in ihren Bann. Nach Mutters Tod mußte ich häufig in Erbschaftsangelegenheiten nach Karlsruhe, und oft besuchte ich bei dieser Gelegenheit das Ständehaus. Von der Zuschauergalerie herab verfolgte ich hitzige Kammerdebatten.

Nach ihrer Wahlniederlage von 1842 nahmen Blittersdorff und seine Minister an den Sitzungen der Zweiten Kammer nicht mehr teil. Sie konnten auch ohne sie regieren. Arrogant erklärte

Blittersdorff, ohne seine Anwesenheit sei das Parlament ein Verein von Schwätzern, die sich lächerlich machten. Doch er irrte. Sein Hochmut schadete ihm selbst am meisten. Auf die leere Regierungsbank weisend, erklärte Friedrich Bassermann die abwesenden Minister zu Angeklagten. Ihrer Schuld bewußt, würden sie es nicht wagen, Rede und Antwort zu stehen.

Auf Itzsteins Antrag sprach die liberale Kammermehrheit der Regierung das Mißtrauen aus. Eine parlamentarische Untersuchungskommission hatte die haarsträubenden Wahlmanipulationen Blittersdorffs aufgedeckt. Dieser setzte auf die Gunst des Großherzogs, dem er längst mehr schadete als nützte, und führte unbeeindruckt von allen Protesten seine Bespitzelungs-, Einschüchterungs- und Willkürpolitik im Land fort. Die Vorwürfe des Parlaments ignorierte er. Selbst regierungstreuen Bürgern begann der hochmütige Mann zu mißfallen. Der Ruf nach seiner Entlassung wurde lauter, die Unzufriedenheit wuchs.

Der Schlußsitzung des Landtags im September 1843 blieb die Opposition geschlossen fern, um so dagegen zu protestieren, daß *Blittersdorff, der Wahlfälscher*, noch immer im Amt war. Kurz darauf wurde der Skandal um den Konfidenten Moritz von Haberer bekannt, der zwei Menschenleben auf dem Gewissen hatte. In seine dunklen Geschäfte war, wie sich allen Vertuschungsversuchen zum Trotz herausstellte, ein Teil der Hofaristokratie verwickelt. Freiherr von Blittersdorff gehörte zu den Hauptbelasteten. Nun konnte der Großherzog den Minister nicht länger halten. Im November 1843 entließ er ihn. An seine Stelle trat der bisherige Finanzminister Boeckh, ein vergleichsweise moderater Mann.

Dadurch war wenig gewonnen. Ist eine Regierung erst einmal in den Geruch von Bestechlichkeit und Rechtsbeugung geraten, läßt sich ihr Ansehen durch einen bloßen Austausch von Personen nicht wiederherstellen. Zumal wenn der neue Mann nichts Entscheidendes dafür tut, das verscherzte Vertrauen der Bevöl-

kerung zurückzugewinnen. Die von Blittersdorff zum Werkzeug der Despotie gemachte Bürokratie blieb die gleiche. Für den Bauern oder Handwerker änderte Blittersdorffs Entlassung wenig. Nach wie vor behandelte ihn jeder Beamte von oben herab, immer noch wurde er schikaniert und bespitzelt. Daß Blittersdorff zum Rücktritt gezwungen werden konnte, erhöhte allerdings das Selbstbewußtsein der Opposition.
1843 wurde die badische Verfassung fünfundzwanzig Jahre alt. Für die neue Regierung wäre das eine gute Gelegenheit gewesen, der allgemeinen Verdrossenheit entgegenzuwirken. Schließlich war es die Verfassung, die das badische Volk einte und mit seinen Fürsten verband. Doch die Regierung ließ ganz offen erkennen, daß sie der Verfassung feindlich gegenüberstand. Nicht nur überging sie selbst das denkwürdige Datum, sie lehnte auch die Verfassungsfeiern der Liberalen ab. Strengstens verbot sie den Beamten jede Mitwirkung, ja die bloße Teilnahme daran. So waren die Fahnen deutlich genug aufgesteckt: Hier stand die Opposition als Verteidigerin von Recht und Verfassung, dort zeigte die Regierung, wie wenig sie von den Grundrechten ihrer Bürger hielt.
Kampfstimmung kam auf. Das Jubiläum wurde zur landesweiten Demonstration. In jedem Städtchen Badens bekräftigte die Bevölkerung durch Böllerschüsse, Festessen und Trinksprüche ihre Entschlossenheit, die Verfassung zu verteidigen. Man sang ein Lied, dessen Kehrreim so ging:

Der Itzstein und der Welcker,
Die gehen kühn voran,
Schon tummeln sich die Völker,
Schon bricht der Morgen an.

Es herrschte Aufbruchstimmung. Nirgends fühlte ich das stärker als unter den Heidelberger Studenten, von denen viele hofften, der Zusammenbruch des Metternichschen Systems stünde un-

mittelbar bevor. Politische Gespräche waren unvermeidbar, und ich wäre der letzte gewesen, ihnen auszuweichen. Zumal meine phrenologischen Vorträge, die mich nach Heidelberg führten, für eine neue Lebensweise und Weltsicht warben.
Ich hielt diese Vorlesungen im Herbst 1843 jeweils dienstags und donnerstags um 4 Uhr nachmittags. Zweimal die Woche fuhr ich mit der neuen Eisenbahnlinie von Mannheim nach Heidelberg und zurück. Zum erstenmal lernte ich die Vorteile von Stephensons Erfindung kennen.
Oberst Arnsley hatte recht behalten mit seiner Prognose, daß die Eisenbahn auch in Deutschland bald mehr sein würde als eine unterhaltsame Attraktion. Von Mannheim aus hatte man schon 1838 damit begonnen, Schienen in Richtung Heidelberg zu verlegen. Seit der Eröffnung der Linie im September 1840 waren die Bedenken ängstlicher Bürger gewichen. Die befürchteten Nachteile hielten sich in Grenzen, die Vorteile überzeugten jeden, der eine Probefahrt wagte. Vom neuen Bahnhof am Ostrand der Stadt glitt man in knapp vierzig Minuten nach Heidelberg und kam ausgeruht an. Vorbei die elenden Eilpostfahrten, nach denen einem jeder Knochen weh tat! Und preiswert war der Fortschritt außerdem. Die einfache Fahrt zwischen Mannheim und Heidelberg kostete achtzehn Kreuzer in der dritten Wagenklasse, dreißig in der zweiten und achtundvierzig in der ersten.
Ich fuhr immer zum billigsten Tarif und saß auf einer der Holzbänke im letzten Wagen. Der Fahrtwind, der durch das offene Abteil blies, tat mir gut; bei Regen und starker Kälte konnte man die Seitenvorhänge aus Segeltuch herunterlassen. Ich liebte diese Fahrten längs der Landstraße, über donnernde Brücken und durch neblige Wälder! Sanft geschaukelt von der Bewegung des Wagens, hing ich meinen Gedanken nach. Das laute Rattern der Eisenräder und das puffende Schnauben der Lokomotive höre ich noch heute. Draußen huschten graue Dampfschwaden über die vorüberziehende Landschaft. Kinder saßen auf Bö-

schungen und winkten dem Zug zu. Bauern reckten drohend die Fäuste, weil sie fürchteten, der Rauch der Lokomotiven und die durch die Bahn verursachte Luftbewegung würden ihnen die Ernte verderben.

In Heidelberg fühlte ich mich immer ein wenig jünger als in Mannheim. Schon der Geruch in der Eingangshalle des Universitätsgebäudes tat mir wohl. Wie einer, der dazugehört, überflog ich die Anschläge am Schwarzen Brett, die sich seit meiner Studentenzeit kaum geändert hatten. Immer noch sollten *die Unordnungen, welche die Hunde der Studenten ferner anrichten möchten, von jetzt an unnachsichtig geahndet* werden; und nach wie vor wurde *das Einwerfen der Straßenlaternen in Zukunft auf keine Weise länger geduldet.* Mit einer Mischung aus Neid und Überlegenheit sah ich die Studenten in Gruppen oder vereinzelt vorübergehen, samtene Mützen mit bunten Streifen auf den Köpfen, Bücher und Kollegmappen unter den Armen, grüßend, in Gespräche vertieft, selbstsicher. Und ich empfand dieses bittersüße Gefühl des So-wird's-nie-wieder-sein, das jeder kennt, der mit einigem Abstand an einen Schauplatz seiner Jugend zurückkehrt.

Der Rektor hatte mir freundlicherweise einen kleinen Hörsaal zur Verfügung gestellt, in dem ich meine phrenologischen Vorlesungen *extra ordine* halten durfte. Damit waren viele Professoren nicht einverstanden. Der Ordinarius für Anatomie Tiedemann und der Psychologe von Reichlin-Meldegg führten eine regelrechte Kampagne gegen mich. In ihren Vorlesungen warnten sie vor mir und der *Gallschen Scharlatanerie.* Trotzdem hatte ich ein Semester hindurch eine Schar von etwa zehn Zuhörern, die mit Aufmerksamkeit meinen Ausführungen folgten.

Nach der Vorlesung lud ich die Studenten in den Hecht ein, wo ich mit ihnen oft am selben Tisch saß, an dem ich vor Jahren mit meinen Schulfreunden und Gabriel Riesser gegessen und debattiert hatte. Jeden meiner Zuhörer kannte ich mit Namen, für einige wurde ich zum väterlichen Freund. Der

klügste Kopf in diesem Kreis war der dreiundzwanzigjährige Amand Goegg, ein Student der Kameralwissenschaften. Mit ihm, einem bleichen jungen Mann mit tiefliegenden, blitzenden Augen, unterhielt ich mich intensiv über die Anwendung der phrenologischen Methode auf die sozialen und politischen Fragen der Zeit.
– Deutschland, sagte er einmal, bedarf dringend einer phrenologischen Behandlung. Seine guten und schlechten Anlagen, seine aufbauenden und zerstörerischen Triebe müssen ins Gleichgewicht kommen. Das ist die Einheit, die Deutschland braucht.
Auch nach Abschluß meiner Vorlesungsreihe blieb ich in Kontakt mit Studenten. Über Amand Goegg kam ich in einen Kreis von Burschenschaftlern namens *Lumpia.* Hier sprach man viel vom Wartburgfest und von der Notwendigkeit, das Studentenleben zu erneuern. Ein junger Jurastudent, dessen Name mir entfallen ist, machte sich stark für eine Revolution von innen oder, wie er es nannte, eine Reinigung des Geistes vom Unrat des verrotteten Zeitalters. Einig waren sich die Lumpianer, daß mit dem Saufen und Raufen an den Universitäten Schluß sein müsse. Auch die alte Burschenschaftsidee einer geistigen Republik Deutschland wurde in diesem Kreis neu belebt. Unter den idealistischen jungen Leuten fühlte ich mich wohl. Oft saßen wir bis spät in die Nacht beisammen. Gegen Morgen ging ich dann alleine zum Bahnhof, und es machte mir nichts aus, im gaslichterhellten Wartesaal stundenlang auf den Frühzug nach Mannheim zu warten.
In einer dieser Nächte kam der Gedanke auf, eine überregionale Zeitschrift für die Studenten Deutschlands zu gründen. Einige Burschen älteren Semesters versprachen, für die Finanzierung zu sorgen. Die Redaktion sollte ich übernehmen.
Üblicherweise kommen Projekte dieser Art über das Stadium des Pläneschmiedens nie hinaus. Daher war ich überrascht, als mir die Lumpianer nach einiger Zeit mitteilten, sie hätten das

Anfangskapital beisammen, ich könne die Herausgabe des Blattes vorbereiten. Druck und Versand sollte der Heidelberger Buchhändler Karl Groos besorgen.
Unversehens stand ich vor einer ganz neuen Aufgabe. Fast zwei Jahre lang hatte ich neben den sporadischen Geschäften meiner Advokatur nur die Schädellehre im Sinn gehabt; nun schob ich die phrenologischen Papiere auf meinem Schreibtisch beiseite, um die *Zeitschrift für Deutschlands Hochschulen* zu entwerfen. All die Pläne und Hoffnungen, die ich vor Jahren an meine *Bühne der Freiheit und des Muthes* geknüpft hatte, lebten wieder auf in mir. Meine Entwürfe zu jenem ersten Zeitungsprojekt hatte ich in Jena ins Kaminfeuer geworfen. Nun stand mir das Bild der erträumten eigenen Zeitung wieder vor Augen: kleines Quartformat, schlichte Titelzeile mit großen Lettern, darunter in einem über die ganze Breite gehenden Doppelbalken eine knappe Inhaltsübersicht, und im folgenden zweispaltig gedruckte Artikel mit prägnanten Überschriften.
Am 15. Februar 1844 erschien die erste Nummer. Unter dem Titel *Was wir wollen* faßte ich die Zielsetzung der *Zeitschrift für Deutschlands Hochschulen* zu einem einzigen Punkt zusammen: Verbesserung der gegenwärtigen Zustände an den Universitäten. Für die Leser war diese Umschreibung deutlich genug, für den Zensor hinreichend nebulös. Unsere Zeit, schrieb ich, ringe nach Öffentlichkeit und nach Selbständigkeit, weshalb es notwendig sei, ein Forum für die Ziele fortschrittlich gesinnter Studenten zu schaffen.
Rascher als erhofft erwies sich das Unternehmen als erfolgreich. Nach wenigen Monaten verschickten wir sechshundert Exemplare an Abonnenten in allen deutschen Universitätsstädten. Fast alle Artikel der Zeitschrift befaßten sich mit der notwendigen Reform des Studentenlebens. Sie trugen Titel wie *Ueber den Nahrungstrieb, die Mäßigkeit und den Sauf-Comment* oder *Ueber Lehrfreiheit, Lernfreiheit und Entwicklungsfreiheit.* In mehreren Beiträgen begründete ich, daß die Stunde der Corps, der Lands-

mannschaften und Burschenschaften vorüber sei, in anderen griff ich speziell die Roheit der Schlägereien und Duelle an.
Je länger die Zeitschrift erschien, desto politischer wurde sie. Das lag einmal daran, daß sich das Leben an den Hochschulen nicht abtrennen ließ von den allgemeinen Verhältnissen, zum anderen an einer lässigen Handhabung der Zensur. Unbeanstandet konnte ich im Juli 1844 auf der ersten Seite ein von mir verfaßtes Gedicht *An die Gleichgültigen unter Deutschlands Studenten* abdrucken, in dem es hieß:

Ruhet nicht in solchen Augenblicken,
Da der Ruf zu Thaten Euch erklingt,
Dunkle Geister Eure Brüder drücken,
Und die Wahrheit mit der Lüge ringt.
Viel zu wagen, nimmer zu verzagen,
Wachet auf! Die Stunde hat geschlagen.

Viele Leser schrieben mir, äußerten Kritik oder Zustimmung, suchten Rat und Hilfe. Auf diese Weise kam ich in Kontakt mit zahlreichen Studenten, welche die herrschenden Zustände ablehnten. Auch meinen späteren Freund und Mitstreiter Karl Blind lernte ich auf diese Weise kennen.
Eines Tages tauchte er, ein achtzehnjähriger Jurastudent aus Heidelberg mit struppigem Haar und Stoppelbart, in meiner Mannheimer Wohnung auf, beglückwünschte mich überschwenglich zu einem Artikel mit dem Titel *Geistige Freiheit* und erklärte, einen neuen Studentenverein gründen zu wollen, der den von mir aufgestellten Grundsätzen entsprechen sollte.
– Ein Satz von Ihnen, Herr Struve, sagte er, hat mich zu diesem Plan angeregt. Sie schreiben, die Grundlage aller äußeren Freiheit bilde die innere Freiheit und deren Grundlage sei die Mäßigkeit. Mir hat das sogleich eingeleuchtet. Wir müssen zuerst um die innere Freiheit kämpfen, dann werden wir auch die äußere gewinnen.

Ich suchte aus den zwischen meinen Gipsabdrücken gestapelten Büchern die ledergebundene Ausgabe des *Émile* heraus, die mir einst Monsieur Bouvier geschenkt hatte. Daraus las ich ihm die Stelle vor, in der es heißt, daß es weniger die Kraft der Arme sei, die den Menschen frei und unabhängig macht, als die Mäßigung des Herzens. Eine lange Unterhaltung über den Sinn des Lebens schloß sich an, und als mich Karl Blind weit nach Mitternacht verließ, verabschiedeten wir uns als Freunde.

Kurze Zeit später gründete Karl Blind seinen Studentenbund. Die Statuten sprach er mit mir ab. Ordnungsgemäß meldete er die Gründung dem badischen Innenministerium, das aber an dem Wahlspruch *Mäßigkeit, Freiheit und Democratie* Anstoß nahm und den neuen Verein verbot, bevor er richtig entstanden war. Blind gab deshalb nicht auf. Mit ein paar Freunden bildete er einen Geheimbund mit dem Namen *Alemania*, aus dem dann der sogenannte Neckarbund hervorging. Ohne mein Zutun wurde diese Studentenverbindung zu einem Hort junger Revolutionäre. Aus ihm sollten sich 1848 einige meiner treuesten Mitstreiter rekrutieren.

3

Es gibt keine Neuigkeiten von der Front. Vorerst ist die Zeitung noch voller Berichte über den Jubel, den die ersten preußischen Siege ausgelöst haben. *Gott war mit uns!* wird der Berliner Staatsanzeiger zitiert. *Im Vertrauen auf ihn zog unser königlicher Feldherr mit der deutschen Armee zur Vertheidigung des Vaterlandes gegen den Feind.* In Dresden soll der *unsagbare Jubel* in der Bevölkerung zu gröblichen *Exzessen und Gewaltthätigkeiten gegen Nichtbismarckianer* geführt haben. Aus Rastatt meldet ein Korrespondent, daß die deutschen Truppen vor jedem Angriff *Die Wacht am Rhein* sängen. Im badischen Oberland erwartet

man den baldigen Übergang über den Rhein und die Besetzung des Elsaß. Ich lese: *Es herrscht bei uns eine furchtbare Aufregung, und man macht sich auswärts keinen Begriff von der Opferwilligkeit des badischen Volkes.* Die Berichte aus meiner früheren Heimat studiere ich immer zuerst.
Es geht mir heute ein wenig besser, die Kamillentee-Spülungen haben geholfen. So hoffe ich, heute ein gutes Stück weiterzukommen mit meiner Geschichte. Das Jahr 1845 war in mancherlei Hinsicht das wichtigste meines Lebens. Es ist auch das Jahr, in dem ich Karl Mathy kennenlernte.
Immer noch widmete ich einen großen Teil meiner Zeit der Phrenologie. Eines der Projekte, das ich mir ausdachte, um für die verkannte Wissenschaft zu werben, war das einer *Gallerie berühmter Männer des 19. Jahrhunderts.* Ich wollte die führenden Köpfe der Gegenwart phrenologisch untersuchen, die betreffenden Persönlichkeiten bitten, sich zu meinem Gutachten zu äußern, und Gutachten und Stellungnahmen als Buch veröffentlichen. Damit hoffte ich, mehrere Wirkungen gleichzeitig zu erreichen. Ich wollte bedeutende Männer durch eine stimmige Analyse ihres Charakters von der Phrenologie überzeugen. Eine solche Arbeit würde die Schädelkunde um wertvolles Forschungsmaterial bereichern. Ich setzte auf das öffentliche Interesse an den untersuchten Persönlichkeiten. Über sie wollten viele etwas wissen, und meine Charakteranalysen würden die Neugier des Publikums befriedigen. Meine Galerie berühmter Männer schien geeignet, der phrenologischen Forschung mehr Beachtung zu verschaffen als alle meine aufklärenden Schriften und Vorträge.
Ende März 1845 begann ich, den Plan in die Tat umzusetzen. Fürs erste nahm ich mir vor, die bekannten Politiker im süddeutschen Raum, insbesondere die liberalen badischen *Volksmänner,* für eine Untersuchung zu gewinnen. Ich fuhr also nach Karlsruhe und besuchte nacheinander den Führer der Opposition von Itzstein, den Kammerpräsidenten Bekk und den Exminister und

Mitschöpfer der badischen Verfassung, Nebenius. Alle drei begegneten meinem Ansinnen mit Mißtrauen. Von Itzstein entschuldigte sich mit Zahnschmerzen, Nebenius mit Mangel an Zeit. Nur Bekk stellte sich nach einigem Zögern für eine Schäduntersuchung zur Verfügung.

Am 2. April ging ich zur Karlsruher Wohnung des Mannheimer Kammerabgeordneten und Bankiers Friedrich Bassermann. Ihn kannte ich flüchtig von einem Abend mit Friedrich Hecker und anderen Advokaten, bei denen er am Tisch gesessen war. Die Bassermanns gehörten zu den angesehensten Kaufmannsfamilien Mannheims. Schon mit dreißig Jahren war der inzwischen berühmte Mann in den Landtag gewählt worden. So unscheinbar er wirkte – schmal und untersetzt, mit einem bäuerlich frischen Gesicht –, seine Reden hatten Kraft und Biß. Im sogenannten Urlaubsstreit war er Blittersdorffs gefährlichster Gegner gewesen.

Er öffnete selbst, erkannte mich und ließ mich ein. Zwar habe er Besuch, sagte er, aber man sei ohnehin dabei, den Vormittag zu verplaudern, ich würde nicht stören. Das Zimmer, in das er mich führte, war ein spärlich möblierter Wohn- und Schreibraum. Vor einem halbrunden Mansardenfenster stand Karl Mathy und musterte mich mit kritischem Blick.

Ich erklärte, was ich wollte. Das sei ja ein sonderbares Anliegen, meinte Bassermann lachend, aber wenn ich mir etwas davon verspräche, solle ich mir seinen Kopf ruhig ansehen. Mathy sagte in ironischem Ton, er fühle sich sehr geehrt, einer jungen Wissenschaft nützlich sein zu können.

Ich bat Bassermann auf einen Stuhl. Hinter ihm stehend, maß ich die Form des Schädels aus, befühlte und ertastete die knochigen Mulden und Höcker. Ab und an ging ich zum Schreibtisch, um mir Notizen zu machen. Mathy ließ mich nicht aus den Augen. Nachdem er mich eine Zeit beobachtet hatte, sagte er:

– Sie scheinen tatsächlich an diesen Unsinn zu glauben!

– Sie würden, antwortete ich, nicht von Unsinn sprechen, wenn Sie von Galls Lehre mehr wüßten.
– Ich weiß immerhin, sagte Mathy, daß die medizinische Wissenschaft nichts davon hält.
– Sie sollten bedenken, entgegnete ich, ohne meine Untersuchung zu unterbrechen, daß auch Gelehrte an liebgewordenen Gewohnheiten hängen. Wie alle Menschen lehnen sie alles Neue erst einmal ab. Ein gewisser Galilei behauptete vor gar nicht so langer Zeit, die Erde sei nicht der Mittelpunkt des Weltalls, sondern drehe sich um die Sonne. Über diese Behauptung machten sich die Gelehrten gewaltig lustig. Sie bewiesen, daß die Erde sich gar nicht um die eigene Achse drehen könne, weil sonst der durch die Drehung verursachte Luftzug die ganze Oberfläche wegblasen würde.
– Wollen Sie etwa, fragte Mathy spöttisch, Gall mit Galilei vergleichen?
– Das will ich, sagte ich. Gall hat eine Physiologie des Gehirns begründet, und damit legte er die Grundlage für eine experimentelle Seelenlehre. Seine Phrenologie bringt Aufschluß über die Bewegungen des Seelenlebens, und ich glaube, daß diese Entdeckung für uns Menschen nicht weniger wichtig ist als Galileis Forschungen über die Bewegung der Himmelskörper.
Mathy schien überrascht von der Ernsthaftigkeit meiner Argumente, und als er mit Bassermann den Platz getauscht hatte und sich selbst den Kopf betasten ließ, stellte er Fragen und äußerte Bedenken. Das ermutigte mich zu der Bitte, von seinem Kopf einen Abdruck herstellen zu dürfen.
– Mein Kopf in Gips neben dem Napoleons? lachte er. Was für eine Ehre. Da kann ich nicht nein sagen. Also gut, Struve, kommen Sie am nächsten Sonntag in meine Mannheimer Wohnung. Sagen wir um vier Uhr nachmittags. Es wird mir eine Freude sein, Sie meiner Frau vorzuführen. Sie liebt originelle Menschen.
Auf dieses zweite Treffen spielt Gustav Freytag in seiner Mathy-

Biographie an. Er behauptet, ich hätte mein *phrenologisches Wissen beim Theetisch vorgeführt* und an Mathys Kopf *außer Mangel an Vorsicht und einem Überwiegen der Phantasie über den berechnenden Verstand auch mit Schrecken einen ungeheuren Zerstörungstrieb entdeckt und darüber gegen Frau Anna die Hände zum Himmel gehoben.* Viel Wahrheit ist daran nicht. Einen Teetisch im gewöhnlichen Sinne des Wortes gab es in der einfachen Wohnung Mathys gar nicht. Wir waren auch nicht mit Teetrinken befaßt, sondern mit dem schwierigen Geschäft, einen Gipsabdruck anzufertigen. Mit einem Tuch um Hals und Schultern saß Mathy auf einem Küchenstuhl, während ich ihm das Haar befeuchtete, mit Spachtel und Händen den Gips auf seinem Kopf verteilte und darauf wartete, daß die schmierige weißgraue Masse erstarrte. Dabei trug ich ihm das Ergebnis meiner ersten Untersuchung vor.

Ich erinnere mich gut, daß ich ihm sagte, er sei ein milder, versöhnlicher Charakter, der jedoch in plötzlicher Heftigkeit aufzubrausen pflege. Ungeachtet eines kräftig entwickelten Denkvermögens, sei bei ihm das Gefühl vorherrschend. Die Organe, welche eine scharfe Beobachtung der Außenwelt bedingten, seien bei ihm nicht scharf genug, den Flug der Phantasie und der Gefühle zu bremsen. Einen besonders schlagenden Gegensatz in seinem Charakter bildeten die starke Entwicklung der Hoffnung und die schwache der Sorglichkeit. Auch das deute auf eine idealistische Grundhaltung. Am stärksten ausgeprägt seien bei ihm die Organe des Zerstörungstriebs, der Gewissenhaftigkeit und der Vergleichungsgabe; es dürfe ihm nicht schwerfallen, diese dominierenden Anlagen in ein harmonisches Gleichgewicht zu bringen.

Mathy zeigte sich überrascht von der Richtigkeit meiner Analyse. Solche Aussagen über seine Person hätte er nur einem scharf beobachtenden Freund zugetraut, einem, der nicht nur seinen Charakter, sondern auch seine Lebensschicksale sehr genau kennen müßte. Diese Bemerkung führte zu einem Ge-

spräch über seine Flucht aus Baden und seine Jahre in der Schweiz. Als er von der Zerschlagung des *Zeitgeists* und der Vernichtung seiner Existenz durch die Polizeibehörden erzählte, geriet er in solche Erregung, daß ich um meinen Gipsabdruck fürchtete. Um ihn zu beruhigen, berichtete ich von meinen eigenen Erfahrungen mit der Reaktion, insbesondere von meinen vergeblichen Versuchen, die Lizenz für die Herausgabe einer Zeitung zu erhalten. So kamen wir auf die Zensur zu sprechen, und ich entwickelte, während ich ihn von der hart gewordenen Gipsmasse befreite, meine These von der Rechtswidrigkeit jeglicher Preßkontrolle. Wir vertieften uns immer mehr ins Gespräch, fanden einander interessant und sympathisch und bemerkten kaum, wie die Zeit verging. Es war schon dunkel, als ich, den in ein Tuch gewickelten Gipsabdruck unterm Arm und den Eimer mit meinen Utensilien in der Hand, Mathy verließ. Von diesem Nachmittag an sahen wir uns regelmäßig.
Von den anderen prominenten Politikern, die ich in jenen Tagen besuchte, zeigte sich keiner so aufgeschlossen wie Mathy und Bassermann. Staatsminister von Boeckh empfing mich immerhin und hörte sich mit versteinerter Miene mein Anliegen an. Eine Untersuchung seines Schädels lehnte er allerdings rundheraus ab. Erst die Nachwelt, meinte er, könne entscheiden, ob er zu den berühmten Männern des 19. Jahrhunderts gehöre. Als ich erwiderte, die Nachwelt könne aber keine phrenologische Untersuchung mehr an seinem Kopf anstellen, sagte er barsch, das halte er auch für überflüssig. Ich hätte ihm nicht zu nahe treten wollen, erklärte ich, und respektiere selbstverständlich seine Haltung. Worauf sich das Gesicht des Ministers sichtlich entspannte und er mich mit freundlichen Worten entließ.
Auch bei meinem alten Schulfreund August von Marschall, inzwischen zum Staatsrat und Mitglied des Außenministeriums avanciert, fand ich wenig Verständnis. Er wollte sich zwar gerne ein phrenologisches Gutachten von mir erstellen lassen, aber nur

unter der Bedingung, daß dieses nicht veröffentlicht würde. Damit war mir wenig geholfen. Wir nutzen jedoch die Gelegenheit, über alte Zeiten zu plaudern. Der Kärcher, meinte er, sei doch ein feiner Kerl gewesen, nur seine Vorliebe für Dante Alighieri sei einem schon arg auf die Nerven gegangen. Ach, mir nicht, sagte ich, ich sei damals zum Bewunderer Dantes geworden. Und ich deklamierte:

> Auf halbem Weg des Menschenlebens fand
> Ich mich in einen finstern Wald verschlagen,
> Weil ich vom rechten Weg mich abgewandt.

Sein Geschmack sei das nie gewesen, sagte mein Schulfreund, aber ich hätte ja immer schon eine verhängnisvolle Neigung zur Poesie gehabt.

– Verhängnisvoll? wiederholte ich fragend.

Worauf er mir väterlich-wohlwollend die Hand auf die Schulter legte und sagte:

– Du hättest im diplomatischen Dienst bleiben sollen. Schließlich warst du schon Attaché in Frankfurt. Das ist ein guter Anfang für eine Karriere. Schau mich an: Ich habe Blittersdorff überstanden, und jetzt bin ich die rechte Hand des Außenministers. In ein paar Jahren werde ich Minister sein. Du könntest genau soweit sein, wenn du dir nicht selbst alle Türen zugeschlagen hättest.

– Das verstehst du nicht, antwortete ich. Du warst immer einverstanden mit den herrschenden Verhältnissen. Aber ich habe bereits als Schüler von einem freien, gerechten Deutschland geträumt. Wie hätte ich da am Bundestag bleiben können! Auch wenn du es weiter gebracht hast als ich, mit dir tauschen möchte ich nicht.

– Des Menschen Wille ist sein Himmelreich, sagte August von Marschall und setzte sich wieder an seinen Schreibtisch. Du bist und bleibst ein Idealist. Ich nehme die Welt, wie sie ist.

Freiheit, Recht, Deutschland – das sind Schlagworte, über die ich mit dir nicht streiten will. Wolltest du nicht Journalist werden?
In der Wirklichkeit, der er diene, sei das nicht so einfach, sagte ich. Aber ich würde eine Studentenzeitschrift redigieren, und womöglich würde sich ja noch etwas anderes ergeben.
– Ich habe da eine Idee, sagte er. Vielleicht kann ich etwas für dich tun. Ich werde dich für einen Posten vorschlagen, der gerade im Gespräch ist.
Ich hätte gern Genaueres erfahren, aber August von Marschall winkte ab. Ich solle nur abwarten, man würde sich möglicherweise an mich wenden. Wochen später erhielt ich das Angebot, verantwortlicher Redakteur einer Tageszeitung zu werden.
Es handelte sich um das *Mannheimer Journal*, eine Provinzpostille ohne nennenswerte Auflage und von geringem Ansehen. Das Blatt gehörte dem Katholischen Bürgerhospital, einer gemeinnützigen Stiftung mit karitativ-religiöser Zielsetzung. Wahrscheinlich hatte August von Marschall, der wie sein Vater ultramontanen Kreisen nahestand, mich dem Vorstand der Stiftung empfohlen. Man war um die Existenz der Zeitung besorgt. Seit einiger Zeit warf sie keinen Ertrag mehr ab, weil zwischen der radikal-demokratischen *Abendzeitung* und dem reaktionären *Morgenblatt* ein biederes Anzeigenblatt nicht bestehen konnte. Wohlmeinend hatte die Regierung das *Journal* zum Organ für amtliche Bekanntmachungen bestimmt und die Behörden des Unterrheinkreises angewiesen, Werbung für das Blättchen zu machen und als Außenstellen des Verlags Bestellungen und Zahlungen anzunehmen. Das aber hatte die Zeitung vollends ruiniert. Eine halbamtliche, von der Regierung geförderte Publikation wollte, jedenfalls in Mannheim, niemand abonnieren. Dem Vorstand des Bürgerhospitals blieb kaum eine Wahl. Wenn er das *Journal* retten wollte, mußte er eine vorsichtige Annäherung an die herrschende liberale Tendenz wagen. Dafür brauchte er einen neuen Redakteur.

Im Mai traf ich den Syndikus des Bürgerhospitals, Gerlach, zu einem ersten Gespräch, in dem die gegenseitigen Positionen abgesteckt wurden. Gerlach erklärte mir sehr offen die Situation. Ich meinerseits ließ keinen Zweifel an meiner politischen Haltung, die entschieden freisinnig sei, wenngleich ich die vorhandenen Grundgesetze, nämlich die badische Verfassung und die Deutsche Bundesakte, nicht nur respektieren, sondern auch verteidigen wolle. Auf dieser Grundlage entwickelte ich ein Konzept für die Rettung des *Journals.*

– Wir haben hier in Mannheim, sagte ich, eine extrem fortschrittliche und eine äußerst reaktionäre Zeitung. Keine der beiden entspricht der politischen Haltung des typischen Mannheimers. Was fehlt, ist ein liberales Blatt der Mitte, das einerseits alles schrille Tamtam, andererseits alle verdummenden Lügen aus seinen Spalten verbannt. Geben Sie mir freie Hand, das *Journal* zu einem solchen Blatt zu machen, und der Erfolg wird nicht ausbleiben.

Wir wurden uns rasch einig. Am 7. Juni unterzeichnete ich meinen Anstellungsvertrag, eines der persönlichen Dokumente, die ich bis hierher nach Wien retten konnte. Ich lese darin nach einem Vierteljahrhundert: *Herr von Struve übernimmt vom 1. Juli a.c. an die Redaction des Mannheimer Journals ... Er verspricht, sämmtliche Arbeiten zu übernehmen, welche mit der Redaction dieses Blattes verbunden sind, sowohl diejenigen, welche sich auf den politischen, als diejenigen, welche sich auf den belletristischen Theil desselben beziehen, und sie jedesmal so frühzeitig zu liefern, daß das Blatt censirt, gedruckt und zur gehörigen Zeit ausgegeben werden kann. Die Tendenz des Redacteurs wird eine entschieden freisinnige sein; die wahre Freisinnigkeit ist aber nicht polternd, lärmend und schreiend, sondern würdevoll, anständig und thatkräftig, ihre Grundlage muß moralische Kraft und intellectuelle Befähigung sein ...*

Als Honorar wurden einhundert Gulden jährlich vereinbart. Wie lächerlich gering dieser Beitrag war, mag man daraus ersehen, daß

Karl Mathy als Redakteur der *Badischen Zeitung* 1841 das zehnfache Gehalt bekam – was Gustav Freytag noch als zu niedrig bezeichnet. Zum Aushandeln von Honoraren hat mir immer das Talent gefehlt. Im Fall des *Journals* kam noch dazu, daß ich an Geld überhaupt nicht dachte angesichts der Möglichkeit, meine *Bühne der Freiheit und des Muthes* unter anderem Namen nun doch noch verwirklichen zu können. Keinen Augenblick lang zweifelte ich daran, daß das *Journal* bald eine wichtige Stimme im Chor der öffentlichen Meinung Badens sein würde.
Ich nehme meinen Vertrag noch einmal zur Hand und blättere die steifen Seiten durch. Ach ja, pro neuem Abonnenten sollte ich zusätzlich dreißig Kreuzer pro Jahr erhalten, was das Grundhonorar etwas weniger lächerlich erscheinen läßt. Ein Monat Urlaub war mir eingeräumt, den ich aber nie in Anspruch nahm. Und was steht hier? *Der Redacteur wird die gesetzliche Caution stellen.* Das war ein Problem. In Baden mußte jeder verantwortliche Journalist zweitausend Gulden hinterlegen. Meine Schwester Friederike lieh mir das Geld, sie war mit einem reichen Mann verheiratet.

4

Der Morgendunst hat sich aufgelöst, der Tag scheint angenehm zu werden, heiter, aber nicht zu warm. Unten im Hof spielen Kinder. Aus alten Kisten und Tüchern haben sie sich eine Hütte gebaut und ahmen, sehr ernst und genau, das Leben der Erwachsenen nach. Meine eigenen Kinderspiele sind mir eingefallen, Amands Papiertheater, die Puppenstuben meiner Schwester, unser Baumhaus und mein Versteck oben unterm Dach, aus dem ich übers Tal zu den Weinbergen sah. Und ich habe mich gefragt, ob diese spielenden Kinder als Erwachsene in einer besseren Welt leben werden als wir. Ich glaube daran. Würde ich nicht daran glauben, müßte ich nachträglich mein ganzes Leben für sinnlos halten. Aller Stillstand ist nur scheinbar. *Petit à petit l'oiseau fait son nid*, und auch der Mensch wird sich die Welt nach und nach zum Nest machen. Wann habe ich das schon mal gesagt? Ach ja, in Jena, als ich mit Gabriel Riesser über die Zukunft sprach. Er hat mich ausgelacht. Die Menschen, meinte er, seien wie Uhrwerke, die aufgezogen würden und gingen, ohne zu wissen, warum; von der Geburt an liefe die Uhr jedesmal aufs neue ab, immer das gleiche Leierstück wiederholend. Ich widersprach heftig. Wie soll man das Leben ertragen ohne Vertrauen in die Zukunft? Wie könnte man tiefer und tiefer steigen in den Höllentrichter, gäbe es nicht die Hoffnung auf den verborgenen Gang zur lichten Weltenseite.

Bei der Beschreibung meines Lebens bin ich an die wohl wichtigste Weggabelung gelangt. Vorbei war die Zeit, in der ich als wenig beschäftigter Advokat der Poesie und Wissenschaft leben konnte. Vorbei die Jahre selbstgewählter Isolation, vorbei mein Zuschauerdasein! Anfangs bildete ich mir ein, ich könnte die phrenologische Gesellschaft und die *Zeitschrift für Deutschlands Hochschulen* neben meiner neuen Tätigkeit als Redakteur einer Tageszeitung weiterführen wie bisher. Doch die Arbeit am *Journal* nahm mich vom ersten Tag an völlig in Anspruch.

Just zu dem Zeitpunkt, an dem ich das *Journal* übernahm, glaubte die Regierung den Kampf gegen die freisinnige Presse in Baden gewonnen zu haben. Die *Mannheimer Abendzeitung*, das bei weitem wichtigste freisinnige Blatt des Landes, war besiegt. Nach der Ausweisung Karl Grüns hatte es seine Auflage enorm steigern können und überregionale Bedeutung erlangt. Als die preußische Regierung 1843 die oppositionelle *Rheinische Zeitung* verbot, wurde die *Mannheimer Abendzeitung* zum Nachfolgeblatt, das Abonnenten und Mitarbeiter übernahm. Die Redaktion leitete inzwischen Ferdinand Bernays, ein ehemaliger Korrespondent der *Rheinischen*, von der Mitarbeiter wie Karl Heinzen, Moses Heß und Adolf Rutenberg übergewechselt waren. Entsprechend hatte man den Inhalt auf außerbadische, vor allem preußische Themen ausgeweitet. Die preußische Regierung nahm Anstoß. Sowohl bei der Schwarzen Kommission in Frankfurt als auch direkt bei der Karlsruher Regierung machte sie Druck, um die *Abendzeitung* zum Schweigen zu bringen. Doch für den Skandal eines Zeitungsverbots wollten weder die preußische Regierung noch der badische Innenminister verantwortlich sein, und so wurde lediglich die Zensur verschärft. An Stelle des bis dahin zuständigen Mannheimer Stadtdirektors wurde am Erscheinungsort der *Abendzeitung* ein besonderer Zensor tätig. Der erste Inhaber dieses Amtes, ein gewisser Stadtamtsassessor Fuchs, bemühte sich redlich, alles aus dem Blatt zu streichen, was nach Freigeisterei und Demagogie klang. Trotzdem gelang es Ferdinand Bernays, kritische Artikel ins Blatt zu bringen, so zu den Weberaufständen in Schlesien und zu der Reaktion der preußischen Regierung auf das mißglückte Pistolenattentat des Storkower Altbürgermeisters Tschech auf König Friedrich Wilhelm IV.

Es ist wunderbar, schrieb damals die *Abendzeitung, wie wir durch einen Pistolenschuß in Preußen auf einmal vorwärtsgekommen sind. Es gibt jetzt gar nichts mehr im Lande zu tadeln, es gibt keine Übelstände mehr aufzudecken und abzustellen. Alles ist befriedigt und befriedigend, die Presse wie die Weber, das Volk wie die Verwaltung, und wer noch irgendeinen Übelstand zu rügen sich unterfangen sollte, den wird man als Rebellen bezeichnen.*

Über diese und ähnliche Bosheiten ärgerten sich der katholische Klerus in Baden und die Regierung in Berlin so sehr, daß die Karlsruher Regierung in Schwierigkeiten geriet. Im Innern lief das Erzbischöfliche Ordinariat Freiburg Sturm, von außen fuhr Preußen schwerstes Geschütz auf, drohte die Angelegenheit zur *Bundessache* zu machen und Baden *per Execution* zum Verbot der *Abendzeitung* zu zwingen. Das wäre ein gewaltsamer Eingriff in die Souveränitätsrechte Badens gewesen, dem die Regierung zuvorkommen mußte. Allerdings hatte sie außer Preußens Zorn auch die Stimmung im eigenen Land zu fürchten.

Wider Recht und Gesetz das geforderte Verbot auszusprechen wagte sie nicht. Statt dessen verständigte sie sich mit den Gesandten Österreichs und Preußens darauf, den Posten des Mannheimer Zensors einvernehmlich neu zu besetzen. An die Stelle des Amtsassessors, der beim Streichen offensichtlich zu zimperlich war, sollte der schärfste Beamte treten, den man auftreiben konnte. Nach kurzer Suche fiel die Wahl auf den Regierungsrat Mariano von Uria-Sarachaga, einen gebürtigen Spanier, der sich bei der *Zähmung* der Freiburger Liberalen rühmlich hervorgetan hatte und das Vertrauen der katholischen Kirche besaß. Um ein übriges zu tun, wurde ein Hauptvertreter der erzreaktionären Richtung, der Beamte und Abgeordnete Schaaff, zum Regierungsdirektor von Mannheim ernannt. Die Handelsstadt zwischen Rhein und Neckar, in der ein publizistisches Gewächs wie die *Abendzeitung* gedeihen konnte, sollte diszipliniert werden.
Es sah so aus, als würde das gelingen. Im Oktober 1844 hatte der neue Zensor sein Amt angetreten und die in ihn gesetzten Erwartungen bereits nach wenigen Monaten gründlich erfüllt. Rigoros ließ er alles aus der *Abendzeitung* streichen, was das Mißfallen der katholischen Kirche, der preußischen Regierung oder der Fürsten des Deutschen Bundes hätte erregen können. Das Blatt bestand fast nur noch aus Artikeln, die anderen, bereits zensierten Zeitungen entnommen waren. Die ersten Abonnenten begannen abzuspringen.
In meiner Freude über die Möglichkeit, bald eine eigene Zeitung redigieren zu können, hatte ich das politische Kalkül der Regierung überhaupt nicht gesehen. Ich verdankte meine Berufung zum Redakteur einem schlauen Plan. Was der Zensor begonnen hatte, sollte ich vollenden. Ein mäßig liberales *Journal*, so die Überlegung, würde die *Abendzeitung* überflüssig machen. Als ich Anfang Juni 1845 in Karlsruhe war, um mich bei August von Marschall für seine Vermittlung zu bedanken, deutete er an, der Mannheimer Zensor sei angewiesen, eine *nicht polternde* frei-

sinnige Zeitung aus katholischem Haus wohlwollender zu behandeln als die *Abendzeitung.* Ich sollte mich, schlug er vor, vorab mit Uria-Sarachaga verständigen.
Auf der Rückreise nach Mannheim, aus dem offenen Eisenbahnwagen auf gelbe Rapsfelder und vorbeihuschende Rauchschwaden blickend, bedachte ich die Situation. Zum Werkzeug intriganter Regierungspolitik wollte ich mich auf keinen Fall machen lassen. Mit einem Rücktritt von meinem Vertrag war der *Abendzeitung* aber auch nicht geholfen. Vielmehr mußte ich nun, nachdem diese aufgegeben hatte, den Kampf um die Preßfreiheit fortsetzen. In mir sollte Mariano von Uria-Sarachaga seinen Meister finden! Als ich in Mannheim aus dem Zug stieg, hatte ich den Entschluß gefaßt, den Zensor, wie gewünscht, vorab aufzusuchen. Aber nicht, um mich mit ihm zu verständigen, sondern um ihm den Krieg zu erklären.
So kam es am 29. Juni 1845 zu einem denkwürdigen Treffen zwischen mir und dem Zensor. In seiner Amtsstube saß Mariano von Uria-Sarachaga mit ineinandergelegten Händen hinter einem sorgsam aufgeräumten Schreibtisch. Nach allem, was ich gehört hatte, war ich darauf gefaßt, einem *fürchterlichen Minos* zu begegnen; statt dessen traf ich einen italienischen Operntenor von etwa fünfunddreißig Jahren, füllig, klein, auf possierliche Weise aufgeblasen. Die untere Partie seines Gesichts war von Bartwurzeln bläulich umschattet. Seitwärts nach oben gekämmte Strähnen pechschwarzen Haares klebten auf der Glatze. Unter buschigen Brauen sahen unruhige Äuglein hervor. Hinter ihm an der Wand hing anstelle des üblichen großherzoglichen Portraits ein großes, schwarzbraunes Kruzifix mit einem elend verkrümmten Heiland.
Über den Schreibtisch hinweg reichte er mir eine feuchte, schwammige Hand und bat mich, Platz zu nehmen. Was mich zu ihm führe, fragte er, während ich mich auf den Besucherstuhl setzte.
– Was immer es ist, Herr von ... Wie war Ihr Name? Richtig,

Struve. Ich muß Sie bitten, sich kurz zu fassen. Ich bin mit Arbeit überhäuft.
– Ich komme zu Ihnen, begann ich, weil ich nächste Woche die Redaktion des *Mannheimer Journals* übernehmen werde ...
– Man hat mich informiert, Herr Strowe, unterbrach mich der Zensor. Sie möchten sich über die Richtung des Blattes mit mir verständigen, nehme ich an.
– Keineswegs, sagte ich. Mit meiner Auffassung von der öffentlichen Aufgabe der Presse ist es unvereinbar, die Tendenz einer Zeitung mit der Zensurbehörde abzusprechen. Mein Besuch hat nur den Zweck, eine für beide Teile unangenehme Auseinandersetzung zu vermeiden. Ich spiele gern mit offenen Karten. Unter meiner Leitung wird das *Mannheimer Journal* eine freisinnige Richtung einschlagen und für Gerechtigkeit, Freiheit und Volksbildung eintreten. Es wird nicht den Umsturz betreiben, ganz im Gegenteil, es wird die badische Verfassung verteidigen und sich auch sonst streng an Gesetz und Recht halten. Aber Unrecht wird es nicht tolerieren, auch wenn es in der Maske der Gesetzlichkeit daherkommt.
Mit wachsendem Staunen hörte mir der kleine, fette Mann unterm Kruzifix zu. Seine Augenbrauen hoben sich, sein offener Mund wurde spitz und vorwurfsvoll.
– Sie werden, schnaubte er und holte Luft, Sie werden kein Wort drucken, das ich nicht vorher genehmigt habe.
Ich blieb ganz ruhig.
– Die Zensur ist rechtswidrig, sagte ich. Sie widerspricht sowohl dem Artikel 18 der Bundesakte als auch §17 der badischen Verfassung. Das badische Preßgesetz vom 28. Dezember 1831 ist nicht rechtswirksam aufgehoben worden. Ich habe zu dieser Rechtsfrage eine Schrift verfaßt, die ich Ihnen gerne zur Verfügung stelle, damit Sie sich selbst überzeugen können, wie wohlbegründet mein Standpunkt ist.
Mein Gegenüber sah stumm auf seine fetten Hände, die ineinandergefaltet auf der Tischplatte lagen. Ein Schweißtropfen

rollte über seine linke Schläfe und versickerte im Spitzenkragen seines Hemdes. Ich mußte an die romantische Geschichte denken, die man sich über ihn erzählte. Seine Mutter, hieß es, sei im spanischen Valencia mit einem alten Aristokraten verheiratet gewesen; dort habe sie sich in den durchreisenden badischen General Lassolaye verliebt, mit dem sie samt ihrer beiden Söhne nach Karlsruhe geflüchtet sei. Einer Liebesromanze hatte Baden seinen schärfsten Zensor zu verdanken.

Endlich lehnte sich Mariano von Uria-Sarachaga zurück und hielt mit leiser, drohender Stimme eine kleine Rede.

– Behalten Sie, sagte er, Ihre Schrift. Verschonen Sie mich, Herr von Strobel, mit Ihren Ansichten von Recht und Unrecht. Ich bedarf Ihrer Aufklärung nicht. Sie sind sich offenbar nicht im klaren darüber, wen Sie vor sich haben. An meiner juristischen Qualifikation hat noch niemand gezweifelt, noch weniger an meiner Entschlossenheit, die Vergiftung des Volkes mit freisinnigen Ideen zu unterbinden. In meiner dreijährigen Tätigkeit beim Freiburger Stadtamt habe ich mir den Ruf eines scharfen Beamten erworben. Und ich bin stolz darauf. Herr Bassermann hat mich in einer Rede vor der Zweiten Kammer einen *geistigen Henker* genannt. Das trifft mich nicht. Der Abgeordnete Mathy meint, mich einer *an Wahnsinn grenzenden Härte* bei der Ausübung meines Amtes beschuldigen zu müssen. Für mich ist das ein Lob. Wer Unkraut vertilgen will, muß es mit der Wurzel ausreißen. Wer ein strenger Lehrer ist, wird von bösartigen Schülern nicht geliebt. Damit muß ich leben. Ich muß es ertragen, daß man Spottlieder auf mich singt und auf der Straße vor mir ausspuckt. Nachts kann ich mich nur unter Polizeischutz auf die Straße wagen. All das nehme ich auf mich, denn ich diene Gott und dem von ihm gewollten Staat. Ohne Ordnung herrscht das Chaos, ohne Strenge triumphiert die Frivolität. Ihre sogenannte Freisinnigkeit, Herr von ... Stubbel, ist nichts anderes als Hochmut. Sie wollen klüger sein als diejenigen, die Gott über uns gesetzt hat. Sogar das Recht biegen Sie sich nach eigenem

Gutdünken zurecht. Ich will Ihnen erklären, wie die Rechtslage wirklich aussieht: Nach den Richtlinien des Bundes unterliegt jedes Druckwerk der Vorzensur. Ausgenommen sind nur Bücher von mehr als zwanzig Bogen oder dreihundertzwanzig Seiten Umfang. Der gesamte Inhalt einer Zeitung ist genehmigungspflichtig, auch bereits zensierte und in außerbadischen Blättern publizierte Artikel. Sie werden mir also jeden Vormittag ihre Probeabzüge vorlegen und um Druckerlaubnis nachsuchen. Veröffentlichen Sie unzensierte Artikel, so werde ich Ihre Zeitung unnachsichtig beschlagnahmen und Sie, Herrn von Stobbe, bestrafen lassen. Und merken Sie sich: Von Art und Umfang der Zensur darf der Leser nichts erfahren! Sind Sie infolge von Zensurstrichen nicht imstande, Ihr Blatt zu füllen, so sind Sie keinesfalls berechtigt, irgendwelche *unschuldig erscheinenden* Artikel dafür einzurücken. Solche Artikel müssen vielmehr wieder dem Zensor vorgelegt werden. Zensurlücken werden nicht geduldet! Der Kontext des Druckes muß ununterbrochen fortgehen. Ich rate Ihnen gut, sich von Anfang an auf diese Vorschriften einzustellen. Andernfalls werden Sie es nicht nur mit mir, sondern mit dem Staatsanwalt zu tun bekommen.
Bei den letzten Worten beugte er sich über den Schreibtisch und sah mich herausfordernd an.
– Ich kann nur wiederholen, sagte ich, daß ich keinerlei Verpflichtungen anerkenne, meine Zeitung zensieren zu lassen. Aber ich werde Ihnen den Andruck jeweils vorlegen. Nicht, weil ich dazu verpflichtet bin, sondern weil ich mich den traurigen Zeitverhältnissen fügen muß.
Der Zensor lächelte spöttisch.
– Das klingt schon etwas vernünftiger, Herr Strupp. Sie werden sich dareinschicken müssen, daß Sie meiner Aufsicht unterstehen.
– Jeden Ihrer Zensurstriche, sagte ich, werde ich zum Gegenstand eines Rechtsverfahrens machen. Jeden! Überlegen Sie sich gut, was Sie streichen.

– Sie ennuyieren mich, antwortete der Zensor. Ich arbeite im Auftrag der Regierung. Für Sie *bin* ich die Regierung. Beschweren Sie sich, soviel Sie wollen. Nützen wird Ihnen das nichts. Die höheren Instanzen sind auf meiner Seite!
– Nicht alle, sagte ich. Die höchste Instanz ist die Öffentlichkeit. Und diese Instanz wird über Sie richten, wenn Sie Ihr Amt beim *Journal* genau so mißbrauchen wie bisher bei der *Abendzeitung.*
Er lachte ein gezwungenes, ärgerliches Lachen.
– Die Öffentlichkeit! Sie machen sich lächerlich, Herr ... Was die Öffentlichkeit erfährt, bestimme ich.
– Da irren Sie, sagte ich und gab einem spontanen Einfall nach. Druckwerke von mehr als zwanzig Bogen unterliegen nicht der Vorzensur. Das haben Sie mir selbst soeben noch einmal bestätigt. Ich werde also alles, was Sie mir aus dem *Journal* streichen, sammeln und zu einem Buch anwachsen lassen. Auf diese Weise wird die Öffentlichkeit selbst urteilen können, ob Ihre Striche gerechtfertigt waren oder nicht.
Langsam, die Hände auf der Tischplatte abstützend, erhob sich der Zensor.
– Ich werde Sie vernichten, zischte er.
Auch ich stand auf, verbeugte mich und reichte ihm die Hand. Er zögerte einen Moment, bevor er mich mit einem schlaffen Händedruck verabschiedete.
– Sie verkennen Ihre Lage, Herr von Struve, sagte er mit bebender Stimme. Aber ich danke für Ihre Offenheit. Nun weiß ich doch immerhin, daß Sie einer von diesen Wühlern sind, die an den Fundamenten der Ordnung rütteln. Ich sehe mich dazu berufen, diese Ordnung zu schützen und Leuten Ihres Schlages das Handwerk zu legen. Bedenken Sie wohl, was Sie tun! Ich habe Sie gewarnt!
– Es tut mir leid, sagte ich, daß das Gespräch keinen anderen Verlauf genommen hat. Ich habe persönlich nichts gegen Sie, Hochwohlgeboren. Wir sind Repräsentanten widerstreitender

Prinzipien. Sie verkörpern die Vergangenheit, ich bin die Zukunft. Nicht Sie haben mich, ich habe Sie gewarnt.
Ohne seine Antwort abzuwarten, griff ich nach meinem Hut und verließ die Amtsstube.

5

Mit der Mittagspost kam ein Brief von Friedrich Hecker aus Illinois/USA. Er schreibt unter anderem:
Ich begreife nicht, wie schon wieder die Nachricht aufgetischt werden mag, ich beabsichtige, nach Deutschland zurückzukehren. Was soll ich dort thun? Etwa Unterthan werden, während ich hier Einer der zwei Millionen Souveraine von Illinois bin? Mit bald sechzig Jahren auf dem Rücken ist man zu steif geworden, um sich zur Unterthanenschaft zu bücken und solches Glück als Glück zu würdigen. Daß Du, mein lieber Gustav, nicht hier geblieben bist, wird Dir noch leid thun.
Ich werde ihm antworten, daß ich, anders als er, nun einmal nicht zum Farmer tauge. Und von Gustav Freytags skandalösem Buch über Karl Mathy werde ich ihm natürlich auch berichten. Das wird ihn zornig machen, und das ist gut so. Die Wut hält jung.
Zu Freunden wurden Hecker und ich in der deutschkatholischen Gemeinde von Mannheim. Das war kurz bevor ich das *Journal* übernahm. Wir unterstützten beide die Idee, den Deutschkatholizismus in Mannheim stark zu machen, und trafen uns zu diesem Zweck mit einigen anderen freisinnigen Männern in der Grauen Gans.
– Kreuzhimmelsakrament, rief er zur Begrüßung, der Rübenmönch macht auch mit!
Ich verbat mir diese Bezeichnung, worauf Hecker mir auf die Schultern haute und meinte, ich sei zu empfindlich, er sei nun einmal ein Spaßvogel und verliere lieber einen Freund als die

Gelegenheit zu einem guten Witz. Zur Versöhnung lud er mich auf ein Glas Wein ein, das ich ausnahmsweise annahm.
– Prost! sagte er. Du wirst zugeben, daß einer, der die Knochen studiert, aber kein Fleisch ißt, einen Spötter wie mich reizen muß. Aber Vergebung! Es ist wahrhaftig nicht bös gemeint. Und jetzt laß uns über die Religion reden.
Das war natürlich auch schon wieder eine Ironie, denn um die Religion ging es uns eigentlich nicht. Was die Deutschkatholiken damals wollten, ist inzwischen schon fast in Vergessenheit geraten. Von einer Zeit, in der das Dogma der Unfehlbarkeit des Papstes verkündet werden kann, kann man nichts anderes erwarten. Schon meinen jüngere Leute, der Deutschkatholizismus sei irgendein Sektenglaube gewesen.
In Wahrheit war er ein Vorbote der Revolution.
Der physischen Befreiung des Menschen geht notwendig seine geistige voraus, und es ist kein Zufall, daß die Theoretiker der Französischen Revolution zuerst dem Klerus und dann dem Monarchen den Krieg erklärt haben. Die deutschen Bauernaufstände des 16. Jahrhunderts wurden durch die Reformation vorbereitet. Und auch die Revolution von 1848 hatte eine Rebellion des Gewissens zum Vorspiel.
Die Reformation entzündete sich bekanntlich am Streit um den Ablaßhandel, und ein ähnliches Ärgernis gab den Anstoß zur deutschkatholischen Bewegung. Es war dies die Zurschaustellung des sogenannten ungenähten heiligen Rocks von Jesus Christus, eine unzeitgemäße Lustbarkeit, die der Trierer Bischof Arnoldi im Sommer 1844 veranstaltet hatte. Treffend bemerkte der alte Görres, die jahrhundertealte Reliquie sei aus der Asservatenkammer des Doms geholt worden, um den *Triumph der Kirche über den paritätischen Staat* zu feiern. Mit einem Griff in die mittelalterliche Truhe des Aberglaubens verhöhnten gewisse Kreise der katholischen Kirche die Ideen der Aufklärung, weil sie sie für überwunden hielten. Ein bewußter Akt der Herausforderung also und dreist obendrein, weil kein vernünftiger

Mensch auf die Echtheit der Reliquie schwören mochte. Es handle sich um eine plumpe Fälschung, behaupteten der Orientalist Gildemeister und der Historiker von Sybel, zwei renommierte Bonner Professoren. Auf Gutgläubigkeit konnte sich der Veranstalter des Spektakels kaum berufen, hatte doch kein Geringerer als der Papst erst kurz davor verkündet, der echte heilige Rock befinde sich im Altar der Benediktiner von Argenteuil. Den geweihten Schausteller aus Trier störte das wenig, ihm kam es mehr auf die Mobilisierung der Gläubigen an als auf wissenschaftliche Wahrheit. Der Erfolg des Schwindels gab ihm recht. In nur sieben Wochen strömten weit über eine Million Pilger nach Trier, die vor dem verglasten Stück Stoff auf die Knie fielen und im Chor riefen: *Heiliger Rock, bitt' für uns!* Und der Rock tat, was man von ihm erwartete. Dem Vernehmen nach ließ er die Lahmen gehen, die Blinden sehen und überraschte mit allerlei anderen Mirakeln.

Das größte aller Wunder war freilich, daß der Schoß der katholischen Kirche einen neuen Luther gebar. Einen jungen schlesischen Kaplan namens Johannes Ronge, der wegen eines freisinnigen Zeitungsartikels vom Dienst suspendiert worden war. In einem offenen Brief an den Trierer Bischof, den er einen *Tetzel des 19. Jahrhunderts* nannte, geißelte Ronge den Rummel um den falschen Rock als widerwärtiges Götzenfest. Das rechte Wort zur richtigen Zeit. In ganz Deutschland wurde der Brief nachgedruckt und zitiert, denn er sprach aus, was viele dachten. Von allen Seiten kam Zustimmung, von zweifelnden Gläubigen, gläubigen Zweiflern, selbst aus Kreisen fortschrittlich gesinnter Kirchenleute. Von seinen Vorgesetzten jedoch wurde der unbequeme Jungpfarrer gemaßregelt und abgemahnt. Worauf er, der Ausstoßung zuvorkommend, sich von Rom förmlich lossagte und zur Gründung einer deutschen Nationalkirche aufrief. Rückkehr zum Urchristentum hieß seine Forderung, mit der er sich an die Tradition aller Reformatoren hielt. Seine faszinierende Vision war die Versöhnung zwischen Katholiken und Protestanten.

Eingeladen zu jener Versammlung in der Grauen Gans hatte Valentin Streuber, der aktivste der liberalen Gemeinderäte der Stadt. In einem Kreis politisch interessierter Bürger sollte diskutiert werden, ob es tunlich sei, Ronges Aufruf auch in Mannheim zu befolgen. Etwa dreißig Männer waren erschienen, darunter die Kammerabgeordneten Hecker und Bassermann, der Militärarzt Adam Hammer und andere angesehene Bürger. Valentin Streuber verlas einen Brief Ronges, in dem es hieß, überall in Deutschland gäbe es inzwischen deutschkatholische Gemeinden, und täglich würden es mehr.

Was Streuber dann als Grundsätze der neuen deutschen Nationalkirche aufzählte, fand lebhaften Beifall in der Runde. Hierarchie und Dogma sollten ersetzt werden durch eine demokratische Selbstbestimmung der Kirchenmitglieder; aufgeklärte Juden sollten gleichberechtigt beitreten können; der Heiligenkult sollte abgeschafft und die Diskriminierung der Frauen beendet werden; die lateinische Messe, die Ohrenbeichte, das Zölibat und die autoritäre Stellung der Priester sollte es nicht mehr geben, und an die Stelle von Einschüchterung und Gewissenszwang sollten Aufklärung und Volksbildung treten.

Mir gefiel dieses Programm außerordentlich. Mit meiner Frömmigkeit war es, ich sagte es schon, nie weit her, und mein Glaube beruht auf dem, was Rousseau die *natürliche Religion* nennt. Aber wie viele meiner Zeitgenossen erkannte ich in Ronges Nationalkirche das Spiegelbild jener geistigen Republik Deutschland wieder, von der wir als Studenten geträumt hatten. Außerdem gefiel mir dieser schlesische Kaplan, der sich über die Verdummung der Gläubigen empörte. Er paßte in die Reihe der Männer, von denen mein Großvater immer mit größter Hochachtung gesprochen hatte; gewiß hätte er Ronge notfalls unter den Dachbalken seines Hauses versteckt.

Uns allen, die wir damals die Gründung einer deutschkatholischen Gemeinde beschlossen, ging es weit mehr um Politik als um Religion. Das zeigt schon die Zusammensetzung der

Runde, vor allem die Teilnahme Friedrich Heckers. Dieser war seit Mai 1845 in ganz Deutschland als *badischer Radikaler* bekannt. Diesen Ruhm verdankte er dem preußischen Minister Arnim und seiner Polizei. Die hatten Hecker und Itzstein, immerhin Deputierte eines Parlaments, auf einer Reise nach Berlin bespitzelt und schließlich wegen angeblicher revolutionärer Umtriebe ausgewiesen. Ein Vorgehen, das von allen Liberalen als empörend empfunden worden war.

Die andere Seite verkannte die deutschkatholische Bewegung nicht. Selbstverständlich war einer der dreißig Männer in der Grauen Gans ein Konfident, der von unserer Besprechung getreulich Meldung machte. Und natürlich schlugen auch die katholische und die evangelische Kirche Alarm, deren Interessen sich damals kaum unterscheiden ließen von denen der Reaktion. Sie wetterten gegen die *antichristlichen und atheistischen Grundsätze* von Ronges Bewegung und sahen, nicht ganz zu Unrecht, einen Zusammenhang mit den junghegelianischen Ideen, Feuerbachs Entzauberung des Christentums und dem literarischen Jungdeutschland. Dem setzten wir das Recht der freien Religionsausübung entgegen, das die badische Verfassung gewährte. Die Regierung schien ein wenig hilflos. Am 17. August 1845 gründete ich gemeinsam mit zweiunddreißig anderen Mannheimern die deutschkatholische Gemeinde und stellte im Auftrag Valentin Streubers einen Antrag ans Innenministerium, uns die öffentliche Religionsausübung zu gestatten.

Inzwischen hatte sich am Deutschkatholizismus mein Kampf gegen die Zensur entzündet.

Schon am ersten Tag meiner Tätigkeit als Redakteur bekam ich zu spüren, daß Mariano von Uria-Sarachaga nichts verhaßter war als die Erwähnung von Ronges neuer Nationalkirche. Aus der *Oberrheinischen Zeitung* hatte ich in die Ausgabe vom 2. Juli einen Bericht übernommen, der sich mit der Amtsenthebung eines Pfarrers befaßte. Der Gemaßregelte hatte in einer Predigt geäußert, die Deutschkatholiken seien wenigstens keine Heuchler, was man nicht von allen kirchentreuen Katholiken behaupten könne. Dazu schrieb ich: *Das Ungereimte eines Angriffs auf diese Wahrheit mag die Welt beurtheilen.* Nicht nur dieser Satz, sondern die ganze Meldung wurde mir gestrichen. In einer Nachricht aus Darmstadt, die ich wörtlich aus dem *Frankfurter Journal* nachdruckte, wurde der Aufschwung der dortigen deutschkatholischen Gemeinde gemeldet. Daran beanstandete von Uria-Sarachaga den Ausdruck *deutschkatholische Gemeinde* und verlangte, ihn durch die Bezeichnung *Dissidenten* oder *Verein der sogenannten Deutschkatholiken* zu ersetzen. Als der Redaktionsdiener mit dem zusammengestrichenen Probebogen meiner ersten Ausgabe des *Journals* zurückkam, war ich erst einmal sprachlos. Dann nahm ich das Blatt, ergriff meinen Hut und eilte im Laufschritt zum Stadtamt. Als ich, außer Atem, die Amtsstube des Zensors betrat, wollte dieser gerade nach Hause gehen.

– Sie kommen ungelegen, Herr ... , sagte er und nahm seinen Überrock vom Haken. Es ist ein Uhr mittags, Tischzeit. Wenn Sie wegen der Nachzensur kommen, sind Sie ohnehin zu spät. Zensiert wird nur vormittags. Ich verweise auf die Zensurordnung.

– Was für eine Zensurordnung? fragte ich. Wann hat das Innenministerium eine solche Ordnung erlassen?

– Nicht das Innenministerium, antwortete er, ich habe sie erlassen.

– Nun, sagte ich, dann erkläre ich Ihnen, daß Sie nicht das Recht haben, Zensurordnungen zu erlassen. Ich bin selbstverständlich bereit, mich mit Ihnen über die Modalitäten der Handhabung der Zensur zu verständigen. Allein vorschreiben lasse ich mir in dieser Beziehung nichts. Ich erkenne keine Norm in Preßangelegenheiten an als den Artikel 18 der Bundesakte, §17 unserer Verfassung und das badische Preßgesetz vom 28. Dezember 1831.

Der Zensor sah mit einem verächtlichen Blick zu mir hoch und machte dabei eine wegwerfende Handbewegung.
– Das haben Sie mir schon erzählt, sagte er. Erkennen Sie an, was Sie wollen. Wenn Sie sich nicht an meine Vorschriften halten, werden Sie nicht lange Redakteur sein. Was wollen Sie überhaupt? Ich habe Ihr Blatt ohnehin sehr moderat zensiert.
– Moderat nennen Sie das? rief ich zornig und hielt ihm den vom Rotstift verunstalteten Andruck des *Journals* vor die Nase. Selbst Artikel, die ich wörtlich aus anderen, bereits zensierten Zeitungen übernommen habe, sind von Ihnen gestrichen oder entstellt worden!
Er nahm mir das Blatt aus der Hand, warf einen Blick darauf und reichte es gelangweilt zurück.
– Ich kann es nicht dulden, sagte er, daß die Deutschkatholiken als Gemeinde oder Kirche bezeichnet werden. Und Erfolgsmeldungen vom Anwachsen dieser Sekte lasse ich in keiner Form passieren. Ob die Meldung neu oder nur nachgedruckt ist, interessiert mich nicht.
– Als Mann von Gewissen, antwortete ich, kann ich in einem Artikel, den ich einem fremden Blatt entlehne, nicht herumredigieren. Lieber verzichte ich auf den ganzen Artikel.
Der Zensor griff nach seinem Spazierstock, der neben seinem Schreibtisch lehnte.
– Mir scheint, Herr von Schubel, sagte er ölig, Sie beginnen zu begreifen.
– Ich begreife, rief ich, daß Sie mich zwingen wollen, den Namen einer religiösen Gemeinschaft durch eine Gehässigkeit zu ersetzen. Doch das lehne ich ab! Das religiöse Gefühl der Deutschen befindet sich derzeit in einem Zustand der Aufregung, weshalb ich es schonen und nicht verletzen werde!
Aus seinem Gesicht verschwand jeder Spott. Schweißtropfen standen ihm auf der Stirn.
– Sie reden, bellte er zurück, von einer ketzerischen Sekte, die den Umsturz will! Wenn Ihnen das religiöse Gefühl der Deut-

schen etwas wert wäre, würden Sie es gegen die Anmaßungen dieses schlesischen Kaplans und seiner windigen Gefolgschaft verteidigen!

Ich sah zum schwarzen Kruzifix an der Wand, während ich mich zwang, ganz ruhig zu antworten:

– Das *Mannheimer Journal* ist das Eigentum des katholischen Bürgerhospitals. Schon mit Rücksicht auf diesen Umstand werde ich es nicht zur Parteinahme für die Deutschkatholiken mißbrauchen. Ich bin aber der Meinung, daß die religiösen Gefühle *aller* Parteien geschont werden müssen. Hier geht es nicht um die Frage, ob die eine oder die andere religiöse Richtung gefördert oder bekämpft werden soll. Es geht um mein Recht, zensierte Artikel aus anderen Zeitungen in mein Blatt aufzunehmen, ohne sie bösartig zu verändern.

Kleine Augen funkelten mich von unten herauf zornig an. Dann marschierte das massige Männchen schnaubend um seinen Schreibtisch herum, blieb unterm Kruzifix stehen und ließ seinen Spazierstock auf die Tischplatte krachen.

– Ihr Recht? schrie er. Ich werden Sie lehren, welche Rechte Sie haben! Sie unterschätzen mich! Glauben Sie ja nicht, daß mir Ihre Renitenz imponiert! Ich bin schon mit anderen Leuten fertig geworden. Merken Sie sich eins: Jeden Artikel über die Deutschkatholiken werde ich Ihnen von Anfang bis Ende streichen, es sei denn, sie beachten den Unterschied zwischen einer ketzerischen Sekte und einer Kirche! Und damit betrachte ich dieses Gespräch als beendet.

Mir blieb nichts übrig, als zu gehen. Ich wollte die Auseinandersetzung nicht zu persönlich werden lassen. Deshalb überließ ich in den darauffolgenden Wochen den Gang zum Zensor dem Redaktionsdiener. In der Sache gab ich nicht nach. Täglich berichtete ich über den Aufschwung der deutschkatholischen Bewegung, und jedesmal strich Uria-Sarachaga mir die entsprechenden Artikel aus dem Blatt. Wie ich es angekündigt hatte, beschritt ich in jedem Einzelfall den Rechtsweg von der

Beschwerde über den Rekurs bis zur Rekursbeschwerde beim Innenministerium. Außerdem hielt ich an meiner Absicht fest, die zu Unrecht zensierten Berichte zu sammeln, um sie als Buch zu veröffentlichen.

Am liebsten wäre es Uria-Sarachaga gewesen, er hätte die Wandlung des *Journals* von einem servilen Amtsblatt zu einer liberalen Zeitung verhindern können. Aber das gelang ihm nicht. Ich ließ mich von ihm auch nicht dazu provozieren, den demagogischen Ton der früheren *Abendzeitung* und des *Seeboten* Josef Ficklers anzuschlagen. Mir war es Ernst damit, das Regierungssystem nur in anständiger, würdiger Weise zu bekämpfen. Doch das schien den Zensor erst recht zu reizen. Außer jeder Erwähnung der Deutschkatholiken strich er mir kritische Bemerkungen über die badische und andere Regierungen, Besprechungen der *deutschen Zustände* und Berichte über die Schweizer Republik. Aber er verstümmelte auch Artikel, die mit Politik überhaupt nichts zu tun hatten, Anzeigen von Versammlungen, Zitate aus anderen Zeitungen. Ganz offenbar wollte Uria-Sarachaga meinen Widerstand brechen, ohne daß er dabei viel nach der Rechtmäßigkeit seines Tuns fragte.

Ungewollt half er dem *Journal* durch dieses rigorose Vorgehen, denn er befreite es von dem Odium, ein Organ der Regierung zu sein. Ich tat ein übriges, indem ich dem Blatt ausgezeichnete und populäre Mitarbeiter gewann wie die Heidelberger Professoren Karl Hagen und Ludwig Häusser oder den Sohn des Mannheimer Bürgermeisters Julius Jolly. Mein wichtigster Autor wurde jedoch Karl Mathy. Ihn sah ich vom Sommer 1845 an mehrmals in der Woche, er lieferte mir Landtagskorrespondenz, Artikel über wirtschaftliche Themen und viele wichtige Informationen. Wir wurden in dieser Zeit zu engen Freunden.

6

Ich habe eine Stunde unterbrechen müssen, weil mich diese zermürbenden Kopfschmerzen wieder quälen. Käthchen hat gemeint, ich solle Schluß machen für heute, aber ich werde nicht kapitulieren vor meinem Körper. Mein Vater pflegte zu sagen, *plus fait celui qui veut que celui qui peut.* Was mich treibt, weiß ich nicht; aber ich habe das Gefühl, daß die Niederschrift dieses Berichts keinen Aufschub duldet, und ich will heute noch ein gutes Stück weiterkommen.

Seit ich das *Mannheimer Journal* redigierte, ruhte eine Arbeitslast auf mir, unter der wohl manch anderer zusammengebrochen wäre. Oft arbeitete ich ohne Unterbrechung von 5 Uhr morgens bis Mitternacht. Von 5 bis 9 Uhr früh erstellte ich die erste Fassung des *Journals*, die sukzessive zur Druckerei ging. Gegen 10 Uhr schickte ich den Boten mit dem ersten Andruck zum Zensor, von dem ich das Blatt zwei Stunden später völlig verstümmelt zurückbekam. In der Zwischenzeit empfing ich Besucher. Tag für Tag kamen mehr. Zunehmend sahen die Mannheimer in meiner Kanzlei eine Art Sammelpunkt des Widerstands gegen die Regierung, suchten Rat und Hilfe gegen behördliche Übergriffe, tauschten Informationen aus oder versicherten mich einfach nur ihrer Solidarität. Natürlich waren auch Polizeispitzel und *agents provocateurs* unter meinen Besuchern, doch man bekommt sehr rasch ein Gespür für diese Leute, und so wußte ich wohl, wem ich vertrauen konnte und wem nicht. Von 12 bis 2 Uhr nachmittags versuchte ich, die Zensurlücken des *Journals* zu füllen, da das Blatt keine Spuren der Eingriffe aufweisen durfte. Wenn ich Glück hatte, passierte die zweite Fassung bis 3 Uhr die Nachzensur, so daß es gedruckt und ab 5 Uhr abends ausgeliefert werden konnte. Sobald der Redaktionsdiener fort war, widmete ich mich der Korrespondenz. Gegen die Zensurstriche des Tages legte ich förmliche Beschwerde bei der Regierung des Unterrheinkreises ein. Danach setzte ich gegen die Ablehnung früherer Beschwerden Rekursschriften auf und appellierte wegen der Ablehnung solcher Rekursbeschwerden an die Regierung in Karlsruhe. Ständig nahm der Umfang dieses Papierkriegs zu. In dieser Arbeit wurde ich oft unterbrochen von weiteren Besuchern, unter denen häufig Karl Mathy war, der zwischen 5 und 6 Uhr vorbeizukommen pflegte. Am Abend, wenn die meisten meiner Bekannten sich im Kreis der Familie, im Theater oder im Wirtshaus erholten, arbeitete ich an der *Zeitschrift für Phrenologie*, an der *Zeitschrift für Deutschlands Hochschulen* und an einer politischen Kampfschrift mit dem Titel *Diplomatischer Briefwechsel*, auf die ich noch zu sprechen kommen werde.

Mit den Aufgaben wuchs meine Arbeitskraft, was wohl daran lag, daß ich reichlich belohnt wurde für meine Mühe. Schon im August, nur einen Monat nach der Übernahme, hatte sich die Auflage des *Journals* von fünfhundert täglichen Exemplaren auf eintausendzweihundert erhöht. Doch wichtiger war mir die Resonanz der Bevölkerung. Mich, den belächelten Sonderling und beargwöhnten Außenseiter, erfaßte eine Welle der Sympathie und hob mich hoch in den Kreis der geachtetsten Männer der Stadt. Wenn ich auf dem Weg zur Druckerei durch die Straßen eilte, wurde ich von allen Seiten freundlich gegrüßt. Fremde Menschen sprachen mich an, drückten mir die Hand, baten mich, dem Zensor weiter zu widerstehen. Die meisten Mannheimer waren sich im klaren darüber, daß ich ihren Kampf kämpfte, daß ich stellvertretend für sie im Ring stand. Denn Uria-Sarachaga und der erzreaktionäre Regierungsdirektor Schaaff verfolgten vor allem das Ziel, die Stadt zu disziplinieren. Mit der Zähmung der *Abendzeitung* hatten sie einen Erfolg errungen. Nun war ihnen in mir ein neuer Gegner entstanden, mit dem sie nicht gerechnet hatten. Alle freisinnigen Mannheimer – und dazu zählte fast die ganze Bevölkerung – hofften, ich würde durchhalten. Diese Anteilnahme gab mir Rückhalt und Kraft.

Allerdings konnte ich beim besten Willen nicht weiterhin für die Phrenologie und die Hochschulzeitschrift mit der bisherigen Intensität arbeiten. Zwar versicherte ich George Combe, *notwithstanding my political doings phrenology is not to be neglected*, aber für das wissenschaftliche Engagement blieb mir einfach zu wenig Zeit. Am 23. August mußte ich wegen Arbeitsüberlastung die *Zeitschrift für Deutschlands Hochschulen* einstellen, was ich mit folgenden Worten tat:

Ich lege die Redaction der Zeitschrift für Deutschlands Hochschulen nieder, allein nicht um zu feiern, nicht um aufzuhören für das gemeinschaftliche deutsche Vaterland zu streben und zu wirken. Denn das halte ich für die heilige Pflicht eines jeden Deutschen, daß er rastlos strebe, und sich durch kein Hemmniß abhalten lasse für die Freiheit des gesammten deutschen Vaterlandes thätig zu sein. Wenn die studirende Jugend unter dem Einflusse dieses Vorsatzes in das bürgerliche Leben eintritt, dann wird eine schönere Zukunft nicht lange mehr auf sich warten lassen. So nehme ich Abschied von meinen Lesern in der Hoffnung, ihnen wieder zu begegnen auf dem Felde des Kampfes für deutsches Recht, deutsche Freiheit und deutsche Nationalität.

Gustav von Struve.

Einen der Studenten, die mir Beiträge für die Hochschulzeitschrift geliefert hatten, zog ich als ständigen Mitarbeiter ans *Journal*, nämlich Karl-Heinrich Schnauffer. Ich stocke, während ich den Namen schreibe, schmerzliche Gefühle werden wach, Erinnerungen steigen auf in mir. Scheuer Blick, hellblondes fliegendes Haar. Von seinen Spaziergängen brachte er duftende Waldbeeren mit. Wenn wir zusammen ausgingen, pfiff er Studentenlieder vor sich hin. Bei meinem Abschied von Mannheim weinte er wie ein Sohn, der den Vater verliert. O Gott, warum mußte er zugrunde gehen! Karl-Heinrich Schnauffer war ein hochbegabter Poet, aus dem zu einer anderen Zeit ein Schiller hätte werden können. Seine Freiheitsgedichte hatten Kraft. Im Gedächtnis geblieben ist mir:

Was sind ohne Freiheit die Völker der Erde?
Nur Sklaven des Geizes und schändlicher Macht:
Im Thierreich von Lämmern die zitternde Herde,
Durch reißende Wölfe geführt und bewacht.

Er litt viel mehr unter der Härte des Zensors als ich. Manchmal weinte er vor Zorn und Ohnmacht, wenn ein Andruck zurückkam und Teile eines Gedichts rot durchgestrichen waren. Aber so dünnhäutig und zerbrechlich er auch schien, er hielt tapfer aus während der Revolution und verkroch sich auch dann nicht feige, als die Niederlage feststand. Wie so viele wurde er außer Landes getrieben, weil er an ein demokratisches Deutschland glaubte. In den Wirren der Flucht verlor ich ihn aus den Augen, doch in Amerika korrespondierte ich noch einmal mit ihm. Über Frankreich und England war er 1851 nach Baltimore gelangt, wo er sich den dortigen Turnern anschloß und den *Wecker* gründete, eine deutsch-republikanische Tageszeitung. Nie hat er aufgehört, um die 1849 von den Preußen ermordeten Kameraden zu trauern, nie den Glauben an ein anderes Deutschland aufgegeben, nie sein Heimweh überwunden. In einem Gedicht, das er mir nach New York geschickt hat, hieß es:

Reichtum suchen, Hütten gründen
Könnt ihr wohl an jedem Strand.
Aber eine Heimat finden
Kann ich nur im Vaterland.

An seiner Sehnsucht nach einem besseren Deutschland ist er 1854, erst einunddreißig Jahre alt, jenseits des Ozeans gestorben. Man wird ihn vergessen. Denkmäler errichtet man hierzulande nur Leuten vom Schlage eines Karl Mathy.

Doch ich werde vorzeitig bitter, schweife ab, eile den Ereignissen voraus. Damals, im Sommer 1845, stand Mathy mir kaum weniger nahe als Karl-Heinrich Schnauffer. Je erfolgreicher das *Journal* wurde, desto häufiger brachte er mir Artikel vorbei, nicht nur Berichte über wichtige Verhandlungen der Zweiten Kammer, auch allgemeinbildende und belletristische Aufsätze. Unsere Auffassungen und unser Schreibstil waren damals so ähnlich, daß ich schon nach einigen Wochen nicht mehr sagen konnte, was er und was ich geschrieben hatte.
Aus Karlsruhe kommend, besuchte mich Mathy abends auf dem Weg vom Bahnhof zu seiner Wohnung. Ich erinnere mich an einen verregneten Sommerabend, an dem er gegen 6 Uhr in meine Stube trat, um einen scharfen Artikel gegen Metternichs *Kongreß zu Stolzenfels-Johannisberg* abzuliefern. Eigentlich wollte er Hut und Regenpaletot gar nicht ablegen, doch dann kamen wir, wie so oft, ins Politisieren und redeten uns die Köpfe heiß, bis es auf einmal weit nach Mitternacht war. Unser Gespräch entzündete sich an seinem Artikel, der sich mit Metternichs Drohung *Ich werde die Zügel straffer fassen* beschäftigte.
– Er betrachtet Deutschland als seinen Gaul, sagte Mathy, der ihm den Karren zieht. Und er sitzt oben auf dem Kutschbock, schwingt die Peitsche und hält die Zügel stramm.
Ich hatte sein Manuskript gerade zu Ende gelesen und sagte ihm, daß der Zensor es sicher nicht passieren lassen würde. Das machte Mathy sehr zornig. Es sei eine elende Schande, schrie er, daß die Regierung ehrlichen Menschen das Wort beschneide. Er bewundere meine Geduld im Umgang mit diesem *spanischen Jesuiten*, an den er, Mathy, nicht denken könne, ohne daß ihm der Schweiß ausbreche. Eine Regierung, die das freie Wort fürchte, müsse man hinwegfegen. Überhaupt sei es höchste Zeit, andere Saiten aufzuziehen und endlich klar auszusprechen, daß das monarchische Prinzip überholt sei. Ihm bliebe nur noch die Wahl, zum Henker zurückzukehren oder abzutreten.
Damals fand ich, daß Mathy zu weit ging. Von einer Ver-

treibung des Großherzogs und der Ausrufung der Republik sprach er, von der bürgerlichen Epoche, die vor uns liege, vom neuen *Adel der Leistung*, der die Aristokratie, ich möge verzeihen, obsolet mache. Metternich lade die Gestrigen in sein Schloß, um sie auf das *Anziehen der Zügel* einzuschwören. Aber so könne er der deutschkatholischen Bewegung nicht Herr werden, denn das religiöse Gewissen des Gaules sei mit dem Zügel nicht in den Griff zu kriegen. Spinoza werde im Deutschland des 19. Jahrhunderts siegen. Heute befreie man sich vom inneren, morgen vom äußeren Joch.

– Und unsere Aufgabe, sagte ich, die Aufgabe aller Gutwilligen ist es, den Menschen zur Freiheit zu erziehen.

Wieso man den Bürger erziehen müsse, fragt er. Dieser wisse sehr wohl, seine Interessen zu wahren. Ich möge nur an die Schaffung der Bürgerwehren denken, durch die man sich 1830 ohne jede obrigkeitliche Hilfe der Chaoten und Plünderer zu entledigen gewußt hätte. Das freie Spiel der Kräfte führe von selbst zur Ordnung, wie sich das an der Entwicklung des freien Warenhandels exemplarisch aufzeigen lasse.

– Du mißverstehst mich, sagte ich. Ich bezweifle nicht, daß der Staat auch ohne Monarchen funktioniert; ganz gewiß besser ohne als mit ihm. Ich spreche von der Moral. Freiheit kann auch mißbraucht werden. Zur Übervorteilung der Schwächeren, zur Anhäufung von Reichtümern und Ausbeutung der Armen, zu Rücksichtslosigkeit, Erpressung und Gewalt. Das Gemeinwesen kann nur besser werden, wenn seine Mitglieder besser werden. Je morscher das alte System wird, desto wichtiger ist die Aufklärung des Menschen. Was ist erreicht, wenn er morgen frei ist und diese Freiheit nur dazu benutzt, seine tierischen und niederen Empfindungen auszuleben? Die gegenwärtigen Machthaber haben aus gutem Grund die intellektuelle und moralische Ausbildung des Volkes vernachlässigt. Sie wollen sie beherrschen wie eine Schafherde und sie unfähig machen, sich selbst zu regieren. Hier tut Veränderung not! Bildung für alle heißt die Devise. Man muß den Menschen zum Beispiel klarmachen, daß die alltägliche Barbarei des Fleischessens ...

– O Gott, unterbrach mich Mathy, fang nicht wieder damit an.

Natürlich ließ ich mir nicht das Wort abschneiden, aber ich verzichtete auf eine Wiederholung der vielen Argumente gegen den Verzehr von Tieraas, die mein Freund alle schon kannte. Ich äußerte nur meine Überzeugung, daß der Mensch aufhören müsse, ein Raubtier zu sein. Und hierin widersprach mir Mathy nicht, wenngleich er meinte, er käme sich beim Verzehr von Sonntagsbraten nicht wie ein Raubtier vor, und in meinem Staat der Rübenesser würde er sich sicher nicht wohl fühlen.

So ähnlich verliefen viele unserer Gespräche. Was die konkrete Politik anging, so war Mathy radikaler als ich; auf moralischem Gebiet dagegen ging ich ihm zu weit. Diese Differenzen trennten uns nicht, sie machten unsere Freundschaft vielmehr interessant und lebendig.

Auf Mathys Drängen stieß ich im August 1845 zum inneren Kreis der liberalen Partei Mannheims. Das war keine politische Organisation, kein Verein mit Satzung und Mitgliederlisten. Dergleichen gab es noch nicht. Zur liberalen Partei zählte jeder, der gegen das Blittersdorffsche System und für die badische Verfassung war. Jeder, der an den Fortschritt glaubte. In mir begann man sehr bald einen Repräsentanten der öffentlichen Meinung zu sehen, einen wichtigen Mitstreiter im Kampf gegen die Reaktion. Deshalb hatte mich Mathy gebeten, an den wöchentlichen Treffen der Liberalen im Rebstock teilzunehmen. Der Kreis war nicht sehr groß und wechselte in seiner Zusammensetzung. Zu denen, die fast immer da waren, gehörten außer Mathy und mir Hecker, Bassermann und mein Advokatenkollege Lorenz Brentano, der Buchhändler Heinrich Hoff, der Redakteur der *Abendzeitung*, Jean Pierre Grohe, der Kolonialwarenhändler Jörger, der Schiffsreeder Müller und der Fabrikant Giulini. Meine Verbindung mit diesen Männern blieb den Konfidenten, die mich im Auftrag der Regierung überwach-

ten, natürlich nicht verborgen, weshalb der Zensor sich gelegentlich zu der Bemerkung hinreißen ließ, ich sei *nur vorgeschoben* von den bekannten Volksaufwieglern und Teil und Werkzeug einer *Verschwörerbande*.
Für Mariano von Uria-Sarachaga schien dies die einzige Erklärung für meine Widerstandskraft. Nach wie vor gab ich mich mit keiner seiner Streichungen zufrieden. Die Zahl der von mir erhobenen Beschwerden war schon Anfang August dreistellig. Da meine Appellationen im Plenum der Regierung des Unterrheinkreises verhandelt werden mußten und fast jede Woche einen vollen Sitzungstag in Anspruch nahmen, wurde meine Hartnäckigkeit als äußerst lästig empfunden. Meinen wiederholten Antrag, den Zensor wegen seiner rechtswidrigen Amtsausübung abzulösen, lehnte man jedoch ab. Statt dessen sann man auf Mittel und Wege, mich loszuwerden.
Am 16. August 1845 forderte die Regierung den Vorstand des Bürgerhospitals ultimativ auf, mich zu entlassen. In ihrem Schreiben hieß es, wenn ich mich recht erinnere: *Die Kreisregierung erwartet vom Bürgerhospital die Einsicht, daß sich die Richtung des Mannheimer Journals unverzüglich zu ändern hat, und daß, wenn der gegenwärtige Redacteur des Journals jene Richtung nicht aufgeben wolle, derselbe durch einen anderen geeigneten Faktor oder Redacteur ersetzt werden muß.* Zur Ehre meines damaligen Arbeitgebers muß ich sagen, daß er sich diese unverblümte Einmischung in seine Angelegenheiten entschieden verbat. Zur Strafe wurden dem *Mannheimer Journal* die amtlichen Anzeigen entzogen.
Ich war bei der zweihundertvierundsechzigsten Beschwerdeschrift angelangt, als die Entscheidungen letzter Instanz bezüglich der ersten Streichungen ergingen. Sie wurden fast alle für unrechtmäßig erklärt. Nun wollte ich die zensierten Artikel, so veraltet sie inzwischen auch waren, ins Blatt nehmen, und zwar mit der einleitenden Bemerkung, es handle sich um von der höheren Behörde freigegebene Zensurstriche. Mariano von

Uria-Sarachaga weigerte sich jedoch erneut, die Artikel in dieser Form passieren zu lassen. Mir blieb nichts anderes übrig, als abermals Beschwerde zu erheben.

Seit sechs Wochen, schrieb ich am 14. August 1845 ans Innenministerium, *liege ich im Kampfe mit dem hiesigen Censor und bin noch um keinen Schritt vorgerückt. Wenn ich mit großer Mühe, fast unerschwinglichem Aufwande an Zeit und nicht unbedeutenden Kosten die Aufhebung eines Censurstriches erwirkt habe, so wird mir dieser Erfolg dadurch völlig illusorisch gemacht, da man mir nicht vergönnt, auch nur entfernt anzudeuten, daß die Verspätung, welche größtentheils mehrere Wochen ausmacht, ohne mein Verschulden stattgefunden hat. Die Folge der Bekanntmachung einiger Censurstriche ohne diese Vorbemerkung in No. 219 brachte die halbe Stadt in Bewegung, indem niemand sich zu erklären wußte, wie es komme, daß auf einmal sechs Artikel betreffend die deutschkatholische Bewegung in demselben Blatte erschienen.*

Natürlich blieb auch diese Beschwerde fruchtlos. Immerhin zeigte mir der Versuch, mich von meinem Posten zu verdrängen, daß die Gegenseite nervös zu werden begann. Mein Kampf gegen den Zensor fand immer mehr Anteilnahme in der Mannheimer Bevölkerung und, was der Regierung unangenehmer war, in der Zweiten Kammer. Die Rebstockrunde ließ mich hochleben. Irgendwann Ende August sagte Friedrich Hecker zwischen Schweinebraten und Apfelküchle:

– Der Struve muß im Herbst in die Kammer! Papa Itzstein soll ihm einen Wahlkreis geben.

Ich winkte ab, meinte, ich sei vollkommen ausgelastet mit dem *Journal*, aber die anderen riefen *Bravo!* und: *Selbstverständlich, er muß ins Parlament!* Nur Mathy gab zu bedenken, als Redakteur könne ich mehr bewirken und der liberalen Partei nützlicher sein als in der Kammer. Bassermann entkräftete den Einwand, indem er sagte, ich solle ja keineswegs das *Journal* aufgeben, sondern im Gegenteil unangreifbar werden als Redakteur. Meine Wahl würde eine Demonstration sein, eine öf-

fentliche Solidaritätserklärung, schon deshalb müsse sie zustande kommen.
An dieser Stelle muß ich nun doch die Feder beiseite legen, denn meine Frau ruft zum Abendessen. Ich habe ihr versprochen, heute nicht mehr zum Schreibtisch zurückzukehren. Wir werden mit der Kleinen Bilderdomino spielen und später, wenn sie im Bett ist, einen Spaziergang durch die gaslichthellen Straßen Wiens machen.

7

Auf unserem gestrigen Spaziergang wurden wir Zeugen eines Arbeitertumultes. In der Hofmühlgasse, in der Nähe unserer Wohnung, blockierten Tausende von Menschen die Fahrbahn und forderten in Sprechchören die Wiederzulassung der Arbeitervereine. Angelockt durch den Lärm, wollten wir über die Pilgrambrücke zum jenseitigen Ufer des Wien-Flusses, als uns eine Einheit von Sicherheitswachmännern überholte. Käthchen bat mich dringend, nicht weiterzugehen, und so blieben wir in einem Hauseingang stehen, von dem aus wir auf die schwarze Menschenmasse auf der anderen Seite der Brücke sehen konnten. Die Polizei wurde mit einem Aufschrei des Unmutes empfangen, der sich steigerte, als einer der Demonstranten festgenommen wurde. Ich sah, wie die Wachleute einen sich wehrenden Mann mit Knüppeln traktierten, um ihn fortschleppen zu können. Die Menge umringte die Gruppe, schrie: *Auslassen! Auslassen!* und hieb mit Spazierstöcken und Regenschirmen so lange auf die Wachleute ein, bis der Verhaftete befreit war. Noch klang das Triumphgeschrei über diesen Sieg zu uns herüber, als wir einen Trupp von gut fünfzig Sicherheitsmännern die Pilgramgasse herunterkommen sahen. Mit aufgepflanzten Bajonetten marschierten sie über die Brücke und trieben die Menge die Hofmühlgasse hinauf. Ich hörte noch

Rufe wie *Ausharren!* und *Stehenbleiben!,* aber zum Glück kam es nicht zum Kampf. Es flogen wohl ein paar Pflastersteine, aber dann zerstreuten sich die Demonstranten. Auf dem Heimweg begegneten wir einer Gruppe junger Männer, die eine rote Fahne schwenkten und ein Freiheitslied sangen, das in der nächtlichen Gasse widerhallte:

Ja, vorwärts, bis der Morgen blinkt,
Ja, vorwärts, frisch und froh!
Vorwärts, bis hinter uns versinkt
Die Brut des Pharao!

Wie hätte eine solche nächtliche Begegnung nicht wilde Träume in mir wachrufen sollen! Die Revolution ist noch nicht zu Ende. Nach kurzer, unruhiger Nacht sitze ich erneut am Schreibtisch und nehme, schwindlig von der Morgengymnastik, den Faden meiner Geschichte wieder auf.

Damals, im Spätsommer 1845, lag eine spürbare Unruhe in der Luft, die sich durch nervöse Gereiztheit auf der einen und Ungeduld auf der anderen Seite bemerkbar machte. Eines Tages kamen Karl Blind und Karl Hexamer zu mir nach Mannheim. Im Namen ihres *Neckarbundes,* jenes radikal-demokratischen Heidelberger Studentenvereins, bei dessen Gründung ich Pate gestanden hatte, forderten sie mich auf, die *Führung der deutschen Revolution* zu übernehmen.

– Die Zeit ist reif, sagte Karl Blind. Wir müssen den Kampf gegen die Despotie wagen. Die überwältigende Mehrheit will ein demokratisches Deutschland. Was der Revolution fehlt, ist nur noch eine Organisation, ein führender Kopf. Wenn wir in allen Hauptstädten gleichzeitig losschlagen, ist die Sache ein Kinderspiel.

Es bedurfte meiner ganzen Überredungskraft, die jungen Leute wieder auf den Boden der Tatsachen zurückzuholen. Ich erinnerte sie an die stehenden Heere, die auf ihre jeweiligen Fürsten

Gustav Struve

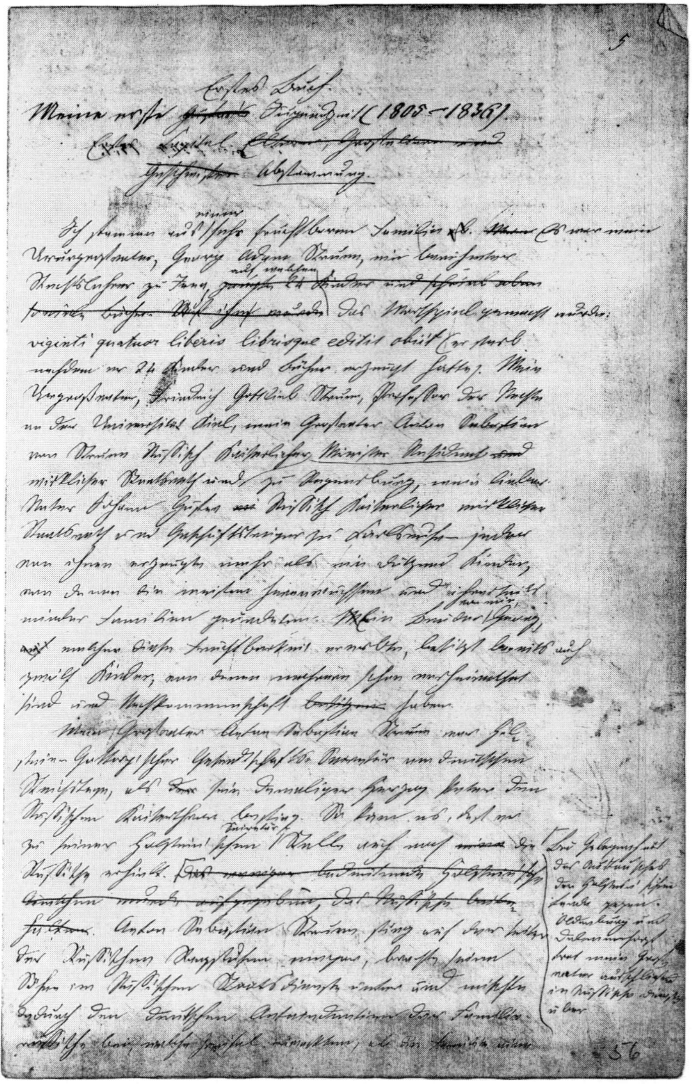

Die erste Manuskriptseite von Gustav Struves Denkwürdigkeiten, seinen ungedruckten Lebenserinnerungen.

Eine Sitzung der badischen Zweiten Kammer im Karlsruher Ständehaus (rechts oben). Johannes Ronge spricht vom Altan der Bassermannschen Villa zu den Mannheimern (1845) (rechts unten)

Karl Mathy

vereidigt waren. Ich warnte sie, die Trägheit der Masse zu unterschätzen.

– Der Damm wird von selbst brechen, sagte ich. Revolutionen werden von einzelnen weder gemacht noch verhindert. Sie sind das Werk von Millionen!

Zu denen, die den Dammbruch herbeisehnten, gehörte ich nicht. Immer noch hoffte ich aufrichtig, die alten Mächte würden die Zeichen der Zeit begreifen und einen friedlichen Übergang vom Gestern zum Morgen ermöglichen. Mir schien es möglich, durch Aufklärung und gesetzlichen Widerstand das Metternichsche System ohne Blutvergießen zum Einsturz zu bringen. Diesem Ziel diente mein Kampf mit dem Zensor.

Mir war klar, daß das *Journal* in seiner zensierten Form ein zu stumpfes Schwert war, um damit der Wahrheit eine Bresche zu schlagen. Ich begann daher kurz nach der Übernahme der Zeitung mit der Abfassung einer politischen Aufklärungsschrift, die schon Ende Juli erschien. Sie trug den Titel *Briefwechsel eines ehemaligen mit einem jetzigen Diplomaten* und enthielt, als Werk über zwanzig Bogen Umfang der Vorzensur nicht unterliegend, eine schonungslose Bestandsaufnahme der deutschen Situation. Als Form wählte ich eine erfundene Korrespondenz mit einem nicht ganz erfundenen Jugendfreund. Mir schwebte beim Schreiben die Gestalt August von Marschalls vor Augen.

Zwanzig Jahre sind verflossen, begann mein erster Brief, *seit wir gemeinsam die Collegien besuchten, an einem Tische speisten und vergnügte Abende miteinander verbrachten. Nach einigen Jahren führte uns das Schicksal wieder in Frankfurt am Main zusammen. Dort trennten sich aber unsere Wege. Du stiegst auf, wurdest Gesandter, Großkreuz, Exzellenz, mit allen Emolumenten, welche solche Würden in ihrem Gefolge haben. Ich habe den diplomatischen Dienst quittiert und keine Stelle, keinen Orden erlangt. Dennoch möchte ich mit Dir nicht tauschen. Deine Zukunft ist dunkel, meine ist licht. Deine Stellung ist bedingt durch die Knechtschaft, die meinige durch die Freiheit der deutschen Nation.*

Glaubst Du wohl, sie werde noch lange die Fesseln geduldig ertragen, welche die Carlsbader und Wiener Beschlüsse ihr anlegten? Ich glaube es nicht.

Nach dieser Eröffnung kam ich zur Sache. Meinen fiktiven Briefpartner ließ ich die Argumente der Servilen vortragen, um diese dann in meinen Antworten zu widerlegen. Dabei benutzte ich eine Taktik, die ich mir als Advokat zurechtgelegt hatte und die ich, ich erwähnte es schon, den *gesetzlichen Widerstand* nannte. Ausgehend vom Rechtsstandpunkt meines Gegners, widerlegte ich ihn mit seinen eigenen Grundsätzen. Ich bejahte sogar das Metternichsche System der Legitimität, verlangte von meinem Brieffreund jedoch seine Zustimmung zu der Definition, daß legitim sei, was den Gesetzen entspreche, nicht etwa, was irgendein Machthaber für gesetzlich halte.

Ich verwies auf die Artikel 13 und 18d der Bundesakte, den Bestimmungen über die Gewährung von Verfassung und Preßfreiheit, und zeigte auf, wie die deutschen Fürsten und ihre Gesandten in Frankfurt dieser Vorschrift dreißig Jahre lang beharrlich zuwidergehandelt hatten. Das war oft genug festgestellt und beklagt worden, doch ich betrachtete dieses Abrücken von den eigenen Zusagen von einem ganz neuen, dem strafrechtlichen Standpunkt aus. Streng juristisch führte ich den Beweis, daß die Karlsbader Beschlüsse von 1819 und die geheimen Absprachen der Wiener Konferenz von 1834 den Tatbestand des Verbrechens des *Hochverrats* erfüllten. Sowohl Grolmann als auch Feuerbach beschreiben den Hochverrat als *jede versuchte oder vollführte rechtswidrige Vernichtung der Grundgesetze des Staates.* Es fiel mir leicht zu beweisen, daß die erwähnten Beschlüsse sowohl wesentliche Bestimmungen bestehender Verfassungen beseitigt hatten, als auch, daß dies in rechtswidriger Weise geschehen war. Das Beweismaterial, die Protokolle der diversen Beschlüsse, veröffentlichte ich im Anhang des Buches.

Wäre das Ganze nur ein demagogischer Trick gewesen, hätte es nicht viel bewirkt. Was vielen auf den ersten Blick als Verdrehung der Tatsachen erschien, erwies sich aber bei genauerem Hinsehen als ein Zurechtrücken der Tatsachen. Nicht die Verteidiger der Verfassung waren die Staatsfeinde, sondern diejenigen, die sie verfolgten. Nicht wer die Versprechungen der Bundesakte einforderte, unterwühlte die öffentliche Ordnung, sondern diejenigen, die sich nicht daran hielten. Mit diesem Zurechtrücken war viel gewonnen. Es befreite die Liberalen von dem Vorwurf des Wühlertums und entriß den Servilen das Argument der Legitimität. Überdies war und bin ich selbst überzeugt von der Richtigkeit meiner Sichtweise. Das Gefühl, im Recht zu sein, gab mir die Kraft und das Selbstvertrauen im Kampf für meine Idee.

Höhepunkt und Abschluß meines *diplomatischen Briefwechsels* bildeten vier ganz undiplomatische Schreiben, die an den Fürsten von Metternich gerichtet waren. In ihnen faßte ich meine Vorwürfe noch einmal zusammen und hielt sie dem Drahtzieher der Restauration persönlich vor: Wiederholt, schrieb ich, habe er *von dem systematischen Treiben einer revolutionären Parthei* gesprochen, welche die Existenz aller Regierungen bedrohe. Seine Geheimpolizei sei in fünfundzwanzig Jahren nicht in der Lage gewesen, diese Behauptung durch Fakten zu belegen. *Allerdings*, fuhr ich fort, *besteht in Deutschland seit 1819 eine revolutionäre Parthei, deren systematisches Treiben das gemeinsame Vaterland mit den größten Gefahren bedroht. Das Haupt dieser Parthei sind Sie selbst.*

Das Buch erschien und wurde zunächst unbeanstandet vertrieben. Hinter dem harmlosen Titel vermuteten die Behörden nichts Gefährliches. Doch die freisinnigen Leser, die es fand, erkannten sofort seine Sprengkraft und empfahlen es weiter. Schon Anfang August brachten freisinnige Blätter in mehreren deutschen Hauptstädten vorsichtige, meine Kühnheit bestaunende Rezensionen. Berühmt wurde der *Briefwechsel* aber erst durch den Alarm, den die Schwarze Kommission des Deutschen Bundes schlug. Sämtliche Nachbarstaaten verfügten ein Importverbot, wodurch das Buch unter der Hand um so mehr Absatz fand.

Ende August 1845 kam Metternichs Antwort auf meine Briefe. Er schrieb nicht, sondern erschien höchstpersönlich in Mannheim. Unterwegs von Frankfurt nach Karlsruhe, stieg er im Hotel Europäischer Hof am Rhein ab und zitierte den zuständigen Regierungsdirektor Schaaff zu sich. Wie mir später ein höherer Beamter erzählte, hielt Österreichs Kanzler seinem Besucher mein Buch unter die Nase und fragte, was dagegen unternommen worden sei. Zerknirscht gestand Schaaff, daß er das Buch noch nicht gelesen habe, versprach jedoch zwischen tiefen Bücklingen, es sofort konfiszieren zu lassen und mich zur Rechenschaft zu ziehen. So geschah es dann auch. Das Aufsehen, das die Sache erregte, entschädigte mich für die Beschlagnahme der noch im Handel befindlichen und in der Druckerei lagernden Exemplare. Längst war eine genügende Anzahl nach draußen gelangt. Für die Unterdrückung meiner Argumente war es zu spät. In dem gegen mich eingeleiteten Verfahren *wegen Verbreitung staatsgefährdender Schriften* übernahm Friedrich Hecker meine Verteidigung. Er wies der Staatsanwaltschaft einen Formfehler nach und verlangte die Einstellung der Strafverfolgung.

Einschüchtern ließ ich mich ohnehin nicht. Wie Dante auf seinem Weg in die Tiefe des Höllentrichters, so ging ich unbeirrt weiter. Mehr denn je fühlte ich mich als Verteidiger des Rechts. Kaum war mein *Briefwechsel* konfisziert, als der erste Band meiner *Actenstücke der Censur des Großherzoglich Badischen Regierungs-Raths von Uria-Sarachaga* erschien. Wie ich es angekündigt hatte, veröffentlichte ich darin alle Artikel, die mir aus dem *Journal* gestrichen worden waren, sowie eine Auswahl von Beschwerden, Rekursschriften und behördlichen Bescheiden. Um dem Leser ein Bild von der Zensurpraxis Uria-Sarachagas zu geben, hob ich die von ihm gestrichenen Stellen durch roten Druck hervor.

Das Buch fand großes Interesse, nicht nur in Mannheim. Alles, was unterdrückt und dann doch zugänglich wird, kann auf die Neugier des Publikums rechnen. In diesem Fall kam aber noch hinzu, daß der Zensor längst zu einem Symbol der Despotie geworden und mein Angriff gegen ihn von aktueller politischer Bedeutung war.
Ich will dem Urtheile des geneigten Publikums in keiner Weise vorgreifen, erklärte ich einleitend. *Ich trage ihm die Acten vor und bitte zu urtheilen, ob ich Recht hatte zu schreiben, wie ich that oder Herr von Uria zu streichen, wie er that.* Die Leser lasen die vorgelegten Artikel, studierten die Zensurstriche und konstatierten die von Tag zu Tag willkürlicheren Schikanen des Zensors. Und ihr Urteil war einhellig. Selbst aus dem Regierungslager klangen entsetzte Kommentare über die vorgelegten Fakten. Wäre nur ein einziger der vielen hundert veröffentlichten Zensurstriche berechtigt gewesen, hätte man die *Actenstücke* beschlagnahmen und mich strafrechtlich verfolgen können. Doch weder der Regierungsdirektor noch der Staatsanwalt fanden eine Handhabe. Es gab eigentlich nur die Konsequenz, den Zensor wegen ungesetzlicher Amtsausübung unverzüglich zu entlassen. Doch die Regierung entschloß sich, den Kampf weiterzuführen. Sie hoffte immer noch, mich mundtot machen zu können.
Im *Mannheimer Journal* vom 26. August wollte ich eine Meldung des *Frankfurter Journals* nachdrucken, in der von Uria erwähnt war. Es ging darum, daß der Zensor zwar dem servilen *Mannheimer Morgenblatt* gestattet hatte, die Deutschkatholiken pauschal als *religionslose, sittlich verkommene und revolutionäre Subjekte* zu bezeichnen, jedoch den bloßen Hinweis auf einen Vortrag in der deutschkatholischen Gemeinde im *Mannheimer Journal* gestrichen hatte. Als der Redaktionsdiener mir den Andruck vom Zensor zurückbrachte, war in dieser Meldung nicht nur der Begriff deutschkatholische Gemeinde durch *Verein katholischer Dissidenten* ersetzt, sondern es stand auch mit Rotstift darunter: *Ist zwar wieder eine Lüge, kann indessen passiren!*

Ich sah das Blatt, nahm Hut und Mantel und lief zur Amtsstube des Zensors.
Mit finsterer Miene saß dieser unter seinem schwarzen Heiland und begrüßte mich barsch, ohne sich zu erheben. Ich warf den Andruck vor ihm auf dem Schreibtisch, deutete mit dem Finger auf seinen Kommentar und sagte ruhig, aber bestimmt:
– Ein Zensor hat, auch wo er gesetzlich handelt, kein anderes Recht als zu streichen. Da bei uns in Baden die Zensur gesetzwidrig ist, haben Hochwohlgeboren nicht einmal dieses Recht. Noch viel weniger steht es Ihnen zu, injuröse Bemerkungen zu machen. Hierzu berechtigt Sie noch nicht einmal irgendeine verfassungswidrige Verordnung. Ich verbitte mir daher derartige Beleidigungen für alle Zukunft!
Mit offenem Mund hörte Mariano von Uria-Sarachaga mich an, die Händchen übereinandergelegt, den schwitzenden Kopf vorgereckt.
– Und ich, sagte er leise, verbiete Ihnen, Herr von Stufe, weiterhin Lügen über mich zu verbreiten! Was glauben Sie eigentlich, wer Sie sind? Sie sind eine kleine Laus im Fell des Staates, die ich zerdrücken werde! Ich habe lange genug Geduld mit Ihnen gehabt.
An dieser Stelle schlug er mit der flachen Hand auf den Schreibtisch und schrie unvermittelt:
– Sie wollen mich lächerlich machen! Sie hetzen alle Welt gegen mich auf! Sie beschweren sich pausenlos über meine Amtsführung! Doch ich vertrete die Regierung, und die Regierung läßt nicht mit sich spaßen! Sie sind, sprach er weiter, nun wieder leise und den Zeigefinger der rechten Hand drohend auf mich gerichtet, Herr von Stobe, Sie sind ein Krimineller! Ich schwöre Ihnen, ich bringe Sie ins Gefängnis. Vielleicht lassen andere es Ihnen durchgehen, daß Sie einen hochverdienten Mann wie den Fürsten Metternich mit Schmutz bewerfen. Ich werde Ihre Impertinenz jedenfalls nicht länger dulden, ich nicht! Von nun an werde ich Sie mit Prozessen überziehen, bis Sie Ihres Lebens nicht mehr froh sind.

– Das bleibt Ihnen unbenommen, sagte ich. Aber Sie werden mir keinen Rechtsbruch nachweisen können. Ich verhalte mich legal. Sie sind es, Hochwohlgeboren, der gegen Recht und Gesetz verstößt!
Ich nahm den Zeitungsandruck wieder an mich und verließ mit kurzem Gruß den Raum, noch ehe der Zensor sich von seinem Entsetzen über mein Schlußwort erholt hatte.
Es gibt Zustände, schreibt Rousseau, *welche die menschliche Natur umzuschmelzen scheinen.* Ich habe das damals an mir selbst erlebt. Meine frühere Schüchternheit, meine Menschenscheu und meine Selbstzweifel waren wie fortgewischt, seit ich das Gefühl hatte, in vorderster Front für die Freiheit zu kämpfen. Karl Mathy warnte mich mehr als einmal davor, die Gefährlichkeit des Gegners zu unterschätzen.
– Sie werden versuchen, sagte er, dich mit dem ganzen Gewicht ihrer Macht zu erdrücken. Und wir werden dich wahrscheinlich nicht schützen können.
Ich tat solche Warnungen unwillig ab. Je bedrohter ich war, desto sicherer fühlte ich mich. Die Empörung über den Hochmut der Bürokratie und das offene Unrecht des Zensors überflutete meine Seele dermaßen, daß jeder Nerv meines Körpers vor Tatkraft sprühte. Aber ich blieb hellsichtig genug, die Fallstricke zu erkennen, die man mir auslegte. Man schickte mir anonyme Briefe mit falschen Informationen und hoffte, ich würde sie ungeprüft im *Journal* veröffentlichen. So versicherten mir zwei angebliche Gesandtschaftssekretäre des Bundestags, die Härte der von Uria geübten Zensur beruhe darauf, daß dieser ein heimliches Mitglied des Jesuitenordens sei. Die beiden Unterzeichner des Schreibens behaupteten, sie hätten Beweise, doch ich stellte fest, daß an der Sache nichts Wahres war. Ein andermal erhielt ich einen Brief aus Freiburg im Breisgau, worin mir mitgeteilt wurde, der Herausgeber der *Oberrheinischen Zeitung,* Emmerling, sei bei der Rückkehr vom Theater vor wenigen Stunden ermordet worden. Der Verdacht zur Anstif-

tung der Tat fiele auf die badische Regierung. Auch das war frei erfunden. Hätte ich von einer dieser oder ähnlicher Fehlinformationen, die ich erhielt, ungeprüft Gebrauch gemacht, wäre mir unweigerlich der Strick daraus gedreht worden.

Doch ich stand nicht allein. Itzstein protestierte namens der liberalen Kammermehrheit gegen die Praxis von Uria-Sarachaga, wie sie durch meine *Actenstücke* zutage getreten war, und forderte die Ablösung des Beamten. Als das nichts half, riefen die führenden Liberalen Mannheims, namentlich Bassermann, Itzstein, Mathy, Soiron und Streuber, zu einer öffentlichen Versammlung auf. Am Abend des 15. September 1845 sollten *alle Freiheitsfreunde* in den Badener Hof kommen, um sich auszusprechen über die *Handhabung der Censur* und *die Aufreizungen gegen das Mannheimer Journal.* Selbstverständlich strich Uria-Sarachaga den Abdruck der Einladung, das Ministerium untersagte die Versammlung, und selbst der Bericht über dieses Polizeiverbot wurde aus der Zeitung zensiert.

Soeben bringt mir meine Frau das Morgenblatt der *Neuen Freien Presse*, und ich finde nach einigem Herumblättern auf der achten Seite über die gestrige Arbeiterdemonstration eine Sechzehn-Zeilen-Meldung im Lokalteil nach den Selbstmorden und dem Diebstahl vom Tage. Die vereinslosen Arbeiter, lese ich, hätten gestern nach einer Versammlung im Kaffeehaus Zobel *wieder willkommenen Anlaß* zum Lärmschlagen gefunden und seien *in Reih' und Glied, Freiheitslieder singend* durch die Fünfhauserstraße marschiert, *begleitet von sechzig Sicherheitswachmännern.* Über die Verhaftungen und den Bajonettsturm der Polizei nicht die geringste Andeutung. Kein Zweifel, da war der Zensor am Werk.

8

Am frühen Nachmittag des 24. September 1845 – das Datum bleibt ewig meinem Gedächtnis eingeprägt – trat ein graubärtiger Mann in meine Stube. Ich war gerade dabei, die zweite Fassung des *Journals* zusammenzustellen, und daher etwas ungehalten über die Störung.

– *Excuzez-moi, Monsieur,* sagte der Besucher und salutierte militärisch, während er die Hacken zusammenschlug. Ich wünschte, das Schicksal zwänge mich nicht, Ihnen etwas von der wertvollen Zeit zu stehlen, die Sie als *éditeur* Ihres hochgeschätzten Journals der Freiheit und dem Fortschritt widmen. Aber, wie das Sprichwort sagt, *le besoin rend l'homme hardi.*

Überrascht blickte ich auf. Die norddeutsch nasalierende Art, französische Wörter auszusprechen, hatte mich schon im ersten Moment an meinen Vater erinnert. Und dieses Sprichwort klang doppelt vertraut. Doch die Gestalt, die ich vor mir sah, war meinem Vater ganz und gar unähnlich. Der Mann wirkte verwahrlost. Er war um die Sechzig, breit, kantig, verwittert. Sein brauner Überrock war an den Aufschlägen so stark abgestoßen, daß das weiße Futter durch den Stoff schimmerte. Mit einer weltmännischen Verbeugung, den schäbigen Zylinder aus lächerlich blauem Samt nach Art eines Zirkusdirektors durch die Luft führend, stellte er sich vor als Johann Friedrich Düsar, Sprachlehrer. Er hatte einen wunderbaren Schädel, kahl, wuchtig, mit kurzgeschnittenem Haarkranz. Ich bat den Mann, sich auf den Besucherstuhl zu setzen und einen Moment zu warten.

Während ich den Andruck, den ich gerade erhalten hatte, zu Ende korrigierte, fiel mir ein, woher ich den Namen Düsar kannte. Über einen Düsar war eine skandalöse Geschichte im Umlauf, welche die Gemüter der biederen Mannheimer beschäftigte. Der Mann, hieß es, habe seine junge Frau an einen wohlhabenden Fremden fortgeschrittenen Alters regelrecht verkauft

und nach dessen Tod den Gewinn des Geschäfts, man sprach von tausend Gulden, gemeinsam mit ihr in der Wiesbadener Spielbank verspielt.
Ich rief den Redaktionsdiener, gab ihm die Unterlagen für den Zensor und kehrte zu meinem Schreibtisch zurück.
– Sie sind also Friedrich Düsar ... Kann es sein, daß ich von Ihnen schon gehört habe?
– Was Sie, *Monsieur,* sagte er eilig, möglicherweise über mich gehört haben, ist eine Verleumdung. Eine der Häßlichkeiten, welche die honetten Spießer dieser liebenswerten Stadt von Zeit zu Zeit in Umlauf setzen. Was mich und meine Gattin angeht – ich habe den Auftrag, Sie von ihr zu grüßen! –, so versichere ich Ihnen, daß kein wahres Wort über uns erzählt wird. Wissen Sie, ich bin ein alter Mann, *un vieux singe,* und sie ist immer noch eine *belle rose,* das läßt den Krämerseelen einer solchen Stadt keine Ruhe. Sie suchen das Geheimnis meines Glücks zu ergründen und denken sich die merkwürdigsten Klatschgeschichten aus. Aber ich sehe die Ungeduld in Ihrem Gesicht, *Monsieur,* und will daher zur Sache kommen. Mein Anliegen betrifft meine erwachsene Tochter Amalie. Wie kann ich sie Ihnen beschreiben?
Unvermittelt begann er französisch weiterzureden, auf die mir so merkwürdig vertraute Art. *Elle est bien née,* sagte er, *elle est d'un bon naturel; elle a le cœur très sensible, et cette extrême sensibilité lui donne quelquefois une activité d'imagination difficile à modérer. Elle a l'esprit moins juste que pénétrant, l'humeur facile et pourtant inégale, la figure commune, mais agréable, une physionomie qui promet une âme et qui ne ment pas; on peut l'aborder avec indifférence, mais non pas la quitter sans émotion. D'autres ont de bonnes qualités qui lui manquent; d'autres ont à plus grande mesure celles qu'elle a; mais nulle n'a des qualités mieux assorties pour faire un heureux caractère. Elle sait tirer parti de ses défauts mêmes; et si elle était plus parfaite, elle plairait becoup moins.*
Mir kam diese schwärmerische Beschreibung irgendwie bekannt

vor. Ich hatte das Gefühl, diese ganze Situation schon einmal erlebt zu haben. Nein, nicht Rousseaus Sophie fiel mir ein, sondern Mandaras geliebte Urwasi, ihre braune Haut, ihr lächelndes Gesicht im blauen Licht der indischen Nacht.

– Da Ihre Zeit kostbar ist, fuhr der alte Mann fort, will ich Sie ohne Umschweife um den Gefallen bitten, mir bei der Suche nach einer anständigen Stellung für meine Tochter zu helfen. Denn sehen Sie, ob wahr oder nicht, das böse Gerede versperrt dem Mädchen alle Türen. Sie war bei einer Familie in Happersheim als Erzieherin für die Kinder eines sehr vornehmen und wohlbestallten Beamten. Zu dessen vollster Zufriedenheit, wie die mitgebrachten Zeugnisse beweisen! Auf eigenen Wunsch hat sie die Stellung gekündigt und ist vor ein paar Tagen überraschend nach Hause zurückgekehrt. Über die Ursache ihrer überstürzten Kündigung schweigt sie sich beharrlich aus, doch da Sie, *Monsieur*, ein Mann von Erfahrung sind, werden Sie sich einen Reim auf ihr Verhalten machen können. Ich sage nur, daß das gute Mädchen in Abwesenheit der Madame – sie weilt wohl auf Kur – die Koffer packte. *Alors*, Amalie ist zwanzig und, ich deutete es an, ungewöhnlich hübsch und ehrenhaft. *Mais maintenant?* Im honorigen Mannheim findet die Tochter eines napoleonischen Legionärs, mit dessen Ruf es nicht zum besten steht, keine Anstellung als Erzieherin. Und in die Einsamkeit eines Landhauses mag das scheue Mädchen unter keinen Umständen zurück, es sei denn in einen Haushalt ohne Männer. *Elle n'est pas tout à fait exempte de caprice.* Jedenfalls ist es unmöglich, sie zu etwas zu drängen, was sie nicht will. Und so stehe ich als ratloser Vater vor Ihnen, einem unvoreingenommenen Mann und Herold des Fortschritts, und bitte Sie, ein gutes Wort für das Kind einzulegen, bin ich doch gewiß, Sie können mir helfen, weil Sie alle wichtigen Leute in dieser Stadt ...

Bitten wie diese wurden damals häufig an mich herangetragen. Auf der einen Seite bewegte es mich, daß viele mit ihren Nöten und Sorgen zu mir kamen, auf der anderen Seite fühlte ich mich überfordert. Während Düsar noch redete, suchte ich nach einer schonenden Formulierung, um ihn abzuweisen. Offenbar sah er mir das an, denn unversehens wechselte er die Tonart.

– Was soll ich Ihnen vormachen? sagte er resigniert. Es fällt mir verdammt schwer, den Bittsteller zu spielen. Als einstiger Corporal der *Grande Armée*, als Mann von Welt und Lebensart ist es mir zuwider, Sie um Hilfe zu bitten. Aber ich befinde mich in einer höchst peinlichen Lage. Rundheraus gesagt: Wir sind am Ende. Meine Frau und ich haben uns bisher recht und schlecht durchhungern können, doch nur weil uns Amalie jeden Kreuzer zukommen ließ, den sie zugesteckt bekam. Nun ist auch sie ohne Verdienst, und wir sind, ich habe noch einen unmündigen Sohn, zu viert. Wie teilt man nichts durch vier? Wir leben von dem, was uns Freunde und mitleidige Nachbarn abgeben. Täglich gehe ich zum Metzger und frage nach Abfällen für den Hund. Dabei habe ich längst keinen Hund mehr. Ich schäme mich zu sagen, daß wir die Abfälle brauchen, um nicht zu verhungern. Verstehen Sie mich recht, Monsieur. Ich bitte Sie nicht um eine Gunst. Dies ist ein Hilfeschrei! Wenn Amalie nicht bald Arbeit findet ...

– Ich fürchte, sagte ich, Sie überschätzen meinen Einfluß. Aber gut, ich werde mich umhören, ob in meinem Bekanntenkreis eine junge Erzieherin gebraucht wird. Sie sagen, es sind Zeugnisse vorhanden?

– Ausgezeichnete Zeugnisse, Lobeshymnen. Amalie ist eine sehr gute Lehrerin. *Elle a l'esprit agréable sans être brillant, et solide sans être profond; un esprit dont on ne dit rien, parce qu'on ne lui en trouve jamais ni plus ni moins qu'à soi. Elle a toujour l'esprit qui plaît aux gens qui lui parlent.* Aber was rede ich, Sie müssen das Mädchen kennenlernen. Erlauben Sie mir, daß ich Ihnen Amalie vorstelle. Unterwerfen Sie ihre Kenntnisse einer Probe. Sie werden überrascht sein, mag es sich um die französische oder englische Sprache, um Geographie, Geschichte oder griechische

Mythologie handeln. Wenn es Ihnen recht ist, hole ich meine Tochter sofort her ...

Und schon war er aufgestanden und zur Türe geeilt. Er nahm Haltung an und meldete, er sei gleich wieder zurück, ich möge ihm gewogen bleiben. *Il ne faut pas laisser croître l'herbe sur le chemin de l'amitié!*

Ich wandte mich wieder meiner Arbeit zu. Merkwürdig, wie deutlich mir jede Minute dieses Tages in Erinnerung ist. Durch das Fenster fiel mildes Herbstlicht, in dem der Staub tanzte. Es roch nach Äpfeln, weil bei Fränzels gesaftet wurde. Alle Geräusche der Straße und des Hauses klangen, als wären sie in Watte gepackt. Und ich saß an meinem Schreibtisch und schrieb mit kratzender Feder eine neue Beschwerde an das *Großherzogliche wohllöbliche Stadtamt:*

Gestern nachmittag um 4 Uhr befand sich Adam Münck von hier in dem Weinhause von Pfeiffer auf den Planken und hatte drei Exemplare meines Werkes *Actenstücke der Censur des Großherzoglich Badischen Regierungs-Raths von Uria* bei sich. Zwei Gendarmen betraten das Wirtszimmer, gingen auf Münck zu und nahmen ihm die Bücher ab mit dem Bemerken, sie hätten dazu Auftrag vom Großherzoglichen Stadtamte. Herr Münck war von mir beauftragt, die in meinem Verlag veröffentlichten Exemplare vorgenannten Werkes an Besteller auszuliefern. Somit erscheint die bezeichnete Tat sowohl als ein Mißbrauch der Amtsgewalt als auch ein Eingriff in mein Privateigentum, der sich in keiner Weise rechtfertigen läßt. Ich erwarte die Untersuchung des Vorfalls und stelle den Antrag, die beiden Gendarmen wegen gesetzwidrigen Benehmens in angemessener Weise zu bestrafen und mir die drei weggenommenen Exemplare meines Werkes ungesäumt zurückzustellen.

Andere Schreiben mußten aufgesetzt, Briefe beantwortet, Korrespondentenberichte redigiert werden. Zwischendurch kamen und gingen Besucher. Die Sonne verließ meine Stube, ich schloß das Fenster. Schon war es Zeit, die Lampe anzuzünden. Ich

hatte den Alten fast vergessen. Doch gegen 7 Uhr abends hörte ich Schritte die Holztreppe heraufkommen und gleich darauf Pochen an der Tür.
Seine Tochter vor sich herschiebend, betrat Düsar das Zimmer. Ich war vom Licht der Schreibtischlampe geblendet und sah zunächst nur zwei Silhouetten. Die Feder ins Tintenfaß stellend, erhob ich mich und begrüßte meine Besucher.
Das war der Augenblick, in dem ich Amalie Düsar zum erstenmal sah. Wie oft habe ich daran zurückgedacht, dankbar und mit schmerzlicher Sehnsucht! So wie sie damals vor mir stand, ist sie mir im Gedächtnis geblieben. Sie trug ein blaßrotes Leinenkleid mit weiten Ärmeln, ein weißes Tuch über den Schultern, schwarze Schnürschuhe. Mit spürbarem Trotz hielt sie meinem prüfenden Blick stand, sah mich aus großen braunen Augen herausfordernd an. Es waren unvergleichliche Augen, von langwimprigen Lidern halb bedeckt. Die Mundwinkel waren ganz leicht nach unten gezogen, nicht so, als hätten sie Spott oder Verachtung signalisieren wollen, doch den Eindruck des lidverhangenen Blicks verstärkend. Das dichte braune Haar war hochgesteckt, Korkenzieherlocken schaukelten vor zierlichen Ohrmuscheln. Mein Gott, man kann die Einzelheiten vielleicht beschreiben, aber was besagen sie schon! Unbeschreibbar bleibt der Zusammenklang der Gesichtszüge, der Zauber der Erscheinung, die Anmut des Wesens. Ich drückte eine schmale Hand und hörte nicht auf, Amalie anzustarren. Kaum ein Wort erreichte mich von der Entschuldigung des Alten. Wortreich erklärte er die Verspätung. Es sei schwer gewesen, seine Tochter zum Mitkommen zu überreden; sie sei nun einmal ungewöhnlich selbstbewußt und mißtrauisch, vor allem den Männern gegenüber; was ja eigentlich nicht verkehrt sei, denn, nicht wahr, *belle femme a peine à rester chaste*, die Mutter habe sie vor den Männern gewarnt, und nun mache das gute Kind keinen Unterschied zwischen einem Schürzenjäger und einem Herrn von Bildung und Lebensart. So plapperte der Graubärtige, während

ich in verschleierte Augen blickte und das Gefühl hatte, ... erlöst zu sein.

Das Fühlen schildern kann der Worte Klang
Unmöglich. Nur die Erinnerung derer wecken,
Denen es selber einst das Mark durchdrang.

Wahrscheinlich dauerte dieser erste Blickwechsel nicht so lang, wie ich es in Erinnerung habe. Die Konvention forderte ihr Recht. Wir nahmen Platz, sprachen über Belanglosigkeiten. In sachlichem Ton begann ich, die junge Frau zu examinieren. An die Fragen, die ich stellte, kann ich mich nicht mehr erinnern. Ich weiß nur noch, daß Amalie sehr befangen war. Mit weicher, kehliger Stimme antwortete sie stockend, setzte neu an, suchte nach Worten. Ich beobachtete jede Bewegung ihrer Lippen, den wechselnden Ausdruck der geheimnisvollen Augen, die im Schoß gefalteten Hände.
Mühsam brachten wir die Prüfung hinter uns. Sie kam mir wie eine Farce vor. Ich spielte die Rolle des Examinators nur, und dies schlecht, denn ich war nicht bei der Sache. Düsar verfolgte, zunehmend entspannter, das Wechselgespräch. Mir war, als hätte er meine Verwirrung bemerkt und richtig gedeutet. Mit dem Gefühl, entlarvt zu sein, brach ich vorzeitig ab und sagte:
– Das genügt, ich habe meinen Eindruck gewonnen. Ich werde mein möglichstes tun, liebe Mademoiselle Düsar, um Ihnen zu einer angemessenen Stellung zu verhelfen. O nein, danken Sie mir erst, wenn ich etwas getan habe für Sie. Im Augenblick habe ich zu danken. Ihr Besuch hat mich ... gefreut.
Wir standen auf, verabschiedeten uns. Der alte Düsar klackte, den Zylinder vorm Bauch, die Hacken zusammen und sagte, eine Spur zu vertraulich:
– *Mon cher ami,* ich kann nur schwer in Worte fassen, wie sehr mich Ihre Hilfsbereitschaft erfreut und beschämt. Und doch wage ich es, eine letzte Bitte an Sie zu richten, die Sie mir gewiß

ebensowenig abschlagen werden wie die, mit der ich vor Stunden zu Ihnen gekommen bin. Besuchen Sie uns. Machen Sie mir, meiner Gattin und Amalie die Freude, Sie in unserer bescheidenen Behausung zu begrüßen. Wir wohnen draußen vor der Stadt in einer Laube, und gerade jetzt, wo die warme Jahreszeit zu Ende geht, wird ein Abend in unserem Garten Sie erfrischen und beflügeln. Kommen Sie recht bald, womöglich noch heute, denn wer weiß, ob der schöne Herbst, dessen wir uns derzeit erfreuen, noch lange anhält.
Scheinbar gelangweilt und bereit zum Gehen, stand Amalie an der Tür und betrachtete gleichgültig meine Gipsabdrücke, die scharfe Schatten an die Wand warfen.
– Ich glaube, hörte ich Düsar, auch Amalie würde sich freuen, ein wenig mit Ihnen zu plaudern. Auf diese Weise könnten Sie sie besser kennenlernen als in einem solchen Prüfungsgespräch. Nicht wahr, Amalie?
– Gewiß, antwortete sie weich. Sie warf den Kopf in den Nacken und streifte einige ihrer Korkenzieherlocken mit einer entschiedenen Handbewegung nach hinten. Gewiß, Herr von Struve ist mir willkommen.
Die Deutlichkeit des Bildes schmerzt. Weine ich? Sentimentale Schwäche, senile Rührseligkeit. Nicht einmal bei Amalies Beerdigung habe ich geweint, oben auf der windigen Höhe von Staten Island. Mit erstarrter Miene stand ich am offenen Grab, sah, wie vier Männer in zerknitterten Anzügen den Sarg abließen. Betrachtete mit festem Blick das kahle Geäst der Bäume vor dem wintergrauen Himmel Amerikas. *Nearer, my God, to Thee*, sang die kleine Gemeinde, und sachlich stellte ich fest, daß Reverend Kirkpatrick eine sehr wohltönende Stimme hatte. Ich war verwundert, wie gefaßt ich war. Keine Träne vergoß ich an jenem Tag. Warum also jetzt?
Ich kann nicht weiterschreiben.

9

Über Amalie Düsars Herkunft erfuhr ich erst spät die ganze Wahrheit. Der Leser soll sie jedoch schon an dieser Stelle kennenlernen. Er wird dann leichter verstehen, warum ich glaube, daß Amalie für mich bestimmt war. Die Einzelheiten der folgende Geschichte kenne ich aus den Erzählungen von Amalies Mutter Elisabeth. Amalie hat nur ungern über ihre Kindheit gesprochen. Erzählenswert ist die Geschichte unbedingt, auch ist Amalie ohne ihre Vorgeschichte nicht zu verstehen, und ohne Amalie wäre mein Leben nicht der Rede wert.

Im Jahre 1823 – ich studierte damals in Heidelberg – lebte zu Mannheim ein geachteter Bürger namens Siegrist. Von Beruf war er sowohl Kupferstecher als auch Pastetenbäcker, von Charakter ein Sonderling. Bei der Geburt des einzigen Kindes, einer Tochter namens Elisabeth, war ihm zwanzig Jahre zuvor die geliebte Frau gestorben, die er gegen große Widerstände geheiratet hatte. Aus Schmerz über ihren Tod hatte er sich von der Welt zurückgezogen und verließ nur im Falle äußerster Notwendigkeit sein Haus. Als ihm der Arzt verordnete, an die frische Luft zu gehen, stellte er sich an ein offenes Dachfenster.

In dem Haus, das er mit seiner zwanzigjährigen Tochter bewohnte, wimmelte es von Tieren. Katzen aller Arten und Farben räkelten sich auf Stühlen und Fensterbänken, sprangen auf Tisch und Ofen, huschten über die Treppen und schlichen durch die Gänge. Ein halbes Dutzend zugelaufener Hunde tummelte sich in Haus und Garten und verbellte Passanten. Unterm Dach gurrten Tauben, auf dem Kamin hatte ein Storchenpaar sein Nest, Spatzen und Schwalben nisteten in den Ritzen der Fensterläden, die ihnen zuliebe nicht mehr zu ihrem Zweck verwendet wurden. Siegrist war ein friedliebender Mann, dem die Natur heilig war. Wie er seinen fliegenden, schleichenden und springenden Hausgästen jede Freiheit gestattete, so ließ er auch Gras und Gestrüpp in seinem Garten nach Belieben wachsen,

denn er vertrat die Ansicht, der Mensch habe nicht das Recht, zwischen Kraut und Unkraut zu unterscheiden. Seinesgleichen begegnete er mit ähnlicher Nachsicht. Obwohl ein Bewunderer Voltaires und Montesquieus, gehörte ein katholischer Pastor zu seinem kleinen Freundeskreis; einer, der ursprünglich gekommen war, ihn in den Schoß der Kirche zurückzuführen, was sich freilich als undurchführbar erwiesen hatte. Auch ein ehemaliger Legionär Napoleons und der ganz in der Nähe wohnende August von Kotzebue waren gerngesehene Gäste in der Wohnstube des Witwers. Mit dem reaktionären Komödiendichter diskutierte der Kupferstecher viele Nachmittage lang, ohne zu verletzen oder verletzt zu sein. Ausgenommen von seiner Toleranz blieb in gewisser Weise nur seine Tochter. Eifersüchtig bewachte er ihr Kommen und Gehen, warnte sie aus väterlicher Sorge vor jedem Mann, von dem sie erzählte, und ließ keinen unter vierzig in sein Haus. Doch da sie es war, die zum Einkaufen ging und den Kontakt zur Außenwelt unterhielt, konnte er es nicht verhindern, daß man seiner Tochter den Hof machte. Elisabeth Siegrist war eine hübsche, wohlgewachsene Blondine, heiter, munter, witzig und voll Liebenswürdigkeit. Wie hätte ein Mädchen wie sie unbeachtet bleiben können.
Gelegentlich stand sie, ein Laken um den nackten Körper geschlungen, ihrem Vater Modell. Er hatte eine Vorliebe für Motive aus der griechischen und römischen Sagenwelt. Amalies Mutter hat mir einige der Kupferstiche ihres Vaters gezeigt, und besonders eingeprägt hat sich mir eine Zeichnung, auf der sie eine Sabinerin darstellt, die halb entblößt, mit abwehrend erhobenem Arm und schreckhaft geweiteten Augen von einem stämmigen Römer über die Stufen eines Tempels gezerrt wird.
Ein Römer war es gerade nicht, der Elisabeth Siegrist aus ihrem Idyll riß, aber immerhin ein junger Dragonerleutnant mit schwarzlockigem Haar, braunen Augen und einem spöttisch-leichtsinnigen Mund. Verdächtig oft ritt er am Haus des Tierfreundes vorbei, dessen Tochter ihm erst verschleierte Blicke

und dann versiegelte Brieflein zuwarf. Vergeblich warnte der Vater seine Elisabeth davor, sich mit einem Offizier einzulassen, dem die Verbindung mit einem Bürgermädchen verboten war. Gegen Liebe ist der Verstand ohnmächtig. Hinter dem Rücken des Vaters verabredete sich Elisabeth mit ihrem Dragonerleutnant, und das Verhältnis zwischen den beiden wurde durch die notwendige Heimlichkeit nur um so inniger. Sie schworen einander ewige Liebe und versprachen sich, allen Verboten und Hemmnissen zum Trotz aneinander festzuhalten. Wie hätte Elisabeth, behütet und zum Glauben an das Gute erzogen, an den geflüsterten Beteuerungen des jungen Offiziers zweifeln können? Nur halbherzig und ihrem Gewissen zuliebe wehrte sie sich einige Zeit gegen seine Verführungskünste. Dann, eines Januarabends auf dem Heuboden der großherzoglichen Stallungen, gab sie den Widerstand auf. Von da an ließ das Interesse des Offiziers an der Tochter des Kupferstechers deutlich nach. Nur noch selten ritt er unter ihrem Fenster vorbei, fast nie hatte er Zeit, sie zu sehen. Und als die Verführte ihm zwei Monate nach jener Heubodenszene erklärte, sie erwarte ein Kind, schlich sich der Offizier ganz aus ihrem Leben. An seine Schwüre wollte er sich nicht mehr erinnern.

Von dieser Geschichte erfuhr ich erst lange nachdem ich Amalie, die Frucht jenes Fehltritts, kennengelernt hatte. Um so merkwürdiger scheint es mir, daß mir der treulose Dragonerleutnant nicht unbekannt war. Er hieß Alexander von Sickingen. Ja, der Schwager meiner hustenden, zärtlichen Beatrice war der Verführer von Elisabeth Siegrist. Der windige Don Juan, dem ich im Februar 1826 auf jenem unvergessenen Maskenball der Großherzogin Stephanie gegenüberstand. Was für eine seltsame Verknüpfung der Schicksalsfäden! Die Frau, die mein Leben verändern sollte, war gerade zwei Jahre alt, als ihr Erzeuger mir klarmachte, daß die andere, von der ich träumte, unerreichbar sein würde für mich.

Leichtsinnig und liebestoll hatte dieser Mensch nicht nur

Amalies Mutter verführt, sondern auch die älteste Tochter des Freiherrn von Andlaw. Auch dieses Verhältnis blieb nicht ohne Folgen, nur konnte sich in diesem Fall der Offizier nicht einfach davonstehlen. Der Vater dieser Verführten besaß Macht und Einfluß genug, den jungen Mann zur Einlösung seiner Versprechen zu zwingen. Hätte er das Adelsfräulein nicht zum Altar geführt, wäre er aus der Armee ausgestoßen worden.
Als Elisabeth Siegrist erfuhr, daß der Vater des Kindes, das sie im Leib trug, eine andere geheiratet hatte, verzweifelte sie. Erst jetzt, wo sie keinen Ausweg mehr sah, brachte sie es über sich, dem Vater die Wahrheit zu gestehen.
Der alte Mann saß in seiner Werkstatt über eine Kupferplatte gebeugt und von Katzen umschnurrt, als seine Tochter zu ihm kam. Stockend zuerst, dann hastig, schließlich unter Tränen erzählte sie ihm, was geschehen war. Wie erstarrt sah der Alte von seiner Arbeit auf, den Mund halb offen, die Augen geweitet, den Stichel in der zitternden Hand, ein paar Minuten lang, wie gelähmt. Dann sackte er mit einem Seufzer in sich zusammen, fiel vornüber auf die Gravur und war tot.
Abgesondert von den anderen Trauernden, gesteinigt von feindseligen Blicken, stand Elisabeth Siegrist am offenen Grab des Vaters und beschloß, zu überleben um des Kindes willen, das unter ihrem schwarzen Kleid heranwuchs. Am 2. Oktober 1824 kam es zur Welt und wurde eine Woche später auf den Namen Elise Ferdinande Amalie getauft. Man wollte den Säugling der Mutter wegnehmen. Einer mittellosen, unverheirateten Frau war es damals wie heute unmöglich, ein Kind angemessen zu versorgen. In ihrer Angst, es zu verlieren, erinnerte sich Elisabeth an einen Freund ihres Vaters. Dieser hatte verschiedentlich um ihre Hand angehalten und war immer lachend abgewiesen worden. Er hieß Friedrich Düsar.
Schon damals war er ein übelbeleumundeter Mann, ein Bohemien und Hasardeur mit jakobinischen Ansichten. Geboren in Norddeutschland, war er als junger Mann nach Paris gezogen,

um an der Französischen Revolution teilzunehmen. Später hatte er als Soldat der *Grande Armée* halb Europa durchstreift und war auch dabeigewesen, als die Franzosen im Oktober 1805 München besetzten. Vieles spricht dafür, daß er unter dem Fenster meiner Mutter vorbeimarschierte, als ich geboren wurde. Nach Napoleons Sturz war Düsar eine Zeitlang ruhelos herumgezogen, unfähig zu geregelter Arbeit, ans Landsknechtsleben gewöhnt, ein Spieler von Natur, ein Genußmensch aus Neigung. Ein Zufall hatte ihn nach Mannheim geführt, wo er hängengeblieben war. Er ernährte sich recht und schlecht dadurch, daß er Französischstunden gab. Als ihn Elisabeth Siegrist an seinen Heiratsantrag erinnerte, war er bereits Ende Vierzig.
Friedrich Düsar entsprach gewiß nicht dem Bild, das sich eine junge Frau von einem Ehemann macht. Doch in ihrer Lage konnte die unglückliche Tochter des verstorbenen Kupferstechers keine Ansprüche stellen. Sie mußte froh sein, daß Düsar sie nahm. Zum Glück mußte sie die Wahl nicht bereuen. Der vermeintliche Taugenichts entpuppte sich als untadeliger Ehemann. Für eine Frau, die ihn nicht liebte, und ein Kind, das nicht das seine war, gab er sein wildes Leben auf und versuchte ernsthaft, als Sprachlehrer Fuß zu fassen. Amalie war er ein treusorgender, liebevoller Vater. Vier Jahre nach der Heirat schenkte ihm seine Frau einen leiblichen Sohn, den er in Erinnerung an einen gefallenen Kriegskameraden Pedro nannte. Nie ließ er Amalie spüren, daß sie nicht sein wirkliches Kind war.
Auch wenn Friedrich Düsar tat, was er konnte, und mehr als von einem Mann mit Soldatenblut erwartet werden kann, waren die Verhältnisse, in denen Amalie aufwuchs, armselig genug. Aus dem Haus mit den Störchen auf dem Dach hatten Gläubiger und Verwandte Elisabeth Siegrist vertrieben. Düsars kleine Familie hauste in wechselnden Elendsquartieren – dunklen Speichern, feuchten Kellerräumen und zugigen Gartenhäuschen. Sie zog um, wann immer die Geduld des auf seinen Mietzins wartenden Vermieters erschöpft war. Hungern mußte Amalie nicht.

Doch es fehlte an vielem, auch wenn die Mutter mit Näh- und Strickarbeiten mühsam dazuverdiente. Der alte Düsar, wer will es ihm verdenken, ertränkte seine Sorgen zuweilen in Alkohol. Mehr als das häusliche Elend bedrückte das kleine Mädchen die Mischung aus Neugier und Verachtung, mit der man ihm begegnete. Die traurigen Umstände seiner Geburt gehörten zum Kernbestand des Mannheimer Straßenklatsches. Blicke verfolgten Amalie, wenn sie zur Schule ging. Man tuschelte hinter ihrem Rücken, spottete über ihre *aristokratische Blässe* und ihre großen braunen Augen. Die Mitschüler mieden sie und riefen ihr im Streit *Bankert* nach.

Früh begann sie eine unsichtbare Mauer um sich zu bauen. Auf kein Kind paßte je der Ausdruck *verschlossen* besser als auf sie. Niemand durfte sie berühren, keinen weihte sie in ihre Träume ein. Selbst ihre Mutter hatte es schwer mit ihr. Die Kleine war stolz, fast hochmütig. Insgeheim hielt sie sich für eine Prinzessin im Kleid Aschenputtels. Von ihrem Vater wußte sie nur, daß er von Adel und treulos war. Sie machte sich ein übertrieben stattliches Bild von ihm, stellte sich vor, er sei ein mächtiger Fürst, verzehrt von Reue und Sehnsucht nach seinem Kind. Aus solchen Phantasien nährte sie ihr Selbstbewußtsein, das, als sie zur Frau zu werden begann, in bewundernden und begehrlichen Blicken Bestätigung fand. Sie war ungewöhnlich schön. Doch alle Komplimente prallten an der sie umgebenden unsichtbaren Wand ab. Gewarnt durch das Schicksal ihrer Mutter, mißtraute sie jedem männlichen Wesen. Nur widerwillig war sie mit achtzehn Jahren als Kindermädchen und Erzieherin von zu Hause weggegangen. So wie sie aussah, konnte sie nirgends hin, ohne sich aufdringlicher Männer erwehren zu müssen. Die Erfahrung in ihrer Stellung in Happersheim hatte ihrem Argwohn einmal mehr recht gegeben.

Im Umgang mit Männern zeigte sie sich aufreizend kalt. Am ersten Abend, den ich in der Familie Düsar zubrachte, würdigte sie mich kaum eines Blickes. Ich fühlte mich dadurch nicht verletzt. Ich wußte wohl, daß ich kein anziehender Mann war. Auch wenn ich verliebt war in ihre unglaublichen Augen, erwartete ich nicht, daß sie meine Zuneigung erwiderte. Doch ihr Vater, der mich nach meinem Besuch zum Gartentor begleitete, machte mir Mut.

– *Quoique toute femme veuille plaire aux hommes,* sagte er, *il y a bien de la différence entre vouloir plaire à l'homme de mérite, à l'homme vraiment aimable, et vouloir plaire à ces petits agréables qui déshonorent leur sexe.* Kommen Sie wieder, *Monsieur,* machen Sie meiner Gattin und mir die Freude. Wie wär's mit Sonntag nachmittag?

Der Hoffnung, Amalie näherzukommen, konnte ich nicht widerstehen. Ich sagte zu. An einem blaudunstigen Septembernachmittag wanderte ich abermals hinaus zu dem Schreberhäuschen am nördlichen Rand der Stadt. Ich schließe die Augen und versetze mich zurück, spüre die Wärme der Sonne auf dem Rücken, höre gedämpften Glockenschlag aus der Stadt und das Knirschen meiner Schritte auf dem sandigen Weg durch die Gärten. Hinter den Holzzäunen zu beiden Seiten blühen Astern, Stockrosen und Strohblumen. Bienen und Wespen umsummen die Blüten, es riecht nach feuchter Erde und verbranntem Laub.

An der Pforte des Gärtleins, in dem Düsars Hütte stand, empfing mich Pedro, Amalies fünfzehnjähriger Bruder. Er hatte nach mir Ausschau gehalten und begrüßte mich wie einen lange erwarteten Ehrengast. An Fliedersträuchern, Obstbäumen und Gemüsebeeten vorbei führte er mich zu dem Häuschen. Bei Tag wirkte es noch elender. Düsar kam mir entgegen.

– *Bienvenue, Monsieur,* rief er. Meine Frau und meine Tochter freuen sich schon auf Sie. Ihnen zu Ehren haben sie Brombeeren gesammelt und einen Kuchen gebacken, fragen Sie mich nicht, woraus, aber sie haben ihn gebacken, und er sieht prächtig aus!

Nach Süden zu, mit Blick auf die dunstblaue Silhouette Mannheims, saßen an die warme Holzwand der Hütte gelehnt Amalie

und ihre Mutter hinter einem liebevoll gedeckten Tisch. Diesmal sah mir Amalie ins Gesicht, als sie mir die Hand reichte.
Wir tranken Tee und aßen Brombeerkuchen, während ich von meiner Kindheit in Stuttgart erzählte, auf die ich angesichts des Gartens zu sprechen gekommen war. Später, als Amalie den Tisch abgeräumt und einen Strauß Astern darauf gestellt hatte, kam das Gespräch auf meine vegetabilische Lebensweise und auf die Phrenologie. Bis dahin hatte Amalie nicht ein Wort an mich gerichtet, doch jetzt fragte sie, ob ich wirklich den Charakter eines Menschen aus seiner Kopfform ablesen könne.
– Gewiß, antwortete ich.
– Dann möchte ich, sagte sie, daß Sie meinen Kopf untersuchen.
Ich zögerte mit der Antwort, aber sie befreite ihr Haar bereits von Spangen und Kämmchen, so daß es ihr dunkel und schwer über die Schultern floß. Ich stand auf, ging um den Tisch und setzte mich neben sie auf die Bank.
Eltern und Bruder schwiegen, während ich ihren Kopf zwischen meine Hände nahm und meine Finger tastend über ihre Haarwurzeln gleiten ließ. Dabei versuchte ich, ganz sachlich zu bleiben, und machte, mehr für die anderen als für mich selbst, konstatierende Bemerkungen wie *Tonsinn gut ausgeprägt* oder *Verheimlichungstrieb schwach.* Zu einer gewissenhaften Analyse fehlte mir die Konzentration. Ich atmete den Duft von Amalies Haut, spürte die Wärme ihres Körpers. Das Herz schlug mir bis zum Hals, mein Pulsschlag raste. Es half nichts, daß ich mir sagte, eine solche Erregung sei eines Vierzigjährigen unwürdig.
Der alte Düsar behauptete später, er habe in diesem Augenblick gewußt, daß Amalie mich heiraten würde. Er habe kaum glauben können, mit welcher Bereitwilligkeit sie ihren Kopf habe untersuchen lassen. Bis zu diesem Zeitpunkt sei es jedem außer ihrer Mutter verwehrt gewesen, sie zu berühren. Selbst einem harmlosen Streicheln ihres Vaters oder einer freundschaftlichen Umarmung ihres Bruders hatte sie sich von Kindheit an unwillig entzogen.

Nach diesem Besuch war es Amalie, die mich zur Pforte begleitete.
– Wann sehen wir uns wieder, fragte sie.
– Wenn Sie wollen, sagte ich, jeden Tag.
– Ich will, sagte sie.
Sie winkte mir nach, als ich ging. Auf der Zunge hatte ich den herbsüßen Geschmack von Brombeeren.

10

Soeben habe ich den Mund mit Kamillentee ausgespült. Der Spiegel über dem Waschtisch zeigt mir, daß meine rechte Wange stark angeschwollen und blauschwarz angelaufen ist. So schlimm war es schon lange nicht mehr. Käthchen meint, ich hätte Fieber und sollte zum Arzt gehen. Das werde ich nicht tun. Mein halbes Leben habe ich an diesen Mundentzündungen gelitten. Kein Arzt hat mir je helfen können.
George Combe, mein schottischer Freund und Lehrer, sagte mir auf der Fahrt nach Heidelberg einmal, ein gewisses Maß von Schmerz sei jedem Menschen zugemessen. Vermutlich gäbe es ein Naturgesetz über die Erhaltung des Leidens, das dem Gesetz von der Erhaltung der Energie entspräche. Befreie ärztliche Kunst den Kranken von dem einen Schmerz, so trete alsbald ein anderer von gleicher Intensität an seine Stelle. Er riet mir, mich mit meinen chronischen Entzündungen der Mundschleimhaut abzufinden. Andernfalls bekäme ich statt dessen womöglich ein Darmgeschwür oder ein rheumatisches Bein.
Mit George Combe stand ich bis lange nach der Revolution in Briefkontakt, und unsere Korrespondenz beschäftigte sich nicht nur mit phrenologischen Fragen. *Germany is on the brink of a great national movement*, schrieb ich ihm im August 1845, *all powers of the nation press onward, bigotry and despotism want to keep her down, but it is quite impossible to keep down a nation*

who is resolved upon not suffering any longer the yoke of bigotry and tyranny.
Im September reiste Johannes Ronge, der Gründer der deutschkatholischen Bewegung, gemeinsam mit seinem engsten Mitarbeiter Rudolph Dowiat durch Süddeutschland. Überall, wo sie hinkamen, versammelte sich alles, was freisinnig war, um den beiden Repräsentanten des geistigen Aufruhrs zuzujubeln. Inzwischen hatte Bayerns König Ludwig jedes öffentliche Bekenntnis zum Deutschkatholizismus zum *Hochverrat* erklärt. Niemand mehr konnte die politische Sprengkraft der ursprünglich religiösen Bewegung übersehen. In Konstanz, der Hochburg der radikalen Liberalen im Seekreis, saßen deren Anführer Fröbel und Fickler neben den Predigern im vierspännigen Festwagen – gewiß nicht, um religiösen Eifer zu demonstrieren.
Für den 28. September 1845 wurden Ronge und Dowiat in Mannheim erwartet. Am Abend zuvor war ich zum drittenmal in Düsars Schreberhäuschen gewesen und hatte von den Vorbereitungen für dieses Ereignis erzählt. Amalie hatte den Wunsch geäußert, den Empfang mitzuerleben, und so holte ich sie am Morgen des nächsten Tages ab zu unserem ersten gemeinsamen Ausgang.
In der Stadt waren die Geschäfte geschlossen, die Straßen und Plätze sonntäglich leer. Obwohl die Behörden jede öffentliche Versammlung verboten hatten, war fast die gesamte Bevölkerung zum Bahnhof gekommen, um die beiden Prediger zu begrüßen. Ein starkes Aufgebot von Wachleuten und Soldaten umstand drohend den Platz, ohne die tausendköpfige Menschenmenge zurückdrängen oder gar zerstreuen zu können. Den Mitgliedern der Liedertafel war strengstens untersagt worden, die Gäste mit dem eigens einstudierten Willkommenschoral zu empfangen.
Als die lange Erwarteten dann endlich aus dem Bahnhof traten, brach gewaltiger Jubel los. Schwarz-rot-goldene Fahnen wurden

geschwenkt, und aus dem Meer der Vivat-Rufe stieg ein Lied, das gerade volkstümlich zu werden begann:

Ronge, zweiter Luther, du,
Streite, streite wacker zu!
Nicht durch Rock und Narrenglocken
Sollen uns die Pfaffen locken.
Aberglaube, fliehe fort!
Gleich dem Blitz trifft Ronges Wort!

In einer geschmückten Kutsche fuhren die Angekommenen, begleitet von Dr. Hammer und Friedrich Bassermann, langsam durch die Menge. Diese formierte sich zum Zug und schloß sich rufend und singend dem Wagen an. Vor dem Theater angekommen, in dessen Saal Ronge und Dowiat reden sollten, erfuhr man, daß die Regierung die Veranstaltung verboten hatte. Am Theatereingang war bewaffnetes Militär postiert. Schon reckten sich Fäuste aus der Menge, schon konnte man Verwünschungen und manch trotziges *Vorwärts* aus dem Murren der Masse heraushören. Da rettete Bassermann die Situation, indem er auf die Theatertreppe sprang, sich Ruhe verschaffte und erklärte, er lade alle Anwesenden in den Garten seines Hauses ein. Jubelnd zog die Menge dorthin ab.
Vom Altan der Bassermannschen Villa herab hielt Ronge eine halbe Stunde später eine bewegende Rede an die Mannheimer Bevölkerung. Durch keine Gewalt, rief er, lasse sich der Geist der Freiheit aufhalten. Die deutsche Nation sei dabei, ihre Ketten abzuschütteln und zur Einheit zusammenzuwachsen. Mehr ist mir davon nicht im Gedächtnis geblieben. Es war keine fromme Predigt, die vom Balkon heruntertönte.
Gegen Mittag löste sich die Versammlung auf. Ich war zum Festmahl geladen, das im Europäischen Hof zu Ehren der Gäste stattfinden sollte. Ronge legte großen Wert auf die Gleichstellung der Frauen. Die Eingeladenen waren aufgefordert, in weib-

licher Begleitung zu erscheinen. Daher hielt ich es für erlaubt, Amalie Düsar mitzubringen.
Am Eingang des Festsaales begrüßten Bassermann und Ronge die Teilnehmer des Essens. Nur mühsam versteckte Bassermann seine Verblüffung darüber, daß ich nicht allein kam. Mit der Erklärung, ich sei ein mutiger Vorkämpfer für die Preßfreiheit, stellte er mich dem Kaplan vor. Wir gaben uns die Hände. Ronge war überraschend jung. Er hatte eine schmale Poetengestalt und ein kindhaftes Gesicht. Etwas engelhaft Gutmütiges war an ihm. Es war nicht leicht, in ihm einen neuen Luther zu sehen. Ich hoffte, seinen Kopf gelegentlich phrenologisch untersuchen zu dürfen. Wir wechselten einige Höflichkeiten, dann stellte ich ihm Amalie vor.
– Freut mich außerordentlich, sagte Ronge und gab ihr die Hand. Ich nehme an, die junge Dame ist Ihre Braut. Meine Gratulation!
Andere Festteilnehmer drängten nach. Ich hatte nicht mehr die Gelegenheit zu widersprechen. Vielleicht hatten Amalie und ich auch das Gefühl, es gebe nichts richtigzustellen. In den Gesichtern derjenigen, die Zeugen dieser Szene waren, mischte sich der Ausdruck ungläubigen Staunens mit dem der Freude darüber, eine große Neuigkeit erfahren zu haben. Doch die Ereignisse gingen über das kleine Mißverständnis hinweg. Karl-Heinrich Schnauffer und das Ehepaar Mathy gesellten sich zu uns, man nahm Platz an der riesigen Tafel, Bassermann hielt eine Ansprache, Toasts wurden ausgebracht, Schüsseln und Platten aufgetragen. Auch ich erhob mich im Laufe des Essens, um einen Trinkspruch auf den Gast auszubringen:
– Ich erhebe das Glas auf die Freiheit des Evangeliums und auf das Evangelium der Freiheit! Die Zeit der Tyrannei ist vorbei, auch wenn es Deutschlands Fürsten noch nicht begriffen haben! Es lebe Johannes Ronge!
Der unvermeidliche Konfident an der Tafel hörte aus diesem Toast eine Majestätsbeleidigung heraus und behauptete später

in seinem Bericht ans Stadtamt, die anderen Anwesenden hätten empört reagiert, ja, Bassermann und Ronge wären aus Protest aufgestanden und aus dem Saal gegangen. In Wahrheit applaudierten alle, einschließlich des Spitzels. Sicher verleitete diesen ein besonderer Auftrag zu seiner Lüge. Er sollte gezielt mich zur Strecke bringen. Die Behörden suchten verbissen nach einem Grund, mir den Prozeß machen zu können. Wer dem Stadtrat Material gegen mich lieferte, bekam eine Sonderprämie. Nur deshalb sprach der erwähnte Konfident von einem *Skandal* und behauptete, mein Trinkspruch sei *heftig und verletzend* gewesen. Verglichen mit Karl Mathys Toast über das *Ende der Geduld*, war meine Äußerung eher moderat zu nennen.

Wenn man mir die Erregung eines Skandals bei jenem Festessen vorwerfen konnte, dann hatte dieser nichts mit Politik zu tun. Er bestand darin, daß Amalie neben mir saß. Die anwesenden Damen und Herren des Mannheimer Großbürgertums durchbohrten sie förmlich mit empörten Blicken. Mit vorgehaltener Hand sprach man über uns und räusperte sich mißbilligend. Dafür gab es keinen anderen Grund als den, daß das Schicksal Amalie in den Schatten gestellt hatte. Die in der Sonne standen, empfanden es als unziemlich, daß sie an meiner Seite aus dem Dunkel herauszutreten und sich ihnen zuzugesellen wagte. Amalie hielt sich übrigens fabelhaft. Inmitten dieser stummen Feindseligkeit saß sie neben mir, hoch aufgerichtet, ihr geheimnisvolles Gesicht dem jeweiligen Festredner zugewandt, und ließ das Getuschel und die Blicke der anderen von sich abprallen. Heimlich sah ich sie von der Seite an, sah ihr ausdrucksvolles Profil und war stolz auf sie. Wie eine slawische Fee wirkte sie unter den alltäglichen Bürgersfrauen um sie herum. Sie trug ein schlichtes blaues Kattunkleid. Doch sie war tausendmal reizvoller als die herausgeputzten Damen und Mädchen der besseren Gesellschaft.

Nach dem Mahl verabschiedeten wir uns von Ronge und

Dowiat und trennten uns vor dem Hotel. Amalie bestand darauf, alleine nach Hause zu gehen. Sie wußte, daß drängende Aufgaben auf mich warteten. Wir verabredeten uns für den Abend auf einen Spaziergang am Neckar.

In der Dämmerung dieses denkwürdigen Herbsttages trafen wir uns ein zweites Mal. Vom Holzlager bei der Käferthaler Brücke, wo sie mich erwartet hatte, gingen wir dann auf dem durchs Augehölz führenden Ziehweg schweigend ein Stück flußaufwärts. Die Luft war mild und still. Mückenschwärme tanzten über den vermoosten Seitengewässern, Vögel raschelten im Unterholz, gelbes Laub fiel von den Ahornbäumen. Plötzlich blieb Amalie stehen, sah mich von der Seite aus an und sagte schließlich:

– Ich glaube, Herr von Struve, wir sollten einander nicht mehr sehen!

Das hatte ich nicht erwartet. Ich biß mir auf die Lippen und war sofort bereit, mich meinem alten Selbsthaß wieder zu ergeben. Natürlich, schoß es mir durch den Kopf, wie sollte dich dieses wunderbare Geschöpf auch achten können! So, wie du aussiehst, wie du sprichst, lederhäutiger Sonderling, eigenwilliger Kahlkopf voll fistelstimmiger Moral. Wie lächerlich von dir, gehofft zu haben!

– Ich möchte Ihnen, sagte ich, jeden Wunsch erfüllen. Doch dieser wird mich viel Kraft kosten. Ich hatte mir erträumt, Sie noch oft zu sehen. Vom ersten Moment an fühlte ich zu Ihnen so etwas wie ... Seelenverwandtschaft ...

– Seelenverwandtschaft? fragte sie ohne jeden spöttischen Unterton. Ein merkwürdiges Wort. Aber ich verstehe, was Sie meinen. Ich habe auch so etwas empfunden, in Ihrer Arbeitsstube, als Sie so freundlich mit mir sprachen und mir Ihre Hilfe zusagten. Sie waren mir nicht fremd, ich hatte Vertrauen zu Ihnen. Wie zu jemandem, den ich schon lange kenne und von dem ich weiß, daß er ein guter Mensch ist.

Ich wollte ihre Hand ergreifen, doch sie entzog sie mir. Mit verschränkten Armen ging sie ein paar Schritte weiter, blieb erneut stehen, anscheinend, um durch eine Schneise im Gebüsch auf das Wasser des Flusses blicken zu können. Ich ging ihr nach und sagte, von neuer Hoffnung wie betrunken:

– Wissen Sie, Amalie ... Seit ich Ihnen begegnet bin, habe ich das Gefühl, meine verlorene Seelenhälfte wiedergefunden zu haben ...

– Ihre verlorene Seelenhälfte?

– Es gibt da eine Fabel von Plato. Eigentlich ist es mehr ein Gleichnis. Das Schwert Jupiters hat die vollkommenen Seelen im Jenseits zertrennt, zerschnitten in jeweils zwei Hälften, eine weibliche und eine männliche. Seither irren diese halben Seelen im Weltall umher und suchen einander ...

Sie blickte mich erstaunt an.

– Und dann, sagte ich, ist da noch eine andere Geschichte, eine, die ich selbst erfunden habe. Von einem indischen Jüngling namens Mandaras, der von seiner geliebten Urwasi getrennt wurde, um sich in der Fremde zu bewähren. Und diese indische Seele, Sie werden es wahrscheinlich lächerlich finden, fühle ich in mir. Und in Ihnen, Amalie, glaube ich, Urwasi wiederzuerkennen.

Mit einem Hauch gutmütiger Ironie lächelte sie über meine Vision. Dann sagte sie ernst:

– Wir sollten uns nicht mehr treffen. Ich schade Ihnen.

Ich widersprach heftig, worauf sie von der gegen sie gerichteten Feindseligkeit auf Ronges Empfang sprach und von meiner Stellung, auf die ich Rücksicht zu nehmen hätte.

– Heute mittag, sagte ich, war ich stolz auf Sie. Sie sind eine wunderbare Frau, das schönste Mädchen, das ich ...

– Sie müssen mich nicht trösten, unterbrach sie mich und strich sich energisch die Locken aus dem Gesicht. Die Herablassung dieser Spießer trifft mich nicht. Mit ihrer Vornehmheit nehme ich es allemal auf, denn mein Vater, mein wirklicher Vater, ist ein Mann von Adel! Mir ist es gleichgültig, was die Leute von

mir denken. Nur Ihnen, Herr von Struve, kann es nicht gleichgültig sein.
– O doch, antwortete ich, alles ist mir gleichgültig. Wenn ich nur Sie, nur dich, Amalie ...
Abermals streckte ich die Hand nach ihr aus, und diesmal ergriff sie sie und ging mit mir weiter.
– Dann hat es Sie also nicht gestört, daß Ronge mich als Ihre Braut begrüßt hat?
– Nein, sagte ich. Hat Sie es gestört?
Das Unterholz lichtete sich. Auf der Böschung blieben wir stehen und sahen, Hand in Hand wie zwei Kinder, auf das träge dahinfließende Wasser des Stromes. Ich hielt Amalies Hand fester und sah sie an.
– Würden Sie mich denn, fragte ich heiser, würdest du mich ... heiraten?
Sie blickte unverwandt auf den Fluß. Seltsam träumerische Augen, wehendes Lockenhaar unter der Schutenhaube. Ich werde diesen Augenblick nie vergessen, in dem ich auf ihre Antwort wartete.
– Ich weiß, sagte ich, ich habe nicht viel zu bieten, bin weder ansehnlich noch vermögend, aber ... ich würde versuchen, dich glücklich zu machen. Man hat mir prophezeit, ich fände nie eine Frau, die bereit wäre, meine vegetabilische Lebensweise zu akzeptieren. Außerdem bin ich fast doppelt so alt wie du. So kannst du mir ruhig nein sagen, ich würde es verstehen. Doch fragen mußte ich, denn ich hätte es mir nie ...
Weiter sprach ich nicht, denn sie legte mir ihre Hand auf den Mund und sagte:
– Ich mag dich, wie du bist.
Sie faßte mich mit beiden Händen an den Schultern und gab mir einen sanften, kindlichen Kuß. Wärme durchströmte mich. Ich wollte Amalie an mich drücken, doch sie entwand sich meiner Umarmung und trat den Rückweg an. Ich ging ihr nach, ergriff ihre Hand, wanderte eine Zeitlang stumm und verlegen neben

ihr her. Dann überwand ich mich und wiederholte meinen Heiratsantrag. Sie antwortete nicht. Erst als wir wieder am Holzlager angelangt waren, blieb sie vor einem Stapel geschälter Baumstämme stehen und sah mir sehr offen ins Gesicht.
– Ich möchte schon deine Frau werden, Gustav, sagte sie. Aber es kann nicht sein. Meine Eltern und mein kleiner Bruder brauchen mich. Nur ich bin in der Lage, etwas Geld zu verdienen. Ich kann meine Familie nicht im Stich lassen. Nicht jetzt!
O Urwasi, dachte ich, wie gut du bist! Daran erkenne ich dich. Und laut sagte ich:
– Deine Eltern sind ab jetzt meine Eltern. Gemeinsam werden wir für sie und Pedro sorgen, besser, als du allein es könntest. Laß mich dasein für dich, Amalie. Niemand soll mehr auf dich herabsehen, ich verspreche es dir. Ich will alles Böse wiedergutmachen, das deiner Mutter und dir widerfahren ist. Nur sag, daß du auch für mich dasein willst ... daß du mit mir versuchen willst, das Beste aus diesem Leben zu machen.
Sie legte ihre Hände um meinen Nacken und küßte mich ein zweites Mal. Das war ihre Antwort und unsere Verlobung.

11

Im Rebstock hielten die Liberalen meinetwegen eine regelrechte Krisensitzung ab. Bassermann erklärte wütend, ich müsse auf meinen Umgang achten, denn in einer Stadt wie Mannheim käme man leicht ins Gerede. Als Repräsentant der Opposition und Volksmann hätte ich Verpflichtungen gegenüber meinen Mitstreitern; mein Leichtsinn könne allen schaden, ganz gewiß aber mir.
Der Grund der Aufregung war meine Verbindung mit Amalie Düsar.
Man habe in mir den kommenden Mann gesehen, schimpfte Bassermann von der Stirnseite des langen Tisches aus, um den

die freisinnigen Politiker der Stadt bei Wein, Tabak und Zwiebelkuchen saßen. Meine Kandidatur für die Zweite Kammer sei beschlossene Sache gewesen, aber jetzt müsse man meine Aufstellung neu überdenken. Von mir aus, erklärte ich, ich hätte ohnehin nie den Ehrgeiz gehabt, Abgeordneter zu werden.
– Dunnerlittchen, schnaufte Friedrich Hecker mit vollem Mund, unser Rübenmönch ist auf den Geschmack gekommen und hat den Reiz von Backfischen entdeckt!
Keiner lachte, und Bassermann fuhr mit seiner Kritik fort. Anscheinend, sagte er, wisse ich nicht, welche Gerüchte über das Mädchen im Umlauf seien, mit dem ich mich da eingelassen hätte. Ich solle mich doch bitte nicht in allzu raschem Vertrauen an ein Frauenzimmer ketten, das vielleicht schon Hunderte von Umarmungen erfahren habe.
Das war mir zuviel.
– Gerüchte, rief ich, Verleumdungen, Lügen! Sie sollten sich schämen, Herr Bassermann! Ich weiß davon nichts und will auch nichts davon wissen. Wenn Sie gegen Amalie Düsar etwas vorzubringen haben, beweisen Sie es.
Mit diesen Worten stand ich auf und verließ voller Zorn die Runde. Ich war schon auf der Straße, als Karl Mathy mir nachgelaufen kam.
– Ich entschuldige mich für meinen Freund Bassermann, sagte er. Er meint es gut, er will dich nur warnen. Aber sicher hat er unrecht. Vergiß das Gerede, folg der Stimme deines Herzens. Keiner kann verlangen, daß du der Politik dein Glück opferst.
Am nächsten Vormittag besuchte mich Bassermann in meiner Wohnung. Ich möge ihm seine Vorhaltungen nicht verübeln, bat er, er wolle mich nur aus Freundschaft vor einer Dummheit bewahren. Für die Machenschaften des Ehepaars Düsar sei ich zu rechtschaffen und zu gutmütig. Offenbar würde ich mich in Amalie täuschen. Er selber kenne einen Leutnant, der von höchst unmoralischen Festen erzähle, an denen sie teilgenommen habe und von einem Schoß auf den anderen gehüpft sei.

Natürlich werde sie das nicht zugeben, aber das bedeute wenig, denn daß sie lügenhaft sei, könne er beweisen. Sie hätte schon in der Schule ihr Alter ein Jahr zu jung angegeben. Und außerdem habe er es schwarz auf weiß, daß sie ihn, Friedrich Bassermann, bei einer Bewerbung als Referenz ausgewiesen habe, ohne dazu ermächtigt gewesen zu sein.

Das alles trug er so detailliert und glaubwürdig vor, daß ich, und das nehme ich mir heute noch übel, an Amalies Charakter zu zweifeln begann. Ich war kaum mehr in der Lage, meinen Besucher zu verabschieden. Als er die Tür hinter sich schloß, warf ich mich aufs Sofa, ballte die Fäuste und starrte ins Leere. Auf einmal glaubte ich, in ein kupplerisches Komplott geraten zu sein. Verzweifelt fragte ich mich, wie ich nur hatte annehmen können, ein so wunderbares, begehrenswertes Wesen vermochte mich um meiner selbst willen zu lieben. Nach einer selbstquälerischen Stunde der Untätigkeit sprang ich auf, griff nach Hut und Mantel und verließ die Wohnung.

Ich fand Amalie im Garten vor Düsars Häuschen, wo sie dabei war, Laub zusammenzurechen. Schon als ich ihr erklärte, warum ich gekommen sei, schämte ich mich. Nicht zornig, nicht gekränkt, nur ein wenig enttäuscht, trat sie aus dem Beet, lehnte den Rechen an den Apfelbaum und warf den Kopf zurück, um mit dem Rücken der rechten Hand eine ihrer Locken hinters Ohr zu schieben. Dann sah sie mich offen an, fragte, was Bassermann gegen sie vorgebracht habe, und widerlegte mit spöttischem Selbstbewußtsein jeden Verdacht. An einem unmoralischen Fest habe sie nicht teilgenommen, einen Leutnant, der solches behaupten könne, gäbe es nicht. Sie gehe auf keine Feste, auch sei in den letzten beiden Jahren, die sie in Happersheim angestellt gewesen sei, dergleichen nicht veranstaltet worden. Was die falsche Altersangabe angehe, so habe sie das bis vor wenigen Jahren nicht besser gewußt. Ihre Eltern hätten ihr als Kind verheimlichen wollen, daß sie vor der Ehe zur Welt gekommen sei. Der angebliche Mißbrauch von Bassermanns

Namen schließlich beruhe auf einer Verwechslung; sie habe tatsächlich einen Bassermann als Referenz angegeben, aber einen Ludwig Bassermann aus Heidelberg, einen Freund ihres Vaters.
– Verzeih mir, Amalie, sagte ich. Aber gegen Gerüchte hilft nur die Wahrheit.
Sie blickte mich einen Augenblick lang lächelnd an und schüttelte dann langsam den Kopf.
– Nein, sagte sie, da irrst du dich. Das wirst du noch erfahren.
Wie in so vielem hat Amalie auch darin recht behalten. Wer Gustav Freytags Buch über Karl Mathy liest, der muß glauben, wir radikalen Deutschen seien eine marodierende Räuberbande gewesen. *Heckers Blutknaben* werden wir da genannt, *Mathys verwilderte Bekannte.* In diesen Ausdrücken klingen heute noch die Verleumdungen nach, die man nach 1849 über uns verbreitete. *Das Struvesche Ehepaar und seine Bande*, hieß es, hätten *Widerstrebende und Mißliebige brutal mißhandelt und nicht bloß öffentliche Kassen, sondern auch Privatpersonen auf das gemeinste bestohlen.* Lügen, die so lange in der Welt sein werden, als Menschen Grund haben, meine Vision eines anderen Deutschland zu fürchten. Ich habe vergebens dagegen gekämpft, mich vergeblich für jede in der badischen Revolution weggenommene Tabakspfeife und jeden müde gerittenen Gaul gerechtfertigt.
Doch Amalie und mich zu trennen gelang den Gerüchten nicht. Mit Abscheu zerriß ich die anonymen Briefe, die mich damals erreichten. Umsonst beschworen mich meine Geschwister, ich solle meine Heiratspläne fallenlassen. Unter denen, die mich vor einer Dummheit bewahren zu müssen glaubten, war auch Friedrich Hecker. Er sprach mich auf Amalie an, als wir uns eines Morgens auf dem Karlsruher Bahnhof trafen. Auf seine burschikose Art wiederholte er, was ich schon bis zum Überdruß gehört hatte. Ich antwortete, ich lobe mir Karl Mathy. Er sei der einzige meiner politischen Freunde, der Verständnis habe für mich. Darüber lachte Hecker wie über einen gelungenen Witz.
– Kruzitürken, Gustav, rief er, du bist doch der blauäugigste

Kahlschädel, den ich kenne! Ja, freilich rät Mathy dir zu! Der Mann ist ehrgeizig. Ihm kann es nur recht sein, wenn du dir selbst den Weg verbaust!

Ich widersprach heftig, und ich bin heute noch überzeugt, daß Karl Mathy es ehrlich meinte mit mir. Ebenso ehrlich wie Karl-Heinrich Schnauffer, der ein romantisches Gedicht für Amalie und mich verfaßte. Am 16. November 1845 fand unsere Hochzeit statt. Schnauffer und Mathy waren unsere Trauzeugen.

In meiner Eigenschaft als Hofobergerichtsadvokat hatte ich eine behördliche Ehegenehmigung einholen müssen. An sich empfand ich dies als Zumutung. Doch ich erhielt immerhin auf diese Weise eine amtliche Bestätigung für Amalies Unschuld. Das Justizministerium hatte Erkundigungen über meine Braut eingeholt. Sein Bescheid lautete: *Ungeachtet des höchst ungünstigen Leumunds der Eltern der Amalie Düsar, glaubte man die gebetene Heiraths-Erlaubniß dennoch nicht verweigern zu können, weil der eigene Leumund der Letzteren durchaus kein ungünstiger ist.*

Die evangelische Kirche war bis auf den letzten Platz besetzt, als wir Hand in Hand zum Altar schritten. Gerne hätte ich auf den kirchlichen Segen verzichtet, wäre die Eheschließung ohne Mitwirkung eines Geistlichen rechtsgültig gewesen. Dank Karl Mathys fester Haltung waren auch einige Freunde aus der Rebstockrunde wie Friedrich Hecker, Valentin Streuber und Jean Pierre Grohe erschienen. Bassermann freilich und andere Bekannte aus den sogenannten besseren Kreisen wie die Fränzels und meine Freunde aus dem naturwissenschaftlichen Verein blieben der Trauung demonstrativ fern. Gekommen waren dafür in großer Zahl Kleinhandwerker, Marktleute, Arbeiter und Dienstboten. Auch sie hatten von den Verleumdungen gehört. Durch ihre Anwesenheit zeigten sie, daß sie nichts davon hielten. Nach der Zeremonie kamen sie zu Hunderten, um uns die Hände zu drücken und uns Glück zu wünschen. Diese Sympathie der Armen berührte mich tief. Mein Mitgefühl für den Vierten Stand begann sich an diesem Tag in ein Zugehörigkeits-

gefühl zu verwandeln. Was kümmerten mich die wohlsituierten Bürger, die sich für etwas Besseres hielten! Meine liebe Amalie hatte deren Verachtung lange genug erdulden müssen. In meinem Eheversprechen lag auch der Vorsatz, gegen die Erniedrigung der sozial Schwachen zu kämpfen.
Inzwischen hatte, ohne meine Kandidatur, die Wahl zum neuen Landtag stattgefunden. Die Liberalen waren daraus abermals gestärkt hervorgegangen. Das *Mannheimer Journal* hatte zu diesem Wahlsieg beigetragen, weshalb der Haß der Servilen auf meine Zeitung und mich möglicherweise noch zugenommen hatte. Karl Mathy zeigte mir Anfang November die Abschrift eines polizeilichen Berichts über mich, die ihm aus dem Innenministerium zugespielt worden war. Darin hieß es, ich sei von Leuten wie Itzstein, Hecker und Mathy *nur vorgeschoben.* Sie benützten mich und das *Journal*, um in Baden *Unzufriedenheit und Aufregung zu unterhalten, allenfalls auch Ruhestörungen herbeizuführen, um dann entweder die Behörden unüberlegter, voreiliger, aber folgenreicher Schritte zu beschuldigen und den Haß gegen sie kräftiger anzufachen.* Mein anhaltender Widerstand war der Regierung so unbegreiflich, daß sie in mir das Werkzeug einer Verschwörung zu sehen begann. Jedes Mittel schien erlaubt, dieses Werkzeug zu zerbrechen.
Die Zensur wurde seit der Veröffentlichung des ersten Bandes der *Actenstücke* von Tag zu Tag schärfer und willkürlicher. Von Uria-Sarachaga strich nicht bloß, sondern denunzierte mich fast täglich bei der Polizei. Man überzog mich mit einer Flut nicht endender Bußverfahren und Strafprozesse. Einige davon hatten Gedankenstriche zum Gegenstand, durch die ich Zensurlücken erkennbar gemacht hatte. Das hielt man für staatsgefährdend. Andere Verbrechen, die man mir zur Last legte, bestanden aus Druckfehlern, Tintenflecken, der Nennung von Beamtennamen und ähnlichen Verfehlungen. Ich wehrte mich mit allen rechtlichen Möglichkeiten gegen diese Angriffe genauso wie gegen die Striche des Zensors. Längst kosteten mich die Schriftsätze,

Vorladungen und Verhandlungen mehr Zeit als die redaktionelle Arbeit. Aber sie blockierten nicht nur mich, sondern auch die Behörden.
Man behandelte mich wie einen unter Aufsicht stehenden Verbrecher und wollte unter keinen Umständen dulden, daß ich meinen Wirkungsbereich vergrößerte. Mir jedoch war daran gelegen, Öffentlichkeit herzustellen. Um ein Volk mündig zu machen, bedarf es der Bildung von Vereinen und Selbsthilfegruppen ebenso wie der Information durch das geschriebene Wort.
Schon vor der Übernahme des *Journals* hatte ich mit Gleichgesinnten einen allgemein zugänglichen *Volksleseverein* gegründet. Solange dessen Bibliothek nur von den Gebildeten benutzt wurde, blieb sie unbehelligt. Doch als sich die unteren Volksschichten dafür zu interessieren begannen, schritten die Behörden ein. Mein Engagement für den Verein genügte dem Stadtdirektor Riegel als Vorwand, den Bücherbestand kontrollieren zu lassen. Eine Anzahl von politischen Werken – Mathys *Verfassungsfeier*, Dullers *Deutsche Geschichte* und natürlich mein *Diplomatischer Briefwechsel* – wurden beschlagnahmt. Dagegen protestierte ich, denn die Bibliothek war keine öffentliche Einrichtung, sondern Privateigentum. Worauf Regierungsdirektor Schaaff die anderen Mitglieder des Vorstandes – in ihrer Mehrheit Beamte und von der Regierung abhängig – so stark unter Druck setzte, daß bald niemand mehr es wagte, sich an der Verwaltung der Bücherei zu beteiligen. So gelang es den Behörden, den Verein durch kleinliche Schikanen zugrunde zu richten.
Im Sommer 1845 gründete ich ein freies *Volksbad* am Rheinufer, das, wie ich höre, noch heute besteht. Um eine Liegewiese anzulegen, mußten einige alte Weidenstümpfe beseitigt werden. Das geschah mit Erlaubnis des Mannheimer Bürgermeisters Jolly und nicht auf meine persönliche Anordnung, sondern auf Beschluß des Volksbad-Ausschusses, dem ich vorstand. Mich allein

jedoch klagte der Stadtdirektor wegen Holzfrevels an und verhängte eine Geldstrafe gegen mich.

Als ich wenig später eine Versammlung einberief, die über die Gründung eines Turnvereins beraten sollte, erschien die Polizei. Noch bevor der Verein existierte, wurde er bereits verboten. Ich mußte bis zum Innenministerium appellieren, daß das Verbot zurückgenommen wurde.

Anfang November wollte ich mit einer Vortragsreihe *Über die rechtlichen Zustände Deutschlands* beginnen. Ich lud dazu alle Interessenten in die städtische Aula ein. Doch diese Ankündigung strich mir der Zensor aus dem *Journal*. Einen Tag später erließ das Stadtamt ein Verbot mit der Begründung, es dürfe *niemand ohne Staatserlaubnis öffentliche Vorlesungen, welche einen Theil des Unterrichts bilden*, abhalten. Da meine Vorträge mit Unterricht im Sinne des Gesetzes erkennbar nichts zu tun hatten, war diese Argumentation geradezu lächerlich. Doch die Regierung des Unterrheinkreises bestätigte das Verbot, und ich mußte mich in einer *Oberrecursbeschwerdeschrift* an das Innenministerium in Karlsruhe wenden. Dieses Schreiben nahm man zum Anlaß, gegen mich ein Strafverfahren wegen Beamtenbeleidigung einzuleiten.

In meiner Manuskriptmappe habe ich eine Abschrift des inkriminierten Textes gefunden. Teile daraus will ich hier einfügen. Meine Formulierungen zeigen, wie weit die Regierung im November 1845 von ihrem Ziel entfernt war, mich einzuschüchtern.

Das Recht, schrieb ich, *hat aufgehört, in Mannheim Geltung zu besitzen. Blinde Willkür und maaßlose Verfolgungssucht sind an dessen Stelle getreten. Die Verfassungsurkunde, Gesetz und Verordnung werden mit Füßen getreten. An der Spitze dieses Complotts gegen unsere Verfassung steht der Großherzogliche Censor, Regierungs-Rath v. Uria-Sarachaga, ein Spanier von Geburt, ein Jesuit von religiöser und ein Absolutist von politischer Gesinnung. Ihm steht zur Seite der Großherzogliche Stadtdirektor Riegel, ein Bu-*

reaukrat ohne Wissenschaft und Humanität, ein Gegner aller edleren, besseren Bestrebungen. Der Schrei des Unwillens ist allgemein gegen diese Männer der Finsterniß und der Willkür, nicht blos hier in Mannheim, sondern im ganzen Großherzogthum Baden. Wie lange will das Großherzogliche Ministerium des Innern noch dulden, daß unter seiner Aufsicht stehende Beamte sich ihrer Amtsgewalt zum Umsturz der Verfassung bedienen?
Die Zeiten sind ernst, die Ereignisse drängen sich Schlag auf Schlag. Glaubt das Ministerium des Innern durch Unthätigkeit der mehr und mehr überhand nehmenden Auflösung aller Begriffe von Recht und bürgerlicher Ordnung entgegenwirken zu können? Kann dasselbe erwarten, daß der Bürger noch lange das Gesetz heilig halten werde, wenn die Behörden es dem Gespötte und dem Gelächter preis geben? Das Ministerium des Innern möge sich nicht täuschen. Es ist die höchste Zeit, einzuschreiten. Denn alle Bande gesellschaftlicher Ordnung müssen reißen, wenn die hiesigen Behörden noch länger in der bisherigen Weise rücksichtslos, gesetzlos und planlos verfahren.
Das Ministerium möge untersuchen, was ich verbrochen habe, um die gegen mich verhängten Verfolgungen zu rechtfertigen! Es wird finden: mein Verbrechen war, daß ich für die deutsche Bundesacte, die badische Verfassungsurkunde und das badische Preßgesetz in die Schranken trat.
Bestimmt und offen, klar und deutlich war ich mit meiner politischen Ueberzeugung hervorgetreten. Den einzigen Boden, den ich für fest erachte, ist der Boden des Gesetzes, sowohl des positiven menschlichen Gesetzes, als auch des ewigen göttlichen Gesetzes. Das sollte nicht geduldet werden! Zuerst schob man ein hiesiges allgemein verachtetes Blatt meinem Journale als Vorposten entgegen, erlaubte demselben die ungemessensten Schmähungen gegen mich und den katholischen Hospitalvorstand und lieferte selbst Material dazu! Man hetzte die Bürgerschaft und die katholische Geistlichkeit gegen das Mannheimer Journal auf. Man suchte den katholischen Hospitalvorstand durch Drohungen einzuschüchtern, und als dieser

nichts fürchtete, so entzog man dem Mannheimer Journale die Inserate und erhob das Morgenblatt zum Localblatt und zum Provinzialblatte, das Morgenblatt zum Organ der Regierung! Man hörte nicht auf die Stimme der Bürgerschaft, die sich laut gegen diese Maaßregel erhob. Mittlerweile gingen die gegen mich persönlich eingeleiteten Verfolgungen unausgesetzt fort. Zehn Preßprozesse der chicanösesten Art eröffneten den Feldzug. Da diese mich nicht schreckten, griff man zu andern Mitteln. Die Censur wurde immer rücksichtsloser, immer willkürlicher, trotz aller gegen dieselbe eingereichten Beschwerden. Allein dabei ließ man es nicht bewenden. Meine ganze Thätigkeit sollte vernichtet werden, nicht nur diejenige, welche ich vermittelst der Presse ausübte, sondern auch diejenige, welche von dieser unabhängig war. Jede gemeinnützige Anstalt, bei welcher ich mitwirkte, wurde mit den abgeschmacktesten Verfolgungen heimgesucht. Die Nachwelt wird Mühe haben, es zu glauben, daß die Mannheimer Behörden in der Errichtung einer Bade-Anstalt im Rhein Gelegenheit fanden, eine Untersuchung wegen Holzfrevels gegen mich einzuleiten, in der Gründung eines Volksleseverein mir eine Strafe von 10 Rthlr. anzudrohen, in der versuchten Gründung eines Turnvereins mich in eine Strafe von 25 fl. zu nehmen.

Neben diesem Unsinn kann man sich nicht mehr darüber verwundern, daß mir die Ankündigung meiner Vorlesungen über die rechtlichen Zustände Deutschlands gestrichen wurde. Allein dabei blieb man nicht stehen. Ungeachtet ich wiederholt hier und an anderen Orten schon öffentliche Vorträge gegeben und meine Befähigung dazu bewährt habe, verbot man mir diese Vorlesungen zu halten, man besetzte das Haus, in welchem ich sie halten wollte, mit Gendarmerie und Polizeimannschaft und ließ mir durch den Polizei-Commissär Hoffmann einen Beschluß des Stadtamts eröffnen, wodurch ich mit sofortiger Verhaftung bedroht wurde, falls ich dem Verbote dieser Behörde nicht Folge leisten würde.

Als ich den Polizei-Commissär Hoffmann darauf hinwies, daß es sich hier um eine Verletzung des § 17 der Verfassungs-Urkunde handele, und daß nach § 7 dieses unseres Grundgesetzes sämmtliche Staatsdiener für die treue Vollziehung der Verfassungsurkunde verantwortlich seyen, entgegnete er mir, er parire Ordre, das habe er immer gethan, um weiteres habe er sich nicht zu bekümmern. Ein badischer Staatsdiener erklärt also offen, der Befehl seiner Vorgesetzten gelte ihm mehr als die Verfassungsurkunde! Er erklärte es in Gegenwart von 8–10 Polizeidienern und Gendarmen als einen Grundsatz seiner mehr als dreißigjährigen Amtsthätigkeit! Ich frage: kann bei solchen Grundsätzen, bei solchem Verfahren eine Verfassung heilig gehalten werden?

Wohlmeinende Zeitgenossen haben mich gelegentlich als einen modernen Michael Kohlhaas beschrieben. Ich glaube, schon der Wortlaut meiner Beschwerden widerlegt diese Einschätzung. Nicht um meine persönlichen Rechte ging es mir, sondern um ein politisches Ziel. Ich war auch insofern kein Einzelkämpfer, als ich nach wie vor engen Kontakt hielt zu den mit mir befreundeten Landtagsmitgliedern. Auch den Mannheimer Gemeinderat informierte ich regelmäßig über meine Aktivitäten und Rechtsverfahren.

An meinem Hochzeitstag erschien der zweite Band meiner *Actenstücke der Censur des Großherzoglich Badischen Regierungs-Raths von Uria-Sarachaga.* Wieder hatte ich die gestrichenen Artikel aus dem *Journal* und meinen Briefwechsel mit den Behörden zu einem Buch zusammengefaßt, dessen Erscheinen der Zensor nicht verhindern konnte. Auch diesmal erregte die Veröffentlichung großes Aufsehen. Sie bewies, daß nicht nur Mariano von Uria-Sarachaga rechtswidrig handelte, sondern auch seine Vorgesetzten und Helfershelfer.

Für meine junge Braut blieb mir inmitten dieser Auseinandersetzungen sehr wenig Zeit. Wie gerne wäre ich mit ihr ein paar Tage in den Schwarzwald oder an den Bodensee gefahren! Aber das mußten wir auf unbestimmte Zeit verschieben. Am Nachmittag nach der Trauung zog sie bei mir ein, und für den Transport ihrer Habseligkeiten genügte ein kleiner Leiterwagen,

den Pedro zog. Den Abend verbrachten wir im Häuschen der Eltern, wo mir Friedrich Düsar mit glasigen Augen und lallender Stimme erklärte, wie glücklich er über unsere Verbindung sei. Seine Frau nahm mir das Versprechen ab, ihre Tochter nie im Stich zu lassen.
Vor Mitternacht waren wir zu Hause. Ich ging noch einmal an meinen Schreibtisch, um Notizen auf einen Zettel zu werfen, und fand, als ich nach einer halben Stunde ins Schlafzimmer kam, Amalie im Nachthemd auf dem Bett sitzend. Inständig bat sie mich, ihr nicht zu nahe zu kommen. Schon der Gedanke an den körperlichen Vollzug der Ehe verursachte ihr Ekel. Ich kauerte mich neben das Bett und redete beruhigend auf sie ein, während die Kerze auf dem Nachttisch herunterbrannte. Unsere Körper blieben getrennt, doch wir kamen uns sehr nahe. Wir versprachen einander, immer zusammenzustehen und jede freie Stunde gemeinsam zu verbringen. Sie erzählte von der Einsamkeit ihrer Kinderjahre, und ich sprach von Mandaras am Brunnen. Als wir uns um 3 Uhr früh schlafen legten, hatten sich unsere Seelen vermählt.

12

Mit Karl Mathy traf ich mich in jener Zeit fast täglich. Wir waren enge Freunde, die einander vertrauten. Hätte mir damals jemand gesagt, daß Mathy die Demokratie verraten und das preußische Militär zur Niederzwingung der badischen Freiheitsbewegung herbeirufen würde, ich wäre nicht einmal wütend geworden, ich hätte nur gelacht. Eher hätte ich mich selbst des Verrats für fähig gehalten. Auch gegen Ende des Jahres 1845 war Mathy noch der Radikalere von uns beiden. Allerdings bekannte er dies nur im kleinen Kreis. Während er in der Kammer in Karlsruhe den Großherzog ausdrücklich von seinen Vorwürfen gegen die Regierung ausnahm, hielt er im Mannheimer Rebstock jakobinische Reden gegen das *Elend der Fürstenherrschaft.* Scherzhaft meinte er einmal, er habe das Gesetz der Machterhaltung entdeckt, nämlich, daß die Macht der Fürsten direkt proportional sei zur Dummheit des Volkes. So sprach Karl Mathy damals, die schmalen Lippen zu einem ironischen Grinsen verzogen. Und alle, die es hörten, lachten beifällig und hielten es für wahrscheinlich, daß aus Mathy ein badischer Robespierre würde.

Alles, was ich unternahm, stimmte ich mit ihm ab. An der Gründung des *Volkslesevereins* war er aktiv beteiligt. Zu den geplanten Vorträgen *über den Zustand Deutschlands* hatte er mich ermutigt und sich bereit erklärt, Referate über die wirtschaftlichen und außenpolitischen Aspekte zu übernehmen. Meine Beschwerde an das Innenministerium gegen das Verbot dieser Vorträge setzten wir gemeinsam auf. Einige der stärksten Formulierungen stammten von ihm. Im Streit mit den Behörden hielt Karl Mathy sich jedoch sehr bedeckt. Ausdrücklich bat er mich, ihn nicht hineinzuziehen in meine Rechtsverfahren, denn als Kammerdeputierter dürfe er nicht streitbefangen sein.

Im Hintergrund bleibend, trieb er in Mannheim die demokratische Bewegung voran. Mitte Oktober 1845 verfaßte er den Antrag zur Einberufung einer Bürgerversammlung zwecks Protest *gegen die reaktionären Maßnahmen und Beschränkungen* der letzten Zeit. Damit wollte er mir den Rücken stärken. Mit sechsundachtzig Unterschriften versehen, kam der Antrag vor den Gemeinderat, der ihn annahm und die Versammlung des großen Bürgerausschusses auf den 19. November 1845 anberaumte.

Stadtamt und Kreisregierung, von den anberaumten Feierlichkeiten anläßlich der Freigabe der neuen Kettenbrücke über den Rhein abgelenkt, erfuhren von der geplanten Versammlung erst ziemlich spät. Uria-Sarachaga strich die gemeindliche Bekanntmachung aus dem *Mannheimer Journal* und alarmierte die Behörden. Am Abend des 18. November erließ die Kreisregierung ein Verbot der Versammlung. Die vorgesehene *Demonstration des Radikalismus,* hieß es darin, würde auf keinen Fall geduldet. Nach einiger Diskussion beschloß der Gemeinderat, den Erlaß als rechtswidrig zurückzuweisen und die angekündigte Versammlung trotz des Verbots abzuhalten.

In Begleitung Amalies ging ich am Morgen des 19. November zur städtischen Aula, wo die Veranstaltung um 10 Uhr beginnen sollte. Wir mußten uns das letzte Stück des Weges durch die Menge kämpfen, die dichtgedrängt die Straßen und den Platz vor der Jesuitenkirche umstand. Von allen Seiten grüßte man uns, viele schüttelten uns die Hände. Vor der Aula trafen wir Friedrich Hecker und Karl Mathy, die zum Tor der Aula zeigten, wo Polizisten standen.

In feierlichem Zug kam der Gemeinderat, angeführt von Bürgermeister Jolly, durch die Volksmenge. Die Männer nahmen die Hüte ab, das brodelnde Gewoge erregter Stimmen verstummte. Als der Bürgermeister die Treppe zur Aula fast erreicht hatte, begann der vor der Saaltür wartende Polizeikommissär mit plärrender Stimme den Erlaß der Kreisregierung zu verlesen: Die Versammlung sei verboten, die Teilnehmer hätten unverzüglich den Platz zu räumen, jede Mißachtung dieser Anordnung werde streng bestraft. Bevor er zu Ende gelesen hatte, unterbrach ihn ein Gemeinderat, ich glaube, es war Valentin Streuber, mit dem Ruf, das Verbot sei verfassungswidrig. Und Hecker ruderte mit dem Zylinder durch die Luft und schrie:

– Das ist ein städtischer Saal! Sie werden uns den Eintritt nicht verwehren! Oder wollen Sie Blut vergießen?

Verunsichert ließ der Kommissär sein Blatt sinken und machte eine beschwichtigende Geste. Der Bürgermeister, der wenige Schritte entfernt von mir stand, sagte:

– Da uns keine Gewalt entgegentritt, gehen wir in den Saal!

Und schon stieg er die Stufen hinauf und öffnete die Tür, welche unverschlossen war. Ihn, den höchsten Repräsentanten der Bürgerschaft, festzuhalten wagten die Gendarmen nicht.

Dichtauf folgten der ganze Zug und die Mitglieder des Großen Bürgerausschusses. Sie drängten über die Treppe in die Aula und schoben die bewaffneten Abgesandten der Regierung einfach beiseite. Die Szene war eine bildlich-theaterhafte Demonstration eines neuen bürgerlichen Selbstbewußtseins. Zwei Monate vorher, bei Ronges Besuch, hatten die Bürger in einer ganz ähnlichen Situation noch gehorcht.

Die Aula war bis auf den letzten Platz gefüllt. Bürgermeister Jolly eröffnete die Sitzung, als wäre nichts geschehen. Dann erteilte er dem Obergerichtsadvokaten Eller das Wort. Kaum hatte dieser begonnen, die Vorlage des Gemeinderats zu verlesen, als der Stadtdirektor in Begleitung eines Uniformierten erschien und sich unter Protest der Versammelten zum Rednerpult begab. Die Versammlung, erklärte er, sei aufgelöst, wer den Saal nicht sofort räume, mache sich strafbar. Pfiffe und Buhrufe ertönten. Dies sei eine *letzte Aufforderung*, schrie der Beamte. Der Rest seiner Worte ging in der allgemeinen Empörung unter. Zornig verließen er und sein Begleiter den Saal. Als sich die Tür hinter ihnen schloß, applaudierten wir alle. Jolly sorgte wieder für Ruhe, und Eller fuhr fort in seinem Vortrag.

Nach einiger Zeit hörte man von draußen Trommelschlag, Kommandorufe, Waffengeklirr und Pferdegetrappel. Die Aulatüren wurden aufgestoßen, und der Regierungsdirektor Schaaff marschierte an der Spitze eines Militärkommandos in den Saal. Eller sah kurz auf, ließ sich durch die Störung und die Unruhe der Versammelten aber nicht aus dem Konzept bringen. Eine Abteilung Infanterie drängte herein, Kavallerie-Piketts besetzten die Nebeneingänge. Schaaff und seine Soldaten bahnten sich einen Weg zum Rednerpult.

– Hören Sie auf! schrie der Regierungsbeamte, noch bevor er die Stirnseite des Saales erreicht hatte. Augenblicklich halten Sie ein!

Ein Sturm des Unwillens erhob sich aus der Versammlung. Von allen Seiten forderte man den Eindringling auf zu verschwinden.

Ein junger Beamter stellte sich auf einen Stuhl und versuchte, etwas vorzulesen, vermutlich die *Aufruhrakte,* aber er kam nicht zu Wort. Ruhe kehrte erst ein, als Bürgermeister Jolly an das Rednerpult trat und den vor ihm stehenden Regierungsdirektor fragte, ob er in der Absicht käme, gegen eine friedliche Versammlung der Gemeinde Gewalt zu gebrauchen.
– Allerdings, antwortete Schaaff. Die Aula ist mit Infanterie und Reiterei umstellt; wenn die Versammelten nicht sofort den Saal räumen, lasse ich schießen.
– Sie begehen einen Rechtsbruch, sagte Jolly, aber da wir kein Blutvergießen wollen, weichen wir der Gewalt. Ich sage Ihnen, daß die Gemeinde sich gegen Ihr Verhalten mit rechtlichen Mitteln wehren wird. Doch die Anwesenden bitte ich, sich in Ruhe zurückzuziehen. Beweisen wir durch unsere Friedfertigkeit, daß die gegen uns gerichtete Bedrohung jeder Rechtfertigung entbehrt.
So löste sich die Bürgerversammlung vom 19. November auf. Noch schreckte man zurück, der Gewalt von oben eigene Gewalt entgegenzusetzen. Statt dessen hoffte man auf die Einsicht übergeordneter Behörden und auf die Kraft der Verfassung. Noch am selben Vormittag reiste eine Delegation der Gemeinde, der außer dem Bürgermeister auch Eller und Hecker angehörten, nach Karlsruhe, um sich zu beschweren. Man sagte Prüfung zu, verwarf aber, nachdem man die Gemüter beruhigt glaubte, die Beschwerde, wie so viele ähnliche zuvor. Von verfassungsmäßigen Rechten der Bürger wollte weder die Bürokratie noch die Hofkamarilla etwas wissen.
Dem *Morgenblatt* gestattete der Zensor, den Gemeinderat des *Pacts mit den Radikalen* zu verdächtigen und dem Bürgermeister *Renitenz* vorzuwerfen. Mir dagegen strich er einen Kommentar zu dem Vorfall gänzlich aus dem Blatt. Ich erklärte darin, das Zusammenwirken von Beamten wie Uria-Sarachaga, Stadtdirektor Riegel und Regierungsdirektor Schaaff in diesem Fall sei durchaus verständlich; diese Herren hätten sich bereits derart

kompromittiert, daß sie alles daransetzen müßten, eine öffentliche Diskussion über ihre Amtsführung – und dieser sollte die aufgelöste Versammlung ja dienen – zu verhindern; auf einen Rechtsbruch mehr oder weniger könne es ihnen nicht mehr ankommen; verwunderlich sei nur, daß sich der Generalmajor von Gayling dazu hergegeben habe, zwei Regimenter ausrücken und scharfe Patronen austeilen zu lassen, als sollte eine Schlacht geführt werden, obwohl es doch nur darum gegangen sei, den genannten Staatsbeamten eine Peinlichkeit zu ersparen.

Unter dem Eindruck der Mannheimer Ereignisse trat am 22. November 1845 in Karlsruhe der neugewählte Landtag zusammen. Dem fragwürdigen Rat der Hofkamarilla folgend, war der Großherzog der Eröffnungszeremonie ferngeblieben, um sein Mißfallen über die Zusammensetzung der Kammer zu demonstrieren. Die Zeichen standen auf Kampf. In der vordersten Linie agierte Karl Mathy, der nach dem Tod Sanders die Führung der Opposition übernommen hatte. Auf seine Einladung hin fuhr ich am 9. Dezember mit Amalie nach Karlsruhe, wo wir, Hand in Hand auf der Galerie des Ständehauses sitzend, einen Tag lang die Debatten verfolgten.

Der alte Welcker mit seinem weißen Löwenkopf eröffnete die Diskussion mit dem Antrag, eine Adresse an die Regierung zu richten, in der *auf die Gefahren des bisherigen ministeriellen Systems und auf die Notwendigkeit einer vollkommenen Verwirklichung und Beschützung aller verfassungsmäßigen Rechte hingewiesen werden* sollte. Der gutmütige Innenminister Nebenius, sagte Welcker, werde von der Blittersdorffschen Kamarilla als Schutz- und Aushängeschild mißbraucht. In Wahrheit seien Leute wie der Regierungsdirektor Rettig und der Zensor Uria-Sarachaga die eigentlichen Träger der Regierungsgewalt. Das Treiben dieser Leute richte das Land zugrunde. Wenn ihnen nicht Einhalt geboten würde, sei eine Revolution wie in Frankreich unvermeidbar.

Darauf ergriff, als Abgeordneter der ministeriellen Partei, der

Mannheimer Regierungsdirektor Schaaff das Wort und kanzelte seinen Vorredner als Verleumder, Unruhestifter und gescheiterten Ehrgeizling ab. Die liberale Mehrheit möge ruhig seine Unverschämtheiten zum Beschluß des Hauses erheben, er würde nichtsdestoweniger dort landen, wo er hingehöre, im Papierkorb nämlich.

So ging es eine gute Stunde weiter, bis endlich Karl Mathy an der Reihe war.

– Der Abgeordnete Welcker, sagte er und sah genau zu Amalie und mir herauf, hat den faulen Fleck des Staatskörpers genau bezeichnet. Eine von Blittersdorff von Frankfurt aus gesteuerte Kamarilla entwindet die Zügel des Staates den besseren Regierungsmännern, trachtet nach dem Umsturz der Verfassung und verfolgt ihre Ziele durch rechtswidrige Zensur und Polizeigewalt. Man droht uns mit der Reaktion, aber auf solche Drohungen zu hören wäre dumm und niederträchtig zugleich. Ich möchte alle badischen Staatsmänner warnend daran erinnern, daß Baden seine heutige Existenz dem Wohlverhalten gegenüber Napoleon und der Verwandtschaft seines Großherzogs mit Rußland verdankt. Weil sich diese Bestandsgarantien als höchst unzuverlässig erwiesen haben, schuf man eine Verfassung, die in den Herzen des Volkes Wurzeln geschlagen hat und das Land zusammenhält. Geben Sie einer reaktionären Kamarilla die Verfassung preis, so ist Baden nur noch die letzte napoleonische Schöpfung in Deutschland!

Zwischen den starken Worten und dem tatsächlichen Einfluß der Zweiten Kammer klaffte leider eine gewaltige Kluft. Gegenüber dem System des Polizeistaates waren die Abgeordneten ziemlich ohnmächtig. Und von dem einzigen Kampfmittel, das sie besaßen, der Budgetverweigerung, machten sie letzten Endes doch nie Gebrauch. Trotz verbaler Kraftakte hielt man sich an die Spielregeln.

Die Gegenseite war da weniger zimperlich. Als der protestantische Pfarrer Zittel, ein Abgeordneter der liberalen Fraktion, die Anerkennung der Deutschkatholiken und ihre Gleichstellung mit den anderen christlichen Religionsgemeinschaften forderte, nahm die Kamarilla die Gelegenheit wahr, die Auflösung der Kammer und den Sturz der liberalen Partei zu betreiben. Mit Hilfe der katholischen Kirche wurde noch im letzten Schwarzwalddörflein die Bevölkerung gegen das *Rongetum in der badischen Kammer* mobilisiert. Man hoffte, den Bauern weismachen zu können, daß im Karlsruher Parlament der Antichrist triumphiere. Jeder badische Geistliche wurde vom Freiburger Ordinariat aufgefordert, eine Petition an die Kammer zu verfassen und von den Mitgliedern seiner Gemeinde unterschreiben zu lassen. So wollte man ein originär demokratisches Instrument dazu benutzen, dem Parlament seine Legitimation zu nehmen. Waschkorbweise trafen die Protestnoten im Karlsruher Ständehaus ein. Die Ultramontanen triumphierten. Die Kammer, rief der Abgeordnete Buß, hätte das Vertrauen der Bevölkerung verspielt und müsse aufgelöst werden.

Mariano von Uria-Sarachaga sah sich bestätigt. Willkürlicher denn je strich er mir jeden Vormittag den Andruck des *Mannheimer Journals* zusammen. So blieb die Unterstützung, die ich den Abgeordneten publizistisch zu geben versuchte, unveröffentlicht. Meine Beschwerden und Rekurse schienen noch aussichtsloser als früher, die gegen mich laufenden Strafverfahren bedrohten mich ernsthaft. Auch der wirtschaftliche Druck nahm zu. Mehrmals die Woche kam der Gerichtsvollzieher in unsere Wohnung.

Unverändert stand ich auf dem Standpunkt, daß die Zensur gesetzwidrig sei. Folglich hielt ich auch die gegen mich verhängten Geldbußen und Zensurgebühren für ungesetzlich. Dies erklärte ich den Behörden und Gerichten und weigerte mich, meiner Devise *Wort und Tat, Hand in Hand* folgend, derartige Gelder zu bezahlen. Daher erhielt ich immer häufiger Besuch vom *Presser.* Dieser blieb von morgens bis abends in meiner Wohnung sitzen, um den geforderten Betrag einzuziehen. Da er das Geld nicht bekam, zog er schließlich mit einem Gulden Tagegeld ab. Der Staat ging auf diese Weise leer aus. Darum erschien bald ein Aufgebot kräftiger Beamter, die mir von meiner Habe wegpfändeten, was sie für nötig hielten.

Rousseau sagt im *Émile* sehr richtig: *Wenn irgendein elender Staat in der Welt ist, in dem keiner leben kann, ohne Böses zu tun, und die Bürger aus Not Spitzbuben sind, so muß man nicht den Missetäter aufhängen, sondern denjenigen, der ihn zwingt, einer zu werden.* Die, die mich beraubten, waren nur Werkzeuge eines elenden Systems, und ich sah keinen Grund, sie zu hassen. Ich unterließ es nie, sie über die Widerrechtlichkeit der angeordneten Beschlagnahme aufzuklären. Zu diesem Zweck las ich ihnen den Artikel 18, Absatz d der deutschen Bundesakte, § 17 der badischen Verfassung und § 1 des badischen Preßgesetzes vom 28. Dezember 1831 vor. In der Theorie gaben mir die Auspfänder recht, bedauerten auch, durch ihre dienstliche Stellung zur Durchführung der Pfändung gezwungen zu sein, schleppten aber nichtsdestoweniger meine besten Möbel fort. Ich stand daneben, sah ihnen zu und sagte zu Amalie, die, mit den Tränen kämpfend, meine Hand hielt:

– Immerhin wissen sie jetzt, daß man sie dazu mißbraucht, ein Unrecht zu begehen. Der Stachel wird in ihren Herzen bleiben und sie eines Tages gegen ihre Dienstherren aufbringen.

Die gepfändeten Gegenstände erhielt ich übrigens wenige Tage später regelmäßig zurück mit der Erklärung, meine Schulden seien bezahlt. Lange wußte ich nicht, wem ich die Hilfe verdankte. Schließlich erfuhr ich, daß Mitglieder des Mannheimer Arbeitervereins jedesmal Geld sammelten, wenn die Auspfänder bei mir gewesen waren. Das verdroß die Regierung, und sie verfiel auf eine andere Methode, ihre widerrechtlichen Forderungen einzutreiben. Sie entsann sich der Kaution von zweitausend Gulden, die ich bei Antritt meines Redakteurpostens hatte hinterlegen müssen. Fortan zog sie die Strafen von diesem Konto ab.

Inmitten dieser Widerwärtigkeiten erwies sich Amalie als große Stütze. Welch andere junge Frau hätte wohl in Kauf genommen, daß der *Presser* ihr fast jede Woche die Möbel aus der Wohnung tragen läßt, nur weil ihr Mann seinen Prinzipien treu bleibt? Welche außer ihr hätte sich nicht vernachlässigt gefühlt von einem Mann, der von 5 Uhr früh bis spät in die Nacht sein Leben dem öffentlichen Interesse widmete? Statt mir zu grollen, ermutigte sie mich. Wenn ich niedergeschlagen war, richtete sie mich auf, und wenn ich am Sinn meines Kampfes zweifelte, bestärkte sie mich. Bald ging ich dazu über, ihr meine Artikel und Bücher zu diktieren. Das erhöhte meine Leistungsfähigkeit beträchtlich. Wenn ich spätabends von dieser oder jener Besprechung oder Versammlung nach Hause kam, empfing sie mich mit offenen Armen und freundlichem Lächeln. Ich teilte ihr mit, was sich ereignet hatte, und erörterte mit ihr, was zu tun sei. Gewöhnlich arbeiteten wir dann noch ein paar Stunden, oft bis nach Mitternacht, wobei ich ruhig auf dem Sofa lag und diktierte, während sie am Tisch saß und schrieb. Und wie sie schrieb! In gestochener Schrift, ohne jeden Fehler, rascher, als ich meine Sätze formulieren konnte. Wiederholungen und schiefe Ausdrücke berichtigte sie von sich aus, hielt auch zuweilen inne, um einen Einwand zu machen oder eine Verbesserung vorzuschlagen, suchte mit mir nach treffenden Bildern, warnte vor Bedenklichem, regte mich in tausendfältiger Weise an.
Das erste größere Werk, das auf diese Weise entstand, war die Fortsetzung meines diplomatischen Briefwechsels, der ich den Titel *Politische Briefe* gab. Diesmal dehnte ich den Vorwurf des Hochverrats, den ich im ersten Band gegen Metternich erhoben hatte, auf den ehemaligen badischen Regierungschef und jetzigen Landtagsgesandten Freiherr von Blittersdorff aus. Erwartungsgemäß war die Aufregung darüber groß. Erneut wurde ein Prozeß gegen mich eingeleitet. Diesmal nicht wegen Ehrenkränkung, sondern wegen Hochverrats.
Anfang Januar gab ich den dritten Band meiner *Actenstücke der*

Censur in Druck, in dem die Artikel über das skandalöse Vorgehen der Regierungsbehörden gegen die Aulaversammlung vom 19. November veröffentlicht werden sollten. Um mich daran zu hindern, gab das Innenministerium auf Anstiftung des Zensors Befehl zu einer Nacht-und-Nebel-Aktion. Unter Führung des Amtsmanns von Stengel besetzte eine Polizeimannschaft im Morgengrauen die Buchbinderei, in der die Druckbögen lagerten, und beschlagnahmte sie. Daraufhin lud mich Uria-Sarachaga vor.
Als ich seine Amtsstube betrat, stand er mit verschränkten Armen unter dem schwarzen Kruzifix und fixierte mich mit schräg geneigtem Kopf. Ich grüßte kurz und begann, noch während ich den Hut abnahm, mich über den Überfall auf die Buchbinderei und den Raub meiner Druckbögen zu beschweren. Er erlebte mich zum erstenmal wirklich zornig, was ihm Vergnügen zu bereiten schien; um seinen Mund spielte ein Lächeln.
– Ich werde Sie verklagen, rief ich. Diesmal sind Sie zu weit gegangen!
– Beschweren Sie sich, sagte der kleine Mann, wenn es Ihnen Spaß macht. Viel nutzen wird es Ihnen nicht. Aber vielleicht kann ich Ihnen entgegenkommen, wenn Sie vernünftig sind.
Er zog die Schreibtischschublade auf und holte ein mit einem Bindfaden in der linken oberen Ecke zusammengeheftetes Bündel gefalteter Druckbögen in Oktavformat heraus, das ich sofort als ein Exemplar meiner konfiszierten *Actenstücke* erkannte. Das öffnete er an eingemerkter Stelle und zeigte mir über den Schreibtisch hinweg den Artikel über den 19. November, in dem ich mein Verständnis für das Handeln der kompromittierten Beamten und mein Erstaunen über den militärischen Aufmarsch geäußert hatte.
– Diese Unverschämtheit werden Sie herausschneiden aus Ihrem neuesten Machwerk, sagte er.
– Das werde ich nicht tun, antwortete ich.

– Nun, sagte er, dann können Sie auf die Herausgabe der Druckbögen warten bis zum Sankt-Nimmerleins-Tag.
– Das ist eine Erpressung, stellte ich fest. Ich bin ja einiges von Ihnen gewöhnt, Hochwohlgeboren, aber daß ein gebildeter Mensch wie Sie zu solchen Methoden greift, hätte ich dann doch nicht erwartet.
Er verbat sich derartige Belehrungen und sagte, ich solle mich bis nachmittags 5 Uhr äußern, ob ich auf seinen Vorschlag eingehen wolle. Andernfalls würde er die gesamte Auflage des Buches vernichten lassen.
Grußlos verließ ich ihn. Ich sah aber schon auf dem Weg nach Hause ein, daß mir keine Wahl blieb. Bei den vorgesetzten Behörden würde ich kein Recht finden. Und was würde es mir auch nützen, in einigen Monaten die Freigabe der Druckbögen zu erhalten. Das Buch lebte von der Aktualität seiner Artikel. In meiner Wohnung angekommen, schickte ich den Redaktionsdiener zum Zensor, um ihm meine Zustimmung zu dem erpresserischen Vorschlag zu übermitteln.
Am Abend desselben Tages erzählte ich Karl Mathy, was vorgefallen war. Er war außer sich. Das Treiben des Zensors, sagte er, müsse man zum Thema einer Kammersitzung machen. Die halbe Nacht saßen wir beisammen und stellten aus den drei Bänden der *Actenstücke* eine Art Anklageschrift zusammen, die Mathy am nächsten Morgen nach Karlsruhe mitnahm.
Am 20. Januar 1846 trug Mathy dem Parlament das Material vor und forderte am Ende einer leidenschaftlichen Anklage gegen die Zensur im allgemeinen die Kammer auf, das rechtswidrige Verhalten Uria-Sarachagas zum Gegenstand einer Regierungsanfrage zu machen. Dem stimmte die liberale Mehrheit geschlossen zu.
Die Fakten ließen der Regierung keine Ausflucht. Sie hatte nur zwei Möglichkeiten: die Rechtsbrüche des Zensors zu decken und damit sich selbst bloßzustellen oder sich von Uria-Sarachaga zu distanzieren. Um eine Antwort auf die parlamentarische

Anfrage kam sie nicht herum. Da die Stimmung ohnehin schon hitzig genug war, hielt es das Innenministerium nach einigen internen Diskussionen für klug, in diesem Fall nachzugeben. Damit war das Schicksal des Zensors besiegelt.
Am 24. Januar wurde Mariano von Uria-Sarachaga seines Amtes enthoben.

13

Heute ist Freitag, der 12. August 1870. Bei offenem Fenster sitze ich am Schreibtisch und zähle die Glockenschläge, die von der Josefskirche über die Dächer klingen. Es ist 5 Uhr morgens. Der Tag verspricht freundlich zu werden. Meine Schmerzen haben nachgelassen, wenn auch mein Gesicht noch immer entstellt ist. Als ich soeben mein Spiegelbild betrachtete, mußte ich an die Sünder denken, die von Schlangen gebissen werden und dadurch aufschwellen und sich verwandeln. Ich glaube, das geschieht irgendwo im achten Kreis der Hölle, jedenfalls erinnere ich mich an einen Vers, der so geht:

> Schon war vereint der Schlange Kopf und seiner,
> Aus zwei Gestalten sah man eine werden,
> Vermischt, verwirrt, doch gleich von beiden keiner.

Doch fort mit den trüben Bildern! Man darf nie aufhören zu hoffen, sonst verliert man den Boden unter den Füßen. *Bon endureur est toujours vainqueur*, hat Vater mich gelehrt.
– Dein Kampf ist ausgestanden, sagte Karl Mathy, als er mir die Nachricht von Uria-Sarachagas Versetzung brachte. Mit dem Spätzug aus Karlsruhe kommend, war er direkt vom Bahnhof zu mir geeilt und saß strahlend auf meinem Sofa. Amalie hatte Tee gemacht für uns, im Ofen knackte das brennende Holz, die flackernde Lampe warf bewegte Schatten an die Wand.

– Heißt das, fragte ich, daß es keinen Nachfolger für Uria geben wird?
– Einen Nachfolger, räumte Mathy ein, wird es wohl geben. Aber so schlimm wie Uria kann keiner sein. Die Regierung wird ihr Gesicht wahren wollen und so tun, als bliebe alles beim alten. Aber das ändert nichts daran, daß wir gesiegt haben. Du hast Grund zur Freude, Gustav, schau nicht so zweifelnd!
– Gesiegt, sagte ich, haben wir erst, wenn die Zensur abgeschafft ist. Es ging doch gar nicht um die Person Uria-Sarachagas. Er hat es zu bunt getrieben und muß ersetzt werden, nun gut. Sollen wir deshalb gerührt sein über die Güte der Regierung?
– Das nicht gerade, meinte Mathy, aber versöhnlicher. Ich würde dir raten, deinen Frieden zu machen mit dem neuen Zensor. Auf diese Weise ist mehr zu erreichen als durch Konfrontation.
– Ich habe, sagte ich trotzig, den Kampf nicht begonnen, um beim ersten kleinen Teilerfolg stehenzubleiben.
Das Gespräch ging noch eine Zeitlang hin und her, ohne daß wir uns einig wurden. Mathy glaubte, die Regierung sei dabei einzulenken. In Wahrheit hatte sie Uria nur aus taktischen Gründen geopfert. Wie berechtigt meine Zweifel waren, mußte mein Freund sehr bald zugeben. Wenige Tage nach unserem nächtlichen Teegespräch holte das Ministerium zu einem Überraschungsschlag aus. Auf die von der katholischen Kirche ausgelöste Petitionenflut verweisend, erklärte es am 9. Februar 1846 die Zweite Kammer für aufgelöst und schrieb Neuwahlen aus.
Diesmal glaubte man, die Mehrheitsverhältnisse umkehren zu können. Von allen Kanzeln im Land wurde verkündet, daß es eine heilige Pflicht sei, den *Freigeistern* in Zukunft das Parlament zu verschließen. Der Großherzog äußerte sich befriedigt über die Proteste der Bevölkerung gegen die Liberalen und ließ an die Unterschriftensammler im Land *Zivilverdienstmedaillen* verteilen. Nun gelte es, hieß die Parole, den Geist der Petitionen im Wahlgang zu beweisen.

Karl Mathy organisierte von Karlsruhe aus die Verteidigung. In einer eigens für den Wahlkampf geschaffenen Zeitung, für die auch ich Artikel lieferte, stellte er die Lügen der Gegenseite richtig. So sicher war sich die Regierung ihres Sieges, daß sie die Zensur sehr großzügig handhaben ließ, um diesmal den Vorwurf der Wahlmanipulation von sich weisen zu können. So konnte ich ungestraft die ultramontane Bewegung einen *schwarzen Landsturm* und ein *jesuitisches Wahleinwirkungskomitee* nennen.

Die Wahlen fanden am 3. April 1846 statt. Die Regierung war von ihrer eigenen Propaganda berauscht und rechnete mit einer Mehrheit von mindestens zwei Dritteln. Doch abermals erlebte sie ein Fiasko. Nach Abschluß der Auszählung waren sechsunddreißig *Volksmänner* und nur siebenundzwanzig *Regierungsmänner* gewählt. Schockiert erklärte der bisherige Staatsminister Bœckh seinen Rücktritt und machte seinen Platz frei für den ersten Minister aus dem Lager der Liberalen.

Wie später bekannt wurde, betrieb kein anderer als der berüchtigte Freiherr von Blittersdorff diesen Wechsel. Der *kleine Metternich*, inzwischen Bundestagsgesandter des Großherzogs in Frankfurt und immer noch sein Vertrauter, wollte die Liberalen in die Regierungsverantwortung nehmen, um sie in ausgelegte Fallen treten und scheitern zu lassen. Da Blittersdorff die Bürokratie auf seiner Seite wußte, glaubte er, die Fäden der Macht im Hintergrund festhalten zu können, während sich die Liberalen darin verfingen. Niemand wußte besser als er, wie verhaßt die Regierung in der Bevölkerung war. Darum vertraute er darauf, daß die Freisinnigen recht bald ihren Nimbus als Volksmänner verlieren würden, wenn sie erst mitregierten. Irgendwann sollte dann das Versagen der Regierung konstatiert werden und Blittersdorff als strahlender Retter mit erweiterten Vollmachten zurückkommen.

Von diesen Plänen, die sogar schriftlich ausgearbeitet waren, wußte ich nichts. Aber ich roch die Perfidie, die hinter dem

Angebot des Großherzogs lag, den Liberalen Johann Baptist Bekk zum Nachfolger Bœckhs zu ernennen. Im Rebstock beschwor ich meine liberalen Freunde, nicht in diese Falle zu gehen. Doch sie waren in Siegerlaune und wollten die Gefahr nicht sehen. Auch die Minister Winter und Nebenius, sagte ich, seien liberale Männer gewesen und doch nur als Galionsfiguren einer reaktionären Verwaltung mißbraucht worden. Man vertraue Bekk, war die Antwort, er sei den freisinnigen Ideen von Herzen zugetan und habe oft genug bewiesen, daß er sich nicht mißbrauchen lasse. Nur Hecker maß meinen Bedenken einige Bedeutung bei und meinte, man müsse mit Bekk darüber reden. Ob dies geschah, weiß ich nicht. Jedenfalls übernahm Bekk das Ministerium, und die liberale Landtagsmehrheit beschloß prompt, bis auf weiteres *von einer allgemeinen Kritik des Regierungssystems* Abstand zu nehmen.

Gerade in dieser entscheidenden Phase der politischen Entwicklung in Baden war ich von der aktiven Mitwirkung weitgehend ausgeschlossen. Fünf Monate des Jahres 1846 verbrachte ich im Gefängnis.

Vom 26. Februar bis zum 26. März mußte ich für meinen Angriff auf Metternich in meinem *Diplomatischen Briefwechsel* büßen. In erster Instanz war ich zwar freigesprochen worden, weil, wie Friedrich Hecker als mein Anwalt darlegte, die Bezeichnung Metternichs als Hochverräter nur dann eine Beleidigung wäre, wenn ich sie in ehrenkränkender Absicht gewählt hätte; das sei mir aber nicht nachzuweisen. Außerdem sei die Beleidigung ein Antragsdelikt und könne nur von dem Beleidigten selbst verfolgt werden. Mit meinem Freispruch hatte sich die Regierung jedoch nicht abgefunden. Der Staatsanwalt hatte die Anklage auf Majestätsbeleidigung ausgedehnt und so die Aufhebung des ersten Urteils und meine Verurteilung zu vier Wochen Haft erwirkt.

Ich war nur zu *bürgerlichem Gefängnis* verurteilt, das heißt, es war mir ausdrücklich erlaubt, während der Haft, soweit tunlich, meinen beruflichen Verpflichtungen nachzugehen. So konnte ich von der Zelle aus das *Journal* weiter redigieren und mich mit Büchern und Zeitungen versorgen lassen. Täglich zweimal kam der Druckereidiener, und auch sonst erhielt ich reichlich Besuch. Ein Antrag meiner jungen Frau, den Gefängnisaufenthalt mit mir teilen zu dürfen, wurde allerdings abgelehnt. Jedoch verschaffte mir ein ärztliches Attest das Recht auf einen täglichen Spaziergang, zu dem mich Amalie frühnachmittags am Gefängnistor erwartete.

Eigentlich sollte mich ein Polizeidiener während dieser Ausflüge begleiten und bewachen, doch der gute Mann, ein ewig verschnupftes, träges Faktotum namens Lehmann, war auf sein inständiges Bitten hin von dieser Pflicht entbunden worden. Jedesmal, wenn er mit geschultertem Gewehr hinter meiner Frau und mir durch die Straßen getrottet war, hatte er sich von aufgebrachten Passanten beschimpfen lassen müssen. Deshalb hatte die Gefängnisdirektion es nach kurzer Zeit für besser gehalten, auf meine Beaufsichtigung bei diesen Ausgängen zu verzichten. Was hätte die Bewachung auch für einen Sinn gehabt? Meine Flucht wurde mehr erhofft als befürchtet. Selbstverständlich dachte ich keinen Moment daran, das Feld freiwillig zu räumen.

Mir sind diese Spaziergänge, die ich als Gefangener mit meiner jungen Ehefrau unternahm, noch in bester Erinnerung. Nicht nur die Zeit hat sie verklärt. Schon damals hatte dieses tägliche Entweichen aus dem Grau der Gefangenschaft, diese begrenzte Nähe zur Geliebten, etwas Traumhaftes. Amalie brachte mir oft etwas mit, um mir ihre Liebe zu zeigen: die ersten Krokusse aus dem Garten ihrer Eltern, einen selbstgestrickten Schal, eine Zeichnung oder ein selbstverfaßtes Gedicht. Hand in Hand wanderten wir durch den Schloßgarten zum Rheinufer und sprachen über alles, was uns in den Stunden der Trennung bewegte.

Nach wenig mehr als drei Monaten in Freiheit mußte ich am

13. Juli erneut ins Gefängnis, und zwar für vier Wochen, weil ich in meiner Beschwerde gegen das Verbot meiner Vorträge über die deutschen Zustände angeblich *Beamtenbeleidigung* begangen hatte, und für weitere drei Monate wegen des Hochverrats, der darin bestanden haben sollte, daß ich den Freiherrn von Blittersdorff und seine Helfershelfer in meinen *Politischen Briefen* des Hochverrats im Sinne geltenden Kriminalrechts überführt hatte. Keine der Verurteilungen war vom juristischen Standpunkt aus zu rechtfertigen, aber die Regierung hatte die Gerichtskollegien, die über mich urteilten, stark unter Druck gesetzt. Die Richter, die mich im November 1845 erstinstanzlich der Beleidigung Metternichs nicht für schuldig befunden hatten, waren mit Gehaltskürzung, Versetzung oder vorzeitiger Pensionierung bestraft worden. Den Richtern der weiteren Verfahren gegen mich drohte das Justizministerium ähnliche Konsequenzen an. Unter dieser Voraussetzung war es ein Wunder, daß die über mich verhängten Strafen nicht höher und schärfer ausfielen.

Zwischen meinen Gefängnisaufenthalten begegnete ich zum erstenmal Josef Fickler. Ich glaube, das war Ende Mai 1846. Karl Mathy brachte ihn eines Abends mit, als wir uns im Garten des Rebstocks zur Besprechung einer Artikelserie über den Deutschen Bund trafen.

– Das ist der Schrecken aller Zensoren, stellte Mathy mich ihm vor. Und das, lieber Gustav, ist er höchstpersönlich: mein Freund und Mitstreiter Josef Fickler, dem ich meine erste Wahl in den Landtag verdanke.

Obwohl ich ihn an jenem Frühsommerabend zum erstenmal vor mir sah, kannte ich Fickler schon recht gut. Wir hatten miteinander korrespondiert und Artikel ausgetauscht. In Konstanz gab er seit 1837 die *Seeblätter* heraus, lange Zeit die einzige oppositionelle Zeitung in Baden. Er war ein stiernackiger, kleiner Mann mit einem Seemannsbart, wie ihn heutzutage die Kutscher tragen. Alles an ihm verriet Kraft und Entschlossenheit, blitzen-

de Augen, buschige Brauen und ein scharfgeschnittener Mund. Er sprach eine klare, mundartlich eingefärbte Sprache.
– Zehn Jahre Zuwarten haben nichts gebracht, sagte er. Jetzt sollten wir's mal mit Zuschlagen probieren! Von oben ist nichts zu erwarten. Was also soll die Schonung der Regierung, nur weil Bekk eine anständige Haut ist. Die Kamarilla will nur Zeit gewinnen. Wir müssen uns an die sogenannten unteren Stände halten. Das deutsche Volk hat es satt, die vierunddreißig Blutsauger, die sich seine Fürsten nennen, noch länger mit seinem saueren Schweiß zu ernähren. Von meinen Leuten weiß ich jedenfalls bestimmt, daß sie lieber heute als morgen den Aufstand wagen, um die Entwicklung ein wenig zu beschleunigen.
Derart jakobinisch waren seine Reden, daß ich Mathy erstaunt ansah, während Fickler polterte und Bier auf Bier bestellte. Dazwischen aß er, mit vollem Mund redend, einen Geflügelknochen in der Hand, schmatzend weiter. Eine liberale Kammermehrheit, fauchte er, nütze gar nichts, wenn sie in Schwäche und Feigheit verharre. Aber das sei weiter nicht verwunderlich bei dem geltenden Wahlrecht, das auf die Reichen beschränkt sei. Von der durch Wohlstand verdorbenen Klasse der Spießbürger sei kein Fortschritt zu erwarten. Ihr sei der eigene Bauch längst wichtiger als die Freiheit. Die Zukunft gehöre dem Vierten Stand. So redete er mampfend, und Mathy widersprach ihm nicht. Ich meinerseits fand, er habe ganz recht, fühlte mich jedoch abgestoßen von seiner Gefräßigkeit.
Später, als ich ihn genauer kennenlernte, stellte ich fest, daß diese Diskrepanz zwischen Wort und Tat ihn auch sonst charakterisierte. So spottete er unentwegt und in schärfsten Ausdrücken über die Kirche, verdankte ihr aber in gewisser Weise seine Existenz. Von seinem Vater hatte er eine Sammlung kirchlicher Antiquitäten geerbt und damit ein kleines Museum ausgestattet, das zu den Sehenswürdigkeiten von Konstanz gehörte. Offenbar war die Kaufmannslehre, die Fickler als Knabe begonnen und nie beendet hatte, doch nicht ganz umsonst gewesen.

Aus seinem Antiquitätenkabinett schien er Gewinn zu schlagen. Als ich ihn im April 1848 in Konstanz besuchte, präsentierte mir Fickler stolz seine Sammlung: goldstrahlige Monstranzen, edelsteinverzierte Kelche, schwere Leuchter, dunkle Gemälde, geschnitzte Heiligenfiguren. Ich fand es merkwürdig, daß ein Freigeist wie er Herr über einen solchen Schatz war. Dies seien, vertraute er mir augenzwinkernd an, Reliquien von höchster Bedeutung für die Geschichte des Konstanzer Konzils. Und auf die Frage, wie er davon leben könne, sagte er, Reisende und Kunstliebhaber zahlten gerne einen Obolus, um den sakralen Schatz in Ruhe betrachten zu können. Und wenn sie gar zu wild seien auf ein Andenken, verkaufe er ihnen eine Antiquität, die ihm ein befreundeter Tischler immer wieder aufs neue *altertümlich* anfertige. Etwas Bauernschlau-Spitzbübisches war an ihm, die Gerissenheit eines Roßtäuschers kennzeichnete sein Handeln, und ich glaube, seine erstaunliche Beliebtheit hing damit zusammen. Er war die Art Vollblutmensch, dessen Skrupellosigkeit der Masse imponiert.
In meiner Gefängniszelle dachte ich oft darüber nach, ob es wünschenswert sei, daß Männer wie Fickler ein Volk regierten. Gegen seinesgleichen ist keine Demokratie gefeit. Es wird eine Frage der Volkserziehung sein, biertrinkende Gewaltmenschen von der Macht fernzuhalten. Ohne Selbstbeherrschung, Mäßigkeit und Einfachheit kann es weder für den einzelnen noch für eine Nation Freiheit geben.
Überhaupt hatte ich in meiner zweiten Haftperiode Zeit, mir über meine Grundsätze klarer zu werden. Die Abgeschlossenheit der Zelle erwies sich in dieser Hinsicht als wahrer Segen. Da die Zensur milder geworden war, lastete mich die Arbeit am *Journal* keineswegs aus. So wandte ich mich schriftstellerischen Arbeiten zu und brachte in jenen Monaten manches zum Abschluß, was ich seit Jahren vorbereitet und nie zur Ausführung gebracht hatte. Zuerst verfaßte ich einen dritten Band meines *Diplomatischen Briefwechsels,* in dem ich die Komplizenschaft

von Staat und Kirche bei der Unterdrückung der Nation attackierte. Dann stellte ich in einer zweibändigen *Untersuchung über das öffentliche Recht des Deutschen Bundes* Wortlaut und Geist der Bundesakte der politischen Wirklichkeit gegenüber. Ferner überarbeitete und vollendete ich meine *Kritische Geschichte des allgemeinen Staatsrechts* und die vierbändigen *Grundzüge der Staatswissenschaft*, Manuskripte, die ich schon 1831 in Göttingen begonnen hatte.

Auch meine Korrespondenz profitierte von meinem Gefängnisaufenthalt, insbesondere die mit George Combe. Dennoch begannen wir, einander fremd zu werden. An Amalie, die er doch nur aus meinen Briefen kannte, glaubte er aussetzen zu müssen, daß sie zehn Jahre zu jung für mich sei. Die Ehe zwischen uns, behauptete er, widerspreche dem Naturgesetz. Meine politischen Bestrebungen hielt er schlichtweg für *hazardous*. Wahrscheinlich befürchtete er, daß ich der Phrenologie verlorengehen würde. Ich blieb ihm die Antwort nicht schuldig. *I know better than you*, schrieb ich zurück, *the state in which Germany is now. We have learned men enough, but we want daring men who show to our petty tyrants that they do not fear them, who oppose them openly, and rouse up the slumbering energies of the nation.*

14

Aus der *Landtagszeitung*, die mir der Druckereidiener einmal pro Woche in die Zelle brachte, erfuhr ich im September 1846 von Karl Mathys Triumph über Franz Joseph von Buß, den Wortführer der Konservativen in der Zweiten Kammer. Buß war die treibende Kraft hinter der Petitionsflut von 1845 und der vorzeitigen Auflösung des Parlaments gewesen. Immer noch setzte er auf das religiöse Ressentiment der bäuerlichen Katholiken gegen die freisinnige Ketzerei der Deutschkatholiken und meinte, den Liberalismus als sündig denunzieren zu können.

Provokativ hatte er gemeinsam mit Heinrich von Andlaw eine *Motion auf Wiederherstellung der kirchlichen Freiheit* vors Parlament gebracht, welche die Erneuerung der kirchlichen Kontrolle über das badische Erziehungswesen und den Ausschluß aller nichtkatholischen Lehrer vom Schuldienst zum Ziel hatte.
Am 10. September begründete Buß diese Forderungen in einer frömmelnden Rede. Mit Vergnügen entnahm ich der *Landtagszeitung,* wie Mathy antwortete. Er lehne die Motion schon deshalb ab, sagte er, weil er als Abgeordneter von Konstanz Bürger vertrete, denen die Glaubensfreiheit seit jeher besonders am Herzen liege. 1834 habe man in Konstanz für ein Denkmal zur Erinnerung an Hus und Hieronymus gesammelt, und in der Einladung hätte es geheißen: *Die Flammen des Ketzergerichts haben zwar den Leib dieser Märtyrer zerstört, nicht aber ihren Geist ... Die Geschichte nennt Hus und Hieronymus als die ersten Verteidiger der religiösen Freiheit, als Vorkämpfer der großen kirchlichen Reformation. Wir genießen die Ernte, gedenken dankbar der Saat, gereift im Blut der Säer.*
Nachdem er diesen Satz, scheinbar aus einer alten Zeitung, verlesen hatte, blickte Mathy auf und rief den Konservativen zu:
– Meine Herren! Diese Worte schrieb kein Protestant, es hat sie ein Katholik, es hat sie ... der Abgeordnete Buß geschrieben!
An dieser Stelle vermerkte das Protokoll der *Landtagszeitung:* Allgemeines Erstaunen. Unterbrechung. Buß macht eine verneinende Bemerkung.
– Es ist doch richtig? hakte Mathy nach. Sie haben diese Worte geschrieben!
– Ich werde dem Abgeordneten Mathy antworten, rief Buß aus dem Auditorium und begann: Es war eine große Versammlung ...
– Sie haben diese Worte geschrieben! unterbrach Mathy.
– Nein!
– Sie haben diese Worte nicht geschrieben?
– Nein!

– Wohlan denn, sagte Mathy und zog ein beschriebenes Blatt Papier aus der Rocktasche. Hier ist Ihre Handschrift!
Mathy hob das Dokument hoch und zeigte es den zum Rednerpult tretenden Abgeordneten, die kopfschüttelnd die Handschrift des Abgeordneten Buß erkannten. Der stand auf und rief trotzig, ja, er habe es geschrieben, worauf ein Tumult im Parlament entstand und die Sitzung unterbrochen werden mußte.
Auf der Pritsche meiner Zelle sitzend, erzählte mir Mathy einige Tage später, wie ihm sein Freund Fickler das Dokument kurz vor der Sitzung zugespielt hatte. Und er fügte hinzu:
– Einer ist des andern Jäger, so läuft das Spiel! Es kommt darauf an, den anderen zu packen, ohne selbst erwischt zu werden. Man muß geduldig warten, bis er ahnungslos in eine ausweglose Lage gerät. Und dann, mein lieber Gustav, muß man blitzschnell zuschnappen.
Er lachte, als hätte er einen Scherz gemacht, doch in seinen Augen war ein Hochmut, der mich beunruhigte. Ich sagte, Buß sei ganz recht geschehen, aber das Jägerspiel sei nicht nach meinem Geschmack. So ist die Welt, antwortete Mathy, worauf ich bemerkte, gerade deshalb müsse man sie ändern. So kamen wir auf unsere Zukunftsvisionen zu sprechen. Wenn Deutschland erst einig, reich und mächtig sei, sagte er, würden sich alle Probleme wie von selbst lösen. Ich widersprach, und so entwikkelte sich eine grundsätzliche Diskussion, deren Verlauf mir ziemlich deutlich im Gedächtnis geblieben ist.
– Das Deutschland, für das ich kämpfe, sagte ich, muß nicht reich und mächtig, es muß nicht einmal einig sein. Aber jeder soll darin menschenwürdig leben können ...
– Natürlich, fiel mir Mathy ins Wort, jeder muß teilhaben am Wohlstand. Wenn das volkswirtschaftliche Vermögen insgesamt auf ein hohes Niveau steigt, wird auch der Ärmste gegen mäßige Arbeit das Notwendige erwerben können, und selbst der Arbeitsunfähige wird vor Mangel geschützt sein.
– Du mißverstehst mich, sagte ich. An den Wohlstand denke ich

nicht in erster Linie, wenn ich von Menschenwürde spreche. Ich glaube auch nicht, daß diese vom Florieren der Volkswirtschaft oder sonst einer Bedingung abhängen darf. Der Mensch hat nicht bloß ein ewiges und unveräußerliches Recht auf alles, was er zum physischen Leben benötigt, sondern auch auf das, was zur harmonischen Entwicklung seiner Seelenkräfte erforderlich ist. Denn er muß Mensch sein dürfen, und das beinhaltet, daß seine Mitmenschen und der Staat, dem er angehört, seine ewigen und unveräußerlichen Rechte achten.
Mathy machte eine wegwerfende Handbewegung.
– Zugestanden, sagte er, aber was hilft es? Deine ewigen und unveräußerlichen Rechte sind nichts weiter als schöne, leere Worte, die nichts kosten und keinen satt machen. Dieses theoretische Geschwätz bringt doch nichts ...
– Oh, unterbrach ich, ich halte das Wort von den Menschenrechten nicht für eine bloße Phrase. Ich verbinde damit sehr konkrete Forderungen. Zunächst das Recht auf Leben, auf Selbsterhaltung, dem jedes andere Recht, zum Beispiel das auf Eigentum, unterzuordnen ist. Wenn du es noch handfester willst: Jeder Mensch kann von dem Staate, dessen Mitglied er ist, gesunde Nahrung in ausreichender Menge, eine schützende Wohnung und hinreichende Kleidung verlangen; solange die ärmeren Klassen des Volkes Not leiden an den unvermeidlichen Bedürfnissen des Lebens, haben sie ein vollgültiges Recht darauf zu fordern, daß die reicheren Klassen ihnen von ihrem Überflusse so viel abgeben, als zu diesem Zweck erforderlich ist. Und ich werde noch konkreter: Unmittelbar aus diesem Recht folgt die Notwendigkeit, unser Steuersystem, unser Privatrecht und unser Prozeßverfahren umzuwandeln; Nahrungsmittel, Wohnung und Kleidung dürfen mit keinerlei Abgaben belastet werden; die den besitzlosen Arbeiterstand bedrückenden privatrechtlichen Dienste und Abgaben sind abzuschaffen; Urteile, die einem Bürger seine unentbehrlichen Lebensbedürfnisse direkt oder indirekt entziehen, sind menschenrechtswidrig.

– Ich sehe, kommentierte Mathy ironisch, dir schwebt ein Staat vor, der so etwas wie eine Suppenanstalt ist. Höchst bequem für seine Angehörigen. Sie stellen Forderungen. Und wer, bitte, kocht die Suppe? Wer näht die Kleider, die verschenkt werden?
– Das Recht der Selbsterhaltung beruht natürlich auf der Voraussetzung ...
– Also doch, warf Mathy ein.
– ... auf der Voraussetzung, fuhr ich fort, daß derjenige, der es in Anspruch nimmt, arbeitet – es sei denn, er ist unfähig dazu. Das folgt unmittelbar aus der Natur des Menschen. Er ist nicht zur Muße geboren, sondern dazu bestimmt, seine Kräfte durch Arbeit zu entwickeln.
Travailler est donc un devoir indispensable à l'homme social, sagt Rousseau, *riche ou pauvre, puissant ou faible, tout citoyen oisif est un fripon.* Da Arbeiten zum Menschen gehört, ist das Recht auf Arbeit selbst ein Menschenrecht, und der Staat hat dafür zu sorgen, daß jeder nach seinen Möglichkeiten arbeiten kann. Nach seinen Möglichkeiten! Damit sind seine Anlagen, seine Fähigkeiten und Begabungen gemeint. Alle ohne Unterschied des Standes haben gleichermaßen das Recht, zu verlangen, daß diejenigen Kräfte, in deren Besitz sie sich befinden, seien sie groß oder klein, sich *naturgemäß* und *frei* entfalten können. Der Staat muß die äußeren Verhältnisse so ordnen, daß jeder sich harmonisch entfalten kann. Nicht die Umstände, in die einer hineingeboren ist, dürfen darüber entscheiden, ob er Bildhauer oder Steinhauer, Maler oder Tüncher, Staatsmann oder Handwerker, Feldherr oder Landwirt, Gelehrter oder Tagelöhner wird. Zu den Menschenrechten gehört als zweites Recht nach dem auf Wohlstand das Recht auf Bildung und Erziehung. Heutzutage hat in der Regel nur der Reiche Aussicht auf eine künstlerische und wissenschaftliche Ausbildung, und er hat sie selbst dann, wenn seine diesbezüglichen Talente nur sehr schwach ausgeprägt sind und er viel glücklicher in einem handwerklichen oder dienstleistenden Beruf werden würde.

Wir brauchen ein frei zugängliches Schul- und Ausbildungssystem, das vom Staat und den Gemeinden unterhalten wird. Die häusliche Erziehung muß durch die Zahlung von Kindergeld unterstützt werden, damit auch die ärmsten Eltern in der Lage sind, sich ihrer Familie zu widmen. Wenn so der Staat für Wohlstand und Bildung aller seiner Angehörigen sorgt, wird sich das dritte unveräußerliche Menschenrecht, nämlich das auf persönliche *Freiheit*, von selbst durchsetzen. Aus diesem, zugegeben abstraktesten Menschenrecht fließen so konkrete Forderungen wie die nach Preßfreiheit, Redefreiheit, Gewissensfreiheit, Vereinsfreiheit, Lehr- und Lernfreiheit, Handelsfreiheit und Berufsfreiheit. Wenn es dir Spaß macht, nenne es theoretisches Geschwätz. Ich meine, daß das Recht auf den lebensnotwendigen Wohlstand, das Recht auf Bildung und das Recht auf die freie Entwicklung der uns von der Natur gegebenen Kräfte – diese drei ewigen, unveräußerlichen Menschenrechte – in ihrem Gefolge Lebensgenuß, Freude und Zufriedenheit haben. Derjenige Staat, der diesen Rechten Anerkennung gewährt, wird alle übrigen Staaten an innerer Kraft übertreffen. Dann wird die Kluft ausgefüllt werden, die jetzt noch Hoch- und Niedergeborene, Reiche und Arme, Mächtige und Machtlose voneinander trennt. Es wird ein Ende gemacht dem Neid und der Zerstörungswut, dem Wucher und dem Betrug, der Herrschsucht und der Tyrannei.

– Amen, sagte Mathy. Amen, denn das heißt ja wohl: So sei es! Wer wollte nicht, daß die Gesellschaft einmal so wird, wie du sie beschreibst. Nur ist das nicht sehr wahrscheinlich. Was du vom Staat verlangst – freie Ausbildung für jeden, freien Unterhalt, kostenlose Gesundheitspflege und so weiter –, kostet ein gewaltiges Vermögen. Verzieh nicht das Gesicht, mein Lieber, ich muß vom Geld sprechen in diesem Zusammenhang, denn wie alles wird auch Freiheit mit Geld bezahlt, ja, auch die Menschenrechte. Eine arme Nation kann sich den Luxus von Menschenrechten gar nicht leisten. Deutschland muß also reich werden, um alle sozialen Probleme zu lösen. Und der Weg dahin führt nicht über irgendwelche sozialen Utopien, sondern über eine Verbesserung der Produktionsmethoden. Hier liegt die Zukunft, nicht in den Parolen der Französischen Revolution. Wir stehen vor einer neuen, herrlichen Zeit, in der mehr und mehr schwere Arbeit von Maschinen übernommen werden wird. Was hundert Menschen bisher im Schweiße ihres Angesichts in ein paar Wochen schaffen, wird bald eine einzige Dampfmaschine in einem halben Tag erledigen. Ganz Deutschland muß ein riesiger Produktionsbetrieb werden, eine einzige Fabrik, in der jeder reichlich Lohn erhält und deren Erzeugnisse in die ganze Welt verkauft werden. Friedrich List hat einmal geschrieben: Die Zukunft der Nation beruht auf ihrer Macht und ihre Macht auf dem Reichtum und ihr Reichtum auf einer harmonischen Entwicklung der produktiven Kräfte. Das, genau das, ist mein Standpunkt.

Durch das hohe Fenster über der weißgetünchten Wand fiel auf den steinernen Boden ein trapezförmiger Lichtfleck, den die Schatten der Gitter in verzerrte Quadrate teilten. Ich saß, die ausgestreckten Arme auf die Knie gestützt, auf meinem Hocker und hörte Mathy reden, während mir klar wurde, wie verschieden wir doch dachten. Begeistert malte er ein Bild der Zukunft, das mich erschreckte: gewaltige Stahlwerke im Herzen Deutschlands, ein Netz von Eisenbahnen zwischen pulsierenden Metropolen, Fabriken von der Größe kleiner Staaten, Tausende von Menschen in riesigen Maschinenhallen, Dampfschiffe auf regulierten Flüssen, Schlote, Steinchausseen, Banken, Markthallen, Vergnügungspaläste, Verwaltungsviertel.

– Die Landwirtschaft muß im großen Stil ganz neu organisiert werden, schwärmte er. Aus den vielen winzigen Kleinbetrieben muß man maschinell zu bewirtschaftende Produktionsstätten machen. Diese versorgen dann die städtische Bevölkerung, die mit Handel, Kunst, Wissenschaft, Dienstleistungen und Gewerben beschäftigten Klassen, welche die zum weiteren Ausbau der

Volkswirtschaft nötigen Kenntnisse und Kapitalien schaffen und Waren in wachsender Menge und Qualität erzeugen, mehr, als im eigenen Land benötigt werden. Mit dem Abbau der Binnenzölle ist der erste Schritt getan, doch der nächste muß ein völliges Zusammenwachsen Deutschlands zu einem einzigen Wirtschaftsraum sein. Gleichzeitig muß der Zugang zu den Meeren erkämpft werden, damit unsere Nation den Weltmarkt erobern kann. Das Glück ...

– Entschuldige, unterbrach ich; das Wort Glück nimmt sich in diesem Zusammenhang etwas seltsam aus. In der Fabrik, die du Deutschland nennst, wird es Herren und Knechte geben, nicht anders als in unseren jetzigen Fürstentümern, nur daß die Herren keine Aristokraten, sondern Fabrikbesitzer, Kaufleute und Geldverleiher sein werden. Und die Knechte? Das werden die vielen, vielen tausend besitzlosen Lohnarbeiter sein. Du sagst, es wird ihnen bessergehen, und du meinst damit, daß sie keine Not leiden werden. Überhaupt scheinst du zu glauben, das Glück des Menschen bestünde darin, materiell gesichert zu sein. Du redest immer nur von Produktivität und Volkswirtschaft, als sei es der Sinn des Lebens, Waren herzustellen und zu verbrauchen. Ich bestreite das. Maschinen und Produktionsstätten werden Deutschland lauter, häßlicher und, gut, auch wohlhabender machen. Aber nicht menschlicher, nicht freier.

– Ich denke selbstverständlich an eine demokratische Verfassung. Was du Knechte zu nennen beliebst, sind für mich freie, emanzipierte Staatsbürger, die in allgemeinen Wahlen eine starke Zentralregierung wählen.

– Es liegt in der Natur der Sache, widerlegte ich den Einwand, daß sich der Besitz direkt oder indirekt der Staatsgewalt bemächtigt. Keine noch so demokratische Verfassung wird das verhindern können. Auf dem einen oder anderen Weg wird die reichere Klasse immer zur herrschenden und die ärmere zur beherrschten werden. Das kann nur verhindert werden durch eine

Beseitigung der Unterschiede, durch die Umwandlung der bisherigen Klassengesellschaft in einen allgemeinen Mittelstand.

– Oho! rief Mathy. Redest du nun der kommunistischen Gleichmacherei das Wort?

– Überhaupt nicht. Ich bin zutiefst überzeugt davon, daß kein Mensch dem anderen gleicht. Gerade das macht seine Würde aus, daß er einmalig und unverwechselbar ist. Ich will die Individualität der Menschen nicht beseitigen, sondern durch die Veränderung der Gesellschaft fördern. Das heißt: Jeder müßte sein Leben unter gleichmäßig einfachen, aber ausreichenden Bedingungen beginnen und von da aus den ihm gemäßen Weg einschlagen können. Für nicht selbst erworbene Privilegien, ererbtes Vermögen, Protektion und Nepotismus ist in meiner Gesellschaft kein Platz. Nur unter dieser Voraussetzung kann die Demokratie funktionieren. Freilich nur in relativ kleinen, überschaubaren Staatswesen, in denen das Volk die von ihm gewählten Repräsentanten kennt und kontrollieren kann. Ein demokratischer Staat sollte nicht mehr als zwei Millionen Bürger haben. Allein, zwanzig oder mehr solcher Demokratien können einen Bundesstaat bilden, der ihnen eine größere Einheit gibt. So stelle ich mir das zukünftige Deutschland als eine föderative Bundesrepublik vor, als ein großes Ganzes, in dem die Einzelstaaten ihre jeweilige Eigenart und kulturelle Unabhängigkeit behalten.

– Wenn du doch nur, stöhnte Mathy, ein klein wenig praktischer dächtest! Wenn ich dir doch nur ein paar Grundbegriffe der Volkswirtschaft klarmachen könnte! Dann würdest du begreifen, wie unausführbar deine krausen Ideen sind. Wenn du den Menschen die Möglichkeit nimmst, reich zu werden und vererbbares Vermögen zu bilden, beraubst du die Nationalökonomie ihrer wichtigsten Triebfeder: des Egoismus der einzelnen. Und wenn du die Nation in Teilstaaten zersplitterst, wird deine Demokratie nicht lange überleben. Der Staat, auch wenn er demokratisch verfaßt ist, muß stark sein. Denn er lebt vom Vertrauen seiner Bürger, die von ihm Schutz gegen äußere und innere Feinde erwarten. Nur eine mächtige Zentralgewalt ist in der Lage, der Wirtschaft das Maß an Freiheit und Ordnung zu garantieren, dessen sie bedarf, um zu florieren. Und daran ist vor allem gelegen. Ich wiederhole es und bestehe darauf: Deutschland wird reich, stark und einig oder gar nicht sein.

– Und die Freiheit hast du wohl vergessen, sagte ich herausfordernd. Ich meine, wohlgemerkt, nicht die Freiheit der Reichen.

– Auch die Armen werden frei sein in meinem Deutschland, denn in einer reichen Nation sind auch die unteren Klassen versorgt. Wohlstand macht frei, Elend macht abhängig.

– Der Überfluß auch, sagte ich. Vor allem aber die Gier. In einer Gesellschaft von wenigen Großgrundbesitzern, Fabrikherren, Kaufleuten und unzählig vielen Besitzlosen wird auf allen Ebenen das Jägerspiel ablaufen, von dem du eingangs gesprochen hast. Jeder versucht den andern zu packen, ohne selbst erwischt zu werden. *Homo homini lupus!* Der Mensch spielt Tier, statt sich auf sein eigentliches Wesen zu besinnen. Wir haben die Keule abgelegt, aber unser Lebenskampf gleicht immer noch dem des Steinzeitmenschen.

– Du scheinst noch nicht bemerkt zu haben, widersprach Mathy, das wir uns im Zeitalter des technischen Fortschritts befinden. Fast täglich entreißt der Mensch der Natur neue Rätsel. Zurück in die Höhle führt nur das *Retour à la nature!* deines verehrten Monsieur Rousseau. Aber ich weiß natürlich, worauf du hinauswillst mit deiner Charakterisierung. Für dich sind alle Fleischesser Steinzeitmenschen, habe ich recht? Du möchtest die ganze Menschheit zum Vegetarismus bekehren, vorher bist du nicht zufrieden.

– Das will ich allerdings, sagte ich, stand auf und ging erregt auf und ab. Der Mensch muß das Tierische in sich überwinden, und dazu gehört selbstverständlich auch, daß er aufhört, Aas zu verspeisen. Er muß sich endlich auf seine Natur besinnen, und das meine ich in beiden Bedeutungen des Ausdrucks. Zum einen darf er nicht länger seiner eigenen Natur – dem, was ihn zum Menschen macht – zuwiderhandeln, zum anderen muß er aufhören, die ihn umgebende Natur, der er seine Existenz verdankt, auszubeuten und zu mißhandeln. Mir graut vor einer Zeit der Fabriken, die das ganze Land in schwarzen Qualm tauchen, um massenhaft Waren herzustellen, die in dieser Menge keiner braucht. Und ebenso entsetzt mich die Vorstellung von rastlos produzierenden, gierig konsumierenden Arbeitstieren, die sich nicht selbst bestimmen, sondern zu Maschinenwesen geworden sind. Der natürliche Mensch ruht in sich selbst, ist eine ungebrochene Einheit, doch der Bürger deines Fabrikstaates wird nur eine Bruchzahl sein, die von ihrem Nenner abhängt und deren Wert sich nach dem volkswirtschaftlichen Nutzen bemißt. Nenn das ruhig Fortschritt, ich halte es für einen Irrweg. Was mir nötig scheint, ist mit Rousseaus *Zurück zur Natur* ganz gut beschrieben: Wir müssen umkehren, weil wir in die falsche Richtung marschieren!

– Deine Thesen werden immer toller, warf Mathy ein. Der menschliche Erfindungsgeist hat nie größere Triumphe gefeiert als jetzt. Hunger und Krankheit werden bald überwunden, die Entfernungen verkürzt, der Aberglauben besiegt sein. Was, bitte sehr, ist falsch daran?

– Die Zerstörung der Harmonie, antwortete ich, die Rücksichtslosigkeit, mit der wir uns zum Maß aller Dinge machen und dabei das eigene Maß verlieren!

– Ach, du meine Güte! rief Mathy in gespielter Verzweiflung. Ähnliches hat man auch einem Galileo Galilei vorgeworfen. Willst du mit solchen Argumenten den Forscherdrang und die wirtschaftliche Expansion in Frage stellen? Das kann nicht dein Ernst sein. Vor uns liegt ein ungeheurer Aufschwung, eine Verbesserung aller Verhältnisse ... kurz: Deutschlands Zukunft.

Spontan fiel mir ein Bibelzitat ein, das mein Großvater Hochstetter gerne benutzt hatte.

– Was hülfe es dem Menschen, sagte ich, so er die ganze Welt gewänne und nähme doch Schaden an seiner Seele? Nimm den Satz nicht in seinem wörtlichen Sinn. Ersetze darin das Wort Mensch durch die Gesellschaft, von mir aus durch eine bestimmte, sagen wir, durch Deutschland. Dann wirst du verstehen, was ich sagen will. Mit einem Deutschland, das reich und mächtig ist, aber an seiner Seele Schaden nimmt, ist ...
Ich unterbrach mich, weil Mathy aufgestanden war und mir ins Gesicht lachte, während er mich freundschaftlich an der Schulter hielt.
– Nichts für ungut, sagte er. Aber die Art, wie du redest, erinnert mich an den Abgeordneten Buß! Paß auf, daß ich dir nicht eines Tages deine *Journal*-Artikel unter die Nase halte! Adieu, ich muß gehen! Höchste Zeit, daß du aus dieser Zelle herauskommst, sonst wirst du mir noch zum Prediger ...
Wir verabschiedeten uns herzlich. Unsere Beziehung war so eng, daß sie an Meinungsverschiedenheiten keinen Schaden nehmen konnte. Wenn wir auch viel von der Zukunft sprachen, die Gegenwart lag uns näher. Und wie wir diese Gegenwart verändern wollten, darin glaubten wir uns einig.

15

Den heutigen Zeitungsmeldungen zufolge ist der Krieg bereits so gut wie entschieden. Bei Forbach im Elsaß haben preußische Einheiten den Franzosen einen vollständigen Brückentrain abgenommen. Daß dies geschehen konnte, wird als ein Symptom starker Demoralisierung auf französischer Seite angesehen. Zu neuen Schlachten ist es nicht gekommen, aber die Preußen rücken zügig auf feindliches Gebiet vor. Bismarcks Deutschland wird mächtig sein, bevor es als Staat konstituiert ist. Es hat seine Seele verloren und ist darauf aus, die Welt zu gewinnen.
Beim Frühstück habe ich mit Käthchen darüber gesprochen,

aber sie versteht mich nicht. Deutschlands Sache sei doch die gerechte Sache, sagt sie mit strahlenden Augen. Ob ich etwa wolle, daß die Franzosen über den Rhein kämen?
– Nein, antworte ich, das will ich nicht.
– Siehst du, sagt sie, wir wollen sein ein einig Volk von Brüdern.
Und ich nicke und tue so, als vertiefte ich mich wieder in die Lektüre des Morgenblattes der *Neuen Freien Presse*, während ich denke: Amalie hätte mich verstanden.
Wie wichtig Amalie für mich war, werden Außenstehende nie begreifen. Sie erst machte mich zu dem, der ich bin; oder sollte ich, da sie tot ist und ich als alter Mann mit eitrigem Mund von meiner Wiener Hinterhofwohnung aus in die Vergangenheit blicke, besser sagen: der ich war? Eines der vielen Gedichte, die ich für sie schrieb, begann mit den Versen:

Wir haben uns Liebe und Treue geschworen,
Ein heiliger Eid wird nicht alt.
Wir fühlen, wir sind füreinander geboren,
Dies Fühlen wird nimmermehr kalt.

Die vierzig Jahre meines Lebens, in denen ich von Amalie noch nichts wußte, kommen mir im Rückblick vor wie ein bloßes Vorspiel. Fleißig, aufrichtig und voller Ideen war ich auch ohne sie gewesen, aber das Feuer in mir entzündete sich erst an ihrer Seele. Ihre Zuneigung gab mir eine Sicherheit, die mich nahezu unverwundbar machte. Sie glücklich zu sehen wurde mein wichtigstes Ziel. Ich deutete schon an, daß mein verstärktes Interesse an der Lage der sogenannten niederen Klassen mit meiner Liebe zu ihr zu tun hatte. Die sie erniedrigt hatten und immer noch verachteten, betrachtete ich als meine Feinde. Und sie sah in mir einen Mann, der dafür lebte, eine Gesellschaft zum Besseren zu verändern, deren Unmenschlichkeit sie am eigenen Leib verspürt hatte.

O Amalie, du fehlst mir! Du warst mir Frau und Freundin, Kameradin und Vertraute, wie es Käthchen nie sein wird. An allem, was ich tat und litt, warst du beteiligt. Du allein hast mich ausgesöhnt mit meinem Schicksal und den Menschen, die mich verraten haben. Alles Unglück, das ich erlebte, wiegt das Glück nicht auf, dir nah gewesen zu sein. Aller Haß, der mich verfolgte, ist nichts gegen die Liebe, die du mir gabst. Wenn auch viele Enttäuschungen in den Dornenkranz meines Lebens eingeflochten waren, die eine Rose, die für mich blühte, hat mir gezeigt, daß das Leben schön ist. Wenn nicht im großen und ganzen, so habe ich doch in dir, Amalie, das Ideal erreicht, ja, mehr als das. Einen Menschen wie dich zu finden hat meine kühnsten Erwartungen übertroffen.
Obwohl uns in jenem Sommer des Jahres 1846 Gefängnismauern trennten, wuchsen wir damals eng zusammen. Wie sehnte ich täglich den Augenblick herbei, in dem ich aus dem Tor trat und sie warten sah! Sie kam lächelnd auf mich zu, den Korb in der Hand, die hellblaue Schutenhaube auf dem Kopf, und drückte mir stumm die Hand. Nein, wir umarmten uns nicht, wir blickten uns nur fest in die Augen. Ich hatte meinem Leib befohlen, sich herauszuhalten aus der Begegnung der Seelen. Doch ich begehrte Amalie, und es fiel mir schwer, das zu verbergen. Sinnliche Schauer erfaßten mich, wenn mich ihre Hand berührte. Wenn sie mich aus ihren großen Augen ansah, verlor ich den Faden des Gesprächs.
Unschuldig, wie sie war, hatte sie keine Ahnung von den Qualen, die ich litt, und verschärfte sie durch arglose Nähe und zufällige Berührungen. Ihr Körper verlor merklich seine Scheu vor mir. Es kam vor, daß sie mich von sich aus anfaßte, etwa um sich an meinem Arm festzuhalten, mir den Hut zurechtzurücken oder mir beim Abschied über den Bart zu streichen.
Es ist kein ermutigender Anfang für eine Ehe, wenn der Mann monatelang im Gefängnis sitzt. Doch Amalie beklagte sich nicht, im Gegenteil.

– Ich bin stolz auf dich, Gustav, sagte sie einmal, weil du nicht so bist wie die anderen.
Es war an einem milden Augustnachmittag. Wir saßen über dem Rhein auf einem sonnenwarmen Holzstumpf zwischen Dornengestrüpp und Schilfgras. Ich fragte, welche anderen sie meine, und sie antwortete, sie meine die Bassermanns, Mathys, Heckers und wie sie alle hießen. Worauf ich sie bat, nicht so vorschnell über meine Freunde zu urteilen. Säßen sie auch nicht im Gefängnis, so stünden sie doch auf meiner Seite und kämpften wie ich für Freiheit und Recht der Menschen in unserem Land. Da verzog Amalie auf ihre unnachahmliche Art den Mund zu einem spöttischen Lächeln und sagte:
– Wenn du dich bloß nicht irrst! So wie ich das sehe, kämpfen sie nur für *ihre* Freiheit und *ihr* Recht und nebenbei um etwas Macht und etwas mehr Ruhm und Ehre.
Über unsere Gefühle sprachen wir wenig, doch das Bewußtsein zusammenzugehören war uns selbstverständlich. Sie vertraute ihre Empfindungen einem Tagebuch an, das sie mir nicht zeigte. Bis zu ihrem Tod gehörte es zu ihren kleinen Geheimnissen, und erst am Tag nach ihrer Beerdigung fand ich es unter unseren Briefen und Gedichten, die sie, mit blauen Bändern zu kleinen Päckchen verschnürt, überallhin mitgeführt hatte. Ich sehe mich noch auf dem Fußboden ihres Zimmerchens im ersten Stock unseres Holzhauses in Staten Island kauern und in diesem Tagebuch lesen, überwältigt von der Liebe, die aus jeder Zeile klang. *O Gott!* schrieb sie in Erinnerung an unsere erste Begegnung, *ewig unvergeßlich bleibt mir diese Stunde. Als er seine freundlichen Worte an mich richtete und so gerne bereit war, mir zu dienen. Er kam mehrere male zu uns. Ach! Es zog mich mächtig zu ihm hin, es drängte mich, ihm mein Herz zu öffnen und Alles, was es schwer machte, mit ihm zu theilen. Wir haben uns gefunden, um uns nie mehr zu trennen.* Und an anderer Stelle las ich: *Täglich wird das Band, welches sich um unsere Herzen wob, kräftiger, und enger schließt es sie mit jeder Stunde zusammen. Ich*

fühle, daß ich die getrennte Hälfte von Gustav bin, welche er nach langem Suchen in seinem 39. Jahre endlich wiederfand, um sich nun auf ewig mit ihr zu verbinden. Wir haben uns gefunden, nachdem wir uns lange eines nach dem anderen gesehnt hatten. Auf wunderbare Weise hat der allmächtige Gott die beiden Hälften wieder vereinigt zu einem schönen Ganzen.

Ob ich ohne Amalies Liebe genug Kraft gehabt hätte, den Kampf gegen meine Widersacher durchzustehen, weiß ich nicht. Sie benutzten meinen Gefängnisaufenthalt, um mich endgültig aus der Redaktion des *Journals* zu verdrängen. Mathy, der immer bestens informiert war, unterrichtete mich schon Anfang Juli davon, daß das Mannheimer Stadtamt einen neuen Vorstoß in dieser Richtung unternommen hatte. Durch mein *Treiben,* beschwerte es sich förmlich bei der Kreisregierung, sei in Mannheim *allem Verbrecherischen Tür und Tor geöffnet. Welches Unheil* ich schon gestiftet, sei ja allgemein bekannt. Man müsse mich schleunigst entfernen, denn solange ich Redakteur sei, werde es *nie und nimmermehr Ruhe geben.*

Wenige Wochen später griff Heinrich Bernhard von Andlaw, ein Bruder meiner verstorbenen Beatrice, in der Ersten Kammer den Vorstand des Bürgerhospitals meinetwegen heftig an. Die Regierung, forderte er, müsse dem Mißbrauch einer katholischen Stiftung zur Verbreitung einer antikatholischen Publikation Einhalt gebieten. Vom erzbischöflichen Ordinariat in Freiburg kam lebhafte Zustimmung und eine an den Vorstand des Bürgerhospitals gerichtete Abmahnung. Ich begann zu bezweifeln, ob der Verlag auf Dauer dem Druck würde standhalten können.

In dieser Situation, es war wohl Ende September, besuchten mich Heinrich Hoff und Friedrich Bassermann im Gefängnis. Sie schlugen mir die Gründung einer Wochenschrift für ganz Deutschland vor. Wenn ich die Redaktion übernähme, erklärten sie, würden sie für die Finanzierung sorgen. Ich war sofort Feuer und Flamme. Die Aussicht, keine Rücksicht mehr nehmen

zu müssen auf einen konservativ-klerikalen Geldgeber, war verlockend. Außerdem reizte es mich, endlich aus dem Provinzialismus Mannheims ausbrechen zu können. Hinzu kam die Unsicherheit über mein Verbleiben beim *Journal*. Als Titel für das neue Blatt schlug ich *Deutscher Zuschauer* vor. Hoff setzte einen Vertrag auf, und Bassermann warb Aktionäre. Schon Ende Oktober war das notwendige Kapital beisammen.
Angesichts meiner Auseinandersetzung mit der Regierung hielt ich es freilich für so gut wie ausgeschlossen, die notwendige Lizenz für die neue Wochenschrift zu erhalten. Vom Gefängnis aus konnte ich mich selbst nicht darum kümmern. Bassermann versprach, zusammen mit Karl Mathy im Innenministerium vorzusprechen. Immerhin schien mit der Ernennung Bekks zum verantwortlichen Minister eine neue Ära angebrochen, und der Zeitpunkt für den Antrag hätte kaum günstiger sein können. Als dann aber die Genehmigung ohne jede Schwierigkeit erteilt wurde, war ich verblüfft. Ich wollte an den Gesinnungswandel in Karlsruhe nicht so recht glauben und argwöhnte eine Falle.
Wie sich nur allzubald herausstellen sollte, war mein Mißtrauen nicht ganz verkehrt. Man hatte mir die Lizenz erteilt, um mich ohne öffentlichen Protest aus dem *Journal* herauszwingen zu können. Welche Rolle Karl Mathy und sein Freund Bassermann dabei spielten, kann ich nur vermuten. Damals hegte ich keinerlei Argwohn gegen sie, meinte vielmehr, ihnen dankbar sein zu müssen. Zweifel an ihrer Aufrichtigkeit kamen mir erst durch Mathys späteres Verhalten. Davon gleich.
Der Herbst 1846 brachte eine Mißernte. Die Preise der meisten Lebensmittel stiegen steil an, während die Löhne sanken. Die Regierung blieb untätig. Darüber ereiferte sich Friedrich Hecker, der mich Mitte Oktober in meiner Zelle besuchte. Gemeinsam entwarfen wir den Plan, einen Verein zur Unterstützung der Ärmsten zu gründen. Gleich nach meiner Entlassung sollte die Gründungsversammlung stattfinden.

Nach der in Baden üblichen Praxis hätte ich am 7. November um die Mittagsstunde aus dem Gefängnis entlassen werden müssen. Da die Regierung aber von der geplanten Vereinsgründung erfahren hatte, verlängerte sie unter einem Vorwand meine Haft bis zum Abend des 8. November.
Am Nachmittag dieses Tages versammelte sich eine große Menschenmenge vor dem Stadtamtsgebäude, in dem sich das Gefängnis befand. Sprechchöre riefen meinen Namen, Steine flogen gegen das Tor. Bleich erschien der Stadtamtsdirektor in meiner Zelle, und er, der mir noch vor kurzem ungerührt erklärt hatte, meine Entlassung müsse aus *Gründen des öffentlichen Interesses* um sechsunddreißig Stunden verschoben werden, bat nun kleinlaut, ich möge mich den Leuten draußen zeigen und das Gefängnis verlassen.
– Kennen Sie Platons Phaidon-Dialog? fragte ich, auf meiner Pritsche liegend. Auch Sokrates hätte fliehen können, und die Behörden wären froh gewesen, wenn er es getan hätte. Aber er blieb, denn er wollte sich nicht untreu werden. Auch ein ungerechtes Urteil fordert Gehorsam. Dächte ich anders, hätte ich nicht fünf Monate in dieser Zelle zugebracht.
– Wollen Sie uns dem Mob ausliefern? schrie der Stadtdirektor und hielt mit zitternden Händen das Revers seines Rockes fest. Man droht, das Gebäude zu stürmen!
– Was Sie Mob nennen, sagte ich ruhig, ist das Volk, dem Sie dienen. Wenn Sie Ihren Dienst korrekt erfüllt haben, wird niemand Ihnen etwas tun.
Darauf antwortete er mit einem Fluch und verließ die Zelle, ohne die Tür hinter sich zu schließen. Wie ich später erfuhr, verbarrikadierte er sich in seiner Amtsstube, während sich sein Amtmann in der Toilette einsperrte und der Polizeidiener aufs Dach flüchtete. Ich räumte unterdessen in aller Ruhe die Zelle auf, schnürte Manuskripte und Bücher zusammen und packte meinen Koffer. Punkt 6 Uhr, wie vom Justizministerium verfügt, verließ ich das verwaiste Gebäude durch das unverschlossene

Hauptportal. Hätte die Menge das Gefängnis wirklich stürmen wollen, wäre das ein leichtes gewesen.
Lauter Jubel empfing mich, Fackeln wurden geschwenkt. Amalie kam mir entgegen und umarmte mich in aller Öffentlichkeit. Gemeinsam bahnten wir uns einen Weg durch die Menge. Junge Männer nahmen mir Koffer und Bücherpakete ab, Hände reckten sich mir entgegen, nur mit Mühe konnte ich mich dagegen wehren, auf Schultern fortgetragen zu werden.
– Laß dich ans Herz drücken, alter Rübenvertilger, rief Hecker und umarmte mich. Und einer von denen, die im Licht der Fackeln um uns herumstanden, rief:

Der Struve und der Hecker
Sind Badens Volkserwecker!

Und schon wiederholte die Menge den Spruch im Chor, immer wieder, immer lauter. So ging es im Geleitzug in die Aula, wo ich vor überfülltem Auditorium eine kurze Ansprache hielt. Friedrich Hecker und ich, begann ich, hätten mit Empörung festgestellt, daß die Folgen der Mißernte allein die Armen tragen müßten. Umsonst sei der Ruf nach staatlicher Hilfe, solange diejenigen den Staat als ihr persönliches Eigentum betrachteten, deren Wohlstand auf dem Elend der Masse beruhe. Die Schwachen und Hilflosen seien aber nur dann schwach und hilflos, wenn jeder von ihnen sich in sein Schicksal füge. Gemeinsam und vereint stellten sie eine Macht dar.
Nach dieser Vorrede verlas ich die von mir vorbereitete Satzung:
– Der Verein dient der allseitigen Förderung des Wohlstandes der arbeitenden Klassen. Er wird Sammlungen veranstalten und die bessergestellten Bevölkerungsschichten auf die Not der Armen aufmerksam machen. Bedürftige wird er mit Geld, Kleidung, Nahrungsmitteln und Brennstoffen unterstützen. Darüber hinaus wird er Arbeiten veranlassen, um den arbeitenden

Klassen wenigstens vorübergehend Beschäftigung und Einkommen zu verschaffen.
Im Hungerwinter 1846/47 hat der *Sociale Verein* viel zur Linderung der Not in Mannheim beigetragen. Aufrufe im *Journal* und eine Rede Heckers im Stadtrat stießen auf lebhafte Resonanz. Das wohlhabende Bürgertum Mannheims spendete reichlich, teils aus Mitleid, teils aus Angst vor Unruhen. Von den gesammelten Spenden kaufte der Verein Lebensmittel und Brennholz in großen Mengen, die zum Einkaufspreis oder, in extremen Fällen, umsonst weitergegeben wurden. So kamen alle in den Genuß der günstigen Großhandelspreise, und der Verein erhielt Mittel für weitere Einkäufe und direkte Hilfen. Das System funktionierte so erfolgreich, daß einige Mannheimer Einzelhändler brotlos zu werden drohten. Sie zu schädigen lag nicht in unserer Absicht. Als der Winter und die schlimmste Not vorüber waren, betrieb ich daher die Umwandlung des Vereins in eine Speiseanstalt für die Allerärmsten.
Was das *Journal* anging, so bestätigten sich meine Befürchtungen sehr rasch. Schon am Tag nach meiner Entlassung aus dem Gefängnis erklärte mir der Syndikus des Bürgerhospitals, Gerlach, ich hätte ab sofort jede Parteinahme für die Deutschkatholiken zu unterlassen und auch sonst eine gemäßigtere Haltung einzunehmen. Ich verwies auf meinen Vertrag mit dem Hospital und verbat mir jede Einmischung in meine redaktionelle Arbeit. Einige Tage später stellte ich fest, daß meine Artikel verändert wurden, nachdem sie die Zensur passiert hatten. Dieser hausinternen Korrektur nachspürend, entdeckte ich eines Nachmittags Herrn Gerlach in der Druckkerei, wo er mit dem Andruck in der Hand neben dem Setzer stand und ihn anwies, welche Ausdrücke in meinen Texten umzuformulieren seien. Es kam dann zu einer sehr unerfreulichen Szene.
Mit der Ausgabe vom 6. Dezember 1846 legte ich die Redaktion des *Journals* nieder.

Der Verlag befand sich in einer prekären Lage. Einerseits wollte er dem Erzbischof und den ultramontanen Politikern willfahren, andererseits konnte er es sich nicht erlauben, die liberale Leserschaft zu verprellen, die das *Journal* wieder lukrativ gemacht hatte. Ihm war daran gelegen, die Umstände meines Ausscheidens zu vertuschen und ein Festhalten an der bisherigen Richtung vorzutäuschen. In diesem Zusammenhang war entscheidend, ob Karl Mathy, der populärste Mitarbeiter des Blattes, gehalten werden konnte.

Ich zweifelte keinen Augenblick an Mathys Solidarität. Selbst Karl-Heinrich Schnauffer, der auf die Honorare des *Journals* angewiesen war, kündigte aus Protest gegen meine Verdrängung seine Mitarbeit auf. Kein einziger derer, die als Nachfolger für mich in Frage kamen, wollte sich dafür hergeben, dem Blatt den liberalen Ruf zu erhalten. Selbst Korrespondenten, die für mich gearbeitet hatten, erklärten unter Hinweis auf meine Ablösung die Zusammenarbeit mit dem *Journal* für beendet. Wie hätte Karl Mathy, der inzwischen seine *Rundschau* herausgab und auch sonst in keiner Weise vom *Journal* abhängig war, in dieser Situation nicht zu mir halten sollen?

Doch Karl Mathy verriet mich.

Schon vor meiner Entlassung aus dem Gefängnis hatte er, wie ich später erfuhr, dem Vorstand des Hospitals in einer vertraulichen Unterredung versprochen, im Falle meines Ausscheidens nicht nur weiter mitzuarbeiten, sondern auch bei der Suche nach einem geeigneten Nachfolger für mich behilflich zu sein. Als ich merkte, daß man mich verdrängen wollte, wich er mir unter den verschiedensten Vorwänden aus. Erst nach meinem tatsächlichen Abgang stellte ich ungläubig fest, daß Mathy blieb und interimsweise sogar selbst den Posten des Redakteurs übernahm.

Ich war eigentlich mehr erstaunt als zornig. Und auch heute, zwei Dutzend Jahre danach, begreife ich noch nicht, wie Mathy, mein bester Freund und Trauzeuge, mich damals so im

Stich lassen konnte. Wäre mir das Buch von Gustav Freytag nicht in die Hände gefallen, ich hätte davon ganz sicher nicht mehr geredet.

16

Vom heutigen Standpunkt aus sehe ich klarer. Mathys Wandlung vom Freund zum verhohlenen Feind hatte mit meiner Haltung gegenüber dem Ministerium Bekk zu tun. Noch war Bekk ohne Portefeuille und Verantwortung, und schon zeigte die Opposition dankbar Zufriedenheit. An der Politik der Regierung hatte sich nichts geändert. Was die Deutschkatholiken betraf, so blieb es bei der Diskriminierung gegenüber der katholischen Kirche; die mir seinerzeit von Uria-Sarachaga zugemutete Bezeichnung als Dissidentenverein wurde offiziell. Die Politik gegenüber dem Deutschen Bund bestimmte weiterhin Blittersdorff. Von Preßfreiheit war keine Rede. Die Gesinnungsschnüffelei dauerte an, Versammlungen freisinniger Bürger blieben verboten, Vereine aufgelöst. Wider jede Einsicht ließ man weiterhin die ärmsten Klassen der Bevölkerung so gut wie alle Lasten und Abgaben tragen. Eine selbstherrliche Bürokratie durfte ungestraft die Bürger tyrannisieren. Und was tat die Regierung gegen die spürbar wachsende soziale Unruhe? Sie verstärkte überall im Land die Militärwachen, rüstete gegen die eigene Bevölkerung auf. Die Liberalen sahen das wohl, stimmten aber der Erhöhung des Militäretats zu, um das im Werden befindliche Ministerium Bekk nicht zu gefährden. Freiwillig verzichteten sie in ihrer Mehrheit auf das einzige Druckmittel, das sie besaßen: die Budgetverweigerung.
Zu Mathys Ehre sei es gesagt, daß er bei der Abstimmung über das Finanzgesetz neben Itzstein, Hecker, Kapp und anderen zu der Minderheit gehörte, die dagegen stimmte. Trotzdem verübelte er mir offenbar meine publizistischen Angriffe gegen die

liberale Mehrheit. Im *Journal* hatte ich sie die *Halben* genannt und noch vom Gefängnis aus eine Reihe von Artikeln gegen sie geschrieben, in denen ich es für verächtlich erklärte, sich um eine klare Entscheidung herumzudrücken. *Manche behaupten,* hieß es in einem meiner Kommentare, *man könne zur Opposition zählen und dennoch dem Ministerium, gegen welches man Opposition mache, das Finanzgesetz bewilligen. Eine solche Opposition nennen wir eine Parade- oder Scheinopposition, die ihr angehören, wird der Volksmund bald als Maulliberale, Schwätzer und Kammermandarine verspotten. Was mich angeht, so nenne ich jeden Menschen, dessen Handlungen im Widerspruch stehen zu seinen Worten, einen Halben.*
Tatsächlich war in der Bevölkerung der Unwille über die Kungelei der Liberalen mit der Regierung groß. Deshalb schlugen meine Kommentare über die *Halben* und *Paradedeputierten* auch dermaßen ein. Alle freisinnigen Blätter Badens druckten sie nach, und Josef Fickler griff meine Kritik auf und schrieb eigene Artikel in diesem Sinne. So groß war die Wirkung, daß die betroffenen Abgeordneten in Karlsruhe von einem gegen sie gerichteten *Höllenspektakel* sprachen. Sie stellten Mathy, von dessen Verbindung zu mir jedermann wußte, zur Rede. Hecker erzählte mir später, Mathy, dem das Ganze äußerst peinlich gewesen sein muß, habe mich regelrecht verleugnet und wiederholt erklärt, nichts mit mir zu schaffen zu haben.
Gewohnt, vom Wohlwollen der Bevölkerung getragen zu werden, waren die Liberalen durch die allgemeine Empörung über ihre weiche Haltung so irritiert, daß sie eine Krisensitzung einberiefen. Am 29. November 1846 traf man sich in Durlach. Mathy soll dort in seiner Eröffnungsrede erneut geschworen haben, an der *Hetzkampagne* unschuldig zu sein; hätte er gewußt, sagte er angeblich, daß radikale Unruhestifter die Liberalen in *Halbe* und *Ganze* spalten wollten, hätte er selbst mit der Mehrheit gewählt. Und Mittermaier, der den Vorsitz führte, warnte davor, *den Gegnern der Liberalen die Freude einer Spal-*

tung zu bereiten. Man gelobte also Einigkeit und verkleisterte den Riß mit versöhnlichen Worten. Statt die unterschiedlichen Positionen zu klären, tat man das Problem als eine *Erfindung der Hetzpresse* ab und forderte Mathy auf, seinen Einfluß auf die öffentliche Meinung geltend zu machen. Darauf verwies Mathy, so wurde mir berichtet, auf meine geplante überregionale Wochenschrift und forderte, um nur ja zu beweisen, daß er nicht mit mir unter einer Decke stecke, eine Gegenpublikation. Friedrich Bassermann mußte beschämt zugeben, daß er meinen *Deutschen Zuschauer* mitfinanzierte; aber das sei ja nur eine Wochenzeitung, und als Gegengewicht habe er bereits mehrere hochangesehene Männer für die Gründung einer Tageszeitung für Deutschland interessiert, welche zum Sprachrohr des gemäßigten Fortschritts werden solle. Die Anwesenden nahmen die Kunde mit großem Beifall auf.

Hecker war der Durlacher Versammlung ferngeblieben. Während seine Freunde einander Einigkeit gelobten, saß er in seiner Mannheimer Wohnung mit Amalie und mir beim Tee. Ihn widere die Scheinheiligkeit seiner Kollegen an, schimpfte er, und es ginge ihm gegen den Strich, bestehende Gegensätze aus taktischen Gründen zuzudecken. Wir fanden es beide ziemlich lächerlich, daß man Fickler und mir vorwarf, die Liberalen zu spalten.

– Entweder, sagte Hecker, ist Ja richtig oder Nein. Daß Ja *und* Nein gleichzeitig richtig sein sollen, kann mir niemand einreden. Sollen sie Einigkeit heucheln, aber ohne mich!

Was ihn am meisten erboste, war der Verrat am Volk, den die *Halben* begängen. Gerade in der letzten Wahl sei das Votum für die Liberalen ein Votum gegen die Regierung gewesen, schnaubte er. Ich gab ihm recht und bestärkte ihn in seiner Unversöhnlichkeit.

In der Probenummer des *Deutschen Zuschauers*, die am 12. Dezember 1846 erschien, kommentierte ich das Durlacher Treffen mit dem Satz, es hätten zwar zweiundsechzig von dreiundsechzig Liberalen die fällige Auseinandersetzung gescheut, aber ein einziger Löwe wiege zweiundsechzig Hasen leicht auf. Jeder wußte, wen ich meinte. Schon die blonde Mähne kennzeichnete meinen Freund Hecker als den Löwen im Hasenstall der Zweiten Kammer.

In der Woche vor dem Weihnachtsfest paßte ich Karl Mathy am Bahnhof ab, um ihn zur Rede zu stellen. Ich erinnere mich sehr genau an diesen Abend. Leichter Sprühregen fiel. Aus dem aus Karlsruhe eingefahrenen Zug quoll ein Gewimmel von Menschen. Zischend ließ die Lokomotive Dampf ab, und durch die Schwaden kam Karl Mathy auf mich zu. Er trug einen eleganten englischen Mantel, einen samtig glänzenden schwarzen Zylinder, in der rechten Hand eine schwarzlederne Reisetasche mit silbernen Beschlägen, in der linken einen Schirm. Er war umgeben von einer Gruppe Mannheimer Kaufleute, mit denen er sich angeregt unterhielt. Erst als ich ihm in den Weg trat und ihn mit gezogenem Hut begrüßte, erkannte er mich. Jovial stellte er mich seinen Begleitern vor, die ich freilich alle mehr oder weniger gut kannte, und verabschiedete sich von ihnen, nachdem ich ihn um ein Gespräch unter vier Augen gebeten hatte.

Ich hatte erwartet, er würde verlegen und schuldbewußt sein; schließlich war er mir ja wochenlang ausgewichen. Doch falls ihm das Treffen peinlich war, verbarg er es gut. Ich weiß noch, was er sagte, als wir auf den Bahnhofsplatz hinaustraten und er den Schirm aufspannte, während ich seine Tasche hielt.

– Drei Tage hat er in einem Graben gelegen, entsetzte er sich. Hast du es gelesen? Friedrich List, der größte deutsche Nationalökonom! Ein genialer Reformer und ein aufrechter Liberaler! Und endet so. In einem Schneehaufen vergraben, die Pistole in der Hand, den Schädel von einer Kugel zerschmettert! Sie haben ihn in den Tod gejagt.

Ich pflichtete ihm bei und gab ihm die Reisetasche zurück. Schweigend gingen wir, den Gruppen der angekommenen

Bahnreisenden folgend, ein gutes Stück die Heidelberger Chaussee hinunter.
– Du wirst wohl wissen, sagte ich endlich, warum ich dich sprechen will. Ich hatte gehofft, du würdest von dir aus den Weg zu mir finden, aber ich weiß, du bist ein vielbeschäftigter Mann. Es geht um die Redaktion des *Journals*. Man hat mich verdrängt, und du hast dem Bürgerhospital dabei geholfen, indem du dich dazu bereit erklärt hast, an meiner Stelle die Redaktion ...
– So, das hat dich gekränkt? unterbrach er mich. Merkwürdig, daß einer wie du, der eine so scharfe Feder zu führen weiß, selbst so empfindlich ist!
– Nun, sagte ich, ich dachte, wir sind befreundet. Daß ausgerechnet du den Judas machst, hätte ich nicht erwartet!
– Den Judas! rief Mathy voll gespielter Heiterkeit aus, den Judas! Ich darf aus dieser schmeichelhaften Bezeichnung meiner Person wohl schließen, daß du dich inzwischen für Jesus Christus hältst. Mein Gott, Gustav! Findest du nicht, du nimmst dich ein wenig zu wichtig? Das Bürgerhospital hat dich fallengelassen, woran du selbst nicht unschuldig bist. Aber natürlich verstehe ich deinen Unmut darüber. Du willst den Verlag bestraft sehen für das dir angeblich zugefügte Unrecht, und am liebsten wäre es dir, das *Mannheimer Journal* ginge ohne dich kläglich ein. Doch was, bitte sehr, wäre damit gewonnen für die Sache des Fortschritts? Gar nichts. Dafür gäbe es eine freisinnige Zeitung weniger, worüber sich deine Feinde gewiß mehr freuen würden als deine Freunde. Jedenfalls kann ich als Führer der Opposition in diesem Lande nicht zulassen, daß ein liberales Blatt zugrunde geht, nur um Herrn Gustav von Struve Genugtuung zu verschaffen.
– Um meine Person, widersprach ich, geht es doch überhaupt nicht. Eine Zeitung, deren Redakteur den Vorstellungen des erzbischöflichen Ordinariats und des Innenministeriums entsprechen muß, verdient nicht das Vertrauen ihrer Leser. Aber natürlich will sich der Verlag dieses Vertrauen erhalten, denn

er braucht die Abonnenten, um Gewinn zu machen. Also tut er so, als hätte sich gar nichts geändert. Das ist ein ausgemachter Schwindel und Betrug an den Lesern. Ich kann nicht begreifen, warum du, ausgerechnet du, bei dieser Irreführung mitmachst!
– Schwindel, Betrug, Irreführung! stöhnte Mathy. Warum mußt du immer so übertreiben? Der Eigentümer des *Journals* verlangt die Rücksichtnahme des Redakteurs auf seine Interessen. Das ist sein gutes Recht, und du hättest es nicht so hartnäckig verletzen dürfen. Du hast, verzeih mir die Kritik, deinen Eigensinn zu sehr auf die Spitze getrieben. Ein wenig hättest du der anderen Seite schon entgegenkommen können, ohne dir etwas zu vergeben. Mit Sturheit kommt man nicht weiter.
– Nenne es ruhig Sturheit, sagte ich. Ich nenne es Aufrichtigkeit.
– Ja, ja, ich weiß, fuhr er fort. Für einen besseren Menschen hältst du dich auch noch. Du mit deinem Alles oder Nichts. Damit verdirbst du mehr, als du erreichst. Ich bin jünger als du, aber du kommst mir manchmal ziemlich unreif vor mit deinem Fanatismus. Auch ich war mal so, ich gebe es zu. Halbheiten waren mir verhaßt, ich wollte mit dem Kopf durch die Wand. Doch ich habe mir nur Beulen geholt dabei und weder der Menschheit noch der Sache, noch mir selbst irgendwie genützt. Inzwischen habe ich gelernt, das Unmögliche dem Möglichen zu opfern.
Mich ärgerte seine herablassende Väterlichkeit, mit der er mich belehren zu müssen glaubte. Und etwas bitter sagte ich:
– Mir scheint eher, du hast gelernt, unsere Ideale an den Erfolg zu verraten.
Mathy lachte spöttisch.
– Was ist denn so schlimm daran, Erfolg haben zu wollen? fragte er. Deine hohen Ideale von Recht und Freiheit, von Wohlstand und Bildung für alle nutzen den Menschen gar nichts, wenn sie nicht verwirklicht werden. Der Fortschritt macht keine Sprünge, er setzt mühsam Fuß vor Fuß. Für dich

muß es gleich die ganze Freiheit, gleich das vollkommene Recht sein, und Mitstreiter, die ein wenig für besser als nichts halten, sind gleich Verräter in deinen Augen.
– Es fällt mir schwer, antwortete ich, Ideen mit Wörtern wie viel und wenig in Portionen zu zerstückeln. Ein bißchen Freiheit, ein bißchen Demokratie, ein bißchen Recht, ein bißchen Wahrheit – das eben ist es, was ich Schwindel und Täuschung nenne. Entweder man bekämpft die Despotie, oder man macht gemeinsame Sache mit ihr, beides zugleich geht nicht.
– Es muß gehen, sagte Mathy. Die Alternative wäre der Bürgerkrieg. Daran kann niemand Interesse haben.
Inzwischen hatten wir die Stadt erreicht, und unsere Schritte hallten von den Häuserwänden wider. Aus einigen Fenstern fiel schon Licht auf das nasse Kopfsteinpflaster.
– Gut, daß du das Wort erwähnst, sagte ich. Um das Interesse geht es nämlich wirklich in allererster Linie, nicht um das Ideal. Am Bürgerkrieg haben nur die ein Interesse, die den gegenwärtigen Zustand für unerträglich halten. Die Mehrheit der Liberalen gehört nicht dazu. Unser Wahlrecht hat dafür gesorgt, daß nur das besitzende Bürgertum in der Kammer vertreten ist. Und das befindet sich jetzt, wo Bekk endgültig zum Innenminister ernannt ist, sehr nahe am Ziel seiner Wünsche. Es wollte immer die Politik gestalten, nun scheint das auf einmal möglich, und so wird es sich über kurz oder lang die Freiheit und das Recht erringen, die es braucht. Und das wird, aufs Ganze gesehen, nur ein bißchen Freiheit, ein bißchen Recht, ein bißchen Wohlstand sein, denn nur die Klasse der Großbürger wird diese Segnungen erringen. Ein Mehr an Demokratie käme ihr freilich auch nicht zugute, warum also sollte sie sich dafür stark machen? Ihrem Interesse entspricht es, die Reform der Gesellschaft in dem Moment zu beenden, wo ihre eigenen Bedürfnisse alle befriedigt sind. So nenne ich ihre Repräsentanten zu Recht *Halbe*, denn sie wollen aus Eigensucht nur den halben Weg gehen. In einer wirklichen Demokratie würde die schmale bürgerliche Ober-

schicht rasch von der besitzlosen Masse majorisiert werden. Genau daran hat keiner von den *Halben* ein Interesse. Und deshalb schließen sie mit der bedrängten Fürstenmacht einen Pakt. Diese gibt ihnen, was sie wollen: Privilegien, Freiheiten, Rechte, sie läßt sie ein in das Zentrum der Macht. Als Gegenleistung übernehmen die bisherigen Angreifer die Verteidigung der bedrängten Bastionen. Das nachrückende Volk, die Masse der ärmeren und weniger gebildeten Schichten, sieht sich plötzlich von der eigenen Vorhut im Stich gelassen und bekämpft. So ist die Situation, und du darfst dich nicht darüber wundern, daß ich das Überlaufen der bisherigen Volksmänner ins Lager des Feindes einen Verrat nenne.

– So ist die Situation keineswegs, sagte Mathy. Die Dinge sind viel komplizierter, als du denkst. Nur wenn der Staat stark bleibt, wenn Recht und Ordnung aufrechterhalten werden, wird irgendwann in ferner Zukunft das Deutschland entstehen, von dem wir beide träumen. Ich hoffe sehr, daß du durch deine Hitzköpfigkeit nicht alles gefährdest. Wir, die Köpfe der liberalen Bewegung, müssen jetzt besonnen und einig sein. Wir waren noch nie weiter als heute. Der Reaktion kann nichts Besseres passieren, als daß wir uns in dieser Situation zerstreiten. Ich bitte dich als Freund und Gesinnungsgenosse dringend um etwas Mäßigung. Man muß nicht gleich *Verrat!* schreien, wenn andere einen unterschiedlichen Weg für günstiger halten.

An dieser Stelle des Gesprächs erreichten wir das Haus, in dem Karl Mathy damals wohnte. Er stellte den Koffer ab und gab mir die Hand, um sich zu verabschieden.

– Ich schreie nicht deshalb Verrat, weil andere anderes wollen als ich. Ich schreie Verrat, weil ihr dabei seid, die Mehrheit des Volkes, die in euch Abgeordneten die Vertreter ihrer Interessen sieht, zu betrügen. Mag sein, daß dir das selbst noch nicht ganz klar ist. Vielleicht träumen wir auch nicht vom selben Deutschland. Ich hoffe trotz allem, du bleibst ein *Ganzer* wie Friedrich Hecker. Dann könnte ich dein Verhalten in der letzten Zeit

leichter verzeihen. Adieu, grüß deine Frau, und schöne Weihnachten euch beiden.
Mit diesen Worten ließ ich ihn stehen.

17

In Wien erscheinen nicht weniger als fünfzehn politische Tageszeitungen, eine Unzahl von Wochenblättern, und es gibt mehr als hundert Buchverlage. Man möchte meinen, ein Mann wie ich müßte hier leicht von seiner Schriftstellerei leben können. Soeben komme ich von Redaktionsbesuchen beim *Fremdenblatt* und beim *Wanderer* zurück. Ich glaubte diese Besuche trotz meiner angegriffenen Gesundheit nicht länger verschieben zu können, doch ich hätte mir besser den mühseligen Weg durch die staubige Stadt erspart. Weder mein Artikel *Über die amerikanischen Straßenbahnen* noch mein Protest *Gegen die Zerstörung des Wiener Walds* fand Anklang. Immerhin, der Redakteur Dubicek vom *Wanderer* hat mir noch einmal zugesagt, die *Wahrheit über den preußisch-französischen Krieg* in gekürzter Form demnächst abzudrucken. Demnächst – was immer das auch heißen mag.
Wieder zu Hause, finde ich einen Brief meines älteren Töchterchens Damajanti vor. Käthchen dachte, ich würde mich darüber freuen. Aber: *Cœur qui soupire n'a pas ce qu'il désire.* Die kindlichen Zeilen der Zehnjährigen haben mich noch melancholischer gemacht. *Hochgeehrte Eltern!* Schreibt so ein Kind? Man hat ihr das diktiert. *Mir geht es sehr gut, und meine Genesung macht hoffnungsvolle Fortschritte!* Oh, jammervolle Floskel! Fast bereue ich es, die Kleine in Theodor Hahns Anstalt gebracht zu haben. Ich sollte hinfahren und sie besuchen, das bin ich Amalie schuldig. Sobald ich wieder gesund bin, sobald dieses Manuskript abgeschlossen ist! Von Wien kann man mit dem Zug bis nach Sankt Gallen fahren, das ist an einem Tag zu schaffen. Und von Sankt

Gallen zu Hahns Sanatorium in Weid bringt einen die Droschke in einer halben Stunde.
Wo war ich stehengeblieben? Die Auseinandersetzung mit Karl Mathy kurz vor Weihnachten 1846!
Den Silvesterabend verbrachten Amalie und ich zusammen mit unseren Freunden Friedrich Hecker und Karl-Heinrich Schnauffer. Wir waren Gäste des Vereins der Handwerksgesellen, dessen Mitglieder wiederholt Geld gesammelt hatten für die Auslösung meines gepfändeten Mobiliars. Sie trafen sich regelmäßig im sogenannten Meierhof zu Mannheim, wo sie eine bescheidene Bibliothek besaßen, einige Brettspiele und Landkarten und ähnlich harmloses Inventar. Wir wußten, daß die angeblich so liberale Regierung den Verein überwachen ließ. Schon deshalb hüteten wir uns vor politischen Äußerungen bei der kleinen Neujahrsfeier, zu der man uns eingeladen hatte. In meiner Tischrede knüpfte ich an Jean-Jacques Rousseaus Lob des Handwerkerstandes an. Hecker erzählte von seinen Jugendjahren auf dem Lande, und Schnauffer deklamierte eine Ode an die Hoffnung. Vor 11 Uhr entfernten wir uns in aller Stille und im Bewußtsein, kein übereiltes Wort gesprochen zu haben. Doch allein die Tatsache, daß Hecker und ich an dem Abend teilgenommen hatten, genügte der Polizei, eine Untersuchung gegen die Handwerker einzuleiten. Eine überfallartige Durchsuchung des Meierhofs führte zur Beschlagnahme einiger Bücher und Zeitungen sowie der an den Wänden aufgehängten Abbildungen von Ronge, Hecker und mir. Daraus konstruierte das Innenministerium, dem inzwischen der ach so freisinnige Johann Baptist Bekk vorstand, eine Anklage. Der Verein habe *eine die Staatsordnung gefährdende feindliche Gesinnung* an den Tag gelegt, behauptete man, und stehe in Verbindung zu ausländischen Kommunisten. Wenn die Regierung *ein bißchen liberaler* geworden sein sollte, kam das jedenfalls nicht den Handwerkern zugute. Der Verein wurde verboten, neun seiner Mitglieder erhielten Ausweisungsbescheide. Mehrere dieser jungen Leute

standen kurz vor der Ehe, alle hatten gute Arbeitsplätze. Nun sollten sie mitten im Winter auf die Straße und in eine ungewisse Zukunft wandern. Und ihr einziges Verbrechen war, Hecker und mich zu einer Feier eingeladen zu haben!

Wir taten alles, um den Ausgewiesenen zu helfen. Gemeinsam reisten wir nach Karlsruhe, wo uns Bekk sehr kühl empfing und mit einigen juristischen Floskeln abfertigte. Als Hecker zornig auffuhr und ihn an seine liberale Vergangenheit erinnerte, wurde der Minister vollends zugeknöpft. Uns blieb nichts weiter übrig, als in Mannheim eine Sammlung zugunsten der verbannten Handwerker zu veranstalten.

Am Tage nach deren Abreise traf ich Friedrich Hecker abends in der Goldenen Gans, wo er schon seit Stunden saß und sich betrank. Mit glasigen Augen und schwerer Zunge erklärte er mir, er habe genug von der Politik und schon zuviel Zeit damit vertan. Zum Taktieren und Herumlügen sei er eine zu ehrliche Haut.

– Ich packe meine Siebensachen und verschwinde, husch, auf Nimmerwiedersehen nach Afrika. Lieber bin ich unter Wilden als unter Heuchlern. Adieu, lieber Rübenmönch! Wenn du klug bist, kommst du mit! Prost!

Ich gab nicht viel auf das Gerede, hielt es für ein Zeichen momentaner Schwäche und für die Ausgeburt melancholischer Berauschtheit. Doch am nächsten Tag war Hecker verschwunden. Mathy kam eigens bei mir vorbei, um sich nach ihm zu erkundigen. Was denn geschehen sei, wollte er wissen, und ob ich ihm sagen könne, welche Pläne mein Freund verfolge. Ich hatte keine Ahnung. In einem Brief an den Landtagspräsidenten hatte Hecker den Verzicht auf sein Mandat erklärt, und dieser Brief war alles, was von ihm zurückgeblieben war. Nicht das Streben nach der Gunst der Mächtigen, hieß es darin, nicht die Sorge um das Leben, sondern *abweichende Meinungen über materielle und politische Fragen* bestimmten ihn zu diesem Schritt, er wolle durch ein persönliches Opfer die frühere Eintracht unter seinen politischen Freunden wiederherstellen, sei aber bereit, *auf den Ruf des Volkes seine ganze innewohnende Kraft aufzuwenden und zu handeln in der Stunde der Entscheidung.* Das Schreiben war so wirr, daß ich den Zustand des Verfassers auch erraten hätte, ohne ihn am Abend des Abschieds hinter seinem Weinglas gesehen zu haben. Ich wisse nur soviel, sagte ich Mathy, daß Hecker unterwegs nach Afrika sei. Das klang ziemlich geheimnisvoll, aber es war die Wahrheit.

Den größeren Teil des Jahres 1847 verwandte ich meine ganze Kraft auf den *Deutschen Zuschauer.* Da die Zensur nach der Ablösung Uria-Sarachagas sehr viel großzügiger gehandhabt wurde, konnte meine neue Zeitschrift den herrschenden Gewalten entschiedener gegenübertreten, als es das *Mannheimer Journal* getan hatte. Dieses verkümmerte, nebenbei bemerkt, rasch wieder zur frommen Provinzpostille. Über den Erfolg des *Zuschauers* dagegen konnten sich meine zwanzig Aktionäre nicht beklagen. Von Woche zu Woche nahm seine Verbreitung zu. Die gedruckte Auflage, obwohl stetig steigend, war immer gleich vergriffen, und die Nachbestellungen, die aus allen Teilen Deutschlands einliefen, waren so zahlreich, daß Heinrich Hoff als Verleger den Entschluß faßte, zwischen den jeweiligen Nummern eine zweite, aktualisierte Ausgabe herauszugeben. Nur der Ausbruch der Pariser Revolution vom Februar 1848 verhinderte die Verwirklichung dieser Absicht.

Anders als die aus Straßburg und der Schweiz eingeschleusten radikalen Untergrundblätter vermied ich in meiner Zeitung jeden frivol-demagogischen Ton, verfocht meinen Standpunkt vielmehr mit Anstand, aber auch mit unmißverständlicher Entschiedenheit. In der ersten Nummer vom 2. Januar 1847 erklärte ich: *Der Standpunkt des Deutschen Zuschauers wird einerseits ein national-deutscher, andererseits ein entschieden gesetzlicher sein.* Daran hielt ich mich, obwohl ich einräume, daß ich sowohl vom deutschen Nationalismus als auch von entschiedener Gesetzlichkeit meine eigenen Vorstellungen hatte. Was den Nationalismus angeht, so verband ich mit diesem Begriff den Satz der französischen Verfassung vom 3. September 1791: *Der Ursprung aller Souveränität ist die Nation.* Insofern lag in der Betonung des national-deutschen Standpunkts ein Bekenntnis zur republikanischen Staatsform. Hinter dem Begriff der Gesetzlichkeit verbarg sich mein Prinzip des gesetzlichen Widerstandes. Ich rechne mich zu den *Konservativen,* erklärte ich meinen Lesern, denn mein Ziel sei die Verwirklichung der Bundesakte; aus diesem Grund würde ich den gesetzlichen Zustand gegen revolutionäre Elemente wie den Fürsten Metternich und den Freiherrn von Blittersdorff verteidigen, die eine Umwälzung durch Ausnahmebeschlüsse und rechtswidrige Polizeimaßnahmen betrieben.

Viele meiner Gesinnungsgenossen hatten bei ihren politischen Aktionen nur das Großherzogtum Baden im Auge. Ich wandte mich mit dem *Zuschauer* bewußt an alle Deutschen. Von Baden aus wollte ich die Demokratisierung der ganzen Nation in Gang setzen. Wie sehr mein Konzept dem Bedürfnis der Stunde entsprach, bewies mir die Vielzahl von Zuschriften und Beiträgen, die mich schon nach dem Erscheinen der ersten Ausgaben erreichten. Ich erhielt Informationen, die für kein Geld zu kaufen waren. In verschiedenen Korrespondentenberichten, die der *Zuschauer* veröffentlichte, wurden Skandale aufgedeckt, die zu schwerer politischer Erschütterung führten. So stürzte die Regierung *du Thil* in Hessen-Darmstadt über einen Bericht des *Zuschauers,* der Beweise für Korruption und Wahlmanipulation enthielt. Ähnliche Wirkung zeigte die Enthüllung der bayerischen Lola-Montez-Affäre durch meine Zeitschrift. Wie wirksam unsere Aufklärung war, beweist die Tatsache, daß Polizeibehörden und Diplomaten gegen das Blatt Sturm liefen. Aus fast allen deutschen Staaten wurden empörte Noten nach Karlsruhe geschickt, in denen man ein Verbot oder wenigstens eine Verschärfung der Zensur forderte. Einige Territorien wie Hessen-Darmstadt stellten die Einfuhr und den Vertrieb des *Zu-*

schauers unter Strafe. Doch das erhöhte nur die Nachfrage. Vom preußischen Gesandten hörte man die Beschwerde, der *Zuschauer* sei unter den radikalen Blättern dasjenige, welches die preußische Regierung am frechsten angreife. Ich nahm es als Lob.

Nicht nur den Reaktionären waren meine Artikel ein Dorn im Auge, sondern auch den Halben unter den Liberalen. Zunächst deshalb, weil ich sie als erster beim Namen genannt hatte und nicht aufhörte, auf den Unterschied hinzuweisen zwischen den entschiedenen Volksmännern auf der einen und den regierungsfrommen Kammerschwätzern auf der anderen Seite. Die Ursache, daß mir von den Halben neuerdings blanker Haß entgegenschlug, lag jedoch tiefer. Ich ging ihnen zu weit; ich drohte ihnen den Genuß ihrer Regierungsbeteiligung zu verderben; ich alarmierte den Vierten Stand.

Schon im Januar 1847 sagte ich in einem Artikel des *Deutschen Zuschauers* über die soziale Lage voraus, *daß nicht die ideellen Fragen von den Formen der Verfassung, sondern die materiellen Interessen die Massen in Bewegung setzen* würden. Ich schrieb diesen Satz in Badens Hungerwinter, in dem man blind sein mußte, um das soziale Unrecht nicht zu sehen. Während es sich die winzige Oberschicht der Großbürger gut sein ließ wie eh und je, fehlte es der großen Masse der Bevölkerung am täglichen Brot und dem Holz zum Heizen.

Baden war damals ein ausgesprochenes Agrarland. Nur etwa sechs Prozent seiner Bewohner lebten von der Fabrikindustrie, zwei Drittel wohnten auf dem Land, etwa die Hälfte waren Bauern. Deren Einkommen sank in den Krisenjahren 1846/47 stark ab, während die Abgaben für die Grund- und Standesherren gleich blieben und als besonders drückend und ungerecht empfunden wurden. In Gebieten, in denen die Zehntablösung durchgeführt worden war, konnten viele Landwirte die dem Adel geschuldete Ablösesumme nicht mehr aufbringen und verloren Feld und Hof. Die Zeitungen waren voll mit Versteigerungsanzeigen. Wer davon lebte, den Bauern Waren und

Dienste zu verkaufen, trug ihre Not mit – und das galt für die meisten Handwerker und Kleinhändler des Landes. Viele wußten nicht mehr, wovon sie ihre Familien ernähren sollten, verkauften ihre letzte Habe und wanderten nach Amerika aus. Dort hofften sie, eine menschenwürdigere Existenz zu finden. Dieses Ziel vor Augen, schien ihnen keine Mühe zu groß, keine Bindung zu fest. Statt über die Ursachen dieser Flucht der Ärmsten ernsthaft nachzudenken, sahen die herrschenden aristokratischen und großbürgerlichen Kreise darin eine bequeme Entlastung. Zynisch kommentierte die offiziöse *Karlsruher Zeitung* den Auswandererstrom mit der Bemerkung, es könne nicht schaden, wenn *potentielle Revolutionäre* das Land verließen.

Der *Deutsche Zuschauer* nahm den Exodus zum Anlaß grundsätzlicher Erwägungen. *Auch für Deutschland*, schrieb ich, *gelten die »selbstverständlichen Wahrheiten« der amerikanischen Unabhängigkeitserklärung, daß alle Menschen gleich geschaffen sind; daß der Schöpfer sie mit gewissen unveräußerlichen Rechten ausgestattet hat; daß dazu Leben, Freiheit und das Streben nach Glück gehören; daß zur Sicherung dieser Rechte Regierungen eingesetzt werden, die nur rechtmäßig sind, wenn sie ihre Macht von der Zustimmung der Regierten herleiten.* Und ich forderte: *Wir müssen diese Wahrheiten endlich auch bei uns in ihr Recht setzen.*

Ich beschäftigte mich damals sehr intensiv mit der Geschichte und der Verfassung der Vereinigten Staaten. Ich sah darin das Vorbild für die deutsche Bundesrepublik, von der ich träumte. Im Verlauf weniger Jahrzehnte hatte die nordamerikanische Union bewiesen, daß eine föderalistische Republik der Mehrheit ihrer Bürger Wohlstand, Bildung und Freiheit verschaffen und darüber hinaus auf technischem, wirtschaftlichem und geistigem Gebiet allen monarchischen Staaten weit vorauseilen kann. Das immer noch geäußerte Argument, die Despotie sei effektiver, war damit gründlich widerlegt.

Weil ich die vom *Bürgertum* angestrebten Ziele von Freiheit,

Recht und Einheit in meinen Artikeln auch für den Vierten Stand reklamierte, nannten mich *Halbe* und *Servile*, so einig waren sie sich schon, einen radikalen Sozialisten. Ich widersprach nicht. Den Angriffen der wirklichen Sozialisten um Marx und Engels, die mich in ihren *Rheinischen Jahrbüchern* einen aus der *Steinbrecherzunft* nannten, der bloß zu *Handlangerdiensten beim großen Bau des Menschenglücks* tauge, trat ich jedoch entgegen.

In einem offenen Sendschreiben stellte ich klar, warum ich das Privateigentum als Voraussetzung von Persönlichkeit und Freiheit des einzelnen für unverzichtbar hielt. Scharf wandte ich mich gegen die Intoleranz der rheinischen Kommunisten.

– Mit welchem Recht, fragte ich, betrachten Sie sich eigentlich als die Oberbaumeister des Menschenglücks? Würde durch die Verwirklichung Ihrer kommunistischen Ideale nicht die Freiheit und Persönlichkeit des einzelnen vollständig vernichtet? Das Glück des einzelnen besteht in der Verwirklichung seiner individuellen Möglichkeiten. Doch dafür ist in Ihrer Gesellschaft kein Platz. Sie gleicht einem allgemeinen Arbeitshaus, einer Suppenanstalt, einem Spital, einer Kaserne. In ihr verschwindet der einzelne vollständig. Sie wollen ihm Eigentum, Freiheit und Persönlichkeit nehmen, kurz: seine Individualität auslöschen, ihm die Seele rauben. Das wird Ihnen nicht gelingen. Und wenn Sie es erzwängen, entstünde keineswegs jener Bau des Menschenglücks, von dem Sie reden, sondern eine Militärkaserne, in der öde Langeweile und geistloser Drill herrschten.

Um ein konkretes Gegenmodell zu entwerfen, war ich zu sehr Demokrat. Ich hielt es für ausreichend, soviel wie möglich zur Befreiung von inneren und äußeren Ketten beizutragen. Eines Tages, erklärte ich in einem anderen Artikel, werde das Volk mündig sein und selbst über die Form seiner Verfassung entscheiden.

Im April erhielt ich eine Postkarte aus Algier. *Lieber Mönch und Schädelgrapscher*, las ich, *es kann Dir leid tun, daß Du nicht mit-*

gekommen bist. Es geht mir prächtig. Ich plane, die Wüste zu bewässern. Willst Du nicht herkommen und Rüben für Dich anbauen? Grüß mir Dein schönes Weib. Dein Friedrich Hecker.
Mit Mühe entzifferte ich die Anschrift und schrieb einen langen Brief zurück, in dem ich meinen Freund aufforderte, schleunigst heimzukommen. Gerade jetzt, beschwor ich ihn, werde er in Baden gebraucht; auch hier sei eine Wüste zu bewässern, und er sei der Mann, der es schaffen könne.
Drei Wochen später stand Hecker in der Tür meines Zimmers.
– Da bin ich wieder, sagte er grinsend. Packen wir's an!

18

Der Sommer des Jahres 1847 gehört zu den glücklichsten Abschnitten meines Lebens. Die Arbeit am *Deutschen Zuschauer* nahm mich längst nicht so sehr in Anspruch wie früher der tägliche Kampf ums *Mannheimer Journal.* Endlich konnte ich mich meiner jungen Frau widmen. Sie schlief morgens viel länger als ich, und gewöhnlich hatte ich schon die ganze Schreibtischarbeit erledigt, wenn sie mit wirrem Haar und träumerischen Augen in meine Stube trat, die Hände um meinen Hals legte und mich küßte.
Vor meiner Berührung scheute sie nicht mehr zurück. Sie hatte Vertrauen zu mir gefaßt, und dieses Vertrauen war bedingungslos, weil sie es niemandem sonst schenkte. Nachdem wir schon länger als ein Jahr verheiratet waren, kam sie eines Nachts unter meine Bettdecke gekrochen und liebte mich mit einer Sinnlichkeit, die meine Unsicherheit überwältigte. Sie wollte ein Kind.
Mit rührender Liebe hing sie an ihren Eltern. Kaum ein Tag verging, an dem sie sie nicht besuchte. Mit ihnen und ihrem Bruder teilte sie alles, was wir besaßen, und viele der kleinen Geschenke, die ich ihr machte, gab sie weiter. Ich hatte ihr bei unserer Hochzeit versprochen, für ihre Eltern zu sorgen, und

ich tat es gerne. Den Mietzins für das Häuschen, das die Düsars bewohnten, zahlte ich schon seit 1845, und nun konnte ich dank der Gewinne, die der *Zuschauer* abwarf, darangehen, die Schulden der Familie nach und nach zu tilgen. Über nichts freute sich Amalie mehr als über diese Hilfe. Ihr Dank beschämte mich.
Manchen Sommernachmittag verbrachten wir in dem Schrebergarten der Düsars vor der Stadt, wo Amalie sich mit Gartenarbeit beschäftigte, während ich mit ihren Eltern am Holztisch hinterm Haus saß und mich unterhielt. Elisabeth Düsar bestickte weiße Deckchen mit bunten Blumen und Sinnsprüchen, ihr Mann erzählte unterdessen abenteuerliche Geschichten aus seinem Soldatenleben. Wenn wir alleine waren, erkundigte er sich zuweilen mit verhaltener Stimme, wie sich Amalie als Ehefrau bewähre; und wenn ich ihm versicherte, daß ich mir keine bessere Frau wünschen könnte, mahnte er mich scherzhaft, sie nicht zu verwöhnen. Ich pflegte zu antworten, Amalie sei viel zu gefestigt in ihrem Charakter, um durch Liebe verdorben werden zu können.
– *Eh bien*, höre ich ihn sagen, *ma fille aime la vertu; cet amour est devenu sa passion dominante. Elle l'aime, parce que la vertu fait la gloire de la femme, elle l'aime comme chère à son respectable père, à sa tendre et digne mère.*
Amalie und ich unternahmen in jenem Sommer viele Ausflüge und Wanderungen. Gleich nach dem Frühstück zogen wir los, ich mit dem Rucksack auf dem Rücken, sie in ihrem blauen Kattunkleid, das Neckartal hinauf in Richtung Heidelberg oder durch die Rheinau nach Schwetzingen und in den Hardtwald. Es machte mir große Freude, meine junge Frau zu den idyllischen Fleckchen und malerischen Aussichtspunkten zu führen, die ich während meiner einsamen Jahre entdeckt und immer wieder aufgesucht hatte. Dann standen wir Arm in Arm auf einer Anhöhe und blickten hinunter ins Tal, oder wir pflückten Heidelbeeren in einem stillen Tannenwald, oder wir lagen auf einer Lichtung im Sommergras und sprachen über unsere Kin-

derträume. Wenn wir durch Wald und Flur wanderten, hielten wir uns wie Schulkinder an den Händen. Amalie sang gerne unterm Gehen. Sie hatte eine hohe, weiche Stimme, nicht sehr laut, nicht sehr rein, aber aufrichtig und zu Herzen gehend. Ihre Lieblingslieder waren alle ziemlich traurig; ich erinnere mich an eines, das ging so:

> Ich hört' ein Sichelein rauschen,
> Wohl rauschen durch das Korn;
> Ich hört' ein Mägdelein klagen,
> Sie hätt' ihr Lieb verlorn ...

An heißen Tagen wanderten wir zu einem der einsamen kleinen Seen im Auwald, legten alle Kleider ab und badeten nackt im moorig-weichen Wasser. Ich hatte Amalie erklärt, daß es keinen Grund gibt, sich seines Körpers zu schämen, und daß es zu einer natürlichen Lebensweise gehört, seine Haut der Luft, der Sonne und dem Wasser auszusetzen. Sie fand das einleuchtend und zog sich ohne jede Befangenheit vor mir aus. Nirgends war ihre schmale weiße Gestalt schöner als in der freien Natur, nirgends wirkten ihre Bewegungen anmutiger. Noch jetzt schlägt mir das Herz schneller, wenn ich sie in Gedanken aus dem Wasser kommen sehe, das nasse, dunkle Haar mit der Hand nach hinten ziehend, perlendes Wasser auf sonnenheller Haut.
Die Abende verbrachten wir mit Amalies Eltern oder mit Freunden, auch ins Theater gingen wir manchmal. Friedrich Hecker kam oft zu uns, wenn er auch Amalies Einladungen zum Abendessen beharrlich ablehnte.
– Nichts für ungut, sagte er einmal, aber euer Rübenbrei, liebe Amalie, ist nichts für meinen Bauch. Ich brauche wenigstens eine Kalbshaxe als Grundlage für die konspirativen Gespräche mit diesem Sanguiniker, der das unverschämte Glück hat, dein Mann zu sein!
Von meinen damaligen Bekannten war Hecker der einzige, den

Amalie wirklich gern mochte. Ihm verzieh sie die gröbsten Redensarten, und sie konnte sich ausschütten vor Lachen über die Art, wie er ihr, auf meine Kosten versteht sich, Komplimente machte. Das klang etwa so:

– So wahr ich ein Erzhallodri bin, liebe Amalie, du bist die schönste Frau, die mir je begegnet ist. Und, gütiger Himmel, auch noch tugendhaft! Ich hab den Verdacht, daß du ein Engel bist. Das würde auch erklären, warum du deine Gunst ausgerechnet einem Mönch zugewandt hast, einem Heiligen immerhin, wenn auch einem der seltsamsten Art. Nur eins will mir nicht in den Kopf: daß du seinetwegen auf einen saftigen Rostbraten verzichtest!

Immer noch stichelte er gegen meine vegetabilische Lebensweise, der sich Amalie aus voller Überzeugung angeschlossen hatte. Manchmal überreichte er ihr als Gastgeschenk ein Päckchen mit Nüssen oder Schokolade und sagte dabei mit gespielter Verschwörermiene:

– Pack es um Himmels willen erst aus, wenn dein heiliger Sankt Gustavus von Rübenstein aus dem Haus ist. Es ist eine Knackwurst drin!

Im scharfen Kontrast zu meinem persönlichen Glück jener Tage stand die allgemeine Lage. Meistens hatten die Gespräche, die ich mit Hecker führte, einen ernsten Ton. Alle Anzeichen deuteten auf große Veränderungen.

Die Not der arbeitenden Bevölkerung Badens war im Frühjahr 1847 noch schlimmer als im vorangegangenen Winter. Aus dem Odenwald wurden Unruhen gemeldet. Übervölkerung, Arbeitslosigkeit und Lebensmittelmangel verursachten Not und Hoffnungslosigkeit. Auf dem Land gab es zu viele Menschen und zu wenig ertragreiche Böden. Die Mißernte des Jahres 1846 hatte für eine Verschärfung der ohnehin schon elenden Lage gesorgt. Immer noch verloren Tausende jeden Monat Haus und Hof und reihten sich ein in die Masse der Besitzlosen, die vergebens nach Lohnarbeit Ausschau hielten. Sie drängten in die

Städte, wodurch die Zahl der Bedürftigen dort zunahm und die Löhne für ungelernte Arbeiter weiter sanken. In Mannheim kam es im Mai zu einem Brotkrawall, worauf die Stadt Getreide ankaufte und die Senkung des Brotpreises erzwang.
Und was tat die Regierung? Sie bekämpfte die Folgen der Not, nicht ihre Ursache. Vor allem der drohenden Aufruhrgefahr galt ihr Interesse, und so wurde der Führer der servilen Kammerminorität, Trefurt, zum Justizminister ernannt. Von ihm erhoffte sich Bekk ein hartes Durchgreifen gegen Unruhestifter. Und die Halben im Parlament spendeten Beifall. Auf einmal hießen sie die gleichen Unterdrückungsmaßnahmen der Regierung gut, welche die Liberalen in der Zeit der Opposition einmütig verurteilt hatten.
– Es ist eine Sauerei, sagte Hecker bei einem seiner abendlichen Besuche. Die Hoflieferanten und Schaumweinfabrikanten legen die ganze Kammer lahm. Der alte Itzstein und unser kleines Häuflein der Ganzen können nichts mehr ausrichten. Ich hätte in Afrika bleiben sollen!
– Gegen das Bündnis der Großbürger mit Bürokratie und Klerisei, sagte ich, müssen wir Demokraten das Bündnis mit dem Vierten Stand eingehen. Es sind seine Forderungen, die wir vertreten, die Forderungen der überwältigenden Mehrheit des Volkes.
– Das nützt uns gar nichts, brummte Hecker. Wir Ganzen sind nun mal in der Minderheit, auch wenn wir für die Mehrheit sprechen. Es ist nicht allzuweit her mit der gepriesenen badischen Demokratie. Nur die Geldsäcke sind gut vertreten in der Kammer. Die Hungerleider, will sagen: das eigentliche Volk, haben nur einige mitleidige Advokaten wie meine Wenigkeit.
Das war in der Tat der Kern des Problems, und wir alle hatten ihn merkwürdig lange übersehen. Wer nicht wirtschaftlich selbständig war, besaß in Baden weder das aktive noch das passive Wahlrecht. Jahrzehntelang schien das nicht so wichtig, weil sich die liberalen Abgeordneten als Vertreter des ganzen Volkes ver-

standen hatten, mit dem sie sich in der Ablehnung der autokratischen Fürstenregierung einig wußten. Nun zeigte sich – mehr noch durch die Stellung zur Hungerkrise als durch das Stillhalteabkommen mit dem Ministerium Bekk –, daß die Mehrheit der Abgeordneten die Interessen des wahlberechtigten Besitzbürgertums wahrnahm, nicht die der besitzlosen Masse. Deren Bedürfnisse kamen in der Zweiten Kammer kaum noch zur Sprache.

– Wenn das Parlament, sagte ich, keine Opposition mehr macht, müssen wir eine außerparlamentarische Opposition schaffen.

– Die haben wir schon, erwiderte Hecker. Dein *Deutscher Zuschauer*, Ficklers *Seeblätter*, Grohes *Abendzeitung*, die sind das Forum der Opposition. Nur erreichen wir damit nicht viel.

Ich räumte ein, daß die radikale Presse, zumal bei fortdauernder Kontrolle durch die Zensur, die Kammer-Motionen nicht ersetzen konnte.

– Wir müssen, folgerte ich, ein neues Mittel finden, den Forderungen der Unterdrückten Gehör zu verschaffen. Es wird Zeit, die Demokratie von unten her zu organisieren, Versammlungen und Kundgebungen zu veranstalten. Das Volk muß selbst seine Stimme erheben, unüberhörbar, unübersehbar. So wird das ganze Land zur Bühne einer neuen, breiten Opposition! Laß uns in jeder kleinen Gemeinde einen Verein von Demokraten, einen Volksausschuß gründen!

– Und du meinst, fragt Hecker spöttisch, das würde die Regierung zulassen? Sie wird deine Versammlungen und Vereine draußen im Land noch schneller verbieten als hier in Mannheim. Nein, nein! Wir müssen übers Parlament, einen anderen Weg sehe ich nicht. Bei den Herbstwahlen werden die Ganzen als eigene Partei auftreten und nicht wieder gemeinsam mit den Halben. Ich habe schon alles mit Itzstein besprochen. Sollen sich die Halben ruhig weiter liberal nennen, in bezug auf die Regierung sind sie längst an die Seite der Servilen getreten. Als entschiedene Demokraten werden wir uns als neue Oppositionspar-

tei präsentieren. Und diesmal mußt du auch kandidieren, Gustav!
– Ich bezweifle, sagte ich, daß die Gründung einer neuen Partei irgend etwas an den Mehrheitsverhältnissen ändern wird, und wenn, dann eher zugunsten der Halben. Denn sie sind es doch, welche die Interessen der wahlberechtigten Besitzbürger gegen die Forderungen des Vierten Standes verteidigen! Nur ein paar Einsichtige und einige Philanthropen unter den Wählern werden deine neue Demokratenpartei wählen. Deren eigentliche Gefolgschaft hat keine Stimme.
Das sei viel zu theoretisch gedacht, widersprach Hecker. Mit der Politik hätten solche Überlegungen wenig zu tun. Die Mehrheit der Wahlberechtigten wisse sehr wohl, daß durch Bekks Eintritt ins Ministerium die Herrschaft des Blittersdorffschen Systems nicht abgelöst worden sei.
– Betrachte jede Wahl der letzten fünf Jahre, sagte er, und du wirst feststellen, daß die Kammeropposition laufend mehr Stimmen erhalten hat. Nun, da die Halben servil geworden sind, sind wir entschiedenen Demokraten die Kammeropposition. Und es müßte mit dem Teufel zugehen, wenn wir nicht die Mehrheit der Sitze errängen!
So etwa verlief dieses denkwürdige Gespräch, an dessen Ende ich mich bereit erklärte, bei den Herbstwahlen 1847 für Heckers neue Partei zu kandidieren. Seinen Optimismus teilte ich gleichwohl nicht.
Mit Karl Mathy hatte ich im Sommer 1847 keinen Kontakt. Er ging mir aus dem Weg, wie ihm auch die Begegnung mit Hecker peinlich zu sein schien. Nachdem er sich bei der Steuerverweigerung des Landtags von 1846 noch als Ganzer erwiesen hatte, war er im darauffolgenden Winter still und heimlich ein Halber geworden. Inzwischen galt er als deren Wortführer. Er gab immer noch seine *Rundschau* heraus, doch spektakulärer war seine Mitwirkung an der neuen *Deutschen Zeitung*. Diese erste überregionale Tageszeitung für ganz Deutschland erschien seit

Juli 1847, wenn ich mich nicht irre, in Heidelberg. Ein Geschichtsprofessor, Georg Gottfried Gervinus, übernahm die Leitung der Redaktion; zu den Herausgebern und Hauptautoren gehörten außer Karl Mathy die Professoren Häusser und Mittermaier und der Natonalökonom Höfken. Friedrich Bassermann fungierte als Verleger. Von ihm erhielt ich damals das *Programm der Deutschen Zeitung* zugesandt, das einen ganzen Druckbogen mit fünfzehn engbeschriebenen Seiten umfaßte. In salbungsvollen Worten wurde darin die Gründung der neuen Zeitung mit der Notwendigkeit erklärt, daß *in einer kritischen Zeit wie dieser* endlich *Männer des allgemeinen Vertrauens, die Ernsten, Sachkundigen und Unbefangenen,* zu Wort kommen müßten. Aufgabe der neuen Zeitung werde es sein, hieß es, das Gefühl der Gemeinsamkeit und Einheit der deutschen Nation zu stärken; hinter dieser Floskel verbarg sich, wenn man genau weiterlas, das Ziel einer Umbildung des Deutschen Bundes zu einem Einheitsstaat unter preußischer Führung. An einen Satz erinnere ich mich in diesem Zusammenhang wörtlich: *Seitdem Österreich seinen früheren Einfluß in Deutschland freiwillig aufgegeben hat, seit Preußen eine wesentlich deutsche Macht geworden ist und durch die uneigennützige Gründung des Zollvereins den Dank der Nation verdient hat, seitdem muß alle unsere Hoffnung darauf stehen, Eintracht und Einigung zu gewinnen.* Dahinter, versicherten die Verfasser sogleich, stecke keineswegs der Hintergedanke, die Nation zum Souverän über sich selbst machen zu wollen, man bekenne sich vielmehr zum *Prinzip der konstitutionellen Monarchie.* Das revolutionäre Gelüst, *einen untersten Stand gegen und über alle anderen zu stellen,* sei ebenso verwerflich wie die künstliche Aufrechterhaltung der ständisch-feudalen Vorrechte. Alles Heil erwarteten die Gründer der *Deutschen Zeitung* von der wirtschaftlichen Entwicklung. Entschieden verlangten sie die Erweiterung des Zollvereins. Ihre Zukunftsvision war die einer nationalen Selbständigkeit von Fabrikation und Handel, einer eigenen Marine, eines deutschen Welthandels,

einer Weltrolle des zu schaffenden Deutschen Reiches. Ich erkannte Mathys Handschrift, als ich dieses Programm las. Von den Freiheitsrechten war erst ganz am Schluß die Rede; und was dazu gesagt wurde, lief darauf hinaus, daß der Staat sich aus dem gesellschaftlichen Bereich weitgehend heraushalten sollte.
In dem Prospekt wurde mehr als nur das Konzept einer Zeitung beschrieben. Es handelte sich um ein Glaubensbekenntnis. Es war das Programm der konstitutionellen Liberalen, wie sich die Halben neuerdings nannten. Die Zeitungen waren die Fahnen, unter denen man sich sammelte. Zwei bürgerliche Parteien standen sich nun klar abgegrenzt gegenüber: die der *Deutschen Zeitung* unter Mathys Führung, und die des *Deutschen Zuschauers*, von mir publizistisch, von Hecker parlamentarisch vertreten.
In meinen Unterlagen habe ich einen Artikel gefunden, den ich am 19. Juli 1847 als Korrespondentenbericht an den *Philadelphia Democrat* schickte. Daraus geht ziemlich genau hervor, wie ich die Lage damals einschätzte.
Unsere Zustände in Deutschland, schrieb ich, *sind noch immer trübselig, nicht blos in Folge der bedeutenden Schlechtigkeit unserer Jesuiten, Pietisten, Bureaukraten und Aristokraten, sondern auch in Folge der Characterlosigkeit, Engherzigkeit und Feigheit derjenigen Leute, welche sich freisinnig nennen. Jeder Mann, welcher sie zur Thatkraft anspornt, zu Opfern drängt und sie zwingt, eine entschiedene Parthei zu nehmen, ist ihnen ein Dorn im Auge. Die Stimmung des Volkes hat sich sehr gebessert. Allein an den Führern fehlt es fast aller Orten. Die Noth der großen Masse wird übrigens am Ende doch noch den Halben und Unentschiedenen zwingen, entschieden Parthei zu nehmen und auf der einen oder der anderen Seite handelnd einzugreifen. In der Achtung des Volkes haben unsere Fürsten und deren Helfershelfer außerordentlich verloren. Der Gedanke an eine democratische Verfassung nach dem Vorbilde Nordamerikas schlägt immer tiefere Wurzeln. Alle entschiedenen und tiefer blickenden Männer des Fortschritts sind darin einig, daß unserem deutschen Vaterlande wie überhaupt dem ganzen westli-*

chen Europa nur geholfen werden kann durch einen großen Bund der Völker, welche der sogenannten Heiligen Allianz der Fürsten entgegentritt.

Ich weiß noch, ich verfaßte diesen Bericht an einem heißen Nachmittag im Garten der Familie Düsar. Im Schatten des eben abgeernteten Kirschbaums saß ich über den Holztisch gebeugt und warf die Sätze aufs Papier. Irgendwann stand Amalie neben mir und stellte mir ein Glas kühles Wasser hin. Ich sah auf und blickte in Amalies lidverschleierte Augen. Einen seligen Moment lang war ich wieder Mandaras, der indische Jüngling, und nicht mehr sicher, ob mich das Schicksal Deutschlands irgend etwas anging. Vielleicht ahnte meine Seele in solchen Augenblicken, auf welch schweren Weg ich mich einließ.

19

In einigen Kaffeehäusern Wiens hängen große gedruckte Zettel, auf denen in Riesenlettern der Satz steht: *Heute wird hier nicht von Politik gesprochen!* Mehr als ein frommer Wunsch kann das in dieser Zeit nicht sein. Niemand redet heutzutage von etwas anderem. Immer wieder kommt es zu heftigen Auseinandersetzungen zwischen den Parteigängern Bismarcks und seinen Gegnern, Auseinandersetzungen, die nicht selten in Tätlichkeiten ausarten. Man kann verstehen, daß die Wirte dergleichen verhindern wollen. Andererseits profitieren sie nicht schlecht von der allgemeinen Erregung. Nie zuvor waren die öffentlichen Lokale der Stadt so gut besucht wie jetzt.

Ich komme gerade zurück vom Café Gabesam. Schon am frühen Nachmittag war es brechend voll. Neuigkeiten von der Front gibt es nicht, nur abenteuerliche Gerüchte von einem angeblichen Sternmarsch der Preußen und ihrer Verbündeten nach Paris. Im Grunde weiß keiner genau, was passieren wird. Alle rechnen jedoch mit einer entscheidenden Wendung. Die Stim-

mung erinnert mich stark an die Zeit unmittelbar vor Ausbruch der Revolution in Baden. Es herrscht die gleiche ahnungsvolle Erregung, die gleiche ziellose Hektik wie damals.
Am 22. August 1847, dem badischen Verfassungstag, war ich mit Friedrich Hecker und Amalie in Achern, einem kleinen Ort zwischen Baden-Baden und Offenburg am östlichen Rand der Oberrheinebene. Dort fand eine öffentliche Verfassungsfeier statt, an der die Bevölkerung lebhaften Anteil nahm. Am Abend nach der Veranstaltung saßen wir in einem Gasthaus des Ortes mit anderen entschiedenen Demokraten um einen Tisch und besprachen die Lage. Unter dem Eindruck der Feier, die uns zusammengeführt hatte, schlug ich vor, ein zentrales Treffen aller entschiedenen Verfassungsfreunde zu organisieren.
– Es kommt darauf an, sagte ich, die Spreu vom Weizen zu scheiden. Wir müssen wissen, wer auf der Seite des Volkes steht und wer es mit der Regierung hält. Außerdem müssen wir unsere Ziele festlegen, so ähnlich wie die Halben das im Programm für die *Deutsche Zeitung* getan haben. Nur so stellen wir sicher, daß wir alle am selben Strang ziehen.
Dem stimmten alle Anwesenden zu. Wir diskutierten, wo und wann ein solches Treffen stattfinden könnte und wie sein Verbot zu verhindern sei. Nach einigem Hin und Her entschieden wir uns für Offenburg, den ungefähren Mittelpunkt Badens. Die anwesenden Offenburger übernahmen es, sich um einen geeigneten Versammlungsraum zu kümmern. Als Termin setzten wir den 12. September fest. Ich selbst erbot mich, die Einladung so zu formulieren, daß jeder daraus erfahren konnte, worum es gehe, die Regierung aber Schwierigkeiten haben würde, ein Verbot zu begründen.
Eine Woche nach dieser Besprechung verschickte ich von Mannheim aus eine gedruckte Einladung an alle Liberalen des Landes. Ich besitze noch ein Exemplar davon, das ich hier einfüge:

An verschiedenen Orten unsers Landes wurde bei Gelegenheit des Jahrestags unserer Verfassung eine Feier gehalten, welche zu mannigfaltigen Erörterungen über die Art und Weise, wie dieselbe in's Leben eingedrungen sei, führte. Die Kreise, in welchen dieses geschah, waren jedoch größtentheils nicht sehr zahlreich, auch umfaßten sie gewöhnlich nur die Einwohner eines oder doch weniger Orte unsers Landes. Von größerer Wichtigkeit für gegenseitige Verständigung würde aber eine Versammlung sein, welche von Bewohnern aller Theile unsers Großherzogthums besucht würde. Die Endesunterzeichneten, von dieser Ansicht durchdrungen, laden daher alle entschiedenen Freunde unserer Verfassung auf

Sonntag den 12. September l. J., Mittags 1 Uhr, nach Offenburg in das Gasthaus zum Salmen

zu einer Besprechung über unsere Verfassungszustände ein.

Ein einfaches Mittagsmahl wird diese Besprechung einleiten.

Zu derselben erlauben wir uns, auch Sie, hochgeehrter Herr, einzuladen.

Mannheim,

den 28. August 1847.

Hecker.
J. P. Grohe.
G. v. Struve.
Eller.
V. Streuber.

Winter, Vater.
Joh. Rapp.
Friedr. Mai.
C. Ch. Olinger.
Georg Kohlhagen.

Bewußt hatte ich jedem Empfänger der Einladung anheimgestellt, ob er sich für einen *entschiedenen* Verfassungsfreund halten und sich angesprochen fühlen wollte. Von unserer Seite war keiner von vornherein ausgeschlossen; auch den Halben reichten wir die Hand. Doch die nahmen sie nicht an. Karl Mathy gab die Parole an seine Leute aus, sie sollten sich *wie ein Mann fernhalten* von unserem Unternehmen. Ohne die Teilnahme der Mehrheitsliberalen, so sein Kalkül, würde das Treffen zur Bedeutungslosigkeit verdammt sein. Allein, er irrte sich. Das Fernbleiben der Halben konnte uns nur recht sein. Sie hätten uns Demokraten nur gebremst und mit inhaltslosen Phrasen gelangweilt und womöglich die Entschlüsse der Versammlung verwässert.

Bis zum letzten Moment fürchteten Hecker und ich, die Regierung würde die Versammlung verbieten. Sie tat es nicht. Vermutlich wollte Bekk wegen einer Veranstaltung, die er für bedeutungslos hielt, seinen liberalen Ruf nicht aufs Spiel setzen. Er begnügte sich damit, ein paar notorische Konfidenten nach Offenburg zu schicken.

Ich erinnere mich noch sehr gut an diesen 12. September 1847. Ort des Geschehens war das Gasthaus zum Salmen, das man innen und außen mit Girlanden und Blumen festlich geschmückt hatte. In dem großen Saal des Wirtshauses saßen an langen Tafeln etwa dreihundert badische Demokraten, darunter die entschiedenen Abgeordneten der Zweiten Kammer, die führenden Vertreter der radikalen Presse und wichtige Gemeindevertreter. An der Stirnseite befand sich eine Bühne, auf der das Rednerpult aufgebaut war. Dahinter hing die Fahne des Großherzogtums, seitwärts standen Lorbeerbäumchen, die mit schwarz-rot-goldenen Schleifen geschmückt waren. Auf zwei Holzsäulen, die das Pult flankierten, hatte man Gipsbüsten aufgestellt, eine vom Stifter der badischen Verfassung Karl Friedrich, die andere vom regierenden Großherzog Leopold. So sollte deutlich werden, daß es bei dieser Versammlung um die Verfassung ging, nicht um die Vorbereitung eines rechtswidrigen Aufruhrs.

Nachdem das von kurzen Ansprachen und Trinksprüchen unterbrochene Festessen beendet und die Tafel aufgehoben war, erhielt das Publikum, das sich auf dem Platz vor dem Gasthaus drängte, Zutritt zu Saal und Galerie. Im Nu füllten sich der Raum zwischen den Tischen sowie die umlaufenden Holzbalkone mit Hunderten von Menschen; bei weitem nicht alle fanden Einlaß.

Zuerst begrüßte der Offenburger Apotheker Rehmann die Anwesenden und schlug den Bürgermeister der Stadt, Gustav Rée, als Vorsitzenden vor, was die Anwesenden per Akklamation guthießen. Dann erteilte man mir das Wort, um die Eröffnungsrede zu halten.

Ich hatte noch nie außerhalb Mannheims vor größerem Publikum gesprochen. Der Applaus, mit dem man mich begrüßte, überraschte mich. So hoch hatte ich meine Popularität nicht eingeschätzt. Die Luft habe, meldete einer der anwesenden Spitzel anderntags nach Karlsruhe, bei meinem Auftreten *wie vom Revolutionsfieber vibriert.*

– Zweiunddreißig Jahre sind verflossen, begann ich, seit die Fürsten zu Wien versammelt waren und die Geschichte der Völker ordneten. Die Völker selbst waren dabei nicht vertreten, sie wurden nicht gefragt, sie hatten keinen Einfluß ...

An den genauen Wortlaut meiner Rede kann ich mich natürlich nicht mehr erinnern. Ich begann, wie ich es später immer wieder tat, mit einem Rückblick auf den langen Kampf des Volkes um politische Mitwirkung; ich zählte die vielen Versprechungen und Wortbrüche der Fürsten auf und die Reihe polizeilicher Unterdrückungsmaßnahmen. In einfachen Worten stellte ich dar, wie die Metternichsche Geheimdiplomatie und die Behörden des Deutschen Bundes jahrzehntelang verschwörerisch zusammengewirkt hatten, um das Volk unmündig zu halten. Dann kam ich auf die Gegenwart zu sprechen, auf den Hunger der letzten Monate, auf die Not in den Städten und Dörfern, auf das unselige Zusammenwirken der Scheinliberalen mit der Regierung und die andauernde Verletzung der in der Verfassung von 1818 gewährten Freiheitsrechte. Das Volk müsse aufhören zu bitten, rief ich, die Zeit der Tat sei gekommen; es gelte, Widerstand zu leisten gegen die selbstherrliche Bürokratie, die Bedrohung durch das stehende Heer und die Bespitzelung durch die geheime Polizei.

– Nehmen wir uns ein Beispiel, schloß ich meine Rede, an der großen nordamerikanischen Union! Sie ist der Beweis dafür, daß keine Macht imstande ist, einem Volke die natürlichen unveräußerlichen Menschenrechte vorzuenthalten, sofern es nur einig ist und den rechten Willen faßt. Es lebe die badische Verfassung, es lebe die freie deutsche Nation!

Unter stürmischem Jubel verließ ich das Rednerpult. Es dauerte lange, bis wieder Ruhe einkehrte und der nächste Redner das

Podium betreten konnte. Die nach mir sprachen, äußerten sich ähnlich entschieden, wobei jeder einen eigenen Akzent setzte. Der Ettlinger Gemeinderat Thibaut griff das Polizeiregiment des Deutschen Bundes an, der Mannheimer Advokat Elias Eller geißelte die Willkür und Abhängigkeit der Justiz, Friedrich Hecker sprach von der Ausbeutung der Arbeiter und Handwerker, der linksliberale Abgeordnete Professor Christian Kapp berief sich auf die sozialen Forderungen Christi.
Am Schluß trat ich ein zweites Mal ans Rednerpult und verlas einen Katalog von dreizehn Forderungen, den ich am Abend zuvor mit Hecker und anderen Demokraten ausgearbeitet hatte. Unter dem Namen *Offenburger Programm* sind diese Forderungen später so etwas wie der Katechismus der deutschen Revolution geworden, aber bei der Formulierung dachten wir vor allem an die damalige Situation im Großherzogtum Baden. Getreu unserem Anspruch, Verfassungsfreunde zu sein, ging es in den sechs ersten Punkten um die *Wiederherstellung unserer verletzten Verfassung*, nämlich um die Lossagung der Regierung von den Karlsbader, Frankfurter und Wiener Beschlüssen, die Wiederherstellung der Preßfreiheit und die Respektierung der Gewissens- und Lehrfreiheit, die Vereidigung des Militärs auf die Verfassung und schließlich die Versammlungsfreiheit sowie das Recht, sich überall aufhalten und frei aus- und einreisen zu können. Die anderen sieben Artikel forderten eine *Weiterentwicklung* der Verfassung: eine Vertretung des Volks beim Deutschen Bund und damit dessen Umwandlung vom Gesandtenkongreß weisungsgebundener Diplomaten zu einem demokratischen Bundesparlament; die Auflösung des stehenden Heers von fürstenhörigen Berufssoldaten und die Bewaffnung des Volkes; die Einführung einer progressiven Einkommensteuer, um die Lasten gerechter zu verteilen; freier Zugang zur Bildung für alle ohne Unterschied des Standes; Ausgleichung des Mißverhältnisses zwischen Arbeit und Kapital, das heißt Schutz der arbeitenden Bevölkerung vor der Ausbeutung durch

die besitzende Klasse; Reform der Justiz und Einführung von Geschworenengerichten; Ersatz der Beamtenwillkür durch weitgehende Selbstverwaltung der Bürger und letztlich die Abschaffung aller Vorrechte.
Als ich diese letzte Forderung verlas, kam mir spontan ein Gedanke.
– Jedem sei die Achtung freier Mitbürger Vorzug und Lohn, sagte ich. Die Zeit des Adels ist vorbei. Bis zum heutigen Tag hieß ich Gustav von Struve, ab sofort will ich nur noch Bürger Struve sein!
Im Lärm der Begeisterung hielt ich das Papier, das ich verlesen hatte, in die Höhe und rief, als sich der Beifall etwas gelegt hatte:
– Sind sich die hier Versammelten darin einig, daß diese Forderungen der Regierung vorgelegt werden sollen?
Ein tausendstimmiges *Ja!* war die Antwort.
Anderntags, als ich mit meinen Mannheimer Freunden und Amalie im Eisenbahnabteil saß, starrte Hecker trübsinnig vor sich hin. Er hatte am Abend zuvor seinem Ruf als tüchtiger Trinker wieder einmal alle Ehre gemacht und war in kläglicher Verfassung. Es habe alles keinen Sinn, sagte er, ja, es sei geradezu lächerlich gewesen von uns, in einem Offenburger Gasthaus Parlament zu spielen. Ich ließ mir nicht die Laune verderben. Was wir erreicht hatten, war außerordentlich. Wir hatten die demokratische Opposition Badens formiert und ihr außerhalb des Parlaments Öffentlichkeit verschafft. Nun kam es darauf an, diese Basis zu erweitern. Niemand von uns glaubte ernsthaft daran, daß die Regierung auf unsere Forderungen reagieren würde. Wichtig war nur, sie bekanntzumachen. Der Redakteur der *Mannheimer Abendzeitung*, Jean Pierre Grohe, und ich übernahmen diese Aufgabe, während Hecker, Kapp und Brentano im Innenministerium vorsprechen sollten.
Erst die publizistische Auswertung machte die Offenburger Versammlung zu einem Ereignis. Grohe und mir gelang es, Berich-

te darüber in fast allen deutschen Zeitungen zu plazieren. Selbst konservative Blätter druckten ab, wenn auch mit mißbilligendem Kommentar. Die *Augsburger Allgemeine* veröffentlichte den gesamten Forderungskatalog, worauf zahllose kleinere Blätter in ganz Deutschland sich anschlossen. Wir taten ein übriges und stellten ein Flugblatt mit den *Offenburger Forderungen des Volkes* her, das wir bündelweise an Gesinnungsfreunde innerhalb und außerhalb Badens schickten mit der Bitte um Weiterverbreitung. Auf diese Weise erreichte unsere neue Opposition vom ersten Auftreten an ein weit größeres Publikum als die alte in der Zweiten Kammer. Die Resonanz überraschte selbst mich. Nicht nur klang begeisterte Zustimmung aus allen Teilen Deutschlands zurück; an verschiedenen Orten fanden auch weitere Versammlungen statt, die das *Offenburger Programm* wörtlich übernahmen.

Die badische Regierung dagegen hielt es für klug, die *Forderungen des Volkes* als Wirtshausbeschlüsse abzutun. Gedrängt von der preußischen Diplomatie, leitete sie eine Kriminaluntersuchung *gegen Struve et Compl. wegen Volksaufreitzung und Versuch des Hochverraths* ein. Freilich mußte das Verfahren wieder eingestellt werden, weil sich die erhobenen Vorwürfe nicht beweisen ließen.

Karl Mathy äußerte sich in der *Deutschen Zeitung* stellvertretend für die Halben. Vor wenigen Monaten hätte er jede unserer Forderungen noch mit unterschrieben. Doch jetzt schrieb er: *Wir sehen im Offenburger Manifest die rücksichtslose, wirklich freche Kriegserklärung einer Partei, welche sich allem Bestehenden entgegenstellt, und deren stehendes Heer die betörten Handwerksburschen und beutelustigen Schüler Babeufs sein sollen.* Das ließ deutlich genug erkennen, was ihn und seine konstitutionellen Liberalen beunruhigte: nicht die Forderungen an sich, sondern die Angst der Besitzbürger vor dem Vierten Stand. Spätestens seit dieser Stellungnahme war klar, daß mit Mathy nicht mehr zu rechnen war. Er war endgültig in jene Jammersphäre getreten, in der, wie es im dritten Gesang von Dantes *Inferno* heißt, diejenigen schweben, die weder Schande noch Ehre erwerben.

20

Nach der Veröffentlichung unserer *Forderungen des Volkes* kamen von überall her Briefe und Abgesandte gleichgesinnter Kreise nach Mannheim. Die badischen Turnvereine, die mir seit langem nahestanden, erklärten sich zum größten Teil einverstanden mit unseren Zielen; zahlreiche Gemeinderäte, die Vorstände vieler Liedertafeln und Gesangvereine, aber auch kleine Privatzirkel sicherten mir ihr Einverständnis und treue Gefolgschaft zu. Ich besorgte mir eine Schulkarte des Großherzogtums und steckte in die Orte, in denen es demokratische Organisationen gab, rotköpfige Stecknadeln. Von Tag zu Tag wurde das Netz dichter. So entstand die neue Opposition, für die Friedrich Hecker die treffende Bezeichnung sozial-demokratische Partei fand. Mit der jetzt unter diesem Namen auftretenden Partei, die mein alter Freund Wilhelm Liebknecht und Karl Bebel voriges Jahr in Eisenach gegründet haben, hatte diese Bewegung natürlich nichts zu tun. Es handelte sich noch nicht einmal um eine Partei im heutigen Sinne.

Ohne Amalies unermüdliche Hilfe wäre ich damals der Korrespondenz nicht Herr geworden. Sie legte eine Kartei von Demokraten an, die wir sicherheitshalber in Düsars Gartenhäuschen aufbewahrten. Um die Eltern nicht zu beunruhigen, sagte sie ihnen, es handle sich um die Abonnentenkartei des *Zuschauers.* Worauf der alte Düsar mich bei Gelegenheit eines Besuches ermahnte, seiner Tochter nur *Arbeiten ihres Geschlechtes* zu übertragen. Was er denn darunter verstünde, fragte ich. Nun ja, häusliche Handarbeiten, antwortete er, Spitzenklöppeln und Stricken, Arbeiten in Küche und Vorratskammer, Sorge für Sauberkeit in Haus und Hof. Verständnislos vernahm er meine Belehrung, daß nur die Konvention einer Männergesellschaft solche Tätigkeiten zu typisch weiblichen Beschäftigungen erkläre, aus durchsichtigen Motiven und ohne sachliche Berechtigung. Ich wußte mich frei von derartigen Vorurteilen und teilte mir mit Amalie nach Möglichkeit alle häuslichen Arbeiten, wie ich umgekehrt sie zur Erledigung meiner beruflichen und politischen Aufgaben heranzog. In einer Zeit, in der es als unschicklich galt, in Gegenwart von Damen über Politik zu sprechen, schüttelte mancher über diese Arbeitsteilung den Kopf. Ich beruhigte Düsar, Amalie selbst müsse entscheiden, sagte ich ihm, welche Arbeiten ihr zusagten. Ihre Anlagen zu unterdrücken stünde mir nicht zu. Er schüttelte besorgt den Kopf.

– *La première et la plus importante qualité d'une femme*, wandte er ein, *est la douceur.*

Zu den vielen neuen Bekannten, die im Herbst 1847 bei uns ein und aus gingen, gehörte auch der Dichter und Sprachlehrer Heinrich Hoffmann. Um den Adel zu verspotten, nannte er sich nach seinem Geburtsort *von Fallersleben.* Ich erinnere mich an ihn als eines lebhaften, etwas dicklichen Mannes von etwa fünfzig Jahren mit rosigen Wangen und klaren Augen. Sein berühmtes Deutschlandlied hatte er damals noch nicht geschrieben, doch ich bin mir sicher, daß es gründlich mißverstanden wird von denen, die sein *Deutschland über alles in der Welt* als Ausdruck chauvinistischen Hochmuts gebrauchen. Was Hoffmann – damals jedenfalls – unter Deutschland verstand, war die soziale Republik, von der wir alle träumten.

Zum Ärger der Reaktion und der konstitutionellen Partei beteiligte sich Hoffmann aktiv im Wahlkampf auf seiten der sozialen Demokraten. Ich hatte mich, Heckers Drängen nachgebend, als Kandidat zur Verfügung gestellt. In Mannheim anzutreten schien mir allerdings unsinnig, da hätte ich nur einem Gleichgesinnten den Platz weggenommen. An einem anderen Ort nominiert zu werden, erwies sich jedoch als unmöglich. Umsonst appellierte Fickler in den *Seeblättern* an Kandidaten *mit gewöhnlichen Kräften*, mir als besonderer politischer Begabung Platz zu machen. Die Lörracher, in deren Bezirk ich schließlich aufgestellt werden sollte, wollten dann doch lieber einen aus ihrer Mitte wählen. Ich fand das verständlich, doch Hecker erregte sich schrecklich darüber.

– Kreuzdonnerkeil, fluchte er bei Erhalt der Nachricht, den Lörrachern muß der Herrgott die Hirne vernagelt haben!

Er hatte noch mehr Grund zum Fluchen, als Ende November das Ergebnis der Wahlen bekannt wurde. Wie ich vorausgeahnt hatte, erlitten die Ganzen eine klare Niederlage. Nur in Mannheim und Konstanz waren unsere Leute durchgekommen.

Selbst Hecker hätte beinahe den Wiedereinzug in den Landtag verpaßt. In seinem Wahlbezirk Weinheim-Ladenburg gewannen die Konstitutionellen die Mehrheit der Wahlmänner. Es bedurfte Itzsteins Intervention, um das Mandat zu retten. Nur weil Hecker ein berühmter Volksmann war und sein Bild neben den Portraits von Itzstein, Welcker und Rotteck in badischen Stuben hing, rang man sich zu seiner Wahl durch. Insgeheim hofften die Wahlmänner wohl auf eine baldige Versöhnung zwischen den beiden Fraktionen im liberalen Lager. Doch ihr knapp wiedergewählter Abgeordneter war alles andere als versöhnlich gestimmt, als er hörte, daß außer ihm nur fünf entschiedene Demokraten in die Kammer gekommen waren.

Im Roten Schaf saßen wir nach Bekanntwerden des schlechten Wahlausgangs beisammen, und ich hatte Mühe, meinem trübsinnigen Freund klarzumachen, daß es keinen Grund zur Trauer gab.

– Was geschehen ist, sagte ich, war vorherzusehen. Die stimmberechtigten Besitzbürger haben den Anspruch der Unterschichten auf Mitwirkung abgewiesen. Das ist ihr gutes Recht. Ob es besonders klug war, wird sich erweisen. Die Zweite Kammer hat sich als Interessenvertretung der Großbourgeoisie entlarvt. Damit sind die Fronten geklärt. Es ist gut, daß du noch im Landtag bist. Du kannst unserer Sache auf diesem Posten manchen Dienst erweisen. Aber der eigentliche Kampf, das ist ganz klar, wird nun außerhalb des Parlaments ausgetragen werden. Man hat unsere Offenburger Forderungen als Kriegserklärung bezeichnet. Nun gut, dann hat uns das Bürgertum jetzt den Fehdehandschuh hingeworfen. Wir werden ihn aufheben.

Ich wußte, daß Karl Mathy auf seiten der Halben die Situation ähnlich sah, nur eben von seinem Gesichtspunkt aus. Er hatte während des Wahlkampfs ein Treffen südwestdeutscher Liberaler organisiert, über deren Beschlüsse die *Deutsche Zeitung* berichtete. Seine Absicht bestand erkennbar darin, unserem *Offenburger Programm* durch genauere Fassung der Grundsätze der *Deutschen Zeitung* ein Programm der konstitutionellen Liberalen entgegenzusetzen. Während unsere Forderungen auf die Schaffung einer sozialen und freiheitlichen deutschen Bundesrepublik hinausliefen, schwor er die achtzehn Teilnehmer seines *Heppenheimer Treffens* auf das Modell eines großbürgerlich-preußischen Zentralstaates ein. Deutschland sollte aus dem bestehenden Zollverein hervorwachsen. Statt eines demokratischen Parlaments war ein *Zollkongreß* vorgesehen, eine *Vertretung von Notabeln, die von den Kammern und anderen Körperschaften* zu wählen sei. Die Monarchien wollte Mathy erhalten wissen, jedoch unter der im Zollverein bereits bestehenden Hegemonie Preußens. Das ganze Konzept war unschwer als stilles Bündnisangebot der großbürgerlichen Liberalen an die preußische Monarchie zu erkennen, das eindeutig gegen den Vierten Stand gerichtet war.

Ich empfand diese Klärung der Fronten als großen Gewinn. Nun wußte man wenigstens, was uns trennte. Das machte es leichter zu erkennen, was uns noch verband.

Ganz zerschnitten war das Tischtuch zwischen Konstitutionellen und Demokraten noch nicht. Das zeigte sich, als im November 1847 der Sonderbundskrieg in der Schweiz ausbrach.

Die Berufung der Jesuiten zu Leitern des Schulwesens im katholischen Kanton Luzern war der Anlaß gewesen. Es ging um die Aufkündigung gemeinsamer Grundsätze durch einzelne Mitglieder eines demokratisch verfaßten Ganzen. War ein Teilstaat eines republikanischen Bundesstaats berechtigt, die Freiheit seiner Bürger zu beschneiden? Die evangelischen Kantone verneinten das. Die katholischen taten sich daraufhin zu einem sogenannten Sonderbund zusammen. Ein Bürgerkrieg um die Existenz der Eidgenossenschaft begann. Alle Liberalen Badens sahen im Sonderbund einen Angriff der Ultramontanen auf die republikanische Verfassung der Schweiz. Ein Stück europäischer Freiheit schien auf dem Spiel zu stehen. Zu dieser allgemeinen Betroffenheit kam bei Karl Mathy noch seine persönliche Verbundenheit mit der Schweiz hinzu, in der er zu einer Zeit die Segnung der Demokratie erlebt hatte, als er selbst noch republikanisch dachte. Er war es jedenfalls, der Anfang November zu mir kam, um mich zur Teilnahme an einer Solidaritätsversammlung aufzufordern.
Auf einmal stand er in meinem Zimmer und schüttelte meine Hand, als hätte es nie eine Unstimmigkeit zwischen uns gegeben. Man sehe sich ja viel zu selten, meinte er, und das sei doch schade. Er tat so, als stünden wir immer noch auf derselben Seite; Bekk sei eine große Enttäuschung, klagte er, und die Kamarilla fühle sich stärker als je, aber wir – er sagte: wir! – würden die Herrschaft dieser Dunkelmänner über kurz oder lang beenden. Im großen und ganzen, versicherte er, seien wir uns einig; wir wollten beide die Einheit und Freiheit der deutschen Nation.
– Die Freiheit und die Einheit, verbesserte ich ihn.
Statt mit mir zu streiten, faßte Mathy mich lachend an den Schultern. Ich sei eben immer noch der alte, ein Wortklauber, Theoretiker, Idealist; die Wirklichkeit aber habe ihre eigenen Gesetze, und daher sei Einheit eben doch wichtiger als Freiheit. Wir Liberalen müßten jetzt Einheit zeigen, sonst würde es nichts mit der Freiheit.

Seine Freundlichkeit schien so aufrichtig, seine Argumente waren so zwingend, daß ich bereit war, unsere Freundschaft zu erneuern. Wir verbrachten einen Nachmittag in angeregtem Gespräch und setzten gemeinsam eine *Adresse an die eidgenössische Tagsatzung* auf, in der vom *Freiheitskampf der europäischen Völker,* von der *Solidarität des Menschengeschlechts* gegen Gewalt und Unrecht und vom *Heraufkommen einer neuen Zeit* die Rede war. Ich fühlte mich mit Karl Mathy einig wie in alten Zeiten. Fast hätte ich Amalie gezürnt, weil sie die Scherze unseres Freundes und Trauzeugen kühl von sich wies und, nachdem sie ihn mit eisiger Miene begrüßt hatte, nicht wieder erschien. Sie weigerte sich sogar, den Tee zu bringen.
Am 9. Dezember 1847 eröffnete Großherzog Leopold die neugewählte Zweite Kammer. Acht Jahre lang hatte er das Karlsruher Ständehaus nicht mehr betreten, und sein Erscheinen machte deutlich, wie erleichtert die Regierung über die Niederlage der sozialen Demokraten war. Gemeinsam mit den Servilen auf der rechten Seite des Hauses bildeten die konstitutionellen Liberalen eine breite Mehrheit, die das Ministerium Bekk stützte. Die Linke, von der allein Widerstand drohte, war auf ein kleines Häuflein zusammengeschmolzen. Freilich verriet die Eröffnungsrede des Großherzogs, daß er wohl sah, wo die wahre Opposition stand. Er forderte alle *Redlichen* in der Kammer auf, *die Bestrebungen einzelner, welche die Staatsordnung, ja selbst das Eigentum zu untergraben suchen, mit vereinter Kraft und einträchtig mit der Regierung niederzuhalten.*
Mit den *Bestrebungen einzelner* waren vor allem meine Versuche gemeint, den Forderungen des Vierten Standes Gehör zu verschaffen. Wenn der Fürst und die Regierung allerdings glaubten, es genüge, Leute wie mich *niederzuhalten,* um die Zukunft zu verhindern, irrten sie sich gewaltig. Viel zu lang hatte die Reaktion den Strom der Zeit zurückgehalten. Der aufgerichtete Staudamm, Metternichs Lebenswerk, begann zu ächzen und zu knacken, und es nutzte gar nichts, jene zu verteufeln, die auf die

Risse in der Mauer zeigten. Wer nicht bewußt Augen und Ohren verschloß, war sich klar darüber, daß ein Dammbruch bevorstand. Die einen fürchteten, die anderen erhofften ihn, aber so gut wie alle warteten. Abenteuerliche Gerüchte gingen um, zum Beispiel das von der *Großen Verschwörung*, wonach tausend der angesehensten Männer der Welt in London eine Gesellschaft zur Regeneration der Erde gegründet und zwölf Millionen Pfund Sterling gesammelt hätten, um im kommenden Jahr 1848 alle Verhältnisse zu ändern. Am 1. Januar tauchte im hessischen Hanau ein Flugblatt auf, das ebenfalls den großen Umsturz voraussagte. Ursache würde nicht das Komplott einiger Weltverbesserer sein, las man da, sondern eine *Verschwörung des ganzen Volkes, zu der selbst die gemäßigtsten Naturen getrieben werden müssen, weil uns allen der Rechtsboden unter den Füßen weggenommen ist.* Auch an ein anderes Flugblatt erinnere ich mich, das dem *Deutschen Zuschauer* in jenem Winter anonym zugesandt wurde. Es begann so: *Die große Mittagsstunde an der europäischen Staatenuhr kommt immer näher. Die Zeiger stehen auf dreiviertel. Die große Lüge seit 1815 wird nun ihre Früchte bringen. Die Saat ist reif, prächtig. Die Sicheln werden geschärft. Die Schnitter stimmen das Erntelied an ...*

Mit dem bevorstehenden Zusammenbruch des alten Systems rechneten fast alle. Aber nicht wenige meiner Freunde meinten ernsthaft, Baden würde von der Revolution verschont bleiben. Schließlich, so das gängige Argument, war es das fortschrittlichste unter den deutschen Fürstentümern, in den Augen Preußens und Österreichs geradezu der Hort des Liberalismus. Viele revolutionäre Forderungen waren hier seit Jahrzehnten verwirklicht. In Baden gab es die *frechsten* Kammerreden, die radikalste Presse, das regste Kommunalleben – und immerhin einen Minister, der sich zur liberalen Partei zählte und von einem frei, wenn auch nicht wirklich demokratisch gewählten Parlament unterstützt wurde! Nirgends schien die Revolution weniger notwendig als im Großherzogtum Baden.

Aber es ist ein Irrtum, wenn man glaubt, halbherzige Reformen könnten eine Revolution aufhalten. Das Gegenteil ist wahr. Nicht die am meisten unterdrückten Völker sind es, die rebellieren, sondern diejenigen, die ihren Herren das Recht absprechen, sie zu unterdrücken. Der Verlust der Macht beginnt immer mit einem Verlust an Autorität. Und gerade die badische Regierung hatte es schwer, ihre Autorität zu wahren. Ihre Untertanen waren mündiger und selbstbewußter als die anderer Autokratien, und sie selbst war unentschlossener als andere Staatsverwaltungen. Mein verehrter Lehrer der Staatswissenschaften, der kluge krummrückige Monsieur Bouvier, hatte mir einmal gesagt, man müsse sich das Volk als einen bissigen Hund vorstellen. Ließe sein Herr ihn Hunger leiden oder die Peitsche fühlen, so würde er eher unterwürfig als renitent; doch merke das Tier, daß sein Geknurr den Herrn erschreckt, werde es rasch mutig und ungehorsam; komme es damit durch, sei das Schicksal des Herrn besiegelt. Jedes Nachgeben würde als weiteres Zeichen der Schwäche erscheinen, und der Hund würde sich bewußt werden, daß er stärker ist als sein Herr. Das sei die klassische Situation der Volkserhebung. Ich hatte diese bildhafte Beschreibung nicht vergessen. Der badischen Regierung war der Schreck vor dem Geknurr des Vierten Standes im Gesicht geschrieben. Daher zweifelte ich nicht daran, daß die kommende deutsche Revolution von Baden ausgehen würde.

21

Es riecht nach Apfelküchle, und es kann nicht mehr lange dauern, bis Käthchen die kleine Amalie zu mir schickt, um mich zum Abendessen zu rufen. Ich habe versprochen, den Rest des Tages der Familie zu widmen. So wird dies der letzte Abschnitt sein, den ich heute beginne, und es trifft sich ganz gut, denn an seinem Ende wird eine Zäsur sein. Meine Erzählung nähert sich jener verpaßten Wende in Deutschlands Geschichte, die man die *März-Ereignisse* nennt.

Unerwartet kam die Revolution nicht. Das Jahr 1848 begann mit Arbeiterunruhen. In der Folge des Zusammenbruchs der Bankhäuser Haber und Kusel in Karlsruhe waren die drei größten badischen Fabriken – die Zuckerfabrik Waghäusel, die Spinnerei Ettlingen und die Maschinenfabrik Keßler – zahlungsunfähig geworden. Mehr als 3000 Arbeiter standen vor der Entlassung. Schlagartig wurde deutlich, wie schutzlos diejenigen waren, die über keine Kapitalmittel verfügten. Sie trugen keine Schuld an den Finanzmanipulationen der Fabrikherren, doch sie allein sollten dafür büßen.

In der Zweiten Kammer diskutierte man die Frage, ob der Staat durch Bürgschaften und direkte Zahlungen die Fabriken retten müsse. Mathy plädierte dafür und verwies auf das Interesse des Staates an der Erhaltung der Industrie, Bassermann dagegen warnte vor einer Verfälschung des freien Wettbewerbs durch Subventionen. Vom Schutz des Gewerbes und der Bedeutung der Fabriken für die Volkswirtschaft war die Rede, von der Rücksichtslosigkeit des Barons Rothschild und vom Interesse der Gläubiger. Nur einer sprach vom Elend der betroffenen Arbeiter: Friedrich Hecker. Er nannte es unmoralisch, die Steuergelder des Volkes zur Sanierung von Fabriken zu verwenden, ohne gleichzeitig die Lage der Arbeiter zu verbessern. Sein Vorschlag lief auf eine Beteiligung der Arbeitenden an den Fabriken hinaus, auf eine Vereinigung von Kapitalbesitzern und Arbeitern zu Produktivgenossenschaften. *Das Kapital*, forderte er, *soll nicht mehr der Herr, die Arbeit nicht mehr der Knecht sein.* Das sei Kommunismus, riefen sowohl Mathy als auch Bassermann und waren sich plötzlich einig.

Mein Freund Karl Blind, selbst kein Arbeiter, aber gleichwohl Vorsitzender des *Karlsruher Arbeitervereins*, verfaßte zur Unterstützung Heckers einen Brief, in dem es hieß: *Es ist unsere feste Überzeugung, daß das Elend der Arbeiter von nichts anderem her-*

kommt als von der Schrankenlosigkeit, mit welcher die großen Kapitalisten und Fabrikanten die wehr- und arbeitslosen Arbeiter und kleinen Meister erdrücken. Die freie Konkurrenz ist für den Unbemittelten ein leeres Wort, eine papierne Redensart, eine Lüge.
63 Arbeiter der Maschinenfabrik Keßler unterschrieben diesen Brief. Daraufhin mobilisierte Mathy die restlichen 800 Arbeiter der Fabrik. In einer eilig einberufenen Versammlung stellte er ihnen die Sache so dar: Die Regierung sei bereit, ihre Arbeitsplätze zu retten, aber Hecker behaupte, sie, die Arbeiter selbst, wollten das gar nicht. Worauf sich ein Sturm der Entrüstung erhob und die Versammelten eine von Mathy vorbereitete Petition an die Kammer richteten, in der sie die Gewährung von Subventionen verlangten.
In der *Deutschen Zeitung* kostete unser ehemaliger Freund seinen Sieg voll aus. *Es ist schlimm*, schrieb er, *wenn die Verbesserung des Nothstandes der arbeitenden Klassen so trostlose Vertreter findet wie die geistigen Urheber jenes offenen Briefs. Wie sie ihre Schulwörter in die angeblichen Petitionen der Arbeiter hineintragen, so möchten sie gern die eigene Trägheit und Genußsucht, die eigene Immoralität jenen Klassen einflößen, deren Nothstand für sie ein ergiebiges Mittel, ein lukrativer Stoff journalistischer Versuche wird.* Als ich das las, wußte ich, wie recht Amalie daran getan hatte, Mathys Leutseligkeit zu mißtrauen.
Vielleicht hatte es Friedrich Hecker nicht sonderlich geschickt angestellt, seine Position deutlich zu machen. Womöglich war die Frage der Subventionen überhaupt der falsche Ansatz für die Diskussion über die Abhängigkeit der Arbeiter vom Kapital. Aber einen solchen Zweifel an den Motiven hatten weder er noch Blind, noch ich verdient. Geschickt vermied Mathy es, uns namentlich anzugreifen. Doch sein Angriff war nichtsdestoweniger infam. In Wahrheit betrog er die Arbeiter, indem er ihnen weismachte, die Unterstützung der Fabrikbesitzer durch den Staat sei eine arbeiterfreundliche Maßnahme.
Ich lernte aus diesem Vorfall, daß es nicht genügt, es gut zu

meinen; man muß auch verstanden werden von denen, mit denen man es gut meint. In diesem Sinne äußerte ich mich bei einer Besprechung, die ich mit Friedrich Hecker und Karl Blind in Karlsruhe hatte. Hecker war verzagt und kraftlos, Blind dagegen schlug vor, die Turner zur Aufklärung des Volkes einzusetzen.

– Die Turner sind revolutionär, sagte er. Sie werden im ganzen Land Broschüren verteilen, an Bahnhöfen, öffentlichen Plätzen, Wirtshäusern und Kasernen. Wir müssen die arbeitende Bevölkerung aufklären, die Taglöhner, die Handwerker, die Dienstboten und Kleinbauern. Vor allem aber die Arbeiter!

Es gelang uns, Hecker so weit aufzumuntern, daß er sich bereit erklärte, gemeinsam mit mir für die benötigten Druckschriften zu sorgen, vor allem für die Sammlung der notwendigen Gelder innerhalb der sozial-demokratischen Partei. Noch ahnten wir nicht, daß der rasche Gang der Ereignisse die Verwirklichung dieses Plans überflüssig machen würde.

Unsere Vorstellungen von der Zukunft waren sehr vage. Weder Hecker noch ich fühlten uns dazu berufen, den fälligen Umsturz strategisch vorzubereiten. Blind und sein Freund Abt glaubten in ihrem jugendlichen Eifer, sie könnten aus Turn-, Gesangs- und Arbeitervereinen geheime Freikorps bilden, die in der Stunde der Revolution *dem Volk voranmarschieren* würden. An ihren Plänen beteiligte ich mich nicht. Mein Bemühen galt der Aufgabe, den *Offenburger Forderungen des Volkes* Verbreitung zu verschaffen. Der nicht nachlassende Kampf der Behörden gegen den *Deutschen Zuschauer* und mich persönlich machten mir dies schwer genug.

Am 12. Februar 1848 verfolgte ich von der Zuschauergalerie des Ständehauses aus die Debatte der Zweiten Kammer um Bassermanns Deutschland-Motion. Zum erstenmal seit langer Zeit traten die Liberalen beider Lager wieder gemeinsam gegen die Servilen auf. In einer beeindruckenden Rede erklärte Bassermann die Zeit für gekommen, den Frankfurter Gesandtenkon-

Einzug des sogenannten Vorparlaments in die Frankfurter Paulskirche (31. März 1848).

Schon während der ersten Sitzung des Vorparlaments kommt es zu einer Straßenschlacht zwischen Anhängern der Republik und Konstitutionellen.

Vom Balkon des Mannheimer Rathauses rechtfertigt Mathy gegenüber einer aufgebrachten Menge die Verhaftung Josef Ficklers.

Friedrich Hecker im Gefecht auf der Scheideck
bei Kandern (20. April 1848). Verklärende
Darstellung der Zeit.

Struve und Hecker träumen während des Aprilaufstandes von der Republik, die als allegorische Figur auf einem Thron sitzt (oben). Im Kampf, den die beiden begonnen haben, vereinen sich alle Schichten der Bevölkerung, um ein besseres Deutschland zu schaffen (unten).

Darstellungen aus zeitgenössischen Flugblättern.

Auf der Brücke über die Kander kommt es vor dem ersten Gefecht der Revolution zu einem Wortwechsel zwischen Hecker und dem General der Linientruppen Friedrich von Gagern (20. April 1848).

Das letzte von den Aprilrevolutionären gehaltene Stück Baden: die Schusterinsel vor dem elsässischen Hüningen.

Barrikadenkampf an der Rheinbrücke in Mannheim zwischen revolutionären Bürgern der Stadt und nassauischen und bayerischen Linientruppen (26. April 1848).

Nach dem Scheitern des Aprilaufstandes in die Schweiz emigriert, blicken Hecker und seine Freunde von Muttenz über den Rhein nach Baden hinüber.

greß des Deutschen Bundes durch eine parlamentarische Vertretung aller deutscher Staaten zu ersetzen. Als Vorbild stellte er, genau, wie ich es gerne tat, die Union der Vereinigten Staaten von Nordamerika hin. Er vergaß allerdings zu erwähnen, daß es sich bei den USA um eine Bundesrepublik handelt, deren Kraft und Wohlstand wesentlich auf der demokratischen Staatsform beruhen. Ansonsten war ich mit seiner Rede einverstanden. Sie endete mit einer Beschwörung an die deutschen Fürsten:
– *Heute ist der Tag der Warnung. Morgen nicht mehr! Es kann auch bei uns zu spät werden. Die Zeit geht im Sturmschritt vorwärts. Bevor noch die Frühlingssonne das Eis der Hochgebirge taut, wird an der Sonne des Völkerfrühlings das Eis der Reaktion zerschmelzen. Sorgen Sie für Dämme, damit der Strom nicht Felder und Fluren verwüste!*
In der Mittagspause vertrat ich mir im Hof hinter dem Ständehaus die Beine. Es war frischer Schnee gefallen, aber es war nicht kalt. Auf einmal rief mich jemand beim Vornamen. Ich drehte mich um und sah ins Gesicht meines alten Schulfreundes August von Marschall.
Wir hatten uns seit meiner Berufung zum Redakteur des *Mannheimer Journals* im Sommer 1845 nicht mehr gesehen. Das war nur natürlich, denn deutlicher als je standen wir auf verschiedenen Seiten. Als hoher Staatsbeamter hatte er sich unentbehrlich gemacht im Innenministerium, war eine Stütze der alten Ordnung geworden. Man munkelte, er gehöre zu den engsten Beratern des Großherzogs, also zu jenem Kreis, den selbst die Konstitutionellen verächtlich die Kamarilla nannten. Mich dagegen hatten Schicksal und Überzeugung zu einem Repräsentanten des Volkes werden lassen, zu einem polizeilich überwachten Feind der Monarchie und einem ihrer schärfsten Kritiker. Trotzdem begrüßten wir uns ohne Mißtrauen. Die Erinnerung an die Freundschaft ferner Schultage war stärker als alle politischen und gesellschaftlichen Vorbehalte.
Auf und ab gehend schwärmte er von seinen Kindern und for-

derte mich auf, ihm von Amalie zu erzählen, was ich nur zu gern tat. Dann sprachen wir über die Kammerdebatte des Vormittags, die er ebenso wie ich verfolgt hatte. Dabei äußerte er sich überraschend negativ über den Deutschen Bund. Das Metternichsche System, meinte er, genüge nicht mehr den Bedürfnissen der Zeit; der Frankfurter Bundestag gleiche eher dem alten Sündenbock der Juden als einer politischen Institution, die Deutschland, der größten und mächtigsten Nation, würdig wäre. Selbst ein Freiherr von Blittersdorff habe das inzwischen eingesehen und halte eine Reform für notwendig. Das Problem sei nur die Schwerfälligkeit des Bundes, der sich aus eigener Kraft wohl kaum mehr erneuern könne. Bis die ersten deutschen Fürsten endlich konkrete Schritte unternehmen würden, werde es gewiß zu spät sein.
Ich antwortete, es sei gar nicht die Aufgabe der deutschen Fürsten, etwas zu unternehmen. Die Nation selbst müsse sich ihre Union schaffen, niemand sonst. Das Volk sei sein eigener Herr, sagte ich. Und ich stellte, Rousseau zitierend, die Frage: *Wenn sich nicht einmal ein Sklave bedingungslos an seinen Herrn veräußern kann, wie sollte sich dann ein Volk ohne Vorbehalt an seinen Fürsten veräußern können?*
– Ich habe es vermeiden wollen, sagte August, mit dir zu politisieren. Aber ich sehe wohl ein, daß das nicht gut möglich ist. Du redest, wie du schreibst. Nur eines solltest du mir als deinem alten Freund verraten: Was versprichst du dir von der Unzufriedenheit, die du in deinem *Zuschauer* predigst?
– Ich predige nicht die Unzufriedenheit, widersprach ich. Ich weise nur auf das Unrecht hin, das existiert. Wenn es nicht beseitigt wird, wird sich der Vierte Stand mit Gewalt nehmen, was er zu einem menschenwürdigen Leben braucht. Wer keine Szenen von Plünderung und Rache will, muß dem Volk helfen, sein Elend zu verwandeln in Wohlstand, Bildung und Freiheit. Nur darum geht es mir, und ich begreife nicht, warum Männer wie du nicht genauso denken.

– Man sagt, antwortete August von Marschall, du seist ein Sozialist, Proudhonist, Babeufianer. Ich habe das nie ganz glauben können ...
– Mir ist die Sicherheit des Eigentums ebenso heilig wie dir. Nur meine ich, das Leben des Menschen, und zwar jedes Menschen, ist wichtiger als das Eigentum. Einige wenige dürfen nicht alles haben, während die große Masse so gut wie gar nichts besitzt. Deshalb will ich eine Umgestaltung der Gesellschaft.
– Das bedeutet den Umsturz! Willst du Zustände wie die der Französischen Revolution in Deutschland?
– Nein, sagte ich mit Bestimmtheit. Natürlich will ich das nicht. Sollte es je dazu kommen, dann sind gewiß nicht Leute wie ich dafür verantwortlich. Sondern diejenigen, die Jahrzehnte hindurch jede Reform verhindert haben und der Unzufriedenheit keinen anderen Ausweg gelassen haben als den des gewaltsamen Ausbruchs.
So diskutierten wir eine ganze Weile; kontrovers, aber ohne Schärfe. Es war wie früher auf dem Heimweg vom Lyceum.
– Erinnerst du dich, fragte ich schließlich, an Kärchers Stunden über Dante Alighieris *Commedia?* Und weißt du noch, wie Dante und Vergil wieder aus der Hölle herausgekommen sind?
Er hatte es vergessen. Als ich ansetzte, den neunten Kreis der Hölle zu erklären, hörte man gedämpften Applaus durch die geschlossenen Türen des Saales, und August von Marschall meinte, wir sollten wieder hineingehen, um den Fortgang der Debatte nicht zu versäumen. So klopften wir uns den Schnee von den Schultern und verabschiedeten uns. Im Ständesaal setzte er sich auf die Regierungsbank, während ich mir wieder einen Platz auf der Zuschauergalerie suchte.
Zwei Wochen später brach die Revolution aus.

22

Ich habe schlecht geschlafen. Heute mußte ich zum erstenmal meine Turnübungen abbrechen, weil sich das Zimmer um mich zu drehen, der Boden zu schwanken begann. Nun, wieder am Schreibtisch, geht es mir besser. Nur die Augen darf ich nicht schließen. Das Schreiben wird mir guttun, und die Erinnerung wird mich stärken.

Die Geschichte der Menschheit entwickelt sich nach ewigen Gesetzen, und auch wenn erst eine künftige Zeit diese Gesetze erkennen wird, ist ein wacher Instinkt sehr wohl in der Lage, politische Entwicklungen vorauszuahnen. Viele prophezeiten einen Umsturz in Frankreich nach Louis Philippes Tod. Noch war der Bürgerkönig freilich bei bester Gesundheit, und seine vorzeitige Entmachtung und die Vertreibung seiner korrupten Clique schien nicht sehr wahrscheinlich. Als es dann völlig überraschend doch dazu kam, schlug die Nachricht ein wie ein Blitz. Schon 1789 und 1830 hatte Paris ein Feuer entzündet, dessen Funken auf ganz Europa übergesprungen waren. Jeder wußte, daß der Funkenflug vom Westen diesmal genug Zunder finden würde, um ganz Deutschland in Flammen zu setzen.

Am Abend des 26. Februar 1848 war ich mit Amalie nach Karlsruhe gefahren, um mit Friedrich Hecker, Karl Blind und anderen entschiedenen Demokraten unsere Haltung gegenüber Bassermanns Deutschland-Motion zu besprechen. Am nächsten Tag, einem Sonntag, sollte in der Mannheimer Aula eine gemeinsame Resolution aller liberalen Kräfte zu dieser Frage verabschiedet werden. Meiner Auffassung nach sollten wir die Forderung der Konstitutionellen nach einem deutschen Nationalparlament kräftig unterstützen, allerdings auf allgemeinen und freien Wahlen bestehen. Wir saßen also in der rauchigen Gaststube des Pariser Hofs, und ich war gerade dabei, den Freunden meine Ansicht zu erläutern, als ein Schauspieler vom nahen Theater hereingestürzt kam. Ich hielt den Mann zuerst für be-

trunken, als er in Kostüm und Maske eines Räuberhauptmanns gestikulierend auf einen Stuhl stieg.
– Alle herhören, schrie er, wartete ab, bis Ruhe eingekehrt war, und verkündete dann bedeutungsvoll: Louis Philippe hat abgedankt zu Gunsten des Grafen von Paris. Eben hat ein Kurier die Nachricht gebracht!
Ohrenbetäubender Lärm brach aus. Alles sprang von den Sitzen, jeder umarmte jeden, jubelnd ließ man die Gläser klingen, einer überbrüllte den andern mit Zurufen wie: Also ist es soweit! Jetzt rasch ans Werk! Es lebe Deutschlands Befreiung! Jetzt ändert sich alles! Ab sofort wird gehandelt!
Noch während des allgemeinen Freudentaumels betrat Franz-Peter Buhl die Gaststube, einer der *Ganzen,* die bei den Herbstwahlen ihr Mandat verloren hatten. Auch er war gekommen, die Neuigkeit zu verkünden, und da er sah, daß er zu spät kam, wollte er wenigstens mit uns feiern. Man setzte sich wieder, bestellte neuen Wein. Am Nachbartisch sangen sie die *Marseillaise.* An eine Fortsetzung unseres Gesprächs war nicht zu denken. Hecker schrie, bereits lallend, er werde sich aus Solidarität mit dem französischen Volk besaufen. Was noch dazu fehlte, tat er dann auch. Blind trug Buhl eine Wette an, daß Frankreich nun die Monarchie endgültig abschaffen werde.
Durch den Pariser Umsturz erhielt die auf den folgenden Abend einberufene Bürgerversammlung eine völlig neue Bedeutung. Rückblickend kommt es mir wie eine List der Geschichte vor, daß der ursprüngliche Zweck der Veranstaltung konstitutionelle und radikale Liberale an diesem Abend vereinte. Von seiten der Halben erschienen Karl Mathy, Friedrich Bassermann und Alexander von Soiron, um nur die prominentesten zu nennen. Heinrich Hoff, Dr. Hammer, Rechtsanwalt Sachs und ich vertraten die Demokraten; Hecker ließ sich wegen Unwohlseins entschuldigen.
Auf dem Theaterplatz und vor der Jesuitenkirche wogte eine große Menschenmenge. Fackeln erhellten die Nacht. Begleitet von Amalie, bahnte ich mir einen Weg durch die Menge. Vi-

vatrufe erschallten, sobald man mich erkannte. Die Aula war überfüllt, auf den Galerien drängten sich die Zuschauer. Durch Zuruf wurde der Vorsitz Adam von Itzstein übertragen. Den einleitenden Vortrag hielt Heinrich Hoff.
Er hielt das Manuskript der Rede hoch, die er zum Thema Bundesparlament hatte halten wollen, und erklärte, die Ereignisse in Frankreich seien ihm zuvorgekommen.
– *Der Bundestag ist tot,* rief er und zerriß sein Manuskript. Die historische Stunde fordere andere Beschlüsse. Man müsse sogleich eine Petition an den Landtag richten, um ihn endlich zum Handeln zu zwingen. An eine der üblichen Bittschriften denke er, Hoff, nicht, denn über diese hätte sich die Regierung kürzlich in wegwerfendem Ton geäußert. Hecker habe den Weg gewiesen: Wenn die Unterschriften der Bevölkerung nicht mehr geachtet würden, müßten die Bürger selbst nach Karlsruhe gehen. Ebendies schlage er vor. Die Versammelten sollten eine Petition verabschieden und diese am 1. März selbst nach Karlsruhe tragen, begleitet von möglichst zahlreichem Volk.
Fast jeder Satz Hoffs wurde mit Beifall quittiert. Und als er, am Schluß seiner Rede, das Wort an mich weitergab, erhoben sich die Anwesenden von ihren Sitzen und jubelten mir zu. Nur die Gruppe um Karl Mathy demonstrierte mit versteinerten Gesichtern Mißfallen. Sie fühlte sich durch Hoffs Vorschlag überfahren.
– Das französische Volk, begann ich meine Ansprache, hat Louis Philippe abgesetzt und das Joch der Tyrannei gebrochen. Die Schweizer haben das Jesuiten-Regiment gestürzt, die Italiener sich freie Verfassungen errungen. Sollen wir Deutschen allein in der Knechtschaft bleiben?
Ein tausendstimmiges Nein kam als Antwort. Es dauerte einige Minuten, bis ich weitersprechen konnte.
– Der Augenblick ist da! Der Tag der Freiheit ist angebrochen. Vorwärts! ist der Ruf der Zeit. Die Not des Volkes muß ein

Ende nehmen. Unser Wahlspruch sei: *Wohlstand, Bildung und Freiheit für alle Klassen des Volkes!* Überall in Deutschland müssen die Männer der Tat zusammentreten, beschließen und vollziehen, was dem Volke not tut. Die Rechte des Volkes sollen jetzt verwirklicht werden!

Und während der Beifall erneut aufbrauste, zog ich aus der Brusttasche meines Gehrocks den Text der Petition, die ich am Nachmittag in Absprache mit Freunden vorbereitet hatte. Sie basierte auf dem *Offenburger Programm*, das ich auf die vier wichtigsten Forderungen reduzierte: Volksbewaffnung, Preßfreiheit, Schwurgerichte und Ersetzung des Bundestags durch ein frei gewähltes deutsches Parlament. Bewußt beschränkte ich mich auf die Punkte, denen auch die Halben zustimmen konnten. In der Tat fiel es ihnen schwer, die Petition zu verwerfen.

Schon bei der Verlesung des Textes spürte ich, daß jedes Wort der Stimmung der Versammelten entsprach. Immer wieder unterbrach mich anhaltender Applaus. Heinrich Hoff hatte die Petition schon drucken lassen. Unmittelbar im Anschluß an meine Rede wurden die Exemplare verteilt und, mit den Unterschriften der Anwesenden versehen, wieder eingesammelt. Ich besitze noch eines dieser Blätter: [s. S. 424]

Dann trat Karl Mathy ans Rednerpult und erhob Protest gegen den angeblichen *Mißbrauch der Versammlung zur politischen Agitation.* Man sei hier zusammengekommen, um für die Deutschland-Motion seines Freundes Bassermann Unterstützung zu gewinnen. Andere Themen gehörten nicht auf die Tagesordnung. Was die Petition angehe, so stimme er dem Inhalt weitgehend zu, sei jedoch angewidert von dem *anmaßenden Ton des Herrn von Struve.* Noch mehr empöre er sich über Hoffs Aufruf zu einem Marsch in die Residenzstadt. Wenn die Versammlung es wünsche, sei er, Mathy, gerne bereit, die Petition selbst nach Karlsruhe mitzunehmen und der Kammer vorzulegen. Ein Zug der Petenten zum Ständehaus sei überflüssig. Dessen einziger Zweck bestünde darin, Druck auf die Volksvertretung auszu-

Hohe zweite Kammer!

Petition vieler Bürger und Einwohner der Stadt Mannheim, betreffend die endliche Erfüllung der gerechten Forderungen des Volkes.

Eine ungeheure Revolution hat Frankreich umgestaltet. Vielleicht in wenigen Tagen stehen französische Heere an unseren Grenzmarken, während Rußland die seinigen im Norden zusammenzieht. Ein Gedanke durchzuckt Europa. Das alte System wankt und zerfällt in Trümmer. Aller Orten haben die Völker mit kräftiger Hand die Rechte sich selbst genommen, welche ihre Machthaber ihnen vorenthielten. Deutschland darf nicht länger geduldig zusehen, wie es mit Füßen getreten wird. Das deutsche Volk hat das Recht zu verlangen:

Wohlstand, Bildung und Freiheit für alle Klassen der Gesellschaft, ohne Unterschied der Geburt und des Standes.

Die Zeit ist vorüber, die Mittel zu diesen Zwecken lange zu berathen. Was das Volk will, hat es durch seine gesetzlichen Vertreter, durch die Presse und durch Petitionen deutlich genug ausgesprochen. Aus der großen Zahl von Maßregeln, durch deren Ergreifung allein das deutsche Volk gerettet werden kann, heben wir hervor:

1) Volksbewaffnung mit freien Wahlen der Offiziere.
2) Unbedingte Preßfreiheit.
3) Schwurgerichte nach dem Vorbilde Englands.
4) Sofortige Herstellung eines deutschen Parlamentes.

Diese vier Forderungen sind so dringend, daß mit deren Erfüllung nicht länger gezögert werden kann und darf.

Vertreter des Volks! Wir verlangen von Euch, daß Ihr diese Forderungen zu ungesäumter Erfüllung bringet. Wir stehen für dieselben mit Gut und Blut ein und mit uns, davon sind wir durchdrungen, das ganze deutsche Volk.

Mannheim, den 27. Februar 1848.

üben, was verfassungswidrig und in höchstem Maße ungehörig sei. Um so mehr, als keine Veranlassung zu einer solchen Demonstration bestünde; die Abgeordneten wüßten sehr wohl, was zu tun sei. So berechtigt die verlesenen Forderungen auch erschienen, man dürfe nun nicht alles auf einmal verlangen. Baden müsse sich mit den anderen Staaten des Deutschen Bundes absprechen, bevor es seinen Bürgern neue Freiheiten gewähre. Besonnenheit tue not in dieser Stunde. Da den

Bürgern des Großherzogtums ohnehin schon mehr Freiheit gewährt worden sei als anderen Deutschen, gäbe es für diese Ungeduld keinerlei Rechtfertigung.
Matter Beifall und vereinzelte Buhrufe waren die Antwort der Versammelten. Verärgert verließ Mathy das Pult. Als erfahrener Redner muß er schon während des Sprechens gespürt haben, daß er keine Resonanz fand. Das war er nicht gewohnt. Wahrscheinlich zweifelte er zum erstenmal daran, daß die Mehrheit der badischen Bevölkerung auf seiten der Halben stand.
Ich blieb ihm die Antwort auf seine Vorwürfe nicht schuldig. Ein zweites Mal trat ich ans Rednerpult und sagte ruhig und gelassen:
– Der Kammerdeputierte Mathy irrt sich. Das beginnt schon damit, daß er mich Herr von Struve nennt. Ich heiße seit dem 12. September 1847 Gustav Struve und betrachte den Adelstitel als Beleidigung! Er irrt sich auch, wenn er einer Versammlung freier Bürger Zensuren erteilen zu müssen glaubt. Offenbar hat er vergessen, was er noch vor wenigen Jahren selbst über demokratische Willensbildung geschrieben hat. Badens Bürger sind mündig und lassen sich nicht länger wie unartige Kinder schelten. Selbstverständlich klingen unsere Forderungen *anmaßend und ungehörig* in den Ohren einer Obrigkeit, die gewohnt ist, daß ihre Untertanen kuschen. Sollte Herr Mathy dies für das richtige Verhältnis zwischen Volk und Regierung halten? Die souveräne Gewalt ist nichts anderes als der allgemeine Wille. Das Volk ist nicht der Regierung wegen da, sondern die Regierung hat dem Volk zu dienen! Schließlich irrt der Herr Kammerdeputierte auch darin, daß er uns Badenern das Recht zur Ungeduld abspricht. Ganz abgesehen davon, daß wir seit nunmehr dreißig Jahren auf die redliche Befolgung der badischen Verfassung und der Deutschen Bundesakte warten, und wahrhaftig lange genug geduldig waren. Wir haben die Pflicht, den weniger fortgeschrittenen Stämmen Deutschlands voranzuschreiten. Es sind immer die entwickeltsten Kinder, die zuerst

selbständig werden. Die Schweizer, Holländer, Engländer, Nordamerikaner und Franzosen haben ihre Revolution nur deshalb gemacht, weil sie bereits freier waren als die anderen Nationen. Trotzdem will ich eines hier klarstellen: Wir wollen keine Revolution! Niemand hier im Saal will sie, Herr Mathy. Wir gehen nicht nach Karlsruhe, um Aufruhr zu stiften, sondern im Gegenteil, um der Regierung Maßnahmen abzuverlangen, die unser Land vor Aufruhr bewahren!

Umbrandet von anhaltendem Beifall und Hochrufen, nahm ich wieder Platz im Auditorium. Amalie ergriff, während ich mich hundertfach beobachtet wußte, meine Hand, und drückte sie sehr fest. Mit strahlendem Blick lächelte sie mir triumphierend zu. Sie war stolz auf mich.

Noch in derselben Nacht brachten Mannheimer Turner die Flugblätter mit unserer Petition nach Heidelberg, Mainz und Hanau, und von dort aus wurden sie bis zum Abend des nächsten Tages in ganz Südwestdeutschland verteilt. An vielen Orten kam es zu spontanen Bürgerversammlungen, auf denen unser Text verlesen wurde. Zahlreiche Gemeinden beschlossen, sich mit eigenen Abordnungen an dem Zug in die Hauptstadt zu beteiligen. Die Zahl der Zusagen und Anfragen, die mich erreichten, wuchs stündlich. Schon am Nachmittag des 28. Februar stand fest, daß die *Sturmpetition*, wie ich den Sternmarsch nach Karlsruhe zu nennen begann, zur größten Bürgerdemonstration werden würde, die Baden je erlebt hatte.

In Mannheim tagte der große Bürgerausschuß fast in Permanenz. Mein Vorschlag, vom Ministerium die sofortige Abberufung des Regierungsdirektors Schaaff zu verlangen, der die Stadt lange genug kujoniert hatte, fand breite Unterstützung. Ein anderes Ausschußmitglied, ich glaube es war Valentin Streuber, verlangte die schleunige Bewaffnung der Bürger aus dem Arsenal des Zeughauses. Bürgermeister Jolly erklärte, er werde selbst zur Waffe greifen, um notfalls Mannheims Freiheit zu verteidigen.

Einige Stunden lang befürchteten wir, die Regierung werde auf die Aulaversammlung mit der Entsendung von Truppen reagieren. Jolly hielt es für notwendig, das Ministerium eindringlich vor einem solchen Schritt zu warnen. Als Antwort brachte ein Eilkurier einen Brief Friedrich Bassermanns, in dem versichert wurde, die Regierung denke nicht an ein gewaltsames Vorgehen, vertraue vielmehr auf die Vernunft der Bürger.
Inzwischen wurde das volle Ausmaß des Pariser Umsturzes bekannt. Nach dreitägigen Straßenkämpfen hatte der Vierte Stand gesiegt. Vor der Bastille war der Königsthron verbrannt und in der Nationalversammlung die Republik proklamiert worden. Der neugebildeten provisorischen Regierung gehörte außer den Linksrepublikanern Alphonse de Lamartine und Alexandre Ledru-Rollin auch der berühmte Sozialist Louis Blanc an. Das Zensuswahlrecht war durch den *Suffrage universel* ersetzt, die Zahl der französischen Wähler von zweihundertfünfzigtausend auf mehr als neun Millionen gestiegen. Die neue Republik gestand jedem ihrer Bürger das Recht auf Arbeit zu und begann, *Nationalwerkstätten* für die Arbeitslosen einzurichten. Kurz: In Frankreich war der Vierte Stand an die Macht gelangt.
Vor dem Hintergrund dieser Entwicklung bekamen das *Offenburger Programm* und die Forderungen der Mannheimer Aulaversammlung ganz neues Gewicht. Regierung und Parlament befürchteten von der bevorstehenden Sturmpetition das Schlimmste. Wie sehr sich die Verhältnisse schon geändert hatten, zeigte sich darin, daß aus Karlsruhe kein schroffes Verbot kam, sondern ein fast flehentliches Schreiben von Minister Bekk an Bürgermeister Jolly, die Aktion abzublasen. Die Forderungen der Bürger, versicherte der Minister, würden alle erfüllt, soweit dies in der Macht der Regierung stehe. Noch im Laufe der Woche würde man die Zensur aufheben, die Errichtung von Bürgergarden zulassen und ein Gesetz über Geschworenengerichte vorbereiten.
Es war schon erstaunlich. Auf einmal genügte die Ankündigung

einer Massendemonstration, um binnen weniger Tage zu erreichen, was dreißig Jahre lang beharrlich als unmöglich abgewiesen worden war. Der Brief des Ministers, den Jolly im Bürgerausschuß verlas, zeigte, wie schwach sich die Regierung der erwachenden Volksbewegung gegenüber fühlte. Er bewies aber auch, wie wenig ein Mann wie Bekk von demokratisch gefaßten Beschlüssen verstand. Offenbar war er der Meinung, ein einzelner dürfe und könne eine von Tausenden gefaßte Entscheidung eigenmächtig rückgängig machen.

23

Was in Karl Mathy vorging, kann ich nur ahnen. Er hatte am Abend des 27. Februar erlebt, wie wenig er die Massen beeinflussen konnte. Das neue Selbstbewußtsein der Bürger erschreckte ihn; er fürchtete um Ruhe und Ordnung. Zugleich aber schien ihm der Augenblick günstig, den Preis für die Treue der Konstitutionellen zu Staat und Kirche höherzuschrauben. Gustav Freytag nennt Mathys Haltung in jenen Tagen *kaltblütig,* und das scheint mir ein ungewöhnlich treffendes Wort. Uns allen war das Blut in Wallung geraten, er aber kalkulierte. Ich würde dies nicht behaupten, wenn nicht am 29. Februar ein Artikel von ihm in der *Deutschen Zeitung* erschienen wäre, der das Angebot zu einem Geschäft enthielt. Den Fürsten Deutschlands wurde die Verteidigung ihrer Throne angeboten. Als Gegenleistung verlangte Mathy den Aufbau jener großbürgerlich-liberalen Wirtschaftsmacht, die er Deutschland nannte. Mit der *Wildheit* der Straße drohend, erhoffte er den Sieg des bourgeoisen Liberalismus. Alle Blicke seien jetzt auf Preußen gerichtet, schrieb er. Dieses müsse gemeinsam mit den süd- und westdeutschen Kleinstaaten *Österreich aus seinem unseligen Prinzip herausdrängen* und eine Zusammenkunft der Deputierten aller deutschen Stände ermöglichen. Ersichtlich ging Mathy von der Bei-

behaltung des Zensuswahlrechts und der Vorherrschaft des Großbürgertums aus. *Nach Unten*, so seine Parole, müsse man *Besonnenheit* predigen, die *Oben* aber *zu Energie und großen volkssinnigen Entschlüssen* mahnen.
Von Anfang an hatte er den Platz zwischen den Fronten gewählt, und das Wort *kaltblütig* trifft sehr gut die Art, wie er diese Position auszunutzen gedachte. Aus Mannheim reiste er eilends nach Karlsruhe, um in der Zweiten Kammer gegen die geplante Sturmpetition Stimmung zu machen. *Die ganze Kraft des freiheitsliebenden, entschlossenen Mannes*, lese ich in Freytags Buch, *erhob sich zürnend gegen das wüste Gebaren der knabenhaften Demagogen. Unerschütterlich stand ihm die Überzeugung fest, was immer geschehen sollte, es mußte im Einklange mit der Verfassung durch die Regierung und die Kammern geschehen.*
In der Landtagssitzung vom 29. Februar konstatierten Regierung und Servile freudig überrascht, daß die Konstitutionellen zu ihnen hielten. Sie hatten befürchtet, die Liberalen würden sich an die Spitze der Volksbewegung stellen. Nun erklärte der erzkonservative Buß, den Mathy kurz zuvor noch als Lügner entlarvt hatte, mit bebendem Pathos: *An dem Altare des Vaterlandes gibt es keine Rechte, keine Linke und keine Mittelpartei; ernst mahnt die Zeit und unwiderstehlich die öffentliche Meinung.* Und Bassermann besiegelte die endliche Verbrüderung der Liberalen mit den Servilen durch eine Ergebensheitsadresse an die großherzogliche Regierung. Dies sei kein Tag, Kritik zu üben. Es herrsche Sturm, und verächtlich seien jene, die in die ohnehin geschwellten Segel auch noch bliesen. Die Aufgabe des Steuermanns sei ungeheuer schwer in diesem Augenblick, daher müsse die Mannschaft des Schiffes fest zusammenstehen und dürfe die Leute am Ruder nicht stören. Zornig sprach er von den *Feinden der Freiheit*, die man gemeinsam besiegen müsse, und er meinte damit nicht etwa die Fürsten des Deutschen Bundes und ihre geheime Polizei, nicht die Bürokraten des Blittersdorffschen Unterdrückungsapparats und auch

nicht die ultramontanen Intriganten. Er meinte diejenigen, die Ordnung und Gesetz bedrohten, die Anstifter der Sturmpetition, die Radikalen, den gesamten Vierten Stand.
Am Morgen des 1. März regnete es in Strömen. Trotzdem trafen aus allen Teilen des Landes Tausende von Menschen in der Residenz ein. Von Mannheim und Heidelberg kamen Sonderzüge. Unaufhörlich quollen aus dem Karlsruher Bahnhof Gruppen von Menschen. Die meisten von ihnen trugen schwarz-rot-goldene Schleifen und Fahnen, aber man sah auch Bilder des Großherzogs an emporgehaltenen Stangen. Freisinnige Bürger aus Konstanz, Lörrach, Freiburg und Donaueschingen, Bürgermeister mit vollzähligem Gemeinderat, Schwarzwaldbauern in Tracht, Winzer von der Weinstraße, Gesangvereine, Turner, Studenten. Ein Teil ging voraus, um die Galerien des Ständehauses zu besetzen, während sich das Gros der Ankömmlinge im und vor dem Versammlungssaal der Bürgergesellschaft *Harmonie* sammelte. Hier wählte man mich zum Sprecher. In einer kurzen Ansprache mahnte ich zu Gewaltlosigkeit und würdigem Benehmen. Dann, es war inzwischen etwa 10 Uhr vormittags, formierte sich die Menge zu einem breiten langen Zug. Noch nie hatte ich so viele Menschen auf einem Haufen gesehen, und ich kann auch nicht genau sagen, wie viele es waren. Die Schätzungen schwankten zwischen fünftausend und zwanzigtausend. Der Bevölkerung von Karlsruhe hatte man eingeredet, der Mob falle in ihre Stadt ein, und so verhielt sie sich überwiegend teilnahmslos bis feindselig. Nirgendwo grüßte uns eine Fahne. Die Fenster blieben geschlossen, die Läden der Geschäfte waren verrammelt. Wir marschierten durch leere Straßen. Die Spitze des Zuges bildeten die sechshundert Mannheimer mit Amalie und mir. Ich sehe noch die morastige Fahrbahn vor mir, Pfützen im Regen, höre hinter mir die Geräusche der gewaltigen Menge. Allen Bedenken zum Trotz ging meine junge Frau neben mir in der ersten Reihe. Ich weiß nicht, wie ich reagiert hätte, wenn ein Trupp Soldaten vor uns aufgetaucht wäre.

Mit Rücksicht auf das Wetter trug ich kniehohe Schaftstiefel, derbe Wollhosen, überm Strickzeug eine weite, lange Bauernbluse aus blauem Leinen, gegürtet mit einem Lederriemen. Auf den Kopf hatte ich den breiten Schlapphut gesetzt, den ich mir sechzehn Jahre zuvor in Göttingen gekauft hatte. Diese Aufmachung wurde in den folgenden Wochen und Monaten von vielen Freiheitskämpfern nachgeahmt und zu einer Art Uniform der demokratischen Revolution.
Unbehelligt erreichte der Demonstrationszug das Ständehaus. Vor dem Eingang wartete ich auf die nachkommende Menge, die bald den Hof samt Mauern und Stufen bevölkerte. In den Gängen und auf der Besuchergalerie im Innern war längst kein Platz mehr.
Die Burschen eines Freiburger Gesangvereins stimmten *Freiheit, die ich meine* an. Ich öffnete das Hauptportal und trat ein. Einige meiner Mannheimer Freunde drängten nach, größere Gruppen folgten. Zwei Sitzungsdiener stellten sich uns in den Weg. Ich beabsichtige, erklärte ich, dem Hohen Hause im Namen von mehr als zehntausend Bürgern eine Petition zu übergeben und durch einige Worte an die Abgeordneten zu erläutern. Das sei unmöglich, belehrte man mich, nur Abgeordnete und Regierungsmitglieder dürften den Plenarsaal betreten. In diesem Augenblick erschienen Mathy und Hecker. Mathy fragte, was ich hier wolle und mit welchem Recht ich die Würde des Parlaments zu verletzen wage. Ich antwortete, er wisse ganz genau, was mich herführe; im übrigen hätte ich nicht die Absicht, die Würde des Hauses zu verletzen; ich wolle nur in Begleitung meiner Mannheimer Freunde in den Saal kommen und die Übergabe der Petition mit einer kurzen Ansprache an die Deputierten begleiten.
– Wenn du auch nur einen einzigen Schritt in den Sitzungssaal machen solltest, antwortete Mathy, so wird nicht bloß die Rechte, sondern auch die gesamte Linke ausziehen. Du wirst niemanden finden, dem du die Petition übergeben kannst.

Ich fragte Hecker, ob diese Antwort auch für ihn gelte. Er nickte. Daraufhin überreichte ich ihm das Paket der unterschriebenen Petitionen und forderte ihn auf, an meiner Stelle zu den Abgeordneten zu sprechen. Die Behauptung, ich hätte mit der Erstürmung des Saales gedroht, ist eine reine Erfindung. Genausowenig kam es zu einer Auseinandersetzung zwischen Hecker und mir, auch wenn einige Historiker es besser wissen wollen. Ohne ein lautes Wort drehte ich mich um. Ich bat die hinter mir Wartenden, wieder auf den Hof zu gehen, und verließ das Ständehaus auf demselben Wege, auf dem ich hineingelangt war. Draußen rief ich der Menge zu, Hecker werde die Petition übergeben und sie erläutern. Dann kämpfte ich mich mit Amalie die Treppe zum Besuchereingang hoch, wo uns zwei Turner zu den für uns reservierten Plätzen auf der überfüllten Galerie führten.
Hecker hatte die Tribüne noch nicht betreten, sondern wartete mit den Petitionen unter dem Arm auf den Stufen des Mittelganges. Am Rednerpult stand Bekk und verkündete, daß vermöge höchster Entschließung von sofort an das Preßgesetz vom 28. Dezember 1831 wieder in Kraft trete. Applaudierend erhoben sich die Abgeordneten, und oben auf der Galerie brach Siegesjubel aus. Man schüttelte mir die Hand, umarmte mich. Von draußen klang das Freudengeschrei der Menge wie ein Echo des Lärms herein.
Durch die vorweggenommene Erledigung einer unserer vier Bitten glaubte Bekk, uns den Wind aus den Segeln genommen zu haben. Er verkaufte ein Zugeständnis als eigenes Verdienst. Doch der Text der Petition war jedem im Saal bekannt, und so wußten auch alle, daß der Innenminister nur nachgab, nicht aber vorausschritt. Die Regierung warf dem Kettenhund, der dabei war, sich loszureißen, einen Knochen hin und hoffte, er würde sich beruhigen. Doch die Galerie erkannte darin ein Zeichen der Schwäche und triumphierte.
Endlich kam Hecker zu Wort. Er begnügte sich nicht damit, die

Mannheimer Petition zu verlesen und dringlich ihre Übernahme durch die Zweite Kammer zu empfehlen.
– Wir dürfen uns, rief er, nicht wie ein träger, unentschlossener Haufen schieben lassen vom Volk. Unsere Aufgabe als Mitglieder dieses Hohen Hauses ist es, dem Volk voranzuschreiten auf dem Weg zur Freiheit. Ich fordere Sie daher auf, einem Antrag zuzustimmen, der über die vier Forderungen des Volkes, wie sie in der vorliegenden Petition formuliert sind, hinausgeht.
An dieser Stelle verlas er, häufig durch Beifall von der Galerie unterbrochen, das *Offenburger Programm*, wobei er besonders auf den Ausgleich zwischen Kapital und Arbeit einging. Ich sah Mathy mit verschränkten Armen und schräggestelltem Kopf in der ersten Reihe der halbrunden Arena sitzen, gleich hinter dem Protokollführer.
– Ich bemerke der Regierung, schloß Hecker, daß eben das Gerücht geht, ein deutscher Fürstenthron sei ledig geworden. Das Volk läßt sich nicht länger mit Versprechungen und Halbherzigkeiten abspeisen. Meinen Kollegen, insbesondere meinen Mitstreitern aus früheren Zeiten, empfehle ich daher dringend die Annahme meines weitergehenden Antrags. Lassen Sie uns wieder gemeinsam dem Volk die Fahne der Freiheit vorantragen! Fassen wir einen Beschluß, der unser würdig ist, und übergeben wir diesen Beschluß durch eine Deputation oder durch das ganze Haus dem Staatsministerium. Dies, meine Herren, ist das Gebot der Stunde!
Tumultartige Szenen folgten dieser Rede. Die Galerie tobte, von unten hörte man Zwischenrufe, gebrüllte Wortmeldungen, die Glocke des Parlamentspräsidenten. Viele Abgeordnete hatten ihre Plätze verlassen und standen in Gruppen beisammen. Endlich verschaffte sich einer, der schon eine ganze Weile auf der Rednertribüne gewartet hatte, Ruhe. Es war Karl Mathy.
Zu meiner großen Überraschung lobte er Heckers Rede und versicherte, auch er sei der Meinung, die Zweite Kammer müsse die Führung der Freiheitsbewegung übernehmen. Mit den For-

derungen der Petition, ja sogar mit denen Heckers, könne er sich weitgehend einverstanden erklären. Nur – und nun kam das Aber, das alles Zuvorgesagte als taktisches Geschwätz entlarvte –

– Nur, sagte er, von der Geschäftsordnung abzugehen, dazu kann ich mich nicht verstehen, etwa weil man sich auf den Drang des Augenblicks beruft. Ich lasse mich nicht von dem Augenblicke drängen in einer großen Sache. Ich kann eher auf meinem Posten sterben, bevor ich mich durch Einschüchterung zu irgendeinem Schritte bewegen ließe, den ich nicht mit Überzeugung tun kann. Nach meiner Überlegung können wir den hier Versammelten keine bessere Erklärung mit nach Hause geben als die, daß wir unsere Pflicht tun, daß wir an den Formen festhalten, daß wir hier nicht ein Beispiel geben, wie man sich über gesetzliche Formen hinwegsetzt.

Niemand verstand genau, wogegen sich Mathy eigentlich verwahrte; schon gar nicht, welchen Verstoß gegen die Geschäftsordnung er unter Einsatz seines Lebens verhindern zu müssen glaubte. Doch am Zweck seiner Rede bestand kein Zweifel. Sie sollte vom eigentlichen Thema ablenken und die Diskussion im Vorfeld des Formalen versickern lassen. Dieses Ziel wurde vollständig erreicht. Statt über die Sturmpetition und Heckers Antrag sprach man nur noch über die Frage, ob eine sofortige Abstimmung zulässig sei. Dies bewahrte die Abgeordneten der Mitte vor der Peinlichkeit, sich offen zur Regierung und gegen das Volk bekennen zu müssen. Nach fruchtloser Debatte über die Heiligkeit der Geschäftsordnung schlug der Mannheimer Abgeordnete Soiron vermittelnd vor, die Anträge Heckers *zur schleunigen Beratung in die zuständigen Ausschüsse* zu verweisen. Ich stöhnte laut auf, als ich das hörte.

Noch während über Soirons Antrag abgestimmt wurde, verließ ich mit Amalie die Galerie und drängte mich durch die Menschen auf dem Gang zur Freitreppe hinaus. Im Hof stand die Menge immer noch Kopf an Kopf. Es hatte aufgehört zu

regnen, doch es blies ein kalter Wind. Als ich vom Verlauf der Debatte berichtete und erklärte, die Petition werde voraussichtlich in einen Ausschuß verwiesen und heute nicht mehr beschieden werden, kamen wütende Proteste. Einen Moment lang sah es so aus, als würde die Menge das Ständehaus stürmen wollen. Ich beschwor die Leute, friedlich auseinanderzugehen, jedoch nach Möglichkeit so lange in Karlsruhe zu bleiben, bis die Forderungen erfüllt seien. Ich mußte meinen Appell mehrmals wiederholen, bis der Platz nach und nach leerer wurde.
Die Regierungsfreunde sahen in Karl Mathy den Helden des Tages. In Wahrheit hatte er eine gefährliche Situation geschaffen. Gruppen unzufriedener Demonstranten zogen am Abend durch Karlsruhe. Auf das Gebäude des Außenministeriums wurde ein Brandanschlag verübt. Vor Bekks Haus veranstaltete eine große Menge die ganze Nacht hindurch eine sogenannte Katzenmusik. Hecker, ich und andere entschiedene Demokraten versuchten vom Pariser Hof aus, den Unmut der angereisten Petenten unter Kontrolle zu halten. Einige radikale Studenten unter der Führung Friedrich Schlöffels planten einen Sturm auf das großherzogliche Schloß. Eine Gruppe von Handwerkern und Arbeitern wollte Blind, Abt und Michel, die am Vortag verhaftet worden waren, aus dem Gefängnis befreien. Zum Glück genossen Hecker und ich genügend Autorität, um die Ungeduldigen zu vertrösten und die Hitzköpfe zu zügeln.
– Wir sind im Recht, sagte ich immer wieder. Das ist unsere größte Stärke. Unsere Gegner warten nur darauf, daß wir uns ins Unrecht setzen. Diesen Gefallen dürfen wir ihnen auf keinen Fall tun.
Am folgenden Tag, dem 2. März 1848, einigte sich die Zweite Kammer auf einen Katalog von Forderungen, der auf den ersten Blick sehr beeindruckend war. Auf Anraten der Ausschüsse forderte das Parlament von der Regierung: die Aufhebung der Ausnahmegesetze von 1819, 1832 und 1834, die Beeidigung der Staatsbürger und des Heeres auf die Verfassung, die politische

Gleichstellung aller Konfessionen, ein Gesetz über die Verantwortlichkeit der Minister, das Recht zur Klage gegen öffentliche Beamte, die Pflege des Gewerbes und der einfachen Arbeit, eine volkstümliche Verwaltung und Schwurgerichte, ein deutsches Parlament, die Unabhängigkeit der Richter, die Reinigung des Staatsministeriums und des Bundestags von den Anhängern des alten Systems.

Das war mehr, als die Sturmpetition verlangt hatte, und alles, was das liberale Großbürgertum zu fordern bereit war. Für den Vierten Stand fiel nur der vage Begriff der *Pflege der einfachen Arbeit* ab. Die von Hecker geforderte sofortige, ersatzlose Abschaffung aller Feudallasten und Einführung einer progressiven Einkommensteuer wurde von Mathys Fraktion *als nicht so dringlich* vertagt.

Dennoch: In nur zwei Tagen war mehr erreicht worden als in den dreißig Jahren davor. Als die Mannheimer Teilnehmer der Sturmpetition am Abend des 2. März aus Karlsruhe zurückkehrten, empfing sie schon am Bahnhof eine große Menschenmenge. *Vivat Struve!* klang es mir entgegen, als ich an Amalies Seite auf den Bahnhofsplatz trat. Ein Fackelzug geleitete uns in die Stadt. Vom Balkon des Rathauses aus verkündete ich meinen Mitbürgern die Beschlüsse der Kammer und wiederholte die noch offenen Forderungen von Offenburg. Heinrich Hoff, der nach mir sprach, erklärte, dies sei die Geburtsstunde der freien Presse, und Friedrich Löwenhaupt wies auf den friedlichen Verlauf der Demonstration hin. Abschließend gab ich bekannt, daß Blittersdorff aus Frankfurt zurückberufen und an seiner Stelle Welcker zum Bundestagsgesandten ernannt sei. Dies löste noch einmal großen Jubel aus. *Es lebe Deutschland!* rief die Menge und begann zu singen:

Das ganze Deutschland soll es sein!
O Gott vom Himmel sieh darein
Und gib uns echten, deutschen Mut,

Daß wir es lieben treu und gut.
Das soll es sein, das soll es sein!
Das ganze Deutschland soll es sein!

24

Die Nachrichten von der preußisch-französischen Front deuten auf eine Überlegenheit der Preußen. Immer noch beschäftigt sich die *Neue Freie Presse* mit den schon eine Woche zurückliegenden Gefechten bei Wörth und Saarbrücken. Von einer neuen Schlacht ist nichts bekannt. Aber die Verbindung zwischen Metz und Straßburg ist abgeschnitten, und die französische Hauptarmee hat sich hinter die Mosel zurückgezogen. Die Vorhut der preußischen Heere steht zur Stunde bereits bei Metz, vor Pont-à-Mousson und bei Nancy. Womöglich wird es Bismarcks Streitmacht gelingen, die bei Metz stehenden Franzosen von ihrer Verbindung nach Paris abzuschneiden. Die dortige Situation muß, glaubt man den veröffentlichten Telegrammen, eine geradezu verzweifelte sein.
Während ich am Frühstückstisch in der Küche die Zeitung las, beobachtete mich Käthchen von der Seite. Endlich sagte sie, ich hätte Fieber und gehöre ins Bett. Ich widersprach. Tatsächlich fühle ich mich recht wohl heute und hoffe, mein Manuskript ein gutes Stück voranzubringen.
In den ersten Märztagen des Jahres 1848 brachen an mehreren Orten Unruhen aus. Ähnlich wie die Badener, zogen Delegationen des nassauischen Landvolkes am 4. März im Sternmarsch nach Wiesbaden, um revolutionären Forderungen Nachdruck zu verleihen. Im fränkischen Bamberg gingen die Bürger auf die Straße, in der bayerischen Pfalz kam es zu Protestversammlungen, in München zu offenen Unruhen. In ganz Rheinhessen gärte es, in Darmstadt befand sich die Regierung im Belagerungszustand. Auch in Tübingen und Frankfurt wurden

Forderungen des Volkes erhoben. Andererseits schien Metternichs Herrschaft in Österreich keineswegs erschüttert, und auch in Preußen herrschte Friedhofsruhe. Einige meiner radikalen Freunde fürchteten, die badische Regierung wolle durch ihre Zugeständnisse nur Zeit gewinnen, bis Verstärkung von außen käme. Ich war zuversichtlicher.

Schon am 2. März hatte der badische Großherzog Leopold eine Proklamation an das Volk erlassen, die einem Hilfeschrei glich. In schweren Zeiten, hieß es darin sinngemäß, müßten Fürst und Volk fest zusammenhalten, um *den Feinden unserer verfassungsmäßigen Freiheit* mit vereinter Kraft zu widerstehen. Aus dem Munde desselben Fürsten, der seinen Beamten vor wenigen Monaten die Teilnahme an Verfassungsfeiern unter Strafandrohung verboten hatte, klang dieses Bekenntnis zur Verfassung nicht sehr überzeugend. *Ich wende mich an alle*, ließ er im Lande verkünden, *denen die Ordnung, das Recht und die wahre Freiheit am Herzen liegen, mit der Aufforderung, daß sie mit Mir zusammenwirken, um die heiligen Güter – die Ordnung, das Eigenthum und die verfassungsmäßige Freiheit – auch in den Stürmen der Gegenwart aufrechtzuerhalten.* Die Proklamation war von Bekk mitunterzeichnet und stellte ein Dokument des Schulterschlusses von Großbürgertum und Monarchie dar. *Ordnung, Eigenthum und wahre Freiheit* sah man bedroht; kein Wort vom Hunger der Armen, von der Ausbeutung der Bauern, von der ungerechten Verteilung der Lasten. Keine Spur von Reue über den dreißigjährigen Gesinnungsterror, kein Mitleid mit den zu Unrecht Verfolgten, kein Eingeständnis eigener Schuld. Statt dessen die Berufung auf das *Vertrauen* und *die alte nie unterbrochene Liebe* des Volkes und die Warnung vor *Verführern aller Art.* Es war mit Händen zu greifen, welches *Arrangement* Männer wie Mathy und Bekk anstrebten. Dank dem Druck der Straße hatten sie schon in den ersten Tagen der Märzbewegung alles erreicht, was dem Dritten Stand frommte. Nun begannen sie, alle weitergehenden Forderungen im Namen der Ordnung zu

verdammen. Das heilige Eigentum, nämlich das ihre, wollten sie verteidigen und die falsche Freiheit, nämlich die der Besitzlosen, verhindern.
Nur wer die Volksversammlungen jener Tage mied, konnte ernsthaft der Meinung sein, einige wenige *Verführer* würden die Wut der Masse schüren. In Wahrheit brodelte es von unten herauf. Den schlagendsten Beweis dafür lieferten die Bauernaufstände im Kraichgau und im Odenwald, die in jene erste Märzwoche fielen. Die ärmsten und am härtesten bedrückten der badischen Landbewohner nutzten die Auflösung der alten Ordnung, um an ihren Standesherrn und den Beamten der Regierung blinde Rache zu nehmen. Zornig fielen sie über ihre Unterdrücker her und ließen, dem aufgestauten Haß Luft machend, Schuldige und Unschuldige büßen. Amtshäuser wurden gestürmt, Archive und Kassen geplündert, auch ein paar Schlösser in Brand gesteckt. Dem allgemeinen Wüten fehlte ein politisches Ziel; in Verkennung der Zusammenhänge beriefen sich einige der marodierenden Bauernhaufen sogar auf Herzog und Landtag.
Zu diesen Exzessen gehörten auch Judenverfolgungen. Einmal mehr wurde das Bild des Wucherjuden aus der Schattenkammer des Hasses gezerrt. Viele, wenn auch keineswegs alle Kreditgeber des verschuldeten Bauernstandes waren Juden, und so hatte dieser Antisemitismus viel mit der Hoffnung verzweifelter Schuldner zu tun, sich gewaltsam ihrer Gläubiger zu entledigen. An den Wutausbrüchen der Bauern war zu erkennen, wie dringend die Freiheitsbewegung politische Führer brauchte. Nicht, wie die Konstitutionellen argwöhnten, um das Volk aufzuhetzen und in die Irre zu leiten, sondern um seiner Unzufriedenheit ein politisches Ziel zu geben. Chaos und Zerstörung habe ich nie für eine Methode gehalten, die Gesellschaft zu verändern. Ich fand es ganz in der Ordnung, daß die Regierung Militär in die Gebiete des Aufruhrs schickte, um die Ruhe wiederherzustellen. Gleichzeitig aber erhob ich im *Deutschen Zuschauer* die Forde-

rung nach einer sofortigen Verbesserung der Lage des Bauernstandes.
Den zutage getretenen Haß gegen die Juden kommentierte ich in derselben Nummer dahingehend, die Mißverhältnisse zwischen katholischen Bauern und Juden würden trotz militärischer Maßregeln und gerichtlicher Bestrafung noch so lange fortdauern, als die Ursachen dieser Mißverhältnisse nicht beseitigt seien. *Soll sich etwas ändern*, schrieb ich, *so müssen die Juden emancipirt, d. h. in die gleichen Menschenrechte eingesetzt werden, die jedem anderen Sterblichen zukommen.*
In dieser Frage wußte ich mich einig mit den konstitutionellen Liberalen. Gemeinsam mit ihnen unterzeichneten führende Demokraten einen Aufruf zum Schutz der Juden, in dem es hieß: *Nur Diener der Reaktion oder von ihnen Irregeleitete vermögen zu Judenverfolgungen die Hand zu bieten, wie sie nie ein freies Land, wohl aber der Despotismus kannte.*
Ich gebe zu, daß ich damals immer noch hoffte, wir Demokraten würden im Fortschreiten der Freiheitsbewegung unsere ehemaligen Gesinnungsgenossen zurückgewinnen. Ich scheute den offenen Krieg mit den Halben. Noch sah ich in den Fürsten des Metternichschen Systems den eigentlichen Feind.
Unmittelbar nach Bekanntwerden der Pariser Ereignisse erhielt ich von Adam von Itzstein die Einladung zu einer *Versammlung deutscher Männer*, die am 5. März in Heidelberg stattfinden sollte. Erwartet wurden führende Liberale aus allen Teilen Deutschlands, überwiegend Abgeordnete verschiedener Landesparlamente. Friedrich Hecker drängte mich, die Einladung anzunehmen. Es gehe bei dem Treffen um die Frage des Nationalparlaments, erklärte er mir. Auch er ginge hin, damit nicht nur die Halben vertreten seien. Vermutlich werde man nicht nur Gedanken austauschen, sondern Beschlüsse fassen.
So stieg ich am frühen Morgen des 5. März 1848 mit Hecker in den Zug nach Heidelberg, ohne genau zu wissen, was mich erwartete. Ich befürchtete, in eine dieser geschwätzigen Runden

zu geraten, in der sogenannte liberale Persönlichkeiten gern ihre Ansichten über Deutschland und die Welt zum besten gaben. Der Einladung hatte ich entnommen, daß die vorgesehene Tagung als Fortsetzung der Begegnungen auf dem Weingut Hallgarten gedacht war; dort trafen sich seit Jahren Abgeordnete verschiedener deutscher Parlamente zu gemeinsamer Beratung. Daß man mich zur Teilnahme aufgefordert hatte, deutete ich als Versuch, die außerparlamentarische Opposition mit einzubeziehen in die Vorbereitungen zur Einigung Deutschlands.

Es war Fastnachtssonntag, und der Saal, in dem das Treffen stattfand, zeigte noch Spuren eines nächtlichen Balles: bunte Girlanden und Lampions, Papierschlangen, Holzmasken an den Wänden. Von den einundfünfzig Versammelten kamen zweiundzwanzig aus Baden, neun aus Württemberg, sechs aus Hessen-Darmstadt, zwei aus Nassau, zwei aus Frankfurt, einer aus Kurhessen, fünf aus Bayern, drei aus Preußen und einer aus Österreich. Zum erstenmal standen sich die Führer derjenigen Parteien gegenüber, die sich vorgenommen hatten, das zukünftige Schicksal Deutschlands zu gestalten.

Die Konstitutionellen bezeichneten sich bei diesem Treffen als *Ordnungspartei.* Wirklich taten sie so, als sei die Aufrechterhaltung der Ordnung das vordringlichste Problem der Stunde. Heinrich von Gagern aus Hessen-Darmstadt, ein fünfzigjähriger Hüne mit buschigen Augenbrauen und Adlernase, eröffnete die Diskussion mit einer Rede voll aristokratischer Arroganz gegenüber der aufkommenden Volksbewegung. Gegen die *republikanischen Wühlereien*, sagte er, müsse man entschlossen vorgehen und sich zum Besten Deutschlands mit dem König von Preußen verbünden. Preußen allein sei in der Lage, ein konstitutionelles Deutschland stark und mächtig zu machen und Österreich hinauszudrängen. Ein neues Deutsches Kaiserreich müsse entstehen, mit einer Konstitution und einem Parlament nach englischem Vorbild.

– Ich will, schloß er seine Rede, keine Pöbelherrschaft, und auch kein Liebäugeln mit dem Pöbel!
Gegen diesen Ausdruck verwahrte ich mich. Ich sei entsetzt, erklärte ich, in einem Kreis von Liberalen eine derartige Bezeichnung für das eigene Volk zu hören. Dahinter stecke die Furcht des liberalen Großbürgers, einen Teil der eben erst errungenen wirtschaftlichen und politischen Vorteile mit den Armen teilen zu müssen. Um alles für sich zu behalten, greife man hilfesuchend nach den Rockschößen des preußischen Königs! Dies sei ein erbärmlicher Verrat am Volk. Unsere Aufgabe in dieser historischen Stunde sei es, jede Eigensucht zu vergessen und das Recht aller Menschen auf ein menschenwürdiges Leben zu verwirklichen. Wenn wir dies wollten, komme England als Vorbild für das zu schaffende Deutschland nicht in Frage. Die Union der nordamerikanischen Freistaaten sei das Modell, an dem wir uns orientieren müßten.
Beleidigt erwiderte Heinrich von Gagern, er könne sehr wohl Republikaner sein, sollte das deutsche Volk die republikanische Staatsform beschließen; er habe nämlich gelernt, einfach zu leben. Nicht aus Eigensucht wünsche er sich ein neues Deutsches Kaiserreich, sondern deshalb, weil eine konstitutionelle Monarchie die dem deutschen Wesen gemäßeste Verfassung sei, die Republik dagegen entspreche dem welschen Charakter.
Nun meldete sich Hecker zu Wort und sagte, er wolle die Freiheit, die ganze Freiheit für alle, ganz gleich, in welcher Staatsform sie zu erreichen sei.
– Ich will, fuhr er fort, keine Freiheit nur für die Privilegierten oder die Reichen; ich bin, wenn ich es mit einem Wort benennen soll, Sozial-Demokrat! Das schließt die Bereitschaft ein, mich dem demokratisch geäußerten Willen des Volkes zu unterwerfen, soweit es um die Verfassungsfrage geht.
– Mit dieser Erklärung bin ich zufrieden, sagte daraufhin von Gagern. Der alte Adam von Itzstein schlug vor, die Frage der Staatsform offenzulassen; darüber solle eine größere Versamm-

lung von *Männern des Vertrauens aller deutschen Volksstämme* entscheiden. Damit erklärte ich mich einverstanden, verlangte aber, daß die einundfünfzig Versammelten sogleich darangehen sollten, diese verfassunggebende Versammlung einzuberufen. Das sei ganz unmöglich, sagte Mathy, denn die Organisation eines solchen Unternehmens erfordere viel Zeit und mancherlei Rücksichtnahme. Hergenhahn aus Wiesbaden vermittelte mit dem Antrag, sogleich eine Kommission zu bilden, die ohne Aufschub mit der Vorbereitung beginnen und die Versammlung – er nannte sie kurz *Vorparlament* – noch im März einberufen sollte. Es müsse sichergestellt sein, reklamierte Hecker, daß die Wahlen zum späteren Parlament allgemein und frei seien. Worauf der württembergische Liberale Römer heftig aufbrauste und Mäßigung verlangte. Noch würden wir allen Fortschritt den Ereignissen in Paris verdanken, die Franzosen seien die unfreiwilligen Gründer unserer jetzigen Freiheit, und wir müßten uns ihrer nun erst einmal würdig erweisen, statt immer mehr zu fordern.

Am Ende der langen und oft heftigen Diskussion stand ein Kompromiß. *Entre trop et trop peu est la juste mesure*, hatte mich mein Vater gelehrt, und so war ich es zufrieden. Wir standen erst am Anfang eines langen Weges, und es wäre verkehrt gewesen, sich schon an dieser Stelle zu zerstreiten. Aus unserem Kreis der Einundfünfzig bildeten wir einen siebenköpfigen Ausschuß, der das Vorparlament organisieren sollte. Gewählt wurden Binding aus Frankfurt, Heinrich von Gagern aus Hessen-Darmstadt, Itzstein und Welcker aus Baden, Römer aus Württemberg, Stettmann aus Rheinpreußen und Willich aus Bayern. Nur Binding galt als entschiedener Demokrat, doch wir Republikaner glaubten, auch auf Itzstein und Welcker zählen und Gagern, Römer und Willich trauen zu können. Wir waren nun einmal in der Minderheit und nicht in der Lage, eine andere Zusammensetzung der Kommission zu erzwingen. Allerdings muß ich zugeben, daß ich mir über die Bedeutung der Siebener-

Kommission damals nicht völlig im klaren war. Erst nachträglich begriff ich, was für eine wichtige Weiche an diesem Fastnachtssonntag gestellt wurde.

In der gemeinsamen Abschlußerklärung der Einundfünfzig hieß es unter anderem: *Die Versammlung einer in allen deutschen Landen nach der Volkszahl gewählten Nationalvertretung ist unaufschiebbar.* In dieser Formulierung lag meiner Überzeugung nach der Auftrag an Kommission und Vorparlament, die Abgeordneten der zukünftigen Nationalversammlung durch demokratische Wahlen zu bestimmen. Leider zeigte sich schon sehr bald, daß die Ordnungspartei diese Bestimmung ganz anders auslegte.

Mit Mühe erreichte ich den letzten Zug nach Mannheim und hatte, allein im finsteren Zugabteil, hin und her geschaukelt vom Wiegen des ratternden Waggons, Zeit genug, mir über das Treffen Gedanken zu machen. Friedrich Hecker war in Heidelberg geblieben; wie er sagte, um den geselligen Teil zu genießen. Vergebens hatte er versucht, mich zur Teilnahme am Umtrunk der Liberalen zu überreden. Mich zog es nach Hause zurück zu meiner geliebten Amalie, die keinen Schlaf fand ohne mich.

Noch einmal lief der Tag vor meinem geistigen Auge ab. Was sollten, fragte ich mich, all die Ergebenheitsfloskeln Heinrich von Gagerns an die Fürsten, warum dieser tiefe Bückling vor den bedrängten Machthabern? Die Beschlüsse, die wir getroffen hatten, stellten einen revolutionären Akt dar. Außer dem Gebot der Stunde hatte uns nichts dazu legitimiert, die Bedürfnisse des Vaterlandes zu formulieren und die Neugestaltung Deutschlands einzuleiten. Gut, die Einundfünfzig konnten sich mit einigem Recht als kommissarische Repräsentanten des unruhigen Volkes betrachten. Aber ebendas war eine demokratisch-revolutionäre Rechtfertigung. Die Fürsten und ihren Bundestag hatten wir einfach übergangen. Keinem aus der Ordnungspartei war es auch nur eingefallen, die vorgesehene Ersetzung des alten Bundestags durch eine gewählte Nationalversammlung mit den noch im Amt befindlichen Machthabern abzusprechen. Genau darin bestand das Ungeheuerliche des Heidelberger Treffens. Es installierte eine neue Autorität, die sich von keiner anderen ableitete und sich nur auf den Willen des Volkes berufen konnte, dessen Unruhe die Voraussetzungen für die Beschlüsse der Einundfünfzig geschaffen hatte. Und trotzdem distanzierte sich einer der Hauptakteure von der *Herrschaft des Pöbels*, trotzdem machte die Mehrheit verbale Kotaus vor den herausgeforderten Fürsten. Eine merkwürdige Art, Revolution zu betreiben. Mir kamen die Mitglieder der Ordnungspartei vor wie Diener, die dabei sind, ihren Herrn aus dem Haus zu treiben, um sich sein Hab und Gut anzueignen, dabei aber glauben, sie könnten den Bestohlenen mit höflichen Floskeln und tiefen Verbeugungen bei Laune halten.

25

In Mannheim wußte der Klatsch, Frau von Blittersdorff habe auf einem Frankfurter Ball geäußert, daß die Zugeständnisse des badischen Großherzogs bald wieder rückgängig gemacht würden. *Die Völker sind Kinder*, sollte sie gesagt haben, *welchen man von Zeit zu Zeit Spielzeug geben muß, das man ihnen nachher wieder nimmt.* Daß man das dumme Gerede für erzählenswert hielt, verriet, wie wenig die Mannheimer dem guten Willen von Fürst und Regierung trauten.
Alles war verdächtig schnell und leicht gegangen. Würden die ertrotzten Freiheiten von Bestand sein, fragte man sich, wenn der Druck der Straße erst einmal nachgelassen hätte? Der Ruf nach Volksbewaffnung wurde laut. Vom stehenden Heer, mochte es neuerdings auch auf die Verfassung vereidigt werden, fühlte man sich mehr bedroht als beschützt. *In einem aus dem Herzen des Volkes gewonnenen Heere*, hieß es in einer Flug-

schrift, *besteht allein diejenige Kraft, welche uns jetzt und alle Zukunft selbständig macht.* Verfasser dieses Aufrufs zur Volksbewaffnung war Franz Sigel, ein junger badischer Leutnant, der wegen politischer Differenzen mit seinen Vorgesetzten aus der Armee ausgeschieden war und sich beim Bekanntwerden der Februarrevolution der Mannheimer Freiheitsbewegung angeschlossen hatte.

Schon am 28. Februar war vom Innenministerium ein Erlaß an alle badischen Städte ergangen, unverzüglich *Bürgerwachen* aufzustellen. Mit Sigels Forderung hatte diese Maßnahme wenig zu tun. Zweck der Bürgerwachen oder Bürgerwehr waren die Verhinderung von Unruhen und der Schutz des Eigentums. Wie schon 1830, sollten bewaffnete Bürger die Polizei bei der Aufrechterhaltung von Ruhe und Ordnung unterstützen. Der Bürgerwehr durften nur Männer mit vollem Bürgerrecht und einwandfreiem Leumund angehören; der Vierte Stand blieb ausgeschlossen, weil man sich gerade vor seinen Übergriffen schützen wollte.

Zusammen mit einigen Freunden protestierte ich gegen diese Diskriminierung der Besitzlosen. Ihr Ausschluß von der Bürgerwehr war sowohl ein Ausdruck des Mißtrauens als auch eine Bedrohung. Der Turnverein, dem überwiegend Mitglieder ohne Bürgerrecht angehörten, bot dem Gemeinderat seine *rüstigen Kräfte* an. Als die Bürgerwehr gleichwohl nach den alten Kriterien besetzt wurde, bildete ich am 8. März zusammen mit Dr. Hammer, Dr. Welcker, Dr. Giulini und dem Rechtspraktikanten Florian Mördes ein provisorisches Komitee, das zur Bildung eines Freikorps aufrief. Jeder Bewohner der Stadt, der das achtzehnte Lebensjahr erreicht hatte, sollte eintreten können. Franz Sigel forderten wir auf, die Ausbildung und die Führung zu übernehmen. Schon wenige Stunden nach Bekanntwerden des Aufruhrs standen Hunderte vor der Aula an, um sich in die Listen einzutragen.

Der Gemeinderat erklärte den Aufbau des Freikorps für ungesetzlich. Aus Karlsruhe kam ein aufgeregtes Verbot. Doch angesichts der allgemeinen Unruhe sahen sich die staatlichen Gewalten außerstande, etwas gegen unsere Initiative zu unternehmen. Um die Situation zu retten, beschloß der Bürgerausschuß, ab sofort alle in Mannheim seßhaften waffenfähigen Männer in die Bürgerwehr aufzunehmen. Mehr hatte ich nicht gewollt, und so bot ich die Zusammenlegung von Freikorps und Bürgerwehr an. Das Freikorps wurde als selbständige Abteilung neben der Bürgerwehr der Aufsicht des Gemeinderats unterstellt.

Trotz dieser Vereinigung der beiden Milizen spiegelte sich von da an auch in der Volksbewaffnung die Spaltung der liberalen Bewegung wider; die Bürgerwehren waren die Ordnungsmacht der Besitzbürger, der Vierte Stand setzte auf die Freikorps. Diese gehorchten den entschiedenen Demokraten, jene den Konstitutionellen. Insgesamt wurden in Mannheim bis Mitte März etwa zwanzig Kompanien von je hundert Mann ausgehoben, die jeweils ihre Hauptleute wählten. An deren Namen ließ sich die politische Ausrichtung der jeweiligen Einheit ziemlich deutlich erkennen: Auf der einen Seite übernahmen Karl Mathy und Friedrich Bassermann Kommandos, auf der anderen Seite Valentin Streuber, Heinrich Hoff und ich. Den Oberbefehl über Bürgerwehr und Freikorps erhielt Friedrich Hecker.

Was die Ausgabe der Waffen betraf, so bevorzugte der Gemeinderat die Bürgerwehr. Die Freikorps waren nur zur Hälfte mit Gewehren ausgerüstet, der Rest trug Sensen, die an Holzstangen befestigt waren. Karl-Heinrich Schnauffer befehligte eines der Gewehrkorps, während Franz Sigel an der Spitze der Sensenmänner stand. Er leitete die Exerzierübungen.

Während die alte Bürgerwehr allein der Aufrechterhaltung von Ruhe und Ordnung zu dienen bestimmt war, verstanden sich die bewaffneten Milizen vom März 1848 auch als Garanten der errungenen Freiheiten. Wir waren darauf gefaßt, sie notfalls mit der Waffe zu verteidigen. Nach den wöchentlichen Übungen auf dem Kapuzinerplatz sangen wir:

Was ist des Mannes höchstes Gut?
Die Freiheit, die Freiheit, sie lebe!
Für sie verspritze unser Blut,
Und wenn die Erd' erbebe.
Das Gewehr im Arm, den Säbel an der Seit',
Ziehen wir hinaus zum Freiheitsstreit!

Wenn ich mit meiner Kompanie exerzierte, stand Amalie unter den Zuschauern am Rande des Platzes. Am liebsten hätte sie selbst mitgemacht. Sie sah nicht ein, warum nicht auch sie ein Gewehr tragen sollte.

– Eine Frau ist nicht weniger wert als ein Mann, sagte sie einmal trotzig. Auch ich will meine Freiheit mit der Waffe in der Hand verteidigen können.

Der alte Düsar, der trotz seines Alters in Sigels Freikorps eingetreten war, widersprach seiner Tochter. Frauen, sagte er, seien nicht zum Kämpfen geboren. Nicht einmal in Sparta habe man die Frauen in den Krieg ziehen lassen, weil ihre natürliche Aufgabe die Erhaltung des Menschengeschlechts sei. Statt die Flinte zu tragen und auf preußisch zu exerzieren, solle Amalie ihre Bestimmung darin sehen, Kinder zu gebären und zu erziehen.

Zu dieser Äußerung kam es auf dem Heimweg von einer der Übungen auf dem Kapuzinerplatz. Die Dämmerung fiel ein, und es ging ein eisiger Wind. Düsar, der mit geschulterter Sense neben uns marschierte, plapperte auf französisch über *les filles de Sparte* und *des devoirs des femmes*, ohne zu bemerken, was er Amalie antat. Sie weinte. Ich bemerkte, was das Geschwätz des Alten anrichtete, und griff schweigend nach ihrer Hand. Was Amalie verletzte, war der Hinweis auf die Bestimmung der Frau. Nichts wünschte sie sich sehnlicher als ein Kind, und der alte Narr hatte sie unbedachterweise daran erinnert, daß ihr die Erfüllung dieses Wunsches versagt zu bleiben schien.

Mitte der zweiten Märzwoche fuhr ich erneut nach Heidelberg.

Studenten hatten mich zu einer Versammlung auf der Schloßruine eingeladen, wo sie auf die deutsche Republik schwören wollten. Ihr Wortführer war Peter Michel, ein Mitglied von Blinds Neckarbund. Die Veranstaltung war auf 3 Uhr nachmittags angesetzt. Ich kam schon um 1 Uhr in Heidelberg an und wanderte bei heiterem Himmel wie in alten Zeiten den Schloßberg hinauf, zu meinen Füßen die Stadt, jenseits des Neckars die Weinberge. Noch waren die Knospen der Bäume nicht aufgesprungen, nur aus den Zweigen des dornigen Gebüschs am Wegrand sproß erstes Grün. Durch das Geäst der Bäume sah ich schließlich den roten Sandstein der Ruine schimmern, und wie ein heller Glockenton tönte das Wort Romantik in mir wider. Wie vor Jahren sah ich in Gedanken mittelalterliche Reiter den Weg hinaufziehen und stellte mir vor, einer von ihnen zu sein. Stärker als früher ahnte ich freilich, daß ich im deutschen Mittelalter nicht weniger heimatlos gewesen wäre als im 19. Jahrhundert. Im Gehäuse der deutschen Vergangenheit fand ich keine Geborgenheit. Meine Seele hieß Mandaras, und ihre Heimat war Indien.

Oben auf dem Hof vor dem Ott-Heinrichsbau waren einige *Neckarbündler* damit beschäftigt, schwarz-rot-goldene Fahnen und Schleifen anzubringen. Seit jeher trugen Blinds Studenten dunkle Filzhüte statt der üblichen Bänder und Mützen. Womöglich hatte mein Schlapphut sie dazu angeregt. Jedenfalls sahen die jungen Leute in mir eine Art Gründervater, wohl weil ich an der Entstehung der *Alemania,* des Vorläufers des Neckarbundes, beratend beteiligt gewesen war. Der Geist des Bundes war aber nicht der meine, sondern der Ludwig Feuerbachs und Saint Simons. Seine Mitglieder beschäftigten sich mit theologischen, naturwissenschaftlichen und philosophischen Systemen und glaubten an die Lehren der französischen Sozialisten.

– Willkommen, Bürger Struve, hallte eine Stimme über den Platz. Wir sind hier! Kommen Sie herauf!

Ich sah eine Gruppe Studenten auf der Rampe vor dem Portal

des Ott-Heinrichsbaus stehen und ging auf sie zu. Peter Michel kam mir entgegen und führte mich zu den anderen, die er mir als *Republikanisches Komitee* vorstellte. Unter denen, die mir die Hand reichten, waren Amand Goegg und Friedrich Schlöffel.
– Danke, daß du gekommen bist, sagte Michel in unverkennbar fränkischer Sprechweise. Ohne dich, Bürger Struve, wäre unser Schwur auf die Republik nur eine Kinderei.
Der Studentenführer trug einen schwarzsamtenen polnischen Schnürrock und weite Pumphosen; unter seinem breitkrempigen Hut quoll blauschwarzes Haar dicht und lang bis auf die Schultern; Kinn und Wangen bedeckte ein dunkler Demagogenbart. Einen solchen Burschen, dachte ich, muß Schiller vor sich gesehen haben, als er den Räuber Moor schuf.
– Der Schwur ist ohnehin eine Kinderei, antwortete ich. Ein öffentliches Bekenntnis zur Republik schadet im Augenblick mehr, als es nützt.
Sofort redeten alle auf mich ein. Amand Goegg, inzwischen mit buschigem Literatenschnauzbart, bezichtigte mich, ich sei auf der Versammlung der Einundfünfzig zu einem Halben geworden. Noch weiter ging Schlöffel. Schon die Sturmpetition sei ein Fehler gewesen, eine *konstitutionelle Fastnacht* zur Täuschung des Volkes; das Volk hätte mit seinen sogenannten Vertretern direkt sprechen müssen, statt sich auf die Zuhörergalerie verweisen zu lassen, und ich als Führer hätte zuwenig Entschlossenheit gezeigt. Michel wollte wissen, warum ich mich nicht eindeutig zur Republik bekennen würde, da doch niemand an meiner republikanischen Gesinnung zweifle. Ich ließ sie alle ausreden, bevor ich ihnen antwortete.
– Die Republik, sagte ich, wird ohne Zweifel die jetzige Monarchie ablösen. Ein demokratisches, menschliches Deutschland kann ich mir nur als föderative Bundesrepublik nach nordamerikanischem Vorbild vorstellen. Das habe ich oft genug gesagt. Aber Worte und Schwüre hat es nun genug gegeben. Jetzt ist der Augenblick gekommen, in dem man handeln muß. Statt die

Republik zu beschwören, müssen wir sie aufbauen, damit sie fertig dasteht, wenn das morsche System Blittersdorffs endgültig zusammenbricht. Und dieser Aufbau kann nur in der Stille gelingen, denn der alte Staat ist zwar geschwächt, aber immer noch stark genug, sich zu verteidigen.

Nachdem sich die Hitzköpfe beruhigt hatten, machte ich ihnen klar, was ich plante: die Demokratisierung Deutschlands von innen her. In jeder Gemeinde sollte eine Volksversammlung einen Ausschuß wählen, der die lokale Verwaltung kontrollieren und einen Delegierten in den übergeordneten Bezirksausschuß entsenden würde. Repräsentanten aller Bezirksausschüsse eines Landes sollten einen Landesausschuß bilden und Abgesandte der Landesausschüsse den Deutschen Nationalrat. Gleichzeitig mit dem Aufbau dieser demokratischen Hierarchie müsse man sich der Streitkräfte versichern und die Bürgerwehren und Freikorps den Ausschüssen unterstellen. So könne die demokratische Bewegung die deutschen Fürstentümer von innen aushöhlen, bis endlich die Monarchie abgestreift würde wie eine alte Schlangenhaut und die Republik da sei. Dies allein sei der Weg, Blutvergießen zu vermeiden. Um diesen Weg zu gehen, brauche man aber Zeit. Allein aus diesem Grund hätte ich dem Ergebnis der Versammlung der Einundfünfzig zugestimmt.

Mein Plan beeindruckte die jungen Leute. Schlöffel und Goegg entschuldigten sich für ihre Vorwürfe. Nun sehe er, worauf ich hinauswolle, sagte Michel und schlug den anderen vor, den geplanten Schwur auf die Republik zu verschieben.

An die eigentliche Veranstaltung erinnere ich mich nur noch dunkel. Mehrere hundert Studenten standen im Schloßhof, während Michel, Schlöffel, Goegg und ich Reden hielten. Abschließend sang man Freiheitslieder, die von den Wänden der Ruine feierlich widerhallten, während die Sonne unterging.

Auf der Heimfahrt faßte ich den Plan, eine zweite Versammlung nach Offenburg einzuberufen. Die Unruhe der Studenten hatte mir klargemacht, daß die Freiheitsbewegung eines kraftvollen

Manifestes bedurfte, um nicht in Einzelaktionen zu zersplittern oder vorzeitig zu erlahmen. Gleich am nächsten Morgen sprach ich mit Hecker und den anderen Gesinnungsgenossen darüber und gab noch am selben Tag, es war der 9. März, den Text der Einladung in die Druckerei. *Die freiheitlichen Bestrebungen des badischen Volkes*, begründete ich meinen Aufruf, *entbehren der Einigung. Die Aufregung äußert sich in theilweise beklagenswerten Ausbrüchen. Die Feinde der Freiheit und des Vaterlandes treten zwar im Augenblick nicht offen auf, können aber leicht wieder ihre Macht entwickeln. Unter diesen Umständen ist zum Schutz der öffentlichen Ordnung und der Rechte des Volkes ein Zusammentreffen aller Freunde des Vaterlandes nothwendig, wenn sich nicht der gute Geist zersplittern oder gar von feindseligen Umtrieben unterdrückt sehen soll.* Außer Hecker, Itzstein und mir hatten auch Welcker und Soiron, die man zur Ordnungspartei zählte, die Einladung unterschrieben. Insgeheim hoffte ich, in Offenburg einige der Halben zu uns herüberziehen zu können.
Um dem wachsenden Druck von unten auszuweichen, hatte Bekk aus seiner Regierungsmannschaft die verhaßten Servilen entfernt und durch Liberale ersetzt. Auf die Petition des Volkes und die Anträge der Kammer reagierte er hinhaltend. Ihre Zugeständnisse hüllte die Regierung in vorsichtige Umschreibungen. Offenbar befürchtete sie eine Intervention Preußens oder Württembergs für den Fall eines offenen Nachgebens.
Was sich auf der diplomatischen Bühne abspielte, kann ich nur vermuten. Wahrscheinlich richteten Preußen und Österreich eindringliche Warnungen an die badische Regierung, mit ihren Konzessionen an das Volk zu weit zu gehen. Man befürchtete einen Erdrutsch. Doch nicht nur Badens Regierung wankte. Selbst der Frankfurter Bundestag gab sich auf einmal fortschrittlich. Am 3. März stellte er seinen Mitgliedern frei, die Zensur aufzuheben, knapp eine Woche später erklärte er Schwarz-Rot-Gold zu den Bundesfarben. Wer es in der Zeitung las, rieb sich zuerst die Augen und gedachte dann mit grimmigem Spott der

vielen tausend, die auf Betreiben desselben Bundestags wegen bloßen Tragens der deutschen Trikolore benachteiligt, verfolgt und eingekerkert worden waren. Daß sich der Deutsche Bund auf einmal revolutionär gerierte, war bestenfalls eine List, vermutlich aber nur ein Zeichen der Schwäche. Scheinheilig berief der Bundestag *Männer des allgemeinen Vertrauens* zur Beratung der Bundesreform nach Frankfurt. Leider gab sich ein Mann wie Welcker dazu her, diesem Ruf zu folgen.

Als irrig erwies sich die Annahme der Großmächte, die Märzbewegung sei eine südwestdeutsche Erscheinung, erklärbar durch die Nähe Frankreichs und der Schweiz. Am 13. März brach in Wien die offene Revolution aus, am 18. März tobten Straßenkämpfe in Berlin. Aus fast allen größeren Städten Deutschlands wurden Massendemonstrationen, aus allen Fürstentümern Regierungsumbildungen und eilige Gesetzesbeschlüsse zur Beruhigung des Volkes gemeldet. In der zweiten Märzhälfte war ganz Deutschland in Aufruhr.

26

Die Regierung balancierte nur noch auf einem harten Rand zwischen Feuerströmen, um ein Bild aus Dantes *Inferno* zu verwenden. Meine Aufforderung an *alle Freunde des Vaterlandes, am Sonntag, den 19. März, vormittags 10 Uhr zu einer allgemeinen Versammlung* nach Offenburg zu kommen, versetzte Bekk in Panik. Er befürchtete den Beginn eines bewaffneten Volksaufstandes. Konfidentenberichte behaupteten, wir würden in Offenburg die Republik ausrufen und eine provisorische Revolutionsregierung bilden wollen. Das war nicht ganz aus der Luft gegriffen. Immerhin planten Fickler und sein Anhang, die Versammlung zum Schwur auf die Republik zu bringen. Um die revolutionäre Stimmung zu dämpfen, amnestierte Bekk alle politischen Gefangenen und ernannte den populären Demokraten

Peter, einen von uns, zum Regierungsdirektor des unruhigen Seekreises. Vorsorglich schickte er zugleich diplomatische Hilferufe an die Regierungen Preußens und Württembergs. Für den Fall der Revolution sollten sie mit ihren Soldaten kommen.

Karl Mathy begleitete in Bekks Auftrag Peter in den Seekreis, um bei dieser Gelegenheit auszukundschaften, wie revolutionär die Lage war. Seine Berichte nach Karlsruhe waren kaum geeignet, Bekk zu beruhigen. Die Stimmung sei *vorherrschend für die Republik*, schrieb er, es sei dringend notwendig, den Leuten klarzumachen, daß *ein Rechtszustand und gesetzliche Freiheit* auch *in der Monarchie möglich ist, was sie bisher nicht begreifen* würden. In Konstanz behandelten Dekan Kuenzer und Bürgermeister Hüetlin den angereisten Regierungsbeauftragten Mathy wie einen Polizeispitzel; und im Schwarzwald schrie man ihn nieder, sobald er auf Volksversammlungen die Monarchie gegen republikanische Bestrebungen zu verteidigen begann. Er konnte nichts anderes tun, als auf das geplante Vorparlament zu verweisen, das allein über die künftige Verfassung Deutschlands zu entscheiden befugt sei. Damit war wenigstens Zeit gewonnen.

Die Einladung zum Vorparlament erhielt ich am 14. März. Ich habe den Text aus meinen Unterlagen herausgesucht. Einige Zeilen sind von mir rot unterstrichen und mit Ausrufungszeichen am Rand versehen; bis heute ist so der Zorn dokumentiert, in den mich dieses Schreiben versetzte. Die *Ordnungspartei* hatte im Ausschuß der Sieben triumphiert. Eingeladen zur Beratung über *die Grundlagen einer nationalen deutschen Parlamentsverfassung* am 31. März in Frankfurt waren *alle früheren oder gegenwärtigen Ständemitglieder und Theilnehmer an gesetzgebenden Versammlungen in allen deutschen Landen.* Statt der eigentlichen Repräsentanten der Freiheitsbewegung, statt demokratisch gewählter Volksvertreter also die ständischen Parlamentarier des alten Systems, die bestenfalls nach dem Zensuswahlrecht, schlimmstenfalls durch fürstliche Ernennung und häufig durch Wahlbetrug und Manipulation ihr Mandat erhalten hatten! Die

Konstitutionellen vom Schlage Heinrich von Gagerns wollten den konservativen Abgeordneten, die in den meisten Landesparlamenten die Mehrheit bildeten, die Entscheidung über die zukünftige Verfassung Deutschlands überlassen! Nur um den Schein zu wahren und die Vertreter des Vierten Standes nicht ganz auszuschließen, wurden auch *eine bestimmte Anzahl anderer, durch das Vertrauen des deutschen Volkes ausgezeichneter Männer, die nicht Ständemitglieder waren*, zugelassen. Dieser Klausel verdankte ich meine Einladung. Es verstand sich von selbst, daß diese *bestimmte Anzahl* die Fraktion der entschiedenen Demokraten nur insoweit verstärkte, als für die Absichten der Konstitutionellen tunlich. Großzügig wurde uns die Teilnahme erlaubt, um die Servilen in Schach zu halten und sie zum Zusammengehen mit den gemäßigten Liberalen zu zwingen. Eine demokratische Mehrheit war von vornherein ausgeschlossen. Das einberufene Vorparlament würde nicht für die Republik votieren.

Durch die Vorbereitung für die Offenburger Versammlung war ich zu stark in Anspruch genommen, um eine Gegenstrategie entwickeln zu können. Fast stündlich besuchten mich Delegationen, schriftliche Anfragen und Erklärungen türmten sich auf meinem Schreibtisch. Das ganze Großherzogtum blickte nach Offenburg, alles erwartete vom 19. März eine große Entscheidung.

Zu schwach, die Versammlung zu verbieten, versuchte die Regierung, ihren Verlauf zu beeinflussen. Am 15. März wandte sich *Leopold, von Gottes Gnaden Großherzog von Baden, Herzog von Zähringen* erneut mit einer Proklamation an sein Volk. Darin versicherte er, die Bedürfnisse der Zeit und den *Geist*, der *gegenwärtig den größten Theil von Europa durchweht* zu respektieren, warnte aber eindringlich vor *verbrecherischen Bestrebungen* und vor der Störung von Friede, Recht und Verfassung *durch öffentliche Reden.* Er zählte auf, welche Forderungen des Volkes er bereits erfüllt habe – Preßfreiheit, Vereidigung der

Truppen auf die Verfassung, Umbau der Regierung – und welche er dabei sei zu gewähren. Und er schloß: *Wir ermahnen Unsere Staatsangehörigen, gegen Einflüsterungen solcher, welche die Aufrichtigkeit Unseres Willens zu verdächtigen sich ermessen, auf der Hut zu sein.*

Auf seiner Reise durch Baden hatte Mathy genug gesehen und gehört, um die Wirkung eines solchen Appells richtig einschätzen zu können. Er verließ sich nicht darauf. Ihm schwebte vor, die Kontrolle über die Versammlung zu gewinnen. Zwar wußte er, daß die Volksstimmung gegen ihn und die Ordnungspartei stand. Aber ihm war auch bekannt, daß der Ablauf derartiger Kundgebungen schon im Vorfeld festgelegt wird. Sein Plan lief darauf hinaus, die Demokraten bei den Vorberatungen zu majorisieren und bei der Vorbereitung der Versammlung zu überstimmen. Von Stockach aus schrieb er dringende Briefe an seine Freunde in Karlsruhe und Heidelberg mit der Aufforderung, zu diesem Zweck in großer Zahl schon am 18. März nach Offenburg zu kommen.

Amalie und ich reisten bereits einen Tag früher. Nach Einbruch der Dunkelheit trafen wir im Offenburger Gasthof zur Post ein. Ein Herr habe schon mehrmals nach uns gefragt, sagte uns der Wirt, er warte in der Gaststube.

Es war Josef Fickler.

Mit eingezogenem Kopf hockte er massig hinter seinem Bierkrug, begrüßte uns im Sitzen, den Oberkörper unruhig vor und zurück wippend. Er habe Dinge von größter Bedeutung mit uns zu besprechen, teilte er uns mit, die nicht für Weiberohren bestimmt seien. Das ging gegen Amalie. Ich wollte aufbrausen, aber meine kluge Frau drückte mir besänftigend die Hand. Sie habe ohnehin vorgehabt, sich zurückzuziehen, sagte sie und überspielte mit einem Lachen die Peinlichkeit des Augenblicks.

Der Wirt brachte Hecker einen Krug Wein und mir ein Glas Apfelsaft. Zu dritt saßen wir im sogenannten Herrgottswinkel,

abseits der übrigen Gäste, auf einer Eckbank unter dem Kruzifix und steckten die Köpfe zusammen.
– Wie ihr wißt, sagte Fickler halblaut, war ich von Ende Dezember bis vorletzte Woche verschwunden. Wahrscheinlich habt ihr gedacht, ich sei schon jenseits des Ozeans. Ich selbst habe das Gerücht ausgestreut, daß ich nach Amerika auswandern will. Warum, muß ich euch wohl nicht erklären. Die Spitzel sind mir zu dicht auf den Pelz gerückt, ich mußte sie abschütteln und meine Spuren verwischen. Das ist mir ausgezeichnet gelungen. In Wahrheit –
Durch eine Geste brachte er unsere Köpfe noch näher zu sich heran und sprach noch eine Spur leiser.
– In Wahrheit habe ich die Hebel an die entscheidenden Punkte angesetzt, um das alte System in Deutschland mit einem Ruck zu kippen.
Wir sahen ihn verständnislos an. Er nahm einen Schluck aus dem Bierkrug, wischte sich mit dem Handrücken über den Mund und raunte:
– Zuerst war ich in der Schweiz. In Luzern habe ich Wilhelm Suell getroffen. Mit ihm und seinem *Eisernen Männerbund* können wir rechnen. Auch Johann Philipp Becker steht bereit. Ich habe eine Woche bei ihm in Biel verbracht und einen Plan mit ihm ausgearbeitet. Der alte Hambacher hat sich als der fähigste Organisator des eidgenössischen Volksheeres erwiesen und war am Erfolg im Sonderbundskrieg entscheidend beteiligt. Jetzt baut er für uns eine Legion aus deutschen Handwerkern und anderen Flüchtlingen auf. Übrigens steht er in Verbindung mit Georg Herwegh in Paris, der dort ein deutsches Freikorps ausheben und an seiner Spitze nach Straßburg kommen wird. Von der Schweiz bin ich übers Elsaß ins Rheinland gefahren und habe in Köln August von Willich und Karl von Bruhn getroffen. Sie verfügen über weitreichende konspirative Verbindungen und werden uns von Süden her Freischaren zuführen. Ich bin außerdem in Nassau, Hessen und Württemberg

gewesen, um mich in aller Heimlichkeit mit Freunden zu treffen. So ist alles in die Wege geleitet.
– Himmelsakrament, unterbrach Hecker das Geflüster. Was zum Teufel soll das? Wovon redest du?
– Von der Republikanisierung Deutschlands, sagte Fickler. Wenn wir übermorgen die Republik proklamieren, werden Baden, Württemberg, die Rheinlande, Nassau, Hessen und viele der kleineren Staaten unserem Beispiel folgen. Wir werden eine provisorische Revolutionsregierung einrichten, und diese wird die deutschen Legionen aus Frankreich und der Schweiz herbeirufen. Dann ist der Deutsche Freistaat ein *fait accompli!*
– Wir werden, sagte ich bestimmt, übermorgen nicht die Republik proklamieren. Die Zeit ist noch nicht reif dafür. Bevor Becker und Herwegh mit ihren Legionen hier sind, haben uns die badischen Linientruppen zusammengeschossen. Überhaupt darf der Erfolg einer Revolution nicht vom Zuzug auswärtiger Freischaren abhängen. Die deutsche Republik muß von innen heraus wachsen. Wichtiger als jede Proklamation ist es, das Volk demokratisch zu organisieren und das Militär auf unsere Seite zu ziehen. Nur so können wir das bestehende System durch innere Aushöhlung zum Sturz bringen, und zwar unblutig.
Hecker stimmte mir lebhaft zu. Eine Revolution, erklärte er, komme für ihn nicht in Frage, jedenfalls nicht jetzt. Er stehe seinen liberalen Freunden im Wort. Das Volk selbst müsse in freien und allgemeinen Wahlen demokratisch entscheiden, ob es die Republik wünsche.
Fickler duckte sich hinter seinen Bierkrug, als setze er zum Sprung auf uns an.
– So, fauchte er, dann seid ihr also auch zu Halben geworden! Innere Aushöhlung? Demokratische Wahlen? Ausflüchte sind das. Jetzt, wo es darum geht, etwas zu riskieren, macht ihr euch die Hosen naß. Ein günstigerer Moment wird nicht kommen! Das badische Militär ist größtenteils desorganisiert, die fürstli-

chen Regierungen Deutschlands sind gelähmt, halb Baden wird hier in Offenburg versammelt sein. Der Seekreis erwartet definitiv die Ausrufung der Republik, und das Unterland ist nicht weniger bereit zur Revolution. Die liberalen Philister, die ihr Fähnlein immer nach dem Wind hängen, werden mitgerissen werden von der Bewegung. Wenn ihr fortan zögert zu entscheiden, so werden die Fürsten sich rüsten, die Stämme aber nach und nach durch scheinbares Nachgeben sich zufriedenstellen, und sich von denen abwenden, an deren Kraft sie zweifeln. Denn in gefahrvollen Zeiten folgt das Volk dem Kühnen!
So redete er noch länger auf uns ein und wischte unsere guten Gründe beiseite. Doch Hecker und ich blieben unbeeindruckt von seinen Phantasien.
Am nächsten Vormittag trafen nach und nach die wichtigsten Volsmänner Badens ein, darunter auch, Mathys Aufforderung folgend, eine Anzahl konstitutioneller Liberaler wie Straub, Buhl, Bassermann und von Soiron. Mathy selbst erschien gegen Mittag in der Post und begrüßte mich mit unerwarteter Herzlichkeit.
– Eure Einladung, sagte er und schüttelte mir heftig die Hand, war an die Freunde des Vaterlandes gerichtet. Hier bin ich. Laß uns alle Unstimmigkeiten vergessen und gemeinsam dem Vaterlande dienen. Das ist mein größter Wunsch.
Im Zimmer Adam von Itzsteins im Obergeschoß des Gasthofs fand am Nachmittag die Vorberatung für die Volksversammlung statt. Etwa dreißig Männer drängten sich in dem Raum. In einer kurzen Ansprache bezeichnete ich die Zusammenfassung und Einigung der unterschiedlichen Kräfte der Märzbewegung als vordringliche Aufgabe. Nach mir ergriff Fickler das Wort und verlangte die Proklamierung der Republik, natürlich ohne die Anwesenden in seine konspirativen Vorbereitungen einzuweihen. Eine heftige Diskussion entbrannte, in der Hecker schärfer Stellung bezog als am Abend zuvor. Auch ich lehnte

Ficklers Forderungen ab. Mathy und Bassermann sprachen von Hochverrat. Den Streit schlichtete schließlich Itzstein, indem er erklärte, die Frage, welche Form Deutschland in Zukunft haben solle, könne nicht im südwestlichen Winkel Deutschlands von einer Volksversammlung, sondern nur von der ganzen Nation entschieden werden. Dem stimmten alle Anwesenden zu. Fickler blieb nichts übrig, als klein beizugeben.

Nachdem die Ausrufung der Republik abgewendet war, zeigten sich die anwesenden Konstitutionellen bei der Verabschiedung des von mir vorbereiteten Programms nachgiebig und kooperativ. An erster Stelle stand die Forderung nach einem deutschen Parlament. Von den weiteren Punkten war mir am wichtigsten die demokratische Selbstorganisation des Volkes. Dafür schlug ich folgende Formulierung vor: *Das Volk besitzt durchaus keine Bürgschaften für die Verwirklichung seiner Forderungen und die Begründung eines dauerhaften Zustandes der Freiheit. Es muß sich diese Bürgschaften selbst verschaffen. Demzufolge bildet sich 1. in jeder Gemeinde des badischen Landes ein Verein, dessen Aufgabe es ist, für die Bewaffnung, politische und soziale Bildung des Volks sowie die Verwirklichung aller seiner Rechte Sorge zu tragen. 2. Sämmtliche Vereine des Wahlbezirks bilden einen Bezirksverein, sämmtliche Bezirksvereine einen Kreisverein, die vier Kreisvereine einen Landesverein. 3. An der Spitze jedes dieser Vereine steht ein leitender Ausschuß. 4. Für jeden dieser Vereine bildet sich sofort eine Vereinskasse zur Bestreitung der nothwendigen Auslagen. 5. Alle Provinzen Deutschlands sollen aufgefordert werden, ähnliche Vereine zu bilden und mit dem badischen Landesvereine in freundschaftlichen Verkehr zu treten.*

Welche Absicht ich mit dem Aufbau dieser demokratischen Hierarchie verfolgte, durchschaute Karl Mathy sofort. Er warnte denn auch pathetisch vor einer *Cluborganisation nach dem Vorbild französischer Wohlfahrtsausschüsse* und tat, als führe ihre Verwirklichung zwangsläufig zur Herrschaft der Guillotine. Ein heftiger Wortwechsel folgte. Ich sagte, ich sähe in diesem

Programmpunkt den Ersatz für die Proklamation der Republik und würde ihn auf jeden Fall der Versammlung vorlegen. So setzte ich mich durch. Mathy und sein Anhang wurden überstimmt. Gleiches geschah bei der Frage, ob der gegenwärtigen Regierung das Mißtrauen auszusprechen sei.

Der 19. März 1848 war einer dieser sonnenwarmen Frühlingstage, die im Oberrheintal zuweilen den Mai vorwegnehmen. Bei strahlendem Himmel kamen aus allen Richtungen bunte Marschkolonnen. Girlandengeschmückte Sonderzüge brachten Abordnungen aus allen Städten und Landstrichen Badens nach Offenburg, die unterwegs an den Bahnhöfen von jubelnden, singenden Menschenmengen begrüßt wurden. Alt und jung erfaßte das Gefühl, eine bessere Zeit sei angebrochen. Offenburg selbst war in Festtagsstimmung. Frisches Birkengrün schmückte Straßen und Plätze, aus vielen Fenstern hingen schwarz-rot-goldene Fahnen. An den mittelalterlichen Fachwerkhäusern vorbei zogen singend und winkend die ankommenden Gruppen: Bauern in pittoresken Volkstrachten, Studenten, Handwerker, ganze Familien. Wie zu einem riesigen Volksfest kamen sie, um die in nur drei Wochen errungene Freiheit und eine Zukunft ohne Not und Unterdrückung zu feiern.

Während sich der Rathausplatz und die angrenzenden Gassen mit über zwanzigtausend Menschen füllten, fand im Saal des Rathauses eine weitere Vorberatung statt, an der an die hundert Männer teilnahmen. Ich hatte über Nacht das Programm ausformuliert und ging es noch einmal Punkt für Punkt durch. Erneut wandte sich Mathy gegen das vorgeschlagene Mißtrauensvotum, erneut versuchte Fickler, die Ausrufung der Republik durchzusetzen. Doch die Mehrheit der Anwesenden entschied sich für das Programm in der vorliegenden Form. Abschließend wurde vereinbart, dem Volk gegenüber einig aufzutreten. Mathy selbst hielt es im Hinblick auf Fickler für nötig, durch Abstimmung festzustellen, daß keiner sich in Abweichung des verabschiedeten Programms direkt an das Volk wenden dürfe.

Alle hielten sich daran, nur er nicht.
Von rauschendem Beifall und auf- und abschwellenden Hochrufen empfangen, traten wir auf den Balkon hinaus. Unter uns in der Sonne drängte sich die Menge auf dem Platz.
Offenburgs Bürgermeister Rehmann eröffnete die Kundgebung. Dann sprach Hecker. Von ihm erwartete ein Großteil der Zuhörer die Ausrufung der Republik. Als sie unterblieb, wurde Enttäuschung spürbar. Unruhe kam auf. Ein Zwischenruf unterbrach Hecker mitten in der Rede:
– Nieder mit der Monarchie! Es lebe die Republik!
Hunderte übernahmen die Parole und machten einen Sprechchor daraus. Als wieder Ruhe eingekehrt war und Hecker weitersprechen konnte, merkte man seine Verunsicherung.
– Wenn die Zeit kommt, rief er über den Platz, daß die Hilfe des Volkes nötig ist, werde ich meinen Ruf ergehen lassen, und das Volk wird sich diesem Ruf nicht entziehen!
Damit waren die vor dem Rathaus Versammelten einverstanden. Die Stimmung war gerettet. Nach Hecker trat ich an die Balkonbrüstung. Wie immer begann ich meine Rede mit einem Rückblick auf die Entwicklung vom Wiener Kongreß bis zur Gegenwart. Dann zitierte ich aus der letzten Proklamation des Großherzogs dessen Warnung *vor den Einflüsterungen solcher, welche die Aufrichtigkeit Unseres Willens zu verdächtigen sich vermessen.* Nicht der Fürst, sondern sein Minister habe das geschrieben, sagte ich. Im übrigen fordere mich dieser Satz zu dem Geständnis heraus, daß ich an der Aufrichtigkeit der jüngst gemachten Konzessionen in der Tat zweifle. Die Errungenschaften der letzten Wochen habe sich das Volk erkämpft, sie seien nicht freiwillig gewährt worden. Und sie würden wieder verlorengehen, wenn das Volk nicht einen festen Standpunkt einnehme.
Dies war die Überleitung, um Punkt für Punkt das Programm vorzutragen: Ablösung des Kriegsministers und aller übrigen hohen Beamten der Kamarilla, Auflösung der Ersten Kammer

und Ausschluß der durch Wahlbetrug eingeschleusten Servilen aus der Zweiten Kammer, Verschmelzung der Bürgerwehr mit dem stehenden Heer, Ersetzung der Feudalabgaben durch eine progressive Einkommens- und Vermögenssteuer, wohlfeile – das heißt: jeden unnötigen Aufwand vermeidende – Regierung, Abschaffung der Apanagen, Trennung der Schule von der Kirche und die bereits erwähnte Gründung von vaterländischen Vereinen und Ausschüssen.

Als ich zum Mißtrauensvotum gegen die Regierung aufrief, trat Mathy von hinten neben mich und fiel mir ins Wort. Die Regierung habe eine solche Verurteilung nicht verdient, rief er, und zählte die angeblichen Leistungen Bekks auf. Mehr als davon zeigte sich die Menge auf dem Platz von der Behauptung beeindruckt, ein Mißtrauensvotum würde den ganzen Prozeß der Liberalisierung und Verwirklichung freiheitlicher Gesetzesvorhaben gefährden. So gelang es Mathy, die Abstimmung zu beeinflussen und das Mißtrauensvotum zu verhindern.

Alle anderen Programmpunkte wurden nahezu einstimmig zu Beschlüssen der Zwanzigtausend erhoben. Dabei erwies sich die Menge durchaus nicht als unmündig und willenlos. Sie folgte jedem Antrag mit gespannter Aufmerksamkeit, stellte Fragen, forderte Zusätze, stimmte endlich mit erhobenen Armen ab.

Während Itzstein und Soiron ihre Reden hielten, zog Fickler Hecker und mich in den Rathaussaal zurück. Die Abmachung, sich nicht direkt ans Volk zu wenden, sei gebrochen, schimpfte er. Mathy habe das Mißtrauensvotum zu Fall gebracht, nun werde er, Fickler, dem Volk die Frage stellen, ob es die Republik wolle. Darauf bekam Hecker einen Wutanfall und erklärte, er werde Fickler mit seiner Pistole niederschießen, wenn er das Wort Republik ausspreche. Und wirklich trat er nach Soirons Abgang mit auf den Balkon hinaus und blieb, die Pistole in der Hand, hinter ihm stehen. Derart bedroht, belegte Fickler die Monarchie zwar mit Bannflüchen, wagte aber nicht die Abstimmung über die Staatsform.

Die Kundgebung endete am frühen Nachmittag mit einer Rede Gottschalks, der in seinem alemannischen Dialekt treuherzig zur Einigkeit mahnte und alle Erwartungen auf die bevorstehende Sitzung des Vorparlaments in Frankfurt richtete. Dann reichten alle Männer auf dem Balkon sich die Hände – Hecker hatte seine Pistole wieder eingesteckt! – und bildeten eine lange Reihe. Noch einmal brandete Applaus auf, dann zogen wir uns in den Rathaussaal zurück, und die Menge begann sich zu zerstreuen.

Für den Abend war ein Festessen vorgesehen. Ich war unterwegs zum Gasthof Post, als mir eine Gruppe aufgeregter Studenten entgegenkam. Wien habe sich erhoben, rief einer, Metternich sei verjagt!

Wie ein Lauffeuer erfaßten diese alles umstürzenden Neuigkeiten die mit Fremden angefüllte Kleinstadt. Freudengeschrei klang durch die Gassen, Menschen umarmten einander, Wirte schenkten Freirunden aus. Eine glänzendere Steigerung hätte das Offenburger Fest nicht haben können. Mit Metternich verschwand ein riesiger, dunkler Schatten, der mehr als dreißig Jahre lang über Europa gelegen hatte. Die verhaßte Symbolfigur der Unterdrückung war gestürzt! Es war, als weiche ein Alpdruck von den Menschen. Die Freude versetzte die ohnehin schon fröhlichen Teilnehmer des Treffens in einen Rausch. Niemand zweifelte nunmehr daran, daß der 19. März der Beginn einer neuen Epoche sein würde. Dabei waren die Berliner Ereignisse vom Vortag noch gar nicht bekannt.

Auch ich trank an diesem Abend ein Glas Wein mit Amalie.

– Auf eine menschlichere Zeit, sagte ich.

– Auf unsere Zukunft, antwortete sie.

– Auf ein besseres Deutschland, ergänzte ich.

– Auf dich und mich, sagte sie.

Karl Mathy verließ Offenburg, ohne sich zu verabschieden. An unserem Festessen nahm er nicht teil. Wie ich heute weiß, fuhr er mit dem Abendzug nach Karlsruhe zurück, um Bekk Bericht zu erstatten über den Verlauf der Volksversammlung. Vermutlich hatte er das Gefühl, gute Nachricht zu bringen, war die Regierung doch auf die Ausrufung der Republik und den Beginn bewaffneten Aufruhrs gefaßt gewesen. Ich glaube allerdings nicht, daß Mathys Bericht den Minister sehr beruhigt hat.
Denn inzwischen war ein Damm gebrochen. Schlimmer als der Zusammenbruch der Regierung in Wien wogen die Ereignisse in Berlin. Nach blutigen Straßenschlachten hatte der preußische König vor seinem Volk kapituliert, die Gefallenen der Barrikaden geehrt und als Helden bestatten lassen. In Dresden, Hannover, München und Kiel hatte die Freiheitsbewegung die Regierungen gestürzt. Aus Breslau wurden Unruhen gemeldet. In Mailand kämpfte das Volk in den Straßen um die Befreiung von der Herrschaft der Habsburger, in Warschau hatten sich die Polen erhoben. In Württemberg und Kurhessen kam es zu Rücktritten konservativer Minister, in Hamburg, Lübeck, Bremen zu Verfassungsrevisionen, selbst in Oldenburg zu liberalen Reformen. Überall Verwirrung, nirgendwo mehr Sicherheit. Keiner konnte sagen, wohin die Reise ging. Auf einmal schien alles möglich.
Der Sieg der Revolution in Wien und Berlin enthob die badische Regierung einerseits der Furcht vor einer Einmischung der reaktionären Großmächte in den Prozeß der Liberalisierung. Andererseits war von den Nachbarn nun auch keine Rettung mehr vor der republikanischen Bewegung im Innern zu erwarten. Bekk rechnete mit dem Schlimmsten. Vor allem Frankreich traute er ein Eingreifen zugunsten der badischen Demokraten zu. Daß Georg Herwegh dabei war, in Paris eine deutsche Legion auszuheben, um in Richtung Straßburg zu marschieren,

blieb nicht verborgen. Auch die Waffenübungen deutscher Emigranten in der Schweiz wurden bekannt.
Unsere radikalen Freunde Fickler, Goegg, Schlöffel und Blind bestürmten Friedrich Hecker und mich, den historischen Augenblick zu nutzen und das Signal zu einem allgemeinen Aufstand zu geben. Fickler und Goegg reisten mir sogar nach Mannheim nach, um mich umzustimmen.
– Das Volk will die Republik! schrie Fickler, in meinem Zimmer auf und ab gehend. Der Thron muß stürzen! Wenn du mitmachst, wird auch Hecker nicht länger zögern. Wir drei müssen nur das Losungswort geben, und die Masse wird aufstehen wie ein Mann!
Ich ließ mich nicht irremachen. Möglicherweise hätten die Großmächte, selbst durch die Freiheitsbewegung gelähmt, in einen badischen Bürgerkrieg nicht eingegriffen. Aber Baden war, ich blieb dabei, noch nicht reif für die Republik. Insbesondere konnte niemand für die Haltung des stehenden Heeres garantieren. Ich wollte kein Blutvergießen, sondern einen friedlichen Übergang von der Monarchie zur Volksherrschaft. Der schien mir nur möglich durch den begonnenen Aufbau des neuen Staatswesens von innen. Darin sah ich meine Aufgabe, und die duldete in der Tat keinen weiteren Aufschub.
Noch in Offenburg war ein provisorischer Zentralausschuß gebildet und Hecker zum Obmann gewählt worden. Da dieser jedoch von seinem parlamentarischen Mandat in Anspruch genommen war, fiel mir die Hauptlast der Neuorganisation des Volkes zu. Von Tag zu Tag wuchs die Zahl der vaterländischen Vereine im Land; doch es dauerte Wochen, bis die ersten Bezirks- und Kreisvereine geschaffen waren. Nur mit Mühe wurde ich der notwendigen Korrespondenz Herr. Amalie schrieb den ganzen Tag meine Briefe und Anweisungen, Studenten vom Neckarbund fungierten als Kuriere. So hielt ich Kontakt zum dichter werdenden Netz der regionalen Volksausschüsse, den Organen einer innerhalb des Großherzogtums ent-

stehenden demokratischen Ordnung. Anfang April begannen Ausschüsse im Seekreis und im Schwarzwald, Pässe auszustellen, Postkutschen zu kontrollieren und amtliche Verfügungen aufzuheben.

Alles kam nun darauf an, die badischen Linientruppen auf die Seite der Demokraten zu ziehen. Auf meine Veranlassung suchten geeignete Mitglieder der Ausschüsse in den Garnisonsstädten Badens Kontakt zu den Soldaten. Der Agitation bedurfte es kaum, die Stimmung beim Militär war bereits revolutionär. In der Armee kursierten Flugblätter, in denen es hieß, Soldaten dürften nicht länger *bewaffnete Bediente des Fürsten* sein, sondern müßten bewaffnete Bürger werden. Die Offiziere waren ihres Dünkels und ihrer Grausamkeit wegen verhaßt. Einige hundert Soldaten wagten es, Ende März eine Petition an die Zweite Kammer zu richten, in der sie anständige Behandlung verlangten. Vielerorts verbrüderten sich gemeine Soldaten und Demokraten. In Mannheim nahmen diese Verbrüderungen einen solchen Umfang an, daß der zuständige Stadtkommandant, General Gayling, es für geboten hielt, die Garnison ins Oberland zu verlegen. Ohne Beschönigung teilte er mit, auf seine Soldaten sei kein Verlaß mehr; man müsse die Aufrechterhaltung der öffentlichen Ordnung der Bürgerwehr überlassen.

Bei der Demokratisierung der Bevölkerung spielte die neue Preßfreiheit eine wesentliche Rolle. Im *Deutschen Zuschauer* klärte ich unentwegt über die Vorteile einer republikanischen Verfassung nach nordamerikanischem Vorbild auf und erläuterte, wie eine deutsche Bundesrepublik aussehen und funktionieren könnte. Daneben verwies ich immer nachdrücklicher auf die Notwendigkeit sozialer Reformen und forderte die Einrichtung eines kostenlosen Bildungssystems von der Grundschule bis zur Universität. Der Professorensohn mit handwerklichen Neigungen sollte nicht länger gezwungen werden, aus Standesrücksichten eine ungeliebte Geistestätigkeit zu übernehmen, und das intelligente Arbeiterkind nicht zur Fabrikarbeit verdammt sein.

Mein Freund Heinrich Hoff hatte sich durch den Erfolg des *Zuschauers* ermutigt gefühlt, dieser Wochenschrift eine überregionale Tageszeitung gleicher Tendenz an die Seite zu stellen. Zu den Herausgebern der neuen *Deutschen Volkszeitung*, die von Mitte März an erschien, gehörten einige der bekanntesten deutschen Demokraten, darunter Ruge, Hecker, Wuttke, Blum, Jacoby, Anneke und Herwegh. Die Redaktionsarbeit machten Fröbel und ich gemeinsam. Die Tendenz des Blattes war entschieden demokratisch; seine Ziele hießen deutsche föderative Republik, Sicherheit der Person und des Eigentums, Wohlstand, Bildung und Freiheit für alle ohne Unterschied der Geburt, des Standes und des Glaubens. Der Erfolg der Zeitung war von Anfang an groß. Mit ihr besaß die demokratische Partei endlich ein Organ, das der konstitutionellen *Deutschen Zeitung* Paroli bieten konnte.
In Offenburg hatten wir Fickler und seine Hitzköpfe auf den 31. März vertröstet.
– Wir sind uns jetzt alle einig, war Heckers Schlußwort beim Auseinandergehen gewesen, nicht hier, sondern in Frankfurt loszuschlagen.
Allerdings wußten wir, daß die konstitutionell-konservative Mehrheit der ins Vorparlament berufenen deutschen Ständevertreter kein republikanisches Deutschland wollte. Unsere einzige Chance bestand darin, den konstitutionellen Abgeordneten deutlich zu machen, daß das Volk die Republik verlange. Mit mehr Recht als sie, die ihr Mandat dem Zensuswahlrecht oder fürstlicher Protektion verdankten, konnten wir uns Vertreter der Freiheitsbewegung nennen. Nur der Druck der Straße würde großbürgerliche Liberale und konservative Adelige dazu bewegen, gegen ihre eigenen Interessen einer wirklichen Demokratisierung Deutschlands zuzustimmen.
Dies war der Gedanke, der hinter meinem Auftritt auf der großen Freiburger Volksversammlung vom 26. März stand.
An diesem Sonntag trug ich erstmals die rote Halsbinde der

Republikaner über meiner blauen Bluse. Nahezu vierzigtausend Menschen standen auf dem Münsterplatz und riefen in gewaltigen Chören meinen Namen. Erregt von den unglaublichen Nachrichten, die in der Woche zuvor Baden erreicht hatten, erwarteten sie einen allgemeinen Umsturz. Der Freiburger Volksausschuß hatte zu einem Treffen aufgerufen, um ihnen die Offenburger Beschlüsse zur Bestätigung vorzulegen. Ähnliche Versammlungen fanden gleichzeitig in Heidelberg, Engen, Waldshut, Stockach, Donaueschingen und einigen kleineren Orten Badens statt. Mannheim hatte sich schon am 24. März der Abstimmung von Offenburg angeschlossen. Nirgends aber bekundete eine so große Volksmasse ihr Interesse an demokratischer Mitwirkung wie in Freiburg.
Nachdem ich meine Rede mit dem üblichen Rückblick begonnen hatte, kam ich auf die Ereignisse von Wien und Berlin zu sprechen. Dort sei es zu Schlächtereien gekommen, an denen allein die Fürstenpartei die Schuld trage. Ihre Zeit sei abgelaufen, die Stunde der Befreiung der ausgebeuteten Völker habe geschlagen. Nur weil die überflüssig gewordenen Monarchien sich an ihre Macht klammerten, fließe Blut.
– Wir brauchen keine Gewalt, rief ich, denn auf unserer Seite ist das Recht! Das Recht jedes Menschen auf ein Leben in Freiheit und Würde. Niemand darf zur Waffe greifen, solange die berechtigten Forderungen des Volkes auf friedlichem Wege erfüllt werden. Aber mit leeren Versprechungen lassen wir uns nicht mehr abspeisen. Mehr als einmal hat man das Volk damit getäuscht, hat es hingehalten, bis es wieder unterm Joch war. Wenn ich euch hier und heute dazu ermahne, Ruhe zu bewahren, dann nur deshalb, weil ich darauf vertraue, daß die Versammlung in Frankfurt die Forderungen des Volkes nicht geringachten wird. Sollte man dort versuchen, durch Betrug und Beschwichtigungen das alte Machtsystem zu retten, dann wird Hecker an sein Schild schlagen. Wollt ihr euch dann für die deutsche Republik erheben?

– Ja, ja, ja! hallte es gewaltig herauf, so kräftig und entschieden, daß es noch heute in mir nachklingt.
– An dieser Stelle, rief ich zurück, will ich mein Ehrenwort geben, daß ich, Gustav Struve, keinen Verrat am Volk mitmachen werde!
Danach wurden die Offenburger Beschlüsse verlesen und von vierzigtausend erhobenen Händen bestätigt. Aus der Mitte der Menge kamen jedoch noch andere, weitergehende Forderungen wie die nach *Wahl der Geistlichen und Bürgermeister*, die *Sicherstellung der persönlichen Freiheit des Bürgers* gegen polizeiliche Übergriffe und Bespitzelung und die *sofortige Erleichterung des Nothstandes der arbeitenden Klassen.* Diese und andere Zusätze wurden ebenfalls angenommen. Der wichtigste Beschluß der Vierzigtausend bestand jedoch in einer Empfehlung an das Vorparlament, die in Frankfurt *zu entwerfende neue Verfassung Deutschlands auf den Grundlagen der föderativen Republik* nach Art der Vereinigten Staaten von Amerika zu gestalten.
Ich kam aus Freiburg mit dem Eindruck zurück, daß die badische Regierung jeden Rückhalt in der Bevölkerung verloren hatte. Ähnlich muß auch Bekk die Situation gesehen haben, denn er begann, die demokratische Bewegung als Autorität anzuerkennen. Ohne unsere Legitimation in Frage zu stellen, behandelte er die Offenburger Forderungen wie einen Antrag der Zweiten Kammer. Was er glaubte gewähren zu können, gewährte er; dafür, daß er nicht in allem nachgab, rechtfertigte er sich. Durch stillschweigende Duldung akzeptierte er sogar die Demokratisierung des Staats durch Volksvereine und Ausschüsse. Er hätte auch schwerlich etwas dagegen unternehmen können. Ein Versuch, die Freikorps zu entwaffnen, scheiterte kläglich. In Mannheim zerriß der Kommandant der Sensenmänner ein entsprechendes Dekret des Innenministers vor angetretener Mannschaft.
Gleichzeitig besann sich die Regierung auf ihr letztes Machtmittel, das stehende Heer. Offen zum Angriff auf das eigene

Volk zu mobilisieren wagte sie nicht. Gleichwohl wurde die Armee in Alarmbereitschaft versetzt. Zur Begründung führte man an, ein Einfall aus Frankreich drohe. Tatsache war, daß Georg Herweghs deutsche Legionäre mit dem Marsch zur badischen Grenze begonnen hatten. Die französische Regierung stand diesem Unternehmen mißtrauisch gegenüber; Lamartine wollte es verbieten, aber Ledru-Rollin, der Innenminister, setzte sich mit seiner neutralen Haltung durch. Die badische Regierung ließ man jedoch wissen, daß man eine Grenzverletzung Badens durch Freischärler nicht zulassen werde. Doch Bekk, froh um den Vorwand, nahm diese Zusicherung nicht zur Kenntnis.

Während in den Städten diese Art der Einschüchterung wenig bewirkte, weil man in den Franzosen keine Feinde, sondern Befreier sah, weckten die Andeutungen der Regierung auf dem flachen Lande tiefsitzende Ängste.

Seit den Tagen Napoleons fürchteten sich die Bauern des Oberrheintals und des Schwarzwalds vor einer marodierenden Franzosensoldateska. Die Falschmeldung vom drohenden Einfall wurde rasch zum Schreckensgerücht. In der Nacht vom 25. auf den 26. März erfaßte eine furchtbare Panik den Südwesten. Die Franzosen seien massenhaft über den Rhein gekommen, hieß es, um Baden wie vor Zeiten mit Brand, Vergewaltigung und Mord heimzusuchen.

Die dumpfen Vorurteile ausnutzend, streute man das Gerücht aus, hinter den entschiedenen Demokraten ständen ausländische Drahtzieher. Hecker sah sich veranlaßt, öffentlich zu erklären, er habe mit Herweghs und Beckers Freischaren nichts zu schaffen und verzichte auch auf ihre Hilfe. Nach wie vor setzte er wie ich auf die innere Umgestaltung und nicht auf eine bewaffnete Revolution.

Angesichts der Furcht der badischen Bauern vor fremden Marodeuren war die Behauptung, die entschiedenen Demokraten wollten ausländische Soldaten ins Land holen, eine ernstzunehmende Waffe. Offen konnte die Regierung davon allerdings keinen Gebrauch machen, weil sie keine Beweise dafür hatte. Bis ihr eines Tages ein fehlgehender Brief zu Hilfe kam.

Diesen Brief hatte Johann Philipp Becker geschrieben, und zwar an einen alten Freund und Gesinnungsgenossen, der seiner republikanischen Überzeugung wegen einige Jahre im schweizerischen Exil hatte verbringen müssen, inzwischen aber längst wieder in die Heimat zurückgekehrt war. Überzeugt, einem ehemaligen Leidensgenossen und aufrechten Mitstreiter nicht mißtrauen zu müssen, schrieb Becker:

Nun ist endlich eine Zeit gekommen, in der es eine Freude ist, zu leben. Besonders haben nun Dich die Ereignisse und Entwicklungen auf einem Posten angetroffen, wo Du mit dem ganzen Gewichte Deiner schönen Kräfte mit den Ausschlag gebend dem Vaterlande große Dienste leisten kannst. Du wirst aber auch wie ich nicht ohne Besorgnis sein über die Gestaltungen der Dinge in Deutschland, daß nämlich durch die Halbheit und Feigheit der meisten deutschen dermaligen Wortführer, die, freilich nur auf den thatkraftlosen Philister gestützt, der republikanischen Bewegung entgegenarbeiten, nur durch eine blutige Revolution die deutsche Republik erlangt werden könne. Auf eine Republik muß es hinausgehen, sonst gebe ich auf die ganze Bescherung nichts. Meine jüngsten Briefe nach Deutschland waren deshalb alle daraufhin gerichtet, daß man sich zuerst der Hofräte, Professoren und Blätter wie der Deutschen Zeitung entledige, denn ohne diese Vermittler können die Fürsten gar nicht mehr existieren, wenn jene fort sind, gehen diese ohne weiteres zum Teufel und die Republik macht sich von selber. Es kann wohl in Deutschland keinen vernünftigen Menschen mehr geben, der ohne Heuchelei sich für eine konstitutionelle Monarchie aussprechen kann.

Einliegende Aktenstücke werden Dich auch interessieren. Wenn das jetzt sich versammelnde sogenannte deutsche Parlament, was wahrscheinlich ist, sich nicht in Mehrheit zum Republikanismus bekennt, so werdet doch Ihr Republikaner Euer Votum einlegen und das Parlament als nicht aus dem Volkswillen hervorgegangen als rechtsungiltig erklären, und auf ein vom Volke direkt zu erwählendes Parlament hinarbeiten. Werden diesem Rechte Hindernisse in den Weg gelegt, so rufet das Volk zu den Waffen. Wir stehen Euch alsbald zur Seite. Mag es kommen, wie es will, ich werde mich mit Lust, als ginge es zu einem Feste, mit Gut und Blut bei dem Kampfe beteiligen; da will ich meine Erfahrungen im Sonderbundskriege nochmals praktizieren.

Vielleicht mache ich auch vorher noch einen Sprung nach Frankfurt und freue mich, Dich, teuern Freund, einmal wieder an die Brust zu drücken; dann mündlich über alles mehr. Es lebe die deutsche Republik!

Mit großem Interesse studierte der Adressat des Briefes die *einliegenden Aktenstücke*, die den Aufbau von Beckers deutscher Legion dokumentierten und deren Absicht, in den badischen Freiheitskampf einzugreifen. Das Material eignete sich hervorragend, die demokratische Bewegung zu denunzieren, und es war ein leichtes, Hecker und mich damit zu belasten. Denn wir hatten bereits erklärt, daß wir, genau wie es in diesem Brief stand, in Frankfurt *auf ein vom Volke direkt zu erwählendes Parlament hinarbeiten* wollten. Der Verdacht, wir würden dabei in Absprache mit Becker handeln, lag nahe. Das Schreiben war höchst brisant, und dem Empfänger war das vollkommen klar.

Er hieß Karl Mathy.

Zu Unrecht war Becker davon ausgegangen, Mathy stünde noch auf republikanischer Seite. In Wahrheit hatte der nichts Eiligeres zu tun, als den Brief samt Anlagen dem Innenminister Bekk vorzulegen. Das Material sei ein Geschenk des Himmels, versicherte der besorgte Staatsfreund, es gebe der Regierung die Möglichkeit, Hecker und mich des Hochverrats anzuklagen und sofort verhaften zu lassen. Auf diese Weise könne unser Auftreten in Frankfurt schließlich doch noch verhindert werden. Bekk versprach, sich die Sache zu überlegen, entschied sich dann aber gegen den Vorschlag. Entweder, weil er erkannt hatte, daß der Brief Beckers nichts bewies, oder weil er befürchtete, die von Mathy vorgeschlagene Verhaftung würde die Revolution auslösen.

28

Womöglich hat Käthchen recht mit ihrer Befürchtung, ich hätte Fieber. Der Schweiß rinnt mir von den Schläfen, obwohl es nicht einmal heiß ist heute. Spätsommerwetter. Durchs offene Fenster kommen gedämpft die Geräusche der Stadt. Unten im Hof unterhalten sich zwei Frauen. Samstag ist Putztag in Wien, da wird überall gewaschen, gescheuert und geschrubbt. Und zwischen Waschküche und Wäscheleine tauschen die Frauen den neuesten Klatsch aus. So war das schon im Landhaus, wo ich mich auf der Trockenbühne hinter den Leintüchern versteckte, um die Gespräche der Mägde mit anzuhören. Die beiden da unten reden über den Krieg. So ändern sich die Zeiten. Als ich ein Kind war, sprachen Frauen niemals über Politik, jedenfalls nicht in der Öffentlichkeit.

Auf den politischen Versammlungen, die ich im März 1848 fast täglich besuchte, war Amalie häufig die einzige Frau. Wann immer es möglich war, begleitete sie mich. Auch nach Frankfurt kam sie mit, sehr zu Friedrich Heckers Mißfallen.

Am frühen Nachmittag des 30. März 1848 fuhren wir bei trübem Wetter in den Frankfurter Bahnhof ein. Ein Empfangskomitee der Turner erwartete uns, Burschenschaftler aus Heidelberg schwenkten Fahnen, eine große Abordnung der Liedertafel begann zu singen:

> Brause, du Freiheitssang,
> Brause wie Wogendrang
> Aus Felsenbrust!
> Feig bebt der Knechte Schwarm,

Uns schlägt das Herz so warm,
Uns zü-ückt de-er Jünglingsarm
Vo-oll Thatenlust!

In einer Art Triumphzug geleitete man uns und die anderen Mannheimer Delegierten zum Gasthof Holländischer Hof, wo wir Quartier bezogen. Die ganze Stadt war in heiterer Aufregung, aus den Fenstern hingen schwarz-rot-goldene Fahnen, frischgeschlagene Bäumchen standen in den Einfahrten, bebänderte Kränze hingen an den Toren, die Straßen waren von Ehrenpforten überspannt mit Aufschriften wie *Einigkeit macht stark* und *Es lebe Deutschland.*
Ich war nicht in Festtagslaune. Unterwegs hatte ich entlang der Bahnlinie Tausende von Soldaten beobachtet. Im Darmstädter Bahnhof waren Kanonen aufgestellt gewesen, Militär hatte die Abteile durchsucht. Verantwortlich für diese Maßnahmen war Heinrich von Gagern, Vorsitzender der Siebener-Kommission und seit drei Wochen verantwortlicher Minister von Hessen-Darmstadt. Warum tat er, als gelte es terroristische Banden aufzuhalten? So wie die badische Regierung ließ auch er das Märchen von einem bevorstehenden Überfall aus Frankreich und das dunkle Gerücht von geplanten Gewalttaten republikanischer Freischaren verbreiten. Seine bürgerkriegsähnlichen Vorsichtsmaßnahmen sollten die Angst schüren und uns entschiedene Demokraten diskreditieren. Auf den Erfolg konnte er stolz sein. Schon auf dem Weg zum Hotel wurden Hecker und ich wiederholt von besorgten Bürgern angesprochen, die uns baten, den *Republikanerputsch* abzublasen. Wir konnten lediglich versichern, von einem bewaffneten Zuzug nichts zu wissen.
Viele Tausende waren nach Frankfurt geströmt, um die historische Stunde mitzuerleben, in der Deutschland neu erstehen sollte. Alle Gasthäuser und Privatquartiere waren überfüllt. Durch die Straßen und Gassen zogen Gruppen von Turnern, Studenten und einfachen Bürgern aus allen Landstrichen

Deutschlands. Gewiß erwartete ein großer Teil von ihnen die Ausrufung der Republik. Aber ebenso gewiß waren sie in friedlicher Absicht gekommen. Wenn sie Druck ausüben wollten auf die Entscheidung des Vorparlaments, dann durch ihre bloße Anwesenheit.

Das schien auch dringend nötig, denn Heinrich von Gagern hatte alle Vorbereitungen getroffen, die Veranstaltung zur Farce zu machen. Ich fand auf meinem Zimmer ein gedrucktes Programm und eine von der Siebener-Kommission ausgearbeitete Geschäftsordnung vor. Voll Staunen las ich, daß die Versammlung auf ganze zwei Tage angesetzt und ihr Ergebnis bereits beschlossene Sache war. Punkt für Punkt sollte die Umwandlung des Deutschen Bundes in einen parlamentarischen Bundesstaat nach englischem Vorbild von den Delegierten bestätigt werden; die Sprechzeit der Redner war dabei auf zehn Minuten begrenzt. Man glaubte durch dieses Verfahren, einen Angriff auf die monarchische Staatsform von vornherein ausschließen zu können.

Was für ein Deutschland der Siebener-Kommission vorschwebte, ließ sich schon aus der Herkunft der Eingeladenen erkennen. Nur zwei kamen aus Österreich, einhunderteinundvierzig aus Preußen; Bayern war durch vierundvierzig Delegierte vertreten, Württemberg durch zweiundfünfzig, Baden durch zweiundsiebzig und Hessen-Darmstadt, Gagerns Gebiet, durch nicht weniger als vierundachtzig. Ohne Rücksicht auf die Bevölkerungszahlen hatten Mathy, Römer und Gagern dafür gesorgt, daß ihre Hausmacht in voller Stärke erschien. Preußen dominierte. Nichts hatte die *Ordnungspartei* dem Zufall überlassen. Sie hatte Grund zur Hoffnung, ihr großpreußisches, konstitutionelles Deutschland mit Hilfe des Vorparlaments verwirklichen zu können.

Noch am selben Nachmittag fand um 4 Uhr eine öffentliche Aussprache im Gasthof Weidenbusch statt. Hier traf ich Karl Mathy wieder. Meine Verärgerung überging er. Er begrüßte mich mit einer freundschaftlichen Umarmung und überschüttete Amalie mit Komplimenten. So ausgezeichneter Laune war er, daß er sogar über Heckers Scherze lachte. Mein Mißtrauen wuchs.

An der Diskussion in dem verqualmten Gasthaussaal beteiligten sich außer Mathy und mir unter anderem auch der schwäbische Dichter Ludwig Uhland, der *Märtyrer der hessischen Freiheit*, Sylvester Jordan, und der Franke Gustav Eisenmann, der viele Jahre seiner Gesinnung wegen im Kerker gelegen hatte. Mathy bekannte sich zu einem Bundesstaat unter preußischer Führung mit einer parlamentarischen Verfassung. Jordan dagegen erklärte, er könne sich Wilhelm IV. als deutschen Kaiser nicht vorstellen; an seinen Händen klebe Blut, und der Satz aus seiner Proklamation vom 21. März, *Preußen geht fortan in Deutschland auf*, klinge eher wie eine Drohung als eine Verheißung. Dagegen tat der Württemberger Paul Pfizer solche Bedenken als *romantische Verirrungen* ab. Nach der Natur der Dinge sei Preußen der große feste Kern, an den sich das übrige Deutschland anschließen müsse, um unter den europäischen Mächten den ihm gebührenden Rang einzunehmen. Ich antwortete scharf, die Macht Deutschlands in der Welt sei mir völlig gleichgültig; es gehe um Freiheit, Bildung und Wohlstand für jeden einzelnen Deutschen. Das Glück von fünfzig Millionen sei wichtiger als die Handelsinteressen einiger Bankhäuser und Großkaufleute. Warum der König von Preußen, bisher ein Gegner aller nationalen Bestrebungen, mit einemmal der deutschen Einheitsbewegung voranschreiten wolle, sei ja wohl jedem hier im Saal klar; er versuche auf diese Weise, seinen Kopf zu retten. Die Revolution sei jedoch noch nicht beendet, sie habe noch nicht einmal richtig angefangen. Ihr Ziel könne nur die völlige Umgestaltung Deutschlands in eine soziale, föderative Republik sein. Es gebe überhaupt keinen Grund, die Fürstenthrone zu erhalten. Mit ihrer Abschaffung würden wir einhundertdreißig Millionen Gulden sparen, mit der zusätzlichen

Abschaffung der stehenden Heere zweihundertzwanzig Millionen. Wenn man schon von romantischen Verirrungen spreche, dann müsse man auch die dreiunddreißig deutschen Fürstenfamilien dazurechnen und zugeben, daß die Republik von allen Staatsverfassungen die einfachste, zweckmäßigste und wohlfeilste sei.

Man dürfe nicht zuviel auf einmal wollen, sagte Eisenmann im gemütlichen Tonfall seines Dialekts. Er forderte Hecker und mich auf, unsere republikanischen Experimente zugunsten der nationalen Ziele zunächst einmal hintanzustellen. Und Mathy sagte:

– An den Mißständen und Mißbildungen der letzten dreißig Jahre war allein der Mangel an politischer Einheit schuld. Von dieser Seite aus muß daher auch die Heilung erfolgen. Deutschland mit seiner tausendjährigen Entwicklung die Form des ganz jungen nordamerikanischen Gemeinwesens aufzwängen zu wollen ist eine Utopisterei. Seht euch dagegen das englische Königreich an: Seine Handelsflotte beherrscht die Meere, die halbe Welt ist ihm untertan. Und der Reichtum, der ins Land fließt, ermöglicht Freiheit im Innern. Dies ist das Ziel, auf das wir uns einigen müssen. Wer hier und heute die Republikanisierung Deutschlands betreibt, verewigt die unwürdige und ohnmächtige Stellung unseres Vaterlandes. Die wiedervereinigte deutsche Nation wird alle anderen Völker Europas überflügeln, es wird England die Weltmeere streitig machen, eigene Kolonien erwerben, eine blühende Wirtschaft besitzen, kurz: stark nach außen und innen gesund sein. Danach zu streben muß das Ziel jedes anständigen Deutschen sein; daran gemessen ist alles andere zweitrangig.

Ich sprang auf.

– Das eben ist die falsche Rangfolge, rief ich. Mein Freund Mathy beklagt die ohnmächtige, unwürdige Stellung Deutschlands. Ich finde es wichtiger, von der ohnmächtigen, unwürdigen Stellung der großen Masse meiner Mitbürger zu sprechen.

Wozu muß die deutsche Nation die anderen überflügeln? Die Nationalität ist weiter nichts als die Folge einer naturgeschichtlichen Tatsache. Aus einem Wettstreit der Nationen kommt nichts Gutes. Ich halte es für humaner, den Unterschied der Menschen, der aus der Sprache und der Herkunft hervorgeht, soweit möglich auszugleichen. An die Stelle barbarischer Stammeseigenheiten muß die Eigentümlichkeit der Individuen treten. Vor dem Richterstuhl der Vernunft ist die Hervorkehrung nationaler Besonderheiten eine Lächerlichkeit. Wenn ich vom Recht der deutschen Nation spreche, dann denke ich an das Recht des Volkes auf Selbstbestimmung, wie es Rousseau beschrieben hat. Dieses Recht ist die Voraussetzung der Freiheit, und insofern ist auch mir an der Einheit der deutschen Nation gelegen. Aber wenn diese Einheit den Macht- und Geldgelüsten einer kleinen Kaste dienen soll, wenn sie von vornherein auf die Beherrschung anderer Völker ausgerichtet ist und dem eigenen Volk die Souveränität beschneidet, dann verzichte ich lieber darauf. Ein Vaterland ohne Freiheit ist für mich ein leerer, nichtssagender Begriff, denn ich kann einen Unrechtsstaat nicht lieben. Ich weiß mich mit den polnischen, den französischen und den italienischen Freiheitskämpfern darin einig, daß wir freie und gleichberechtigte Nationen wollen, die einander achten und unterstützen und zu einer europäischen Völkergemeinschaft zusammenwachsen. Das Herz jedes wahren Menschenfreundes muß sich zusammenziehen, wenn er sieht, wie der anbrechende Frühling der Völkerfreiheit bedroht wird vom eisigen Wind des Nationalhasses, der Gier und der Eifersucht. Das Unkraut eines überheblichen Teutonentums ist Gift für die Freiheitsbewegung, ein gefährliches, berauschendes Gift, das von den eigentlichen Zielen dieser Revolution ablenkt. Darum vor allem wollen wir die Republik zuerst, darum halten wir die Schaffung einer großpreußischen Wirtschaftsmacht für einen Verrat am deutschen Volk!

Ich hatte mich in Hitze geredet, und meine hohe Stimme be-

gann sich zu überschlagen. Am ganzen Körper bebend, setzte ich mich. Während manche klatschten und Bravo! riefen, brüllten andere zornig auf mich ein. Im Ohr ist mir noch ein Satz Ludwig Häussers, der auf seinen Stuhl stieg, den Finger drohend auf mich richtete und in den Saal brüllte:
– Das gerade macht den Republikanismus so widerwärtig! Struve und Konsorten entäußern sich mit zudringlicher Bereitwilligkeit aller nationalen Empfindung! Sie werfen sich allen Nationen an den Hals und verraten die eigene! In ihrem kosmopolitischen Wahn sympathisieren sie lieber mit Slawen, Welschen und Magyaren als mit dem eigenen Vaterlande! Pfui, dreimal pfui!
Mit diesem Mißton klang dieser erste Abend in Frankfurt aus. Gerade wollte ich, Amalie am Arm nehmend, den Weidenbusch verlassen, als ein dicker Mensch durch das Gedränge auf mich zusteuerte und meinen Namen rief. Auf den ersten Blick schien er mir völlig fremd, doch dann erkannte ich ihn.
Es war Gabriel Riesser.
Mein scharfzüngiger Freund aus Studententagen hatte sich sehr verändert. Sein Gesicht war schwammig geworden, der Schädel kahl, der Bauch fett. Doch sein Grinsen war noch das alte, und seine Augen blitzten wie eh und je. Inmitten der zankenden Menge schüttelten wir uns die Hände. Dann erst stellte ich ihm Amalie vor.
– Ich beneide Sie nicht, meine Liebe, sagte er zu ihr. Sie haben einen Weltverbesserer geheiratet. Sehen Sie nur, welches Tohuwabohu er hier angerichtet hat mit seiner republikanischen Schwärmerei! Aber so ist das nun einmal. Wer die Welt verbessern will, erntet Spott und Verachtung, während die gegenteilige Bemühung immer mit einem gewissen Respekt honoriert wird.
Riesser begleitete uns durch die nächtlichen Gassen zum Holländischen Hof zurück. Wir redeten über alte Zeiten und unsere so verschiedenen Lebenswege. Seinen Plan, Advokat zu werden,

hatte er bald aufgeben müssen; in Hamburg, wo er ins bürgerliche Leben hatte eintreten wollen, war er seines jüdischen Glaubens wegen zurückgestoßen worden. So hatte er begonnen, als Journalist und Schriftsteller für die Verbesserung der rechtlichen Stellung der Juden zu kämpfen. Eine Zeitlang hatte er in Bokkenheim bei Frankfurt gelebt, doch seines Glaubens wegen verweigerte man ihm das Bürgerrecht. Eine Gesetzesänderung hatte ihm 1840 ermöglicht, doch noch Notar in Hamburg zu werden. In dieser Eigenschaft war er in politische Kreise geraten und frühzeitig zu einem Fürsprecher eines freien Schleswig-Holstein geworden. Mehrere seiner Reden und Artikel hatte ich im *Deutschen Zuschauer* veröffentlicht. Wie ich war er nun auf Einladung des Heidelberger Siebener-Ausschusses nach Frankfurt gekommen, um am Vorparlament teilzunehmen. Ich nahm wie selbstverständlich an, daß er zu den entschiedenen Demokraten gehöre. Doch im Verlauf der folgenden Tage erwies sich diese Annahme als Irrtum.

Vor dem Holländischen Hof verabschiedeten wir uns. Kaum hatten Amalie und ich unser Zimmer im ersten Stock betreten, als uns Rufe und Lichter ans Fenster lockten. Unten auf der Straße standen einige hundert Menschen mit Fackeln in der Hand.

– Es lebe Struve! riefen sie im Chor, es lebe Hecker! Es lebe die Republik!

29

Am Morgen des 31. März 1848 versammelten sich die angereisten Abgeordneten im Kaisersaal des Römers. Aus Gewohnheit Frühaufsteher, traf ich zeitig ein und fand doch den großen Raum schon überaus belebt. Mathy sagte mir, laut Auskunft des Anmeldebureaus erwarte man fünfhundertvierundsiebzig Delegierte, mehr, als der Saal aufnehmen könne. Ich antwortete ziemlich kühl, und Mathy wandte sich anderen Bekannten zu.

Während ich auf den Beginn der Vorberatung wartete, studierte ich die Physiognomien der Menschen um mich herum. In Gruppen standen sie zusammen, Männer in Frack und Brokatwesten, wohlbeleibte Honoratioren, rundrückige Beamte, hochdekorierte Wichtigtuer, geschwätzige Alleswisser. Merkwürdige Vertreter hat diese deutsche Revolution, dachte ich. Von jenen achtzig Prozent der Bevölkerung, den Bauern, Arbeitern, Handwerkern, Volksschullehrern, Dorfpfarrern und Kleinbürgern, deren Unruhe diese Versammlung überhaupt erst ermöglicht hatte, entdeckte ich keinen im Saal. Fast alle Anwesenden kamen aus bestehenden Parlamenten und hatten das Sieb der reaktionären Wahlsysteme passiert. In ihrer Mehrheit gehörten sie jenem gutwilligen, aber mattherzigen Typus des Biedermanns an, der ständig seine Wohlanständigkeit zu beweisen bemüht ist. Kein Fürst und keine Regierung hatte sie hierher gerufen, sondern die Stimme des Aufruhrs; und doch verriet ihr ganzer Habitus, daß sie mit denen, die ihnen Macht verliehen hatten, nichts zu schaffen haben wollten. Für sie war das unruhige Volk der *Pöbel der Straße*, dem sie sich weit überlegen glaubten. Und doch fürchteten sie ihn. Ich bildete mir ein, den Angstschweiß zu riechen, der diesen honetten Herren aus den steifen Krägen kroch, wenn sie mir einen Blick zuwarfen, mir, dem langhaarigen *doctrinaire* des Vierten Standes in der blauen Bauernjacke mit dem roten Halstuch.
Auch in der Rückschau muß ich meinen ersten Eindruck nicht korrigieren. Jene halb komische, halb traurige Spezies des deutschen Professors, der die meisten der im Kaisersaal versammelten Deputierten zuzurechnen waren, ist schuld daran, daß die Gelegenheit von 1848 vertan wurde. Mit ihrem klug-albernen Geschwätz spannen sie um jede konkrete Forderung ein Netz aus Tagesordnungsanträgen, Kompetenzerörterungen und Vorbehalten. Ihr Mut erschöpfte sich in hochtönenden Phrasen, ihr soziales Engagement in symbolischen Gesten. Wohl schmeichelte es ihrer Eitelkeit, Vertreter des Volkes zu sein, doch zugleich

schmerzte sie der Gedanke, in solcher Funktion möglicherweise das Mißfallen der Obrigkeit zu erregen. Insgeheim hofften sie, die fürstlichen Regierungen würden sie in ihrer neuen Würde bestätigen und ihr Glück dadurch vollkommen machen.
An jenem Morgen beschäftigte sie eine Neuigkeit, die der Erfüllung dieser Hoffnung sehr nahekam und daher mit großer Erleichterung und ausgelassenem Geplapper besprochen wurde. Der Revisionsausschuß des Bundestags hatte in gemeinsamer Sitzung mit den siebzehn neuernannten Vertrauensmännern beschlossen, *die Bundesregierungen aufzufordern, Wahlen von Nationalvertretern* für ein Parlament anzuordnen. Offenkundig war dies ein Versuch der legalen, aber übergangenen Bundesbehörde, dem revolutionären Vorparlament zuvorzukommen. Man konnte es natürlich, wenn man wollte, auch als Angebot der Zusammenarbeit sehen. Und die meisten der biederen Delegierten wollten.
Um 1/2 9 Uhr begrüßte Heinrich von Gagern namens des Siebener-Ausschusses die Versammelten und bat den fünfundsiebzigjährigen Johann Smidt aus Bremen, das Amt des Alterspräsidenten zu übernehmen. Mir schien dies unpassend, da Smidt seit vielen Jahren Bundestagsgesandter war. Mochte er auch an den Ausnahmebeschlüssen des Bundestags unschuldig sein, so hatte er ihnen doch vor Jahren zugestimmt. Da es lediglich um eine Stilfrage ging, verzichtete ich darauf, den alten Herrn anzugreifen, aber ihn durch Akklamation mitzuwählen, das brachte ich nicht über mich. Unter Smidts Vorsitz wurden ein Präsident, vier Vizepräsidenten und acht Sekretäre aus dem Kreis der Versammelten bestimmt. Nach kurzer Diskussion einigte man sich auf Vertreter verschiedener Richtungen: Professor Karl Mittermaier, mein alter Strafrechtslehrer aus Heidelberg, konstitutioneller Liberaler im Sinne Mathys und Gagerns, wurde Präsident; zu Vizepräsidenten machte die Versammlung Friedrich Dahlmann, Adam von Itzstein, Sylvester Jordan und Robert Blum.

Die Wahl war gerade im Gange, als Hecker auftauchte – rotäugig, übernächtigt. Gagern habe seine Kreaturen aus Darmstadt in die Stadt beordert, raunte er mir zu. Auf dem Weg zum Römer war er einer Marschkolonne von wenigstens tausend Mann begegnet, die mit dem Schlachtruf *Keine Republik!* durch Frankfurt zogen. Ich versuchte ihn zu beruhigen, aber er war außer sich. Wahrscheinlich hatte er die Hoffnung, in der Versammlung etwas auszurichten, bereits verlorengegeben.

Gegen 10 Uhr begaben sich die Delegierten bei schönstem Frühlingswetter in langem Zug zur Paulskirche. Unter einem strahlendblauen Himmel flatterten schwarz-rot-goldene Fahnen aus den Fenstern der Häuser und vom Turm des Kaiserdoms. Dichtgedrängt säumten jubelnde Menschen den Weg; alle Fenster, Balkone und Dächer waren besetzt mit winkenden Schaulustigen. Ihre Rufe vermischten sich mit feierlichem Glockenklang und dumpfen Böllerschüssen. Militär und Bürgerwehr bildeten präsentierend Spalier.

Im hallenden Rund des Kuppelbaus nahm ich nahe der Kanzel Platz und ließ den Blick schweifen, um nach Amalie zu suchen. Die meisten Zuschauer drängten sich oben in der Empore, von der aus man wie vom Rang eines Opernhauses auf die Sitzreihen im Parkett hinabsah. Weiteres Publikum saß im Erdgeschoß hinter der Säulenreihe, die das Rund der Halle begrenzte. Vor dem Altar, der mit kunstvoll drapierten Vorhängen verdeckt war, war ein Podium errichtet, auf dem das fünfköpfige Präsidium Platz nahm. Der gewaltige Orgelaufbau, der über dem verkleideten Altar die Stirnseite des Emporenraumes einnahm, war mit einem kaiserlichen Reichsadler verziert und großen Vignetten mit lorbeerumkränzten Sinnsprüchen, von denen einer lautete:

Des Vaterlands Größe
Des Vaterlands Glück

O schafft sie, o bringt sie
Dem Volke zurück

Zartrosa blühende Kamelienstöcke und weiße Azaleen schmückten die Treppen zu Präsidiumstribüne und Kanzel. Drei große schwarz-rot-goldene Fahnen ragten über dem Altar in den Raum. Rings um die Rotunde schlangen sich über der Empore Draperien in den Farben der deutschen Trikolore. Tausende von Stimmen erfüllten die Kirche. Durch die hohen Fenster fiel in schrägen Strahlen die Sonne in den Raum. Die halbkreisförmig um die Kanzel angeordneten Sitzreihen füllten sich rasch.

Ich entdeckte Amalie endlich in der links vom Altar gelegenen Loge, die den weiblichen Zuschauern vorbehalten war. Aus der dritten Reihe winkte sie mir lächelnd zu.

Die Glocken verstummten, der Präsident und seine Stellvertreter nahmen ihre Plätze ein, das Brausen der Stimmen wurde zu Gemurmel und verklang. Vom Präsidiumstisch aus hielt Mittermaier die Eröffnungsansprache.

– Das Erwachen des Riesen, begann er, hat uns in diesen heiligen Hallen versammelt. Dieser Riese heißt Volksgeist.

Ich horchte auf, denn auf die Betonung des revolutionären Charakters der Versammlung hatte ich kaum gehofft. Leider hielt der Rest der Rede nicht, was dieser Beginn versprach. In dem Bestreben, Einigkeit zu schaffen, wollte Mittermaier es allen recht machen und vermied jede eindeutige Stellungnahme. Als er endlich geendet hatte und den Applaus entgegennahm, griff ich nach meinem Manuskript, denn ich stand als erster auf der Rednerliste. Doch bevor ich mich auf den Weg zur Kanzel machen konnte, hatte diese schon der badische Abgeordnete Mez aus Freiburg erreicht, um außerhalb der Tagesordnung eine kleine Predigt zu halten. Ich kannte Mez seit der ersten Offenburger Versammlung und nahm ihm seinen Auftritt nicht übel. Er war Nähgarnfabrikant, ein durch und durch braver

Mann mit christlich-sozialem Gewissen, aufrichtig bis zur Einfalt.

– *Wo der Herr nicht mitbauet, da arbeiten umsonst die da bauen,* predigte er und forderte die Versammelten auf, sich zur Anrufung göttlichen Segens zu erheben. Brav folgte man der Anregung. Dann erst erteilte Mittermaier mir das Wort, und ich bestieg die Kanzel.

– Eine lange Zeit tiefster Erniedrigung, rief ich, lastet auf Deutschland. Sie läßt sich bezeichnen durch die Worte: Knechtung, Verdummung und Aussaugung für das Volk, Willkürherrschaft, Reichtümer und Ehren für die Machthaber und ihre Schergen. Das Volk hat sich erhoben, weil seine Not unerträglich geworden ist. Alle Bande, welche das deutsche Volk an die bisherige Ordnung der Dinge geknüpft haben, sind gelöst. Es ist die Aufgabe dieser Versammlung, neue Bande vorzubereiten, mit denen das gesamte deutsche Volk zu einem freien und großen Ganzen umschlungen werden soll. Das uns vorgelegte Programm wird dieser Aufgabe in keiner Weise gerecht.

Schon an dieser Stelle meiner Rede spürte ich eine gewisse Unruhe im Raum. Ich präzisierte meine Kritik in knappen Worten und empörte mich vor allem über den Plan, den Behörden des Deutschen Bundes die Einberufung der konstituierenden Nationalversammlung zu überlassen. So liefere man sich, warnte ich, seinem Gegner aus. Ich verglich die Versammlung mit den sieben Geißlein aus dem Märchen, die den Wolf schon deshalb für ungefährlich halten, weil er Kreide gefressen hat. Unabhängig davon, betonte ich, dürfe ein Volksvertreter mit den Feinden des Volkes niemals gemeinsame Sache machen.

– Das vorliegende Programm, erklärte ich, läuft auf die Rückkehr zur Gesetzlichkeit des alten Systems hinaus. Es will die eben erst begonnene Befreiung des Volks beenden, statt sie zu vollenden. Man möchte nicht glauben, daß es von einem revolutionären Gremium ausgearbeitet wurde. Die Freiheitsbewegung hat an der Rettung des alten Unterdrückungsapparates kein In-

teresse. Ihr muß es darauf ankommen, die ins Wanken geratenen Machtpositionen der feudalen, bürokratischen und militärischen Reaktion restlos zu zerschlagen. Die breite Masse des Volkes will keine Zusammenarbeit mit denen, gegen die sie sich erhoben hat. Es will die Aufhebung der Monarchie und ihre Ersetzung durch frei gewählte Parlamente, es will Wohlstand, Bildung und Freiheit für alle, nicht nur für einige Privilegierte.
Und nun verlas ich die fünfzehn wichtigsten Forderungen des Volkes, wie sie auf den Versammlungen der letzten Wochen immer wieder laut geworden waren. Allein dieses aus der Mitte der Freiheitsbewegung kommende Programm könne Gegenstand der anstehenden Beratung sein, behauptete ich. Sein Ziel sei die Schaffung eines völlig neuen, freien und menschenwürdigen Deutschland, während das gedruckt vorliegende Programm lediglich die Trümmer der bestehenden Ordnung zu einem monarchisch-parlamentarischen Bundesstaat zusammenleime. Jetzt, wo das alte düstere Haus dem Einsturz nahe sei, dürfe man es nicht notdürftig renovieren; man müsse es einreißen und ein neues, helles Gebäude an seine Stelle setzen. Die Herstellung eines demokratischen Staatswesens anstelle des hinfälligen Deutschen Bundes erfordere die Aufhebung der stehenden Soldaten- und Beamtenheere, progressive Einkommensteuer statt der die Armen aussaugenden Abgaben, die Beseitigung aller Vorrechte von Staat und Kirche sowie deren Verquickung, eine grundlegende Reform der Justiz, Preßfreiheit, eine Habeas-Corpus-Akte, Schutz für die arbeitenden Klassen, Überwindung der Zerrissenheit Deutschlands durch eine föderative Bundesverfassung nach dem Muster der nordamerikanischen Freistaaten.
Ich war noch nicht am Ende meiner Aufzählung angelangt, als Mittermaier mich unter Hinweis auf den Ablauf meiner Redezeit unterbrach. Ich bat, mir noch zwei Minuten zu gewähren, und kam rasch auf mein wichtigstes Anliegen zu sprechen.
– Diese Versammlung, rief ich, ist derzeit der Mittelpunkt

Deutschlands. Die Unruhe des Volkes hat uns eingesetzt und uns das Mandat erteilt, bis zum Zusammentreten eines frei gewählten Parlaments die Geschicke der Nation zu lenken. Diesem Auftrag widerspricht die Absicht, schon morgen abend wieder auseinanderzugehen. Wir müssen hier vereinigt bleiben, die erforderlichen Gesetze vorbereiten und den Aufbau des demokratischen Deutschland gegen den Widerstand der alten Mächte in die Wege leiten!

Unter großem Lärm verließ ich die Kanzel. Ich blickte zu Amalie, die mir ermunternd zuwinkte. In der Rotunde des Kuppelbaues mischten sich Applaus, Protestgeschrei und Bravorufe. Mittermaier schwang die Glocke. Ich übergab ihm meine fünfzehn Punkte als förmlichen Antrag und ging zu meinem Platz neben Friedrich Hecker zurück.

Von der wirren und endlosen Diskussion, die meine Rede auslöste, ist mir wenig in Erinnerung geblieben. Fast alle, die zu Wort kamen, fanden die meisten meiner Forderungen berechtigt, doch von der Aufhebung der Monarchie und der Übernahme provisorischer Regierungsgewalt wollte die Professoren- und Spießbürgermajorität nichts wissen. Heinrich von Gagern warnte vor der *Gefährdung des Kredits* durch meine Grundsätze. Mathy mahnte zur Bescheidenheit. Unzählige andere Redner ergingen sich in pathetischen Bekenntnissen zur Freiheit und in Phrasen über die deutsche Geschichte. Eisenmann verkündete weihevoll, er sei zwar unter der konstitutionellen Monarchie fünfzehn Jahre lang widerrechtlich im Kerker gesessen, doch gleichwohl lebe und sterbe er für die konstitutionelle Monarchie. Dann warf ein Professor aus Gießen die Kompetenzfrage auf, und alle stürzten sich begierig darauf, froh, der inhaltlichen Diskussion entrinnen zu können. Da hörte man dann, die Versammlung sei gar nicht befugt, irgendwelche Beschlüsse zu fassen. Vom Standpunkt der alten Legalität war dies freilich richtig; und aus revolutionärer Sicht kam der Zweifel an der Kompetenz ihrem Verlust gleich. Im Grunde debattierte man über die Möglichkeit einer legalen Revolution. Durch die Macht der Straße war die Versammlung zustande gekommen, doch sie hoffte in ihrer Mehrheit auf Anerkennung durch die alten Obrigkeiten und wollte daher nichts tun, was diese reizen konnte. Am traurigsten war, daß einige entschiedene Demokraten sich anstecken ließen von der allgemeinen Ängstlichkeit. Meine Gesinnungsfreunde Hugo Wesendonck und Karl Vogt fielen mir in den Rücken, indem sie erklärten, erst die Nationalversammlung selbst könne bestimmen, ob Deutschland Monarchie bleiben oder Republik werden solle.

Zwischendurch verkündete Gagern, Mainzer Republikaner hätten den Frieden der Stadt gestört. Es sei Blut geflossen, doch die Polizei habe den Aufruhr bereits niedergeschlagen. In Wahrheit waren Gagerns Darmstädter Claqueure an der Unruhe schuld. Mit ihren Keine-Republik-Rufen hatten sie den Vormittag über die Stadt durchstreift. Als daraufhin Hanauer Turner unter Führung von Germain Metternich eine Gegendemonstration veranstalten wollten, wurden sie von konstitutionellen Schlägertrupps angegriffen. Blut floß allerdings, doch die Opfer waren ausschließlich Demokraten. Da dieser Hergang aber erst später bekannt wurde, erzielte Gagerns Klage über die angeblichen Gewalttätigkeiten genau das, was sie bezweckte: Die große Mehrheit der in der Paulskirche versammelten Delegierten wollte nun erst recht nichts mehr von der deutschen Republik wissen.

Auf die Kompetenzdiskussion folgte eine lange Verhandlung über das von der Versammlung zu vertretende Territorium. Kieler Delegierte forderten die Aufnahme Schleswigs in den Deutschen Bund, die Versammlung schloß sich jubelnd dieser Forderung an. Daraufhin wurde auch die Aufnahme West- und Ostpreußens verlangt. Dies veranlaßte mich, ein zweites Mal das Wort zu ergreifen. Das Recht auf nationale Selbstbestimmung, gab ich zu bedenken, stünde nicht nur den Deutschen zu, sondern in gleichem Umfang auch allen anderen Nationen.

Nicht jedes Gebiet, in dem Deutsche wohnten, sei ohne weiteres Teil der Nation. Auch hier führe nur der Weg demokratischer Abstimmungen zu vertretbaren Lösungen. Den Vertreter aus Preußisch-Polen rief ich zu:

– Es ist die heilige Pflicht Deutschlands, die Teilung Polens als ein schreiendes Unrecht anzuprangern und mit allen Kräften dahin zu wirken, Polen wiederherzustellen!

Ich stellte einen förmlichen Antrag auf Aufnahme dieses Satzes in das Schlußprotokoll und fand hierfür nach lebhafter Debatte die Zustimmung der Mehrheit. Doch die Frage, wie Deutschland zu begrenzen sei, blieb unentschieden.

Nachmittags um 3 Uhr beschloß die Versammlung auf Mittermaiers Vorschlag, die großen Grundsatzfragen vorerst auszuklammern und sich zunächst mit der Berufung einer konstituierenden Nationalversammlung zu befassen. Man einigte sich relativ rasch darauf, daß auf je fünfzigtausend Einwohner ein Abgeordneter gewählt werden sollte, und zwar mit der Nebenbestimmung, daß auch Staaten mit weniger als fünfzigtausend Einwohnern ein Abgeordneter zuzugestehen sei. Mit diesem Beschluß ging der erste Sitzungstag um 4 Uhr nachmittags zu Ende.

Den Rest des Tages verbrachte ich mit Amalie. Wir bummelten durch die festlich geschmückten Straßen der Stadt und kehrten in einem Kaffeehaus ein, wo wir eine kleine Mahlzeit zu uns nahmen. Von Politik sprachen wir nicht. Nachdem die Teller abgeräumt waren und wir auf den Tee warteten, beugte sich Amalie über den Tisch, griff nach meiner Hand und sah mir lächelnd ins Gesicht.

– Ich bin stolz auf dich, sagte sie. Niemand hat so klar gesprochen wie du, Gustav. Ich liebe dich.

Abends fand eine gewaltige Demonstration mit Tausenden von Fackeln auf dem Roßmarkt statt. Vom Balkon des Englischen Hofes herab, wo die besserbetuchten Delegierten der Paulskirchenversammlung wohnten, nahmen Mittermaier, Welcker,

Jordan, Bassermann und Mathy die Huldigungen der Frankfurter Bevölkerung entgegen. In allen größeren Gasthofsälen wurden von improvisierten Bühnen herab die Themen des Tages besprochen. Das Wolfseck galt als Hochburg und Treffpunkt der Republikaner. Vergebens versuchte Hecker, mich dorthin mitzunehmen. Nach einer Lagebesprechung mit ihm und anderen Demokraten in der Gaststube des Holländischen Hofs zog ich mich mit Amalie zurück.

In der Sitzung, die am folgenden Morgen begann, ging es zunächst um den Wahlmodus für die Nationalversammlung. Mit den Beschlüssen konnten wir Demokraten zufrieden sein. Prinzipiell sollten die Abgeordneten des künftigen Parlaments direkt gewählt werden, und zwar von jedem männlichen Volljährigen ohne Rücksicht auf Vermögen, Konfession oder Stand; als Ort wurde Frankfurt, als Termin der 1. Mai festgesetzt. Wir waren erstaunt über die Bereitwilligkeit der Konstitutionellen, sich auf den Grundsatz freier und allgemeiner Wahlen einzulassen. Ich zweifelte nicht daran, daß die sozialen Demokraten als stärkste Partei aus direkten Volkswahlen hervorgehen würden. Noch ahnte ich nichts von den Machenschaften, mit denen die Ordnungspartei den beschlossenen Wahlmodus unterlaufen sollte.

Gegen Mittag bestieg Friedrich Hecker die Kanzel, um auf meine Rede vom Vortag zurückzukommen. Über die Frage der Permanenz sei noch nicht entschieden, sagte er. Dies sei aber eine sehr wesentliche Frage. Bis zum Zusammentreten des Nationalparlaments am 1. Mai müsse man, wie ich es vorgeschlagen habe, zusammenbleiben. Im Augenblick existiere in Deutschland keine andere faktische Gewalt; den Platz räumen hieße, das deutsche Volk wieder dem Bundestag zu überantworten.

Eine lange und leidenschaftliche Debatte entspann sich. Die meisten der liberalen Honoratioren, die sich zu Wort meldeten, sahen in diesem Antrag den Anfang der Anarchie. Der Vergleich mit dem französischen Nationalkonvent von 1792 wurde gezogen; manch einer der biederen Professoren und Hofräte sah sich schon auf das Brett der Guillotine geschnallt und verfluchte den Tag, der ihn nach Frankfurt geführt hatte. Karl Theodor Welcker, noch vor wenigen Jahren ein erbitterter Gegner des Deutschen Bundes, warnte vor der Entmachtung des Bundestages und nannte diesen, ich glaubte meinen Ohren nicht trauen zu dürfen, das letzte Bollwerk gegen die Unordnung. Unter den wenigen, die ihm widersprachen, fand Franz Raveaux die klarsten Worte:

– Glauben Sie denn, rief er, daß Sie selbst nach dem Sinne der alten Gesetzlichkeit hier versammelt seien? Gewiß nicht. Sie sind eine revolutionäre Versammlung. Wir wissen nicht, was der nächste Tag bringt. So müssen wir hier stets bereit sein. Wir stehen an der Spitze des Volkes.

Heinrich von Gagern schlug vor, einen Ausschuß von fünfzig Delegierten aus dem Kreis der Versammelten zu bilden, der in Zusammenarbeit *mit der alten Autorität* als provisorische Zentralgewalt fungieren sollte.

– Die alte Autorität, rief ich dazwischen, ist eine Leiche!

– Wenn dies so ist, antwortete Gagern, so wollen wir sie wieder ins Leben rufen, indem wir Männer beifügen, die ihr das Vertrauen der Nation wiedergewinnen.

So war es denn ausgesprochen: Die alte Gewalt sollte nicht beseitigt, sondern gerettet werden. Leider entsprach dies dem Wunsch der Mehrheit. Mit dreihundertachtundsechzig gegen einhundertachtundvierzig Stimmen lehnte sie Heckers Antrag auf Permanenz der Versammlung ab und beschloß zugleich die Einsetzung eines Fünfziger-Ausschusses, der *mit dem Bundestag in Vernehmen treten und denselben bei der Wahrung der Interessen der Nation berathen* sollte.

Nach der Abstimmung über diesen Punkt war es 6 Uhr abends. An die vorgesehene Beendigung der Versammlung war angesichts der noch offenen Fragen nicht zu denken. So beschloß man weiterzutagen.

Wir Demokraten trafen uns nach dem Abendessen in voller Besetzung zu einer Lagebesprechung. Mit der Aufrechterhaltung des Deutschen Bundes, sagte ich, beginne der Volksverrat. Diesen gelte es offenkundig zu machen, und deshalb müßten wir die Versammlung zu einer ausdrücklichen Stellungnahme gegenüber dem Bundestag zwingen. Franz Zitz aus Mainz schlug vor, wir sollten verlangen, daß der Deutsche Bund sich förmlich von den Ausnahmebeschlüssen von Karlsbad und Wien lossage und alle Personen aus dem Bundestag ausschließe, die an diesen Beschlüssen mitgewirkt hätten. Dies müsse zur Vorbedingung der Zusammenarbeit gemacht werden. Damit waren wir alle einverstanden. Gemeinsam arbeiteten wir den Text eines entsprechenden Antrags aus.
– Und was machen wir, fragte Hecker, wenn sie unseren Antrag ablehnen?
– Dann verlassen wir geschlossen die Versammlung, antwortete ich.
– Das wäre kein demokratisches Verhalten, gab Raveaux zu bedenken.
– Aber es würde der Öffentlichkeit bekunden, erwiderte ich, daß wir entschiedenen Demokraten nicht bereit sind, die Freiheitsbewegung zu verraten.
Am nächsten Tag, Sonntag, dem 2. April, eröffnete Mittermaier die Diskussion über Bildung und Kompetenz des Fünfziger-Ausschusses. Im Rahmen der Wortmeldungen zu diesem Thema betrat Zitz die Kanzel.
– Eine Reihe von Abgeordneten dieser Versammlung, sagte er, stellt mit mir zusammen folgenden Antrag. Die Versammlung möge erklären: *Bevor die Bundesversammlung die Angelegenheit der Gründung einer konstituierenden Versammlung in die Hand nimmt, möge sich dieselbe von den verfassungswidrigen Ausnahmebeschlüssen lossagen und die Männer aus ihrem Schoße entfernen, die zur Hervorrufung und Ausführung derselben mitgewirkt haben.*

Nach einem Moment verblüfften Schweigens wurde die Paulskirche zum Hexenkessel. Mehrere Abgeordnete drängten gleichzeitig zur Kanzel, alles schrie durcheinander, Mittermaier schwenkte vergeblich die Glocke. Die Majorität fühlte sich herausgefordert. Nun erst brach der Konflikt zwischen Konstitutionellen und Demokraten in voller Schärfe aus. Als wieder Ruhe eingekehrt war und die Debatte ihren Fortgang nahm, zeigte sich, was für einen wunden Punkt wir getroffen hatten. Die Halben wanden und drehten sich. Schließlich beantragte Bassermann das Wörtlein *bevor* in dem Antrag durch *indem* zu ersetzen; unter dieser Voraussetzung könnten sicher alle zustimmen. Das war ein schlimmer Taschenspielertrick, um den ganzen Antrag unverbindlich und damit wertlos zu machen.
Abermals schieden sich die Geister. Angst und Unterwürfigkeit versteckten sich hinter edlen Phrasen. Der schwäbische Dichter Ludwig Uhland etwa kleidete seine Ansicht, man dürfe dem Bundestag nicht zuviel zumuten und sollte besser gar nichts verlangen, in den schönen Satz: *Ich glaube, daß, wenn der Frühling Sprossen treibt, das alte Laub von selbst abfällt.* Dankbar griff die Versammlungsmehrheit solche Phrasen auf. Und als man abstimmte, erhielt Bassermanns Gegenantrag die Majorität.
Mittermaier hatte kaum dieses Ergebnis bekanntgegeben, als Hecker verabredungsgemäß aufsprang und rief:
– Das ist Verrat am Volk! Wir Demokraten haben hier nichts mehr zu suchen!
Allgemeine Aufregung, Gepolter, Geschrei. Applaus von der Empore, Bravo- und Pfuirufe aus der Mitte der Rotunde. Hecker verließ seinen Platz, ich stand ebenfalls auf und packte meine Papiere zusammen. Andere taten es uns gleich. Rund fünfzig Demokraten verließen die Paulskirche. Nicht alle, die mit uns gestimmt hatten, waren dabei. Robert Blum, Karl Jacoby, Hugo Wesendonck, Rechtskonsulent Rödinger und ein paar andere blieben in der Halle. Blum rief von seinem Platz aus, noch während wir abzogen:

– Weil ich Demokrat bin, bleibe ich hier. Ich ehre die Mehrheit! Mein demokratisches Gewissen widersprach dem Auszug nicht. Wäre das Vorparlament eine frei gewählte Versammlung wirklicher Volksvertreter gewesen, hätte auch ich dafür plädiert, eine Mehrheitsentscheidung unbedingt zu respektieren. Aber die Zusammensetzung der in der Paulskirche Versammelten entsprach keineswegs der des Volkes. Zudem mißbrauchte sie das ihr stillschweigend übertragene Mandat, die Interessen der Freiheitsbewegung zu vertreten. Meine Freunde und ich hatten auf öffentlichen Kundgebungen Zehntausenden von Menschen versprochen, für die Verwirklichung ihrer Forderungen zu sorgen. Wir hatten die Pflicht, uns von einer Versammlung zu distanzieren, die im Namen der Revolution gemeinsame Sache machte mit der alten Autorität.

Daß die entschiedenen Demokraten das Vorparlament verlassen hatten, sprach sich in Frankfurt sehr schnell herum. Wir taten ein übriges und ließen Maueranschläge mit einer Erklärung anbringen. Als die in der Versammlung verbliebene Mehrheit nach beendeter Sitzung die Paulskirche verließ, empfingen sie Tausende von Demonstranten, die sich mit uns solidarisiert hatten. Vor dem Bundestagsgebäude standen Turner und Sänger mit Fackeln und forderten die halbe Nacht in Sprechchören die Auflösung der alten Bundesversammlung. Panik erfaßte die Behörde. Sie beraumte eine nächtliche Sondersitzung an, an deren Ende die vollständige Erfüllung unserer Forderungen stand. Am frühen Morgen des 3. April suchte der Präsidialgesandte des Deutschen Bundes, Graf Colloredo, den Präsidenten des Vorparlaments, Professor Mittermaier, in seinem Hotel auf und erklärte ihm, der Bundestag habe alle seit 1819 erlassenen Ausnahmegesetze formell außer Kraft gesetzt und sich von den daran beteiligten Mitgliedern getrennt.

Wir Demokraten tagten im Wolfseck. Gegen 11 Uhr vormittags erschien überraschend Adam von Itzstein. Er berichtete uns vom Nachgeben des Bundestags, erklärte, damit sei jeder Grund für unsere Sezession entfallen, und forderte uns auf, in die Paulskirche zurückzukehren. Nach längerer Diskussion entschieden wir uns, der Aufforderung zu folgen.

Bejubelt von den Zuschauern auf der Empore, beklatscht von den meisten Abgeordneten, zogen wir in das Hallenrund und nahmen wieder unsere Plätze ein. In unserer Abwesenheit war eine sehr wichtige Entscheidung gefallen, die ein Bekenntnis zum Rousseauschen Prinzip der Volkssouveränität beinhaltete. Mehrheitlich hatte die Versammlung bestimmt, *daß die Beschlußnahme über die zukünftige Verfassung Deutschlands einzig und allein der vom Volk zu wählenden Nationalversammlung zu überlassen sei.*

Zu anderen Beschlüssen kam es nicht mehr, obwohl noch zahlreiche Anträge gestellt wurden. In Gedanken waren die meisten Abgeordneten schon auf der Heimreise. Alle sozialen, konstitutionellen und wehrpolitischen Forderungen des Volkes reichte man *dem konstituierenden Parlamente zur Prüfung und geeigneten Berücksichtigung* weiter. Ähnlich unverbindlich war die Art, wie man die Notlage des Vierten Standes behandelte. *Meine Herren*, rief Römer, der, wie Gagern, neuerdings zum Rang eines Ministers aufgestiegen war, *Sie teilen gewiß alle die Sympathie für diese Leute, und ich bitte, durch Aufstehen den Beweis zu geben!* Bereitwillig erhoben sich all die braven Biedermänner von ihren Sitzen, und für das Vorparlament war damit das Problem erledigt.

Zum Schluß rief Mittermaier zur Wahl des Fünfziger-Ausschusses auf. Sie erfolgte anhand einer Liste, die während unserer Abwesenheit aufgestellt und infolge unseres Einspruchs nur unwesentlich korrigiert worden war. Korrekterweise hätte der Fünfziger-Ausschuß in seiner Zusammensetzung prozentual der des Vorparlaments entsprechen müssen. Den Demokraten, die etwa achtzig der fünfhundertsechsundsiebzig Delegierten stellten, hätten also wenigstens sechs Sitze zugestanden. Doch da über jedes Ausschußmitglied einzeln abgestimmt wurde, brachten wir keinen einzigen Repräsentanten durch. Gewiß wollte sich die

Mehrheit auf diese Weise für unseren Auszug rächen, doch sie beging eine große Dummheit. Da man mit uns die Vertreter des Vierten Standes von der Mitwirkung am friedlichen Umbau Deutschlands ausgeschlossen hatte, stärkte man die Kräfte, die einen bewaffneten Aufstand für unvermeidbar hielten.

30

Viel geleistet hatte das Vorparlament nicht, doch die Frankfurter feierten seine Abgeordneten zum Abschluß noch einmal mit Glockenklang, Böllerschüssen und Militärmusik. Ich hielt mich fern von diesem unangebrachten Jubel. Nachdem ich mit Hecker und den anderen Demokraten eine Besprechung für den nächsten Vormittag vereinbart hatte, eilte ich in den Holländischen Hof zurück.

Vom Bürgermeister der Stadt war ich ins Theater eingeladen worden, und Amalie zuliebe hatte ich zugesagt. Sie freute sich kindlich auf den Abend. Um rechtzeitig fertig zu sein, hatte sie schon am Nachmittag ihren Logenplatz in der Paulskirche verlassen und war bereit zum Ausgehen, als ich aus der Versammlung kam. Sie trug ein weißes Kleid, das ihre Mutter für sie genäht hatte; den Rock, den mehrere übereinanderliegende Volants verzierten, formte eine neu erworbene Krinoline zu einer riesigen Glocke, das eng anliegende Oberteil über der schmalen Taille ließ die Halspartie bis zu den Schultern und dem Ansatz des Busens frei; die oben eng anliegenden Ärmel öffneten sich vom Ellbogen ab wie überdimensionale Lilienblüten. Ihr schwarzbraunes Haar war bedeckt von einem breitrandigen Schutenhut mit weißen Rüschen und rosaroten Stoffrosen; zu beiden Seiten ihres blassen Gesichts baumelten kunstvoll gebändigte Korkenzieherlocken. Noch in der Erinnerung nimmt mir das Bild den Atem. Keine Frau war schöner als Amalie, und an diesem Abend war sie besonders schön.

Alle Augen waren auf sie gerichtet, als wir im Theater unsere Plätze einnahmen. Gegeben wurde *Wilhelm Tell* mit der Musik von Rossini. Als Referenz an die historische Stunde sang das ganze Ensemble zum Abschluß der Vorstellung das *Deutsche Landsturmlied* von Carl Guhr. Amalie war tief beeindruckt, Tränen der Rührung standen ihr in den Augen. Glücklich lehnte sie sich an mich.
Als wir nach der Vorstellung ins Freie traten, lag ein feenhafter Zauber über der Stadt. Die Luft war mild, und Amalie wollte zu Fuß gehen. So schritt sie mit rauschendem Kleid neben mir her, die Mantille über den Schultern, eine Melodie Rossinis summend. In magischem Licht hingen die schwarz-rot-goldenen Fahnen aus den Fenstern der Häuser am Ufer des Mains; etwas wie Gewittergrollen erfüllte die Luft, doch es war nur der Widerhall eines Feuerwerks, das am schwarzen Himmel wetterleuchtete. Tausende von Menschen füllten die Straßen und kommentierten die bunten Blitze und Feuerkaskaden mit staunendem Entzücken und lautem Jubel.
Auf dem Heimweg fanden wir alle öffentlichen Gebäude erleuchtet: das Domportal, die Nicolaikirche, die Hauptwache, den Römer, die Brunnen und ihre Obelisken. Auch einem Fakkelzug begegneten wir. Überm Eingang zum Holländischen Hof hing ein Transparent, auf dem das Parlament als symbolische Figur dargestellt war, die über zwei Särgen schwebte; in einem lag das Königtum, im anderen der alte Zopf.
An der Besprechung der Demokraten am nächsten Morgen, die im Gastzimmer des Holländischen Hofs stattfand, nahmen etwa hundert Personen teil. Die Stimmung war gereizt. Theodor Mögling, Seidenraupenzüchter und württembergischer Abgeordneter, schlug vor, *das Volk unverzüglich zu den Waffen zu rufen.* Ähnlich äußerten sich Karl Blind und Amand Goegg. Hecker war verkatert und zutiefst niedergeschlagen. Schlöffel machte mir bittere Vorwürfe wegen der Rückkehr der demokratischen Abgeordneten ins Vorparlament.

Dann ergriff ich das Wort und erklärte meinen Standpunkt: Der Aufbau der Volksvereine habe eben erst begonnen und sei vor allem außerhalb Badens noch sehr unbefriedigend. Das Militär stehe in seiner Mehrheit noch fest zur alten Autorität. In dieser Situation der Ungeduld einiger Hitzköpfe nachzugeben wäre unverantwortlich. Wir hätten keinen Grund, zu den Waffen zu greifen. Die Wahlen zum Nationalparlament würden frei und allgemein sein; ich zweifelte nicht daran, daß der Vierte Stand, und damit die Mehrheit der Deutschen, demokratische Abgeordnete wählen würde. Doch das sei nicht ohne Aufklärung und Propaganda erreichbar. Vordringlich schiene mir die Gründung eines zentralen Ausschusses der Demokraten zur Vorbereitung der Wahlen.

Mühsam überzeugte ich meine Gesinnungsfreunde, und wir einigten uns nach heftigen Diskussionen schließlich darauf, ein Demokratisches Zentralkomitee in Frankfurt zu konstituieren. Mein Fünfzehn-Punkte-Antrag vom 31. März wurde auf dreizehn Punkte reduziert und zum Wahlprogramm der Demokraten erhoben; aus taktischen Gründen strichen wir die Forderung nach Aufhebung der Monarchie und Einführung der Republik. Zu Mitgliedern des Zentralkomitees wählten wir fünfzehn entschiedene Demokraten aus Schlesien, Rhein- und Westpreußen, Bayern, Hannover, Sachsen, Baden, Württemberg, Sigmaringen und Hessen; Hecker übernahm den Vorsitz, ich seine Stellvertretung.

So schien alles Notwendige in die Wege geleitet. Die Diskussionen und Abstimmungen hatten sich bis in den späten Nachmittag hingezogen, doch die Einheit der Demokraten war gerettet. Mit der Parole *Wohlstand, Bildung und Freiheit für das gesamte deutsche Volk* würde die radikal-demokratische Partei sich in ganz Deutschland zur Wahl stellen, um am 1. Mai als stärkste Gruppierung in die Paulskirche einzuziehen. Hecker bat mich, noch ein paar Tage in Frankfurt zu bleiben und mit dem neu installierten Zentralkomitee alles Notwendige zu veranlas-

sen. Er selbst mußte nach Karlsruhe zurück, um sein Abgeordnetenmandat in der Zweiten Kammer wahrzunehmen.
Kurz vor seiner Abreise erschien ein junger Mann in einem grauen Paletot, fragte den Hotelportier nach Hecker und mir und bat uns zu einer vertraulichen Unterredung. Im Erker des ersten Stocks gab sich der Fremde als ein Adjutant Georg Herweghs namens Doll zu erkennen. Hecker fragte recht unfreundlich, worum es ginge, und der Mann antwortete, Georg Herwegh lasse uns wissen, seine Deutsche Legion stünde Gewehr bei Fuß in Straßburg; gut tausend Mann warteten nur auf die Aufforderung, über den Rhein zu kommen.
– Da könnt ihr warten, bis ihr schwarz werdet, sagte Hecker, stand auf und verschwand.
Mir tat der verdutzte Emissär leid. Ich lud ihn ein, mit Amalie und mir zu Abend zu essen. Wie sich herausstellte, hatte Doll angenommen, sehnlichst erwartet zu werden. Fickler war am 1. April in Straßburg gewesen und hatte den Eindruck erweckt, die bewaffnete Revolution stünde unmittelbar bevor. Am vergangenen Sonntag war es im badischen Achern zu einer Volksversammlung gekommen, zu der Fickler außer dem russischen Anarchisten Bakunin auch eine Abordnung von Herweghs Deutscher Legion eingeladen hatte. Was mir Doll über Ausrüstung und Zusammensetzung berichtete, strafte allerdings das Gerücht von einer Revolutionsarmee in Wartestellung Lügen. Bei der Entscheidung, ob Baden reif zum gewaltsamen Umsturz sei, konnte man das Häuflein jenseits des Rheins getrost außer Betracht lassen.
Am Mittwoch, dem 5. April, tauchte Josef Fickler in Frankfurt auf. Völlig überraschend platzte er in die erste Sitzung des Demokratischen Zentralkomitees und unterbrach unsere Tagesordnung, um uns ungebeten eine Lektion über unsere Pflichten und Versäumnisse zu erteilen. Während er über den Verlauf des Vorparlaments schimpfte, wippte er, die Fersen hebend und senkend, mit seinem massigen Körper unruhig auf und ab. Ich

weigerte mich, mit ihm erneut über das Für und Wider einer bewaffneten Erhebung zu diskutieren. Er komme einen Tag zu spät, sagte ich ihm, die Entscheidung sei gefallen. Mindestens bis zum 1. Mai hätten sich die radikalen Demokraten für den legalen Weg entschieden. Daraufhin schrie Fickler, wir seien dabei, die Revolution zu verraten, und verließ wütend den Raum.
Als ich mich am frühen Nachmittag mit ihm im Wolfseck traf, schnaubte er noch immer vor Zorn. Niemand werde ihn daran hindern, drohte er, zu tun, was getan werden müsse. Die Reaktion plane den großen Gegenschlag. Jede Minute sei kostbar. Ob ich schon gehört hätte, daß Bundestruppen dabei seien, Baden zu besetzen? Ob ich es verantworten könne, das Volk in dieser Stunde im Stich zu lassen? Man hätte schon am 19. März in Offenburg auf ihn hören und die Republik ausrufen müssen. Das Geschwätz der vergangenen Wochen habe überhaupt nichts gebracht.
In dieser Art redete er weiter, und mir war klar, daß er notfalls auf eigene Faust den Bürgerkrieg in Baden eröffnen würde. Im Seekreis und im Schwarzwald war Fickler so populär, daß er dort jederzeit das Zeichen zum Aufstand geben konnte. Während er noch sprach, suchte ich fieberhaft nach einer Möglichkeit, ihn davon abzuhalten. Spontan kam mir die Idee einer Volksabstimmung in Baden.
– Der Bürgerkrieg, beschwor ich Fickler, darf nur das allerletzte Mittel sein, ein Akt der Notwehr. Laß uns der badischen Regierung vorschlagen, die Bevölkerung zu befragen, ob sie für oder gegen die Beibehaltung der Monarchie ist. Wenn sie diesen friedlichen Weg ablehnt, können wir immer noch, und dann mit mehr Berechtigung, das Volk zu den Waffen rufen.
Es kostete mich viel Überredungskunst, den hitzigen Mann zu überzeugen, doch es gelang mir schließlich. An Ort und Stelle begannen wir, ein Memorandum an die Regierung in Karlsruhe aufzusetzen. Ich stütze mich auf meine Notizen von jenem

Nachmittag, aus denen ich den Text rekonstruieren kann. Es müsse die Aufgabe der Staatskunst sein, schrieben wir einleitend, die Entscheidung über die Einführung der Republik vom blutigen Felde der Schlacht auf das unblutige Feld des geistigen Kampfes zu verlagern. *Würden in Urversammlungen sämmtliche volljährigen Staatsbürger nach vorgängigen öffentlichen und mündlichen Verhandlungen der Sache aufgefordert, über die Frage, ob Republik oder Monarchie, abzustimmen, so könnte der Wille des Volkes im Laufe weniger Tage erkannt werden.* Fickler und ich erklärten uns bereit, nach Kräften Unruhe im Volk und bewaffneten Zuzug von jenseits der Grenzen zu verhindern. *Die Zeit drängt,* schlossen wir, *die bewaffneten deutschen Scharen rücken mit jedem Tag unseren Grenzen näher. In unserem Lande selbst ist eine gänzliche Auflösung aller gewerblichen und staatlichen Verhältnisse eingetreten, daher auch die Bewohner unseres Landes eine ungesäumte Entscheidung der großen Frage des Tages verlangen. Länger als acht Tage läßt sich das Ende der Abstimmung nicht hinausschieben.*
Mit einer Reinschrift dieses Schreibens suchte ich am nächsten Morgen den neuen badischen Bundestagsgesandten Welcker auf. Es gelang mir, ihm den Ernst der Situation klarzumachen, und er versprach mir, die Denkschrift persönlich dem Minister Bekk zu übergeben. Dies hat er sicherlich auch getan, aber wie unser Ultimatum aufgenommen wurde, habe ich nie erfahren. Eine Antwort kam nicht, und, ehrlich gesagt, damit hatte ich auch nicht gerechnet. Seinen Zweck hatte das Memorandum allein dadurch erreicht, daß Fickler fürs erste von einem Alleingang absah.
Freitag, den 7. April, reisten Amalie und ich in Begleitung Ficklers nach Mannheim zurück. Schon bei unserer Ankunft bemerkten wir, daß uns Polizeibeamte in Zivil beobachteten und heimlich folgten. Unter ihren Augen verabschiedeten wir uns von Fickler, der nach Karlsruhe weiterfuhr. Vor meinem Haus warteten viele Menschen. Aufgeregt teilten sie mir mit, Baden

würde von Bundestruppen besetzt. Angeblich gab es sichere Nachrichten vom Einmarsch hessischer, bayerischer und württembergischer Armee-Einheiten. Was die Leute am meisten empörte, war die Ernennung des verhaßten Erzreaktionärs Markgraf Wilhelm von Baden zum Oberkommandanten der Invasionstruppen. Ihm hatte die Regierung erst vor zwei Wochen aufgrund der Offenburger Forderungen den Oberbefehl über die badische Armee entzogen. Gegen wen sich der Aufmarsch richtete, war nur allzu klar. In Donaueschingen, erfuhr ich, hatte eine empörte Volksversammlung tags zuvor ultimativ gefordert, die Invasion rückgängig zu machen; andernfalls würde man zu den Waffen greifen.

In meinem Arbeitszimmer fand ich Stöße von Post vor. Der Verlauf der Frankfurter Versammlung hatte die Volksvereine in Baden rebellisch gemacht. Man drängte mich und Hecker zur Tat. Während ich die mehr als hundert Adressen und Briefe las, die allesamt den bewaffneten Aufstand forderten, kamen Deputationen verschiedener Vereine und Gemeinden, um mich im gleichen Sinne zu beeinflussen. Ich riet zwar immer noch zur Geduld, geriet aber innerlich ins Wanken.

Auf dem Sofa liegend, diktierte ich abends einige Briefe. Schließlich unterbrach ich diese Arbeit, um Amalie meine Unsicherheit zu gestehen. Durch den Einmarsch der Bundestruppen war eine neue Situation entstanden. Sollte die Freiheitsbewegung von 1848 genauso enden wie die von 1830? Alle Zugeständnisse der Regierung resultierten nur aus ihrer Hilflosigkeit gegenüber den unruhigen Volksmassen. Sobald sie sich wieder sicher fühlte, waren alle Zusagen wertlos. Zuerst würde man sich der Führer der Bewegung entledigen und dann die Errungenschaften der letzten Wochen Schritt für Schritt rückgängig machen.

Während ich diese Befürchtungen äußerte, stand Amalie auf und ging zum Fenster. Statt einer Antwort sagte sie:

– Auf der andern Straßenseite steht ein Mann, der uns vom

Bahnhof bis hierher verfolgt hat. Du mußt fort, sie werden dich verhaften.
Ich versuchte, sie zu beruhigen. Daß Bekk es wagen würde, das Volk durch die Verhaftung eines seiner Führer herauszufordern, hielt ich für ausgeschlossen. Amalie begann zu weinen. Sie setzte sich neben mich und umklammerte meine Hand. Sie spüre, sagte sie, daß mir Gefahr drohe; ich solle auf sie hören und ihr zuliebe Mannheim verlassen.
– *Von Büschel stieg zu Büschel er dann wieder*, murmelte ich, *wo zwischen Fell und Eiswand Platz noch war.*
– Was hast du gesagt? fragte Amalie.
– Mir fiel nur ein Vers aus dem *Inferno* ein, sagte ich. Dante mußte den Körper des Teufels hinunterklettern, Gefahr laufend, zwischen dem riesigen Zottelkörper und der eisigen Höhlenwand zermalmt zu werden. Ich befinde mich in einer ähnlichen Lage. Zurück will ich nicht, und ausweichen kann ich nicht.
– Was also wirst du tun? fragte sie.
– Ich warte auf das Kippen der Welt, antwortete ich.

31

Es ist Abend geworden, und ich bin nun ganz sicher, daß ich Fieber habe. Vielleicht kommt es von meiner Mundentzündung, vielleicht aber auch vom Wiedererleben meiner Höllenreise. Die Erinnerung wühlt auf, was still und abgetan schien. Ich versuche zu berichten, was geschah, und gerate dabei selbst wieder in den Strudel der Vergangenheit.
Am frühen Morgen des 8. April wollte Josef Fickler von Karlsruhe aus die Weiterreise ins Oberland antreten. Mit ihm reisten die rheinischen Demokraten Bruhn und Willich. Die beiden haben mir später genau geschildert, was sich auf dem Karlsruher Bahnsteig ereignete. Der Zug war schon abfahrbereit, die Fahrgäste eingestiegen, die Abteiltüren standen offen. Da kam Karl Mathy in

Mantel und Zylinder über den Perron, in der Hand Schirm und Reisetasche. Er wollte nach Mannheim reisen, in die Gegenrichtung also. Sein Zug war noch nicht eingefahren. Durch die Dampfschwaden der stampfenden Lokomotive des wartenden Zuges nach Offenburg ging Karl Mathy an den Waggons entlang und entdeckte in einem der Abteile Josef Fickler. Sofort trat er an die offene Tür und fragte in scharfem Ton:

– Wo willst du hin?

– Das geht dich nichts an, antwortete Fickler.

– Ich weiß, sagte Karl Mathy, du willst ins Oberland hinauf!

– Ja, und ich will dir zeigen, was wir zu tun vermögen.

– Du gehst nicht, du bleibst hier!

– Du wirst mir's nicht wehren.

Mit diesen Worten zog Fickler die Abteiltür zu. Mathy überlegte einen Moment und eilte dann in die Amtsstube des Bahnhofsvorstehers. Mit einem Polizeikommissär kehrte er zurück, riß die Tür auf und schrie, auf Fickler zeigend:

– Nehmen Sie diesen Mann fest!

Der derart Angewiesene sah Fickler an und erkannte ihn. Einen der bekanntesten Volksführer zu verhaften wagte der brave Beamte nicht. Dazu bedürfe es einer polizeilichen oder gerichtlichen Anweisung, stotterte er. Fickler rief dem im Hintergrund wartenden Bahnhofsvorsteher zu:

– Fort mit dem Zug!

– Sie lassen, bellte Mathy, den Zug nicht abgehen, bevor Herr Fickler verhaftet ist.

– Gott, stöhnte der Polizeikommissär, ich habe keine Befugnis, Herrn Fickler festzunehmen.

– Tun Sie es auf meine Verantwortung, verlangte Mathy.

Kreidebleich und hilflos blickte der Polizist zwischen dem resoluten Abgeordneten auf dem Bahnsteig und dem Volksmann im Zugabteil hin und her. Der scharfe Wortwechsel hatte Neugierige herbeigelockt, überwiegend andere Fahrgäste, die ihre Abteile verlassen hatten. Als sie merkten, was vorging, be-

schimpften sie Mathy und den Bahnhofsvorsteher und verlangten die Abfahrt des Zuges.
– Sie sind mir verantwortlich, daß der Mann nicht entwischt, sagte Mathy zu dem Polizisten und hastete davon. Zwischen Fickler und den übrigen Reisenden auf der einen und Bahnhofsvorsteher und Polizeikommissär auf der anderen Seite entspann sich ein Streit darüber, ob der Zug nun endlich abfahren könne. Das war noch nicht entschieden, als Mathy in Begleitung eines Trupps Wachsoldaten zurückkehrte, die er von der nahen Torwache herbeigerufen hatte. Die Neugierigen wichen zurück, und Mathy, flankiert von Militär, erklärte:
– Fickler, ich verhafte dich!
– Aber, protestierte der Polizeikommissär, dazu fehlt Ihnen die Befugnis!
– Jeder Bürger, widersprach Mathy, hat das Recht und die Pflicht, einem Verbrecher entgegenzutreten.
Und zu den Soldaten sagte er:
– Verhaften Sie diesen Mann. Er ist ein Landesverräter.
Vier Uniformierte zerrten den heftig protestierenden Josef Fickler aus dem Zug. Bruhn und Willich, die ihn festzuhalten versuchten, wurden mit Gewehrkolben zurückgestoßen.
Fickler spuckte aus vor Mathy, während die Soldaten ihn wegzogen und über den Perron dem Ausgang zu stießen. Scheinbar unbeeindruckt holte Mathy die Taschenuhr unterm Mantel hervor, sagte dem Bahnhofsvorsteher, der Zug könne jetzt abfahren, und eilte seinem Opfer nach.
Mich erreichte die erste Nachricht von diesem Vorfall ein paar Stunden später. Ich saß mit Fröbel über dem Leitartikel für die in Druck gehende Ausgabe der *Deutschen Volkszeitung*, als Hoff hereingestürzt kam und rief, Fickler sei soeben verhaftet worden.
Mir war, als hätte ein Blitz eingeschlagen. Ungläubig und entsetzt zugleich sah ich zuerst Hoff, dann Fröbel an. So, wie die Lage war, konnte Ficklers Verhaftung nur eines bedeuten: Die

Regierung fühlte sich im Schutz der einmarschierenden Bundestruppen sicher genug, die Freiheitsbewegung zu liquidieren. Das hieß, daß auch ich in höchster Gefahr war.
Kaum hatte ich mich vom ersten Schock erholt, als nacheinander mehrere Freunde kamen, um mich zu warnen. Karl-Heinrich Schnauffer stand in der Tür und rief, es bestünde kein Zweifel daran, daß Karl Mathy persönlich die Verhaftung Ficklers vorgenommen habe. Mathy gebe dies offen zu.
Ich eilte nach Hause. Insgeheim rechnete ich damit, in meiner Wohnung Polizei vorzufinden. Statt dessen erwarteten mich dort Nachbarn und einige Bekannte. Amalie war tränenüberströmt. Sie hatte mich schon im Gefängnis gesehen, und warf sich mir erleichtert in den Arm, als ich das Zimmer betrat. Franz Sigel war mit einigen seiner Sensenmänner erschienen, um meine Verhaftung zu vereiteln. Von ihm erfuhr ich, daß Karl Mathy sich in Mannheim aufhielt. Eine aufgebrachte Volksmenge, berichtete Amalies Bruder Pedro, drohe, sein Haus zu stürmen.
– Ich werde ihn zur Rede stellen, sagte ich und griff nach meinem Hut.
– Bleib da, schrie Amalie. Er ist gekommen, um auch dich zu verhaften!
– Mannheim ist nicht Karlsruhe, antwortete ich. Hier ist die ganze Bevölkerung auf unserer Seite. Am hellichten Tag und vor allen Leuten wird er es nicht wagen, gegen mich vorzugehen.
– Ich begleite dich, entschied Amalie. Von jetzt an weiche ich keinen Schritt mehr von deiner Seite.
Vor dem Haus, in dem Mathys Wohnung lag, standen Scharfschützen der Bürgerwehr. Ein alter Mann auf dem gegenüberliegenden Gehsteig sagte uns, Mathy sei im Rathaus, um sich zu rechtfertigen. Wir eilten zum Rathausplatz, wo sich eine riesige Menschenmenge versammelt hatte. In gewaltigen Sprechchören riefen Tausende mit hochgereckten Fäusten:
– Mathy raus! Her mit dem Volksverräter!

Doch der Balkon blieb leer. Ich drängte mich durch die Menge, um ins Rathaus zu gelangen, wo Mathy, wie man mir sagte, an einer schriftlichen Rechtfertigung seiner Tat arbeitete. Kurz bevor ich das Portal erreichte, marschierte Bürgerwehr auf. An den Uniformen und der Bewaffnung erkannte ich, daß es sich um die regierungstreuen Kompanien Jörgers, Bassermanns und Mathys handelte. In mehreren Reihen rückten sie vom Rathaus auf den Platz vor und drängten die Menge mit gefällten Seitengewehren zurück. Obwohl ich mich zu erkennen gab, ließ man mich nicht durch.

Als der Platz so weit von der Bürgerwehr besetzt war, daß sich die Menge außer Steinwurfweite vom Rathaus befand, ging plötzlich ein wütender Aufschrei durch die Menschen. Auf dem Balkon stand Karl Mathy.

– Mitbürger, rief er, ich darf wohl auch jetzt noch sagen ... Freunde!

Wütender Widerspruch aus vielen tausend Kehlen unterbrach ihn. Er redete wohl noch weiter, zu verstehen war kein Wort. Hochrufe der Bürgerwehr verkündeten das Ende von Mathys Auftritt, und als der Balkon wieder leer war, beruhigte sich die Menge nach und nach. Die Bürgerwehr begann, den Platz vollständig zu räumen, und ich gab meine Absicht auf, zu Mathy vorzudringen.

Wieder zu Hause, bereiteten Amalie und ich unsere Abreise vor. Nur das Allernotwendigste packten wir ein. Ich schrieb jeweils ein paar Zeilen an Hecker und andere Freunde, während Amalie zu ihren Eltern eilte, um sich zu verabschieden. Ihr Bruder begleitete sie zurück und erklärte, er wolle mit uns gehen. Da ich wußte, wie sehr der Siebzehnjährige an seiner Schwester hing, widersprach ich nicht.

Nach einiger Überlegung war ich zu dem Entschluß gekommen, nach Konstanz zu reisen, in Ficklers Heimatstadt. Einen Plan verfolgte ich nicht. Mir kam es zunächst nur darauf an, der Verhaftung zu entgehen und trotzdem im Lande zu bleiben. Der

Seekreis schien mir der beste Zufluchtsort, weil dort die Bevölkerung revolutionär und die Schweizer Grenze sehr nahe war. Keiner von uns Demokraten hatte mit einer Verhaftungswelle gerechnet. Daher war für diese Situation auch nichts vorbereitet oder abgesprochen worden.

Mit Tränen in den Augen verließ Amalie unsere kleine Wohnung, die sie so liebevoll eingerichtet hatte. Auf dem Weg zum Bahnhof verfolgten uns Polizeispitzel, doch sie behelligten uns nicht. Um keinen Verdacht zu erregen, lösten wir die Billetts nur bis Heidelberg. Dort gelang es mir, die Verfolger auf eine falsche Fährte zu locken, während sich Amalie und Pedro um die Weiterreise kümmerten. Bis Durlach fuhren wir im Zug, dann nahmen wir eine Kutsche, die uns nach Offenburg brachte. Unterwegs wurden wir wiederholt erkannt und konnten uns der Hilfsbereitschaft der Leute kaum erwehren. Eine Gruppe badischer Soldaten, die wir in einem Wirtszimmer antrafen, brachte ein Hoch auf mich aus.

Bei heiterem Wetter trug uns der schaukelnde Waggon durch die wildromantischen Täler des Schwarzwaldes. Amalie und ihr Bruder wurden nicht müde, einander Wasserfälle und Schluchten, bizarre Baumriesen und Berghöfe zu zeigen, während ich stumm vor mich hin brütete. War Mathy wirklich zufällig auf dem Perron erschienen, wo er Fickler entdeckte? Warum hatte er, der Kopf der badischen Konstitutionellen, auf eigene Verantwortung die Verhaftung vorgenommen? Antwort fand ich nicht auf diese Fragen. Hätte es Beweise für ein Verbrechen Ficklers gegeben, wären Staatsanwaltschaft und Polizei gegen ihn vorgegangen. Alles sprach für einen wohlkalkulierten Coup Mathys, dessen Beweggründe ich nicht ganz durchschaute. Man würde ihn für den Verrat des Freundes und des Volkes verachten und hassen, das stand außer Frage. Aber daß er mit seiner Tat unser Konzept zerstört hatte, war nicht zu bestreiten. Wir Demokraten waren nun im Zugzwang. Gaben wir klein bei, so verloren wir jede Glaubwürdigkeit im Volk, das nach Rache schrie. Doch zum Bürgerkrieg war die Zeit noch nicht reif. Auch wenn es schon viele vaterländische Vereine gab, war das ganze System der Ausschüsse doch noch unfertig. Ob die badischen Truppen sich in der gegenwärtigen Situation weigern würden, auf das Volk zu schießen, schien mehr als fraglich.

Dies waren die Gedanken, die mich auf der langen Fahrt beschäftigten. Bei der Suche nach einem Ausweg fiel mir der Sternmarsch nach Karlsruhe vom 1. März wieder ein, mit dem die badische Freiheitsbewegung so vielversprechend begonnen hatte. Eine ähnliche Massendemonstration, nur viel gewaltiger, schwebte mir vor. Die Tatsache, daß es zu einer regulären Abstimmung über die Regierungsform nicht kommen würde, schloß eine Abstimmung mit den Füßen nicht aus. Der Gedanke ließ mich nicht mehr los und wurde zum Plan. Als Antwort auf Ficklers Verhaftung wollte ich einen neuen, das ganze Land erfassenden Sternzug in die Hauptstadt organisieren. Vom Oberland aus sollte die Bevölkerung in verschiedenen Kolonnen nach Karlsruhe marschieren, einem Fluß ähnlich, der als Rinnsal im Gebirge entspringt, sich verzweigt und wieder trifft, um schließlich, stetigen Zulauf erhaltend, zum breiten, mitreißenden Strom zu werden. In Gedanken sah ich ein friedliches Millionenheer badischer Bürger vor mir, unterwegs zum Sitz der Regierung.

Amalie, Pedro und ich kamen am Montag, dem 10. April, in Konstanz an. Im Badischen Hof, dem größten Gasthaus der Stadt, fand ich Willich, Doll und Mögling. Friedrich Hecker und Franz Sigel trafen einen Tag später ein. Wir hatten uns nicht abgesprochen; ich hatte nur hinterlassen, wohin ich abgereist war. Was meine Freunde in den Seekreis trieb, war das Gefühl, es müsse etwas geschehen. Konstanz als republikanische Hochburg bot sich als Sammelpunkt an. Leider erwiesen sich die Konstanzer Demokraten, die am 19. März in Offenburg das große Wort geführt und die Ausrufung der Republik verlangt hatten, als völlig verschreckt. Ihre Wortführer, Bürgermeister

Hüetlin, Dekan Kuenzer und Advokat Würth, verbargen nur schlecht die Verlegenheit, in die sie unsere Ankunft brachte. Sicher vor polizeilicher Verfolgung waren wir allerdings. Von dem demokratisch denkenden Regierungsdirektor Peter war angesichts der allgemeinen Empörung über Ficklers Verhaftung keine Aktion gegen uns zu erwarten. So hatten Hecker und ich wenigstens unsere Handlungsfreiheit gerettet. Um das weitere Vorgehen demokratisch zu legitimieren, berief ich den in Offenburg gewählten Zentralausschuß zu einer ordentlichen Sitzung nach Konstanz. Die erreichbaren Mitglieder trafen sich am Nachmittag des 11. April im Rathaus.
Hier entwickelte ich meinen Plan anhand einer Landkarte, die ich aus dem Lyceum der Stadt entliehen hatte. Das Volk sollte in vier Marschkolonnen vom Oberland aus nach Karlsruhe ziehen. Sigel, Bruhn, Weishaar aus Lottstetten und Müller aus Grenzach würden diese einzelnen Kolonnen kommandieren, Willich als ehemaliger preußischer Offizier sollte den militärischen Oberbefehl über das Ganze führen, während Hecker und mir die politische Leitung des Unternehmens zufiel. Die erste Marschgruppe sollte von Konstanz und Umgebung ausgehen, die zweite von Donaueschingen, die dritte von Lottstetten und die vierte von Lörrach. Die ersten beiden Heersäulen würden sich hinter Donaueschingen treffen und durch das Kinzigtal nach Offenburg marschieren; die dritte sollte durch das Höllental nach Freiburg vorrücken, um sich dort mit der vierten, das Oberrheintal herunterkommenden Kolonne zu vereinigen. Alle vier Marschgruppen würden sich in Offenburg sammeln und gleichzeitig mit einem fünften Zug aus Heidelberg und Mannheim Karlsruhe erreichen.
Die Mitglieder des Landesausschusses schienen allesamt von meinem Plan beeindruckt, äußerten aber viele Bedenken und Einwände. Manche hielten jede Aktion für verfehlt; man dürfe die Wahlen zur Nationalversammlung auf keinen Fall stören, sagten sie, der parlamentarische Weg zur Republik sei der einfa-

chere und überhaupt das Risiko einer solchen Massendemonstration viel zu groß. Hüetlin warnte, eine so große Ansammlung von Menschen sei nicht unter Kontrolle zu halten; man müsse Mord, Raub und Plünderung befürchten.
– Diese Besorgnis, antwortete ich, teile ich keineswegs. Je länger wir hier reden, sehe ich aber eine Gefahr ganz deutlich: Es gibt in unseren eigenen Reihen so viele Feiglinge und Schwächlinge, daß die großartigste Volksbewegung an ihnen scheitern muß.
– Teufel auch, schrie Hecker und schlug mit der flachen Hand auf den Tisch, Struve hat recht. Vor ein paar Wochen wolltet ihr die blutige Revolution, und jetzt, wo es ernst wird, scheißt ihr euch in die Hosen!
Vor ein paar Wochen, verteidigte sich Würth, sei die Lage viel günstiger gewesen. In Offenburg hätte man zuschlagen müssen, jetzt sei der Zeitpunkt verpaßt. Und Vanotti, ein Konstanzer Arzt und Volksmann, nickte zustimmend. Der Einmarsch der Bundestruppen habe zwar das Volk empört, er habe aber auch die Gefahr einer bewaffneten Niederschlagung der Freiheitsbewegung heraufbeschworen. Dagegen war wenig zu sagen. Immerhin versicherte Hecker, er habe sichere Zusagen aus Karlsruhe, Rastatt, Mannheim und Offenburg, daß jedenfalls die badische Armee nicht auf das eigene Volk schießen werde.
Während wir im Rathaus debattierten und zu keiner anderen Erkenntnis kamen als der, daß jede Art von Protest gegen die Regierung mit gewissen Gefahren verbunden sei, veranstaltete die Konstanzer Bürgerwehr militärische Übungen. Ein Häuflein Kampfwilliger warf jenseits der Brücke Schanzen auf, um die Stadt notfalls zu verteidigen. Wenn es nach dem Gemeinderat gegangen wäre, hätte man lieber Wälle gebaut, um die Bevölkerung am Abmarsch in Richtung Karlsruhe zu hindern. Von einer allgemeinen Revolutionsstimmung konnte jedenfalls keine Rede sein.
Merkwürdigerweise blieben die wahren Schwierigkeiten des geplanten Unternehmens in der Sitzung des Ausschusses un-

erwähnt. Niemand bedachte, wie schwierig es sein würde, das Vorrücken der verschiedenen Marschkolonnen so aufeinander abzustimmen, daß ein ungefähr gleichzeitiges Eintreffen in Karlsruhe gewährleistet wäre. Auch die naheliegende Gefahr einer Sperrung der vorgesehenen Routen durch Bundestruppen diskutierten wir nicht. Ich wies allerdings darauf hin, daß ein ständiger Kurierverkehr zwischen den Kolonnen stattfinden müsse, damit jeder wisse, wo sich die anderen befänden.

– Das sind Detailfragen, meinte Hecker. Die sollen die Kolonnenführer nach Bedarf regeln.

Ich verstand gut, warum er die Diskussion abschnitt. Gegen den Plan gab es ohnehin schon viele Einwände; nun sollten nicht auch noch von unserer Seite Probleme aufgeworfen werden. Hecker hielt den Sternmarsch vom ersten Augenblick an für eine gute Idee. Allein seiner Unterstützung war es zu danken, daß der Ausschuß sich schließlich einverstanden erklärte. Daß es großer Überredungskraft bedurfte, die eigenen Leute zu überzeugen, war kein gutes Vorzeichen.

Ermüdet von den Diskussionen, kam ich abends in den Badischen Hof zurück, wo Amalie und Pedro in der Gaststube auf mich warteten. Ich erzählte Amalie von der Schwierigkeit der Verhandlungen und dem gefaßten Beschluß.

– Laß dich nicht beirren, sagte sie. Du vertrittst die Sache der Armen, und die bilden den größten Teil des Volkes. Sie werden dich nicht im Stich lassen.

Dankbar drückte ich ihre Hand und war wieder voller Zuversicht.

32

Mit Konstanz verbinde ich keine guten Erinnerungen. In dem mittelalterlichen Rathaussaal, wo wir verhandelten, hallten die Stimmen von den kahlen Wänden und dem steinernen Boden

wider. Ich fror entsetzlich. Das Wetter hatte umgeschlagen; nach ungewöhnlich warmen Märztagen war es noch einmal Winter geworden. Durch die kopfsteingepflasterten Straßen der Stadt trieb ein scharfer Ostwind Kaskaden eisigen Regens.
Hecker und ich erließen die notwendigen Anordnungen zur Verwirklichung meines Plans. An den Ausgangspunkten der fünf Marschkolonnen wurden Volksversammlungen einberufen und alle umliegenden Gemeinden zur Teilnahme eingeladen. Eine allgemeine Kundmachung sollte Badens Bürger über unsere Absicht informieren und auffordern, sich dem Zug nach Karlruhe anzuschließen. Über die Formulierung dieses Aufrufs konnten wir uns nur schwer einigen. Hecker wollte sofort die Republik proklamieren und an der Spitze eines bewaffneten Volksheers nach Karlsruhe ziehen; ich wollte durch eine friedliche Massendemonstration in Karlsruhe die Abdankung der Regierung und des Großherzogs erzwingen. Dies schien mir die bessere Taktik. Die vorzeitige Ausrufung der Republik würde uns von Anfang an zu einer Abwehrhaltung nötigen; statt das allgemein verhaßte System anzugreifen, würden wir eine nur als Begriff existierende neue Ordnung verteidigen. Für dieses Bedenken hatte Hecker kein Ohr, nannte es theoretischen Firlefanz und Wortklauberei. Wir einigten uns schließlich darauf, zum Marsch nach Karlsruhe *für die Republik* aufzurufen – eine Formulierung, die zweideutig war. Von einigen martialischen Ausdrücken war mein Freund allerdings nicht abzubringen, und eine Bewaffnung des Zuges hielt er für unerläßlich. Seit der Zeit der Germanen sei die Waffe das Kennzeichen der Freiheit, das stünde schon bei Tacitus. Ich widersprach nicht, obwohl ich mich an ein derartiges Tacitus-Zitat nicht erinnern konnte.
Mir fiel die Aufgabe zu, mit Bruhn die Donaueschinger Marschkolonne auszuheben, während Hecker mit Willich und Sigel die Konstanzer Kolonne zusammenstellen sollte. Weishaar fuhr in den Jetstettener Zipfel, um die dritte, Müller nach Grenzach, um die vierte Marschsäule zu bilden. Am Ostermontag, dem 24.

April, sollten sich die vier Kolonnen aus dem Süden in Offenburg treffen, und am gleichen Tag würde sich in Mannheim und Heidelberg die fünfte Marschgruppe formieren. Als Zeitpunkt für den Einmarsch des Volkes in Karlsruhe wurde Dienstag, der 24. April, 12 Uhr mittags bestimmt. In den bis dahin verbleibenden zwölf Tagen mußte ganz Baden aufgestanden sein.
Bei trübem Himmel und naßkalter Witterung reiste ich mit Amalie in Begleitung von Bruhn und Schöninger am Morgen des 12. April aus Konstanz ab. Mit dem Dampfschiff fuhren wir nach Überlingen und von dort mit wechselnden Postkutschen über Stockach und Engen nach Donaueschingen. Unterwegs suchte ich in jedem größeren Ort die Gemeindevertreter auf und weihte sie in unseren Plan ein. Noch am Vorabend hatte Hecker geprahlt, allein im Seekreis stünden achtzigtausend Menschen bereit, uns nach Karlsruhe zu folgen. Ich hatte Grund, an dieser Behauptung zu zweifeln. Überall hörte ich das gleiche: Man stünde zwar auf unserer Seite, halte den Zeitpunkt der Schilderhebung aber für höchst ungünstig; man solle doch das Zusammentreten des Nationalparlaments in Frankfurt abwarten, man dürfe der Reaktion keinen Vorwand für den Einsatz der Bundestruppen geben; auch könnten die Bauern jetzt, zur Zeit der Aussaat, ihre Höfe nicht verlassen; das bevorstehende Osterfest wollten sie bei ihren Familien verbringen. Am meisten machte uns die reaktionäre Verleumdung zu schaffen, wir Demokraten stünden im Bunde mit fremden Freischärlern. Viele mißtrauten uns deshalb.
Oft herrschte auch nur die Angst, die Sache könnte schiefgehen. Bezeichnend war mein Treffen mit dem Advokaten Welte in Engen, den man seines wilden Republikanismus wegen den Baronen-Metzger nannte. Ich hatte einen kühnen Draufgänger erwartet, doch ich traf einen Schwätzer mit zuckenden Augenlidern, der seine Feigheit hinter wohlmeinenden Ratschlägen und hohlen Phrasen versteckte. Statt am Gelingen des Unternehmens mitzuarbeiten, malte er mir die Folgen eines möglichen Schei-

terns aus und bat dringend, mich nicht in Gefahr zu begeben, denn ich hätte die Pflicht, mich für Deutschland und Baden zu erhalten. Amalie, die neben mir in der Kanzlei des Baronen-Metzgers saß und seinen Wortschwall mit anhören mußte, unterbrach ihn unvermittelt, indem sie mich zum Aufbruch mahnte.

– Laß uns fahren, sagte sie. Mit einem Metzger, der kein Blut sehen kann, vertun wir nur unsere Zeit.

Von Donaueschingen, dessen Bürger noch wenige Tage zuvor ein schroffes Ultimatum an die badische Regierung geschickt hatten, erhoffte ich mir entschiedene Unterstützung. Der Gemeinderat war gut republikanisch gesinnt und hatte in Erwartung unserer Ankunft für den 14. April eine bewaffnete Volksversammlung einberufen. Doch bei meiner Ankunft fand ich die Demokraten der kleinen Residenzstadt ziemlich verzagt. Hinter der nahen Grenze zu Württemberg standen Truppen, deren Einmarsch man stündlich erwartete. Mit der fremen Heeresmacht schüchterten die Beamten des Donaueschinger Fürsten von Fürstenberg die Bevölkerung ein, indem sie jedem, der zum Ungehorsam aufrief, mit Rache drohten. Wir hatten fest mit zweitausend Mann aus Donaueschingen gerechnet. Doch zum festgesetzten Termin erschienen nur einige Dutzend Unverzagte. Die Kundgebung mußte abgeblasen werden. Das wiederum entmutigte die Deputationen der umliegenden Gemeinden, die ihre Beteiligung davon abhängig machten, daß der Zuzug massenhaft sei. Enttäuscht zogen die Grüppchen, die erschienen waren, wieder ab.

Bruhn und Schöninger meinten nun auch, wir sollten das ganze Vorhaben aufgeben. Ich bat um Bedenkzeit und besprach mich mit Amalie.

Wir standen in der Küche des Donaueschinger Gemeinderats Johann Rasina, der uns beherbergte; Amalie am Herd, im Griesauflauf rührend, ich mit verschränkten Armen an die Wand gelehnt. Es roch nach Rauch, Harz und heißer Milch, das bren-

nende Holz knackte, der Holzlöffel schabte die Topfwand entlang. Ein Idyll häuslichen Glücks. In dieser wohnlichen Küche hätte Amalie gut die Hausfrau sein können und ich ein Advokat kleiner Leute und Gelegenheitspoet. Einen Augenblick lang wünschte ich, es wäre so. Ich hatte meiner jungen Frau erzählt, wie schlecht es um unser Unternehmen stand und daß meine Freunde ans Aufgeben dachten.
– Versuchen mußt du es, sagte sie, im köchelnden Brei rührend. Das bist du den Menschen schuldig. Du hast ihnen ein besseres Leben versprochen, und sie vertrauen dir.
Ich ging zum Bürgermeister und bat ihn, für den Abend eine Versammlung einzuberufen. Bruhn sagte ich, er möge sich entscheiden, wie er wolle, ich würde auf jeden Fall weitermachen. Auch wenn nur eine Handvoll Leute aus Donaueschingen mitkämen, könne das Unternehmen doch gelingen. Es gelte, eine Lawine auszulösen, und eine solche entstehe bekanntlich aus kleinsten Anfängen. Mein Freund kratzte seinen blonden Stoppelbart und antwortete, wenn ich die Courage hätte, würde auch er nicht kneifen.
Nachmittags kam Pedro, den wir als Kurier bei Hecker gelassen hatten. Er überbrachte eine Nachricht, die mich in Zorn und Aufregung versetzte.
Friedrich Hecker hatte die Republik ausgerufen.
Das war gegen unsere Absprache. Was gegen einen solchen Schritt sprach, glaubte ich deutlich gemacht zu haben. Neue Gesichtspunkte waren nicht zu erkennen. Doch ich kannte meinen ungeduldigen Mitstreiter gut genug, um nachvollziehen zu können, was ihn dazu bewogen hatte, meine Warnung in den Wind zu schlagen. Sein Abmarsch aus Konstanz war, wie mir Pedro erzählte, kümmerlich gewesen; nur dreiundfünfzig Mann waren ihm gefolgt, als er sich am 13. April auf den Weg gemacht hatte. Unterwegs aber hatte er rasch Zuzug erhalten und war in Stockach wie ein Befreier empfangen worden. Im Überschwang des Gefühls hatte er alle Bedenken in den Wind geschlagen und

die Auflösung der monarchischen Regierung im Seekreis verkündet. Durch ein *Dekret der provisorischen Regierung des Freistaates Baden* setzte er seinen Duzfreund Peter als großherzoglichen Regierungsdirektor ab, um ihn gleichzeitig zum republikanischen Statthalter mit *unumschränkter prokonsularischer Vollmacht* zu ernennen. Peter nahm diese Statthalterschaft tatsächlich an, wenn er auch vorsorglich auf den gegen ihn verübten Zwang hinwies.

Ich verbarg meine Verärgerung und gab die Neuigkeit weiter. Abends kamen an die tausend Menschen ins Gemeindehaus von Donaueschingen. Unter Einsatz meiner ganzen Überzeugungskraft versuchte ich, sie zur Teilnahme am Zug nach Karlsruhe zu bewegen. Ich schilderte ihnen Deutschlands Zustand, zeigte auf, daß das Volk weder von seinen Fürsten noch vom Frankfurter Parlament irgend etwas zu erhoffen habe, und erklärte, es gebe keine andere Wahl, als entweder das alte Joch in doppelter Schwere wieder auf sich zu nehmen oder es jetzt endgültig zu zerbrechen. Überzeugt von dieser Rede, meldeten sich etwa einhundert Mann. Der Donaueschinger Gemeinderat beschloß, sie auf Kosten der Stadt auszurüsten und zu besolden. Tags darauf gelang es mir, aus dem örtlichen Turnverein und der Bürgerwehr weitere zweihundert Mann zu rekrutieren.

Inzwischen wurden die Gerüchte über einen bevorstehenden Einmarsch der württembergischen Truppen immer beunruhigender. Um Klarheit zu gewinnen, schickte ich Schöninger als Kundschafter aus. Am Nachmittag des 15. April kam er mit der Nachricht zurück, die feindlichen Truppen hätten bereits die Grenze überschritten und näherten sich Donaueschingen.

Über das Ziel der Invasion mußte ich nicht rätseln. Zweifellos hatten Spione herausgefunden, daß sich unsere ersten beiden Marschkolonnen in der Nähe der Stadt treffen sollten. Man wollte unserem Unternehmen gewaltsam den Garaus machen, bevor es recht begonnen hatte. Um zu verhindern, daß Heckers Zug in eine Falle marschierte, mußte ich sofort handeln. Zu-

nächst schickte ich Pedro zu Hecker zurück, um diesen zu warnen und anzuweisen, Donaueschingen in weitem Bogen westlich zu umgehen. Dann bestieg ich die Postkutsche, die am Nachmittag nach Schwenningen abging. Mitten im Troß der Württemberger stieg ich aus. Ich erklärte einem Offizier, wer ich sei, und forderte ihn auf, mich zu seinem Befehlshaber zu führen. So gelangte ich vor General Miller. Ich käme als bevollmächtigter Parlamentär des republikanischen Freiheitsheeres, übertrieb ich. Wir würden über dreitausend Mann und gute Bewaffnung verfügen und die Stadt notfalls verteidigen. Allerdings wollten wir unnötiges Blutvergießen und die Zerstörung der Stadt vermeiden, und deshalb sei ich zu einem Handel bereit. Wenn die württembergischen Truppen uns bis zum Einbruch der Dämmerung Zeit gewährten, würden wir Donaueschingen kampflos räumen. Nach einigen Wechselreden ließ sich der General auf diese Abmachung ein. Hätte er geahnt, daß unser Heer nur aus dreihundert schlecht bewaffneten Leuten bestand, wäre seine Entscheidung gewiß anders ausgefallen.
Wieder in Donaueschingen, ließ ich sofort die Trommeln schlagen, um das Zeichen zum Aufbruch zu geben. Unter Bruhns Führung verließ unsere kleine Kolonne die Stadt. Zur Ausgabe von Gewehren und Munition blieb in der Eile des Aufbruchs keine Zeit. Während wir Donaueschingen auf der einen Seite verließen, rückten die Württemberger von der anderen Seite ein. Mit Mühe überredete ich Amalie, in der Obhut unseres Gastfreundes Rasina zu bleiben. Da war sie sicherer als inmitten der Freischaren.
Bei einsetzender Dämmerung und leichtem Regen marschierten wir auf der Straße nach Geisingen Heckers Marschkolonne entgegen. Schöninger blieb als Kundschafter zurück, um uns vor einer etwaigen Verfolgung durch die Württemberger zu warnen. Schon nach einer knappen Meile hörten wir klingendes Spiel. Im Licht des Abends kam uns Heckers Freischar entgegen. Angeführt von einer Musikkapelle, marschierte die Kolonne unter

schwarz-rot-goldenen Fahnen die Straße herauf. Bauernburschen mit Sensen und Dreschflegeln, Handwerker und Kleinbürger jeden Alters mit geschulterten Flinten oder bloßen Knüppeln, alle in abenteuerlichem Aufzug, Filzhüte mit wippenden Hahnenfedern, rote Halstücher, Wettermäntel, Arbeitsblusen, derbe Stiefel, Messer in den Gürteln. Mit Hurra liefen wir aufeinander zu. Hecker und ich umarmten uns, als hätten wir uns monatelang nicht gesehen.

– Achtung, Leute, schrie Hecker. Wir wollen Bürger Struve und die zweite Kolonne mit unserem neuen Schlachtruf begrüßen.

Und fünfhundert Mann brüllten gleichzeitig:

– *Sieg und Tod für die deutsche Republik!*

Während wir uns besprachen, reihten sich Bruhns Leute in den Zug Heckers ein. Es wurde schon dunkel. Mir schien es ratsam, Distanz zu den württembergischen Truppen zu gewinnen. Der vorgesehene Weitermarsch in Richtung Brigachtal war zu gefährlich. So entschlossen wir uns, nach kurzer Beratung, nach Nordwesten auszuweichen. In einstündigem Marsch gelangten wir nach Riedböhringen, wo uns Bauern mit Fackeln und Laternen entgegenkamen. Sie quartierten uns in ihre Scheunen und Tennen ein und versorgten uns mit Nahrung. Nicht alle badischen Landleute glaubten den Schreckensgeschichten, die über die Freischärler im Umlauf waren.

Ich war dabei, mir ein Bett aus Stroh zu bauen, als eine der Wachen meldete, ein verdächtiges Fuhrwerk komme die Landstraße herauf. Eine Pferdedecke über der Schulter, lief ich in die Nacht hinaus und sah die schwankenden Lichter eines Gespanns näher kommen.

– Wer da? rief ich.

– Gustav, bist du's? rief eine helle Stimme zurück, die mir sehr vertraut war.

Der Wagen hielt. Der Kutscher band die Zügel fest, die Rosse schnaubten im Dunkeln. Eine Frau sprang vom Kutschbock, nahm eine der Windlaternen und hielt sie in die Höhe.

– Amalie!
– Ich habe etwas mitgebracht, sagte sie und hob die Plane, welche die Wagenpritsche bedeckte.
Ich trat näher und sah im Widerschein der Laterne glänzendes Holz und dunkles Metall – Gewehre und Munition aus dem Donaueschinger Zeughaus. Meine zarte, blasse Amalie hatte die zurückgelassene Ausrüstung aus der besetzten Stadt geschmuggelt!
Im Laufe der Nacht verschlechterte sich das Wetter. Ein eisiger Wind heulte um die Häuser des Orts, Schnee und Regen vor sich herjagend. Unser kleines Freiheitsheer verbrachte eine unruhige Nacht in den zugigen Scheunen und kotigen Ställen. Hecker und ich lehnten die uns angebotenen besseren Quartiere ab, keiner sollte den anderen etwas voraus haben. Auch Amalie wollte sich nicht von uns trennen. Zwischen den Teilnehmern des Zuges entstand ein enges Zusammengehörigkeitsgefühl, in das sich, warum soll ich es leugnen, auch ein wenig Räuberromantik mischte. Wir nannten uns Brüder und sprachen uns alle mit Vornamen und dem vertraulichen Du an. Um die allgegenwärtigen Spitzel zu täuschen, nahmen die Anführer Decknamen an. Ich hieß Nord.
Am nächsten Morgen – Palmsonntag, den 16. April – waren Felder und Wiesen weiß von Rauhreif, doch es herrschte kein strenger Frost. Die Wege waren schlammig. Vor uns lag ein beschwerlicher Marsch, den ich Amalie auf keinen Fall zumuten wollte. Ich mietete einen Wagen, der sie voraus nach Stühlingen bringen sollte. Nur weil sie sich nicht ganz wohl befand, gab sie meinem Drängen nach. In dem Wirtshaus, wo sie auf uns wartete, hielt man sie wegen der langen, dunklen Haare für Herweghs Frau. Erst, als sie die ihr angebotene Fleischspeise ablehnte, wurde sie erkannt. Man behandelte sie übrigens mit großer Achtung, denn die Stimmung der Bevölkerung war in Stühlingen ganz auf seiten der Republik.
Entsprechend freundlich empfingen die Dorfbewohner unsere

durchnäßte Kolonne. Leider blieb der erhoffte Zuzug aus. Nur einige unbewaffnete Bauernburschen schlossen sich uns an. Es fehlte uns vor allem an Pferden. Wir konnten froh sein, Bespannung für die von Hecker requirierten beiden Kanonen und den Bagagewagen zu erhalten. Auch die sonstige Ausrüstung war völlig unzureichend. Trotzdem schien das inzwischen siebenhundert Mann starke Aufgebot wohlgemut. Unter Trommelklang und Pfeifentrillern verließ es nach kurzem Aufenthalt Stühlingen. Ich hatte Amalie überredet, mit der Post nach Freiburg vorauszureisen, und der Eilwagen, in dem sie saß, überholte eine halbe Wegstunde hinter Stühlingen unsere Marschkolonne. Ich sehe sie noch vorüberfahren, den Oberkörper aus dem offenen Fenster gelehnt, mir zuwinkend. Dann verschwand die Kutsche hinter einem Wäldchen in einer Wegsenkung.
Nachmittags holte uns ein Kurier aus Konstanz ein, der gute Nachrichten brachte. Franz Sigel hatte zwei Tage nach Heckers Abmarsch eine weitere Kolonne ausgehoben, die aus über dreitausend Mann, mehreren Kanonen und Bagagewagen bestand. Weishaar meldete aus Lottstetten, er habe zweitausend Mann gesammelt und werde demnächst losmarschieren.
Als wollte die Natur unsere Freude über diese Wendung zum Besseren teilen, klarte der Himmel auf. Gegen Abend brach die Sonne durch. Und die Freischar sang ein übermütiges Lied, das unterwegs enstanden war:

Reißt die Konkubine, reißt die Konkubine
Aus dem Fürstenbett!
Schmiert die Guillotine, schmiert die Guillotine
Ein mit Fürstenfett!
Blut muß fließen, knüppeldick,
Vivat, hoch die deutsche Republik!

In Bonndorf, wo wir Nachtquartier bezogen, erreichte uns das Gerücht, in Stuttgart sei die Revolution ausgebrochen. Das Linienheer sei zum Volk übergelaufen, hieß es, und die Republik proklamiert. Hecker und ich warnten vor vorzeitiger Euphorie, und, wie sich bald herausstellte, leider zu Recht. Die Nachricht erwies sich als falsch.

Glaubwürdiger waren schlechte Neuigkeiten. Die Regierung machte gegen den Aufstand mobil. Unsere Kundschafter meldeten das Vorrücken von Bundestruppen in Richtung Südschwarzwald. Vor der Vereinigung unserer Kolonnen in Freiburg konnten wir keine Machtprobe riskieren. Wir revidierten daher unseren Aufmarschplan. Das leicht abzuriegelnde Höllental beschlossen wir zu umgehen. Weiter Zuzug sammelnd, sollte unsere Marschkolonne über Sankt Blasien die Höhen des Schwarzwalds gewinnen und in Todtnau auf Sigels dreitausend Mann warten. Vereint sollten die beiden Marschsäulen dann von Südosten auf Freiburg im Breisgau vorrücken und dort am Ostersonntag eintreffen. Weishaars Kolonne sollte statt durchs Höllental zu ziehen, den Schwarzwald südlich umgehen, sich in Lörrach mit der vierten Marschsäule vereinigen und durchs Oberrheintal nach Freiburg marschieren. Damit schien uns der ursprüngliche Plan genügend abgewandelt und die Gefahr, vorzeitig und vereinzelt mit dem von Norden kommenden Militär zusammenzustoßen, ausgeschaltet. Den Kurier schickten wir mit neuen Anweisungen an Sigel zurück. Ich selbst übernahm es, Weishaar zu instruieren. Da Hecker die Schwarzwaldkolonne begleitete, war meine Anwesenheit entbehrlich.

Begleitet von zwei Scharfschützen, machte ich mich am nächsten Morgen auf den Weg in den Klettgau. Das Wetter war heiter. Unterwegs nach Norden kamen mir Gruppen bewaffneter Zuzügler entgegen, die mit wehenden Fahnen nach Bonndorf marschierten, um sich Hecker anzuschließen.

In Grießen traf ich auf eine Vorhut der dritten Kolonne, und wenig später kam mir Weishaar entgegen, hoch zu Roß und umgeben von einem berittenen Stab. Eine gut bewaffnete Freischar folgte ihm, aber nicht die erwarteten zweitausend Mann, sondern allenfalls sechs- bis siebenhundert. Gut tausend Mann würden noch folgen, beruhigte mich Weishaar. Er war Wirt, und so sah er auch aus, ein wohlbeleibter, kräftiger Mann mit fleischiger Nase und rotem Vollbart. Mit dröhnender Stimme gab er vom Pferd herunter Befehle und genoß ganz offenkundig seine Rolle. Unter dem voluminösen Schlapphut und bewaffnet mit Säbel, Flinte und Pistolen, ähnelte er einem irischen Seeräuber. In Lottstetten besaß er das Gasthaus zur Post und ein ansehnliches Grundvermögen. Nun nannte er sich Oberst und hatte den Unterführern seiner kleinen Streitmacht tönende Titel verliehen wie etwa Major, Hauptmann, Adjutant und Wagenmeister.

Es fand eine Besprechung statt, in der ich zunächst klarstellte, daß ich selbst lediglich als politischer Ratgeber und Redner an dem Zug teilnähme, während die Führung allein bei Weishaar liege. Der Oberst hörte es mit Genugtuung. Sodann erläuterte ich die Änderung der Route. Nach wie vor, sagte ich, gehe es um eine friedliche Demonstration des Volkswillens bei unserem Marsch nach Karlsruhe. Weishaar widersprach. Vielleicht, räumte er ein, sei meine ursprüngliche Idee ganz gut gewesen, jetzt sei sie aber überholt. Von einem friedlichen Volksmarsch halte er nichts. Spätestens seit der Ausrufung der Republik durch Hecker befänden wir uns im Bürgerkrieg, jede andere Behauptung sei Schönrederei. Und da Bürgerkrieg herrsche, müsse man aufhören, die Sache wie einen Spaziergang zu betrachten. Ab sofort werde er um Freiwillige nicht mehr werben, sondern alle waffenfähigen Männer bis zum vollendeten vierzigsten Lebensjahr zum Dienst verpflichten. Für Säumige oder Widerspenstige müsse ein Volksgericht eingerichtet werden. Alle militärischen Führer des Zugs stimmten Weishaar zu, und auch ich widersprach nicht. Er hatte recht. Mehrere Truppenverbände rückten gegen uns vor, eine bewaffnete Auseinandersetzung zwischen Revolution und Reaktion war nicht auszuschließen. Es war besser, sich darauf einzustellen.

Vor dem Abmarsch aus Grießen erhielten wir einige hundert Mann Zuzug. Doch die Stärke der Kolonne blieb in etwa gleich. Die Männer, die dazukamen, ersetzten kaum die Anzahl derer, die sich, gerade erst zum Mitziehen gezwungen, bei nächster Gelegenheit wieder davonmachten. So war es während des ganzen Marschs. Unentwegt reihten sich neue Mitstreiter ein, und doch wuchs Weishaars Kolonne nie über tausend Mann. Weiter ging es nach Tiengen, wo ich, wie überall, eine Ansprache an die Bevölkerung hielt. Die Begeisterung, die ich entfachte, verflog jedoch sehr rasch, als Weishaar mit der gewaltsamen Aushebung der wehrfähigen Männer begann. Zu seiner Bürgerkriegsstrategie gehörte überdies die Amtsenthebung von Regierungsbeamten und das Beschlagnahmen öffentlicher Gelder.
In Tiengen übernachteten wir. Am nächsten Morgen schickte ich Kurierbriefe an Johann Philipp Becker in der Schweiz und Georg Herwegh im Elsaß. Ich weihte sie ein in unseren Vormarschplan und forderte sie auf, sich mit ihren Legionen anzuschließen. Ich sah keinen Sinn darin, länger so zu tun, als könnten wir auf Hilfe verzichten. In dieser Beziehung teilte ich Heckers Empfindlichkeit nicht, der nach wie vor glaubte, auf die Furcht der Bauern vor ausländischem Raubgesindel Rücksicht nehmen zu müssen. Vor wenigen Tagen hatte er in Engen Emma Herwegh recht unfreundlich empfangen und sich jede Unterstützung von jenseits der Grenzen verbeten. Herweghs junge Frau war in Männerkleidung gekommen, um die Hilfe der Deutschen Legion in Straßburg anzubieten. Nach den Gefahren, die sie unserer Sache wegen auf sich genommen hatte, hätte sie eine freundlichere Aufnahme erwarten dürfen. Außerdem waren wir auf die Unterstützung Beckers und Herweghs mindestens ebenso angewiesen wie die badische Regierung auf den Beistand der Bundestruppen.
Am 19. April zog die Kolonne über Laufenburg und Säckingen nach Nollingen weiter. Ein Kurier brachte die Nachricht, Hecker befinde sich mit seiner Schar in Lörrach. In Lörrach?

Das lag weitab von der vereinbarten Route. Ich hatte angenommen, die erste Kolonne hätte längst Todtnau erreicht. Hecker mußte in Schwierigkeiten geraten und auf der Suche nach uns sein, das war die einzige Erklärung. Sofort mietete ich eine Kutsche, um nach Lörrach zu fahren. Dort entdeckte ich von Hecker und seinen Leuten keine Spur, erfuhr aber, daß badische Linientruppen heranrückten. In einem Gasthof an der Landstraße sagte mir ein reisender Händler, er sei Heckers Zug am Nachmittag in Steinen, sechs Meilen östlich von Lörrach, begegnet. Inzwischen war es dunkel. Der Kutscher wollte nach Nollingen zurück. Mich aber drängte eine düstere Ahnung, weiter nach meinem Freund zu suchen, und so veranlaßte ich den Kutscher, den Umweg über Steinen zu nehmen.
Am Ortseingang erkundigte ich mich in einem Wirtshaus. Der Wirt musterte mißtrauisch meinen Aufzug: die gegürtete Überbluse, die schlammbespritzten Schaftstiefel, den Schlapphut. Der Hecker und seine Bande, schimpfte er dann, befänden sich seines Wissens in Kandern; da werde ihnen die Revoluzzerei schon vergehen, denn hessische und badische Dragoner kämen von Müllheim her, um dem Spuk ein Ende zu machen.
– Ist das nicht der Struve, rief eine Stimme, und nun erkannten mich auch andere. Großes Geschrei entstand. Von allen Tischen brüllte man auf mich ein. Fäuste wurden mir entgegengereckt. Ich machte, daß ich fortkam. Draußen sprang ich in den wartenden Wagen und forderte den Kutscher auf, mich nach Kandern zu fahren. Doch er weigerte sich. Mir blieb nichts anderes übrig, als mich nach Nollingen zurückbringen zu lassen. Dort kam ich erst nach Mitternacht an. Ich weckte Weishaar, berichtete, was ich erfahren hatte, und beschwor ihn, sofort Generalmarsch zu schlagen. Schlaftrunken brummte er, es gäbe nichts auf der Welt, was nicht bis zum Morgen Zeit hätte, und drehte sich auf die andere Seite. So wurde wertvolle Zeit vertan.
Erst als der Morgen des 20. April dämmerte, brach unsere Kolonne nach Kandern auf. Vormittags zogen wir mit wehen-

den Fahnen, Trommelschlag und Hufgeklapper in Lörrach ein. Die Einwohner standen in dichten Reihen Spalier oder beobachteten unseren Einmarsch von den Fenstern aus. Hochrufe waren nur vereinzelt zu hören; die Neugier überwog die Begeisterung. Vergebens hielten wir nach Müllers vierter Kolonne Ausschau. Sie war nicht zustande gekommen. Nur ein paar Zuzügler, die von Voraustrupps geworben worden waren, warteten vor dem Rathaus. Unter ihnen entdeckte ich Friedrich Neff, einen jungen Freund aus der Zeit meiner Heidelberger Phrenologie-Vorlesungen. Der blondlockige schmale Mann war der Sohn eines angesehenen Weingutbesitzers im nahen Rümmingen, Schüler des berühmten Pädagogen Zschokke, entschiedener Demokrat und überzeugter Republikaner.

Wir hatten kaum Zeit, uns zu begrüßen. Ein Reiter sprengte heran, der schon von weitem aufgeregt meinen Namen rief und seinen Federhut schwenkte, um zu signalisieren, daß er wichtige Nachrichten bringe. Noch jetzt höre ich das harte Klacken der Hufe auf dem Pflaster, sehe den Burschen das Pferd vor mir zügeln, rieche den Schweiß und das Leder. Und ich weiß noch, daß ich eine Hiobsbotschaft befürchtete. Doch ich irrte mich. Ohne abzusteigen, rief der Mann mit heiserer Stimme:

– Schnell! Schnell! Auf die Scheideck bei Kandern! Eine Schlacht ist im Gang! General Gagern ist gefallen, Hecker siegt!

33

Nachdem ich drei Tage vorher die erste Kolonne verlassen hatte, war diese nach Lenzkirch marschiert, wo man sie mit Blasmusik und Fahnen empfing. Den Umweg hatte Hecker in Kauf genommen, um Zuzug zu erhalten. Seine Erwartung wurde nicht enttäuscht. Aber der Preis, den er für die Verstärkung seiner Reihen entrichten mußte, war hoch. Die eingeschla-

gene Route führte über hohes Gebirge und durch tiefe Schluchten.
Am späten Vormittag des 17. April begann der schlimmste Teil des Marsches. Man mußte über den Feldberg, den höchsten Schwarzwaldgipfel, um Menzenschwand und Bernau zu erreichen. Die Wege waren steil, schmal und ausgesetzt; und zu allem Übel zogen auch noch schwarze Wolken heran, Sturm kam auf, es begann zu regnen. Die aufwärts keuchenden Männer mußte sich jeden Schritt abringen, so stark jagte der Wind ihnen entgegen. Die Bäume bogen sich im Heulen des Sturms und schlugen die Wipfel zusammen. Oberhalb Glashütten lag noch tiefer Winterschnee. Die Wagen und Kanonen blieben stecken, mußten von Gruppen erschöpfter Männer gestützt und Stück für Stück höher gewuchtet werden.
Als mir Hecker später von dieser Plackerei erzählte, versicherte er mir, die Stimmung der Leute sei trotzdem ausgezeichnet gewesen. Sie hätten Freiheitslieder gesungen und einander Scherzworte zugerufen. Und er schwärmte:
– Den Zug zu übersehen, wie er den Berg hinaufklomm – ein wildromantischer Anblick! Da zogen die Schützen, die Stutzen unterm Arm, voraus; da kletterten die Fähnlein mit ihren Bannern und Sensen auf steilem Pfad empor, da schienen die Wagen von den Wehrmännern getragen zu werden. Dazwischen Gesang, Zuruf, Lärm und das Brausen des Sturms, und über allem das Schneegestöber, durch das alles so nebelhaft phantastisch aussah! Wie beim Aufstieg der Franzosen zum Sankt Bernhard, sag ich dir!
In ermüdendem Marsch überwanden sie den Feldberg und stiegen jenseits des Gipfels nach Menzenschwand hinab, das mit wettergrauen Strohdächern tief unten im Tal lag. Als sie das Dorf passiert hatten und eben in einen Tannenwald einbogen, hörten sie einen Reiter hinter sich. Es war der Posthalter von Lenzkirch, der Hecker und Willich nachgeritten war, um ihnen mitzuteilen, daß zwei Mitglieder des Frankfurter Fünfziger-

Ausschusses sich in Lenzkirch befänden und eine Unterredung wünschten. Hecker hielt diese Nachricht für einen Scherz oder eine List.
– Wenn die beiden Herren, sagte er, mich zu sprechen wünschen, können sie mich heute abend in Bernau treffen.
Mit dieser Antwort kehrte der Posthalter nach Lenzkirch zurück, während Hecker und Willich ihrer Kolonne nacheilten. Nach Einbruch der Dunkelheit langte sie völlig durchnäßt, erschöpft und durchgefroren in Bernau an.
Die Dorfbewohner waren revolutionär gesinnt und nahmen die Freiheitskämpfer herzlich auf. In Gruppen wurden sie auf die weit auseinander liegenden Höfe verteilt, wo sie trockene Kleider erhielten und mit selbstgebranntem Schnaps, Speck und Brot bewirtet wurden. Beim Bürgermeister fanden die Anführer Quartier. Mit geliehenen Kleidungsstücken, die nicht paßten und ihnen ein abenteuerlich-komisches Aussehen gaben, saßen sie um den Tisch der Bauernstube, ausgelassen und erleichtert, nach allem, was hinter ihnen lag. Da hörte man draußen einen Wagen vorfahren, und gleich darauf traten die beiden Abgesandten aus Frankfurt ein.
Es war kein Scherz und keine List. Hecker kannte die Männer aus den Beratungen des Vorparlaments. Es waren der Advokat Spatz und der Literat Venedey, beide dem demokratischen Flügel der Konstitutionellen zuzurechnen. Die Nachricht von unserem Aufstand hatte den Fünfziger-Ausschuß in höchste Aufregung versetzt. Sowohl das Gelingen als auch das Scheitern unseres Unternehmens betrachteten die Konstitutionellen als gefährlich für ihre Pläne. Eine Republikanisierung Deutschlands von Baden aus widersprach ihren großbürgerlichen Interessen; noch mehr fürchteten sie jedoch, die Reaktion könnte unsere Erhebung zum Vorwand nehmen, die Wahlen zum Nationalparlament auszusetzen und andere liberale Zugeständnisse zurückzunehmen. Am liebsten hätten die Fünfzig ein Freiwilligenheer zusammengetrommelt, um ohne Hilfe der alten

Mächte mit uns fertig zu werden. Vorläufig beschränkten sie sich darauf, deren militärische Maßnahmen zu begrüßen und uns zu verdammen.

Niemand wußte damals genau, ob unser Aufstand von der Mehrheit der Bevölkerung getragen und unterstützt würde. Noch konnte man den Erfolg unseres Unternehmens nicht ausschließen. Die badische Regierung war sich der Loyalität ihrer Truppen so wenig sicher, daß sie sie nur in Verbindung mit hessischen Einheiten einzusetzen wagte. Württembergs Militär begnügte sich damit, uns die Wege durch das Kinzigtal und über den Höllenpaß abzuschneiden. In der badischen Zweiten Kammer, wo man die Stimmung im Land kannte, drückte man sich um eine Entscheidung. Krieg gegen die eigene Bevölkerung zu führen war keine angenehme Sache. Aus diesem Grund hatte man den Oberbefehl über die Armee auch keinem der badischen Prinzen zumuten wollen. Zufällig befand sich der holländische General Friedrich von Gagern gerade auf Urlaub in Deutschland. Ihm, einem Bruder Heinrich von Gagerns, bot die badische Regierung das traurige Geschäft der Niederwerfung unseres Aufstandes an.

Der Fünfziger-Ausschuß hatte die Ernennung nach Kräften unterstützt. Mit dem Namen Gagern verband die Öffentlichkeit die konstitutionelle Richtung, weshalb ein von einem Gagern geführtes badisches Heer fast so gut schien wie die in Aussicht genommene Freiwilligentruppe. Auf Drängen seines Bruders übernahm Friedrich von Gagern die Aufgabe. Da er im Dienst der Niederlande stand, durfte er allerdings keine badische Uniform anziehen. Er trat seinen Dienst in bürgerlicher Kleidung mit Ordonnanzsäbel und einer Art Studentenmütze an. Inzwischen hatte er das Kommando übernommen und ließ die Linientruppen per Eisenbahn ins obere Oberrheintal transportieren.

Als Mitglieder des Fünfziger-Ausschusses wußten Spatz und Venedey von diesen Vorbereitungen und rechneten mit einer blutigen Niederschlagung des Aufstandes innerhalb weniger Tage. Sie waren daher ziemlich erstaunt über die fröhliche Stimmung der Revolutionsführer und ihren seltsamen Aufzug. Mit sachlich-bedenklichen Mienen erklärten sie, sie kämen als Kommissare des Fünfziger-Ausschusses und wünschten Hecker alleine zu sprechen. Das lehnte dieser ab. Besucher und anwesende Anführer gingen von der Bauernstube, in der man saß, in das daneben liegende Schlafzimmer. Jakob Venedey, der 1832 seiner republikanischen Gesinnung wegen selbst geächtet worden war, appellierte an die Aufständischen, das Zusammentreten des Nationalparlaments am 1. Mai nicht zu gefährden und die Gestaltung Deutschlands *dem freien Volkswillen* zu überlassen. Darauf antwortete Hecker, nach den Erfahrungen im Vorparlament könne er kein Vertrauen mehr in eine Nationalversammlung haben.

– Sehen Sie ab von Ihrem Vorhaben, sagte Karl Spatz. Noch ist es nicht zu spät, noch wurde kein Blut vergossen. Namens des Fünfziger-Ausschusses sichere ich Ihnen und Ihren Gefolgsleuten eine Amnestie zu.

– Wir bedürfen eurer Amnestie nicht, anwortete Hecker. Verklebt ihr in Frankfurt ruhig weiter Deutschlands Wunden mit Geschwätz. Aber ohne uns. Wir sind für die Befreiung unseres Volkes ausgezogen und bleiben dabei. Doch wir bieten unsererseits den vierunddreißig Bedrückern, den Fürsten und ihren Helfern, Amnestie an für den Fall, daß sie binnen vierzehn Tagen ihre Throne räumen. Und euch beide möchte ich einladen, bei uns zu bleiben, statt in Frankfurt weiter leeres Stroh zu dreschen.

Davon wollten die beiden Abgesandten nichts wissen. Sie treffe keine Schuld an unserem Untergang, rief Venedey erregt, sie hätten ihr möglichstes versucht, aber uns sei offenkundig nicht mehr zu helfen. Dann nahmen sie ihre Zylinder, verließen eiligen Schritts das Bauernhaus und fuhren mit dem Wagen, der draußen gewartet hatte, in die Nacht.

Von Lenzkirch aus wandten sie sich am nächsten Tag in einem Flugblatt *An die Bürger Badens* und beschworen sie, sich nicht *zu betheiligen an einem Unternehmen, das die innere Entwicklung Deutschlands stört, das die freie Thätigkeit der auf den 1. Mai zusammenberufenen Nationalversammlung in Frage stellt, und unser großes Vaterland endlosem Bürgerkriege und der Einmischung fremder Mächte preiszugeben droht.*
Einige Bauernburschen der Gegend, die mit Hecker ziehen wollten, aber keine Gewehre hatten, brachen in der Nacht vom 17. auf den 18. April in die Waffenfabrik Sankt Blasien ein und holten sich siebzehn Flinten. Um nicht des Diebstahls bezichtet zu werden, hinterließen sie eine Quittung. Ebenfalls gegen Bescheinigung wurden neunhundert Gulden aus der Kasse der Obereinnehmerei entnommen. Beides waren revolutionäre Akte, die ohne Wissen Heckers geschahen. Bis zu dieser Nacht waren alle Kosten des Zuges aus privaten Mitteln bestritten worden. Doch es lag in der Natur der Sache, daß sich das früher oder später ändern mußte.
Bei freundlichem Himmel brach die Freischar am nächsten Morgen auf und erreichte um die Mittagszeit Präg. Hier wurde die Mannschaft gemustert. Willich und Bruhn hielten Exerzierübungen ab. Trotz Zulaufs von den weitverstreuten Höfen der Gegend konnte Hecker nach wie vor nur etwa achthundert Mann zählen. Wie bei den anderen Kolonnen liefen ständig ebensoviel Leute davon, wie neu hinzukamen.
Vom vereinbarten Treffpunkt Todtnau war die Freischar nur noch wenige Stunden entfernt. Mit Sigels Ankunft rechnete Hecker nicht vor Karsamstag. Sollte er dreieinhalb Tage lang untätig auf der Höhe des Schwarzwalds warten? Dazu war er schon zu ungeduldig. Auch wollte er den armen Gebirgsbauern die Verköstigung der achthundert Leute nicht so lange zumuten. Besser schien es ihm, den Zug in der verbleibenden Zeit noch auf mindestens zweitausend Mann zu verstärken. Kurz, er warf er alle Pläne beiseite. Nach Todtnau schickte er nur ein De-

tachement von zweihundert Mann unter Bruhn, das auf Sigels Kolonne warten und mit ihr nach Freiburg weiterziehen sollte. Mit dem Rest der Mannschaft verließ Hecker die Höhen des Schwarzwaldes, um im Wiesental weiteren Zuzug zu sammeln und sich der von Weishaar und mir geführten Kolonne anzuschließen. Er konnte ja nicht ahnen, daß Sigel mit seinen dreitausend Leuten bereits auf dem Weg nach Sankt Blasien war und in spätestens anderthalb Tagen Todtnau erreichen würde. Keiner wußte vom anderen, und so wurde die Gelegenheit vertan, schon am Gründonnerstag mit den insgesamt fast viertausend Mann der vereinten Kolonnen Sigels und Heckers in Freiburg einzuziehen.

Während Hecker die Marschgeschwindigkeit von Sigels Freischar unterschätzte, vermutete er Weishaars Kolonne schon weit westlicher, als sie tatsächlich war. Er erwartete, in Wehr oder Schopfheim auf sie zu treffen. Singend und musizierend marschierte sein Zug das frühlingsgrüne Wiesental hinunter, in dem die Kirschbäume blühten und die ersten Primeln sprossen. Überall wurde die Schar freundlich begrüßt, selbst in dem Industriestädtchen Schopfheim, das als Hochburg und Hort der Konstitutionellen galt. Dort hielt Hecker am Abend vom Rathausfenster aus eine Rede an die mit Laternen und Fackeln erschienene Bevölkerung und proklamierte wie überall die Republik.

Nachdem man am nächsten Morgen die Ausrüstung der Kolonne ergänzt hatte und etwa einhundert Zuzügler eingereiht worden waren, ging der Marsch weiter nach Steinen. Hier erfuhr man durch Kundschafter, daß sich in Schliengen, einen Tagesmarsch nordwestlich, badische und hessische Linientruppen unter General Friedrich von Gagern sammelten.

Abermals trafen Hecker und seine militärischen Führer Willich, Doll und Kaiser eine falsche Entscheidung. Statt sich in Richtung Rhein zurückzuziehen, wo sie früher oder später auf die von Weishaar und mir angeführte Kolonne getroffen wären,

rückten sie unter Umgehung von Lörrach über Haagen, Wittlingen und Hammerstein nach Kandern vor. Statt den Linientruppen auszuweichen, marschierten sie ihnen entgegen.
Im Dunkeln erreichte man Kandern. Noch während Quartier bezogen wurde, kam die Nachricht, daß Gagern mit Fußvolk, Reiterei und Geschützen Schliengen verlassen habe und sich direkt auf Kandern zubewege. Willich riet zum sofortigen Rückzug nach Steinen, aber Hecker glaubte, den erschöpften Männern Ruhe gönnen zu müssen. So wurde beschlossen, erst um 8 Uhr morgens abzuziehen. In der Nacht nahmen die Vorposten zwei patrouillierende badische Dragoner gefangen. Man bot ihnen Essen und Trinken an, nannte sie Brüder und forderte sie auf, sich der Revolution anzuschließen. Die Soldaten zogen es jedoch vor, zu ihrer Armee zurückzukehren, um ihrem General über Stellung und Stärke von Heckers Freischar Bericht zu erstatten.
Noch ein zweites Mal wurde Hecker in dieser Nacht geweckt. Abermals stand Emma Herwegh vor ihm und bot die Hilfe der Deutschen Legion an. Hecker wand sich. Einerseits war auch ihm inzwischen klargeworden, wie wenig wir es uns erlauben konnten, auf Unterstützung zu verzichten. Andererseits hatte er nach wie vor Angst vor dem Vorwurf des Reichsverrats. Überflüssigerweise betonte er, die deutschen Emigranten seien ohne sein Zutun von Paris abgezogen, er habe sie nicht gerufen und könne sie auch nicht rufen.
– Aber, setzte er hinzu, wenn Herwegh kommen will und recht bald und mit recht vielen Leuten, soll mir's lieb sein.
Herweghs wagemutige Frau war klug genug, den in dieser Antwort versteckten Hilferuf zu erkennen, und nicht zu stolz, den kränkenden Ton zu überhören. Noch in derselben Nacht reiste sie in Richtung Straßburg. Zwei Tage später setzte sich die Deutsche Legion in Marsch, um in den badischen Aufstand einzugreifen.
Am Gründonnerstag, dem 20. April, brach Heckers Kolonne

wie geplant auf, um vor den sich nähernden Linientruppen zurückzuweichen. Bis auf eine kleine Nachhut hatte die Freischar Kandern verlassen, als zwei Parlamentäre von Westen her in den Ort geritten kamen. Sie verlangten Hecker zu sprechen. Als man ihnen sagte, dieser sei bereits abmarschiert, forderten sie die noch anwesenden Männer auf, ihre Waffen niederzulegen und nach Hause zu gehen. Ein einstimmiges *Nie!* war die Antwort. Daraufhin sprengten die beiden Reiter wieder davon, und die Nachhut beeilte sich, mit Kanonen und Bagage dem Troß nachzuziehen. Gerade noch rechtzeitig. Im Schutz des Waldes auf der Höhe zwischen Riedlingen und Kandern hatten die Regierungstruppen nur auf die Rückkehr der Parlamentäre gewartet; rasch besetzten sie den Ort.
Jenseits der Brücke über die Kander, etwa neunhundert Meter östlich des Ortsausgangs, steigt die Straße nach Steinen steil an. In Serpentinen windet sie sich durch Bergwiesen und Wald zu einer Paßhöhe hoch, die man Scheideck nennt. Auf diesem Weg zog sich das kleine Freiheitsheer zurück. Gedeckt von Willichs Schützen, die im Schutz der Bäume postiert waren, gewann der Zug an Höhe, während die Linientruppen durch den Ort bis zur Kander vormarschierten. Von hier aus rief ein Stabsoffizier der Nachhut zu, Hecker solle zu einem Gespräch mit dem General auf die Brücke kommen. Der Wunsch wurde von Mann zu Mann durch Rufe weitergegeben und erreichte Hecker auf halber Paßhöhe. Begleitet von einigen seiner Anführer, ging er die Straße hinunter. Auf der Brücke erwarteten ihn Offiziere der Linientruppen und General Friedrich von Gagern.
– Sie müssen die Waffen niederlegen, forderte dieser, als Hecker vor ihm stand.
– Das werden wir nicht tun, bevor Baden eine demokratische Republik ist, antwortete Hecker.
– Sie sind ein gescheiter Mann, sagte der General, aber leider ein Fanatiker.
– Wenn, empörte sich Hecker, Hingabe für die Befreiung des

eigenen Volkes Fanatismus ist, dann nennen Sie mich ruhig einen Fanatiker. Ich verstehe darunter etwas anderes. Die engstirnige Verbohrtheit nämlich von Leuten auf Ihrer Seite, die für Ruhe und Ordnung die Zukunft ihres Volkes hergeben. Aber ich bin nicht hier, um über Worte zu streiten. Ich frage Sie: Haben Sie mir sonst noch etwas mitzuteilen? Wenn nein, werde ich zu meinem Trupp zurückgehen.

– Strecken Sie die Waffen, oder ich werde mit aller Strenge einschreiten!

– Wir werden einem Angriff zu begegnen wissen. Übrigens werden Sie uns von dieser Brücke zuerst zu unseren Korps zurückkehren lassen.

– Allerdings, sagte der General und drehte sich grußlos um.

Hecker und seine Begleiter verließen die Brücke, um zu ihren Leuten zurückzugehen.

– Ich beschwöre Sie, rief ihnen einer der Offiziere nach, stehen Sie ab!

General Gagern ließ warten, bis Hecker wieder auf halber Höhe war, und gab dann den Befehl, über die Brücke zu marschieren. Die Scharfschützen oben am Waldrand hatten aus ihrer Deckung heraus die Soldaten im Visier. Willich ließ jedoch nicht schießen, da Hecker die Devise ausgegeben hatte, keinesfalls zuerst das Feuer zu eröffnen. So rückte das Linienheer vor, während die Freischar bergauf zurückwich. Zwischen der Nachhut Heckers und Gagerns Kavallerie waren während dieser Bewegung keine hundert Meter Abstand.

Nach einer knappen Stunde hatte die Mehrzahl der Freiheitskämpfer die Paßhöhe der Scheideck erreicht, von der aus die Straße wieder bergab führt. Der bisherige strategische Vorteil, von oben den nachrückenden Gegner kontrollieren zu können, hätte sich beim Weitermarsch ins Gegenteil verkehrt. Da ein Gefecht offenbar unvermeidlich war, mußte es hier stattfinden. Willich ließ die Höhe besetzen und stellte seine kleine Streitmacht in Schlachtordnung auf: je ein Fähnlein Schützen zu

beiden Seiten der Straße und in der Mitte, dahinter bis an den Waldrand die Sensenmänner, hinter Gebüsch und Felsblöcken die Reserve.
Die Angreifer kamen bis auf dreißig Meter heran, bildeten Sturmreihen und rückten mit angelegten Gewehren Schritt um Schritt näher. Es handelte sich um etwas über zweitausend Mann mit Artillerie und Reiterei, denen etwa eintausendzweihundert schlecht bewaffnete Aufständische gegenüberstanden. Gagern ließ wohlweislich hessisches Fußvolk vorangehen, um die Loyalität der badischen Truppen nicht einer zu starken Prüfung zu unterziehen. Als die Soldaten nur noch zwanzig Meter entfernt waren, klangen ihnen Zurufe der Freischärler entgegen.
– Kein Bürgerblut vergießen! Ihr seid unsere Brüder! Es lebe die Freiheit!
Die Hüte schwenkend, traten einzelne Männer aus Heckers Trupp hervor, streckten die Hand aus.
– Nicht schießen! rief einer. Wir wollen, was eure Väter und Brüder wollen: Das Ende der Unterdrückung! Helft nicht den Blutsaugern! Ihr würdet euch noch als Greise dafür schämen!
In die Reihen der Hessen kam Bewegung. Erst einer, dann drei, fünf der Soldaten setzten das Gewehr ab, sahen sich unschlüssig um, traten zögernd einige Schritte vor. Als Gagern bemerkte, daß sich seine Infanterie mit den Freiheitskämpfern zu verbrüdern drohte, ritt er persönlich vor, wies die Leute mit scharfem Befehl in ihre Reihen zurück und schrie:
– Freiwillige und Unteroffiziere vor! Bereit zum Feuern!
Noch einmal hörte man von Seiten der Freischärler Rufe wie *Nicht schießen!* und *Brüder!*, worauf Gagern die Pistole zog und damit durch die Luft fuhr.
– Was, Brüder? rief er mit rauher, bebender Stimme, Gesindel seid ihr! Blut soll fließen! Feuer!
Und er gab mit seiner Pistole den Startschuß für die erste Salve. Einige der vor die Linie gelaufenen Freiheitskämpfer fielen ge-

troffen zu Boden, andere stürzten zurück und erreichten ihre Reihen. Das Feuer wurde erwidert. Wenige Minuten nach Beginn des Schlußwechsels traf eine Kugel den General in der Brust. Erschreckt riß er die Zügel zurück, so daß sein Pferd sich aufbäumte und gleichfalls einen Treffer erhielt.
– Gerechter Gott, schrie Friedrich von Gagern und glitt seitwärts vom Pferd, das strauchelte und ihn unter sich begrub.
Das Gefecht war sehr kurz. Nach mehreren Salven von beiden Seiten schrie jemand, man solle das Feuer einstellen. Durch die Pulverschwaden sah man einen hessischen Hauptmann vortreten und ein weißes Tuch schwenken. Theodor Mögling, der auf seiten der Verteidiger am weitesten vorne stand, verhandelte mit dem Parlamentär. Es sei genug Blut geflossen, sagte dieser. Beide Seiten sollten sich zurückziehen. Mögling war einverstanden. Für die Herausgabe der Leiche des Generals verlangte er die ehrenvolle Rückerstattung einer vom Feind eroberten schwarz-rot-goldenen Fahne.
Mit ihren Toten und Verwundeten wichen die Linientruppen ein Stück weit bergab gegen Kandern zurück. Die Freiheitskämpfer zählten elf Gefallene und zwanzig Verwundete, für deren Transport die Bagagewagen frei gemacht wurden. Als das Schlachtfeld geräumt war, machte sich das kleine Heer abmarschbereit.
In diesem Augenblick rückten die Liniensoldaten erneut auf die Paßhöhe vor, um ein zweites Mal anzugreifen. Panik erfaßte die Sensenmänner. Sie warfen ihre Stangen fort und nahmen Reißaus, die Wagen polterten in wilder Fahrt davon, die Schützen wurden von der allgemeinen Fluchtbewegung erfaßt und schlugen sich in die Büsche. Auch Hecker benahm sich nicht wie ein Held, sondern stürzte in blinder Hast in den Wald. Mögling gelang es, die Angreifer durch laut gebrüllte Befehle kurze Zeit darüber zu täuschen, daß sich die eigenen Reihen auflösten. Dies verschaffte den fliehenden Freischärlern einen kleinen Vorsprung. In ungeordneter Flucht rannten sie durchs Unterholz

talwärts. Die Soldaten verfolgten sie. Hecker verlor die Orientierung. Erst am späten Nachmittag fand er, zerschunden und verdreckt, ein Bauernhaus, in dem man ihn aufnahm.
Von diesen Ereignissen wußte ich um die Mittagszeit des 20. April nur das, was mir der Reiter vor dem Lörracher Rathaus zugerufen hatte. Wir hielten Hecker für den Sieger des Gefechts. Im Eilmarsch verließ unsere Kolonne Lörrach, um über Steinen zur Scheideck hinaufzumarschieren. Doch schon vor Steinen kamen uns versprengte Männer aus Heckers Kolonne entgegen. Alles sei verloren, riefen sie, Soldaten seien hinter ihnen her und machten jeden Mann nieder, um ihren General zu rächen. Wir sollten umkehren und uns über den Rhein retten. Kaum einer ließ sich dazu bewegen, sich bei uns wieder einzureihen. Ich mußte froh sein, daß sie mit ihrer Angst nicht unsere eigene Mannschaft ansteckten.
Wir erreichten Steinen am frühen Nachmittag. Wäre es nach mir gegangen, hätten wir ohne Halt den Marsch in Richtung Schlächtenhaus fortgesetzt, um die Talenge beim Kloster Weitenau mit unseren Schützen zu besetzen. Doch die militärischen Führer der Kolonne bestanden darauf, den erschöpften Männern eine Rast zu gewähren. Vorausgeschickt wurden nur ein paar Kundschafter, welche die Lage sondieren sollten. Sie kamen mit der Nachricht zurück, der Feind rücke, den Wald durchkämmend, mit großer Übermacht von Schlächtenhaus auf Steinen vor; die Vorhut habe bereits den Talausgang erreicht.
Wir konnten nicht hoffen, die Linientruppen mit unseren wenigen hundert Wehrmännern zu besiegen. Doch aufhalten mußten wir sie. Von Heckers Zug hatten längst noch nicht alle Steinen erreicht. Nur solange der Ort von uns verteidigt wurde, stand den Erschöpften und Entmutigten der Fluchtweg in die Schweiz offen. Es kam darauf an, Zeit zu gewinnen.
Während Weishaar am nördlichen Ortsrand von Steinen eine Verteidigungslinie aufbaute, ging ich in Begleitung einiger Schützen dem Feind entgegen. Eine weiße Fahne schwenkend,

rief ich den Vorposten am Talausgang zu, ich sei Gustav Struve und wolle zur Vermeidung weiteren Blutvergießens verhandeln. Nach einigem Hin und Her führte man mich – die Schützen blieben an der Brücke über den Steinebach zurück – vor Oberst Hinkeldey, der nach Gagerns Tod das Oberkommando übernommen hatte. Hinkeldey überschüttete mich mit Vorwürfen, nannte uns Hochverräter und landschädliches Gesindel und verlangte die bedingungslose Kapitulation.
– Bevor wir die Waffen niederlegen, sagte ich, sterben wir lieber. Wahrscheinlich unterliegen wir der Übermacht, doch eine Anzahl Ihrer Soldaten wird ihr Leben lassen! Können Sie ein solches Blutbad verantworten? Lassen Sie uns nicht über Recht und Unrecht streiten, sondern ein sinnloses Gemetzel verhindern! Wir werden Steinen freiwillig räumen. Alles, was ich verlange, sind sechs Stunden Zeit.
Auf diesen Vorschlag einzugehen lehnte der Oberst strikt ab. Nach zähem Verhandeln konnte ich ihm immerhin das Versprechen abringen, eine halbe Stunde zuzuwarten, dann nur langsam vorzurücken und den hinter Steinen gelegenen Fluß Wiese nicht zu überschreiten, sondern an dessen Ufer ins Rheintal abzuziehen.
Als ich mit den Schützen, die an der Brücke auf mich gewartet hatten, in den Ort zurückkehrte, fand ich dort keine hundert Mann mehr vor. Der Rest von Weishaars Kolonne hatte sich in meiner Abwesenheit davongemacht. Unter den wenigen Zurückgebliebenen war Theodor Mögling. Mit einigen Helfern sicherte er das linke Ufer des Wiese-Flusses, indem er die Holzbrücke abtragen und eine Barrikade bauen ließ. In der halben Stunde, die blieb, konnten sich an die hundert Versprengte von Heckers Blaublusen, darunter Willich, an das rettende Ufer flüchten. Auf Hecker selbst warteten wir vergebens.
Weishaar verließ als letzter das Dorf. Die Brücke bestand nur noch aus zwei Balken, als er angeritten kam und eben noch rechtzeitig zu uns herüberbalancierte. Kurz darauf sahen wir die

Linientruppen am Ortsausgang auftauchen. Wir duckten uns hinter die Barrikade. Die feindliche Reiterei kam zunächst direkt auf uns zu. Unsere längs des Flüßchens aufgestellten Schützen gaben Warnschüsse ab. Ohne das Feuer zu erwidern, schwenkte daraufhin die Spitze der Marschkolonne ab und wandte sich talwärts, ohne uns weiter zu behelligen.
Vereinzelt und in kleinen Gruppen zog der traurige Rest unserer Freischaren über die Höhen nach Rheinfelden. Vergebens versuchte ich zusammen mit Neff, die Flüchtigen aufzuhalten, um eine neue Marschkolonne zusammenzustellen. Die Angst war stärker. Selbst Weishaar und Willich gaben auf. Es ging das Gerücht, von Lörrach her seien die Hessen im Anzug und von Säckingen kämen die Württemberger. Als es bei Einbruch der Dämmerung auch noch heftig zu regnen begann, ließen sich selbst die Gutwilligen nicht mehr beisammenhalten. Begleitet von wenigen Getreuen, wanderte ich im Dunkeln auf schlammiger Straße am rechten Rheinufer flußaufwärts bis Brennet, wo wir, am Ende unserer Kraft und bis auf die Haut durchnäßt, in ein Wirtshaus einkehrten. In der Gaststube drängten sich Blaublusen. Auch mehrere Anführer des Aufstands traf ich, nämlich Willich, Dr. Knöpfle aus Überlingen und den Ökonom Tiedemann aus Salem. Bei dampfendem Tee hielten wir Kriegsrat.
Noch gaben wir den Marsch auf Karlsruhe nicht verloren. Freilich konnten wir wenig tun, solange wir nicht wußten, wo Sigel mit seiner Mannschaft stand. Um nicht Regierungssoldaten in die Hände zu geraten, beschlossen wir, die Nacht auf Schweizer Gebiet zu verbringen. Von da aus würden wir am folgenden Morgen Erkundigungen einholen können.
Nach Mitternacht machten wir uns in Richtung Grenze auf. Ich hatte vorgeschlagen, mit einem Boot über den Rhein zu setzen, doch ortskundige Freunde hielten soviel Vorsicht für überflüssig. Die Brücke, die von Säckingen nach Stein führe, meinten sie, sei unbewacht und der Übergang gefahrlos. Tatsächlich ge-

langten die mir vorausgehenden Gruppen unbehelligt hinüber. Als ich dann aber in Begleitung von Knöpfle und Tiedemann die Brücke betrat, stürzten sich bewaffnete Gendarme und Zollwächter auf uns. Gefesselt wurden wir ins Gefängnis von Säkkingen abgeführt.
Ich muß gestehen, daß ich vor Erschöpfung viel zu apathisch war, mich zu wehren. Kaum hatte man die Zellentür hinter mir geschlossen, versank ich in einen tiefen traumlosen Schlaf.

34

Am nächsten Morgen mischten sich Hufschlag und Pferdegewieher, Kommandorufe und Stiefeltritte in meine wirren Träume. Ich erwachte und bemerkte, daß der Lärm von draußen kam. Meine Mitgefangenen schnarchten im Halbdunkel. Ich lag auf einem Strohlager in einem hohen Kellerraum, in den durch ein vergittertes Oberlicht milchige Helligkeit fiel. Modrige Luft, schwarzfeuchte Wände, gemauerter Boden. Nebelhaft erinnerte ich mich an die Verhaftung auf der Brücke. Ich lauschte auf den Lärm draußen und war mir sicher, daß auf dem Platz vor dem Rathaus eine Kavallerieeinheit stand. Wir mußten damit rechnen, als Aufrührer standrechtlich erschossen zu werden.
Unsere Freunde waren indessen bereits dabei, uns herauszuholen. Noch in der Nacht hatten Theodor Mögling und einige andere Freiheitskämpfer von unserer Gefangennahme erfahren. Sie befanden sich in Nollingen und waren unterwegs in die Schweiz, doch sie überlegten sofort, was zu tun sei. An eine gewaltsame Befreiung war nicht zu denken, denn unser kleines Heer hatte sich aufgelöst. Immerhin bewies der Abzug der Truppen Hinkeldeys, daß uns die Gegenseite für gefährlicher hielt, als wir waren. Darauf bauend schlug Mögling vor, es mit einem Bluff zu versuchen.

Am frühen Morgen ging er mit seinen Kameraden bei Rheinfelden auf Schweizer Gebiet und eilte links des Rheins nach Stein. Dort kannte er einen schweizerischen Gesinnungsgenossen, den er aus dem Bett holte, instruierte und über die Brücke nach Säckingen schickte. Während ich im Keller auf dem Stroh lag und mir den Kopf über einen Fluchtweg zerbrach, trat unser Schweizer in die Amtsstube des Regierungsamtmannes Schey, der soeben mit dem Rittmeister der vorgerittenen württembergischen Kavallerieschwadron über die gefangenen Revolutionäre sprach. Sich einfältig gebend, berichtete der Schweizer, er komme aus Nollingen und sei unterwegs einem großen Freischarenzug begegnet. Einer der Führer habe ihn angehalten und gefragt, ob er dem Städtchen Säckingen einen großen Dienst erweisen wolle. Dies habe er bejaht, worauf man ihm ein verschlossenes Billett ausgehändigt habe, das er dem Amtmann übergeben solle. Außerdem habe er auszurichten, die Freischaren würden in zwei Stunden vor Säckingen stehen und, falls ihre Freunde bis dahin nicht entlassen seien, diese gewaltsam befreien und den Ort niederbrennen. Der württembergische Offizier fragte den Schweizer nach der Stärke der Revolutionäre, worauf dieser antwortete, er verstehe sich schlecht auf das Schätzen solcher Menschenmassen, glaube aber, es müßten wenigstens viertausend Mann sein.
Inzwischen hatte Schey den an ihn gerichteten Brief geöffnet und las:

Herr Amtmann!
Soeben erfahre ich, daß Struve mit einigen Begleitern in Säckingen verhaftet ist. Ich verlange deren augenblickliche Freilassung, widrigenfalls ich sie mit Gewalt befreien werde, wobei ich natürlich weder für die Sicherheit des Eigentums noch des Lebens der Säckinger stehen kann.

Theodor Mögling.

Gegen eine Übermacht von viertausend Mann, sagte der Rittmeister, könne er mit seiner Schwadron nichts ausrichten. Er werde daher die Gefangenen nach Waldshut bringen, wo sich derzeit das Gros der württembergischen Truppen befinde. Der Amtmann, der den Zorn der Revolutionäre fürchtete und sein Städtchen schon in Flammen sah, wollte dies auf keinen Fall zulassen. Er ließ uns aus dem Keller holen und vorführen.
Wir fürchteten das Schlimmste, als wir in die Amtsstube traten. Ein württembergischer Offizier stand neben dem Amtmann, einem spinnenfingrigen Mann mit Hängeschultern und kurzrasiertem Langschädel. Zu meiner Verblüffung teilte er uns mit, wir seien entlassen, und zwar unter der Bedingung, daß wir uns sofort über die Brücke auf Schweizer Gebiet begäben und nicht mehr zurückkehrten. Ich antwortete, ich nähme diese Bedingungen zur Kenntnis, könne aber nur die erste akzeptieren. Mit saurem Gesicht gab Schey den Wachleuten, die uns vorgeführt hatten, ein Zeichen, und wir wurden aus dem Rathaus gebracht. Auf dem Platz begrüßten uns viele Neugierige mit Applaus und ermunternden Zurufen. Vor der Rheinbrücke blieben die Wachen zurück, während wir auf das andere Ufer wechselten, wo Mögling und andere Freunde uns willkommen hießen.
Ein offener Wagen brachte uns über schlammige Straßen rheinabwärts ins schweizerische Rheinfelden, wo für Mittag eine Lagebesprechung angesetzt war. Unterwegs berichtete mir Mögling, man habe Nachricht von Hecker. Er sei in Bauernkleidern heil über die Grenze gelangt und werde vermutlich ebenfalls nach Rheinfelden kommen. Das zu hören erleichterte mich sehr. Ich hatte mir große Sorgen um Hecker gemacht.
Auf sein Erscheinen im Rheinfelder Gasthof zum Mohren warteten wir jedoch vergebens. Den zu ihm gesandten Boten hatte Hecker mit der Botschaft zurückgeschickt, es gebe nichts mehr zu besprechen, der Aufstand sei verloren, er selbst wisse die Konsequenzen daraus zu ziehen. Ähnlich äußerten sich auch einige der erschienenen Führer des Aufstands. Manche wollten

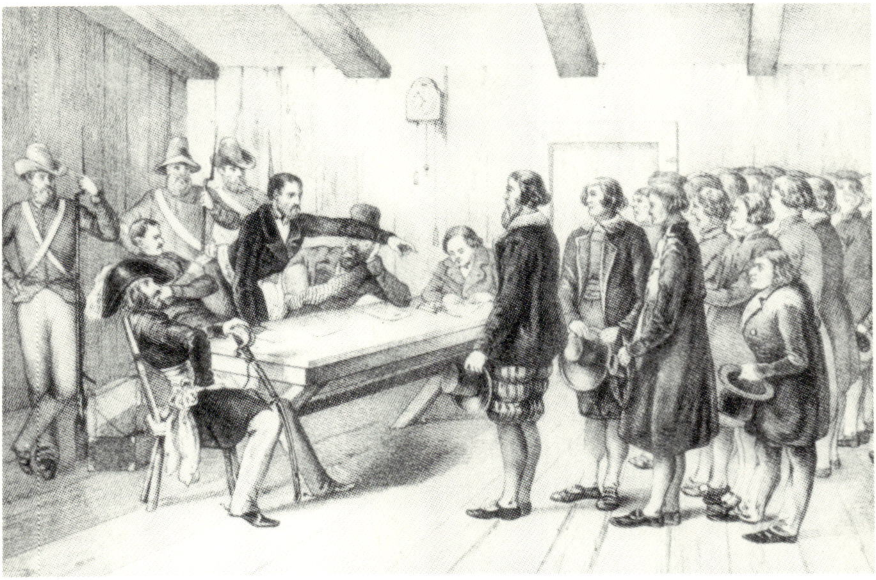

Nach der Ausrufung der Republik am 21. September 1848 erteilt Struve dem Lörracher Gemeinderat Anweisungen (oben). Auszug des revolutionären Heeres aus Lörrach am Morgen des 23. September 1848 (unten).

Nro. 1.

Republikanisches

Regierungs-Blatt.

Hauptquartier Lörrach, 22 September 1848.

Inhalt.

1) Aufruf an das deutsche Volk. 2) Dienstanweisung an sämmtliche Bürgermeister. 3) Verfügung über Abgaben. 4) Zollgesetz.

Aufruf an das deutsche Volk!

Der Kampf des Volkes mit seinen Unterdrückern hat begonnen. Selbst in den Straßen der Stadt Frankfurt a. M. am Sitze der ohnmächtigen Centralgewalt und der geschwätzigen konstituirenden Versammlung ist auf das Volk mit Kartätschen geschossen worden. Nur das Schwert kann das deutsche Volk noch retten. Siegt die Reaktion in Frankfurt, so wird Deutschland auf dem sogenannten gesetzlichen Wege furchtbarer ausgesogen und geknechtet werden, als dieses in den blutigsten Kriegen geschehen kann.

Zu den Waffen deutsches Volk! Nur die Republik führt uns zum Ziele nach dem wir streben.

Hoch lebe die deutsche Republik!

Lörrach den 21. September 1848.

Im Namen der provisorischen Regierung

Gustav Struve.

Der Kommandant des Hauptquartiers:

M. W. Löwenfels.

Der Schriftführer:

Karl Blind.

Am Tag nach Struves Rückkehr nach Baden erscheint ein republikanisches Regierungsblatt mit ersten Erlassen der provisorischen Regierung.

Zur Finanzierung der Revolution plant Struve die Ausgabe von Schuldscheinen zu Lasten der zukünftigen Republik.

Gustav und Amalie Struve werden nach ihrer
Gefangennahme von Wehr nach Müllheim
transportiert und unterwegs von aufgebrachten
Bauern beschimpft (24. September 1848).

Von einem Fenster des Lörracher Rathauses aus proklamiert Gustav Struve die Deutsche Republik (21. September 1848).

Die Schwurgerichtsverhandlung gegen Struve
und Blind in Freiburg/Brsg. (März 1849).

Zwischen dem 10. und 13. Mai 1849 schließt
sich die badische Armee dem revolutionären
Volk an. Der badische Kriegsminister, General
Hoffmann, verläßt mit loyal gebliebenen
Dragonern die Festung Rastatt.

Bei Gernsbach durchbrechen Reichstruppen die Verteidigungslinie des badischen Freistaats und durchqueren die Murg (29. Juni 1849). Damit ist die Niederlage der Revolution besiegelt.

Das Ende für die meisten Teilnehmer am Verteidigungskampf der badischen Revolution: Gefangennahme durch preußisches Militär (30. Juni 1849).

In den Kasematten von Rastatt und anderen Gefängnissen warten Hunderte von Revolutionsteilnehmern auf ihre standrechtliche Verurteilung. Viele werden erschossen, andere sterben in der Haft an Typhus, die meisten erhalten langjährige Zuchthausstrafen.

aufgeben, andere in der Schweiz auf eine wunderbare Wendung der Ereignisse warten – bewirkt etwa durch den Einmarsch der Legionen von Herwegh und Becker oder durch Volkserhebungen in Württemberg und Hessen. Es kostete mich Mühe, den Mut meiner Freunde noch einmal anzufachen.

– Eine Sache ist erst dann verloren, wenn man sie verlorengibt, sagte ich. Ich habe eine friedliche Massendemonstration gewollt, keinen bewaffneten Aufstand. Aber da es nun zum Kampf gekommen ist, müssen wir ihn zu Ende kämpfen. Alles andere wäre Verrat. Man kann etwas, was eben noch richtig war, nicht deshalb für verkehrt halten, weil die Aussichten auf einen Sieg schwinden. Im übrigen gibt es tausend Beispiele in der Geschichte, wo ein scheinbar schon verlorener Kampf doch noch zum Erfolg geführt hat.

Aufmunternder als mein Zuspruch wirkte der Bericht eines Kundschafters, der während der Besprechung eintraf. Sigels Kolonne war noch intakt. Auf die Nachricht von den Gefechten bei Kandern und Steinen hin war Sigel mit einem Teil seiner Mannschaft von Todtnau das Wiesental hinuntergeeilt, um Entsatz zu bringen. Er war schon in Schopfheim, als er erfuhr, daß es nichts mehr zu retten gab. Daraufhin hatte er kehrtgemacht. Nach wie vor plante er, an Ostern in Freiburg einzumarschieren. Ihn im Stich zu lassen kam für keinen von uns in Frage. Mich trieb zudem auch meine eigene Unruhe auf die Höhen des Schwarzwalds zurück. Ich wußte Amalie in Freiburg. Sie hatte mir ein Brieflein zukommen lassen, in dem es hieß, sie wohne im Hause Karl von Rottecks. Die Situation der entschiedenen Demokraten, schrieb sie, verschlechtere sich von Stunde zu Stunde; zwar stehe sie, Amalie, in Kontakt zu Offizieren der in der Stadt stationierten badischen Garnison und sei überzeugt, daß das Militär sich neutral verhalten würde, doch von allen Seiten rückten fremde Truppen heran. Wohl sei die Mehrheit der Freiburger republikanisch gesinnt, aber ohne Hilfe von außen werde die Stadt nicht lange Widerstand leisten können.

Diese Worte allein hätten mich bewogen, wieder über den Rhein zu gehen.
Gleich nach der Besprechung – am frühen Nachmittag des Karsamstags – machten wir uns auf den Weg. Unser Trupp bestand anfangs nur aus Mögling, Scheibel, Tiedemann, Knöpfle, mir und knapp zwanzig Bauernburschen und Handwerkern. Unterwegs nach Schopfheim schlossen sich uns Gruppen von Versprengten an. In der Nähe von Schwörstadt holten wir Willich und Bruhn ein. Unabhängig von uns hatten sie sich wieder auf badisches Gebiet begeben. Sie gingen an der Spitze eines Zuges von knapp zweihundert Mann, in dem ich wunderbarerweise die zwei kleinen Kanonen und den Gepäckwagen der ursprünglichen Kolonne Heckers wiederentdeckte. Durch strömenden Regen marschierten wir nun gemeinsam über Wehr nach Hasel, wo uns ein Kurier entgegenkam. Er übergab mir einen Brief Sigels, in dem es hieß, die Situation in und um Freiburg erlaube kein weiteres Zuwarten, Hecker oder ich sollten sofort zu ihm stoßen und alle verfügbaren Mannschaften nachfolgen.
Mit dem Kurier als Führer marschierte ich unserer kleinen Schar voraus. In den ersten Stunden des Ostersonntags erreichten wir todmüde und durchnäßt Todtnau. Sigel war nicht im Quartier; er kümmerte sich persönlich um die Vorbereitungen für den Marsch auf Freiburg, erkundete Stellungen und Routen, postierte die Scharfschützen auf den Höhen. Kampflos nach Freiburg zu gelangen schien unmöglich. Man hatte zuverlässige Nachricht, daß die Stadt von Militär umstellt war; bei Günterstal standen angeblich dreitausend Mann hessische, badische und nassauische Infanterie, ein Reiterregiment und vier Geschütze. Im Rücken bedrohten uns württembergische Einheiten, deren Vorhut schon in Sankt Blasien stand.
In der Scheune des Bauernhofs, in dem Sigel sein Hauptquartier hatte, legte ich mich nieder, um ein wenig zu schlafen. Im Morgengrauen erwachte ich durch den Lärm, den die Ankunft langersehnter Verstärkung verursachte. Mit einigen hundert Bewaff-

neten war Johann Philipp Becker, von meinem Hilferuf alarmiert, aus der Schweiz heraufgekommen. Auch Herweghs Legion würde bald dasein, und damit waren unsere Aussichten auf ein Gelingen der Revolution gar nicht schlecht.
Um 5 Uhr früh kehrte Sigel zurück. Fröstelnd stand ich mit dem Rücken an den Kachelofen der Bauernstube gelehnt und drückte meine Handflächen gegen die warmen Fliesen. Becker, die Hände in den Taschen, marschierte unruhig auf und ab. Auf einem Stuhl saß Sigel und zog sich die Stiefel aus. Das graue Licht des Morgens drang durch kleine Fenster, hinter deren Sprossen bewaldete Hügel blauten.
– Ostern, sagte ich, ist das Fest der Auferstehung. Kein schlechter Tag, einen Aufstand zu vollenden.
Die Nachrichten aus Freiburg waren widersprüchlich. Am Karsamstag hatte eine bewaffnete Volksversammlung stattgefunden, auf der die Ausrufung der Republik und die Verbarrikadierung der Stadt beschlossen worden war. Zum Führer der Freiheitsbewegung hatten die Freiburger Demokraten einen Studenten namens Langsdorff gewählt. Dieser hatte Sigel wissen lassen, die Stadt erwarte den sofortigen Einmarsch der Freischaren; alle Waffen seien im Besitz der Aufständischen, der Bahnhof und das Rathaus unter ihrer Kontrolle. Aber auch ein Abgesandter des Freiburger Stadtrats war in Todtnau gewesen und hatte erklärt, man wünsche keinen bewaffneten Zuzug, die Bürgerschaft stehe der Auseinandersetzung zwischen Staatsgewalt und Schilderhebung neutral gegenüber.
– Vom militärischen Standpunkt aus, sagte Franz Sigel und massierte sich den Fuß, stört mich die Haltung der Bürgerschaft wenig, solange die Stadt in der Hand der Republikaner ist. Die größte Gefahr geht von den Truppen aus, die vor der Stadt liegen. Mit dem Gros unserer Mannschaft müssen wir durch den Belagerungsring brechen. Leicht wird es nicht, aber wir können es schaffen. Die Frage, mein lieber Struve, ist allerdings, was wir damit erreichen. Das ist eine politische Frage, und um eine

Antwort darauf zu erhalten, habe ich nach dir geschickt. Wenn du mir sagst, der Aufstand ist so oder so verloren, blase ich die Sache ab und schicke die Leute heim.

Er hatte recht. Nach Heckers Ausscheiden lag die politische Verantwortung für den Aufstand bei mir. Über unsere Lage machte ich mir keine Illusionen. Uns stand eine gewaltige militärische Übermacht gegenüber. Andererseits bewies gerade der Umstand, daß so viele fremde Soldaten zur Niederwerfung unseres Freiheitszuges aufgeboten waren, wie wenig sich die Regierung auf die Loyalität ihrer eigenen Armee verlassen konnte. Das alte System stand auf tönernen Füßen. Ein leichter Stoß, und es würde einstürzen. Falls sich Freiburg nur wenige Tage halten könnte, würden gemäß unserer Vorbereitungen auch Offenburg, Mannheim und Heidelberg aufstehen. Und dann war das Überlaufen der badischen Truppen kaum noch zweifelhaft. So könnte sich das Gewicht im Laufe der nächsten Woche doch noch zu unseren Gunsten verlagern. Diese historische Möglichkeit durfte nicht verschenkt werden.

– Wir müssen den Marsch auf Freiburg wagen, sagte ich.

Von Feldherrnkunst verstehe ich wenig. Doch nach der Teilnahme an zwei Bürgerkriegen diesseits und jenseits des Ozeans kann ich heute besser als damals würdigen, welche Aufgabe Sigel zu bewältigen hatte. Es ist schwierig genug, ein Heer von dreitausendfünfhundert Mann unauffällig auf eine eingeschlossene Stadt vorrücken zu lassen. Noch problematischer ist es, eine solches Manöver mit ungeübten Zivilisten durchzuführen. Aus gutem Grund gab Sigel jeder seiner Abteilungen schriftliche Anweisungen, wo sie auf den Befehl zum Weitermarsch in die Ebene zu warten hätten. In Etappen ließ er die Freischaren über Muggenbrunn und Halde auf den sogenannten Gießhübel vorrücken. Von dort sollten sie zum gegebenen Zeitpunkt in getrennten Gruppen beiderseits des Bohrerbachs im Schutz der Wälder talwärts bis Günterstal marschieren. Nahe bei diesem Freiburger Vorort lag feindliches Militär. Für das Gelingen des

weiteren Vormarschs war es entscheidend, daß sich keine Einheit vor der Ankunft der anderen vorwagte.
Hundertschaft um Hundertschaft machte sich auf den Weg. Ich schloß mich einem Banner von Wehrmännern an, mit denen ich am Vormittag durch den Kohlwald und über die Höhen des Gießhübels zog. Selten war ein Ostersonntag trostloser. Ein eisiger Wind trieb uns Schnee und Regen ins Gesicht. In höheren Lagen mußten wir durch schweren Schnee stapfen. Gegen Mittag klarte es endlich auf, und kurz danach erreichten wir Horben, wo wir uns einer Abteilung Konstanzer Schützen anschlossen. Während wir auf den Befehl zum Weitermarsch warteten, traf eine Abordnung aus Freiburg ein, die uns aufforderte, sofort mit ihr in die Stadt zu kommen. Der Augenblick sei günstig, denn noch hätten die Truppen Freiburg nicht besetzt und den Belagerungsring um die Stadt nicht geschlossen. Sollte sich unser Erscheinen allerdings verzögern, könnten die Aufständischen die Kontrolle der Stadt nicht mehr garantieren.
Man hat mir später vorgeworfen, ich hätte in dieser Situation die militärische Führung an mich gerissen und, *um den Ruhm des Tages zu ernten*, wie Mathys Freund Häusser behauptet, das erste und zweite Banner eigenmächtig gegen Freiburg geführt. Das ist falsch. Ich hatte keine militärische Stellung inne und habe mir eine solche nicht angemaßt. Welche Anweisungen Sigel seinen Unterführern erteilt hatte, wußte ich nicht. Zuständiger Befehlshaber über die Vorhut war Dr. Vanotti. In meiner Anwesenheit besprach er sich mit seinen Offizieren und kam zu dem Schluß, man dürfe nicht länger mit dem Vorrücken zögern, sonst werde der Zuzug feindlicher Truppen die Einnahme von Freiburg erschweren oder gar unmöglich machen.
So brachen die Einheiten ohne Sigels Wissen am frühen Nachmittag des 23. April nach Freiburg auf. Ich ging in meiner Funktion als Mitglied des Landesausschusses neben den Truppen her, begleitet von meinem Freund Tiedemann. Wir waren schon über Günterstal hinausgekommen, als die Kolonne in Höhe des soge-

nannten Sternenwaldes ins Stocken geriet. Von vorne wurde der Ruf in die hinteren Reihen gegeben:
– Struve soll vorkommen!
Zusammen mit Tiedemann ging ich zur Spitze des Zuges und sah in etwa hundert Meter Entfernung die Linien feindlicher Truppen.
– Du mußt mit den Soldaten sprechen, sagte Kuenzer, der Hauptmann der Konstanzer Schützen.
Ich ließ mir ein weißes Taschentuch geben, schwenkte es in der Luft und ging auf die Stellung der Linientruppen zu. Hinter mir hörte ich den Schritt des Pferdes, auf dem Kuenzer saß. Es regnete wieder. Als mich nur noch dreißig Meter von den Soldaten trennten, ließ ihr Kommandant die Gewehre anlegen. Unbeirrt ging ich, das Tuch schwenkend, weiter.
– Halt! rief es von drüben.
– Kann Struve einige Worte sprechen? rief Kuenzer hinter mir.
– Fort, fort, ihr Hunde! brüllte es zurück.
Daraufhin sprengte Kuenzer, alle Vorsicht außer acht lassend, ein Stück vor und zog seine Pistole. Er versuchte zu schießen, doch die Waffe war feucht vom Regen und ging nicht los. Wütend warf er die Pistole auf den Boden. Es war eine Szene, in der die Ohnmacht unseres Aufstandes noch einmal bildhaften Ausdruck fand.
– Ihr werdet nicht schießen, schrie ich in die versteinerten Gesichter der Soldaten. Dort drüben stehen eure Väter und ...
– Kein Wort weiter, unterbrach mich der feindliche Kommandant. Zurück, oder wir schießen!
Schon fielen die ersten Schüsse. Kuenzer ritt im Galopp an mir vorbei zu den eigenen Reihen hin. Das von den Hufen aufgeworfene Erdreich spritzte mir ins Gesicht. Ich drehte mich um und ging gemessenen Schrittes zum Waldrand zurück, wo unsere Leute als dunkle Gruppe auf dem Weg standen. Ein seltsam klarer Moment: Ich hörte das Krachen von Gewehren hinter mir, wartete auf einen plötzlichen Schmerz und die Ver-

dunklung der Welt. Von meiner Hutkrempe tropfte der Regen, auf meiner Schulter hing schwer die Ochsenhaut, die mir ein Bauer unterwegs geschenkt hatte zum Schutz vor der Nässe. Meine Stiefel im nassen Gras, gelbe Blumen. Himmelsschlüssel, dachte ich, wie passend. Angst hatte ich nicht, mein Körper war fremd wie je.

Ich hatte die Kolonne noch nicht erreicht, als Kartätschenkugeln vor mir explodierten. Das Zischen der Geschosse, das Knattern der Gewehre hinter mir, die Schreie der Verwundeten vermischten sich zu einem infernalischen Lärm, den ich nie vergessen werde. Unsere Anführer hatten keine Vorbereitungen für ein Gefecht getroffen. Sensenmänner und Musketiere standen bei Beginn des Feuers, wie sie auf offener Straße marschiert waren, nur die Scharfschützen unter Stephani hatten hinter Bäumen Deckung genommen. Schon die erste Salve löste Panik und völlige Verwirrung aus. In wilder Flucht rannten die Sensenmänner davon, die Musketiere warfen sich in den Straßengraben und hinter Erdhügel, um die Musketen zu laden.

Ohne auf starken Widerstand zu stoßen, rückte das Linienheer nach Günterstal vor, während sich unsere Schützen auf die bewaldeten Hänge beiderseits des Tales zurückzogen. Es kam noch zu vereinzeltem Feuerwechsel, aber das Gefecht wäre vorbei und verloren gewesen, hätte nicht Sigel in den Kampf eingegriffen. Mit seinem dritten Banner erschien er auf der Höhe westlich von Günterstal und besprach sich mit den Anführern der beiden ersten Abteilungen. Sein Plan war einfach, aber höchst wirksam. Zuerst nahm er die am nordwestlichen Ortseingang postierte Nachhut des Feindes unter Beschuß, um sein Erscheinen anzukündigen. Dann ließ er Doll vom gegenüberliegenden Ortsende aus mit einer Abteilung Schützen das Feuer eröffnen. Der Kommandant der Linientruppen mußte befürchten, in Günterstal eingeschlossen zu werden. Wie von Sigel vorhergesehen, befahl er eilends den Rückzug in Richtung Freiburg, und zwar über die Straße, die unsere Schützen aus der

Deckung des Sternwaldes heraus kontrollierten. Daß die Niederlage des Militärs trotzdem glimpflich verlief, lag nur an der Scheu unserer Leute, Menschen zu töten. Wir wollten kein Blutvergießen.

Als wir uns nach dem Abzug des Feindes abends an einer kleinen Brücke sammelten, zählte unser Trupp nur noch etwa hundert Mann. Der Rest der Kolonne Sigels hatte sich während des Gefechts davongestohlen. Mit einer Gruppe Freiburger Studenten kam Pedro zu uns. Er sagte, Amalie sei wohlauf und sicher, ich müsse mir keine Sorgen machen.

Dazu sah ich aber allen Anlaß. General Hoffmann, der Nachfolger Gagerns als Oberbefehlshaber der Regierungstruppen, hatte der Stadt ein Ultimatum gestellt. Wenn die Barrikaden nicht beseitigt und die Anführer des Aufstandes nicht ausgeliefert würden, werde er Freiburg am Ostermontag stürmen. Die Studenten baten flehentlich um Hilfe. Wir hielten kurz Rat und beschlossen, nach Horben zurückzugehen, dort aus den Versprengten und der Nachhut unter Becker ein neues Freiheitsheer zusammenzustellen und so schnell wie möglich zurückzukehren.

Am nächsten Morgen machte General Hoffmann seine Drohung wahr und ließ die Stadt stürmen. Die eingeschlossenen Freiheitskämpfer verteidigten sich tapfer. Das Zähringer Tor wurde gehalten, die große Barrikade in der Jesuitengasse hielt dem Ansturm von eintausendfünfhundert Nassauern stand, bis den Verteidigern die Munition ausging. Das mit Geschützen beschossene Breisacher Tor konnte erst genommen werden, als die Angreifer auch von der rückwärtigen Seite kamen.

Beim Kampf um Freiburg spielte die Eisenbahn eine wichtige Rolle. Züge beförderten unaufhörlich Linientruppen von Gundelfingen in den Bahnhof, der im Herzen der Stadt liegt. Unter diesen Umständen konnten die Barrikadenkämpfer Freiburg nicht lange halten. Schon am Mittag war die Stadt fest in der Hand des Militärs. Viele der Aufständischen wurden von den

Soldaten niedergemacht, andere mißhandelt und gefangengenommen, einigen gelang die Flucht über den Schloßberg.
Sigel war mit eilends gesammelten fünfhundert Mann morgens um 10 Uhr von Horben losmarschiert, um Hilfe zu bringen. Als er vor das Schwabentor kam, empfing ihn Kartätschenfeuer. Beim Versuch, über die Dreisambrücke zu kommen, fiel der Fähnrich der Konstanzer Schützen. Der Freischar blieb nur der Rückzug. Mit Johann Philipp Becker befand ich mich bei der Nachhut. Wir hatten Günterstal noch nicht erreicht, als uns die ersten Flüchtlinge entgegenkamen. Was sie uns berichteten, klang so entmutigend, daß Becker den Weitermarsch aufgab und den Anführern empfahl, sich ins Elsaß oder in die Schweiz abzusetzen.
Mir ist heute klar, daß diese Entscheidung richtig war. Damals jedoch war ich voller Zorn. Der Gedanke, daß Amalie in Gefahr war, ließ vernünftige Überlegungen nicht aufkommen. Ich wollte nach Freiburg, um jeden Preis, denn ich fürchtete das Schlimmste für meine Frau. Ohnmächtig sah ich die Mannschaft sich auflösen, unfreundlich erwiderte ich Beckers Lebewohl. Verzweifelt eilte ich, es war schon später Nachmittag, und es goß in Strömen, nach Todtnau zurück, um mit Hilfe Tiedemanns und Kuenzers eine neue Freischar zusammenzutrommeln. Doch als wir die Höhen des Schwarzwalds erreichten, war keiner mehr da. Die zurückgegangenen Gruppen hatten ihre Waffen vergraben und sich in alle Himmelsrichtungen zerstreut.
Ratlos saß ich mit meinen beiden Freunden im Todtnauer Gasthof zur Post, als die Tür aufging und Pedro hereinstürzte. Er kam aus Günterstal, wo er nach mir gesucht hatte und mir nachgeschickt worden war. Amalie, sagte er, warne mich vor dem Betreten Freiburgs. Für sie bestehe keine Gefahr, und solange ich nicht auftauchte, werde sie auch nicht erkannt. Ich solle über den Rhein flüchten, sie komme so bald wie möglich nach und hoffe, mich in Straßburg zu treffen.

Noch in der Nacht brach ich mit Pedro, Tiedemann und Kuenzer in Richtung Süden auf. Am Dienstag, dem 25. April, gelangten wir bei Murg in die Schweiz.

35

Sobald ich die Arbeit unterbreche, zittern mir die Knie, summen mir die Ohren, schwankt der Boden. Nicht die Aussicht auf Tee und Hefekuchen haben mich bewogen, den Schreibtisch zu verlassen, nicht die Neugier auf die Zeitung, nur die Rücksicht auf Käthchen und die kleine Amalie. Es ist Sonntag, und wenn ich schon nicht mitgehe auf den Ausflug, den die beiden heute unternehmen wollen, muß ich doch wenigstens mit ihnen am Tisch sitzen. *Ein Vater*, sagt Rousseau, *der Kinder zeugt und ernährt, erfüllt damit nur ein Drittel seiner Aufgabe.* Nun gehöre ich, noch etwas schwindlig über meinem Manuskript sitzend und der familiären Pflichten vorerst enthoben, wieder der Erinnerung.
Am 25. April verließ ich badisches Gebiet. Ich befand mich schon im schweizerischen Rheinfelden, als ich erfuhr, daß Herweghs Deutsche Legion am Ostermontag einmarschiert war. In der Annahme, bei Kandern werde immer noch gekämpft, hatten die deutschen Emigranten bei Kembs den Rhein überquert. Wären ihre militärischen Führer – Adalbert von Bornstadt, Otto von Corvin und Reinhart Schimmelpennig – über die wahre Lage informiert gewesen, hätten sie den Marsch in das von Regierungstruppen besetzte Land gewiß nicht gewagt. Mein erster Gedanke war, den Helfern zu Hilfe zu eilen.
Gemeinsam mit Tiedemann und Kuenzer machte ich mich daran, aus den über den Rhein geflohenen Freiheitskämpfern eine neue Truppe zusammenzustellen. Wir hatten knapp hundert Leute beisammen, als mich am Nachmittag des 26. April ein Kurier Heckers aufsuchte, um mir mitzuteilen, die Führer der Revolution erwarteten mich im elsässischen Hüningen bei Basel

zu einer Lagebesprechung. Ich überließ die weitere Rekrutierung meinen Freunden und reiste ab.
Am Abend traf ich in dem Hüninger Wirtshaus ein, das man mir benannt hatte. In der Gaststube drängten sich viele geflohene Freiheitskämpfer. An einem der Tische entdeckte ich Blind, Michel, Schöninger und Dr. Hammer aus Mannheim. In ihrer Mitte saß ein Fremder, den ich auf den ersten Blick für einen Zirkusdirektor zu halten versucht war; er trug einen rotgelbkarierten Rock über einem kohlschwarzen Hemd, und sein gerötetes Gesicht war eingerahmt von einem zur Tolle gekämmten Haarschopf, der tief in die Stirn fiel, und einem nach vorn getrimmten Ziegenbart. Spöttische Äuglein musterten mich, als er mir die Hand reichte und sagte:
– Ah, Bürger Struve, der Schrecken der badischen Spießer! Ich meinerseits bin der blutige Heinzen. Blut kommt zu Blut. Müßte doch mit dem Teufel zugehen, wenn wir nicht gute Freunde würden.
Ich war überrascht und erfreut. Natürlich hatte ich von dem berühmt-berüchtigten Republikaner Karl Heinzen schon viel gehört, hatte sogar mit ihm korrespondiert und einen Artikel von ihm im *Deutschen Zuschauer* veröffentlicht. Seine Erscheinung entsprach ganz und gar nicht meinen Erwartungen. Aber das mochte auch für ihn gelten. Es sei höchste Zeit, daß wir uns begegneten, antwortete ich.
Bekannt geworden war Karl Heinzen durch eine Flugschrift über *die geheimen Konduitenlisten*, die vor Jahren ihres revolutionären Tons wegen Aufsehen erregt hatte. Er stammte aus Düsseldorf. Durch kritische Artikel hatte er Anfang der vierziger Jahre die preußische Obrigkeit gereizt und war, um einer drohenden Verhaftung zu entgehen, ins Ausland geflohen. Zusammen mit Julius Fröbel, Georg Herwegh und Arnold Ruge gehörte er zu den eifrigsten Verfassern republikanischer Pamphlete, die von der Schweiz und Frankreich nach Deutschland geschmuggelt wurden. Eines seiner Meisterstücke hieß

Rechenexempel und wies an Hand einer einfachen Rechnung nach, wie teuer den Völkern ihre Monarchen kommen. Aus den meisten europäischen Ländern ausgewiesen, war er 1847 nach Nordamerika ausgewandert. Auf die Nachricht vom Ausbruch der Februarrevolution hin hatte er sofort die Rückreise nach Europa angree.

Ich nahm Platz und bestellte mir einen Krug Apfelsaft. Einander ins Wort fallend, erzählten mir die Männer am Tisch die letzten Neuigkeiten. Auf der Schusterinsel im Rhein, von Hüningen über eine Schiffsbrücke erreichbar, hatten zweihundertfünfzig Flüchtlinge unter Führung von August Willich ein Lager errichtet, um Herweghs Leuten den Rückweg über den Rhein zu sichern. Schanzen und Wälle waren nach Osten hin aufgeworfen worden, weil man die Insel notfalls gegen Verfolger verteidigen wollte. Im Augenblick, sagte Heinzen, kämen allerdings mehr Neugierige aus Basel herüber als flüchtige Freiheitskämpfer vom jenseitigen Rheinufer. Ein Kurier war zu Herweghs Leuten unterwegs, um sie auf den sicheren Übergang hinzuweisen.

Endlich fragte ich nach Hecker. War er bei Willich auf der Schusterinsel? Seiner romantischen Ader hätte es entsprochen, die Nacht am Lagerfeuer auf dem vorgeschobenen Posten des letzten Stückchen Badens zu verbringen, das die Aufständischen noch kontrollierten.

– Hecker, sagte Heinzen, hat sich ins Obergeschoß dieses gastlichen Hauses geflüchtet. Er liegt im Bett und hat sich die Decke über die Ohren gezogen, damit ihn keine Schüsse mehr erschrecken können.

Ich verteidigte meinen Freund gegen den Spott. Daß er sich bereits zur Ruhe begeben hatte, erwies sich jedoch als wahr. Die Tischrunde verlassend, bat ich den Wirt, mich zu Heckers Kammer zu führen. Nach wiederholtem, kräftigem Pochen an der Tür hörte ich eine brüchige Stimme fragen, wer da sei.

– Ich bin es, Struve! antwortete ich.

– Laß mich in Ruhe, klang es von drinnen.
– Aber du hast doch nach mir geschickt, protestierte ich. Ich muß dich sprechen, sofort.
Nach einem Moment der Stille knarzten Schritte über den Holzboden der Kammer, das Schloß wurde von innen geöffnet, und die Tür sprang auf. Vor mir stand Friedrich Hecker im wollenen Nachthemd, eine Zipfelmütze auf dem bärtigen Kopf, einen Kerzenleuchter in der Hand. Mit einem Knurren begrüßte er mich, ließ mich herein, drückte mit dem nackten Fuß die Tür zu und trottete in sein Bett zurück.
– Bist du krank? fragte ich.
Er stellte den Leuchter auf den Nachttisch und kroch unter die Decke. Krank oder gesund, sagte er, das sei ganz gleich für ihn, er habe genug von der Welt, die Menschen hingen ihn zum Halse heraus, keinen Fuß werde er mehr auf deutschen Boden setzen. Alles habe er geopfert für das Volk: seine Stellung, seine Bequemlichkeit, sein Eigentum – das Volk aber sei undankbar und blöde. Im entscheidenden Augenblick habe es ihn im Stich gelassen. Nun solle es sich einen anderen suchen.
– Auf mich könnt ihr nicht mehr zählen, schnaubte er. Die Revolution ist mir scheißegal. Ich kümmere mich nur noch um meinen eigenen Arsch.
Ich verteidigte die Badener. Sie waren uns nichts schuldig. Am Volk hatte es nicht gelegen, daß unser Freiheitszug mißglückt war. Der Zeitpunkt war falsch gewählt. Unser Vorhaben war an Wetterunbilden, mangelnder Verständigung, fehlender Ausrüstung, ungenügender Organisation und den Heeren von vier deutschen Staaten gescheitert. Gewiß hatte auch mich die Gleichgültigkeit der großen Masse, die vor Wochen noch wie ein Mann aufstehen wollte, bitter enttäuscht. Aber ich wäre kein Schüler des klugen Monsieur Bouvier gewesen, hätte mein Respekt vor der *volonté générale* nicht meine Verärgerung überwogen.
– Wir haben ein Gefecht verloren, sagte ich, nicht den Kampf.

Die erste Erhebung ist gescheitert, das ist wahr, aber umsonst ist es nicht gewesen, vergebens sind die Gefallenen von Kandern und Freiburg nicht gestorben. In dem, was in den letzten zwei Wochen geschehen ist, wird man noch in Jahrhunderten den ersten Keim eines demokratischen Deutschland erkennen. Wir haben Fehler gemacht und Torheiten begangen. Aber das deutsche Volk wird uns diese Schwächen eher verzeihen als den Opportunismus all der anderen ...

Ein entschiedenes Pochen an der Tür unterbrach mich. Auf Heckers Herein betraten zwei Herren in Mantel und Zylinder das Schlafgemach, die sich als Kommissare der französischen Regierung vorstellten. In elegantem Französisch erklärten sie dem im Bett sitzenden, zipfelbemützten Hecker, sie seien mit der Regelung des Flüchtlingswesens betraut. Man sei bereit, den deutschen Republikanern bis auf weiteres Aufenthalt zu gewähren, falls diese ihre politische Agitation einstellten. Vordringlich müsse man auf der sofortigen Räumung der Schusterinsel bestehen. Bei allem humanitären Entgegenkommen: Falls die bewaffneten Freischärler nicht augenblicklich von der Insel nach Hüningen zurückkehrten, werde man die Schiffsbrücke einziehen und ihnen den Rückzug abschneiden.

– Warum sagen Sie das mir? fragte Hecker mürrisch. August Willich kommandiert die Leute auf der Insel. Zu dem müssen Sie gehen! Ich habe mit der deutschen Revolution nichts mehr am Hut.

Mit diesen Worten ließ er sich ostentativ in sein Kissen fallen. Ratlos sahen sich die beiden Franzosen an, schüttelten die Köpfe und verließen den Raum. Ich nahm die Gelegenheit war, mich gleichfalls von Hecker zu verabschieden. Auf der Treppe nach unten entschuldigte ich mich bei den Kommissaren für das Benehmen meines Freundes. Ich versicherte ihnen, innerhalb der der nächsten vierundzwanzig Stunden werde die Schusterinsel geräumt sein, und dankte in bestem Diplomatenfranzösisch für die großzügige Aufnahme in Frankreich.

In die Gaststube zurückgekehrt, zog ich mich mit den anwesenden Revolutionsführern in einen neben der Gaststube gelegenen Vorratsraum zurück, wo wir auf Kisten und Bierfässern unter aufgehängten Würsten und Schinkenstücken Platz nahmen, um unsere Besprechung ohne Hecker abzuhalten.
Von einer Fortsetzung des Aufstandes wollte niemand etwas wissen. Für meinen Vorschlag, Herweghs Leuten zu Hilfe zu kommen, fand ich keine Unterstützung. Statt dessen beschloß man, einen weiteren Kurier auszuschicken, um die Legion zurückzulotsen. Einverstanden war man mit meinem Vorhaben, die Flüchtlinge der Revolution zu organisieren. Diese Aufgabe sollte ein Republikanischer Zentralausschuß übernehmen, in den Hecker, Becker, Heinzen, Bruhn und ich gewählt wurden.
Nach Beendigung der Besprechung schlief ich, mangels anderer Unterkunft, ein paar Stunden auf einer Bank der Gaststube und machte mich im Morgengrauen auf den Rückweg nach Rheinfelden. Dort hatten Tiedemann und Kuenzer inzwischen etwa zweihundert Mann um sich gesammelt. Ich berichtete von dem Hüninger Beschluß, keine Hilfsaktion zu unternehmen, und entließ die Männer mit der Aufforderung, ihren Namen in eine Liste einzutragen. Manche wollten zurück in die Heimat, andere nach Amerika; die meisten blieben fürs erste in der Schweiz. Tiedemann und Kuenzer entschlossen sich, mit Pedro Düsar und mir ins Elsaß zu gehen.
Am Nachmittag des 27. April wanderten wir zu viert rheinabwärts. Kurz vor Basel kam uns eine offene Kutsche entgegen, in der Hecker und Schöninger saßen. Hecker erkannte mich und ließ halten.
– Wo willst du hin? fragte ich.
– Wir fahren nach Muttenz. Der Bürgermeister ist ein alter Kumpel von mir. Warum kommt ihr nicht mit? Für euch finden wir auch noch Platz.
Ich war überrascht. Daß Hecker Hüningen verlassen hatte, kam mir wie eine Flucht vor.

– Du wirst im Elsaß gebraucht, mahnte ich. Wir müssen die Flüchtlinge organisieren. Wir können die Leute, die wir in den Aufstand geführt haben, doch jetzt nicht im Stich lassen. Du sollst den Vorsitz im Republikanischen Zentralausschuß übernehmen, das haben wir gestern beschlossen.
– Ach, leckt mich am Arsch, brummte Hecker. Mit der Revolution bin ich fertig. Bei den Franzosen um Hilfe betteln, das fällt mir nicht ein. Da geh ich lieber in die Schweiz. Wenn du nachkommen willst, frage in Muttenz nach mir. Adieu, alter Rübenpriester!
Er befahl dem Kutscher loszufahren, und die Pferde zogen an. Wie angewurzelt blieb ich stehen und sah der Staubwolke nach, in der der Wagen verschwand. Meine Begleiter waren schon weit voraus, als ich kopfschüttelnd weiterging.
In der Abenddämmerung erreichten wir Hüningen. Im Gasthaus fand ich nur den Wirt, der mir sagte, meine Freunde seien alle auf der Insel. Wir gingen zum Rhein hinunter. Vor der Schiffsbrücke war ein Menschenauflauf. Neugierige umstanden einen Mann mit schmutzigem Gesicht, der einen zerrissenen französischen Garderock trug. Offenbar handelte es sich um einen Versprengten aus Herweghs Legion.
Dieser war es schlimm ergangen. Mit nur fünfhundert Mann hatte Herwegh von Kembs aus den Einfall nach Baden gewagt. Über Kandern marschierte er nach Todtnau. Am Abend des 25. April erfuhr er in Wieden, daß der Aufstand verloren war. Einfach umzukehren schien den militärischen Führern der Legion zu riskant; sie fürchteten, am Oberrhein von Linientruppen abgefangen zu werden. Für sicherer hielt man es, sich über die Höhen des Schwarzwaldes und durch das Wiesental in die Schweiz zu retten. Da sich jedoch keiner der Emigranten in der Gegend auskannte, irrte der Trupp einen Tag und eine Nacht lang über den schneebedeckten Belchen und durch die Wälder zwischen Bürchau und Zell. Dort vertraute man sich einem ortskundigen Fremden an, der jedoch monarchisch gesinnt war

und die erschöpften Männer absichtlich fehlleitete. Statt in die Schweiz führte er sie in einen Hinterhalt. Eine Kompanie Württemberger schnitt ihnen bei Niederdossenbach den Weg ab. Es kam zu einem verzweifelten Kampf. Herweghs Legion wurde völlig aufgerieben. Zwanzig bis dreißig von ihnen, darunter Schimmelpennig, waren gefallen, an die dreihundert in Gefangenschaft geraten.

Auf der Schusterinsel brannten Feuer und Fackeln. Bewaffnete Männer standen in Gruppen zusammen, um über die Nachrichten aus Niederdossenbach zu sprechen. Nach einigem Herumfragen fand ich Willich, der sich mit Heinzen und Blind unterhielt.

– Die Franzosen nehmen uns auf, sagte ich, aber nur unter der Bedingung, daß wir die Waffen niederlegen. Wir sollten darauf eingehen. Jetzt, wo Herweghs Legion geschlagen ist, gibt es keinen Grund mehr, die Insel besetzt zu halten.

– Das mag schon stimmen, räumte Willich ein, aber die Männer hier werden ihre Waffen nicht freiwillig niederlegen.

– Laß mich zu ihnen reden, schlug Karl Heinzen vor.

Willich ließ die Trommel schlagen, worauf sich die zweihundertfünfzig Besetzer der Schusterinsel in der Mitte des Lagers sammelten. Heinzen stand, flankiert von zwei Fackelträgern, auf einer der Schanzen und hielt eine bemerkenswerte Rede. Kein vernünftiger Mensch könne daran denken, mit zweihundert Mann von einer Insel im Rhein gegen die fünfzigtausend Mann starke Armee der siegreichen Reaktion vorzugehen. Die Schilderhebung sei gescheitert und fürs erste beendet. Im Moment bleibe nichts weiter übrig, als sich in der Hoffnung auf eine bessere Gelegenheit ins Exil zu begeben. An sich sei es Heckers Aufgabe, diese Mitteilung zu machen, aber Hecker habe sich in die Schweiz abgesetzt.

Aus der Mitte der Versammelten rief jemand mit zorniger Stimme:

– Wir müssen die Führer erschießen!

– Die Führer erschießen, parierte Heinzen sarkastisch, ein vortrefflicher Gedanke! Hätte in Deutschland das Volk beizeiten daran gedacht, seine Führer zu erschießen, stände es heute besser um unser Land. Ich kenne kaum einen Führer, der nicht verdiente, erschossen zu werden. Aber die sich in dieser Stunde noch nicht davongestohlen haben, gehören gerade nicht dazu. Also, hört auf sie, legt die Waffen nieder und räumt die Insel!
Murren unter den Männern.
– Wir wollen hier sterben! brüllte einer. Andere stimmten lautstark zu.
– Mit dem bloßen Sterben, sagte Heinzen, wie heroisch das auch klingen mag, ist wenig gewonnen. Wenn euch am Sterben an sich liegt, braucht ihr nicht erst auf Artillerie und Kavallerie zu warten: der Rhein fließt einige Schritte neben euch, ihr müßt nur hineinspringen.
Dies war genau der Ton, an dem sich die Verbitterung der Geschlagenen brach. So gelang es Heinzen, den harten Kern und letzten Rest der Freiheitskämpfer zur Aufgabe zu bewegen. Brav schossen sie auf Willichs Befehl die geladenen Gewehre ab, marschierten über die Schiffsbrücke auf das linksrheinische Ufer, wo sie Musketen, Pistolen, Säbel, Messer, Hacken und Sensen auf einen rasch größer werdenden Haufen warfen und sich auf den Weg machten zu dem von den französischen Kommissaren bestimmten Sammelplatz.
Mich zog es nach Straßburg. Am 28. April beteiligte ich mich noch an den Besprechungen des Zentralausschusses und den Verhandlungen mit den Regierungskommissaren über die Unterbringung und Versorgung der Flüchtlinge. Doch tags darauf verließ ich Hüningen. Heinzen begleitete mich, um mit mir zusammen in Straßburg eine Exilregierung der Bundesrepublik Deutschland zu bilden.

Als hätten wir uns verabredet, kam Amalie wenige Stunden nach mir in Straßburg an. Während Heinzen auf Quartiersuche ging, war ich im Bahnhof geblieben, um, einer Ahnung folgend, den Abendzug aus Offenburg abzuwarten. Schon vom Abteilfenster aus sah Amalie mich auf dem Bahnsteig stehen. Sie winkte mir zu, als käme sie von einem Kuraufenthalt nach Hause zurück. Ich half ihr aus dem Zug und schloß sie in aller Öffentlichkeit in die Arme. Sie sah bezaubernd aus. Auf dem hochgesteckten Haar trug sie ihre weiße Schutenhaube, über dem schwarzen Kleid die Mantille. Ihre Augen blickten mich geheimnisvoll an, um ihre Mundwinkel wie immer ein wenig Spott über die Ordnung der Welt. Es tat so gut, sie wiederzuhaben. Und ich dachte: Solange wir uns nicht verlieren, ist nichts verloren.
Heinzen hatte viele Bekannte in der Stadt. Dank seiner Hilfe fanden wir schon am Tag nach unserer Ankunft ein möbliertes Zimmer in der Münstergasse 6. Von Straßburg aus konnten wir den Gang der Ereignisse in Deutschland wie von einem Logenplatz aus beobachten; täglich kamen die neuesten Zeitungen über den Rhein, nicht selten erhielten wir Besuch aus Mannheim oder Offenburg.
Aus der *Deutschen Zeitung*, die Herweghs Legion beharrlich eine *Kolonne französischer Arbeiter* nannte, erfuhren wir, daß Herwegh und seine Frau in einer Chaise entkommen waren. Flüchtlinge und Grenzgänger erzählten uns von republikanischen Unruhen in Offenburg und Sinsheim bei Heidelberg. Um die städtische Freiheitsbewegung im Keim zu ersticken, hatte die Regierung in alle unruhigen Gegenden starke militärische Besatzungen geschickt. Die Mannheimer Bürger ließen sich diese Behandlung nicht gefallen; am 26. April war es zu einer regelrechten Schlacht zwischen Bürgerwehr und Freikorps auf der einen und dem einmarschierten nassauischen Regiment auf der anderen Seite gekommen. Sensenmänner hatten die Rheinbrük-

ke gestürmt, Schützen von hohen Barrikaden aus die Stadt gegen die anstürmenden Bundestruppen verteidigt.
Karl Mathy, von einer Reise im Auftrag des Fünfziger-Ausschusses nach Norddeutschland zurückgekehrt, befahl, den Mannheimer Aufstand mit rücksichtsloser Härte niederzuzwingen. Inzwischen gehörte er der badischen Regierung an, denn der Großherzog hatte ihn für die Verhaftung Ficklers mit der Ernennung zum Staatsrat und Mitglied des Kabinetts belohnt. Dem Verrat am Freund ließ Mathy nun den Verrat an der Stadt folgen, deren Abgeordneter und Gemeinderat er immer noch war.
Die Erstlinge meiner Regierungsthätigkeit, rühmte er sich am 29. April, *sind heute in Mannheim ans Licht getreten. Hoff, Grohe ... sind verhaftet und in die pennsylvanische Erziehungsanstalt nach Bruchsal abgeführt worden. Morgen, Sonntag, wird Mannheim von fünf Bataillonen Bayern, einem Regiment Kurhessen, einem Regiment Nassauern, vier Schwadronen kurhessischer Husaren und etwa 16 Kanonen zur Vernunft gebracht. Die Verfügung hierüber ... ist die erste, die ich mit unterzeichnet habe.* Gegen den Widerstand des Ministeriums setzte er die Verhängung des Kriegsrechts über seine Heimatstadt durch. Den Leuten müsse begreiflich gemacht werden, schimpfte er, daß die Freiheit nicht auf der Welt sei, um zu Banditenstreichen mißbraucht zu werden.
Als Banditen bezeichnete er alle Teilnehmer unseres Aufstandes. Wäre es nach ihm gegangen, hätte man mit den in Gefangenschaft geratenen Freiheitskämpfern kurzen Prozeß gemacht. Am 1. Mai empfahl er die Anwendung des Standrechts und stellte vorwurfsvoll die Frage: *Soll man die Herren Banditen amnestieren oder jahrelang auf Kosten des Volkes mit Nahrung, Kleidung und Wohnung versehen?* Am liebsten hätte er alle erschossen. Zum Glück ging es nicht in allem nach ihm. Mannheim stöhnte unter Einquartierungslasten und Freiheitsbeschränkungen. Seine Einwohner wußten, daß Mathy sie damit nicht nur für die Erhebung vom 26. April bestrafte. Er rächte sich auch für die Feind-

seligkeit, die ihm die Stadt seit Ficklers Verhaftung entgegenbrachte. Volksverräter und Bluthund nannte man ihn hier. Wie mir Reisende mitteilten, war es Sitte, bei der Erwähnung des Namens auszuspucken.

Zweifellos war Mathy damals der meistgehaßte Mann in Baden. Selbst sein Biograph Gustav Freytag gibt das zu, indem er schreibt: *Es ist nicht wunderbar, daß die Massen in Süddeutschland während jener Zeit der Aufregung den Dienst nicht verstanden, den Mathy auch ihnen geleistet, und daß sie den entschlossenen Vaterlandsfreund als einen Verräter an der Volkssache betrachteten.* Mathy mochte sich damit trösten, daß der Großherzog ihn mit Komplimenten und Zeichen seiner Huld überschüttete.

In Baden oder gar in Mannheim bei einer einigermaßen freien Wahl ein Mandat zu erringen war für Karl Mathy unmöglich. Er ließ sich daher, das war möglich, im württembergischen Calw als Kandidat für die Nationalversammlung aufstellen und wählen.

Wie erinnerlich, hatte das Vorparlament freie und allgemeine und grundsätzlich direkte Wahlen beschlossen. Doch die Hoffnung, Deutschland werde ein wirklich demokratisch gewähltes Parlament erhalten, wurde enttäuscht. Da der Fünfziger-Ausschuß die Durchführung des Beschlusses der Bundesversammlung überlassen hatte, war dies nicht verwunderlich. Schon am 6. April war der Wahlmodus *die Wahlen von Nationalvertretern betreffend* entscheidend *abgeändert* und *vervollständigt* worden. Im übrigen tat die Bundesversammlung so, als gehe die Einberufung eines deutschen Parlaments auf ihre eigene Initiative zurück. Die Nationalversammlung sollte als ein Geschenk der Fürsten an ihre Untertanen erscheinen. Man wollte vergessen machen, daß der Volkswille ihre Einberufung ertrotzt hatte.

Die Durchführung der Wahlen überließ man konsequenterweise den fürstlichen Regierungen: daß die sich auf Manipulationen trefflich verstanden, war bekannt. Bis auf wenige Ausnahmen ordneten alle Staaten indirekte Wahlen an. Außerdem sorgte man dafür, daß der Vierte Stand so gut wie ganz vom Wahlrecht ausgeschlossen blieb. Dies gelang durch die Selbständigkeitsklausel, von der alle, die *in Kost und Lohn* standen, betroffen waren. In Bayern war man ehrlich genug, einen regelrechten Zensus festzulegen. Um die Minderheit unter den *selbständigen* Wählern, die entschieden demokratisch dachte, in ihrem Sinne zu beeinflussen, wurden Großkapital und Klerus nicht müde, die Furcht vor dem jakobinischen Terror zu schüren.

Unser mißlungener Aufstand diente als warnendes Beispiel. Da sein Verlauf dem Schreckensbild, das die Reaktion brauchte, nicht entsprach, verfälschte man die Tatsachen. Friedrich von Gagern sei meuchlings ermordet worden, schrieb man, und Heckers *Banditen* hätten plündernd und brennend friedliche Dörfer überfallen. Die konstitutionelle Presse behauptete, der Aufstand sei von zwielichtigem Gesindel – reisenden Unruhestiftern, Säufern, Dieben, Ausländern – ins Land getragen worden. Las man die *Deutsche Zeitung*, mußte man meinen, nur der Abschaum der Menschheit wolle die Republik.

Angesichts dieser Kampagne war die Niederlage der entschiedenen Demokraten bei den Wahlen zur Nationalversammlung keine Überraschung für mich. Erstaunlich war eher das Wahlergebnis in Baden. Aller Angstmacherei, Manipulation und Verleumdung zum Trotz waren unter den zweiundzwanzig Abgeordneten, die das Großherzogtum nach Frankfurt entsandte, nur sechs gemäßigte Liberale, die anderen sechzehn waren republikanische Demokraten. Fast 73 Prozent der badischen Wähler hatten der Zusammenarbeit der Konstitutionellen mit der fürstlichen Partei eine klare Absage erteilt. Während Leute wie Mathy und Bassermann nicht einmal aufgestellt worden waren, hatte der als Mörder Gagerns verleumdete Hecker gleich von zwei Wahlkreisen ein Mandat erhalten. Nicht zuletzt, um die Frage der Gültigkeit seiner Wahl zu klären, wurde das Zusammentreten des Parlaments in der Paulskirche auf den 18. Mai verschoben.

Wir in Straßburg versprachen uns wenig von dieser Versammlung. Man mußte nur Zeitung lesen, um zu wissen, daß die ganze Veranstaltung dazu bestimmt war, die Massen von ihren eigentlichen Interessen abzulenken. Unterstützt von Überläufern wie Mathy, Gagern und Römer, gewannen die deutschen Fürsten von Tag zu Tag mehr Handlungsspielraum zurück. Während die Ordnungspartei die unruhigen Untertanen mit vagen Versprechungen und den Horrorvisionen vom republikanischen Chaos hinhielt, rüstete die Reaktion zum Gegenschlag. Nach außen gaben sich die Monarchen und ihre Helfer zwar noch volksfreundlich, doch insgeheim warteten sie nur den besten Zeitpunkt für die geplante gewaltsame Beendigung des *Unfugs* ab. Gemäß der Erkenntnis, daß nichts so heiß gegessen wird, wie es gekocht ist, blähten sie puttengleich die Backen, um die Suppe der Revolution kalt zu blasen. Und die Mehrheit der bürgerlichen Intelligenz rühmte ihre Engelsgeduld und hoffte, die Revolution auf loyalem Weg abmachen zu können.
In den Sitzungen des Zentralausschusses im Straßburger Rebstock deuteten und besprachen wir täglich die politische Entwicklung in Deutschland. Auch Sigel, Bruhn, Lommel und Mögling waren inzwischen eingetroffen und dem Ausschuß beigetreten, ebenso Löwenfels, einer der militärischen Führer der Herwegh-Legion. Nur Hecker verweigerte nach wie vor jede Mitarbeit. Unser Hauptproblem war die Versorgung der Flüchtlinge. Um sie notdürftig unterzubringen, stellte die Stadt Straßburg eine leerstehende Tabakfabrik zur Verfügung. Aus der Bevölkerung kamen Geld- und Kleiderspenden. Der Regierungskommissar des Oberrheindepartements, ein überzeugter Republikaner namens Struch, hätte uns am liebsten auch politisch unterstützt, doch Paris, das unter außenpolitischem Druck stand, hatte ihm dies untersagt. Wir waren der französischen Regierung lästig. Zuerst verbot sie unsere Versammlungen, dann begann sie, die Exildeutschen aus dem Grenzgebiet zu verbannen. So weit ging die republikanische Bruderliebe nicht, daß

man ihretwegen einen Konflikt mit dem östlichen Nachbarn riskieren wollte.

Nach den Treffen im Rebstock begleitete mich Karl Heinzen regelmäßig durch die mittelalterlichen Gassen der Stadt zu meiner kleinen Wohnung beim Münster. Vom Fenster aus sah uns Amalie über den Platz kommen und erwartete uns an der Tür. Sie versuchte allen Umständen zum Trotz, eine gute Gastgeberin zu sein. Wie sehr muß sie darunter gelitten haben, daß alles, was sie in Mannheim an Hausrat gesammelt hatte, verloren war. Jedesmal führte sie Heinzen, als käme er zum erstenmal, mit einer Entschuldigung durch den dunklen Korridor zu unserer Stube. Frische Wiesenblumen standen in einem Glas auf dem Teetisch; über den zerrissenen Sofabezug hatte sie ihre Mantille gelegt. Während wir Platz nahmen und politisierten, verschwand sie, um in der Küche unserer Zimmerwirtin Tee zu kochen, den wir dann gemeinsam aus zwei angeschlagenen Tassen tranken. Und irgendwann setzte sie sich an den Schreibtisch, legte sich Papier zurecht, spitzte die Feder an, zog den Korken aus der Tintenflasche und war bereit, aufzuschreiben, was wir ihr vom Sofa aus diktierten.

So sah die Szenerie aus, in der die Flugschriften entstanden, die Karl Heinzen und ich in jenen Wochen gemeinsam verfaßten. Es waren durchweg politische Manifeste mit dem Zweck, die Revolution über die erlittene Niederlage hinwegzuretten. Unter dem Titel *Schilderhebung der deutschen Republikaner im April 1848* legten wir die Gründe für den Ausbruch und das Scheitern des Aprilaufstandes offen; wir stellten klar, daß das Umschlagen des friedlichen Reformprozesses in gewaltsame Aktion durch Ficklers Verhaftung verursacht worden war und daß die Idee der Republik von stehenden Heeren nicht totgeschossen werden könne. In der Schrift *An die Männer des gesunden Menschenverstandes in Teutschland* widerlegten wir die Behauptung, die Deutschen seien noch nicht reif dazu, sich selbst zu regieren, und forderten alle Demokraten zum passiven Widerstand gegen die Fürsten auf. Schließlich verfaßten wir auch einen detaillierten *Plan zur Revolutionierung und Republikanisierung Deutschlands*, der unsere Grundsätze thesenartig zusammenfaßte und praktische Ratschläge für unsere Mitstreiter enthielt. Aus dem Mißlingen des Aprilaufstandes zogen wir unter anderem die Lehre, daß die Freiheit nur zu erringen sei *durch Gewalt gegen die Fürsten ohne Alternative.* Wir entwarfen Musterflugblätter für die nächste Erhebung, in der die Ziele der Freiheitsbewegung zusammengefaßt waren: Abschaffung der Monarchie, Einziehung des Fürstenvermögens zugunsten des Volkes, Aufhebung aller Abgaben bis auf die Zölle, Enteignung der Kirchen, Garantie der Menschenrechte, Beseitigung des Elends der arbeitenden Klasse.

Unsere Schriften wurden mit Hilfe französischer und amerikanischer Spenden gedruckt und von wagemutigen jungen Männern paketweise über den Rhein geschmuggelt, wo Demokraten sie übernahmen und in ganz Deutschland verbreiteten. In Baden fühlte sich indessen das Ministerium Bekk unter Mitwirkung des frischgebackenen Staatsrats Mathy wieder stark genug, direkt gegen die Volksbewegung vorzugehen. Unter dem fadenscheinigen Vorwurf des Landesverrats wurden mehrere entschiedene Demokraten verhaftet, nicht nur in Mannheim. Gegen die am Aufstand Beteiligten leitete man Tausende von Kriminalverfahren ein; in jedem Ort, den eine unserer Kolonnen berührt hatte, erschienen Polizeikommissare. Die Denunziation blühte wie selten zuvor. Durch gesetzliche Erlasse, Verhaftungen und Polizeiaktionen versuchte man, das noch im Aufbau befindliche Netz der Volksvereine zu zerschlagen und durch eine regierungstreue Organisation von sogenannten Vaterlandsvereinen zu ersetzen. Man glaubte, durch diese Maßnahme eine Wiederholung dessen verhindern zu können, was die Regierung den *republikanischen Fieberanfall* nannte.

Auch uns, die Flüchtlinge, wollte man unschädlich machen. Diplomatische Depeschen forderten die französische Regierung

dringlich auf, uns auszuliefern oder doch wenigstens aus Straßburg zu entfernen. In der ersten Maiwoche bestellte mich der Regierungskommissar in seine Amtsstube und teilte mir mit, die Regierung in Paris habe meine Ausweisung aus dem Elsaß angeordnet. Ihm selbst schien diese Mitteilung peinlich zu sein. Es handle sich nur um eine vorübergehende Maßnahme, versicherte er, nur um eine Geste der Friedfertigkeit gegenüber der Deutschen Bundesversammlung. Ohne Zweifel würden wir schon nach wenigen Tagen zurückkehren können; auch stehe es uns frei, zwischenzeitlich in die Schweiz auszuweichen.
Ich hätte auf diesen Vorschlag eingehen sollen. Sigel und Mögling taten es. Sie reisten in die Schweiz und ersparten sich dadurch manche Mühsal. Doch da ich den Worten des Kommissars vertraute, unterwarf ich mich der Abschiebung nach Châlons-sur-Marne. Zusammen mit Amalie, ihrem Bruder Pedro und meinen Freunden Löwenfels, Bruhn, Blind, Gaa und Kramer verließ ich am 8. Mai gehorsam Straßburg, um ins Innere Frankreichs zu reisen.
In Châlons, hatte man uns gesagt, werde bei unserer Ankunft sicher schon eine Anweisung aus Paris beim Präfekten liegen, die uns die Rückkehr freistellen würde. So nahmen wir die Abschiebung als eine Art Urlaub. Unter einem frühlingsblauen Himmel wanderte unsere kleine Gruppe frohgelaunt über die bewaldeten Höhen der Vogesen und durch die blühenden, duftenden Ebenen der Champagne. Unterwegs fanden wir freundliche Aufnahme bei Bauern und Kleinstädtern, die sich von den badischen Ereignissen und unseren Erlebnissen erzählen ließen, während sie uns bewirteten.
Nach vier Tagen erreichten wir unseren Bestimmungsort. Sofort suchte ich den örtlichen Präfekten auf, um die erwarteten Instruktionen aus Paris entgegenzunehmen. Es waren jedoch keine eingetroffen. Tabakkauend saß der Beamte im Bürgermeisteramt mit einem Gendarmen beim Würfelspiel. Er riet mir, am nächsten Tag wiederzukommen. Doch an diesem Tag lautete

die Auskunft nicht anders, und am übernächsten schüttelte der Tabakkauer den Kopf, sobald er mich sah. Alles, was er mir anbieten konnte, war die Teilnahme an dem Spiel, mit dem sich die beiden die Zeit vertrieben. Dankend lehnte ich ab. So verging Woche um Woche. Meine Ungeduld wuchs. Rasch verlor der Ort unserer Verbannung für uns jeden Reiz. Es wurde sehr heiß, über den ungepflasterten Straßen hingen Staubwolken, aus den Höfen stank es nach Kot und Abfällen. Zu acht teilten wir uns drei schmutzige Zimmer in einer armseligen Pension, die sich wie zum Hohn *Au Paradis* nannte.
Immerhin war die französische Regierung großzügig genug, uns 10 Sous pro Tag und Person zu geben. Wohl nicht, um uns vor dem Hungertod zu bewahren, sondern um uns tagtäglich zur Behörde zu locken. Solange wir auf die kärgliche Unterstützung angewiesen waren, standen wir unter Kontrolle. Alle Versuche, Arbeit zu finden, um uns von staatlichen Almosen unabhängig zu machen, waren vergeblich; die Präfektur hatte die Arbeitgeber der Stadt angewiesen, keine deutschen Flüchtlinge zu beschäftigen. In unserer trostlosen Behausung vegetierten wir dahin, übelgelaunt, niedergeschlagen, von Tag zu Tag auf die ersehnte Instruktion aus Paris wartend, die, wie wir allmählich zu durchschauen begannen, nie eintreffen würde. Nach vier Wochen waren wir vom Warten so zermürbt, daß wir uns entschlossen, ohne behördliche Erlaubnis abzureisen. Unsere letzten Habseligkeiten verkauften wir, um die Reisekasse zu füllen. Wir mußten befürchten, unterwegs von der Gendarmerie aufgegriffen und nach Châlons zurückgebracht zu werden. Deshalb wagten wir nicht, zu Fuß zu fliehen. In Épernay bestiegen wir die Diligence – die Eilpostkutsche –, und kamen am 4. Juni in Paris an.
Nie vergesse ich den Vormittag, an dem ich mit Amalie die Schauplätze der großen Revolution besichtigte. Paris pulsierte vor Leben; auf den Boulevards fuhren die Equipagen mehrspurig in beide Richtungen, die ulmenbeschatteten Trottoirs waren

bevölkert von Passanten. Doch in meiner Phantasie sah ich die Aufständischen von 1789 vor mir, wie sie zur Place de la Bastille strömten; andächtig stand ich vor dem Temple, in dem die königliche Familie gefangen gewesen war, und am Caré Saint-Martin, wo im Februar die ersten Barrikaden errichtet worden waren. Angesichts des Hôtel de Ville erzählte ich Amalie von den Tagen der Kommune und vom schrecklichen Treiben und elenden Tod Robespierres.
Bruhn hatte Freunde in Paris, deutsche Emigranten, die uns aufnahmen und das wenige, was sie besaßen, mit uns teilten. Doch ich erkannte rasch, daß ich in Paris wenig ausrichten konnte, um die Sache der deutschen Revolution zu fördern. Aus den Wahlen vom 23. April waren die gemäßigten Republikaner mit einer Zweidrittelmehrheit hervorgegangen. Das französische Kleinbürgertum hatte zwar der Monarchie eine klare Absage erteilt, zog jedoch einem sozialistischen Umbau der Gesellschaft das Bündnis mit dem Großbürgertum vor. Lamartines Anhänger triumphierten. Die Sozialisten waren aus der Partei ausgeschieden, ihr Antrag auf Schaffung eines Arbeitsministeriums hatte keine Mehrheit in der neuen Nationalversammlung gefunden. In den Clubs der Arbeiter wuchs die Unzufriedenheit. Die Sieger der Februarrevolution sahen sich um ihren Erfolg gebracht. Fast täglich fanden Kundgebungen statt.
In dieser Situation hatten meine französischen Gesinnungsfreunde genug eigene Probleme. Man konnte es ihnen nicht übelnehmen, daß die deutsche Freiheitsbewegung sie nur am Rande interessierte. Ohnehin hatten sie jeden Einfluß auf die französische Politik verloren. Alles, was ich bekommen konnte, waren wohlwollende Worte. So mußte ich die Hoffnung aufgeben, in Frankreichs Hauptstadt politische Unterstützung zu erhalten. Weil wir unseren Gastgebern nicht länger zur Last fallen wollten und außerdem die Gendarmerie auf uns aufmerksam zu werden begann, entschlossen sich meine Freunde und ich, die Rückkehr nach Straßburg zu wagen.

Nach einer kräftezehrenden und sinnlosen Rundreise kamen wir Ende Juni an unseren Ausgangspunkt zurück. Einen Tag danach holte uns die Nachricht vom Pariser Juniaufstand ein. Gegen die am 21. Juni beschlossene Schließung der Nationalwerkstätten hatten sich Handwerker und Arbeiter im Ostteil der Stadt erhoben. Unsere anfängliche Freude über diese Wendung wurde rasch getrübt durch Schreckensmeldungen über die Niederschlagung des Aufstandes. Im Auftrag der Nationalversammlung hatte General Cavaignac mit seinen Truppen wie ein Bluthund gewütet und in einer grausamen Straßenschlacht dreitausend Aufständische hinmetzeln lassen. Für uns Emigranten bedeutete diese Liquidierung der sozialistischen Opposition in Paris, daß wir keine Fürsprecher mehr im französischen Ministerium hatten. Eine Woche nach unserer Rückkehr erhielt ich eine Vorladung auf die Straßburger Präfektur. Regierungskommissar Struch befahl mir, mich sofort wieder nach Châlons zu begeben. Schon wurden die ersten Emigranten verhaftet. Wollte ich einer gewaltsamen Abschiebung entgehen, mußte ich Frankreich schleunigst verlassen.

Anfang Juli reisten Amalie, Pedro, Karl Heinzen und ich in die Schweiz. In Birsfelden bei Basel fanden wir Unterkunft im Dachgeschoß eines Gasthofes. Zwischen Kisten, Gerümpel und Wäscheleinen richtete uns meine junge Frau einen Emigrantensalon unter rohen Holzbalken ein, in dem es sich, bedürfnislos, wie wir waren, angenehm genug leben ließ.

Auf der Nordseite des Speichers gab es eine Luke, durch die man über hügeliges Wiesenland auf die dunstige Silhouette des Schwarzwaldes jenseits des Rheins blickte. Da stand ich oft und sah nach Deutschland hinüber, ein *exul immeritus* wie Dante Alighieri und ein verfemter Reformator wie Brenz, dem Gott ein Huhn in sein Versteck geschickt hatte, um ihn vor dem Hungertod zu bewahren. Und tief in mir war das Gefühl, am richtigen Ort zu stehen. *Ce que jeunesse désire, vieillesse l'a en abondance.* Ein Körnchen Wahrheit enthalten alle Sprichwörter.

37

Durch das offene Fenster dringen die Geräusche und Gerüche des sonntäglichen Wien zu mir herein. Die Luft steht. Mit ist heiß. Ich fühle mich wie eine Ketzerseele im sechsten Höllenkreis, eingesperrt in einen glühenden Sarkophag, um den Flammen züngeln.

> Ché tra li avelli fiamme erano sparte,
> Per le quali eran sí del tutto accesi ... *

In Birsfeld quälte mich eine andere Pein, nämlich zusehen zu müssen, ohne eingreifen zu können. Seit dem 18. Mai 1848 tagte in der Frankfurter Paulskirche die Deutsche Nationalversammlung. Statt sich als das von der Revolution geschaffene demokratische Organ des deutschen Volkes daranzumachen, die wenigen konkreten Errungenschaften der Freiheitsbewegung zu sichern, suchte sie vom ersten Tag an den Ausgleich mit den Fürsten. Das widersprach ihrem Auftrag und kam einem Verrat am Volk gleich. In erster Linie hätte sie die Souveränität des deutschen Volkes durch den Aufbau eines Volksheeres sichern müssen. Doch die versammelten Honoratioren, Anwälte und Professoren sorgten sich in ihrer Mehrheit weniger um die Volksbewegung, der sie ihr Mandat verdankten, als um ihr eigenes Wohlergehen. Vor der geringsten Unruhe im Vierten Stand hatten sie mehr Angst als vor den reaktionären Verschwörungen der fürstlichen Regierungen. Statt praktische Entscheidungen zu treffen, beschränkten sie sich lieber auf die Theorie. Als sei alles andere schon geregelt, machte man sich daran, eine Verfassung für den entstehenden deutschen Nationalstaat auszuarbeiten. Kampflos überließ man die politische

* Denn unter Gräbern sah ich Flammen kreisen, von denen sie erglüht in solchem Brand ... (Inferno, IX. Gesang)

Arena den Feinden der Freiheitsbewegung. Und um diesen bloß nicht zu mißfallen, verzichtete man auch noch auf den Standpunkt der Volkssouveränität, indem man devot versicherte, die auszuarbeitende Verfassung würde erst durch einen Vertrag mit den Regierungen der deutschen Einzelstaaten rechtswirksam werden. Nur im Einverständnis mit den Fürsten wollte man handeln.

Der Antrag der Linken auf Einsetzung eines revolutionären Vollziehungsausschusses als einer provisorischen Exekutive des zu schaffenden gesamtdeutschen Staates endete mit der Wahl des österreichischen Erzherzogs Johann zum Reichsverweser. Auf diese Weise wollte Heinrich von Gagern, der Präsident der Nationalversammlung, Freiheitsbewegung und Monarchie miteinander versöhnen. Einem Habsburgerfürsten wollte die Linke die Vollstreckung der Revolution nur ungern überlassen und ihn wenigstens an die Beschlüsse des Parlaments gebunden wissen. Doch die Mehrheit widersprach und entband den Reichsverweser ausdrücklich von einer solchen Verantwortung. Um seine neue Würde nicht der Souveränität des Volkes verdanken zu müssen, holte der designierte Erzherzog sich vor Amtsantritt den Segen des Deutschen Bundestags und seiner Fürsten. Was den Habsburger mit dem Volk verband, war nicht viel mehr als eine Mesalliance. Weil er sich in die Tochter eines Postmeisters verguckt und diese zu seiner Frau und einer Gräfin von Meran gemacht hatte, galt er als bürgernah. Von Straßburg aus kam mir die Bestallung Erzherzog Johanns wie eine Posse vor.

Die Wahl des Reichsverwesers erfolgte am selben Tag, an dem die blutige Niederschlagung des Pariser Juniaufstandes bekannt wurde. Ein Zufall, gewiß, doch ein bedeutungsvoller Zufall. Wie die Februarrevolution das Signal zur Volkserhebung gegeben hatte, gab nun der Sieg Cavaignacs über das Proletariat das Zeichen zur reaktionären Wende. Deutschlands Fürsten, dank der Hilfe von liberalen Volksmännern wie Bekk, Mathy, Gagern und Römer immer noch im vollen Besitz ihrer Macht, gewannen ihr Selbstbewußtsein zurück. Wie sollten sie sich auch nicht stark fühlen, da schon das Parlament des Volkes um ihre Gunst buhlte. Sogar die Ausführung ihrer Beschlüsse vertraute die Nationalversammlung den fürstlichen Regierungen an. Sonst blieb ihr auch nichts übrig, denn sie scheute sich, die etablierten Mächte durch den Aufbau eines eigenen Polizei- und Beamtenapparats zu verärgern und durch die Einberufung eines Volksheers einzuschüchtern. Und so war es nicht erstaunlich, daß die Einzelstaaten nur das verwirklichten, was ihnen paßte, und alles boykottierten, was ihnen mißfiel. Den Politikern der Reaktion drohte aus Frankfurt keine Gefahr, und so ließen sie die Nationalversammlung reden und das Volk ablenken, während sie auf den geeigneten Zeitpunkt warteten, die Zügel strammzuziehen.

Bei denen, die sie gewählt hatten, verlor die Frankfurter Versammlung nicht so rasch an Ansehen. Im Sommer 1848 trauten ihr die meisten noch zu, ein freiheitliches Gesamtdeutschland schaffen zu können. Ein Großteil der Abgeordneten schien über jeden Zweifel erhaben. Viele von ihnen waren in der Vormärzzeit durch ihre aufrechte Haltung berühmt geworden; nicht wenige hatten ihrer Überzeugung wegen Haft und Verbannung erdulden müssen. Man mochte solchen Männern nicht unterstellen, daß sie der Reaktion in die Hände arbeiteten. Und wirklich: Gut und ehrlich meinten es fast alle. Nur hatten sie Angst vor dem eigenen Mut.

Sie vertieften sich in endlose Debatten über die Grundrechte, vergaßen vor lauter Philosophieren über das Wesen der Freiheit, daß die kaum errungene Freiheit noch der Verwirklichung und des Schutzes bedurfte. In Mainz, Gießen und Bingen kam es zu Aufständen, doch die Abgeordneten in Frankfurt kümmerten sich nicht darum; die Aufrüstung der fürstlichen Heere machte sie nicht argwöhnisch; die Verbote von demokratischen Vereinen provozierten sie zu keinem Protest; die massenhafte Verfol-

gung von Freiheitskämpfern durch die Polizei interessierte sie nicht. Sie debattierten.
Die badische Regierung unternahm indessen alles, um uns Emigranten die Weiterführung der Revolution unmöglich zu machen. Auch von der Schweiz verlangte sie meine Auslieferung. Als Vorwand benutzte sie die Flugschrift über die *Revolutionierung und Republikanisierung Deutschlands*, die ich gemeinsam mit Karl Heinzen verfaßt hatte. Tatsächlich erreichte Staatsrat Karl Mathy, aus eigener Emigrationszeit gut bekannt mit führenden Schweizer Politikern, unsere Ausweisung aus dem Kanton Basel. Abermals mußten wir unser Bündel schnüren. Heinzen entschloß sich, nach Genf zu gehen, dem Zufluchtsort der meisten europäischen Emigranten. Ich dagegen wollte mich keinen Schritt weiter als unbedingt notwendig von der deutschen Grenze entfernen. Immer noch rechnete ich mit einem neuen Volksaufstand und wollte im entscheidenden Augenblick zur Stelle sein. In Rheinfelden, einem der Grenzorte am Oberrhein, fanden Amalie, Pedro und ich eine kleine Wohnung überm Flußufer.
Wir waren völlig mittellos und wußten buchstäblich nicht, wovon wir leben sollten. In Mannheim hatten Mördes und Sauerländer, ohne meine Zustimmung, die Redaktion des *Deutschen Zuschauers* übernommen und ließen das Blatt weiter erscheinen. Ich protestierte, worauf mir der Verlag eine Korrespondentenstelle anbot. Damit war ich keineswegs einverstanden. Ich hielt die Weiterführung der von mir gegründeten Zeitschrift durch eine andere Redaktion für einen Raub. Schon um meinen Standpunkt zu wahren, entschloß ich mich, den *Zuschauer* von der Schweiz aus neu herauszugeben. Da die Abonnentenlisten in Mannheim lagen, war dies kein leichtes Unterfangen. Doch am 21. Juli 1848 erschien die erste Nummer in der gewohnten Aufmachung. Freunde brachten die druckfrischen Exemplare nach Lörrach, von wo aus sie mit der Post in alle Teile Deutschlands verschickt wurden. Schon in den nächsten Tagen erreichten

mich Hunderte von Bestellungen. Damit hatte ich wieder eine Existenzgrundlage und, was mir noch wichtiger schien, eine neue publizistische Plattform.

Fast gleichzeitig mit dem neuen *Zuschauer* veröffentlichte ich eine Schrift über *Die Grundrechte des deutschen Volkes*, mit der ich in die Debatte der Nationalversammlung einzugreifen gedachte. In 39 Paragraphen entwarf ich die Verfassung jener deutschen Bundesrepublik, von der ich träumte: 23 demokratisch verfaßte Mitgliedsstaaten, ein dem Volke verantwortlicher Präsident nach nordamerikanischem Vorbild, ein oberstes, föderativ besetztes Bundesgericht, gleiche Rechte und Pflichten für alle Staatsbürger unter Aufhebung aller Standesunterschiede, Ausgleich des Gegensatzes von arm und reich durch Steuergesetze, Anerkennung der Menschenrechte, Schutz der sozial Schwächeren.

Von unserer Wohnung in Rheinfelden aus sahen wir den Kirchturm von Nollingen, die Wiesen und Wälder jenseits des Rheins und dahinter in blauer Ferne die Höhen des Schwarzwaldes. Der Sommer war heiter und heiß, aus den Rheinauen stieg der Duft von frischgemähtem Gras, in den Nächten zirpten die Grillen. Amalie und ich wanderten fast jeden Morgen durch das feuchte Gras zum Fluß hinunter. Ein gutes Stück außerhalb des Ortes hatten wir stromabwärts einen versteckten Platz am Ufer gefunden, wo wir sicher waren vor neugierigen Blicken. Während die Sonne über den östlichen Höhen des Schwarzwaldes emporstieg, zogen wir uns aus und wateten nackt in das eiskalte Wasser. Amalie war dabei vollkommen unbefangen. Ich sehe sie noch vor mir, wie sie im weichen Licht des Morgens am Ufer steht und sich, eine Haarspange im Mund, das dunkle Haar hochsteckt.

In dieser Zeit waren Amalie und ich unzertrennlich. Wenn ich arbeitete, half sie mir, indem sie aufschrieb, was ich diktierte. Wenn ich neue Pläne entwickelte, zwang sie mich durch Fragen und Kritik zu Genauigkeit. Zog es mich in die freie Natur, ging sie neben mir. War ich müde und traurig, strich sie mir übers Haar, um mir Mut zu machen. Einmal in der Woche wanderten wir zu zweit das Rheinufer entlang nach Basel hinunter, während Pedro in Rheinfelden blieb. In Basel wurde der *Zuschauer* in der Druckerei von *J. W. Baurs sel. Erben* gesetzt und fertiggestellt.

Auf dem Rückweg besuchten wir ab und zu Friedrich Hecker, der sich in Muttenz im Gasthof zum Schlüssel einquartiert hatte. Hätte er eines seiner Mandate für die Nationalversammlung wahrnehmen wollen, wäre er in Deutschland verhaftet worden und wie Fickler, von dem man nichts mehr hörte, in einem badischen Kerker verschwunden. Die Honoratioren der Paulskirche weigerten sich, Hecker freies Geleit zu gewähren. Am 7. August 1848 kam es zu einer Debatte über diese Frage, in der Lorenz Brentano, ein entschiedener Demokrat aus Mannheim, dagegen protestierte, daß die Versammlung einen badischen Freiheitskämpfer zurücksetze gegen einen Prinzen von Preußen. Die Antwort der Mehrheit fiel eindeutig aus: Mit 350 gegen 116 Stimmen wurde Heckers Aufnahme abgelehnt.

Doch Heckers Stimme war noch vernehmbar. Auch er gab eine Wochenschrift heraus, den *Volksfreund.* Mein lieber Freund Karl-Heinrich Schnauffer redigierte das Blatt. In Süddeutschland hatte es viele Abonnenten. Dort wurde Hecker mehr und mehr zur Heldenfigur. Scharen von Verehrern und Neugierigen kamen am Wochenende über die Grenze, um den berühmten Verbannten aus nächster Nähe zu sehen. Viele von ihnen hatten Lithographien und Holzschnitte dabei, die Hecker zur Erinnerung signierte. Es waren Heiligenbilder der Revolution, die mit dem Original nicht viel Ähnlichkeit aufwiesen. Halb Christus, halb Schinderhannes, so sah man ihn mit erhobener Schwurhand und zum Himmel gerichteten Augen als Beschützer und Rächer einer betenden Familie in Lumpen; oder er blickte mit aufgestütztem Gewehr, Pistolen und Messer im Gürtel, entschlossen unter der Krempe seines federgeschmückten Hutes hervor; auch als todesverachtender Kämpfer war er dargestellt, den gezückten Säbel zum Schlag erhoben, die Linke wegweisend nach vorn gestreckt. Am beliebtesten war ein Portrait, das ihn in staatsmännischer Haltung zeigte. Darunter stand der Text eines zum Gassenhauer gewordenen Liedes:

Hecker! hoch dein Name schalle
An dem ganzen deutschen Rhein,
Deine Treue ja dein Auge
Flößt uns all Vertrauen ein.
Hecker! der als deutscher Mann
Für die Freiheit sterben kann.

Doch so manche Freunde brachen
Ihren Schwur der Treue feig,
Und zum Staatsmann erhoben,
Fühlen sie sich mächtig, reich.
Doch durch den gerechten Gott
Trifft sie nun des Volkes Spott.

Bist du gleich in fernem Lande,
Ist doch stets bei uns dein Geist,
Brechen müssen bald die Bande,
Wie es uns dein Mund verheißt.
Hecker! großer deutscher Mann,
Komm und stoß bald mit uns an!

Doch die Aufforderung dieses *Toasts auf Dr. Friedrich Hecker* war vergeblich. Von der Niederlage des Aprilaufstandes erholte sich mein Freund nicht mehr. Unbeeindruckt vom Strom der Verehrer und vom Trost seiner Mitstreiter, wurde er von Woche zu Woche mutloser. An einem schwülen Augustnachmittag teilte er uns mit, er habe sich nun endgültig entschlossen, nach Nordamerika auszuwandern.

Wir saßen oberhalb von Muttenz auf einer Wiese am Waldrand, Hecker, Amalie und ich. Über die Obstbäume des Abhangs und die Dächer des Dorfes ging der Blick über die Auen des Rheintals hinüber zum badischen Ufer und weiter zu den nahen Hügeln und fernen Gebirgsketten der Heimat.
– Da sitzen wir nun, sagte ich nachdenklich, wie unartige Schüler, die man ausgesperrt hat. Deutschland zum Greifen nahe und doch momentan unerreichbar. Uns bleibt nichts anderes übrig, als zu warten.
Hecker schwieg eine Zeitlang, bevor er antwortete:
– Was mich angeht, so werde ich in diesem Schweizer Nest nicht versauern. Das Leben ist kurz, mein lieber Struve. Irgendwann muß man aufhören, zerbrochenen Träumen nachzutrauern. Ab damit in den Orkus!
In seiner Stimme war ein entschiedener Unterton, der mich hellhörig machte. Hecker hatte immer schon dazu geneigt, die Flinte allzufrüh ins Korn zu werfen. So leicht er in Begeisterung geriet, so rasch kühlte er auch wieder ab. Jedem Rausch folgte bei ihm der Katzenjammer auf dem Fuße. Aber diesmal fehlte seiner Resignation jene für ihn typische Beimischung von Selbstmitleid. Daß er vom Wegwerfen von Träumen sprach, berührte mich um so merkwürdiger, als es in einem anderen Lied über ihn hieß:

Wenn die Roten fragen,
Lebt der Hecker noch?
Sollt ihr ihnen sagen,
Ja, er lebet noch.
Er hängt an keinem Baume,
Er hängt an keinem Strick,
Sondern an dem Traume
Der roten Republik.

Das war nicht wahr. Nicht Hecker, sondern ich war es, der am Traum der deutschen Republik hing und immer noch hängt.
– Ich werde auswandern, sagte er, für immer. Schon nächste Woche. Wenn du klug bist, schmeißt du unserem deutschen Michel den Kram vor die Füße und kommst mit. Ich werde Farmer auf einer Ranch mit riesigen Rinderherden. Und du wirst Advokat in unserer Siedlung und redigierst das Lokalblättchen.
Ohne Erfolg hielt ich ihm vor, daß er im Kampf um ein demokratisches Deutschland gebraucht werde wie kaum ein anderer. Umsonst bat ich ihn, seine Freunde nicht im Stich zu lassen. Schließlich beschwor ich ihn, auszuharren bei dem Volke, das wir zu den Waffen gerufen hatten und das jetzt die ganze Strenge grausamer Sieger erdulden mußte.
– Diesem Volk, antwortete er, ist nicht zu helfen. Es bläst sich manchmal hochmütig auf, aber ihm fehlt das Selbstbewußtsein. Was haben unsere feuerspeienden Manifeste und unsere Reden bewirkt? Sie sind bejubelt und beklatscht worden, aber als es ernst wurde, sind die Patschhände in den Schoß gefallen. Dieses Volk hat den Charakter einer Gans, die auf den Schwachen losgeht, vor dem Starken aber kuscht. Sollen wir uns seinetwegen das Herz zerreißen und ihm unser Leben opfern? Eine große Zeit ist über eine kleine Nation gerauscht. Die Gans hat geschnattert und das Gefieder geschüttelt, aber sie ist nicht aufgestiegen, weil sie Angst hatte, aus den Wolken zu fallen. Der Zeitgeist fliegt weiter, und er wendet den Blick ab von dieser verächtlichen Rasse.
Er hatte sich in ein solches Feuer geredet, daß mir jeder weitere Widerspruch sinnlos schien. So saßen wir noch eine Weile schweigend, bevor wir, die Sonne stand schon über der Burgruine Wartenberg, in trüber Stimmung nach Muttenz zurückkehrten.
Von diesem Tage an nahm Hecker keinen Anteil mehr an der deutschen Revolution. Um so schwerer fühlte ich die Ver-

antwortung für die weitere Entwicklung auf mir lasten. Durch verschiedene Rundreisen, die ich rheinaufwärts nach Schaffhausen und Konstanz und rheinabwärts nach Straßburg machte, versuchte ich, die versprengten, teilweise miteinander verfeindeten Flüchtlingsgruppen zu einen und zu organisieren. Friedrich Neff begleitete Amalie und mich auf diesen Reisen, an die ich gerne zurückdenke. Gelegentlich fanden auch Versammlungen in Basel oder Straßburg statt, auf denen sich die einflußreichsten Emigranten über die Zustände in Deutschland berieten und Nachrichten miteinander austauschten.

Fast täglich kamen Republikaner über den Rhein, um mir Zeitungen, Lageberichte und Botschaften der im geheimen weiterarbeitenden Volksvereine zu überbringen. Stöße von Briefen erreichten mich, in denen mir Freunde aus allen Teilen Deutschlands Mut zusprachen und mich aufforderten, möglichst bald das Zeichen zum allgemeinen Aufstand zu geben. Die Unzufriedenheit wuchs. Das Volk fühlte sich um seine Revolution betrogen und verlor sein Vertrauen in die Nationalversammlung. Nun bedurfte es nur noch eines geringfügigen Anlasses, und ein neuer Aufstand würde losbrechen, um die Frühjahrsrevolution zu vollenden.

Dieser Anlaß schien im September gekommen, als der Waffenstillstand von Malmö bekannt wurde. Er bedeutete nicht nur das Ende des Krieges mit Dänemark. In ihm dokumentierte sich der Triumph der alten Mächte über die Nationalversammlung. Sie vor allem wurde durch das Abkommen gedemütigt.

Die schleswig-holsteinische Frage bewegte damals ganz Deutschland. Seit Jahrhunderten waren die beiden Herzogtümer Schleswig und Holstein miteinander verbunden und sollten nach einer vom dänischen König erteilten Versicherung *up ewig ungedeelt* bleiben. Holstein, das eine rein deutschsprachige Bevölkerung hat, war seit 1815 im Deutschen Bund; in Schleswig lebt eine dänische Minderheit. Beide Herzogtümer waren in Personalunion mit dem König von Dänemark verbun-

den, doch galt in ihnen das Gesetz der männlichen Erbfolge, was auf Dänemark nicht zutraf. Der im Januar 1848 auf den Thron gekommene dänische König Friedrich VII. befürchtete, da er keine männlichen Nachkommen hatte, den Verlust der Herzogtümer. Um wenigstens die Bindung des dänisch geprägten Schleswig an Dänemark zu sichern, beabsichtigte er, das Gesetz der weiblichen Erbfolge auf Schleswig auszudehnen. Dies hätte im Fall seines Todes die Trennung des Landes von Holstein und seine Einverleibung in das dänische Königreich bedeutet. Schon gegen diese Aussicht erhob sich heftiger Protest. Die Märzbewegung in den Herzogtümern forderte im Gegenzug die Konstituierung eines vereinten Schleswig-Holstein als eines von Dänemark unabhängigen Staates und dessen Beitritt zum Deutschen Bund. Auf diese Herausforderung antwortete der dänische König mit der bestimmten Erklärung, er bestehe auf einer Verbindung Schleswigs mit Dänemark und werde das Land bis zur Eider zu seiner Provinz machen.
Diese Drohung beantworteten seine deutschen Untertanen mit der Revolution. Am 24. März 1848 stand ganz Schleswig-Holstein auf und trieb innerhalb von achtundvierzig Stunden alle dänischen Militärs und Beamten aus dem Land. Die provisorische Regierung erfüllte die liberalen Forderungen der Zeit und entsandte Abgeordnete in die Nationalversammlung.
Dänemark nahm diese Loslösung nicht hin. Es begann, Schleswig im Gegenzug von Norden her zu besetzen. Hinter ihm standen Rußland, England und Schweden und – man mochte es drehen und wenden, wie man wollte – das alte dynastische Recht. Die schleswig-holsteinische Revolutionsregierung berief sich auf die Volkssouveränität. Deshalb hatte ihr Kampf gegen Dänemark symbolischen Charakter. Es war der Widerstreit derselben Prinzipien, die sich in allen deutschen Staaten gegenüberstanden. Der Unterschied war nur, daß sich in Schleswig-Holstein die Erhebung des Volkes gegen einen ausländischen Monarchen richtete. Allein aus diesem Grund fiel es den Konsti-

tutionellen leicht, die Sache der Schleswig-Holsteiner zu einer *Angelegenheit der deutschen Nation* zu machen. Leute wie Karl Mathy, die vom Zugang Deutschlands zu den Weltmeeren und einer mächtigen Handelsmarine träumten, paßte die Bindung Schleswigs an Deutschland überdies ausgezeichnet ins Konzept. Großspurig erklärte die eben erst zusammengetretene Nationalversammlung am 9. Juni 1848 Dänemark namens des noch gar nicht existierenden Deutschland den Krieg. Da sie außer einigen Freikorps über kein Heer verfügte, forderte sie die Staaten des Deutschen Bundes auf, die Dänen im Auftrag der Nation aus Schleswig zu vertreiben. Preußen nahm sich der Aufgabe gerne an. Auch wenn sein König es degoutant fand, einen Revolutionskrieg für die Einheit Deutschlands gegen einen König von Gottes Gnaden zu führen, so war der eigene Vorteil doch allzu verlockend. Sich den Einfluß auf die *Dardanellen des Nordens* zu sichern paßte in die strategischen Pläne der preußischen Minister; ein Krieg diente zudem der Reorganisation und Disziplinierung der Truppen Preußens, und außerdem konnte es nicht schaden, Österreich in der Gunst der nationalen Volksbewegung auszustechen.
Freilich waren weder England noch Frankreich, noch Rußland geneigt, eine Veränderung des Kräftegleichgewichts im Norden zu dulden. Ein europäischer Konflikt drohte. Kaum in Schleswig einmarschiert, sah sich Preußen diplomatisch umzingelt. So groß war sein Interesse auch wieder nicht, daß es einen Weltkrieg dafür führen mochte. Nachdem es Dänemark erschreckt hatte, gab es dem Druck der Großmächte nach. Ohne die Herren in der Paulskirche zu informieren oder gar um Zustimmung zu bitten, schloß es den Waffenstillstand von Malmö, in dem die Loslösung Schleswigs von Holstein besiegelt wurde.
Nun mußte die Nationalversammlung in aller Öffentlichkeit den Offenbarungseid leisten.
Wohl war die Erregung beim Eintreffen der Nachricht so ungeheuer, daß man nahezu einstimmig die Ungültigkeit des Waf-

fenstillstandes beschloß. Diese Haltung ließ sich zwar mit kräftigen Worten begründen, aber ohne eigene Streitmacht nicht durchsetzen. Von Preußen bedrängt, veränderten die Volksvertreter denn auch acht Tage später ihren Beschluß dahingehend, daß der Waffenstillstand doch gültig sei. An dem Einlenken hatte Karl Mathy maßgeblichen Anteil, was ich nur deshalb erwähne, weil er damit einen neuen Verrat beging; sein schwäbischer Wahlkreis hatte ihn beschworen, der preußischen Forderung nicht nachzugeben.
Ein Aufschrei der Empörung ging durch Deutschland. Nun begriffen auch unpolitische Naturen, daß sich die Nationalversammlung um die Wünsche der Bevölkerung nur dann scherte, wenn sie zufällig mit den fürstlichen Interessen übereinstimmten. In den Straßen von Frankfurt brach offener Aufruhr aus. Zwei konservative Abgeordnete, Fürst Lichnowsky und General von Auerswald, wurden vom Mob erkannt und auf gräßliche Weise erschlagen. Auch in Wien und Berlin brachen Unruhen aus. Überall in Deutschland fanden Volksversammlungen statt, auf denen der Nationalversammlung das Mißtrauen erklärt wurde. Der eigentliche Anlaß dieser Erregung spielte nur eine geringe Rolle. Nicht um die Ehre Deutschlands im fernen Schleswig ging es den meisten Teilnehmern der Aufmärsche und sporadischen Barrikadenkämpfe, sondern um die verratene Revolution. Der deutsche Michel erwachte aus seinem Dösen und begann zu begreifen, daß man ihn betrogen hatte. Der Geist der Märztage lebte wieder auf. Viele, die sich hatten vertrösten lassen, verloren nun endlich die Geduld. Man sah ein, daß von der Nationalversammlung nichts mehr zu erhoffen war, und wollte fortführen, was im Frühjahr begonnen hatte.
Ausgerechnet in dieser Situation verließ Friedrich Hecker die Schweiz, um nach Nordamerika auszuwandern. Weder ich noch sein Freund Germain Metternich und noch weniger die Paulskirchenabgeordneten Trützschler und von Itzstein, die eigens nach Muttenz gekommen waren, konnten ihn zum Bleiben

überreden. Im *Deutschen Zuschauer* vom 15. September verband ich meinen publizistischen Abschied von ihm mit einem scharfen Angriff auf die konstitutionelle Mehrheit der Nationalversammlung. Ich beschuldigte sie des zweifachen Verrats am deutschen Volk. Der Kampf der Republik gegen die Monarchie, schrieb ich, trete in eine neue Phase: es handle sich nicht mehr um den Widerstreit politischer Prinzipien, sondern um den Kampf der Tugend gegen das Laster.

38

– Es ist soweit, sagte Karl Blind. Alles wartet auf dich. Du mußt das Zeichen zum Losschlagen geben.

Im Kontor der Druckerei in Basel hatte er auf mich gewartet. Das war am Abend des 19. September 1848. Begleitet von Amalie, war ich wie jede Woche nach Basel gekommen, um meine Manuskripte für die neueste Nummer des *Deutschen Zuschauers* abzuliefern. Durch Karl Blind erfuhr ich bei dieser Gelegenheit vom Aufstand in Frankfurt, der am 17. September mit einer Volksversammlung auf der Pfingstweide begonnen hatte. Zwanzigtausend Menschen hatten die Mehrheit der Paulskirchenabgeordneten zu Verrätern erklärt; dann waren sie in die Stadt gezogen. Es war zum Straßenkampf gekommen. Von dessen Verlauf gab es noch keine Nachrichten.

Im Baseler Gasthof Zum Weißen Kreuz erwarteten mich ein gutes Dutzend Gesinnungsfreunde, darunter der Freiburger Studentenführer Langsdorff, und meine Vetrauten Neff und Löwenfels. Sie alle drängten mich, das Zeichen zu einer neuen Volkserhebung in Baden zu geben. Der Augenblick sei günstig wie nie und dürfe nicht verpaßt werden; die Nationalversammlung habe jedes Ansehen verloren, der Verrat der Konstitutionellen empöre jedermann; zudem stünden im badischen

Oberland keine Truppen mehr, und das Heer sei noch durch die Absendung mehrerer Bataillone nach Schleswig-Holstein geschwächt. Wilhelm Liebknecht, ein junger Emigrant aus Herweghs Legion, hielt einen neuen badischen Aufstand schon deshalb für notwendig, um den Freunden in Frankfurt eine Diversion zu bereiten. Ich lehnte zunächst ab. Nichts sei vorbereitet, gab ich zu bedenken, und das Risiko neuerlichen Scheiterns zu groß; im übrigen könne die Revolution nicht von außen ins Land getragen werden, sondern müsse von innen kommen.
Mit dieser Antwort gaben sich meine Freunde nicht zufrieden. Am nächsten Tag wurde ich weiter bestürmt. Ständig kamen Männer in die Setzerei, wo ich den Druck des *Zuschauers* überwachte. Eigens aus Basel angereist, um mit mir zu sprechen, beschworen sie mich, nicht länger zu zögern. Abends fand im Weißen Kreuz eine Versammlung statt, an der etwa fünfzig Republikaner teilnahmen. Aus Muttenz waren Doll und Mögling gekommen, die sich als die politischen Erben des inzwischen abgereisten Friedrich Hecker betrachteten. Die Lörracher Bürgerwehr hatte eine Abordnung geschickt. Ein württembergischer Revolutionär übergab mir einen Brief von Gottlieb Rau aus Gaildorf, dem ich entnahm, daß der demokratische Zentralausschuß mit einem Ausbruch von Aufständen in allen Teilen Deutschlands rechnete. Das schien mir glaubhaft, denn in Berlin und Wien standen, wie jeder Zeitungsleser wußte, die Zeichen auf Sturm; auch in Württemberg, Hohenzollern, Thüringen, Sachsen, Schlesien und im Rheinland rumorte es.
Es kam zu einer ausführlichen Besprechung. Sie endete mit dem Beschluß, am folgenden Tag das Zeichen zu geben. Am 21. September 1848, nachmittags 4 Uhr, würde ich nach Baden zurückkehren, um dort die Fahne der sozialen und demokratischen Bundesrepublik Deutschland zu entfalten.
Während Mögling und Doll nach Muttenz zurückreisten, begann ich noch in der Nacht mit den erforderlichen Vorbereitungen. Briefe mußten geschrieben, Erlasse verfaßt, Organisa-

tionspläne entworfen werden. Umgeben von Löwenfels, Karl Blind, Friedrich Neff und Max Fiala diktierte ich Amalie im Licht tropfender Kerzenleuchter Schreiben auf Schreiben. Johann Philipp Becker bat ich, den militärischen Oberbefehl über den Aufstand zu übernehmen und zu diesem Zweck unverzüglich nach Lörrach zu kommen. An Sigel und Willich schickte ich die Aufforderung, sofort mit möglichst vielen Emigranten zu uns zu stoßen. Dem Bürgermeister von Lörrach kündigte ich unsere Ankunft an.

Grundlage des Aufstandes sollte der Plan zur Revolutionierung Deutschlands sein, den ich mit Karl Heinzen ausgearbeitet hatte. Also kein Bitten und Werben wie im April, kein schlecht ausgerüsteter Demonstrationszug, keine kraftlosen Appelle, sondern klare Anweisungen, finanzielle Absicherung, militärische Organisation. Der bekämpften Staatsgewalt mußte eine neue, revolutionäre Ordnungsmacht entgegengestellt werden.

In der in Druck befindlichen Nummer des *Deutschen Zuschauers* stand der Satz: *Es gibt kein deutsches Parlament mehr – nur noch ein erzürntes Volk, ihm gegenüber eine Handvoll Schurken.* Damit war die Richtung der bevorstehenden Erhebung bestimmt. An einer rein badischen Revolte war nichts gelegen. Unser Aufstand richtete sich weniger gegen Karlsruhe als gegen Frankfurt. Nicht nur für eine badische Republik wollten wir kämpfen, sondern für die demokratische Föderation deutscher Republiken, die an die Stelle von Bundestag und Nationalversammlung treten würde. Wir sahen uns als Teil einer gesamtdeutschen Bewegung, denn wir rechneten mit gleichzeitigen Aufständen in allen Teilen Deutschlands.

Amalie zog sich gegen Mitternacht zurück, während ich mit Löwenfels und Blind noch lange über einer auf dem Tisch ausgebreiteten Landkarte des Großherzogtums Baden saß. Ich plädierte dafür, so schnell wie möglich von Lörrach aus durch das Rheintal nach Freiburg zu marschieren. Löwenfels hätte lieber einen Bürgerkrieg nach dem Vorbild der italienischen Carbonari geführt und von den Höhen des Schwarzwalds aus operiert. Mir schien es wichtiger, den Gegner zu überrumpeln und Freiburg zu nehmen, bevor wieder ein Belagerungsring die Stadt einschließen würde. Wesentlich für das Gelingen dieses Plans war allerdings die sofortige Zerstörung der Bahnlinie von Karlsruhe nach Schliengen. Sie hatte im Aprilaufstand eine für uns verhängnisvolle Rolle gespielt. Zu den Lehren von Kandern gehörte die Erkenntnis, daß eine intakte Eisenbahnlinie ebenso gefährlich ist wie ein Heer in Alarmbereitschaft. Blind übernahm es, Sabotagetrupps zu organisieren, welche die Schienen zerstören sollten.

Erst um 3 Uhr früh stieg auch ich die Treppen zu unserem Zimmer im Weißen Kreuz hoch, um ein wenig zu schlafen. Da ich Amalie nicht wecken wollte, schlich ich mich wie ein Dieb hinein, löschte die Kerze und legte mich, angezogen, wie ich war, auf das Bett. Doch Amalie war wach. Im Dunkeln tastete sie nach meiner Hand und hielt sich an mir fest.

– Ich hatte einen schrecklichen Traum, flüsterte sie. Wir beide saßen in einer roten Kutsche und rasten auf einen Abgrund zu. Soldaten galoppierten hinter uns her und schossen auf uns. Entlang der Straße standen Tausende. Alle sahen aus wie Karl Mathy und schrien: Tötet sie, tötet sie! Immer schneller wurde die Fahrt, doch bevor wir in den Abgrund stürzten, bäumten sich die Pferde auf. Die Kutsche geriet ins Schleudern und fiel krachend um. Davon bin ich aufgewacht.

– Solche Träume bedeuten nichts, beruhigte ich sie und drückte ihren Kopf an meine Schulter.

– Geh nicht über die Grenze, bat sie. Ich fühle es, der Aufstand wird scheitern. Gib das Ganze auf.

– Das ist unmöglich, sagte ich. Alles ist in die Wege geleitet. Meine Freunde verlassen sich auf mich. Du hast selbst gehört, wie dringend sie mich gebeten haben, das Zeichen zu geben und über die Grenze zu gehen.

– Vielleicht ist es eine Falle.

– Was meinst du?
– Ich traue diesen Männern aus Lörrach nicht. Kannst du dich erinnern, was Karl Mathy in der *Deutschen Zeitung* über das Gefecht von Niederdossenbach geschrieben hat? Man hätte Herweghs Banditen absichtlich über den Rhein gelassen, um ihnen den Garaus zu machen. Vielleicht steckt Mathy hinter denen, die dich drängen. Vielleicht sollen auch sie dich nur nach Baden locken, damit man deiner habhaft wird.
Ich wehrte mich energisch gegen diesen Verdacht. Selbst wenn ich wollte, sagte ich, könnte ich das Unternehmen nicht mehr absagen, und allein davonstehlen würde ich mich gewiß nicht. Stumm wendete sie sich ab von mir. Und ich lag neben ihr in der Nacht und hörte, unglücklich vor Hilflosigkeit, ihr unterdrücktes Schluchzen, bis ich im Meer meiner Müdigkeit versank.
Am nächsten Morgen schlief ich länger als gewöhnlich. Als ich erwachte, saß Amalie mit dem Rücken zu mir am Tisch vor dem Fenster und schrieb. Ich stand leise auf, trat hinter sie und sah ihr über die Schulter. Ich las:

Hochgeehrter Herr!
Die Stunde des Kampfes hat wieder geschlagen. Ich werde meinen Gemahl begleiten. Ich erlaube es mir, Ihnen das Schicksal meiner Eltern ans Herz zu legen. Ich kann jetzt nichts für sie tun. Mein Bruder Pedro ist auch mit uns. Niemand blieb bei den trauernden Eltern zurück!! Für den Fall, daß ich und mein Gemahl nicht wiederkehren sollten, haben wir unsere wenige Habe unseren Eltern verschrieben. Wir sind unendlich besorgt um sie.
Leben Sie wohl!

Amalie Struve.

Sie hatte Tränen im Gesicht, als ich ihr einen guten Morgen wünschte. Über das Gespräch der Nacht verlor sie kein Wort mehr. Aber sie bestand darauf, mich zu begleiten.
Natürlich versuchte ich, ihr die Teilnahme an dem gefährlichen

Vorhaben auszureden. Vor allem aus Fürsorge bat ich sie, vorerst in der Schweiz zu bleiben; aber auch aus Rücksicht auf meine Freunde. Sie hielten die Revolution für eine reine Männersache. Insgeheim äußerten sie sich ziemlich abfällig über Amalie. Sie hätte die Hosen an, sagten sie, und ich stünde unter ihrem Pantoffel. Wenn ich zufällig solche Reden hörte, wurde ich zornig und wies meine Freunde darauf hin, daß die Grundsätze von Freiheit, Gleichheit und Brüderlichkeit auch für Frauen gelten. Aber unser Unternehmen war schwierig genug, und jede Belastung durch ein vermeidbares Problem wog doppelt. So bat ich Amalie, wenn sie denn schon unbedingt mitkommen wollte, dem Hauptquartier fernzubleiben. Dies versprach sie.
In Erinnerung an unsere Flucht aus Donaueschingen im April kam sie auf die Idee, auf einem Bauernwagen Waffen und Munition über die Grenze zu schmuggeln. Davon ließ sie sich nicht abbringen; ich mußte froh sein, daß sie Pedro als Begleiter bei diesem waghalsigen Unternehmen akzeptierte.
Der Vormittag verging mit organisatorischen Vorbereitungen. Da Becker nicht eintraf, übertrug ich Löwenfels provisorisch den militärischen Oberbefehl. Karl Blind bestimmte ich zum Schriftführer und Finanzverwalter, Friedrich Neff sollte die Aushebung der Freischaren übernehmen.
Aus dem Aprilaufstand hatte ich die Lehre gezogen, daß sich ohne Geld keine Revolution machen läßt. Das republikanische Heer würde von allem Anfang an Waffen, Verpflegung und Munition brauchen. Auch die Verwaltung der befreiten Gebiete war ohne Mittel nicht organisierbar. Nur durch eine geregelte Ordnung der revolutionären Finanzen würden sich willkürliche Plünderungen vermeiden lassen. Ich plante daher die sofortige Beschlagnahme aller öffentlichen Kassen. Über alle Ausgaben sollte genau Buch geführt werden. Ferner faßte ich die Zeichnung von Schuldscheinen zugunsten der deutschen Republik ins Auge.
Wie beschlossen, machte ich mich um 4 Uhr nachmittags in Begleitung von zehn bis zwölf Freunden vom Baseler Weißen

Kreuz aus auf den Weg zur Rheinbrücke. Da Amalie und Pedro den Transport der Gewehre übernommen hatten, waren wir alle unbewaffnet. Nur unsere federgeschmückten Filzhüte, die blauen Blusen und roten Halstücher – die Tracht der Aprilrevolutionäre – verrieten, was wir vorhatten. Das Wetter war herbstlich mild, der Himmel heiter, die Flußlandschaft leuchtete in sanften Farben. Unterwegs rezitierte ich ein neues Republikanerlied, das ich in Rheinfelden gedichtet und in der letzten Ausgabe des *Zuschauers* veröffentlicht hatte:

Freiheit, Gleichheit, Brudertreue!
Alterndes Geschlecht, erneue
Deinen hingewelkten Ruhm!
Aus versumpften Nationen,
Faulenden Religionen
Steige reines Menschentum.
Stürmt, ihr Glocken, Schlachtenmahner,
Stürmt wie sie, Republikaner,
Durch der Wetter Flammenblick!
Von dem Leichenberg der Würger
Ruft ins Tal befreiter Bürger:
Republik! Die Republik!

Die badischen Zöllner erwarteten uns schon. Doch sie versuchten nicht, uns festzunehmen, und verwehrten uns auch nicht den Grenzübertritt. Vielmehr empfingen sie uns mit dem Zuruf *Es lebe die Republik!* Lachend ließen sie sich rote Bänder um den linken Arm binden, zum Zeichen ihrer Unterwerfung unter die revolutionäre Regierung.

Vor dem Rößle-Wirt bei Stetten stand eine Abordnung der Lörracher Bürgerwehr, die bei unserem Erscheinen das Gewehr präsentierte. Man bot uns Pferde an, die mit Kokarden in den deutschen Farben geschmückt waren. Von allen Seiten kamen Neugierige und Gleichgesinnte, um mit uns in die Stadt zu ziehen. Wie anders empfing uns Lörrach als an jenem verhängnisvollen Gründonnerstag! Hoch zu Roß führten Blind, Löwenfels, Neff, Fiala und ich den Zug an, eine Schwadron Bürgerwehr und Landleute kamen nach. Die Häuser waren mit schwarz-rot-goldenen Fahnen geschmückt, aus den Fenstern rief man uns aufmunternde Worte zu, von den Kirchtürmen klang feiertägliches Glockengeläut.

Alles war so, wie von den Lörracher Abgesandten am Abend davor zugesagt. Die Stadt hatte sich auf unser Eintreffen vorbereitet und die Republikanisierung bereits vollzogen. Geschlossen hatte sich der Gemeinderat zur Revolution bekannt. Die großherzoglichen Beamten waren übergelaufen oder abgesetzt. An allen öffentlichen Gebäuden hatte man die Wappen und Aufschriften der fürstlichen Regierung mit der deutschen Trikolore zugehängt.

Es war Markttag. Viele auswärtige Besucher befanden sich in der Stadt und drängten sich mit der Bevölkerung in Erwartung meiner Ankunft auf dem Platz vor dem Rathaus. Durch eine Gasse applaudierender Menschen erreichte unser Zug das Rathausportal, wo uns der Bürgermeister erwartete. Wir stiegen von den Pferden und betraten das Gebäude. Im Ratssaal empfing uns der Gemeinderat.

Namens der deutschen Republik bedankte ich mich bei den Herren für ihre Bereitschaft, der Sache des Volkes zu dienen. Als erstes ordnete ich an, berittene Stafetten in die umliegenden Orte abzuschicken, um die wehrfähigen Männer auszuheben. Alle großherzoglichen Kassen erklärte ich für beschlagnahmt. Blind wies ich an, Quittungen über die Bestände auszustellen und gegenzeichnen zu lassen. Ferner befahl ich, die in Lörrach befindliche Druckerei in den Dienst der provisorischen Regierung zu stellen. Noch in der Nacht sollte dort ein Regierungsblatt mit den ersten Verfügungen der Republik gedruckt werden.

Dann trat ich ans offene Fenster, um zu den auf dem Marktplatz versammelten Menschen zu sprechen.

Dabei widerfuhr mir ein Mißgeschick. Das Lörracher Rathaus, ein mittelalterlicher Fachwerkbau mit bröckelndem Putz, hatte sehr niedrige Fenster, und ich mußte mich tief bücken, um, die Hände auf die Fensterbank gestützt, den Kopf ins Freie zu recken. Ich richtete mich zu früh auf und stieß mit dem Schädel heftig gegen den oberen Balken des Fensterrahmens. Das verdarb mir den Auftritt. In den Jubel über mein Erscheinen mischte sich Gelächter.

– Mitbürger, Freunde, Brüder! begann ich meine Rede. Das Maß des an euch verübten Unrechts ist voll. Der Kampf des Volkes mit seinen Unterdrückern hat begonnen. Selbst in den Straßen der Stadt Frankfurt, am Sitz der ohnmächtigen Zentralgewalt und der geschwätzigen konstituierenden Versammlung, ist auf das Volk mit Kartätschen geschossen worden. Nur das Schwert kann das deutsche Volk noch retten! Siegt die Reaktion in Frankfurt, so wird Deutschland auf dem sogenannten gesetzlichen Wege furchtbarer ausgesogen und geknechtet werden, als dies in den blutigsten Kriegen geschehen kann. Alle diejenigen, welche an den Kämpfen im badischen Oberlande teilnahmen, sind bereit, ein zweites Mal Gut und Blut, Leib und Leben für euch einzusetzen; doch sie sind im Verhältnis zum deutschen Volk nur wenige Menschen. Sie können nur dann etwas leisten, wenn ihr euch in Masse erhebt und euch um uns schart. Der erste Versuch, den wir machten, ist nicht gelungen; selten gelingt in hochwichtigen Dingen der erste Versuch. Doch auch unser erster mißlungener Versuch war nicht vergebens. Er hat den schlummernden Geist des Volkes geweckt; er hat eine mächtige republikanische Partei im ganzen großen deutschen Vaterlande hervorgerufen; er hat die Verräter des Volkes von seinen Freunden ausgeschieden. Alle Vorhersagen der entschiedenen Republikaner sind eingetroffen! Das Volk wird nimmermehr zu seinem guten Recht gelangen, wenn es nicht damit beginnt, seine fluchbeladenen Fürsten zu verjagen. In dieser Stunde erhebt sich überall in Deutschland, sowohl in Wien als auch in Berlin, in Frankfurt, Mainz, Württemberg und Sachsen die Nation. Am Ausgang des Kampfes kann kein Zweifel bestehen. Die Stunden der Tyrannei sind gezählt. Namens der provisorischen Regierung proklamiere ich hiermit feierlich die deutsche Republik! Zu den Waffen, deutsches Volk! Unser Ziel heißt Wohlstand, Bildung und Freiheit für alle! Hoch lebe die deutsche Republik!

Erst nach meiner Rede fiel mir ein, daß der 21. September ein historisches Datum war, der Jahrestag der Proklamierung der französischen Republik von 1792. Ich sah in diesem Zufall ein ermutigendes Vorzeichen, das den schmerzhaften Stoß am Fensterrahmen aufwog. Glücklicherweise war Amalie, die solchen Vorfällen abergläubische Bedeutung beizumessen pflegte, nicht Zeuge meines mißglückten Auftritts gewesen. Sie und Pedro kamen erst nach meiner Ansprache an. Unkontrolliert hatten sie auf dem Wagen mit den Waffen die Grenze passiert. Einer der Gemeinderäte nahm die beiden in seinem Haus auf. Ich selbst blieb mit Löwenfels, Blind und den anderen im Rathaus.

Am frühen Morgen des 22. September trafen Doll und Mögling mit einem kleinen Trupp ehemaliger Gefolgsleute Heckers in Lörrach ein. Sie waren voll ehrgeiziger Pläne und wenig geneigt, sich uns unterzuordnen. Immerhin stimmten sie nach einigem Hin und Her meiner Strategie grundsätzlich zu. Das militärische Kommando von Löwenfels wollten sie aber nicht anerkennen. Um Schwierigkeiten zu vermeiden, bat ich sie, im Schwarzwald eine eigene Marschkolonne zu bilden. Mit dieser sollten sie unabhängig von uns über Todtnau durch das Höllental nach Freiburg marschieren. Als Zeitpunkt des Einzugs in die Breisgaustadt und der Vereinigung unserer Truppen bestimmten wir den 24. September, 6 Uhr abends.

– Wir werden, sagte Mögling, mit mindestens fünftausend Mann kommen und pünktlich zur Stelle sein. Ich hoffe, Bürger Struve, du bist genauso pünktlich.

– Ich werde alles daransetzen, antwortete ich.

– Das will ich hoffen, grinste Mögling. Wie ich sehe, reist du auch diesmal wieder in weiblicher Gesellschaft. Deine hübsche Gattin hält draußen vor dem Rathaus Korso und gefällt sich als Demi-Heroine. Ich hoffe, sie wird mit ihrer Toilette rechtzeitig fertig werden für den Einzug in Freiburg.
Grobes Gelächter. Ich biß mir auf die Lippen und ballte die Faust hinterm Rücken, bevor ich antwortete.
– Meine Frau Amalie hat für die Revolution bisher mindestens soviel geleistet wie du, Mögling.
Nach dieser unerfreulichen Unterredung zogen die beiden noch am Vormittag in Begleitung von Dengler, Langsdorff und geringer Mannschaft in Richtung Schopfheim ab, wo sie mit der Aushebung ihrer Heeressäule beginnen wollten.
Den ganzen Tag über meldeten sich bewaffnete Zuzüge aus der Umgegend im Hauptquartier. Auf dem Marktplatz wurden die Leute aus dem Arsenal des Zeughauses bewaffnet und in Kompanien eingeteilt. Die Stadt glich einem großen Heerlager. Trommelklang vermischte sich mit dem Sturmgeläut der Kirchenglocken, Exerzierrufe verloren sich im Stimmenlärm und dem Gesang einzelner Gruppen. Stiefeltritte, Hufgeklapper, Gelächter. Der Himmel war nicht mehr so septemberblau wie am Vortag, doch die Luft war lau und die Stimmung ausgelassen.
Unsere Maßnahmen begannen zu greifen, das entschlossene Auftreten zeigte Wirkungen. Die im ersten Regierungsblatt veröffentlichten Erlasse der Revolution lauteten: [s. S. 598/599]

Deutsche Republik!

Wohlstand, Bildung, Freiheit für Alle!

Im Namen des deutschen Volkes verfügt die provisorische Regierung Deutschlands wie folgt:

Art. 1. Sämmtliche auf dem Grund und Boden haftende mittelalterliche Lasten, sowie sämmtliche mittelalterliche persönliche Dienste, Zehnten, Gülten, Frohnden, und welchen Namen sie sonst tragen, sind ohne alle Entschädigung sofort abgeschafft. Alle Ablösungsschuldigkeiten für solche Lasten werden ebenfalls getilgt.

Art. 2. Sämmtliche bisher an den Staat, die Kirche und die adeligen Grundherren bezahlten Abgaben hören von diesem Tage an auf; eine das Einkommen des Unbemittelten nicht berührende progressive Einkommensteuer tritt an die Stelle sämmtlicher bisherigen Abgaben; nur die an den Gränzen Deutschlands erhobenen Zölle bleiben für's Erste bestehen.

Art. 3. Sämmtliches Grundeigenthum des Staats, der Kirche und der auf Seite der Fürsten kämpfenden Staatsbürger geht provisorisch, unter Vorbehalt späterer Ausgleichungen, an die Gemeinden über, in deren Gemarkung es liegt.

Art. 4. Um alle in den vorstehenden Artikeln enthaltenen Erleichterungen zu sichern, wird eine allgemeine Erhebung des Volkes angeordnet. Alle waffenfähigen Männer vom vollendeten achtzehnten bis zum vollendeten vierzigsten Jahre ergreifen die Waffen zur Rettung des bedrohten Vaterlandes.

Von heute an herrscht das Kriegsgesetz, bis das deutsche Volk seine Freiheit errungen haben wird.

Im Namen der provisorischen
Regierung Deutschlands:
Gustav Struve.

Der Schriftführer:
Karl Blind.

Deutsche Republik!

Wohlstand, Bildung, Freiheit für Alle!

Hauptquartier Lörrach, den 21. September 1848.

Dienstanweisung für sämmtliche Bürgermeister.

Sämmtliche Bürgermeister werden persönlich dafür verantwortlich gemacht, daß

1) so lange das republikanische Heer sich in ihrem Bezirke befindet, den ganzen Tag über gestürmt und des Nachts auf den benachbarten Bergen Feuer angezündet werden.

2) Sie haben darauf zu achten, daß keine der fürstlichen Partei angehörigen Personen sich aus ihren resp. Bezirken entfernen, vielmehr sofort verhaftet und daß alle denselben gehörigen Vermögenstheile mit Beschlag belegt werden.

3) Sie haben sofortige Stellung der waffenfähigen Mannschaft und den Abmarsch derselben nach dem Hauptorte des Bezirks zu betreiben und für die Herbeischaffung der Bedürfnisse der Mannschaft an Kleidung, Waffen, Munition und Nahrungsmitteln zu sorgen.

4) Sie haben Quartierbillete bereit zu halten, damit die republikanischen Truppen jederzeit rasch und gut einquartiert werden können.

5) Ueberhaupt sind dieselben für die sofortige und nachdrückliche Vollziehung der Bestimmungen des beifolgenden Erlasses der provisorischen Regierung am gleichen Tage verantwortlich.

Im Namen der provisorischen Regierung:
Gustav Struve.

Der Kommandant des Hauptquartiers:
M. W. Löwenfels.

Der Schriftführer:
Karl Blind.

Meine Drohung, notfalls Gewalt anzuwenden, mußte ich nicht verwirklichen. Die Zustimmung war allgemein. Aber die scharfe Form unserer Aushebung hatte doch einen guten Sinn, denn sie versorgte diejenigen, die am Erfolg des Aufstands zweifelten, mit einer guten Ausrede. Jeder würde beim Scheitern des Unternehmens sagen können, er sei zum Mitmachen gezwungen worden. Diese Aussicht bewog auch Zögernde, sich anzuschließen.
Friedrich Neff, Karl Blind und der ehemalige badische Unteroffizier Wolfinger zogen mit kleinen Mannschaften von Ort zu Ort, um den Aushebungsbefehl der provisorischen Regierung durchzusetzen und die öffentlichen Kassen in Beschlag zu nehmen. Naturgemäß wurden später allerlei Greuelmärchen über ihr Vorgehen verbreitet. In Wahrheit gingen sie streng rechtlich vor, quittierten und notierten jeden requirierten Heller und fanden überall Unterstützung. Wer im nachhinein etwas anderes behauptete, tat es, um seinen Kopf zu retten.
Sechsunddreißig Stunden, nachdem ich badisches Gebiet betreten hatte, verfügte die Republik über eine Freischar von viertausend Mann. Als eine Militärmacht ließ sich das kleine Heer freilich nicht bezeichnen, bestand es doch überwiegend aus Bauern und Handwerkern, denen jeder soldatische Drill fehlte. Wäre es nach Löwenfels gegangen, hätte er vor dem Ausmarsch erst einmal eine vierzehntägige Exerzierübung angesetzt. Ich aber drängte auf baldigen Aufbruch. Der Aufstand in Frankfurt war, wenn die eingehenden Berichte stimmten, zusammengebrochen. Niemand konnte vorhersagen, wie lange die revolutionäre Stimmung im Land anhalten würde. Wir mußten alles tun, um die Regierung in Karlsruhe unvorbereitet zu treffen.
Am Abend des 22. September schickte ich Pedro zu Amalie, um sie wissen zu lassen, daß vor Morgengrauen abmarschiert würde. Die Nacht war von Feuern erhellt, die zum Zeichen der Revolution auf den umliegenden Höhen brannten. Ich schlief nicht. Um 2 Uhr früh ließ Löwenfels in den Straßen der Stadt Generalmarsch trommeln.

Zwei Stunden später, es war noch dunkel, hatte sich das Freiheitsheer zum Zug formiert und begann, Lörrach in nördlicher Richtung zu verlassen. Zwei Trommelknaben gingen voran, ein Musikzug folgte, dann kam ein Fahnenträger mit der roten Fahne, dahinter Löwenfels, Blind und ich zu Pferd, nach uns dreihundert Scharfschützen, dahinter ein Meer roter und schwarz-rot-goldener Fahnen, berittene Offiziere, gefolgt von dreitausend Mann, dem Gros unserer Streitmacht.
Unser Weg führte über Schliengen nach Müllheim. Als die rote Sonnenscheibe in den nebeldunstigen Himmel stieg, passierten wir Kandern. Die Kapelle intonierte *Schleswig-Holstein meerumschlungen*, und die ganze Freischar sang zu dieser Melodie:

> Hecker! Hoch dein Name schalle
> An dem ganzen deutschen Rhein.
> Deine Treue, ja dein Auge
> flößt uns all Vertrauen ein.
> Hecker! Der als deutscher Mann
> Für die Freiheit sterben kann!

Mit bewegten Gefühlen sah ich zu den bewaldeten Bergen im Osten hinauf. Dahinter lag die Scheideck, jene berühmt gewordene Paßhöhe, auf der das erste Blut im badischen Freiheitskampf vergossen worden war. Daß über ihr die Sonne aufging, schien mir ein gutes Vorzeichen.

39

Es ist Abend geworden. Wenn ich schreibe, fließt die Zeit achtlos an mir vorbei. Käthchen und das Kind hatten einen heiteren Tag am Rande des Wienerwalds. Beim Abendessen war die Kleine ausgelassen, wie schon lange nicht mehr. Sie hat die Augen der Mutter, diese großen dunklen Augen, über denen sich die Lider nie ganz öffnen. Ob Käthchen ahnt, warum ich das Kind manchmal gedankenverloren betrachte?

Nachdem das Freiheitsheer am Nachmittag des 23. September 1848 Müllheim erreicht und ich vom Rathausbalkon aus eine Rede an die Bevölkerung gehalten hatte, stand meine junge Frau auf einmal neben mir. Ohne die um mich versammelten Revolutionäre und Gemeindehonoratioren zu beachten, gab sie mir einen Kuß auf die Wange. Sie hatte den Besitzer eines Einspänners dazu überredet, sie von Lörrach nach Müllheim zu kutschieren. Gerade als meine Ansprache zu Ende war, kam sie in den Ort gefahren. Durch die sich auflösende Menge dirigierte sie den Wagen an den Gruppen kampierender Freischärler vorbei zum Rathauseingang, stieg aus und lief die Treppe hinauf. Während sie mich im Ratssaal zärtlich begrüßte, kam der Herr, der sie gebracht hatte, ein backenbärtiger Grandseigneur mit Zylinder und Paletot, mit ihrer Reisetasche nach. Unbeeindruckt von den mißbilligenden Blicken meiner Mitstreiter, erklärte Amalie, sie werde nun bei mir bleiben und keinen Schritt mehr von mir weichen. An der rückwärtigen Wand des Ratszimmers rückte sie zwei Stühle zusammen. Auf den einen stellte sie ihre Tasche, auf den anderen setzte sie sich und verschränkte die Arme. Dieser Einzug ins Hauptquartier war gegen unsere Absprache. Aber ich brachte es nicht über mich, sie fortzuschicken.

Außerdem beschäftigte mich Wichtigeres. Auf dem Weg nach Müllheim hatten wir in der Rheinebene einen Zug gesehen. Friedlich puffte er durch den Septembertag, grauweiße Dampfschwaden hinter sich lassend. Womöglich transportierte er bereits Soldaten. Entgegen meinen dringenden Anweisungen war die Bahnlinie nach Schliengen offenbar unbeschädigt. Löwenfels schickte sofort einen Trupp los, der die Schienen an mehreren Stellen zerstören sollte. Aber dafür war es womöglich schon zu spät.

Aus Frankfurt kamen schlimme Nachrichten. Die Ermordung der preußischen Paulskirchenabgeordneten Fürst Lichnowsky und General von Auerswald durch aufgebrachtes Volk hatte den

Aufstand diskreditiert und einen Umschwung der öffentlichen Stimmung bewirkt. Ein großes Aufgebot von Bundestruppen hatte die Erhebung am 19. September niedergeschlagen. Den erschrockenen Bürgern Deutschlands schien es auf einmal wieder besser, sich zu beugen, als den Umsturz zu wagen. Selbst entschlossene Freiheitskämpfer schauderten vor dem blutigen Exzeß und befürchteten Anarchie und Gewalttat. Die republikanische Bewegung schien wie gelähmt. Vergebens wartete ich auf die Berichte von anderen Erhebungen. Noch wollte ich nicht glauben, daß ich der einzige war, der den Aufstand für die deutsche Republik gewagt hatte. Ich beruhigte mich mit dem Gedanken, daß gute Nachrichten oft langsamer reisen als schlechte. Aber ich mußte mir doch die Frage stellen, was ich tun sollte, wenn die erwarteten anderen Aufstände ausbleiben würden. Vom äußersten Winkel Südwestdeutschlands aus würde sich schwerlich die deutsche Republik verwirklichen lassen.
Mit dunklen Vorahnungen las ich die vom Reichsverweser Erzherzog Johann erlassene Proklamation vom 20. September, die Friedrich Neff vom Schliengener Bahnhof mitbrachte.
Deutsche! hieß es da, *die verbrecherischen Vorfälle in Frankfurt haben die Pläne und Mittel einer Parthei deutlich gezeigt, die unserem Vaterlande die Schrecknisse der Anarchie und eines Bürgerkrieges bringen will. Deutsche! Euere Freiheit ist mir heilig. Sie soll durch das Verfassungswerk, zu welchem Euere Vertreter hier versammelt sind, dauernd und fest begründet werden. Aber sie würde Euch entrissen werden, wenn die Gesetzlosigkeit mit ihrem Gefolge über Deutschland sich verbreitete.*
Ich kannte den deutschen Michel gut genug, um zu wissen, wie genau diese Worte seine Empfindsamkeit trafen. Gewiß sehnte er sich nach einem freieren, menschenwürdigeren Leben. Aber stärker als diese Sehnsucht war sein abgrundtiefes Grauen vor den Blutbädern der Französischen Revolution. Mit ihren Schreckensbildern hatte man ihn schon als kleines Kind geängstigt. Und gegen Ängste sind Argumente machtlos.

Ich verbarg meine Zweifel am guten Ausgang unseres Unternehmens und machte mich daran, vom Müllheimer Rathaus aus die notwendigen Ausschreibungen an die umliegenden Gemeinden zu versenden. Zum Schwarzsehen gab es noch keinen objektiven Grund. Unsere Sache schien einen großartigen Aufschwung zu nehmen. Von allen Seiten kamen Abgesandte, die sich nach dem Stand der Erhebungen erkundigten und angesichts unserer vielen tausend Mann mit dem Versprechen davonritten, so bald wie möglich mit den wehrfähigen Männern ihrer jeweiligen Dörfer zu uns zu stoßen. Von Franz Sigel hörte ich, er käme mit fünfzehntausend Mann den Rhein herauf. Johann Philipp Becker befand sich schon in Lörrach und war mit großer Mannschaft auf dem Weg zu uns.
Andererseits mußte ich davon ausgehen, daß die Regierung in Karlsruhe inzwischen bestens informiert war über unseren Aufstand und Gegenmaßnahmen eingeleitet hatte. Mehr denn je hing das Gelingen unseres Plans von einem raschen Vormarsch ab. Doch es erwies sich als unmöglich, Freiburg noch am 23. September zu erreichen. Unsere Leute waren zum größten Teil seit sechsunddreißig Stunden auf den Beinen und völlig erschöpft. Während des Aufenthalts in Müllheim legten sie sich, wo immer sie auch rasteten, auf den Boden, um zu schlafen. Umsonst tobte Löwenfels. Er mußte einsehen, daß er es nicht mit ausgebildeten und disziplinierten Soldaten zu tun hatte. Der Weitermarsch wurde auf den nächsten Morgen verschoben. Nur einige Abteilungen rückten als Vorhut zu den an der Straße nach Freiburg liegenden Orten Hügelheim, Buggingen, Seefelden und Heitersheim vor.
Während ich Depeschen diktierte und Abgesandte empfing, verließ Amalie das Rathaus. Als sie bei Einbruch der Dunkelheit noch nicht zurück war, machte ich mich auf die Suche nach ihr. Ich fand sie in der Müllheimer Pfarrkirche. Im düsteren Kirchenraum waren alle Bänke von den Frauen des Orts besetzt. Amalie stand auf der Kanzel und hielt eine merkwürdige Predigt.

– Glaubt ihr wirklich, rief sie in die hallende Stille, daß die Pflicht der Frau bloß darin besteht, das Haus zu versorgen und die Kinder zu erziehen? Das wäre denn doch eine armselige Existenz! Wir Frauen haben dasselbe Interesse an der Zukunft unseres Vaterlandes wie die Männer. Womöglich ist unser Interesse noch größer als das ihre, denn wenn schon sie sich geknechtet fühlen, wieviel schwerer wiegt unser Joch. Wenn wir frei und gleichberechtigt sein wollen, müssen wir etwas dafür tun. Die edlen Frauen der Griechen und Römer – die Mutter der Gracchen, eine Lucretia, die Mutter des Koriolan –, sie verstanden es wohl, die Pflichten der Familie zu vereinigen mit denen des Vaterlandes. Nein, wir müssen deshalb nicht wie die Männer werden. Wir kämpfen auf unsere Weise. Wie die Harmonie der Töne darin besteht, daß sich verschiedene selbständige Klänge vereinen, so ist auch im menschlichen Leben keine Harmonie denkbar ohne eine gewisse Selbständigkeit der Wesen, welche zusammen wirken und streben. Ohne Selbständigkeit gibt es nur Gehorsam, niemals Harmonie. Selbständigkeit setzt aber Selbsttätigkeit voraus. Wir müssen selbst etwas tun für die Befreiung Deutschlands. Solange es noch die Gegensätze von Arm und Reich, Hoch und Niedrig, Mächtig und Ohnmächtig gibt, solange uns noch Mode und Vorurteil, Abgaben und Lasten knechten, kann der Mensch überhaupt und namentlich das Weib nicht selbständig, kann die Ehe nicht frei und rein, kann der Staat nicht glücklich sein ...
Ohne mich bemerkbar zu machen, verließ ich die Kirche. Nie zuvor hatte ich Amalie als Volksrednerin erlebt. Ich war stolz auf sie. Was sie sagte, beruhte auf den vielen Gesprächen, die wir über die Stellung der Frau geführt hatten. Es verfehlte seine Wirkung nicht. Als Amalie eine gute Stunde später ins Rathaus zurückkam, konnte sie mir mitteilen, daß etwa achtzig Frauen sich unserem Zug anschließen würden, um sich der Pflege der Verwundeten zu widmen.
Auf dem Platz vor dem Rathaus brannten Feuer. Die ganze

Nacht hindurch kamen von allen Seiten bewaffnete Zuzüge. Kurz nach Mitternacht sprengte ein einzelner Reiter heran und stürzte die Rathausstiegen hinauf. Er brachte die Meldung, daß Linientruppen die Straße von Freiburg heraufkämen und vor Bad Krozingen Nachtlager bezogen hätten.

Die Nachricht versetzte uns nicht in Panik. Es war damit zu rechnen gewesen, daß der Gegner versuchen würde, uns aufzuhalten. Über die Stärke der anrückenden Truppen konnte der Kundschafter keine genaue Auskunft geben. Auf jeden Fall hielten wir es für geraten, die offene Schlacht so lange wie möglich zu vermeiden.

– Nach den Umständen, sagte Löwenfels, über die Landkarte gebeugt, bleibt uns nur eine einzige Möglichkeit. Wir müssen östlich ins Gebirge ausweichen und nach Todtnau hinaufmarschieren. Dort vereinigen wir uns mit den Truppen Dolls. Wir können dann mit zehntausend gut bewaffneten Männern durchs Höllental nach Freiburg ziehen.

Im Morgengrauen des 24. September, einem wolkenverhangenen Sonntag, brachen wir auf. Bis Heitersheim blieb unsere Marschkolonne auf der Straße nach Freiburg. Unser Zug hatte eine Stärke von etwa viertausend Mann, die in bester Ordnung und gutgelaunt hinter den Spielzügen hermarschierten. Das Rot der Fahnen kennzeichnete den Zug; rot waren auch die Schärpen der Anführer, die Armbinden und Halstücher der Freiheitskämpfer. Das Schwarz-Rot-Gold des Aprilaufstandes hatte ausgedient. Bürgerliche Geschichtsschreiber haben später in diesem Wechsel der Farben ein Zeichen unseres Blutdurstes gesehen. Doch Rot ist nicht nur die Farbe des Blutes, es ist auch die Farbe der Liebe. Wir hätten gern das Schwarz-Rot-Gold in Ehren gehalten, denn es waren die Farben von Hambach, die Farben der deutschen Republik. Doch so wie die Konstitutionellen uns den Begriff eines freien demokratischen Deutschland gestohlen hatten, um dahinter ihren preußisch geprägten Großmachtstaat zu verstecken, so hatten sie uns auch das alte Banner entwunden

und für ihre Ziele mißbraucht. Inzwischen schmückten sich Fürstenschmeichler und Chauvinisten damit, weil sie das Volk täuschen wollten. Unser Rot stand für die Unversöhnlichkeit des Kampfes der vielen Armen gegen die wenigen Reichen. Wir wollten damit aber auch zeigen, daß die nationale Einheit nicht unser wichtigstes Ziel war. Unsere Revolution wollte Wohlstand, Bildung, Freiheit für alle; die Würde des Menschen ist keine eigentümlich deutsche Forderung. Wir verstanden uns als Teil einer europäischen Befreiungsbewegung, die diese Erde lebenswert für jeden machen wollte. Ein Historiker wie Ludwig Häusser glaubt mich zu beleidigen, wenn er schreibt, es sei mir eigentlich gar nicht um eine deutsche Revolution zu tun gewesen, sondern um die *Errichtung der internationalen Sozialdemokratie, Unterabteilung Deutschland.* Doch ausnahmsweise trifft er das Richtige. Zwischen der Befreiung Deutschlands und dem Glück der anderen europäischen Nationen habe ich nie einen Widerspruch gesehen. Das gilt auch für meine Mitstreiter. Bezeichnend war, daß viele unserer roten Fahnen mit schwarzrot-goldenen Kordeln gefaßt waren.
Alles schien nach Plan zu verlaufen. Unsere Sorge, die gegen uns vorrückenden Truppen könnten vor uns in Heitersheim sein, erwies sich als unbegründet. Ohne jede Gefährdung erreichten wir den Ort, wo man von der Straße nach Freiburg nach Osten abbiegt, um die Schwarzwaldhöhen zu gewinnen. Löwenfels schickte das erste und das zweite Bataillon nach Staufen und Ehrenkirchen voraus und befahl dem dritten Bataillon unter Wolfinger in Heitersheim zu bleiben, bis unser Troß das Gebirge erreicht hätte. Dann sollte es, den Feind gegebenenfalls aufhaltend, langsam nachkommen.
Unsere Kundschafter hatten das feindliche Heer inzwischen rekognosziert. Es bestand aus zwei Bataillonen Infanterie, einer Kavallerieschwadron und vier Geschützen, insgesamt etwa achthundert Mann. Geführt wurde es vom badischen Kriegsminister Hoffmann. Mit diesem Wissen hielt ich es für geboten, die Kon-

frontation zu wagen. Nicht weil ich die zahlenmäßige Überlegenheit unserer ungeübten Freischaren überschätzte, sondern weil ich bezweifelte, daß Hoffmann eine in breiter Linie hereinmarschierende Volksmasse mit seinen kleinen Einheiten frontal angreifen würde. Ein Ausweichen oder gar eine Niederlage der Linientruppen hätte das Selbstbewußtsein unserer Leute ungeheuer gestärkt und den Glauben an den Sieg der Revolution bis nach Karlsruhe getragen. Leider ließ sich Löwenfels nicht von mir umstimmen, und da er als militärischer Führer die Verantwortung trug, akzeptierte ich seine Entscheidung.
Während er die Lage auskundschaftete, blieb ich in Heitersheim. Ein Bote verständigte mich, daß das erste Bataillon inzwischen Staufen erreicht hatte und das zweite dort bald einmarschieren würde.
Wolfinger erteilte inzwischen Befehle zur Sicherung von Heitersheim gegen den drohenden Angriff. Ein Teil des Bataillons verweigerte ihm jedoch den Gehorsam. Ich hörte das Geschrei am Sammelplatz und redete beruhigend auf die Männer ein. Ein Streit angesichts des anrückenden Feindes mußte unter allen Umständen verhindert werden. So hörte ich mir die Beschwerden an und beschloß dann, um die Situation zu retten, den Unzufriedenen einen eigenen Bataillonschef zuzugestehen. Der dadurch in zwei Abteilungen aufgeteilten Nachhut gestattete ich, mit dem Rückzug nach Staufen zu beginnen.
Unterwegs holte uns Löwenfels ein. Er war sehr aufgebracht über den Eingriff in seine Befehlsgewalt und beruhigte sich erst, als ich ihm die Gründe dafür erläutert hatte. Auf Eitelkeiten konnten wir unter den gegebenen Umständen keine Rücksicht nehmen.
In geschlossenen Reihen und in bester Ordnung zog das zweigeteilte dritte Bataillon unseres kleinen Freiheitsheers in Staufen ein. Die vor uns eingetroffenen Abteilungen hatten bereits alles vorbereitet. Der Bürgermeister empfing mich an der Rathaustreppe und überreichte mir symbolisch die Schlüssel der Stadt.

Während ich wie üblich von einem Fenster herab zur Bevölkerung sprach, traf Löwenfels seine Anordnungen. Zwei Pulverfässer wurden herbeigeschafft. Im oberen Stock des Rathauses begann Amalie mit Hilfe einiger Frauen, Flintenpatronen herzustellen. Das erste und das zweite Bataillon erhielten Befehl, nach Sankt Ulrich und Horben weiterzumarschieren. Das war eine verhängnisvolle Fehlentscheidung, die ich bis heute nicht begreife. Wir wußten, daß die badischen Truppen unsere Verfolgung aufgenommen hatten und sich rasch Staufen näherten. Nach dem Abrücken der ersten beiden Bataillone verblieb zur Verteidigung des Ortes nur das dritte Bataillon, das sich doch gerade als unzuverlässig erwiesen hatte!
Als wüßte ich nichts von der Gefahr, proklamierte ich am Schluß meiner Ansprache wie überall die Republik. Die Bevölkerung rief *Vivat!*, die Männer warfen ihre Hüte in die Luft. Nach mir sprach Karl Blind. Er hatte seine Rede noch nicht beendet, als man im Westen des Städtchens Kanonenschüsse und Gewehrfeuer hörte. In wilder Flucht stürzten die Staufener in ihre Häuser, um sich einzusperren und die Fensterläden zu schließen. Löwenfels verließ das Rathaus.
– Du bleibst hier! rief er mir im Fortgehen zu. Keine Eigenmächtigkeiten!
Draußen auf dem Platz spielte unsere Musikkapelle einen Marsch nach dem anderen. Am westlichen und südlichen Ortsrand wurden Barrikaden errichtet. Krachend schlugen Kanonenkugeln in Dächer und Mauern. Das Geknatter der Flintensalven und die Explosionen der Kartätschen kamen immer näher. Verwundete wankten über den Platz. Vom Kirchturm klang aufgeregtes Sturmgeläut. Und die Musik unter dem Rathausfenster, an dem ich stand, spielte fröhlich weiter.
Der entscheidende Kampf tobte an der Brücke über den Neumagen. Unsere Leute hatten die Bohlen der Brückendecke noch rechtzeitig abräumen können, aber das Flüßchen führte so wenig Wasser, daß die Angreifer es leicht durchwaten konnten.

Gleichwohl gelang es, den westlichen Ortseingang eine gute Stunde zu halten. Jüngere Burschen rannten zwischen dem Rathaus und der Barrikade im Mühligäßle hin und her und versorgten die Freiheitskämpfer mit frischen Patronen. Doch der Kanonade mit den Sechspfünderkanonen konnten wir auf Dauer nicht standhalten. Weit aus dem Fenster gebeugt, sah ich unsere Leute in Scharen über den Platz rennen.

– Bleibt stehen, ihr Viehkerls! schrie ich. Doch im Getöse aus Schlachtenlärm, Glockengebimmel und Marschmusik gingen meine Rufe unter. Da hielt ich es nicht mehr aus im Rathaussaal und rannte – mochte es Löwenfels gefallen oder nicht – hinunter auf den Platz, um die Fliehenden aufzuhalten.

Der Staufener Rathausplatz lag insofern im Mittelpunkt des Geschehens, als auf ihn die beiden Straßen einmündeten, an deren Ende Barrikaden errichtet worden waren. Kaum stand ich im Freien, als eine Kanonenkugel in das Fenster einschlug, an dem ich gerade noch gestanden hatte. Panische Angst um Amalie erfaßte mich. Sie befand sich noch im oberen Stockwerk, wo sie mit einigen Frauen Patronen füllte. Ich drehte mich um und wollte die Treppen hinaufstürzen, doch Amalie und ihre Helferinnen kamen mir bereits entgegen. Schon krachte ein weiterer Treffer in die Hauswand. Kreischend liefen die Frauen mit geschürzten Röcken über den Platz, um in den umliegenden Häusern Schutz zu suchen. Nur meine Amalie ging, den Korb mit den letzten Patronen unterm Arm, in aller Ruhe zum Hauptmann der rings um den Platz postierten Wehrmänner. Ich rannte ihr nach und zog sie in einen Hauseingang, wo sie einigermaßen sicher stand. Allein ging ich zurück auf den Platz. Durch den Pulverdampf beobachtete ich, wie einige Schützen, die in der Gasse zur Neumagenbrücke eine zweite Barrikade errichtet hatten, verzweifelt die anrückenden badischen Leibgrenadiere aufzuhalten suchten.

– Mir nach! schrie ich der Reserve auf dem Rathausplatz zu. Helft euren Kameraden! Vorwärts!

Doch außer Karl Blind und Pedro Düsar, die plötzlich neben mir standen, folgte keiner meiner Aufforderung. Wie angewurzelt blieben die Wehrmänner in den Hauseingängen und hinter den Häuserecken stehen. Während ich mich noch umsah und die Leute vergebens herbeiwinkte, kündigte ein Triumphgeheul und heftiges Gewehrfeuer den Fall der südlichen Barrikade an. Nun versuchte jeder, seine Haut zu retten. Aus beiden Richtungen stürzten unsere Leute über den Platz, blutüberströmt zum Teil, alle mit wirren, entsetzten Blicken. Verzweifelt suchten sie nach einem Fluchtweg, trommelten an die Türen der versperrten Häuser, rannten in ihrer Angst sogar in das unter Beschuß stehende Rathaus. Schon fiel auch der Rest der westlichen Barrikade. Von zwei Seiten rückten die fürstlichen Soldaten auf den Rathausplatz vor. Erst jetzt brachen die Musikanten ihr Spiel ab und stoben, die Instrumente vor sich haltend, in verschiedene Richtungen davon. Mehrere von ihnen flüchteten in eine Seitengasse, wo sie eine mitleidige Frau in ein Haus einließ, nicht ahnend, daß sie damit das Schicksal der Männer besiegelte.
Ich rief Pedro Düsar und Karl Blind zu, Amalie in Sicherheit zu bringen. Sie aber kam auf mich zugerannt und klammerte sich an mir fest.
– Was willst du noch hier? schrie Blind. Wir müssen fort. Willst du dich erschießen lassen? Damit ist nichts gewonnen.
Aus Sorge um Amalie überwand ich meinen Trotz, faßte ihre Hand und rannte Blind und Pedro hinterher. Eben noch rechtzeitig verließen wir den Platz. Schon begannen die Soldaten das Rathaus zu stürmen. Dichte Rauchschwaden und beißender Brandgeruch kamen uns entgegen. Über Zäune und Mauern, durch Innenhöfe und Gemüsegärten flohen wir. Den steilen Abhang des Roten Berges hinaufkeuchend, sahen wir unter uns an mehreren Stellen der Stadt die Flammen aus den Dächern schlagen. Immer noch hörte man Schüsse und Schreie. Wie wir später erfuhren, hatte ein Trupp Soldaten die von der Frau

versteckten Musikanten aufgespürt und alle sieben an Ort und Stelle erschossen.
Kaum hatten wir Staufen im Rücken, fing es an zu regnen. Gut zwei Stunden irrten wir durch den dunklen Fichtenwald, bergauf und bergab, über Lichtungen und durch Gehölz, bis wir endlich ein Tal vor uns sahen. Amalie war völlig erschöpft. Sie hatte den Absatz eines ihrer Schuhe verloren, und ihr bodenlanges braunes Kleid bestand nur noch aus schmutzigen Fetzen. Ihretwegen wagten wir den Abstieg ins Tal und fragten bei einem Bauern nach einem Wagen. Erschreckt erfuhren wir, daß wir im Kreis gegangen und uns in Hof, kaum eine Meile flußaufwärts von Staufen, befanden. Zum Glück erwies sich der Bauer als gut republikanisch gesinnt. Er erbot sich, Amalie und mich nach Schönau zu bringen. So trennten wir uns von Blind und meinem Schwager und bestiegen das Wägelchen.
Im Trab ging es durch Regen und Wind das Münstertal hoch, dann wurde der Weg steiler und die Fahrt langsamer. Rasch setzte die Dämmerung ein. Über Serpentinen fuhren wir höher und höher. Schwer hingen die Äste der Tannen in der feuchten Luft, Wasser rieselte die Felsen hinunter und sprang über den Weg. Dann sahen wir nur noch die schwankenden Sturmlaternen zu beiden Seiten des Kutschbocks vor uns. Ich hielt Amalie im Arm und drückte sie an mich, um sie vor Regen und Kälte zu schützen. Sie zitterte vor Schwäche. Erst tief in der Nacht kamen wir in Schönau an, wo man uns sagte, Doll und Mögling seien mit ihrer Freischar schon nach Todtnau vorgerückt. Erneut bestiegen wir den Wagen. In Todtnau endlich trafen wir unsere Freunde in einem Gasthaus an der Landstraße.
Während sich Amalie schlafen legte, besprach ich mit Doll und Mögling die Lage. Statt der angekündigten fünftausend Mann hatten sie nur einige hundert ausgehoben, und auch die waren dabei, sich davonzumachen. Die Kunde vom Staufener Gefecht nahm ihnen alle Lust, den Aufstand fortzuführen.

Übermüdet schlief ich auf der Ofenbank der Gaststube ein. Es war schon dunkel, als ich aufwachte. Karl Blind und Pedro Düsar standen vor mir. Sie waren die halbe Nacht hindurch marschiert und brachten schlechte Nachrichten mit. Unsere beiden ersten Bataillone hatte sich auf dem Weg nach Todtnau vollständig aufgelöst. Offenbar hielten alle die Revolution für gescheitert. Es war ein geringer Trost, zu hören, daß sich Löwenfels aus der brennenden Stadt hatte retten können. Anders als wir hatte er nicht den Anschluß an Doll und Mögling gesucht, sondern war unterwegs in die Schweiz.
Nachdem ich mich etwas frisch gemacht hatte, bat ich Doll darum, seine Leute antreten zu lassen. Im Licht der Sturmlaternen sah ich mich einem finster blickenden Trupp von etwa zweihundert Wehrmännern gegenüber. Noch sei nichts verloren, sagte ich. Bei dem Staufener Treffen habe es sich nur um ein Nachhutgeplänkel gehandelt.
– Du hast schon zuviel geredet, unterbrach mich einer. Und ein anderer zeigte auf mich und schrie:
– Jetzt kommen wir alle in den Kerker. Und der da ist schuld!
– Das sollst du uns büßen, Bürger Struve, brüllte ein dritter, und dann schrien alle durcheinander. Einige kamen mit gezücktem Messer und entsicherten Pistolen auf mich zu. Wäre nicht Theodor Mögling dazwischengetreten, hätten die Wütenden mich umgebracht.
In Todtnau war nichts mehr zu retten, doch aufgeben wollte ich nicht. Ich verfiel auf den verzweifelten Gedanken, nach Lörrach zurückzufahren. Wo der Aufstand begonnen hatte, wollte ich ihn erneuern. Im Morgengrauen des 25. September bestieg ich mit Amalie, Karl Blind und Pedro einen dreispännigen Wagen, der uns in eiliger Fahrt das nebeldampfende Wiesental hinunterbrachte. Es regnete nicht mehr, doch es war kalt geworden. Unterwegs überholten wir Gruppen heimziehender Freischärler; sie hatten sich die roten Bänder von den Ärmeln gerissen. Am liebsten wären sie nie dabeigewesen. Sie gingen zurück zu ihren

Höfen und Familien, und jeder wußte, daß man von ihm sagen würde: Der ist auch dabeigewesen! Manche, die uns erkannten, reckten drohend die Fäuste und riefen uns Verwünschungen nach.

Es gab auch andere. Gleich hinter Zell stellte sich uns ein Mann in den Weg, der noch das rote Band am Arm und eine Flinte über der Schulter trug. Er trat an unseren Wagen, ein breitschultriger, kräftiger Mann mit grauen Schläfen und einem kantigen, offenen Gesicht.

– Bürger Struve?

– Ganz richtig. Warum versperrst du uns den Weg?

– Ich möchte dir abraten, auf der Straße weiterzufahren. Ihr seid nicht sicher hier. In Schopfheim will man euch abfangen und an die Regierung ausliefern!

Ich fragte den Fremden, was er mir zu tun vorschlage, worauf er sich erbot, uns auf Schleichwegen um Schopfheim herum zu führen. Ich entlohnte den Kutscher und ließ ihn, nachdem wir vier, steif von der Kälte, aus dem Wagen geklettert waren, ohne uns zurückfahren.

Der Fremde drängte zur Eile. Wir hatten noch nicht den Waldrand oberhalb der Straße erreicht, als wir bemerkten, daß mehrere Männer uns folgten. So schnell wir konnten, hasteten wir unserem Führer hinterher, einen Forstweg entlang und quer durch unwegsames Unterholz und schlammige Schluchten. Im Zickzack ging es über Berg und Tal, bis wir sicher sein durften, die Verfolger abgeschüttelt zu haben. Nach kurzer Rast wanderten wir auf schmalem Pfad bergab, bis sich der Wald lichtete. Oberhalb des Dorfes Wehr betraten wir – es war inzwischen etwa 7 Uhr morgens – eine Straße. Hier verabschiedete sich unser Begleiter. Im Ort, meinte er, würden wir gewiß einen Wagen für die Weiterfahrt finden.

Kaum hatten wir den Ortsrand von Wehr erreicht, als aus dem Nirgendwo eine Schar Bewaffneter auf uns zukam und uns umstellte.

– Ich erkläre euch für verhaftet, sagte der Anführer der Männer, im Namen der Republik!
Als ich mich zu erkennen gab, ließen die Männer augenblicklich die Gewehre sinken. Ihr Anführer entschuldigte sich für den Irrtum. Man müsse auf der Hut sein, erklärte er, die Gegend sei voll von Spitzeln und Denunzianten.
– An eurer Stelle, sagte er, würde ich nicht nach Wehr hineingehen.
– Sind Soldaten im Ort? fragte ich.
– Das nicht. Aber seit der Niederlage von Staufen sind die Wehrer Republikaner allesamt regierungstreu geworden. Sie würden sich gern Pardon verschaffen, indem sie euch ausliefern.
Ich blickte auf Amalie. Einen weiteren Fußmarsch konnte ich ihr nicht zumuten.
– Wie weit ist es bis zum nächsten Gasthaus? wollte ich wissen.
– Kaum hundert Schritt. Die Straße hinunter, das dritte Haus rechts. Gasthaus zur Krone. Aber dort seid ihr nicht sicher.
Ich dankte dem Mann für seine Warnung, erklärte ihm, mir bliebe keine Wahl, meine Frau bedürfe der Ruhe und müsse sich etwas aufwärmen.
– Wie du willst, Bürger. Zur Sicherheit gebe ich dir einen meiner Leute mit.
Er beauftragte einen Burschen mit Studentenmütze, uns zu begleiten, und zog sich dann mit seinem Trupp zurück. Der junge Mann stellte sich als Karl Bauer vor, schulterte sein Gewehr und führte uns die leere, schlammige Dorfstraße hinunter zum Gasthaus zur Krone.
Ein verschlafener Wirt ließ uns ein. Wir setzten uns an einen Holztisch neben den warmen Kachelofen, bestellten heißen Tee mit Hefekuchen und baten, uns zwei schnelle Wagen für die Weiterfahrt zu besorgen.
Der Wirt verschwand. Eine Magd deckte den Tisch und trug den Kuchen auf. Halblaut unterhielten wir uns über den besten Fluchtweg in die Schweiz. Die junge Frau verließ uns und kam

mit der heißen Teekanne zurück. Unsicher sah sie sich um und sagte dann im Flüsterton zu Amalie:
– Ihr müßt weg! Hier seid ihr nicht sicher. Der Judas hat euch verraten.

40

Zwischen Kälteschauern und Hitzewellen quälten mich die ganze Nacht hindurch gräßliche Traumbilder. Nackt irrte ich durch eisigen Regen, der mich so scharf peitschte, daß mir die Haut aufplatzte; scheußliche Ungeheuer, halb Mensch, halb Tier, stießen mich in einen Strom aus kochendem Blut; Rudel zähnefletschender Hunde jagten mich durch eine glühende Sandwüste, die sich plötzlich in eine Landschaft aus Schnee und Eis verwandelte. Die Füße froren bei jedem Schritt am Boden fest. Ich wollte um Hilfe rufen, doch die Worte erstarrten zu eisigen Klumpen. Nun, es ist überstanden. In eine Wolldecke gehüllt, sitze ich wieder am Schreibtisch über einem neuen Bogen Papier.
Es war alles ganz anders, als es sich liest. Die Minuten vor unserer Verhaftung, die Stunden, Tage, Wochen danach. Was ich erzählen kann, ist eine grobe Zusammenfassung vom äußeren Ablauf der Ereignisse. In Wahrheit war alles viel lebendiger. Manche Nebensächlichkeit, die ich hier übergehen muß, hatte große Bedeutung für mich. So erinnere ich mich sehr genau an den Geschmack des Hefekuchens auf meiner Zunge, an das Licht in der fichtenholzverkleideten Stube des Wirtshauses, den Geruch des Tees in unseren Tassen, die nassen Kleider am Körper, die raunende Stimme der Magd, die uns warnte.
Ich nahm die Warnung ernst und gab das Zeichen zum Aufbruch. Wir hatten uns noch nicht von unseren Plätzen erhoben, als eine Gruppe von Bauern das Wirtshaus betrat. Einer von

ihnen gab sich als der Bürgermeister von Wehr zu erkennen und herrschte uns an, wir sollten sitzen bleiben und uns nicht von der Stelle rühren. Hinter ihm und den Bauern drängten Wehrmänner in der Raum. Uns blieb nicht die geringste Chance zu entkommen. Man nahm uns die Waffen ab – zwei Bajonette, einige Pistolen, ein Gewehr. Dann ließ der Bürgermeister fünf schwerbewaffnete Wehrmänner zurück und wies den Rest der Leute an, die Gaststube zu räumen.

Mehrere Stunden zermürbenden Wartens folgten. Vor dem Wirtshaus sammelte sich nach und nach die Bevölkerung des Ortes und beobachtete uns durch die niedrigen Fenster der Gaststube, als wären wir gefangene Tiere. Die Stimmung war feindselig. Als Blind und ich versuchten, mitgeführte Papiere in den Ofen zu werfen, machten die Zuschauer draußen durch ihr Geschrei die Wachen auf unser Vorhaben aufmerksam. Gerne hätte ich eine Ansprache an die Leute gehalten, um sie umzustimmen. Doch als ich vom Tisch aufstehen wollte, richtete einer der Wehrmänner die Flinte auf mich und befahl mir, sitzen zu bleiben.

Gegen Mittag fuhr eine Kutsche vor, begleitet von mehreren Reitern. Gleich darauf betrat ein alter Bekannter die Gaststube: Oberamtmann Schey aus Säckingen, der Mann, der mich im April schon einmal verhaftet hatte. Er war gemaßregelt und verspottet worden, weil er, getäuscht durch Möglings List, meine Entlassung in die Schweiz angeordnet hatte. Gewiß hatte er manches inständige Gebet zum Himmel gesandt, mich noch einmal zu fassen zu kriegen. Sein Wunsch war erhört worden. Durch Zufall war ich ausgerechnet ihm ein zweites Mal in die Hände gefallen. Er machte kein Hehl aus seiner Freude, mich wieder gefangennehmen zu können. Gefolgt von bewaffneten Wachleuten, kam er bis in die Mitte des Raumes und verkündete:

– Im Namen der großherzoglichen Regierung erkläre ich Sie alle zu Gefangenen!

Er sah mich an, und ich erwiderte seinen Blick.
– Diesmal, Struve, sagte er, entgehen Sie mir nicht mehr!
Ich stand auf und antwortete mit ruhiger Stimme:
– Im Namen der deutschen Republik erkläre ich Sie, Bürger Schey, für abgesetzt!
– Halt's Maul, du Hund, brüllte einer der Begleiter des Säckinger Beamten. Ein anderer trat vor und stieß mich mit dem Gewehrkolben zu Boden. Amalie schrie auf und warf sich über mich, wurde jedoch brutal zurückgerissen. Auf Anweisung Scheys ließen die Bewaffneten von uns ab. Mühsam richtete ich mich wieder auf.
– Was haben Sie mit uns vor? fragte ich.
– Ich werde Sie alle nach Schopfheim bringen und dem Militär übergeben.
– Das ist gegen das Gesetz, sagte ich. Wehr gehört zum Amtsbezirk Säckingen, wie Ihr Erscheinen bezeugt. Sie werden uns daher nicht ins Landesinnere, sondern nach Säckingen bringen. Niemand darf seinem ordentlichen Richter entzogen werden! Das garantiert unsere Verfassung.
– Nach Säckingen? Das würde Ihnen so passen, was? Damit Sie wieder über den Rhein entwischen können! Im übrigen betrachte ich Ihre Erwähnung der Verfassung als Frechheit. Sie können nicht eben noch versuchen, die Verfassung umzustürzen, und sich jetzt darauf berufen.
Unter dem Gejohle der Bevölkerung führte man uns aus dem Gasthaus zu einem wartenden Bauernkarren und ließ uns auf die Pritsche klettern. Mit einem Ruck zogen die Pferde an, und wir rumpelten aus dem Dorf, nicht talwärts nach Säckingen, sondern in nordwestlicher Richtung. An Flucht war nicht zu denken. Gut sechzig Mann Bürgerwehr und zwölf Dragoner eskortierten uns, nicht zu reden von dem neugierigen Volk, das dem Zug in ausgelassener Stimmung hinterherlief. Unsere Bewacher wendeten das Gesicht von mir ab, wenn sie meinen Blick auf sich spürten. Einige von ihnen erkannte ich wieder. Tags

zuvor hatten sie für die Republik gekämpft. Mancher von ihnen hatte wohl noch das rote Band in der Tasche, das er um den linken Arm getragen hatte.

Es war Abend, als wir halb erfroren und durchgeschüttelt in Schopfheim ankamen. In einem Zimmer des Rathauses verbrachten wir unter scharfer Bewachung die Nacht. Amalie weinte viel. Ich versuchte, ihr Mut zuzusprechen. Ihre Sorge galt vor allem den Eltern. Über das, was uns selbst drohte, redeten wir nicht. Am folgenden Morgen wurde uns eröffnet, wir würden nach Freiburg gebracht. Den Beamten, der uns die Entscheidung mitgeteilt hatte, forderte ich auf, eine Beschwerde zu Protokoll zu nehmen. Er weigerte sich. Ich verlangte Feder, Tinte und Papier, was ich schließlich auch erhielt. Dann schrieb ich:

Geschehen Schopfheim 26. September 1848. Die hier Verhafteten Gustav Struve und Frau, Peter Düsar, Carl Blind von Mannheim, und Carl Bauer von Sinsheim erklären heute Vormittag vor der Abfuhr nach Freiburg, als ihnen solche angekündigt wurde: Wir haben zu protestieren: 1.) daß wir von unbefugten Personen in tumultuarischer Weise unter Androhung von Mißhandlungen, welche namentlich an meiner Ehefrau ausgeführt wurden, und ohne daß uns der Grund der Verhaftung angesagt worden, arretiert wurden; 2.) daß wir unserem ordentlichen Richter, in dessen Bezirk wir arretiert wurden, durch die Verbringung hierher und jetzt noch weiter entzogen sind.

Diesen Protest ließ ich von Amalie, Pedro, Blind und dem Studenten, dem die Sorge um uns zum Verhängnis geworden war, unterschreiben, setzte dann meinen eigenen Namen darunter und übergab das Papier dem Beamten. Viel versprach ich mir nicht davon. Immerhin hinderte das Bewußtsein, eine Beschwerde verfaßt zu haben, das Gefühl der Ohnmacht, unter der ich seit unserer Verhaftung litt.

Mit dem Pferdeomnibus wurden wir nach Schliengen transportiert. Hier übernahm eine Kompanie von Liniensoldaten unsere

Bewachung. Wider Erwarten ging die Fahrt nicht nach Freiburg, sondern nach Müllheim. Vermutlich hatte man uns über das wahre Ziel im unklaren gelassen, um einen Fluchtversuch zu erschweren. Das war überflüssig, denn zur Flucht bestand nicht die geringste Aussicht. Nicht nur, daß uns ständig mindestens fünfzig schwerbewaffnete Männer bewachten – wir saßen auch, bis auf Amalie alle in Ketten, in einem vergitterten Wagen. Wie ich später erfuhr, hatte mein Freund Friedrich Neff eine Schar Aufständischer gesammelt, mit denen er den Transport in der Nacht vom 26. auf den 27. September überfallen wollte. Heimlich verfolgte Neffs Trupp unseren Zug eine kurze Wegstrecke lang, um schließlich aufzugeben. Er sah ein, daß ein Befreiungsversuch zu riskant war.

Zitternd vor Kälte kamen wir am Morgen des 27. September in Müllheim an. Man sperrte uns in zwei ebenerdige Räume neben der Hauptwache im Rathaus. Blind und Bauer sperrte man in den einen, Amalie, Pedro und mich in den anderen Raum. Vor den Türen und den zum Rathausplatz hinausgehenden Fenstern wurden Soldaten postiert. Dreieinhalb lange Tage – von Mittwoch morgen bis Samstag mittag – lagen wir in diesen Räumen gefangen. Vor den Fenstern standen Neugierige, die uns verspotteten und beschimpften. Nur zur Verrichtung unserer Notdurft durften wir, unter strenger Bewachung, austreten. Den für unsere Verwahrung verantwortlichen Offizier fragte ich lange vergebens, welcher Verbrechen man uns anklage und was man mit uns vorhabe. Er schwieg beharrlich. Erst am Donnerstag abend sagte er mir, wir kämen vor ein Kriegsgericht.

Das hatte ich befürchtet.

Aufgrund der Nachrichten von unserem Aufstand war am 23. September ein Standrechtsgesetz erlassen worden. Danach konnte das Standrecht in jedem Bezirk Badens angeordnet werden, in dem der Kriegszustand verkündet worden war. In diesem Fall waren *Untersuchung und Beweisführung an die Förmlichkeiten des gewöhnlichen Strafprozesses nicht gebunden.* Arti-

kel 8 des Gesetzes bestimmte: *Ein vom Standgericht ausgesprochenes Todesurtheil wird dem Verurteilthen sogleich verkündet und hierauf längstens nach Verlauf von drei Stunden mit der Kugel vollzogen, ohne daß gegen das Erkenntnis irgendein Rechtsmittel oder Gnadengesuch zulässig wäre.* Gleichzeitig mit dem Erlaß dieses Gesetzes waren die Bezirke des Südschwarzwalds in Kriegszustand erklärt worden.
Ich hatte also mit meiner Erschießung binnen weniger Stunden zu rechnen.
Um Amalie und Pedro nicht zu ängstigen, verschwieg ich mein Wissen. Als ich am Samstag morgen aus unserem Gefängnis geholt wurde, schien Amalie allerdings zu ahnen, was mir drohte. Sie klammerte sich mit beiden Händen an mich und schrie, sie wolle mit mir kommen. Zwei Soldaten mußten sie festhalten, während man mich abführte.
Man eskortierte mich in den Müllheimer Rathaussaal, der noch vor wenigen Tagen das revolutionäre Hauptquartier gewesen war. Dort erwartete mich eine große Menschenmenge, denn die Verhandlung gegen mich war öffentlich. An dem langen Tisch, auf dem Löwenfels unsere Landkarte ausgebreitet hatte, saßen drei großherzogliche Offiziere und drei Richter in Roben. Für mich hatte man einen Stuhl in die Mitte des Raumes gestellt, dem Tisch mit den sechs Richtern gegenüber. Man befreite mich von meinen Ketten, und ich vernahm stehend die Erklärung des Vorsitzenden Richters, daß ich mich vor diesem Standgericht wegen Aufruhrs, Hoch- und Landesverrats zu verantworten hätte.
Ich benutzte die Fragen zu meiner Person dazu, meine politische Überzeugung darzulegen, auf die Notlage des Volkes hinzuweisen und den Verrat der Revolution durch die Nationalversammlung zu erwähnen. Jedesmal schnitt mir der Vorsitzende das Wort ab mit der Bemerkung, diese Dinge gehörten nicht zur Sache.
– Es geht hier lediglich um die Frage, sagte er, ob Sie sich des

badischen Aufstandes gegen die Regierung schuldig gemacht haben.

– Meinem Charakter, antwortete ich, widerstrebt es, etwas in Abrede zu stellen, was offenkundig und voll bewiesen ist. Ich habe in der Tat zum Aufstand gegen eine Regierung aufgerufen, die dem Willen und Interesse des eigenen Volkes entgegenhandelt. Dies habe ich aus voller und tiefer Überzeugung getan. Im übrigen bestreite ich, daß das Standrecht gegen mich anwendbar ist. Bei seiner Verkündung war ich bereits verhaftet.

Die ganze Verhandlung dauerte kaum eine halbe Stunde. Dann zog sich das Gericht zur Beratung zurück. Ich setzte mich auf meinen Stuhl. Vornübergebeugt, den Blick auf die blankgescheuerten Holzdielen gerichtet, wartete ich auf das Urteil.

Meine Geduld wurde auf eine harte Probe gestellt. Durch das Stimmengemurmel im Saal konnte ich hin und wieder die Schläge der Turmuhr jener Pfarrkirche hören, in der Amalie zu den Frauen des Ortes gesprochen hatte. Mehr als eine Stunde war vergangen, als die sechs Richter wieder erschienen. Der Vorsitzende räusperte sich und las von einem Stück Papier die Entscheidung ab:

– *Nach Ansicht des provisorischen Gesetzes vom 23. September des Jahres wird von dem Standgericht ausgesprochen, daß die Untersuchungssache gegen den Angeschuldigten Gustav von Struve wegen Aufruhrs und Hochverraths sich nicht zur Aburtheilung durch das Standrecht eignet, sondern dem sonst zuständigen Gerichte zu überlassen sei.*

Große Erregung im Publikum. Es machte seinem Unmut lautstark Luft. Vor ein paar Tagen hatte man mir zugejubelt, jetzt wollte man mich hängen sehen. Auch ich war überrascht, denn ich hatte mit einem Todesurteil gerechnet. Sicher, nach Recht und Gesetz war diese Entscheidung die einzig richtige; das Standrecht durfte erst nach seiner Verkündung angewandt werden, und diese war erst am 26. September erfolgt, zu einem Zeitpunkt also, an dem ich schon verhaftet war und auf die

danach verübten Taten anderer Freiheitskämpfer keinen Einfluß mehr nehmen konnte. Aber daß das Standgericht sich an Recht und Gesetz halten würde, war kaum zu erwarten gewesen.
Durch die Reihen der zornigen Zuhörer führte man mich ab und brachte mich ins Erdgeschoß zurück. Wortlos nahm ich Amalie, so gut das mit den Ketten an den Handgelenken ging, in die Arme. Nun werde alles gut, sagte ich ihr, die größte Gefahr sei vorüber.
Hierin irrte ich. Es gab einen Mann, der sich mit der Entscheidung des Standgerichts keinesfalls abfinden wollte. Kaum hatte dieser, eine einflußreiche Persönlichkeit in der Exekutive der Nationalversammlung, erfahren, daß ich nicht erschossen worden war, setzte er sich umgehend in einen Zug und fuhr nach Karlsruhe. Seinetwegen trat das Ministerium Bekk am späten Abend des 30. September zu einer Sondersitzung zusammen. Der Angereiste erklärte, er komme im Auftrag der Frankfurter Reichsregierung und er verlange, Härte zu zeigen. An mir müsse ein Exempel statuiert, ich müsse zum Tode verurteilt und hingerichtet werden. Bekk wandte ein, dafür seien die ordentlichen Gerichte da; zu meiner standgerichtlichen Erschießung fehle die rechtliche Handhabe.
Anstatt sich an Förmlichkeiten zu stoßen, sagte daraufhin der Abgesandte aus Frankfurt, sollte die Regierung sich von der politischen Lage leiten lassen. Diese verlange Entschlossenheit. Es gehe um die Rettung des Vaterlandes vor Anarchie. Rechtsstaatliches Zaudern sei einem Mann wie Struve gegenüber unangebracht. Die Ruhestörer müßten unschädlich gemacht werden.
Der Mann, der so sprach, hieß Karl Mathy.
Es existiert ein Rechenschaftsbericht über diese Unterredung, der inzwischen veröffentlicht ist. Hätte Mathy ihn nicht selbst verfaßt, würde ich nicht daran glauben. Aber so ist kein Zweifel möglich. Mein ehemaliger Kollege, Freund und Trauzeuge tat alles, um meine Exekution zu erzwingen. Als Bekk, der selbst jahrelang Richter war, sich zu einem offenen Rechtsbruch nicht

hergeben wollte, drohte Mathy, ihn zu stürzen. Seinem eigenen Bekenntnis nach sagte er:
– Wenn die Regierung in diesem kritischen Augenblick nicht die Schwäche ablegen und sich nicht entschließen kann, die Kraft zu entfalten, welche zur Rettung Deutschlands und ihrer selbst nötig ist, muß die Zentralgewalt dafür sorgen, daß die Zügel der Regierung Badens in kräftigere Hände gelegt werden.
Bekk ließ sich nicht einschüchtern. Er sei nicht bereit, einen Justizmord zu dulden oder gar anzuordnen, antwortete er; wenn dies eine Schwäche sei, so bekenne er sich derselben schuldig.
So bewahrte mich die Standhaftigkeit eines politischen Gegners in jener Nacht vor dem Tod.
Am Abend des 30. September wurden wir mit der Eisenbahn von Müllheim nach Freiburg gebracht. Im Licht von Fackeln und Laternen führte man uns in Ketten vom Bahnhof zum sogenannten Kaufhaus, wo man uns gut eine Stunde in der Kälte stehen ließ. Schließlich erhielt die Wachmannschaft Befehl, die Männer zum Bahnhof zurückzubringen, während Amalie in den Freiburger Turm gesperrt werden sollte. Sie begann laut zu schreien, als man uns trennte. Noch lange hörte ich ihre Stimme, während wir mit klirrenden Ketten durch dunkle, hallende Gassen getrieben wurden. Ein scharf bewachter Sonderzug transportierte uns zum sichersten Ort, den es in Baden gab: die Festung Rastatt. Dort stieß man uns in eine der berüchtigten unterirdischen Kasematten.
Erneut steigt mir der feuchte Modergeruch dieses Kerkers aus meiner Erinnerung auf. In dem nachtschwarzen Raum ertasteten wir einen hölzernen Schragen mit etwas Stroh, auf dem für je zwei von uns eine klamme Pferdedecke lag. Da wir angekettet blieben, fanden wir trotz unserer Erschöpfung kaum Schlaf. Nach etwa zehn Stunden – ich verlor rasch das Zeitgefühl – erhielten wir eine Wassersuppe, die ich nicht aß, da sie nach Fleisch roch. Am nächsten Tag wurden wir in eine Kasematte zu ebener Erde verlegt, in die durch eine hohe vergitterte Fenster-

luke etwas Licht fiel. Das war die einzige Verbesserung. Auch hier nur ein Holzverschlag mit faulem Stroh für fünf Gefangene, kein Bett, kein Stuhl, kein Tisch, keine Waschschüssel. In einem kleinen Nebenraum ohne eigene Tür befand sich der Abtritt, eine flache Mulde, überquellend vom Kot früherer Insassen. Der Gestank, der von da aus die Zelle verpestete, war so ekelerregend, daß ich lange keinen Bissen Nahrung zu mir nehmen konnte. Wir priesen uns glücklich, als man uns abermals umquartierte, in der Meinung, schlimmer könne es nicht mehr werden.

Doch wir irrten uns. Denn nun trennte man uns und unterwarf uns der Folter monatelanger Einsamkeit. Ich wußte nicht, was mit Blind, Bauer und Pedro Düsar geschah. Ich kam für kurze Zeit ins Männerzuchthaus von Bruchsal, wurde aber schon Mitte Oktober wieder nach Rastatt zurückverlegt. Man schloß mich in eine schmale Kasematte ein, in der ich Tag und Nacht allein war. Die einzigen Geräusche von draußen waren die Schritte der Wärter im Gang. Von der Decke tropfte unentwegt Wasser in eine Pfütze, die in der Mitte des Raumes stand. Ich beobachtete, wie jeder Tropfen beim Eintauchen Ringe um sich zog und dachte an Professor Kärchers Zeichnung von den neun Kreisen der Hölle.

Wochen und Monate vergingen in Kaspar-Hauserscher Einsamkeit. Von Zeit zu Zeit holte man mich zu einem Verhör, doch man verweigerte mir jede Auskunft über mein weiteres Schicksal. Wurde ein Verfahren gegen mich vorbereitet? Wollte man mich im Gefängnis lebendig begraben wie so viele andere? Mir fiel Josef Fickler ein, der seit seiner Verhaftung Anfang April in Haft saß. Mit dem Prozeß gegen ihn wartete man, vermutlich, weil man nichts gegen ihn in der Hand hatte. Ich wußte nichts über die politische Entwicklung im Land. Womöglich war die Reaktion inzwischen stärker als je zuvor. Dann mußte ich mit meiner Erschießung rechnen. Jedesmal, wenn sich die Schritte der Wachen der Zellentür näherten, jedesmal, wenn der Schlüs-

sel ins Schloß gesteckt und die Riegel zurückgeschoben wurden, war ich darauf gefaßt, zur Exekution geführt zu werden. Noch schlimmer als diese Ungewißheit quälte mich die Angst, geisteskrank zu werden. Ich begann, mit Fliegen zu reden und Landschaften und Gesichter in den Mauern meiner Kasematte zu entdecken. Hofgänge blieben mir versagt. Als der Frost einsetzte, bedeckte eine Eisschicht die feuchten Zellenwände, die Pfütze fror zu, und ich litt wie die *schmerzensreichen Schatten* im neunten Höllenkreis, deren Tränen zu Eiskristallen werden.
Als man mir Papier und Schreibzeug gewährte und das Recht, mit meiner in Freiburg eingekerkerten Frau zu korrespondieren, fühlte ich mich wie erlöst. Nun schrieben Amalie und ich einander täglich, und der Trost, den wir einander gaben, rettete uns vor der Verzweiflung.
Einige von Amalies Briefen aus dieser Zeit habe ich über die Jahre gerettet. Unmöglich kann ich die Gefühle beschreiben, die mich bewegen, wenn ich eines dieser Erinnerungsstücke in die Hand nehme. Ich betrachte die fleckige Frontseite mit der Adresse *Gustav Struve, Kasematten Rastatt*, entfalte den Brief und lese wie einst: *Meine Seele ist bei Dir. Glaube, ich bin stark und muthig. Doch ich habe auch ein Herz voll Liebe für Dich, und die Trennung lastet schwer auf meiner Seele. Der Verstand aber wird nicht so sprechen, er muß muthiger sein. In Ruhe will ich ausharren, bis die Glocke der Freiheit tönen wird. Meine Sehnsucht ist bei Dir, mein innigst geliebter Gustav. Du bist ja mein Alles, Alles, was ich liebe. Dein sind alle Gefühle meines Herzens. So tief ich durchdrungen bin von dem Gefühle meiner Liebe zu Dir, so tief fühle ich in meinem Innersten: das Gute wird siegen; es kann nimmermehr zu Schaden werden. Dein bis in den Tod, Amalie.*
In der Nacht vom 11. auf den 12. Oktober verfaßte ich ein Gedicht. Mangels Schreibmaterial konnte ich es erst später zu Papier bringen. Bis heute habe ich keine Zeile vergessen. Was ich damals empfand, ist darin wie in einem Tropfen Zeit aufbewahrt.

In des Kerkers düstrer Nacht
Blick' ich auf mein Leben;
Kämpfen mit der Uebermacht,
Dieses war mein Streben.
Wen'ge Freunde in der Welt
Standen mir zur Seite.
Einer aber, der erhält
Aufrecht mich im Streite.

Volkesjubel, Fürstenhaß
Folgten meinen Thaten;
Und das Volk – wer glaubte das?
Hat mich selbst verrathen.
Wen'ge Freunde in der Welt
Standen mir zur Seite.
Einer aber, der erhält
Aufrecht mich im Streite.

Deutsches Volk, Verrath und Hohn
Werden mich nicht beugen,
In mir trag' ich meinen Lohn,
Dieser ist mein eigen:
Wen'ge Freunde in der Welt
Standen mir zur Seite.
Einer aber, der erhält
Aufrecht mich im Streite.

Mehrere solcher Gedichte entstanden in den ersten Wochen meiner Haft. Ich dachte sie mir aus, um in der trostlosen Abgeschiedenheit der Kasematte nicht apathisch zu werden. Die meisten habe ich vergessen. Als man mir später das Schreiben gestattete, drängte es mich nach einer sinnvolleren Beschäftigung. Ich erinnerte mich an einen Plan, den ich schon fünfzehn Jahre mit mir herumtrug. Ich wollte eine Weltgeschichte besonderer

Art verfassen. In einer Vogelschau über die Jahrtausende sollte sie aufzeigen, wie die Menschheit sich allen Rückschlägen zum Trotz weiterentwickelt, indem die Gesellschaft allmählich freier und gerechter und der einzelne mündiger wird. Warum ich mich in den Rastatter Kasematten gerade dieses Plans erinnerte, ist leicht zu erklären. Nichts war geeigneter, mich über meine Situation hinwegzutrösten, als ein Blick aufs Große und Ganze. Aus weltgeschichtlicher Perspektive verlor mein Scheitern jeden Schrecken. Der Geist des Fortschritts bedarf vieler Anläufe, um sich zu materialisieren. Eines Tages, sagte ich mir, wird es wirklich eine deutsche Bundesrepublik geben, in der Wohlstand, Bildung und Freiheit für alle möglich ist; dann wird man an meine scheinbar vergeblichen Mühen und Opfer zurückdenken und erkennen, daß ich das Richtige gewollt habe.

An einer wissenschaftlichen Darstellung der historischen Forschung war mir nicht gelegen. Dazu hätten mir in der Rastatter Kasematte auch die notwendigen literarischen Hilfsmittel gefehlt. Was ich in den Monaten meiner Gefangenschaft über das Erwachen der Menschheit zwischen Euphrat und Tigris schrieb, beruhte ausschließlich auf den Erinnerungen aus meiner Schulzeit. In Gedanken saß ich wieder in der Bank des Karlsruher Lyceums und hörte zu, was Professor Kärcher von den Mesopotamiern und Ägyptern erzählte. Die historischen Fakten verglich ich mit den Erfahrungen meines Lebens und zog Querverbindungen. Dadurch entstand etwas ganz Persönliches, dessen Wert man nicht mit professoralen Maßstäben erfassen kann. Mir tat die Arbeit gut; das Schreiben erfrischte mich und vertrieb mir die Zeit. Vor allem aber lenkte es mich ab von allem Grübeln über mein Schicksal und der ständigen Sorge um Amalie.

Sie hielt sich hervorragend. In einem ihrer Briefe stand der folgende, von der Zensur geschwärzte, aber für einen Mann mit Zeit und Neugier dennoch lesbare Absatz: *Ich bin wieder vernommen worden, wobei sich der Untersuchungsrichter, ein gewisser Assessor Winter, nicht entblödete, mir mit Zwangsmaßregeln zu*

drohen, weil ich ihm nicht die gewünschten Antworten gab. Es blieb mir nichts übrig, als mich aus dem Verhörzimmer zu entfernen und mich bei dem Präsidenten des Untersuchungsgerichts über ihn zu beschweren. So war sie: unerschrocken und selbstbewußt auch noch in verzweifelter Lage. Von keinem und durch nichts ließ sie sich ihre Würde rauben. Trotzdem sorgte ich mich um sie, denn ich entnahm ihren Briefen, daß sie körperlich schwer unter der Haft litt. Um mich nicht zu beunruhigen, verschwieg sie mir, wie krank sie war. Aber zwischen den Zeilen stand deutlich genug, daß es ihr schlechtging.
Zu Weihnachten 1848 schenkte ich ihr das Manuskript des ersten Bandes meiner Weltgeschichte. Sie hatte nicht mit einem Geschenk gerechnet und freute sich kindlich darüber, vor allem über die Widmung, die ich dem Buch voranstellte: *Im Kampfe für die Befreiung unseres Volkes sind wir in die Gefangenschaft gerathen. Wir haben alles verloren, was sonst den Menschen am theuersten ist. Allein die Freiheit des Geistes ist uns geblieben. Nimm, treue Gefährtin meines Lebens und meiner Leiden, diese Frucht meines Geistes liebend auf. Sie ist Dir gewidmet.*
Das Jahr 1849 begann gut. Am 8. Januar erlöste man uns aus der lähmenden Ungewißheit über unser weiteres Schicksal. Mir wurde eröffnet, daß ich gemeinsam mit Karl Blind wegen Hochverrats *vor das Großherzogliche Hofgericht in Freiburg, beziehungsweise vor das Schwurgericht* gestellt würde. Etwas Besseres konnte mir in meiner Lage kaum passieren. Die Geschworenengerichte waren eine Errungenschaft der Revolution. Im März 1848 hatte Mittermaier ein entsprechendes Gesetz entworfen, das aber noch nicht in Kraft getreten war. Es wäre der Regierung nicht schwergefallen, die Verabschiedung des Gesetzes bis nach dem Prozeß gegen mich zu verschieben. Statt dessen gewährte sie Blind und mir den Vorteil, vor eine Jury zu kommen. Einer der wichtigsten Fortschritte der Revolution sollte an uns, zwei Revolutionären, erprobt werden. Wir würden die ersten sein, die ein badisches Schwurgericht aburteilen würde.

Die Aussicht auf den bevorstehenden Prozeß belebte mich. Endlich konnte ich mich wieder mit Beschwerden und Anträgen meiner Haut wehren. Im Kampf mit Behörden kannte ich mich aus; nicht die geringste Möglichkeit ließ ich aus, Staatsanwaltschaft und Gericht schon im Vorfeld durch *gesetzlichen Widerstand* zu verunsichern. Sachliche Gründe zum Protest gab es genug. So verweigerte man mir zum Beispiel jede Vorbereitung auf die Hauptverhandlung. Weder durfte ich die Akten einsehen, noch erfuhr ich, wessen ich im einzelnen angeklagt war. Erst in Freiburg, wenige Tage vor der Gerichtssitzung, erhielten die Verteidiger Zutritt, um sich mit Blind und mir zu besprechen.
Meine Verteidigung übernahmen Lorenz Brentano aus Mannheim und Emil Barbo aus Emmendingen. Blind bestellte Heinrich von Feder aus Bruchsal zu seinem Anwalt. Voll Ungeduld wartete ich auf die Festsetzung des Gerichtstermins. Ende Februar erhielt ich endlich die Mitteilung, daß die Verhandlung am Dienstag, den 20. März 1849, vormittags 9 Uhr beginnen werde.

41

Von November an hatte man mir die Lektüre von einem Buch pro Woche gestattet, Zeitungen oder Zeitschriften aber blieben mir weiterhin versagt. Ich war daher völlig ahnungslos, was den Fortgang der Revolution seit meiner Verhaftung betraf. Als mich Lorenz Brentano am Vormittag des 15. März 1849 zum erstenmal in der Freiburger Hauptwache besuchte, in die man Blind und mich tags zuvor verlegt hatte, wollte ich zuerst wissen, was seit meiner Verhaftung Ende September 1848 geschehen war.
Ein Parteigänger von Hecker und mir war Brentano nicht; er gehörte als Abgeordneter der Karlsruher Zweiten Kammer und der Frankfurter Nationalversammlung zur Gruppe der Radikalliberalen um den alten Adam von Itzstein. Vor der Revolution,

als die Linke noch einig war, war er als Ganzer im entschieden republikanischen Lager gestanden. Anders als Hecker und ich ging er nach Ficklers Verhaftung allerdings nicht zur Tat über. Den Aprilaufstand hatte er ausdrücklich mißbilligt. Ein Überläufer wie Mathy und Bassermann war er aber nicht. Mit Kapp und einigen anderen Radikalen verweigerte er dem Ministerium Bekk die Unterstützung. Im badischen Parlament und in der Frankfurter Paulskirche verlangte er einen radikalen Bruch mit der alten Ordnung. So waren unsere politischen Ziele zwar die gleichen, aber über den einzuschlagenden Weg dahin gingen unsere Meinungen auseinander. Den Umsturz hielten wir beide für unaufschiebbar, die soziale Republik für unverzichtbar, doch Brentano glaubte noch immer, man könne die alten Mächte gewaltlos verdrängen.
Ich kannte Lorenz Brentano, seit ich 1836 nach Mannheim gekommen war. Obwohl fast zehn Jahre jünger als ich, war er schon damals einer der erfolgreichsten und angesehensten Advokaten beim Hofobergericht. Er war ein feingliedriger, nervöser Mann, hochgewachsen, kahlköpfig, überschlank. Die Eleganz seiner samtbesetzten Anzüge, sein aufrechter Gang, sein scharfer Intellekt beeindruckten. Eine kühle Strenge umgab ihn, und trotz seines sorgsam gestutzten Vollbarts sah er ganz und gar nicht wie ein Revolutionär aus.
Ich erinnere mich, wie er mir an jenem 15. März 1849 in der Freiburger Hauptwache am Münsterplatz gegenübersaß, elegant wie je, die Beine übereinandergeschlagen, die schmalen Hände überm Knie gefaltet. Vom Gang der Volksbewegung hatte er Gutes und Schlechtes zu berichten. In Österreich schien die Gegenrevolution so gut wie abgeschlossen. Fürst Windischgrätz hatte an der Spitze kaiserlicher Truppen Prag und Wien gestürmt, das Standrecht verkündet, die konstituierende Versammlung zuerst nach Kremsier verlegt, dann aufgelöst. Unter den standrechtlich Erschossenen war auch Robert Blum, den die Nationalversammlung als Beobachter nach Wien geschickt

hatte. Nun machte sich der junge österreichische Kaiser daran, mit Hilfe von Kanonen und Bajonetten Italien und Ungarn wieder unters Joch zu zwingen. Auch in Preußen triumphierte die alte Ordnung. Die Versprechungen Wilhelms IV. gegenüber der Berliner Bevölkerung hatten sich als wertlos erwiesen. Mit starken Einheiten war General Wrangel in Berlin eingerückt und hatte die Bürgerwehr entwaffnet. Im Dezember 1848 hatte der preußische König seinem Volk eine autoritäre Verfassung aufoktroyiert, die keine einzige der Märzforderungen berücksichtigte. In Frankreich war Louis Napoleon zum Präsidenten gewählt worden, und dabei, Cavaignacs Kampf gegen den Vierten Stand mit politischen Mitteln fortzusetzen. Im Windschatten der Großmächte rückten auch die kleineren deutschen Fürstentümer Schritt für Schritt von den Märzzusagen ab oder verschleppten deren Einlösung. Und das Nationalparlament? Es debattierte immer noch über die Reichsverfassung. Nicht einmal die Ermordung seines Emissärs Blum in Wien hatte die Gagernsche Partei von ihrer Zusammenarbeit mit den Todfeinden der Revolution abbringen können.

Doch es gab auch gute Nachrichten. Badens Demokraten hatten aus dem Scheitern der Aufstände vom April und September Lehren gezogen. Endlich wurde Ernst gemacht mit der demokratischen Organisation des Volkes nach den Grundsätzen, die ich am 19. März 1848 in Offenburg entwickelt hatte. Amand Goegg bewährte sich als mein gelehriger Schüler. Von Renchen aus reaktivierte er die demokratischen Volksvereine und sorgte für die Wahl eines neuen Landesausschusses; Lorenz Brentano hatte den Vorsitz übernommen. Entsprechend meinem vor Jahresfrist in Offenburg entwickelten Plan war inzwischen ein dichtes Netz von lokalen Clubs entstanden. Als straff organisierte revolutionäre Zellen hielten sie die Forderungen der Freiheitsbewegung wach und bildeten das Fundament einer über Bezirks- und Kreisausschüsse aufsteigenden demokratischen Organisation, deren oberstes Gremium der Landesausschuß war. Wie mir Brentano sagte, existierten bereits vierhundert Volksvereine mit über fünfunddreißigtausend Mitgliedern im Land. Bemerkenswerterweise gehörten auch einige hundert Unteroffiziere des badischen Heeres den Volksvereinen an. In mehreren Garnisonsstädten war es zu Verbrüderungsfesten zwischen den Regimentern und der Bevölkerung gekommen. Seit Februar schickten die Volksvereine Petitionen an den badischen Landtag mit der Aufforderung an die Abgeordneten der Linken, aus der Kammer auszutreten. Bis auf von Itzstein, Mez und Kuenzer hatten inzwischen alle Radikalliberalen, auch Lorenz Brentano, den Landtag verlassen. Sein Anspruch, das ganze badische Volk zu vertreten, war zur hohlen Phrase geworden. Um so größere Bedeutung gewann der demokratische Landesausschuß der Volksvereine.

Was in Baden geschah, fand für ganz Deutschland seine Entsprechung im Aufbau des Zentralmärzvereins in Frankfurt. Weit stärker als die badische Zweite Kammer versäumte das Nationalparlament seine Pflicht, die Interessen des Volkes zu wahren. Es war nur folgerichtig, daß die parlamentarische Linke der Nationalversammlung über eine andere Form demokratischer Repräsentation nachdachte. Nachdem die Gegenrevolution in Wien und Berlin gesiegt hatte, machten sich die demokratischen Kräfte der Paulskirche daran, das Volk in Märzvereinen zu organisieren. Die Verabschiedung der Reichsverfassung stand unmittelbar bevor. Wenn Deutschlands Fürsten sich weigern sollten, sie anzuerkennen, würde es zur Machtprobe kommen. Dafür trafen die entschiedenen Demokraten in Frankfurt Vorbereitungen, indem sie außerhalb des Parlaments Unterstützung suchten.

Spätestens seit der Besetzung Berlins mußten auch Gutgläubige erkennen, daß die Deutschen um die Früchte des März 1848 betrogen werden sollten. Das hatte ich schon im April prophezeit. Doch in diesem Frühjahr 1849 wurden auch gemäßigte Kreise mißtrauisch. Der Zulauf zu den Volksvereinen zeigte das deut-

lich. Ein anderes Indiz war, daß Gerüchte über neue Aufstände kursierten. In Baden stand, wie Brentano es ausdrückte, das Barometer wieder auf Sturm. Man rechnete allgemein mit bevorstehenden Unruhen.
So fiel mein Prozeß in eine Zeit politischer Unsicherheit. Nur weil die Regierung sich in unserem Fall einer Verurteilung ganz sicher war, eröffnete sie die juristische Aufarbeitung des Jahres 1848 mit der Anklage gegen Blind und mich. Gegen Josef Fickler, der schon fast ein Jahr im Gefängnis saß, hatte die Staatsanwaltschaft nichts als einen Zeitungsartikel in der Hand. Deshalb mußte Fickler noch warten. Zuerst wollte man einen politischen Schauprozeß, in dessen Verlauf man massenhaft Zeugen vorführen und die Schrecken der Revolution beschwören konnte. Bei unserer Verhaftung im September war die Volksstimmung entschieden gegen uns gewesen. Davon ließ sich die Regierung bestimmen, unser Verfahren allen anderen vorzuziehen. Sie glaubte, in diesem Fall die öffentliche Meinung auf ihrer Seite zu haben.
Am Morgen des 20. März brachte man Blind und mich zum Ort der Verhandlung, dem Basler Hof an der Kaiser-Joseph-Straße. Die Stadt starrte vor Militär. Im Gerichtssaal fanden nur wenige von den vielen tausend Schaulustigen Platz, die das Gebäude umlagerten. Begleitet von vier Gendarmen, betraten wir den vollbesetzten Saal. Angeklagte und Verteidiger saßen mit dem Rücken zu den zum Innenhof gehenden Fenstern an langen Tischen. Der Raum war zwei Stockwerke hoch. An den Längsseiten wurde er von je zwei übereinanderliegenden Fensterreihen erhellt. Links von dem Tisch, an dem Blind und ich Platz nahmen, war eine Tribüne aufgebaut für die Staatsanwälte und Richter, die hinter grünverhangenen Tischen saßen. An der uns gegenüberliegenden Längswand befanden sich, ebenfalls erhöht, hinter einem Holzgeländer die Plätze der Geschworenen. Die Mitte des Saales füllten Bänke für Zeugen und Zuschauer.
Gleich nach uns erschienen die fünf Richter in schwarzem Frack

und schwarzer Krawatte, angeführt von Hofgerichtspräsident Litschgi, der einen großherzoglichen Orden um den Hals trug. Alle Anwesenden erhoben sich. Der Präsident eröffnete die Sitzung und bat, Platz zu nehmen.
Bei der Konstituierung der Jury gab es die erste Verwahrung seitens der Angeklagten. Aufgrund einer Verordnung des Justizministeriums hatten Regierungsbeamte die Geschworenen bestimmt, obwohl das Gesetz über die Schwurgerichte vom 17. Februar 1849 eine Wahl durch Los anordnete. Offenbar wollte die Regierung nichts dem Zufall überlassen. Die Hälfte der Geschworenen waren Gemeinderäte und Bürgermeister, ein Viertel Beamte und der Rest Großbauern. Dem Vierten Stand gehörte schon deshalb keiner der Geschworenen an, weil das Gesetz die Beteiligung an der Jury von Kriterien wie Bildung und Vermögen abhängig machte. Brentano lehnte die höchstmögliche Zahl von sechs Geschworenen ab. Diese wurden durch uns genehme Personen ersetzt, wodurch sich der Anteil der Beamten insgesamt etwas verringerte. Die zwölf bestätigten Geschworenen und zwei Ersatzmänner wurden ermahnt und vereidigt und nahmen dann auf den für sie bereitstehenden Stühlen Platz.
In einer Art Eröffnungsrede versprach Hofgerichtspräsident Litschgi, die Verteidigung nicht zu behindern. Gewissermaßen als Gegenleistung forderte er von ihr *ein dem Gericht angemessenes Verhalten*, ohne zu erklären, was er darunter verstand. Die Geschworenen erinnerte er daran, daß dies der erste Geschworenenprozeß in Baden sei, der von allen Beteiligten viel Verantwortungsbewußtsein verlange.
Die eigentliche Verhandlung begann mit der Aufforderung an die Angeklagten, ihre Personalien anzugeben.
– Bitte, Herr von Struve, erteilte der Präsident mir das Wort.
– Ich heiße, sagte ich, Gustav Struve, nicht von. Das Von habe ich schon vor Jahren abgelegt. Ich bin dreiundvierzig Jahre alt, meines Standes Anwalt und Schriftsteller; mein Wohnort ist Mannheim.

Die Staatsanwaltschaft hatte zu meiner Linken auf dem erhöhten Podest ihren Tisch. Sie war durch den Staatsanwalt Eimer und die Substituten Winter und von Wänker vertreten, die die Ermittlungen geführt hatten. Nicht einer von ihnen, sondern der Gerichtsschreiber verlas die Anklageschrift. Sie war so umfangreich, daß das Referat zwei volle Stunden dauerte.
Zunächst warf man mir meine Beteiligung am Aprilaufstand vor. Hinsichtlich des Septemberaufstandes richteten sich die Vorwürfe sowohl gegen Blind als auch mich. Unter anderem beschuldigte man uns der unberechtigten Einsetzung von Beamten, der Herausgabe eines republikanischen Regierungsblatts, der Anordnung von Verhaftungen und Gewalttätigkeiten, der Beschlagnahme öffentlicher Kassen, des Pressens von Mannschaften und der Forderung von Loskaufgeldern, des Raubs und des Diebstahls und der Beschädigung von Eisenbahnanlagen. Alle diese Vorwürfe mündeten in dem Satz:
– In den dargestellten Handlungen liegt das Verbrechen des Hochverrats.
Diese Schlußfolgerung war insofern überraschend, als ich meine Absicht, die Regierung durch einen Aufstand zu beseitigen, nie in Abrede gestellt hatte. Um mich des Hochverrats anzuklagen, hätte es wirklich nicht des akribisch zusammengestellten Materials zu den einzelnen Phasen der beiden Volkserhebungen bedurft. Dieses schien dazu bestimmt, mich der Anstiftung zu Nötigung, Raub, Diebstahl, Amtsanmaßung und Mord zu überführen. Daß alle Vorkommnisse der Revolution zur Begründung der Hochverratsanklage herhalten mußten, konnte nur den Sinn haben, der Öffentlichkeit eine Lektion zu erteilen. Mir kam diese Absicht der Staatsanwaltschaft sehr entgegen, denn ich betrachtete den Hochverrat als rein politisches Verbrechen. Dagegen ließ sich politisch argumentieren, und dafür fühlte ich mich gewappnet.
In der Verhandlungspause besprach ich mich mit Brentano und bat nach Wiedereröffnung der Sitzung ums Wort. Ich legte in

fünf Punkten Verwahrung gegen die Anklage ein. Zunächst rügte ich die Zuständigkeit des Schwurgerichts; man hatte mich als Kriegsgefangenen vor das Müllheimer Standgericht gestellt und damit selbst zu erkennen gegeben, daß ich nicht nach Kriminalrecht, sondern nach Kriegsrecht zu behandeln sei. Die Tatsache, daß ich in Müllheim nicht verurteilt worden war, begründete nicht das Recht, ein anderes Verfahren gegen mich zu eröffnen. Ferner bezweifelte ich die Unabhängigkeit des Gerichts, da nachweislich Staatsminister Bekk in das Untersuchungsverfahren eingegriffen hatte. Drittens wehrte ich mich gegen die Untersuchungsmethoden des ermittelnden Staatsanwalts Winter, der unter anderem meine Frau unter Druck gesetzt habe. Viertens erklärte ich *die Zerstückelung des Prozesses »Republik gegen Monarchie« in mehrere kleine Prozeßchen gegen einzelne Republikaner* für rechtswidrig; einerseits, argumentierte ich, laste man Blind und mir die Taten aller Aufständischen an, andererseits seien die anderen Beteiligten nicht hier, und meine Berufung auf sie somit unmöglich; folglich werde meine Verteidigung unzulässig behindert. Fünftens und letztens verwahrte ich mich gegen die Verwerfung aller von mir benannten Beweismittel: Während die Staatsanwaltschaft mit einhundert Belastungszeugen gegen Blind und mich antrete, sei kein einziger der von mir angegebenen Zeugen geladen worden.

Staatsanwalt Eimer konnte die tatsächlichen Grundlagen meiner Beschwerden nicht bestreiten. Trotzdem nannte er meine Verwahrung pauschal unerheblich, und das Gericht folgte ihm. Dieser Beschluß löste die erste Unruhe im Publikum aus. Auch die Geschworenen schienen unzufrieden. So hatte ich trotz der Zurückweisung einen ersten Sieg errungen. Meine alte Taktik, sich auf die Denkweise des Gegners einzulassen, hatte sich einmal mehr bewährt. Denn die Stärke meiner Ankläger beruhte ausschließlich auf dem Standpunkt des geltenden Gesetzes. Nichts konnte ihre Position stärker erschüttern als der Nachweis, daß sie selbst das von ihnen für unantastbar erklärte positive Recht verletzten.

Die darauf folgende Beweisaufnahme zog sich über mehrere Tage hin. Mit ungeheurem Aufwand versuchte die Staatsanwaltschaft, Blind und mich als gemeine, rücksichtslose Verbrecher hinzustellen. Zeugen beschrieben die Beschlagnahme öffentlicher Kassen durch Aufständische, die zwangsweise Mannschaftsaushebung und die angebliche Einschüchterung von Gegnern. Viele der dargestellten Gewalttaten erwiesen sich bei genauerer Befragung der Zeugen als erlogen oder übertrieben; andere waren Exzesse einzelner, die weder Blind noch mir anzulasten waren. Im ganzen ergaben die Verhöre der Zeugen, daß von uns keine andere Gewalt angewendet worden war als zur Erreichung des staatlichen Umsturzes unvermeidbar. Und so drehte sich letztlich alles nur um die Frage, ob dieses Ziel verbrecherisch war oder nicht.

– Hier gilt nur das Gesetz, sagte der Staatsanwalt von Wänker. Dies ist die Grundlage jedes geordneten Zustandes; nehmen Sie diese weg, so haben Sie nur Leidenschaft, Parteilichkeit. Wohin sollte es führen, wenn es einem jeden, der einen Haufen Bewaffneter zusammenbringt, freistünde, unter dem Deckmantel eines politischen Beweggrundes Verbrechen zu begehen oder begehen zu lassen. Es kommt gar nicht darauf an, ob die Angeklagten den badischen Staat anerkennen oder ob dessen Verfassung ihre Billigung hat.

Diese Argumentation lenkte vom eigentlichen Problem ab. Auf die Stellung einzelner Personen zum Gesetz kann es für dessen Gültigkeit in der Tat nicht ankommen. Es lag mir fern, dies zu bestreiten. Entscheidend für den rechtlichen Bestand einer staatlichen Ordnung ist, ob sie dem Volkswillen entspricht. Denn zwischen Herrscher und bürgerlicher Gesellschaft besteht ein vertraglicher Zustand. *Les actes du souverain*, sagt Rousseau, *ne peuvent être que des actes de volonté générale.* Wenn das Volk der Regierung sein Vertrauen entzieht, weil diese Regierung beharrlich den Willen des Volkes mißachtet hat, ist ihre Stellung nicht mehr sakrosankt. Ob die Beseitigung eines Tyrannen ein Verbrechen oder eine Heldentat ist, entscheidet dann nur noch der Erfolg. Für die richtige Beurteilung unserer Aufstände kam es demnach allein darauf an, ob der Wille der Mehrheit den von uns beabsichtigten Umsturz gebilligt hatte oder nicht. Dies war die wichtigste Frage des Prozesses, und als die Staatsanwaltschaft ihr nicht mehr ausweichen konnte, bestritt sie das Vorhandensein eines revolutionären Volkswillens. Ich dagegen behauptete, wovon ich immer überzeugt gewesen war:

– Das Volk will die Republik.

– Wer ist das Volk? fragte Staatsanwalt Winter ironisch.

– Der rechtmäßige Souverän, sagte Blind.

– Hat er mit Ihnen gesprochen? fragte Winter.

– Ja, antwortete ich. In Offenburg und in Freiburg recht deutlich.

Nach Abschluß der Beweisaufnahme erhielt am 28. März zunächst ich das Wort. Ich begann mit einem Appell an die Geschworenen. Sie sollten bedenken, daß von ihrem Spruch weit mehr abhänge als mein Schicksal. Mein Prozeß werde Folgen haben für Tausende von Eingekerkerten und Verbannten. Spräche man mich frei, könnten diese aufatmen; verurteile man mich, ginge man gegen sie mit gleicher Härte vor. Um zu einem gerechten Urteil zu kommen, müßten sich die Geschworenen völlig klar sein, wofür mich die Staatsanwaltschaft bestrafen wolle. Sie sage, für die Revolution. Das aber sei nicht wahr. Die Revolution sei nicht strafbar, strafbar sei allein das Scheitern der Revolution.

– Der Herr Substitut von Wänker, erläuterte ich, geht von dem Grundsatz aus: Alles ist rechtswidrig, was gegen den Willen der Regierung ist. In diesem Fall aber hat er sich selbst zum Diener einer revolutionären Regierung gemacht. Die Einführung der Geschworenengerichte wurde durch die Revolution erzwungen wie auch alle anderen Reformen seit März 1848. Man hat mich

hier nicht angeklagt wegen der Revolution vom 1. und 2. März, obwohl meine Beteiligung daran wohlbekannt ist. Warum? Weil diese Revolution im Unterschied zu den folgenden Aufständen gelungen ist. Sie sehen, meine Herren Geschworenen, wie inkonsequent man ist, wenn man so außerordentlich konsequent sein will wie der Herr von Wänker. Sie haben keine andere Wahl, als zu erklären: Die Revolution vom 1. und 2. März war rechtmäßig – dann sind es auch die beiden anderen. Oder sie war nicht rechtmäßig – dann ist das Geschworenengericht hier auch nicht rechtmäßig. Die im März 1848 begonnene Bewegung ist eine Einheit, die Aufstände im April und September gehören genauso dazu wie der Petitionensturm. Der Herr Staatsanwalt will mit dem März die Zeitgeschichte abgrenzen, während ich der Ansicht bin, die Entwicklung ist noch nicht abgeschlossen. Die Staatsanwälte dieses Gerichts können nicht sagen: Ihr seid Hochverräter und wir nicht. Sie können nur sagen: Ihr seid ärgere Hochverräter als wir.
Die Staatsanwaltschaft widersprach heftig. Bei den Aufständen vom April und September habe es sich nicht um eine Bewegung aus der Mitte des Volkes heraus gehandelt, sondern um die Usurpation einiger weniger. Ich hätte das Volk unter Angabe falscher Tatsachen zusammengerufen und bedroht. Folglich sei der Wille des Volkes von mir nicht vollzogen, sondern vergewaltigt worden.
Blind nannte in seiner Verteidigungsrede den Großherzog von Baden den zufälligen Nachkommen eines alten Raubritters. In Wahrheit gehörten nicht wir, sondern die Teilnehmer des monarchistischen Komplotts gegen die Freiheitsbewegung vor Gericht. Eindringlich schilderte er die Bombardierung Wiens im Oktober 1848, die stumme Strangulierung Berlins, den Todeskampf Ungarns und sagte die Auflösung der Nationalversammlung voraus. Diesen Taten stellte er unser Ziel gegenüber: ein einiges, demokratisches und soziales Deutschland von der Schlei bis zu den Alpen, vom Rhein bis zu den wiederhergestellten

Grenzen Polens. Im Bunde mit einem demokratischen Frankreich, Italien, Ungarn und Polen könne ein solches Deutschland eine europäische Ordnung der Freiheit und Gerechtigkeit schaffen, während die sogenannte Heilige Allianz der Monarchen genau das Gegenteil anstrebe.

Der vorletzte Verhandlungstag war ausgefüllt mit den Schlußplädoyers der Verteidiger und der Staatsanwaltschaft. Für diese sprach von Wänker. Ein weiteres Mal versuchte er den Geschworenen klarzumachen, daß es in diesem Prozeß nicht um Politik, sondern um Verbrechen gehe. Das gesetzte Recht habe höher zu stehen als Parteilichkeit. Aus Gründen der Staatsräson und der Rechtsstaatlichkeit müsse man Verbrecher wie uns, die die bestehende Ordnung angriffen, empfindlich strafen. Die Gewalttaten der Aufstände seien erwiesen, und ich sei als ihr Anstifter entlarvt. Eine Diskussion über die Frage, ob die Republik oder die Monarchie die bessere Staatsform sei, erübrige sich. Trotzdem konnte er es sich nicht versagen, die Monarchie zu verteidigen; sie gewähre im Rahmen des Möglichen Freiheit, Wohlstand und Bildung für alle. Soziale Mißstände seien nicht Folgen der Monarchie, sondern der freien Konkurrenz. Zum Beweis dieser Behauptung verwies er auf das republikanische Frankreich; dort gebe es viel mehr Not als in Baden. Mit der Märzordnung habe man einen idealen Zustand erreicht. Im Vorparlament seien die Vertreter der deutschen Nation zusammengekommen, um die Revolution zu beenden und in organische Einrichtungen münden zu lassen, namentlich in das deutsche Parlament. Niemand könne sich für die Zeit danach auf ein Recht zum Widerstand berufen. Unsere Taten wiesen uns überdies als gemeine Verbrecher aus. Wir hätten die Todesstrafe verdient, wäre diese nicht am 16. März 1849, vier Tage vor Beginn der Hauptverhandlung, in Baden abgeschafft worden. Er stellte den Antrag, uns beide zu lebenslanger Kerkerhaft zu verurteilen, mich außerdem zu verschärften Bedingungen.

Ich blickte nicht auf während dieser Rede, sondern machte mir Notizen. Als der Staatsanwalt endete, verrieten Murren und Unruhe im Saal, daß er dem anwesenden Publikum nicht aus dem Herzen gesprochen hatte. Lorenz Brentano ließ einige Zeit vergehen, bevor er sich erhob und in freiem Vortrag sein Plädoyer hielt.
– Hohes Gericht, begann er, hoch aufgerichtet, die Hände auf dem Rücken. Meine Herren Geschworenen: Wenn das Gesetz noch gälte, das vor dreizehn Monaten in Kraft war, hätte der Herr Staatsanwalt die Todesstrafe gefordert. Auch sonst wäre sein Plädoyer anders ausgefallen. Er würde nicht gesagt haben: Im Vorparlament waren die Vertreter der deutschen Nation zusammen, sondern er hätte gesagt: Im Vorparlament waren die Hochverräter zusammen! Wer vor elf Monaten eine schwarz-rot-goldene Kokarde trug, wurde als Hochverräter angeklagt – und gehen Sie heute nach Frankfurt, so sehen Sie den ehemaligen Bundestagsabgeordneten von Blittersdorff mit einer solchen Kokarde, so groß nur eine zu bekommen ist. So wechseln die Zeiten. Was heute Gesetz ist, ist morgen keines mehr; was aber heute Recht ist, das ist auch gestern Recht und wird morgen und ewig Recht bleiben.
Er ging quer durch den Saal zu den Geschworenen, umfaßte das Geländer, hinter dem sie saßen, mit beiden Händen und ließ den Blick von einem zum anderen gleiten. Dann fragte er, jedes Wort betonend:
– Wollen Sie, meine Herren Geschworenen, es auf Ihr Gewissen laden, daß, wenn die Republik siegt, die Republikaner dann auch die Monarchisten vor die Gerichte schleppen und mit ihnen die Zuchthäuser füllen?
Die Geschworenen erschraken. Brentano schritt in die Mitte des Saales zurück und versicherte, dergleichen sei kaum zu befürchten, solange Männer wie ich den Kampf für die Republik führten. Ich spräche zwar viel von Kampf und Blut, doch wer mich kenne, wisse, daß ich keiner Fliege etwas zuleide täte.

Mehrere Zeugen hätten bekundet, daß ich während der Aufstände Spione und Denunzianten gegen den Widerstand meiner eigenen Leute ungeschoren hätte davonziehen lassen.
An diese Bemerkung schloß er eine Darstellung meines Lebenswegs und eine Schilderung meines Charakters an. Ich sei durch und durch ein Idealist. Karriere, Privatleben und Wohlstand hätte ich geopfert, um gegen die Despotie zu kämpfen. Auf meiner Seite stehe nicht das Gesetz der Regierung, wohl aber das Recht der Unterdrückten, das Recht der Notwehr, das Recht der Revolution.
– Es fragt sich nur, rief er an dieser Stelle des Plädoyers aus, ob Struve berechtigt war, sich auf das Recht der Revolution zu berufen. Der Herr Staatsanwalt sagt: Nein, das Volk wollte keinen Aufstand. Wie kommt er zu dieser Behauptung? Einzig und allein aufgrund der Tatsache, daß der Aufstand gescheitert ist. Das zeigt die Verkehrtheit dieses Gesichtspunktes. Es wäre gegen alles Recht, wollte man immer den strafen, der besiegt wurde, dagegen den als Befreier preisen, der gesiegt hat. Die Frage muß vielmehr so gestellt werden: Hat Struve *geglaubt*, recht zu handeln und mit dem Willen des Volkes? Und die Antwort ist: Er mußte es glauben. Wenn er aber in gutem Glauben handelte, dann müssen wir sagen: Struve hat recht gehandelt. Meine Herren Geschworenen! Sie repräsentieren hier das Volk. Sie können sich hinter dem Gesetz, von dem der Herr Staatsanwalt spricht, nicht verstecken. Das Volk wird Sie fragen: Habt ihr Recht gesprochen? Das Gesetz, um das es geht, der Hochverrat des Artikels 124 der Peinlichen Halsgerichtsordnung, stammt aus der Zeit Karls V. In einer Zeit der Volkssouveränität entspricht es nicht mehr dem Recht. Zeigen Sie, meine Herren Geschworenen, durch ein freisprechendes Urteil, daß die Freiheit des Volkes höher steht als das Gesetz eines Kaisers!
Mit langanhaltendem Applaus kommentierten die Zuhörer im Gerichtssaal diese Aufforderung. Offenbar traf sie genau die

Stimmung des Publikums. Mancher der Anwesenden mochte sich wünschen, mein Aufstand vom September wäre erfolgreich gewesen. Die Regierung hatte jedenfalls zu Unrecht auf Sympathie für ihr Vorgehen gegen Blind und mich gerechnet.
Nach den Plädoyers zog sich das Gericht zur Beratung zurück. Offenbar befürchtete es, der unmittelbare Eindruck von Brentanos Plädoyer könnte zu meinem Freispruch führen. Daher wurde die Vertagung der Sitzung auf den nächsten Tag beschlossen, mit der Begründung, zur Ausarbeitung der Fragen an die Geschworenen brauche man Zeit. Dies war ein klarer Rechtsverstoß, da das Gesetz bestimmte, die Urteilsfindung habe sich unmittelbar an die Verhandlung anzuschließen.
Doch was sich das Gericht am nächsten Tag leistete, übertraf die schlimmsten Erwartungen. Um den Geschworenen unseren Freispruch unmöglich zu machen, wurden sie nicht gefragt, ob Blind und ich des Hochverrats schuldig seien. Vielmehr sollten sie beantworten, ob wir gewisse einzeln beschriebene Handlungen begangen hätten oder nicht. Der ihnen vorgelegte Fragenkatalog betraf Tatsachen wie den Aufruf zum Marsch nach Karlsruhe oder die Rekrutierung der Freischaren, die wir von unserer ersten Vernehmung an zugegeben hatten und die vollkommen unstreitig waren. Weder der Beweisaufnahme noch einer Jury hätte es bedurft, die betreffenden Fakten festzustellen. Darauf wiesen unsere Verteidiger nachdrücklich hin. Auch ich meldete mich zu Wort und nannte das ganze Verfahren im Licht dieser Fragen an die Geschworenen eine Farce. Wenn das Gericht sich die Entscheidung über unsere Schuld vorbehalten wolle, stellte ich fest, seien die Geschworenen von Anfang an entbehrlich gewesen. Zur Feststellung offenkundiger Tatsachen müsse man die Herren nicht bemühen. Doch alle Proteste waren vergeblich. Wir hatten keine Möglichkeit, den Beschluß umzustoßen.
Mit dem Fragenkatalog des Gerichts zogen sich die Geschworenen zur Beratung zurück. Blind und ich wurden aus

dem Gerichtssaal gebracht und warteten in einem Nebenzimmer mehrere Stunden lang in wachsender Spannung.
Bei ihrer Rückkehr in den Saal sorgten die Geschworenen für eine Sensation. Sie weigerten sich, das Spiel des Gerichts mitzuspielen. Um den Urteilsspruch zu beeinflussen, nutzten sie die einzige Möglichkeit, die ihnen blieb: Sie erkannten die erwiesenen Tatsachen einfach nicht an. Auf die Frage etwa, ob der Angeklagte Struve schuldig sei, im April 1848 mit anderen Personen sich verabredet und beschlossen zu haben, die bevorstehende Staatsverfassung umzustürzen, lautete die Antwort der Jury: *Nein, weil es im Laufe der Revolution geschehen ist.* Ähnlich beantwortete sie alle anderen Fragen. Verneint wurde meine Verantwortung für die Ausrufung der Republik, die Bildung bewaffneter Freischaren und das Gefecht in Staufen. In vier von dreizehn Fällen bejahten die Geschworenen meine Urheberschaft, allerdings mit dem Zusatz: *aber ohne Vorbedacht, mit mildernden Umständen.* Diese Zusätze erklärte der Gerichtspräsident Litschgi für unzulässig. Mehr vermochte er gegen die Standhaftigkeit der Geschworenen nicht auszurichten.
Erst nach der Anhörung der Geschworenen wurden Blind und ich wieder in den Gerichtssaal geführt. Litschgi teilte uns die Antworten der Jury mit, und Staatsanwalt Eimer stellte den Antrag, Blind und mich wegen Versuchs des Hochverrats zu acht Jahren Zuchthaus zu verurteilen. Dann zog sich das Gericht zur Beratung zurück.
Erst gegen 8 Uhr abends betraten die Richter wieder den Gerichtssaal. Alle Anwesenden erhoben sich, und der Vorsitzende verlas das Urteil:
– Die Angeklagten Gustav Struve und Karl Blind sind des Versuchs des Hochverrats schuldig und werden deshalb ein jeder zu einer achtjährigen Zuchthausstrafe, welche in der Dauer von fünf Jahren und vier Monaten in Einzelhaft zu erstehen ist, und zur Tragung der betreffenden Untersuchungskosten und zu den Kosten der Straferstehung verurteilt.

Die Zeitung habe ich heute nur mit einem Blick überflogen. Zur Stunde stehen Bismarcks Vortruppen zwischen Meurthe und Mosel, aber die Hauptkorps bilden noch eine schräge Linie in Richtung von Metz auf Saarburg. Für die nächsten Tage scheint der Krieg weniger ein Kampf als ein Wettlauf zu werden. Das Ziel der beiden Armeen ist Châlons-sur-Marne. Merkwürdig, daß ausgerechnet dieses Städtchen, in dem ich die triste Existenz eines Verbannten erstmals erlebt habe, zum Schauplatz der großen Schlacht ausersehen scheint ...

Es fällt mir schwer, mich zu konzentrieren.

Am Tag nach der Beendigung meines Prozesses sah ich Amalie wieder. In einem verschlossenen Wagen wurde sie aus ihrem Gefängnis zur Hauptwache gebracht und in meine Zelle geführt. Als man sie einließ, zitterte ich am ganzen Körper. Sie trug ein graues Anstaltskleid mit weißem Kragen und ein schwarzes Tuch über dem dunklen Haar, das ihr offen über die Schultern fiel. Schrecklich schmal und blaß war ihr Gesicht geworden, unter den Augen lagen dunkle Schatten. Alles Weiche und Kindliche war aus ihren Zügen gewichen. Ein nervöses Zucken durchfuhr in unregelmäßigen Abständen ihre rechte Wange. Amalie war damals erst vierundzwanzig Jahre alt, doch die Gefangenschaft hatte sie gebrochen.

Zwei Soldaten beobachteten uns. Wir durften uns nicht berühren. Unsere Seelen aber flossen zusammen, während sich die Blicke aneinander festhielten. Wir sprachen über Belanglosigkeiten, mit dem Gefühl, die kostbare Zeit des Zusammenseins zu vergeuden. Über den Ablauf und den Ausgang meines Verfahrens hatte ich ihr schon in meinen täglichen Briefen berichtet. Doch nicht nur von mir wußte sie, daß unsere Angelegenheit eine günstige Wendung zu nehmen begann. Sie las es aus der Stimmung der Soldaten ab, die sie im Turm bewachten. Mit Erleichterung erfuhr ich, daß man ihr auffallend

freundlich begegnete und ihr kaum noch einen Wunsch versagte.
Die Staatsanwaltschaft hatte das Verfahren gegen Amalie und Pedro Düsar mit der Anklage gegen zwei junge Männer verbunden. Ursprünglich sollte der Prozeß am 26. März 1849 eröffnet werden. Drei Wochen vorher hatte man diesen Termin jedoch aufgehoben und auf unbestimmte Zeit verschoben. Nun, nach dem glimpflichen Urteil gegen mich, war anzunehmen, daß Amalie freigesprochen werden würde. Was die Staatsanwaltschaft ihr vorwarf, war nicht viel mehr als die Tatsache, daß sie meine Frau war. Sie sollte in Müllheim einen Polizeidiener aufgefordert haben, ihr einen Degen zu beschaffen und eine Verordnung der provisorischen Regierung ans Rathaus zu kleben. Auch, daß sie mit anderen Frauen Patronen für die Freiheitskämpfer hergestellt hatte, hielt der Staatsanwalt für strafwürdig. Wegen derartiger *Verbrechen* saß sie nun schon fast zweihundert Tage in Untersuchungshaft! Ihre Bitte, gemeinsam mit mir vor Gericht gestellt zu werden, hatte man abgelehnt.
– Sie werden dich bald freilassen, sagte ich. Sie können es nicht wagen, dich vor die Geschworenen zu bringen. Nicht, nachdem sich die öffentliche Meinung so klar auf unsere Seite gestellt hat.
– Fünf Jahre und vier Monate Einzelhaft, fragte sie leise, ist das ein Sieg? Was nützt es mir, frei zu sein, solange du eingekerkert bist.
– Das Urteil gegen mich ist aus vielen Gründen unhaltbar. Brentano wird Nichtigkeitsbeschwerde erheben. Aber wichtiger ist der Umschwung der öffentlichen Meinung. Die Regierung kann mich gegen den allgemeinen Willen nicht auf Dauer im Gefängnis halten. Spätestens im Juni bin auch ich in Freiheit!
Meine Zuversicht wurde in jeder Beziehung bestätigt. Schon am nächsten Tag schrieb mir Amalie, der Gefängnisdirektor habe sie aufgefordert, einen Antrag auf Freilassung zu stellen. Sie erklärte ihm, dies sei unter ihrer Würde. Doch auch ohne Antrag wurde sie vierzehn Tage später, am 16. April, überraschend in

Freiheit gesetzt. Gleichzeitig entließ man ihren Bruder Pedro aus dem Bruchsaler Zuchthaus. Die Verfahren gegen die beiden wurden eingestellt, ohne eine Begründung zu geben oder die Haft von über sechs Monaten zu rechtfertigen.
Die Stimmung im Land war, wie gesagt, wieder umgeschlagen, und die badische Regierung hielt es für klüger, sich darauf einzustellen. Wieder waren es die Funken einer ausländischen Revolution, die den Zunder allgemeiner Unzufriedenheit zum Brand zu entfachen drohten. Seit Anfang des Jahres 1849 kämpften die Ungarn um ihre Freiheit. In die Sympathie für das tapfere Volk mischte sich zunehmend die Furcht, daß der Ausgang dieser Machtprobe auch das Schicksal Deutschlands beeinflussen könne. Viele deutsche Demokraten gingen in jenem Frühjahr nach Budapest, um mitzukämpfen. Österreichs Kaiser Franz-Joseph – oder besser gesagt: die Hofkamarilla unter Führung seiner Mutter, die ihn beherrschte – war nicht bereit, vor dem Geist der Zeit zurückzuweichen. Da seine gewaltige Militärmacht nicht ausreichte, den Aufstand niederzuschlagen, rief er den Zaren zur Hilfe. Und der russische Bär war zur Stelle. Allen sichtbar erhob sich sein dunkler Schatten am östlichen Horizont. Sein Auftauchen bedeutete die Wiederbelebung der unseligen Heiligen Allianz zur Unterdrückung der Völker. Der Schreck der deutschen Fürsten über den ungarischen Aufstand wich der Erleichterung über die russische Rückendeckung.
Das hatte Auswirkungen auf die Frankfurter Nationalversammlung. In den Augen der preußischen und österreichischen Regierung hatte die liberale Ordnungspartei von Gagern und Mathy ihre Schuldigkeit getan. Ihr war es zu verdanken, daß das Paulskirchenparlament nicht zum Revolutionskonvent geworden war. Sie hatte der deutschen Freiheitsbewegung den Wind aus den Segeln genommen und den Monarchien Zeitgewinn verschafft. Nun wurde sie nicht mehr gebraucht. Die Throne standen wieder fest, man konnte offen zeigen, was man von der Nationalversammlung hielt. Insgeheim hatten sich die

beiden deutschen Großmächte längst darüber verständigt, die in Frankfurt entstehende Verfassung abzulehnen.
Diese erfuhr in jenen Tagen endlich ihre Schlußredaktion. Gagern und Mathy hatten sich, auf die Mehrheit der Konstitutionellen gestützt, mit ihrem Modell eines deutschen Industriestaats unter Führung des preußischen Königs als neuem deutschen Kaiser durchgesetzt. Natürlich konnte Österreich damit nicht einverstanden sein. Vorsorglich ließ es die Nationalversammlung wissen, es werde jeden deutschen Zentralstaat ablehnen und sich einer von einem anderen als einem österreichischen Fürsten gehandhabten Zentralgewalt nicht unterordnen. Auf Befehl ihrer Regierung verließen Österreichs Abgeordnete in Scharen die Paulskirche und reisten heim. Die Ordnungspartei hatte das einkalkuliert. Leute wie Mathy sahen alles Heil für Deutschland aus Berlin kommen. Nicht bedacht hatte man allerdings, daß der preußische König sich spröde zeigen könnte. Da man mit dem *Straßenpöbel* nichts gemein zu haben glaubte, hatte man sich von der Niederschlagung der Revolution in Berlin nicht betroffen gefühlt und folglich auch keine Lehren daraus gezogen. Nun erfuhr die Ordnungspartei zu ihrer völligen Überraschung, daß Wilhelm IV. erklärt haben sollte, er halte die ihm angetragene Kaiserkrone für einen *imaginären Reif aus Dreck und Letten gebacken*, an dem *der Ludergeruch der Revolution von 1848* hänge, *der albernsten, dümmsten, schlechtesten, wenn auch gottlob nicht bösesten des Jahrhunderts.* Zum Unterschied zu Staatsrat Mathy und seinen Freunden hatte der preußische König nicht vergessen, daß das Frankfurter Nationalparlament ein Organ der Märzrevolution war. Nicht, daß Wilhelm IV. nicht gerne deutscher Kaiser geworden wäre. Aber sein Standpunkt war der: *Soll die tausendjährige Krone deutscher Nation, die zweiundvierzig Jahre geruht hat, einmal wieder vergeben werden, so bin I c h es und Meines Gleichen, die sie vergeben werden; und wehe dem, der sich anmaßt, was ihm nicht zukommt.*
Die Nationalversammlung hatte also nichts damit erreicht, daß

sie den Standpunkt der Volkssouveränität aufgegeben hatte. Man war bereit gewesen, die deutsche Verfassungsfrage durch Vereinbarungen zwischen Nationen und Fürsten zu lösen. Doch im Frühjahr 1849 wollten nur noch diejenigen Fürsten von solchen Vereinbarungen wissen, die über keine ausreichende Militärmacht verfügten, ihre Völker in Schach zu halten. Preußen, Österreich, Sachsen, Hannover und Bayern gehörten nicht dazu. Die Politik der Konstitutionellen war auf klägliche Weise gescheitert. Auch wenn sie es noch nicht zugaben, die Wortführer der konstitutionellen Mehrheit waren am Ende ihres Lateins. Zurück zum Prinzip der Volkssouveränität hätten sie auch dann nicht gekonnt, wenn sie gewollt hätten. Nachdem sie die Niederschlagung der Aufstände des Vierten Standes begrüßt und die Entwaffnung der Revolution selbst betrieben hatten, verfügten sie über kein Druckmittel mehr. Außerdem hatten sie sich durch die Einsetzung einer Reichsregierung unter Führung eines dem Parlament nicht verantwortlichen Habsburgerprinzen schon längst selbst entmündigt.

Doch die Ordnungspartei gab sich zuversichtlich. Sie konnte ihr Versagen nicht eingestehen, wollte das Scheitern der *Reichsverfassung* nicht wahrhaben. Innerhalb weniger Tage wurde das Werk unter Verzicht auf die üblichen Grundsatzdiskussionen vollendet und mit zahlreichen Kompromissen garniert, die das Ganze den Fürsten schmackhaft machen sollten. Doch auch diese unrühmliche Anbiederung war kaum geeignet, die Haltung der wiedererstarkten alten Mächte zu ändern.

Am 28. März stimmte die Paulskirche über die Verfassung ab. Gleichzeitig mit der Annahme beschloß man, beisammenzubleiben, bis der neue verfassungsmäßige Reichstag einberufen sein würde. In diesem fernen Widerhall meiner Forderung nach Permanenz des Vorparlaments zeigte sich, daß auch die Paulskirchenmehrheit an dem guten Willen der deutschen Fürsten zu zweifeln begann. Trotzdem wählte sie mit zweihundertneunzig gegen zweiundvierzig Stimmen bei zweihundertachtundvierzig

Enthaltungen König Friedrich Wilhelm IV. von Preußen zum künftigen deutschen Kaiser. Ganz Frankfurt feierte diese Wahl mit Böllerschüssen und Glockengeläut.
Eine Abordnung wurde gewählt, die dem preußischen König die Wahl zum Kaiser mitteilen sollte. Karl Mathy gehörte dieser sogenannten Kaiserdeputation trotz seines maßgeblichen Einflusses nicht an. Als Minister der Finanzen in der Regierung des Reichsverwesers Erzherzog Johann fürchtete er, in Berlin unwillkommen zu sein. Er hätte ruhig mitreisen können, denn der Entschluß des Königs von Preußen stand schon vor Ankunft der Frankfurter Delegation fest. Recht ungnädig empfing er die Abgesandten des Parlaments nach gehöriger Wartezeit und lehnte die ihm angetragene Ehre ohne höfliche Verklausulierung ab. Um die Düpierung der Bittsteller perfekt zu machen, ließ er gleichzeitig durchblicken, daß er von der eben verabschiedeten Reichsverfassung wenig halte. Die Regierungen der einzelnen deutschen Staaten, erklärte er kalt, müßten erst einmal prüfen, ob sie dem Einzelnen wie dem Ganzen fromme.
Das war die Stunde der Wahrheit. Durch die Bevölkerung Deutschlands ging ein Sturm der Entrüstung, so stark, daß ich bis in meine Rastatter Kasematte hinein die Auswirkungen spürte. Die Soldaten, die mich bewachten, begannen plötzlich, mit mir über Politik zu sprechen. In Baden hatte die Freiheitsbewegung immer noch Kraft, und die Empörung über die Zurücksetzung des Nationalparlaments war allgemein. Josef Fickler, der Anfang Mai vor Gericht kam, erlebte im Klima neuer Unruhe seine vollkommene Rehabilitierung. Auch ihn verteidigte Brentano. Während der Verhandlung ließ das Publikum die Republik hochleben, Zeugen überreichten dem Angeklagten Blumen. Als er das Gerichtsgebäude als freier Mann verließ, erwartete ihn draußen eine jubelnde Menschenmenge. Nach dieser Erfahrung hielten es die badischen Staatsanwälte für ratsam, von weiteren Schwurgerichtsverfahren gegen Revolutionäre vorerst abzusehen. Mit besonderer Freude erfuhr ich, daß

die Anklage gegen Wilhelm Liebknecht und andere Teilnehmer des Septemberaufstandes fallengelassen und die Verhafteten entlassen worden waren.
Inzwischen hatte Karl Mathy in Frankfurt, wie ich bei Gustav Freytag lese, am 25. April 1849 *seine größte Rede* gehalten. Gestand er ein, daß es ein Fehler gewesen war, die Revolution der Gunst ihrer Gegner zu überantworten? Zeigte er Reue über die vertane Zeit? Forderte er zur gewaltsamen Verteidigung der März-Errungenschaften auf? Nichts dergleichen, ganz im Gegenteil. Er hielt es für nötig, vor *herausfordernden oder revolutionären Schritten* zu warnen. Zwar müsse man auf Durchführung der Reichsverfassung drängen, aber nicht auf mehr und auch dies *nicht zu ungehöriger Zeit.* Und die Zeit schien ihm immer noch ungehörig. Deshalb empfahl er den Abgeordneten der Paulskirche: *Keine Proklamation an das Volk, kein Ausschreiben der Wahlen für den Reichstag, keine Regentschaft!* Beeindruckt von seinem sicheren Auftreten, schreibt Freytag, ließen sich die Abgeordneten zur Untätigkeit vergattern. Da die Bereitschaft, irgend etwas anderes zu tun, als Reden zu halten, ohnehin gering war in der Versammlung, sollte man diesen Erfolg nicht überbewerten.
Zu den Staaten, welche die Reichsverfassung annahmen, gehörte auch Württemberg. Dies sollte sich für die Freiheitsbewegung als nachteilig erweisen, weil die revolutionäre Stimmung in Badens Nachbarland dadurch abnahm. Die badische Zweite Kammer stimmte der Reichsverfassung mit dem Vorbehalt zu, die Verhandlungen über die preußische *Union* in Berlin abzuwarten. Insgesamt erklärten sich neunundzwanzig deutsche Regierungen einverstanden mit dem Frankfurter Grundgesetz. Diese Zustimmung kam von den Kleinstaaten; Österreich und Bayern blieben bei ihrem strikten Nein, Hannover, Sachsen und Preußen bestraften ihre Parlamente mit Auflösung dafür, daß sie mehrheitlich für die Annahme gestimmt hatten. Bezeichnenderweise begründete die preußische Regie-

rung ihre Ablehnung mit *dem alle Schranken niederwerfenden* allgemeinen Wahlrecht, das nur als Mittel verstanden werden könne, *die oberste Gewalt zu Gunsten der Republik zu beseitigen.*
Gagern und Mathy verabschiedeten sich mit einem schlechten Scherz aus der Paulskirche. Sie schlugen vor, dem Reichsverweser die Durchsetzung der Reichsverfassung zu übertragen. Ausgerechnet! Erwartete man im Ernst, ein Habsburgerprinz würde der österreichischen Regierung zuwiderhandeln? Erzherzog Johann, der die Reichsregierung nur noch führte, um Österreichs Position in Frankfurt zu wahren, lehnte das Ansinnen ab. Gagern und Mathy nahmen den Anlaß wahr, ihren Rücktritt aus der Reichsregierung zu erklären. Sie hatten den Karren in den Dreck gesteuert; jetzt, wo er festsaß und umzustürzen drohte, stahlen sie sich davon.

Die Tage des Nationalparlaments schienen gezählt. Schon ging das Gerücht, der alte Bundestag und das ganze Metternichsche System sollten neu installiert werden. Doch davon träumte nur die österreichische Regierung. Preußen, das Österreichs Vorherrschaft nicht mehr zu dulden bereit war, betrieb die Gründung eines kleindeutschen Staatenbundes unter seiner Führung. Mit einem Fortbestehen der Nationalversammlung rechnete schon niemand mehr. Ihre Abgeordneten zweifelten längst selbst daran, noch irgend etwas ausrichten zu können. In großer Zahl reisten sie ab, täglich wurde die Paulskirche leerer. Am 30. April mußte der klägliche Rest der Versammelten beschließen, schon bei Anwesenheit von einhundertfünfzig Mitgliedern abstimmungsfähig zu sein.

Mehr Interesse als die Frankfurter Volksvertreter am Erhalt der errungenen Freiheiten bewies das Volk selbst. Es war zum großen Teil nicht bereit, kampflos verlorenzugeben, worauf man ein Jahr lang gehofft hatte. In Sachsen brach Anfang Mai ein bewaffneter Aufstand aus, weil der König die Annahme der Reichsverfassung verweigert hatte. Nach blutigen Straßenschlachten floh der König aus der Stadt, und entschiedene De-

mokraten bildeten eine provisorische Regierung. Drei Tage später erschienen preußische Regimenter und ertränkten die Rebellion in einem Blutbad. Während in Dresden noch gekämpft wurde, kam es in Breslau zu Unruhen, die als friedliche Demonstration für die Reichsverfassung begannen und in aussichtslosen Barrikadenkämpfen gegen die Übermacht des preußischen Militärs endeten. Ähnlich blutig wurden verschiedene Aufstände im Rheinland niedergeschlagen. Jedesmal war es allein das preußische Militär, das die alte Ordnung rettete.
In der bayerischen Pfalz hatte der Protest von Anfang an weniger den Charakter eines Zornausbruches als den einer organisierten Revolution. Am 2. Mai 1849 fand in Kaiserslautern eine große Volksversammlung statt, auf der beschlossen wurde, die Münchener Regierung, die Gemeinden und Beamten zur Anerkennung der Reichsverfassung aufzufordern. Als Wortführer traten neben den Paulskirchenabgeordneten Nikolaus Schmitt, August Culmann und Joseph Reichard auch einige junge Republikaner aus Frankenthal und Speyer auf. Der Kampf gegen die Feinde der Reichsverfassung führte die verfeindeten Fraktionen des linken Lagers wieder zusammen. Auch die entschiedenen Demokraten, denen die Reichsverfassung in mancher Beziehung mißfiel, beteiligten sich an der Bewegung. Sie erhielt bald die Bezeichnung Reichsverfassungskampagne, aber schon in Kaiserslautern zeigte sich deutlich, daß es sich dabei eher um eine Wiederaufnahme der Märzrevolution als um eine Verteidigung der von der Nationalversammlung beschlossenen Verfassung handelte. In der Pfalz war außerdem die Freiheitsbewegung mit der Bestrebung verknüpft, sich von Bayern wieder zu lösen und unabhängig zu werden.
Die Kaiserslauterer Volksversammlung ließ es bei der Forderung nach Annahme der Reichsverfassung durch die Münchener Regierung nicht bewenden. Für den Fall der Nichterfüllung beschloß man Konsequenzen. Die pfälzischen Soldaten sollten den bayerischen Dienst verlassen, die öffentlichen Kassen beschlag-

nahmt und die Steuern verweigert werden. Zur Organisation dieser Maßnahmen wählten die achttausend Teilnehmer der Kundgebung einen Landesverteidigungsausschuß.
Innerhalb weniger Tage hörte die ganze Pfalz auf diesen revolutionären Konvent. Das Militär lief zum großen Teil über. Nur die Festungen Landau und Germersheim blieben königstreu. Eilends entsandte der Reichsverweser einen Abgeordneten der Nationalversammlung als Reichskommissar, um den Revolutionären klarzumachen, daß eine derart tatkräftige Unterstützung in Frankfurt nicht erwünscht sei. Der Kommissar freilich, der Chemnitzer Demokrat Bernhard Eisenstuck, führte seinen Auftrag nicht im Sinne des Erzherzogs aus. Vielmehr erklärte er öffentlich sein Einverständnis mit den Maßnahmen des Landesverteidigungsausschusses und befahl den preußischen Truppen, die von der Zentralgewalt zur Niederschlagung der Revolution nach Landau geschickt worden waren, die Pfalz wieder zu verlassen. Daraufhin enthob der Reichsverweser den Kommissar seines Amtes.
Von den Ereignissen in der Pfalz blieb Baden nicht lange unberührt. Hier war die demokratische Organisierung der revolutionären Kräfte in Volksvereinen am weitesten fortgeschritten. Nirgendwo in Deutschland hatte eine neue Volkserhebung bessere Aussichten, zu gelingen. Dank Amand Goegg waren alle Vorbereitungen getroffen. Noch bevor sich die badische Regierung zur Reichsverfassung erklärt hatte – dies geschah erst am 10. Mai –, lud der provisorische Landesausschuß der Volksvereine zu einem Kongreß mit anschließender Volksversammlung am 12. und 13. Mai nach Offenburg. Was das bedeutete, war jedem politisch Interessierten klar. Von Offenburg war die badische Märzrevolution ausgegangen, nun sollte dort ihre Fortsetzung eingeleitet werden. Vorsorglich verstärkten die Volksvereine ihre Kontakte zum Militär.
Wider Erwarten befand ich mich einmal mehr im Zentrum des Geschehens. Ausgerechnet die Festung Rastatt, in der ich gefan-

genlag, sollte zum Ausgangspunkt der dritten badischen Schilderhebung werden. Die Soldaten der Festung gingen zur Revolution über. Am Mittwoch, dem 9. Mai, fand abends auf dem Rastatter Exerzierplatz ein Treffen von Bürgern und Soldaten statt. Meine Bewacher berichteten mir, man habe vereinbart, gemeinsam die Errungenschaften der Märzbewegung zu verteidigen; auf keinen Fall würden Soldaten noch einmal auf ihre Mitbürger schießen.

Am Tag darauf kam es zu einem zweiten Treffen auf dem Platz. Diesmal nahmen bereits fünftausend Bürger und Soldaten daran teil. Sie verbrüderten sich und schworen einen feierlichen Eid, die Reichsverfassung *mit Gut und Blut gegen jeden Feind* zu verteidigen.

Eine Anzahl von Wachsoldaten hatte eine Eingabe an die badische Regierung gerichtet und diese aufgefordert, die vielen Häftlinge aus den beiden Aufständen zu entlassen, die seit Monaten ohne Urteil in den Rastatter Kasematten gefangenlagen. Die Regierung lehnte dies ab und verbat sich die Einmischung der Soldaten. Als diese Reaktion bekannt wurde, weigerte sich ein Teil der Wachleute, weiterhin Dienst zu tun. Als nun Strafen über die Meuterer verhängt wurden, lehnten es die Soldaten ab, gegen ihre Kameraden vorzugehen. Den Offizieren wurde nicht mehr gehorcht. Um die Disziplin zu retten, kam der badische Kriegsminister General Hoffmann selbst nach Karlsruhe. Doch war bei seinem Eintreffen die Meuterei schon so weit fortgeschritten, daß der General kein Gehör mehr fand. Er konnte froh sein, daß es ihm gelang, mit heiler Haut wieder aus der Festung herauszukommen.

Zu diesem Zeitpunkt befand ich mich nicht mehr in meiner Kasematte. Bei den ersten Anzeichen einer Meuterei hatte der Justizminister vorsorglich angeordnet, Blind und mich zu verlegen. Zu Recht befürchtete er unsere Befreiung. In der Nacht vom 11. auf den 12. Mai 1849 erschienen Soldaten eines auswärtigen Regiments in meiner Zelle. Unter starker Bewachung führten sie

mich und Karl Blind im Schutz der Dunkelheit aus der Festung, um uns per Bahn in das Zuchthaus von Bruchsal zu bringen.
Seit ihrer Entlassung wohnte Amalie in Rastatt. Sie hatte mich in dieser Zeit nur ein einziges Mal besuchen können, doch sie war über einen meiner Bewacher in Verbindung mit mir gestanden. Man hatte ihr sogar angeboten, mich zu befreien. Das hatte ich abgelehnt. In der damaligen Situation hätte ich der Regierung mit meiner Flucht nur einen Gefallen getan. Von meinem Abtransport erfuhr Amalie am Mittag des 12. Mai. Sofort packte sie ihre Sachen und reiste mir nach.
Erst am Abend kam sie in Bruchsal an. Sie wollte sofort zu mir, doch es war zu spät, den Zutritt zu erzwingen. Auf dem Weg vom Gefängnis zum Gasthof bemerkte sie, wie sie mir tags darauf mit ironischem Lächeln berichtete, daß die Revolution ausgebrochen war. Die Stadt war in Aufruhr. Im Schein von Fackeln durchwogten aufgeregte Menschenmassen die Stadt und feierten singend Verbrüderung mit Soldaten der in Bruchsal stationierten Garnison. Den Republikanern der Stadt wurden Ständchen gebracht und vor den Häusern der Reaktionäre Katzenmusiken intoniert. Es herrschte eine Stimmung wie Ende Februar 1848 in Mannheim.
Früh am Morgen des 13. Mai, einem Sonntag, stand Amalie vor dem Tor des Bruchsaler Zuchthauses und forderte Einlaß. Der Wachbeamte wollte sie fortschicken; er hatte Anweisung, mir keinen Besuch zu gestatten. Amalie aber wich nicht von der Stelle. Sie werde in der Stadt das Volk zusammenrufen und für die Stürmung des Gefängnisses sorgen, erklärte sie trotzig, falls man sie nicht augenblicklich zu mir lasse. Der verunsicherte Beamte ließ den Gefängnisdirektor aus seiner Wohnung holen, der Amalie in schroffem Ton empfahl, sich beim Karlsruher Justizministerium eine Besuchserlaubnis zu besorgen. Das werde sie nicht tun, antwortete meine junge Frau. Das Gesetz gebe ihr das Recht, ihren Gatten zu besuchen; werde ihr dessenungeachtet der Zutritt verweigert, so werde sie mit fünfzig Soldaten wie-

derkommen. Nach kurzer Bedenkzeit ließ der Direktor sie zu mir.
Der 13. Mai 1849 war ein freundlicher, warmer Frühlingstag. Durch das offene Fenster meiner Zelle hörte ich das Gezwitscher der Vögel. Sonnenstrahlen durchwärmten die düsteren Gänge und Gewölbe des Zuchthauses, in dem die Kerkertüren seit Stunden offenstanden und die meisten der Gefangenenwärter ihren Dienst nicht mehr versahen. Außer mir und Blind befanden sich noch zahlreiche andere politische Häftlinge in dem Gebäude. Wir alle verschmähten es, die Gelegenheit zur Flucht zu benutzen. Zu den Forderungen des Offenburger Kongresses, der am selben Tag stattfinden sollte, würde die Entlassung aller politischen Gefangenen gehören; wir wollten der Regierung die Erfüllung dieser Forderungen nicht ersparen. Daß die Befreiung bevorstand, wußten wir ohnehin. Und diese Zuversicht erfüllte das ganze Zuchthaus und verwandelte es in einen unwirklichen Ort. Aus den Zellen kamen ausgelassene Rufe und Gelächter. Ab und zu stimmte einer der Gefangenen ein Freiheitslied an, in das nach und nach andere einstimmten, bis es mächtig durch das Gebäude hallte:

Wenn alle Welt den Mut verlor,
Die Fehde zu beginnen,
Tritt du, mein Volk, den Völkern vor,
Laß du dein Herzblut rinnen!
Gib uns den Mann, der das Panier
Der neuen Zeit erfasse,
Und durch Europa brechen wir
Der Freiheit eine Gasse!

Amalies Erscheinen wurde von allgemeinem Jubel angekündigt. Ich konnte es kaum glauben, als sie, von einem Wärter höflich hereingeführt, meine Zelle betrat. Zum erstenmal seit unserer Verhaftung standen wir uns ohne Zeugen gegenüber. Ohne etwas zu sagen, schloß ich sie in meine Arme. Eine kleine Ewigkeit lang hielten wir uns umklammert und ließen den Tränen freien Lauf. Alle Angst, alle Qual fiel von uns ab. Wir hatten einander wieder, und nichts mehr würde uns trennen. Nach einer halben Stunde erschien der Wärter, um im Auftrag des Direktors Amalies Besuch für beendet zu erklären. Ich sagte ihm, er solle sich davonscheren. Daß er gehorchte, sagte mir mehr über die Lage draußen, als ich aus irgendeiner Zeitung hätte erfahren können.

43

Auf dem Kongreß der Volksvereine in Offenburg waren sich alle Delegierten einig darin, daß die Regierung Bekk abgelöst und die scheindemokratische Zweite Kammer ersetzt werden müsse durch eine frei und allgemein gewählte Landesversammlung. Streit gab es über die anzustrebende Staatsform. Amand Goegg und der junge Rotteck verlangten die sofortige Proklamierung der Republik; Mördes und Thibaut waren entschieden dagegen, wenn auch mehr aus taktischen als aus grundsätzlichen Erwägungen. Die Gemäßigten setzten sich durch.
Am 12. Mai 1849 wurde beschlossen, der Regierung ein Ultimatum zu stellen. Die Kammern seien aufzulösen, das Ministerium Bekk habe zurückzutreten, die politischen Flüchtlinge müßten zurückgerufen und alle politischen Gefangenen befreit werden, ferner sei die Wahl einer konstituierenden Landesversammlung einzuleiten. Für den Fall der Verweigerung drohte man der Regierung mit offener Revolution. Eine Deputation wurde gewählt, die sofort nach Karlsruhe abreiste, um der Regierung die Forderungen zu übergeben und eine Antwort abzuverlangen.
Zu der auf den Nachmittag des 13. Mai anberaumten Volks-

versammlung erschienen etwa fünfunddreißigtausend Menschen, darunter starke Abordnungen der badischen Armee. Ich saß noch im Gefängnis, doch manches, was auf dieser Offenburger Kundgebung geschah, war durch mich beeinflußt. Nicht nur folgte die Veranstaltung dem von mir entwickelten Ablauf, auch die gefaßten Beschlüsse beruhten auf dem Forderungskatalog, den ich vor mehr als einem Jahr ausgearbeitet hatte.

Ich besitze noch das Flugblatt mit dem Wortlaut der von der Versammlung angenommenen Erklärung. *Deutschland*, heißt es in der Präambel, *befindet sich fortwährend im Zustand voller Revolution ... Die deutschen Fürsten haben sich zur Unterdrückung der Freiheit verschworen und verbunden; der Hochverrath an Volk und Vaterland liegt offen zu Tage; es ist klar, daß sie sogar Rußlands sämmtliche Armeen zur Unterdrückung der Freiheit zu Hülfe rufen. – Die Deutschen befinden sich also im Stande der Nothwehr, sie müssen sich verbinden, um die Freiheit zu retten; sie müssen dem Angriff der fürstlichen Rebellen den bewaffneten Widerstand entgegensetzen.*

Damit war festgestellt, daß die neue badische Erhebung mehr sein würde als eine lokale Revolte. Von der Reichsverfassung war nur beiläufig die Rede. Indem sie die Fürsten als Hochverräter und Rebellen bezeichnete, nahm die Landesversammlung das Recht des legalen Widerstands für sich in Anspruch. Genauso hatte ich schon 1847 in meinem *Diplomatischen Briefwechsel* argumentiert.

In keiner der sechzehn konkreten Forderungen, die sich an diese Vorrede anschlossen, tauchte das Wort Republik auf. Doch der Sache nach ging das darin enthaltene Programm weiter als die Verfassungen aller gewesenen und bestehenden Staaten. Mein Leitsatz *Wohlstand, Bildung, Freiheit für alle* stand unsichtbar zwischen den Zeilen. Gefordert wurden Reformen, zu deren Verwirklichung weder das alte monarchische System noch der in der Reichsverfassung entworfene neue Nationalstaat in der Lage sein würde. Ich meine nicht die Verschmelzung von stehendem Heer und Volkswehr, die freie Wahl der Offiziere, die unentgeltliche Aufhebung sämtlicher Grundlasten und die Ersetzung des alten Steuersystems durch eine progressive Einkommensteuer. Ich denke an die sozialen Forderungen dieses Programms wie die nach *Errichtung einer Nationalbank für Gewerbe, Handel und Ackerbau zum Schutze gegen das Übergewicht der großen Kapitalisten*, und die auf *Errichtung eines großen Landespensionsfonds, aus dem jeder Arbeitsunfähige unterstützt werden kann*, unter Fortfall der besonderen Pensionsfonds für Staatsdiener.

Der während des Kongresses gebildete vierzehnköpfige Landesausschuß wurde von der Versammlung durch Akklamation bestätigt. Ihm gehörten unter anderem Brentano, Peter, Goegg und Fickler an, wobei die beiden Erstgenannten die gemäßigte Richtung repräsentierten. Durch die Verteidigung von Blind, Fickler und mir war Lorenz Brentano ungeheuer populär geworden. Allein deshalb überließ man ihm den Vorsitz. Die eigentlich treibende Kraft im Landesausschuß war, wie jeder wußte, Amand Goegg.

Die Versammlung war noch nicht beendet, als die am Vortag nach Karlsruhe entsandte Deputation zurückkam. Erwartungsgemäß hatte die Regierung das Ultimatum zurückgewiesen.

Die beiden Flügel der Volksvereinsdelegierten, die schon über die Frage der Ausrufung der Republik uneins gewesen waren, gerieten nun erst recht aneinander. Als Sprecher der Gemäßigten meinte Florian Mördes, der Landesausschuß solle durch bloße Agitation weiterwirken. Dagegen erklärte Goegg, der Ausschuß müsse die Regierung absetzen und selbst provisorisch bis zum Zusammentreten einer konstituierenden Versammlung die Regierungsgewalt übernehmen. Diesmal waren es die Radikalen, die sich durchsetzten. Der Landesausschuß wurde beauftragt, in Permanenz zu tagen und *die nöthigen Anordnungen zur Durchführung* der Volksbeschlüsse *mit allen ihm zu Gebote stehenden Mitteln zu treffen.*

Während der Kundgebung war eine Abordnung der Rastatter Garnison in Offenburg eingetroffen. Unter großem Jubel hatte sie bekanntgegeben, daß sich die Festung Rastatt fest in der Hand der Freiheitsbewegung befände. In den Landesausschuß wurden auch zwei Soldatenvertreter gewählt. Auf deren Vorschlag begab man sich am Abend des 13. Mai nach Rastatt. Im Schutz der sechstausend Mann starken Besatzung der Festung konnte sich die revolutionäre Führung vor einem möglichen Gegenschlag der Regierung sicher fühlen.
Während sich die Menge auflöste und die politischen Anführer mit zahlreicher Begleitung nach Rastatt aufbrachen, sammelte Gustav Schlöffel ein paar junge Leute, um Blind und mich aus dem Bruchsaler Gefängnis zu holen.
Amalie und ich verbrachten den Abend des 13. Mai in lange vermißter Zweisamkeit. Im Schein einer Kerze saßen wir ins Gespräch vertieft in meiner Zelle. Kurz nach 11 Uhr nachts hörten wir gewaltiges Poltern und Krachen. Wie sich herausstellte, waren Schlöffel und seine Leute vor dem Zuchthaus erschienen und dabei, mit Äxten und Holzbalken das Tor zum Gefängnishof aufzubrechen. Wenig später stürmten sie, Fackeln in der Hand, über die Treppen und Flure, vorbei an der letzten Zuchthauswache, die Gewehr bei Fuß in der Eingangshalle stand, ohne eine Hand zu rühren.
– Wo ist Struve? brüllte Schlöffel durch die hallenden Gänge. Die Gefangenen wiesen ihm den Weg. Ich trat aus meiner Zelle und sah ihn mit erhobener Fackel auf mich zukommen.
– Bürger Struve, rief er noch im Gehen, die Revolution ist in vollem Gange. Du mußt die Führung übernehmen!
Während Blind und andere zu uns traten, berichtete Schlöffel in knappen Worten vom Ablauf und den Beschlüssen der Offenburger Versammlung. Daß das Militär diesmal auf seiten des Volkes stand, war die alles entscheidende Nachricht. Dieses Mal, dachte ich, wird die Revolution gelingen.
Noch in der Nacht fuhren wir zusammen mit Schlöffel, Blind,

Bornstedt und einigen befreiten Mitgefangenen in zwei Wagen nach Rastatt ab. Auf dem Weg aus der Stadt sah ich auf allen Plätzen Feuer brennen. Soldaten mit roten Bändern am Arm kontrollierten uns beim Passieren des Stadttores. Die Bruchsaler Garnison hatte sich der Freiheitsbewegung angeschlossen.
In rascher Fahrt rollte der Wagen über steinige Straßen. Amalie schlief in meinem Arm. Mit gedämpfter Stimme stellte ich Fragen an Schlöffel, um Klarheit über die Situation zu gewinnen. In der Pfalz habe die Revolution bereits gesiegt, sagte er, in Sachsen sei die Republik ausgerufen, Württemberg habe den König in die Knie gezwungen, das Rheinland stehe in Flammen. Leider sollten sich diese Meldungen ziemlich bald als übertrieben herausstellen. Es war damals nicht leicht, Nachrichten von Gerüchten zu unterscheiden. Fieberhaft überlegte ich, was zu tun sei, um der badischen Freiheitsbewegung in diesem ihrem vierten Anlauf den Sieg zu sichern. Zunächst mußte man einen Mann des allgemeinen Vertrauens zum Repräsentanten des Aufstandes machen, einen Mann, der auch in den Augen des zögernden Bürgertums besser war als Bekk. Ich selbst, das wußte ich wohl, war dieser Mann nicht. Hecker wäre es gewesen, doch der befand sich inzwischen in Amerika und würde, riefe man ihn zurück, frühestens in sechs bis acht Wochen hier sein können. Ausgeschlossen, so lange zu warten. Adam von Itzstein? Zu alt und zu starrköpfig. Josef Fickler? Zu hitzig. Lorenz Brentano? Er war der Held des Tages, verfügte über große politische Erfahrung, galt als respektabel und war doch radikal. Keine Frage, Brentano war der richtige Mann.
Wie mir Schlöffel erzählte, hatte man Brentano in Offenburg aufgrund solcher Erwägungen an die Spitze des Landesausschusses gewählt. Ob er bereit sein würde, die Führung der Bewegung zu übernehmen, sei allerdings sehr die Frage. Er hatte an der Versammlung nicht teilgenommen, angeblich wegen Krankheit, nach Ansicht von Goegg und anderen aber aus Vorsicht.
Auf dem Weg nach Rastatt kam uns im Morgengrauen in der

Nähe von Durlach ein Wagen entgegen, dessen Kutscher uns Zeichen gab, langsam zu passieren. Aus dem dunklen Innern des Gefährts rief eine weibliche Stimme:

– Fahren Sie nicht weiter. In Karlsruhe geht alles drunter und drüber!

Vergebens versuchte ich, mehr zu erfahren. Der Wagen fuhr in rascher Fahrt in die Richtung davon, aus der wir kamen. So wußten wir nur, daß in Karlsruhe Unruhen ausgebrochen waren. Erst Stunden später hörten wir, was sich am 13. Mai und in der darauffolgenden Nacht zugetragen hatte: Die Karlsruher Garnison hatte unmittelbar nach der Vereidigung auf die Frankfurter Reichsverfassung ihre Gamaschen verbrannt und sich mit jungen Demonstranten verbrüdert. Daraufhin hatte General Hoffmann Verstärkung zum Schutz von Regierung und Großherzog angefordert. Am Abend waren zwei Bruchsaler Kompanien angerückt, die bereits die roten Federn der Revolution an ihre Tschakos geheftet hatten. Mit den meuternden Einheiten, die sie bekämpfen sollten, vereinigten sie sich. Das Offizierskorps der Karlsruher Garnison wurde verjagt, das Zeughaus nach erbittertem Kampf gegen die reaktionäre Bürgerwehr der Stadt gestürmt. Erschreckt von der Schießerei in den Straßen der Residenz, hatte der Großherzog Hals über Kopf die Flucht ergriffen. Auf dem Protzkasten einer Kanone sitzend, war er von einer loyalen Dragonereinheit unter Führung von General Hoffmann ins hessische Germersheim geleitet worden.

Von diesen Ereignissen nichts ahnend, fuhren wir vorsichtshalber in weitem Bogen um Karlsruhe herum. Zwischen Wolfahrtsweiler und Ettlingen begegnete uns eine Kavalleriepatrouille von acht bis zehn Mann. Sie ritt an uns vorbei, ohne uns aufzuhalten. Daß das Militär auf unserer Seite stand, wagte ich noch immer nicht zu glauben. Meine Skepsis schien berechtigt, denn die Torwache von Rastatt ließ uns nicht in die Festung. Wie sich später herausstellte, hatten regierungstreue Offiziere sich kurzfristig wieder der Tore bemächtigt.

In einem Gasthof vor der Festung traf ich Rehmann aus Offenburg. Während unsere kleine Reisegesellschaft frühstückte, berichtete er, daß auch in Lörrach, Konstanz, Mannheim und Freiburg die Truppen zu den Aufständischen übergelaufen seien. General Miller, der mit einem württembergischen Heer bei Freiburg stand, habe zwar versucht, gegen die Stadt vorzugehen, sei aber durch Gehorsamsverweigerung seiner eigenen Leute zum Rückzug genötigt worden. Ich teilte Rehmann meine Überlegung hinsichtlich der Führung der Revolution mit, und er stimmte mir vorbehaltlos zu. Er wußte, daß Brentano sich in Baden-Baden aufhielt. Wir entschlossen uns, zu ihm zu fahren und ihn aufzufordern, sich an die Spitze der Revolution zu stellen.

So reisten wir nach dem Frühstück alle zusammen nach Baden-Baden. Brentano zeigte sich überrascht von unserem Besuch. Wir saßen vor einer efeubewachsenen Mauer auf der Terrasse einer Villa und besprachen Badens Zukunft. Ich erinnerte Brentano eindringlich an seine Verantwortung. Nachdem Rehmann versichert hatte, daß das Militär wirklich auf seiten des Volkes stehe, gab Brentano endlich meinem Drängen nach. Eine Stunde später saß er mit uns im Zug nach Rastatt.

Viele Gesinnungsfreunde haben mir später zum Vorwurf gemacht, daß ich es war, der Brentano an jenem 14. Mai 1849 veranlaßt hatte, die Führung zu übernehmen. Auch ich selbst sollte es bald genug bereuen. Denn Lorenz Brentano erwies sich als völlig ungeeignet für die übernommene Aufgabe. Wo er hätte treiben sollen, bremste er; wo nur Entschiedenheit geholfen hätte, blieb er unentschlossen. Doch nicht nur ich hatte ihn falsch eingeschätzt, auch der Landesausschuß war von seiner Popularität geblendet gewesen. Seine Mitglieder waren mir dankbar, daß ich Brentano überredet hatte. Der Vorwurf, den Falschen gewählt zu haben, trifft also alle Beteiligten.

Wieder einmal überschlugen sich die Ereignisse. Während wir noch in Baden-Baden mit Brentano sprachen, traf in Rastatt eine

Deputation des Karlsruher Gemeinderats ein. Sie wurde – inzwischen hatte die Torwache gewechselt – in die Festung eingelassen und vom Landesausschuß empfangen. Der Großherzog habe die Hauptstadt verlassen, erklärten die Gemeinderäte, alle führenden Beamten seien dabei, ihm zu folgen. Die badische Regierung befinde sich im Zustand der Ratlosigkeit, Minister Bekk werde voraussichtlich fliehen. In Karlsruhe drohe die Anarchie. Falls der Landesausschuß in die Hauptstadt kommen und für den Schutz der Stadt sorgen wolle, werde ihm der Gemeinderat nicht entgegentreten. Dies war, sosehr man sich auch wand, eine Einladung. Der Landesausschuß sollte die Regierung übernehmen.
Sofort wurde ein Extrablatt in Druck gegeben, das ich an dieser Stelle meinem Manuskript beifüge:

Neueste Nachricht.
Rastatt, den 14. Mai 1849, vormittags 11 Uhr.
Die badische Regierung in Karlsruhe ist entflohen. Der dortige Gemeinderath hat uns ersucht, nach Karlsruhe zu kommen und die Leitung der Geschäfte zu übernehmen. Das hiesige Militär ist insgesammt auf die Durchführung der Reichsverfassung und die Anordnungen des Landesausschusses beeidigt. Wir sind im Begriffe, nach Karlsruhe zu ziehen; ein Theil des Militärs begleitet uns. Wir rechnen, Mitbürger, auf Euere Vaterlandsliebe, auf Euere Unterstützung bei der Aufrechterhaltung der Ordnung.
Für den Landes-Ausschuß der Volksvereine in Baden. Brentano. Goegg. Werner. Hoff. Steinmetz. Stop. Degen. Happel. Rehmann. Bannwarth, Cordel und Henecka, Soldaten.

Gegen Mittag reiste der Landesausschuß mit Brentano an der Spitze nach Karlsruhe. Bei schönstem Maiwetter zog man mit klingendem Spiel und militärischem Gefolge in die Hauptstadt ein. Schwarz-rot-goldene Fahnen flatterten aus Turmluken und Fenstern; jubelnd begrüßte die Bevölkerung den Zug. Vom Rathausbalkon herab hielt Brentano eine Rede, in der er versicherte, die Reichsverfassung zu achten und für die Aufrechterhaltung der Ordnung zu sorgen. Die Verlesung der *Offenburger Forderungen* überließ er bezeichnenderweise meinem Freund Hoff aus Mannheim.

44

An dem Einzug des Landesausschusses in Karlsruhe nahm ich nicht teil. Nach Monaten der Trennung sehnte Amalie sich danach, ihre Mutter wiederzusehen; ihr diesen Wunsch zu erfüllen war mir wichtiger als alles andere. Ohne den Bahnhof in Karlsruhe zu verlassen, reisten Amalie, Pedro und ich mit dem Zug nach Mannheim weiter, wo wir am späten Nachmittag ankamen.

Die Gefühle, die mich beim Gang durch die vertrauten Straßen bewegten, sind schwer zu beschreiben. Wir machten einen Umweg, um an unserer ehemaligen Wohnung vorbeizugehen. Nun wohnten andere darin. Die Fenster waren mit Gardinen verhängt. Tapfer kämpfte Amalie gegen ihre Bitterkeit an. Sie glaubte, mich trösten zu müssen, und erzählte mir, daß ihr Stiefvater meine Gipsabdrücke, Manuskripte und Bücher rechtzeitig vor dem Auktionator gerettet hätte.

Auf dem Marktplatz standen die Menschen in Gruppen zusammen, manche trugen Fahnen, andere verteilten Flugblätter, viele waren in erregte Diskussionen vertieft. Den Balkon des Rathauses schmückten Girlanden und die deutsche Trikolore. Wie ich erfuhr, hatte vor kurzem eine Volksversammlung auf dem Platz stattgefunden, während der die Verbrüderung von Bürgern und Soldaten vollzogen worden war. Advokat Eller hatte verkündet, die Regierung sei gestürzt, der Großherzog geflohen, die Residenz in der Hand des Volkes. Ein Gefreiter des 4. Infanterie-

regiments war als Redner aufgetreten. Als Abgesandter der provisorischen Regierung hatte Florian Mördes versichert, die neue Regierung garantiere die Achtung vor Person und Eigentum. Beim Durchqueren des Platzes wurden wir von mehreren Leuten erkannt und angesprochen. Hätte Amalie nicht sanft zum Weitergehen gedrängt, wäre ich gewiß in manches Gespräch hineingezogen worden. In einem Kreis junger Leute stand Hoffmann von Fallersleben und rief, als er mich erkannte:
– Aha, der rote Mönch kommt zurück! Kein gutes Zeichen, wahrhaftig nicht. Höchste Zeit, aus Baden zu verschwinden.
Ich fragte Hoffmann, wie er das meine und was ich ihm getan habe, daß er mich derart beleidige. Er antwortete, ich solle seine Bemerkung nicht zu persönlich nehmen; sie richte sich mehr gegen das Prinzip, das ich verkörpere, als gegen meine Person.
– Es wird ein schreckliches Trauerspiel vorbereitet, fuhr er fort. Und du, seltsamer Struve, wirst einer der Akteure sein. Ich möchte nicht als müßiger Zuschauer warten, bis es in Szene gesetzt ist. Darum werde ich mich empfehlen.
– Das ist grundverkehrt, Bürger Hoffmann, sagte ich. Du solltest dich beteiligen.
– Ich wüßte nicht, wie, antwortete er. Meine Waffe ist das Lied, und diese Waffe gilt bei dem großen Haufen und seinen Führern gar nichts mehr. Die setzen nur auf rohe Gewalt.
– Ein Lied ist eine schwache Waffe, sagte ich. Es verändert nichts. Um die Welt zu verbessern, bedarf es der Tatkraft. Irgendwann muß man das, was man in Liedern fordert, auch tun.
Amalies bittender Blick veranlaßte mich, die Diskussion abzubrechen. Ich verabschiedete mich von Hoffmann und wünschte ihm Glück. Seither habe ich ihn nicht mehr gesehen; ab und zu entdecke ich eines seiner Gedichte in einer Zeitung und frage mich jedesmal, ob man besingen darf, was man nicht zu erkämpfen bereit ist.
An das Wiedersehen mit Amalies Eltern erinnere ich mich nur undeutlich. Mutter und Tochter hielten sich zärtlich umschlun-

gen, der alte Düsar zeigte seinem Sohn eine Maulwurfsfalle, die er während dessen Abwesenheit gebaut hatte. Einen friedlichen Frühsommerabend lang saßen wir wie vor Jahren an dem Holztisch hinter dem Gartenhäuschen, das die Düsars noch immer bewohnten. Um den lila blühenden Fliederstrauch summten die Bienen, die Kerzen flackerten im lauen Wind, der Himmel war sternenklar. Amalie und Pedro erzählten abwechselnd von ihren Erlebnissen, während ich schweigend hinaufsah in das Meer der Sterne. War dies schon der Ausstieg aus dem Höllenloch?

> Salimmo sú, el primo e io secondo,
> tanto ch'i' vidi de le cose belle
> che porta 'l ciel, per un pertugio tondo.
> E quindi uscimmo a riveder le stelle.*

Früh am nächsten Morgen verließ ich Mannheim, um mich der provisorischen Regierung in Karlsruhe zur Verfügung zu stellen. Amalie blieb bei den Eltern, doch Pedro, er ließ es sich nicht ausreden, wollte mich begleiten. Gegen 11 Uhr vormittags trafen wir in der Hauptstadt ein. Ich bat Pedro, ein Quartier für uns zu suchen, und ging sofort zum Rathaus.

Die Stadt war noch vom Empfang des Vortages geschmückt. Schlaff hingen die Fahnen von Stangen und Gesimsen. Als ich am Ettlinger Tor vorbeikam, fielen mir meine Schulkameraden ein, mit denen ich hier oft gestanden hatte, festgehalten durch ein Streitgespräch. Und ich spürte wieder den strafenden Blick meines Vaters auf mir, hörte sein: *Ponctualité est la vertu des rois*, schmeckte die kaltgewordene Suppe. War das nicht erst gestern gewesen? Die Pyramide auf dem Marktplatz wurde immer noch

* So ging es, er der erste, ich der zweite,
So lang, bis ich dann blickte in der Ferne
Des Himmels Schmuck durch eines Loches Weite.
Dort schritten wir hinaus, zu schaun die Sterne.

von einem Soldaten bewacht, der in einem Schilderhäuschen stand. Nur die rote Feder am Tschako verriet, daß sich etwas verändert hatte seit meiner Lyceumszeit.
Im Rathaus tagte der Landesausschuß. Ich ließ Brentano aus der Sitzung rufen, um ihm meine Dienste anzubieten. Er kam vor die Tür und lud mich ein, an der Beratung teilzunehmen. Eigentlich gehöre ich dazu, meinte er; man habe mich in Offenburg nur deshalb nicht in den Landesausschuß gewählt, weil ich eingekerkert gewesen sei.
Ich betrat also das Beratungszimmer, wo Badens neue Machthaber am langen grünen Tisch saßen und gerade über die Frage diskutierten, ob man das Wappen des Großherzogs weiterhin verwenden solle. Goegg konnte vor Heiserkeit nur flüstern; er hatte sich in den letzten Tagen völlig verausgabt. Den Vorsitz führte Brentano. Eine Tagesordnung gab es nicht; jeder sagte, was ihm gerade einfiel, Wichtiges vermischte sich mit Nebensächlichem, man kam vom Hundertsten ins Tausendste. Niemand bot mir Platz an, und so hörte ich an die Wand gelehnt einige Stunden schweigend zu. Endlich verlor ich die Geduld und fragte, ob die Exekutive schon gewählt und die Verteilung der Regierungsaufgaben schon vorgenommen worden seien. Beides wurde verneint, worauf ich empfahl, alle anderen Fragen zurückzustellen und erst einmal die Zügel des Staates in die Hände zu nehmen.
Widerstrebend sah man ein, daß ich etwas Vernünftiges vorgeschlagen hatte. Andererseits war man etwas gekränkt über meine Einmischung. Goegg forderte mich auf, mich mit an den Tisch zu setzen. Ich weigerte mich. Ohne förmlich in den Landesausschuß aufgenommen zu sein, wollte ich nicht an der Beratung teilnehmen. Es sei ohnehin notwendig, den Ausschuß zu erweitern, sagte Brentano, denn die anstehenden Aufgaben erforderten ein größeres Gremium. Daraufhin beschlossen die Anwesenden, den Landesausschuß durch die Hinzuziehung aller Stellvertreter und die Kooptation von weiteren Personen von vierzehn

auf achtundzwanzig Mitglieder zu vergrößern. Einer der Hinzugewählten war ich.
Der erste Beschluß, bei dem ich mitwirkte, gab Baden eine neue Regierung. Was die Besetzung anging, so war der Ausschuß nicht ganz frei in seiner Entscheidung. Die Offenburger Versammlung hatte in ihrer Erklärung vom 13. Mai 1849 verlangt, das Ministerium Bekk durch *Bürger Brentano, Obergerichtsadvokat zu Mannheim, und Bürger Peter, Reichstagsabgeordneter von Konstanz,* zu ersetzen. Den beiden war folglich die Leitung der Regierungsgeschäfte zu übertragen. Brentano betrauten wir mit der eigentlichen Staatsführung, indem wir ihm das Innenministerium und die auswärtigen Angelegenheiten zuwiesen. Peter übernahm das Justizministerium. Finanzminister wurde Goegg und Kriegsminister Eichfeld.
Gleich nach der Verteilung der Regierungsämter stellte ich den Antrag, eine offizielle Einladung an Friedrich Hecker zu senden, um ihn aus Amerika zurückzurufen. Alle Mitglieder des Landesausschusses stimmten zu, auch Brentano, obwohl er ahnen mochte, worauf mein Antrag zielte.
Hecker fehlte dringend, das zeigte sich von Stunde zu Stunde deutlicher. So ausgezeichnet Brentano sich als Verteidiger von Republikanern bewährt hatte, so wenig eignete er sich zur Verteidigung der Republik. Seiner ganzen Veranlagung nach war er Anwalt, weshalb er auf Advokatentricks setzte, wo Entschiedenheit notwendig gewesen wäre. Schon in seiner Begrüßungsansprache an die Karlsruher Bevölkerung hatte er erklärt, *daß er die unnötige Flucht des Großherzogs bedaure,* und versichert, er denke nicht an eine Ersetzung bewährter Beamter, denn es gehe ihm vor allem um die *Aufrechterhaltung der Ordnung.* Er war der Meinung, daß Baden, allein auf sich gestellt, der Reaktion nicht lange standhalten konnte. Obwohl das Haupt einer revolutionären Regierung, vermied er ängstlich jeden radikalen Bruch mit der Vergangenheit. Offenbar glaubte er, sein Wohlverhalten werde von der Gegenseite mit Schonung belohnt. Wochenlang wehrte er sich gegen

die Proklamierung der Republik und baute dem geflohenen Großherzog goldene Brücken zur Rückkehr. Ich erinnere mich, daß er mir gegenüber sogar die Auffassung vertrat, der Fürst werde die revolutionäre Regierung anerkennen, wenn diese sich nur *anständig* verhielte. Im Grunde seines Herzens hielt er die ganze Revolution von Anfang an für verloren. Mit dieser Einstellung konnte er sie unmöglich zum Sieg führen.

Im Landesausschuß saßen eine Reihe von Leuten, die ganz ähnlich dachten, namentlich Junghanns, Kiefer und Thibaut. Diese bildeten gewissermaßen Brentanos Partei. Ihr stand eine etwa gleichstarke Gruppe entschiedener Demokraten gegenüber, zu denen außer mir Stay aus Heidelberg, Fickler und Goegg gehörten. Zwischen der *honetten* und der *entschiedenen* Fraktion schwankten die restlichen Mitglieder des Landesausschusses, so daß die Mehrheiten wechselten.

In voller Schärfe entzündete sich der Prinzipienstreit zum erstenmal an der Frage, nach welcher Eidesformel die Beamten auf die neue Ordnung verpflichtet werden sollten. Verkehrt war schon, daß Brentano die Bürokratie nicht von reaktionären Elementen säubern ließ, sondern glaubte, einen revolutionären Staat von den Erzfeinden der Revolution verwalten lassen zu können. Nun wehrte er sich auch noch gegen die an sich selbstverständliche Forderung, die Beamten unbedingten Gehorsam gegenüber der neuen Regierung geloben zu lassen. Seiner Ansicht nach sollten sie nur *unbeschadet der durch die alte Landesverfassung übernommenen Verpflichtungen* vereidigt werden. Mit dieser Advokatenklausel hoffte er die Vorsichtigen und Loyalen unter den Staatsdienern auf unsere Seite ziehen zu können. In Wahrheit bewirkte die Halbherzigkeit der Formulierung genau das Gegenteil. Hohe Beamte, die bei Bekanntwerden des Umsturzes mit ihrer Bestrafung oder wenigstens ihrer Entlassung gerechnet hatten, erkannten sofort, daß sie umworben wurden. Sie registrierten dies als Zeichen der Schwäche und verachteten die neue Obrigkeit dafür.

Der New Yorker Broadway
in den 50er Jahren
des 19. Jahrhunderts.

Gefreiter des 8. New Yorker Freiwilligenregiments, dem Struve von 1861 bis 1863 angehörte.

Abseits der ersten Schlacht am Bull Run (23. Juni 1861). Außer Stabsoffizieren beobachten bürgerliche Schaulustige den Kampf (oben).
In der Schlacht bei Cross Keys erleidet das 8. New Yorker Freiwilligenregiment schwere Verluste (unten).

GAMM S.S

Gustav Struve nach seiner
Heimkehr aus der Emigration
im Jahre 1863.

Ich verwies darauf, daß das Militär bereits ohne die einschränkende Klausel vereidigt worden war und die Staatsdiener nicht anders behandelt werden dürften. Die Mehrheit des Landesausschusses schloß sich dieser Meinung an. Statt sich zu fügen, drohte Brentano mit seinem Rücktritt. Daraufhin gaben wir nach. Ein Zerbrechen der eben erst gebildeten Regierung hätte das Vertrauen der Bevölkerung in die neue Führung erschüttert und war daher nicht zu verantworten. Nach außen mußten wir Einigkeit zeigen. Leider nutzte Brentano diese Situation rücksichtslos aus. Durch Rücktrittsdrohungen entschied er fortan jede wesentliche Meinungsverschiedenheit für sich.
Mit Fickler und Goegg formulierte ich ein Vier-Punkte-Programm über die wichtigsten Aufgaben des Augenblicks: 1. Vereinigung Badens mit der Rheinpfalz, um die Verteidigung der Revolution gemeinsam zu organisieren; 2. Militärische Aufrüstung und Mobilisierung aller Kräfte; 3. Herbeischaffung der erforderlichen Geldmittel zur Führung eines Verteidigungskrieges; 4. Verständigung mit allen revolutionären Kräften Europas zwecks Ausweitung und Verteidigung der Freiheitsbewegung.
Meine Arbeit im Landesausschuß bestand hauptsächlich darin, auf die Durchführung dieses Programms zu drängen. Leider hemmte Brentano jede Initiative. Nur selten trat er den Forderungen direkt entgegen, aber er verhinderte, daß Entscheidendes geschah. Wohl wurde vertraglich festgelegt, daß Baden und die Rheinpfalz in militärischer Beziehung als ein Land zu betrachten seien; aber es wurde nichts getan, um die Rheinpfalz gegen die vorhersehbare Invasion der Preußen zu sichern. Die von regierungstreuen bayerischen Truppen gehaltenen Festungen Landau und Germersheim blieben unbehelligt, obwohl sie wie Pfähle im Fleisch der südwestdeutschen Republiken staken und von der Reaktion jederzeit als Brückenköpfe verwendet werden konnten. Bei den Kriegsvorbereitungen versagte Eichfeld völlig, was sogar Brentano auffiel. Der zum Nachfolger im Amt des Kriegsministers ernannte Mayerhofer war nicht viel tüchtiger.

Er weigerte sich, die von der Landesversammlung geforderte Verschmelzung des Heeres mit der Volkswehr vorzunehmen. Auch die Verproviantierung und Verstärkung von Rastatt wurde versäumt. Ähnlich gravierende Fehler beging der Finanzminister. Weder machte er das im Lande vorhandene Staatsvermögen flüssig, noch wagte er es, die Wohlhabenden mit Zwangsanleihen zu belasten. Mein Vorschlag, auf das Staatskapital Papiergeld auszugeben, fand allgemeine Zustimmung. Seine Ausführung scheiterte allerdings daran, daß sich niemand um den Druck der Banknoten kümmerte.
Keine Sitzung des Landesausschusses ließ ich vorübergehen, ohne die Forderung nach einer Ausweitung der Revolution über die Landesgrenzen zu erheben. Ich wurde nicht müde zu erklären, warum das Überleben der badischen Republik vom Ausbruch weiterer Aufstände in Deutschland abhing. Als Teil der Reichsverfassungs-Kampagne war unsere Maierhebung von Anfang an Teil einer überregionalen Protestbewegung gewesen. Daß man nun mit der Pfalz allein stand, war eine auf Dauer unhaltbare Situation. *Gerechteren Kampf hat's nie gegeben! Zu den Waffen, Männer, zu den Waffen!* hatte die im Club Donnersberg vereinigte Linke der Paulskirche den Deutschen zugerufen, nachdem die Großmächte die Reichsverfassung zurückgewiesen hatten. Und vom Kongreß der deutschen Märzvereine war zu hören gewesen: *Deutsche Männer! Der Augenblick ist gekommen, wo es gilt, für die Freiheit, für die Einheit des gesammten deutschen Vaterlandes Gut und Leben einzusetzen. Die Verfassung, welche die Vertreter des Volkes beschlossen und endgültig verkündet haben, soll durch die Gewalt rebellischer Regierungen umgestürzt, vernichtet werden. Die preußische Regierung erklärt, daß sie überall rechtzeitig erscheinen werde, um gewaltsam die Erhebung des Volkes zu Gunsten der Verfassung niederzuschlagen. Russische Horden ruft man zu Hülfe, um die Freiheit zu unterdrücken und die Macht des einigen Deutschlands auf's Neue zu lähmen ... Wer Waffen tragen kann, rüste sich, sie zu gebrauchen! ... Einheit thut*

vor Allem Noth! Nur vereinzelt war man dem Aufruf gefolgt. Die Aufstände in Sachsen und im Rheinland waren niedergeschlagen. Nun befanden sich Baden und die Pfalz in der Lage von Freischärlern, die auf gemeinsamen Beschluß, den Angriff zu wagen, losgestürmt waren, während ihre Kameraden aus Furcht Deckung behalten hatten.

Noch gärte es in Deutschland, und meiner Überzeugung nach bedurfte die da und dort aufflackernde Empörung nur der Ermutigung, um zum Flächenbrand zu werden, der Baden und der Pfalz Entlastung verschaffen könnte. In Nürnberg und Würzburg kam es zu Volksversammlungen, im hessischen Grenzland erklärten sich mehrere Gemeinden solidarisch mit Baden. In Rheinhessen gab es Demonstrationen, in Württemberg rumorte es an verschiedenen Orten. Doch Brentano, froh darüber, daß der erwartete Angriff der Preußen bisher ausgeblieben war, hielt es für unklug, die Reaktion durch das Schüren von Unruhe außerhalb Badens zu reizen. Jede Initiative in dieser Richtung lähmte er. Statt zu handeln, hoffte er auf ein Wunder, nämlich auf einen Wechsel der politischen Großwetterlage. Die Eroberung Wiens durch die Ungarn werde bald die Aufmerksamkeit von Baden ablenken, phantasierte er, und der geplante Aufstand Ledru-Rollins gegen Louis Napoleon die europäische Reaktion erschrecken. Leider geschah weder das eine noch das andere.

Ich erinnere mich an eine Sitzung, in der ich vorschlug, zur Verteidigung Badens Freiwillige aus dem Ausland anzuwerben.

– Das kommt nicht in Frage, sagte Brentano sofort. Das polnische Gesindel, das durch die Lande reist, wollen wir in Baden nicht haben.

– Den Ausdruck polnisches Gesindel, sagte ich grimmig, nimmst du sofort zurück, Bürger Brentano! Die polnischen Freiheitskämpfer verdienen höchsten Respekt. Sie sind unsere Brüder.

– Deine vielleicht, erwiderte Brentano, meine nicht. Im übrigen ist die Aufstellung von Freikorps aus hergelaufenen Revolutionären ungesetzlich.

Ich wurde zornig und richtete mich auf.
– Ungesetzlich? Nach welchem Maßstab? Nach dem Gesetzbuch der Reaktion sind wir alle, wie wir hier sitzen, Hochverräter. Falls die Volkssache unterliegt, wird man uns ungeachtet der schönsten Reden über Gesetzlichkeit standrechtlich behandeln. Jede Revolution, die an revolutionären Kräften nicht reißend zunimmt, geht unter. Eine rein badische Revolution, ich sage es immer wieder, kann nicht gelingen. Wir siegen als Teil einer europäischen Bewegung oder gar nicht. Die Befreiung der Polen, der Italiener, der Ungarn ist auch unsere Befreiung. Jeder, der für die Freiheit kämpft, ist unser Bruder!
Doch ich predigte tauben Ohren. Wie schon Hecker hatte auch Brentano eine provinzlerische Abneigung gegen Ausländer. Alles, was ich erreichte, war, daß die von sich aus nach Baden strömenden Freiheitskämpfer aus anderen Regionen nicht mehr an der Grenze zurückgeschickt oder aus dem Lande gewiesen wurden. Ich schlug die Bildung von besonderen Freikorps für diese Freiwilligen vor, wozu die Mehrheit des Landesausschusses ihre Zustimmung gab. Außerdem erwirkte ich den Beschluß, Johann Philipp Becker, den Führer der schweizerischen Emigrantenlegion, zum Oberbefehlshaber der Volkswehren und Freischaren zu ernennen. Abgelehnt wurde dagegen mein Antrag, auch Nicht-Badener auf die Kandidatenliste für die konstituierende Versammlung zu setzen. Ungenutzt für unsere Sache blieb daher das politische Talent von führenden deutschen Demokraten wie Tzschirner, Martiny, Schlöffel Vater und Sohn, Heinzen, Fröbel und den vielen anderen, die aus Begeisterung für die Freiheitsbewegung ins revolutionäre Baden gekommen waren.
Meine eigene Kandidatur für das erste demokratisch gewählte badische Parlament war übrigens mehr symbolischer Art. Im zweiten Wahlkreis trat ich gegen Brentano an, um meine politische Gegnerschaft klarzustellen. Ich rechnete nicht damit, Brentano schlagen zu können, zumal für eine Reise in den

Wahlkreis und die notwendige Überzeugungsarbeit keine Zeit war.
Um so wichtiger schien es mir, meinen Einfluß im Landesausschuß geltend zu machen, solange dieser noch als provisorische Legislative die Politik bestimmte. Die Sitzungen wurden allerdings immer unerquicklicher. Wenn Brentano nicht anwesend war, griff er die ohne ihn gefällten Beschlüsse regelmäßig an. Wartete man auf ihn, ging viel Zeit verloren. Von Tag zu Tag wurde er gereizter. Einmal ärgerte er sich über einen Mehrheitsbeschluß so sehr, daß er uns anherrschte, er sei Manns genug, nötigenfalls den ganzen Landesausschuß verhaften zu lassen. Vor allem Karl Blind, der im Innenministerium arbeitete, hatte sehr unter Brentanos cholerischen Ausbrüchen zu leiden. Um meinen Freund davor zu bewahren, schlug ich vor, ihn als Gesandtschaftssekretär nach Paris zu schicken. Dies fand auch Brentanos Zustimmung. Er war froh, Blind auf diese Weise loszuwerden.
Die wichtigste Entscheidung, die ich dem Landesausschuß und der Regierung abrang, betraf die des Oberbefehls über die Armee. Am liebsten hätte ich Franz Sigel auf diesem Posten gesehen. Er besaß strategisches Geschick, Mut und Energie und war überzeugt von unserer Sache. Das bestritt niemand, doch zum obersten Heerführer wollte man ihn nicht ernennen. Der Grund war, daß Sigel erst vierundzwanzig Jahre alt war. Kriegsminister Mayerhofer kam mit dem albernen Einwand, man könne altgedienten Offiziere nicht zumuten, unter einem so jungen Kommandanten zu dienen. Unter den Gegenvorschlägen gab es keinen einzigen Kandidaten, bei dem das militärische Können der erforderlichen politischen Zuverlässigkeit entsprach. Schließlich empfahl ich, Louis Mieroslawski anzuwerben. Dieser hatte 1846 und 1848 die polnischen Aufstände gegen Preußen geführt und war im Winter 1848/49 an der Spitze des sizilianischen Volksheeres verwundet worden. Als Sohn eines Polen und einer Französin verkörperte er wie kaum ein anderer den

gesamteuropäischen Charakter des großen Freiheitskampfes, von dem die badische Erhebung ein Teil war. Mangels brauchbarer Gegenkandidaten erklärte sich Brentano schließlich einverstanden. Der ohnehin nach Frankreich reisende Blind erhielt den Auftrag, Mieroslawski in Paris aufzusuchen. Im Auftrag der provisorischen Regierung sollte er den General auffordern, sofort nach Baden zu kommen, um die Landesverteidigung zu organisieren.

So hatte ich trotz aller Schwierigkeiten nicht das Gefühl, meine Tage umsonst in Sitzungen zu verbringen. In einem Fachwerkhaus in der Zähringerstraße hatte Pedro eine kleine Wohnung gefunden, in der ich abends bei offenem Fenster Briefe schrieb und Anträge formulierte. Unter dem Fenster war der Eingang zu einem Bäckerladen, weshalb die Erinnerung an jene Maiwochen in Karlsruhe mit dem Geruch von frischem Brot verbunden ist. An den Wochenenden kam Amalie von Mannheim, um mir nahe zu sein. Dann ließ ich Schreibzeug und Papier liegen und wanderte mit ihr vor die Stadt, hinaus zum Erlachsee, wo ich neben ihr auf dem sonnenwarmen Bootssteg saß und wie ein kleiner Junge Kieselsteine ins schwarze Wasser warf.

Ich wunderte mich über mich selbst. Innerhalb weniger Tage war aus mir, dem zu Kasemattenhaft verurteilten Staatsfeind, ein einflußreicher Politiker geworden. Unten und oben waren vertauscht. Ich hing an den Zottelhaaren Luzifers und kletterte den Sternen zu, die über der andern Seite der Erde leuchteten. Und mir war nicht einmal schwindlig dabei.

45

Ich mußte unterbrechen, um das Fenster zu schließen. Eben noch schien mir die Hitze unerträglich, und ich war dankbar für jeden Windhauch, der ins Zimmer wehte. Auf einmal bebe ich vor Kälte. Jetzt habe ich mich in die graue Wolldecke gewickelt, die sonst am Fußende meines Bettes liegt. Wenn jemand zufällig ins Zimmer träte und mich so sähe in meiner Vermummung, mit der roten Zipfelmütze auf dem Kopf, er fände mich lächerlich. *Jedes Unglück hat immer auch eine komische Seite*, sagt der weise Rousseau.

Karl Mathy befand sich in Frankfurt, als die badische Mairevolution stattfand. Auch nach seinem Austritt aus der Reichsregierung des Erzherzogs Johann nahm er noch an den Sitzungen des Parlaments in der Paulskirche teil. Gleichzeitig war er nach wie vor großherzoglich-badischer Staatsrat, und als solcher sammelte er nach der Revolution die aus Karlsruhe geflohenen Ministerialbeamten und Kabinettsmitglieder der Regierung Bekk um sich. Ihm vor allem hatte der Großherzog es zu verdanken, daß seine Getreuen sich nicht in alle Richtungen zerstreuten, sondern als Exilregierung zusammenblieben. Mathy wußte, daß auch Ansprüche politische Realitäten sind, und so schwor er die verjagten Minister und Bürokraten darauf ein, so zu tun, als seien sie noch im Amt.

Badens Großherzog Leopold residierte einstweilen als Gast der preußischen Regierung in der Festung Ehrenbreitstein. Von dort aus besuchte er am 26. Mai 1849 seine vertriebenen Minister und Staatsräte in Frankfurt. Huldvoll lobte er Karl Mathy für dessen Weitsicht und Treue und ernannte ihn dankeshalber zu seinem Finanzminister.

Da der Regierung das Volk abhanden gekommen war, gab es für den neuernannten Minister auch keine Finanzen, die er hätte verwalten können. Wie seine aus Karlsruhe geflohenen Kollegen hatte er hauptsächlich die Aufgabe, gegen die *Soldateska* und *Pöbelherrschaft* der Revolution zu protestieren. Dies tat Karl Mathy nach Kräften, aber er wurde trotzdem schon nach zwei Wochen seines neuen Amtes wieder enthoben. Er versuchte nämlich, seinem Monarchen einzureden, nur *die Besetzung durch preußische Truppen* könne Baden noch retten. Der großherzoglichen Kamarilla mißfiel diese Preußenfreundlichkeit. Dabei erkannte, wie Gustav Freytag kommentiert, Mathy die *Zeichen der Zeit* ganz richtig. Sein Fürst und dessen Berater sträubten sich aber noch dagegen. Mit der Unterwerfung des unbotmäßigen Volkes durch die preußische Militärmacht wären sie wohl einverstanden gewesen, nicht aber mit der damit unvermeidlich verbundenen Ausdehnung des preußischen Machtbereichs.

Noch war die Revolution nicht bezwungen, doch längst ging es um die Frage, wem von den Großmächten Deutschland gehören sollte. Mißtrauisch fixierten Preußen und Österreich einander, und allein diese Tatsache verschaffte dem revolutionären Baden drei Wochen Atempause. Habsburgs Kaiser befand sich in einer für diesen Machtkampf ungünstigen Lage. Bedrängt von den Aufständen seiner eigenen Untertanen in Oberitalien und Ungarn, hatte er genug zu tun, mit Hilfe der Russen seine eigene Haut zu retten. An einer Polizeiaktion in Südwestdeutschland konnte er sich unmöglich beteiligen. Da verschiedene Teile Badens vor der napoleonischen Flurbereinigung habsburgisch gewesen waren, betrachtete er das Oberrheingebiet jedoch immer noch als österreichische Einflußzone. Dem stand die Begehrlichkeit des preußischen Königs entgegen, der seine Truppen in Rheinpreußen hatte aufmarschieren lassen, um im Südwesten für Ordnung zu sorgen. Ohne nachdrückliches Hilfeersuchen des badischen Großherzogs war das mit Rücksicht auf Österreich nicht möglich. Großherzog Leopolds Kamarilla durchschaute die politische Brisanz der Situation.

Nicht die Preußen wurden um Hilfe gebeten, sondern die Zentralgewalt. Als solche gerierte sich immer noch der Reichsverweser, wenngleich das Parlament, das ihn bestellt hatte, nur noch ein Schattendasein führte. Da er an Weisungen des Parlaments nicht gebunden war, konnte er das Vakuum zwischen der zerfallenen Nationalversammlung und dem wiedererwachenden Bundestag ganz gut ausfüllen. Es gelang ihm, *Reichstruppen* zu mobilisieren, württembergische, hessische und mecklenburgische Heereseinheiten. Sie wurden beauftragt, die badische *Empörung*

niederzuschlagen. Freilich ließ man sich, vor allem beim Feldzug gegen die Pfalz, auch preußische Hilfe gefallen.
Die Abgeordneten der Paulskirche hätten nun lautstark Protest erheben müssen. Immerhin gehörte die Verteidigung der Rechte des Nationalparlaments zu den erklärten Zielen der Aufstände, gegen die nun namens dieses Parlaments mit Militärgewalt vorgegangen werden sollte. Doch einmal mehr fehlte der Mehrheit der Abgeordneten die notwendige Entschlossenheit. Nur die äußerste Linke solidarisierte sich mit der südwestdeutschen Erhebung. Als preußisches Militär Anfang Mai den sächsischen Aufstand niedergewalzt hatte, war das vom Parlament immerhin noch als *schwerer Bruch des Reichsfriedens* bezeichnet worden. Zur Strafe hatte die preußische Regierung, dem Beispiel Österreichs folgend, die preußischen Abgeordneten aus der Paulskirche abberufen und nach Hause beordert. Die Ordnungspartei von Gagern und Mathy war nur deshalb noch zehn Tage länger in der Paulskirche geblieben, weil sie Beschlüsse der Linken zugunsten der pfälzischen und badischen Revolution verhindern wollte. Bevor die Konstitutionellen das Parlament verlassen konnten, mußten sie noch den Rest seines Ansehens zerstören. Als dies geschehen war, verfaßten sie eine Erklärung, die Nationalversammlung könne dem deutschen Volk keine ersprießlichen Dienste mehr leisten, weil sie nicht mehr repräsentativ sei. Dann traten sie aus.
Die zurückgebliebenen einhundertdreißig Abgeordneten begingen nun einen unverzeihlichen Fehler. Statt die Fahne der Freiheitsbewegung hochzuhalten, räumten sie freiwillig das Feld. Am 30. Mai 1849 beschlossen sie, die Paulskirche zu verlassen und in Stuttgart weiterzutagen. Damit ersparten sie der Reaktion die unangenehme Aufgabe, den deutschen Traum gewaltsam zu zerstören. Sie begaben sich der letzten Macht, die sie besaßen: der Macht, ein Symbol zu sein. Außerhalb der Paulskirche waren sie nicht mehr unangreifbar.
Indessen nutzte Preußen die Zeit. An einer Neuauflage des

Deutschen Bundes mit Österreich als Widersacher war es nicht interessiert. Ihm schwebte ein Staatenbund unter seiner alleinigen Führung vor. Der Wunsch der Deutschen nach nationaler Einheit kam ihm gelegen, soweit er von dem Streben nach Selbstbestimmung getrennt werden konnte. Gleichzeitig mit der Zerschlagung der Einigungsbewegung des Volkes betrieb Preußens König die Einigung von oben. Statt der Verschmelzung der Stämme zur deutschen Nation wollte er eine Union ihm ergebener Monarchen. Am 26. Mai 1849 vereinbarten Preußen, Sachsen und Hannover das sogenannte Dreikönigsbündnis als Keimzelle dieser Union. Über den reaktionären Charakter dieses Zusammenschlusses konnte es keinen Zweifel geben. Die Gründerfürsten waren alle drei entschiedene Gegner der Reichsverfassung. Der bayerische König, der in diese Gesellschaft sehr gut gepaßt hätte, trat dem Bündnis wohl nur deshalb nicht bei, weil er als Nachbar Österreichs dessen Zorn fürchtete.

Schon Ende Mai legte die preußische Regierung den Entwurf einer Verfassung für die Union vor. Dieser las sich wie eine diabolische Parodie auf die Reichsverfassung. Monarchische Vormundschaft statt Volkssouveränität, Ständekammer statt Parlament, Dreiklassenwahlrecht statt freier Wahlen. Im erläuternden Ministerialbericht hieß es zynisch, die geheime Wahl lehne man ab, weil man *dem Volk auch in diesem Punkte die Öffentlichkeit nicht länger vorenthalten* wolle. Was man wirklich wollte, war die Zerstörung demokratischer Bestrebungen. Diesem Ziel dienten die Union und ihre Verfassung ebenso wie die militärische Niederwerfung der Aufstände.

In Sachsen wurde vorgeführt, wie die Preußen sich die Abrechnung mit der Revolution vorstellten: Massenverhaftungen, Aufhebung der Märzerrungenschaften, Bespitzelung der Bürger, Bürokratenhochmut. Rund neuntausend Untersuchungen waren eingeleitet worden, die Gefängnisse überfüllt, die Ämter, Schulen und Kasernen von Demokraten gesäubert. Während die Staatsanwälte das Werk der Bajonette vollendeten, residierte König Frie-

drich August auf der Festung Königstein, um von dem Zorn und der Enttäuschung seiner Untertanen nicht behelligt zu werden.
In anderen deutschen Staaten gab es auch noch Ende Mai Widerstand gegen diese Art, den Freiheitstraum vom März zu liquidieren. Die Regierung in Braunschweig regte an, der entstehenden preußischen Union ein Bündnis aller deutschen Staaten entgegenzusetzen, welche die Reichsverfassung akzeptiert hatten; Württemberg sollte die Führung übernehmen. Von diesem Plan wollte der württembergische König nichts wissen, aber die Volksbewegung schöpfte noch einmal Hoffnung. Am 27. Mai 1849 fand eine große Pfingstversammlung in Reutlingen statt, die für Württemberg sein sollte, was die Offenburger Versammlung für Baden gewesen war. Wir entsandten Fickler und Hoff als Redner und erwarteten eine große Wende. Tatsächlich erhob die Reutlinger Versammlung weitreichende Forderungen: Bündnis mit der revolutionären Bewegung in Baden und der Pfalz, Zurückberufung der gegen Baden aufmarschierten Reichstruppen, Bewaffnung des Volkes, Vereidigung von Militär und Bürokratie auf die Reichsverfassung, politische Amnestie. Eine Deputation wurde gebildet, die diese Volksforderungen der Regierung in Stuttgart vortragen sollte. Josef Fickler schloß sich als Vertreter des badischen Landesausschusses der Abordnung an.
Ich versprach mir wenig von Ficklers Mission in Württemberg. Über Römers Haltung zur Freiheitsbewegung machte ich mir keine Illusion mehr. Der zum Minister aufgestiegene ehemalige Liberale würde sich, zwischen König und Volkspartei stehend, immer für die Macht entscheiden. Das hatte er schon oft genug gezeigt. Noch unsinniger schien es mir, auf ein Bündnis der reichsverfassungstreuen Mittelstaaten zu hoffen. Nachdem der Reichsverweser uns zu Feinden der Reichsverfassung erklärt hatte, weil wir nicht nur diese, sondern *die Freiheit überhaupt* für verteidigungswert hielten, würde keine deutsche Monarchie unsere Revolution anerkennen.

– Baden gleicht einer belagerten Festung, sagte ich in einer Vormittagssitzung des Landesausschusses. Rings um uns marschiert feindliches Militär auf. Viel Zeit, unsere Lage zu verbessern, bleibt uns nicht. Jetzt müssen wir einen kühnen Befreiungsschlag wagen.
Angriff, sagt man, ist die beste Verteidigung. Ich plädierte für einen militärischen Vorstoß nach Frankfurt am Main, solange ein solcher noch möglich war. Der Rechtfertigungsgrund für eine solche Aktion lag auf der Hand: Die badische Armee, die einzige Militärmacht der Revolution, mußte die Nationalversammlung schützen. Auf diese Weise ließ sich die badische Sache zur deutschen machen. Das hätte der Reaktion die Möglichkeit genommen, weiterhin so zu tun, als handle es sich beim badischen Aufstand um eine *Meuterei der Soldateska.* Als Kampf um die Paulskirche hätte das Kräftemessen zwischen Reaktion und Revolution den ihm gemäßen Ausdruck gefunden. Meinen Argumenten konnte sich niemand verschließen. Doch Brentano zögerte, dem Plan zuzustimmen. Erst auf ein schriftliches Hilfeersuchen des Parlaments wollte er das Zeichen zum Angriff geben. Darauf warteten wir, wen wunderte es, vergebens. So verpaßte Brentano aus Advokatenvorsicht den richtigen Zeitpunkt.
Drei Mitglieder der Nationalversammlung – Trützschler, Erbe und Raveaux – befanden sich als Abgesandte in Karlsruhe und nahmen an den Sitzungen des Landesausschusses teil. Sie befürworteten meinen Vorschlag, bemühten sich jedoch vergeblich um das von Brentano verlangte Schriftstück. Da auch sie erkannten, daß die Zeit gegen uns arbeitete, beschworen sie Brentano, auch ohne förmliches Hilfeersuchen zu handeln. Endlich gab er nach. Raveaux selbst entwarf den Plan zum Vormarsch; er hatte im spanischen Karlistenkrieg gedient und dort einige strategische Erfahrung gewonnen.
Am Morgen des 30. Mai 1849 setzte Franz Sigel, bis zum Eintreffen Mieroslawskis mit dem Oberbefehl betraut, die badi-

schen Truppen in Marsch. Mit hochflatternden Fahnen und klingendem Spiel überschritt die Vorhut zwischen Hemsbach und Heppenheim die Grenze nach Hessen. In der Pfalz sollten gleichzeitig Franz Zitz auf Oppenheim und Ludwig Blenker auf Worms vorrücken. Dem Gros der badischen Armee fiel die Aufgabe zu, in östlichem Bogen über Fürth durch den Odenwald zu marschieren.

Ausgerechnet an diesem 30. Mai 1849 beschloß das Frankfurter Parlament, seinen Sitz nach Stuttgart zu verlegen. Alles spricht dafür, daß dies ohne Kenntnis unseres Planes geschah, doch Verrat ist auch in diesem Fall nicht auszuschließen. Durch die Abreise der Abgeordneten aus Frankfurt verlor unser Einmarsch jedenfalls seinen Sinn. Demgegenüber wiegt es gering, daß er mißlang. Er erfolgte zu spät und traf auf einen wohlvorbereiteten Gegner. Außerdem versagten Sigels Unterführer. Zitz hatte den Befehl zum Vorrücken nach Hessen ignoriert, Blenker war aus Worms nach wenigen Stunden wieder kampflos auf pfälzisches Gebiet zurückgekehrt, das Gros des badischen Heeres war statt gegen Fürth nach Heppenheim marschiert. Sigel selbst stieß zwischen Hemsbach und Heppenheim auf starke hessische Verbände und wurde zurückgeschlagen. Von Kartätschenfeuer überrascht, geriet eine Einheit seiner Dragoner in Panik und sprengte in wilder Flucht zurück. Daraufhin war kein Halten mehr. Ohne verfolgt zu werden, retirierte ein Großteil der Truppen ungeordnet nach Heidelberg.

Die Hoffnung auf ein Überlaufen der hessischen Truppen zur Revolution mußte nach dieser Niederlage begraben werden. Deprimiert kehrte Sigel nach Karlsruhe zurück und rechtfertigte sich vor dem Landesausschuß. Wie überzeugend ihm das gelang, zeigt die Tatsache, daß Sigel zum Kriegsminister der provisorischen Regierung ernannt wurde. Er wollte den Angriff wiederholen, nur die Ankunft des neuen Oberbefehlshabers, General Ludwig Mieroslawski, hinderte ihn daran.

Auf die Nachricht vom Scheitern des Unternehmens reagierte

Brentano mit einem Wutanfall. Ultimativ forderte er am 1. Juni 1849 diktatorische Vollmachten und drohte damit, *den Krempel hinzuschmeißen.* Der Landesausschuß, erklärte er, sei nichts weiter als ein Debattierclub, der ihn an einer straffen Führung der Regierung hindere. Nach einigen Auseinandersetzungen gab der Landesausschuß nach und beschloß, sich aufzulösen. Da die Wahlen zur konstituierenden Versammlung in vollem Gange waren und das neue Parlament in wenig mehr als einer Woche zusammentreten würde, war das Risiko eines solchen Schrittes gering. Brentano allein wollten wir die Macht jedoch nicht überlassen. Wir beschlossen, eine fünfköpfige provisorische Regierung zu wählen und auf sie die gesamte Gewalt des Landesausschusses und der Exekutive zu übertragen. Das Ergebnis der Wahl zeigte, daß Brentanos Ansehen während der ersten drei Wochen seiner Regierung gelitten hatte. Zwar erhielt er die meisten Stimmen und blieb damit Regierungschef, doch keines der vier anderen Mitglieder des Gremiums gehörte zu den Honetten. Fickler und Sigel waren entschiedene Republikaner, Goegg und Peter schwankten in ihrer Haltung. Leider konnten ausgerechnet die beiden radikalen Regierungsmitglieder ihre Posten nicht antreten. Sigel wurde als Heerführer gebraucht und mußte nach Heidelberg zurück. Und auf Ficklers Heimkehr von seiner württembergischen Mission warteten wir vergeblich.

Der unglückselige Mann war erneut von einem scheinbaren Gesinnungsgenossen verhaftet worden.

Am 2. Juni 1849 hatte ihn Römer in Stuttgart festnehmen und auf den Hohenasperg bringen lassen. Man behauptete, Fickler habe die württembergischen Truppen für die Revolution gewinnen wollen, was gewiß richtig war, aber ebenso gewiß keine Anklage rechtfertigte. Brentano reagierte cholerisch. In der ersten Proklamation der provisorischen Regierung erklärte er Württemberg den Krieg und forderte das württembergische Volk zur Revolution auf. Wo Advokatengeschick ausnahmsweise einmal angebracht gewesen wäre, polterte Brentano los und besiegelte damit Ficklers Einkerkerung. Erst sechs Monate später sollte Josef Fickler wieder freikommen. Doch da war alles vorbei.

46

Mit der Selbstauflösung des Landesausschusses verlor ich die Möglichkeit, auf die Politik der badischen Revolutionsregierung direkt Einfluß zu nehmen. Fast gleichzeitig erfuhr ich, daß ich nicht in die konstituierende Versammlung gewählt worden war. Ich hätte mich also ohne Selbstvorwürfe aus der Verantwortung für das weitere Schicksal Badens zurückziehen können. Aber gerade Anfang Juni 1849, als mir dieser Abgang offenstand, trat der Überlebenskampf der Revolution in seine entscheidende Phase. Sicher war meine Eitelkeit gekränkt. Doch schmollend davonstehlen wollte ich mich nicht.

Viele entschiedene Republikaner, vor allem aus der Turner- und Arbeiterbewegung, sahen in mir ihren Repräsentanten. Sie hatten fest mit meinem Eintritt in die provisorische Regierung gerechnet. Daß ich ihr nicht angehören würde, empfanden sie als Zurücksetzung, und als nun Fickler nicht wiederkam und Sigel praktisch ausschied, fühlten sie sich vollends um den ihnen gebührenden Einfluß betrogen. Immerhin bildeten Männer des Vierten Standes die treibende Kraft der Revolution. Nun befürchteten sie, erneut verraten zu werden. Mißtrauisch machte sie vor allem, daß Brentano immer noch zögerte, Baden offiziell zur Republik zu erklären.

In den ersten Junitagen besuchten mich verschiedene radikale Revolutionsführer, darunter Johann Philipp Becker, Karl Heinzen und Wilhelm Liebknecht. Sie nannten Brentano einen Verräter und erklärten drohend, Volkswehr und Freikorps würden angesichts der Verschleppung aller entschiedenen Maßnahmen unruhig. Nun sind mir Verschwörungen zutiefst zuwider, und deshalb besprach ich die Situation mit Amand Goegg. Unter den im Amt befindlichen drei Mitgliedern der provisorischen Regierung stand er mir politisch und menschlich am nächsten. Er erkannte die bestehende Gefahr, meinte aber, er habe zuwenig Einfluß auf Brentano, um ihm eine klarere Haltung abverlangen zu können. Aber wenn eine größere Anzahl wichtiger Leute sich zusammenschlössen und ein entschiedeneres Vorgehen forderten, würde das auf Brentano gewiß Eindruck machen.

Auf Grund dieser Absprache beschloß ich, einen *Club des entschiedenen Fortschritts* zu gründen. In ihm sollte die radikaldemokratische Partei zu einer Stimme finden. Um der Unterstellung einer konspirativen Absicht vorzubeugen, wählte ich als Versammlungsort den hinteren Saal im Karlsruher Rathaus, machte das Treffen öffentlich bekannt und lud Goegg als Vertreter der Regierung formell dazu ein. Am Vormittag des 5. Juni 1849 erschienen etwa dreißig entschiedene Demokraten, darunter so prominente Freiheitskämpfer wie Böning, Tiedemann, Neff, Martiny, Dortu, Borkheim, Michel, Tzschirner und Liebknecht. Wir konstituierten den Club, legten seine Statuten fest und wählten einen Vorstand.

Mir liegt das Protokoll der Sitzung vor. Darin heißt es, der Bürger Tzschirner aus Dresden habe in einer längeren Ansprache entwickelt, *wie die gegenwärthige provisorische Regierung von Baden die Revolution nicht in dem Sinne zu begreifen und sie nicht so zu leiten scheine, wie es die Gefahr des Vaterlands erheische. Er legte einen Vorschlag vor, nach welchem die provisorische Regierung angegangen werden solle, den vorherrschenden Übelständen Abhülfe zu verschaffen.*

Als Resultat einer mehrstündigen Diskussion entstand eine Petition, in der wir die Regierung aufforderten, endlich *erhöhte revolutionäre Thatkraft* zu zeigen und *bei allen politischen Anordnungen vom Standpunkt des europäischen Völkerkampfes* auszugehen. Konkret verlangten wir die Beschleunigung der Aufrüstung, die Entlassung von Parteigängern des Großherzogs aus dem Beamtenapparat, eine Reorganisierung der Ministerien, mehr Hilfe für die Rheinpfalz und Maßnahmen zur Befreiung Ficklers. Eine Deputation wurde gebildet, die den Auftrag erhielt, unsere Forderungen umgehend der Regierung zu übergeben. Mit einer Drohung war unsere Petition nicht verbunden. Doch ein Blick auf die Unterschriften verriet einem Mann wie Brentano, daß ein beachtlicher Teil der Volkswehr und der Freikorps hinter uns standen. Das gab unserer Unzufriedenheit Gewicht.

Am folgenden Tag erhielt ich in meiner Eigenschaft als Vorsitzender des neugegründeten Clubs eine von allen drei Mitgliedern der provisorischen Regierung unterzeichnete Antwort. Unsere Forderungen, hieß es darin ausweichend, deckten sich weitgehend mit den Absichten der Regierung und würden, sofern nicht bereits erfüllt, soweit tunlich, berücksichtigt. Um die Mitglieder des Clubs von dem Schreiben zu informieren und das weitere Vorgehen mit ihnen zu besprechen, berief ich für den Nachmittag erneut eine Versammlung ein.

Als ich ein paar Stunden später zum Rathaus ging, wunderte ich mich über die vielen Soldaten in der Stadt. In mehreren Nebenstraßen warteten Infanterieeinheiten. Auf dem Schloßplatz war reaktionäre Karlsruher Bürgerwehr angetreten, die Brentano als eine Art Leibgarde benutzte. Trommeln wurden geschlagen. An allen Ecken standen militärische Posten mit schußbereitem Gewehr. In den Straßen ließ man ausschellen, es sollten die Läden geschlossen und die Kinder zu Hause gehalten werden. Arglos erkundigte ich mich bei einem Offizier, was die Zurüstung zu bedeuten hätte. Der Gefragte erkannte mich nicht und antwortete, es drohe die rote Republik, Struve und Konsorten planten einen Putsch, Plünderung und Brandstiftung seien zu befürchten, man habe aber zwei der Anstifter schon unschädlich gemacht. Empört gab ich mich dem Mann zu erkennen. Ob ich einen Putsch plane, sagte ich, müßte ich wohl selbst am besten wissen. Es handle sich um

eine üble Verleumdung oder einen Fehlalarm. Er möge seinen Vorgesetzten mitteilen, sie seien einem Gerücht zum Opfer gefallen und sollten wieder abrücken lassen.
Trotz der Zurüstungen in der Stadt waren fast alle Mitglieder des Clubs zu unserem Treffen erschienen. Wie am Vortag versammelten wir uns im hinteren Rathaussaal. Gerade wollte ich die Sitzung eröffnen, als Friedrich Neff hereinstürzte.
– Brentano putscht! rief er. Becker ist verhaftet, Liebknecht und Stenger sollen schon nach Rastatt gebracht worden sein!
Alles sprang auf, redete durcheinander. Vom Fenster kam der Ruf, Bürgerwehr nähere sich dem Rathaus, eine Kutsche fahre vor. Hastig verließen alle den Saal, die meisten, um sich durch den Hinterausgang in Sicherheit zu bringen. Da ich mir keiner Schuld bewußt war, verschmähte ich einen solchen Abgang. Begleitet von Tzschirner, Martiny und Pedro Düsar, eilte ich über die steinerne Rathaustreppe zum Hauptportal und trat auf den sommerlich hellen Platz hinaus.
In dichten Reihen waren Bürgerwehr und Infanterie aufmarschiert. Umringt von Bewaffneten, stand ein offener Landauer am Fuß der Rathaustreppe, in dem Lorenz Brentano saß. Ich ging zu dem Wagen hin und fragte in ruhigem Ton:
– Bürger Brentano! Ist es wahr, daß Johann Philipp Becker verhaftet wurde?
– Es ist wahr, sagte Brentano und strich sich nervös über den Bart.
– Wer hat das veranlaßt?
– Ich habe das veranlaßt.
– Aus welchem Grund?
– Um den Staat, fauchte Brentano, vor dem Anarchismus zu retten! Im übrigen, Bürger Struve, bist auch du festgenommen. Ich werde dich als Geisel benutzen, damit deine Leute keine Dummheiten machen.
Er gab dem Hauptmann der Bürgerwehr ein Zeichen. Sofort wurde ich von hinten gepackt und entwaffnet. Ich versuchte

mich loszureißen und rief Brentano zu, er würde zur Rechenschaft gezogen werden für diesen Überfall.
Auf einmal hörte ich eine vertraute, jungenhafte Stimme hinter mir aufschreien:
– Loslassen! Gebt Struve frei, sofort! Sonst ist der Mann im Wagen tot!
Breitbeinig, die rechte Hand mit der Pistole in Augenhöhe vorgereckt, stand Pedro Düsar am Fuß der Rathaustreppe und drohte, Brentano zu erschießen.
Einen Augenblick lang herrschte atemlose Stille auf dem Platz. Brentano duckte sich hinter den Kutschbock. Die Männer, die mich festhielten, standen wie erstarrt, ohne mich loszulassen. Mit sich überschlagender Stimme wiederholte Pedro seine Aufforderung. Nie hätte ich dem Siebzehnjährigen eine solche kaltblütige Tat zugetraut. Doch ich bemerkte auch das Zittern der Hand, in der er die Waffe hielt.
Von zwei Seiten stürzten Bürgerwehrmänner auf ihn zu, schlugen ihm die Pistole aus der Hand und warfen ihn auf die Treppen. Das dauerte nur Sekunden. Die Spannung auf dem Platz entlud sich, alles schrie durcheinander. Brentano kroch aus seiner Deckung hervor und korrigierte den Sitz seines Zylinders. Brutal wurde Pedro ins Rathaus gezerrt. Ich erhielt einen Schlag in den Rücken und wurde die Freitreppe hinaufgestoßen. Im Inneren des Gebäudes sah ich Pedro einen Augenblick ins Gesicht.
– Das hättest du nicht tun sollen, Pedro, sagte ich.
– Ich wollte dich beschützen, antwortete er verzweifelt. Ich habe es doch Amalie versprochen.
– Maul halten! schrie ein Bürgerwehrhauptmann und gab den Befehl, uns in den Rathaussaal im Obergeschoß zu schaffen.
Im großen Sitzungsraum des Karlsruher Stadtrats, in dem noch vor kurzem der Landesausschuß getagt hatte, nahm man mir Gürtel und Säbel ab. Bewacht von acht Bewaffneten, saßen wir isoliert voneinander und harrten schweigend unseres weiteren Schicksals.

Es war ein heißer Sommertag. Durch die offenen Fenster hörten wir vom Platz unten erregte Stimmen, Pferdegetrappel, Karrenräder, Befehle, Stiefeltritte. Nach einer halben Stunde wurde Georg Böning als weiterer Gefangener in den Raum geführt. Mit großer Würde ertrug der greise Demokrat die Demütigung des Ausgeliefertseins. In seinem schwarzen Samtanzug, einen mit einem Federbusch verzierten Künstlerhut auf dem Kopf, das ernste Gesicht umwallt von schulterlangem grauem Lockenhaar und einem breitgekämmten Vollbart, war Böning eine der malerischsten Erscheinungen der Revolution. Ihn gefangen zu sehen schmerzte mich.
Man verbot uns jede Unterhaltung. Meine Frage, was man uns eigentlich vorwerfe, blieb unbeantwortet. Vergebens versuchte ich, aus dem Lärm von draußen herauszuhören, was vorging. Erst nachträglich erfuhr ich, daß die Nachricht von unserer Verhaftung eine ungeheure Erregung bei den entschiedenen Demokraten ausgelöst hatte. Mehrere Bataillone der in und um Karlsruhe einquartierten Freikorps und Volkswehreinheiten marschierten zum Rathaus, um Böning und mich notfalls mit Gewalt zu befreien. Bürgerwehr und Linientruppen verwehrten ihnen den Zugang zum Platz. Beide Seiten bildeten Angriffsreihen. In Schlachtordnung standen sie sich gegenüber. Brentano ließ Geschütze gegen die Freischaren in Stellung bringen. Ein blutiger Kampf schien unvermeidlich. Da kam eine Droschke herangefahren, aus der Amand Goegg stieg. Gestikulierend verhandelte er zuerst mit Brentano, dann mit den Offizieren beider Seiten. Alles sei ein Mißverständnis, erklärte er. Mit Mühe gelang es ihm, die Gemüter abzukühlen, zwischen den Parteien zu schlichten und den friedlichen Abzug aller Truppen auszuhandeln.
Von alldem hatte ich keine Ahnung. Ich dachte, ein neuer Bürgerkrieg bräche aus. Nach quälenden Stunden der Ungewißheit erschienen Brentano und Goegg im Rathaussaal. Die Wachen erhielten Befehl, uns freizulassen. Einer der Bürgerwehrmänner

händigte meinen Säbel an Brentano aus, und dieser kam damit zu mir und legte ihn vor mir auf den Tisch.
– Du bist frei, Bürger Struve, sagte er mit eisigem Gesicht. Die Sache hat sich aufgeklärt.
– Was für eine Sache? fragte ich.
– Es gab eindeutige Hinweise auf einen Umsturzversuch, antwortete Brentano. Bürger Goegg hat sich dafür verbürgt, daß ein Mißverständnis vorliegt. Ich gehe daher von deiner Unschuld aus.
– Wenn ich dich stürzen wollte, Bürger Brentano, sagte ich, würde ich das gewiß nicht heimlich tun. Du kennst mich gut genug, um das zu wissen.
– Ein Mann wie ich, sagte Brentano glatt, kann kein Risiko eingehen. Ich entschuldige mich. Genügt dir das?
Er streckte mir die Hand hin, und ich nahm sie an. Aber zugleich faßte ich den Entschluß, keinen Tag länger mit dieser provisorischen Regierung zusammenzuarbeiten. Tief in mir blieb der Verdacht, daß tatsächlich eine Verschwörung stattgefunden hatte. Nicht eine der entschiedenen Demokraten, davon hätte ich gewußt, sondern eine, deren Kopf Brentano selbst war. Ihm mußte daran gelegen sein, seine internen Gegner auszuschalten. Einerseits, weil er lästige Mahner und Warner loswerden wollte, andererseits, um dem geflohenen Großherzog und seinen Helfern zu beweisen, wie *honett* und gemäßigt seine Regierung sei. Möglicherweise wären Badens Feinde bereit gewesen, bei Auslieferung der Radikalen an sie und Entwaffnung der Freikorps mit Brentano zu verhandeln. Einem Advokaten seines Schlages war ein solches Kalkül wohl zuzutrauen. *Brebis crottée aux autres cherche à se frotter*, sagte mein Vater über Leute wie ihn: Das schmutzige Schaf versucht, sich an den anderen sauberzureiben.
Vom politischen Machtkampf angewidert, beschloß ich, den *Deutschen Zuschauer* wieder aufleben zu lassen. Durch die Presse, glaubte ich der Sache der Freiheit womöglich besser dienen zu können als durch die Mitarbeit in untergeordneten

Ausschüssen. Als Journalist mußte ich nicht taktieren. Dem Wiedererscheinen meines Blattes stellten sich unerwartete Hindernisse entgegen. In ganz Karlsruhe fand sich kein Drucker bereit, den *Zuschauer* herzustellen. Denn jeder Richtigstellung zum Trotz lebten die Gerüchte vom 6. Juni weiter. Karlsruhes Kleinbürger sahen in mir einen machthungrigen Verschwörer, der dem anständigen Brentano den Dolch in den Rücken hatte stoßen wollen. Und darum wollte mir niemand helfen, meine Gedanken zu verbreiten. So groß war die Feindseligkeit gegen mich, daß ich es für angebracht hielt, Karlsruhe zu verlassen.
Am 8. Juni reiste ich mit Pedro nach Mannheim. Auch dort herrschte große Unruhe. Großherzogin Stephanie hatte die Stadt verlassen, obwohl Oberbürgermeister Jolly sie und ihr Eigentum unter den Schutz der Bürger gestellt hatte. Im Schloß residierte nun Otto von Corvin als örtlicher Kommandant der Volkswehr. Einer seiner Kuriere erkannte mich auf dem Weg in die Stadt, hielt mich an und teilte mir mit, man erwarte stündlich einen Angriff der Reichstruppen auf Baden. Jenseits des Neckars stünden an die zwanzigtausend Mann unter General von Peucker; sie warteten nur noch auf preußische Verstärkung, die nach allem, was man wisse, bereits unterwegs sei. Zum Glück habe man Nachricht von Mieroslawski. Er befinde sich schon auf badischem Boden und werde am 10. Juni eine Heerschau in Mannheim abhalten, sofern der Feind bis dahin noch nicht eingefallen sei.
Überall in Mannheim wurde für den erwarteten Angriff mobil gemacht. Freikorps in abenteuerlichem Aufzug hielten Exerzierübungen auf dem Theaterplatz ab. Patrouillen der Linientruppen durchstreiften die Stadt. Am Zeughausplatz wurden Waffen verteilt. Menschenschlangen warteten vor den Lebensmittelläden. In der Bassermannschen Villa nagelte man Bretter vor die Fenster.
Durchnäßt von feinem Sommerregen, erreichten Pedro und ich Düsars Gartenhäuschen. Die Freude über unsere überraschende Ankunft war groß. Eng zusammengedrängt feierten Amalie und ich zärtlich unser Wiedersehen. Im Dunkeln hielt ich sie im Arm

und roch den Duft ihres offenen Haars. Eine Nacht lang kam mir alles unwirklich vor, was außerhalb dieser Geborgenheit geschah und geschehen war. Der Marsch durch den Schwarzwald, die Schüsse von Günterstal, die Kasematte von Rastatt und die Verhaftung vor dem Karlsruher Rathaus – ich hätte das alles auch nur geträumt haben können. Ich, Mandaras, der in einer indischen Hütte neben seiner geliebten Urwasi lag, aufgewacht aus wirren Phantasien.
Den nächsten Tag verbrachte ich mit der Abfassung der Manuskripte für den neuen *Zuschauer.* Nach langer Zeit diktierte ich Amalie wieder meine Artikel in die Feder. Vater Düsar hatte meine alte Abonnentenkartei aus dem Versteck geholt, und Amalies Mutter bereitete papierene Bauchbinden für den Versand der noch nicht gedruckten Zeitung vor.
Als einer von vielen tausend Mannheimern beobachtete ich die Heerschau vom 10. Juni 1849. Ich war zum Paradeplatz gekommen, um den ersten Auftritt des neuen Oberbefehlshabers der badischen Truppen mitzuerleben. Linientruppen, Volks- und Bürgerwehr paradierten in Reih und Glied; unzählige Bajonette blitzten in der Sonne, Trommelknaben schlugen über den weiten Platz hinweg Generalmarsch. Eine Gruppe von Reitern kam von der Stadt her. Ich erkannte die Generäle Sigel und Blenker, den Volkswehrkommandanten Corvin und den Regierungskommissar Trützschler. Allen voran ritt der Mann, dessen Bestellung zum Heerführer ich so eifrig betrieben hatte, obwohl ich ihn nur dem Namen nach kannte.
Louis Mieroslawski war etwa fünfunddreißig Jahre alt, klein, bärtig, blondlockig. Er saß auf einem nervösen schwarzen Hengst, den er, in der Mitte des Paradeplatzes angekommen, so scharf zügelte, daß er sich schnaubend aufbäumte. Die Trommeln verstummten, Mieroslawski zückte den Säbel, grüßte damit nach allen Seiten und rief mit heller, schneidender Stimme über den Platz:
– *Soldats! Je suis votre général!*
Auf ein Zeichen Sigels riefen die Soldaten und Freischaren

Hurra! Mieroslawski hielt eine anfeuernde Rede in makellosem Französisch, die Otto von Corvin Satz für Satz übersetzte.
Dann ritt der neue Heerführer an den Reihen der angetretenen Einheiten entlang. Schon äußerlich machte die badische Streitmacht den Eindruck eines Revolutionsheers. Neben Linientruppen aus Baden und der Pfalz, die rote Bänder oder Federn an den Tschakos trugen, standen die buntscheckigen Bataillone der Bürgerwehren und Freikorps, meist in blauen Blusen mit einer roten Rose, einer Kokarde oder einer roten Schleife geschmückt, kaum einer war ohne Bart. Die Flüchtlingstruppen, wie die deutsch-polnische und die ungarische Legion, erkannte man an ihrem folkloristischen Aussehen. In bloßen Hemden war das Mannheimer Arbeiterbataillon angetreten, in prächtigen cremefarbenen Uniformen mit schwarz-rot-goldenen Schärpen das Korps der Hanauer Turner.
Das Heer, das Mieroslawski vorfand, hatte eine Stärke von zwanzigtausend Mann, davon waren etwa die Hälfte ungeübte Freiwillige und neu Einberufene. An Geschützen herrschte Mangel, die Ausrüstung war unzureichend, die Waffen zum Teil veraltet. Der polnische General war nicht zu beneiden um seine Aufgabe. Im Norden und Osten Badens vereinigten sich die Streitkräfte der Reichsarmee mit denen der Preußen zu einem Angriffsheer von knapp vierzigtausend Mann; weitere zwanzigtausend Preußen standen im Norden der Pfalz. Für einen Befreiungsschlag in Richtung Hessen oder Württemberg war es zu spät. Baden stand am Vorabend einer Verteidigungsschlacht gegen das übrige Deutschland. Allein dadurch, daß er den Oberbefehl in dieser Situation überhaupt übernahm, bewies Mieroslawski Mut.
Ich kam, sollte er später sagen, *um für die badische Revolution eine heroische Leichenfeier zu leiten; einer in ihrem politischen Prolog verderbten Revolution kann man durch strategische Maßnahmen nicht mehr aufhelfen.* Treffender läßt sich das Dilemma des Juni 1849 kaum beschreiben.

47

Am 9. Juni 1849 war der Aufmarsch der Truppen Preußens und des Reiches beendet. Der geflüchtete Großherzog Leopold erließ eine Verfügung, mit der er über das gesamte Land Baden das Standrecht verhängte. Dies war seine Art, den bevorstehenden Großangriff anzukündigen. Längs des Neckars hatte Sigel schon vor Mieroslawskis Ankunft eine starke Verteidigungslinie aufgebaut. Vernachlässigt worden war jedoch der Schutz der Pfalz, die sich aus eigener Kraft kaum würde halten können. Gegen die Verlegung badischer Truppen an die pfälzische Nordgrenze hatte sich Brentano mit unvernünftigem Starrsinn gewehrt; die Verstärkung der pfälzischen Artillerie durch badische Kanonen war an seinem Veto gescheitert. Nicht einmal zur Eroberung der Festungen Germersheim und Landau, die immer noch von königstreuen Soldaten besetzt waren, ließ er Sigel ausrücken. Ein Sturm auf Landau, den der pfälzische General Blenker mit kleiner Mannschaft gewagt hatte, war von der Besatzung abgewehrt worden. Bis zuletzt weigerte sich Brentano, die Unvermeidbarkeit eines bewaffneten Existenzkampfes zu erkennen. Weil er alles unterließ, was von der Reaktion hätte mißbilligt werden können, tat er nichts, um Badens nordwestliche Grenze zu schützen.

Mich zog es in die Pfalz. Ich konnte der Versuchung nicht widerstehen, die Neuausgabe des *Deutschen Zuschauers* in Neustadt an der Haardt erscheinen zu lassen. Dieser Ort wird für deutsche Demokraten immer mit dem Andenken an das Hambacher Fest von 1832 verbunden bleiben. Einen geeigneteren Erscheinungsort konnte es für das Organ des republikanischen Deutschland nicht geben. Mannheim mißfiel mir als Druckort schon deshalb, weil ich Verwechslungen mit dem falschen *Zuschauer* befürchtete, der während meiner Verbannung hier erschienen war.

So nahmen Amalie, Pedro und ich am 11. Juni 1849 Abschied

von dem Schreberhäuschen und seinen Bewohnern. Wir standen am Gartentor, Pedro mit dem Rucksack auf dem Rücken und dem Gewehr auf der Schulter, ich mit umgehängter Reisetasche in feldgemäßem Aufzug, Pistolen im Gürtel, Säbel an der Seite, unter dem Arm die Ochsenhaut. Der alte Düsar sah verlegen zu mir hin, während sich Mutter und Tochter schluchzend umarmten. Es war früher Morgen, vor dem Himmel hing ein hellgrauer Schleier, aus den Gärten duftete kühlfeuchte Erde.

– *Amalie,* sagte Düsar endlich, *remettez-vous; ne cesserez-vous point de pleurer les malheurs de vos parents? Vous que les en consolez, n'y soyez pas plus sensible qu'eux-mêmes.*

Sie trennte sich schwer, schwerer als je. Tief in ihrem Innern ahnte sie womöglich, daß sie ihre Mutter nicht wiedersehen würde.

Auf dem Weg zur Rheinbrücke trafen wir Karl-Heinrich Schnauffer. Die Revolution hatte aus dem Freiheitsdichter einen schmucken Infanterieleutnant gemacht. An der Spitze eines Trupps von vier Schützen kam er uns entgegen. Ich erkannte ihn erst, als er seine Leute stillstehen ließ und in jungenhaftem Übermut vor mir salutierte. Zu einer längeren Unterhaltung fehlte uns die Zeit, doch ich erfuhr, daß Schnauffer zum Adjutanten des Stadtkommandanten avanciert war. Als solcher hatte er den Auftrag, nach dem Verbleib der wehrpflichtigen Söhne einiger wohlhabender Familien zu forschen und nötigenfalls Geldbußen für Fahnenflüchtige einzutreiben. Er klagte über einen Mangel an revolutionärer Begeisterung; von einer allgemeinen Leidenschaft für die Freiheit könne keine Rede sein. Viele Mannheimer bezweifelten ganz offen den Sinn des Aufstandes. Sie glaubten den Versicherungen der großherzoglich gesinnten Beamten, der Großherzog werde mit Ausnahme der Rädelsführer allen reuigen Sündern Amnestie gewähren, wenn er zurückkomme. Vorsorglich taten sie alles, um später sagen zu können, sie seien gegen die Revolution gewesen.

Über Speyer wanderten wir zu dritt nach Neustadt. Man hatte

mir eine Druckerei empfohlen, die ich gleich am nächsten Morgen aufsuchte. Schon tags darauf hielt ich das druckfeuchte erste Exemplar des neuen *Deutschen Zuschauers* in der Hand. Mit einem Gefühl tiefer Befriedigung las ich die Zeile unter dem Titel, in der Neustadt unter dem Hambacher Schloß als Erscheinungsort angegeben war. Vor siebzehn Jahren, dachte ich, haben Wirth und Siebenpfeiffer die deutsche Republik gefordert; sie wird, sie muß entstehen!

Ich erinnere mich an einen Abendspaziergang, den ich mit Amalie unternahm. Immer noch schien sie angegriffen von der Haft im winterkalten Freiburger Turm, doch wie schlecht es ihr wirklich ging, hatte sie mir bis zu diesem Ausflug verbergen können. Hand in Hand gingen wir zur Ruine des Hambacher Schlosses hinauf, während ich ihr den Begriff der Volkssouveränität erläuterte. Ich zitierte die kühnen Rousseauschen Sätze vom Gesellschaftsvertrag, in denen er im Gegensatz zum angeblich göttlichen Fürstenrecht das System der Volksherrschaft begründet. Vom zerstörten Söller der Ruine wehte die schwarz-rot-goldene Fahne im milden Licht des Sommerabends. Wir setzten uns auf die Mauer und sahen auf die dunklen Hügelketten im Westen, hinter denen die Sonne unterging.

Auf einmal schrie Amalie vor Schmerz auf. Ich hatte mit dem Blick zum Horizont gesprochen, und als ich mich nach ihr umdrehte, sah ich sie mit zurückgeworfenem Kopf an die Mauer gelehnt. Wie von einer unsichtbaren Peitsche geschlagen, zuckte ihr Gesicht in rhythmischem Takt, immer wieder zur gräßlichen Grimasse verzerrt. Bei jedem Zucken schrie sie auf, und mit jedem Aufschrei wurde der rechte Mundwinkel krampfartig zum Ohr gerissen. Ich stürzte zu ihr hin, hielt mit beiden Händen ihren Kopf, doch der Schmerz traf sie mit unverminderter Wucht in gleichbleibenden Abständen. Verzweifelt versuchte ich herauszufinden, was ihr zugestoßen sei, doch in den kurzen Intervallen des Krampfes brachte sie keinen zusammenhängenden Satz heraus. So erschütternd war ihre Qual, so durchdringend waren ihre Schreie, daß ich vor Hilflosigkeit zu weinen begann und ihren Kopf an meine Brust drückte. Ihr übers Haar streichend, suchte ich sie zu beruhigen.

Nach einer kleinen Ewigkeit hörte sie auf zu schreien. Die Sonne war untergegangen, und die Sichel des Mondes stand über der schwarzen Silhouette der Ruine. Amalie schluchzte in meinen Armen. Sie hatte diese Anfälle seit Monaten, fand ich schließlich heraus. In unregelmäßiger Folge überfielen sie sie.

– Der Schmerz ist entsetzlich, sagte sie leise. Wie ein Feuerstrahl, der mir das Gesicht zerreißt.

Ich hatte keine Erklärung für dieses Leiden. Die Ärzte, die wir später befragten, nannten es den *tic douloureux*, doch ein Mittel dagegen kannten sie nicht.

Am Tag nach Amalies schrecklichem Anfall erreichte uns die Nachricht vom Einmarsch der Preußen. Am 12. Juni war eine Armee von zwanzigtausend Mann von Nordosten her in die Pfalz eingefallen, um, wie es in einer offiziellen Verlautbarung hieß, auf Bitten des Königs von Bayern die Ordnung wiederherzustellen. Den Oberbefehl führte Prinz Wilhelm von Preußen, der sich im März 1848 durch besondere Grausamkeit gegenüber den Berliner Aufständischen hervorgetan und den Beinamen *Kartätschenprinz* erhalten hatte. Der Übermacht der Invasoren waren die pfälzischen Revolutionäre nicht gewachsen. Als die Preußen am 14. Juni Kirchheimbolanden angriffen, wich die rheinhessische Legion so rasch zurück, daß ein Trupp Volkswehrmänner von der Aufgabe des Ortes nichts erfuhr und allein im Schloßgarten eine Barrikade verteidigte. Unter ihnen war auch eine junge Frau, die mit einer schwarz-rot-goldenen Fahne in der Hand die Männer anfeuerte. Ihr Mut beeindruckte die anrückenden Soldaten so sehr, daß sie absichtlich an dem Mädchen vorbeischossen.

Solche Einzelheiten wurden erst später bekannt. Zunächst erfuhr ich nur, daß die pfälzische Regierung aus Kaiserslautern geflohen sei und das preußische Heer in mehreren Marschkolonnen heranmarschiere. Wir mußten Neustadt verlassen. Am 15. Juni wanderten Amalie, Pedro und ich nach Offenbach, einem kleinen Ort zwischen den Festungen Germersheim und Landau. Hier hatte Willich mit seiner Legion Besançon das Lager aufgeschlagen. Im Kreis der knapp hundert Blusenmänner, überwiegend Emigranten aus den Zeiten der Aprilrevolution, saßen wir bis spät in die Nacht ums Feuer. Ich hatte eine Decke um Amalie gelegt, und sie blickte, den Kopf an meine Schulter gelehnt, in den Sternenhimmel hinauf, während die jungen Männer sangen. Manche ihrer Lieder kannte ich noch aus meiner Studentenzeit, andere hatten vertraute Melodien und neue Texte. Ich erinnere mich noch an ein neues Heckerlied, das ich in dieser Nacht zum erstenmal hörte:

Hecker, komm! Die Völker rufen!
Komm aus fernem Freiheitsland!
Komm, o komm! Denn aller Augen
Sind nach dir, du Hort, gewandt!
Hecker, du brachst kühn die Bahn,
Komm, der Freiheitstag bricht an!

Aus vollem Herzen konnte ich mitsingen, denn auch ich sehnte Friedrich Hecker herbei. Solange er nicht da war, machte es keinen Sinn, Brentano aus der Regierung zu drängen.
Badens Regierungschef hatte der Ernst der Lage nicht kühner gemacht. Bei der Eröffnung der konstituierenden Versammlung am 10. Juni 1849 im Karlsruher Ständehaus hielt er die wohl nüchternste Rede, die je ein Revolutionsführer bei solcher Gelegenheit gehalten hat. Statt vom Kampf gegen die großherzogliche Mißwirtschaft und Unterdrückung sprach er über die glückliche Überwindung der Anarchie, statt den Geist des Widerstands lobte er Sparsamkeit, Ordnungsliebe, Mäßigung. Wie sich herausstellen sollte, unterschätzte er den Mut des neuen badischen Parlaments. Die dreiundsechzig Männer, die

trotz der prekären Lage ihr revolutionäres Mandat angenommen hatten und in der Hauptstadt erschienen waren, unterstützten mit großer Mehrheit die Anträge Goeggs zur Verteidigung der Revolution: Erhebung einer progressiven Kriegssteuer, Auflösung des royalistisch gesinnten Gendarmeriekorps, Entwaffnung der zweiten Bürgerwehraufgebote zugunsten der ins Feld rückenden Volkswehr. Der Vorschlag von Junghanns, den Großherzog um seine Rückkehr zu bitten, wurde empört zurückgewiesen; statt dessen beschloß die Konstituante auf Antrag Hoffs, Baden zum Freistaat zu erklären. Den Ausdruck Republik vermied man noch immer.

Brentano wollte von der Versammlung zum Diktator auf Zeit ernannt werden. Die Mehrheit war aber nicht bereit, ihm allein alle Macht einzuräumen. Zwar hielten ihn fast alle für unentbehrlich, doch unbedingtes Vertrauen hatten nur wenige zu ihm. Man einigte sich auf eine dreiköpfige Diktatur, bestehend aus Brentano, Goegg und Werner. Brentano sollte an der Spitze dieser Troika stehen. Nach römischem Vorbild verzichteten die Volksvertreter während der Zeit der Gefahr auf parlamentarische Kontrollrechte.

Von diesen Verhandlungen des neuen Karlsruher Parlaments erfuhr ich aus einer Zeitung, die ich mir am 16. Juni in Straßburg besorgt hatte. Auf der Flucht vor den rasch vorrückenden Preußen, waren wir aus der Pfalz geflohen. Die Schlacht um Baden hatte zu diesem Zeitpunkt bereits begonnen.

Preußische Truppen eroberten am 15. Juni 1849 das verbarrikadierte Ludwigshafen in nur zweistündigem Kampf. Dann machten sie sich daran, die Rheinbrücke nach Mannheim zu stürmen. Der Kartätschenprinz hatte den Auftrag, mit seiner Armee von der westlichen Flanke her in Baden einzubrechen. Die Preußen sollten den am Neckar stehenden badischen Linien in den Rücken fallen, während diese gleichzeitig von Hessen aus angegriffen wurden. Der Plan mißlang, denn die badische Artillerie unter Corvin konnte die Rheinbrücke bei Mannheim

halten. Tagelang tobte ein erbitterter Kampf. Da von beiden Ufern aus mit glühenden Kugeln geschossen wurde, gerieten sowohl die Brücke als auch verschiedene Gebäude in Ludwigshafen und Mannheim in Brand. Auf der Eisenbahnfahrt von Straßburg nach Heidelberg sahen wir vom Mannheimer Bahnhof aus den Himmel im Westen blutrot erhellt vom Feuer und hörten die dumpfen Explosionen der Kanonade.
Im Morgengrauen des nächsten Tages erreichten wir Heidelberg. Ich brachte Amalie in den Hecht und suchte sofort das Hauptquartier auf, wo ich Sigel und Mögling antraf. Der Angriff der Reichstruppen von Hessen aus hatte am 15. Juni begonnen. Seither wurde fast ohne Unterbrechung gekämpft. Hier und da war dem Feind ein Vorstoß über den Neckar gelungen, doch jedesmal hatte man ihn in blutigen Kämpfen zurückgeschlagen.
Ich fragte, auf welche Weise ich mich nützlich machen könne, und Franz Sigel machte mir nach kurzem Nachdenken den Vorschlag, *Berichte vom Kriegsschauplatz* herauszugeben. Durch leichtverständlich geschriebene Bulletins sollten Soldaten und Bürger über den jeweiligen Stand des Verteidigungskampfes informiert werden. Eine bessere Aufgabe hätte ich nicht finden können. Noch am Vormittag streifte ich mit Pedro durch Heidelberg, um eine Druckerei für die erste Ausgabe des geplanten Blattes zu verpflichten.
Am Karlsplatz kam es zu einem unerfreulichen Zwischenfall. Ein älterer Mann hatte mich erkannt und verfolgte mich schimpfend. Mit erhobener Faust lief er hinter mir her und lenkte die Aufmerksamkeit anderer Passanten auf mich. Als ich stehenblieb und dem Mann ins Gesicht sah, bildete sich rasch ein dichter Kreis aufgeregter Menschen um mich. Alle brüllten durcheinander, ohne mich zu Wort kommen zu lassen. Ich sei schuld, riefen sie, alles Unglück hätte mit mir begonnen, und man sehe ja jetzt, wohin die Republik führe. Ich blickte in Fratzen der Wut und war entsetzt. Was hatte ich diesen braven Bürgern nur getan, daß sie sich so vergaßen? Ich hatte versucht, die Ideale von Freiheit und Gerechtig-

keit zu verwirklichen. Nun erschien ihnen dieses Unterfangen als ein Verbrechen, weil sie es mit der Angst zu tun bekamen. Sie fürchteten, für ihr Liebäugeln mit der Republik bestraft zu werden. Ein besseres, freieres Leben hätten sie alle gerne gewollt, aber jetzt, wo feindliche Truppen einzufallen drohten und die Rache des vertriebenen Großherzogs angekündigt war, wollten sie von der Revolution nichts mehr wissen. Mit Müh und Not entkam ich den Leuten. Pedro zog mich in eine Hofeinfahrt, und wir retteten uns durch einen Hinterausgang.
Nach diesem Erlebnis mied ich die Straßen von Heidelberg. Amalie zog mit mir ins Hauptquartier, wo wir in einem Zelt schliefen. Noch lange schmerzten mich die Blicke des Hasses, die mich getroffen hatten. Aber die Ereignisse ließen mir wenig Zeit zum Grübeln.
Während Mieroslawski erfolgreich die Neckarlinie gegen die Übermacht der Reichstruppen verteidigte, besetzten die Preußen in wenigen Tagen die ganze Pfalz. Dadurch entstand entlang des Rheins eine neue Front. Es war vorhersehbar, daß Preußens Wilhelm, nachdem er in Mannheim zurückgeschlagen worden war, einen anderen Übergang über den Rhein suchen würde. Wenn er der Neckararmee in den Rücken fiel, war die Front im Norden nicht mehr zu halten.
Es war nicht schwer, dieses Kalkül zu durchschauen. Man hatte Vorsichtsmaßnahmen zum Schutz der Rheinbrücken getroffen, doch sie reichten nicht aus. Bei Germersheim brachen die Preußen am 20. Juni durch. Unter dem Feuerschutz der pfälzischen Festung eroberten sie die dortige Brücke und gewannen das rechtsrheinische Ufer. Zweitausendfünfhundert Badener unter dem polnischen Obersten Mniewski leisteten zwar kräftigen Widerstand, mußten sich aber schließlich geschlagen geben und nach Bruchsal zurückweichen.
Zwei preußische Divisionen marschierten über den Rhein. Die eine unter Hannecken, mit dem Ziel Mannheim, hatte den Befehl, der Neckarlinie in den Rücken zu fallen, die man gleichzeitig durch

einen frontalen Angriff der Reichstruppen von Norden her festzuhalten gedachte. Die andere Division der Preußen, unter Brun, sollte der badischen Armee den Rückzug nach Karlsruhe abschneiden. Man wollte unsere Truppen in die Zange nehmen, einschließen und mit einer einzigen Schlacht vernichten.

In dieser Situation bewies Mieroslawski erstaunliche Kaltblütigkeit. Um sich Bewegungsfreiheit zu erhalten, wartete er die Ankunft der Invasoren nicht ab. Er überließ die Verteidigung der Neckarlinie starken Artillerieeinheiten unter Johann Philipp Becker und rückte mit seiner Hauptmacht der Division Hannecken entgegen. Am 21. Juni 1849 stießen die beiden Armeen bei Waghäusel aufeinander.

Die Preußen hatten die Zuckerfabrik im ehemaligen Schloß von Waghäusel zu ihrer Festung gemacht. Dreimal wurden die anstürmenden Badener zurückgeworfen, beim vierten Anlauf eroberten sie die Fabrik und damit das Städtchen. Der Sieg wurde allerdings mit hohen Verlusten erkauft. Mögling, der den Sturm leitete, wurde schon beim ersten Angriff schwer verwundet. Den jungen Schlöffel, der an Möglings Stelle getreten war, trafen mehrere Kugeln tödlich. Er fiel, als die Preußen sich bereits zurückzogen.

Zur sofortigen Aufnahme der Verfolgung waren die badischen Truppen zu erschöpft. Sie hatten, vom Marsch bereits ermüdet, die ihnen verbliebenen Kräfte in der Schlacht verbraucht. Wenigstens eine Stunde Rast mußte Mieroslawski den Leuten gewähren, doch diese eine Stunde war zuviel. Alarmiert vom fernen Donner der Geschütze, war die preußische Division Brun, die sich in Bruchsal befand, an den Ort der Schlacht geeilt, wo sie den badischen linken Flügel in der Flanke und im Rücken angriff. Die Reste der Division Hannecken kamen aus Philippsburg zurück und warfen sich auf den rechten Flügel der Badener. In blutigem Kampf ging Waghäusel wieder verloren.

Die Niederlage hätte vermieden werden können. Mieroslawski war ein viel zu guter Stratege, um die Division Brun nicht in sein

Kalkül einzubeziehen. Mit dem Auftrag, sie in Bruchsal festzuhalten, hatte er ein Korps von mehreren tausend Mann unter dem polnischen General Sznayda das Kriegbachtal hinaufgeschickt. Doch Sznayda hatte vollkommen versagt. Statt die Preußen anzugreifen, war er ihnen ausgewichen, und statt nach Bruchsal vorzurücken, in dem nördlich davon gelegenen Dorf Ubstadt geblieben.

Während sich das Gros der badischen Armee geschlagen zurückzog, sahen die Preußen die Chance, den Gegner einzukesseln. Sie mußten nur ihren Vormarsch zur württembergischen Grenze fortsetzen, um ihm den Rückzug nach Südbaden abzuschneiden. Zu diesem Zweck brach Bruns Division in Richtung Osten auf und stand am Morgen des 23. Juni vor Ubstadt. Abermals zeigte Sznayda sich unfähig. Nachdem seine Avantgarde geschlagen war, wollte er den Ort räumen. Zum Retter in dieser Situation wurde Amand Goegg, der sich als Repräsentant der Regierung bei den Truppen befand. Kraft seiner diktatorischen Gewalt enthob er Sznayda seines Postens und übernahm selbst die Leitung der Schlacht. Nach mehrstündigem Gefecht wurden die Preußen zurückgeworfen.

Der damit erzielte Zeitgewinn bewahrte die Armee vor der Einschließung. In eiligem, aber geordnetem Rückzug wichen die Truppen Beckers und Mieroslawskis über Eppingen nach Süden zurück. Zur Verteidigung von Karlsruhe war es allerdings zu spät. Mieroslawski vermied es, das Heer in kleinen Einzelgefechten zu zerschleißen. Ihm schien es wichtiger, eine neue geschlossene Verteidigungslinie aufzubauen. Die Front wurde vom Neckar an die Murg zurückgenommen. Strategisch war dies eine weit bessere Position, da südlich von Rheinstetten Frankreich die westliche Grenze Badens bildete. Der Feind stand, von der Murglinie aus gesehen, nur noch im Norden und Osten. Außerdem ließ sich Rastatt, das als uneinnehmbar galt, in die neue Verteidigungslinie einbeziehen.

48

Es ist Nacht. Ich habe schon zu Bett gelegen und hatte das Licht bereits gelöscht, aber ich konnte nicht schlafen. Kopf und Glieder schmerzen, der Körper ist schwer wie Blei, doch der Geist kommt nicht zur Ruhe. So bin ich wieder aufgestanden, habe die noch warme Lampe neu entzündet und mich wieder an den Schreibtisch gesetzt, um noch einige Bogen Papier zu beschreiben.

Den Verlauf der Schlacht bei Waghäusel erfuhr ich durch Pedro Düsar, Iwan Rosenblum und Wilhelm Liebknecht. Die drei jungen Männer dienten mir als Kuriere und Berichterstatter. Das volle Ausmaß der Niederlage begriff ich aber erst, als am späten Vormittag des 23. Juni Mieroslawski, Sigel und andere Offiziere nach Heidelberg zurückkamen, um den Rückzug zu organisieren. Die Front am Neckar begann zu wanken. Vom Odenwald her waren die Preußen schon bis auf den Heiligenberg vorgedrungen. Von seiner Höhe aus beschossen sie die Neckarbrücke.

Am Mittag setzte sich der Train des Hauptquartiers in Bewegung. Über Neckargemünd und Sinsheim ging es in endloser Marschkolonne auf Eppingen zu. Amalie saß in dem Planwagen, auf dem sich die Dokumente, Karten und Protokolle des Generalstabs befanden. Ich allerdings zog es trotz der drückenden Hitze vor, zu Fuß zu gehen. Gegenüber den vielen tausend Soldaten und Freiheitskämpfern wollte ich nicht bevorzugt sein. Seit zwei Tagen waren die armen Männer fast ununterbrochen auf den Beinen. Wenn sie nicht gekämpft hatten, waren sie marschiert. Verpflegt wurden sie äußerst mangelhaft. Bis auf hartes Brot gab es nichts zu essen. Mit Mühe schleppten sich die erschöpften Verteidiger der badischen Freiheit in einer Wolke von Staub, Schweiß und Verzweiflung durch die Sonnenglut. Ihre Lieder waren verklungen, nur das Geräusch der Schritte und das Gerumpel der Wagenräder erfüllte die Luft. Ohne Rast marschierten wir bis Sinsheim, wo die Vorhut auf ein preußisches Bataillon stieß, das sich nach kurzem Gefecht zurückzog.

In jedem Ort, den wir passierten, requirierte das Heer Wagen und Gespanne. Sie dienten dem Transport von Soldaten. Auf diese Weise konnte den Erschöpften etwas Ruhe gewährt werden, ohne daß der Rückzug stockte. In Bretten blieben wir über Nacht, am 24. Juni gegen Mittag erreichten wir Durlach. Vor dem Bahnhof am westlichen Stadtrand ließ Mieroslawski die Truppen in Wartestellung gehen, um eine Einheit nach der anderen per Eisenbahn nach Rastatt zu transportieren. Auch er wußte den militärischen Wert der Schienen zu nutzen.
Der Planwagen des Hauptquartiers hatte in Durlach kaum haltgemacht, als ein Kurier auf mich zukam, der mir ein Schreiben des Präsidenten der Landesversammlung überbrachte. Mir wurde mitgeteilt, ich hätte durch eine Nachwahl das Mandat des zweiten Wahlbezirks erhalten und möge mich umgehend im Ständehaus einfinden.
Ich benachrichtigte Sigel von dieser überraschenden Berufung und verließ mit Amalie den Heerestroß, um sogleich nach Karlsruhe aufzubrechen. Am Stadtrand hielten wir eine Droschke an, die uns zum Ständehaus brachte. Es war völlig verwaist. In der Eingangshalle kam uns einer der beiden Sitzungsdiener entgegen, die mir am 1. März 1848 das Betreten des Saales verwehrt hatten. Im Halbdunkel erkannte er mich nicht, schloß jedoch aus Hut, Bluse und Bewaffnung, daß ich auf seiten der Revolution stand.
– Hier könnet Se net nei, sagte er streng. In Karlsruh isch gar mit der Revolution.
Ich nannte meinen Namen und verlangte zu wissen, wo sich die konstituierende Versammlung befinde. Mißtrauisch blickte mir der Mann ins Gesicht und musterte abschätzig Amalie. Schließlich erklärte er, das sogenannte Parlament des Herrn Brentano habe sich aus Furcht vor den anrückenden Preußen nach Offenburg vertagt.
Vor dem Ständehaus kam uns Franz Raveaux entgegen, den das Paulskirchenparlament im Mai als Beobachter nach Karlsruhe geschickt und der sich der Revolution angeschlossen hatte. Wie

ich suchte er die konstituierende Versammlung. Gemeinsam mieteten wir eine Droschke, um möglichst rasch nach Offenburg zu gelangen. Auf der Fahrt durch Karlsruhe berichtete mir Raveaux von seinen Erlebnissen in Stuttgart, wo er an den letzten Sitzungen des sogenannten Rumpfparlaments der Nationalversammlung teilgenommen hatte. Während er sprach, sah Amalie, scheinbar geistesabwesend, durch das Kutschenfenster nach draußen. Auf einmal rief sie:
– Da schau an, Gustav! Die Ratten kommen schon wieder aus ihren Löchern!
Sie zeigte auf zwei Männer in Frack und Zylinder, die geschäftig über den Marktplatz schritten. Die ihnen begegneten, grüßten untertänig; die Schildwache vor der Pyramide salutierte. Auf den ersten Blick erkannte ich die beiden. Der größere war der ehemalige Regierungsdirektor Schaaff; der Dicke daneben, die Hände hinterm Rücken ineinandergelegt, war der Mann, der mich zum Revolutionär gemacht hatte: Mariano von Uria-Sarachaga, vormals großherzoglicher Regierungsrat und Zensor. Nur einen flüchtigen Augenblick sah ich in sein Gesicht. Er lächelte.
Was Raveaux erzählte, überraschte mich nicht. Das Rumpfparlament war in Stuttgart recht unfreundlich empfangen worden. Württembergs Märzminister Römer, immerhin selbst Mitglied der Nationalversammlung und vor Ficklers zweiter Verhaftung aller Halbherzigkeit zum Trotz im Ruf republikanischer Gesinnung, hatte wenig Freude über das Erscheinen der Frankfurter Abgeordneten gezeigt. Wie eine Verkörperung des bösen Gewissens habe er ausgesehen, sagte Raveaux. Die Versammlung hatte den Reichsverweser für abgesetzt erklärt und an seine Stelle eine fünfköpfige Reichsregentschaft gewählt; ferner hatte sie beschlossen, daß die Verfassung des auf die kleindeutsche Union abzielenden Dreikönigsbündnisses null und nichtig und ihre Anwendung Hochverrat sei. Statt abzutreten, war der Reichsverweser daraufhin zum Gegenangriff übergegangen. Er, der entlassene Beauftragte des Parlaments, hatte die württembergische Regierung aufgefordert,

die Versammlung in Stuttgart aufzulösen. Und Römer willfahrte. Am 18. Juni ließ er den Rest der glorreichen deutschen Nationalversammlung von Kavallerie-Einheiten unter General Miller auseinandersprengen.
In Rastatt sahen wir den ersten Zug mit Soldaten ankommen und trafen im Gewimmel auf dem Bahnhofsplatz Pedro, Liebknecht und Rosenblum. Ich bat die drei, uns nach Offenburg zu begleiten. Dort erfuhren wir am Morgen des 25. Juni, daß die Preußen mit der Besetzung von Karlsruhe begonnen hatten. Die konstituierende Versammlung, die im Rathaus zusammenkam, faßte nur einen einzigen Beschluß: den Sitz des badischen Parlaments aus Sicherheitsgründen nach Freiburg zu verlegen.
Per Bahn reisten wir noch am gleichen Tag weiter. In Freiburg bezogen wir im Gasthof Föhrenbach Quartier, in nächster Nähe des Turms, in dem Amalie eingekerkert gewesen war.
Während Mieroslawski entlang der Murg die militärische Verteidigung organisierte, versuchte ich in Freiburg, die Repräsentanten der Revolution auf eine politische Verteidigungslinie einzuschwören. Die Sitzung der konstituierenden Versammlung war auf den 28. Juni angesetzt. Damit blieben mir zwei Tage, und ich nutzte jede Stunde zur Vorbereitung einiger Beschlüsse, die ich für wichtig hielt. Ich besprach mich mit jedem Abgeordneten, den ich erreichen konnte, und führte mehrfach Unterhandlungen mit Goegg und Werner. Brentano weigerte sich, mich zu empfangen. So war es nicht meine Schuld, wenn er von meinen Anträgen überrascht wurde.
Als ich zu Beginn der Sitzung vom 28. Juni den Antrag stellte, den Krieg mit allen Mitteln fortzusetzen und jeden Versuch einer Unterhandlung mit dem Feind als Verrat zu betrachten, stand Brentano, bevor ich diese Forderung begründen konnte, mit zornrotem Kopf auf und unterbrach mich.
– Ich protestiere, schrie er, ich protestiere entschieden gegen diesen Antrag. Der Radikalismus des Bürgers Struve ist sattsam bekannt. Ihm verdanken wir die verzweifelte Lage, in der wir uns befinden.

Offenbar will er, daß noch mehr Blut fließt. Ich bin für Verhandlungen. Wählen Sie, meine Herren. Er oder ich!
– Wem Baden die gegenwärtige Lage verdankt, antwortete ich, wissen alle hier Anwesenden sehr genau: weder meinem Radikalismus noch der Halbherzigkeit des Bürgers Brentano, sondern den vereinigten Armeen der Reaktion. Nicht zwischen Brentano und mir müßt ihr wählen, Mitbürger, sondern zwischen Deutschlands Vergangenheit und seiner Zukunft. Wollen wir der Despotie aufrecht entgegentreten oder winselnd zu Kreuze kriechen, wollen wir aus Feigheit alles verraten, wofür wir fünfzehn Monate lang gekämpft haben, oder wollen wir die Fahne der Freiheit bis zuletzt hochhalten? Das ist die Entscheidung, um die es geht. Wenn Baden der Übermacht nicht standhalten kann, ist diese Revolution so oder so verloren. Die Sache der Freiheit aber geht nur verloren, wenn wir selbst sie aufgeben!
Langanhaltender Applaus zeigte Brentano, daß die Stimmung auf meiner Seite war. Mit großer Mehrheit wurde mein Antrag angenommen. Verärgert stand er von seinem Platz auf und verließ schimpfend den Saal.
Am nächsten Morgen blieben mehrere Stühle auf der Tribüne des Versammlungsraumes leer. Nach der Eröffnung der Sitzung verlas der Präsident einen an ihn gerichteten Brief Brentanos, in dem dieser in knappen Worten den Rücktritt von allen Ämtern erklärte. Die Entrüstung war groß, als die Versammlung erfuhr, daß Brentano sich bereits außer Landes befand. Begleitet von seinen Vertrauten Ziegler und Thibaut, war er im Dunkel der Nacht nach Frankreich geflohen.
Die Nachricht löste eine solche Erregung aus, daß die Sitzung unterbrochen werden mußte. Ein Teil der Versammelten verließ den Saal auf Nimmerwiedersehen. Als wieder Ruhe einkehrte, wurde der Abgeordnete Kiefer aus Emmendingen zum Nachfolger Brentanos gewählt. Die Frage, ob er die Wahl annehme, konnte er nicht beantworten, da er sich während der Abstimmung gleichfalls aus dem Staub gemacht hatte.

Der Grund für die allgemeine Eile waren beunruhigende Nachrichten von der Murg. Dort hatte der letzte Akt der badischen Tragödie begonnen.
Am frühen Morgen des 29. Juni 1849 griffen die Preußen gleichzeitig an verschiedenen Stellen die badische Verteidigungslinie an. Trotz ihrer zahlenmäßigen Überlegenheit gelang es ihnen nicht, die Murg zu überschreiten. Sigel und Becker trieben die Angreifer sogar weit hinter ihre Ausgangsstellungen zurück, so daß man schon an einen Sieg glaubte. Doch am Mittag wendete sich das Blatt. Das Gros der Reichstruppen rückte von Württemberg aus nach Gernsbach vor, das sie mit schwerem Artilleriefeuer in Brand schossen. Unter Ludwig Blenkers Führung verteidigten die Badener den Ort mehrere Stunden lang, aber schließlich erlagen sie der Übermacht. Damit war alles entschieden. Zwanzigtausend Mann überschritten die Murg und fielen den Verteidigern in den Rücken. Am 30. Juni mußte die Murglinie aufgegeben werden. In blutigen Rückzugsgefechten zogen sich die Truppen der Revolution zurück. Unter denen, die fielen, war der junge Peter Michel aus dem Heidelberger Neckarbund. Die Einheiten lösten sich auf. Viele suchten Zuflucht in der Festung Rastatt; eine zweifelhafte Rettung, wie sich bald zeigen sollte. Andere strömten in Scharen nach Offenburg und Freiburg. Mieroslawski gab den Krieg verloren und legte den Oberbefehl nieder.
Schon am Abend des 30. Juni 1849 war Rastatt von preußischen Truppen zerniert. Daß die Festung nicht gestürmt werden konnte, half den sechstausend Eingeschlossenen wenig; sie saßen darin wie in einer Mausefalle. Auf Entsatz konnten sie nicht hoffen. Vergebens versuchte Sigel, die Reste des geschlagenen Freiheitsheers in Offenburg zur Gegenoffensive zu bewegen. Ich fuhr am 1. Juli, einem Sonntag, mit der Eisenbahn in sein Hauptquartier, um mich über die militärische Lage zu informieren. Was ich sah, waren übermüdete Gesichter, zerrissene Uniformen, zerfetzte Schuhe, blutige Verbände, Mutlosigkeit.

Unser Zwanzigtausendmannheer bestand nur noch aus knapp viertausend Verzweifelten. Wie sollte es gegen die anrückenden sechzigtausend Preußen, Württemberger, Hessen und Mecklenburger etwas ausrichten können? In diesen Tagen des blutigen Endes beging Karl Mathy seinen letzten Verrat.

Viel gab es nicht mehr zu verraten. Den Männern des März 1848 war nach der Auflösung des Rumpfparlaments in Stuttgart und dem Einmarsch in Baden nichts geblieben als das Gefühl, der schieren Gewalt gewichen zu sein. Sie konnten sich sagen, das Richtige gewollt zu haben. Bajonette und Kartätschen hatten die Idee der Volkssouveränität nicht widerlegen können. Solange man diese Idee im Herzen trug, war man als Geschlagener nicht erniedrigt. Nicht einmal diesen Trost ließ Karl Mathy seinen Mitstreitern. Am 25. Juni 1849 versammelten sich auf sein Betreiben etwa einhundertfünfzig ehemalige Abgeordnete der Paulskirche im sächsischen Gotha. Alle hatten dem konstitutionellen Lager angehört, und alle waren sie Repräsentanten der Märzbewegung. Mathy hatte sie kommen lassen, um sie zu einem Kotau vor dem preußischen Thron zu überreden. Auf eine Durchsetzung der Reichsverfassung, so sein Argument, bestehe keine Aussicht; man dürfe daher der preußischen Unionsverfassung nicht länger die Unterstützung verweigern. Die Angereisten zeigten sich überrascht. Selbst konservativen Liberalen leuchtete nicht recht ein, warum sie den Soldatenstiefel, den sie im Nacken spürten, auch noch küssen sollten. Drei Tage bearbeiteten Karl Mathy und Heinrich von Gagern ihre Gesinnungsfreunde. Dann hatten sie diese soweit, daß sie eines der traurigsten Dokumente der deutschen Geschichte verabschiedeten. In gewundenen und vielfach verschachtelten Sätzen empfahlen sie der Nation die Aufgabe der parlamentarischen Reichsverfassung und die Annahme der Dreikönigsverfassung. Nach diesem Sieg, lese ich in Gustav Freytags Buch, befand sich Karl Mathy in Hochstimmung. So *übermüthig* und *fröhlich* wie in den Tagen nach Gotha erscheint Freytags Held an keiner anderen Stelle seiner Lebensbeschreibung. Das Blutgericht, das die von ihm

so bewunderten Preußen zur gleichen Zeit in seiner Heimat abhielten, bekümmerte ihn nicht.
Am Montag, dem 2. Juli 1849, sah ich noch einmal den Schwurgerichtssaal, in dem ich ein Vierteljahr zuvor als Angeklagter gesessen war. Im Auftrag Goeggs mußte ich als Staatsanwalt eines Standgerichts fungieren, das einen jungen Mann aus Kandern verurteilen sollte. Der Angeklagte hatte einen gegenrevolutionären Überfall auf eine Regierungskommission angezettelt. Zum Glück entdeckte ich einen juristischen Formfehler, und so plädierte ich, zur Überraschung des Gerichts, statt auf die vorgesehene Todesstrafe auf sofortige Entlassung des Beschuldigten. Goegg machte mir nach der Verhandlung bittere Vorwürfe wegen dieser Milde und erinnerte daran, daß ich schon während des Septemberaufstandes überführte Spione und Saboteure vor den Gerichten der Revolution gerettet hätte. Es fiel mir schwer, mich zu rechtfertigen. Härte und Konsequenz zu fordern ist eine Sache, einem Menschen Leid zuzufügen eine andere.
Noch einmal trat in Freiburg die konstituierende Versammlung Badens zusammen. Nur ein kleines Häuflein Aufrechter war erschienen. Stündlich mußte mit dem Einmarsch der Preußen gerechnet werden. Ich schlug vor, an jeden Teilnehmer der Revolution den Sold bis zum 10. Juli und ein Reisegeld auszuzahlen, und uns dann *mit unserem ganzen Heere, mit Waffen, Vorräthen, Kassen und allem beweglichen Staatsvermögen in guter Ordnung auf schweizerisches Gebiet* zurückzuziehen. Dagegen legte Sigel Protest ein. Er hatte den aberwitzigen Plan, sich mit den verbliebenen viertausend Mann des geschlagenen Heeres auf den Höhen des Schwarzwaldes zu verstecken, um von dort den Bürgerkrieg fortzusetzen. Er setzte sich durch, doch seine Absicht konnte er nicht verwirklichen. In Scharen liefen ihm die Leute davon. Mit einem täglich kleiner werdenden Trupp wich er vor den anrückenden Preußen und Reichstruppen in den südöstlichsten Winkel Badens zurück. Von dort überschritt er am 11. Juli, ganz im Sinne meines Vorschlags, in geordneter Marschkolonne die Grenze zur Schweiz.

Die konstituierende Versammlung löste sich am späten Nachmittag des 2. Juli auf. Mich hielt nun keine Pflicht mehr zurück. Ich verabredete mit einigen Freunden, Baden am nächsten Morgen zu verlassen.

Zum Abendessen ging ich mit Amalie in die Traube, eine der Weinstuben, in denen man sich vor Verrätern noch einigermaßen sicher fühlen konnte. Da saß in einer Ecke Friedrich Neff und starrte mit trübem Blick über sein Glas. Wir setzten uns zu ihm und versuchten ihn aufzumuntern.

– Es ist aus, sagte er. Alles war umsonst.

Amalie erinnerte ihn, daß er einmal gesagt hatte, jede Niederlage mache die Revolution stärker. Das war im Juli 1848 gewesen, als wir zu dritt durch die Schweiz reisten, um zwischen den versprengten Flüchtlingen des Aprilaufstandes Verbindungen zu knüpfen. Bei herrlichstem Wetter hatte uns ein offener Einspänner durch das Aartal gefahren, vorbei an blühenden Wiesenhängen, durch Buchenwälder und freundliche Dörfer. Wir vertrieben uns die Zeit, indem wir Volksversammlung spielten. Das war Neffs Einfall gewesen, und er war es, der als Redner agierte, während Amalie und ich das Volk darstellten. Heiter vom Spaß und müde vom Fahren, kehrten wir unterwegs bei einem Dorfwirt ein, saßen vor dem Panorama schneebedeckter Berge in der Sonne bei Käse und Apfelwein und waren versöhnt mit dem Schicksal. Damals hatte Friedrich Neff uns Mut gegeben, nun bedurfte er selbst des Trostes.

– Morgen früh fahren wir über den Rhein, sagte ich. Komm mit uns!

Er wolle nicht wieder in die Emigration, antwortete Neff. Baden blute aus, wenn die Demokraten das Land verließen. Ich warnte ihn vor der Rache der Reaktion. Von Rechts wegen hatte er zwar nichts zu befürchten, denn er war unter Brentano ohne politische Funktion gewesen, und seine Mitwirkung an den beiden ersten Revolutionen fiel unter die erlassene Amnestie. Aber auf die Rechtlichkeit der Sieger, mahnte ich, dürfe er sich nicht verlassen. Schließlich gab er meinem Drängen nach und versprach, am nächsten Morgen zum vereinbarten Treffpunkt zu kommen. Zur festgesetzten Zeit warteten wir vergeblich auf ihn. Wir verschoben unsere Abreise um fast eine Stunde, doch Friedrich Neff erschien nicht. Schließlich brachen wir ohne ihn auf.

In der Nacht hatte ein schweres Gewitter gewütet, und die Straße durch die Rheinebene war aufgeweicht vom Regen. Nebelschwaden hingen über Wäldern und Mooren. Wolken verhüllten die Höhen des Kaiserstuhls. Bei Altbreisach erreichten wir den Rhein. Hier stieg ich mit Karl Blind aus der Kutsche. Da wir zu den Führern der Revolution gehörten, konnten wir die Fahrt über die Grenze nicht wagen. Ein mürrischer alter Mann, der eine Hütte am Ufer bewohnte, ließ sich durch Geld und gute Worte bewegen, uns in seinem Kahn überzusetzen.

Ich erinnere mich an das Platschen der Ruder, die feuchte Kälte des Vormittags, den Geruch des Pechs, mit dem die Ritzen des Bootes abgedichtet waren. Zwischen den Bodenbrettern des Kahns stand eingedrungenes Wasser. Der Nebel über dem Fluß war so dicht, daß wir kein Ufer sahen. Keuchend kämpfte der Alte mit der Strömung. Ich blickte in sein finsteres Gesicht und dachte an Charon, den Fährmann aus dem dritten Gesang der *Commedia*. Unwillig bringt er Dante und Vergil über den Acheron, mit dunklen Worten prophezeit er ihnen Unheil:

> Hofft nie des Himmels Ewigkeit zu sehen.
> Ich setz euch über, und am andern Ufer
> Müßt ihr durch Hitze, Nacht und Kälte gehen.

Aber ich wußte, daß es da, wo die Hölle am tiefsten ist, einen Gang gibt, der zur anderen Seite der Welt führt. Ich sah Karl Blind an, der traurig vor sich hin starrte.

– Wir werden wiederkommen, sagte ich leise. In ein anderes, in ein besseres Deutschland.

DRITTES BUCH

SCHOCK

1

– Hohes Gericht, hörte ich mich sagen, die Gegenseite hat Deutschlands entschiedene Demokraten als *Blutknaben* bezeichnet. Sie hat von angeblichen Greueln der Revolution gesprochen. In Wahrheit gab es nie eine gewaltlosere Freiheitsbewegung als die unsere. Kein einziger Fall von Lynchjustiz, kein Terrorismus, keine Guillotine! Der Vorwurf, es sei Blut geflossen, fällt auf die zurück, die ihn erheben. In den Zeugenstand der Geschichte rufe ich Max Dortu aus Potsdam, vierundzwanzig Jahre alt, hingerichtet am 31. Juli 1849 zu Freiburg; Ernst Elsenhans, Literat aus Württemberg, exekutiert am 7. August 1849 zu Rastatt; Gustav Tiedemann aus Heidelberg, dreiundvierzig Jahre alt, standrechtlich erschossen am 11. August; Adolph von Trützschler aus Gotha, einunddreißig Jahre alt, Abgeordneter des deutschen Nationalparlaments und Zivilkommissar in Mannheim, öffentlich hingerichtet am 14. August; Georg Böning aus Wiesbaden, einundsechzig Jahre alt, Oberst der deutschen Flüchtlingslegion, erschossen; Valentin Streuber, fünfzig Jahre, Mehlwaagmeister, Gemeinderat und Vorstand der deutschkatholischen Gemeinde in Mannheim, am 11. Oktober 1849 exekutiert. Höfer, Kromer, Schade, Cunius, Diez, Jäger, Jansen, Schrader, Bauer, Bernigau, Zenthöfer. Hingerichtet, erschossen, exekutiert. Die Liste ist noch länger. Zeugnis geben sollen auch die vielen Tausend, die jahrelang eingekerkert waren und deren Familien durch Vermögenskonfiskation ruiniert wurden, und die achtzigtausend Flüchtlinge, die man aus Baden in die Verbannung trieb ...
Von den grellen Fieberträumen der vergangenen Nacht blieb mir nur dieser im Gedächtnis. Wieder stand ich im Totenhemd in der lichtdurchfluteten Halle der Geschichte, rechts von mir auf der Zeugenbank Karl Mathy mit verschränkten Armen, schräggestelltem Kopf und ironischem Grinsen; auf dem Richtertisch die Waage der Gerechtigkeit, die durch das Buch von

Gustav Freytag aus dem Gleichgewicht geraten war. Mit meinem unfertigen Manuskript unter dem Arm hielt ich ein Plädoyer für die Opfer der roten Reaktion. Und als ich geendet hatte, streckte ich die linke Hand aus und wies zur Saaltür. Ihre riesigen Flügel öffneten sich wie von selbst, und aus Nacht und grünlichem Nebel traten bleiche Gestalten, Hunderte, Tausende, Zehntausende.

Gestern morgen fand Käthchen mich bei brennender Lampe am Schreibtisch sitzend, den Oberkörper vornübergebeugt, den Kopf auf einem Stoß beschriebenen Papiers. Ich war über der Arbeit eingeschlafen. Sie stellte fest, daß ich vor Fieber glühte, und bestand auf Bettruhe. Protestierend gab ich nach. Vierundzwanzig Stunden bin ich gelegen, ohne daß sich mein Zustand gebessert hätte. Meine rechte Gesichtshälfte ist schwarzblau angelaufen, die Augäpfel drücken wie bleierne Kugeln aufs Gehirn, und wenn ich den Kopf bewege, beginnt das Zimmer zu schwanken. Aber soll ich kapitulieren vor meinem Körper? *Plus que l'oiseau est vieux*, sagen die Franzosen, *ne moin n'il veut défaire ses plumes.* Meine Federn sind Schreibfedern. Und was mir schwergemacht wurde, habe ich immer besonders hartnäkkig gewollt.

Zurück zu jenem nebligen Morgen, an dem ich in Charons Nachen das linke Rheinufer gewann. In Vogelgrun wartete Amalie in dem Wagen, mit dem sie unbehelligt Grenze und Brücke passiert hatte. Karl Blind und ich stiegen zu, nicht ahnend, wie knapp wir dem Verderben entronnen waren. Bei aufklarendem Himmel fuhren wir flußaufwärts. Unser Ziel war Genf, wo der radikale Demokrat James Fazy seit dem Umsturz von 1846 die Regierungsgeschäfte führte. Von ihm, dem Gleichgesinnten und Exrevolutionär, erwartete ich mir freundliche Aufnahme und brüderliche Hilfe.

Basel passierten wir, ohne anzuhalten. In Liestal, wo wir die Nacht vom 3. auf den 4. Juli 1849 verbrachten, trafen wir durch Zufall Franz Raveaux. Auch er hatte sich entschlossen, vorerst in

Genf Zuflucht zu suchen. Wir stiegen im selben Gasthof ab. Am späten Abend erschien Schweizer Polizei, durchsuchte unser Gepäck und führte uns aufs Rathaus. Der Landrichter des Ortes verhörte uns. Seinen ausweichenden Antworten auf unsere Fragen nach dem Grund unserer Festnahme entnahmen wir, daß unsere politischen Gegner uns auf der Fährte waren. Auf diplomatischem Wege hatten sie der kantonalen Regierung unsere Flucht gemeldet und behauptet, wir führten Diebesgut mit uns. Den Schweizer Behörden wäre es ganz recht gewesen, Kassen und Wertgegenstände in unserem Wagen und unseren Koffern zu finden; Diebe hätte man ohne viel Aufhebens ausliefern können, politisch Verfolgte dagegen genossen bei der Schweizer Bevölkerung viel Sympathie. Doch so gründlich man unsere Habe auch durchsuchte, einen Beweis für die uns nachgesandte Verleumdung fand man nicht. So blieb dem Liestaler Landrichter nichts übrig, als uns schließlich die Weiterfahrt nach Genf zu gestatten.

Von der eiligen Reise durch schmale Gebirgstäler, über steile Paßstraßen und an spiegelnden Seen entlang ist mir ein Gespräch im Gedächtnis geblieben, das ich unterwegs mit Karl Blind führte. Es begann damit, daß ich ihn über die erlittene Niederlage zu trösten versuchte.

– Wir haben noch nicht verloren, sagte ich. Achtzig Jahre lang kämpften die Niederländer gegen die Spanier, sieben Jahre dauerte der nordamerikanische Freiheitskrieg. Die deutsche Revolution steht erst am Anfang. Das Blut, das in Wien, Berlin, Dresden und Baden geflossen ist, bildet nur kleine Bächlein gemessen an den Strömen, die noch fließen werden. Die Reaktion muß im Blut ersticken.

– Ach, hör auf, unterbrach mich Blind. Immerzu redest du von Blut und Terror, doch wenn es darauf ankommt, bist du geduldiger als jedes Schaf. Ich habe nicht vergessen, wie du im September diesen Spion hast laufenlassen. Wir wollten ihn wegen Verrats erschießen, aber du hast ihn nachts aus dem Gefängnis

geholt und weggeschickt. Es würde mich nicht wundern, wenn du ihn auch noch mit Reisegeld versorgt hättest.
– Das habe ich nicht, stellte ich richtig. Nur etwas Brot und eine Flasche Wein habe ich ihm mitgegeben. Der Mann war kein Bösewicht, nur ein Schwächling.
– Und wie war das mit dem Lörracher Steuereinnehmer? Der Kerl hat zweitausend Gulden beiseite gebracht und behauptet, die Kasse sei leer. Dann haben wir das Geld gefunden und den Schuft eingesperrt. Und nach zwei Stunden hast du ihn begnadigt.
– Der Mann, rechtfertigte ich mich, befand sich im Rechtsirrtum.
– Den Dragoneroffizier, fuhr Blind fort, der uns vor Heppenheim verraten hat, hast du auch laufenlassen. So bist du eben. Wenn man dir zuhört, möchte man meinen, du wärst ein neuer Robespierre. Aber in Wahrheit bist du ein gütiger Franz von Assisi. Ströme von Blut, daß ich nicht lache! Ich wette, du hast noch nie eine Mücke erschlagen.
Ich zog es vor, mich nicht dazu zu äußern. Blind war in gereizter Stimmung. So ließen wir uns schweigend vom Auf und Ab des Wagens schaukeln. Amalie schmiegte sich an mich. Sie schlief. Ich hielt sie fest und sah zum Fenster hinaus auf den Neuenburger See. Lieber lasse ich mich übergroßer Milde anklagen, als daß ich mich rechtfertigen muß, unschuldiges Blut vergossen zu haben. Mit denjenigen, die für die Niederschlagung der badischen Revolution von 1849 verantwortlich sind, möchte ich jedenfalls nicht tauschen.
Wenn ich an die Grausamkeiten denke, die nach meiner Flucht in Baden geschahen, fällt mir zuerst Friedrich Neff ein. Am Morgen unserer Abreise war er nicht am vereinbarten Treffpunkt erschienen. Er hatte verschlafen. Zwei Stunden nach uns verließ er Freiburg auf dem gleichen Weg wie wir. Arglos kam er an den Schlagbaum, der in Breisach vor der Rheinbrücke steht. Dort hielt ihn der Grenzbeamte fest, der Amalie kurze

Zeit zuvor anstandslos hatte passieren lassen. Inzwischen war die Kunde, daß die Republik verloren sei, bis zu den Grenzern vorgedrungen. Auch sie hatten der provisorischen Regierung gedient und mußten deshalb mit Bestrafung rechnen. Sich durch ein paar Festnahmen als reumütig zu erweisen konnte also nur von Vorteil sein. Hauptsächlich darum verhafteten sie Neff. Dafür gab es keinen anderen Grund als den, daß er Republikaner war.

Neff wurde in Ketten gelegt und im vergitterten Wagen nach Freiburg zurückgebracht, wo inzwischen die Preußen einmarschiert waren. Am 8. August 1849 kam er vors Standgericht. *Seine Anschuldigung*, hieß es in einem Maueranschlag vom folgenden Tage, *bestand hauptsächlich darin, daß er die deutschen Flüchtlinge im Ausland ins Großherzogthum gerufen ... hat. Auf gepflogene standgerichtliche Verhandlung hat das Kriegsgericht ... erkannt: Friedrich Neff von Rümmingen sei als Anstifter und Theilnehmer bei dem im Mai d.J. ausgebrochenen hochverrätherischen Aufruhr mit dem Tode durch Erschießen zu bestrafen.*

Das Urteil wurde um 4 Uhr morgens vollstreckt. Man führte Friedrich Neff auf den Kirchhof von Wiehre am südlichen Stadtrand. Mit verbundenen Augen wurde er an ein Holzkreuz gefesselt. Als das Hinrichtungskommando die Gewehre anlegte, zerrte der achtundzwanzigjährige Revolutionär an seinen Fesseln, richtete sich auf und rief laut:

– Es lebe die sozial-demokratische Republik Deutsch ...

– Feuer! schrie ein Offizier.

Die Salve zerriß die Stille des Morgens, und Friedrich Neff sackte zusammen. Aus dem Mund, der eben noch Deutschland sagen wollte, floß Blut.

Einer der Soldaten, die dabei waren, hat mir dies Jahre später erzählt. Die Szene hatte ihn nicht mehr losgelassen. Das Gefühl, auf der Seite von Mördern zu stehen, hatte ihn schließlich gezwungen, seinen Abschied zu nehmen und sich der demokratischen Bewegung anzuschließen.

Ähnlich erschütternd wirkten die vielen anderen Exekutionen. Ebenfalls auf dem Wiehrer Friedhof starb der junge Max Dortu. Seine letzten Worte lauteten:

– Ich sterbe für die Freiheit. Schießt gut, Brüder!

In Mannheim wurde am 14. August Adolf von Trützschler erschossen – zur *Warnung*, wie die Preußen verkündeten –, obwohl er nur als Zivilkommissar an der Revolution mitgewirkt hatte. Valentin Streubers *Schuld* bestand lediglich darin, daß er seiner republikanischen Gesinnung wegen zum neuen Oberbürgermeister Mannheims vorgeschlagen worden war; doch auch für ihn gab es keine Gnade. Theodor Mögling entging der Erschießung nur deshalb, weil er wegen seiner bei Waghäusel erlittenen Verwundung auf Krücken vor Gericht erschien; seine militärische Haltung beeindruckte die preußischen Offiziere so sehr, daß sie Mögling zwar zum Tode verurteilten, aber zugleich seine Begnadigung zu Zuchthausstrafe empfahlen. Ähnlich verfuhr man mit Otto von Corvin, dem Verteidiger Mannheims.

Corvin gehörte zu denen, die sich beim Fall der Murglinie in die Festung Rastatt geflüchtet hatten. Gemeinsam mit Tiedemann, der die Festung kommandierte, war er als Generalstabschef für diese letzte Bastion der Freiheitsbewegung verantwortlich gewesen. Die preußische Armee und die Reichstruppen hielten Rastatt drei Wochen lang im Würgegriff. Stürmen konnten sie die mit schwerstem Geschütz bewehrte Festung nicht. Um dem Hungertod zu entgehen, mußte das eingeschlossene Freiheitsheer versuchen, den Belagerungsring zu durchbrechen. Vier Ausfälle mißlangen. Die Übermacht rings um die Mauern Rastatts war zu groß. So blieb nur die Hoffnung auf Entsatz durch die Truppen Sigels, von deren Flucht in die Schweiz die Belagerten lange Zeit nichts wußten. In ihrer Verzweiflung träumten sie sogar davon, ein ungarisches Freiheitsheer würde kommen und Hilfe bringen. Die Behauptung des preußischen Generals von der Gröben, die Revolution sei in ganz Baden niedergeschlagen und weiterer Widerstand zwecklos, wollten Corvin und Tiedemann nicht glauben. Daher gestatteten die Preußen Corvin und seinem Adjutanten, unter militärischer Bewachung zum Bodensee zu reisen, damit sie sich selbst vom Ende des Aufstands überzeugen konnten. Am 21. Juli 1849 kehrten die beiden, um die letzte Hoffnung ärmer, zurück. Aufgrund ihres entmutigenden Berichts entschloß sich der Kriegsrat zu der von den Belagerern verlangten Übergabe der Festung *auf Gnade und Ungnade.*

Einer Anzahl von Eingeschlossenen gelang im letzten Moment die Flucht durch das unterirdische System der Rastatter Abwasserkanäle. Einer dieser Glücklichen war Tiedemanns Adjutant Carl Schurz. Die Mehrheit der Belagerten verschmähte es, sich auf diese Weise davonzustehlen. Sie vertraute einer mündlichen Zusage des Generals von der Gröben, nur die Anführer würden verhaftet, die gemeinen Soldaten aber sogleich nach der Übergabe entlassen.

Dieses Versprechen war rechtlich nicht verbindlich. In der Kapitulationsurkunde stand: *Eine feste Zusage kann der kommandierende General ... nicht geben, wird aber seine gestern gegebene Verheißung zu erfüllen bemüht sein.* Als die Belagerten am Nachmittag des 23. Juli 1849 das Haupttor der Festung öffneten und herausmarschierten, wurden ihre Hoffnungen rasch gedämpft. Mit einem schneidenden Befehl brachte ein preußischer Hauptmann die Musik des vorausmarschierenden Spielzugs zum Verstummen. Oberst Tiedemann ritt auf von der Gröben zu und überreichte ihm seinen Degen. Der General nahm den Degen nicht an, um auf diese Weise zu zeigen, daß er den Besiegten nicht als Soldaten, sondern als Aufrührer betrachte.

Alle Mitglieder der Freiheitsarmee wurden interniert. Hunderte warf man in die feuchten Kasematten, wo sie bis zum Abend des folgenden Tages ohne Brot und Wasser blieben. Corvin schrieb an den preußischen General einen Zettel mit dem Satz: *Ich bitte Sie nur um das für uns, was ich selbst dem Hunde meines Feindes nicht verweigern würde – um etwas Stroh und Wasser.* Doch von der Gröben erwies sich als fast so hartherzig wie der Erzbischof Ruggier, der – Dante beschreibt es im dreiunddreißigsten Gesang des *Inferno* – den Grafen Ugolin und seine Kinder im Florentiner Hungerturm einsperrte.

Eine Woche vor dem Fall der Festung Rastatt war Friedrich Hecker in Straßburg eingetroffen. Zornig stellte er fest, daß er zu spät kam. Er veröffentlichte einen *Abschiedsbrief an das deutsche Volk*, der hauptsächlich Vorwürfe enthielt. Ohne Kontakt mit mir oder anderen Emigranten der Revolution aufzunehmen, trat er wenige Tage später die Rückreise nach Amerika an.

Den Gefangenen in Rastatt erging es übel. Im Namen des badischen Großherzogs rechneten preußische Militärgerichte mit ihnen ab. Zweiundfünfzig Offiziere und Soldaten wurden standrechtlich zum Tod durch Erschießen verurteilt. Eine Berufungsinstanz gab es nicht. Die Urteile wurden jeweils innerhalb weniger Stunden vollstreckt. Über siebenhundert Gefangene kamen auf viele Jahre in die Zuchthäuser. Sechsundfünfzig Anführer sollten fast zweihunderttausend Gulden Schadensersatz zahlen; ihr Privatbesitz wurde ohne Rücksicht auf die Angehörigen beschlagnahmt und versteigert.

Am 18. August 1849 kehrte Großherzog Leopold in feierlichem Zug nach Karlsruhe zurück, begrüßt vom Kommandanten der preußischen Besatzer, bejubelt von Bürgern, die durch ihre Vivat-Rufe zeigen wollten, daß sie immer schon gegen die radikalen Demokraten gewesen waren und sich nun erlöst fühlten. Böller krachten, Glocken läuteten. Die Kirche veranstaltete Dankgottesdienste, die preußischen Truppen eine Parade, zu der Badens Monarch in preußischer Generalsuniform erschien. In der Proklamation, die am selben Tag im Land verbreitet wurde, nannte er sich wieder *Leopold, von Gottes Gnaden Großherzog von Baden.* Die Revolution vom Mai, hieß es darin, sei der *schmachvollste Aufruhr* gewesen, *den die deutsche Geschichte* kenne. Trotz des *erfahrenen Undanks* betrete er, der Großherzog, wieder badischen Boden, den auf seinen Hilferuf hin

tapfere deutsche Brüder von der *Pöbelherrschaft* erlöst hätten. *Die in reichem Maße gewährten Rechte und Freiheiten,* klagte der bitter gekränkte Regent weiter, *vorzüglich die der Presse und Vereine, sind zur Lösung aller Bande der Staatsordnung und zur Aufregung der wildesten Leidenschaften mißbraucht worden.*
Sie wurden daher abgeschafft.
Ob Karl Mathy unter denen war, die den Großherzog in sein Schloß begleiteten, weiß ich nicht. Wahrscheinlich galt auch ihm der Zorn des Regenten. Im Schutz der preußischen Armee leistete dieser sich die Verachtung selbst der halbherzigsten Liberalen. Nur den lange Zeit von der Bildfläche verschwundenen Verfechtern des Absolutismus und den Intriganten seiner Kamarilla gewährte er noch seine Gunst. Von dem Rest des Volkes beliebte er enttäuscht zu sein.
Man zwang Baden wieder unters Joch. Kriegssteuer, Einquartierungskosten und *freiwillige* Zwangsanleihen trafen die Vermögenden, Pensionskürzungen und Entlassungen die Beamten, das Wiederaufleben des Spitzelwesens, die Aufhebung der Preßfreiheit und die Verbote der Turnvereine das ganze Volk. Ein Großteil der badischen Soldaten wurde in *Strafkompagnien* versetzt. Selbst Leute wie Bekk schickte die wieder zur Macht gelangte reaktionäre Kamarilla in den Ruhestand; Regierung, Justiz und Bürokratie erfuhren die *Säuberung* von allen freisinnigen Elementen. Alle Männer über einundzwanzig mußten in Badens Kirchen einen Huldigungseid auf den Großherzog leisten. Einmal mehr machte sich der Klerus zum Büttel der Reaktion. Wer den Druck und die Erniedrigung nicht aushielt oder durch Mitwirkung an der Revolution belastet war, floh außer Landes. Achtzigtausend der Besten verließen Baden, die meisten, um nach Amerika auszuwandern. Nachdem die Schüsse der Exekutionen verhallt waren, legte sich Grabesruhe über das Großherzogtum.
Nur im Schwarzwald trafen sich Sensenmänner nachts an verschwiegenden Plätzen, entfalteten die in den Scheunen versteck-

ten Freiheitsfahnen im Licht einer Fackel und schworen einander, den Kampf nicht aufzugeben. In diesen heimlichen Zirkeln wurde mit gedämpften Stimmen ein Lied gesungen, das wie das Klagen des Windes in den hohen, dunklen Fichten klang:

Schlaf, mein Kind, schlaf leis,
Dort draußen geht der Preuß!
Deinen Vater hat er umgebracht,
Deine Mutter hat er arm gemacht,
Und wer nicht schläft in stiller Ruh,
Dem drückt der Preuß die Augen zu.
Schlaf, mein Kind, schlaf leis,
Dort draußen geht der Preuß!

Schlaf, mein Kind, schlaf leis,
Dort draußen geht der Preuß!
Der Preuß hat eine blut'ge Hand,
Die streckt er übers badische Land,
Wir alle müssen stille sein,
Als wie dein Vater unterm Stein.
Schlaf, mein Kind, schlaf leis,
Dort draußen geht der Preuß!

2

Unaufhaltsam geht's vorwärts, schreibt ein Sonderberichterstatter aus Nomeny in der *Neuen Freien Presse* vom heutigen 15. August 1870. Der neuerdings unfehlbare Papst Pius IX. hat für das Glück der preußischen Waffen gebetet. Ich sehe darin ein zuverlässiges Zeichen dafür, daß Frankreichs Sache verloren ist. Gott ist immer bei den stärkeren Bataillonen, dachte ich, während ich mein Brot im heißen Tee aufweichen ließ. Auf

Käthchens besorgte Frage nach meinem Befinden versicherte ich, es gehe mir viel besser. Sie glaubt mir nicht. Aber Einspruch hat sie nicht erhoben, als ich mich wieder an den Schreibtisch setzte.

An Genf denke ich ohne Bitterkeit zurück. Wieder waren Amalie und ich heimatlose Flüchtlinge, aber im Vergleich zu anderen hatten wir es gut getroffen. Am Rande der Stadt fanden wir im Haus eines französischen Professors eine hübsche kleine Wohnung. Von unserem Wohn- und Arbeitszimmer aus blickten wir auf die Dächer und Türme von Genf und die silberne Fläche des Sees, bewaldete Hügelketten und das majestätische Panorama des Juragebirges.

Die Reise hatte unsere Barschaft zum größten Teil erschöpft. Ich mußte baldmöglichst Geld verdienen. Erfreut nahm ich das Anerbieten eines Verlegers aus Bern an, ein Buch über meine Erlebnisse während der Revolution zu veröffentlichen. In unserem Zimmer auf und ab gehend, diktierte ich Amalie meine *Geschichte der drei Volkserhebungen in Baden*. Diese gemeinsame Arbeit füllte die ersten Wochen in der Fremde aus und half uns über manche traurige Stunde hinweg. Nach und nach holten uns die Nachrichten vom Fall Rastatts und den Hinrichtungen der Freunde ein. Wenn eine dieser Hiobsbotschaften kam, schnürten mir jedesmal Zorn und Schmerz die Kehle zu.

Amalie litt nach wie vor unter den Folgen ihrer Kerkerhaft. Der *tic douloureux* überfiel sie ohne Vorwarnung in unregelmäßigen Abständen und zerriß ihr das Gesicht. Dann schrie sie auf, ließ die Schreibfeder fallen und klammerte sich mit verkrampften Händen an die Armlehnen des Stuhls, in dem sie saß. Jeder ihrer Schreie traf mich wie ein Messerstich. Wenn der Anfall zu Ende war, küßte ich meiner jungen Frau den Schweiß von der Stirn und strich ihr übers Haar, bis sie sich erholt hatte.

Bei schönem Wetter unterbrachen wir die Arbeit, um über Carouge hinauf dem Montblanc entgegenzuwandern. Hinter blühendem Ginster und mannshohem Gebüsch zogen wir uns aus und badeten in der Arve. Das Wasser dieses Gebirgsflusses bricht aus Gletscherschlünden hervor und hat auf seinem raschen Weg ins Tal keine Zeit, sich zu erwärmen. Uns schreckte das nicht. Zu den Heilkräften der Natur rechne ich auch kalte Sturzbäche. Das Rauschen des über Felsen und Steine strömenden grünblauen Wassers war so laut, daß Amalie und ich uns nur schreiend verständigen konnten. Ich sehe sie noch unter dem Felsen stehen, wie sie sich mit hochgereckten Händen vor der Wucht des Gusses schützt. Ihr schmaler weißer Körper, umtost vom eisigen Wasser, eins mit der Natur – dieses Bild gehört zu meinen schönsten Erinnerungen.

Damals glaubten wir noch alle an eine Fortsetzung der Revolution. Schien auch die deutsche Freiheitsbewegung im Feuer preußischer Geschütze verblutet, hatte auch die ungarische Revolutionsarmee vor der Übermacht russischer Interventionstruppen kapituliert, war auch die italienische Erhebung vorerst gescheitert, niemand hatte die Hoffnung aufgegeben, daß Europas Völker letzten Endes doch stärker sein würden als ihre Zwingherrn. Wir betrachteten die Welle reaktionärer Siege als Rückschlag, nicht als endgültige Niederlage. Jeden Tag rechneten wir mit Nachrichten vom Ausbruch neuer Unruhen. Wir warteten darauf, zurückgerufen zu werden. Viele der aus Baden geflohenen Demokraten machten unsere Wohnung zu ihrem ständigen Treffpunkt. Vorgeblich kamen sie zur Besprechung revolutionärer Unternehmungen, in Wahrheit aus Angst vor der Einsamkeit des Emigrantendaseins. Amalie bemühte sich rührend um die Gestrandeten, kochte Tee und Gemüsesuppe in der Küche unseres Hausherrn und sorgte für Sitzgelegenheiten. Wurde wieder eine Proklamation verfaßt, schaffte sie Federn und Papier herbei und nahm das Diktat auf.

Im Laufe der Zeit wuchs meine innere Unruhe. Der Hunger nach Neuigkeiten trieb mich jeden Vormittag in die Stadt, wo ich neben Amalie im Café de la Perle saß und auf die Ankunft der deutschen Tageszeitungen vom Vortag wartete. Den hohen

Raum des Kaffeehauses erfüllte babylonisches Sprachgewirr. Flüchtlinge aus allen Teilen Europas erzählten, klagten, fluchten, lachten.

In den meisten der zahllosen Gespräche, die in jenem Sommer zwischen der Place St. Gervais und dem Quai des Pâquis stattfanden, ging es um so profane Themen wie das Geld oder die Aufenthaltserlaubnis. Die Schweizer Bundesregierung in Bern stand unter starkem Druck des Auslands. Sie forderte die Kantonalsregierungen auf, alle politisch aktiven Emigranten auszuweisen. Das betraf alle, denn keiner von uns war der schönen Landschaft wegen an den Genfer See gekommen. Die Hoffnung auf eine Befreiung der Heimat aufzugeben war mehr, als man von uns verlangen konnte.

Von den Männern, die sich täglich in meiner Wohnung trafen, trugen einige noch badische Militäruniformen mit roten Armbinden oder einer roten Feder am Tschako. Auch die Anrede *Bürger* und die militärischen Dienstgrade benutzten wir weiter. Anfangs hoffte ich, eine Exilregierung bilden zu können, doch die Zusammensetzung unseres Kreises war nicht repräsentativ genug für eine solche Demonstration. Außerdem herrschte ein ständiges Kommen und Gehen. Von denen, die länger blieben, nenne ich Karl Blind, Johann Jacoby, Moritz Hartmann und Wilhelm Liebknecht. Johann Philipp Becker reiste bald nach Biel zurück, wo er schon vor der Revolution gelebt hatte. Georg Herwegh zog es nach England, und Ludwig Blenker fuhr nach kurzem Aufenthalt in Genf nach Le Havre, um nach Amerika auszuwandern.

Die Polizei beobachtete uns, doch sie duldete unsere Zusammenkünfte. Mit Schwierigkeiten wegen unserer politischen Aktivitäten rechneten wir nicht. Wir vertrauten auf James Fazy, der im Genfer Kanton die Zügel der Macht fest in der Hand hielt. Von ihm, dem Pariser Barrikadenkämpfer und Schweizer Revolutionär, erwarteten wir Verständnis und Unterstützung. Doch wir täuschten uns in ihm.

Etwa drei Wochen nach meiner Ankunft lernte ich Fazy persönlich kennen. Ich wollte den *Deutschen Zuschauer* wieder herausgeben, wozu ich einer Erlaubnis bedurfte. Ohne Voranmeldung ging ich eines Morgens zum Hôtel de Ville, in dem Fazy präsidierte. Vor seinen Amtsräumen standen weder Wachsoldaten noch Türsteher; wer den republikanischen Präsidenten sprechen wollte, mußte nur an seine Tür klopfen und eintreten.

Fazy zeigte sich wohlinformiert über mich. Ohne eine Miene zu verziehen, hörte er sich meine Bitte an. Dann sagte er kurz:

– *Non. Ce n'est pas possible.*

Überrascht wandte ich ein, wir seien doch Gesinnungsgenossen, und bat um eine Erklärung. Das genügte, einen Wutanfall auszulösen. Er habe es satt, brüllte Fazy, sich mit Asylanten herumzuärgern. Es sei schlimm genug, daß Genf geradezu überflutet werde von Ausländern, die den Bewohnern der Stadt Wohnungen und Arbeitsplätze wegnähmen. Unerträglich werde die Situation aber, wenn die Fremden die Schweiz auch noch dem Ausland gegenüber kompromittierten. Wegen der Flüchtlinge gingen tagtäglich diplomatische Protestnoten aus Paris, Wien, Karlsruhe und Berlin ein. Der Bundesrat in Bern habe Ordre gegeben, alle politischen Flüchtlinge auszuweisen. Als Mann der Freiheit habe er sich bisher geweigert, diesen Befehl auszuführen; zum Büttel der französischen, preußischen und österreichischen Reaktionäre lasse er sich nicht machen. Aber Provokationen von seiten der Asylanten werde er nicht dulden. In der Schweiz veröffentlichte politische Propagandaschriften würden neue Interventionen des Auslands zur Folge haben und sowohl die Berner als auch seine Regierung in eine peinliche Lage bringen. Sollte ich es wagen, seinem Verbot zuwiderzuhandeln, betrachte er dies als kriminellen Akt, der meine sofortige Abschiebung nach sich ziehen würde.

– Die republikanische Schweiz, erwiderte ich in ruhigem Ton, kann es mir unmöglich als Verbrechen anrechnen, daß ich mich

bemühe, meinem Vaterland die gleiche Staatsform zu verschaffen, die sie selbst seit einem Jahrtausend für die beste hält.
– *J'ai vous mis en garde*, sagte Fazy drohend und gab mir zu verstehen, daß er das Gespräch für beendet hielt.
Die von Fazy verlangte politische und publizistische Abstinenz war mir unmöglich. Hätte ich den Kampf für die Freiheit aus irgendwelchen Rücksichten aufgeben können, wäre ich gar nicht erst ins Exil geraten. Kein Zensor, kein Richter und kein politischer Gegner hatten mich mundtot gemacht. Auch Fazy würde es nicht können. Niemals würde ich aus Rücksicht auf mich oder andere aufhören, gegen die Unterdrückung der Menschen zu agitieren. Andererseits war es wichtig, in der Schweiz bleiben zu dürfen. Seit dem politischen Umschwung in Paris bot Frankreich den Flüchtlingen der deutschen Revolution keine Zuflucht mehr. England lag zu weit. Nur von der unmittelbaren Nachbarschaft Badens aus ließ sich die Freiheitsbewegung fortführen; über die Grenze hinweg konnte man Kontakt zu revolutionären Kräften in der Heimat halten und gegebenenfalls über Nacht zurückkehren. Und abgesehen von diesen politischen Vorteilen, fühlte man sich in der Schweiz nicht gänzlich abgeschnitten von den Freunden und Verwandten, die zurückgeblieben waren.
Das alles bedachte ich wohl. Aber den Mund wollte ich mir trotzdem nicht verbieten lassen.

3

Im Gespräch mit Karl Heinzen entwickelte ich den Plan, eine für alle Emigranten bestimmte Zeitschrift gleichzeitig in drei Sprachen herauszubringen. Der italienische Revolutionsführer Guiseppe Mazzini, der französische Demokrat Félix Pyat und der russische Schriftsteller Alexander Herzen erklärten sich zur Mitwirkung bereit. Gemeinsam entwarfen wir ein redaktionelles Programm und eine Probenummer, doch das notwendige Gründungskapital brachten wir nicht zusammen. Wahrscheinlich hätte Fazy die Herausgabe der Zeitung sowieso nicht genehmigt, erwies er sich doch auch im Falle des *Deutschen Zuschauers* als unnachgiebig.

Während einer unserer Wanderungen durchs Arvetal meinte Amalie, ich solle einen Kalender für Demokraten herausgeben. Das Geld dafür sei leichter aufzubringen als das Kapital für eine Zeitung; außerdem verwende man einen Kalender das ganze Jahr über, weshalb die in ihm enthaltenen Artikel mehr wirken würden als Journalaufsätze. Dankbar griff ich die Idee auf und machte mich sofort an die Arbeit. Schon in den ersten Septembertagen erschien *Die neue Zeit, ein Volkskalender auf das Jahr 1.* In Anlehnung an den französischen Revolutionskalender gab ich den Tagen und Monaten neue Namen; statt dem Gedächtnis von Heiligen waren die Tage großen Demokraten gewidmet. Den 24. September weihte ich meiner Amalie, denn an diesem Tag hatten wir uns gefunden. Den Kern des Büchleins bildeten meine Zehn Gebote der neuen Zeit. Darin faßte ich die wichtigsten Grundsätze für ein freies, gerechtes und menschenwürdiges Deutschland zusammen. Das wichtigste Gebot hieß: *Das Recht auf Freiheit, Bildung und Wohlstand steht höher als das Recht auf Eigenthum.* Einmal mehr skizzierte ich das Bild eines Staates, in dem jeder seine individuellen Anlagen frei entwickeln kann. Der Staat trägt die Kosten der Erziehung und verteilt den Überfluß an die Notleidenden. Erbschaft, Schenkung und Kauf sind abgeschafft. Staatsdiener werden nach ihren Bedürfnissen und der Größe ihrer Familien entlohnt. Den Kranken und Alten geben die Arbeitsfähigen von ihrem Lohn das Notwendige ab. Wer die Rechte anderer verletzt, indem er stiehlt, verwundet, mordet oder andere übervorteilt, wird in einer Anstalt zu sozialem Verhalten erzogen.

Kaum hatten die ersten Exemplare des Kalenders Deutschland erreicht, da wurden auch schon badische und preußische Diplomaten in Bern vorstellig. Scharf protestierten sie bei der Schweizer Regierung gegen meine Veröffentlichung. Fazy erhielt eine Rüge, weil er mich noch nicht ausgewiesen hatte. Daraufhin lud man mich mit Datum vom 13. September zum Polizeipräfekten vor. Ich folgte der Aufforderung nicht. Das Risiko, in den Amtsräumen der Polizei verhaftet und heimlich abgeschoben zu werden, schien mir zu groß. Im Kreis der anderen Flüchtlinge fühlte ich mich relativ sicher.

Der 22. September 1849 war ein sonniger Herbsttag. Am frühen Nachmittag verließen Amalie und ich in leichter Sommerkleidung die Wohnung, um in der ländlichen Nachbarschaft Karl Heinzen zu besuchen. Bevor wir hundert Schritte gemacht hatten, stürzten zwei bewaffnete Wachleute auf uns zu und erklärten uns für verhaftet. Hinter einem Gebüsch wartete ein geschlossener Wagen, in den wir einsteigen mußten. Doch es ging nicht zur Präfektur. Vielmehr fuhr der Wagen ohne Halt durch die Stadt und die Landstraße am westlichen Ufer des Genfer Sees entlang. Wohin man uns entführe, wollte ich wissen. Nach Bern, hieß die Antwort. Dort werde die Ausländerbehörde über uns verfügen.

In Nyon, der ersten Stadt des Genf benachbarten Kantons Waadt, machten wir vor dem Rathaus halt. Auf Anweisung Fazys sollten unsere Bewacher uns hier der Waadter Polizei zum Weitertransport übergeben. Ich nahm die Gelegenheit wahr, vor den anwesenden Beamten entschieden gegen unsere Verschleppung zu protestieren. Der Nyoner Polizeipräfekt sah die Papiere durch, die mich betrafen. Mißbilligend verzog er das Gesicht und sagte, die vorhandene polizeiliche Anordnung reiche zu einer gewaltsamen Abschiebung nicht aus; erforderlich sei ein gerichtlicher Beschluß. Für die Verhaftung Amalies fehle es überhaupt an einer Grundlage. Weder werde er sich an einer gesetzwidrigen Verschleppung beteiligen, noch eine solche auf dem Gebiet des Kantons Waadt dulden.

Mich beeindruckte die Rechtlichkeit des Beamten. Zum erstenmal erlebte ich, was das Gesetz in einer Republik bedeutet.

In einem monarchisch verfaßten Staat hätte sich niemand um unser Schicksal geschert. Sich für lästige Asylanten einzusetzen konnte dem Beamten keinen Vorteil bringen. Er tat es nicht unseretwegen, sondern aus Achtung vor dem Gesetz. Aus gutem Grund setzt Rousseau im *Contrat social* die Begriffe *gesetzmäßig* und *republikanisch* gleich; wenn dem Gesetz der Allgemeinwille zugrunde liegt, bedeutet jeder Verstoß dagegen einen Angriff auf die Souveränität des Volkes und ist unter keinen Rücksichten erlaubt. Von diesem Bewußtsein war der Nyoner Polizeipräfekt erfüllt.

Den zurechtgewiesenen Wachleuten blieb nichts anderes übrig, als uns wieder in den Wagen einsteigen zu lassen und nach Genf zurückzufahren. Sie brachten uns direkt ins Hôtel de Ville. Amalie mußte im Gang warten, während ich in Fazys Zimmer geführt wurde.

Der mächtige Mann saß im Licht des späten Nachmittags hinter seinem riesigen Schreibtisch und blickte erstaunt auf. Mit wachsendem Zorn hörte er den Bericht des Wachmanns an. Als ich mich dann auch noch in aller Form über den an meiner Frau und mir verübten Rechtsbruch beschwerte, verlor er jede Selbstbeherrschung. Krachend ließ er die Faust auf die Tischplatte fallen und schrie mich mit sich überschlagender Stimme an. Ich sei ein russischer Agent, brüllte er, er wisse es schon lange; ich hätte mich wie eine Laus in seinen Pelz gesetzt, um der Reaktion einen Vorwand zu bieten, gegen die friedliche Schweiz zu intervenieren.

Während er diesen und anderen Unsinn von sich gab, wurde sein Gesicht puterrot. Schließlich sprang er auf, kam auf mich zu und packte mich am Revers. In diesem Augenblick sprang die Türe auf, und Amalie kam ins Zimmer gerannt.

– *Qu'est-ce que vous faites ici?* herrschte sie den Präsidenten an. *Lâchez mon mari immédiatement!*

Vom Gang aus hatte sie das immer lauter werdende Gebrüll Fazys gehört und sich in ihrer Sorge um mich nicht länger zurückhalten lassen von ihren Bewachern. Der Anblick der Frau brachte Fazy zur Vernunft. Er ließ mich los und ging zu seinem Schreibtisch zurück. Von dort aus befahl er den Wachen, uns abzuführen.

Nach kurzer Wartezeit zwang man uns erneut in den Wagen, der uns hergebracht hatte. Inzwischen war es Abend geworden. Wieder fuhren wir aus der Stadt hinaus und den See entlang. Wohin es ging, konnte ich in der Dunkelheit nicht erkennen. Auf meine Vorwürfe und Fragen erhielt ich keine Antwort. Nach einer guten Stunde Fahrzeit hielt die Equipage an, und man befahl uns auszusteigen. Wir befanden uns auf offener Landstraße am Rande des mondbeschienenen Sees. Die Tür des Wagens wurde zugeschlagen, der Kutscher wendete und fuhr in rascher Fahrt in die Richtung zurück, aus der wir gekommen waren.

Während das Geräusch des Gefährts in der Ferne verklang, bedachte ich unsere Lage. Fazy hatte uns über die Grenze des Genfer Kantons bringen lassen mit der Anweisung, uns auszusetzen. Zurückmarschieren war sinnlos. Man würde uns bloß erneut abschieben. Wir hatten keine andere Wahl, als die Landstraße in nordöstlicher Richtung bis Nyon weiterzugehen, um dort eine Unterkunft für den Rest der Nacht zu suchen.

Unvergeßliche Wanderung durch die helle Nacht. Über der Silhouette des Montblanc der fast volle Mond. Der ruhige Spiegel des schwarzen Wassers. Unsere Schritte auf der steinigen Landstraße hallten von der Felswand zu unserer Linken wider. Aus dem See stieg feuchte Kälte. Über uns die Unendlichkeit der Sterne. Amalie fröstelte, obwohl ich den Arm um sie gelegt hatte.

Weit nach Mitternacht erreichten wir Nyon. In einem Gasthof nahe dem Schloß Prangins fanden wir Aufnahme. Wir besaßen nur noch das, was wir am Leib trugen. Durchgefroren und erschöpft weinte sich Amalie in meinem Arm in den Schlaf.

Von alarmierten Freunden und mitleidigen Schweizern mit dem

Notwendigsten versorgt, verließen wir ein paar Tage später die Schweiz und reisten über Frankreich nach England. Die französischen Behörden stellten uns einen Transitpaß aus, in dem eine genaue Reiseroute vorgeschrieben war. Wir mußten einen Umweg über Chartres und Evreux machen, weil man befürchtete, wir würden in Paris untertauchen. Unterwegs trafen wir unseren Freund Willich, der ebenfalls nach Le Havre reiste. Er versuchte, uns zu überreden, mit ihm nach Nordamerika auszuwandern. Doch dazu war ich nicht bereit. Noch glaubte ich an ein baldiges Wiederaufflammen der Revolution. Ich hatte das Gefühl, noch gebraucht zu werden.
Am 6. Oktober 1849 kamen wir in Le Havre an. In den Pensionen und Gasthöfen der Hafenstadt wurde fast nur deutsch gesprochen. Hunderte von Flüchtlingen aus Sachsen, Baden und der Pfalz warteten hier auf ihre Ausreise. In ihrer Gesellschaft saßen wir abends in der verqualmten Wirtsstube eines Lokals am Hafen und sprachen mit Wehmut von Vergangenheit und Zukunft. Toasts auf Hecker und Fickler wurden ausgebracht, schweigend gedachte man der Gefallenen und Ermordeten. Zu später Stunde griff einer zur Gitarre und begann leise zu singen:

Gebet nur, ihr Großen,
Eueren Purpur her,
Das gibt rote Hosen
Für der Freiheit Heer.
Ja, dreiunddreißig Jahre
Währt die Sauerei,
Wir sind keine Knechte,
Wir sind alle frei.

Erst summend, dann den Text mitsprechend, stimmten nach und nach die Zuhörer mit ein. Schließlich sang das ganze Lokal in trotzigem Choral:

Wenn die Roten fragen,
Lebt der Hecker noch,
Sollt ihr ihnen sagen,
Ja, er lebet noch.
Er hängt an keinem Baume,
Er hängt an keinem Strick,
Sondern an dem Traume
Der roten Republik!

Zwischen zwei Liedern rief eine jungenhafte Stimme Amalies Namen. Durch das überfüllte Lokal bahnte sich lachend der verlorengeglaubte Pedro Düsar den Weg zu unserem Tisch. In den Wirrnissen der letzten Revolutionstage hatten wir ihn aus den Augen verloren. Um so mehr freuten wir uns über das überraschende Wiedersehen. Gemeinsam mit einem befreundeten Freiheitskämpfer, einem jungen Musikanten namens Böhler, wollte Pedro nach London fahren. Als wären wir verabredet gewesen, hatten wir einander wiedergefunden. Amalie weinte vor Freude und wurde nicht müde, ihren Bruder nach seinen Erlebnissen zu befragen.

Am nächsten Morgen standen wir in der Menge am Kai und schwenkten Tücher und Hüte, während das Auswandererschiff mit vielen unserer Freunde in die nebelverhangene, unendliche See hinaussegelte, unterwegs ins ferne Amerika. Wenige Stunden später gingen wir selbst an Bord, um über den Kanal nach Southampton zu reisen.

Davor gab ich im Comptoir der Post einen versiegelten Brief auf, der an einen Buchhändler in Straßburg gerichtet war. Diesen bat ich, ein beigelegtes *Abschiedsschreiben an einen Freund* als Flugblatt zu drucken und in Deutschland zu verbreiten. Ob das je geschehen ist, weiß ich nicht. Ich besitze noch den Entwurf. Da der Text meine damalige Stimmung beschrieb, will ich einige Sätze daraus zitieren:

Im Begriffe, mich nach England einzuschiffen, rufe ich allen Gesin-

nungsgenossen ein herzliches Lebewohl zu. Die Zeit der leeren Worte ist verschwunden. Entweder das blutige Schwert der Tyrannei oder die lodernde Flamme der Freiheit, entweder das Kosakkenthum mit Knute, Pulver und Blei oder die Republik mit Wohlstand, Bildung und Freiheit! Der Entwicklungsproceß unserer Tage beschränkt sich nicht auf dieses oder jenes Land Europas; er geht vor sich in der gesammten Gesellschaft der Alten und Neuen Welt, und siegreich wird diese erst dann daraus hervortreten, wenn die Völker ihren Bund der Freiheit geschlossen haben werden. Dann wird das Joch der verbündeten Fürsten zerfallen. Die Gefängnisse der Republikaner werden sich öffnen, die politischen Flüchtlinge werden in die Heimath zurückkehren und unter ihnen auch ich und die Meinige.

Am 10. Oktober 1849 betraten wir englischen Boden. Die Zöllner musterten uns mißtrauisch, reichten einander unsere Papiere, überprüften mit spitzen Fingern unser armseliges Gepäck und ließen uns endlich passieren. Ein feiner Nieselregen durchnäßte uns auf dem Weg vom Hafen zum Bahnhof. Ohne uns in Southampton aufzuhalten, reisten wir mit dem Zug nach London weiter.

4

Karl Heinzen, wie ich aus Genf ausgewiesen, war einige Tage vor mir in London eingetroffen. In einem Haus nahe dem Leicester Square hatte er eine große Wohnung gefunden, in der wir alle Platz fanden. Wir waren zu siebt. Zu Heinzen gehörten Frau und Kind, zu mir Amalie, Pedro und der Musikant Böhler. In die gemeinsame Haushaltskasse brachte jeder von uns ein, was er hatte. Obwohl das selten mehr als wenig war, konnten wir wunderbarerweise alle davon existieren.

Nachdem die Wohnungsfrage geklärt war, bemühte ich mich um eine Erwerbsquelle. Leider mußte ich erfahren, daß ein Ausländer in London ohne die Empfehlung eines respektablen Gentlemans nicht Fuß fassen kann. Ich versuchte daher, einen der Engländer ausfindig zu machen, die ich in Oberst Arnsleys Haus in Mannheim kennengelernt hatte. Auf den ausgedehnten Streifzügen, die ich zu diesem Zweck unternahm, entdeckte ich London.

Man sagt, die Straßen dieser Stadt seien mit Gold gepflastert, um anzudeuten, wieviel Reichtum es in ihr gibt. In den besseren Gegenden reiht sich Palast an Palast, prächtige Fassaden imitieren griechische und römische Formenharmonie, marmorne Freitreppen laden den Wohlstand ein, blitzende Türknöpfe signalisieren Ordnung, hohe Fenster Weltoffenheit. Zwischen den ungeheuren Steinmassen der Straßen und Plätze liegen grüne Parks, in denen man sich von der rußgeschwängerten Atmosphäre erholen kann. Ein unaufhörliches Getöse erfüllt die Luft, rollend, donnernd, bedrohlich. Seine Ursache ist der gewaltige Verkehr in den Londoner Straßen, das Rumpeln und Rattern von hunderttausend Kutschen, Karren und Karossen, das Scharren und Schreiten von Millionen Fußgängern, die auf Gehwegen und Gassen in wirrem Durcheinander in verschiedene Richtungen hasten, das Gebimmel der Pferdebahnen, die Rufe der vielen tausend Straßenverkäufer, Bettler und Zeitungsjungen. Goldverzierte Equipagen mit verhangenen Fenstern sind so alltäglich, daß sich keiner danach umsieht. In den Fenstern der Schmuckgeschäfte liegen Geschmeide, deren Kaufpreis der Apanage von Fürsten entspricht. Kostbare Stoffe, edle Möbel und chinesisches Porzellan werden angeboten, Kolonialwaren aus Indien und Afrika, Portwein und amerikanischer Tabak. Elegant gekleidete Herren, Damen mit Schirm, livrierte Diener zücken die Börsen und zahlen für Gegenstände des täglichen Gebrauchs phantastische Summen.

Doch London hat noch ein ganz anderes Gesicht. Keine Stadt birgt solche Tiefen des Elends in sich wie die Dreimillionenmetropole an der Themse. Auf dem Weg zum Tower gerät man in ein Labyrinth von schmutzigen, dunklen Gassen mit elenden Häusern, deren Fenster zum Teil zerbrochen oder mit Brettern vernagelt sind. Verdreckte, halbnackte Kinder spielen im Schlamm der Straßenrinnen, in Lumpen gehüllte Weiber mit Säuglingen auf dem Arm, zahnlose Alte mit toten Augen sitzen auf den Treppen. Dies ist die Gegend, in der die Dockarbeiter wohnen.

Ein Drittel der Bewohner Londons lebt in bitterster Armut. Viele von ihnen durchstreifen Tag und Nacht die Straßen, um die Mülltonnen nach Essensresten und verwertbaren Gegenständen zu durchwühlen. Abends sieht man frierende Obdachlose unter Brücken und in Hauseinfahrten kauern. Auch unter unserer Wohnung am Leicester Square zogen ständig Bettler vorüber, zitternde Greise, erbarmungswürdige Frauen mit Kindern, hungrige Halbwüchsige von rachitischem Aussehen. Sie stellten sich unter die Fenster, streckten die Hände aus und sangen, den Blick nach oben gerichtet, klägliche Weisen. Unser Hausherr gab Amalie die Schuld an diesem unaufhörlichen Jammergesang; sie warf jede irgendwie entbehrliche Münze auf die Straße hinab, und das lockte immer mehr der Ärmsten an.

In dieser Stadt des Überflusses und der bitteren Not mußte ich oft an das Gespräch mit Karl Mathy denken, in dem er behauptet hatte, der Reichtum einer Nation löse alle sozialen Probleme. Wie wenig der Wohlstand eines Gemeinwesens zur Menschenwürde des einzelnen beiträgt, beweist ein Gang durch die Londoner Straßen. Solange die Hebung des Nationaleinkommens nur dazu führt, daß die Reichen noch reicher werden und die Armen trotz aller Bemühungen arm bleiben, kann ich im Anwachsen des Reichtums keinen Fortschritt erkennen. Gerechtigkeit kommt nicht von selbst. Sollen die Wunden der Gesellschaft heilen, muß der Überfluß abgeschöpft und an die Bedürftigen verteilt werden.

In den ersten Wochen des Londoner Exils fürchtete ich, völlig zu verarmen. In manchem Angsttraum sah ich Amalie und mich zerlumpt, hungrig und unbehaust durch die dunklen Viertel der Stadt wandern. Regelmäßige Arbeit zu finden erwies sich als unmöglich. Endlich spürte ich einen meiner Bekannten aus Mannheim auf, nämlich Thomas Fothergill, einen jungen Mann aus besten Verhältnissen, der in Heidelberg studiert hatte. Seine Empfehlung öffnete viele Türen. Dank seiner Vermittlung wurden Amalie und ich als Sprachlehrer in einige vornehme Häuser verpflichtet. Deutsch war damals sehr in Mode bei den gebildeten Engländern wegen der Verbindung des englischen Königshauses mit Hannover und der Volkstümlichkeit des Prinzen Albert. In besseren Kreisen pflegte man deutschsprachige Lieder vorzutragen. Amalie war es von Nutzen, daß sie recht gut Klavier spielte. Mancher Lady brachte sie bei, was die Gäste der Evening Parties am liebsten hörten:

Muß i denn, muß i denn
Zum Städtele hinaus, Städtele hinaus,
Und du mein Schatz bleibst hier ...

Das Stundengeben ließ uns Zeit zu gemeinsamer schriftstellerischer Arbeit. Ich begann wieder täglich ein paar Seiten zu diktieren. Auf diese Weise entstanden zahlreiche Artikel, Erinnerungsschriften und Novellen, die ich unter meinem und unter Amalies Namen bei deutschen Verlagen und Zeitschriften unterzubringen versuchte. Drei Bändchen *Historische Zeitbilder* mit den Titeln *Westminster, Heloise Desfleurs* und *Der Fall von Magdeburg* erschienen 1850 im Bremer Verlag Schlotmann, Amalies *Erinnerungen aus den badischen Freiheitskriegen* bei Hoffmann und Campe in Hamburg.

Beide hatten wir Heimweh, ich verbarg es nur besser als Amalie. Wir blieben fremd in London, denn unsere Gedanken waren in Deutschland. Begierig studierten wir jede erreichbare Zeitung, doch hofften wir vergeblich auf ein Erlahmen der reaktionären Kräfte. Österreich kehrte nach der Niederwerfung der ungari-

schen Revolution zum System des Absolutismus zurück. In Preußen wurden die im Lande gebliebenen Demokraten und bürgerlichen Liberalen verfolgt, verfemt und verleumdet. Auch die deutschen Mittel- und Kleinstaaten nahmen die Zugeständnisse vom März 1848 zurück. In Baden drehte man das Rad der Geschichte bis zum Jahr 1818 zurück. Überall in Deutschland hatten Aristokratie und Klerus ihre vormärzlichen Positionen zurückerobert und schienen stärker als zuvor. Wie eh und je bevormundete die Zensur Presse und Leser. Unterdrückungsmaßnahmen polizeilicher, bürokratischer und gerichtlicher Art verhinderten jede demokratische Regung. Unser armes Deutschland war wieder unterm Joch.
Ich ließ mich aber nicht überwältigen von den traurigen Nachrichten aus der Heimat. Wo Druck ist, entsteht Gegendruck, tröstete ich mich und vertraute auf die unsichtbare Macht der Freiheitsidee. Karl Heinzen tat ein übriges, uns aufzuheitern. Seine sarkastischen Bemerkungen gewannen selbst Hiobsbotschaften noch einen komischen Aspekt ab. In seiner Gesellschaft konnte keiner griesgrämig sein. Meist gab ich die Zielscheibe für seinen Spott ab. Ich ließ es mir gefallen. Daß er sich über mich lustig machen konnte, mochte ihn entschädigen für die Schwierigkeiten, die wir verursachten. Daß wir weder Fleisch noch mit Tierfett zubereitete Speisen aßen, bedeutete für den gemeinsamen Haushalt viel Mehrarbeit. Gab es zum Beispiel Speckkuchen, buk man unseretwegen eigens einen Kuchen ohne Speck. Wurden Kartoffelpuffer gebraten, dann mußte unsere Portion mit Pflanzenöl statt Schweinefett zubereitet werden. Ich kann verstehen, daß das Ehepaar Heinzen zuweilen die Augen verdrehte.
Eines Abends saßen wir nach dem Essen am Küchentisch, und Karl Heinzen fragte in gespielt feierlichem Ton:
– Wenn ich Karl Mathy wäre und dich in meine Gewalt bekäme, weißt du, was ich mit dir anfinge?
– Nun, was denn?

– Ich würde dich in Bruchsal in eine pennsylvanische Zelle sperren und ließe dir jeden Tag zehn Portionen Beefsteak vorsetzen, sonst aber gar nichts.
– Dann würde ich eben verhungern, sagte ich.
– Das glaube ich nicht. Du würdest abwägen, was wichtiger ist für die Menschheit: ein Weltverbesserer wie du oder ein totes Rindvieh.
Ich versuchte, sachlich zu bleiben.
– Wenn es um Grundsätze geht, ist keine Abwägung möglich. Sokrates trank sogar den Schierlingsbecher, um sich treu zu bleiben.
– Denke dir, in Deutschland sei die Revolution wieder ausgebrochen, redete er weiter. Um sie zu retten und die Republik zu gründen, ist absolut der rechte Führer nötig, und der bist natürlich du. Du befindest dich aber auf der Reise von Amerika nach Deutschland, und auf dem Schiff ist alle vegetarische Kost konsumiert. Nur noch Pökelfleisch ist vorhanden. Es währt noch vierzehn Tage, bis die deutsche Küste erreicht ist. So lang fasten kannst du nicht. Du stehst also vor der Wahl: Entweder du ißt vom Tier und rettest dich und die deutsche Republik, oder du läßt mit dir die Revolution zugrunde gehen und rettest die vegetabilischen Grundsätze. Was würdest du tun?
– Diese Alternative gibt es nicht. Ein einzelner kann niemals über Sieg oder Untergang einer Volksbewegung entscheiden. Ich glaube allerdings, daß ein Mann, der seine sittlichen Grundsätze aufgibt, auch nicht mehr zum Führer einer Revolution taugt. Wenn es mir also bestimmt wäre, auf dem Schiff zu verhungern, würde ich mich dareinschicken.
– Und du würdest auch zusehen, wie Amalie verhungert?
– Ich hätte kein Recht, ihr die moralische Entscheidung abzunehmen.
– Verflucht, schimpfte Heinzen. Du bist ein hartnäckiger Fall. Wenn ich dich so betrachte, beschleicht mich mitunter eine unheimliche Furcht. Ich denke mir nämlich, daß die Pflanzenkost

auf die Dauer eine Veränderung deines körperlichen Systems herbeiführen könnte. Mir scheint, ich sehe an deiner Stirn schon gewisse Höcker, die in absehbarer Zeit zu Hörnern werden könnten. Und bald wird dein Mund, statt mir auf meine Fragen zu antworten oder über meine Witze zu lachen, jene geistreichen Querbewegungen machen, die man Wiederkäuen nennt.
– Und ich, sagte ich lachend, sehe in Gedanken schon, wie sich deine Zähne vergrößern und dir ein Fell wächst. Wenn du dauernd Fleisch ißt, wirst du zum Wolf werden.
– Nimm dich nur in acht, antwortete er, und male den Teufel nicht an die Wand. Ich nehme an, du weißt, daß der Wolf das Rindvieh zerreißt!
– Schäm dich, mir zu drohen! rief ich in vorgetäuschtem Entsetzen. Ich habe Hecker immer für den gröbsten Kerl auf dieser Welt gehalten; du aber bist noch zehnmal gröber. Weiß der Teufel, warum ich immer an Gewaltmenschen gerate!
Dieserart waren unsere Unterhaltungen. Allen Hänseleien zum Trotz verstanden wir uns sehr gut, denn unsere politischen Ansichten stimmten weitgehend überein. Um so mehr bedauere ich, daß wir wegen einer Meinungsverschiedenheit über eine rein taktische Frage in Streit und für immer auseinander gerieten.
Nach dem Aprilaufstand war es gelungen, in Straßburg einen Großteil der geflüchteten Demokraten wieder zu sammeln. Heinzen und ich hielten es für wichtig, in London einen ähnlichen Zusammenhalt unter den Flüchtlingen der Mairevolution zu organisieren. Leider herrschte viel Uneinigkeit unter den Emigranten über das weitere Vorgehen. Uns schien diese Zersplitterung jedoch überwindbar, denn die Meinungsverschiedenheiten betrafen mehr oder weniger zweitrangige Probleme. Auf die Hauptgrundsätze der Revolution – Abschaffung der Monarchie, Respektierung der Menschenrechte, Demokratie – hofften wir die meisten Flüchtlinge einigen zu können. Gemeinsam entwarfen wir ein Programm, das allen emigrierten Führern der Volkserhebung vorgelegt und möglichst bald zu einer gemeinsa-

men Plattform erhoben werden sollte. Streitfragen waren daraus ausgeklammert; das von allen angestrebte Ziel einer freien und sozialen deutschen Republik stand im Vordergrund. Auf dieses Programm wollten wir die bestehenden Flüchtlingsvereinigungen festlegen, um dann auf seiner Grundlage einen Dachverband aller ins Ausland vertriebenen deutschen Demokraten zu schaffen.

Natürlich konnten wir nicht erwarten, daß alle mit unserem Entwurf des Programms einverstanden sein würden. In der Theorie sah Heinzen das auch ein, doch als der Londoner Verein Deutscher Arbeiter seine Zustimmung von ein paar nebensächlichen Änderungen in unserem Entwurf abhängig machte, beharrte mein Freund auf seinen Formulierungen. Darüber gerieten wir in einen erbitterten Streit, in dessen Verlauf er mir Falschheit und Eitelkeit vorwarf. Schlimmer war, daß er vom *Rattenschwanz des revolutionären Pöbels* sprach, dem ich mich anbiedern wolle. Ich erklärte ihm, er müsse diesen Ausdruck zurücknehmen, bevor ich ein weiteres Wort mit ihm reden könne. Er weigerte sich. Von da an herrschte Schweigen zwischen uns.

Zum Zeitpunkt dieser Auseinandersetzung lebten wir schon nicht mehr in derselben Wohnung. Amalie hatte es nicht mehr ausgehalten in dem dunklen Haus am Leicester Square, in dessen Nähe das Elend hauste. Als wir aus der gröbsten Not heraus waren, hatte ich mich auf die Suche nach einer Wohnung in freundlicherer Umgebung gemacht. Das war kein leichtes Unterfangen gewesen, auch wenn an vielen Fenstern der Stadt geschrieben stand: *Rooms to let.* Wo immer ich vorsprach, betrachtete man mich mit mißtrauischem Blick, um mich dann mehr oder weniger höflich abzuweisen. Eine kritische Prüfung meines Äußeren veranlaßte mich, auf dem Trödelmarkt in der Petticoat Lane einen schwarzen Gehrock und einen fast neuen Zylinder zu erstehen. Der erwartete Erfolg blieb aus. Man musterte mich unfreundlich wie zuvor und schlug mir die Tür vor der Nase zu.

Erst Thomas Fothergill erklärte mir, was seine Landsleute so erschreckte an mir: Es war mein Bart. 1850 hatte der korrekte Engländer noch eine wahre Abscheu vor einem unrasierten Gesicht. Den Bart zu scheren war ich allerdings nicht bereit. Ich schickte daher Amalie vor, und schon der erste Versuch glückte. In nächster Nähe des Kensington Park hatten wir eine hübsche kleine Wohnung in einer neuen Straße namens Westbourne Grove gefunden. Hier war die Luft nicht vom Kohlenrauch verpestet, und vor den weißen Häuser gab es grüne Vorgärten. Endlich konnten wir wieder Spaziergänge aufs Land hinaus unternehmen.

Bei aller Rücksichtnahme auf unseren Vermieter war es doch nicht zu vermeiden, daß unsere neue Wohnung zum Treffpunkt bärtiger Männer wurde. Wie in Genf bildete sich ein Kreis von Verbannten, die bei uns ein und aus gingen. Viele suchten Rat, Hilfe und Trost bei mir. Ich tat, was ich konnte. Die meisten von ihnen wollten nur nicht allein sein. Nächtelange Diskussionen über die Zukunft Deutschlands täuschten uns über die Sinnlosigkeit unserer Existenz hinweg.

In den Gesprächen mit meinen Leidensgenossen entwickelte ich die These, daß die Allianz der Monarchen nur durch einen Bund der Völker zu überwinden sei. Wir mußten aufhören, in nationalen Kategorien zu denken. Der Einigkeit der Unterdrücker mußte die Einigkeit der Unterdrückten entgegengestellt werden. Ich nahm mir vor, eine internationale Vereinigung aller Demokraten zu schaffen. Im Vorfeld gründete ich mit Blind und anderen jungen Emigranten ein *Democratisches Flüchtlingscomitee*, in dessen Namen ich mit bekannten Emigranten Frankreichs, Italiens, Polens und Ungarns Kontakt aufnahm. In London hatten inzwischen die führenden Revolutionäre Europas ihre Hauptquartiere aufgeschlagen. Auf dem Kontinent gab es kaum noch einen Zufluchtsort für sie. Es war nicht leicht, die Repräsentanten der verschiedenen Nationalerhebungen in ein gemeinsames Boot zu bringen, doch es gelang. Ende des

Jahres 1850 hatte sich das internationale *Comité Central* mit Alexandre Ledru-Rollin, Guiseppe Mazzini, dem polnisch-ungarischen Revolutionär Ferenc Pulsky und mir im Präsidium konstituiert und konnte seine Arbeit aufnehmen.

5

In unserer Wohnung am Westbourne Grove gab es einen offenen Kamin, in dem wir während unseres ersten Londoner Winters das Feuer nicht ausgehen ließen. Fast jeder, der sich vor der Reaktion nach England gerettet hatte, saß früher oder später in der Runde, die sich abends vor diesem Kamin versammelte. Johannes Ronge, der beinahe ein neuer Luther geworden wäre und sich im Frankfurter Parlament als aufrechter Demokrat erwiesen hatte; er war der erste gewesen, der gesehen hatte, daß Amalie und ich zusammengehörten, und deshalb fühlten wir uns ihm besonders verbunden. Ein lieber Freund war auch Arnold Ruge, der freisinnige Philosoph und Herausgeber der *Halleschen Jahrbücher*; aus Begeisterung für die Sache der Freiheit hatte er sich der badischen Revolution angeschlossen. Andere gerngesehene Gäste waren der Freiheitsdichter Ferdinand Freiligrath und seine geistvolle Frau Ida und der stürmische Rheinländer Rudolph Schramm, der wegen Unterstützung des Steuerverweigerungsbeschlusses der Nationalversammlung *in contumaciam* zu sechs Monaten Festungshaft verurteilt worden war. Regelmäßig besuchten uns auch Karl Schapper, einer der Führer des ehemaligen Bundes der Gerechten und meine Mitstreiter Willich, Sigel, Goegg, Liebknecht und Karl-Heinrich Schnauffer.
An einem dieser Abende vor dem Feuer äußerte Amalie ihre Sehnsucht nach frischer Luft und freier Natur. Es war ein besonders häßlicher Tag gewesen; feuchtrußiger Nebel hing in Londons Straßen. Unser englischer Freund, der junge Thomas

Fothergill, sagte, sein Vater besitze mehrere Landgüter, wovon eines in der Nähe von York leer stünde. Es umfasse mehr als dreißig Morgen Land. Zwar sei das Wohnhaus etwas heruntergekommen, aber es würde leicht wieder instand gesetzt werden können. Wir sollten, schlug er vor, das graue London verlassen und alle zusammen in York eine Art Kolonie gründen.

Mehr scherzhaft als in vollem Ernst beschäftigten wir uns mit dem Vorschlag. Ich hatte gerade den Plan entwickelt, eine Zeitschrift mit dem Titel *Die Verbannten* herauszugeben, und zeigte für eine Übersiedlung aufs Land wenig Neigung. Aber einige junge Leute in unserem Kreis ließ der Gedanke nicht mehr los. Vor allem Amalie war Feuer und Flamme. Und so malten wir uns denn bei Tee und Schokolade aus, wie herrlich es sein müßte, ein ruhiges Landleben zu führen, von eigenem Ackerbau lebend, unabhängig vom Rest der Welt und in friedlicher Gemeinschaft. Schnauffer und drei Freunde von ihm namens Rosenblum, Cohnheim und Acker erklärten sich entschlossen, die *Kolonie* aufzubauen. Fothergill holte nicht nur das Einverständnis seines Vaters ein, er stellte auch Geld für die ersten Anschaffungen zur Verfügung. Und als der Winter zu Ende ging und im Kensington Park die ersten Primeln blühten, hatte Amalie mich überzeugt, daß ich ebensogut von York aus meine Zeitschrift würde herausgeben können.

Mitte Mai 1850 gaben wir unsere Wohnung am Westbourne Grove auf und reisten zu siebt über Hull nach York. Das Gut, das uns erwartete, entsprach nicht unseren hochfliegenden Träumen. Von besseren Zeiten her trug es den Namen White House, doch genau besehen war es nur noch eine Ruine. Früher hatte man hier Hunde gezüchtet und gehalten, wie sie die Engländer für ihre Fuchsjagden gebrauchen. Jetzt standen Zwinger und Ställe leer. Die Mauern waren zum Teil eingestürzt, durch das Dach regnete es herein, die Fensterscheiben waren zerbrochen, vom Holz blätterte die Farbe ab. Im Haus gab es ein paar schmutzige Stühle und Bänke, auch einen Tisch, der sich herrichten ließ, aber keine Bettgestelle. Doch wir überwanden unsere erste Enttäuschung. Wenn wir alle anpackten, sagten wir uns, müßte es uns gelingen aus dem Gut wieder etwas zu machen. Die Aufgabe war nicht leicht. Die Gemüsegärten vor dem Haus mußten umgegraben und bestellt, die Obstbäume auf der Wiese geschnitten, die Stachelbeer- und Johannisbeerstauden gepflegt werden. Fothergill besorgte Holz zur Ausbesserung des Hauses und zur Herstellung der Möbel, eine Kuh und ein Pferd wurden gekauft, Saatgut angeschafft.

Nur zögernd hatte ich mich auf das Abenteuer eingelassen, aber nach der ersten Nacht auf meinem provisorischen Strohlager im White House war ich mit Leib und Seele bei der Sache. Der Abschnitt im *Émile* fiel mir ein, in dem Rousseau von Defoes *Robinson Crusoe* schwärmt. *Robinson Crusoe ist auf seiner Insel allein, ohne jeden Beistand seiner Mitmenschen und ohne ein Werkzeug; er sorgt indessen doch für seinen Unterhalt, für seine Erhaltung und verschafft sich sogar eine Art Wohlbefinden.* Wir waren immerhin sieben Kolonisten und verfügten über alles, was man braucht, den Boden fruchtbar und das Haus wohnlich zu machen. Freilich war keiner von uns Handwerker oder Landwirt. Doch ich ging davon aus, daß man alles lernen kann, was man wirklich können will.

Den ersten Tag unserer neuen Existenz begannen wir mit der Verteilung der Aufgaben. Jeder übernahm in eigener Verantwortung, was ihm am meisten lag. Schnauffer kümmerte sich um das Vieh, Cohnheim zimmerte Möbel, Rosenblum richtete die Feuerstelle und die Küche her, Fothergill reparierte das Dach, Acker besorgte Aussaat und Kartoffelpflanzung, ich widmete mich dem Gemüse- und dem Obstgarten. Als ich die jungen Leute fragte, wann wir täglich aufstehen und mit der Arbeit beginnen wollten, einigten sie sich auf *spätestens 4 Uhr morgens.* Ich antwortete, ich wäre sehr zufrieden, wenn sie um 5 Uhr aufstehen würden, und erklärte mich bereit, sie zu wecken. Am zweiten Tag standen tatsächlich alle um 5 Uhr auf, doch schon am Morgen darauf war es 1/2 6 Uhr, als ich sie endlich wach bekommen hatte. Am nächsten Tag begann die Arbeit erst um 6 Uhr, und so wurde es immer später. Schließlich hielt sich keiner mehr an die Absprache; jeder schlief, solange er wollte.

Das wäre weiter nicht schlimm gewesen, hätte nur jeder seine Arbeit getan. Doch Schnauffer ließ die Kuh brüllen, statt sie zu melken; Cohnheim brachte weder Tisch noch Bettkasten zustande; Rosenblum weigerte sich, das Geschirr zu spülen; Fothergill fuhr unter dem Vorwand, Besorgungen machen zu müssen, lieber in der Gegend herum, als das undichte Dach zu reparieren; so gut wie jeden Morgen stellte Acker fest, das Wetter erlaube keine Feldarbeit. An manchen Tagen arbeitete nur ich. Dabei machte auch mir das Hacken und Unkrautjäten im Gemüsegarten wenig Spaß. Ich bin ein Schreibtischmensch und an körperliche Arbeit nicht gewöhnt. Schon nach dem ersten Tag hatte ich Schwielen, der Rücken schmerzte, die Knie zitterten.

Eines Morgens lag auf Ackers Strohlager ein Zettel mit einigen Abschiedsworten. Er hatte sich heimlich davongemacht. Einige Tage später verabschiedeten sich Rosenblum und Cohnheim unter fadenscheinigen Gründen. Ich schickte einen Brief an Pedro Düsar in London, in dem ich ihn dringlich bat, uns zu helfen. Er kam auch sogleich nach York gereist. Doch kaum hatten wir diese Verstärkung erhalten, gestand mir Schnauffer, er wolle das Landleben aufgeben und nach Amerika auswandern. Zurück blieben Fothergill, Pedro, Amalie und ich. Von einer autarken Kolonie, wie wir sie uns erträumt hatten, konnte keine Rede sein. Durch das halbzerfallene Haus pfiff der Wind, die Bretter für die Möbel lagen unzerschnitten in der Scheune. Unser Bedarf war größer als unsere Produktion. Da nutzte es wenig, daß ich die Kuh melkte, den Stall ausmistete und den Brotteig knetete. Amalie kochte und machte Butter; zusammen bestellten wir den Garten. Pedro und Fothergill heckten unterdessen allerlei Streiche aus, versuchten sich als Bierbrauer und Seiltänzer, aber den täglichen Pflichten der Landwirtschaft entzogen sie sich.

Spaß hatten wir schon. Manchen Sommerabend verbrachten wir in heiterem Gespräch und fanden auch tagsüber Grund zum Fröhlichsein. Eines Tages beschlossen wir, ein Sturzbad einzurichten. Mit großer Mühe und unter Lebensgefahr pflanzten wir einen an die achtzig Fuß hohen Baumstamm in den Boden der Scheune. An seine Spitze wurde durch ein Loch im Dach mit Hilfe eines Flaschenzugs ein wassergefülltes Faß gezogen. Nach mehrtägigen Versuchen gelang es Fothergill, ein System von Zugseilen anzubringen, mit dem die Wassertonne gekippt und festgehalten werden konnte. Der Wasserschwall stürzte durch die Öffnung im Scheunendach auf denjenigen herab, der am Seil zog. Von weitem erkannte man von da an unsere Farm an der hohen Stange mit dem Faß an der Spitze. Fremde hielten die Vorrichtung für ein Wirtshauszeichen, Einheimische sahen darin einen weiteren Beweis für unsere Verrücktheit.

Im September mußten wir einsehen, daß aus unserer Kolonie nichts werden würde. Außer ein paar Kisten Äpfeln und Kartoffeln hatten wir nichts geerntet. Amalie begann das Haus zu hassen, und ich fühlte mich der täglichen Schwerarbeit nicht länger gewachsen. So entschlossen wir uns zur Rückkehr nach London.

– Die Idee war gut, sagte ich zu Amalie auf dem Weg zum Yorker Bahnhof. Wenn alle Wort gehalten hätten, wäre aus der Sache etwas geworden.

– So geht es dir immer, antwortete sie.

Glücklicherweise stand unsere Wohnung am Westbourne Grove noch leer, und wir konnten die gewohnten Räume wieder beziehen. Nun galt es, Geld zu verdienen. Ich versuchte da anzuknüpfen, wo ich im Frühjahr unterbrochen hatte. Leider wurden die meisten der Ladies und Gentlemen, denen Amalie und ich Deutschstunden gegeben hatten, inzwischen von anderen Leh-

rern unterrichtet. Andere Verdienstmöglichkeiten gab es kaum. London war voll von Flüchtlingen, die Arbeit suchten.
Den meisten ging es sehr viel schlechter als uns. Ohne Geld kamen sie in die unüberschaubare Riesenstadt, unkundig der Sprache, eingeschüchtert durch das Selbstbewußtsein der Engländer gegenüber allen Fremden. Im *Comité Central*, das nach meiner Rückkehr vom Land wöchentlich einmal in der fürstlich eingerichteten Wohnung Guiseppe Mazzinis zusammentraf, wies ich auf die Not der Neuankömmlinge hin.
– Zum Kampf unserer Völker gegen die Unterdrückung gehört auch der Zusammenhalt in der Not, sagte ich. Lassen Sie uns gemeinsam den Flüchtlingen helfen, die mittellos nach London kommen und hier zugrunde gehen.
Dank der ausgezeichneten Verbindungen der ungarischen und italienischen Emigranten gelang es uns, in kurzer Zeit beträchtliche Spendenbeträge zu sammeln. Von dem Geld kauften wir Kleider und Lebensmittel, die wir einmal pro Woche in einem leerstehenden Schuppen nahe dem Hafen an die Ärmsten verteilten. Notquartiere für Obdachlose wurden eingerichtet. Wer des Englischen mächtig war, stellte sich anderen als Begleiter bei Behördengängen zur Verfügung. Nicht immer erreichte diese Unterstützung hilfsbedürftiger Flüchtlinge ihren Zweck, aber sie linderte viel Not. Trotzdem wurden unsere Hilfsmaßnahmen wütend bekämpft. Nicht von den städtischen Behörden, nicht von der englischen Regierung. Sondern von deutschen Landsleuten.
Eines Morgens erschien ein hochgewachsener Mann mit einem furchterregenden schwarzen Vollbart und wilden Haaren in meiner Wohnung. Ohne sich vorzustellen, drängte er in Mantel und Hut herein, schob Amalie beiseite und polterte in mein Zimmer, wo er, auf den Spazierstock gestützt, schnaubend zu schimpfen begann. Ich saß hinter meinem Schreibtisch und wußte nicht, wie mir geschah.
– Es reicht jetzt, Struve, bellte der ungebetene Besucher. Lange

genug haben wir Sie Ihr Unwesen treiben lassen. Mit Ihrem Spendentopf sammeln Sie alle Schafsköpfe um sich und glauben, uns ins Handwerk pfuschen zu können. Wir werden uns das nicht gefallen lassen. Ein Hühneraugenoperateur und Grasfresser wie Sie sollte sich auf die Kranioskopie beschränken. Da können Sie sich wichtig tun, von mir aus. Aber mischen Sie sich nicht in Flüchtlingsangelegenheiten ein! Das ist unser Ressort.

Ich verwahrte mich gegen den anmaßenden Ton und verlangte von meinem Besucher zu wissen, wer er sei und für wen er spreche. Wir würden uns wohl kennen, sagte er, wenn auch nicht von Angesicht.

– Mein Name ist Karl Marx!

Trotz seines unwürdigen Benehmens bot ich meinem Gast an, abzulegen und Platz zu nehmen. Ich hätte in ihm immer einen Mitstreiter gesehen, sagte ich, und verstünde seine Aufregung nicht. Er sei herzlich eingeladen, dem *Comité Central* beizutreten. Für die Flüchtlingshilfe würden alle Kräfte gebraucht. Marx lehnte jedoch alle meine Vorschläge brüsk ab.

– Ich bin nur hier, schnaubte er, um dem eigentlichen Contriver des deutschen Centraldodge ins Gesicht zu sagen, wofür ich ihn halte: für einen Esel! Spielen Sie mit Ihrer heiseren Kehlkopfstimme den Marktschreier, wo Sie wollen, aber lassen Sie sich nicht im kommunistischen Revier erwischen!

– Wenn ich Sie recht verstehe, sagte ich, wollen Sie mir untersagen, meine Hilfsaktionen für die Flüchtlinge fortzusetzen. Die Armen ...

– Die Armen, unterbrach er mich, können Sie hätscheln, soviel Sie wollen, solange es sich um Ihresgleichen handelt, den kleinbürgerlichen Demokratenmob und seine Mitläufer. Aber die Arbeiter werden Sie mir nicht versauen!

– Sie tun geradeso, empörte ich mich, als hätten nur die Kommunisten das Recht, für die Arbeiter Sorge zu tragen. Wir haben Geld gesammelt für mittellose Flüchtlinge, und wir verteilen diese Gelder ohne Rücksicht darauf, ob ein Hilfsbedürftiger von

Beruf Handwerker, Arbeiter, Bauer oder sonst etwas ist. Ich für meine Person würde Ihnen, Bürger Marx, das Verteilen gerne überlassen, wenn ich erwarten könnte, daß dieses im Sinne der Geber durchgeführt würde. Die Spender haben an ihre Zuwendungen keine andere Bedingung geknüpft als die, daß sie an Bedürftige gelangen müssen. Ein politisches Glaubensbekenntnis oder die Zugehörigkeit zu einem bestimmten Stand werden von den Empfängern nicht gefordert. Mir ist wohl bekannt, daß Sie von Ihren Austeilungen jeden ausschließen, der nicht auf den alleinseligmachenden Kommunismus schwört. Wer sich Ihre Lehrvorträge und Reden nicht anhören will, bekommt nichts. Für euch Kommunisten ist die Not der armen Flüchtlinge nichts anderes als eine gute Gelegenheit, diese abhängig zu machen von euerem ...

– Halten Sie das Maul, unterbrach mich Marx und schlug vor Wut mit dem Stock auf den Holzboden. Von Kanaillen wie Ihnen lassen wir uns nicht in die Parade fahren.

In diesem Moment betrat Amalie das Zimmer. Durch die halboffene Tür hatte sie den Verlauf des Gesprächs mit angehört. Das Geräusch des Stockschlags hatte sie veranlaßt, sich einzumischen.

– Verlassen Sie augenblicklich dieses Haus, sagte sie streng und wies Marx mit ausgestrecktem Zeigefinger die Tür.

Drei Tage später stürmte ein Trupp deutscher Kommunisten den Schuppen, in dem die Helfer des *Comité Central* Kleider und Lebensmittel an Flüchtlinge verteilten. Mit Fäusten und Knüppeln schlugen sie auf Betreuer und Flüchtlinge ein. Die Angegriffenen wehrten sich. In einer wilden Schlägerei wurde das kommunistische Kommando vertrieben. Von da an beschränkte sich der gegen uns geführte Kampf auf eine maßlose Hetzkampagne, deren Ziel vor allem ich war.

Marx haßte mich aus ganzem Herzen. Er nannte mich grundsätzlich nur den Grasfresser und verleumdete mich auf unwürdigste Art. Was ihn so reizte an mir, kann ich nur ahnen.

Wahrscheinlich paßte es ihm nicht, daß ich den Menschen des Vierten Stands helfen wollte, ohne ihnen ihre Individualität zu nehmen.

6

In Fürsts Volkstheater im Wiener Prater findet heute abend eine Veranstaltung unter dem Motto *Zwischen Frankreich und Preußen* statt. Ich hatte Karl Grün versprochen, daran teilzunehmen. Daraus wird nichts, denn ich bin zu krank zum Ausgehen. Als ich eben den Hausmantel mit dem Gehrock vertauschen wollte, wurde mir schwarz vor Augen. Einen Augenblick lang habe ich das Bewußtsein verloren und bin hingestürzt; auf dem Boden liegend, kam ich wieder zu mir. Käthchen, vom Lärm des Sturzes ins Zimmer gerufen, kniete neben mir. Nach diesem Schwächeanfall will sie mich nicht aus dem Haus lassen, und ich habe mich ihrem Verbot gefügt.
Nun denke ich an den zweiten Winter im Londoner Exil zurück und sehe Gottfried Kinkels Salon vor mir, den Teetisch mit den englischen Polstermöbeln vor dem Kamin, das rotbraune Holz der Schränke, das schwarzglänzende Pianoforte mit dem Spitzendeckchen darauf und dem Leuchter. Erst wenige Wochen waren die Kinkels in London, und schon war ihr Haushalt wohlgeordnet und frei von allen Provisorien.
Von Gottfried Kinkel sprachen im Dezember 1850 alle Emigranten. Als dichtender und Leitartikel schreibender deutscher Professor verkörperte er in seiner Person alle Facetten der deutschen Freiheitsbewegung. Er war Rheinländer. Von Haus aus Theologe, hatte er an der Bonner Universität Kunst- und Kulturgeschichte gelehrt. Zusammen mit Carl Schurz, damals erst neunzehn und einer seiner Studenten, organisierte Kinkel 1848 die radikale demokratische Partei in Bonn und Umgebung. 1849

gehörte er mit Schurz und Anneke zu den Anführern eines Aufstandes in Siegburg, flüchtete nach dessen Niederschlagung in die Pfalz und schloß sich hier gemeinsam mit Schurz Willichs Legion Besançon an. Er saß mit Amalie und mir am Lagerfeuer in Offenbach und sang mit uns Freiheitslieder. In der Schlacht um die Murglinie wurde Kinkel verwundet, gefangengenommen und am 4. August 1849 in Rastatt zu lebenslänglicher Festungshaft verurteilt. Sein Freund Schurz, in die Festung Rastatt eingeschlossen, entkam vor deren Übergabe durch einen unterirdischen Kanal und floh in die Schweiz. Im Februar 1850 kehrte er heimlich nach Deutschland zurück, um die Befreiung Kinkels vorzubereiten. Dieser saß inzwischen geschorenen Hauptes im Spandauer Zuchthaus und mußte seine Tage mit dem Aufspulen von Wolle verbringen. Über viele Monate hinweg bereitete Schurz den Ausbruch vor. Die Aktion gelang. Eines Nachts ließ ein bestochener Wärter Kinkel an einem Seil aus einer Dachluke herab. Auf der Straße wartete Schurz. Ein Wagen brachte den Befreiten im Dunkeln nach Rostock und ein Schiff ihn am nächsten Morgen nach London.
Seither war Kinkel neben Freiligrath der berühmteste Deutsche unter den Flüchtlingen in der Stadt. Mit seiner Familie bewohnte er ein weißes Haus mit Vorgarten an der Eastbourne Terrace im Londoner Westen. Amalie und ich waren erstmals Ende Januar 1851 bei ihm eingeladen. Wir hatten nicht den Eindruck, zu einem revolutionären Mitstreiter zu kommen. Schon im Flur roch es nach professoraler Gediegenheit. In der Garderobe standen die Schuhe der Größe nach aufgereiht wie preußische Soldaten, an den Wänden hingen Stiche deutscher Landschaften. Huldvoll und sehr förmlich begrüßte uns Johanna Kinkel, half uns aus den Mänteln und führte uns in den Salon. An den Sims des offenen Kamins gelehnt, las Kinkel in einem Buch. Das Feuer knackte und knisterte, und Johanna Kinkel sagte flüsternd, wir möchten uns gedulden, der Professor – sie nannte ihren Mann immer nur den Professor – sei gerade in einen Ge-

danken vertieft, man dürfe ihn nicht stören. Doch Kinkel hatte uns schon bemerkt und schritt, das Buch in der Hand, majestätisch auf uns zu.
– Sehr willkommen, Bürgerin und Bürger.
Er rollte das r vorne auf der Zunge und sprach den Umlaut dunkel wie ein ö aus. Diese manirierte Sprechweise erinnerte mich an einen Schauspieler namens Düringer, den ich vor Jahren auf der Bühne des Mannheimer Theaters gesehen hatte. Auch sonst war viel Theaterhaftes an Kinkel. Groß von Gestalt, mit einem majestätischen, grau gewordenen Jupiterkopf und einem sorgsam gestutzten Vollbart, bewegte er sich bedächtig und würdevoll, unterstrich seine wohlgesetzten Worte mit feierlichen Gesten und hörte, wenn man ihm widersprach, mit einstudierter Nachsicht zu. Wenn ich, wie Friedrich Hecker immer gespottet hat, ein Mönch bin, dann ist Gottfried Kinkel so etwas wie ein Erzbischof.
Seine Frau Johanna, eine gefeierte Pianistin, vergötterte ihren Mann. Die beiden sprachen miteinander in einem merkwürdig geschraubten Schriftdeutsch, das sich etwa so anhörte:
– Beste Johanna, mein Engel. Sei so gut und schenke mir noch eine Tasse von dem vortrefflichen Tee ein, den du so köstlich zuzubereiten verstehst.
Worauf sie zuerst ihm und dann den Gästen Tee nachschenkte und sagte:
– Es ist zu himmlisch, liebster Gottfried, daß dir mein Tee mundet. Wie du weißt, mein Bester, ziehe ich es vor, den Geschmack mit Sahne abzurunden. So reiche mir, Liebster, bitte das Kännchen.
Bei unserem ersten Besuch hatten Amalie und ich den Eindruck, unsere Gastgeber wollten sich einen Scherz mit uns erlauben, so unnatürlich wirkte ihre Sprechweise. Man gewöhnte sich daran. Hinter dem Theatralischen verbarg sich viel echtes Gefühl. Johanna hielt ihren Mann für ein Genie und hing mit gläubigem Staunen an seinen Lippen, wenn er in tadelloser Redeweise über

einen beliebigen Gegenstand dozierte. Ihre Liebe war nicht frei von Eifersucht und lästiger Fürsorglichkeit. Nicht einmal zur Droschke konnte uns Kinkel begleiten, ohne daß seine Frau ihn nötigte, den Revolver umzubinden, einen Schal gegen mögliche kalte Winde und den Schirm gegen unvorhersehbare Regengüsse mitzunehmen.

Einmal erzählte ich besorgt, daß Heinrich Heine an Schwindsucht erkrankt sei und, unfähig zu schreiben, in seiner Pariser Wohnung den Tod erwarte.

– Ist das wahr? fragte Johanna Kinkel mit großem Interesse. Kann er wirklich nicht mehr schreiben?

– Ich las es gestern im *Saturday Magazine*, antwortete ich.

– Oh, wenn das nur wahr wäre! sagte sie. Ich hatte immer solche Angst, er könnte irgendein bissiges Epigramm auf Gottfried verfassen. Er hat so eine giftige Feder!

Johanna war nicht boshaft oder hartherzig. Doch die Sorge um Gottfried ließ sie manchmal so erscheinen.

Der Grund unserer Besuche im Hause Kinkel war der *Volksfreund*. Es war mein letzter Versuch, doch noch eine Emigrantenzeitschrift deutscher Demokraten zustande zu bringen. Arnold Ruge hatte ich für die Herausgabe des Blattes bereits gewonnen. Die Finanzierung des *Volksfreunds* war aber noch nicht gesichert und hing wesentlich von Kinkels Mitwirkung ab. Sein berühmter Name hätte das Projekt realisierbar gemacht. Er schien von dem Plan auch durchaus angetan und sah die Notwendigkeit ein, der ins Exil geratenen demokratischen Opposition ein publizistisches Organ und Sammelbecken zu verschaffen.

– Aber mit Ruge, sagte er, kann ich nicht zusammenarbeiten.

– Warum das?

– Der Mann ist mir zuwider. Man hat mir hinterbracht, daß er Verleumdungen über meine Johanna verbreitet.

Ich erlaubte mir die Bemerkung, die Zukunft der deutschen Freiheitsbewegung sei wichtiger als dummer Klatsch. Vergebens.

Kinkel ließ sich nicht einmal zu einem Treffen mit Ruge bewegen. Diesen auszuschließen kam für mich nicht in Frage. Nachdem er mir seine Hilfe zugesagt hatte, stand ich ihm im Wort. So scheiterte das ganze Projekt.

Der Fall ist kennzeichnend für die vergiftete Atmosphäre, die unter den deutschen Flüchtlingen herrschte. Statt sich auf das Wesentliche zu besinnen und vereint gegen die Reaktion in Deutschland zu kämpfen, befehdete man einander. Fast jeder bekannte Revolutionsführer bildete das Haupt einer kleinen Sekte. Versuche, die wichtigsten der zahllosen Gruppen und Grüppchen zusammenzuführen, scheiterten an kleinlicher Rechthaberei und persönlichen Feindschaften. Neidvoll sah ich, wie geschlossen die Ungarn, Polen und Italiener auftraten, wenn es um die Befreiung ihrer Vaterländer ging. *Illud ex libertate vitium,* heißt es schon bei Tacitus über die Germanen, *quod non simul nec ut iussi conveniunt.* An diesem Laster des Eigensinns leiden die Deutschen bis heute.

Als ich eines Abends von einem Treffen des *Comités* nach Hause kam, fand ich Amalie weinend in der Küche. Sie war so aufgelöst, daß lange kein Wort aus ihr herauszubringen war. Ihre Mutter war gestorben, ihre Mutter, an der sie immer noch mit kindlicher Liebe hing und deren Wohlergehen ihre größte Sorge gewesen war. Auf dem Küchentisch lag ein Brief aus Mannheim, der am Nachmittag gekommen war. Der alte Düsar hatte ihn geschrieben, mit krakeliger Schrift. Ich nahm meine junge Frau in den Arm und versuchte, sie zu trösten. Als sie sich endlich wieder soweit gefaßt hatte, daß sie reden konnte, sagte sie:

– Ich will weg von London, weg von Europa. Ich will nach Amerika gehen.

Den Gedanken einer Reise über den Ozean hatte sie bisher immer weit von sich gewiesen. Aber ihr plötzlicher Stimmungswandel war verständlich. Das neblige London haßte Amalie schon lange; nur der Wille, sich nicht weiter als unbedingt notwendig von der Mutter zu entfernen, hatte sie hier gehalten. Ich konnte wenig anführen, was für unser Bleiben sprach. Niemals würde es mir gelingen, in England eine meinen Anlagen entsprechende Erwerbsquelle zu finden. Andererseits waren die Aussichten auf eine baldige Rückkehr nach Deutschland gering. Wenn die Stunde der Befreiung schlagen sollte, würden wir ebenso von New York aus die Heimreise antreten können. In der Fremde war ich auch in London; fremder als unter Engländern kann sich ein Kontinentaleuropäer schwerlich irgendwo fühlen. Mit den Vereinigten Staaten von Amerika aber, dem Vorbild meines deutschen Idealstaats, fühlte ich mich seit je verbunden.

Und so entschlossen wir uns Anfang Februar 1851, auszuwandern. Es war nicht einfach, die zur Reise erforderlichen Mittel aufzutreiben. Wir besaßen weder Ersparnisse noch vermögende Freunde. Das *Comité Central* wollte ich nicht angehen, weil die von ihm verwalteten Gelder ausschließlich zur Unterstützung notleidender Neuankömmlinge bestimmt waren. Schließlich verfiel ich auf die Idee, eine Sammlung zu eigenen Gunsten zu veranstalten. Ich ließ einen Zettel in der Londoner City zirkulieren mit der Aufforderung an Geschäftsleute, Geld für meine Auswanderung zu spenden. Die auf diese Weise erbettelten Beträge waren gering, doch sie summierten sich schließlich doch zum Notwendigen.

In der ersten Aprilwoche packten wir unsere Sachen und machten uns auf die große Reise. Pedro Düsar, Karl Blind und August Willich begleiteten uns zum Paddington-Bahnhof, um Abschied von uns zu nehmen. Ich sehe die drei noch auf dem Bahnsteig stehen, halbverhüllt vom Dampf der Lokomotive, sehe sie winken und kleiner werden. Der Zug hatte kaum den Bahnhof verlassen, als Amalie einen ihrer Anfälle bekam. Schreiend klammerte sie sich an mir fest.

In Liverpool besorgten wir uns die billigste Passage, die zu haben war. Für die Überfahrt per Dampfschiff reichte unser Geld nicht aus, daher buchten wir einen Platz im Zwischendeck eines amerikanischen Paketseglers. Bis zur Abreise blieben noch einige Tage. Wir mieteten uns in einem elenden Gasthaus am Hafen ein und verbrachten die Zeit bis zur Einschiffung mit dem Einkauf von Zwieback, Trockenobst, Tee und Kerzen und dem Schreiben von Abschiedsbriefen. Amalie weinte viel. Im Morgengrauen des 10. April 1851 gingen wir an Bord der Roscius, des Dreimasters, der uns nach New York bringen sollte.

Gedrängt von einer lauten, aufgeregten Menge, wurden wir in den Bauch des Schiffes geschoben, wo uns ein Matrose nach der Nationalität fragte und eine Schlafstelle anwies. Kinder brüllten, Männer und Frauen schrien, lachten und weinten durcheinander. Bis zum Auslaufen des Schiffes blieben wir an Deck and sahen, Arm in Arm an der Reling stehend, wie sich die Händler am Hafenkai verliefen und die Brücke eingezogen wurde. Dann kam der Befehl zum Ankerlichten, und wir mußten wie die anderen Zwischendeckpassagiere das Deck verlassen. Erst als das Schiff schon auf hoher See war, durften wir wieder ins Freie. Unsere Mitreisenden waren zum größten Teil irische Auswanderer, großgewachsene, schmalschädelige Männer mit geröteten Bauerngesichtern unter abgewetzten Hüten und speckigen Arbeitermützen, Frauen in bauschigen Leinenröcken mit wollenen Umhängen über den Schultern und farbigen Hauben, sommersprossige, wuschelköpfige Kinder, die wild herumtobten. Auf der Flucht vor Hunger und Elend hatten diese Menschen ihre Heimatdörfer verlassen, waren über die Straßen der grünen Insel nach Osten gezogen und mit der Fähre nach England gelangt. Dort hatten sie sich in London, Liverpool, Manchester und Bradford gegen einen Hungerlohn zu jeder Arbeit verdingt, um das Geld für die Überfahrt nach Amerika zusammenzubekommen.

Unter den vierhundert Reisenden gab es etwa zwanzig Deutsche. Von Anfang an bildeten wir eine Gruppe, denn bei der Zuteilung der Schlafplätze hatte die Schiffsmannschaft die Herkunft der Reisenden berücksichtigt. Amalie und ich teilten zwei

übereinanderliegende Kojen mit einem holsteinischen Ehepaar. Zwei Brüder aus Danzig stellten sich gleich am ersten Tag als Bewunderer der badischen Freiheitsbewegung vor und erboten sich, uns behilflich zu sein.
An die dreiwöchige Überfahrt denke ich nur ungern zurück. Schon nach wenigen Stunden an Bord wurde Amalie seekrank und blieb es bis zum letzten Tag der Reise. Blaß und elend, mit dunklen Ringen unter den traurigen Augen, lag sie die meiste Zeit in dem strohgefüllten Verschlag, der uns als Schlafstelle diente. Mit Kräutertee und Zwieback versuchte ich, ihr Übelsein zu bekämpfen, doch sie nahm kaum etwas zu sich. Manchmal konnte ich sie dazu bewegen, mit mir an Deck zu gehen. Da stand sie dann, in eine Wolldecke gehüllt, neben mir an der Reling und sah hinaus auf die graue Wasserwüste, bis sie sich aus meinem Arm löste und sich, nach vorne gebeugt, keuchend und von Krämpfen geschüttelt, übergab.
Im abgesperrten Oberdeck saßen die Passagiere der ersten Klasse in plüschigen Salons und wurden von diensteifrigen Negerstewards verwöhnt. Wir dagegen mußten täglich in langer Reihe anstehen, um Wasser und Brot in Empfang zu nehmen. Aber das war noch das erträglichste Übel. Schlimmer quälten uns die drangvolle Enge und der Mangel an Frischluft unter Deck. An Strebebalken, Gepäckkisten und Vorratsschränken vorbei mußte man sich bei schwankendem Petroleumlicht in gebückter Haltung zu seinem Schlafplatz tasten. Es stank nach Speiseresten, Urin, Schweiß, Armut. Zur Belüftung dienten ein paar Luken, doch diese wurden bei rauher See geschlossen, also gerade dann, wenn man der Luft am dringendsten bedurfte.
Am meisten verleideten uns die irischen Mitreisenden die Überfahrt. Viele von ihnen machten sich ein Vergnügen daraus, die Deutschen zu peinigen. Sie versteckten unsere Vorräte, lauerten uns im Dunkel des Schiffsbauchs auf, um uns zu erschrecken, brachten uns unter allgemeinem Gelächter zu Fall. Schon die Kinder richteten ihre Streiche gegen uns; sie nähten heimlich die

Kleider der Frauen zusammen, wenn sie an Deck saßen, banden die Tür des Abtritts zu, wenn sich einer von uns darin befand, oder rissen uns durch Geschrei und Gestampfe mitten in der Nacht aus dem Schlaf. Ich ging zu den Iren, als sie bei schönem Wetter in großer Runde auf dem Deck saßen und Lieder sangen, und hielt eine kurze Rede in englischer Sprache. Die Armen aller Nationen, sagte ich, bildeten eine Gemeinschaft. Wichtiger als Herkunft, Sprache und Sitten sei der Kampf aller unterdrückten Menschen um ein menschenwürdiges Dasein.

– *What the hell does he mean?* schrie ein rothaariger Bursche, bevor ich ausgeredet hatte. *Bloody German, piss off!*

Man brüllte mich nieder und jagte mich davon. Erreicht hatte ich mit meinem Appell gar nichts. Die Feindseligkeit der Iren nahm eher noch zu, jedenfalls richtete sie sich verstärkt gegen meine Person. Wenn ich fortan über Deck ging, wurde ich verhöhnt und mit Abfällen beworfen.

Die meiste Zeit saß ich ohnehin im Licht einer Petroleumlampe an Amalies Lager, sprach tröstend auf sie ein oder hing meinen Gedanken nach. Das Gebälk des Schiffes knarrte und quietschte im Takt des Seegangs. Amalie schlief sehr unruhig. Oft seufzte und stöhnte sie, weil ein böser Traum sie quälte. Dann griff ich nach ihrer Hand und hielt sie fest, bis der Atem ruhiger ging. Ich besitze noch ein kleines braunes Notizbuch von jener Überfahrt. Neben Amalies Lager kauernd, schrieb ich im Licht der schaukelnden Laterne das folgende Gedicht:

An meine Träumerin.

Die meisten sind im Schlummer
Gar still und inhaltsleer;
Du streuest Lust und Kummer
Im Schlaf selbst um Dich her.
Du leihest Wort und Klänge
Den Bildern, die Du schaust,

Du feierst durch Gesänge
Den Sturm, der in Dir braust.

Manch tiefer Seufzer hebet
Sich Dir aus warmer Brust,
Dein Arm, die Hand erbebet,
Wenn still Du leiden mußt.
Ich aber, ich Dich wecke,
Geliebte, wenn Du weinst,
Mit Küssen Dich bedecke,
Wenn Du zu leiden scheinst.

7

Nach dreißigtägiger Überfahrt sahen wir am Morgen des 11. Mai 1851 die amerikanische Küste am Horizont. Ich legte eine Wolldecke um Amalie und brachte sie an Deck. Auf die Reling gelehnt, erlebten wir die Einfahrt in die Bucht von New York. Der Himmel war wolkenlos, und die glitzernde Wasserfläche, die langgestreckte Küste und die grünen Inseln strahlten im Sonnenlicht.

Wir waren unter den ersten, die heraufgekommen waren, doch rasch füllte sich hinter und neben uns das Deck mit den anderen Passagieren, die aus dem Bauch des Schiffes quollen, um das ersehnte Land aus dem Wasser tauchen zu sehen. Aus dumpf-brodelndem Stimmengewirr stiegen Zurufe und Gelächter, vermischten sich mit dem Rauschen der Bugwelle, dem Zischen und Knallen des Windes in der Takelage. Möwen begleiteten das Schiff, schwebten hoch über den Masten, schossen über die Wellen, näherten sich seitwärts der Reling und trieben, mit ruhigem Flügelschlag aufsteigend, wieder ab. Matrosen kletterten die Wanten hoch, um die Segel zu raffen.

Wir standen an der Schattenseite und sahen in einigen hundert

Metern Entfernung das Ufer von Staten Island vorübergleiten. In einer hügeligen Parklandschaft erkannte man weiße Landhäuser, Rasenflächen, Baumgruppen. Kinder winkten und liefen dem Schiff ein Stück weit nach. In der Ferne kläffte ein Hund. Hinter den Laubkronen rotblühender Kastanienbäume ragte der Holzturm eines Kirchleins hervor, von dem der Wind dünnes Geläut herübertrug. Es war Sonntag. Aus der Menge hinter uns kam die Nachricht, daß mit einer Wartezeit von vierundzwanzig Stunden zu rechnen sei. Bevor das Schiff an einem der Piers von Manhattan anlegen konnte, mußten Beamte an Bord kommen, um Ladung und Passagiere zu kontrollieren. Dies geschah nur werktags.
Die Roscius machte kaum noch Fahrt und drehte bei, so daß wir die Bucht in ihrer vollen Breite vor uns sahen. Auf der weiten, hellen Wasserfläche lagen Schoner, Vier-, Fünf- und Sechsmaster in weiten Abständen vor Anker. Dampfschiffe kreuzten mit qualmenden Schloten. Je weiter der Blick ging, desto dichter wurde die Bebauung zu beiden Seiten der Bucht. Geradeaus teilte sich die silberne Wasserfläche in zwei breite Streifen. An den Ufern der dazwischen liegenden Landzunge wuchsen die Masten und Takelagen ankernder Schiffe zu dichten Wäldern aus spinnwebfeinem Geäst zusammen.
Dahinter erstreckte sich das Häusergewirr der Stadt New York. Backsteinrot, holzgrau, glasglitzernd und blechfunkelnd grüßte es herüber, ein feinmodelliertes Gedränge zwei- und dreistöckiger Häuser mit schiefen, halbrunden und flachen Dächern, ein Gewirr aus Baracken, Hallen, Gerüsten, Palästen und Schuppen, mit Fenstern, Luken und Toren, Schrifttafeln und Fähnchen, mit zahllosen Kaminen, aus denen dunstig-weißer Rauch kroch. Nur wenige spitze Kirchtürme und nadeldünne Fabrikschlote ragten aus dem gedrungenen Durcheinander in den hellblauen Maihimmel. An der Spitze der Landzunge erkannte man ein rundes Festungsgebäude und einen der steinernen Landschaft vorgelagerten Park, auf dessen Uferpromenade Kutschen rollten und Menschen flanierten.

Alles kam mir auf unwirkliche Weise bekannt vor. Fast zwanzig Jahre zuvor hatte ich diese Szene im Traum gesehen und sie als Ankunft des indischen Jünglings Mandaras im Land der Götzendiener und Fleischesser geschildert: *Hell bestrahlte die aufgehende Sonne Stadt und Hafen. Die Ruhe des Meeres, die Reinheit der Luft verkündeten einen schönen Tag. Nicht fern mehr vom Lande zeigte sich ein Schiff, das durch Signale Lotsen an Bord verlangte ...*

Vor Governors Island warf die Roscius Anker. Fast vierundzwanzig Stunden mußten wir in nächster Nähe unseres Zieles auf die Ausschiffung warten. Am frühen Montagmorgen kamen endlich Beamte von der Insel herübergerudert, um die vorgeschriebene Inspektion durchzuführen. Ich reihte mich mit Amalie in die lange Schlange der Zwischendeckpassagiere ein. Ein Offizier der Gesundheitsbehörde winkte die Wartenden nacheinander an sich vorbei. Ab und zu hielt er einen an, sah ihm in den Mund, schlug ihm mit der flachen Hand auf den Rücken oder zog ihm ein Augenlid nach unten. Amalie und ich gehörten zu denen, die ohne Überprüfung passierten. Währenddessen kletterten zwischen den Masten und Aufbauten Zollbeamte über Koffer, Kisten, Kartons, Bündel und Ballen, um mit raschem Kreidestrich diejenigen Gepäckstücke zu kennzeichnen, die ihnen einer Überprüfung nicht wert schienen. Nur einige wenige Koffer mußten geöffnet werden. Dann grub der Beamte in den Kleidern nach Kästchen und Beuteln, stellte Fragen und kassierte schließlich einige Münzen, bevor er seinen Kreidestrich auf das überprüfte Gepäck machte. Daß das armselige Heer der Einwanderer wertvolles Zollgut ins Land bringen würde, war nicht zu erwarten. Bei den Passagieren der ersten Klasse hätte man eher Schätze finden können. Diese aber, das gehörte zu ihren Privilegien, waren von jeder Kontrolle ausgenommen.

Erst gegen Mittag lichtete die Roscius ein letztes Mal Anker, um in den Wald der Masten einzufahren und an dem für sie bestimmten Pier anzulegen. Grob und rücksichtslos drängten sich die Iren vor. Wir beteiligten uns nicht an dem allgemeinen Wettlauf. Erst als fast alle anderen von Bord gegangen waren, verließen auch wir das Schiff, um das Land der Freiheit zu betreten. Eine segeltuchverkleidete Landungsbrücke führte von der geöffneten Reling steil zum Pier hinunter. Bepackt mit Koffern und Taschen, folgte ich Amalie, die sich, ihr war immer noch übel, am Geländerseil festhielt, während ihre Füße Halt suchten auf den quergenagelten Trittlatten der abwärts führenden, schwankenden Fläche.

Amerika roch nach Brackwasser, Pferdemist und Teer. Seine Stimme war schrill, die Farben grell. Der Pier glich einem Rummelplatz. Hinten, wo sich der hölzerne Steg zu einer breiten Promenade erweiterte, sah man schaubudenartige Aufbauten und hölzerne Podeste unter geschwungenen Schildern. *Railway Ticket Office*, las ich, *Information, Rooms*, und, in vertrautem Deutsch, *Allgemeine Auskunft* und *Eisenbahn-Büro.* Marktschreier lockten die angekommenen Iren mit Gebrüll und Handglokken zu ihren Ständen, um ihnen die kümmerlichen Ersparnisse abzunehmen oder um sie zu Eisenbahnbau und Landarbeit zu verpflichten, bevor sie wissen konnten, daß der vereinbarte Lohn weit unter dem üblichen lag. Karl Heinzen hatte mir von diesen Auswüchsen der Gewerbefreiheit erzählt und mich auch gewarnt vor den sogenannten *runners.* Mit diesem Namen bezeichnete man flinke Helfer, die sich den unschlüssig umschauenden Einwanderern als Landsleute zu erkennen gaben und ihnen den Koffer abnahmen. Falls sie mit dem Gepäck nicht gleich auf Nimmerwiedersehen verschwanden, nahmen sie ihren ahnungslosen Opfern ein Vielfaches der Droschkengebühr ab und brachten sie in Hotels, die weit überhöhte Preise forderten. Und die Geschädigten bedankten sich in aller Regel auch noch für die Freundlichkeit.

Am Fuß der Landungsbrücke verabschiedeten wir uns von unseren deutschen Mitreisenden. Die meisten von ihnen zog es

nach dem Westen, nach Indiana, Illinois, Missouri, Iowa oder Minnesota. Ihre Reiseziele standen in zerlesenen Briefen und auf zerknitterten Zetteln, die während der Überfahrt immer wieder hervorgeholt, studiert und herumgereicht worden waren. Auch ich hatte eine Adresse dabei: die von Friedrich Hecker. Er hatte mich auf seine Farm in Lebanon eingeladen, einen kleinen Ort im Saint Clair County, Illinois. Aber ich hatte keine Neigung, weiter von Europa wegzuziehen als unvermeidlich. Schon New York war mir zu westlich gelegen. Zum amerikanischen Farmer wollte ich nicht werden. Ich kam als Verbannter in die USA, nicht als Einwanderer. Immer auf eine Wendung der politischen Ereignisse in der Heimat hoffend, wollte ich jederzeit ein Schiff nach Europa besteigen können.
Auf der lauten, staubigen Uferstraße standen in langer Reihe gelblackierte Mietkutschen, von denen uns eine ins Shakespeare-Hotel brachte. Dorthin fuhren die meisten politischen Flüchtlinge aus Deutschland nach ihrer Ankunft in New York. Es war Treffpunkt, Hauptquartier und Nachrichtenzentrale der deutschen Demokraten; schon in Genf hatte ich mir die Adresse notiert. Der Wirt, Eugène Lièvre, war ein emigrierter französischer Revolutionär und Sozialist aus dem Kreis um Hermann Kriege. Obwohl wir uns nicht persönlich kannten, begrüßte er mich wie einen sehnlichst erwarteten Freund.
Die Nachricht von meiner Ankunft verbreitete sich rasch unter den Deutschen New Yorks. Kaum hatten Amalie und ich eines der schäbigen Zimmer des Shakespeare bezogen und unsere Habseligkeiten im Schrank verstaut, als der erste Besucher an die Tür pochte. Ich bat Amalie, die dringend der Erholung bedurfte, sich hinzulegen. Meinen Gast fing ich an der Tür ab und ging mit ihm in die Wirtsstube hinunter.
Mein Besucher war Sigmund Kaufmann, den ich aus Sigels Heidelberger Hauptquartier kannte, ein vor Gesundheit strotzender Mann von fünfundzwanzig Jahren. Er hatte ein Jahr Zeit gehabt, sich einzugewöhnen, und sah mit seinem glattrasierten

Gesicht und der kurzgeschnittenen Frisur schon wie ein Amerikaner aus. Ich fragte ihn, wovon er lebe, und er sagte, er verdiene sein Geld vorläufig noch als Sprachlehrer und Übersetzer.
– Aber ich werde Advokat werden, fügte er hinzu. Ich habe gleich nach der Ankunft den Antrag auf Einbürgerung gestellt. Man muß fünf Jahre warten, dann wird man amerikanischer Staatsbürger. Am besten stellst du gleich morgen den Antrag. Du bist doch von Haus aus Advokat. New York ist ein Paradies für Advokaten! In ein paar Jahren können wir eine gemeinsame Kanzlei eröffnen. Du mit deiner Erfahrung und ich mit meinem Unternehmungsgeist – wir werden nicht zu schlagen sein. Weißt du, Gustav, dies ist ein herrliches Land. Wenn einer etwas wirklich will, kann er es erreichen. So steht es in der Unabhängigkeitserklärung: *We hold these thruths to be self-evident, that all men are created equal, that they are endowed by their Creator with certain unalienable rights, that among these are life, liberty, and the pursuit of happiness.* Worte, schöner als jedes Gedicht, und soviel mehr, als Worte sonst sind. Alles, wofür du gekämpft hast, Gustav – hier ist es Wirklichkeit!
– Du vergißt, sagte ich, daß ich nicht für mich, sondern für Deutschland gekämpft habe. Hätte ich nur mir die Vorteile einer Republik verschaffen wollen, wäre ich schon vor Jahrzehnten nach Amerika ausgewandert. Ich habe meinem Land nicht freiwillig den Rücken gekehrt. Was dort begonnen wurde, kann ich nicht aufgeben. Es käme mir wie Verrat vor, wenn ich den Antrag auf Einbürgerung in die amerikanische Union stellen würde.
– So habe ich am Anfang auch gedacht, sagte Sigmund Kaufmann. Doch wenn du längere Zeit hier lebst, rückt Europa sehr weit weg. Du wirst es selbst merken. Die Einbürgerung kannst du auch noch später beantragen. Wenn du einmal fünf Jahre hier gelebt hast, wirst du binnen eines Jahres Amerikaner.
– In fünf Jahren, antwortete ich, bin ich längst wieder in Deutschland.

Im Laufe des Nachmittags füllte sich die Gaststube des Hotels mit Landsleuten. Einige kamen nur, um mich zu begrüßen und mir ihre Hilfe anzubieten. Die meisten waren Dauergäste des Hotels. Etwas unbehaglich saß ich in Bierdunst und Tabaksqualm und hörte mir Toasts auf die deutsche Revolution, Vivats, Pereats und abenteuerliche Prognosen über den Sturz der Monarchien an. Männer wie Sigmund Kaufmann bildeten eine Minderheit in dieser Gesellschaft. Während der Strom der politischen Emigranten auf der einen Seite Zuwachs erhielt durch Neuankömmlinge wie mich und auf der anderen Seite in das amerikanische Leben abfloß, blieb in Lièvres Shakespeare-Hotel ein Bodensatz von Gescheiterten zurück. Ihre Stimmung schwankte ständig zwischen hochtrabendem Maulheldentum und weinerlichem Selbstmitleid. Sie waren zwar aus Deutschland geflohen, aber in Amerika nie richtig angekommen. In einer unwirklichen Zwischenwelt warteten sie untätig auf ein erlösendes Wunder.
Amalie war von der Überfahrt so erschöpft, daß sie fast achtundvierzig Stunden ohne Unterbrechung schlief. Unterdessen versuchte ich, unsere Existenz zu sichern. Ich hoffte, eine journalistische Arbeit zu finden. Auf Lièvres Rat wandte ich mich am Tag nach unserer Ankunft an Wilhelm Weitling. Er war der Führer des New Yorker deutschen *Arbeiterbundes* und gab eine Wochenschrift mit dem Titel *Republik der Arbeiter* heraus. Seine Wohnung lag im sogenannten Klein-Deutschland, östlich einer der New York in Längsrichtung durchschneidenden Hauptstraßen namens Bowery. Auf dem Weg dorthin versuchte ich mich an den Inhalt von Weitlings Buch zu erinnern, das ich vor Jahren gelesen hatte. Ich wußte nur noch, daß er, ähnlich wie Fourier, die ökonomische Gleichheit aller forderte, freilich unter Berücksichtigung der individuellen Fähigkeiten des einzelnen. Das schien mir nicht sehr weit entfernt von meinen eigenen Vorstellungen.
Mit solchen Gedanken beschäftigt, verirrte ich mich im Gewirr

der Straßen. Ein New Yorker, den ich nach dem Weg fragte, gab mir den Rat, auf den Turm der Trinity Church zu steigen, um mich ein für allemal zu orientieren. Von der Aussichtsplattform dieses höchsten Bauwerks der Stadt übersieht man das ganze Häusermeer. Es liegt auf der südlichen Spitze einer langgestreckten Insel namens Manhattan, die im Osten vom East River, im Westen vom Hudson River begrenzt wird. Eine Haupt- und Einkaufsstraße namens Broadway zerteilt die Stadt in Nordsüdrichtung. Sie beginnt am Battery Park, dessen Promenade und Kastell ich schon bei der Einfahrt in den Hafen gesehen hatte. Im Norden verliert sie sich hinter der 22. Straße in felsiger Landschaft. Kaum ein Zehntel Manhattans ist bewohnt; die meisten der fünfhunderttausend New Yorker leben in der Nähe der Hafendocks und an den Manhattan gegenüberliegenden Ufern des Hudson und des East River. Nur im untersten Teil der Stadt nahe dem Battery Park tragen die vom Broadway abzweigenden Seitenstraßen Namen, nur dort wechseln sie ihre Richtung. Weiter oben gehen sie gleichmäßig im rechten Winkel von der Hauptstraße ab und sind von Süden nach Norden der Reihenfolge nach numeriert. Das Herz der Stadt schlägt auf dem Platz vor der City Hall, dem Rathaus New Yorks. Hier verläßt ein Teil des vom Hafen kommenden Verkehrsstroms den Broadway, um über die Bowery in den östlichen Teil der Stadt zu gelangen. Auf diesem Weg erreicht man Klein-Deutschland.

Im Vergleich zu London ist New York überschaubar. Aber der Verkehr, der Rhythmus und der Klang der amerikanischen Metropole schien mir lauter, nervöser, ermüdender. Zwischen Pferdeomnibussen, Kutschen, Cabriolets und Equipagen, die mehrreihig in unterschiedlichem Tempo den Broadway und die Bowery auf und ab fahren, blieb kaum eine Lücke. Nur mit Mut und körperlichem Geschick konnte man etappenweise von einer Seite zur anderen gelangen. Die Straßen waren schon damals fast alle gut gepflastert, in der Mitte mit runden Steinen, seitwärts mit breiten Platten. Dröhnender Lärm war der Preis dieses Fortschritts. Ein gewaltiges Tosen von unzähligen Eisenrädern und Pferdehufen betäubte die Ohren der vielen tausend Passanten.

Ich war froh, als ich zum ruhigeren Teil der Stadt jenseits der Bowery vorgedrungen war. Hier, im zehnten, elften und dreizehnten Bezirk, lebten damals die meisten der etwa sechzigtausend Deutschen New Yorks. In der Williamsstreet und ihren Nebenstraßen zwischen Beekman- und Pearlstreet sahen die Häuser zwar aus wie überall sonst in der Stadt, doch die Reklametafeln und Werbefahnen zu beiden Seiten der Straßen trugen deutsche Aufschriften, und die Namen der Geschäfte klangen sehr vertraut.

Ich fand Wilhelm Weitling im Kontor einer Druckerei. Als ich ihm sagte, wer ich sei und was mich zu ihm führe, schien er sich aufrichtig zu freuen. Er war ein Mann in meinem Alter, schlank, unruhig, mit einer hohen, freien Stirn und einem weichen, weiblichen Mund. Männer wie ich würden dringend gebraucht in New York, sagte er und hielt mir einen langen Vortrag über seine Reformpläne.

– Nordamerika ist das ideale Erprobungsfeld für neue Lebensformen. Hier werden wir die Macht des Proletariats formieren, um sie eines Tages gegen die europäische Despotie zu wenden.

Weitling hatte eine sogenannte Tauschbank gegründet, zu der Handwerker ihre Fertigprodukte bringen und gegen Rohmaterial und Lebensmittel eintauschen konnten. Sein Ziel war der Zusammenschluß von Arbeitern und Kleinhandwerkern zu einem Bund gegen Großhandel und Fabrikanten. Das Kapital machte er für alle Not verantwortlich. In der Gesellschaft, die er anstrebte, sollte es kein Bargeld mehr geben. Im Westen der Vereinigten Staaten wollte er sein Ideal verwirklichen. In einem Land namens *Communia* sollte alles allen gehören und jeder nur sechs Stunden am Tag arbeiten müssen. Mir kamen Weitlings

Träume ziemlich wirr und phantastisch vor, doch ich verschob die Diskussion darüber auf einen späteren Zeitpunkt. Ob ich journalistisch für den *Arbeiterbund* tätig sein könnte, fragte ich. Selbstverständlich, antwortete er, Unterstützung sei sehr erwünscht. Seine Zeitschrift zahle jedoch grundsätzlich keine Honorare.
Damit war mir nicht geholfen. Ich sei ohne alle Mittel, gab ich zu bedenken, und müsse dringend Geld verdienen. Weitling wollte davon nichts hören. Das Geld sei des Teufels, sagte er, und durchaus entbehrlich. Ich könne Bildungsvorträge für den Arbeiterbund halten, wofür mich die Zuhörer mit Naturalien versorgen würden. Ich versprach, mir den Vorschlag zu überlegen, und verabschiedete mich von dem seltsamen Mann. Nachdenklich machte ich mich auf den Rückweg ins Hotel.

8

Am dritten Tag nach unserer Ankunft ging ich mit Amalie aus. Der Himmel war heiter, und New York zeigte sich von der freundlichsten Seite. Meine junge Frau hatte sich feingemacht. Sie trug das blaue Leinenkleid, das ihr so gut stand, und dank der Brennschere von Lièvres Ehefrau fielen auch die Korkenzieherlocken wieder in elastischen Spiralen aus der Schutenhaube. Amalie hakte sich bei mir unter und sah mich lächelnd an. Auch ich hatte mich herausgeputzt. Der Bart war frisch gestutzt, der Rock ausgebügelt, der Zylinder gebürstet.
Auf breiten, steinplattenbelegten Gehsteigen flanierten wir den Broadway hinauf, umbrandet vom Getöse der Straße, begleitet, überholt und zur Seite gedrängt von eiligen Passanten. Niemand schien Zeit zu haben in dieser Stadt. Wir gingen unter einem künstlichen Himmel aus hellen Segeltuchmarkisen, die von Holzgestellen getragen wurden und einen luftigen Laubengang

bildeten. Darunter war man geschützt vor den Strahlen der Sonne und dem Staub der Fahrbahn.
Amalie machte mich auf den Luxus der Kleider aufmerksam. Die Frauen trugen Seiden- und Atlasstoffe in allen Farbschattierungen, raffiniert gemusterte Strümpfe, flatternde Bänder und Troddeln. Keine Frau ging ohne Hut und Schleier, kaum eine ohne farbigen Sonnenschirm. Auch die Männer waren elegant herausstaffiert, ihre Anzüge und Halstücher schienen jedoch seltsam uniform, so als hätten alle denselben Schneider. Selbst die Zylinderhüte glichen einander in ihrer schwarzglänzenden Neuheit.
Tausende von New Yorkern kommen täglich auf den Broadway, um zu sehen und gesehen zu werden. Nirgendwo in Amerika kann man günstiger einkaufen: Schmuck bei Tiffany, Young & Ellis, Möbel bei J. & C. Berrien, Wein bei John Duncan und Sohn, Bücher bei Appleton & Co. und Spielzeug und Kosmetika im Lafayette Bazar, vor dessen Eingangsportal zwei uniformierte Neger Kataloge an die Vorübergehenden austeilen. Bei James Beck & Co., H. & L. Pap, Hearn Brothers, A. Arnold & Co. kann man sich an Ort und Stelle von Kopf bis Fuß neu einkleiden; die Preise der angebotenen Fertigwaren sind dank der neu erfundenen Massenfabrikation unglaublich günstig. Das prächtigste aller Geschäfte ist der Palast von Alexander T. Stuart. Früher oder später verirrt sich der Besucher aus Europa in den riesigen Lichthof dieses Kaufhauses, in dessen Galerien die Ware auf großen Tischen ausgebreitet liegt. Hier gibt es fast alles und meist zu niedrigen Preisen. Dementsprechend ist der Ansturm der Käufer, die von dreihundert Angestellten auf achttausend Quadratmetern Verkaufsfläche bedient werden.
Auch wir betraten das Kaufhaus, aus reiner Neugier. Doch Amalie war von dem Trubel und dem Gedränge im Inneren so benommen, daß sie mich gleich wieder auf die Straße hinauszog.

– Was für ein schrecklicher Wirrwarr, sagte sie. Von dem vielen Hin- und Hersehen wird einem ganz schwindlig. Vor lauter Eindrücken kann man keinen klaren Gedanken mehr fassen. Ich verstehe nicht, wie die Leute das aushalten.
Vom ganzen Broadway gefiel Amalie nur Barnum's amerikanisches Museum. Es liegt nahe dem Stadtpark an der Einmündung der Bowery, vis-à-vis dem prächtigen Astor-Hotel. Mit einem Museum, wie wir Europäer es kennen, hat diese Einrichtung wenig Ähnlichkeit. Seine Fassade ist auf burleske Weise verziert, um die Blicke der Vorübergehenden zu fesseln. Gemälde, Transparente, riesenhafte Plakate und eine Anzahl bunter Flaggen und Fahnen preisen in pomphaften Umschreibungen die Kuriositäten, die im Inneren zu sehen sein sollen: singende Neger, lebensechte Historienbilder, Affen, Monstrositäten, Indianer, Riesen und Zwerge, dressierte Hunde, Clowns und Ballerinas. Auf dem Altan des Gebäudes spielte eine Musikkapelle ohne Rücksicht darauf, daß ihre Melodien vom brodelnden Verkehr verschluckt wurden. Um Amalie eine Freude zu machen, hätte ich gerne ein paar Münzen unseres knappen Geldes geopfert und wäre mit ihr in die Nachmittagsvorstellung gegangen. Doch sie drängte zurück zum Hotel.
Unterwegs versperrten uns an einer Stelle Stapel von Bauholz und Ziegelsteinen den Weg, so daß wir auf die Fahrbahn ausweichen mußten. In diesem Moment brüllte jemand hinter uns:
– *Off! Off! Out of the way!*
Ich riß den Kopf herum und sah eine zweispännige Kutsche auf uns zurasen. Im letzten Moment konnte ich Amalie zur Seite werfen, sonst wäre sie von den Hufen erfaßt und niedergetrampelt worden. Wir stürzten auf einen Schutthaufen.
Als wir uns aufrafften, war die Kutsche schon ein gutes Stück die Straße hinuntergefahren und im Strom des Verkehrs verschwunden. Ungerührt hasteten die Fußgänger an uns vorbei. Wäre uns in Mannheim dergleichen widerfahren, hätten sich sogleich Hilfsbereite und Neugierige um uns versammelt. Hier in

New York schien man den Zwischenfall gar nicht zur Kenntnis zu nehmen. Zum Glück war Amalie unverletzt. Doch während sie sich den Staub vom Kleid strich, stöhnte sie unvermittelt auf. Einmal mehr zerriß ihr der *tic douloureux* das Gesicht. Auf einer Freitreppe am Rande des Verkehrs sitzend, durchlitt sie einen ihrer Anfälle. Ich saß neben ihr und hielt ihre Hand. Kein Mensch beachtete uns.

Später, auf dem letzten Teil des Weges, bat mich Amalie inständig, sie aus der Stadt zu bringen. Ich war einigermaßen ratlos. Am nächsten Morgen fuhren wir mit der Dampffähre nach Staten Island, dessen ruhige Ländlichkeit uns schon bei der Einfahrt in die Bucht von New York angezogen hatte. In der Nähe von Stapleton mieteten wir ein kleines, leerstehendes Holzhaus. Amalie blieb gleich dort, während ich nach Manhattan zurückfuhr, um unser Gepäck zu holen und den Wirt des Shakespeare-Hotels zu bezahlen.

Unsere neue Behausung glich ihren Abmessungen nach der Hütte, in der die Familie Düsar am Rande Mannheims gewohnt hatte. Sie lag in einem verwilderten Gärtchen und hatte längere Zeit allein den Spinnen, Asseln und Mäusen gehört. Schon als ich am späten Abend aus New York zurückkam, hatte Amalie ein kleines Zuhause daraus gemacht. Fenster und Türen waren von Spinnweben befreit, Boden und Wände blank geputzt. Kisten und Bretter und Trödel dienten uns als notdürftige Einrichtung. Nach der ersten Nacht im neuen Heim trat ich in der Dämmerung eines wolkenlosen Maitags vor die Tür und fühlte mich glücklich wie lange nicht mehr. Die Aussicht ging nach der einen Seite über die glitzernde Bucht von New York zur Stadt, nach der anderen auf die grünen Hügel der Insel. Hatte ich nicht allen Grund, zuversichtlich zu sein? Ich befand mich im freiesten Land der Welt, der Wiege einer besseren Zukunft für die ganze Menschheit.

Es sollte nicht lange dauern, bis ich die erste Lehrstunde über die amerikanische Wirklichkeit erhielt.

Am 27. Mai 1851, dem Jahrestag des Hambacher Festes, veranstalteten die Deutschen von New York ein Maifest. Man lud mich ein, die Festrede zu halten. Tausende fuhren an diesem Sonntag bei herrlichem Wetter mit den Fähren von Manhattan zum westlichen Ufer des Hudson hinüber und wanderten auf die elyseischen Felder von Hoboken. Dort, auf der Höhe über dem Strom, war eine Holztribüne aufgebaut, geschmückt mit Laubgirlanden und Birkenbäumchen, schwarz-rot-goldenen Bändern und Fahnen. Es herrschte allgemeine Heiterkeit. Obwohl Bier ausgeschenkt wurde, war die Stimmung sehr friedlich. Amalie und ich warteten mit anderen Ehrengästen auf einer Holzbank vor der Tribüne auf die Eröffnung der Feier, als wir hinter uns aufgeregtes Geschrei hörten. Auf einer Wiese, die zum Festplatz gehörte, war eine Prügelei ausgebrochen. Ich dachte zuerst, betrunkene Deutsche seien aneinandergeraten. Doch ich irrte mich. Die Versammlung war von amerikanischen Rowdies überfallen worden.

Als ich den Ort des Kampfes erreichte, zogen die Angreifer bereits ab, zum Teil mit blutenden Nasen und zerrissenen Kleidern. Ich fragte nach dem Grund der Schlägerei.

– Fremdenhaß, sagte Sigmund Kaufmann. Amerikanische Raufbolde versuchen, jedes deutsche Fest zu stören. Noch lieber überfallen sie uns einzeln. Sie wollen uns aus dem Land prügeln. Sonntags kommt es zu regelrechten Straßenschlachten in der Lower Eastside.

Hinter den Angriffen stand, wie ich erfuhr, eine Organisation, deren New Yorker Anführer William Pool hieß. Pool, genannt *Butcher Bill*, war von Haus aus Metzger. Als Preisboxer hatte er es zu Ruhm und Ansehen gebracht. Er besaß mehrere Saloons in Manhattan und galt als politisch einflußreicher Mann. Seine Macht beruhte unter anderem auf einem Heer von sogenannten Rowdies, die ihm treu ergeben waren und nach seiner Anweisung Ausländer terrorisierten. Sie hatten einen geheimen Schwur geleistet, öffentliche Versammlungen aller Nichtamerikaner auf jede Weise zu verhindern. Das widersprach dem Geist der amerikanischen Verfassung und allem Recht, aber Pools Leuten war schwer beizukommen. Vor Gericht schützten sie sich gegenseitig durch falsche Aussagen. Auch das Bestehen einer Verbindung untereinander bestritten sie. Auf die richterliche Frage nach ihrer Organisation antworteten sie, einer Absprache gemäß, mit dem stereotypen Satz: *I know nothing.* Daher nannte man die fremdenfeindliche Partei die *Know-Nothing-Bewegung* und ihre Schlägerbanden die Nichtswisser.

Was man mir erzählte, klang wie eine höhnische Verdrehung der Widerstandsbewegungen in Europa. Dort kämpften verschworene Idealisten für die Befreiung von einer unmenschlichen Gewaltherrschaft, hier verschworen sich Gewaltmenschen gegen die Freiheit. Mich beschäftigte diese Tatsache während des ganzen Festes, das im übrigen den vorgesehenen Verlauf nahm. Zur Eröffnung sang ein Männerchor. Das Lied, das in wohltönendem Zusammenklang dunkler, kräftiger Stimmen zum amerikanischen Himmel hinaufstieg, machte jeden auf dem Platz ein wenig wehmütig:

Stimmt an mit hellem hohem Klang,
Stimmt an das Lied der Lieder,
Des Vaterlandes Hochgesang,
Das Waldtal hallt es wider!

Mehrere Ansprachen folgten, in denen an die Versammlung auf dem Hambacher Schloß vor neunzehn Jahren und an Männer wie Wirth und Siebenpfeiffer erinnert wurde. Dann betrat ich die Tribüne und hielt eine Rede über die gegenwärtige Situation in Deutschland. In Abweichung von meinem Manuskript schloß ich mit folgenden Worten:

– Ich bin ein Deutscher und werde es bleiben, wenngleich mir das Bürgerrecht von den Machthabern im Vaterlande abgesprochen wurde. Ich gedenke nicht, Bürger der Vereinigten Staaten zu werden. Doch mich ergreift tiefste Entrüstung, wenn ich an die Störung dieser Versammlung durch amerikanische Raufbolde denke. Wie kann in einer Zeit, da Völkerverbrüderung die Losung der strebenden Geister ist, blinder Fremdenhaß in der Union ans Tageslicht zu treten wagen? Man sagt mir, es gebe hier eine geheime Partei, die mit den ehrlosesten Mitteln jeden bekämpft, der nicht von Geburt amerikanisch ist. Ich möchte euch auffordern: Laßt euch nicht dazu verleiten, Gleiches mit Gleichem zu vergelten. Die Nichtswisser tragen ihre Namen zu Recht. Sie leben noch im 13. Jahrhundert. Auf westfälischer Erde zur Zeit des Zwischenreiches hätten sie eine Rolle spielen mögen. Hier im Amerika des Jahres 1851 werden sie kläglich zugrunde gehen. Sie sind nichts weiter als lächerliche Vogelscheuchen, die uns die Segnungen einer demokratischen Republik nicht verleiden können. Der freie Geist der Gegenwart wird mit den Gespenstern einer trüben Vorzeit fertig werden!

Während wir mit Liedern und Reden unsere Maifeier begingen, beschwerten sich die vertriebenen Raufbolde beim zuständigen Richter über uns. Sie kehrten die Tatsachen um, behaupteten, von den Deutschen überfallen worden zu sein, und ließen sich – das ist im Staate New York möglich – zu Hilfspolizisten ernennen, um in amtlicher Funktion selbst die angeblich Schuldigen zu verhaften. In einem Hinterhalt verborgen, warteten sie darauf, daß wir in kleinen Gruppen unser Fest verließen, um zum Anlegeplatz der Fähre zu gelangen.

Amalie und ich brachen erst ziemlich spät auf. Von der Höhe beobachteten wir, daß auf der Straße unter uns Getümmel herrschte. Um dem auszuweichen, schlugen wir einen anderen Weg ein. Nur deshalb entgingen wir der Gefahr, in eine neuerliche Schägerei zu geraten. Die Rowdies stürzten sich auf die Heimkehrenden und prügelten wahllos mit Knüppeln auf sie ein. Viele wurden gefangen und verschleppt. Mehrere Tage

mußten sie im Gefängnis von Bergen zubringen, bevor sie nach Aufklärung aller Umstände wieder die Freiheit erhielten.
Einige englischsprachige Blätter enthielten anderntags drastische Schilderungen von Grausamkeiten, die wir verübt haben sollten. Ich zog daraus die Erkenntnis, daß die Presse nicht nur in despotischen Ländern zur Verbreitung von Lügen und Verleumdungen mißbraucht wird. Man mag mich einfältig nennen, aber ich gebe zu, daß mich diese Erfahrung bitter enttäuschte. Alles Gemeine und Böse hatte ich bis dahin mit der Verderbtheit einer unterdrückten Gesellschaft erklärt. In den Vereinigten Staaten, dachte ich, wo das Volk sich selbst regiert und jeder Mensch sich frei entwickeln kann, habe das Laster keinen Nährboden. Rousseau sagt: *C'est l'abus de nos facultés qui nous rend malheureux et méchants*, und das ist gewiß richtig. Allerdings hatte ich ein Leben lang in einer Gesellschaft gelebt, in der die Menschen ständig zum Mißbrauch ihrer Fähigkeiten gezwungen wurden. Und deshalb war ich nicht darauf gefaßt, daß auch freie Menschen ihre Fähigkeiten mißbrauchen und sich und ihre Mitbürger aus eigener Schuld böse und unglücklich machen.
Wenige Tage nach dem Maifest hielt ich einen gut besuchten Vortrag. Nicht im Arbeiterbund Weitlings, denn von den mir angebotenen Naturalien hätte ich weder die Miete für unser Häuschen noch das Ticket für die Fähre bezahlen können. Veranstaltet wurde mein Auftritt vom Turnverein der Deutschen, dem Sigmund Kaufmann vorstand. Der Erfolg ermutigte mich, eine längere Vortragsreihe anzusetzen. Leider hatte ich das Interesse meiner Landsleute überschätzt, auch war die Zeit dem Vorhaben nicht günstig. Im Juni 1851 erlebte die Stadt eine drückende Hitzewelle, und wer irgend konnte, mied geschlossene Räume. So redete ich vor fast leeren Stuhlreihen und brach nach dem dritten Vortrag das Unternehmen ab.
Draußen auf Staten Island geht auch an schwülen Tagen ein frischer Wind, der vom Meer hereinweht. Amalie und ich hatten kaum auf acht Tage hinaus zu leben und wußten nicht, wie es

weitergehen sollte. Doch niedergeschlagen waren wir nicht. Im Schatten unseres Häuschens saßen wir auf alten Kisten, und Amalie schrieb auf, was ich diktierte. Bald hatten wir mehrere fertige Manuskripte liegen. Doch ich mühte mich vergebens, auch nur eines unterzubringen. Weder in New York noch im fernen Deutschland fand ich eine Zeitung, die meine Beiträge veröffentlichen wollte. Meine zahlreichen Briefe blieben fast alle unbeantwortet.

Amalie träumte davon, eine Schule zu gründen. Gewiß hätte sie Schülerinnen genug gefunden, zumal sie sich vor allem der ärmsten annehmen wollte. Aber solange wir nicht über ein gewisses Grundkapital verfügten, ließ sich der Plan nicht verwirklichen. Einen anderen Wunsch konnte ich ihr nicht abschlagen, obwohl er mir verfrüht schien: Sie wollte ihren verwitweten Stiefvater nachkommen lassen. Da sie sich vorstellte, er lebe seit dem Tod ihrer Mutter hilflos und verlassen in Mannheim, schrieb sie ihm, er solle verkaufen, was er noch besitze, und zu uns nach Amerika ziehen.

Vor mir liegt Amalies Tagebuch aus jener Zeit. Unter dem 7. Juni 1851 lese ich: *Wir wohnen lieblich und angenehm hier auf Statenisland. Unser Häuschen liegt am Saume des Waldes, am Fuße eines schönen Hügels auf einer Wiese. Wir leben friedlich und sehr glücklich. Unser kleines Gärtlein ist bestellt, und der wohltuende Regen von heute trieb die Radieschen, Gurken und Melonen aus der Erde hervor. Auch Blumen haben wir gesäet im Garten, doch sind diese noch nicht aufgegangen.*

9

Vor mir auf dem Fensterbrett tappt eine grauweiße Taube, bleibt gurrend stehen, pickt am Fensterrahmen, sieht sich den Schreibtisch an, der überladen ist mit aufgeschlagenen Büchern, Notizen, Dokumenten, beschriebenen Manuskriptseiten. Sie hat dunkle, vorquellende Augen. Wie Karl Mathy, denke ich und stelle mir vor, seine Seele sei in Gestalt einer Taube zu mir geflogen. In großen Epen kommt dergleichen vor. Wenn ich mich recht erinnere, flatterten dem Ulysses die Seelen seiner Feinde wie Tauben hinterher. Und Dante Alighieri umschwirren im zweiten Höllenkreis die Geister der abgestorbenen Sünder

> Wie, irren Fluges, wenn der Frost beginnt,
> Ein dichtgedrängter breiter Troß von Staren.

Auch Mathy hat es nach der Niederschlagung der Märzbewegung nicht leicht gehabt. Gustav Freytag behauptet gar, was sein Held nach 1849 zu ertragen hatte *als Deutscher und als Mann, war gehäuftes Mühsal, wie es wenige überstehen.* Denkt man an die Exekutierten und ihre Familien, die grausam Eingekerkerten, die außer Landes gejagten Verbannten, dann wirkt dieser Satz geradezu frivol. Mathys Leid bestand vor allem darin, daß er, den die Revolutionäre haßten wie keinen anderen, von der Reaktion nicht in entsprechendem Maße geliebt wurde. Auch die Konservativen sahen in Mathy einen Verräter; er hatte ihnen genützt, aber sie trauten ihm nicht. In Erfurt trat am 20. März 1850 Preußens Parodie auf die Deutsche Nationalversammlung zusammen, das sogenannte Unionsparlament. Zur Hälfte bestand es aus preußischen Junkern, zur anderen Hälfte aus den Gothaer Kollaborateuren, zu denen auch Mathy gehörte. Nach wenigen Wochen gingen die Abgeordneten auseinander, ohne irgend etwas bewirkt zu haben. Mathys parlamentarische Arbeit war damit nicht beendet. Noch gehörte er der Zweiten Kammer Badens an. Er nutzte dieses Mandat, wie Freytag mitteilt, um Baden festzuhalten an dem preußischen Bündnis. Er stand in enger persönlicher Beziehung zum preußischen Gesandten von Savigny und galt als dessen verlängerter Arm.

Doch diesmal hatte Mathy die falsche Seite gewählt. In aller Stille war in Frankfurt der alte Bundestag wiederauferstanden, wenngleich Preußen ihn wegen seiner abweichenden Pläne boykottierte. In Fürst Schwarzenberg hatte Österreich einen neuen Metternich gefunden. Geschickt manövrierte er Preußen aus. Anläßlich der kurhessischen Verfassungswirren kam es zur Konfrontation zwischen dem von Österreich dominierten Bundestag und der preußischen Union. Eine militärische Klärung der Frage, welcher der beiden Großmächte Deutschland gehören sollte, schien schon damals unvermeidlich. Doch die Zeit war noch nicht reif dafür. Am 29. November 1850 rückte Preußen im Abkommen von Olmütz von seiner Unionspolitik ab und kehrte in den Bundestag zurück. Der Sieger der Stunde hieß Österreich.

Politisch kaltgestellt, zog Mathy wieder nach Mannheim. Verstärkt kümmerte er sich um den Buchverlag, den er Anfang der vierziger Jahre mit finanzieller Beteiligung Bassermanns gegründet hatte. Auch für das *Mannheimer Journal*, längst wieder ein biederes Provinzblatt, schrieb er erneut Artikel. Sein Verrat war jedoch unvergessen. Als er für den Stadtrat kandidierte, erhob sich ein Proteststurm. Die Mannheimer, stellt Freytag fest, konnten *ihrem Mitbürger Mathy schwer verzeihen, daß er muthiger und patriotischer gewesen war als sie.* Das kränkte Mathy, doch härter traf ihn, daß er trotz tiefer Bücklinge bei der großherzoglichen Regierung keine Anstellung mehr fand. Mit großem Eifer kämpfte er nun um seine Pensionsberechtigung, wurde jedoch letztlich abgewiesen. Dieser Art war Mathys gehäufte Mühsal. *Qui sème des épines*, sagen die Franzosen, *n'aille déchaux*: Wer Dornen sät, soll nicht barfuß gehen.

Von Mathys Rückkehr nach Mannheim erfuhr ich zuerst durch den alten Düsar. Im Juli 1851 kam er nach New York und hatte wenig Erfreuliches zu erzählen. Wir waren auch viel zu sehr mit uns selbst beschäftigt, um mit der notwendigen Geduld auf den alten Mann einzugehen. Mir war es endlich gelungen, den *Deutschen Zuschauer* wieder erscheinen zu lassen. Ein deutscher Drucker hatte sich bereit erklärt, die ersten Ausgaben auf

eigenes Risiko herzustellen. Amalie und mich nahm die Aufgabe in Anspruch, das Blatt mit interessanten Artikeln zu füllen.
Ich erwartete zuversichtlich, unter den sechzigtausend Deutschen New Yorks einen Stamm von mindestens tausend festen Abonnenten zu gewinnen. Nach wie vor verstand sich der *Zuschauer* als Organ der deutschen Freiheitsbewegung. Er sollte ein publizistisches Forum sein für die deutschen Flüchtlinge, sie zusammenzuhalten und ihre Bindung an die Heimat festigen. Leider blieb der erhoffte Erfolg aus. In Deutschland hätten meine scharfen Artikel gegen die wiedererwachende Reaktion gewiß viel Aufsehen erregt, in New York nahm man sie kaum zur Kenntnis. Gleichgültig waren den deutschen Auswanderern die Verhältnisse in der Heimat nicht, doch sie hatten drängendere Sorgen.
Im Herbst 1851 kam Gottfried Kinkel nach New York, um als Vertreter der deutschen Revolution in den Vereinigten Staaten Geldspenden zu sammeln. Eine Gruppe von Londoner Flüchtlingen hatte den Plan einer *Deutschen Nationalanleihe* wieder aufgegriffen, und Kinkel war ausersehen, dafür zu werben. Ich holte den Professor samt Frau am Pier der *Dramatic Line* ab und versprach ihm auf dem Weg ins Shakespeare-Hotel, alles zu tun, um ihn bei seiner Aufgabe zu unterstützen.
Das erwies sich als ziemlich schwierig. Meine Aufrufe im *Deutschen Zuschauer*, die Nationalanleihe zu zeichnen, stießen auf Widerspruch. Denn in New York gab es mindestens so viele einander befehdende Emigrantenzirkel wie in London. Jede dieser Gruppen mißtraute allen anderen, viele hielten nur sich für berechtigt, die deutsche Freiheitsbewegung zu vertreten. Eifersucht und Parteienstreit untergruben das Gefühl der Zusammengehörigkeit. Und so bestritt man Kinkels Legitimation und bezweifelte seine Ehrlichkeit, statt ihn tatkräftig zu unterstützen. Während Kossuth, der Führer des revolutionären Ungarn, etwa zur gleichen Zeit einen wahren Triumphzug durch die USA antrat, stieß Kinkel überall auf den Widerstand seiner eigenen

Landsleute. Mehr als hundert Leser des *Deutschen Zuschauers* bestraften meinen Einsatz für die Nationalanleihe mit der Kündigung ihres Abonnements.
Das Blatt warf nun so wenig ab, daß ich mir keinen Austräger mehr leisten konnte. Der siebzigjährige Düsar erklärte sich bereit, mir bei der Zustellung an die verbliebenen Bezieher behilflich zu sein. Von Staten Island aus war das allerdings nicht zu bewerkstelligen. Wir entschlossen uns schweren Herzens, nach Manhattan zu übersiedeln. In der Christie Street bezogen wir eine Zweizimmerwohnung.
Der erste Winter, den wir in New York verbrachten, war grau, kalt und traurig. Zu der tristen Umgebung, in die uns die Verhältnisse zwangen, kam der Verlust jeder Hoffnung auf baldige Rückkehr nach Europa. Im Januar erreichte uns die Nachricht vom Staatsstreich Louis Napoleons. Ungläubig las ich im Extrablatt des *New Yorker Staatsanzeigers*, daß sich das französische Volk, seit 1789 der Bannerträger der Freiheitsbewegung, in einer demokratischen Entscheidung selbst seiner demokratischen Mitwirkungsrechte beraubt haben sollte. Aber es erwies sich als wahr. Rund siebeneinhalb Millionen hatten Louis Napoleon für zehn Jahre mit diktatorischen Vollmachten versehen und sich damit selbst entmündigt, nur knapp dreiviertel Millionen hatten mit Nein gestimmt. Noch wußte man nicht, daß Napoleon ein Jahr später nach einem neuen, noch erfolgreicheren Plebiszit die erbliche Kaiserwürde annehmen würde. Die mit so vielen Blutopfern erkaufte Republik war vom Volk ohne Not verschenkt worden. Es war schwer zu fassen. Da Frankreich immer eine Vorreiterrolle beim Kampf um die Demokratie gespielt hatte, betraf die Nachricht auch Deutschland. Europa marschierte zurück in die Vergangenheit.
– *Mon cher fils*, sagte Düsar, als wir, um den Küchentisch sitzend, die Nachricht besprachen, du erwartest, mit Verlaub gesagt, zuviel von den Menschen. Mitbestimmen können, wichtig genommen werden, souverän sein – *très bien, très bien*,

das schmeichelt jedem, das läßt man sich gefallen. Aber es ist auch anstrengend, *n'est-ce pas.* Und so wunderbar scheint es dem einfachen Mann auch nicht, als daß er für einen vollen Bauch und einen ruhigen Schlaf nicht lieber darauf verzichten würde. Der Bauch, *mon ami,* der Bauch bestimmt den Menschen, nicht der Kopf. Deshalb ist das mit der Demokratie so eine Sache. Die Herrschaft des Volkes ist die Herrschaft der Bäuche. Louis Napoleon hat sein Volk gefragt, ob sie das Essen und Trinken dem Hungertod vorzögen. Und sie haben von ihrem demokratischen Wahlrecht Gebrauch gemacht und ihm die erwartete Antwort gegeben.

– Sie haben, erwiderte ich, in freier Entscheidung die freie Entscheidung abgeschafft. Es ist Wahnsinn ...

– Die Freiheit, verehrter Schwiegersohn, ist ein Segen für den, der sie vermißt. Für die anderen ist sie ziemlich unbequem. Ihr Demokraten drängt die Freiheit auch den vielen auf, die damit gar nichts anfangen können. Die sind dann froh, wenn sie die Freiheit an eine *canaille* verhökern können zum Preis eines vollen Bauchs. Darum, *mon cher idéaliste,* ist die Demokratie niemals von Bestand. Niemals.

Wir führten nur selten solche Gespräche, und Amalie beteiligte sich nie daran. Wenn Düsar Alkohol getrunken hatte, sagte er manchen Unsinn. Aber in vielen seiner Gedanken lag doch Wahrheit. Außerdem tat es ihm gut zu reden. Er war ziemlich einsam. Amalie und ich hatten wenig Zeit für ihn. Oft hockte er mit einer Flasche Fusel in der Hand neben dem Herd und starrte vor sich hin. Dann mochte er wohl an seine viel zu früh gestorbene Elisabeth denken oder an Mannheim. Obwohl er sein halbes Leben lang ein umherziehender Soldat gewesen war, litt er entsetzlich unter Heimweh.

Dem alten Mann fiel es schwer, sich einzugewöhnen. Er behauptete, es gebe in New York keine heitere Geselligkeit und keine anständige Unterhaltung. Seine Versuche, auf Streifzügen durch die Stadt mit Einheimischen ins Gespräch zu kommen,

scheiterten weniger an seinem mangelhaften Englisch als an der amerikanischen Hektik. Ihn ärgerte schon, daß hier nicht jeder jeden grüßte. Wenn er von sich aus *good morning, Sir* sagte, antwortete ihm meist nur ein verständnisloser Blick. Nahm er den Hut ab, tippten Amerikaner allenfalls mit der Hand an die Krempe. In den Gasthäusern setzte man sich neben ihn, ohne sich vorzustellen. Die Amerikaner aßen hastig, lasen dabei die Zeitung oder unterhielten sich zu zweit oder zu dritt über Geschäfte. Auch in Gegenwart von Damen sprachen sie über Politik, schlugen die Beine übereinander und vergruben die Hände in den Hosentaschen. Wo möglich, legten sie die Füße hoch, nicht selten auf einen Tisch. Überall, wo Männer beisammen waren, sah man Kautabakpfützen auf dem Boden. Das allgemeine Kauen mißfiel dem alten Mann besonders. Fast jeder männliche Amerikaner bewegte mit geschlossenem Mund träge und gleichmäßig den Kiefer und spuckte unversehens mit braunem Strahl aus. Düsar war wahrhaftig kein vornehmer Mensch, aber über diese Unsitte empörte er sich.
Er regte sich auch darüber auf, daß die Amerikaner soviel über *business* und *dollars* sprachen. Man messe hier den Wert eines Menschen in Geld, erklärte er mir eines Abends in nicht mehr ganz nüchternem Zustand. Er hatte mit angehört, wie sich zwei Amerikaner über einen Dritten unterhalten hatten, wobei die Frage gefallen war:
– *What is he worth?*
Die Antwort war ein Dollarbetrag gewesen. Ich versuchte, Düsar zu erklären, daß diese Frage nach dem Geldwert nicht so zynisch und indiskret sei, wie sie in den Ohren eines Europäers klinge. Wer die Frage stellt, ist immer auch bereit, sich selbst taxieren zu lassen. In Europa kann einer auch ohne Geschäfte zu höchstem Ansehen gelangen, in Amerika aber ist das Einkommen das Maß für den Erfolg im Leben. Nicht selten fangen Kinder schon im Alter von sechs Jahren an, als Zeitungsverkäufer oder Botenjungen Geschäftsleute zu werden; was die Jugend

in der Schule lernt, dient nicht der Bildung der Persönlichkeit, sondern dem zukünftigen Geschäft, weshalb im allgemeinen nicht mehr gelehrt und gelernt wird, als für den Beruf erforderlich. Dies sei das Kennzeichen einer jungen, im Aufbau befindlichen Gesellschaft, sagte ich Düsar, und verdiene nicht hochmütigen Tadel; im Laufe der Entwicklung würde der Lebenskampf weniger hart werden und das amerikanische Leben auch an Tiefe gewinnen. Man dürfe die Sitten einer neuen Lebensform nicht überheblich mit den Maßstäben einer alten messen, deren Nachteile die Vorteile bei weitem überwögen.
Seinen Beobachtungen stellte ich eigene entgegen. Zum Beispiel die, daß Amerikaner immer als Gleichberechtigte miteinander reden. Die sklavische Unterwürfigkeit gegen Standespersonen und Vorgesetzte, die in Deutschland manchen Charakter verformt, ist in Nordamerika unbekannt. Jeder wird mit *Sir* oder *Mistress* angesprochen, gleichgültig, wie wohlhabend oder einflußreich er sein mag. Auch Dienstboten begegnen ihren Herren ganz unbefangen. Das demokratische Selbstbewußtsein äußert sich unter anderem in einer auffälligen Abneigung, in der Öffentlichkeit Lasten zu tragen. Nicht einmal Schwarze sieht man auf der Straße mit Körben oder Schubkarren. Frauen jeden Standes lassen sich in Kutschen zum Markt bringen. Überhaupt hält man in Nordamerika wenig davon, zu Fuß zu gehen.
Was die von Düsar bemängelte Rücksichtslosigkeit der Männer im Umgang mit Frauen betrifft, so ist diese nur ein Zeichen der Unbefangenheit. In Wahrheit achten die amerikanischen Männer die Frauen weit mehr als die Europäer, allen Konventionen zum Trotz. Staunend sieht der Fremde, wie Männer in Gehrock und Zylinder auf den Märkten neben ihren Frauen hergehen, sich mit Tüten beladen lassen und obendrein versuchen, der Dame den zu reichen. Jeder Amerikaner führt seine Begleiterin und geht dabei, um sie zu schützen, immer auf der Fahrbahnseite. Wechselt ein Paar von einer Straßenseite zur anderen, so kommt es zu einem stets gleichbleibenden Ritual:

Auf dem gegenüberliegenden Gehsteig bleibt die Frau stehen, und der Mann geht im Halbkreis um sie herum, um ihr den anderen Arm hinzuhalten.
Amalies Stiefvater ließ sich nicht überzeugen. Seine Abneigung gegen die amerikanischen Sitten hatte mit seinem Unwillen zu tun, in einem fremden Land Wurzeln zu schlagen. Je länger er bei uns lebte, desto öfter verschwand er bis spät in die Nacht in einem der Bierhäuser Klein-Deutschlands, das bayerische und badische Brauer mit Gerstensaft versorgten. Auf Amalies Bitten zog ich mehr als einmal zu später Stunde los, um ihn an diesen Orten deutscher Gemütlichkeit zu suchen und heimzuholen. In den meisten dieser Lokale steht ein Pianoforte, auf dem irgendein stellungsloser Klavierlehrer inmitten des Stimmengebrodels und Gläserklirrens heimatliche Weisen klimpert. Es gibt auch einige sogenannte Biergärten in New York, gaslichterhellte Säle ungeheueren Ausmaßes wie den *Atlantic Garden* an der Bowery, wo sich im dichten Tabaksqualm Hunderte von Menschen um lange Holztische drängen, Kellner in deutscher Tracht Bierkrüge schleppen und Blaskapellen aufspielen. In solcher Umgebung versuchte Friedrich Düsar sein Heimweh zu vergessen.

10

Auf abenteuerlichen Wegen war das Manuskript meiner *Weltgeschichte* wieder zu mir gelangt. Es gehörte zu den Gegenständen, die in meiner Genfer Wohnung zurückgeblieben waren, nachdem Fazys Schergen Amalie und mich überfallen und verschleppt hatten. Bei der Habe, die man mir auf Vermittlung von Schweizer Freunden schließlich nachsandte, waren keine Schriftstücke dabei. Gesinnungsgenossen hatten geglaubt, alles beschriebene Papier sicherstellen zu müssen, und waren zu diesem Zweck vor dem Erscheinen der Polizei in meine verlassene Wohnung eingebrochen. Statt mir die Manuskripte nach London nachzusenden, warfen sie sie in irgendeiner Emigrantenwohnung in die Ecke, wo sie verstaubten. Mit Hilfe zweier Aristokraten kam ich schließlich wieder in den Besitz meines Eigentums. Der eine, ein französischer Graf, entdeckte das Manuskript in einer verlassenen Genfer Wohnung, stellte meine Urheberschaft fest und erfuhr, daß ich inzwischen in England lebte. Er gab die Papiere einem Freund mit, der nach London reiste und mich dort ausfindig machte.

Das war kurz vor unserer Abreise nach Amerika. Als ich das wiedererhaltene Manuskript einpackte, hoffte ich, es bald vollenden zu können. Im Gefängnis zu Bruchsal und in den Rastatter Kasematten waren die ersten beiden Bücher entstanden; die restlichen sieben wollte ich auf dem freien Boden Amerikas verfassen. Schon in der ersten Woche nach unserer Ankunft bemühte ich mich um einen Verleger. Man erklärte mir jedoch, die Herausgabe von Originalwerken rentiere sich nicht in den USA, da man jederzeit deutsche Standardwerke ohne Honorarzahlung nachdrucken könne.

Als ich mich entschloß, den *Deutschen Zuschauer* in New York neu erscheinen zu lassen, stellte ich die *Weltgeschichte* fürs erste zurück. Der Wunsch, daran weiterzuarbeiten, wurde jedoch um so größer, je weniger mich die Arbeit am *Zuschauer* befriedigte. Für eine deutsche revolutionäre Wochenschrift war New York nicht der richtige Erscheinungsort. Ich bemühte mich daher, in meinen Artikeln auf die Herausforderungen durch die nordamerikanische Wirklichkeit einzugehen. Statt gegen die deutsche Zensur und Bürokratie verteidigte ich den Geist der Freiheit gegen die Angriffe der amerikanischen Nichtswisser, Temperenzler und Pfaffen. Außerdem informierte ich über das politische und gesellschaftliche Leben der in New York lebenden Deutschen. Trotzdem fand das Blatt von Woche zu Woche weniger Interesse. Ich verstand es nämlich nicht, den in Nordamerika beliebten bombastischen und prahlerischen Ton anzuschlagen. Ein Treffen des Sängerbundes, ein Kränzchen, einen Ball oder einen Ausflug ins Grüne konnte ich nicht als Ereignisse von geschichtlicher Bedeutung darstellen, und dem Preis und der Qualität des Lagerbiers mochte ich keine so hohe Bedeutung beimessen wie die Mehrheit meiner Leser. Klatschgeschichten und blutrünstige Kriminalberichte waren mir zuwider.

Es ist merkwürdig: In keinem Staate der Welt, England nicht ausgenommen, ist die Presse gesetzlich so frei wie in der nordamerikanischen Union. Keine Zensur, keine Abgaben, keine harten Strafbestimmungen hemmen die Mitteilung der Gedanken. Nirgends erhält der Zeitungsleser für zwei Cents – einen englischen Pfennig oder drei Kreuzer – eine derartige Menge an Lesestoff. Für die Beschaffung von Neuigkeiten wird viel Geld und Mühe aufgewendet, und die amerikanischen Zeitungsschreiber verstehen es, komplizierte Sachverhalte klar und spannend darzustellen. Und doch sind die Zeitungen in Amerika voll von Lüge, Neid und Frivolität.

– Unsere Leser wollen das so, sagte mir gelegentlich Jakob Uhl von der deutschsprachigen *New Yorker Staatszeitung*. Wir leben in einem demokratischen Land.

Dieses Argument hört man immer, wenn man mit amerikanischen Zeitungsschreibern spricht. Sie behaupten, die Stimme des Volkes zu sein, weil sie, um die Auflage ihrer Blätter zu steigern, die niedrigsten Instinkte ihrer Leser ansprechen. Von demokratischem Bewußtsein zeugt das nicht. Ein solches achtet das Volk zu sehr, um seine animalische Natur für Geschäfte auszunützen. Wenn die Presse nur noch die Beschränktheit und Grausamkeit der ungebildeten Masse widerspiegelt, verhindert sie die Selbständigkeit des einzelnen, statt diese zu fördern. So wird die Freiheit vertan und mißbraucht. Demokratisch nenne ich eine Zeitung dann, wenn sie jeden ihrer Leser als mündigen, vorurteilsfreien Staatsbürger achtet, selbst wenn kein einziger diesem

Ideal vollkommen entsprechen mag. Die Erkenntnis, daß man mit minderwertiger Ware schneller reich wird als mit gediegener Arbeit, hat sicher nichts mit Demokratie zu tun.

Jahrelang hatte ich für die Freiheit der Presse gekämpft, und ebendeshalb empfand ich die Oberflächlichkeit und Verlogenheit der meisten New Yorker Zeitungen als schwer erträglich. Fast jedes Blatt der Stadt diente irgendwelchen Parteiinteressen. Der *Herald* schürte den Ausländerhaß, die *Sun*, der *Globe* und die *Evening Post* unterstützten die Partei der Demokraten, die *Whigs* wurden von der *New York Tribune*, dem *Courier and Inquirer* und dem *Express* vertreten. Der jeweiligen Tendenz paßte man die Wahrheit an. Jedes Journal erschien täglich in hoher Auflage. Um 7 Uhr früh hatten die meisten Abonnenten in der Stadt ihre Blätter schon unter der Haustür liegen, ein weiterer Teil der Auflage wurde von Zeitungsjungen in den Straßen, an den Landungsplätzen der Dampfschiffe und an den Eisenbahnstationen verkauft. Die Zeitungen mit den wirksamsten Überschriften und den haarsträubendsten Artikeln fanden den stärksten Absatz. Auf diese Weise erreichte die *Sun* täglich sechzigtausend und der *Herald* vierzigtausend Käufer. Mir wäre mit tausend sicheren Beziehern für den *Zuschauer* gedient gewesen, doch die Auflage sank von Nummer zu Nummer. Gemessen an anderen Presserzeugnissen der Stadt, war meine Zeitschrift langweilig.

Viel hatte ich nicht zu verlieren. So entschloß ich mich, an Stelle des *Zuschauers* die *Weltgeschichte* in handlichen Heften von je einem Druckbogen erscheinen zu lassen. Freunde und Bekannte rieten mir ab, nur Amalie redete mir zu. Eine schwere Zeit begann. Da mich kein Verleger unterstützte, mußte ich mir Geld leihen und einen Drucker überreden, bis zum Eingang der ersten Verkaufserlöse auf einen Teil der Bezahlung zu warten. Kühn ließ ich zweitausend Exemplare drucken. Am 1. April 1852 ließ ich den *Deutschen Zuschauer* eingehen und bot den Beziehern ersatzweise das erste Heft der *Weltgeschichte* an. So gut wie alle gingen darauf ein, eine große Zahl neuer Abonnenten kam dazu. Die Auflage war rasch vergriffen. Dank dieses Erfolges war ich meine größte Sorge los, wenngleich mein Verdienst gering blieb. Die Kosten für Satz, Druck und Papier verschlangen fast den ganzen Betrag, der flüssig wurde.

Doch am materiellen Gewinn lag mir wenig, solange mich meine Arbeit ernährte. Wichtiger war, daß ich nun täglich an der *Weltgeschichte* arbeiten konnte, und dies in engem Gedankenaustausch mit meiner lieben Amalie. Jeden Morgen setzte sie sich mit gespitzter Feder an den Tisch vor dem Fenster und nahm mein Diktat auf, stellte Zwischenfragen, machte Einwendungen, lobte. Ich versuchte, den Entwicklungsgang der Menschheit durch die Jahrtausende klar und einfach, aber doch wahrhaftig nachzuzeichnen. Auch ungebildete Menschen sollten das Werk verstehen können. Immer wieder zwang mich Amalie, schwierige Zusammenhänge bildhaft darzustellen. Dieses gemeinsame Ringen um Sätze und Gedanken verschönerte mir die Tage in jenem zweiten New Yorker Sommer.

Friedrich Düsar jedoch wurde täglich trübsinniger. Mehr als wir litt er unter der Hitze der Stadt. Sein bevorzugter Trost, das Lagerbier, ging Ende Juli aus; in den Sommermonaten wurde nicht gebraut, mangels einer Möglichkeit, das Bier kühl zu lagern. Die Kellergewölbe, die man zu diesem Zweck inzwischen in das Felsgestein Manhattans gesprengt hat, gab es damals noch nicht. Leider ließ uns die Arbeit an der *Weltgeschichte* nur wenig Zeit, den Alten aufzuheitern. Im August beteiligten wir uns seinetwegen an einem der Ausflüge der Deutschen ins Tal des Hudson. In Gesellschaft von gut fünfhundert Landsleuten fuhren wir bei herrlichem Wetter mit dem Dampfschiff fünfundzwanzig Meilen stromaufwärts. Auf grüner Wiese lagerte man über dem Strom im Schatten mächtiger Laubbäume. Gemeinsam wurde gegessen, getrunken und gesungen. Düsar saß apathisch dabei, blickte kauend ins Leere. Vergebens versuchten Amalie und ich abwechselnd, ihn aufzumuntern. Ich riet ihm, sich eine sinnvolle

Beschäftigung zu suchen, um seiner Schwermut Herr zu werden.
– Dies ist ein offenes, freies Land, sagte ich. Schau nach vorn, du hast viele Möglichkeiten hier.
– Es gibt einen Zeitpunkt im Leben, murmelte er, von dem an man im Fortschreiten nur noch rückwärts geht. *Je sens que j'ai passé ce terme.*
Ich wußte darauf nichts zu sagen. Irgendwo im *Émile* bemerkt Rousseau, man werde im Alter wieder zum Kind. Vielleicht war es das, was Düsar empfand.
In der letzten Septemberwoche des Jahres 1852 erhielt ich durch Boten einen Brief von Carl Schurz, dem Befreier Gottfried Kinkels. Er befinde sich seit einigen Tagen in New York und würde mich gern treffen, schrieb er. Ob ich Lust hätte, mit ihm zu Abend zu speisen. Ich sagte zu.
Schurz war im Union-Square-Hotel abgestiegen, das hoch oben in der Stadt an der 14. Straße lag. Um Geld zu sparen, ging ich den weiten Weg zu Fuß. In der Hotelhalle erwartete mich ein junger Herr mit Oberlippenbart und dunklem, fast schulterlangem Haar, sehr elegant gekleidet, schlank. Ein dichtender Aristokrat, dachte ich.
– Gustav Struve, wenn ich nicht irre, sagte er mit samtiger Stimme. Ich bin Carl Schurz.
Wir schüttelten uns die Hände und sprachen über unseren gemeinsamen Bekannten Kinkel. Ein Gongschlag verkündete, es war gerade 5 Uhr, die Essensstunde. Zahlreiche Hotelgäste, die in der Halle auf diesen Moment gewartet hatten, erhoben sich aus den Fauteuils. Ohne das Gespräch zu unterbrechen, schlossen wir uns der Gästeschar an und gelangten in einen großen, kahlen Speisesaal, in dem eine lange Reihe von Tischen stand. Dunkelhäutige Kellner mit weißen Handschuhen wiesen den Eintretenden gemäß den Anweisungen eines hochmütigen blikkenden Negers in Frack und weißer Halsbinde die Plätze an.
– Sie wissen wohl, Bürger Schurz, sagte ich, als wir saßen, daß

es in diesem Land noch immer Sklaven gibt wie einst im alten Rom. Diese fluchwürdige Einrichtung ist ein Relikt aus der Kolonialzeit. Weil man den Schwarzen in vielen Staaten der Union keine Bürgerrechte zugesteht, dauert die Sklaverei auch unter der fortschrittlichen Verfassung noch fort.
Schurz entfaltete seine Serviette und schob sie sich in den Kragen, während er dem in einer Seitentür verschwindenden Personal einen Blick nachsandte.
– Nicht hier im Norden, fuhr ich fort, die freundlichen Männer, die uns bedienen, sind freie Menschen wie Sie und ich. Aber auch hier gibt es Leute, die allen Ernstes die Sklaverei als segensreiche und durchaus gesetzliche Einrichtung verteidigen. Eine andere Klasse von Amerikanern, ich möchte meinen: die Mehrheit, halten die Sklaverei zwar für verwerflich und ihre Abschaffung für wünschenswert, ihre Beibehaltung aber bei den bestehenden Gesetzen und Verhältnissen für unvermeidlich. Die entschiedenen Gegner, die sogenannten Abolitionisten, bilden nach wie vor eine Minderheit, genau wie die entschiedenen Demokraten in der deutschen Märzrevolution. Die Sklavenfrage spaltet ganz Amerika in zwei feindliche Lager, von welchen das eine die Sklaverei, das andere die Befreiung der Sklaven auf ihrem Banner trägt, geradeso wie Europa in zwei Parteien zerfällt, von denen die eine für die Aufrechterhaltung der Knechtschaft, die andere für deren Befreiung streitet ...
Eine laute Glocke unterbrach mich. Inzwischen hatten alle Gäste Platz genommen, und die Neger erschienen mit großen silbernen Suppenterrinen. Sie verteilten sich entlang der Tafel und blieben, die Schüsseln präsentierend, einen Augenblick lang wie erstarrt stehen. Auf ein weiteres Signal des Oberkellners hoben sie die Terrinen gleichzeitig in die Luft, balancierten sie über die Köpfe der Gäste und setzten sie in der Mitte der Tische in regelmäßigen Abständen ab. Mit der rechten Hand hielt jeder von ihnen den Griff des silbernen Deckels fest. Als erneut die Glocke ertönte, rissen sie alle die Deckel hoch, reckten sie mit

gestrecktem Arm in die Höhe und zogen damit im Parademarsch in die Küche ab.
– Dies ist die übliche Zeremonie, erklärte Schurz, mein Staunen bemerkend. Am ersten Abend fand ich diese Vorführung befremdlich, inzwischen habe ich mich daran gewöhnt. Sie werden noch mehr Auftritte dieser Art im Verlaufe des Essens erleben, jeder ein wenig artistischer als der davor. Wie man mir sagte, wird das Dinner in allen vornehmen Hotels Amerikas auf diese Weise serviert. Um auf Ihre Bemerkung zurückzukommen, so ist mir das Problem der Sklaverei in diesem Land nicht so fremd, wie Sie zu glauben scheinen. Während der Überfahrt habe ich mich mit einem amerikanischen Professor der Universität Yale darüber unterhalten. Die allgemeine Befreiung der Sklaven scheint sich nicht so leicht bewerkstelligen zu lassen, wie wir Europäer das annehmen. Aber bitte, nehmen Sie doch von der Suppe.
– Ich passe, sagte ich. Es ist Fleischbrühe, wie der Geruch verrät. Mein Gewissen, Bürger Schurz, verbietet mir ...
– Ach ja, ich habe gehört, daß Sie Fleischspeisen ablehnen. Nun, ich hoffe, es stört Sie nicht, wenn ich zugreife.
Und während er sich Suppe in den Teller goß und zu löffeln begann, fügte er hinzu: Ich bitte Sie, mich nicht mit Bürger anzureden. Die Revolution ist vorbei, und wir befinden uns nicht mehr in Deutschland.
– Aber, wandte ich ein, wir werden zurückgehen und die Revolution vollenden.
– Ich nicht, sagte Schurz. Ich habe beschlossen, die Vereinigten Staaten zu meiner bleibenden Heimat zu machen. Deshalb, verzeihen Sie, möchte ich auch nicht über die Sklavenfrage rechten, bevor ich in diesem Land heimisch geworden bin. Auf der Reise hierher habe ich mir vorgenommen, alles von der günstigen Seite zu betrachten und mich von keiner Enttäuschung entmutigen zu lassen.
– Auch ich kam mit diesem Vorsatz, bemerkte ich. Entmutigt

bin ich nicht, aber ich müßte lügen, wenn ich behaupten wollte, ich sei nicht enttäuscht.
– Ich glaube, sagte der junge Kinkel-Befreier zwischen zwei Löffeln Rinderconsommé, daß alle Neuankömmlinge in diesem oder in irgendeinem andern Land zuerst eine Periode des Abschieds von Illusionen durchmachen müssen. Wie auch ihre vorgefaßten Meinungen gewesen sein mögen, sie werden immer finden, daß sie zum großen Teile falsch waren. Die menschliche Einbildungskraft geht fast immer irre, wenn sie sich unbekannte Dinge ausmalt.
– Das mag wohl zutreffen, erwiderte ich, aber meine Enttäuschung ist nicht dieser Art. Die Vereinigten Staaten sind für mich nicht irgendein Land. Sie sind das Vorbild und die Hoffnung aller Demokraten, der lebendige Beweis, daß eine föderalistische Republik allen anderen Staatsformen überlegen ist. Weil ich ein deutscher Freiheitskämpfer bin und bleiben werde, kann es mir nicht gleichgültig sein, was aus der amerikanischen Union wird. Mir geht es um die Freiheit und die Würde des Menschen, und dies war auch das Anliegen von Männern wie Washington und Franklin. Wenn ihre Schöpfung scheitert, ist auch unser Kampf umsonst.
Die Glocke ertönte, die Suppenteller wurden abgetragen.
– Sie können doch nicht, sagte Schurz, als Gast in ein fremdes Land kommen und es nach Ihren Maßstäben verändern wollen. Unser deutsches Nationalgefühl, unsere Religion, unsere Sitten lassen sich nicht einfach in dieses Land verpflanzen.
– Das verkenne ich keineswegs, stellte ich klar. Den nationalen Standpunkt halte ich für überholt. Die Völker des Altertums haben sich Jahrtausende hindurch in Stammes- und Volkskriegen zerfleischt. Das Mittelalter war geprägt von konfessionellen Auseinandersetzungen. Aber wir leben in der Neuzeit. Uns steht es wohl an, die engen Grenzen nationaler und konfessioneller Beschränktheit zu überschreiten und rein menschliche Bestrebungen zu verfolgen. Wir haben die Aufgabe, über den Trüm-

mern engstirniger Vorurteile ein Reich allgemeiner Bildung und Wohlfahrt, gleichen Rechts und gleicher Freiheit zu gründen. Ich würde dafür lieber in meinem Vaterland kämpfen. Aber da man mich hierher verbannt hat, muß ich es hier tun. Nicht nach meinen deutschen Maßstäben kritisiere ich hiesige Mißstände, sondern nach Vernunft und Menschlichkeit. Es gibt keine speziell deutsche Freiheit, keine amerikanische Menschenwürde. Wenn ich die Ausbeutung des deutschen Kleinbauern durch den feudalen Adel für verwerflich halte, kann mich die Versklavung der in dieses Land verschleppten Afrikaner nicht gleichgültig lassen.

Abermals unterbrach mich das Ritual des Servierens. Schurz widersprach mir nicht, doch er nannte meine Einstellung gar zu sanguinisch. Es gab überbackene Austern und Berge von Beilagen. Ich nahm mir Kartoffeln und verschiedenes weichgekochtes Gemüse. Wein wurde ausgeschenkt. Ich lehnte dankend ab.

– Wußten Sie, fragte ich, daß es hierzulande starke Bestrebungen gibt, den Ausschank von Alkohol zu verbieten?

– Immerhin etwas, bemerkte Schurz lächelnd und griff zum Glas, was Ihre Billigung finden dürfte.

– Keineswegs. Es ist nicht zu leugnen, daß die Trunksucht von Übel ist und viel Leid über unschuldige Familien bringt. Von dem fanatischen Treiben der amerikanischen Temperenzler halte ich aber gar nichts. Mittel und Zweck stehen bei allen menschlichen Bestrebungen in einer notwendigen Wechselbeziehung. Ein edler Zweck kann nur durch edle Mittel, nicht durch Haß und Gewalt erreicht werden. Nichts macht die Menschen dümmer als blinder Eifer. Wenn bewaffnete Frauen Wirtshäuser stürmen, die Fässer, die sie darin finden, auf die Straße schleppen und deren Inhalt ausschütten, hört mein Einverständnis auf. Die Temperenzler preisen derartige Aktionen als Heldentaten. Im Staate Maine schützt sie sogar das Gesetz. Das widerspricht der amerikanischen Verfassung, die Eingriffe in die persönliche Freiheit und Eigentumsrechte verbietet. Wer darauf hinweist, wird von den Temperenzfanatikern wütend bekämpft. Es sollte mich nicht wundern, wenn auch ich, obgleich ich von meinen Bekannten wegen meiner naturgemäßen Lebensweise manchen Scherz auszuhalten habe, hier noch als Rumverkäufer oder Säufer verschrien werde. Einzig und allein, weil ich das gewaltsame Eingreifen in die Menschenrechte, wie es das Maine-Gesetz zuläßt, schärfstens ablehne.

– In dieser Beziehung sind wir uns einig, lieber Herr Struve. Man darf erwachsene Menschen nicht kujonieren. Jede Art von Bevormundung ist von Übel.

– Eine wahre Schande ist es, daß der konfiszierte Alkohol einfach in die Gosse geschüttet wird. Das Maine-Gesetz und die Forderungen der Temperenzler verhindern jede Verwendung des wertvollen Stoffes zu gewerblichen oder medizinischen Zwecken. So wird aus Fanatismus ein Produkt der Natur verschwendet. Es ist widerwärtig, wenn Staatsbehörden ein solches Beispiel mutwilliger Zerstörung geben. Ich habe als Kind der Verbrennung englischer Waren zur Zeit Napoleons zugesehen und war zutiefst erschüttert von diesem Erlebnis. Damals war immerhin Krieg, hier und heute herrscht Frieden!

Carl Schurz und ich sprachen noch über mancherlei, was mir nicht mehr so deutlich in Erinnerung ist. Nur selten waren wir ganz einverstanden, aber wir unterhielten uns sehr gut. Jedenfalls saßen wir noch lange zusammen, zuerst im Speisesaal, dann draußen in der Halle, wo Schurz sich eine Zigarre ansteckte. Im Gegensatz zu fast allen anderen Emigranten, die ich kannte, schien er keine finanziellen Sorgen zu haben. Er hatte die Absicht, nach Philadelphia zu reisen, dort die englische Sprache zu lernen und so bald wie möglich amerikanischer Staatsbürger zu werden. Ich beschwor ihn, sich für die Fortführung der Freiheitsbewegung in Deutschland zur Verfügung zu halten. Er aber blies blauen Zigarrenrauch in die Luft und sagte, er erwarte nach Lage der Dinge keine baldige Veränderung der deutschen Verhältnisse, und wenn in entfernter Zukunft ein Wandel käme,

dann würde der sich anders gestalten, als wir uns das vorstellten, und es würde andere Leute geben, ihn durchzuführen. Ich täte gut daran, riet er mir, mich damit abzufinden.
– Machen Sie einen Strich unter das Vergangene, sagte er altklug. Wenn man dauernd nach rückwärts blickt, verpaßt man die Zukunft. Lösen Sie sich los vom deutschen Freiheitstraum. Haben Sie nicht selbst davon gesprochen, daß wir den nationalen Standpunkt überwinden müssen? Tun Sie es. Dies ist Ihr Land, hier herrscht die Demokratie, für die Sie in der Heimat vergebens gekämpft haben. Es ist das Land der unbegrenzten Möglichkeiten, auch für Männer wie Sie.
Ich ärgerte mich über den väterlichen Ton, den der Jüngere mir gegenüber anschlug. Doch ich überhörte die Wahrheit nicht, die in seinen Worten lag. Freilich galt diese nur für ihn, den Dreiundzwanzigjährigen, nicht für einen heimwehkranken Mann wie mich, der auf die Fünfzig zuging. Ein leichter Regen hatte eingesetzt, als ich das Hotel verließ, um den gaslichterleuchteten Broadway hinunter nach Hause zu gehen. Und ich weiß noch gut, daß ich unterwegs versuchte, mich an einen Dante-Vers zu erinnern, der ungefähr so lautet:

Hier sterb' ich nicht, hier kann ich auch nicht leben,
Bedenke wohl, welch Folter es bedeutet,
Stets zwischen Tod und Leben nur zu schweben.

11

Wahrscheinlich kann die Qual dieser Folter nur ermessen, wer sie einmal erlitt. Carl Schurz gehörte nicht dazu. Ihm schien es gegeben, jedem Leiden auszuweichen. Als ich heute morgen aufstehen wollte, begann mein Herz zu flattern. Zitternd am ganzen Körper, rang ich nach Luft, sank halb ohnmächtig zurück aufs Kissen und wurde von Krämpfen geschüttelt, die

nur langsam nachließen. Erschöpft schlief ich noch einmal ein. Erst am hellen Vormittag bin ich wieder aufgewacht.
Käthchens Tee und die Lektüre des Morgenblattes haben mich inzwischen einigermaßen belebt. In der politischen Übersicht vom Tage zitiert die *Neue Freie Presse* folgenden Aufruf der Augsburger *Allgemeinen Zeitung* an die Bürger des Norddeutschen Bundes: *Norddeutsche Brüder! Ihr wollt wissen, wie Süddeutschland am besten seine treue Aufopferung zu lohnen sei. Ich will es euch sagen: Gebt unserem über Alles geliebten Deutschland eine Verfassung, so frei wie die italienische oder die belgische; gebt uns Gewissensfreiheit, bannt den Clerus in die Kirche, vertreibt ihn aus Schule und Parlament, gebt uns obligatorische Civil-Ehe und eine freie Gemeindeverfassung.* Wie man sieht, ist der Geist von 1848 noch nicht ganz tot. Aber zu einem demokratischen Deutschland wird der gegenwärtige Krieg nicht führen. Das kann nur glauben, wer sich Illusionen macht über die Ziele der preußischen Politik. Womöglich wird Bismarck tatsächlich einige der liberalen Ideen verwirklichen, aber gewiß nur solche, die ihm ins Konzept passen.
Beim Kampf um die Macht werden Ideen meist nur als Feuerzauber eingesetzt, um von der eigentlichen Marschrichtung abzulenken. Das gilt leider nicht nur für Autokraten. In New York erlebte ich im Herbst 1852 zum erstenmal, wie in den Vereinigten Staaten um die Präsidentschaft gerungen wird. Ich erwartete eine Demonstration lebendiger Demokratie, den Wettstreit der Besten um das höchste Amt im Staate. Was ich beobachtete, war ein unwürdiges Schauspiel voll Lüge und Betrug.
Ungeheure Banner hingen quer über den Broadway, auf denen die Namen Pierce und King standen oder Scott und Graham. So hießen die Kandidaten der beiden großen Parteien für das Präsidentenamt und die Vizepräsidentschaft. Die eine Partei war die der *Democrats*, die andere die der *Whigs.* Vergebens suchte der Europäer nach Unterschieden grundsätzlicher Art, um den Gegensatz der gegnerischen Lager zu begreifen. Wenn solche

einmal bestanden hatten, so waren sie verwischt worden. Längst versprach jede Partei jedem Wähler alles, was er hören wollte. Sowohl bei den *Whigs* wie auch bei den Demokraten gab es Befürworter und Gegner der Sklaverei, Temperenzler und Freigeister, Nativisten und Ausländer. Die meisten Deutschen standen auf seiten der Demokraten. Einerseits zog sie der Name an, andererseits glaubten sie, die demokratische Politik sei weniger fremdenfeindlich als die der *Whigs.* In Wahrheit war darauf kein Verlaß. Die Wahlredner beider Parteien sprachen mit vielen Zungen. Vor eingeborenen Amerikanern forderten sie Maßnahmen gegen die Flut der Einwanderer, vor amerikanischen Neubürgern verurteilten sie den Ausländerhaß; im Norden wollten sie die Sklaverei abschaffen, im Süden nannten sie diese ein unantastbares Recht; vor konfessionellen Vereinen schworen sie, für die Prohibition alkoholischer Getränke einzutreten, den Dockarbeitern versicherten sie das Gegenteil. Ihre Aufgabe bestand einzig und allein darin, Stimmen zu gewinnen. Bei der Verschiedenheit der Bedürfnisse und Forderungen der Wähler glaubte jede Partei nur dann die Mehrheit der Stimmen auf sich vereinen zu können, wenn sie es mit der Wahrheit nicht allzu genau nahm.

Ich besuchte mehrere Wahlversammlungen. Wäre ich stimmberechtigt gewesen, hätte ich danach nicht gewußt, wem ich meine Stimme geben sollte. Im amerikanischen Wahlkampf wird die Kunst, Gedanken durch Redensarten zu verhüllen, auf die Spitze getrieben. Mein Freund Sigmund Kaufmann meinte, alle amerikanischen Politiker seien Beutejäger.

– Ihr Hauptgeschäft besteht darin, ihrer Partei die Mehrheit der Stimmen zu verschaffen, sagte er mir einmal. Auf welche Weise ihnen das gelingt, ist gleichgültig. Und wenn sie die Wahl gewonnen haben, geht es an die Verteilung der öffentlichen Beute. Das ist das einzige, was sie wirklich interessiert.

Ich hatte schon gehört, daß die Amerikaner jedesmal, wenn eine andere Partei ans Ruder kommt, die Ämter der Staatsverwaltung neu besetzen. So sei es tatsächlich, bestätigte mir Kaufmann. In Amerika gelte jedes öffentliche Amt als Siegesbeute. Bis hinunter zum Postmeister würden bei einem Wechsel der regierenden Partei alle Positionen an Wahlhelfer und Parteigänger vergeben. Wer eine Partei unterstütze, erwerbe ein Anrecht auf eine solche Belohnung. Diplomaten, Konsuln und Indianer-Agenten, Richter, Polizeichefs und Generäle würden nicht die jeweils fähigsten Männer, sondern solche, die eine Wahlkampagne durch Geldspenden oder persönlichen Einsatz mitgetragen hätten. Mein Freund hatte nicht übertrieben. Die Verteilung der Ämter als öffentliche Belohnung unter den Förderern einer siegreichen Partei ist ein derart fest eingebürgertes System in den Vereinigten Staaten, daß nicht einmal ein Mann wie Abraham Lincoln daran zu rütteln wagte.

Bei allen Parteikämpfen in Amerika spielt das Geld leider die Hauptrolle. Politik wird als Geschäft betrieben. Wer investiert, ist auf Gewinn aus. Großunternehmer und mächtige Vereine kaufen sich sowohl im Kongreß als auch in den Parlamenten der einzelnen Staaten die Stimmen von Abgeordneten; viele rühmen sich ganz offen, Senatoren und Mitglieder des Repräsentantenhauses in der Hand zu haben. Da sich die Wähler durch kostspielige Geschenke bestechen lassen, wird der Ausgang der Präsidentschaftswahlen vom Geld bestimmt. Neben Lüge und Gewalt ist die direkte und verborgene Korruption das wichtigste Mittel, mit dem sich die Parteien um den Sieg bemühen. So scheint in der größten Republik dieser Erde die demokratische Idee schutzlos der Habgier, der Herrschsucht und dem Ehrgeiz ausgeliefert. Das System der Volksherrschaft ist damit nicht widerlegt. Wohl aber zeigt die amerikanische Wirklichkeit, daß wahre Demokratie ein Volk mündiger Bürger voraussetzt. Ohne die Erziehung des einzelnen zu innerer Freiheit und ohne die Ausschaltung der beherrschenden Rolle von Geld und Stellung bleibt die Republik ein hohles Nichts. Mancher wird fragen, ob diese leere Hülse erstrebenswerter ist als das morsche Gebälk europäischer Monarchien. Ich weise diesen Zweifel zurück. Selbst in der verdorbensten Republik liegt der Keim zukünftiger Freiheit. Ihre Schwächen sind Kinderkrankheiten, während die Autokratien, allen Reformen und äußerlichen Veränderungen zum Trotz, Relikte der Vergangenheit sind.

Nach den ersten Berührungen mit dem politischen Leben in den Vereinigten Staaten hielt ich mich für längere Zeit davon fern. Es tat weh, am verherrlichten Vorbild immer wieder neue Schattenseiten zu entdecken. Die Beschäftigung mit der *Weltgeschichte*, ich kann es nicht leugnen, war auch eine Art von Flucht. Heft für Heft folgte ich dem Fortschritt der Menschheit durch die Jahrhunderte. Gegen Ende des Jahres 1852 stand ich an der Schwelle zwischen Altertum und Mittelalter. Bis dahin hatte mir Emil Magnus Druck und Expedition besorgt. Nun bot mir Wilhelm Schlüter, der Herausgeber des New Yorker *Demokraten*, Entlastung an. Ich sollte wöchentlich zehn Dollar erhalten, genug, um davon leben zu können; er wollte die Hefte drucken, zustellen und die Bezugsgebühren einziehen. Was nach Abzug der Kosten dann noch übrigbliebe, würde zwischen uns geteilt werden. Nach wie vor sollte ich der Verleger des Werkes sein und als solcher auf dem Titelblatt erscheinen.

Der Winter 1852/53 war sehr kalt. In den Straßen lagen Berge schmutzigen Schnees, in unserer Wohnung in der Christie Street waren die Fenster von einer dicken Eisschicht überzogen. Holz und Kohlen waren unbezahlbar geworden. Um nicht zu erfrieren, mußten wir den größten Teil unseres neuerworbenen Mobiliars verheizen. Amalie litt unter ihrer Krankheit wie schon lange nicht mehr. Besonders heftig und anhaltend war ein Anfall, der sie Anfang April 1853 traf. Wimmernd lag sie auf dem Boden des Zimmers; ich kniete hilflos neben ihr, die eine Hand unter ihrem Kopf, die andere von ihren verkrampften Fingern umklammert.

Noch während dieser Schreckensstunde schwor ich mir, mit Amalie wieder nach Staten Island zu ziehen. Ich war überzeugt, daß die laute, schmutzige Stadt es war, die sie krank machte. Mich knüpfte an New York kein anderes Band als das der Notwendigkeit. Im Unterschied zu Genf und London hatte ich kaum Kontakt zu Freunden und Gesinnungsgenossen. Jeder von ihnen kämpfte hier so angestrengt mit den Sorgen des täglichen Lebens, daß für einen geselligen Kreis und regelmäßige Begegnungen kein Raum war. Schon einen Tag nach jenem schweren Anfall Amalies fuhr ich mit dem Dampfschiff über die Bucht. Das Häuschen, in dem wir den ersten amerikanischen Sommer verbracht hatten, war leider inzwischen neu vermietet. Etwas Ähnliches zu finden erwies sich als sehr schwierig. Zwei Wochen lang reiste ich jeden Morgen zu unserer Insel hinüber und kam jedesmal müde und erfolglos zurück. Endlich hatte ich Glück. Ich fand eine Wohnung im Obergeschoß eines Landhauses nahe dem Dorf Granitvillage, eine Stunde Weges von Port Richmond. Im Erdgeschoß wohnte die Vermieterin, eine neunzigjährige Witwe, die sich noch an die Zeit des Unabhängigkeitskrieges erinnerte. Die alte Dame wurde betreut von ihrer Tochter, die mir als ältliche Jungfer mit Lorgnette im Gedächtnis geblieben ist; nachmittags sang sie, am Piano sitzend, mit spitzer Stimme amerikanische Lieder. Wenn ich sie hörte, mußte ich oft an die Fränzels denken, bei denen ich damals in Mannheim als Advokat und Privatgelehrter logiert hatte. Ob die singende Tochter Fränzel, fragte ich mich, wohl auch altjüngferlich geworden war in der Gesellschaft ihrer Mutter? Jeder Anlaß war mir recht, Bilder vergangener Geborgenheit heraufzubeschwören. In meiner Erinnerung fließen die Bilder der beiden Töchter ineinander.

Zu dem Haus, in dem unsere neue Wohnung lag, gehörte ein Morgen Land samt Scheune, Kutschenhaus und verlassenen Stallungen. Üppige Johannisbeer-, Stachelbeer- und Himbeersträucher wuchsen im Garten, Reihen von Quitten-, Kirsch- und Apfelbäumen standen auf den Wiesen der Umgebung. Die beiden alten Damen konnten sich nicht mehr darum kümmern

und überließen uns großzügig alles, was die Natur hergab. Im Mai zogen wir ein. Die blühende, grünende, duftende Umgebung unseres neuen Zuhauses verzauberte Amalie und mich vom ersten Tage an. Wie einst von Mannheim aus machten wir bei schönem Wetter manchen Ausflug in die herrliche Natur. Stundenlang wanderten wir über bewaldete Hügel, durch hüfthohes Sommergras und schmalen Pfaden folgend, durch dichtes Unterholz. Unterwegs rasteten wir im Freien, blickten aufs endlose Meer hinaus und redeten uns das Heimweh von der Seele. Schon nach wenigen Wochen hatte Amalies Gesicht wieder Farbe, und ihre Augen leuchteten wie früher. Sie war sechsundzwanzig Jahre alt und schön wie eh und je.
Friedrich Düsar fand an der neuen Umgebung keinen Gefallen. Ihm fehlten die Biergärten der Stadt und seine fragwürdigen Bekannten aus dem Park bei der City Hall. In Richmond, wohin er zuweilen am Nachmittag aufbrach, suchte er vergebens Ersatz dafür. Er murrte, sooft er mit uns zusammensaß, und wurde zunehmend melancholischer. Vielleicht hätten Amalie und ich uns mehr um ihn kümmern müssen. Aber uns fehlte einfach die Zeit, einen geselligen Menschen wie ihn vor der Vereinsamung zu schützen. Unser Leben stand ganz im Zeichen der *Weltgeschichte.* Oft diktierte ich bis spät in die Nacht, und schon bei Sonnenaufgang setzten wir unsere Arbeit fort.
– *Don't you ever sleep at night*? fragte unsere Vermieterin einmal kopfschüttelnd. Um Licht zu sparen, gingen sie und ihre Tochter sehr frühzeitig zu Bett. Die beiden Damen standen erst auf, wenn der Bäcker sich mit seiner Schelle bemerkbar machte. Ich lachte und antwortete mit der englischen Version eines Sprichworts, das ich noch von meinem Vater kannte: *La rouille use plus que le travail;* Rost zerfrißt mehr als Arbeit.
Die für die Hefte der *Weltgeschichte* vereinbarten wöchentlichen Zahlungen Schlüters erhielt ich nur unregelmäßig und vom Sommer 1854 an überhaupt nicht mehr. Ich mahnte und drängte mit zunehmender Verzweiflung, da mir die Mittel zum Lebens-

unterhalt ausgingen. Doch umsonst. Schlüter verließ die Drukkerei durch einen Hinterausgang, wenn ich erschien, oder er ließ sich durch seinen Kontoristen verleugnen. Mir blieb nichts anderes übrig, als die Ablieferung meiner Manuskripte einzustellen.

Bis ein neuer Drucker gefunden war, mußte ich mich nach einer anderen Erwerbsquelle umsehen. In dieser Absicht besuchte ich nun häufiger meine Freunde und Bekannten in Klein-Deutschland und geriet auch wieder ins Shakespeare-Hotel, das ich lange Zeit gemieden hatte. An einem Nachmittag im November betrat ich es und erlebte eine große Überraschung. Anstelle von Lièvre gab es einen neuen Wirt. Seine dröhnende Stimme mit dem alemannischen Tonfall war bis auf die Straße hinaus zu hören.

Das Shakespeare stand jetzt unter der Leitung von Josef Fickler. Stiernackig und breitschultrig beherrschte er die Theke der Gaststube und redete über halbvolle Bierkrüge hinweg auf seine Gäste ein. In der anderen Ecke des Raumes waren zwei Neger mit dem Öffnen von Austern beschäftigt. Mit weißblitzenden Augen und schräggestelltem Kopf lauschten sie den für sie unverständlichen Worten ihres Chefs.

– Inzwischen ist das alte Lug-und-Trug-System, schimpfte dieser, bei den Dieben und Mördern, denen Deutschland ausgeliefert ist, wieder in Anwendung. Die Zugeständnisse, die sie in höchster Not gegeben haben, haben sie alle zurückgenommen, sobald sie sich ihrer Macht wieder sicher waren. Der beste Teil des Volkes wurde in alle Welt verjagt, der Rest dient wie vordem mit Blut und saurem Schweiß einer Bande von Vagabunden. Ich habe die Hoffnung auf dieses Volk aufgegeben. Es füttert seine Unterdrücker, es duckt und kuscht unter der Peitsche, es hat seinen Stolz verloren. Wie kann es sein, daß Millionen sich knechten, bespitzeln und einschüchtern lassen? Es wäre unmöglich, wenn nicht jeder zweite aus Feigheit bei der Unterdrückung seiner Mitbürger mitmachen würde.

Ich wartete im Halbdunkel des Gastzimmers und hörte mir Ficklers Wortschwall eine Zeitlang an. Schließlich räusperte ich mich und trat an die Theke.

– Die Saat wird aufgehen, sagte ich. Wenn ein Volk erst einmal die Freiheit geschmeckt hat, hört sein Hunger danach nicht mehr auf.

– Das ist doch ... Struve? sagte Fickler ungläubig und reckte den Kopf über den Schanktisch. Tatsächlich! So eine Fistelstimme gibt's nur einmal auf diesem Erdball. Willkommen, Bürger, in meinem Etablissement!

Wir begrüßten uns herzlich und erzählten einander, was wir erlebt hatten. Die Männer an der Theke nahmen teil an unserem Gespräch, hatten sie doch ähnliche Schicksale hinter sich. Nur ein bärtiger Mann Mitte Dreißig hielt sich abseits, maß mich mit feindseligem Blick, trank sein Bier aus, warf eine Münze auf die Theke und verließ die Runde. Fickler rief dem Gehenden nach, warum er nicht bleibe, worauf dieser, schon in der Türe, sich umdrehte und sagte:

– In der Gegenwart eines Grasfressers schmeckt mir dein Bier nicht.

Ich war mehr erstaunt als beleidigt. Wer war der Mensch? Was hatte ich ihm getan? Einer von der Schwefelbande, sagte Fickler. So hatten wir in London die Marxisten genannt. Der feindselige Gast hieß Joseph Weydemeyer und war der Führer des Amerikanischen Arbeiterbundes. Er sei ein Freund von Marx, erklärte man mir. Ich müsse mich nicht ärgern über ihn, die Kommunisten haßten alle, die nicht auf ihr Evangelium schwörten. Fickler erzählte mir von seinen Londoner Kontakten zu den Marxisten. Wie ich hatte er dort vor Jahren versucht, die verschiedenen Flüchtlingsgruppen zu einigen.

– Für Karl Marx bist du so was wie der Beelzebub für den Papst, sagte er. Und wer auf sein Evangelium schwört, verteufelt dich. Weydemeyer gehört dazu.

Fickler schenkte mir einen Krug Bier ein und nötigte mich, mit ihm und den anderen Gästen auf unser Wiedersehen anzustoßen. Ausnahmsweise gab ich nach, doch der Schluck, zu dem ich mich zwang, schmeckte bitter und widerwärtig.

12

Auf die mir zustehenden Honorare für die *Weltgeschichte* wartete ich nach wie vor vergeblich. Mit Vorträgen und kleinen Artikeln, die im *New Yorker Staatsanzeiger* erschienen, hielt ich uns über Wasser. Anknüpfend an eine damals vieldiskutierte Rede des amerikanischen Historikers George Bancroft über den Fortschritt der Menschheit, äußerte ich mich vor Mitgliedern der New Yorker Liedertafel zu dem gleichen Thema. Solange der Mensch seiner Habgier und Unmäßigkeit nicht Herr werde, erklärte ich, bedeute die Weiterentwicklung von Technik, Wirtschaft und Gesellschaft nicht viel. Ich wies darauf hin, daß der materielle Fortschritt auch ein Mehr an Verantwortung für jeden einzelnen bedeute. Ich glaube nicht, daß man verstand, was ich meinte.

Auf Anregung des damaligen Direktors des Deutschen Theaters verfaßten Amalie und ich innerhalb weniger Wochen ein Bühnenstück. Grundlage war ein Entwurf, den ich schon 1833 in Jena skizziert hatte. Der äußeren Handlung nach ging es um die tragische Liebesgeschichte von *Abälard und Heloise*, die mich schon als junger Mann erschüttert hatte. Doch das eigentliche Thema des Stückes war der Konflikt von Wissenschaft und Glauben, anders ausgedrückt, der Kampf zwischen Freiheit und Geisteszwang. Nie vergesse ich den Abend der Premiere. Sie fand am 29. Januar 1855 statt. Eisiger Wind trieb dünnes Schneegestöber durch die Straßen, vor dem gaslichtbeleuchteten Eingang des Theaters hing das Plakat, auf dem unsere Namen standen.

Ce que jeunesse désire, vieillesse l'a en abondance, mußte ich

denken. Wie sehnsüchtig hatte ich mir einst gewünscht, daß eines meiner Werke zur Aufführung käme. Nun sollte der Traum Wahrheit werden, zu einem ganz unwahrscheinlichen Zeitpunkt und an einem unerwarteten Ort. Ich saß zwischen Amalie und Friedrich Düsar im halbleeren Zuschauerraum in der ersten Reihe und bebte vor Aufregung. Endlich wurden die Lampen heruntergedreht, und der Plüschvorhang hob sich.
Was folgte, enttäuschte mich bitter. Die Aufführung entsprach ganz und gar nicht meinen Erwartungen. Die Schauspieler waren ungenügend vorbereitet, der Ausstattung fehlte aller Glanz. Trotzdem hoffte ich, die Botschaft würde die Zuschauer erreichen. Wie so vieles ist mir auch das Manuskript dieses Dramas verlorengegangen. Doch ich erinnere mich noch sehr genau der Schlüsselszene, in der Heloise und Abälard erkennen, daß sie füreinander bestimmt sind:

Abälard
Wie gleichest du den Zwiespalt aus,
der vom Heidentume feindlich
die Christenlehre scheidet?

Heloise
Dies ist mir nie gelungen. Frei
gesagt, der Zwiespalt ist und bleibt.
Die Wahrheit ist im Kampfe
nicht nur mit der Lüge,
auch mit der Trägheit
und dem Alltagsleben.

Abälard
Du sprichst mit klaren Worten aus,
was ich schon lang empfinde.
Die Römer nannten ehrenvoll
und süß den Tod fürs Vaterland.

Doch wer für ew'ge Wahrheit kämpft,
tritt über alle Grenzen weit hinaus.
Der Menschheit, nicht dem Vaterland allein,
gehört sein Streben.
Und wenn auch kommende Geschlechter
ihn erst verstehen werden, die Mitwelt ihn
verfolgt und schmäht, er hält doch stand.
Es ist nicht leicht, durch trübe Wolken
der Wahrheit Himmelslicht zu sehn.
Wer es verkündet, sei auf Streit gefaßt.
Wer sich vermißt, der Habgier,
der Herrschsucht und den Vorurteilen
der Menschen im bewegten Strudel
der Wirklichkeit die Larve abzuziehen,
der muß sich selbst genügen,
denn alle Welt wird ihn betrüben.

Heloise
O nein, es leben starke Seelen,
die frei den Kampf der Tugend wählen.
Ich bin die deine ...

Der Applaus war nur mäßig, als der Vorhang fiel. Ich machte die Mängel der Inszenierung für den Mißerfolg verantwortlich. Doch die Presse griff weniger die Aufführung als die Tendenz des Stückes an. Vor allem englischsprachige Blätter äußerten sich empört über die angebliche Verhöhnung der Religion, derer ich mich schuldig gemacht hätte. Wir erhielten Briefe von empörten Pfarrern, Sektenstiftern und religiösen Schwärmern, die uns in den übelsten Ausdrücken beschimpften und uns das Recht bestritten, in Nordamerika zu leben.
Bis dahin hatte ich geglaubt, in den Vereinigten Staaten herrsche Meinungsfreiheit und religiöse Toleranz. Nun mußte ich erfahren, wie mächtig hier die Glaubenseiferer aller Richtungen sind.

In Europa haben die Männer der Aufklärung den Kirchen die Volkstümlichkeit genommen; um sich dennoch zu behaupten, muß der Klerus sich mit der Despotie verbünden. In Nordamerika aber finden selbst die unglaublichsten Sektenprediger noch eine fanatische Gefolgschaft. Nicht auf die Unterstützung des Staates, sondern auf den Aberglauben der Massen gründen sie ihren Einfluß.

Es ist noch nicht lange her, daß ein aus Rom zurückkehrender amerikanischer Bischof etwas Ziegenmilch und einen Schlappschuh mitbrachte. Die Milch gab er für die der Jungfrau Maria aus, den Schuh für eine Reliquie der heiligen Magdalena. Ein ähnlicher Betrug führte in Deutschland immerhin zur Gründung der deutschkatholischen Kirche; in Amerika fand der Lügner eine große Zahl von ergebenen Anhängern, die noch heute seine Fetische verehren. Ein gewisser Miller, der Gründer der Sekte der Auferstehungsleute, hat zweimal den Untergang der Welt vorhergesagt, um die Menschen in Schrecken zu versetzen und auf diese Weise Anhänger zu gewinnen. Sein offensichtlicher Irrtum erschütterte deren Glauben nicht. Joseph Smith, der Stifter der Mormonen, konnte behaupten, ein Engel habe ihm auf ehernen Tafeln ein Evangelium in ägyptischer Sprache überreicht, das er übersetzt habe. Und auch seine Nachfolger fanden Glauben, als sie erklärten, sie hätten Smith auf einem weißen Roß geradewegs in den Himmel hineinreiten sehen.

Mit der Religion wird in den Vereinigten Staaten sehr oft ein Geschäft gemacht. Viele der Sektengründer sind reiche Männer. In New York werden die Stühle in den Kirchen an die Wohlhabenden verkauft. Die das christliche Evangelium der Armut predigen, lassen sich dafür fürstlich entlohnen. Auch mit dem Gebot der Nächstenliebe nehmen sie es meist nicht so genau. Es gab 1854 achtundzwanzigtausend Geistliche in den Vereinigten Staaten, aber man konnte diejenigen unter ihnen an den Fingern herzählen, die offen gegen die Sklaverei auftraten. Viele Sekten ließen die Schwarzen noch nicht einmal zum Gottesdienst der Weißen zu.

Religionsfreiheit setzt voraus, daß jeder seiner religiösen Überzeugung leben kann, solange er nicht in die Rechtssphäre eines anderen eingreift. Der Buddhist ist ungehalten, wenn der Christ an der göttlichen Natur Buddhas zweifelt, und der Christ wird zornig, wenn man bestreitet, daß Jesus der Sohn Gottes war. Aber Religionsfreiheit bedeutet nicht nur, daß jeder nach seiner Fasson selig werden, sondern auch, daß er den Glauben anderer nicht nach seiner Fasson beurteilen darf. Wenn amerikanische Pfaffen gesetzliche Maßnahmen gegen Andersgläubige oder Atheisten fordern, berufen sie sich zu Unrecht auf die Freiheit der Religionsausübung. Ohne Toleranz kann es auf Dauer keine Freiheit geben.

Am spürbarsten zeigt sich die religiöse Unduldsamkeit in den Vereinigten Staaten beim Kult um die Sonntagsruhe. Alle Läden und Gaststätten bleiben sonntags geschlossen, kein Omnibus fährt, Eisenbahnzüge und Dampfboote unterhalten nur eine Art Notdienst. Viele Sekten verlangen den dreimaligen Besuch der Kirche. Jedes Vergnügen und jede Zerstreuung, sei es auch nur ein Spaziergang oder Besuch bei Bekannten, gelten als Sünde. Nach amerikanischer Auffassung hat man die Zeit zwischen den gemeinsamen Andachten mit Bibellesen zu verbringen. Wer sich nicht daran hält, läuft Gefahr, von Eiferern zur Rede gestellt oder von Rowdies überfallen und verprügelt zu werden. Am Sonntag, dem einzigen Tag, an dem Arbeiter und Handwerker sich erholen können, ist in New York kein Theater und kein Museum geöffnet.

Ich achte jedes tiefe religiöse Gefühl, aber ich gestehe keiner Religion das Recht zu, über den Kreis ihrer Anhänger hinaus in das Leben anderer Menschen reglementierend einzugreifen. Der Hochmut des rechten Glaubens ist, wie Rousseau gesagt hat, der Grund blutgieriger Intoleranz und die Ursache vieler eitler Lehren, die der menschlichen Vernunft tödliche Streiche versetzen. In einer demokratischen Gesellschaft muß für jede Weltanschauung Raum sein. Von diesem Ideal ist die amerikanische Wirklichkeit leider noch sehr weit entfernt. Mir schien es, als seien in den Vereinigten Staaten die Pfaffen an die Stelle der Fürsten getreten. Mit Hilfe der Presse und der Frauenverbände herrschen sie über die Massen auf eine Weise, die nicht weniger unfrei macht als die Unterdrückungsmethoden europäischer Despoten.

Obwohl ich nur Gast im Lande war, konnte ich diesen Mißstand nicht als gegeben hinnehmen. Ich wehrte mich gegen den Vorwurf der Religionsverhöhnung durch Zuschriften an einige New Yorker Zeitungen. Außerdem schrieb ich ein kleines Buch mit dem Titel *Die Union vor dem Richterstuhle des gesunden Menschenverstandes*, in dem ich außer auf die Herrschaft des Pfaffentums auch auf alles andere einging, was mir verbesserungswürdig schien im Leben der Vereinigten Staaten. Im Mittelpunkt meiner Kritik standen die Sklaverei, der Fremdenhaß, die Eiferei der Temperenzler und der religiösen Sekten. Doch so schonungslos ich auch auf die Kinderkrankheiten der amerikanischen Demokratie hinwies, ich tat es nicht aus Feindschaft, sondern, im Gegenteil, vom Standpunkt des enttäuschten Freundes und Bewunderers aus. Ich schloß mit den Worten:

– *So groß die Mißstände auch sind, welche wir geschildert haben, so ist deren Beseitigung schon aus dem Grunde zu hoffen, daß sie öffentlich besprochen werden dürfen, was in jedem anderen Staat der Welt nur unter dem Damoklesschwerte von Kriminalprozessen geschehen könnte. Unter dem belebenden Hauch der Freiheit wird voraussichtlich ein Uebel nach dem anderen ausgerottet werden. Die Union erhält genug frische Kraft. Besser wird es nicht dadurch werden, daß man die Schattenseiten des amerikanischen Lebens ableugnet. Die Tyrannen Europas mögen aber nicht der Verfassung Amerikas, sondern im Gegentheil den Abweichungen von der ursprünglich eingeschlagenen Bahn der Freiheit die Uebelstände zuschreiben, welche wir zu rügen fanden.*

Während ich mit Arbeiten wie dieser beschäftigt war, gingen die Unterhandlungen mit Schlüter weiter. Er räumte ein, mir Geld zu schulden, aber er vertröstete mich und ließ sich nach wie vor verleugnen. Eines Nachmittags im Spätsommer 1855 stand ich vor der verschlossenen Tür seines Kontors. Auf mein heftiges Pochen öffnete der Bürodiener Schlüters, ein kleiner, schüchterner Mensch mit dicker Brille und Ärmelschonern.

– Mr. Schlüter hat Bankrott gemacht, sagte er kleinlaut. Heute morgen ist er abgereist und hat nichts als seine Schulden hinterlassen.

Ich hätte auf die Nachricht gefaßt sein müssen, doch sie traf mich wie ein Keulenschlag. Alles, was ich mir in den letzten Jahren erarbeitet hatte, schien verloren. Tatsächlich wurden auch die Druckstöcke und Restexemplare meiner *Weltgeschichte* in den Konkurs gezogen, von meinen Honorarforderungen nicht zu reden.

Nur, weil wir auf dem Lande wohnten, überlebten wir den auf diese Katastrophe folgenden Winter. Wir besaßen kaum einen Dollar und ernährten uns ausschließlich von dem, was wir im Sommer und Herbst im Garten geerntet hatten. Dank der waldigen Umgebung war an Heizmaterial kein Mangel. Auch sonst war die Lage nicht hoffnungslos. Mein Unglück sprach sich unter den Abonnenten der *Weltgeschichte* herum, und einige von ihnen, allen voran ein Bierbrauer namens Biege, boten mir Hilfe an. Mein Freund Ludwig Neu entwarf den Plan, Aktien zum Preis von fünf Dollar auszugeben, die zum Bezug eines vollständigen Exemplars der *Geschichte der Neuzeit*, bestehend aus vierzig Heften, berechtigen sollten. Zwar wurden nur etwa siebzig solcher Aktien gezeichnet, aber die kleine Summe, die dadurch einging, genügte zum Druck der ersten Bogen. Deren Verkauf brachte weitere Einnahmen, so daß das Erscheinen des Werks wieder in Gang kam.

Da ich mich um Druck und Expedition kümmern mußte, fuhr ich Anfang des Jahres 1856 häufig nach Manhattan und kam

manchmal erst mit dem ersten Dampfschiff des nächsten Tages zurück. Eines Vormittags fand ich Amalie völlig aufgelöst vor.
– Vater ist verschwunden, sagte sie weinend. Er wollte gestern Holz holen und ist nicht mehr nach Hause gekommen.
Sie hatte das Wäldchen auf dem Hügel hinter unserem Haus nach dem Vermißten abgesucht, ohne eine Spur von ihm zu finden. Auch in Richmond hatte sie vergeblich nach ihm geforscht. Mir fiel ein, daß er einen Lieblingsplatz hatte, den er bei schönem Wetter gelegentlich aufsuchte. Dieser lag auf einem Hügel über dem Meer, von dem aus er an schönen Tagen stundenlang nach Osten zu blicken pflegte. Dorthin brach ich mit Amalie auf. In der Nacht war Schnee gefallen, der fußhoch den Boden bedeckte. Nach einer guten Stunde eiligen Ausschreitens sahen wir die Anhöhe vor uns und machten schon von weitem die Silhouette einer kauernden Gestalt aus. Auf unsere Rufe kam keine Antwort. Der Mann auf dem Hügel bewegte sich nicht. Wir hasteten den Hang hinauf.
Friedrich Düsar saß starr und schneebedeckt auf seinem Lieblingsplatz. Er war tot und steif gefroren. Immer noch blickten seine leeren Augen übers Meer, dorthin, wo er die Heimat vermutete.
Amalie war untröstlich. Ich schickte sie fort, um Hilfe zu holen, da ich mich außerstande sah, den toten Mann fortzutragen. Während ich wartete, durchsuchte ich die Rocktaschen des Alten und entdeckte darin ein winziges, ledergebundenes Büchlein. Auf den ersten Blick hielt ich es für ein Notizbuch. Ich schlug es auf und las, in altertümlichen Lettern gedruckt, *Sophie ou la femme par J. J. Rousseau, Citoyen de Geneve.* Ich war verblüfft. Nie hatte Friedrich Düsar erkennen lassen, daß er meine Liebe zu Rousseau teilte. Nun auf einmal wurde mir klar, warum mir manches, was er über Amalie geäußert hatte, so vertraut vorgekommen war. Frierend saß ich im eisigen Wind neben der Leiche und las die Worte, mit denen sich *Émile* von seinem Lehrer verabschiedet. Er hofft, bald selbst Vater zu

werden. *J'en ai plus besoin que jamais*, sagt er, *maintenant que mes fonctions d'hommes commencent. Vous avez rempli les vôtres; guidez-moi pour vous imiter; et reposez-vous, il en est temps.* Dieses *führen Sie mich und ruhen Sie aus* kam mir vor wie der Text einer Totenmesse. Was für ein Wort des Sohnes an den Vater! Ich las es und dachte dabei nicht an die erstarrte Gestalt neben mir. Ich sehnte mich nach einem eigenen Sohn, der mich einmal auf diese Weise verabschieden würde. In diesem Augenblick der Trauer wünschte ich mir heftiger als je zuvor ein Kind.

Zwei Tage später bestatteten wir Friedrich Düsar auf dem Kirchhof in der Nähe von Granitvillage.

Im selben Winter starb auch unsere freundliche Vermieterin. Das Haus wurde verkauft. Ende März erhielten wir die Mitteilung, daß wir die Wohnung zu räumen hätten. Der Bierbrauer Biege, dem ich davon erzählte, lud uns ein, zu ihm zu ziehen. In Dobbsferry im Westchester County besaß er ein geräumiges Landhaus, in das wir in den letzten Tagen des April 1856 übersiedelten.

13

Dobbsferry, ein kleiner Ort aus weißen Holzhäusern am linken Ufer des Hudson, ist umgeben von bewaldeten Höhen und buschigen Flußauen. Fünfundzwanzig Meilen stromabwärts liegt die Stadt New York. Mit der Hudson Railroad ist sie von hier in knapp zwei Stunden bequem zu erreichen; bis zum Bahnhof an der Ecke der 30. Straße und der 10. Avenue fährt der Zug mit Dampfkraft, ab da als Pferdeomnibus bis zur Ecke Chambers und Hudson Street ins Herz der Stadt. Von dort aus gelangte ich in längstens dreißig Minuten zum Kontor von Ludwig Neu, in dessen Verlag nun die *Weltgeschichte* erschien. Mindestens einmal jede Woche machte ich diese Reise.

Pro Monat erschienen wieder regelmäßig zwei Hefte. Schneller als erwartet, war die jeweilige Auflage vergriffen, was ich vor allem Neus Tüchtigkeit zu danken hatte. Der Erfolg ermutigte uns, eine neue verbesserte und von Druckfehlern bereinigte zweite Auflage der ersten sechs Bücher in Angriff zu nehmen. Gleichzeitig nahm das Werk seinen Fortgang. Bis Ende 1856 hatte ich das Reformationszeitalter abgehandelt. Zum selben Zeitpunkt waren zehn Hefte der älteren Zeit neu erschienen.

Die Besuche in der Stadt ermüdeten mich. An den ohrenbetäubenden Lärm des dichten Verkehrs auf den gepflasterten Straßen konnte ich mich nicht gewöhnen. Auch die Augen wurden stark beansprucht durch die Ankündigungen und Anschläge, mit denen in New York die Häuser bis hinauf zum fünften Stockwerk versehen sind. Alles ist darauf angelegt, den Blick auf sich zu ziehen. Mit riesigen Buchstaben machen Fabrikanten, Handwerker und Kaufleute auf ihre Geschäfte aufmerksam, in schreienden Farben und auf wehenden Fahnen wird auf Schritt und Tritt verkündet, nirgends sonst gebe es so Schönes und Gutes zu so billigen Preisen. An allen Mauern sind Theaterzettel angeklebt, die jedes Stück als das beste ankündigen, das jemals zu sehen sei. Die ganze Stadt gleicht einem riesigen, tosenden Jahrmarkt.

Manchmal erlebte ich Szenen, die mich in fiebrige Erregung versetzten und lange nicht zur Ruhe kommen ließen. Beim Einsteigen in einen Eisenbahnwagen wurde ich Zeuge, wie ein Schaffner und ein älterer Herr eine braunhäutige junge Frau aus dem benachbarten Coupé zerrten. Ich eilte hinzu und stellte die Männer zur Rede. Auf meine Frage, was die Dame getan habe, erhielt ich die Antwort, sie störe die anderen Fahrgäste. Wenn dies mit ihrer Hautfarbe zu tun habe, sagte ich, müsse ich darauf hinweisen, daß die amerikanische Verfassung ausdrücklich von der Gleichheit aller Menschen ausgehe. Vergebens. Ohne mich zu beachten, schoben die Männer die schimpfende Frau über den Bahnsteig und kamen wenig später allein zurück. Ich sollte besser meinen Mund halten, fauchte mich der ältere Herr an, denn als Ausländer hätte ich kein Recht, mich einzumischen. Als ich heftig widersprach, machte der Mann eine Geste der Verachtung und ließ mich stehen.

Ein andermal erlebte ich auf dem Broadway die Verfolgung und Gefangennahme eines Schwarzen, der, wie ich von Schaulustigen erfuhr, aus einem der Südstaaten geflohen war. Ich drängte mich durch die Menge, um den Polizisten ins Gewissen zu reden, doch diese stießen mich grob zurück. Einen Geistlichen, der neben mir stand, forderte ich auf, im Namen Christi gegen die Verhaftung des Mannes Einspruch zu erheben. Dazu bestehe keine Veranlassung, antwortete er. Die Bibel erlaube ausdrücklich die Verfolgung von Sklaven. Einer flüchtigen Sklavin des Abraham, namens Hagar, sei ein Engel Gottes erschienen und habe ihr befohlen, zu ihrem Herrn zurückzukehren. Daraus gehe klar hervor, daß es der Wille Gottes sei, flüchtige Sklaven zu ihrem Herrn zurückzuschicken. Ich antwortete, wenn das so sei, betrachte er wohl alle Sklavenjäger als Engel Gottes. Zornig und hilflos sah ich zu, wie mehrere Uniformierte mit dem armen Gefangenen im Gewühl der Fußgänger verschwanden.

An dieser Stelle des Manuskripts verließ mich vorgestern nacht die Kraft. Die Feder fiel mir aus der Hand, und ich sank bewußtlos vornüber auf den Schreibtisch. Erst am Morgen darauf fand mich Käthchen in dieser Lage. Mein Gesicht war dunkel angelaufen, ich hatte hohes Fieber. Besorgt brachte sie mich zu Bett und rief Dr. Prohaska, der mich untersucht und mit verschiedenen Tropfen und Pulver versehen hat. Fast vierundzwanzig Stunden habe ich seither geschlafen und fühle mich inzwischen besser. Da mich ärztlicher Rat ans Bett fesselt, kann ich meinen Lebensbericht nicht mit eigener Hand weiterschreiben. Doch der Gedanke an die Fortsetzung des Begonnenen läßt mir keine Ruhe. Ich habe daher meine Frau gebeten, mein Diktat aufzunehmen.

Wien feiert am heutigen 18. August bei heiterem Himmel das Geburtstagsfest des Kaisers. Während ich soeben im Bett sitzend meinen Tee getrunken habe, hat mir Käthchen aus dem Morgenblatt der *Neuen Freien Presse* vorgelesen. Über die gegenwärtige Situation informiert am besten der folgende Zeitungsausriß:

Berlin, 15. August. [Orig.-Corr.] (Die Consequenzen der Siege. Gedanken über den künftigen Friedensschluß. Verschiedenes.) Das große zwanzigjährige Drama in Frankreich, welches so unheilvoll auch auf die übrigen Staaten Europas rückwirkte und den Geldmarkt wie die Gemüther bewegte, wenn der Haupt-Acteur krank oder übellaunig war, ist nun als ein hohles Schattenspiel enthüllt, und die Welt steht staunend vor der Thatsache, daß sie sich so lange von Phrasen und bodenlosen Phantasmagorien beeinflussen ließ. „Deutsche Hiebe" waren schon im Mittelalter sprichwörtlich, und „deutsche Hiebe" waren es, die das Kartenhaus zertrümmerten. Louis Napoleon hätte, wie sein Ohm, noch lange die allgewaltige Rolle weiterspielen können, wenn er seine Kräfte nicht überschätzt, die seiner Gegner nicht zu gering geachtet und sich dadurch nicht hätte verleiten lassen, kopfüber in den Krieg hineinzustürzen — einen Krieg, den er in der frivolsten Weise heraufbeschworen. Ob zum gänzlichen Abschlusse des Dramas noch eine letzte Entscheidungsschlacht nöthig ist, wird danach zu beurtheilen sein, wie sich die Dinge in Paris gestalten. Möglich aber auch ist es, ja sogar wahrscheinlich, daß trotz einer antinapoleonischen Wendung der Dinge in Paris auch das Schwert noch sein letztes Wort redet. Denn wir führen Krieg gegen Frankreich, Staat gegen Staat, Volk gegen Volk, gegen jenes vom Chauvinismus angesteckte Frankreich, dessen Volk sich zu dem Frevel seines Herrschers bekannt hat, dessen selbst besonnenere Presse, so sehr sie auch den Krieg verdammen mag, schon vor Beginn der Feindseligkeiten über die Landforderungen debattirte, die im künftigen Friedensschlusse zu Königsberg an Deutschland zu stellen seien.

Zurück zum Jahr 1856, das Amalie und ich im Haus des Bierbrauers Biege in Dobbsferry verlebten. Ich erinnere mich an warme Sommerabende im Kreis der Familie unseres Gastgebers. Wir saßen auf einer sonnenwarmen Holzveranda, Gläser in der Hand, und blickten auf die blaudunstige Uferlandschaft und den breiten, ruhigen Strom. Bieges Schaukelstuhl knarrte, Grillen und Zikaden schnarrten, Fledermäuse huschten vorbei, Mücken tanzten im Licht der Laterne, die vom Vordach herabhing. Mit gedämpften Stimmen sprachen wir über das, was uns gerade bewegte. Manchmal wurde das Gespräch auch unversehens laut und erregt, und zwar dann, wenn es um die Sklaverei und die bevorstehende Präsidentenwahl ging.

Biege vertrat den Standpunkt, der innere Frieden der Vereinigten Staaten sei wichtiger als die Befreiung der Sklaven. Ich widersprach. Aus einem unmoralischen Zustand kann kein Frieden erwachsen. Die Sklaverei war als ein Erbe der Kolonialzeit einem republikanischen Staat unwürdig. Nur im Norden galten die Segnungen der Unabhängigkeitserklärung auch für Schwarze; südlich des Ohio-Flusses blieben sie rechtlose Arbeitstiere. Eine bundeseinheitliche Regelung kam nicht zustande, schon deshalb nicht, weil die Südstaaten die Kongreßmehrheit stellten. Mit einigem Recht verwiesen die Verteidiger des Sklavenwesens darauf, daß die Nordstaaten es sich leicht erlauben konnten, moralisch zu sein. Sie lebten von Handwerk und Industrie und hatten für Sklaven gar keine Verwendung. Die Plantagenwirtschaft im Süden war jedoch ganz auf den Einsatz der aus Afrika importierten Sklavenheere eingestellt. Hätte es sich nur um eine Frage der Moral gehandelt, wäre sie längst gelöst gewesen. Was die Sache so schwierig machte, war das wirtschaftliche Problem. Gegen Geldgier ist das Gewissen ziemlich machtlos.

Will man die Situation der damaligen Zeit richtig sehen, muß man bedenken, daß Nordamerika zu Beginn dieses Jahrhunderts erst am östlichen Rand besiedelt war. Noch 1820 war Illinois der westlichste Staat der Union. Nach und nach und immer schneller wurden neue Territorien im Westen erschlossen. Von Anfang an stritten Norden und Süden um die Frage, ob in diesen neuen Siedlungsräumen die Sklaverei verboten sein sollte oder nicht. Als Missouri 1821 vom Territorium zum Staat erhoben wurde, einigte man sich auf folgenden Kompromiß: In alle neue Territorien südlich einer bestimmten Trennlinie zwischen Nord und Süd – man wählte den Breitengrad von 36° 30' – sollte die Sklaverei exportiert werden können, in den Gebieten nördlich davon war sie ausgeschlossen. Ein Dokument der Menschlichkeit war diese Vereinbarung nicht, aber ihre Verfechter glaubten, damit den Streit auf Dauer beenden zu können. Die Ausdehnung der Union nach Westen hin sollte das Gleichgewicht zwischen den Sklavenstaaten im Süden und den sklavenfreien Nordstaaten nicht ändern.

Gut dreißig Jahre hielt der *Missouri Compromise.* Dann zerstörte ein ehrgeiziger Senator aus Illinois namens Stephen A. Douglas ohne Not die schwankende Balance. Unbedacht löste er eine Folge von Ereignissen aus, die letztlich zum Bürgerkrieg führten. Sein Motiv war jene gefährliche Mischung aus Habgier und Geltungssucht, die schon soviel Unheil in der Geschichte angerichtet hat. Douglas betrieb den Bau einer Eisenbahnlinie nach Kalifornien. Durch ein Entgegenkommen in der Sklavenfrage wollte er sich die Unterstützung der Südstaaten für dieses Projekt erkaufen. Pathetisch sprach er von einem Versöhnungswerk und glaubte gar, sich damit für das Amt des Präsidenten zu qualifizieren. Konkret ging es einmal mehr um die Frage der Ausbreitung der Sklaverei auf ein neues Territorium, nämlich um die Siedlungsgebiete von Kansas und Nebraska. Beide liegen nördlich des sechsunddreißigsten Breitengrades, hätten also nach dem Missouri-Kompromiß frei bleiben müssen von Sklaverei. Doch Douglas setzte ein Gesetz durch, den sogenannten Kansas-Nebraska-Akt von 1854, wonach die Siedler selbst über die Sklavenfrage entscheiden sollten. Er berief sich auf das Prinzip der Volkssouveränität. Vermutlich bemerkte er gar nicht, wie zynisch es war, ausgerechnet die Ausdehnung der Sklaverei auf diese Weise zu rechtfertigen.

Sofort schickten die Südstaaten Trecks von bewaffneten Söldnern nach Kansas und Nebraska, um die dortigen Siedler zu zwingen, sich für die Sklaverei auszusprechen. Die überwiegend aus dem Norden kommenden Siedler wehrten sich gegen den Terror. Es kam zu einer Art Bürgerkrieg. Der Gouverneur des neuen Territoriums weigerte sich, die vom Kongreß befohlene Volksabstimmung unter diesen Voraussetzungen durchzuführen, worauf Präsident Pierce ihn seines Amtes enthob. Nun erklärten die Anti-Sklaverei-Siedler sich solidarisch mit dem Gouverneur und verlangten die Aufnahme in die Union als sklavenfreier Bundesstaat. Pierce sprach von einem Akt der Rebellion und stellte sich auf die Seite der Sklavenhalterpartei. Im Frühjahr 1856 schickte diese sogenannte *border ruffians*, bezahlte Banditen, nach Lawrence in Kansas. Der Ort wurde niedergebrannt, und viele Siedler kamen ums Leben. Aus Rache überfiel der fanatische Sklavereigegner John Brown mit seinen Söhnen eine Farm am Pottawatomie-Fluß und ermordete in der Nacht vom 24. auf den 25. Mai 1856 fünf Kolonisten der Sklavenhalterpartei.

Hinter diesen Gewalttaten standen, wie gesagt, starke wirtschaftliche Interessen auf der einen und erregte Emotionen auf der anderen Seite. Im Süden herrschte *König Baumwolle*, zu Reichtum gelangt durch einen schier unersättlichen Hunger des Weltmarkts nach dem weißen Wattegewächs, dessen Anbau ohne Sklaven unmöglich schien. Um 1800 führten die Vereinigten Staaten Baumwolle im Gesamtwert von fünf Millionen Dollar aus – das entsprach sieben Prozent des nationalen Exportes. Schon 1810 hatte sich diese Zahl verdreifacht, 1840 war sie auf dreiundsechzig Millionen gestiegen, und Mitte der fünfziger Jahre lag sie bei einhundertfünfzig Millionen Dollar. Das entsprach etwa der Hälfte aller amerikanischen Ausfuhren. Diese gewaltige ökonomische Bedeutung erklärt das Selbstbewußtsein, mit dem die Südstaaten auftraten und die Rücksichtnahme des Kongresses und der amerikanischen Präsidenten auf ihre Interessen. Der Norden befand sich ökonomisch in der schwächeren Position, obwohl die Industrialisierung mit Riesenschritten voranging. Um so schwerer wog das moralische Argument. Ihm konnten die Südstaaten wenig entgegensetzen, wenngleich viele Greuelgeschichten über das an den Sklaven verübte Unrecht übertrieben sein mochten.

Auf beiden Seiten wuchsen Erbitterung und Haß. Im Januar 1854 erschien in der *New York Daily Times* ein Appell der Senatoren Charles Sumner und Salmon P. Chase, in dem die Gesetzesvorlage von Douglas als Verschwörung der Sklavenhalter angeprangert wurde. Douglas und Sumner gehörten derselben Partei an, nämlich den Demokraten. Der Appell führte zum endgültigen Bruch zwischen Sklavereigegnern und -befürwortern. Sowohl die Demokraten als auch die Whigs spalteten sich. Zwei neue Lager entstanden: die Republikaner als Partei der Sklavengegner und die nun ganz südstaatlich orientierten Demokraten, mit denen sich der sklavereifreundliche Rest der Whigs vereinigte. Mit den alten Parteien, die alles und nichts versprachen, hatten diese neuen Gruppierungen nicht mehr viel zu tun, auch wenn die eine den alten Namen beibehielt. Die Sklavenfrage trennte die ganze Nation, und Republikaner und Demokraten repräsentierten die unversöhnlichen Standpunkte.

Wie hitzig die Auseinandersetzung inzwischen geworden war, bewies nicht nur das Blutvergießen in Kansas und Nebraska. Auch in Washington hatte das *Versöhnungswerk* von Stephen A. Douglas die Atmosphäre vergiftet. 1855 sprach Charles Sumner in einer Senatsrede vom *Verbrechen gegen Kansas* und griff die Mannschaften der Sklavenhalter scharf an. Der Kongreßabgeordnete Preston Brooks, ein Südstaatler, nahm anderntags Rache an dem Redner, indem er ihn im Senatssaal überfiel und mit dem Spazierstock zum Krüppel schlug.

In diesem politischen Klima fand 1856 die Wahl des neuen Präsidenten statt.

Der demokratische Konvent im Juni machte das Argument von Douglas im Kansas-Nebraska-Streit zum Hauptpunkt des Parteiprogramms: Die Ausweitung der Sklaverei auf neue Territorien müsse erlaubt sein, weil der Grundsatz der Volkssouveränität jede Bevormundung der Siedler verbiete. Zum Präsidentschaftskandidaten wurde gleichwohl nicht Stephen A. Douglas gewählt, sondern James Buchanan. Buchanan war Senator und Staatssekretär und hatte 1854 am sogenannten Ostender Manifest mitgewirkt, mit dem die Annexion Kubas betrieben worden war. Als Vertreter des südstaatlichen Imperialismus repräsentierte er den Geist der Aristokratie des Südens, auch wenn er der Sohn eines irischen Einwanderers war.

In Philadelphia wählte die junge republikanische Partei John Charles Frémont als Gegenkandidaten. Als Offizier hatte er sich bei der Eroberung Kaliforniens einen Namen gemacht und als Forschungsreisender das Felsengebirge von Colorado durchstreift. Das Programm der Republikaner forderte nicht die Abschaffung der Sklaverei, wohl aber ihre Eingrenzung auf die traditionellen Südstaaten. Aus den neubesiedelten Territorien sollte sie verbannt werden. Auch die Verfolgung flüchtiger Sklaven über die Grenzen der Sklavenstaaten hinweg sollte aufhören.

Auf der Holzveranda über dem Hudson diskutierten wir manche Sommernacht hindurch über das Für und Wider dieser Programme. Mein Gastgeber war Parteigänger der Demokraten und entschlossen, Buchanan zu wählen.

– Man kann dem Süden ruhig Zugeständnisse machen, sagte er. Die Zeit ist sowieso auf unserer Seite. In wenigen Jahrzehnten wird die Industrie der Nordstaaten die Plantagenwirtschaft überflügelt haben. Maschinen sind die besseren Sklaven.

– Durch Zugeständnisse, antwortete ich, läßt sich die Sklavenfrage nimmermehr aus der Welt schaffen. Ja, wenn es nur ein ökonomisches Problem wäre! Aber es geht um Menschenrechte und Menschenwürde, und deshalb wird die Frage für Unruhe sorgen, bis entweder der Süden die Sklaverei abgeschafft oder der Norden sie wieder eingeführt hat. Die Sklaverei ist ein Schandfleck für die Union, und jeder Tag, an dem sie fortbesteht, ein Tag zuviel.

– Ich weiß gar nicht, mein lieber Struve, sagte der Bierbrauer,

warum Sie sich so erregen. Immer wieder betonen Sie, nur Gast sein zu wollen. Meinen Rat, Bürger Amerikas zu werden, haben Sie beharrlich zurückgewiesen.
– Dabei bleibe ich auch, versicherte ich. Ich will nicht Amerikaner werden. Das käme mir wie Verrat vor. Ich habe es mir zur Aufgabe meines Lebens gemacht, die Despoten Europas zu bekämpfen.
– Nun, fuhr Biege fort, dann kann es Ihnen doch gleichgültig sein, ob der nächste Präsident der Vereinigten Staaten Buchanan oder Frémont heißt.
– Durchaus nicht, antwortete ich erregt. Diesseits und jenseits des Ozeans wird derselbe Kampf gefochten. Es geht um die Freiheit des Menschen. Was in Europa die Aristokraten sind, das sind hier die Sklavenhalter. Sie ernten, ohne zu arbeiten; sie leben vom Schweiß der Ärmsten. Wie könnte ich mit freier Stirn jenseits des Ozeans je wieder für die Freiheit in die Schranken treten, wenn ich hier zur Ausbreitung der Sklaverei schweigen würde?

14

Sosehr ich es wünschte, konnte ich doch nicht meine ganze Zeit der *Weltgeschichte* widmen. Politische Freunde drängten mich, Wahlreden zugunsten Frémonts zu halten. Traditionell wählten die Deutschen New Yorks, ich erwähnte es bereits, die demokratische Partei. Sie galt als ausländerfreundlich, wenngleich sie wenig getan hatte, diesen Ruf zu rechtfertigen. Die Whigs, soviel war richtig, hatten immer weit offener mit den *Know Nothings* sympathisiert. Da einfache Gemüter in den Republikanern nur die Nachfolger der Whigs sahen, mißtrauten ihnen die Einwanderer. Um meine Landsleute umzustimmen, erklärte ich mich zur Teilnahme am Wahlkampf bereit.
Ich erinnere mich an eine Veranstaltung im großen Saal der

New Yorker Musikakademie. Von den Galerien hingen Spruchbänder und Fahnen, darunter herrschte wogendes Gedränge und tausendfaches Stimmengewirr, auf der Bühne spielte eine wenig beachtete Blaskapelle in bayerischer Tracht deutsche Volksweisen. Ich bahnte mir, Amalie an der Hand, einen Weg zu den Stuhlreihen der Ehrengäste, als ich plötzlich eine vertraute Stimme hörte.
– Potzsapperment, ich will Mathy heißen, wenn das nicht der alte Rübenmönch ist!
Vor mir stand Friedrich Hecker.
Wir umarmten uns und konnten es kaum glauben, daß wir uns nach acht Jahren mitten in New York wiedergefunden hatten. Mein Freund und Mitstreiter hatte sich verändert. Er wirkte aufgedunsen, blaß und müde. Glattrasiert und das immer noch blonde Haar nach amerikanischer Mode geschoren, bekleidet mit einem grauwollenen Hemd, einer schwarzglänzenden Weste und einem Frack über bauschigen Hosen, entsprach er mehr dem Bild eines Farmers auf Stadtbesuch als dem eines deutschen Revolutionärs. Meine Frage nach seinem Befinden beantwortete er mit einem Schwall von Kraftausdrücken, mit denen er das Wechselfieber verfluchte, unter dem er litt. Dann besann er sich der Gegenwart Amalies, entschuldigte sich, überschüttete sie mit Komplimenten und erzählte mit strahlendem Blick von seiner weitläufigen Farm in Illinois, seiner Frau und seinen Kindern. All das brüllend, um das Gebrodel der Stimmen und die Blasmusik zu übertönen.
Wir nahmen Platz. Ob ich wisse, fragte Hecker, daß Fickler Wahlreden für die Demokraten halte. Das überraschte mich.
– Eine Schweinerei, schimpfte mein Freund. Ich habe seinen Namen auf einem Plakat der Demokraten gelesen. Dem Kerl müssen sie im Gefängnis das Hirn ausgetrocknet haben! Eine hundsföttische Schande ist das. Unser herrlichster Märtyrer als Galionsfigur der Sklavenhalter!
– Er war schon immer ein Unglücksrabe, sagte ich.

Die Eröffnung der Veranstaltung unterbrach unser Gespräch. Ich war der dritte Redner. Was ich sagte, entsprach im wesentlichen meinem *Aufruf an die Deutschen*, den ich am 18. Juli 1856 als Flugschrift hatte erscheinen lassen. Ich stellte den Kampf gegen die Sklaverei in den großen Zusammenhang der Befreiung des Menschen im Laufe der geschichtlichen Entwicklung. Bei der bevorstehenden Präsidentenwahl käme es vor allem darauf an, die Sklavenhalter aus dem Weißen Haus in Washington zu treiben. Nicht um Freiheit oder Sklaverei gehe es, wohl aber um Ausdehnung oder Beschränkung dieser elenden Institution. Kein Gegner des Despotismus könne klaren Verstandes für die Sklavenhalterpartei stimmen, denn die Sklaverei sei die schlimmste Form des Despotismus.
Mein Freund Hecker sprach sich in demselben Sinne aus, benutzte allerdings, wie es seine Art war, derbere Ausdrücke. Amalie und ich hätten gern den Abend mit ihm verbracht, aber er reiste gleich nach Schluß der Wahlversammlung mit der Eisenbahn nach Philadelphia weiter. Beim Abschied lud er uns einmal mehr auf seine Farm ein.
– Bei uns in Lebanon, sagte er, wachsen die größten Rüben und Kürbisse, die du je gesehen hast. Und in den Straßen von unserem Nest laufen einige der schönsten Quadratschädel der Neuen Welt herum. Die warten nur darauf, von dir betastet zu werden. Es wird dir gefallen bei uns, alter Freund. Vergiß das gottverdammte Deutschland. Rindviecher findest du bei mir auch, und endlose Freiheit ...
So etwa habe ich die letzten Worte in Erinnerung, die ich von Friedrich Hecker hörte. Er rief sie aus der anfahrenden Droschke, die ihn von der Musikakademie zum Bahnhof brachte. Amalie und ich sahen dem Wagen nach und fürchteten, den Freund nicht wiederzusehen. Doch es sollte nicht meine letzte Begegnung mit ihm gewesen sein.
Meine Auftritte als Wahlredner zwangen mich, die unmittelbare Umgebung der Stadt New York zu verlassen. Ende Oktober

reiste ich mit Amalie über Poughkeepsie, Albany, Utica und Syracuse nach Rochester am Ontariosee. An jedem dieser Orte sprach ich vor Versammlungen deutscher Einwanderer. Die Fahrt mit der Eisenbahn ging über weite Strecken durch unberührte Natur, entlang glitzernder Flüsse, über schwankende Brücken, durch weite Ebenen und rotgoldene Laubwälder. Amalie und ich saßen am Fenster unseres komfortablen Coupés auf rotgepolsterten Plüschbänken und entdeckten staunend die unermeßliche Weite und Schönheit Amerikas.

Dem Rat eines deutschen Republikaners aus Rochester folgend, setzten wir unsere Reise am Tag nach meiner letzten Rede bis zu den Niagarafällen fort. Dort standen wir in der Herbstsonne auf einer felsigen Plattform vor tosenden, gischtsprühenden Wasserwänden, Arm in Arm, den Blick auf einen Regenbogen gerichtet, der in den Nebeln der Fontänen schwebte. Das Naturschauspiel überwältigte uns und löschte für einige Zeit alle trüben Gedanken aus. Selten habe ich Amalie so gelöst und übermütig erlebt wie an jenem Tag. Die Stunden am Rande des stürzenden Stromes werde ich nie vergessen.

Die Wahlen Anfang November 1856 brachten nicht den erhofften Sieg Frémonts. Nicht die Republikaner, die Demokraten errangen die Mehrheit der Stimmen. James Buchanan wurde der fünfzehnte Präsident der Vereinigten Staaten. Ich war enttäuscht. Aber da das Volk in freier Wahl entschieden hatte, gab es an diesem Ergebnis nichts zu deuteln. Ich fand mich ab und wandte meine Aufmerksamkeit wieder der *Weltgeschichte* zu.

Wir hatten uns vorgenommen, in Dobbsferry zu bleiben. Als aber die kalten Stürme des Dezembers kamen, begannen wir, uns vor den Wintermonaten zu fürchten. Das Holzhaus des Bierbrauers lag auf einer Anhöhe, schutzlos dem Nordwind preisgegeben, der eisig das Hudsontal hinunterweht. Eines Morgens erwachte ich von Amalies Schmerzenschreien. Ihre schreckliche Krankheit war wieder ausgebrochen. Nichts hätte mich schneller von der Notwendigkeit überzeugen können, die

Wohnung zu wechseln. In den letzten Dezembertagen siedelten wir nach New York City über.
Bei Ludwig Neu war die *Weltgeschichte* in besten Händen. Zum erstenmal seit unserer Flucht aus Deutschland verdienten wir mehr, als für den täglichen Bedarf notwendig. Unsere neue Wohnung nahe der Williamsstreet statteten wir mit hellen Möbeln und bunten Vorhängen aus. Ab und zu gönnten wir uns einen Besuch im Theater oder Konzert. Im Parktheater sahen wir Shakespeares *Hamlet,* im Opernhaus am Ende des Broadway eine italienische Oper. Viel Vergnügen bereitete uns eine englischsprachige Aufführung von Schillers *Räubern* im Bowerytheater, die mich an das Lesen mit verteilten Rollen erinnerte, an dem ich mich vor langer Zeit in Frankfurt beteiligt hatte.
Doch ein unbeschwertes Leben schien uns nicht vergönnt. Unversehens gerieten wir wieder in Geldnot. Im Frühjahr 1857 machten sich die Vorboten der Wirtschaftskrisis bemerkbar, die im Herbst über Amerika hereinbrechen sollte. Obwohl die Nachfrage nach der *Weltgeschichte* anhielt, gingen die Gelder nur noch mäßig ein. Trotzdem mußte ich Drucker und Papierlieferanten weiterhin pünktlich bezahlen. Angesichts der schlechten Wirtschaftslage verfiel Ludwig Neu auf die unglückliche Idee, mein Werk in Europa anzubieten. Mit vier Kisten, die bis obenhin mit Heften der *Weltgeschichte* angefüllt waren, schiffte er sich im August 1857 nach London ein. Dort wollte er unter den Deutschen Englands für den Bezug der Hefte werben und dann nach Deutschland weiterreisen, um dort sein Glück zu versuchen.
Daraus wurde nichts. Neu starb in London, die Kisten mit den Heften gingen verloren. In New York fing die Krisis nun erst richtig an. Banken stellten ihre Zahlungen ein, Kaufleute standen vor dem Nichts, Handwerker, Angestellte und Arbeiter verloren ihren Erwerb. Auch unsere Sorgen waren drückend, doch Amalie wurde nicht müde, mich aufzumuntern. Sie erinnerte mich an ein Sprichwort, das sie von mir kannte: *Bon endu-*

reur est toujours vainqueur – Wer durchhält, bleibt letztlich Sieger. Und zum Durchhalten war ich entschlossen. Mit dem Schreiben der *Weltgeschichte* war es allerdings nicht mehr getan. Seit Ludwig Neus Abreise mußte ich den Druck der Hefte leiten, die Korrekturen vornehmen, das Papier besorgen und den Vertrieb organisieren. Trotzdem reichte das Geld, das uns blieb, kaum für den täglichen Bedarf. Mit Vorträgen, die ich vor Handwerker- und Arbeitervereinen hielt, erwarb ich ein kärgliches Zubrot, meist in Naturalien.

Das einzige Vergnügen, das mir blieb, waren gelegentliche Besuche im Kabinett von Fowler und Wells in der Nassau Street. Hier war der Eintritt frei und ich ein gerngesehener Besucher. Zu sehen gab es auf Tischen, Borden, Säulen und Podesten Hunderte von Schädelskeletten und Totenmasken, in spiritusgefüllten Gläsern schwimmende Embryonen, ausgestopfte Affen und Schlangen und lebensechte Nachbildungen von Menschenköpfen aus Wachs und Naturhaar. An den Wänden hingen Abbildungen berühmter Männer, exotischer Wilder und berüchtigter Verbrecher. Es gab auch eine riesige Schautafel mit Zeichnungen des menschlichen Schädels aus verschiedenen Perspektiven, auf der die Gallschen Organe farbig gekennzeichnet waren. Das Kabinett von Fowler und Wells war ein phrenologisches Museum.

Versunken in das Studium seiner Schätze, konnte ich vergessen, was mich bedrückte. Der Besucherandrang war meist stark, und mehrere Assistenten warteten auf Interessenten, um sie in einer der dafür vorgesehenen Kabinen phrenologisch zu untersuchen. Eine ausführliche Charakteranalyse kostete drei Dollar. Ich kam als Kunde nicht in Frage, das war bekannt, seit ich einige der Helfer kennengelernt und in Fachgespräche verwickelt hatte.

Eines Tages lernte ich den berühmten Orson S. Fowler, Mitinhaber des Kabinetts und Wortführer der amerikanischen Phrenologen, kennen. Er war ein Mann in meinem Alter mit dem Habitus eines Sektenpredigers. Sein dunkelhäutiges, zerfurchtes

Gesicht mit der gewaltigen Habichtsnase , den tiefliegenden Augen und dem borstigen Vollbart ist mir gut im Gedächtnis geblieben.
Ich stellte mich als Schüler George Combes vor, worauf Fowler mir aufgeregt die Hand drückte und mich in sein Ordinationszimmer führte, wo ein Ölgemälde Combes an der Wand hing. Ich bewunderte die Ähnlichkeit des Portraits und erzählte, das Bild betrachtend, von meiner ersten Begegnung mit Combe und unseren Vorlesungen an der Heidelberger Universität. Fowler wollte kaum glauben, daß es in Europa noch Menschen gab, die an Galls Lehre zweifelten. In Amerika habe sie einen Siegeszug ohnegleichen angetreten, versicherte er, und durch Combes Buch über das Wesen des Menschen sei die Phrenologie zur Philosophie der Neuen Welt geworden. In ihr finde der amerikanische Glaube an das Recht des einzelnen auf Leben, auf Freiheit und das Streben nach Glück seine wissenschaftliche Entsprechung.
Nachdem ich jahrelang die Phrenologie hatte verteidigen müssen, genoß ich die Begeisterung, mit der ein anderer über meine Lieblingswissenschaft sprach. Mit seinem *American Phrenological Journal*, sagte Fowler, sei er dabei, die Nation zu phrenologisieren. Sei dies getan – und viel fehle nicht mehr! –, dann werde Nordamerika die ganze Welt reformieren. Europas Revolutionäre marschierten in die falsche Richtung, der Sozialismus mache die Menschen gleichgültig, nicht glücklich. Blanc, Fourrier und Marx wollten die Unterschiede zwischen den Menschen beseitigen und nähmen dadurch dem einzelnen seine stärkste Triebkraft. Im Glaubensbekenntnis der Phrenologie, die Amerikas Ideologie zu werden bestimmt sei, stehe dagegen die Kraft des Individuums an erster Stelle. *Self-made or never made*, lautete seine Devise, jeder könne erreichen, was er wolle, er müsse nur seine Talente richtig einsetzen. Er, Fowler, sei das beste Beispiel dafür. Von dem lateinischen Kauderwelsch der Mediziner verstehe er kein Wort, von Geschichte und Philoso-

phie wisse er nur das Notwendigste. Trotzdem sei er inzwischen *the great gun of phrenology in America* und gut eine Million Dollar wert.

So geriet er unversehens auf das Lieblingsthema aller Amerikaner, das Geld. Jeder echte Amerikaner, meinte er, sei bereit, für eine Analyse von Fähigkeit und Charakter einen ordentlichen Preis zu zahlen. Er und sein Partner beschäftigten allein dreißig Phrenologen, die voll ausgelastet seien. Ein Segen sei die Erfindung der Daguerreotypie. Auswärtige Kunden müßten nur noch ihre Bilder einschicken und bekämen innerhalb einer Woche zum Preis von vier Dollar die Analyse zugeschickt. Allein auf diese Weise machten Fowler und Wells pro Woche einen Umsatz von zweitausend Dollar.

Mir schien es bedenklich, eine ehrenwerte Wissenschaft so schamlos zum Gelderwerb auszunutzen. Ich bezweifle, sagte ich ernst, daß man auf Grund von Lichtbildern eine genaue phrenologische Analyse erstellen könne. Fowler schlug mir grinsend auf die Schulter, als hätte ich einen Witz gemacht, und sagte:

– *Who cares about being exact? We tell people what they want to hear and that's what they pay for. It's a fair deal, isn't it?*

Er bot mir an, Assistent bei ihm zu werden. Dankend lehnte ich ab. Fowlers Geschäftssinn hätte sich mit meiner Achtung vor der Wissenschaft nur schwer vereinbaren lassen.

Zur Wiederbelebung meiner phrenologischen Neigungen fand ich wenig Gelegenheit. Immer schwerer wurde es, das Lebensnotwendigste zu beschaffen. Der Absatz der *Weltgeschichte* kam ins Stocken. Für Bildung und Unterhaltung fehlte den Menschen das Geld. Der Winter des Jahres 1857 auf 1858 war besonders hart. In den Straßen und Häusern des verschneiten Klein-Deutschland herrschten Hunger und Kälte. Versammlungen fanden statt, auf denen nach Wegen aus der Not gesucht wurde. Ein neuer Arbeiterbund entstand, der mit den Organisationen Weitlings und Weydemeyers nur noch den Namen gemein hatte. Um den Zusammenhalt der Mitglieder zu festigen und auf ihre Probleme aufmerksam zu machen, gab dieser Arbeiterbund eine Wochenschrift heraus. Mit dem Redakteur des Blattes war die Mehrheit der Arbeiter sehr unzufrieden. Eines Tages ging die Anfrage an mich, ob ich die Zeitschrift redigieren könne.

Mit den Grundsätzen des Arbeiterbundes war ich vollkommen einverstanden. Trotzdem zögerte ich, die Aufgabe zu übernehmen. Als Redakteur der *Zeitschrift für Deutschlands Hochschulen* und des *Mannheimer Journals* hatte ich keine ermutigenden Erfahrungen damit gemacht, eine Zeitschrift im Auftrag anderer herauszugeben. Doch als die Abgesandten des Arbeiterbundes mir erklärten, das Unternehmen werde, falls ich die Redaktion nicht übernähme, in die Hände von Parteigängern der Demokraten fallen, blieb mir keine Wahl. Ich verpflichtete mich jedoch nur für kurze Zeit und behielt mir monatliche Kündigung vor.

Unter meiner Leitung erhielt die Wochenschrift des Arbeiterbundes den Titel *Die sociale Republik.* Mit Hilfe der Mitglieder des Vereins gewann das Blatt eine ansehnliche Anzahl von Abonnenten und warf trotz der schweren Zeiten einen Ertrag ab. Doch ich merkte bald, daß ich mir mit der Übernahme der Redaktion eine zu große Arbeitslast aufgeladen hatte. Die Zeiten, in denen ich wie einst in Mannheim siebzehn Stunden täglich arbeiten konnte, waren vorbei. Die vielen Aufgaben, die ich hatte, erdrückten mich. Die Arbeit für die *Weltgeschichte* forderte immer noch meine ganze Person; zusätzlich mußte ich nun noch *Die sociale Republik* redigieren, an den Verhandlungen des Arbeiterbundes teilnehmen und oft mehrmals wöchentlich vor verschiedenen Arbeiter- und Handwerkervereinen Vorträge und Reden halten. Auch Leichenreden für verstorbene Mitglieder des Arbeiterbundes bürdete man mir auf; und obwohl ich diese Aufgabe als besonders lästig empfand, brachte ich es nur schwer über mich, sie abzulehnen.

15

Mit der Wahlniederlage der Republikaner war die Entscheidung über die Sklavenfrage nicht gefallen, nur vertagt. Wie wenig das Land befriedet war, zeigte die Empörung über den Prozeß von Dred Scott. Dred Scott war ein Negersklave, der seit vier Jahren mit seinem Herrn in einem sklavereifreien Gebiet lebte. Als Kläger wollte er vom Obersten Gericht die Bestätigung erhalten, daß er frei sei. Amerikas höchster Richter Roger Taney wies das Begehren ab. Ein Negersklave und seine Nachkommen, begründete er die Entscheidung, seien Wesen minderer Art, könnten daher nirgendwo Staatsbürger sein und folglich auch keine Klage erheben. Außerdem sei das Verbot der Sklaverei in den Nordstaaten verfassungsrechtlich nicht haltbar. Aus dem Text des Urteils, das in allen Zeitungen erschien, ging klar hervor, daß Richter Taney nicht als Hüter des Gesetzes, sondern als Parteimann gesprochen hatte. Alle Republikaner fühlten sich herausgefordert, auch ich.
Schon warf die Präsidentenwahl des Jahres 1860 ihre Schatten voraus. Diesmal mußten die Republikaner siegen, diesmal kam es auf jede Stimme an! Um in zwei Jahren wahlberechtigt zu sein, stellte ich nun doch einen Antrag auf Einbürgerung. Mit großem Interesse verfolgte ich die Presseberichte über die Debatten zwischen dem Republikaner Abraham Lincoln und dem Demokraten Stephen Douglas, die sich um den Senatorensitz für den Staat Illinois bewarben. Douglas, der mit seinem Kansas-Nebraska-Gesetz soviel Unheil angerichtet hatte, gab sich moderat, doch Lincoln trieb ihn durch seine Fragen geschickt in die Enge. Er zwang ihn, zum Urteil im Fall Dred Scott Stellung zu beziehen. Richter Taneys Entscheidung stellte die Souveränität des Volkes in den Nordstaaten insofern in Frage, als es das Verbot der Sklaverei generell für verfassungswidrig erklärte. Da Douglas die Ausweitung der Sklaverei auf neue Territorien ausdrücklich mit der Volkssouveränität begründet

hatte, befand er sich in einer Zwickmühle. Entweder er blieb dabei, daß die Bevölkerung eines Territoriums frei über die Sklavereifrage entscheiden konnte – dann stellte er sich gegen das Urteil Taneys und damit gegen die Sklavenhalter. Oder er erklärte das Urteil für richtig – dann widersprach er sich selbst. Douglas wählte die erste Lösung. Auf Lincolns Frage, ob es einen gesetzmäßigen Weg gebe, die Sklaverei abzuschaffen, antwortete er, jedes territoriale Parlament könne die Sklaverei jederzeit und ohne Rücksicht auf das Oberste Gericht aufheben. Über diese Antwort waren die Südstaatler empört. Douglas gewann zwar die Wahlen gegen Lincoln, verlor aber den Rückhalt in der eigenen Partei und damit jede Aussicht auf das von ihm angestrebte Präsidentenamt. Wichtiger war, daß er die Spaltung der demokratischen Partei verursachte. Die radikalen Südstaatler trennten sich von den gemäßigten Nordstaatlern um Douglas. Damit war die Pro-Sklaverei-Bewegung zersplittert und geschwächt. Die Aussichten der Republikaner auf einen Wahlsieg stiegen. So hatte Abraham Lincoln durch einige wohlbedachte Fragen die politische Lage entscheidend verändert. Wohl war er der Verlierer der Wahl in Illinois. Doch bei den Gegnern der Sklaverei hatte er große Popularität gewonnen.
In der *Socialen Republik* und meinen Vorträgen unterstützte ich offen die Republikaner. Ich versuchte, den deutschen Arbeitern und Handwerkern begreiflich zu machen, daß die Sklavereifrage auch sie betraf. Verständlicherweise beschäftigte sie die Sorge um das tägliche Brot weit stärker als das Schicksal der Schwarzen im Süden der Union. Ich erinnerte mich des Socialen Vereins von Mannheim, der im Hungerwinter 1846/47 viel Not gelindert hatte, und setzte im Arbeiterbund eine ähnliche Einrichtung durch. Die Mitglieder einer eigens gegründeten Genossenschaft sollten mit kleinen Beträgen den Betrieb eines Lebensmittelgeschäfts ermöglichen, selbst dessen Kundenstamm bilden und einen anfallenden Gewinn unter sich aufteilen. Auf diese Weise würden alle wohlfeiler zu den dringendsten Lebens-

mitteln gelangen. Unter dem Namen *Industrieverein* wurde der Plan verwirklicht. Die Sache ging so lange gut, bis Neid und Streit unter den Beteiligten ihr ein Ende bereiteten.
Leider gab es im Arbeiterbund die gleichen Cliquen wie überall, wo deutsche Auswanderer zusammentrafen. Anhänger von Marx, Schapper, Weitling, Weydemeyer und mir befehdeten einander unaufhörlich. Hauptsächlich daran scheiterte die Ausweitung des Bundes auf die ganze Union. In dieser Beziehung kam man über einige hoffnungsvolle Anfänge nicht hinaus.
Immerhin erfüllte sich dank des Arbeiterbundes der Traum Amalies von einer deutschen Schule in New York. Der Industrieverein unterstützte die Idee, und von den zu Wohlstand gelangten Deutschen erhielten wir hohe Spenden. Schon im Herbst 1858 konnte die *Freie Deutsche Schule* in einer angemieteten Wohnung eröffnet werden. Die Versuche des Arbeitervereins, die neue Einrichtung seinen Zielen zu unterwerfen, wehrte ich erfolgreich ab. Amalie und ich waren der Ansicht, das Protektorat eines an bestimmten Interessen orientierten Verbandes könne nur schädlich sein. Gegen viel Widerstand setzten wir eine Selbstverwaltung der Schule durch. Wie richtig diese Entscheidung war, hat die spätere Entwicklung gezeigt. Während der Arbeiterbund und sein Industrieverein längst an innerem Unfrieden gescheitert sind, ist die Freie Deutsche Schule New Yorks gewachsen und zu allgemeiner Anerkennung gelangt. Heute befindet sie sich in einem eigenen mehrstöckigen Gebäude an der 4. Straße.
Die vielen internen Streitigkeiten machten meine Arbeit für den Arbeiterbund immer unerquicklicher. Kurz vor Weihnachten 1858 kam ich wieder einmal erschöpft und entmutigt von einer der endlosen Versammlungen zurück, durchnäßt vom Regen, der mich unterwegs überrascht hatte. Wie so oft, war es spät geworden. Durch das finstere Treppenhaus tastete ich mich zu unserer Wohnungstür hoch, durch deren Ritzen trotz der vorgerückten Stunde Licht fiel. Bevor ich aufschließen konnte,

öffnete mir Amalie. Gewöhnlich schlief sie um diese Zeit, doch an diesem Abend hatte sie ihr schönstes Kleid angezogen und ihre Korkenzieherlocken frisch gebrannt. Sie umarmte mich und gab mir einen langen Kuß auf den Mund.
– Es ist etwas Wunderbares geschehen, sagte sie dann. Ich bin die glücklichste Frau der Welt.
In unserem Arbeitszimmer hatte sie mehrere Kerzen auf den Tisch gestellt und bunte Bänder von Wand zu Wand gezogen. Die einzige Antwort auf meine fragenden Blicke war ein geheimnisvolles Lächeln. Amalies Augen schienen mir verschleierter als jemals zuvor. Ich mußte mich setzen und von dem Pfefferminztee trinken, den sie aus der Küche holte. Erst dann erfuhr ich, was es zu feiern gab.
– Ich erwarte ein Kind, sagte sie leise. Wir werden, stell dir vor, nach all den Jahren ...
Den Kopf an meiner Schulter, weinte sie, wie sie niemals zuvor geweint hatte. Ihr schmaler Körper zitterte in meinem Arm. Sie war wie erlöst, hingegeben an eine nicht mehr erwartete Freude. Ich streichelte sie sanft, bis sie, sehr viel später, einschlief. Lange schon waren sich unsere Seelen nicht mehr so nah gewesen wie in dieser Nacht. Sie war eine Fortsetzung unserer Hochzeitsnacht in Mannheim, die ich neben Amalies Bett kauernd verbracht hatte. Die Zeit dazwischen schien auf einmal unwichtig und ereignislos. Vielleicht, dachte ich, auf die heruntergebrannten Kerzen blickend, ist dies das Ende der Bewährung. Mandaras darf Vater werden, denn er ist kein Jüngling mehr.
Ende Januar legte ich die Redaktion der *Socialen Republik* nieder und trennte mich vom Arbeiterbund. Das letzte von mir redigierte Blatt war die Nummer zweiundvierzig vom 5. Februar 1859. Der Verein und seine Zeitung fristeten noch einige Zeit eine traurige Existenz und gingen dann beide zugrunde.
Seit ich wußte, daß Amalie guter Hoffnung war, fürchtete ich mehr denn je um ihre Gesundheit. Ich wollte fort mit ihr aus der

Stadt. Der Schmutz, der Lärm, der Mangel an freier Natur schienen mir nicht die richtige Umgebung zu sein für eine werdende Mutter. Auch wenn sie sich nicht beklagte, ahnte ich doch, wie sehr sie sich nach Staten Island zurücksehnte. Wieder ging ich auf Wohnungssuche, und diesmal fand ich in Stapleton ein kleines Holzhaus für uns, nicht weit von der Hütte, in der wir unseren ersten amerikanischen Sommer verbracht hatten. Ich machte mich frei von allem, was mich an New York City band, überließ die Expedition der *Weltgeschichte* einem in der Orchard Street wohnenden Bekannten und zog Anfang Mai 1859 wieder auf die Insel hinaus, die mir zu einer zweiten Heimat geworden war.

Mit doppelter Energie nahmen Amalie und ich nun die Vollendung der *Weltgeschichte* in Angriff. Seit ich mit dem Revolutionszeitalter begonnen hatte, stieg die Auflage der Hefte von Woche zu Woche. Im Sommer 1859 hatten wir siebentausend Abonnenten, und die Zeit der Geldnot lag auf einmal weit hinter uns. Alles schien besser zu werden. Liebevoll richtete Amalie in unserem neuen Zuhause ein Kinderzimmer ein. Ein rotgepolsterter Stubenwagen aus Korbgeflecht wurde gekauft, mit einem Baldachin aus spitzenbesetztem Batist; ein bunter Wollteppich lag auf den Dielen, an der Wand stand eine Wickelkommode, die mit Windeln und zierlichen Strampelhöschen gefüllt wurde. Leinenvorhänge hingen vor dem Fenster, die das Licht einließen, doch den Strahlen der Sonne ihre Kraft nahmen. Wenn Amalie nicht mein Diktat aufnahm, strickte sie kleine Pantoffeln, winzige Jacken, niedliche Mützen. Ihre Augen strahlten, sie war schöner denn je. Abends vor dem Einschlafen legte ich meine Hand auf ihren Leib und spürte die Bewegungen des heranwachsenden Lebewesens, unseres ersten Kindes.

An einem heißen Julitag kam eine Hebamme aus dem Nachbarort Tompkinsville ins Haus. Auf der überdachten Terrasse vor dem Eingang wartete ich voll banger Ungeduld, lauschend auf das Seufzen und Stöhnen meiner leidenden Frau. Endlich hörte ich den ersten Schrei des Neugeborenen und wurde wenig später, es war nach Mitternacht, in das kaum erleuchtete Schlafzimmer gerufen. Erschöpft und glücklich lag Amalie auf ihren Kissen und neben ihr unser erstes Kind, ein dunkelhaariges Mädchen. Schweigend saß ich auf der Bettkante, hielt Amalies Hand und war mit der Welt versöhnt.

Sechs Wochen später war unser Töchterchen tot.

Sie hatte kein Zeichen von Krankheit gezeigt, schien kräftig und gesund. Doch eines Morgens lag sie erstarrt unter dem weißen Baldachin. Über Nacht hatte sie zu atmen aufgehört. Es dauerte Wochen, bis sich Amalie wieder gefaßt hatte. Auf dem Friedhof, hoch über Stapleton, saß sie jeden Tag am Grab unserer Tochter, um sich ihrer Trauer hinzugeben.

In trüber Stimmung vergingen Sommer und Herbst. Die Nachricht von den Schlachten von Magenta und Solferino, durch die Italiens nationale Einigung in greifbare Nähe zu rücken schien, entzündete in uns beiden wieder die Hoffnung. Vielleicht würden wir nun bald nach Europa zurückkehren können. Wenn die Freiheitsbewegung in Italien einen solchen Aufschwung nahm, würden sich wahrscheinlich auch die anderen Völker der Alten Welt nicht mehr lange knechten lassen. Der Stillstand schien vorbei. Schon 1858 war der Thron der spanischen Bourbonen gefallen und im Land der Ketzergerichte der Grundsatz der Glaubensfreiheit verkündet worden.

Doch in Deutschland blieb alles beim alten. Ich erhielt einen Brief von Feodor Streit, einem ehemaligen Mitglied der Heidelberger Lumpia, der in Deutschland geblieben und ziemlich ungeschoren durch die Zeit der reaktionären Strafgerichte gekommen war. Er schrieb mir, die Lage sei desolat. Die Presse werde zensiert, der Klerus triumphiere allerorten, das Spitzelwesen blühe. In Österreich laufe die Zeit rückwärts, der Kaiser regiere ohne Parlament mit Hilfe von liberalen Überläufern. Preußens Konservative führten einen Kreuzzug gegen alles, was nach Demokratie rieche. Die Liberalen des Großbürgertums gäben sich unpolitisch und begnügten sich mit Geldgeschäften. *Es wird Dich, alter Freund,* las ich, *kaum überraschen, daß auch Karl Mathy ins Bankfach gewechselt hat. Seine Karriere ist bezeichnend für die ganze Gothaer Clique. Hansemann hat ihn in seine Berliner Disconto-Gesellschaft geholt, mit beträchtlichem Gehalt und Gewinnbeteiligung. Aber Verräter bleibt Verräter, und darum hat sich Mathy inzwischen abwerben und zum ersten Director der Staatsbank von Gotha machen lassen. Man sagt, er stehe auf bestem Fuße mit Herzog Ernst und berate denselben neuerdings in privaten Finanzangelegenheiten.*

Behutsam führte ich Amalie ins tägliche Leben zurück. Zu Weihnachten 1859 schenkte ich ihr ein kleines Klavier, und die Beschäftigung mit der Musik half ihr über melancholische Stunden hinweg. Sie weinte nur noch selten und glaubte wieder an die Zukunft. Im Bewußtsein, Mutter gewesen zu sein, lag die Hoffnung, es noch einmal werden zu können.

Das Frühjahr 1860 belebte unseren Mut. Amalie war wieder in Erwartung. Nun scheute sie sich nicht mehr, das seit dem Tod unseres Töchterchens verschlossene Kinderzimmer zu betreten. Eines Nachmitttags, als ich aus Manhattan zurückkam, hörte ich schon am Gartentor, wie sie zu Klavierbegleitung sang:

Laß rauschen, Lieb, laß rauschen,
Ich acht nicht, wie es geh.
Ich hab mir ein Buhlen erworben
In Veiel und grünem Klee.

Schweigend wartete ich, bis das Lied verklungen war, und erinnerte mich einer Wanderung, die uns vor Jahren von Mannheim aus über die Höhen des Haardtwaldes geführt hatte. Damals hatte Amalie dieselbe traurige Melodie gesungen. Nun schien sie mir wie eine tröstende Botschaft, die mir Gesundung von Schmerz und Trauer verkündete.

Ich fuhr wieder öfter in die Stadt. Mit einigen Freunden hatte ich ein neues *International Committee* gegründet, das sich um Verständigung zwischen den Flüchtlingen verschiedener Nationalitäten bemühte. Wir veranstalteten eine Gedenkfeier für den Grafen Orsini, der Anfang 1858 ein mißglücktes Bombenattentat auf Napoleon III. unternommen hatte und dafür hingerichtet worden war. Ich versuchte auch, einen Fonds zur Unterstützung Garibaldis zu schaffen. Schon meldeten sich Flüchtlinge beim Committee, die um Reisegeld für die Rückkehr nach Europa baten, wo sie sich den *Rothemden* auf ihrem Marsch von Marsala durch Sizilien anschließen wollten.

Meine Hauptbeschäftigung blieb jedoch die Arbeit an der *Weltgeschichte*. Allmählich näherte sie sich der Gegenwart und damit ihrem Ende. Am 4. Juni 1860 schrieb ich das Schlußwort. Käthchen wird es aus dem letzten Exemplar, das mir geblieben ist, auszugsweise abschreiben, während ich, ermüdet vom Diktat, die Augen schließe und meinem schmerzenden Kopf etwas Ruhe gönne.

Nach langen Mühen und Beschwerden ist meine Weltgeschichte endlich fertig geworden. Ich folgte dem Entwicklungsgange der Menschheit von ihrer Wiege bis zum Jahre 1848 und darüber hinaus, von dem Zeitalter, welches die Fabel golden nennt, bis auf das unsrige, welches in einem anderen Sinne auch golden genannt werden kann, denn leider ist das Gold in der Mitte des neunzehnten Jahrhunderts die Angel, um welche sich mehr oder weniger das ganze Menschengeschlecht dreht. Immer und aller Orten ist es aber nur der Kampf für die Freiheit, welcher dem Menschenleben Werth und Bedeutung, der Geschichte Interesse verleiht.

Ganz Amerika sprach damals von John Brown. Der fanatische Abolitionist, der mit seinen Söhnen im Mai 1856 fünf Pro-Sklaverei-Siedler am Pottawatomie Creek in Kansas überfallen und umgebracht hatte, war erneut in Erscheinung getreten. Mit nur achtzehn Mann hatte er am 16. Oktober 1859 ein Waffendepot in Harpers Ferry in Virginia überfallen, um das Signal zu einem allgemeinen Sklavenaufstand zu geben. Die erwartete Unterstützung war jedoch ausgeblieben. Marineinfanteristen hatten John Brown und seine Leute zur Aufgabe gezwungen. Nach kurzem Prozeß hatte man den merkwürdigen Mann in Charlestown in Virginia öffentlich gehenkt. Die Tat Browns und seine Hinrichtung erregten ungeheures Aufsehen. Sein Name war zum Symbol geworden. Für die Südstaatler stand er für den angeblichen Terror der Sklavereigegner; für die Nordstaatler dagegen war John Brown ein Märtyrer. Die *Daily Tribune* nannte ihn einen neuen Heiligen und veröffentlichte ein Gedicht von Ralph Waldo Emerson, in dem dieser die Vorhersage wagte, der Galgen werde durch Browns Hinrichtung dereinst zu einem ebenso glorreichen Zeichen werden wie das Kreuz Christi. In New Yorker Bierhallen sang man inzwischen ein Lied, in dem es hieß, die Seele des Gehenkten marschiere weiter, auch wenn sein Körper verfaule:

> John Brown's body lies a-mouldering in his grave,
> John Brown's body lies a-mouldering in his grave,
> John Brown's body lies a-mouldering in his grave,
> But his soul keeps marching on.

Soviel war richtig: John Browns Geist lebte, wenn man darunter die Empörung über das Unrecht der Sklaverei verstand. Das zeigte der Wahlkampf von 1860. Noch stärker als der von 1856 stand er im Zeichen der Auseinandersetzung um die Sklavenfrage. Die Spaltung der demokratischen Partei wurde besiegelt, als auf ihrem Delegiertenkongreß zur Nominierung des Präsidentschaftskandidaten eine Mehrheit für Stephen A. Douglas votierte. Protestierend zogen sich die Vertreter der Südstaaten aus der Versammlung zurück und wählten einen eigenen Kandidaten namens John C. Breckinridge. In diesem Auszug kündigte sich die bevorstehende Spaltung der Union an. Die Südstaatler waren nicht mehr bereit, sich überstimmen zu lassen. Immerhin hatte ihnen der Oberste Richter der Vereinigten Staaten bestätigt, daß die Verfassung ihnen das Recht gab, die Sklaverei auf neue Territorien auszudehnen.

Die republikanische Partei gab sich versöhnlich. Präsident konnte nur werden, wer wenigstens die Gemäßigten in den Südstaaten für sich gewann. Nicht der als entschiedener Sklavereigegner hochfavorisierte William Seward wurde nominiert, sondern der zurückhaltendere Abraham Lincoln.

Ich hatte Gelegenheit, Lincoln noch vor dieser Nominierung bei einem öffentlichen Auftritt zu erleben. Auf Einladung der republikanischen Partei waren Amalie und ich am Abend des 27. Februar 1860 von Staten Island herübergekommen, um im Saal des Cooper Institute den berühmten Herausforderer von Stephen A. Douglas aus Illinois reden zu hören. Ich weiß noch, daß elendes Wetter herrschte an diesem Tag. Der Wellengang in der Bucht war so stark, daß Amalie auf der kurzen Schiffsreise seekrank wurde. Durch die Straßen der Stadt jagte ein Schneesturm. Trotzdem waren weit über tausend Anhänger der Republikaner erschienen.

Ein Redakteur der *Evening Post* begrüßte die Anwesenden und kündigte Abraham Lincoln an. Ein großer, hagerer Mann betrat die Bühne. Er trug einen schwarzen, abgetragenen Frack, der ihm nicht paßte, und zerknitterte schwarze Röhrenhosen, die so kurz waren, daß man grauwollene Socken sah. Sein Kopf saß auf einem langen, sehnigen Hals, der aus einem großen steifen Hemdkragen ragte. Das Gesicht wirkte vernarbt. Das wirre

Haar über den abstehenden Ohren wirkte ungepflegt. In der Linken hielt er mit grotesker Grazie einen schäbigen Zylinder, mit dem er dem Publikum unbeholfen zuwinkte, um sich für den Applaus zu bedanken. Seine Rechte hielt ein zusammengerolltes Manuskript umklammert.

Umständlich legte er den Hut vor sich aufs Pult und begrüßte mit unsicherer Stimme die anwesenden Ehrengäste. Er sprach mit dem Akzent der Kentucky-Siedler und wirkte dadurch so hinterwäldlerisch, daß einige der neben uns sitzenden Republikaner grinsend die Köpfe schüttelten. Doch je länger Lincoln sprach, desto ernster und aufmerksamer wurden die Gesichter. Schließlich herrschte atemlose Stille. In den Sprechpausen des Redners hörte man nichts als das Zischen des Gaslichts.

Lincolns Argumentation kam mir sehr vertraut vor. Die Republikaner, sagte er, seien nicht revolutionär, sondern konservativ im besten Sinne. Nicht die Ausdehnung, sondern die Eindämmung und Bekämpfung der Sklaverei entspreche dem Geist und dem Wortlaut der amerikanischen Verfassung. Die Sklavenhalterpartei sei es, die den Frieden störe und das Fundament der Union untergrabe. John Browns Taten könne man nicht den Republikanern anlasten. Die Südstaatler selbst hätten mit ihrem Vordringen in die Territorien derartige Exzesse provoziert. Es sei unnötig, die republikanische Partei zur Friedfertigkeit zu ermahnen. Sie sei friedlich und wolle nichts weiter als die Erhaltung des verfassungsmäßigen Zustandes.

– Wenn wir auch, sagte Lincoln, die Sklaverei als ein Übel betrachten, erfordern es doch die gegenwärtigen Zustände im Lande, die Angelegenheit zu belassen, wie sie ist. Wir sind bereit, die Sklavenstaaten nicht zu bedrängen. Aber wir können nicht erlauben, daß sie die Sklaverei auf neue Territorien ausdehnen. Was eine Verständigung so schwermacht, ist der Umstand, daß sie meinen, sie seien im Recht. Sie wollen, daß man anerkennt, daß sie recht haben, und dafür kann man sie nicht verurteilen. Aber dürfen wir, die wir die Sklaverei verdam-

men, ihnen nachgeben? Können wir gegen unsere Überzeugung für die ihre stimmen? Hier zwischen Recht und Unrecht nach einem Mittelweg zu suchen wäre ebenso vergeblich, wie einen Menschen suchen zu wollen, der weder lebt noch tot ist.
Als Lincoln seine Rede beendet hatte, wurde er mit donnerndem Applaus und Hochrufen gefeiert. Amalie und ich drängten mit vielen anderen zur Bühne, um ihm die Hand zu schütteln. Als wir an der Reihe waren, stellte ich Amalie und mich kurz vor und äußerte meine Zustimmung zu seinem Standpunkt. Er bedankte sich höflich und wünschte mir viel Glück beim Kampf für die deutsche Republik. Dabei sah er mich aus melancholischen Augen an und drückte mir kräftig die Hand.
– Als er hereinkam, sagte ich später zu Amalie, schien er mir häßlich. Aber nach diesem Blick in sein zerfurchtes Gesicht ...
– Häßlich ist er nicht, stimmte sie zu, nur ungewöhnlich und gramvoll. Sein Körper wirkt mißgestaltet, weil die äußere Erscheinung nicht zu seiner Seele paßt. Ich glaube, er hat eine schöne Seele. Körper und Geist scheinen oft nicht zueinander zu passen. Vor allem bei bedeutenden Männern.
Wieder beteiligte ich mich am Wahlkampf. Auf Veranstaltungen der republikanischen Partei in Brooklyn, Hoboken und Klein-Deutschland trat ich als Redner auf. Aus tiefer Überzeugung setzte ich mich für Abraham Lincoln ein.
Kurz vor Amalies Niederkunft übersiedelten wir von Staten Island zurück nach New York City. Wir taten dies aus Sorge um unser Kind. Je näher der Zeitpunkt der Geburt kam, desto grausamer quälte Amalie die Erinnerung an den Tod unserer Tochter. Sie ertrug es nicht länger, im selben Haus auf die Niederkunft zu warten, in der das große Unglück geschehen war. Eines Nachts weckte sie mich weinend und beschwor mich, sofort mit ihr zu fliehen.
– Der Tod wohnt in diesem Haus, flüsterte sie. Ich fühle seinen Atem. Er wird mir auch das zweite Kind nehmen, wenn wir hierbleiben. Ich will weg!

Überstürzt zogen wir wieder in die Stadt. In der Herder Street fand ich eine Wohnung. Zu Amalies Entlastung und meiner Beruhigung verpflichtete ich ein schwarzes Dienstmädchen.
Am 6. November 1860 machte ich von meinem neuerworbenen Bürgerrecht Gebrauch und ging zur Wahl. Lincoln gewann mit einer halben Million Stimmen Vorsprung vor Douglas. Breckinridge, der Kandidat der Südstaaten-Demokraten, landete weit abgeschlagen an dritter Stelle. Durch die Sklavenstaaten ging ein unzufriedenes Raunen. South Carolina erklärte noch vor dem Amtsantritt des neuen Präsidenten, einer von diesem geführten Union werde es nicht länger angehören.
Wenige Tage nach Lincolns Wahlsieg wurde ich Vater. Am 10. November beschenkte mich meine liebe Amalie mit einem zweiten Töchterchen. Wieder saß ich am Bett von Mutter und Kind im Halbdunkel eines frühen Morgens, hielt die Hand meiner Frau und betrachtete das kleine Geschöpf, das neben ihr auf dem Kissen lag.
– Sie sieht dir ähnlich, hauchte Amalie lächelnd.
– Sie ähnelt Mandaras, antwortete ich. Wir sollten ihr einen indischen Namen geben.
Amalie war einverstanden. Ich erinnerte mich eines Gedichts von Friedrich Rückert, das eine indische Liebesgeschichte nacherzählt: Die treue Damajanti hält trotz Not und Gefahr zu ihrem Mann Nala, der von einem bösen Dämon besessen ist. Genau hatte ich die Geschichte nicht mehr im Kopf, doch was ich davon noch wußte, gefiel Amalie. Jedenfalls war auch sie der Meinung, daß Damajanti ein wunderbarer Name für unser schwarzhaariges Töchterchen sei.
Während Amalie in ihren Mutterpflichten aufging, zogen mich die politischen Ereignisse in ihren Bann. Anfang des Jahres 1861 schlossen sich die sogenannten Baumwollstaaten Mississippi, Alabama, Georgia, Florida, Louisiana und Texas dem Schritt von South Carolina an und erklärten ihren Austritt aus der Union. Am 8. Februar, einen Monat bevor Lincoln ins Weiße

Haus einzog, gründeten die abtrünnigen Staaten ihren eigenen Bundesstaat, die Konföderation. Zu ihrem Präsidenten wählten sie Jefferson Davis aus Mississippi.

Es schien ernst zu werden mit dem Machtkampf zwischen Nord und Süd. Und wie immer, wenn es ernst wird, meldeten sich die Halben zu Wort, die Taktierer, Abwiegler und Geschäftemacher. Auf einmal fürchteten viele New Yorker den Verlust des lukrativen Handels mit den reichen Sklavenstaaten. Wer etwas zu sagen hatte in der Stadt, riet zum Einlenken. Bürgermeister Fernando Wood schlug vor, New York City zur freien Stadt zu erklären, damit sie als neutraler Warenumschlagplatz aus dem Streit zwischen Rest-Union und Konföderation handelspolitischen Vorteil ziehen könne. Einflußreiche Kräfte unterstützten diesen erbärmlichen Plan. Die *Daily News* verteidigte offen den Standpunkt der Sklavenhalter und griff Lincoln auf gemeine Weise an. Nur ein Drittel der New Yorker hatte dem zukünftigen Präsidenten seine Stimme gegeben, und die Furcht vor wirtschaftlichen Einbußen machte die Mehrheit der Bevölkerung vollends zu seinen Gegnern. Man tat geradeso, als sei die Union nicht durch die Forderungen des Südens, sondern durch die Unnachgiebigkeit der republikanischen Partei bedroht.

Als Lincoln im Februar 1861 nach New York kam, bereitete ihm die Stadt einen kühlen Empfang. Er buhlte nicht um die Gunst der Bürger. Das Bündnis zwischen den Staaten der Union, sagte er, sei immerwährend und nicht aufkündbar; in der Frage der Ausdehnung der Sklaverei könne er nicht nachgeben. Es läge also nicht in seiner Hand, die drohende Auseinandersetzung mit dem Süden zu vermeiden.

Ich tat, was in meiner Macht stand, Lincoln publizistisch zu unterstützen. In drei Artikeln in englischer Sprache, die ich für die *Tribune* schrieb, riet ich zu einer harten Haltung gegenüber den Südstaaten. Nachgiebigkeit, warnte ich, werde alles nur noch schlimmer machen; die Union müsse sofort die ganze waffenmäßige Mannschaft aufbieten, um die abgefallenen Staaten zur Bundestreue zu zwingen, bevor diese für einen blutigen Bürgerkrieg gerüstet seien. Als Europäer verwies ich auf die Erfahrung des Schweizer Sonderbundkrieges von 1847. Auch in ihm war es um die Frage gegangen, ob die Mitglieder eines Bundesstaates kraft eigener Souveränität ihre Gefolgschaft aufkündigen und sich zu einem Sonderbund zusammenschließen können. Die Schweizer Bundesregierung hatte dies für unzulässig erklärt. Mit Waffengewalt war der Abfall der katholischen Kantone verhindert worden und der Bund aus der Auseinandersetzung gestärkt hervorgegangen. Vor Beendigung der Artikelserie stellte die *Tribune* wegen massiver Proteste ihrer Leser den Abdruck ein. Von einer militärischen Lösung des Konflikts wollten die ums Geschäft fürchtenden New Yorker in jenem Frühjahr noch nichts wissen.

Und doch lief alles auf einen Krieg hinaus. In seiner Antrittsrede machte Lincoln seine Haltung noch einmal unmißverständlich klar: In einer Demokratie dürfe sich die Mehrheit nicht deshalb einer Minorität beugen, weil diese drohe, sich abzuspalten; die Konföderation sei verfassungswidrig; die Regierung werde den Frieden nicht brechen, aber sich gegen jeden Angriff wehren. *Ihr habt*, appellierte er an die Südstaaten, *vor dem Himmel keinen Eid abgelegt, die Regierung zu vernichten, aber ich habe den heiligsten Eid geschworen, sie zu halten, zu schützen und zu verteidigen.*

Die schwerwiegendste Aussage der Rede war das harmlos klingende Versprechen, kein Bundeseigentum aufzugeben. Jeder wußte, was damit gemeint war. Das einzige bedrohte Bundeseigentum waren die in den Sklavenstaaten gelegenen Forts. Da die Konföderation sich für unabhängig und souverän erklärt hatte, wollte sie die Festungen der Bundesarmee im Süden nicht länger dulden. Vor allem das Fort Sumter, das auf einer Insel an der Einfahrt in den Hafen von Charleston lag und einen der wichtigsten Handelsplätze des Südens kontrollierte, betrachteten die

Konföderierten als Stützpunkt einer feindlichen Macht. So bauten sie Angriffsstellungen rings um den Hafen und richteten ihre Kanonen gegen die Inselfestung. Unterhändler aus Richmond forderten von Lincoln die Räumung des Forts. Dieser lehnte rundheraus ab. Zur Verteidigung des Bundeseigentums entschlossen, versuchte er, die schwache Besatzung von nur neunundsechzig Mann von See her zu verstärken und mit Nachschub zu versorgen.

Daraufhin ordnete Jefferson Davis an, Fort Sumter gewaltsam zu nehmen. Brigadegeneral P.G.T. Beauregard, der Kommandeur der Konföderationstruppen in Charleston, verlangte ultimativ die Übergabe der Festung und eröffnete am 12. April 1861, morgens 4.30 Uhr, das Feuer. Erst nach drei Stunden schossen die in der Festung eingeschlossenen Soldaten der Union zurück. Zu Hilfe geschickte Kriegsschiffe der Bundesmarine kamen erst, als das Fort schon brannte. Sie konnten nur noch die Besatzung in Sicherheit bringen, die immerhin ungehindert abziehen durfte, nachdem die Flagge der Union eingeholt und die Festung übergeben war.

In New York veränderte die Nachricht von diesen Ereignissen schlagartig die Stimmung. Der Süden hatte die ersten Kanonen abgefeuert, der Bürgerkrieg war zur Gewißheit geworden. Nun erkannten auch die Ängstlichen und Geldgierigen, daß man um einen Kampf nicht herumkommen würde. Da der Krieg nicht vermeidbar war, mußte man ihn gewinnen. Alle Errungenschaften und Freiheiten der Republik, Zukunft und Chance der Vereinigten Staaten standen auf dem Spiel.

Am Morgen des 14. April 1861 wurde der Fall von Fort Sumter in New York bekannt. Abends nahmen Amalie und ich an einer Kundgebung auf dem Union Square teil. Gut fünfzigtausend Menschen drängten sich auf dem ovalen Platz. Spruchbänder und Sternenbanner wurden hochgehalten. Aus dem Rauschen der Stimmen klang immer wieder Gesang aus Hunderten von Kehlen:

Glory, Glory Hallelujah,
Glory, Glory Hallelujah,
Glory, Glory Hallelujah,
His soul goes marching on.

Vom Brunnen in der Mitte des Platzes aus wurden Reden gehalten, die kaum zu verstehen waren. Aber das tat nichts, denn die Menge war ohnehin eines Sinnes. Niemand riet mehr zum Einlenken, keiner forderte Neutralität. Eine Woge patriotischer Begeisterung hatte die Stadt erfaßt.

Am 15. April rief Präsident Lincoln zu den Waffen. Zusätzlich zum stehenden Heer sollten fünfundsiebzigtausend Mann eingezogen und für die Zeitdauer von neunzig Tagen verpflichtet werden. Weder die Höhe des Aufgebots noch die Dienstdauer entsprachen dem Ernst der Lage. Außerdem war das alte Milizsystem aus der Zeit der amerikanischen Revolution veraltet und schwerfällig. Es beruhte auf dem Grundsatz, daß in einer Demokratie jeder waffenfähige Mann jederzeit zur Verteidigung des Vaterlandes herangezogen werden kann. Die fünfundsiebzigtausend Wehrpflichtigen aus allen Teilen des Landes stellten aber nur einen kleinen Teil derer dar, die zu den Waffen eilten. Überall entstanden Freiwilligenregimenter. Jeder Bürger konnte auf seine Kosten eine kleine Privattruppe ausrüsten, um sie der Union zur Verfügung zu stellen. Von dieser Möglichkeit, Bürgersinn zu zeigen, machten viele reiche Amerikaner Gebrauch. Schon in den ersten Tagen nach dem Aufruf des Präsidenten marschierten Freiwilligenverbände in farbenprächtigen Zirkusuniformen durch die Stadt und veranstalteten vor Gruppen begeisterter New Yorker artistische Schauübungen mit wirbelnden Gewehren, schnarrenden Trommeln und exakt einstudierten Bewegungen. Die auffälligsten dieser privaten Freiwilligen waren die Zouaven; sie trugen rote, bauschige Hosen im orientalischen Stil mit weißen Gamaschen, grüne oder blaue, mit rotgoldenen Bändern eingefaßte Bolerojacken und orientalische Kappen aus rotem Filz.

Auch für mich gab es kein Zögern. Gemäß meinem Wahlspruch: Wort und Tat, Hand in Hand! wollte ich mich in den Dienst der Freiheit stellen. Trotz meiner fünfundfünfzig Jahre war ich entschlossen, aktiv am Krieg gegen die Sklavenhalter teilzunehmen. Schon am Tag nach der Mobilisierung erfuhr ich von Freunden, daß Ludwig Blenker dabei war, ein deutsches Freiwilligenregiment zu rekrutieren. Blenker, der glücklose Offizier aus der pfälzischen Revolution von 1849, wohnte seit einigen Jahren in New York City, umgeben von einem Kreis trinkfreudiger Emigranten, die ihn immer noch respektvoll Oberst nannten. Am Tag nach der Kundgebung auf dem Union Square suchte ich den alten Kampfgefährten auf und stellte mich zur Verfügung.

Obwohl mich die Mannheimer Bürgerwehr 1848 zum Hauptmann gewählt hatte und ich ein Jahr später unter der Regierung Brentano Mitglied des revolutionären Militärausschusses gewesen war, besaß ich nicht viel soldatische Erfahrung. Das Angebot Blenkers, eine Offiziersfunktion zu übernehmen, lehnte ich ab. Ich bestand darauf, als gemeiner Soldat in sein Regiment einzutreten.

Amalie war mit meiner Entscheidung anfangs gar nicht einverstanden. Schweigend ließ sie mich ihre Ablehnung fühlen. Zum erstenmal, seit wir uns kannten, trennte uns etwas. Ich erinnere mich an den Morgen, an dem ich zum ersten Appell ging. Mit schmalem Mund und gesenkten Augen saß sie mir gegenüber am Frühstückstisch und sprach kein Wort. Das Dienstmädchen hatte mit der kleinen Damajanti im Arm das Zimmer verlassen. Über den Tisch hinweg griff ich nach Amalies Hand.

– Ich habe unsere Barschaft gezählt, sagte ich. Dank unserer *Weltgeschichte* seid ihr gut versorgt, solange ich im Felde stehe. Auch meinen Sold werde ich dir schicken.

Sie entzog mir die Hand und wischte sich damit über die Wangen. Sie weinte.

– Ich habe mit dir nie über Geld gesprochen, fuhr ich fort. Aber nun muß ich es ja. Es fällt mir schwer genug, dich zu verlassen, und es ist mir ein Trost zu wissen, daß es dir und der Kleinen an nichts fehlen wird.
– An nichts fehlen? erwiderte sie. Du wirst fehlen, mir, deinem Kind. Wenn du schon mit mir kein Erbarmen hast, denk an Damajanti. Soll sie ohne Vater aufwachsen?
– Was redest du da, sagte ich. In ein paar Wochen, nun gut, in ein paar Monaten, spätestens in einem Jahr ist dieser Krieg vorbei, und ich bin wieder bei euch.
Mit flehendem Blick sah sie mich an.
– Du bist kein junger Mann mehr. Du bist nur zu Gast in diesem Land. Warum, um alles in der Welt, ziehst du in einen Krieg, der dich nichts angeht?
– Es gilt, antwortete ich, durch die Tat zu bewähren, was ich bisher nur gesagt habe. Ich fühle mich noch stark genug dafür. Der Kampf um die Freiheit fordert Opfer, auch du selbst hast sie nie gescheut. Wenn ich mir treu bleiben will ...
– Es ist nicht dein Kampf, unterbrach sie mich trotzig.
– Darin irrst du, sagte ich.

17

Der Krieg gegen Frankreich sei in der Hauptsache bereits entschieden, steht in der heutigen Zeitung. Alle Anstrengungen der Franzosen würden nicht mehr hinreichen, eine der großpreußischen halbwegs gleichwertige Armee auf die Beine zu stellen. Mit einem Schlag hat sich das sorgsam austarierte Gleichgewicht der europäischen Staaten verschoben. Bismarcks neues Deutsches Kaiserreich wirft riesige Schatten, schon bevor es ganz errichtet ist. Sein Geist ist der Geist des Krieges. Dieser Geist, der haßt und zerstört, wird es ohne Zweifel reich und mächtig machen. Aber ob die Deutschen in diesem Reich glücklich sein werden? Ich kann daran nicht glauben. Zum Glück einer Nation und ihrer Nachbarn bedarf es des Geistes des Friedens, der Versöhnung, der Menschlichkeit.

Welche Emotionen der Ausbruch eines als gerecht empfundenen Krieges zu wecken vermag, habe ich im Frühjahr 1861 zum erstenmal erfahren. Nicht einmal in den Tagen der Märzrevolution erlebte ich ähnliche Begeisterung und Opferfreude. In New York drängten sich Tausende vor den Einschreibungsstellen für Freiwillige. Tuchhändler, Schuhfabrikanten und Büchsenmacher stellten kostenlos ihre Vorräte zur Verfügung. Transportunternehmen brachten ihre Gespanne zu den Sammelplätzen. Frauen veranstalteten Auktionen und Bazars, auf denen sie Handarbeiten zugunsten der Kriegskasse anboten. In Zelten am Bahnhof und im Hafen schenkten sie Kaffee an die ausrückenden Mannschaften aus, und in Kirchen und öffentlichen Gebäuden saßen sie zu Hunderten, um Uniformen und Sternenbanner zu nähen. Wenn man durch die Straßen ging, blickte man in erhitzte Gesichter. Zwischen den vielen Reklametafeln hingen Flaggen der Union aus den Fenstern. Ein Fieber hatte die Stadt ergriffen.

Auch ich war angesteckt. Amalies Schmerz quälte mich, aber er hielt mich nicht zurück. Nachdem ich mich in die Liste von Blenkers deutschem Jägerregiment eingetragen hatte, wäre ich am liebsten sofort zur Verteidigung Washingtons aufgebrochen. Doch zuerst mußte das Regiment von den Behörden gemustert und eingeschworen werden. Bis zum Eintreffen der notwendigen Ausrüstung verging weitere Zeit. Erst Ende April erhielt ich die Aufforderung, mich im sogenannten Poldgarden in der 14. Straße einzufinden.

Fast den ganzen Mai hindurch blieb ich in Amalies Nähe, ohne sie zu sehen. Die täglichen Exerzierübungen kosteten viel Kraft. Blenker und seine Freunde Stahel und Lutz, beide wie er ehemalige Revolutionäre aus der Rheinpfalz, gaben sich alle Mühe, aus uns Freiwilligen richtige Soldaten zu machen. Mit dem Präsentieren des Gewehrs und dem parademäßigen Marschieren war es nicht getan. Auch das Laden, Stopfen, Anlegen und Schießen wollten gelernt sein; auch das Manövrieren im Feld mußte eingeübt werden, etwa die rasche Verwandlung einer Marschkolonne in eine Angriffs- oder Verteidigungslinie. Wir exerzierten viele Stunden täglich auf dem felsigen Gelände im Norden von Manhattan. Nach dem ermüdenden Fußmarsch zurück ins Quartier sanken wir abends erschöpft auf unsere Lager.

Der Weg hinaus vor die Stadt und zurück war weit und beschwerlich. In voller Marschausrüstung wurde er zur Qual. Wir trugen eine enganliegende Uniform aus grauem Wollstoff mit blauen Aufschlägen und blauen Seitenstreifen an den Hosen; einen ledernen Brotbeutel, einen Tornister mit zusammengerollter Wolldecke, eine runde, stoffüberzogene Feldflasche und eine Patronentasche; einen Ledergürtel mit einer ovalen Schnalle, in die *US* eingeprägt war, weißlederne Brust- und Trageriemen; als Kopfbedeckung ein Tschako, dessen Vorderseite ein Jägerhorn und eine Acht aus Messing zierten als Zeichen, daß wir zum achten New Yorker Infanterieregiment gehörten. Unsere Bewaffnung bestand aus einer langen Muskete samt Ladestock und einem aufsetzbaren Bajonett, das am Gürtel baumelte.

Die Offiziere wurden von den Mannschaften gewählt, weshalb ich nicht lange ein gemeiner Soldat blieb. Nach zwei Wochen stieg ich zum Unterleutnant der ersten Kompanie auf. Als solcher stand ich beim Abschiedsappell vor dem New Yorker Rathaus in der ersten Reihe. Das war am 20. Mai 1861, einem heißen, windlosen Frühsommertag. In Marschblöcken waren wir vor der Freitreppe der City Hall angetreten, gut tausend Mann, fast alles ehemalige Freiheitskämpfer der deutschen Revolution.

Wir waren bei weitem nicht die einzigen deutschen Emigranten, die sich zur Verteidigung von Freiheit und Menschenrechten in den Vereinigten Staaten wieder zusammengefunden hatten. Insgesamt beteiligten sich weit über zweihunderttausend in Deutschland geborene Einwanderer am amerikanischen Bürgerkrieg, etwa sechsunddreißigtausend davon in rein deutschen Regimentern oder Batterien. Allein im Staat New York entstanden schon im April 1861 außer unserem achten Regiment das siebte unter Oberst von Schack, das Turnerregiment unter Max Weber, die Astorschützen unter Oberst von Steinwehr, das De-Kalb-Regiment unter Oberst von Gilsa und das fünfundvierzigste Regiment unter Oberst von Amsberg. Auch dem sogenannten Garibaldiregiment Nummer neununddreißig gehörten zur Hälfte Deutsche an. In allen diesen Regimentern lebte der Geist der Revolutionen von 1848 und 1849 wieder auf. Denn von den über einer Million Deutschen, die zwischen 1849 und 1854 in die USA eingewandert waren, hatten die meisten die Ideale der gescheiterten Demokratisierung Deutschlands noch nicht vergessen. Was in New York geschah, fand seine Entsprechung in allen Nord- und Grenzstaaten der Union. In Pittsburgh und Philadelphia waren es Schimmelpfennig und Mahler, beides Offiziere der pfälzisch-badischen Revolution, die deutsche Freiwillige um sich scharten, in Missouri Franz Sigel, in Illinois Friedrich Hecker.

Die Regimentskapelle begann zu spielen, zwischen den griechischen Säulen des Rathauses erschienen der Bürgermeister, Oberst Blenker, Oberstleutnant Stahel, General Sandford und, das überraschte mich, der junge Carl Schurz mit Frau. Schurz befand sich, wie ich später erfuhr, im Auftrag Lincolns in New York. Im Zuge der Ämtervergabe nach der Wahl war er für seinen Einsatz für die Republikaner mit einem Botschafterposten belohnt worden. Er besaß das persönliche Vertrauen des Präsidenten und hatte diesem angeboten, sich vor Antritt seines neuen Postens in Spanien um die Anwerbung und Aufstellung deutscher Freiwilligenverbände in New York zu kümmern. Daß seine Mitwirkung gar nicht erforderlich war, mußte ihn nicht

stören. Auf jeden Fall konnte er nach Washington berichten, seine Mission erfüllt zu haben.
Oberst Blenker trug eine graue Galauniform mit weinroten Aufschlägen und Streifen. Er trat vor und hielt eine seiner berüchtigt langen Reden. Seit er wieder eine militärische Aufgabe besaß, lebte er sichtlich auf. Jahrelang hatte er als reisender Abonnentenwerber für die *Kriminalzeitung* sein Brot verdienen müssen, nun konnte er wieder von Mut, Ehre und Tapferkeit sprechen. Von dieser Möglichkeit machte er ausgiebig Gebrauch.
Der Bürgermeister schien sich unter so vielen Deutschen unwohl zu fühlen. Er hielt eine kurze Rede in englischer Sprache und leitete zur Fahnenweihe über. Diese nahm in Vertretung des Verteidigungsministers der Union der anwesende General vor. Dem Regiment wurden nacheinander drei Banner übergeben, die von verschiedenen Personen in feierlichem Auftritt aus dem Rathaus getragen wurden. Das erste, ein Sternenbanner, brachte die Frau eines reichen Mannes namens Belmont, der durch seine Spenden einen Großteil unserer Ausrüstung finanziert hatte. Danach kam die eigentliche Regimentsflagge, gestiftet von den Nachkommen der ersten deutschen Siedler New Yorks, als deren Vertreter ein gewisser Mr. Daily auftrat. Und dann erschien, bejubelt beim ersten Anblick, die altvertraute schwarz-rot-goldene Fahne der deutschen Freiheit. Sie wurde getragen von einer Frau, die mich mit diesem Auftritt überraschte, beschämte und rührte.
Die deutschen Farben trug Amalie Struve.
Ich hatte nicht die geringste Ahnung von ihrer Mitwirkung bei unserem Abschiedsappell gehabt. Nun konnte ich es kaum glauben, ihre zerbrechliche Gestalt oben zwischen den Honoratioren zu sehen. Sie senkte die Fahnenstange schräg nach vorne, so daß sich das Banner entfalten konnte.
– Ich habe die ehrenvolle Aufgabe, rief sie über den Platz, diese Fahne im Namen der Frauen, die sie in den letzten Wochen genäht haben, dem achten Freiwilligenregiment New York zu

überreichen. Wir Frauen wollen noch weniger als die Männer, daß Knechtschaft und Sklaverei herrschen auf dieser Welt, denn wir selbst werden zum großen Teil noch unterdrückt. Nehmt das Banner der Revolution und kämpft unter ihm für Freiheit und Gleichberechtigung, und denkt dabei an uns und an Deutschland!
Hurrarufe und Beifall brausten auf. Amalie übergab die Fahne an Blenker. Ich war stolz auf meine junge Frau. Am liebsten wäre ich, alle militärische Disziplin vergessend, die Freitreppe hinaufgerannt, um sie zu umarmen. Doch damit mußte ich warten, bis die Parade beendet war.
Wir hatten Befehl erhalten, am 27. Mai 1861 nach Washington aufzubrechen. Für die verbleibende Woche gab Blenker uns Urlaub. Sechs heitere Tage lang gehörten Amalie und ich einander, sechs Tage, in denen sie kein Wort darüber verlor, daß sie meine Teilnahme am Krieg mißbilligte. Wir machten einen Ausflug nach Staten Island, wanderten wie einst in Mannheim Hand in Hand durch lichte Laubwälder und hohes Wiesengras, waren ausgelassen und verliebt. Auf Düsars Lieblingsplatz im Osten der Insel saßen wir aneinandergelehnt und blickten voll Sehnsucht über die flimmernde Fläche des Ozeans, bis hin zum ungewissen Horizont, wo das Meer mit dem Himmel eins ist.
– Dort, sagte Amalie und zeigte mit dem Finger hinaus auf die Wasserfläche, irgendwo dahinten ist Deutschland. Wie mag es wohl denen zu Hause jetzt gehen?
Ich drückte sie zärtlich an mich und zitierte statt einer Antwort Dante:

> Der alte Bluthund und Verruchios neuer,
> Durch welche fand Montagnas Unglück statt,
> Sind noch wie einst des armen Volks Bedräuer.

Viel zu schnell ging die geschenkte Zeit vorbei. Die letzte Nacht machte ich kein Auge zu. Ich lag im dunklen Zimmer auf dem

Bett und lauschte auf Amalies ruhige Atemzüge. Sie war in meinem Arm eingeschlafen war. Durch einen Spalt des Vorhangs fiel der Schimmer des Gaslichts von der Straße auf ihre nackte Schulter. Ich beugte mich über sie, um sie zuzudecken. Halb schlafend, halb wachend schlang sie ihre Arme um mich.
– Laß mich nicht allein, flehte sie.
Am nächsten Morgen zog ich in aller Frühe die Uniform an und nahm Abschied von Amalie und unserer kleinen Tochter.
Der Ausmarsch unseres Regiments den Broadway hinunter zum Battery Park glich einem Triumphzug. Dichtgedrängt standen die New Yorker zu beiden Seiten der Fahrbahn, die für den Verkehr gesperrt worden war. Aus allen Fenstern winkte man uns zu. Tausende von Sternenbannern jeder Größe schmückten Türme, Portale und Fassaden. An der Spitze des Zuges marschierte Oberst Blenker im Paradeschritt, von Zeit zu Zeit den Jubel der Menge mit hoheitsvollen Gesten erwidernd. Ihm folgten die drei Fahnenträger und der Musikzug, der *Muß i denn zum Städtele hinaus* spielte. Dann kamen die einzelnen Kompanien, alle im Gleichschritt und in geordneten Reihen.
Ein Dampfschiff brachte uns über den Hudson nach Jersey. Von dort aus ging es mit dem Zug weiter. Auf einem mit Fahnen und Blumen geschmückten Bahnsteig mußten wir ein letztes Mal Abschiedsreden über uns ergehen lassen. Dann stiegen wir in die Waggons und rollten nach Süden.
Unterwegs wurde viel über den voraussichtlichen Verlauf des Krieges spekuliert. Ausführlich besprachen wir die Vorfälle in Missouri. Dort hatte Franz Sigel, der in St. Louis zum Schullehrer geworden war, mit einem wahren Husarenstück gezeigt, daß noch der alte Wagemut in ihm steckte. Gemeinsam mit Heinrich Börnstein hatte er ein deutsches Freiwilligenregiment aufgestellt und verhindert, daß der mit der Konföderation sympathisierende Gouverneur von Missouri das Waffenarsenal von St. Louis an die Südstaaten auslieferte. Eintausendzweihundert Musketen, mehrere Geschütze und wertvolle Munition waren von Sigel be-

schlagnahmt, fünfzig Rebellenoffiziere und zahlreiche Mannschaften gefangengenommen worden. Ohne sein Eingreifen wäre Missouri womöglich der Union verlorengegangen.
In jedem Bahnhof, durch den unser Zug fuhr, standen jubelnde Menschen auf girlanden- und fahnengeschmückten Perrons, die uns zuwinkten und Blumen zuwarfen. Im Morgengrauen erreichten wir Philadelphia, wo wir uns auf dem Bahnsteig die Füße vertreten konnten. Trotz der frühen Stunde war ein Empfangskomitee der Stadt erschienen – der Bürgermeister, Honoratioren, eine Blaskapelle. Unter einem Himmel aus Flaggen der Union verteilten fürsorgliche Frauen dampfenden Kaffee und selbstgebackenen Kuchen an die Soldaten.
Doch je weiter wir nach Süden kamen, desto kälter wurde der Empfang auf den Bahnhöfen. In Maryland hörten wir die ersten Schmährufe und Verwünschungen. Unser Regiment war seit Wochen das erste, das auf dem Weg nach Washington wieder durch die Straßen von Baltimore marschierte. Auf dem Weg von einem Bahnhof zum andern mußten die nach Süden reisenden Kolonnen der Unionstruppen sie zu Fuß durchqueren. Die Stadt galt als südstaatenfreundlich. Am 19. April hatten Zivilisten und Milizionäre das sechste Massachusettsregiment bei diesem Durchmarsch aus dem Hinterhalt beschossen. Uns war nicht recht geheuer, als wir an der feindseligen Menge vorüberzogen, welche die Straßen der Stadt säumte. Hinter jedem Fenster konnte ein Heckenschütze lauern. Haßerfüllte Gesichter sahen uns an, manche Zuschauer legten die Hand an den Hals, um auszudrücken, daß wir an den Galgen gehörten. Ich fühlte mich an die Zeit meiner Verhaftung erinnert und an die Menschen, die Amalie und mich während des Transports ins Gefängnis verwünschten.
Wir passierten Baltimore ohne Zwischenfall und erreichten einen Tag später Washington. Die Bevölkerung nahm kaum Notiz von unserer Ankunft. Zu viele Soldaten marschierten täglich in die Stadt, wir konnten nicht erwarten, begeistert

begrüßt zu werden. Wir wurden zunächst auf verschiedene Privathäuser verteilt, bevor wir Anfang Juni ein Zeltlager außerhalb der Stadt bezogen.
Ich war von der Hauptstadt der amerikanischen Union enttäuscht. Washington liegt in dem sechzig englische Quadratmeilen großen Distrikt Columbia, der zu keinem Staat gehört, sondern ein Gebiet für sich bildet und nur dem Kongreß untersteht. Um eine repräsentative Hauptstadt zu schaffen, hat man eine Landzunge gerodet, die von zwei Armen des Potomac-Flusses gebildet wird. Ähnlich wie Mannheim ist Washington auf dem Papier entstanden, nur spielt die Rolle des Schlosses in dieser Stadt das Kapitol, der Sitz des Parlaments. Von ihm gehen sternförmig Straßen aus. Da Washington eines Tages zur Millionenstadt werden soll, hat man ungeheuer breite Avenuen angelegt und die öffentlichen Gebäude großzügig im spärlich bebauten Gelände verteilt. Für die etwa siebzigtausend Einwohner, die Washington damals hatte, schien alles viel zu groß geraten. Die Fahrbahnen der Avenuen und der meisten Straßen waren nicht gepflastert. Bei heißem Wetter hingen die Staubwolken der Kutschen darüber, bei Regen bildeten sich kleine Seen, in denen die Wagen bis zu den Achsen einsanken. Nur die Pennsylvania Avenue, die vom Kapitol zum Schatzamt führt, war beidseitig von einer geschlossenen Häuserreihe gesäumt. Dort standen stattliche Gebäude, meist Hotels, neben schindelgedeckten Hütten und Bauten im Kolonialstil.
Am Tag nach unserer Ankunft zogen wir an Präsident Lincoln und General Scott, dem Kriegsminister der Union, vorbei. Die beiden standen auf den Treppen des Kapitols. Dieses war eine riesige Baustelle; zu beiden Seiten des tempelartigen Hauptgebäudes entstanden langgestreckte Seitenflügel aus weißem Marmor. Über dem Mittelbau erhob sich ein eingerüsteter, halbfertiger Turm, auf den die Kuppel noch nicht aufgesetzt war.
Bei seinen Treffen mit Politikern und Offizieren legte Blenker Wert auf meine Gesellschaft, vermutlich weil er mich wegen

meiner Rolle in der deutschen Revolution für eine historische Persönlichkeit hielt. Jedenfalls hatte ich das Vergnügen, ihn bei vielen seiner offiziellen Besuche begleiten zu dürfen. Sehr gut erinnere ich mich an eine Abendgesellschaft in der Wohnung des Staatssekretärs William H. Seward, die in einem herrschaftlichen Haus am Lafayette Square lag.

Seward war ein grauhaariger, mittelgroßer Mann mit dem Gesicht eines römischen Senators, der wenig Aufhebens von seinem Amt und seiner Bedeutung machte. Er bot Blenker, mir und den uns begleitenden Offizieren ohne Förmlichkeiten Platz an. Dann rief er mit einer kleinen Glocke einen schwarzen Diener ins Zimmer. Dieser nahm seine Anweisungen entgegen, verließ das Zimmer und kam nach kurzer Zeit mit zwei Gehilfen zurück, die Wein und Fruchtsäfte servierten. Unterdessen unterhielten wir uns über den Krieg. In seinem pfälzisch eingefärbten Englisch erklärte Blenker, unser Regiment brenne darauf, sich mit den Südstaatlern zu messen. Ob der Herr Staatssekretär, fragte er, denn schon wisse, wann es losgehe.

Das wisse er nicht, antwortete Seward, und wenn er es wüßte, dann dürfte er es nicht sagen. Verraten könne er immerhin, daß der alte General Scott zum Zuwarten neige. Es sei wohl möglich, daß es bis zum ersten Waffengang noch ein Jahr dauere. So lange würde es laut Scott dauern, aus Amateuren ein diszipliniertes Heer zu machen und die nötige Aufrüstung für einen Feldzug gegen den Süden ins Werk zu setzen. Zur Eile bestehe übrigens gar kein Anlaß, denn von den Konföderierten gehe keine Bedrohung aus; ihr Ziel sei es nicht, die Nordstaaten anzugreifen, sondern die angemaßte Selbständigkeit zu verteidigen.

Über diese Sicht der Dinge waren wir alle entsetzt. Wir hatten unsere Familien und unsere Arbeit nicht verlassen, um ein Jahr mit Warten zu verbringen. Seward beruhigte uns. Er deutete an, daß der Präsident keineswegs einverstanden sei mit den Plänen des Kriegsministers. Er wünsche einen baldigen und kurzen

Krieg, müsse ihn wünschen, um die Neunzig-Tage-Milizionäre nicht umsonst einberufen zu haben.
Ich hatte bald Gelegenheit, Abraham Lincoln selbst zu fragen. Mitte Juni 1861 begleitete ich Blenker ins Weiße Haus, den Amts- und Wohnsitz aller amerikanischen Präsidenten. Uns erwartete kein Regierungspalast, sondern ein schlichter zweistökkiger Bau aus weißgetünchten Steinquadern im Stil eines einfachen Herrenhauses aus der englischen Kolonialzeit. Das Gartentor stand offen, vor dem Portikus gab es keine Wache. Durch die wegen des sommerlichen Wetters weit geöffnete Haustür traten wir in eine Vorhalle, in er uns ein Diener in bürgerlicher Kleidung begrüßte. Blenker sagte ihm, der Präsident erwarte uns, worauf wir ohne weiteres in ein Zimmer links vom Eingang geschickt wurden. Dort hieß uns ein junger Mann namens Stoddard willkommen, wohlinformiert über unseren Besuch. Der Präsident freue sich schon auf unseren Besuch, sagte er, als hätte der höchste Repräsentant der vom Bürgerkrieg heimgesuchten größten Republik der Erde nichts Wichtigeres zu tun, als Gäste wie uns zu empfangen. An dem Sekretär war keine Spur von dem Hochmut zu erkennen, mit dem deutsche Bürokraten in vergleichbaren Positionen aufzutreten pflegen. Seine Haltung war republikanisch. Die Gleichwertigkeit aller Menschen war für ihn etwas Selbstverständliches.
– *Mr. Blenker and Mr. Struve, Mr. President*, sagte Stobbard, als er die Tür zu Lincolns Arbeitszimmer öffnete, um uns vorzulassen.
Lincoln stand neben dem Kamin und sprach mit einem sommersprossigen junge Mann, den er uns als seinen Privatsekretär John Nicolay vorstellte. Wir nahmen alle vier am Kamin Platz. Lincoln hatte sich verändert seit seinem Auftritt im New Yorker Cooper Institute. Er trug jetzt einen Kinnbart. In seinem Hausrock saß er uns gegenüber und schien nicht recht zu wissen, wohin mit seinen zu lang geratenen Armen und Beinen. Ich sah in sein zerfurchtes Gesicht und empfand Mitleid und Bewunde-

rung zugleich. Worüber Lincoln mit Blenker sprach, habe ich vergessen. Ich sah in das hagere, gelbliche Gesicht unter dem wirren braunen Haar, betrachtete die knotige Nase, den breiten Mund, die großen Ohren, blickte in die matten, kleinen Augen und war aus unerklärlichem Grunde gerührt. So muß der leidende Christus ausgesehen haben, dachte ich, genau so, so menschlich, so unvollkommen, so liebenswert.
– *I do appreciate, Mr. Struve,* wandte sich Lincoln an mich, *having a famous German freedom fighter like you in my army.*
Ich antwortete, die Freiheit der Menschen sei ein Anliegen, das alle fortschrittlichen Kräfte der Welt verbinde. Wir, die deutschen Freiwilligen, warteten voll Ungeduld auf unseren Einsatz und hofften sehr, er verzögere sich nicht allzu lange.
– *Don't worry,* antwortete Lincoln, *real warfare will begin soon enough.*

18

Washington lag genau an der Bruchstelle der Union zwischen Nord und Süd, eher zum Vorposten als zum Hauptquartier geeignet. Der kleine Columbia District wurde auf der einen Seite vom sklavereifreundlichen Maryland und auf der anderen von Virginia begrenzt, dem Zentrum der Rebellion. Nur starker militärischer Druck aus dem Norden hinderte Maryland daran, sich der Konföderation anzuschließen. Die Regierung der Union mußte ständig damit rechnen, eingeschlossen und belagert zu werden. Im April war Washington nur deshalb einer Blockade entgangen, weil es über den Potomac vom offenen Meer aus erreichbar ist.
Erfahrene Strategen hielten es für verkehrt, von einer derart bedrohten Stellung aus einen Angriff zu wagen. Sie entwarfen den Plan, von Illinois aus den Mississippi entlang vorzurücken und gleichzeitig durch Kriegsmarine die Küsten im Osten und Süden

zu sperren. Auf diese Weise wollte man wie eine Anacondaschlange die Südstaaten umschlingen und erdrücken. Zur Vorbereitung dieses großräumigen Angriffs bedurfte es viel Zeit. Dazu war eine gewaltige Armee, eine starke Marine notwendig. Ausrüstung, Bewaffnung und Vorräte für Hunderttausende, Geschütze und Musketen, Zelte und Transportmittel mußten hergestellt und an die richtigen Orte gebracht werden.

So opferbereit die Bevölkerung der Nordstaaten auch war, so viel Zeit wollte sie ihren Generälen nicht lassen. Auf der Landkarte sah alles so einfach aus. Nur hundert englische Meilen war Richmond/Virginia, die Hauptstadt der Konföderation, von Washington entfernt. Warum, fragten viele, setzt der Präsident nicht einfach ein großes Heer in Marsch nach Süden? In einer guten Woche konnte es in Richmond sein, das Rebellenhauptquartier erobern und Jefferson Davis gefangennehmen. So würde man den Bürgerkrieg in wenigen Wochen beendigt haben.

Der Plan war ziemlich einfältig, doch entsprach er der allgemeinen Ungeduld und Selbstüberschätzung im Norden. Daß Lincoln auf den Rat des greisen Winfried Scott zu hören schien, deutete man als Zeichen von Unsicherheit und Schwäche. Zur Speerspitze der tatendurstigen Öffentlichkeit wurde die New Yorker *Tribune.* Deren Herausgeber Horace Greeley richtete ein Trommelfeuer von Worten gegen das Weiße Haus. Täglich forderte er dringlicher den Aufbruch nach Richmond. Um auch in der Hauptstadt gehört zu werden, ließ er sein Blatt paketweise nach Washington transportieren und in der Pennsylvania Avenue kostenlos verteilen. Käthchen hat aus meinen Unterlagen ein Exemplar herausgesucht, das mir damals ein schwarzer Zeitungsjunge vor dem Willard-Hotel in die Hand drückte: [s. S. 868]

Lincoln geriet zunehmend unter Druck. Mehr noch als Greeleys Stimmungsmache zwang ihn der Ablauf der neunzigtägigen Dienstzeit der Milizen zum Handeln. Immerhin hatte er fünf-

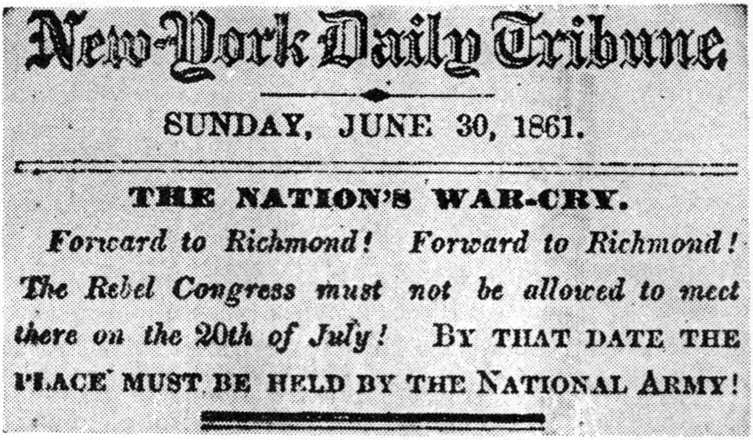
New-York Daily Tribune

SUNDAY, JUNE 30, 1861.

THE NATION'S WAR-CRY.

Forward to Richmond! Forward to Richmond! The Rebel Congress must not be allowed to meet there on the 20th of July! BY THAT DATE THE PLACE MUST BE HELD BY THE NATIONAL ARMY!

undsiebzigtausend Mann zu den Waffen gerufen. Schickte er sie unverrichteter Dinge wieder heim, würde man ihm die Verschleuderung von öffentlichen Geldern vorwerfen. Kriegsminister Scott weigerte sich jedoch beharrlich, den Befehl zum Marsch auf Richmond zu geben. General Irvin McDowell, dem die Potomac-Armee unterstand, teilte Scotts Bedenken. Mit *grünen Anfängern*, sagte er Lincoln, könne man keinen Angriffskrieg führen. Worauf der Präsident antwortete, nicht nur die eigenen Truppen seien grün, sondern auch die des Gegners; auf diese Weise gleiche sich der Nachteil aus.
Eine Erfolgsmeldung aus dem gebirgigen West Virginia schien die zögernden Generäle Lügen zu strafen. Dort war Generalmajor George McClellan mit zwanzigtausend *grünen Anfängern* nach Osten vorgerückt. Zweimal hatten sich ihm kleine Einheiten der Konföderierten entgegengestellt, und beide Male war McClellan Sieger geblieben. Schon schrieb die Presse, McClellan habe zwei Armeen geschlagen. Nun glaubte Lincoln, nicht länger auf den Kriegsminister hören zu dürfen. Er gab McDowell den Befehl, am 21. Juli 1861 nach Virginia einzumarschieren. Wenn McClellans Truppen in der Lage gewesen waren, die

Konföderierten zu schlagen, mußte dies auch McDowell gelingen.
Man kannte die feindlichen Stellungen. Etwa vierzig Kilometer südwestlich von Washington bewachte ein Heer von zwanzigtausend Konföderierten unter Pierre Gustave Toutant de Beauregard, dem Eroberer von Fort Sumter, den wichtigen Eisenbahnknotenpunkt Manassas. Eine zweite gegnerische Armee von etwa zwölftausend Mann stand mehr als hundert Meilen nordwestlich bei Winchester im Shenandoah-Tal. McDowell verfügte über mehr als dreißigtausend Mann, war also der Armee Beauregards zahlenmäßig weit überlegen. Damit aus dem Shenandoah-Tal keine Verstärkung kommen konnte, sollte dort ein Scheinangriff inszeniert werden.
Von diesem Szenario wußte ich mehr, als ein Unteroffizier von derartigen Operationen wissen sollte. Nicht nur Blenker war informiert über den beabsichtigten Angriff, ganz Washington kannte den Plan und folglich auch der Feind.
In den ersten Julitagen wurde Blenker zum Brigadier ernannt und erhielt das Kommando über drei weitere deutsche Regimenter. Am 9. Juli verließen wir unser Lager und zogen über den Potomac hinweg auf virginianisches Gebiet. Schon auf diesem ersten Marsch lernte ich die mörderische Kraft der Julisonne in diesem Teil der Neuen Welt kennen. Wie Blei hing mir das schwere Gepäck am Körper, unter der wollenen Uniform staute sich die Hitze, Gürtel und Brustriemen raubten mir die Atemluft, der Schweiß lief mir über die Haut, die Schuhe scheuerten. Mehr als die Hälfte des Regiments gab unterwegs auf, rechts und links der Straße lagen Hunderte von Erschöpften, die nicht mehr in der Lage waren, sich samt Waffen und Gepäck weiterzuschleppen. Für die knapp zwanzig Meilen nach *Fairfax County Court House*, wo wir Quartier bezogen, benötigten wir mehrere Tage. Uns blieb eine knappe Woche, uns zu erholen. Ich wurde in dieser Zeit zum Oberstleutnant befördert und zum Prevost-Marschall des Regiments ernannt. Mein Dienst änderte

sich dadurch nicht; nach wie vor kommandierte ich meine vierte Kompanie.
Am 19. Juli 1861 erreichte die Spitze von McDowells Heereszug Fairfax County Court House, und im Laufe des Tages erhielten wir Befehl, uns der Kolonne anzuschließen. Einen prächtigeren Aufmarsch habe ich nie wieder gesehen. In allen Farben glänzten die neuen Uniformen, Bajonette blitzten in der Sonne, Regimentsfahnen und Sternenbanner flatterten im Wind, zwischen den Marschgruppen fuhren ochsenbespannte Geschützlafetten und Bagagewagen. Musikkapellen spielten Marschmusik, meist den unvermeidlichen *Yankee Doodle*, eine Melodie aus dem amerikanischen Unabhängigkeitskrieg. Der Zug glich einer wandernden Menge fröhlicher Ausflügler. Soldaten verließen die Kolonne, wie es ihnen gefiel, streiften seitwärts in den Wald, um Beeren zu pflücken, rannten auf eine Quelle zu, um sich zu erfrischen, oder legten sich einfach in den Schatten, um ein wenig auszuruhen. Immer noch war das Wetter heiß und schwül, der aufgewirbelte Staub biß in den Augen und erschwerte das Atmen. Zum Glück führte der Weg über weite Strecken durch hohe, dunkelgrüne Laubwälder. Trotzdem erreichten wir den vereinbarten Sammelplatz Centreville erst am späten Abend, und zwar keineswegs als letzte.
Am 20. Juli begleitete ich Blenker zur Befehlsausgabe in McDowells Hauptquartier im Rathaus des Ortes. An der Wand hing eine Landkarte, auf der die Stellungen Beauregards rot eingezeichnet waren. Seine Verteidigungslinie folgte auf einer Länge von acht Meilen einem Flüßchen namens Bull Run. Dahinter lag hügeliges Gelände, das auf dem Weg zur Eisenbahnstation Manassas zu überwinden war. McDowell, ein kinnbärtiger Mann Mitte Vierzig mit geschwollenen Augenlidern und fetten kleinen Händen, hatte in der berühmten Militärakademie West Point studiert und glich, wie er mit dem Zeigestock vor der Landkarte stand, einem Universitätsprofessor. Er habe seinem Angriff Napoleons Schlachtplan für Austerlitz zugrunde gelegt, erklärte

er stolz. Am 21. Juli sollte vor Sonnenaufgang ein frontaler Scheinangriff erfolgen. Beauregard würde dadurch gezwungen sein, seine Truppen zur Verteidigung der Steinbrücke über den Bull Run zusammenzuziehen. Zwei Divisionen sollten unterdessen auf dem diesseitigen Ufer des Flusses die feindliche Linie weiträumig umgehen und bei Sudley Springs Ford im Südwesten in die linke Flanke der Konföderierten stoßen.
Von der deutschen Brigade hielt McDowell nicht sehr viel, wie ich an den knappen Antworten erkennen konnte, die er Blenker gab. Um sie am Ruhm des erwarteten Sieges nicht teilhaben zu lassen, befahl er Blenker, die Reserve zu bilden. Am Ortsausgang von Centreville, zwei Meilen vom Bull Run entfernt, sollten wir in Stellung gehen, um einen möglichen Rückzug zu decken.
Blenker kochte vor Zorn über diese Zurücksetzung, aber es blieb ihm nichts anderes übrig, als zu gehorchen. Während der Nacht verließen die meisten Einheiten Centreville. Unsere Brigade rückte erst am frühen Morgen des 21. Juli aus. Wir verschanzten uns auf einer Anhöhe, von der aus man die Landstraße nach Warrenton bis hinter eine Brücke über einen halb ausgetrockneten Bach übersehen konnte. Unaufhörlich marschierten Gruppen von Nachzüglern an uns vorbei hügelabwärts, Versorgungs- und Munitionswagen folgten in endloser Reihe, überholt und durchsetzt von privaten Equipagen, Landauern und Gigs. Halb Washington war auf den Beinen, um das historische Ereignis mitzuerleben; grauhaarige Gentlemen in sommerlicher Kleidung, Matronen unter ausladenden Hüten, ausgelassene junge Leute beiderlei Geschlechts, schwarze Dienstboten mit Picknickkörben auf den Schößen.
Am späteren Vormittag wurde es dann ruhig auf der Landstraße. Wir saßen vor den Gräben, die wir ausgehoben hatten, und fühlten uns ausgeschlossen. Unterm Gezirp der Zikaden hörte ich das dumpfe Blaffen der Geschütze in der Ferne. Vor mir breitete sich eine bewaldete Hügellandschaft aus, tiefgrün,

mit vereinzelten helleren Farbflecken und Wiesen dazwischen. Weit im Westen begrenzte die dunstige Silhouette der *Blue Ridge Mountains* den Blick, hinter der das Shenandoah-Tal liegt. Dünne, faserige Säulen aus blauem Rauch stiegen in einigen Meilen Entfernung aus den Wäldern, weiße Schwaden hingen über den Hügeln. Unschuldig kündete dieses Gewölk von blutigen Gewehrsalven und schwerem Geschützfeuer. Gegen Mittag sah man weit im Südwesten silberne Blitze, ausgesandt von Tausenden blanker Bajonette in der Sonne: McDowells Divisionen auf dem Vormarsch in die linke Flanke der Konföderierten.

Am Waldrand unmittelbar hinter der Verschanzung meiner Kompanie lagerte auf blauen Wolldecken die Familie eines Kongreßabgeordneten. Eine Lady in Krinoline betrachtete den Gefechtsschauplatz durch ein Opernglas.

– *O my!* hörte ich sie rufen. *Is not that first rate? I guess we will be in Richmond this time tomorrow.*

Kurz darauf kam ein berittener Kurier über die Brücke galoppiert und rief uns und den Schlachtenbummlern zu, der Feind sei geschlagen und auf der Flucht. Alles schrie hurra, die Frauen rissen die Arme hoch, die Männer warfen ihre Hüte und Mützen in die Luft.

– *Bravo!* schrie die Frau des Kongreßabgeordneten hinter mir auf ihren Mann ein. *Bully for us! Didn't I tell you so?*

Ich ging zu Blenker hinüber und beobachtete durch seinen Feldstecher, wie weit im Nordwesten unser rechter Flügel die Konföderierten zurücktrieb. McDowells Plan schien zu gelingen, der Feind auf einem bewaldeten Hügel jenseits des Bull Run eingeschlossen. Dort sah man ein Haus brennen. Was wir nicht wissen konnten, war, daß die Verteidiger des Hügels ständig Entsatz durch frische Truppen erhielten. Sie kamen per Eisenbahn aus dem Shenandoah-Tal, von wo General Patterson sie hatte entwischen lassen. Direkt aus dem Bahnhof von Manassas Junction marschierten sie aufs Schlachtfeld, wo sie den siegessicheren Angreifern in den Rücken fielen, um sich zu den Verteidigern durchzukämpfen. Die Uneinheitlichkeit der Uniformierung sorgte dabei für vollkommene Verwirrung. Zu spät erkannten unsere Offiziere, daß nicht eigene, sondern konföderierte Truppen durch den Wald die Anhöhe heraufkamen. Panik erfaßte viele der ungeübten Soldaten, die auf einmal merkten, daß aus dem Kriegsspiel blutiger Ernst wurde. In wilder Flucht stürzten sie durch den Wald, um dem Inferno auf dem Hügel zu entkommen. Andere Einheiten, die meinten, die Schlacht sei schon entschieden, rückten nach und gerieten zwischen sich auflösenden Reihen ins Feuer.

Von der verhängnisvollen Wendung der Schlacht erfuhren wir gegen 4 Uhr nachmittags. Auf der Straße unter uns bewegte sich nur noch ab und zu ein Munitionswagen in Richtung Front, immer mehr Kutschen, Planwagen und einzelne Reiter kamen zurück. Ein offener Wagen mit Verwundeten rumpelte in rascher Fahrt die Fahrbahn herauf, gezogen von schweißnassen Pferden. Ein Dutzend Soldaten ohne Gepäck und in verdreckten Uniformen rannten neben dem Wagen her.

– *Turn back!* schrie der Mann auf dem Kutschbock einem entgegenkommenden Trupp zu. *We are whipped!*

Danach kam das Chaos. Scharen flüchtender Soldaten, vollbesetzte Bagagewagen, einzelne Reiter, Zivilfahrzeuge aller Art, Sanitäter mit Bahren, herrenlose Pferde. An der Brücke staute sich der Verkehr zu einem dichten Knäuel. Von einem geordneten Rückzug konnte keine Rede sein. Die meisten der Soldaten rannten um ihr Leben, viele hatten ihre Gewehre fortgeworfen, manche sogar die Uniformjacken ausgezogen. Keine einzige Einheit kam in Marschkolonne zurück, alles lief durcheinander. Das Heer McDowells war in völliger Auflösung.

Wir sahen das Gedränge auf der Straße und konnten nicht begreifen, warum man eigentlich lief, da wir weit und breit keine Verfolger sahen. Plötzlich erklang Musketenfeuer an der Brücke. Von einigen grauuniformierten Männern, die jenseits

des Baches aus dem Wald gerannt kamen, strauchelten zwei und stürzten. Die andern fuchtelten mit den Armen, und einer schrie, ich höre es noch wie damals, in Todesangst:
– *Stop! Stop! We are your own men!*
In diesem Moment schlug eine Granate auf der Brücke ein. Ein Wagen stürzte um und blockierte die Fahrbahn. Der Strom der Flüchtenden staute sich einen Moment lang und quoll dann über den Wagen hinweg.
Blenker gab den Befehl, in Stellung zu gehen. Stahel und ich erhielten den Auftrag, die vorüberziehenden Soldaten aufzufordern, im Schutz unserer Regimenter den Feind zu erwarten. Wir taten es, aber ohne jeden Erfolg. Ich fühlte mich an Staufen erinnert, wo ich aus dem Rathaus gelaufen war, um die fliehenden Reste unseres Freiheitsheeres aufzuhalten. Wie einst dort, beschwor ich die an mir vorbeihastenden Männer, nicht feige davonzulaufen.
– *I'm going home*, antwortete einer, *I've had enough of fighting to last my lifetime.*
Die meisten liefen stumm weiter. Aus ihren Augen sprach blankes Entsetzen. Draußen, auf den inzwischen kahlgeschossenen Schauplätzen der Schlacht am Bull Run, hatten sie, die voll Übermut in den Kampf gezogen waren, den Tod gesehen. Vor ihm vor allem rannten sie davon. Denn die Konföderierten ließen sich mit der Verfolgung der geschlagenen Angreifer Zeit. Von den gefürchteten *schwarzen Schwadronen*, denen die zurückflutenden Unionssoldaten entkommen zu müssen meinten, war nichts zu sehen.
Erst in der Abenddämmerung, als nur noch vereinzelte Nachzügler und Planwagen mit Verwundeten über die inzwischen wieder befahrbare Brücke kamen, entdeckte unser Vorposten einen Trupp feindlicher Kavallerie im Wald jenseits des Baches. Wir warteten, bis sie auf unsere Seite gekommen waren, und eröffneten dann ungezielt das Feuer. Sofort zogen sich die Konföderierten zurück. Ein ernsthafter Versuch, die Brücke zu

nehmen oder gar nach Centreville vorzurücken, wurde nicht unternommen. Gegen 10 Uhr nachts stellten unsere Kundschafter fest, daß der Feind wieder auf die Höhen vor Manassas zurückgewichen war. Offenbar hatte er nicht die Absicht, seinen Sieg durch einen Marsch auf Washington zu krönen. Kurz vor Mitternacht räumten wir die Stellung, um, einem Befehl McDowells folgend, in die Hauptstadt zurückzumarschieren.
Unterwegs sammelten wir einen Teil der Ausrüstung ein, die das flüchtende Heer stehen- und liegengelassen hatte, darunter einige Geschütze samt Bespannung, Planwagen voll Munition, massenhaft Gewehre. Gegen Mittag des nächsten Tages marschierten wir zum Staunen der ganzen Stadt in Reih und Glied am Kapitol vorbei und die Pennsylvania Avenue hinunter. Keine andere Brigade von McDowells Heer hatte sich in solcher Disziplin zurückgezogen. Anderntags schrieben die Zeitungen, wir hätten die Verfolger der geschlagenen Armee in erbittertem Kampf zurückgeworfen. Blenker wurde der Retter Washingtons genannt und mit Ehren überschüttet, während man McDowell seines Postens enthob und durch General McClellan ersetzte.

19

Soeben war der Arzt hier. Er scheint besorgt über meinen Zustand. Daß ich noch in der Lage bin zu diktieren, wollte er kaum glauben. Das erkläre sich leicht, sagte ich, meine Widerstandskraft übertreffe die der meisten Menschen, denn mein Blut sei rein. Wer sich seit achtunddreißig Jahren pflanzlich ernähre und naturgemäß lebe, lasse sich nicht so leicht niederwerfen von einer Krankheit.
– Sie irren sich, hat der Arzt geantwortet, Ihr Blut ist nicht rein. Sie haben sich eine Sepsis zugezogen.
Ich mag Ärzte nicht. Auch in dieser Beziehung halte ich es mit Jean-Jacques Rousseau, der die Arzneikunst für viel gefährlicher

hielt als alle Übel, die sie zu heilen vorgibt. *Ich für meinen Teil*, sagt er, *weiß nicht, von welcher Krankheit uns die Ärzte heilen; ich weiß aber, daß sie uns sehr schlimme Krankheiten bringen wie die Zaghaftigkeit, den Kleinmut, die Leichtgläubigkeit und die Furcht vor dem Tode.*

Zwei Tage nach der Schlacht von Manassas erhielt ich einen Brief von Amalie, der mich in freudige Aufregung versetzte. Sie schrieb, sie erwarte wieder ein Kind und habe sich entschlossen, Damajantis wegen die Stadt zu verlassen und zurück nach Stapleton zu ziehen. Eine ehemalige Nachbarin hatte Amalie mitgeteilt, daß das Haus, in dem unser erstes Töchterchen gestorben war, neu vermietet werden sollte. Mit Kind und Dienstmädchen war meine junge Frau auf diese Nachricht hin über die Bucht gefahren, mehr aus Neugier und Sentimentalität, als in der Absicht zu bleiben. *Ich ging pochenden Herzens in das Kinderzimmer*, las ich, *doch meine Furcht erwies sich als unbegründet. Der Tod hat das Haus verlassen.* Eine Woche später war sie eingezogen und fühlte sich nun, ich las es aus jeder Zeile ihres Briefes, wohl und geborgen in den Räumen, aus denen sie vor Damajantis Geburt in abergläubischer Angst geflohen war. Wenn der Geist des Todes dort noch immer hauste, so erschrak sie jedenfalls nicht mehr vor ihm.

Es gab Stunden, in denen ich drauf und dran war, meinen Abschied zu nehmen, die Uniform auszuziehen und zu Amalie zurückzukehren. In Washington kam ich mir ziemlich überflüssig vor. Der Schauplatz des Krieges verlagerte sich nach Westen. Von der Illusion, die Konföderation durch einen raschen Vormarsch auf Richmond besiegen zu können, war die Union nach der Niederlage am Bull Run geheilt. Im Herbst 1861 wurde Kriegsminister Scott entlassen, doch seine *Anaconda-Strategie* setzte sich durch. An den Küsten zum Atlantik und zum Golf von Mexiko begannen Blockade und Seekrieg, während der zum Oberbefehlshaber der Westarmee aufgestiegene ehemalige Präsidentschaftskandidat Frémont von Missouri und Kentucky aus versuchte, über die Flüsse Mississippi, Cumberland und Tennessee nach Süden vorzustoßen. Im Osten begnügte man sich mit einer mehr oder weniger defensiven Haltung. Um das gefährdete Washington wurde ein Ring von Militärlagern gelegt. McClellan erhielt zusätzlich zum Befehl über die Potomac-Armee das Amt des Kriegsministers. Ihm gewährte Lincoln, was er Scott versagt hatte: die notwendige Zeit der Vorbereitung.

Vor Ausbruch des Bürgerkrieges gab es in ganz Nordamerika nur etwa zwanzigtausend Berufssoldaten, deren Aufgabe vor allem darin bestanden hatte, die Siedler im Westen vor Überfällen der um ihre Jagdgründe kämpfenden Indianer zu schützen. Erst McClellan machte sich daran, eine schlagkräftige Armee zu schaffen. Die Neunzig-Tage-Miliz wurde aufgelöst. Den Kern der Truppen bildete fortan das verstärkte, aber immer noch zahlenmäßig kleine, stehende Heer; die Masse seiner Soldaten sollten Freiwillige sein, die sich von nun an für mindestens drei Jahre verpflichten mußten.

Im Rahmen dieses Aufbaus der Armee erhielt Blenker den Titel eines Generals und die Aufgabe, eine deutsche Division zu schaffen. Das Kommando über das achte Regiment übernahm Stahel, ich wurde zum Hauptmann befördert. Über ein halbes Jahr lang dauerte die Erweiterung von Blenkers Brigade zur Division. Während dieser Zeit hatten wir nicht viel mehr zu tun, als zu exerzieren, Wache zu stehen und Paraden abzuhalten.

Die weißen Zeltreihen unseres Lagers standen zehn Meilen südwestlich von Washington auf einer Wiese am Fuße bewaldeter Hügel. Ein kleiner Gebirgsbach rauschte durch dunkles Gebüsch und blühende Schlinggewächse, vorbei an einer zerfallenen Mühle, die dem Platz den Namen Roaches Mill gab. Über einem dunklen Holzgebäude auf der anderen Seite des Lagers wehte das Sternenbanner. Von der Höhe des Hügels, wo wir einen Wachtturm errichtet hatten, konnte man im Nordosten die eben erst vollendete Riesenkuppel des Kapitols in der Ferne glänzen sehen, und zur anderen Seite hin entdeckte man auf einem von Erdwällen gekrönten Hügel die rote Fahne der Rebellen mit dem blauen Sternenkreuz. Das Lagerleben glich dem einer kleinen Stadt. Wir verfügten über eine eigene Bäckerei, in der täglich deutsches Roggenbrot gebacken wurde, und eine Art Ladenstraße, deren Angebot von Obst und Kuchen bis zu Musikinstrumenten und Kartenspielen reichte. Den Mittelpunkt des Lagers bildete ein freier Platz, an dem Blenkers Hauptquartier errichtet war, ein Zelt aus weißem Segeltuch von ungeheuren Ausmaßen. Über seinem Eingang wehten die von Amalie überreichte schwarz-rot-goldene Fahne des achten Regiments und das Sternenbanner der Union.

Jeden Vormittag um 9 Uhr brachte der Spielzug dem General ein Ständchen; an Sonntagen erschien zusätzlich der Gesangverein des Lagers. Ich war bei dieser Zeremonie regelmäßig dabei, weil ich die Aufgabe hatte, dem General die aus Washington kommenden Zeitungen zu bringen. Wenn die Musik zu Ende war, trat Blenker aus seinem Zelt. Mochte es am Abend davor auch noch so spät geworden sein, man merkte es ihm nie an. Aufrecht und selbstsicher präsentierte er sich in einer seiner phantastischen Uniformen. Er liebte den Prunk. Ungeachtet der frühen Stunde bot er den Musikern und Stabsoffizieren Wein an, leerte selbst ein Glas *auf die Freiheit Deutschlands und der Union* und bat mich dann in sein Zelt.

Während er sein frugales Frühstück einnahm, referierte ich ihm den wesentlichen Inhalt der eingetroffenen Zeitungen. Ich erinnere mich an einen Vormittag, an dem ich ihm einen Artikel von Karl Heinzen vorlesen mußte. Mein Freund und Mitstreiter aus besseren Zeiten lebte seit Jahren in Milwaukee/Wisconsin, wo er den deutschsprachigen *Pionier* redigierte. Dieses Blatt benutzte er, um sich seine Verbitterung über den Lauf der Geschichte von der Seele zu schreiben; ungerecht und beleidigend ließ er an keinem deutschen Emigranten ein gutes Haar, schon gar nicht an denen, die es zu etwas gebracht hatten in der Neuen Welt. Weder Carl Schurz noch ich, noch irgendwer sonst wurden von seinem gallig gewordenen Humor verschont. Es war vorauszusehen gewesen, daß es irgendwann auch Blenker treffen würde. An jenem Vormittag hielt ich das Exemplar des *Pioniers* in der Hand, in dem Heinzen seinen Angriff auf den General eröffnet hatte. Eine *ruhmsüchtige Kanaille*, nannte er ihn, einen *versoffenen Botokuden* und *politischen Lumpen.*

– Elender Schmierer, schrie der General mit vollem Mund und ließ seine Faust zwischen Handkäse und Rettich krachen. Ich werde dem Menschen alle Knochen im Leib zu Brei schlagen lassen!

– Aber, General, protestierte ich, die Freiheit der Presse ...

– Was Freiheit! Was Presse! Diese erbärmliche Tintenseele wiegelt mir die Soldaten auf. Ich werde ihn zermalmen, so wahr ich Blenker heiße.

– Sie sollten sich nicht aufregen über ihn, sagte ich ruhig. Ich habe schon eine Entgegnung aufgesetzt, die scharf und vernichtend ist. Wenn ich Sie Ihnen gefälligst vorlesen darf ...

Schmatzend hörte er den Entwurf meiner Gegendarstellung an. Sie war in der Tat deutlich und blieb Heinzen keine Antwort schuldig. Blenker freute sich über jede scharfe Formulierung und war wieder versöhnt mit der Welt.

Die einzige Abwechslung ins Lagerleben brachten hohe Besuche aus Washington. McClellan erschien einige Male, auch verschiedene Senatoren und Abgeordnete des Repräsentantenhauses. Ende August kam sogar der Präsident. Eine Parade wurde veranstaltet, die der düstere Mann aus dem Weißen Haus in militärischer Haltung abnahm, um dann in freier Rede zu den Soldaten zu sprechen. Es war eine der ehrlichsten und besten Reden, die ich je bei einem Appell gehört habe. Lincoln sprach vom Mißgeschick der Schlacht, von unserer Tapferkeit und den hohen Pflichten, die weiter auf uns ruhten, und von den helleren Tagen, die bald kommen würden. Nachdem er geendet hatte, forderte er uns auf, eventuelle Beschwerden vorzubringen. Es gab keine.

Um die ruhige Zeit des Lagerlebens sinnvoll zu nutzen, verfaßte ich für verschiedene deutschsprachige Zeitungen Korrespondentenberichte, so für den *Wecker* in Baltimore, den *Anzeiger des Westens* in St. Louis und die *Illustrierte Zeitung* in New York. Am 13. September 1861 schrieb ich:

Den Deutschen ist es Ernst mit dem Kriege. Wird erst das Joch der Sklaverei in Amerika gebrochen sein, dann wird dasjenige des Despotismus schwerlich mehr lange in Europa bestehen können. Es ist eine sehr bezeichnende Thatsache, daß alle hervorragenden Führer deutschen Ursprungs im amerikanischen Freiheitskampfe – Blenker, Sigel, Max Weber, Hecker, Willich u.s.w. – der revolutionären Parthei der Jahre 48 und 49 angehören.

Mitte Oktober 1861 wurde unser Lager nach Hunters Chapel verlegt, einem kleinen Dorf an der Landstraße nach Fairfax County Court House. Aus Furcht, zwischen die Fronten zu geraten, hatten die Bewohner den Ort verlassen, und an ihrer Stelle zogen nun die höheren Offiziere von Blenkers Stab in die Häuser. Zu beiden Seiten der Straße bauten die Regimenter ihre Zeltviertel auf, und schon nach wenigen Tagen ging das Leben wieder seinen üblichen Gang.

Während des Winters von 1861 auf 1862 wuchs unsere Division durch ständigen Zuzug allmählich auf die vorgesehene Stärke von zwölf Regimentern Infanterie, einer Artilleriebatterie und einem Regiment Kavallerie an. Außer kleinen Vorpostengefechten kam es zu keiner Berührung mit den Truppen der Konföderation, deren Verteidigungsstellungen in Sichtweite lagen. Die meisten Tage vergingen in eintöniger Monotonie. An Weihnachten stellten wir Christbäume vor die Zelte und sammelten uns kompanieweise um die Lagerfeuer, wo wir bis spät in die Nacht hinein Lieder sangen wie:

O du fröhliche,
O du selige,
Gnadenbringende Weihnachtszeit ...

Jeder war in Gedanken vertieft, die ihn zurücktrugen über den Ozean und in eine verlorene Geborgenheit. Ich glaube, es gab keinen unter uns, den an diesem Abend nicht das Heimweh quälte.
Amalie schrieb mir heitere Briefe, die mich darüber hinwegtäuschen sollten, wie sehr sie unter unserer Trennung litt. Es ging ihr gut. Die Schwangerschaft verlief ohne Komplikationen, unsere Tochter machte ihr viel Freude. Im Frühjahr, schrieb ich zurück, würde ich Urlaub bekommen und für einige Wochen wieder bei ihr sein können. Ich zählte die Tage.
Im Januar fiel Schnee, und es wurde empfindlich kalt in den Zelten. Blenker bestand darauf, daß ich in eines der Häuser zog. Dort verbrachte ich manchen Nachmittag mit dem Regimentsarzt vor dem knisternden Kamin, wo wir Schach spielten und uns über den Lauf der Welt unterhielten. Eine Einmischung Englands in den Bürgerkrieg wurde befürchtet, da dessen Textilindustrie auf die Baumwolle der Konföderation angewiesen war; schon durchbrachen britische Schiffe die Blockade, welche die Union über die Häfen des Südens verhängt hatte, um Waffen und anderes kriegsnotwendiges Material zu liefern. Würden die übrigen europäischen Großmächte neutral bleiben können? Auch in den mexikanischen Bürgerkrieg waren längst Frankreich, England und Spanien verwickelt.
– Die Welt ist klein geworden, sagte ich zu meinem Schachpartner. Alle Kämpfe und Kriege sind nur Teile des großen Streites zwischen Fortschritt und Reaktion. Darum ist es gleichgültig, wo man kämpft. Wichtig ist nur, auf der richtigen Seite zu stehen.
– Unter Schmerzen und Zuckungen, meinte der Arzt, wird eine neue Zeit geboren.
Am 10. Februar 1862 saß ich mit meinem Freund übers Schachbrett gebeugt, als ein Bote von der Feldpost in den Raum trat und mir eine telegraphische Depesche brachte. Absender war Amalies Nachbarin in Stapleton, an die ich mich nur flüchtig erinnerte. Ich stand auf und ging, das Schreiben öffnend, zum

Fenster. Meine Schritte hallten auf dem Steinboden wider, die Hände zitterten.
Ihre Frau eines gesunden Töchterchens genesen, las ich. *Zustand der Mutter bedenklich. Empfehle dringend, nach Stapleton zu kommen. Wolf.*
Mir schwindelte. Der Text der Nachricht reduzierte sich vor meinen Augen auf die Worte bedenklich und dringend. Ich fürchtete das Schlimmste. Der Tod, dachte ich, der Tod ist doch noch im Haus. Der Arzt hatte von meiner Erregung nichts bemerkt, schob, den Blick aufs Brett gewandt, eine Figur vor und rief mit triumphierender Sachlichkeit:
– *Gardez!*
An die folgenden Stunden und Tage kann ich mich kaum erinnern. Irgendwie packte ich ein paar Sachen zusammen, erwirkte bei Blenker sofortigen Urlaub und machte mich auf den Weg nach Washington, um mit dem nächsten Zug in Richtung Norden zu fahren. Mein Gedächtnis findet wieder Halt in dem Augenblick meiner Heimkehr. Ich sehe mich das Gartentor öffnen, schmutzigweiße Latten, feuchtkalt. Es ist später Vormittag. Eine dünne Schneeschicht liegt auf den toten Gräsern und Kräutern des verwahrlosten Vorgartens. Aus dem Haus kein Geräusch. Ich höre meine Stiefel auf den Stufen der kleinen Holztreppe vor der Haustür. In der Wohnstube sitzt die Nachbarin mit der kleinen Damajanti, füttert das Kind mit Brei. Seine erstaunten Augen, das unaufhörliche Gerede der fremden Frau, die so vertraulich tut. In einer Ecke steht das damastverhangene Kinderbett, in dem unser erstes Töchterchen gestorben ist. Ich wage nicht, hineinzusehen. Allein gehe ich die Stiege zum Schlafzimmer hoch, öffne die Tür, trete ans Bett. Amalie liegt mit offenem Haar im Kissen, das Gesicht blutleer, mit dunkel unterlaufenen Augen und zerbissenen Lippen. Sie sieht mich an, ohne den Kopf zu bewegen, erkennt mich. Ihr Mund bewegt sich. Ich beuge mich über sie, sehr behutsam, doch ich verstehe nicht, was sie sagen will.

Ich wußte in dem Augenblick, als ich ihr Zimmer betrat, daß sie sterben würde. Der Tod befand sich im Raum, ich spürte seine Nähe. Hilflos kauerte ich neben ihrem Bett, hielt ihre Hand, sprach beruhigend auf sie ein. Nachmittags 4 Uhr öffnete sie die Lippen zu einem stummen Hilfeschrei und bäumte sich kurz auf. Dann, mit einem Seufzer der Erlösung, starb sie. Ich drückte ihr zärtlich Mund und Augen zu. Ich weinte nicht. Das war am 13. Februar 1862.

Große Wunden des Körpers und der Seele bluten nicht im selben Augenblick, in dem sie zugefügt werden, bemerkt Rousseau in einer seiner Schriften, *die ersten Schmerzen sind nicht die stärksten. Die Natur sammelt sich, um sie in ihrer ganzen Heftigkeit aushalten zu können, und oft ist der tödliche Schlag schon lange geführt worden, ehe die Verwundung spürbar wird.* Nie erlebte ich die Wahrheit dieser Beobachtung deutlicher als unmittelbar nach Amalies Tod. Ich war wie betäubt. Mechanisch tat ich mit großer Sachlichkeit und Voraussicht, was zu tun war: Ich rief die Nachbarin herauf, schickte sie den Arzt holen. Sie kam mit einem Pfarrer zurück.

Die ganze Nacht und den nächsten Tag hielt ich mit erstarrtem Herzen Totenwache. Gegen Abend sah ich die Papiere durch, die Amalie in ihrem Sekretär verwahrt hatte, blätterte in ihrem Tagebuch, las die Gedichte, die sie in meiner Abwesenheit geschrieben hatte. Ich fing erst an zu weinen, als ich las:

> Für Dich allein hat diese Brust empfunden,
> Für Dich allein mein Augenstern gelacht,
> Und meines Daseins schönste, hehrste Stunden,
> Mit Dir allein hab' ich sie zugebracht.

Der letzte Tagebucheintrag, mit unsicherer Hand geschrieben, war der Anfang eines nicht mehr vollendeten Gedichts:

Wenn ich einst das Auge schließe,
Soll mein letzter Blick
Fallen auf den theuren Freund
Und ihm bringen Glück ...

Nichts rührt mich bis heute mehr als die Unbeholfenheit dieser letzten Zeilen. Noch jetzt fällt es mir schwer ... Ich glaube, ich muß das Diktat an dieser Stelle abbrechen.

20

Am Tag nach Amalies Tod erreichte mich eine telegraphische Depesche aus Washington, die mich zum Regiment zurückrief. Frau Wolf und ihr Mann boten mir an, die beiden Kinder zu sich zu nehmen, und ich versprach, ihnen Geld zu schicken. Meiner neugeborenen Tochter gab ich den Namen Amalie. Die kleine unschuldige Mörderin ihrer Mutter war kräftig und gesund. Eine Amme aus dem Dorf kam mehrmals täglich, um sie zu stillen. Am Sonntag, dem 15. Februar 1861, bestattete ich die Leiche meiner jungen Frau auf dem Friedhof über Stapleton. Unter einem grauen Himmel stand ich, den Hut in der Hand, am offenen Grab, umgeben von alten Damen, die *Nearer, my God, to Thee* sangen, und blickte über den frierenden Pfarrer hinweg auf die entlaubte Krone eines alten Baumes. Dann reiste ich zum Heere zurück.
Die Zeit des Lagerlebens war vorüber. Unsere deutsche Division sollte zum Einsatz kommen.
General McClellan, als Opfer politischer Intrigen inzwischen vom höchsten Befehlshaber wieder zum Kommandeur der Potomac-Armee degradiert, beabsichtigte, Richmond vom Meer her zu erobern. Große Truppenmassen sollten per Schiff über den Potomac und die Chesapeake Bay nach Fort Monroe gebracht werden, um von dort aus über die Virginia-Halbinsel

nach Richmond vorzustoßen. Präsident Lincoln und der neue Kriegsminister Stanton stimmten diesem Plan nur sehr zögernd zu. Während McClellan mit dem Heer nach Richmond unterwegs sei, fürchteten sie, könnte es den Konföderierten einfallen, auf dem Landwege das von seinen Truppen entblößte Washington zu nehmen. McClellan mußte versprechen, starke Verbände zum Schutz der Hauptstadt zurückzulassen. Gleichzeitig sollte eine Bedrohung des Shenandoah-Tals, der Kornkammer Virginias, den Feind von Washington ablenken.
Im Rahmen dieser Strategie erhielt die deutsche Division im März den Befehl, gegen die Stellungen der Konföderation vor Manassas vorzurücken. Wir glaubten anfangs, eine neue Schlacht am Bull Run stehe bevor. Doch wir sollten den Feind lediglich bedrohen. Nur mit leichter Bewaffnung und Ausrüstung verließen wir das Lager von Hunters Chapel. Als die *furchtbaren Schanzen* in Sicht kamen, wurden Kundschafter vorausgeschickt. Übereinstimmend meldeten sie, das Nest sei leer. Kampflos hatte sich der Feind zurückgezogen und zur Täuschung der Späher bemalte Baumstämme aufgestellt, die von weitem wie Riesengeschütze aussahen.
Obwohl wir für einen längeren Marsch nicht ausgerüstet waren, ließ uns General Sumner, der Oberbefehlshaber der Aktion, nicht ins Lager zurückkehren, sondern befahl den Weiterzug nach Warrenton. Es regnete in Strömen, die Straßen waren eisige Schlammbäche, viele Flüsse mußten durchwatet werden, wobei uns das Wasser oft bis zur Brust stand. Nachts herrschte Frost, tagsüber stach die Sonne. Wir mußten fast ohne Decken und Zelte in morastigen Löchern biwakieren und ernährten uns von dem Armeezwieback in unseren Tornistern, einem steinharten, viereckigen Gebäck, das den bezeichnenden Namen *hardtack* – Nagelhart – trug. Viele meiner Kameraden erkrankten schon auf diesem vergleichsweise kurzen ersten Abschnitt unseres Marsches.
Auch in Warrenton war von den feindlichen Truppen keine

Spur zu finden. Wir erhielten Befehl, uns mit General Frémonts Armee zu vereinigen und zu diesem Zweck nach Romney zu marschieren. Um dorthin zu gelangen, mußten wir das Blue-Ridge-Gebirge überqueren, die weite Ebene des Shenandoah-Tals durchschreiten und schließlich die hohen unwirtlichen Northern Mountains überwinden. Dies war ein Gewaltmarsch von mehr als zweihundert Meilen durch feindliches Gebiet. In seinem Verlauf sollte die Division zweitausend Mann durch Krankheit, Hunger und Kälte verlieren. Im Auftrag Blenkers ritt ich nach Washington, um den neuen Kriegsminister Stanton aufzusuchen. Ich teilte dem Minister mit, daß wir ohne Kleidung, Zelte, Schuhe, ohne Ambulanzen, Proviant, ohne Futter für die Pferde, ja sogar ohne Munition waren. Er zeigte sich erstaunt und versprach, sofort einen Versorgungstreck auf den Weg zu schicken. Doch die zugesagte Ausrüstung traf nie bei uns ein.

Ich kann nicht sagen, daß ich litt. Sicher – ich fror, ich hungerte, und ich hatte zerschundene Füße. Aber seit Amalies Tod war mir mein Körper fremder und gleichgültiger als je zuvor.

Erst am 12. Mai trafen wir in Romney ein, wo wir General Frémont, dem ehemaligen Präsidentschaftskandidaten, unterstellt wurden. Er befahl uns sofort den Weitermarsch nach Franklin. Ich hatte jegliche Orientierung verloren und vom Ziel unseres Zuges nur die vageste Vorstellung. Im nachhinein ist mir um so deutlicher, wie sinnlos die Strapazen waren, denen man uns aussetzte.

Die Hauptkämpfe jener Zeit fanden auf der Halbinsel von Virginia statt. Aber die sechzigtausend Mann Unionstruppen, die zum Schutz von Washington im Norden geblieben waren und zu denen auch die deutsche Division gehörte, wurden von den Konföderierten in ständiger Bewegung gehalten. So wollte deren Oberbefehlshaber, General Robert E. Lee, dafür sorgen, daß diese Kontingente nicht für den Kampf um Richmond eingesetzt werden konnten. Mit der Aufgabe, uns in Atem zu halten, hatte er seinen fähigsten Unterführer betraut, den legendären Stonewall Jackson. In der Schlacht von Manassas waren Jackson und seine Leute *wie eine Steinmauer* gestanden, doch nun im Shenandoah-Tal bewies der kleine Militärakademieprofessor eine erstaunliche Beweglichkeit. Mit einem Heer von nur fünfzehntausend Mann begann er, die sechzigtausend Mann der Union zu beunruhigen. Um ihn einzuschließen, teilte man die Nordstaatenarmee in vier ungleiche Korps unter McDowell, Shields, Banks und Frémont. Sie sollten Jackson von verschiedenen Seiten in die Enge treiben, bis er zwischen zwei Korps geraten würde und aufgeben müsse. Doch Jackson spielte Katz und Maus mit seinen Verfolgern. Ortskundig und wesentlich wendiger als die Unionstruppen, führte er diese auf immer neue Fährten und Umwege, raubte ihnen Proviant und Pferde und stellte ihnen, wenn er sich überlegen glaubte, Fallen. Auf diese Weise erledigte Jackson ein Korps nach dem anderen und machte ungeheuere Beute.

Wie die anderen Generäle der Union, die im Shenandoah-Gebiet operierten, glaubte auch Frémont, er würde Jackson jagen, und wurde doch selbst gehetzt. Wir eilten den Konföderierten ständig hinterher. Wie ein Heer von Geistern tauchten sie heute hier, morgen dort auf; eben noch hatten sie unsere Nachhut überfallen, und schon attackierten sie dreißig Meilen weiter das Korps von General Banks.

Ende Mai zogen wir nach mühseligen Märschen durch die Northern Mountains den Shenandoah entlang talaufwärts. Unsere Generäle gaben sich der Hoffnung hin, wir könnten Jacksons Armee einholen. Trotz des feuchtheißen Wetters gönnten sie uns kaum Ruhepausen. Die Landschaft, durch die wir marschierten, erinnerte mich an das Oberrheintal: weites, fruchtbares Land vor einer Silhouette dunstblauer Berge. An der Bauweise der Häuser und der Anlage der Dörfer erkannte man, daß dieser Garten Virginias einmal rein deutsches Siedlungsgebiet gewesen war. In vielen Orten sprach man deutsch und

empfing uns nicht als Feinde, sondern als Landsleute. Die Bauern bewirteten die Soldaten mit deutschem Bauernbrot, Speck und Wein. Wenn auch zum Ausruhen kaum Zeit blieb, so konnten wir uns doch wenigstens zum erstenmal seit Wochen alle wieder satt essen.
Am Abend des 1. Juni 1862, einem drückend schwülen Tag, brach ein furchtbares Gewitter los. Wir befanden uns kurz hinter Strasburg und waren gerade dabei, die Zelte für die Nacht aufzuschlagen. Gewaltige Sturmböen rissen die Planen aus ihren Verankerungen. Sturzbäche von Regen wechselten mit Hagelschauern, Blitze zuckten in unaufhörlicher Folge, krachende Donnerschläge erschütterten die Erde. In panischer Angst rissen sich die Pferde los, die doch selbst im Schlachtenlärm ruhig zu bleiben pflegten. Bis auf die Haut durchnäßt, versuchte ich mit anderen Offizieren dem Chaos entgegenzusteuern. Als das Gewitter abklang, legte ich mich erschöpft auf eine Holzplanke und schlief ein.
Zähneklappernd erwachte ich im Morgengrauen. Die Wäsche klebte mir am Körper, die nasse Wolluniform zwängte mich ein. Die Gewitterwolken hatten sich verzogen. Alle Flüsse führten Hochwasser, der Shenandoah war über seine Ufer getreten. Unsere Kolonnen formierten sich, um die Verfolgung Jacksons fortzusetzen. Stunde um Stunde marschierten wir unter der höhersteigenden Sonne Virginias. Auf einmal wurde mir schwarz vor Augen. Ich brach zusammen.
In bewußtlosem Zustand legte man mich auf einen der Ambulanzwagen, die dem Troß folgten. Ich wachte erst auf, als man mich von der Pritsche zog und zu einem zweistöckigen Holzgebäude mit einem tempelartigen Vorbau schleppte. Es war das Schulhaus von Woodstock, das man zum Lazarett umfunktioniert hatte. Hier ließ man mich und andere marschunfähige Soldaten zurück, während die Armee weiter nach Süden eilte.
Der Arzt des Städtchens, der mich am nächsten Morgen untersuchte, erklärte, ich hätte mir einen Sonnenstich zugezogen

und müsse einige Tage in einem abgedunkelten Raum ausruhen, bevor ich weitermarschieren könne. Als ich mich für Rat und Hilfe bedankte, sagte der Mann, ein blonder, glattrasierter Amerikaner mit offenem Gesicht, er halte nichts davon, Gleiches mit Gleichem zu vergelten. Wie er das meine, fragte ich.
– *You invaded our peaceful country*, antwortete er. *Destroying our crops, killing our youth. Shame on you!*
Ich fühlte mich zu schwach für ein Streitgespräch und antwortete nicht. Neben mir lag ein Deutscher aus dem Garibaldiregiment, mit dem ich mich im Laufe des Tages bekannt machte. Er stammte aus Bernau im Schwarzwald und hatte an allen drei badischen Revolutionen teilgenommen. In der Mundart der südbadischen Bauern erzählte er mir fiebernd, er werde, wenn er diese Hölle überstanden habe, in die Heimat zurückkehren. Dort würden wir gebraucht, hier in Amerika blieben wir ewig fremd und überflüssig. Stundenlang tauschten wir Erinnerungen aus, während ein weiterer heißer Tag vorüberging. Mein Leidensgenosse behauptete, fast alle deutschen Staaten hätten eine Amnestie für die Flüchtlinge der Revolution erlassen. Ich hatte davon noch nichts gehört und hielt diese Mitteilung für eine Ausgeburt der Phantasie des Fiebernden. Als ich ihn am nächsten Morgen darauf ansprechen wollte, gab er mir keine Antwort. Im Laufe der Nacht war er gestorben.
Mit seinem Pferd ritt ich einige Tage später meinem Regiment nach. Am 9. Juni 1862 gelangte ich um 4 Uhr nachmittags in Harrisonburg an, in dem versprengte und verwundete Soldaten der deutschen Division auf der Schattenseite der Hauptstraße lagerten. Tags zuvor, erfuhr ich, habe eine blutige Schlacht stattgefunden. Ich eilte weiter und fand gegen Abend mein Regiment, oder besser das, was davon übriggeblieben war, auf einem Feld in der Nähe der Ortschaft Cross Keys.
Entmutigte Kameraden erzählten mir, was geschehen war. Um seinen Rückzug über die Shenandoah-Brücke bei Port Republic zu sichern, hatte Jackson einige Meilen vor dem Fluß die Höhen

des Massanutton-Gebirges besetzen lassen. Von dieser Stellung aus konnte die Straße kontrolliert werden. Davor lag eine ansteigende Ebene von Wiesen und Feldern. Dieses von Zäunen durchsetzte und von einem Bach durchflossene Gelände mußte der Angreifer ohne Deckung überwinden, um an den im Wald verborgenen Gegner heranzukommen. Unsere Brigade hatte den Befehl erhalten, die Operation auszuführen. Noch bevor die Artillerie aufgebaut war, hatte Oberst Wutschel, der Anführer des achten Regiments, den Vorstoß gewagt. In geschlossenen Reihen waren unsere Leute mit gefälltem Bajonett auf die Waldhöhe zugestürmt, alle anderen Einheiten überrennend. Bis auf einhundertfünfzig Schritte ließ der Feind sie herankommen, dann mähte er sie mit einem Hagel von Flintenschüssen und dem Feuer aus vier Batterien nieder. Innerhalb von Sekunden fiel ein Drittel des Regiments. Die Überlebenden flohen zurück und rissen dabei die nachrückenden Einheiten mit. Nun brachen die Konföderierten aus dem Wald hervor und verfolgten die Geschlagenen. Die Fahne der Achter, Amalies Fahne, ging verloren. Von meiner Kompanie lebten nur noch zwanzig Mann.

Wahrscheinlich hätte auch mich eine Kugel getroffen, wenn ich dabeigewesen wäre. Der erzwungene Aufenthalt im Schulhaus von Woodstock hatte mir das Leben gerettet. Ich fragte mich unwillkürlich, warum gerade ich verschont worden war. Nach Amalies Tod lag mir wenig am Leben. Aber offenbar hatte ich noch eine Aufgabe in dieser Welt zu erfüllen. In den folgenden Wochen sah ich freilich immer deutlicher ein, daß diese Aufgabe nicht in Nordamerika liegen konnte.

Gegen Blenker und Oberst Wutschel wurden wegen der Schlacht bei Cross Keys kriegsgerichtliche Untersuchungen eingeleitet. An Wutschels Stelle trat als kommissarischer Regimentschef Oberstleutnant Hedterich. Nach und nach wurden die Verluste durch Neuzugänge ausgeglichen. Statt Blenker, der nach Washington abberufen wurde, übernahm Carl Schurz die deutsche Division. Militärisch war Schurz völlig unerfahren. Er

verdankte die Ernennung zum General allein seinen politischen Beziehungen. Mit dieser Entscheidung Präsident Lincolns versöhnte mich jedoch die Nachricht, daß der Oberbefehlshaber Frémont durch Franz Sigel ersetzt worden sei.
Der Rest meiner Beteiligung am amerikanischen Bürgerkrieg ist rasch erzählt. Im Juli 1862 verließ unsere Division das Shenandoah-Tal und bezog für einen Monat ein Lager bei Sperryville. Von dort rückten wir im August nach Südosten vor, um McClellans Rückzug von der virginianischen Halbinsel zu decken. Bei der Schlacht am Cedar Mountain bildeten wir die Reserve, ohne zum Einsatz zu kommen. Zwischen dem 15. und 28. August gerieten wir auf dem Rückzug in Richtung Washington in einige kleine Gefechte und nahmen am 29. und 30. August an der zweiten Schlacht bei Manassas teil. Der Umsicht und dem militärischen Geschick Hedterichs war es zu verdanken, daß die Verluste unseres Regiments verhältnismäßig unbedeutend waren.
Den September hindurch marschierten wir ohne erkennbare Strategie im Dreieck Warrenton, Sudley Springs und Fairfax County Court House hin und her. Zu neuen Gefechten kam es nicht. Wir bezogen Anfang Oktober ein Lager bei Centreville. Hier erfuhren wir, daß Wutschel auf keinen Fall mehr zum Regiment zurückkehren würde. Da Hedterich sich hervorragend bewährt hatte, rechneten das gesamte Offizierskorps, das Kommando der Brigade und der Divisionsstab mit seiner Ernennung zum Regimentschef.
Am 23. Oktober erhielten wir jedoch die Nachricht, daß Prinz Felix Salm-Salm die Nachfolge Oberst Wutschels antreten werde.
Ich konnte es nicht fassen. Der Prinz war ein Mann von etwa dreißig Jahren, der in der preußischen Kavallerie gedient hatte und auf der Flucht vor Spielschulden nach Amerika gekommen war. Persönliche Beziehungen zu Staatssekretär Seward hatten ihm zur Aufnahme in Blenkers Stab verholfen. Besuchern gegen-

über unterließ es Blenker nie, den jungen Mann vorzuführen wie ein seltenes Tier. Er hielt sich viel darauf zugute, einen leibhaftigen deutschen Prinzen in seinem Hofstaat zu haben. Durch militärische Heldentaten war dieser nicht in Erscheinung getreten. Dafür sprachen alle von seiner romantischen Liebe zu einer halbindianischen Schönheit aus Kanada, die er zu seiner Frau und damit zur Prinzessin gemacht hatte. Man sagte ihr gute Verbindungen zu einflußreichen Politikern nach.
Persönlich hatte ich nicht den geringsten Vorbehalt gegen Salm-Salm. Allerdings hielt ich die Zurücksetzung von Oberstleutnant Hedterich für unerträglich, zumal sich der naheliegende Verdacht bestätigte, daß die Ernennung des Prinzen auf Protektion beruhte. Dem Regimentsadjutanten, der in Washington vorstellig wurde, sagte die Prinzessin wörtlich, sie sei es gewesen, die ihrem Mann den Aufstieg verschafft habe, und sie werde ihm diesen auch erhalten; sie verfüge über einen Gönner, gegen den aller Widerstand im Regiment nichts ausrichten werde. Tatsächlich blieben die Proteste der Offiziere ohne Wirkung. Prinz und Prinzessin trafen Anfang November 1862 im Lager ein und bezogen, allem militärischen Brauch zuwider, gemeinsam das von Blenker hinterlassene Prachtzelt.
Ich sah in der Beförderung Salm-Salms eine Verletzung aller republikanischen Grundsätze, für deren Verteidigung ich Frau und Kind verlassen und mich als Freiwilliger verpflichtet hatte. Da ich sah, daß gegen die Washingtoner Intrige nichts auszurichten war, reichte ich ein Entlassungsgesuch ein. Vielleicht wäre ich mit einer Versetzung zufrieden gewesen, wenn nicht die Worte des toten Schwarzwälders aus Woodstock in mir nachgeklungen hätten. Was er über die Amnestierung der Achtundvierziger in Deutschland gesagt hatte, entsprach der Wahrheit. Seit ich dessen sicher war, ließ mich der Gedanke an die Heimkehr nicht mehr los. Am 25. November 1862 erhielt ich meinen Abschied. Als ich am folgenden Tage auf dem Weg nach Washington durch Fairfax County Court House kam, sagte man

mir, im alten Gerichtsgebäude befänden sich zwei alte Freunde von mir. Ich sprach vor und fand Franz Sigel und Friedrich Hecker bei einer Besprechung.
– Heiliges Kanonenrohr, brüllte Hecker. Der Rübenmönch in Uniform!
Wir umarmten und begrüßten uns. Ich sagte, daß ich gerade dabei sei, die Uniform an den Nagel zu hängen.
– Solange uns Deutschland versperrt war, erklärte ich, war es richtig, den Freiheitskampf hier zu führen. Aber jetzt werde ich in der Heimat dringender gebraucht als hier.
– Schon möglich, sagte Sigel. Aber unsere Zukunft liegt hier. Auch deine, Struve.
Und Hecker stimmte zu.
– Die Deutschen haben ihre Chance gehabt, sagte er. Sie haben sie nicht genutzt. Was willst du ihnen von Freiheit erzählen? Ihnen fehlt jede Begabung dazu.
Ich verteidigte die Deutschen. Eines Tages, prophezeite ich, nach einer langen Zeit des Kämpfens und Lernens, werden sie reif sein für die Demokratie und die föderative Republik. Für eine Diskussion über Deutschlands Zukunft hatten meine Freunde freilich keinen Kopf. So verabschiedete ich mich von den beiden, drückte ihnen die Hände und sah nicht mehr zurück. Noch am gleichen Tag traf ich in dunkler Nacht in Washington ein. Am nächsten Morgen ließ ich ein Flugblatt in deutscher Sprache drucken, in dem ich die Gründe meines Austritts aus der Armee offenlegte. Ich bezahlte den Drucker großzügig, bat ihn, das Blatt kostenlos an die Division Schurz zu liefern, und bestieg den Zug nach New York.

21

Im Traum folgte ich einem kleinen, verkrüppelten Mann mit pelzbesetztem Mantel und Pelzmütze in die Tiefe des Höllenkraters bis dorthin, wo der gefiederte Oberkörper des dreigesichtigen Luzifer im Eise stak.

> Er weinte mit sechs Augen, um die Tränen
> Mit blut'gem Schaum drei Kinnen zuzuführen.
> In jedem Maul zermalmt er mit den Zähnen,
> Als bräche Flachs er, einen Sünder ...

Ich sah sie zwischen den Kiefern, wenn sich die Lefzen des Ungeheuers hoben oder eine der drei riesigen Zungen herausfuhr, um den blutigen Speichel wegzulecken, der über die Kinne tropfte: Judas, Brutus und Cassius, die drei Erzverräter. Und alle trugen sie das Gesicht Karl Mathys.

Jene politische Wende, die zu meiner Amnestierung führte, öffnete Mathy Ende 1862 den Weg von der Kreditgesellschaft in Gotha zurück in die badische Regierung. Vom Großherzog rehabilitiert, kehrte er, dem hohen Herrn die vorübergehende Ungnade verzeihend, nach Karlsruhe zurück. Dort wurde er zum Direktor der Hofdomänenkammer und zum vorsitzenden Mitglied des Finanzministeriums ernannt; seinen Gehalts- und Pensionsansprüchen entsprach man auf großzügigste Weise, auch eine Dienstwohnung erhielt er. *So leistete*, kommentiert Mathys Biograph Gustav Freytag, *das Heimatland Baden seinem alten Häuptling Sühne, in einer Weise, wie sie dem hochsinnigen Manne beste Belohnung ist.* Allen bösen Träumen zum Trotz habe ich meinem treulosen Freund Ehre und Sicherheit des Lebensabends nie mißgönnt. Wenn ich ihn beneidet habe, dann nicht um Amt und Einkommen, sondern um die Genugtuung, gesiegt zu haben. Das Deutschland, von dem er immer geträumt hatte, er sah es entstehen: ein preußisch geführter Machtblock,

hierarchisch geordnet, beherrscht vom bürgerlichen Kapital. Bismarcks Aufstieg war Karl Mathys Sieg.
Von meinem Deutschland dagegen war nicht mehr viel übrig, als ich im Juni 1863 aus Amerika zurückkehrte. Meine beiden Kinder hatte ich vorerst in der Obhut der Familie Wolf auf Staten Island gelassen, da ich mir nicht sicher war, ob man mich nicht doch gleich nach meiner Ankunft verhaften würde. Diese Furcht erwies sich als unbegründet.
Von New York nach Hamburg war ich vierzehn Tage lang unterwegs gewesen. Auf der *Teutonia*, einem Dampfschiff der Hapag, befanden sich mehrere Achtundvierziger, die wie ich von der Amnestie gehört hatten und die erste Möglichkeit zur Rückkehr wahrnahmen. Wir sprachen während der Überfahrt oft über die Aufgabe, Deutschland zu einer demokratischen Republik nach amerikanischem Vorbild zu machen. Auch unsere amerikanischen Erlebnisse und Erfahrungen tauschten wir aus. So war die Zeit ausgefüllt mit anregenden Diskussionen und Gesprächen. Nur, wenn ich allein an der Reling stand und über das graublaue Wasser zum Horizont sah, fühlte ich Trauer in mir, denn ich dachte an Amalie. Sie hatte so gehofft, mit mir eines Tages diese Reise zu machen. Ich wußte ihre Seele in meiner Nähe, und doch tat es unendlich weh, daß sie diese Heimfahrt nicht mehr miterleben konnte.
Mit banger Unsicherheit wartete ich auf die Zollkontrolle im Hamburger Hafen. Ich reichte einem der Beamten meine Papiere, und er gab sie mir zurück, ohne sie richtig angesehen zu haben. Ich sei Gustav Struve, sagte ich. Der Mann wußte mit meinem Namen nichts anzufangen. Ich hätte an den Revolutionen von 1848 und 1849 an führender Stelle mitgewirkt, erklärte ich und würde gerne wissen, ob ich amnestiert sei.
– Machen Sie sich da man keinen Kummer, sagte der Beamte. 1848 interessiert keinen Menschen mehr.
Wie recht er damit hatte, sollte ich bald feststellen. Ich hatte gedacht, es müsse leicht sein, wieder in Kontakt zu treten mit

früheren Mitstreitern. Doch die meisten fand ich nicht mehr, und die ich wiederfand, waren mir fremd geworden. In Hamburg fragte ich mich zwei Tage nach Gabriel Riesser durch, um schließlich zu erfahren, daß er vor kurzem gestorben war.
Den schwersten und größten Teil meines Gepäcks machte eine Kiste mit den Stereotypen der *Weltgeschichte* aus. Auf der Suche nach einem Verlag, der das Werk in Deutschland herausbringen würde, kam ich nach Coburg. Dort traf ich Feodor Streit, den ich noch aus seiner Heidelberger Studentenzeit kannte. Er besaß inzwischen einen Verlag samt Druckerei. Ihm vertraute ich meine *Weltgeschichte* an und ließ in seinem Verlag auch eine Anzahl von Heften unter dem Titel *Diesseits und Jenseits des Ozeans* erscheinen. Ich nahm mir eine Wohnung in Coburg und begann Geld zu sparen, um die Kinder aus Amerika nachkommen lassen zu können.
Gelegentlich schrieb ich auch Artikel für Streits *Allgemeine Arbeiterzeitung.* Als im November 1863 Friedrich VII. von Dänemark starb und die schleswig-holsteinische Frage wieder in den Mittelpunkt des Interesses rückte, richtete ich einen scharfen Angriff gegen Preußen und Österreich. Ich weckte die Erinnerung daran, wie schmählich die beiden deutschen Großmächte die unglücklichen Herzogtümer im Stich gelassen hatten, und stellte fest, daß durch die *Herrschaft der Bajonette* nie und nimmer Recht entstehen könne. Wegen dieses Artikels strengte die Coburger Staatsanwaltschaft einen Preßprozeß gegen Streit und mich an, der sich über mehrere Monate hinzog. Man warf uns Verletzung von Zensurbestimmungen, Beleidigung und Majestätsbeleidigung vor. Ich berief mich dagegen auf das Menschenrecht der freien Meinungsäußerung und die Freiheit von Wissenschaft und Lehre. Meinem alten Grundsatz des gesetzlichen Widerstands folgend, wies ich in umfangreichen Schriftsätzen nach, daß die 1849 vom Nationalparlament in Frankfurt formulierten *Grundrechte des Deutschen Volkes* auch im Herzogtum Sachsen-Coburg-Gotha zum Gesetz geworden und immer

noch gültig seien. Doch das Gericht würdigte meine Ausführungen nicht einmal mit einer Widerlegung. Es verurteilte Streit und mich zu drei Monaten Gefängnis. Da wir auf der Stelle Berufung einlegten, erhielt das Urteil keine Rechtskraft. Nur dieser Umstand verhinderte unsere Verhaftung im Gerichtssaal.
Mit einem Schlag stand ich wieder inmitten des politischen Kampfes um die deutsche Freiheit. Doch anders als vor Jahren in Mannheim nahm die Öffentlichkeit keinen Anteil daran. Weit mehr als vor der Revolution war jeder um sein materielles Wohlergehen besorgt, obwohl es den Deutschen inzwischen weit besser ging. Der Geist der Freiheit war einer allgemeinen Kaufmannsmentalität gewichen. Die Eigensucht schien alle anderen Empfindungen zu verdrängen. Selbst Gesinnungsgenossen, deren Radikalismus berüchtigt gewesen war, hatte diese neue Stimmung erfaßt. Kaum einer wollte noch mit mir zu tun haben, jeder spielte seine Rolle in der Revolution herunter. Bezeichnend ist die Antwort, die ich von Amand Goegg erhielt, als ich den Kontakt zu ihm wiederaufnehmen und ihn zur Mitarbeit an einem Buch über *Dreißig Streiter der Revolution* gewinnen wollte. *Als Director der Actiengesellschaft Glasfabrik Offenburg*, schrieb er zurück, *muß ich meine ganze Zeit und Thätigkeit auf diese, erst in der Organisation begriffene Unternehmung verwenden. Auch bin ich alle 6 Monate entlaßbar und hänge ich von einem Verwaltungsrathe ab, welcher aus Geschäfts- und Geldleuten, nicht aus Politikern, am allerwenigsten von unserer Farbe besteht, und würde ich die Entlassung jedenfalls erhalten, wenn mein Name in der projectierten Schrift als Mitarbeiter erschiene.*
Es sei traurig, antwortete ich, daß er, der geistige Vater der Revolution von 1849, nun auch kein Ganzer mehr sei, ja nicht einmal mehr ein Halber. Gekränkt prophezeite er mir im nächsten Brief: *In einigen Wochen, nachdem Du von der Hälfte Deiner 30 Streiter Absagebriefe erhalten haben wirst, werde ich, und das tröstet mich, von Dir wieder gelinder beurtheilt werden und dann*

in Deinen Augen wenigstens wieder zu den 3/4 Leuten avanciren. Leider behielt er recht.

Ich fühlte mich wie ein Fisch, der an Land gespült worden war. Da öffnete sich eine unerwartete Aussicht. Mein alter Freund Friedrich Kapp setzte sich in Washington dafür ein, daß ich zum nordamerikanischen Konsul für Thüringen ernannt würde. Sollte ich nun doch zum Diplomaten werden? Mich reizte die Aufgabe, die Ideale der größten Republik der Erde in einem deutschen Fürstentum zu vertreten. Die Regierung von Sachsen-Meiningen verweigerte mir jedoch strikt das Exequatur. Einem überführten *Hochverräther,* erklärte sie kategorisch, werde man keine konsularischen Ehren erweisen. Da der Regierung in Washington meine Person keine Zänkerei mit einem deutschen Kleinstaat wert war, wurde nichts aus der Ernennung.

Im Juni 1865 fand in Jena die Berufungsverhandlung im Strafverfahren gegen Streit und mich statt. Wider allen Rechts verweigerte man mir, mich zur Sache zu äußern. Die Strafe wurde auf einen Monat Gefängnis herabgesetzt, und der Richter selbst legte mir nahe, mich der Verhaftung durch Ausreise zu entziehen. Man wollte mich loswerden. Da Streit vor dem Konkurs stand und ich keine Möglichkeit sah, weiterhin meinen Lebensunterhalt in Coburg zu verdienen, nahm ich das Angebot meines jüngsten Bruders Heinrich an, zu ihm zu ziehen.

Er besaß eine Pension mit Solbad im deutschen Rheinfelden. Auf dem Weg dorthin reiste ich nach sechzehn Jahren wieder mit der Eisenbahn durch badisches Gebiet. Auch die Abteile der dritten Klasse waren nun verglast und geschlossen, wie überhaupt das Leben angenehmer und bequemer geworden war, selbst für die weniger Bemittelten. Ein Schullehrer, der zwischen Heidelberg und Mannheim mit mir im Abteil saß, pries den regierenden Großherzog Friedrich von Baden mit blumigen Worten als den besten, gnädigsten, herrlichsten Fürsten dieser Erde. Da es mir sinnlos schien, den biederen Mann bekehren zu wollen, ließ ich ihn reden. Die Weite des nordamerikanischen

Lebensgefühls hatte mich verändert. Wie in den muffigen deutschen Kleinfürstentümern gedacht wurde, schien mir für die Zukunft der Menschheit nicht mehr allzu wichtig. Auch hatte ich Grund, diesen Friedrich gelten zu lassen. Ohne seine Zustimmung wäre die unbedingte Amnestie der badischen Regierung für politische Flüchtlinge nicht zustande gekommen.

In Mannheim mußte ich mehrere Stunden auf den Anschlußzug nach Karlsruhe und Basel warten. Ich verließ den Bahnhof und ging auf demselben Weg in die Stadt, den ich einst mit Karl Mathy gegangen war, um ihn nach meiner Entlassung als Redakteur des *Journals* zur Rede zu stellen. Wie damals fiel leichter Regen. Doch sonst war alles anders. Rings um die Stadt führte nun eine Eisenbahnlinie zum Hafen. Neue Fabriken standen in den Außenbezirken, einst vertraute Straßen erkannte ich kaum wieder. Der Pfälzer Hof war nun vierstöckig, das Hoftheater völlig umgebaut. Vor dem Haus, in dem Mathy gewohnt hatte, blieb ich stehen und sah durch den Schleier des Regens zu einem der Fenster hinauf. Dahinter hatte ich seinen Kopf mit Gips bestrichen und dabei über Gall und Galilei gesprochen. Auch zu dem Haus, in dem ich so lange mit Amalie gelebt hatte, führte mich mein Weg. Ich fand es völlig verändert. Von der Fassade hatte man allen Rokokoputz abgeschlagen und durch klassizistische Simse ersetzt. Einer schwer bezwingbaren Sehnsucht nachgebend, wanderte ich schließlich auch noch zu Düsars Gartenhäuschen hinaus. Es war jedoch verschwunden. Wo es gestanden hatte, befand sich nun ein Lager für Baumaterial.

Auf der Weiterfahrt nach Süden ergriff mich tiefe Melancholie. Ich blickte aus dem schaukelnden Zug auf die dunkel werdende Landschaft. Hinter dem vorübergleitenden Schattenriß der Vogesen ging die Sonne unter. Bilder der Vergangenheit stiegen in mir auf. Ich sah mich wieder als eines von zehn Kindern aus Vaters Kutsche aussteigen und hörte jemanden *'s nimmt koi End* rufen. Der Bootssteg am Erlachsee fiel mir ein, wo ich mit

August von Marschall und den anderen Schulkameraden manchen Sommernachmittag damit verbracht hatte, über die waldumsäumte dunkle Wasserfläche zu sehen und von der Zukunft zu reden. Als die Lichter von Karlsruhe in Sicht kamen, schloß ich die Augen und sah Monsieur Bouvier mit einem Buch in der Hand vor seinem Vogelkäfig stehen. Und als der Zug Karlsruhe in Richtung Rastatt verließ, merkte ich, daß mir Tränen über die Wangen rannen.

In Rheinfelden, wo ich am nächsten Vormittag eintraf, wurde ich von meinem Bruder und seiner Frau sehr herzlich empfangen. Ich bezog eine Mansarde, durch deren Gaube ich über den Rhein in die Schweiz hinübersehen konnte. Es tat mir gut, nach Monaten der Einsamkeit wieder in einer Familie zu leben. Heinrich hatte mehrere kleine Kinder. Wann immer ich ihre Stimmen im Haus hörte, nahm ich mir vor, alles zu tun, um bald Damajanti und die kleine Amalie bei mir zu haben. Aber dann überschlug ich meine Barschaft und wußte, daß ich mich mit einer weiteren Wartezeit abfinden mußte.

Ich versuchte wieder, durch journalistische Arbeiten Geld zu verdienen. Die Auswahl der Blätter, an die ich meine Manuskripte schicken konnte, war nicht sehr groß. Zwar wurde die Zensur nicht mehr sehr streng gehandhabt, doch der Wille der Redakteure zu Auseinandersetzungen mit den Behörden war gering. An meiner politischen Haltung ließen auch Artikel mit unverfänglichen Überschriften keinen Zweifel. Ich schrieb nicht nur, weil ich auf Honorare angewiesen war. Es war mir auch wichtig, vor der in Gang gekommenen Entwicklung zu warnen. Spätestens seit dem Krieg mit Dänemark um Schleswig-Holstein und dem Frieden von Malmö konnte niemand mehr daran glauben, daß Preußen wirklich die Sache Deutschlands vertrat. Es stimmte zwar ein in die Empörung darüber, daß Dänemarks neuer König Schleswig endgültig von Holstein trennen und zur dänischen Provinz machen wollte; es tat sich auch mit Österreich zusammen, um die Dänen im Frühjahr 1864 gewaltsam aus

Schleswig zu vertreiben. Aber um Recht und Gerechtigkeit ging es Preußens Kanzler nicht. Nicht für den Erbprinzen Friedrich von Augustenburg wollte er die Herzogtümer den Dänen entreißen, sondern für Preußen selbst. Und wenn mich nicht alles täuscht, hatte er von vornherein eingeplant, mit Österreich über die Beute in Streit zu geraten. Denn die Frage, wem Deutschland gehören sollte, stand seit langem auf der Tagesordnung. Jetzt suchte man einen Anlaß, sie einer militärischen Lösung zuzuführen.

Damals wie heute nutzte Bismarck die patriotischen Emotionen der Deutschen aus, indem er vorgab, den Interessen der Nation zu dienen. In Wahrheit ging es ihm immer nur um Preußens Interessen. Durch den Sieg der preußisch-österreichischen Koalition über Dänemark gewann Schleswig-Holstein keine Unabhängigkeit, der Augustenburger nicht den Thron. Im Gasteiner Vertrag von 1865 einigten sich Österreich und Preußen darauf, das eroberte Land selbst zu verwalten. Den Vorteil hatte allein Preußen. Durch die Verlegung der preußischen Marine nach Kiel zeigte Bismarck deutlich genug, warum er den Krieg gegen Dänemark geführt hatte. Beide Herzogtümer wurden dem preußischen Zollverein einverleibt, der von Preußen geplante Nord-Ostsee-Kanal sollte durch das österreichisch verwaltete Holstein gehen. Was sollte Österreich auch mit einer Provinz im hohen Norden anfangen? Es sah von Anfang an nur ein Tauschobjekt darin, für das es einen Teil Schlesiens bekommen wollte.

Mit derselben Aufmerksamkeit, mit der ich die deutsche Entwicklung beobachtete, verfolgte ich die Ereignisse in den Vereinigten Staaten. Die Niederlage der Südstaaten zeichnete sich schon im Sommer 1863 ab. Versuche der Konföderierten unter General Lee, den Krieg in die Nordstaaten zu verlagern, endeten mit dem Sieg der Unionstruppen bei Gettysburg. Fast gleichzeitig kam das ganze Mississippi-Tal unter die Kontrolle des Nordens. Im Herbst 1863 zerstörte eine Armee der Union unter Ullysses S. Grant den wichtigsten Eisenbahnknotenpunkt

Chattanooga und schnitt so die Truppen der Konföderation von ihren Nachschublinien ab. Im großen und ganzen verlief der Krieg nach dem Anaconda-Prinzip: Der Süden war längs des Mississippi geteilt und entlang der Küste blockiert; so wurde er langsam erdrückt. Am 9. April 1865 gab General Lee auf. Die Kapitulation von Appomattox beendete den nordamerikanischen Bürgerkrieg.

Abraham Lincoln hatte im November 1864 erneut die Präsidentenwahl gewonnen. Ihm verdankte die Union, daß ihre Schicksalsfrage im Sinn von Einheit und Freiheit gelöst worden war. Keiner war befähigter als er für die schwierige Aufgabe, die Wunden des Krieges zu heilen. Ich liebte und bewunderte den grotesken Mann mit dem Leidensgesicht. Meine Erschütterung läßt sich nicht beschreiben, als ich am 26. April 1865 auf einem der *Allgemeinen Zeitung* beigelegten Zettel las: *Der Präsident der Vereinigten Staaten, Abraham Lincoln, ist heute, 15. April, von einem Meuchelmörder erschossen worden.*

Sofort verfaßte ich mehrere Artikel über Lincolns Leben und seine Prinzipien. Doch nur wenige Zeitungen druckten sie. Auch was ich über den amerikanischen Bürgerkrieg schrieb, fand wenig Interesse. Leichter hatte ich es mit Erinnerungen an die Zeit der deutschen Revolution. Inzwischen gab es einige Redakteure, die im demokratischen Aufbruch jener Jahre das wichtigste Ereignis des Jahrhunderts sahen. Zu ihnen gehörte Ernst Keil, der Herausgeber der zu Unrecht belächelten *Gartenlaube.* Er öffnete die Spalten dieses erfolgreichsten deutschen Familienblattes den Verbannten und ehemaligen Freiheitskämpfern. Soweit möglich, unterstützte er die demokratische Bewegung.

Im Sommer 1865 erhielt ich von Keil den Auftrag, emigrierte Mitstreiter in London zu besuchen, um sie literarisch zu porträtieren. Ich reiste im Juli, und was ich erlebte, war schön und traurig zugleich. Schön war es, alte Freunde und Bekannte wie Karl Blind, Gottfried Kinkel, Arnold Ruge und Ferdinand Freiligrath wiederzusehen und von früher zu sprechen. Traurig war die allgemeine Resignation über die deutsche Entwicklung. In meine Berichte über die Wiederbegegnungen floß die Enttäuschung mit ein. Womöglich war dies der Grund, daß die *Gartenlaube* von einer Veröffentlichung absah.

Auch Pedro Düsar traf ich nach langer Zeit in London wieder. Er hatte inzwischen in eine wohlhabende englische Familie eingeheiratet und bewohnte mit Frau und Kindern ein stattliches Haus am Portland Square. Einen Nachmittag lang saß ich ihm in seinem prächtig möblierten Salon gegenüber und versuchte, in dem Gentleman, der mit britischem Akzent deutsch mit mir sprach, den Bruder meiner lieben Amalie und meinen ehemaligen Kampfgenossen zu erkennen. Es gelang mir nicht. Pedro war mir so fremd geworden, daß er nicht einmal meine Trauer über dieses Fremdsein verstand. Ich tadle ihn nicht dafür. Die vierzehn Jahre, die er in London verbracht hatte, machten fast die Hälfte seines bewußt erfahrenen Lebens aus. Er hatte sich abgefunden mit seiner Umgebung und eingerichtet darin. Das war nur natürlich. Aber weh tat es doch, daß er unerreichbar geworden war für mich und meine Erinnerungen.

Mitte August kam ich nach Rheinfelden zurück. Heinrich holte mich mit der Kutsche vom Bahnhof ab. Es war ein milder, heiterer Sonntagnachmittag, und viele Badegäste und Besucher flanierten das Rheinufer entlang. Auf der Terrasse der Pension standen weißgedeckte Tische unter großen Sonnenschirmen. Es roch nach Kaffee und frischem Kuchen, das Summen der Gespräche und das Rauschen des Stromes erfüllten die Luft. Heinrichs Familie saß um einen Tisch neben dem Eingang, doch zwischen den vertrauten Gesichtern fiel mir eines auf, das ich noch nicht gesehen hatte. Es gehörte einer jungen blassen Frau mit hochgesteckten blonden Haaren, blauen Augen und einem weißen Kleid. Als ich ihr die Hand gab, blickte sie mich erwartungsvoll an. Man hatte vor meinem Eintreffen über mich gesprochen und die Dame in Weiß neugierig gemacht auf den alten Revolutionär.

– Mein Name ist Katharina von Zentner, sagte sie. Der Stuhl hier ist noch frei. Setzen Sie sich in die Sonne, und ruhen Sie sich aus von der langen Reise!

22

Das Sprechen fällt mir schwer. Doch bevor ich ein wenig schlafe, will ich meinen Lebensbericht zu Ende bringen.

Gleich an jenem Augustnachmittag in Rheinfelden kam ich mit der jungen Frau im weißen Kleid in ein langes und intensives Gespräch. Sie wirkte sehr angegriffen und leidend, doch ihre Augen strahlten Zuversicht und Lebenswillen aus. Mit ihren dreiundzwanzig Jahren hätte sie meine Tochter sein können, und daher begegnete ich ihr zunächst mit väterlicher Fürsorge. Aber je näher wir uns kennenlernten, desto unwichtiger wurde der Altersunterschied zwischen uns. Heute hat Käthchen als meine Ehefrau eine fast mütterliche Rolle übernommen, so seltsam das in bezug auf einen siebenunddreißig Jahre älteren Mann auch klingen mag.

Von den Männern im allgemeinen hatte sie keine hohe Meinung. Im Alter von neunzehn Jahren war sie gegen ihren Willen an einen bayerischen Offizier verheiratet worden, der in der Festung Landau Dienst tat. Ihre Eltern, pfälzische Kaufleute, hielten dies für eine gute Partie. Schon in der Hochzeitsnacht benahm sich der Oberleutnant, Ritter und Kammerherr wie ein Tier. Wenn er betrunken war, demütigte und schlug er die ihm ausgelieferte junge Frau. Sie floh zu den Eltern, doch diese schickten sie zu dem Rohling zurück. Erst ein Arzt erlöste sie von der Tortur des Ehelebens. Er stellte den Offizier wegen der Mißhandlungen an Käthchen zur Rede und zwang ihn, einer Bäderkur für seine junge Frau zuzustimmen. Seither war Käthchen von Kurort zu Kurort gereist, in ständiger Angst, gesund zu werden und nach Landau zurückkehren zu müssen.

Nur andeutungsweise erzählte sie mir bei unserer ersten Begegnung diese Geschichte. Doch ich verstand genug, um zu begreifen, daß Käthchen weniger eines Heilbads bedurfte als eines Menschen, bei dem sie sich aussprechen konnte. Ich ließ ihr Zeit, Vertrauen zu mir zu gewinnen, und machte ihr den Vorschlag, sie in meiner freien Zeit in verschiedene Wissensgebiete einzuführen. Dankbar nahm sie das Angebot an. Von da an gab ich ihr Privatstunden. Zuerst verbesserte ich ihre Sprachkenntnisse, dann las ich mit ihr die *Commedía* und den *Émile.* Gleichzeitig klärte ich sie an Hand der *Weltgeschichte* über die historische Entwicklung der Menschheit zu Mündigkeit und Freiheit auf. Schließlich machte ich sie mit der Phrenologie bekannt, von deren Erkenntnissen sie noch niemals gehört hatte und die doch der Schlüssel sind zum Verständnis der menschlichen Seele. Ganz von selbst begann sich Käthchen dafür zu interessieren, warum ich den Genuß von Fleischspeisen ablehnte und selbst bei kühlem Wetter frühmorgens im Rhein badete. So führte ich sie auf eigenen Wunsch in die natürliche Lebensweise ein und stellte zu meiner Freude fest, daß die pflanzliche Ernährung und der Verzicht auf Kaffee und Alkohol wahre Wunder wirkten bei der Leidenden. Schon wenige Wochen nach unserem ersten Zusammentreffen kehrte Farbe in ihr Gesicht zurück. Sie erholte sich zusehends, was mein Bruder verständlicherweise der Wirkung seines Solbads zuschrieb. Als im Oktober alle anderen Gäste abreisten, blieb Frau von Zentner da, um die Kur den Winter über fortzusetzen.

Bis zu diesem Zeitpunkt war ich mir über mein Gefühl für Käthchen nicht im klaren gewesen. In einer Art stiller Übereinkunft hatten wir festgelegt, so zu tun, als seien wir nur an gemeinsamen Spaziergängen und Gesprächen interessiert. Den Klatsch unter den übrigen Kurgästen wollten wir Lügen strafen, indem wir die Förmlichkeiten zwischen uns beibehielten. Doch irgendwann in jenem Herbst 1865 saß ich mit ihr auf einem Baumstamm am Ufer des Rheins und bemerkte, daß ich ihren Körper

begehrte. Ich wehrte mich heftig, doch meine Gedanken ließen sich nicht bändigen.
Meine Seele bekämpfte das Gefühl, indem sie den Körper verunstaltete. Über Nacht schwollen die Augenlider eitrig an, als sollte ich daran gehindert werden, Käthchen zu betrachten. Der Hausarzt meines Bruders behandelte mich mit Blutegeln, die mir schwarze Löcher ins Gesicht fraßen. Ich blickte in den Spiegel und war einverstanden mit der Strafe, denn ich hatte sowohl Amalie als auch der jungen Frau gegenüber Schuldgefühle. Bewußt unterzog ich mich der Demütigung, mit meinem entstellten Gesicht Käthchen gegenüberzutreten. Sie war nicht entsetzt, sie bedauerte mich nur. Frauen lieben eben anders als Männer; sie haben einen Instinkt für die Schönheit von Seelen, der sich von Äußerlichkeiten nicht beeindrucken läßt.
Am Morgen meines sechzigsten Geburtstags trat Käthchen mit einem Strauß goldbrauner Astern in mein Zimmer. Ich saß über dem Manuskript eines Reisebuchs für Auswanderer und versäumte, überrascht von dem Besuch, vom Schreibtisch aufzustehen, um ihr entgegenzugehen. Sie überreichte mir die Blumen und gab mir, als sei es die selbstverständlichste Sache der Welt, einen Kuß auf den Mund. Von da an wußten wir, daß wir zusammenbleiben würden.
Obwohl Rheinfelden weitab von allen Hauptstädten Europas liegt, nahm ich doch im Winter 1865 auf 1866 lebhaft Anteil am politischen Geschehen. Im größten Gasthof des Orts gab es einen Leseclub, der zwar längst nicht so vornehm war wie die unvergessene Karlsruher *Resource*, aber doch über eine große Auswahl internationaler Zeitungen verfügte. Hier verbrachte ich manchen Nachmittag. Was ich las, verwertete ich für die Korrespondentenberichte, die ich wöchentlich an den *Anzeiger des Westens* in St. Louis und den *Wecker* in Baltimore schickte.
Wie man heute weiß, zog Bismarck alle Register seiner Staatskunst, um England und Frankreich über die Annexion von Schleswig-Holstein zu beruhigen. England fürchtete um seine

Vorherrschaft zur See, Frankreich verlangte Kompensationen zur Wiederherstellung des europäischen Gleichgewichts. Der preußische Kanzler sicherte der britischen Regierung zu, Schleswig-Holstein zu gegebener Zeit wieder zu räumen. In ebenso vagen Formulierungen versprach er Napoleon III., ihm den Zugriff auf Belgien und Luxemburg zu gestatten, ja, er stellte sogar eine Abtretung des preußischen Saarreviers an Frankreich in Aussicht. Nachdem er sich so etwas Luft verschafft hatte, legte er sich mit Österreich an. Dieses unterstützte, zumindest nach außen hin, die Ansprüche des Herzogs Friedrich von Augustenburg. Preußen dagegen verlangte brüsk die Ausweisung des um sein Erbe betrogenen Thronprätendenten aus Holstein. Das widersprach den Beschlüssen des Deutschen Bundes und dem deutschen Nationalgefühl. Österreich lehnte ab, die preußische Forderung zu erfüllen. Beide Mächte rüsteten.

Um den Gegner diplomatisch zu isolieren und militärisch einzukreisen, scheute Bismarck vor keinem Bündnis zurück. Nicht nur mit dem aus der Revolution hervorgegangenen Königreich Italien, dem alle Reaktionäre fluchten, tat er sich zusammen. Er verbündete sich auch offen mit den Nationalbewegungen der Ungarn, Tschechen und Südslawen. Am unglaublichsten aber war, daß er auch den deutschen Liberalen die Hand bot. Ausgerechnet Bismarck, der Unterdrücker des preußischen Verfassungslebens und Erzfeind der Freiheitsbewegung, forderte nun auf einmal eine Reform des Deutschen Bundes im Geiste der Revolution von 1848: Ein Nationalparlament sollte geschaffen werden aufgrund des Wahlrechts von 1849, Deutschland sollte wirtschaftlich und militärisch eine Einheit bilden. Der Köder war so plump ausgelegt, die Absicht so unverkennbar, daß der ganze Vorstoß nur als Verhöhnung aufgefaßt werden konnte. Doch seit Gotha war einer gewissen Schicht des Bürgertums jede Charakterlosigkeit zuzutrauen. Bismarck irrte sich nicht. Leute wie Karl Mathy, ich weiß es aus Gustav Freytags Biographie, sagten gerade damals: *Herr von Bismarck gefällt mir jeden Tag besser.*

Österreich blieb nichts anderes übrig, als bei Frankreich Hilfe zu suchen. Es versprach dafür Gebietsabtretungen im Rheinland und in Norditalien. Edler als Preußen handelte es also nicht. Insofern es sich auf die Beschlüsse des Deutschen Bundes berief, konnte es den Schein des Rechts für sich beanspruchen. Den juristischen Argumenten hatten Süddeutschlands Mittel- und Kleinstaaten wenig entgegenzusetzen. Schließlich trat Österreich als Bundespräsidialmacht auf. Es forderte von den Mitgliedstaaten des Deutschen Bundes, gegen Preußen als ungetreues Mitglied militärische und wirtschaftliche Maßnahmen zu ergreifen. Zwischen den beiden Großmächten hin und her gerissen, brach der Deutsche Bund auseinander. Was die Revolution nicht vermocht hatte, Bismarck war es gelungen. Diesmal war der *Leichnam* zerstückelt und würde nicht wieder zum Leben erweckt werden können.

Vom Deutschen Nationalverein kam kein Protest. In diesem Verein, der seit 1859 bestand, hatten sich die zersplitterten Kräfte des deutschen Bürgertums zusammengefunden. Nicht nur Gothaer und Erbkaiserliche gehörten ihm an, auch eine Anzahl von Demokraten. Ich hatte während meines Coburger Aufenthalts an einem Treffen des Nationalvereins teilgenommen und dabei Gelegenheit gehabt, mir eine Meinung zu bilden. Was ich beobachtet hatte, gefiel mir nicht. Beherrscht wurde der Verein von der gleichen Mehrheit des Besitz- und Bildungsbürgertums, die schon die deutsche Revolution zugrunde gerichtet und aus ihren Fehlern nichts gelernt hatte. Deutschlands Kaufleute und Professoren träumten nicht von einer Republik der Menschenrechte, sondern von einem zentralistischen Kaiserreich unter preußischer Führung.

Ende April 1866 spitzte sich die Lage so zu, daß es mich nicht länger in Rheinfelden hielt. Auch meine Zuneigung zu Käthchen band mich nicht länger. Ich fühlte mich verpflichtet, noch einmal in die politische Arena zu steigen. In der Stunde der Kriegsgefahr durfte ich mich nicht mit dem Schreiben von Artikeln be-

gnügen. Ich mußte etwas tun. Kurz entschlossen packte ich meine Koffer und reiste nach Frankfurt.
Im Darmstädter Hof stieg ich ab und nahm sofort Verbindung auf mit alten Bekannten aus der Zeit der Revolution. Infolge der Erregung über Preußens Politik wich man mir nicht mehr aus. Leopold Sonnemann, der Herausgeber der *Frankfurter Zeitung*, und der Redakteur der *Reform*, Röckel, besuchten mich im Hotel. Selbst Amand Goegg ließ mich wissen, er werde zum gegebenen Zeitpunkt aus Offenburg angereist kommen. Einige jüngere Leute, die dem Nationalverein angehörten, aber mit dessen preußenfreundlicher Haltung nicht einverstanden waren, schlossen sich mir ebenfalls an. Ich bildete ein Komitee zur Vorbereitung einer großen Volksversammlung am 20. Mai. An diesem Tag sollte ein Treffen des Nationalvereins in Frankfurt stattfinden, von dem Beschlüsse zur Unterstützung der preußischen Absichten zu erwarten war. Unsere Volksversammlung sollte demgegenüber den Willen der Mehrheit der Bevölkerung zum Ausdruck bringen.
Noch einmal erwachte in mir der Geist von 1848. Ich entwarf ein kühnes Programm. Wie einst von Offenburg sollte von Frankfurt eine Welle des Protestes ausgehen. Erneut wollte ich eine demokratische Hierarchie von Volksvereinen ins Leben rufen und den Sturz der monarchischen Regierungen betreiben. Dagegen erhoben meine Freunde den Einwand, man müsse, um Preußen aufzuhalten, die bestehenden Ministerien der Klein- und Mittelstaaten und überhaupt den ganzen Deutschen Bund stützen und stärken. Ich widersprach. Nur die Macht des Volkes schien mir stark genug, Bismarcks Machenschaften zu überwinden. An die Stelle des bevorstehenden Kriegs der Kabinette mußte meiner Überzeugung nach ein Freiheitskampf treten.
– Nicht allein Preußen, sagte ich, ist der Gegner. Wir sind Demokraten, und deshalb gehört unsere Sympathie gewiß nicht Österreich oder dem Deutschen Bund. Nein, wir kämpfen gegen die Monarchie, und zwar gegen jede. Statt die kleinen Despoten

gegen die Eigensucht der Großen zu schützen, müssen wir uns den Streit unserer Feinde zunutze machen. Ihre Uneinigkeit ist unsere Chance. Wenn sich die Unterdrücker des Volkes in den Haaren liegen, ist die Stunde seiner Befreiung nah!
Meine Rhetorik verfing nicht, das Feuer von 1848 zündete nicht mehr. Einstimmig wurde mein Programm einer Revolutionierung Süddeutschlands verworfen. Ich beugte mich dem Beschluß des von mir selbst ins Leben gerufenen Komitees. Allerdings lehnte ich es ab, auf der Veranstaltung das Wort zu ergreifen. Da ich, nachdem ich nun einmal überstimmt worden war, nicht würde sagen können, was ich zu sagen für richtig hielt, zog ich es vor zu schweigen. Angenommen wurde wenigstens mein Vorschlag, die Gründung von Volksvereinen zu betreiben und zu Versammlungen an anderen Orten aufzurufen.
Am Vorabend des 20. Mai stießen zu unserem Komitee einige alte Bekannte: Karl Grün, Amand Goegg und der pfälzische Freiheitskämpfer Georg Friedrich Kolb. Ein junger Freund meines alten Gefährten Wilhelm Liebknecht, ein gewisser August Bebel, erschien als Vertreter der Arbeiterschaft.
– Sie sind Gustav Struve? fragte er zweifelnd, als ich ihn in unserem Kreis begrüßte. Der berühmte Führer der badischen Revolution?
– Ganz recht, antwortete ich.
– Entschuldigen Sie, sagte Bebel. Ich habe Sie mir ganz anders vorgestellt. Irgendwie ... heldenhafter. Und da Sie doch ein bekannter Gegner des Alkohols sind, geriet ich ... wegen Ihrer roten Nase ...
Ich lachte, und die anderen stimmten mit ein. Die Offenheit des jungen Mannes gefiel mir. Inzwischen taucht sein Name häufig in den Zeitungen auf, denn er hat vor einem Jahr mit Liebknecht eine Sozialistische Arbeiterpartei gegründet, die sich rasch auszubreiten scheint.
Zu unserer Volksversammlung am folgenden Tag erschienen nicht die erhofften zehntausend, sondern höchstens zweitausend

Menschen. Die Redner begnügten sich mit scharfen Angriffen auf die preußische Fortschrittspartei und den Nationalverein. Einhellig wurde das Vorgehen Preußens verurteilt.
Das wichtigste Ergebnis der Versammlung war die Konstituierung eines Ausschusses, dem ich als eines von zwölf Mitgliedern angehörte. Namens dieses Gremiums verfaßte ich im Anschluß an die Veranstaltung einen Aufruf zur Bildung einer deutschen Volkspartei, von dessen gedruckter Fassung ich noch ein Exemplar besitze.

Aufruf!

Die unheilvolle Lage, in welche die preußische Junkerregierung das gesammte deutsche Vaterland gestürzt hat, legt jedem deutschen Manne die heiligsten Pflichten auf. Es handelt sich um unsere nationale Existenz, unsere Ehre, unsere Zukunft.

Durchdrungen von dieser Ueberzeugung und von dem furchtbaren Ernste des Augenblicks, hat die Volksversammlung von 3000 Männern, welche am 20. Mai d. J. zu Frankfurt a. M. tagte, den unterzeichneten Ausschuß*) beauftragt, Schritte zu thun um die Bildung einer **deutschen Volkspartei** einzuleiten.

Um diesem ehrenvollen Auftrage nachzukommen, haben wir nachstehendes Programm im Geiste der von der Volksversammlung einstimmig angenommenen Erklärungen entworfen.

Nur die rascheste Vereinigung gleichgesinnter Patrioten in allen deutschen Landen, nur das feste Zusammenstehen in gemeinsamer Wirksamkeit kann das deutsche Volk davor bewahren, der Spielball einer ruchlosen Kabinetspolitik zu werden.

Darum auf, deutsche Männer in Stadt und Land, haltet Volksversammlungen, bildet Vereine, wählt Männer, die Eures Vertrauens würdig sind und als die wahren Vertreter des Volkes zusammentreten sollen zur gemeinsamen Berathung dessen, was uns die Noth und Gefahr zu thun gebieten!

Deutsche Männer, vereinigt Euch, gebt uns Kunde davon, daß solches geschehen und daß Ihr bereit seid! Es gilt das von allen Seiten bedrohte, das nahezu verrathene Vaterland, seine Freiheit, Integrität und Wohlfahrt zu retten!

Frankfurt, den 31. Mai 1866.

Der Ausschuß der Frankfurter Volksversammlung.
Bureau: Eschenheimer Gasse 31.

Indes geschah nichts, der Kriegsgefahr entgegenzuwirken. Mir blieb nur übrig, in einer Artikelserie für Röckels *Reform* vor dem bevorstehenden Blutvergießen zu warnen. Auf den Schlachtfeldern des amerikanischen Bürgerkriegs hatte ich die Schrecken des Krieges erst vor kurzem erlebt. Ich wußte, was Bismarck dem deutschen Volk zumutete. Um mehr Wirkung zu erzielen, faßte ich meine Artikel zu zwei Broschüren zusammen, die ich unter dem Titel *Krieg* bei Löw in Frankfurt drucken ließ. Leider war das Interesse des Publikums enttäuschend.
Um in meiner Nähe zu sein, trat Käthchen Ende Juni eine

Badekur im hessischen Schwalbach an. Als sie ankam, war der Krieg bereits ausgebrochen. Nur kurz konnte ich sie auf der Durchreise sehen. Die Preußen näherten sich Frankfurt, und ich war mit der Vorbereitung einer weiteren Volksversammlung beschäftigt. Ich wollte die Bevölkerung auffordern, die Höhen im Norden der Stadt zu befestigen und mit Freikorps zu besetzen. Meiner Ansicht nach hätte ein Verteidigungsring um Frankfurt gezogen werden müssen wie der um Washington. Doch die Polizei verbot die von mir einberufene Versammlung. Auch die Volkspartei, die inzwischen die Organisation eines Netzes von Vereinen betrieb, wurde gewaltsam an der Fortsetzung ihrer Arbeit gehindert. Der Gehorsam der Frankfurter Behörden eilte dem Einmarsch der Preußen dienstwillig voraus. Am Montag, dem 16. Juli, floh ich aus der Stadt. Über Heidelberg reiste ich mit dem Zug nach Stuttgart.

Der Krieg von 1866 dauerte nur sieben Wochen. Ungeachtet ihrer Bundespflichten schlossen sich die meisten norddeutschen Kleinstaaten sofort Preußen an; die süd- und mitteldeutschen Kleinstaaten wehrten sich nur halbherzig gegen den preußischen Vormarsch. Die Entscheidung fiel in Böhmen, wo Österreich am 3. Juli 1866 bei Königgrätz eine vernichtende Niederlage erlitt. Bevor Napoleon III. in den Krieg eingreifen konnte, bot Bismarck dem überwundenen Gegner einen großzügigen Frieden an. Mit der Zerschlagung des Deutschen Bundes und der Verdrängung Österreichs aus dem zukünftigen Großpreußen hatte er sein Ziel erreicht.

Ich war keine Stunde zu früh aus Frankfurt abgereist. Wie ich später erfuhr, stellten preußische Militärbehörden bald nach dem Einmarsch Nachforschungen nach mir an. Ich stand auf ihrer Fahndungsliste. Da sie mich selbst nicht erwischten, konfiszierten sie meinen Reisepaß, den ich bei der Frankfurter Polizei hatte hinterlegen müssen. Bis zum heutigen Tag habe ich das Dokument nicht zurückerhalten.

In Stuttgart bezog ich ein möbliertes Zimmer in der Olgastraße.

Den politischen Kampf aufzugeben, dazu war ich nach dem Sieg der Preußen erst recht nicht bereit. Eine Anzahl von Demokraten aus Frankfurt hatte sich wie ich in die württembergische Hauptstadt geflüchtet, einheimische Gesinnungsgenossen schlossen sich an. Wir setzten fort, was in Frankfurt begonnen worden war. Gemeinsam wollten wir der Welt beweisen, daß die Vertreter der deutschen Freiheitsideen nicht vor den preußischen Zündnadelgewehren kapituliert hatten. Schon am 29. Juli 1866 fand in der Stuttgarter Liederhalle die erste Versammlung der württembergischen Volkspartei statt. Der Zulauf war ermutigend. Als Organ der Partei wurde eine Zeitung mit dem Titel *Beobachter* gegründet, zu deren regelmäßigen Mitarbeitern ich von Anfang an gehörte. In Eßlingen, Heilbronn, Ulm und vielen anderen Städten rief ich auf Versammlungen zum Widerstand gegen die Vereinnahmung der deutschen Nationalbewegung durch Preußen auf. Die Volkspartei schien zu wachsen. Ich sah eine neue Aufgabe vor mir.

Anfang August kam Käthchen nach Stuttgart. Im Haus in der Olgastraße fand sich auch für sie ein Zimmer, und so konnten wir wie in Rheinfelden täglich zusammensein. Wann immer das Wetter und meine Verpflichtungen es erlaubten, wanderte ich mit meiner lieben Freundin auf die Höhen am Rande der Stadt. Ich erinnere mich besonders lebhaft an einen Ausflug nach Cannstadt. Er fand an einem hellen Septembertag statt und führte am Ort meiner buntesten Kindheitserinnerungen vorüber.

– Da, sagte ich, stand einst das Landhaus der Hofstetters, in dem ich aufgewachsen bin und glücklich war.

Das Haus hatte man abgerissen. Vom Garten war nichts geblieben als ein kümmerliches Fleckchen Grün um den alten Baum, in dessen Krone ich mit meinen Brüdern ein Baumhaus gebaut hatte. Verschwunden war die Wiese, an der ich als Kind den Gang der Jahreszeiten abgelesen hatte und auf der wir im Winter gerodelt waren. Eine Reihe neuerrichteter Mietshäuser mit gepflasterten Innenhöfen bedeckte das Gelände. Ich ver-

suchte, Käthchen zu beschreiben, wie der Ort früher ausgesehen hatte, doch ich glaube nicht, daß es mir gelungen ist.
– Manchmal kommt es mir vor, als hätte ich alles nur geträumt, sagte ich im Weitergehen.
Die Hoffnung, meine politische Arbeit in Stuttgart fortführen zu können, erwies sich als verfrüht. So vielversprechend die Volkspartei auch begonnen hatte, nach dem Abklingen der Kriegsempörung wurde unversehens ein Wirtshausverein daraus. Mit einer Handvoll Leuten Stammtischgespräche zu führen schien mir vertane Zeit. Einige Vereinsmeier bemächtigten sich der Partei, die besten Köpfe schieden aus, zurück blieben die üblichen Wichtigtuer. Zwischen dem scheinbaren Aufschwung des Unternehmens und seinem unverkennbaren Niedergang lagen nur wenige Wochen. In den Städten draußen verliefen sich die Mitglieder ebenso schnell, wie sie gekommen waren. Die Stuttgarter Sektion wurde beherrscht von Spießbürgern, denen an gemütlicher Geselligkeit mehr gelegen war als an der Verwirklichung der Demokratie. An den wöchentlichen Zusammenkünften im Petersburger Hof nahm ich bald nur noch unregelmäßig, dann gar nicht mehr teil. Auch meine Mitarbeit am *Beobachter* stellte ich ein.
Irgendwann im Frühjahr 1867 starb in mir die Hoffnung, die Entstehung eines demokratischen Deutschland noch mitzuerleben.

23

Den Kampf für die Freiheit habe ich nicht aufgegeben, auch wenn ich von der politischen Bühne abgetreten bin. Vielleicht habe ich in den vergangenen drei Jahren im stillen mehr bewirkt, als mir das im Dienst der Öffentlichkeit möglich gewesen wäre.
Alle Freiheit beginnt im Kopf. Denn frei sein bedeutet, sein Leben selbst bestimmen. Dazu muß man gegen äußere Zwänge

rebellieren, aber das allein genügt nicht. Im Laufe meines Lebens habe ich gelernt, daß der Mensch immer wieder in Abhängigkeit gerät, solange er innerlich unfrei ist. Eine Gesellschaft ist nur so human wie ihre einzelnen Mitglieder. Solange die Menschen ihre eigene Natur verraten und sich selber nicht treu sind, bleibt die Hoffnung auf ein Leben aller mit allen in Freiheit und Harmonie unerfüllbar. Der Kampf um die Freiheit beginnt mit dem Entschluß des Menschen, das Tier in sich zu besiegen. Und dann muß er der Versuchung widerstehen, anderen um jeden Preis gefallen zu wollen.

Ich gerate ins Dozieren, ich weiß. Man mag es meiner augenblicklichen Schwäche zuschreiben. In den vergangenen Jahren habe ich viele meiner Reden mit dieser Betrachtung über die Freiheit begonnen. Ich habe mich inzwischen entschieden, der *inneren* Revolution des Menschen zu dienen. Seit drei Jahren halte ich Vorträge über die naturgemäße Lebensweise und das Seelenleben. Viele Säle, die bei politischen Referaten leer bleiben würden, füllen sich bei diesem Thema bis auf den letzten Platz. Und, was wichtiger ist: Was ich lehre, zeigt Wirkung. Auf Grund meiner Vorträge haben sich an mehreren Orten Württembergs und Österreichs Vegetariervereine gebildet. Aus ihrem Kreis kam der Wunsch nach einem zusammenfassenden Werk über meine Seelenlehre. Unter dem Titel *Das Seelenleben oder die Naturgeschichte des Menschen* habe ich es inzwischen bei Theobald Grieben in Berlin veröffentlicht. Ich hoffe, damit auch Menschen zu erreichen, die nicht in meine Vorträge kommen.

Im Frühjahr 1867 wurde Käthchen nach unerfreulichen Auseinandersetzungen von ihrem Mann geschieden. Zur gleichen Zeit hatte ich auch endlich das Geld beisammen, um meine Kinder aus New York holen zu können. Käthchen war fasziniert von dem Plan, daß wir nach Amerika reisen, in New York heiraten und als Familie mit zwei Kindern zurückkommen würden.

Wir hatten uns alles so schön ausgemalt, doch die Reise stand unter keinem guten Stern. Am 25. Juli 1867 gingen wir in Hamburg an Bord der *Teutonia*. Bewußt hatte ich denselben Postdampfer gewählt, auf dem ich vier Jahre zuvor nach Deutschland zurückgekehrt war. Die damalige Überfahrt hatte ich in bester Erinnerung, und ich hoffte auf eine ähnlich angenehme Reise. Doch ich wurde enttäuscht. Am 28. Juli verließen wir den Hafen. Bis dahin war das Wetter mild und freundlich gewesen, doch sobald wir aufs offene Meer hinausfuhren, begann es stürmisch zu werden. Zwar überwand Käthchen die anfängliche Seekrankheit, aber ein Vergnügen war die Fahrt über den Ozean für keinen von uns beiden. Tag und Nacht heulte uns der Wind entgegen, ständig rollte und stampfte das Schiff gegen den Seegang an. Am 4. August brach vor der Küste Schottlands ein Unwetter los, durch das die Teutonia in große Gefahr geriet. Gewaltige Brecher überfluteten das Deck, Wasser drang in unsere Kajüten, mehrere Aufbauten wurden fortgerissen.
Nach achtzehn Tagen unruhiger Fahrt sahen wir am frühen Morgen des 14. August 1867 endlich die Bucht von New York vor uns. Die Wolken verzogen sich, die Sonne ging auf und übergoß die spiegelnde Fläche des Meeres und die dunstigen Inseln mit rotgoldenem Licht. Zum zweitenmal in meinem Leben verzauberte mich dieser erste Blick auf die Neue Welt. Langsam fuhr das Schiff an Staten Island vorbei, das ich mit so vielen schönen und traurigen Erinnerungen verband. Ich stand an Deck und hielt Käthchen im Arm, doch meine Gedanken, ich gestehe es, waren in diesem Moment bei Amalie.
Mein alter Freund Scheibel aus Durlach, der inzwischen Friedensrichter in New York City geworden war, traute uns gleich am Tag nach der Ankunft. Da ich, vermutlich aus Sentimentalität, im Shakespeare-Hotel abgestiegen war, sprach sich meine Ankunft rasch herum im Kreis meiner Bekannten und ehemaligen Mitstreiter. Das Hotel hatte abermals den Wirt gewechselt.

Wie ich war Joseph Fickler nach Deutschland zurückgekehrt, nachdem er von der Amnestie erfahren hatte. Merkwürdigerweise hatte er nach seiner Heimkehr keinen Kontakt mit mir aufgenommen. Er nahm wohl an, ich würde ihm sein Eintreten in die Sklavenhalterpartei nachtragen. Krank und müde hatte er sich nach Konstanz zurückgezogen, wo er im November 1865 unbemerkt von seinen ehemaligen Mitstreitern gestorben war. Erst in New York erfuhr ich von seinem Tod.

An dem übrigen Klatsch, den ich mir in der unverändert schäbigen Schankstube des Shakespeare anhören mußte, hatte ich wenig Interesse. Ich zog mich nur deshalb nicht zurück, weil ich die mir zu Ehren von überall her gekommenen Gesinnungsgenossen nicht kränken wollte. Frei von Hochmut, bemitleidete ich sie. Zwei Jahrzehnte hatten nicht ausgereicht, sie zu versöhnen mit ihrem Schicksal. Ihre Kinder und die tüchtigeren unter ihren Freunden waren zu Amerikanern geworden, sie selbst fühlten sich immer noch fremd in New York. Aber zurück nach Deutschland wollten sie auch nicht, ja, sie sprachen mit Haß und Verachtung von der Heimat. Daß ihre Liebe unerwidert geblieben war, konnten sie dem Vaterland nicht verzeihen.

Immerhin erfuhr ich manches über das Schicksal befreundeter Flüchtlinge, die ich aus den Augen verloren hatte. Fritz Anneke hatte es im Bürgerkrieg zum Obersten und Führer des fünfunddreißigsten Regiments von Wisconsin gebracht. Christian Esselen, der bekannte Berliner Barrikadenkämpfer und Mitarbeiter meiner *Deutschen Volkszeitung*, war in der Irrenanstalt auf Blackwell's Island gestorben. Friedrich Kapp betrieb mit Franz Zitz und Julius Fröbel eine florierende Anwaltskanzlei in New York und war soeben zum Einwanderungskommissar ernannt worden.

Voll freudiger Erwartung fuhr ich mit Käthchen am Tage nach unserer Trauung nach Staten Island. Das Ehepaar Wolf empfing uns sehr kühl. Es hatte, auf welchem Wege auch immer, von meiner Ankunft erfahren und die Kinder außer Haus gebracht.

Herr Wolf überreichte mir eine Rechnung über fünftausend Dollar, deren Bezahlung er zur Bedingung für die Herausgabe meiner Töchter machte. Ich war wie vor den Kopf geschlagen. Seit Amalies Tod hatte ich immer wieder Geld geschickt, aber natürlich unregelmäßig und ohne Buch darüber zu führen. Wenn die Wolfschen Eheleute sich von den Kindern nicht hätten trennen wollen, weil sie diese inzwischen als ihre eigenen betrachteten, hätte ich das vielleicht verstanden. Aber daß sie die Kinder als Geiseln benutzten, um mich finanziell zu erpressen, zwang mich zu einer harten Haltung.
Ein widerwärtiger Kampf um Damajanti und Amalie begann, an dessen Ende die polizeilich erzwungene Auslieferung der Kinder an mich stand. Natürlich wehrten sich die Mädchen verzweifelt, unter Polizeischutz aus ihrer gewohnten Umgebung gerissen zu werden. Erst auf dem Schiff, das uns zurück nach Europa brachte, gelang es Käthchen, sie zu beruhigen. Bis die Kinder wirklich Vertrauen zu uns faßten, vergingen Wochen. Die siebenjährige Damajanti gewöhnte sich rascher ein als die zwei Jahre jüngere Amalie.
Leider hatten die Pflegeeltern meine Wünsche bei der Erziehung der Kinder gänzlich mißachtet. Den angerichteten Schaden wiedergutzumachen war nicht einfach. Schlechte Gewohnheiten wie Naschen, Trotzen und Lügen überwanden wir nach und nach durch Beispiel und Belehrung; für die Untugenden der Kinder sind immer nur ihre Erzieher verantwortlich. Schwieriger war die Wiederherstellung der Gesundheit meiner Töchter. Beide litten unter Hautausschlägen und waren blaß und aufgedunsen; Damajanti hatte entzündete Augenlider.
Den ganzen Winter von 1867 auf 1868 machten uns die Kinder große Sorgen. Wir wohnten mit ihnen in einem Häuschen in dem Stuttgarter Vorort Heslach, und wenn ich nicht gerade am Schreibtisch saß oder wegen eines Vortrages abwesend war, widmete ich mich ihrer Erziehung. Ich gewöhnte sie an eine naturgemäße Lebensweise. Sehr allmählich sorgte die pflanzliche

Ernährung für eine Reinigung des Körpers von giftigen Stoffen. Um sie von zerstörerischen Spielen und kleinen Bosheiten abzubringen, richtete ich ihren Geist auf höhere Gegenstände, soweit dies ihrem Alter entsprechend möglich war. Jede Überforderung versuchte ich zu vermeiden. Platon erzieht in seinem *Staat* die Kinder nur durch Spielen, Singen und Geschichtenerzählen, und Rousseau warnt eindringlich davor, Kinder nicht Kinder sein zu lassen. So las ich ihnen lustige, aber lehrreiche Geschichten vor, meist solche meines alten Gymnasiallehrers Johann Peter Hebel. Im Garten hinter dem Haus baute ich für sie eine Miniaturlandschaft mit einem See und kleinen Straßen, die zu einem Puppenhaus führten. Käthchen legte mit ihnen zusammen einen Gemüsegarten an, in dem sie ihren eigenen Salat heranwachsen sahen. Am meisten Spaß machte den beiden das Singen und Gedichteaufsagen. Schon zu Weihnachten konnten sie viele Lieder auswendig und wurden nicht müde, uns immer wieder zum gemeinsamen Gesang aufzufordern. Im Frühjahr brachte ich ihnen dann Amalies Lieblingslied bei und ließ es mir eine Zeitlang jeden Abend vor dem Zubettgehen vorsingen:

Ich hört' ein Sichelein rauschen,
Wohl rauschen durch das Korn ...

Auch Gedichte von Schiller, Hoffmann von Fallersleben und mir studierten die Kinder ein und sagten sie mit strahlenden Augen und glühend vor Stolz auf, wobei die ältere Damajanti viel Talent erkennen ließ. Leider machte der Lehrer der Bürgerschule, in die sie ging, vieles wieder zunichte, was Käthchen und ich erreicht hatten. Seine autoritäre Strenge und kalte Ungerechtigkeit brachen die Wunde auf, die ihr die Trennung von den Pflegeeltern geschlagen hatte. Das Kind wurde melancholisch und störrisch, weigerte sich, in die Schule zu gehen, und hörte auf zu essen. Wir waren hilflos und verzweifelt. Auf Anraten eines Arztes schickten wir Damajanti schließ-

lich in das Schweizer Kinderheim, in dem sie bis zum heutigen Tag lebt.
Ein letztes Mal versuchte ich mich von Heslach aus als Redakteur eines Journals. Überredet dazu hatte mich unser freundlicher Hausherr, der Fabrikant Völker, der sich oft und gern mit mir über Politik unterhielt. Er brachte mich mit dem Buchdrukker Wollenkopf zusammen, der sich erbot, ein von mir redigiertes Blatt zu drucken und zu vertreiben. Vom 9. November 1867 an erschien ein halbes Jahr lang regelmäßig eine achtseitige Wochenschrift mit dem Titel *Politische Flugblätter*, in der ich die wichtigsten Nachrichten der Woche sammelte und kommentierte. Leider blieb dem Blatt jeder Erfolg versagt, was einerseits an der Unfähigkeit des Verlages, andererseits wohl auch am Geist der Zeit lag. Von den etwa dreihundert Abonnenten der *Flugblätter* wohnten achtzig in dem Dörfchen Heslach, wo der Fabrikant für die Verbreitung unter seinen Arbeitern sorgte. Die kläglichen Erfahrungen bei dieser Rückkehr zur Publizistik bestärkten mich in dem Vorsatz, mich in Zukunft vor allem meinen Vorträgen zu widmen.
Um den Lebensunterhalt für meine kleine Familie zu sichern, würde ich nebenher freilich immer journalistisch arbeiten müssen. In Stuttgart gab es leider nicht genügend Möglichkeiten für diese Art des Nebenerwerbs. Außer dem *Beobachter*, der freie Mitarbeiter kaum honorierte, entsprach keine Zeitung der Stadt meiner politischen Richtung. Ich überlegte lange, wo ich sonst mein Glück versuchen sollte, und entschied mich für Wien.
Nach der Niederlage von Königgrätz hatte die österreichische Autokratie eine erstaunliche Wandlung durchgemacht. Der Kaiserstaat war zur österreich-ungarischen Doppelmonarchie geworden. Vormalige Hochverräter und Revolutionäre von 1848 wie Graf Julius Andrassy bekleideten auf einmal höchste Staatsämter, und deutschfreiheitliche Kräfte setzten Reformen im bürgerlich-josephinischen Geist durch. Kaum irgendwo in Deutschland erschienen mehr und unterschiedlichere Zeitungen als in

der österreichischen Hauptstadt. Außerdem hatte ich einige Bekannte in Wien, etwa Karl Grün und Röckel, die mich wiederholt aufforderten, sie zu besuchen. Und überhaupt: Da ich seit 1866 das Preußentum samt seinem Militarismus als den gefährlichsten Feind deutscher Freiheit und Einheit betrachtete, brachte ich Österreich als dem natürlichen Gegner Preußens gewisse Sympathien entgegen.

Schon 1868 fuhr ich nach Wien mit dem Gedanken einer möglichen Übersiedlung. Unterwegs übernachtete ich in München. Vom Königreich Bayern war ich wegen meiner Beteiligung am badisch-pfälzischen Aufstand in Abwesenheit zum Tode verurteilt worden. Die fünfzehn Jahre später ausgesprochene Amnestie erstreckte sich nicht auf mich. Freunde rieten mir daher, über die Schweiz nach Österreich zu reisen, doch ich verwarf diesen Rat. In München stieg ich im Gasthof Oberpollinger ab und schrieb meinen vollen Namen ungeniert in das Fremdenbuch ein. Ich war darauf gefaßt, auf die Polizeiwache bestellt zu werden, doch nichts dergleichen geschah. Man beachtete mich überhaupt nicht.

Auch an der österreichischen Grenze hielt man mich nicht auf. Dreiundzwanzig Jahre waren vergangen, seit ich in meinem *Briefwechsel zwischen einem ehemaligen und einem jetzigen Diplomaten* Metternichs Politik angegriffen und den damals in Deutschland allmächtigen Staatskanzler öffentlich des Hochverrats angeklagt hatte. Dafür war ich vier Wochen ins Gefängnis gekommen. Mittlerweile hatten sich fast alle meine Vorhersagen bewahrheitet. Noch herrschte die Monarchie, aber die Sache der Freiheit war allen Rückschlägen zum Trotz ein gutes Stück weitergekommen. Man darf keine Wunder erwarten. Eine tausendjährige Despotie von Adel und Pfaffentum läßt sich nicht in einigen Tagen und Wochen, nicht einmal in Jahrzehnten völlig stürzen. Aber ich glaube, daß der Fortschritt auf längere Sicht unaufhaltsam ist. Selten empfand ich diese Zuversicht stärker als in dem Moment meiner Einreise nach Österreich.

Ich traf Karl Grün in einem Wiener Kaffeehaus am Graben, und das erste, was er nach unserer Begrüßung zu mir sagte, war:
– Hast du gehört, daß Karl Mathy gestorben ist?
Überrascht blickte ich auf.
– Sein Herz hat versagt, sagte Grün. Gestern stand es in der Zeitung.
Wir setzten uns, nannten dem befrackten Ober unsere Wünsche, schwiegen einen Augenblick.
– Vielleicht, meinte ich, hat er sich die Verachtung, die ihn traf, zu sehr zu Herzen genommen.
– Da kannst du ganz beruhigt sein, erwiderte Grün. In Baden schwamm Mathy geradezu in Ruhm und Ehre. Verachtet wurde er nur von unsereinem. Und unsere Meinung, das solltest du eigentlich wissen, hat kein Gewicht in Deutschland.
Nachdem ich Gustav Freytags Werk über Mathy gelesen habe, halte ich es in der Tat für ausgeschlossen, daß der Verräter der deutschen Revolution am Ende seines Lebens mit sich im unreinen war. Er war wohl eher stolz darauf, daß er, wie Freytag schreibt, *einst Flüchtling und Arbeiter für ein Blatt Mazzinis, jetzt Leiter der Geschäfte im Staate Baden, damals als ein Unruhestifter von den Vorfahren seines Fürsten beargwöhnt, jetzt der vertraute Rathgeber des Landesherrn* war. Seine letzte Tat scheint wieder ein Verrat gewesen zu sein. Auf jeden Fall war sie eine Verletzung der Loyalität gegenüber seinem Regenten. Freytag berichtet von einer geheimen Denkschrift Mathys an Bismarck. In anbiederndem Ton versicherte das badische Regierungsmitglied Mathy dem Kanzler des Norddeutschen Bundes, er distanziere sich von der preußenfeindlichen Haltung der übrigen Regierungsmitglieder. Mit allen Mitteln bis hin zur Androhung seines Rücktritts wolle er für den Eintritt Badens in den großpreußischen Bund kämpfen. Er gab Bismarck Hinweise, wie den antipreußischen Ultramontanen und den *sehr lauten großdeutschen Demokraten* beizukommen sei, und warnte gleichzeitig vor *fremden Intrigen gegen Preußen.* Das Schriftstück dürfte sogar

Bismarck befremdet haben. Jedenfalls hielt er es für klug, Karl Mathy nicht darauf zu antworten.

24

Am vergangenen Montag, dem 21. August 1870, ist mein geliebter Mann Gustav Struve entschlafen. Ich, Katharina Struve, geborene Köbig, glaube im Sinne des Verstorbenen zu handeln, wenn ich diesem Manuskript, das meinen Mann bis zum letzten Atemzug beschäftigt hat, eine Schilderung der Sterbestunde anfüge.

Am Montagmorgen war Dr. Prohaska hier. Er untersagte meinem Mann jede Anstrengung, auch das Diktieren. Beim Fortgehen deutete er mir an, daß ich mir keine Hoffnung auf Besserung machen dürfe und mit dem Schlimmsten rechnen müsse. Ich schickte dann unsere Tochter Amalie zur Familie des Hausbesorgers im Erdgeschoß. Sie hat dort Spielkameraden.

Mein Mann konnte nur noch flüstern. Ich saß an seinem Bett und wischte ihm von Zeit zu Zeit den Schweiß von der Stirn. Er bat mich, ihm aus Dantes *Göttlicher Komödie* vorzulesen. An der eingemerkten Stelle schlug ich das Buch auf und begann laut und deutlich Zeile für Zeile zu rezitieren. Die Züge meines Mannes entspannten sich. Bei dem Vers

> Wo ist das Eis? Wieso ist oben unten?
> Wie hat so schnell die Sonne
> Von West nach Ost gefunden?

lächelte er und sagte fast unhörbar:

– Eines Tages ...

Mehr sagte er nicht, und ich las weiter. Als ich nach dem vierunddreißigsten Gesang zum Kapitel *Läuterungsberg* umblätterte, bemerkte ich, daß das Gesicht meines Mannes erstarrt war.

Er war tot.
Vier Tage sind seither verstrichen. Ich finde erst jetzt die Kraft, den Schreibtisch meines Mannes aufzuräumen. Beigefügter Zeitungsausschnitt stammt aus der *Neuen Freien Presse* vom heutigen Donnerstag.

[Gustav Struve's Leichenbegängniß.] Unter strömendem Regen fand heute um ½6 Uhr Nachmittags die Bestattung der irdischen Ueberreste des berühmten deutschen Freiheitskämpfers und Schriftstellers G. Struve auf dem protestantischen Friedhofe statt. Etwa 200 Personen, darunter Gemeinderäthe, Journalisten und Künstler, Mitglieder des Vereins der Vegetarianer u. s. w. hatten sich zu der ernsten Feier in der Friedhof-Capelle versammelt. Superintendent Gunesch hielt die Leichenrede, in welcher er des Lebens und Strebens des Dahingeschiedenen gedachte und darauf hinwies, daß sein Beispiel und seine Lehre für die Nachwelt nicht verloren gehen würden. Nachdem dieselbe geendet war, wurde der Sarg zu Grabe geleitet. Als er in die Erde gesenkt war, rief die schmerzgebeugte Witwe, am offenen Grabe stehend, unter tiefer Theilnahme aller Anwesenden dem Heimgegangenen noch einige Worte der Liebe und des Dankes nach, damit das Versprechen verbindend, für die Herausgabe seiner Manuscripte sorgen zu wollen.

BIBLIOGRAPHIE

1. UNGEDRUCKTE QUELLEN

Bundesarchiv Koblenz, Außenstelle Frankfurt/Main

Handschriftlicher Nachlaß von Gustav (von) Struve aus der Erbengemeinschaft Augsburger.

FN 17/1-4: Korrespondenz (ca. 110 Briefe an Struve aus der Zeit von 1833-1869).

FN 17/5: Familienbriefe (darunter Briefwechsel mit der Mutter aus der Studentenzeit), Schilderung von Struves Lebensweg durch seine Witwe Katharina Struve, Korrespondenz und Tagebuchaufzeichnungen von Amalie Struve, mehrere Gedichte Struves auf seine Frau Amalie, Struves Schilderung des Lebens von Amalie Struve.

FN 17/6: Dokumente, darunter Testament vom 16.9.1848 und Ernennungsurkunde zum Konsul der Vereinigten Staaten in Sachsen-Meiningen vom 17.10.1863.

FN 17/7: Manuskripte. Verträge und Korrespondenz mit Buchhändlern und Verlegern. Darunter: Bericht Struves über das 1. Deutsche Jäger-Regiment = 8. New Yorker Freiwilligenregiment vom 13.9.1861.

FN 17/8-10: Forderungen und Prozeßschriften von Struve gegen verschiedene Verlage (1850-1865).

FN 17/11-17: Struves *Denkwürdigkeiten* (Lebenserinnerungen); handschriftliches Manuskript, diverse Konzepte und Abschriften.

FN 17/18-22: Handschriftliches Manuskript der *Weltgeschichte*.

FN 17/23: Diverse biographische Skizzen von Struves Hand.

FN 17/24-26: Gedichte, darunter Originalmanuskripte von *Die Eumeniden* und *Die Sterne*.

FN 17/27: Vorträge, Reden (Manuskripte).

FN 17/28: Zeitungsartikel, diverse Manuskripte.

FN 17/29-32: Manuskripte zu Phrenologie und Vegetarismus (1845-1870).

FN 17/33-35: Politische Schriften (Manuskripte).

FN 17/36-40: Manuskripte literarischer Schriften (Romane, Novellen, Theaterstücke, diverse Jugendarbeiten).

FN 17/41: Druckschriften und Broschüren, darunter: Aufruf an die Deutschen von New York (1856).

FN 17/42-43: Flugblätter, Karten, Zeitungen und Zeitungsausschnitte.

FN 17/ 44: Diverse Konzepte und Fragmente. Verzeichnis von Struves Schriften.

National Library of Scotland, Department of Manuscripts, Edinburgh.

MS 7262/62, MS 7266/65-83, MS 7270/66-79, MS 7273/138-149, MS 7277/87-100, MS 7282/99-104, MS 7287/83, MS 7288/69, MS 7297/115-121, MS 7304/13-16, MS 7311/71-74: Briefe Struves an George Combe in englischer Sprache (1841-1850).

MS 7388/580,609,691,705,799; MS 7390/93,135,223,253,390,459; MS 7391/496; MS

7392/91; MS 7380/114; MS 7381/107: Abschriften von Combes Antworten auf Struves Briefe.

Niedersächsisches Staatsarchiv, Oldenburg.
155/868 (Anfang): Prüfungsakten betreffend Staatsexamen Gustav von Struve (2.9.1826/27.9.1826)
155/878: Schreiben des oldenburgischen Bundestagsabgesandten von Both an die Regierung von Oldenburg, enthaltend eine kritische Beurteilung der Fähigkeiten und des Charakters des vormaligen Gesandtschafts-Attachés von Struve, dat. 27.7.1829.
31-12-21/Nr.1 (Anfang): Bestallung Gustav von Struves zum Assessor beim Landgericht der Erbherrschaft Jever.
30-11-23/Nr.2 II (Ende): Bitte von Struve um Abberufung aus Frankfurt/Main.

Staatsarchiv Preußischer Kulturbesitz, Berlin.
Nachlaß Hoffmann von Fallersleben, G.v.Struve. Briefwechsel betr. die Erbschaft Sachs.
Sammlung Darmstädter, 2l 1848(7): 2 Briefe Struves betr. Phrenologie.

Staatsarchiv Mannheim.
Katholisches Bürgerhospital, Zugang 2/1967 Nr. 40: Aktenstücke aus Struves Zeit beim Mannheimer *Journal*, darunter sein Anstellungsvertrag.
Kleine Erwerbungen Nr.135/1-6: Diverse Briefe Struves aus der Zeit von 1846-1865.
Kleine Erwerbungen Nr.134: Brief Amalie Struves aus London an die *Kölnische Zeitung* vom 18.2.1850 (Todesanzeige für Elisabeth Düsar).
Kleine Erwerbungen Nr.474: Diverse Briefe Bassermanns. Polizeiblatt und Paß des Johann Friedrich Düsar.

Universitätsbibliothek Göttingen, Handschriftenabteilung.
Nachlaß Seidensticker 3,71-76: 6 Briefe Struves an Seidensticker (1847-1851).

Hauptstaatsarchiv Stuttgart.
E 65/Verz.57, Fasc.284: Note des Ministers des Innern an das Königl. Ministerium der auswärtigen Angelegenheiten betr. die gegen eine erneuerte republikanische Schilderhebung zu treffenden Maßregeln.
E 146/1928: Verhaftung des badischen Bundesausschußmitglieds Fickler. Beteiligung öffentlicher Diener an den Bewegungen im Jahr 1848/49. (Enthält eine gedruckte Darstellung der Ereignisse von 1848/49 in Württemberg, sowie mehrere Exemplare von Heckers *Der Volksfreund*).
E 146/ Fasc.Nr.1954(A-E), Fasc.Nr.1955(F-Z): Akten betr. einzelne politische Persönlichkeiten von 1825-58 nach Namen.

Generallandesarchiv Karlsruhe (GLAK).
48/5234: Gutachten des Professors Thibaut in Heidelberg, das neue Preßgesetz und die Preßfreiheit betr. (19.3.1832).
48/5236: Die Beaufsichtigung der polit. Presse in Baden (vornehmlich Briefe an und von v. Blittersdorff zur Zensur aus der Zeit von 1842-1844).
48/5237: Presse Specialia. Deren Beaufsichtigung durch Ausübung der Censur. Die Einwirkung der Regierung auf dieselbe durch ministerielle Blätter (1842-1844).
48/5240: Der Preßproceß gegen G.v. Struve in Mannheim wegen dessen Schrift *Politische Briefe* (1845).
76/5147: Personalact Karl Mathy. Den Cameralisten Mathy von Mannheim betr. 1827-1833, 1848-1850, 1862-1868. Zeugnis d. Universität Heidelberg und eigenh. Lebenslauf (Bl.5-7); Entlassung wegen Mitarbeit an Zeitschrift *Zeitgeist* (30.4.1833); Bitte Mathys um Entlassung wegen Eheschließung (26.5.1833).
213/3548: Gerichtsact. Stadtamt Mannheim gg. den Obergerichtsadvokaten v. Struve in Mannheim wg. Ehrenkränkung (1845/1846).

76/7741: Personalact den Rechtspracticanten, nun Obergerichts-Advocaten Gustav von Struve in Mannheim betr. (1845).
76/7742: Personalact von Struve Gustav aus München. Bitte um Ertheilung einer Ob.ger.advok.Stelle; Prüfungsprotocoll (Beurteilungen, Prüfungsbeschluß); Treugelöbnis; div. Gesuche; Verurtlg. zur lebensl. Zuchthausstrafe dat. 19.7.1850.
76/8020-23: Personalact Mariano von Uria-Sarachaga (1835-1860).
76/9539: Personalact den Staatsrath Carl Mathi betr.
213/3784: Gerichtsact. Untersuchung gegen Obergerichtsadvokat G.v. Struve Mannheim et Compl. wg. Volksaufreitzung und Versuch des Hochverraths (Offenburger Sammlung 1847).
233/27616,27580: Ministerial/Staatsrats-Acten. Die polizeiliche Beschlagnahme von Druckschriften betr. (1845).
234/134: Die Vornahme der theoretischen Prüfung der Rechtscandidaten durch das Justiz-Ministerium, in specie die Frühjahrsprüfung pro 1845 (darunter Prüfungsunterlagen v. Struves).
234/2002: Preßvergehen v. Struve ... wg. der Druckschrift *Briefwechsel zwischen einem ehemaligen u. jetzigen Diplomaten* in specie wegen grober Beleidigung der Mitglieder des Gr. Staatsministeriums ... betr. (1845-1846).
234/2005: Preßvergehen/Majestätsbeleidigung durch *Politische Briefe* von Gustav v. Struve.
235/14192: Gesuche von Schülern des Karlsruher Lyceums um Beförderung in eine höhere Classe (1821-1833).
234/2003,4: Gerichtsact. Untersuchungssache gegen G. Struve von Mannheim und K.Heinzen von Straßburg wg. versuchten Hochverraths verübt durch die Presse (1848).
241/17-20: Untersuchungsacten des Großherzgl. Badischen Untersuchungsgerichts in Freiburg wegen des im Sept.d.J. statt gehabten Aufruhrs (1848).
241/82: Gerichtsact in Sachen gegen die OG Advokaten Hecker und Struve wegen Hochverraths – Vermögensbeschlagnahme (1848/49).
241/92: Die Untersuchung der hochverrätherischen Unternehmungen, insbesondere Haussuchung, bei Gustav Struve und Advokat Friedrich Hecker in Mannheim (1848).
241/93,94: Die Untersuchung gegen Gustav Struve von Mannheim wegen Hochverraths (April-Ereignisse 1848).
241/110: Die Untersuchung gegen Gustav Struve aus Mannheim etc. wg. Theilnahme an den hochverräth. Auftritten betr. (1848).
241/111: Prozeßacten in Sachen Amalie v. Struve geb. Düsar aus Mannheim wg. Hochverraths (1849).
241/112: Anklagekammer Mannheim/Hofobergericht. Verbrechen Hochverrath und Aufruhr. Gegen Amalie von Struve geb. Düsar von Mannheim (1849).
241/113: Prozeßact die Untersuchung gegen Amalie Struve geb. Düsar von Mannheim wg. Theilnahme an den hochverr. Handlungen betr. (1848).

2. GEDRUCKTE QUELLEN

A) Zeitungen und Zeitschriften

Allgemeine Arbeiterzeitung, Organ f. d. politischen und sozialen Interessen d. arbeitenden Volkes, zugleich Zeitung des Arbeitervereins zu Frankfurt, Frankfurt/Offenbach/Hanau 1848.
Allgemeine Zeitung, Augsburg 1807-1870, tgl.
Der Beobachter, Stuttgart 1831-70, tgl.
Der Bürgerfreund, Mannheim 1847, tgl.
Deutsche Reichstagszeitung, Frankfurt 1848-49, tgl.
Deutsche Zeitung, Frankfurt/Heidelberg 1847-48, tgl.

Der Festungsbote, Rastatt 1849.
Frankfurter Oberpostamtszeitung, Frankfurt 1848/49, tgl.
Der Freiheitsbaum, Sonntagszeitung f. d. Elsässische Volk, Mülhausen 1848, wöchentl.
Flugblätter aus der Deutschen Nationalversammlung, 1848/49, 2 x wöchentl.
Der Freischärler, Straßburg 1848.
Karlsruher Zeitung, Karlsruhe 1832-1849, tgl.
Karlsruher Zeitung, Organ des Landesausschusses, Oppenheim 1849, tgl.
Landtagszeitung, Karlsruhe 1846/47, tgl.
Der Leuchtturm, Leipzig 1848/49, monatl.
Mannheimer Abendzeitung, Mannheim 1840/44, tgl.
Neue Freie Presse, Wien 1870, tgl.
Oberrheinische Zeitung, Freiburg 1848/49, tgl.
Die Reform, Leipzig/Berlin 1848.
Die Republik, Heidelberg 1848/49, tgl.
Seeblätter, Konstanz, 1848/49, tgl.
La Voix du peuple, Colmar 1848, 3 x wöchentl.
Der Volksfreund, Rheinfelden 1848.
Die Volksrepublik, Colmar 1849.
Die Waage, Frankfurt 1848/49.
Der Wächter am Rhein, Mannheim 1832.

B) Schriften und Zeitschriften Gustav (von) Struves

Abälard und Heloise, Drama (handschriftl.), siehe: Ungedruckte Quellen, Bundesarchiv Koblenz, FN 17/36-40.
Das 8. Regiment New Yorker Freiwilliger und Prinz Salm-Salm, Washington 1862.
Actenstücke der Censur des Großherzoglich Badischen Regierungs-Raths von Uria-Sarachaga. 1) Eine Recursschrift an das Publikum, herausgegeben von Gustav von Struve, Redacteur des Mannheimer Journals, Mannheim. Im Verlage des Herausgebers, Heidelberg 1845. 2) Zweite Recursschrift an das Publikum etc., Heidelberg 1846. 3) Dritte Recursschrift an das Publikum etc., Heidelberg 1846.
Struve, Gustav/Heinzen, Karl. *An die Männer des gesunden Menschenverstandes in Teutschland*, Straßburg 1848.
Briefe über Staat und Kirche, Mannheim 1846.
Briefwechsel zwischen einem ehemaligen und einem jetzigen Diplomaten. Mannheim 1845.
Commentar zu dem Entwurfe eines Staatsgrundgesetzes für das Königreich Hannover, wie solcher der niedergesetzten Commission von Seiten der landesherrlichen Commissarien zu vorläufiger Berathung vorgelegt worden ist, von Gustav v. Struve. Erster Bd. (das erste bis vierte Heft enthaltend). Zweiter Bd. (das fünfte bis siebte Heft enthaltend), Rinteln 1832.
Denkwürdigkeiten meines Lebens (handschriftl.). Siehe: Ungedruckte Quellen, Bundesarchiv Koblenz, FN 17/11-17.
Die deutsche Diplomatie wider das deutsche Volk. Eine Sammlung wichtiger Actenstücke zum Verständniß der Vergangenheit und zur Warnung für die Zukunft. Wiesbaden 1848.
Deutsche Volkszeitung (Hg. von Struve, Fröbel, Pelz, Esselen, Hecker, Herwegh, Anneke, Fendt, Jacoby, Blum, Holtzendorf, Ruge, Bayrhoffer, Willich, Wuttke, Simon), Mannheim 1.4.-1.5.1948, tgl.
Deutscher Zuschauer, Mannheim 1.1.1847-21.4.1848, Basel Nr. 27-38, 21.7.-22.9.1848, Neustadt/Haardt, Probeblatt v.13.6.1849, New York 1851, wöchentl.
Diesseits und Jenseits des Oceans. Zwanglose Hefte zur Vermittlung der Beziehungen zwischen Amerika und Deutschland. 1.-4. Heft, Coburg 1864.
Erinnerungen aus den badischen Freiheitskämpfen. Hamburg 1850. Erschienen unter Amalie Struves Namen.

Erster Versuch auf dem Felde des deutschen Bundesrechts, betreffend die verfassungsmäßige Erledigung der Streitigkeiten zwischen deutschen Bundesgliedern. Von Gustav von Struve, ehemaligem Attaché bei der Herzoglich Oldenburgischen Bundestags-Gesandtschaft, jetzigem Landgerichtsassessor zu Jever. Bremen 1830.

Die Erziehung nach phrenologischen Grundsätzen. In: Revue der Pädagogik, von Dr. Mager. Stuttgart 1842.

Der Fall von St. Elmo. Erschienen in der belletristischen Beilage des Mannheimer Journals 1845.

Fingerzeige für Untersuchungsrichter über die Zurechnungsfähigkeit, nach phrenologischen Grundsätzen. In: Zeitschrift für deutsches Strafverfahren (hg. von v. Jaggemann und Nöllner), Bd. III, 1842.

Friedrich Hecker in Amerika. In: Die Gartenlaube. Illustrirtes Familienblatt. Jahrgang 1865, Leipzig (Ernst Keil) 1865, S.56-59.

Gallerie berühmter Männer des neunzehnten Jahrhunderts. Heidelberg 1845.

Gedichte. Mannheim 1840 (Unter dem Namen Gustav Carl bei Friedrich Götz zu Mannheim gedruckt).

Gedanken und Gedichte (Hg. von Damajanti von Struve), Leipzig 1906.

Geschichte der drei Volkserhebungen in Baden 1848/1849. Bern 1849.

Geschichte der Neuzeit. Erstes Buch: Vom Jahre 1517 bis 1648. New York 1856. Zweites Buch: Vom Jahre 1648 bis 1789. New York 1857 (Bde. 8 u. 9 der *Weltgeschichte*).

Die Geschichte der Phrenologie. Mit einem Titelkupfer. Heidelberg 1843.

Die Grundrechte des deutschen Volkes. Birsfelden 1848.

Grundzüge der Staatswissenschaft. Erster Band: Von dem Wesen des Staats oder allgemeines Staatsrecht. Mannheim, 1847. Zweiter Band: Ueber die Formen des Staats oder allgemeines Staats-Verfassungsrecht. Mannheim 1847. Dritter Band: Von den Handlungen des Staats oder allgemeines Staats-Verwaltungsrecht. I. Das Volksleben. Frankfurt/Main 1848. Vierter Band: Dto. II. Die Regierungsthätigkeit und ihr Verhältniß zum Volksleben. Frankfurt/Main 1848.

Handbuch der Phrenologie. Leipzig 1847.

Historische Zeitbilder. I. Westminster. II. Heloise Desfleurs. III. Der Fall von Magdeburg. Bremen 1850. Erschienen unter Amalie Struves Namen.

Ideen zur Begründung einer dem Staatszweck entsprechenden Criminal-Gesetzgebung und Rechtspflege. Carlsruhe 1835.

Karl Mathy. Geschichte seines Lebens, besprochen von Gustav Struve. Wien 1870 (handschriftl.). Siehe: Ungedruckte Quellen, Bundesarchiv Koblenz FN 17/23 Nr.4.

Kritische Geschichte des allgemeinen Staatsrechts in ihren Haupt-Trägern dargestellt. Mannheim 1847.

Kurzgefaßter Wegweiser für Auswanderer mit besonderer Rücksicht auf Nordamerika, die britischen Colonien, Mexico, die südamerikanischen Republiken, Brasilien und Australien. Bamberg 1867.

Mandaras Wanderungen. Mannheim 1845.

Mannheimer Journal. Mannheim 1.6.1845-9.12.1846, tgl.

Menschenrechte. In: Das Staatslexikon. Encyklopädie der sämmtlichen Staatswissenschaften für alle Stände. In Verbindung mit vielen der angesehensten Publicisten Deutschlands, herausgegeben von Carl Rotteck und Carl Welcker. Neue durchaus verbesserte und vermehrte Auflage. Neunter Band. Altona 1847. S. 64-72.

Die neue Zeit. Kalender, Herisau 1849.

Nord oder Süd. Novelle (Der Anfang erschien 1867/68 in den Stuttgarter Politischen Flugblättern, der Rest blieb ungedruckt).

Das öffentliche Recht des deutschen Bundes. 2 Tle. Mannheim 1846.

Pflanzenkost, die Grundlage einer neuen Weltanschauung. Stuttgart 1869.

Die Phrenologie in und außerhalb Deutschlands. Mit Titelkupfer und fünf Abbildungen. Heidelberg 1843.

Die Phrenologie in ihrem Einflusse auf das Recht. Zeitschrift für deutsches Recht und deutsche Rechtswissenschaft (hg. von Reyscher und Wilda) Bd.8, Leipzig 1843, S.179-199.

Struve, Gustav/Heinzen, Karl. *Plan zur Revolutionierung und Republikanisierung Deutschlands.* Birsfeld/Basel 1848.
Politische Briefe. Mannheim 1846.
Politische Flugblätter. Dezember 1867 bis März 1868, wöchentl.
Politisches Taschenbuch für das deutsche Volk. Erster Jahrgang (alles Erschienene). Frankfurt/Main 1848.
Positiv-rechtliche Untersuchung der auf die Presse sich beziehenden bundesgesetzlichen Bestimmungen, und Bezeichnungen der Mittel, deren Freiheit zu erlangen. Cassel 1831.
Die Proletarierin. Abgedruckt in Nr. 1-20 der New Yorker *Socialen Republik* (1858).
Sachsen und Coburg gegen Streit und Struve. Oder öffentliche Gerichtsverhandlung über die Frage: Ist es Hochverrath, den Feinden Deutschlands drei deutsche Herzogthümer in die Hände zu spielen? Ein Beitrag zur practischen Lösung der schleswig-holsteinischen und der deutschen Frage. Die Wahrheit und das Recht über alles! Coburg. 1. Heft 1864, 2. Heft (Wortlaut des Erkenntnisses und der Entscheidungsgründe, samt Kritik) 1865.
Das Seelenleben oder die Naturgeschichte des Menschen. Berlin 1869.
Die sociale Frage. In: Deutsche Zeitung ohne Zensur. Mannheim 1846.
Sociale Republik. New York April 1858 – Februar 1859, wöchentl.
Struve, Gustav/Heinzen, Karl. *Die Schilderhebung der deutschen Republikaner im April 1848.* Straßburg 1848.
Schicksale einer Deutschen Auswandererfamilie. Roman (handschriftl.). Siehe: Ungedruckte Quellen, Bundesarchiv Koblenz FN 17/36-40.
Die Töchter des Gefangenenwärters. Hamburg 1852 (erschien auch in Nr.15-26 des New Yorker *Zuschauers*).
Ueber die Collision der Gesetze nach Raum, Zeit und Gegenstand. Zeitschrift für deutsches Recht und deutsche Rechtswissenschaft (hg. von Reyscher und Wilda) Bd.7, Leipzig 1842, S.50-59.
Ueber die Erziehung des Volkes vermittels einer geeigneten Strafprozeßordnung, mit besonderer Rücksicht auf das Großherzogthum Baden. In: Zeitschrift für deutsches Strafverfahren. Darmstadt 1844.
Ueber das positive Rechtsgesetz in seinem Verhältnis zum Raum. Karlsruhe 1834.
Ueber Todesstrafen, Behandlung der Strafgefangenen und Zurechnungsfähigkeit, mit besonderer Rücksicht auf den Entwurf eines Strafgesetzbuchs für das Großherzogthum Baden. Heidelberg 1843.
Ueber das Verhältniß der Phrenologie zum Strafrecht. In: Zeitschrift für deutsches Strafverfahren (hg. von v. Jagemann und Nöller), Bd. III (1842),161-184.
Ueber die Vertheidigung nach Grundsätzen des Badischen Criminal-Processes. Zeitschrift für deutsches Strafverfahren. Karlsruhe 1841.
Die Union vor dem Richterstuhle des gesunden Menschenverstandes. New York 1855.
Die Verfolgung der Juden durch Emicho (unter dem Pseudonym Gustav Carl gedruckt). Mannheim 1842.
Weltgeschichte in neun Büchern. Erstes Buch. Einzig rechtmäßige, durchaus verbesserte und vermehrte Auflage. New York 1856. Zweites Buch. Dto. 1858. Drittes Buch. Dto.1858. Viertes Buch. Dto. 1857. Fünftes Buch. Dto. 1857. Sechstes Buch. Dto. 1857. Siebentes Buch. Dto. 1859 (Bde. 8 u. 9 siehe oben: *Geschichte der Neuzeit*).
Zeitschrift für Deutschlands Hochschulen. Heidelberg 15.2.1844 (Probeblatt) bis 23.8.1845 (No.36), vierzehntägig.
Zeitschrift für Phrenologie. Unter Mitwirkung vieler Gelehrten herausgegeben von Gustav v. Struve, Großherzogl. Bad. Obergerichts-Procurator, und Dr. med. Eduard Hirschfeld. Heidelberg. 1.Bd. Heft I-IV. Mit Gall's Bildnis und vielen Abbildungen. 1843. 2.Bd. Heft V-VIII. 1844. 3.Bd. Heft IX-XII. 1845.
Die Zitherschlägerin. Abgedruckt in Nr. 27-39 des *Deutschen Zuschauers.* New York 1851.
Struve, Gustav/Rasch, Gustav. *Zwölf Streiter der Revolution.* Berlin 1867.

C) Zeitgenössische Literatur

Abt, Gottlieb Christian. Parteien im Staatsleben, nach ihren charakteristischen Merkmalen dargestellt, im Gegensatz zu der Theorie von Friedrich Rohmer. In: Das Staatslexikon. Encyklopädie der sämmtlichen Staatswissenschaften für alle Stände. In Verbindung mit vielen der angesehensten Publicisten Deutschlands hg. von Carl von Rotteck und Carl Welcker. Neue durchaus verbesserte und vermehrte (2.) Auflage. 10. Bd. Altona 1848.

Abt, Gottlieb Christian. Die Revolution in Baden und die Demokraten. Herisau 1849.

Aichelburg, Wladimir. K.k. Wiener Bilder. Die Hauptstadt Österreich-Ungarns in alten Photographien. Wien 1979.

Andlaw, Heinrich von. Der Aufruhr und Umsturz in Baden, als eine natürliche Folge der Landesgesetzgebung, mit Rücksicht auf die Bewegung in Baden, von J. B. Bekk, damaliger Vorstand des Ministeriums des Innern, dargestellt. 4. Abtheilung. Freiburg im Breisgau 1850/51.

Anonymus (Karl Mathy?). Gustav von Struve. In: Beilage zur Deutschen Zeitung No. 267 vom October 1848. S.1-2. Heidelberg 1848.

Anonymus. Ein deutscher Prinz in Amerika. In: Die Gartenlaube. Illustriertes Familienblatt. Jahrgang 1870. S.24-27/S.106-108.

B..., M.... Eines deutschen Mannes Bild. 1. Aus Leipziger Kreisen. In: Die Gartenlaube, Illustrirtes Familienblatt, Jahrgang 1868. S.152-154. 2. Grenchen. Ebd., S.166-168. 3. Unter den badischen Liberalen. Wieder in der Fremde. Minister. Ebd., S.262-265. Leipzig 1868.

Bamberger, Ludwig. Erinnerungen. Hg. von Paul Nathan. Berlin 1899.

Bassermann, Friedrich Daniel. Denkwürdigkeiten (1811-1855). Hg. von Friedrich Bassermann-Jordan und Ernst Bassermann-Jordan. Frankfurt 1929.

Becker, Johann Philipp. Geschichte der süddeutschen Mai-Revolution von 1849. Genf 1849.

Bekk, Johann Baptist. Die Bewegung in Baden vom Ende des Februar 1848 bis zur Mitte des Mai 1849. Mannheim 1850.

Bekk, Johann Baptist. Die Bewegung in Baden von 1848-1849. Ein Nachtrag in Beziehung auf die Druckschrift des Frhn. v. Andlaw über Aufruhr und Umsturz in Baden. Mannheim 1852.

Bergsträßer, Ludwig (Hg.). Briefe aus der Belagerung Mannheims 1848. In: Mannheimer Geschichtsblätter. Monatsschrift für die Geschichte, Altertums- und Volkskunde Mannheims und der Pfalz. Hg. vom Mannheimer Altertumsverein e.V. IX. Jahrgang 1908. Sp. 126-136. Mannheim 1908.

Bergsträßer, Ludwig (Hg.). Briefe aus der Revolution 1848 und 1849. In: Mannheimer Geschichtsblätter. VIII. Jahrgang 1907, Sp. 250-263. Mannheim 1907.

Bernays, Ferdinand Cölestin. Schandgeschichten zur Charakteristik des deutschen Censoren- und Redactorenpacks. Censor Fuchs aus Mannheim und die Führer der servilen Presse. Straßburg 1843.

Beseler, Georg. Erlebtes und Erstrebtes 1809-1859. Berlin 1884.

Biedermann, Karl. Dreißig Jahre deutscher Geschichte. Vom Thronwechsel 1840 bis zur Aufrichtung des neuen deutschen Kaiserthums. Nebst einem Rückblick auf die Zeit von 1815 bis 1840. 2 Bde. Breslau und Leipzig s.a. (1881).

Biedermann, Karl. Erinnerungen aus der Paulskirche. Leipzig 1849.

Biedermann, Karl. Mein Leben und ein Stück Zeitgeschichte. Eine Ergänzung zu des Verfassers *Dreißig Jahre deutscher Geschichte.* 1. Bd. 1812-1849. Breslau und Leipzig 1886.

Black, Mary. Old New York in Early Photographs, 196 Prints, 1853-1901, from the Collection of the New York Historical Society. New York 1973.

Blaul, Friedrich. Träume und Schäume vom Rhein. In Reisebildern aus Rheinbaiern und den angrenzenden Ländern. Aus den Papieren eines Müden. 1. Bd. Speyer, Landau und Grünstadt o.J. (ca.1837).

Börnstein, Heinrich. Fünfundsiebzig Jahre in der Alten und Neuen Welt. Memoiren eines Unbedeutenden. 2 Bde. Leipzig 1881.

Braun, Karl. Bilder aus der deutschen Kleinstaaterei. Neue Folge. 1. Bd. Berlin 1870.

Braun, Karl. Zeitgenossen. Erzählungen, Charakteristiken und Kritiken. Gesammelte Feuilletons. 1. Bd. Braunschweig 1877.
Bülau, Friedrich. Zeitereignisse aus dem Jahre 1847. Aus dem Jahrgang 1848 der *Neuen Jahrbücher für Geschichte ec.* Leipzig 1848.
Combe, George. The Constitution of Man Considered in Relation to External Objects. 3rd American Edition. Boston 1834.
Combe, George. Das Wesen des Menschen und sein Verhältniß zu der Außenwelt. Aus dem Englischen von S. E. Hirschfeld. Mit Holzschnitten. Bremen 1838.
Combe, George. System der Phrenologie. Aus dem Englischen übersetzt von S. E. Hirschfeld. Mit neun lithographirten Tafeln. Braunschweig 1833.
Combe, George. Die Wissenschaft in ihrer Beziehung zur Religion. Deutsche Originalausgabe. Unter Mitwirkung des Verfassers nach der 4. Aufl. des engl. Originals bearbeitet von J. v. B. Leipzig 1857.
Combe, George. Von Anwendung der Hirnlehre auf Strafgesetzgebung und Gefängnißzucht. o.O., o.J. (ca.1842) Ausschnitt aus: Jahrbücher der Gefängnißkunde 3.
Combe, George. Gedanken über die Todesstrafe. Aus dem Englischen. Oppeln 1865.
Commager, Henry Steele (Hg.). The Blue and the Gray. The Story of the Civil War As Told by Participants. Volume One: The Nomination of Lincoln to the Eve of Gettysburg. Indianapolis, Indiana, USA 1950.
Corvin, Otto v. Ein Leben voller Abenteuer. Hg. und eingeleitet von Hermann Wendel. 2. Bd. Frankfurt/Main 1924.
D..., Wilhelm. Mannheim im April 1848. In: Mannheimer Geschichtsblätter. Monatsschrift für die Geschichte, Altertums- und Volkskunde Mannheims und der Pfalz. Hg. vom Mannheimer Altertumsverein e.V. VII. Jahrgang 1906, Sp. 101-108. Mannheim 1906.
Dickens, Charles. Aufzeichnungen aus Amerika. Aus dem Englischen übersetzt von E. A. Moriarty. München o.J.
Eickhoff, Anton. In der Neuen Heimath. Geschichtliche Mittheilungen über die deutschen Einwanderer in allen Theilen der Union. New York 1884.
Freytag, Gustav. Karl Mathy. Geschichte seines Lebens. Leipzig 1870.
Fröbel, Julius. Aus Amerika. Erfahrungen, Reisen und Studien. 1. Bd. Leipzig 1857. 2. Bd. Leipzig 1858.
Fröbel, Julius. Ein Lebenslauf. Aufzeichnungen, Erinnerungen und Bekenntnisse. 1. Bd. Stuttgart 1890.
Füssli, Wilhelm. Zürich und die wichtigsten Städte am Rhein mit Bezug auf alte und neue Werke der Architektur, Skulptur und Malerei charakterisiert. 1. Bd. Zürich und die oberrheinischen Städte Basel, Freiburg, Strasburg, Carlsruhe und Mannheim. Zürich und Winterthur 1842.
Die Gegenwart. Eine encyklopädische Darstellung der neuesten Zeitgeschichte für alle Stände. 12 Bände. Leipzig 1848-1856.
Goegg, Amand. Nachträgliche authentische Aufschlüsse über die Badische Revolution von 1849, deren Entstehung, politischen und militärischen Verlauf. Nebst einem Nachtrag und als Einleitung eine gedrängte Darstellung der politischen Vorgänge in Baden von 1818 an, unter Hinweisung auf die Hauptereignisse in den übrigen Theilen Deutschlands. Zürich 1876.
The Great Metropolis or Guide to New York, for 1828. With the British, Canadian and Havana Tariffs. Fourth Publication. New York o.J. (1857)
Häusser, Ludwig. Denkwürdigkeiten zur Geschichte der Badischen Revolution. Heidelberg 1851.
Hecker, Friedrich. Die Erhebung des Volkes in Baden für die deutsche Republik im Frühjahr 1848. Basel 1848.
Hecker, Friedrich. Erinnerungen aus meinem Leben. 1. Wie die geheimen Wiener Conferenzbeschlüsse an das Tageslicht gezogen wurden. Die Gartenlaube 1869, S. 552-554. 2. Der Hexenmeister der Prairie. Die Gartenlaube 1870. S. 24-26 und S. 106-109.
Heinzen, Karl. Teutscher Radikalismus in Amerika. Ausgewählte Abhandlungen, Kritiken

und Aphorismen aus den Jahren 1854-1879. Geordnet und hg. von Karl Schmermann. Milwaukee, Wis. 1890.
Heinzen, Karl. Erlebtes. Erster Theil: Vor meiner Exilirung. Boston 1864. Erlebtes. Zweiter Theil: Nach meiner Exilirung. Boston 1874.
Helbich, Wolfgang (Hg.). Amerika ist ein freies Land... Auswanderer schreiben nach Deutschland. Darmstadt, Neuwied 1985.
Herwegh, Georg. Werke in drei Teilen. Hg. mit Einleitungen und Anmerkungen versehen von Hermann Tardel (Goldene Klassiker-Bibliothek). Berlin, Leipzig, Wien, Stuttgart o.J. (ca.1912).
Herwegh, Marcel (Hg.). 1848. Briefe von und an Georg Herwegh. Paris, Leipzig, München 1896.
Herzen, Alexander. Die gescheiterte Revolution. Denkwürdigkeiten aus dem 19. Jahrhundert. Ausgewählt und hg. von Hans Magnus Enzensberger. Frankfurt/Main 1989.
Kapp, Friedrich. Aus und über Amerika. Thatsachen und Erlebnisse. 2. Bd. Berlin 1876.
Kirsten, A. Skizzen aus den Vereinigten Staaten von Nordamerika. Leipzig 1851.
Klein, Tim (Hg.) 1848. Der Vorkampf deutscher Einheit und Freiheit. Erinnerungen, Urkunden, Berichte, Briefe. Ebenhausen, München und Leipzig. 1914.
Klose, C. L. Phrenologie. In: Allgemeine Encyklopädie der Wissenschaften und Künste in alphabetischer Folge von genannten Schriftstellern bearbeitet. Hg. v. J. S. Ersch, J. G. Gruber. Dritte Section O-Z Hg. v. M. H. E. Meier. 25. Teil Phol-Phyxios. Leipzig 1850, S.203-211.
Kolb, Georg Friedrich. Lebenserinnerungen eines liberalen Demokraten. 1808-1884. Hg. von Ludwig Merckle. Vorwort, Lebensbild Kolbs und Nachlaßbearbeitung von Elmar Krautkrämer. Freiburg 1976.
Kreuzhage, Albert. Tagebuch einer Reise nach Baden und dem Schwarzwalde 1836. Hg. von Volker Schupp. Sigmaringen 1982.
Lautenschlager, Friedrich (Hg.). Volksstaat und Einherrschaft. Dokumente aus der badischen Revolution 1848/1849. Konstanz/Baden 1920.
Löher, Franz. Geschichte und Zustände der Deutschen in Amerika. 2. Ausgabe. Göttingen 1855.
Löwenfels, M. W. Gustav Struve's Leben, nach authentischen Quellen und von ihm selbst mitgeteilten Notizen dargestellt. Basel 1848.
Löwenfels, M. W./Neff, F./Thielmann, G. Der zweite republikanische Aufstand in Baden. Nebst einigen Enthüllungen über das Verbleiben der republikanischen Kassen. Basel 1848.
Marx, Karl/Engels, Friedrich. Werke. Bd. 27: Briefe Februar 1842 - Dezember 1851. Bd. 28: Briefe Januar 1852 - Dezember 1855. Berlin 1978.
Mathy, Karl. Aus dem Leben eines Schullehrers (Abgedruckt aus Gustav Freytag, Bilder aus der deutschen Vergangenheit, Bd. 4, 2. Aufl. Leipzig 1898. Einleitung Friedrich von Weech). 1. Aufl. Wiesbaden 1904.
Mathy, Karl. Betrachtungen über den Beitritt Badens zu dem deutschen Zollverein. Veranlaßt durch die Denkschrift für den Beitritt Badens von C. F. Nebenius. (Aus der Zeitschrift *Der Zeitgeist*). Karlsruhe 1834.
Mathy, Karl. Karl Mathys Briefe an Dr. J(ohann) R(udolf) Schneider in Bern (1837-1842). Hg. durch Gustav Tobler (Separatabdruck aus der Basler Zeitschrift für Geschichte und Altertumskunde, Bd. 6, Heft 1). Basel 1906. II, 95 S.
Mathy, Karl. Einführung einer gerechten Vermögenssteuer in Baden. Karlsruhe 1821.
Mathy, Karl. Die Forderung der Statthalterschaft von Schleswig-Holstein an deutsche Regierungen für Verpflegung ihrer Truppen im Jahre 1849. Frankfurt/Main 1850.
Mathy, Karl (Hg.). Die Verfassungsfeier in Baden am 22. August 1843. In: Vaterländische Hefte über innere Angelegenheiten für das Volk. Hg. von Mitgliedern der 2. Kammer. 2. Bd. Mannheim 1843.
Mathy, Karl. Vorschläge für die Einführung einer Vermögenssteuer in Baden. Karlsruhe 1831.
Mathy, Karl. Der Zehent, wie er war, wie er ist, und wie er nicht mehr sein wird. Biel 1838.

Mathy, Ludwig (Hg.). Aus dem Nachlaß von Karl Mathy. Briefe aus den Jahren 1846-1848 mit Erläuterungen. Leipzig 1898.

Mathy, Ludwig (Hg.). Briefe von Karl Mathy aus dem Frühling 1849. 2 Folgen. In: Deutsche Revue. Eine Monatsschrift. Hg. von Richard Fleischer. 33. Jahrgang. 2. Bd. (April-Juni 1908), 265-281. 33. Jahrgang. 3. Bd. (Juli-Sept. 1908), 82-97. Stuttgart und Leipzig 1908.

Mathy, Ludwig. Zu Karl Mathys hundertstem Geburtstag. In: Mannheimer Geschichtsblätter. Monatsschrift für die Geschichte, Altertums- und Volkskunde Mannheims und der Pfalz. Herausgegeben vom Mannheimer Altertumsverein e.V. VIII. Jahrgang 1907, Sp. 51-65. Mannheim 1907.

Meysenbug, Malwida von. Memoiren einer Idealistin. Hg. von Renate Wiggershaus. Frankfurt/Main 1985.

Miller's New York As It Is; or Stranger's Guide Book to the Cities of New York, Brooklyn and Adjacent Places; Comprising Notices of Every Object of Interest to Strangers; Including Public Buildings, Churches, Hotels, Places of Amusement, Literary Institutions, etc. With Map and numerous Illustrations. New York 1866.

Mögling, Theodor. Briefe an seine Freunde. Solothurn 1858.

Mohl, Robert v. Lebenserinnerungen 1799-1875. 2 Bde. Stuttgart 1902.

Obermann, Karl. Flugblätter der Revolution. Eine Flugblattsammlung zur Geschichte der Revolution von 1848/49 in Deutschland. Berlin 1970.

Raumer, Friedrich v. Lebenserinnerungen und Briefwechsel. 2 Bde. Leipzig 1861.

Ruge, Arnold. Briefwechsel und Tagebuchblätter aus den Jahren 1825-1880. Hg. von Paul Nerrlich. 1. Bd. 1825-1847. 2. Bd. 1848-1880. Berlin 1886.

Schreiben eines Weinheimers über die Ereignisse 1848/49. In: Mannheimer Geschichtsblätter. Monatsschrift für die Geschichte, Altertums- und Volkskunde Mannheims und der Pfalz. Hg. vom Mannheimer Altertumsverein e.V. IX. Jahrgang 1908. Sp. 18-24. Mannheim 1908.

Schurz, Carl. Lebenserinnerungen. Bd. I: Bis zum Jahre 1852. Berlin 1906. Bd. II: Von 1852 bis 1870. Berlin 1907. Bd. III: Briefe und Lebensabriß. Berlin 1912.

Sigel, Franz. Denkwürdigkeiten des Generals Franz Sigel aus den Jahren 1848 und 1849. Mannheim 1901.

Sigel, Franz. Erlebnisse während der ersten Schilderhebung der deutschen Republikaner im April 1848. Basel 1848.

Simon, Ludwig. Aus dem Exil. 2 Bde. Gießen 1855.

Staroste, Daniel. Tagebuch der Ereignisse in der Pfalz und in Baden 1849. 2 Bde. Potsdam 1852.

Stern, S. Die Geschichte des deutschen Volkes in den Jahren 1848 und 1849. Berlin 1850.

Strodtmann, Adolf. Gottfried Kinkel. Wahrheit ohne Dichtung. 2 Bde. Hamburg 1850-51.

Struve, Heinrich v. Ein Lebensbild. Erinnerungen aus dem Leben eines Zweiundachtzigjährigen in der Alten und Neuen Welt. Leipzig 1895.

Struve, Heinrich v. Zur Entstehung der Seele. Eine psychologische Untersuchung. Tübingen 1862.

Tafel, L. Die Lage. In: Deutsche Monatsschrift für Politik, Wissenschaft, Kunst und Leben. Hg. von Adolph Kolatschek, redigirt von Dr. L. Tafel. October 2. Hälfte. Stuttgart 1850. S.154-158.

Tschudi, Iwan. Schweizer Führer. Reisetaschenbuch. St. Gallen 1853.

Varnhagen von Ense, Karl August. Journal einer Revolution. Tagesblätter 1848/49. Nördlingen 1986.

Vetter, Christoph. Zwei Jahre in New York. Schilderungen einer Seereise von Le Havre nach New York und Charakteristik des New Yorker politischen und socialen Lebens. Nach eigenen Erfahrungen dargestellt. Hof 1849.

W.--. Gustav v. Struve als Phrenologe. In: Mannheimer Geschichtsblätter für die Geschichte, Altertums- und Volkskunde Mannheims und der Pfalz. Hg. vom Mannheimer Altertumsverein e.V. IX. Jahrgang 1908. Sp. 229-232. Mannheim 1908.

Wallis, Ludwig. Der Göttinger Student oder Bemerkungen, Ratschläge und Belehrungen

über Göttingen und das Studentenleben auf der Georgia Augusta. Neudruck d. Ausgabe v. 1813. Göttingen 1981.
Weidmann, F. E. Neuester illustrirter Fremdenführer in Wien. Wien 1862.
Welcker, Carl Theodor. Fragmente gegen das göttliche Recht und für die öffentliche Treue. In: Konstitutionelle Jahrbücher. Hg. von Dr. Karl Weil. 1845. 2. Bd. Stuttgart 1845. 173-219.
Welcker, Carl Theordor. Zeitschriften, Zeitungen. In: Das Staats-Lexikon. Encyklopädie der sämmtlichen Staatswissenschaften für alle Stände. In Verbindung mit vielen der angesehensten Publicisten Deutschlands hg. von Carl von Rotteck und Carl Welcker. Neue durchaus verbesserte und vermehrte (2.) Auflage. 12. Bd. Altona 1848.
Whitehouse, Roger. New York: Sunshine and Shadow. A photographic record of the city and its people from 1850 to 1915. New York, Evanston, San Francisco, London 1974.
Wichmann, Wilhelm. Denkwürdigkeiten aus der Paulskirche. Hannover 1888.
Zimmermann, Wilhelm. Die deutsche Revolution 1848. Karlsruhe 1848.

D) Sekundärliteratur und Nachschlagewerke

1848 – Ein Lesebuch. Berlin 1923. Neudruck: Berlin 1979.
Ackermann, Karl. Gustav v. Struve, mit besonderer Berücksichtigung seiner Bedeutung für die Vorgeschichte der badischen Revolution. Heidelberger Dissertation. Mannheim 1914.
Adams, Willi Paul (Hg.). Die Vereinigten Staaten von Amerika (Fischer Weltgesch. Bd. 30). Frankfurt/M. 1977.
Albion, Robert Greenhalgh. The Rise of New York Port (1815-1860). With the Collaboration of Jennie Barnes Pope. Hamden, Connecticut 1961. Reprint of 1939.
Andics, Hellmut. Das österreichische Jahrhundert. Die Donaumonarchie 1804-1900. Wien-München-Zürich 1974.
Angermann, Erich. Karl Mathy als Social- und Wirtschaftspolitiker (1842-1848). In: Zeitschrift für die Geschichte des Oberrheins, Bd. 103. Karlsruhe 1955.
Balser, Frolinde. Sozial-Demokratie 1848/49 bis 1863. Die erste deutsche Arbeiterorganisation *Allgemeine deutsche Arbeiterverbrüderung* nach der Revolution. 2 Bde. 2. Aufl. Stuttgart 1965.
Bartel, Horst u.a. (Hg.). Die bürgerlich-demokratische Revolution von 1848/49 in Deutschland. 2 Bde. Jahrbuch für Geschichte, Bd. VII-VIII. Berlin (Ost) 1972/73.
Baumgart, Franzjörg. Die verdrängte Revolution. Darstellung und Bewertung der Revolution von 1848 in der deutschen Geschichtsschreibung vor dem Ersten Weltkrieg. Düsseldorf 1976.
Baumgart, Winfried/Siemann, Wolfram (Hg.). Quellenkunde zur deutschen Geschichte der Neuzeit von 1500 bis zur Gegenwart. Bd. 4: Restauration, Liberalismus und nationale Bewegung 1815-1870. Akten, Urkunden und pers. Quellen. Darmstadt 1982.
Becker, Josef u.a. Badische Geschichte. Vom Großherzogtum bis zur Gegenwart. Hg. v. d. Landeszentrale für politische Bildung Baden-Württemberg. Stuttgart 1978.
Bender, Helmut (Hg.). Reden und Vorlesungen von Friedrich Hecker. Symbolgestalt der 48er Revolution (Über die Republik, ihre Kritiker und Gegner. Von Beamten im Staate. Weiblichkeit und Weiberrecht). Waldkirch 1982.
Bender, Hermann. Geschichte des Gelehrtenschulwesens in Deutschland seit der Reformation. In: Geschichte der Erziehung von Anfang an bis auf unsere Zeit, bearbeitet mit einer Anzahl von Gelehrten und Schulmännern von K. A. Schmid, fortgeführt von Georg Schmid. 5. Bd. 1. Abtlg. Stuttgart 1901.
Bergmann, Jürgen. Ökonomische Voraussetzungen der Revolution von 1848. In: Jürgen Bergmann/Klaus Megerle/Peter Steinbach (Hg.). Geschichte als politische Wissenschaft. Stuttgart 1979. S.24-54.
Bergsträsser, Ludwig (Hg.). Das Frankfurter Parlament in Briefen und Tagebüchern. Ambrosch, Rümelin, Hallbauer, Blum. Frankfurt 1929.

Bernhard, Marianne. Das Biedermeier. Kultur zwischen Wiener Kongreß und Märzrevolution (Hermes Handlexikon). Düsseldorf 1983.

Best, Heinrich. Interessenpolitik und nationale Integration 1848/49. Göttingen 1980.

Blackbourn, David/Eley, Geoff. Mythen deutscher Geschichtsschreibung. Die gescheiterte bürgerliche Revolution von 1848 (Sozialgeschichtliche Bibliothek, hg. von Dieter Groh). Aus dem Manuskript übersetzt von Ulla Haselstein. Frankfurt/Main, Berlin, Wien 1980.

Blos, Anna. Frauen der deutschen Revolution 1848. Zehn Lebensbilder und ein Vorwort. Dresden 1928.

Blos, Wilhelm. Die Deutsche Revolution. Geschichte der Deutschen Bewegung von 1848 und 1849. Illustriert von Otto E. Lau. Hg. und eingeleitet von Hans J. Schütz. 2. Nachdruck der 1893 erschienenen Auflage (1.Nachdr.1978). Berlin, Bonn 1979.

Blum, Hans. Die Badische Revolution 1848-1849. Überschwang und Begeisterung, weltfremder Idealismus und kühnes Wagen. Auszüge aus *Die deutsche Revolution 1848-49* von Hans Blum. Ausgewählt und mit einem Nachwort von Helmut Bender. Mit zeitgenössischen Illustrationen und Faksimiles. Waldkirch 1981.

Boehm, Max v. Die Mode. Eine Kulturgeschichte vom Barock bis zum Jugendstil. Bearbeitet von Ingrid Loschek. München 3. Aufl. 1986.

Böhmer, Günter. Die Welt des Biedermeier. München 1968.

Boger, Jan. Der US-Bürgerkrieg 1861-1865. Soldaten, Waffen, Ausrüstung. Stuttgart 1984.

Boldt, Werner. Die Anfänge des deutschen Parteiwesens. Fraktionen, politische Vereine und Parteien in der Revolution 1848. Darstellung und Dokumentation. Paderborn 1971.

Bolte, Johannes (Hg.). Alte und neue Lieder. Frankfurt/M. 1974.

Botzenhart, Manfred. Baden in der deutschen Revolution 1848/49. In: Oberrheinische Studien Bd. II. Hg. von Alfons Schäfer. Karlsruhe 1973. S.61-91.

Brederlow, Jörn. Lichtfreunde und Freie Gemeinden. Religiöser Protest und Freiheitsbewegung im Vormärz und in der Revolution von 1848/49 (Studien zur modernen Geschichte, Bd. 20). München 1976.

Brunner, O., Conze, W./Koselleck, R. (Hg.). Geschichtliche Grundbegriffe. Historisches Lexikon zur politisch-sozialen Sprache in Deutschland. Bisher Bde. 1-4, 1972 ff.

Bunker, John G. Harbor & Haven. An Illustrated History of the Port of New York. Woodland Hills, California 1979.

Büttner, W. Georg Herwegh – ein Sänger des Proletariats. Der Weg eines bürgerlich-demokratischen Poeten zum Streiter für die Arbeiterbewegung. Berlin (Ost) 1970.

Catton, Bruce. The Civil War, New York 1960.

Catton, Bruce. This Hallowed Ground. New York 1955.

Christiani, Hanns J. Johannes Ronges Werdegang bis zur Exkommunikation. Ein Beitrag zur Geschichte des Deutschkatholizismus. Berlin 1923.

Cook, Adrian. The Armies of the Streets. The New York City Draft Riots of 1863. Lexington, Kentucky (The University Press of Kentucky) 1974.

Croce, Benedetto. Geschichte Europas im neunzehnten Jahrhundert (Storia d'Europa nel secolo decimonono). Übersetzt von Karl Vossler und Richard Peters. Frankfurt/Main 1968.

Cronau, Rudolf. Drei Jahrhunderte deutschen Lebens in Amerika. Berlin 1909.

Cunz, Dieter. Carl Heinrich Schnauffers literarische Versuche. Publications of the Modern Language Association. LIX, 1944, S.524 ff.

Dannehl, Otto. Carl Schurz. Ein deutscher Kämpfer. Berlin, Leipzig 1929.

Dante Alighieri. Göttliche Komödie. Ins Deutsche übersetzt von Karl Gustav von Berneck. 2. Aufl. Stuttgart 1856.

Dante Alighieri. Die Göttliche Komödie. Übersetzt und erläutert von Karl Streckfuß. Halle 1824.

Dante Alighieri. Die Göttliche Komödie. Aus dem Italienischen übertragen von Wilhelm G. Hertz. München o.J.

Dante Alighieri. La Divina Commedía. Testo critico stabilito da Giorgio Petrocchi. Turin 1975.

Davies, John Dunn. Phrenology. Fad and Science. A 19th-Century American Crusade. New Haven (Yale University Press) 1955.
Deuchert, Norbert. Vom Hambacher Fest zur badischen Revolution. Politische Presse und Anfänge deutscher Demokratie 1832-1848/49. Stuttgart 1983.
Dobert, Eitel Wolf. Deutsche Demokraten in Amerika. Die Achtundvierziger und ihre Schriften. Göttingen 1958.
Dorneich, Julius. Franz Josef Buß und die katholische Bewegung in Baden. Freiburg 1979.
Dorpalen, Andreas. Die Revolution von 1848. In: Theodor Schieder (Hg.), Revolution und Gesellschaft. Freiburg i.Br. 1973. S.97-116.
Dowe, Dieter. Bibliographie zur Geschichte der deutschen Arbeiterbewegung, sozialistischen und kommunistischen Bewegung von den Anfängen bis 1863 unter Berücksichtigung der politischen, wirtschaftlichen und sozialen Rahmenbedingungen. 3.Aufl., Bonn 1981.
350 Jahre Gymnasium Karlsruhe. Festschrift. 1586-1936. Karlsruhe 1936.
Dreßen, Wolfgang (Hg.). 1848-1849: Bürgerkrieg in Baden. Chronik einer verlorenen Revolution. Berlin 1981.
Droz, Jacques. Les Révolutions Allemands de 1848. Paris 1957.
Edinger, Dora. Christian Esselen: Citizen of Atlantis. Michigan History XXXIV (1950). S.133-143.
Ernst, Robert. Immigrant Life in New York City 1825-1863. New York 1979.
Faber, Karl-Georg. Deutsche Geschichte im 19. Jahrhundert. Restauration und Revolution von 1815 bis 1851. Wiesbaden 1979.
Faust, Albert Bernhardt. The German Element in the United States. 2 Bde. New York 1927.
Fendrich, Anton. Die badische Bewegung der Jahre 1848/49. Frankfurt 1924.
Fenske, Hans (Hg.). Vormärz und Revolution 1840-1849 (Quellen zum politischen Denken der Deutschen im 19. und 20. Jahrhundert. Freiherr-vom-Stein-Gedächtnis-Ausgabe. Bd.4.) Darmstadt 1976.
Franz, Eckhart G. Das Amerikabild der deutschen Revolution 1848/49. Zum Problem der Übertragung gewachsener Verfassungsformen. Beihefte zum Jahrbuch für Amerikastudien, 2. Heft. Heidelberg 1958.
Friedell, Egon. Kulturgeschichte der Neuzeit. München 1927-1931.
Friedländer, Fritz. Das Leben Gabriel Rießers. Ein Beitrag zur inneren Geschichte Deutschlands im 19. Jahrhundert. Berlin 1926.
Geyerz, Hans v. Franz Raveaux in den Jahren 1848 bis 1851 (Beiträge zu einer Biographie). In: Berner Untersuchungen zur Allgemeinen Geschichte, 9, 1939, S.145-192.
Gibbon, Charles. The Life of George Combe, Author of *The Constitution of Man.* 2 Vols. London 1878.
Giustino, David de. Conquest of Mind. Phrenology and Victorian Social Thought. London/Totowa, New Jersey 1975.
Gollwitzer, Heinz. Friedrich Daniel Bassermann und das deutsche Bürgertum. Mannheim 1955.
Grab, Walter (Hg.). Die Revolution von 1848/49. Eine Dokumentation. 131 Dokumente und eine Zeittafel. München 1980.
Graf, Friedrich Wilhelm. Die Politisierung des religiösen Bewußtseins. Die bürgerlichen Religionsparteien im deutschen Vormärz: Das Beispiel des Deutschkatholizismus (Neuzeit im Aufbau. Darstellung und Dokumentation. Bd.5.) Stuttgart, Bad Cannstatt 1978.
Hamerow, Theodore S. Restoration, Revolution and Reaction. Economics and Politics in Germany 1815-1871. Princeton 1958.
Harnack, Axel v. Friedrich Daniel Bassermann und die deutsche Revolution von 1848/49. München 1920.
Hebeisen, Gustav. Die Kämpfe der politischen Parteien in Baden am Vorabend des Frühjahrsaufstandes von 1848. In: Zeitschrift der Gesellschaft für Beförderung der Geschichts-, Altertums- und Volkskunde von Freiburg 25, 1909, S.1-50.
Heilborn, Ernst. Zwischen zwei Revolutionen. Der Geist der Schinkelzeit (1789-1848). Berlin 1927.
Helbig, Richard E. Deutsch-Amerikanische Forschungen. Wachsthum und Benutzung der

Deutsch-Amerikanischen Sammlung der New York Public Library während 1906-1907. In: Deutsch-Amerikanische Geschichtsblätter, 8. Jahrgang, Heft 4, Oktober 1908, S.1-16. Chicago 1908.

Hennig, H. Sozialgeschichtliche Entwicklungen in Deutschland von 1815-1860: I. Das Bildungsbürgertum. 1977.

Hermann, Georg. Das Biedermeier im Spiegel seiner Zeit. Eine Sammlung aus Briefen, Tagebüchern, Memoiren, Volksszenen und ähnlichen Dokumenten. Bearbeitung und Bildauswahl Hans Jürgen Hansen. Oldenburg 1965.

Herre, Franz. Nation ohne Staat. Die Entstehung der deutschen Frage. Köln 1967.

Hildebrandt, Gunther/Wittwer, Walter (Hg.). 125 Jahre Kommunistisches Manifest und bürgerlich-demokratische Revolution 1848/49. Berlin (Ost) 1975.

Hoffmeister, Johannes. Goethe und der Deutsche Idealismus. Eine Einführung zu Hegels Realphilosophie (Philosophische Bibliothek Band 66a). Leipzig 1932.

Holborn, Hajo. Deutsche Geschichte in der Neuzeit. Bd. 2 (1790-1871). München-Wien 1970.

Hornung, Clarence P. The Way it was. New York, 1850-1890. New York 1977.

Hotz, Joachim. Karlsruhe. Mit Bildern von Caspar Obach, Johann Gottfried Tulla und Jean Jacques Sperli. Amorbach 1968.

Huber, E. R. Deutsche Verfassungsgeschichte seit 1789. Bd. 2: Der Kampf um Einheit und Freiheit. 1830-1850. 2. Aufl. 1978.

Huber, Hans. Karl Heinzen. Seine politische Entwicklung und publizistische Wirksamkeit. Bern-Leipzig 1932.

Huch, Ricarda. 1848. Die Revolution des 19. Jahrhunderts in Deutschland. Frankfurt/Main 1980.

Huhn, E. H. Th. Carl Mathy, Großherzoglich Badischer Staatsminister der Finanzen und Präsident des Staats- und Handelsministeriums. Ein Lebensbild. Tauberbischofsheim 1868.

Illustrierte Geschichte der deutschen Revolution 1848/49. 2. Aufl. Berlin (Ost) 1975.

Jacob, Gustaf. Mannheim einst und jetzt. Geschichte einer Stadt in Bildern (Meyers Bildbändchen NF 18) 2. Aufl. Mannheim 1964.

Jacob, Gustaf. Mannheim, so wie es war. Ein Bildband. Düsseldorf 1971.

Jessen, Hans (Hg.). Die Deutsche Revolution 1848/49 in Augenzeugenberichten. 2. Aufl. Düsseldorf 1968.

Jones, V. C. The Bull Run Campaign. First Manassas. Harrisburg, PA 17105, USA 1980.

Just, Leo (Hg.). Handbuch der Deutschen Geschichte. Bd. 3/1b: Deutsche Geschichte im 19. Jahrhundert. Teil 2: Restauration und Revolution: Von 1815-1851. Von Karl-Georg Faber. Wiesbaden 1979.

Kaufmann, Rainer. Die Festung Rastatt. Eine Beschreibung der ehemaligen Bundesfestung anhand eines Rundganges durch die Stadt mittels beigefügter Falt-Karte. Rastatt 1978.

Kaufmann, Wilhelm. Die Deutschen im amerikanischen Bürgerkriege (Sezessionskrieg 1861-1865). München und Berlin 1911.

Kinder, Hermann/Hilgemann, Werner. DTV-Atlas zur Weltgeschichte. Karten und chronologischer Abriß. Bd. II: Von der Französischen Revolution bis zur Gegenwart. Mit 120 Kartenseiten (Graphische Gestaltung der Karten: Harald und Ruth Bukor). München 1966.

Kiszling, Rudolf. Die Revolution im Kaisertum. Österreich 1848-1849. 2 Bde. Wien 1948.

Klein, Maury. Life in Civil War America. Harrisburg, PA 17105, USA 1984.

Klötzer, Wolfgang/Moldenhauer, Rüdiger/Rebentisch, Dieter (Hg.). Ideen und Strukturen der deutschen Revolution 1848. Archiv für Frankfurts Geschichte und Kunst. Heft 54. Frankfurt/Main 1974.

Kludas, Arnold. Deutsche Ozean-Passagierschiffe 1850 bis 1895 (Bibliothek der Schiffstypen Bd. 1). Moers 1983.

Kraemer, Hans. Das XIX. Jahrhundert in Wort und Bild. Politische und Kultur-Geschichte. 2. Bd. 1840-1871. Berlin, Leipzig, Stuttgart, Wien o.J.

Krieger, Leonhard. The German Idea of Freedom. Boston 1957.

Krimm, Konrad/John, Herwig. Herr Biedermeier in Baden. Stuttgart 1981.

Kuhn, Annette. Theorie und Praxis historischer Friedensforschung (Studien zur Friedensforschung. Bd. 7). Stuttgart, München 1971.

Kulenkampff, Lina. Der erste Vereinigte Preußische Landtag 1847 und die öffentliche Meinung Südwestdeutschlands. Abhandlungen zur Mittleren und Neueren Geschichte, hg. v. Georg v. Below, Heinrich Finke, Friedrich Meinecke. Heft 41. Berlin und Leipzig 1912/13.

Langer, William L. Political and Social Upheaval. 1832-1857. New York 1969. Als Auszug daraus erschien: The Revolutions of 1848. New York 1971.

Langwiesche, Dieter (Hg.). Die deutsche Revolution von 1848/49. Wege der Forschung Bd.CLXIV. Darmstadt 1983.

Langwiesche, Dieter. Die deutsche Revolution von 1848/49 und die vorrevolutionäre Gesellschaft: Forschungsstand und Forschungsperspektiven. In: Archiv für Sozialgeschichte XXI. 1981.

Lautenschlager, Friedrich. Amand Goegg, ein badischer Achtundvierziger. In: Zeitschrift für Geschichte des Oberrheins 96, 1948, S.19-38.

Lenel, Edith. Friedrich Kapp. Ein Lebensbild aus den deutschen und den nordamerikanischen Einheitskämpfen. Leipzig 1935.

Locher, Hubert. Die wirtschaftliche und soziale Lage in Baden am Vorabend der Revolution von 1848. Diss. Freiburg 1950.

Löhlein, Theodor. Ernst Friedrich Kärcher. In: Badische Biographien. Hg. von Dr. Friedrich von Weech. Erste Lieferung. Heidelberg 1875. S.444-446.

Lougee, Robert W. Midcentury Revolution, 1848. Society and Revolution in France and Germany. Lexington, Toronto, London 1972.

Lütgert, W. Die Religion des deutschen Idealismus und ihr Ende. 4 Bde. 1923 ff.

A Maritime History of New York. Introduction by The Honorable Fiorello H. La Guardia. Garden City, New York 1941. Republished 1977.

Meinecke, Friedrich. 1848 – Eine Säkularbetrachtung. In: Berliner Almanach 1948, hg. von Walter G. Oschilewski und Lothar Blanvalet, S.44-77. Neudruck: Dieter Langwiesche (Hg.). Die deutsche Revolution von 1848/49. S.39-58.

Meininger, Herbert/Doerrschuk, Hubert. Zweihundertfünfzig Jahre Karlsruhe. Die Chronik zum Jubiläum der Stadt. Karlsruhe 1965.

Moldenhauer, Rüdiger/Schenk, Hans (Hg.). Bestände DB 50 und DB 51. Vorparlament, Fünfzigerausschuß, Deutsche Nationalversammlung 1848/49 (Findbücher zu den Beständen des Bundesarchivs Bd. 18). Koblenz 1980.

Mommsen, Wilhelm. Größe und Versagen des deutschen Bürgertums. Ein Beitrag zur politischen Bewegung des 19. Jahrhunderts, insbesondere zur Revolution 1848/49. 1. Aufl. München 1949. 2. Aufl. München 1964.

Müller, Leonhard. Die politische Sturm-und-Drang-Periode Badens. 1. Teil 1840-1848. Mannheim 1905. 2. Teil 1848-1850. Mannheim 1907.

Namier, Lewis. 1848: The Revolution of the Intellectuals. 1. Aufl. London 1946. 2. Aufl. London 1971.

Nipperdey, Thomas. Deutsche Geschichte 1800-1866. Bürgerwelt und starker Staat. München 1983.

Obermann, Karl. Deutschland von 1815 bis 1849 (Von der Gründung des Deutschen Bundes bis zur bürgerlich-demokratischen Revolution). 5. überarbeitete Auflage (Lehrbuch der deutschen Geschichte). Berlin (Ost) 1983.

Ockel, Jürgen. Nach Amerika! Die Schilderung der Auswanderer-Problematik in den Werken Friedrich Gerstäckers. Braunschweig 1983.

Oncken, Hermann. Rudolf von Benningsen. Ein deutscher liberaler Politiker. Nach seinen Briefen und hinterlassenen Papieren. 1. Bd. Bis zum Jahre 1866. Mit 7 Bildbeilagen. Stuttgart, Leipzig 1910.

Ottomeyer, Hans (Hg.). Biedermeiers Glück und Ende... die gestörte Idylle 1815-1848. München o.J. (1988).

Patterson, Jerry E. The City of New York. A History Illustrated from The Collections of The Museum of the City of New York. New York 1978.

Peiser, Jürgen. Gustav Struve als politischer Schriftsteller und Revolutionär. Jena/Saale 1973.

Pfaff, Karl. Heidelberg und Umgebung. Heidelberg 1910.

Philippson, Johanna. Über den Ursprung und die Einführung des allgemeinen gleichen Wahlrechts in Deutschland mit bes. Berücksichtigung der Wahlen zum Frankfurter Parlament im Großherzogtum Baden. Abhandlungen zur mittleren und neueren Geschichte 52. Berlin 1913.

Platon. Hauptwerke. Ausgewählt und eingeleitet von Wilhelm Nestle. Stuttgart 1973.

Reimann, Mathias. Die Carolina im Schwurgerichtsprozeß gegen die badischen Revolutionäre Struve und Blind. In: Strafrecht, Strafprozeß und Rezeption. Grundlagen, Entwicklung und Wirkung der Constitutio criminalis Carolina. Hg. von Peter Landau und Friedrich-Christian Schröder. S. 205-213. Frankfurt/M. 1984.

Reimann, Mathias. Der Hochverratsprozeß gegen Gustav Struve und Karl Blind. Der erste Schwurgerichtsfall in Baden. Sigmaringen 1985.

Richter, Günter. Revolution und Gegenrevolution in Baden. In: Zeitschrift Geschichte des Oberrheins 119, 1971, S.387-425.

Robertson jr., James I. Stonewall in the Shenandoah. The Valley Campaign of 1862. Harrisburg, PA, 17105, USA 1972.

Robertson, Priscilla. Revolutions of 1848. A Social History. Princeton, N.J. 1952.

Rosenberg, Hans. Politische Denkströmungen im deutschen Vormärz. Kritische Studien zur Geschichtswissenschaft 4. Göttingen 1972.

Rothfels, Hans. 1848. Betrachtungen im Abstand von hundert Jahren. Darmstadt 1972.

Rousseau, Jean-Jacques. Bekenntnisse. Aus dem Französischen von Ernst Hardt. Frankfurt/M. 1985.

Rousseau, Jean-Jacques. Émile ou l'éducation. Chronologie et introduction par Michel Launay. Paris 1966.

Rousseau, Jean-Jacques. Emile oder über die Erziehung. Aus dem Französischen übersetzt von E. F. Cramer. Braunschweig 1789.

Rousseau, Jean-Jacques. Emile oder von der Erziehung. Emile und Sophie oder Die Einsamen. *Émile* in der deutschen Erstübertragung von 1762. Nach der Edition Duchesse vollständig überarbeitet von Siegfried Schmitz. *Émile und Sophie* nach dem Genfer Erstdruck von 1780 erstmals vollständig übersetzt von Anna und Dietrich Leube. Mit einer Zeittafel von Dietrich Leube, Anmerkungen von Otto Dudle und einem Nachwort von Robert Spaemann. München 1979.

Rousseau, Jean-Jacques. Vom Gesellschaftsvertrag oder Grundsätze des Staatsrechts. In Zusammenarbeit mit Eva Pietzcker neu übersetzt und hg. von Hans Brockard. Stuttgart 1977.

Rütenik, Hermann J. Berühmte deutsche Vorkämpfer. Cleveland/Ohio 1888.

Sander, Richard (Hg.). Gottfried Kinkels Selbstbiographie. Bonn 1931.

Sandburg, Carl. Abraham Lincoln. Heldentum und Legende (Abraham Lincoln - The Prairie Years and the War Years). Übersetzt und bearbeitet von Anton und Adele Stuzka. Wien, Hamburg 1958.

Scharp, H. Friedrich Hecker, ein deutscher Demokrat (1811-1881) Diss. phil. Frankfurt 1923.

Scherrer, Hans. Der Aufstand in Baden und der Rheinpfalz. Leipzig 1911.

Scheyrer, F. Geschichte der Revolution in Baden 1849-50. Darmstadt 1909.

Schieckel, Harald. Ein künftiger Radikaler im öffentlichen Dienst. Gustav von Struve als oldenburgischer Staatsdiener (1827-1831). In: Oldenburger Jahrbuch, Bd. 80 (1980), S.121-150.

Schieder, Theodor. Staatensystem als Vormacht der Welt 1848-1918. Frankfurt-Berlin-Wien 1975. 2. Aufl. 1982.

Schieder, Wolfgang. 1848/49: Die ungewollte Revolution. In: Carola Stern, Heinrich A. Winkler (Hg.). Wendepunkte deutscher Geschichte 1848-1945. Frankfurt/M. 1979. S.13-35.

Schill, Fr. Wilhelm. Baden und die preußische Unionspolitik 1849/50. Ein Beitrag zur Geschichte der deutschen Einheitsbewegung. Heidelberg 1930.
Schmitt, Herbert. Das vormärzliche Staatsdenken und die Revolution von 1848/49 in Baden. In: Baden im 19. und 20. Jahrhundert. Verfassungs- und verwaltungsgeschichtliche Studien. Bd. 2. Karlsruhe 1950. S.7-88.
Schnabel, Franz. Die Revolution von 1848 und die deutsche Geschichte (1948). In: Franz Schnabel. Abhandlungen und Vorträge 1914-1965. Hg. und eingeleitet in Verbindung mit Erich Angermann, Friedrich Hermann Schubert und Eberhard Weis von Heinrich Lutz. S.189-195. Freiburg, Basel, Wien 1970.
Schneider, F. Pressefreiheit und politische Öffentlichkeit. Studien zur politischen Geschichte Deutschlands bis 1848. 1966.
Schoch, Albert. Analyse der politischen Gedankenwelt Karl Mathys auf Grund seiner journalistischen und literarischen Wirksamkeit von der Julirevolution bis zum Ende der ersten deutschen Nationalversammlung. Diss. Heidelberg 1933.
Schomaekers, Günter. Der Bürgerkrieg in Nordamerika. Wels, München 1977.
Schomaekers, Günter. Daten zur Geschichte der USA. München 1983.
Schreiner, Klaus. Die badisch-pfälzische Revolutionsarmee 1849. Berlin 1956.
Selle, Götz v. (Hg.). Die Matrikel der Georg-August-Universität zu Göttingen 1734-1837. Text. Hildesheim, Leipzig 1937.
Sengle, Friedrich. Biedermeierzeit. Deutsche Literatur im Spannungsfeld zwischen Restauration und Revolution 1815-1848. Bd. I: Allgemeine Voraussetzungen. Richtungen. Darstellungsmittel. Stuttgart 1971.
Sheehan, James J. German Liberalism in the Nineteenth Century. Chicago, London 1978.
Shorter, E. L. Middle Class Anxiety in the German Revolution of 1848. In: Journal of Social History 2, 1965, S.189ff.
Skal, Georg v. Die Achtundvierziger in Amerika. Frankfurt/M. 1923.
Sombart, W. Die deutsche Volkswirtschaft im 19.Jahrhundert. 6. Aufl. 1923.
Spann, Edward K. Ideals and Politics. New York Intellectuals and Liberal Democracy 1820-1880. Albany 1972.
Spann, Edward K. The New Metropolis. New York City, 1840-1857. New York 1981.
Stadelmann, Rudolf. Das Jahr 1848 und die deutsche Geschichte. In: Deutsche Rundschau 71 (1948), S. 99-110. Neudruck: Dieter Langwiesche (Hg.). Die deutsche Revolution von 1848/49. S. 21-38.
Stadelmann, Rudolf. Soziale und politische Geschichte der Revolution von 1848. München 1948, Neudruck 1973.
Stearns, Peter N. The Revolution of 1848. London 1974.
Sternberger, D. Panorama oder Ansichten vom 19. Jahrhundert. 1974.
Stürmer, Michael. 1848 in der deutschen Geschichte. In: Hans-Ulrich Wehler (Hg.). Sozialgeschichte heute. Festschrift für Hans Rosenberg zum 70. Geburtstag. Göttingen 1974. S. 228-242.
Tauschwitz, Hanno. Presse und Revolution 1848/49 in Baden: Literaturverhältnisse Mitte des 19. Jh. im deutschen Südwesten; ein Beitrag zur Sozialgeschichte der periodischen Literatur Badens und zu ihrem Einfluß auf die Geschichte der badischen Revolution von 1848/49. Heidelberg 1981.
Toepke, Gustav (Barb.). Die Matrikel der Universität Heidelberg. Fünfter Teil von 1807 bis 1846. Heidelberg 1904.
Treitschke, Heinrich v. Karl Mathy (Heidelberg 1868). In: Historische und politische Aufsätze von Heinrich von Treitschke. 8. Aufl. 1. Bd.: Charaktere, vornehmlich aus der neuesten deutschen Geschichte. Leipzig 1918, S. 482-499.
Treitschke, Heinrich v. Deutsche Geschichte im Neunzehnten Jahrhundert. Fünfter Teil: Bis zur Märzrevolution. Neuausgabe des 1879-1894 im Verlag Hirzel, Leipzig, in 5 Teilen erschienenen Werkes, nach der Ausgabe 1912/1913. Königstein/Ts. 1981.
Valentin, Veit. Die 48er Demokratie und der Völkerbundgedanke. Berlin 1919.
Valentin, Veit. Deutsche Geschichte. München, Zürich 1960.

Valentin, Veit. Geschichte der deutschen Revolution 1848-1849. 2 Bde. 1930/31. Neudruck Köln, Berlin 1977.
Valentin, Veit. Weltgeschichte. Bd. 2. Amsterdam 1939. München, Zürich 1959.
Vent, Myron H. Otto von Corvin. An Appraisal of the Man and his Works. University of Maryland, 210f. College Park, Maryland 1950.
Vollmer, Franz X. (Hg.). Der Traum von der Freiheit. Vormärz und 48er Revolution in Süddeutschland in zeitgenössischen Bildern. Stuttgart 1983.
Vollmer, Franz X. Vormärz und Revolution 1848/49 in Baden. Strukturen, Dokumente, Fragestellung (Modelle zur Landesgeschichte). Frankfurt/M., Berlin, München 1979.
Voß, Wilhelm v. Der Feldzug in der Pfalz und in Baden im Jahre 1849. Berlin 1903.
Vossler, Otto. Die Revolution von 1848 in Deutschland. Frankfurt/M. 1967.
Walter, Friedrich. Geschichte Mannheims vom Übergang an Baden (1802) bis zur Gründung des Reiches. Mannheim 1907.
Weech, Friedrich v. Mathy, Karl M. In: Allgemeine Deutsche Biographie. Zwanzigster Band. Auf Veranlassung Seiner Majestät des Königs von Bayern hg. durch die historische Commission bei der Königl. Akademie der Wissenschaften. Leipzig 1884. S. 595-600.
Wende, P. Radikalismus im Vormärz. 1975.
Wermuth, Otto. Wir haben's gewagt. Die badisch-pfälzische Revolution 1849. Freiburg 1981.
Wiley, Bell J. The Common Soldier of the Civil War. Harrisburg, PA 17105, USA 1973.
Wittke, Carl Frederick. Against the Current. The Life of Karl Heinzen. University of Chicago Press. Chicago/Ill. 1945.
Wittke, Carl Frederick. Refugees of Revolution. The Fortyeighters in America. University of Pennsylvania Press. Philadelphia 1952.
Wittke, Carl Frederick. The Utopian Communist. A Biography of Wilhelm Weitling. Louisiana State University Press. Baton Rouge 1950.
Wollstein, Günter. 1848 - Streit um das Erbe. In: Neue politische Literatur 1975, S. 491-507. 1976, S. 89-106.
Zucker, Adolph Eduard (Hg.). The Forty-Eighters, Political Refugees of the German Revolution of 1848. Columbia University Press. New York 1950.

BIOGRAPHISCHE ANGABEN

Abt, Christian Gottlieb (1820-1869). Schriftsteller, Journalist. Floh nach der Teilnahme an der Revolution 1848/49 in die Schweiz und kehrte in den 50er Jahren nach Deutschland zurück. 1856-1861 Redakteur der Wochenschrift *Die Kritik* in Stuttgart.

Andlaw, Graf Heinrich Bernhard v. (1802-1871). Vertreter des Adels in der bad. Ersten Kammer. Anhänger der klerikal-konservativen Partei. Mehrfach Präsident der Generalversammlung der katholischen Vereine Deutschlands. Verfasser der Streitschrift *Der Umsturz in Baden* (Freiburg 1850).

Andlaw-Birseck, Konrad Karl Friedrich v., Reichsfreiherr (1766-1839). Regierungsrat und Diplomat, Hofrichter in Freiburg/Breisgau. Vater von Heinrich Bernhard v. Andlaw.

Anneke, Friedrich (1818-1872). Ehemaliger preußischer Offizier, 1846 wegen revolutionärer Tätigkeit aus der Armee entlassen. Mitglied des Bundes der Kommunisten in Köln. Redakteur der *Neuen Kölnischen Zeitung.* Offizier in der bad.-pfälz. Revolution von 1849. Oberst im amerikanischen Bürgerkrieg, an dem er auf seiten der Union teilnahm.

Arndt, Ernst Moritz (1769-1860). Schriftsteller und Historiker. In der Zeit der Befreiungskriege Dichter vieler vaterländischer Lieder. 1848 Mitglied der Frankfurter Nationalversammlung.

Arnoldi, Wilhelm (1798-1864). Bischof von Trier. Gab mit der Ausstellung des angeblichen Heiligen Rocks den Anstoß zur deutschkatholischen Bewegung.

Auerswald, Hans Adolf Erdmann v. (1792-1848). Generalmajor in Breslau, Gutsbesitzer. Konservativer Abgeordneter in der Paulskirchenversammlung. Während der Frankfurter Unruhen vom 18.9.1848 vom Volk ermordet.

Bakunin, Michail Alexandrowitsch (1814-1876). Schriftsteller, russischer Offizier adeliger Herkunft. Einer der Hauptvertreter des Anarchismus. Seit 1840 in Deutschland. Teilnahme am Dresdner Aufstand von 1849. Entschiedener Gegner von Karl Marx.

Bassermann, Friedrich Daniel (1811-1855). Verlagsbuchhändler, Abgeordneter der bad. Zweiten Kammer, enger Freund Karl Mathys. 1848 Mitglied der Frankfurter Nationalversammlung. Verleger der *Deutschen Zeitung.* Starb durch Selbstmord.

Friedrich Daniel
Bassermann

Johann Philipp
Becker

Beauregard, Pierre Gustave Toutant de (1818-1893). Südstaaten-General im amerikanischen Bürgerkrieg.
Bebel, August (1840-1913). Drechslermeister in Leipzig. Seit 1861 in der Arbeiterbewegung. Von Wilhelm Liebknecht für den Sozialismus gewonnen. 1869 Mitbegründer der Sozialdemokratischen Arbeiterpartei in Eisenach.
Becker, Johann Philipp (1809-1886). Ursprünglich Handwerker, später Journalist und auch militärischer Führer der Revolution. Wegen Teilnahme am Hambacher Fest verfolgt, seit 1837 im Schweizer Exil. 1847 aktive Beteiligung am Schweizer Sonderbundkrieg. 1849 Oberbefehlshaber der badischen Volkswehr.
Bekk, Johann Baptist (1797-1855). Badischer Jurist. 1837 Vizekanzler des Oberhofgerichtes in Mannheim, 1846 Staatsrat im Ministerium Nebenius, dann Minister des Innern bis Juni 1849. Seit 1831 Mitglied, 1842-45 Präsident der badischen Zweiten Kammer. Ab 1850 Hofgerichtspräsident in Bruchsal.
Bernays, Karl Ludwig (1815-1879). Journalist, 1843 Mitarbeiter der Mannheimer *Abendzeitung*, 1844 Redakteur des Pariser *Vorwärts!* Teilnehmer der Revolution von 1848/49. Wanderte danach in die USA aus.
Blanc, Jean-Joseph Louis (1811-1882). Journalist. Historiker. Früher Sozialist. Forderte die Fürsorge des Staates für den Vierten Stand und entwickelte die Idee von staatlich geförderten Genossenschaftsbetrieben. 1848 Mitglied der provisorischen Regierung. Nach Niederschlagung des Juniaufstandes Emigration nach London, wo Struve ihn kennenlernte.
Blenker, Ludwig (Louis) (1812-1863). Bayerisch-pfälzischer Offizier unter König Otto in Griechenland. Von 1837-1848 Weinhändler in Worms. 1848 Oberst der Bürgerwehr. Militärischer Revolutionsführer im bad.-pfälz. Aufstand von 1849. Emigrierte in die USA, wo er am Bürgerkrieg auf seiten der Union teilnahm. Stieg bis zum General auf, mußte nach der Schlacht bei Cross Keys 1862 sein Kommando niederlegen.
Blind, Karl (1826-1907). Revolutionärer Student, Journalist. Schrieb 1847 *Deutscher Hunger und deutsche Fürsten* und wurde deshalb verfolgt. 1848 Teilnahme am bad. Septemberaufstand, 1849 Bevollmächtigter der bad. prov. Regierung in Paris. Seit 1852 als Emigrant in London.
Blittersdorff, Friedrich Karl Landolin Frhr. v. (1792-1861). Diplomat seit 1813, 1820 bad. Gesandter beim Bundestag, 1835 bad. Staatsminister bis 1843, dann Gesandter beim Bundestag. 1848 zum Rücktritt gezwungen. Veröffentlichte *Einiges aus der Mappe des Freiherrn v. Blittersdorff* 1849.
Blum, Robert (1807-1848). Ursprüngl. Theaterdiener in Köln, dann Journalist in Leipzig. Herausgeber eines *Theaterlexikons*. Gründer und Vorstand der deutschkatholischen Gemeinde in Leipzig, 1845 Stadtverordneter. Profilierte sich durch polit. Schriften als Führer der radikaldemokratischen Opposition in Sachsen. Mitglied der Frankfurter Nationalversammlung. Als ihr Abgesandter am 9.11.1848 nach Niederschlagung der Revolution in Wien erschossen.
Boeckh, August (1785-1867). Klassischer Philologe. 1807 Prof. in Heidelberg, seit 1811 in Berlin. Führender Erforscher des Hellenismus. Sein Buch *Staatshaushalt der Athener* gilt bis heute

als Standardwerk. Bruder des bad. Finanzministers Christian Friedrich von Boeckh.

Boeckh, Christian Friedrich v. (1777-1855). Bad. Beamter, 1810 Finanzrat im Finanzministerium, von 1828-1844 Finanzminister. Danach bis 1846 Präsident des bad. Staatsministeriums. In den Adelsstand erhoben. Ehrenbürger der Stadt Mannheim. Da er 1846 pensioniert wurde, geriet er nicht in die Wirren der Revolution.

Böning, Georg (etwa 1785-1849). Ursprüngl. Uhrmacher aus Wiesbaden. Teilnehmer an den Freiheitskriegen 1813/14, 1815 Leutnant in der nassauischen Armee. 1820-25 Freiheitskämpfer in Griechenland. Organisierte 1849 in der bad.-pfälz. Revolution mit Hoff zusammen die Schweizer Arbeiterlegion.

Borkheim, Sigismund Ludwig (1825-1885). Journalist. Teilnehmer an der bad.-pfälz. Revolution von 1849. Emigrierte nach London.

Bornstedt, Adalbert v. (1808-1851). Ursprüngl. preuß. Offizier, seit 1847 Journalist und Mitglied des Bundes der Kommunisten. Schloß sich in Paris Georg Herwegh an und war einer der Führer von dessen Deutscher Legion. Teilnahme an der bad. Revolution von 1848 und 1849. Danach Emigration in die USA.

Brandenstein, Karl Ludwig Friedrich Joseph v. (1760-1847). Jurist, Regierungsbeamter. Geb. Württemberger. Verbrachte fast sein ganzes Leben im Dienste des Herzogs von Oldenburg. Von 1829-1842 dessen alleiniger Kabinettsminister.

Brentano, Lorenz Peter (1813-1891). Seit 1837 Rechtsanwalt in Mannheim. 1845 Abgeordneter der bad. Zweiten Kammer, dem radikalliberalen Kreis um Adam von Itzstein zugehörig. Mitglied des Frankfurter Nationalparlaments. Errang als Verteidiger Struves im Frühjahr 1849 große Popularität und wurde nach der Mairevolution zum Haupt der prov. Regierung in Baden. Emigrierte über die Schweiz in die USA, wo er 1860 Chefredakteur der *Illinois Stadtzeitung* wurde. 1872-76 amerikanischer Konsul in Dresden. Nach seiner Rückkehr in die USA Mitglied des amerik. Kongresses. Starb in Chicago.

Lorenz Peter Brentano

Brenz, Johann (1498-1570). Theologe, Reformator. Verfaßte 1527 noch vor Luther den ersten evang. Katechismus. Mußte im schmalkaldischen Krieg 1547 mehrmals vor den Spaniern fliehen.

Bruhn, Karl v. (1803-1869). Journalist. Mitglied des Kölner Bundes der Kommunisten. Teilnahme an der Revolution von 1848/49. Nach der Emigration in den 60er Jahren Redakteur in Hamburg.

Buchanan, James (1791-1868). Präsident der Vereinigten Staaten von 1857-61.

Buhl, Ludwig Heinrich Franz (1814-1881). Journalist. Mitglied des Fünfziger-Ausschusses. Teilnehmer der Revolution von 1848/49. Entschiedener Demokrat.

Buß, Franz Joseph v. (1803-1878). Theologieprofessor in Freiburg, Hofrat. 1837-39, 1846-48 und 1873-76 Abgeordneter der bad. Zweiten Kammer. Zunächst radikalliberal, dann Vertreter der katholisch-konservativen Richtung.

Cavaignac, Louis-Eugène (1802-1857). Französischer General, seit Mai 1848 Kriegsminister. Schlug den Juniaufstand in Paris mit großer Grausamkeit nieder.

Colloredo-Waldsee, Franz Reichsgraf v. (1799-1859). Österreichischer Diplomat, Präsident des Bundestags in Frankfurt.

Combe, George (1788-1858). Schottischer Schriftsteller, Philosoph, Phrenologe. Verfasser des Buches *The Constitution of Man, Considered in Relation to External Objects*, das die Phrenologie in der englischsprachigen Welt vorübergehend zu einer Modewissenschaft machte.

Cordel. Badischer Unteroffizier. Einer der Anführer der Meuterei von Rastatt (1849). Mitglied des Landesausschusses der badischen Volksvereine während der Mairevolution 1849.

Corvin, Otto von (1812-1886). Sohn eines ostpreußischen Junkers, preuß. Offizier. Schied 1830 aus der Armee aus. Radikalliberaler Journalist in Leipzig. Erfinder. 1848 in Paris, 1849 milit. Führer in der bad.-pfälz. Revolution. In Rastatt in Gefangenschaft geraten, zum Tode verurteilt, zu Haft begnadigt. Nach Entlassung Korrespondent im amerik. Bürgerkrieg. Verfasser zahlreicher Bücher mit meist antiklerikaler Tendenz.

Creuzer, Friedrich (1771-1858). Klassischer Philologe. Von 1807-1845 Professor in Heidelberg.

Culmann, August. Pfälzischer Abgeordneter der Frankfurter Nationalversammlung. Mitglied der pfälz. provisor. Regierung vom 17. Mai 1849.

Dahlmann, Friedrich Christoph (1785-1860). Historiker. Als Prof. 1836 einer der *Göttinger Sieben*. Abgeordneter der Frankfurter Nationalversammlung. Mitglied der erbkaiserlichen Partei.

Dante Alighieri (1265-1321). Größter Dichter Italiens. Politiker in seiner Heimatstadt Florenz. Mußte 1301 als antipäpstlicher weißer Guelfe aus Florenz fliehen und lebte bis zu seinem Tod in der Verbannung.

Davis, Jefferson (1808-1889). US-Senator (Miss.). Von 1853-57 Kriegsminister. Im Bürgerkrieg Präsident der Konföderation.

Maximilian Dortu

Dortu, Maximilian. Ehem. preuß. Auskultator und Landwehrunteroffizier. Beteiligte sich am Berliner Märzaufstand. Teilnehmer an der bad.-pfälz. Revolution von 1849. Mitglied im Club des entschiedenen Fortschritts. Von einem preuß. Kriegsgericht zum Tode verurteilt und erschossen.

Douglas, Stephen A. (1813-1861). US-Senator. Gegner Lincolns in den berühmten Illinois-Debatten. War 1860 Präsidentschaftskandidat der Demokraten. Starb am 3. Juni 1861, kurz vor der ersten großen Schlacht des von ihm mitverschuldeten amerik. Bürgerkriegs.

Dowiat. Deutschkatholik. Engster Mitarbeiter Ronges.

Eichfeld. Bad. Leutnant. 1849 Kriegsminister der prov. Regierung.

Eichhorn, Johann Albert Friedrich (1779-1856). Jurist, Prof. für Deutsches Privatrecht in Göttingen. 1810 Syndikus der neu errichteten Universität Berlin. 1840-1848 Preußischer Kultusminister. Entschiedener Gegner des Liberalismus.

Eimer, Theodor (1808-1887). Staatsanwalt. Klagte 1849 Gustav Struve vor dem Freiburger Hofgericht an.

Eisenmann, Gottfried (1795-1867). Arzt und Politiker. 1818 Mitgründer der Würzburger Burschenschaft. Mehrfach verhaftet. Redakteur des *Baierischen Volksblatts*. Wegen angebl. Hochverrats von 1832-1847 in strenger Kerkerhaft. Mitglied der

Frankfurter Nationalversammlung. Nach der Revolution vor allem Autor med. Schriften.

Eisenstuck, Bernhard (1806-1871). Fabrikant in Chemnitz. Gründete Handwerkervereine. In der Frankfurter Nationalversammlung Vorstand des volkswirtschaftlichen Ausschusses, zuletzt zweiter Vizepräsident. Organisierte 1849 die Erhebung der Pfalz, ging mit dem Rumpfparlament nach Stuttgart.

Eller, Elias (1813-1872). Rechtsanwalt in Mannheim. Abgeordneter der bad. Zweiten Kammer 1871-72.

Fazy, James (1794-1878). Schweizer Journalist und Politiker. Lebte lange in Paris. Gründete in Genf die *Revue de Genève*, das Organ der Radikalen. Trat bei der Revolution im Oktober 1846 an die Spitze der prov. Regierung. Präsident der Genfer Regierung mit diktatorischen Vollmachten von 1846-53 und 1855-1861. Wurde 1862 gestürzt und mußte nach Paris fliehen, wo er 1870 die Zeitung *La France nouvelle* herausgab. Kehrte 1871 nach Genf zurück und er starb dort in großer Armut.

Feder, Heinrich v. (1822-1887). Rechtsanwalt. 1848/49 Hofgerichtsadvokat in Bruchsal.

Fiala, Maximilian. 1848 Freiburger Studentenführer. Nahm am bad. Septemberaufstand teil.

Fickler, Josef (1808-1865). Publizist. Gründete 1832 das *Konstanzer Wochenblatt*, das von der Zensur ruiniert wurde. Dadurch radikalisiert. Seine seit 1836 erscheinenden *Seeblätter* waren zeitweise das führende Organ des bad. Vormärz. Forderte frühzeitig den bewaffneten Aufstand gegen die Monarchie. Seine Verhaftung durch Mathy im April 1848 löste den Aprilaufstand aus. In der bad. Revolution von 1849 gehörte er der radikalen Opposition gegen Brentano an. Mitglied der prov. Regierung. Im Juni 1849 in Stuttgart verhaftet und auf dem Hohenasperg gefangengehalten. Nach Freilassung Emigration über London in die USA. Starb kurz nach seiner Rückkehr nach Konstanz an Magenkrebs.

Josef Fickler

Freiligrath, Ferdinand (1810-1876). Revolutionsdichter, Mitglied des Bundes der Kommunisten. Nahm an der Revolution 1848/49 teil und emigrierte von 1851-1868 nach London.

Frémont, John C. (1813-1890). Offizier und Forschungsreisender. Unternahm in den 40er Jahren mehrere Expeditionen in den Westen der USA. Beteiligte sich an der Eroberung Kaliforniens. Im Bürgerkrieg anfangs Oberbefehlshaber der West-Armee der Union, danach Kommandeur im Shenandoah-Feldzug von 1862.

Freytag, Gustav (1816-1895). Schriftsteller. Studierte u.a. bei Hoffmann von Fallersleben deutsche Philologie mit dem Ziel Prof. für deutsche Literatur in Breslau zu werden. Schrieb zahlreiche Dramen, Novellen, Romane und kulturgeschichtliche Werke. Seit 1848 Redakteur des Leipziger *Grenzboten*, das unter seiner Leitung zu einem der einflußreichsten Blätter des deutschen Bürgertums wurde.

Fröbel, Julius (1805-1893). Publizist. Neffe und Schüler des bekannten Pädagogen Friedrich Fröbel. 1833 in Zürich, 1846 nach Dresden. Sozialtheoretiker. Zusammen mit Struve Redakteur der *Deutschen Volkszeitung*. 1848 Präsident des Kongresses der demokratischen Vereine. Mitglied der Frankfurter Nationalversammlung. Mit Blum in Wien, verhaftet, zum Tode verurteilt, vom Fürsten Windischgrätz begnadigt, aus Österreich verwiesen. *Briefe über die Wiener Oktoberrevolution.* 1849 Emigration nach Nordamerika, 1857 nach Europa zurück. Gründete 1867 die *Süddeutsche Presse* in München. 1873 Konsul des deutschen Reichs in Smyrna, dann in Algier.

Gall, Franz Joseph (1758-1828). Arzt, Vater der Phrenologie. Hielt 1796 aufsehenerregende Vorträge in Wien über die Anatomie des Gehirns, die wegen der *materialistischen Richtung* der Schädellehre verboten wurde. Durch Anfeindungen und Intrigen 1819 nach Paris vertrieben. Der Papst ließ Galls Schriften auf den Index der verbotenen Bücher setzen.

Gagern, Friedrich Frhr. v. (1794-1848). Offizier. Älterer Bruder des Präsidenten der Nationalversammlung Heinrich v. Gagern. Stieg in verschiedenen Militärdiensten in hohe Offiziersämter auf. Übernahm im April 1848 den Oberbefehl über die vereinigten badischen und Bundestruppen zur Niederschlagung des Heckerzugs. Fiel im Gefecht bei Kandern am 20.4.1848.

Gagern, Heinrich Wilhelm August Frhr. v. (1799-1880). Hessischer liberaler Politiker. 1848 Mitglied des Vorparlaments und Präsident der Frankfurter Nationalversammlung. Mit Mathy zusammen Führer des konstitutionellen Zentrums. Ministerpräsident von Hessen-Darmstadt. Teilnehmer der Versammlung in Gotha, Mitglied des sog. Unionsparlaments. Dezember 1848 bis März 1849 Präsident des Reichsministeriums.

Garibaldi, Giuseppe (1807-1882). Herausragender Führer der ital. Nationalbewegung. Unternahm 1860 den *Zug der Tausend* durch Sizilien.

Gentz, Friedrich v. (1764-1832). Zuerst im preuß., dann im österr. Staatsdienst. Vertrauter Metternichs. Wie dieser Verfechter einer konservativ-legitimistischen Politik.

Gervinus, Georg Gottfried (1805-1871). Historiker, Literaturhistoriker und Politiker. 1836 einer der *Göttinger Sieben.* Seit 1844 in Heidelberg. Gehörte 1848 dem rechten Zentrum der Frankfurter Nationalversammlung an.

Amand Goegg

Goegg, Amand (1820-1897). Politiker. Studium der Kameralwissenschaften in Heidelberg. Journalist. Schloß sich bei Ausbruch der Revolution 1848 den Radikalen an. Neben Brentano Führer des prov. Landesausschusses und Organisator eines umfassenden Netzes von Volksvereinen. Führend am dritten bad. Aufstand beteiligt. 1849 Flucht über die Schweiz nach Paris, nach Ausweisung aus Frankreich weiter nach London und Genf. Kehrte 1862 nach Baden zurück. Starb in seinem Heimatort Renchen im Schwarzwald.

Grant, Ulysses S. (1822-1885). Generalleutnant der Unions-Armee im amerik. Bürgerkrieg.

Greeley, Horace (1811-1872). Chefredakteur der *New York Tribune.* Radikaler Sklavereigegner. Verurteilte scharf Lincolns versöhnliche Haltung gegenüber dem Süden.

Grohe, Jean Pierre. Radikaler Journalist in Mannheim. Redakteur der dortigen *Abendzeitung.*

Groos, Karl. Heidelberger Buchhändler. Druckte und verlegte mehrere Bücher und Zeitschriften Struves.

Grün, Karl (Pseudonym von Ernst von der Haide) (1817-1887). Journalist. Gründet 1842 die radikalliberale Mannheimer *Abendzeitung*, die von der Zensur unterdrückt wurde. Ging 1844 nach

Paris und Belgien. Kehrte 1848 zurück, um an der Revolution teilzunehmen. Mitglied der preuß. Nationalversammlung. 1862-1865 Prof. an der Handels- und Gewerbeschule in Frankfurt/Main. Ließ sich 1868 in Wien nieder und machte sich als kulturhistor. Schriftsteller einen Namen.

Gutzkow, Karl Ferdinand (1811-1878). Schriftsteller und Dramatiker, führender Vertreter des Jungen Deutschland.

Hagen, Karl (1810-1868). Historiker, Politiker. Seit 1836 Privatdozent an der Universität Heidelberg. 1848/49 Mitglied der Frankfurter Nationalversammlung (linker Flügel). Seit 1855 Professor in Bern.

Hammer, Adam. Dr. med. Vorstand der Deutschkatholiken in Mannheim.

Hassenpflug, Hans Daniel Ludwig Friedrich (1794-1862). Politiker, Staatsbeamter. Anhänger des Absolutismus. Kurhessischer Justiz- und Innenminister (1832-1837), Ministerpräsident (1850-1855).

Häusser, Ludwig (1818-1867). Historiker, seit 1845 Professor in Heidelberg. Führte zeitweise die Redaktion der *Deutschen Zeitung* und gehörte zum Kreis um Karl Mathy. 1848 und 1860-1865 Abgeordneter der bad. Zweiten Kammer. 1850 Mitglied des Unionsparlaments. Wirkte seit 1850 durch seine Schriften nachhaltig auf die Diskriminierung der republikanischen Bewegung der Jahre 1848/49 im Sinne der Konstitutionellen ein.

Hauser, Kaspar (1812-1833). Findling. Tauchte 1828 in Nürnberg auf und konnte weder reden noch richtig gehen. Die Umstände seines Auftauchens und seines Todes waren Gegenstand vieler Spekulationen. Starb durch ein unaufgeklärtes Attentat.

Hebel, Johann (Jens) Peter (1760-1826). Gymnasiallehrer, Kirchenrat, Dichter. 1819 Prälat, 1821 theolog. Ehrendoktor von Heidelberg. Seine literar. Bedeutung beruht auf seinen alemannischen Gedichten (1803) und zahlreichen Anekdoten mit aufklärerisch-pädagogischer Tendenz (*Schatzkästlein des rheinischen Hausfreunds*, 1811). Einer der Lehrer Struves.

Hecker, Friedrich Karl Franz (1811-1881). Seit 1838 Obergerichtsadvokat in Mannheim. 1842-48 Abgeordneter der Zweiten Kammer. Neben Struve der führende politische Kopf des badischen Aprilaufstandes. Emigrierte im Sept. 1848 in die USA. Kehrt 1849 zurück, kam jedoch zu spät, um an der bad.-pfälz. Revolution noch teilzunehmen. Seit 1850 Farmer in Illinois/USA. Im amerikanischen Bürgerkrieg Oberst einer Brigade. Starb in St. Louis, wo noch heute ein Denkmal an ihn erinnert.

Karl Heinzen

Heinzen, Karl (1809-1880). Radikaler Publizist. Schon 1829 als Medizinstudent von der Bonner Universität relegiert. Dennoch 8 Jahre im rheinpreußischen Staatsdienst. Begann Mitte der 40er Jahre, radikale Schriften herauszugeben. Mußte deshalb nach Belgien fliehen. Nahm 1849 an der bad.-pfälz. Revolution teil und emigrierte danach über die Schweiz und England in die USA. Gründete dort den *Pionier*, dessen Spalten er fast allein füllte.

Hergenhahn, August (1804-1874). Nassauischer Liberaler und Märzminister in Wiesbaden.

Herwegh, Georg (1817-1875). Theologe, lyrischer Dichter. *Ge-*

dichte eines Lebendigen 1841, 2 Bd. 1844. 1842 Rundreise in Deutschland. Wegen eines Briefes an den König von Preußen ausgewiesen. Lebte als Emigrant in Paris, wo er mit Bakunin, Heine, Béranger und George Sand in Verbindung trat. Führte die Deutsche Legion aus Paris nach Baden. Flüchtete nach dem Gefecht bei Dossenbach 1849 nach Genf. 1861 Rückkehr nach Baden. Herwegh gehörte in späteren Jahren der sozialdemokratischen Arbeiterpartei an.

Hexamer, Karl W. Revolutionär, Mitglied des Neckarbundes. Emigrierte nach 1849 in die USA und nahm als Artillerieoffizier am amerik. Bürgerkrieg teil.

Hoff, Heinrich (ca. 1807-1860). Buchdrucker und Verleger in Mannheim. Mitglied des Vorparlaments. Teilnehmer an der ersten und dritten Revolution in Baden. Hauptmann der Mannheimer Bürgerwehr, Mitglied im Landesausschuß der Volksvereine. Emigrierte nach der Niederlage der Revolution von 1848/49 in die USA.

Hoffmann (v. Fallersleben), August Heinrich (1798-1874). Urspr. Prof. für dtsch. Sprache und Lit. in Breslau. Wegen seiner *Unpolitischen Lieder* 1842 seiner Professur enthoben. Seit 1848 wieder Professor und an verschiedenen Orten Preußens tätig. Verfasser des Deutschlandliedes.

Hüetlin, Karl (1806-1861). Studierte in Heidelberg 1824. 1831 Anwalt in Konstanz. 1832 beim Hambacher Fest, Bürgermeister von Konstanz 1832-49. Am 12. Juli 1849 abgesetzt, 2. Aug. verhaftet, 17. Aug. freigelassen. Legte sein Amt nieder und wurde Anwalt in Freiburg. Seit Jan. 1861 bis zu seinem Tod wieder Bürgermeister in Konstanz.

Hugo, Gustav (1764-1844). Jurist. Prof. in Göttingen. Vorläufer der histor. Rechtsschule und Begründer einer empiristischen Naturrechtslehre.

Johann Adam v. Itzstein

Itzstein, Johann Adam v. (1775-1855). Ursprüngl. Hofgerichtsrat in Mannheim. Von 1822-1847 Abgeordneter der bad. Zweiten Kammer und Führer der bad. Opposition. Betrieb die Zusammenführung der liberalen Kräfte aller deutschen Länder. Mitglied der Frankfurter Nationalversammlung. Der beliebteste Parlamentarier Badens. Zog sich 1849 auf sein Gut Hallgarten im Rheingau zurück, wo er hochbetagt starb.

Jackson, Thomas J. (1824-1863). Südstaaten-General im amerik. Bürgerkrieg. Trug seit der 1. Bull-Run-Schlacht den Beinamen *Stonewall*. Ursprüngl. Professor auf der Militärakademie West Point. Wurde nach einer beispiellosen Erfolgsserie als Heeresführer am 2. Mai 1863 versehentlich von den eigenen Leuten erschossen.

Jacoby, Johann (1805-1877). Arzt in Königsberg. Schrieb *Vier Fragen, beantwortet von einem Ostpreußen* (Mannheim 1841). Deshalb wegen Hochverrats angeklagt, 1843 freigesprochen. Für seine Schriften *Preußen im Jahr 1845*, *Das Königliche Wort Friedrich Wilhelms III.* wurde er zu 2 1/2 Jahren Kerker verurteilt. Mitglied des Vorparlaments, dann in der preuß. Zweiten Kammer. Für F. v. Raumer in der Frankfurter Nationalversammlung und im Rumpfparlament. Flüchtete 1849 in die Schweiz, wurde in Abwesenheit wegen Hochverrats angeklagt und freigesprochen. Schrieb nach seiner Rückkehr *Die Grundsätze der Demokratie* (Berlin 1859). 1863 im preuß. Abgeordnetenhaus, 1866 für Verweigerung des Budgets. 1870 von General Vogel v. Falckenstein verhaftet.

Jahn, Friedrich Ludwig (1778-1852). Begründer der Turnbewegung. 1848 Abgeordneter des rechten Flügels der Frankfurter Nationalversammlung.

Johann, Erzherzog v. Österreich (1782-1859). Feldmarschall. Wurde von der Frankfurter Nationalversammlung im Juni 1848 zum Reichsverweser bestellt.

Jordan, Sylvester (1792-1861). 1821 in Heidelberg, dann Marburg, schrieb *Selbstverteidigung in der wider ihn geführten Kriminaluntersuchung* (Mannheim 1844). Mitglied der Frankfurter Nationalversammlung.

Kaiser, Karl. Arzt und Literat aus Konstanz. Teilnehmer am Aprilaufstand 1848 in Baden.

Kapp, Friedrich (1824-1884). Historiker. Mitglied der bad. Zweiten Kammer und der Frankfurter Nationalversammlung. Teilnehmer der Revolution von 1848/49. Emigrierte nach Genf, wo er Privatsekretär Alexander Herzens wurde. Wanderte 1850 in die USA aus. Erfolgreicher Anwalt in New York.

Kärcher, Ernst Friedrich (1789-1855). Gymnasiallehrer, seit 1820 am Lyceum in Karlsruhe. Gehörte seit 1837 dem bad. Oberstudienrat an. Schuf u.a. ein etymologisches Wörterbuch der lat. Sprache. Einer der Lehrer Struves.

Gottfried Kinkel

Kinkel, Gottfried (1815-1882). Rheinpreußischer Dichter, Theologe, Kunsthistoriker, Prof. in Bonn. 1849 Teilnehmer an der Reichsverfassungskampagne und der bad.-pfälz. Revolution. In Rastatt eingeschlossen, gefangengenommen und zu lebenslängl. Haft verurteilt. Sein Schüler Carl Schurz befreite ihn 1850 in einer aufsehenerregenden Aktion aus dem Spandauer Gefängnis.

Kotzebue, August v. (1761-1819). Schriftsteller, Dramatiker. Ursprünglich Advokat. Brachte es in russischen Diensten zu hoher Stellung, Adel und Reichtum. Lebte seit 1795 ganz den Musen und wurde zu einem der erfolgreichsten deutschen Komödiendichter. War seit 1817 als russ. Kultur-Attaché und polit. Korrespondent tätig. Verspottete in seinem 1818 gegr. *Literarischen Wochenblatt* die liberalen Ideen und die nationale Begeisterung der deutschen Jugend. Galt als Polizeispitzel und Spion. Wurde von Karl Ludwig Sand ermordet.

Kuenzer, Dominikus (1793-1853). Kath. Theologe, Anhänger Wessenbergs, Stadtpfarrer und Dekan in Konstanz. Vorstand des 1838 in Schaffhausen gegründeten Vereins Geistlicher und Laien. Teilnehmer des bad. Aprilaufstandes. Mitglied der Frankfurter Nationalversammlung und des Rumpfparlaments. Emigrierte 1849 in die Schweiz.

Lamartine, Alphonse de (1790-1869). Romantischer Dichter (Mitglied der Académie française). 1848 für kurze Zeit Außenminister der prov. Regierung Ledru-Rollin.

Langsdorff. Student. Im April 1848 Führer der Freiburger Revolutionäre.

Laube, Heinrich (1806-1884). Urspr. Hauslehrer in Schlesien, dann Journalist. Machte 1833/34 die Leipziger *Zeitung für die elegante Welt* zu einem führenden Organ des *Jungen Deutschland*. Wurde als Romanautor zu einer Leitfigur der jungdeutschen Bewegung. Geriet wegen seiner wiederholten Schriften in

Haft. 1848 Abgeordneter der Frankfurter Nationalversammlung, deren wichtigster Chronist er wurde (*Das erste deutsche Parlament*, 3 Bde., 1849). Von 1849-1867 Direktor des Wiener Hofburgtheaters und Regisseur. Danach auf wechselnden Intendantenposten. Verfaßte zahlreiche Theaterstücke, Romane und theaterkritische Werke.

Ledru-Rollin, Alexandre-Auguste (1807-1874). Publizist und Politiker. Führer der französischen bürgerlichen Demokraten. Redakteur der Zeitung *La Réforme.* 1848 Innenminister der prov. Regierung. Emigrierte nach dem Juniaufstand 1849 nach England.

Lee, Robert E. (1807-1870). Bedeutendster Südstaaten-General im amerik. Bürgerkrieg.

Lerchenfeld-Köfering, Maximilian Josef Graf v. Bayerischer Diplomat. Zeitweise Gesandter am Frankfurter Bundestag.

Lichnowsky, Felix Ernst Fürst v. (1814-1848). Preußischer Offizier und Großgrundbesitzer. Konservativer Abgeordneter der Frankfurter Nationalversammlung. Während des Frankfurter Septemberaufstandes vom Volk getötet.

Liebknecht, Wilhelm (1826-1900). Revol. Student aus dem Kreis um Karl Blind. Als enger Parteigänger Struves Teilnehmer an allen drei bad. Revolutionen 1848/49. Emigrierte über die Schweiz nach England, wo er mit Marx und Engels in Verbindung trat. Kehrte 1862 nach Deutschland zurück. 1869 Mitbegründer der sozialdemokratischen Arbeiterpartei.

Lincoln, Abraham (1809-1865). Republ. US-Präsident von 1860-1865. Fiel am 14.4.1865 einem Pistolenattentat zum Opfer.

List, Friedrich (1789-1846). Volkswirtschaftler. Prof. in Tübingen. Mußte 1820 seine Professur aus politischen Gründen niederlegen. Abgeordneter der württ. Zweiten Kammer. 1822 wg. staatsfeindl. Aufreizung zu Festungshaft verurteilt. Auswanderung in die USA. Rückkehr 1830 als amerik. Konsul. Setzte sich für die Schaffung eines Eisenbahnnetzes und einer dtsch. Zollunion ein.

Karl Friedrich
Wilhelm Mathy

Litschgi, Franz Xaver (1799-1855). Präsident des Freiburger Hofgerichts.

Löwenfels M.W. Ehem. preuß. Offizier. Mitglied von Herweghs Deutscher Legion. Teilnehmer an allen drei bad. Revolutionen. Schrieb 1848 die erste Biographie Struves.

Louis Napoléon Bonaparte (1808-1873). 1848 bis 1852 Präsident der Zweiten Republik. Kaiser von 1852-1870.

Louis Philippe, Herzog von Orléans (1773-1850). Von 1830 bis zur Februarrevolution französischer König, dankte am 24. Februar 1848 unter dem Druck der Pariser Volkserhebung ab.

Marx, Karl Heinrich (1818-1883). Journalist, Sozialist. 1842/43 Redakteur der *Rheinischen Zeitung.* Emigrierte nach Paris (1843), Brüssel (1847) und London (1849). Verfaßte gemeinsam mit Engels das *Kommunistische Manifest* (1848). Begründer des Marxismus.

Mathy, Karl Friedrich Wilhelm (1807-1868). Studierte Kameralia in Heidelberg. Mitglied der Burschenschaft, Philhellene, Finanzpraktikant bis 1834. Schrieb über *Einkommensteuer*, redigierte den *Zeitgeist.* Emigrierte 1835 in die Schweiz. 1836 Lehrer in Grenchen. 1840 Rückkehr nach Baden, 1842-1850 Abgeordneter in der bad. Zweiten Kammer für Konstanz. Begründete

1846 *Die Rundschau* und 1847 gemeinsam mit anderen konstitutionellen Liberalen die *Deutsche Zeitung*. Staatsrat, Unterstaatssekretär der Finanzen im Reichsministerium bis 20. Mai 1849, Abgeordneter im sog. Unionsparlament. Am 3. Juni 1849 aus dem bad. Staatsdienst entlassen. 1855 Eintritt in die Diskontogesellschaft in Berlin, 1858 Direktor der Gothaer Bank, 1860 der Allgem. Deutschen Kreditanstalt in Leipzig. 1862 zurückberufen in den bad. Staatsdienst als Direktor der Hofdomänenkammer. Abgeordneter 1862-68. 1864 Präsident des Handelsministeriums.

McClellan, George B. (1826-1885). Generalmajor der Unionsarmee im amerik. Bürgerkrieg. 1864 Präsidentschaftskandidat der Demokraten.

McDowell, Irvin (1818-1885). Generalmajor der Unionsarmee im amerik. Bürgerkrieg.

Mazzini, Giuseppe (1805-1872). Ital. Revolutionär. 1849 Chef der prov. Regierung der Röm. Republik. Seit 1850 im Exil. Mitbegründer des Zentralausschusses Europäischer Demokraten in London.

Metternich, Clemens Wenzel Nepomuk Lothar, Fürst v. M.-Winneburg (1773-1859). Österreichischer Staatsmann und Diplomat. 1809-1921 Außenminister. 1821-1848 Staatskanzler. Gegner Napoleon I. Maßgeblich am Wiener Kongreß beteiligt und einer der Organisatoren der Heiligen Allianz. Zentralfigur einer restaurativen Politik in Europa mit dem Ziel, die monarchistische Legitimität zu erhalten und die freiheitlichen Bewegungen zu unterdrücken. Gestürzt durch die Revolution 1848. Flucht nach England. Rückkehr 1851.

Metternich, Germain. Radikaler Student und Revolutionär. Parteigänger Struves.

Mez, Karl Christian (1808-1883). Nähseidenfabrikant. Liberaler bad. Abgeordneter der bad. Zweiten Kammer 1843-47. Mitglied der Frankfurter Nationalversammlung.

Michel, Peter (ca. 1826-1849). Revol. Student. Mitglied des Neckarbundes. Nahm an allen drei bad. Revolutionen teil und fiel 1849 beim Verteidigungskampf Badens gegen das preuß. Militär.

Mieroslawski, Ludwik (1814-1878). Französisch-polnischer Revolutionär, Historiker und Militärspezialist. Teilnehmer an den polnischen Erhebungen von 1830/31 und 1846. 1848 militärischer Führer des Aufstandes in Posen und der Revolution in Sizilien. 1849 Oberbefehlshaber der bad.-pfälz. Revolutionsarmee. 1863/64 Diktator der prov. polnischen Nationalregierung. Emigrierte nach der Niederschlagung des Dritten Polnischen Aufstandes nach Paris.

Theodor Mögling

Mittermaier, Karl Joseph Anton (1787-1867). Jurist. Prof. an der Universität Landshut, 1819 in Bonn, 1821 in Heidelberg. 1846 bei der Germanistenversammlung in Frankfurt, 1847 in Lübeck. Bad. Abgeordneter 1831-39, 1846-47. Präsident der bad. Zweiten Kammer, Leiter des Vorparlaments, Mitglied der Frankfurter Nationalversammlung. Akad. Lehrer Struves.

Mögling, Theodor (1814-1867). Ursprüngl. Medizinstudent und Burschenschaftler. Wegen Teilnahme an polit. Unruhen 1836 von der Universität Tübingen verwiesen und zu Festungshaft verurteilt. Teilnehmer der Revolution 1848/49 als entschiedener

Republikaner. Wurde 1849 von den Preußen gefangengenommen und entkam nur knapp der Hinrichtung. Emigrierte 1856 in die Schweiz, kehrte jedoch Anfang der 60er Jahre nach Württemberg zurück. Verbrachte seinen Lebensabend als Landwirt.

Mördes, Florian. Rechtspraktikant in Mannheim. Nahm als gemäßigter Liberaler an der Revolution von 1848/49 teil. Gehörte zum engeren Kreis um Lorenz Brentano.

Nebenius, Karl Friedrich (1785-1857). Wiederholt bad. Minister des Innern, Nationalökonom. Schöpfer der liberalen bad. Verfassung von 1818. Hauptinitiator der Eisenbahnlinie Mannheim-Basel.

Neff, Friedrich (1821-1849). Sohn eines südbadischen Weingutsbesitzers. Aufgewachsen im Haus des berühmten Pädagogen Heinrich Zschokke in der Schweiz. Studierte in Heidelberg Rechtswissenschaft und Philosophie. Mitglied des Neckarbundes. Teilnahme an allen drei badischen Revolutionen. Parteigänger Struves. Wurde 1849 beim Versuch, bei Breisach in die Schweiz zu fliehen, verhaftet und von einem preuß. Kriegsgericht zum Tode verurteilt und erschossen.

Nesselrode, Karl Robert Graf v. (1780-1862). Von 1844-1856 russischer Staatskanzler.

Peter, Joseph Ignaz (1789-1872). Obervogt von Heidelberg. Radikalliberaler Abgeordneter der bad. Zweiten Kammer 1845-1849. 1848 Regierungsdirektor in Konstanz. Mitglied des Vorparlaments. Im April 1848 von Hecker zum Statthalter der Republik im Bodenseekreis ernannt. Mitglied der Frankfurter Nationalversammlung.

Raumer, Friedrich v. (1781-1873). Historiker und Publizist. 1848 Mitglied der Frankfurter Nationalversammlung, Reichsgesandter in Paris.

Franz Raveaux

Raveaux, Franz (1810-1851). Tabakhändler in Köln. Bürgerlicher Demokrat. 1848 Mitglied des Vorparlaments und der Frankfurter Nationalversammlung. Vertreter des linken Zentrums. 1849 Mitglied der prov. Reichsregentschaft und der bad. prov. Regierung.

Reinhard, Ludwig Graf v. Württembergischer Diplomat. Zeitweise Gesandter am Frankfurter Bundestag.

Rettig, Friedrich Christian (1781-1859). 1825 Stadtdirektor in Freiburg, 1845 Ministerialdirektor, 1846 Direktor der Regierung des Mittelrheinkreises bis 1858. Seit 1831 konservativer Abgeordneter der bad. Zweiten Kammer.

Riegel, Joseph. Amtmann in Kenzingen, von 1835-1848 Stadtdirektor von Mannheim.

Riesser, Gabriel (1806-1863). Publizist. Studierte Rechtswissenschaft, konnte als Jude jedoch weder eine Anstellung noch ein Lehramt erhalten. Widmete sich dem Kampf der bürgerlichen Gleichstellung der Juden. 1848/49 Mitglied der Frankfurter Nationalversammlung und der Kaiserdeputation. 1859 Obergerichtsrat in Hamburg, 1860 Vizepräsident der Hamburger Bürgerschaft.

Römer, Friedrich (1794-1864). 1814 Soldat, 1819 Auditor in Stuttgart. 1830 Kriegsrat, Abgeordneter der bad. Zweiten Kammer. Wegen Urlaubsverweigerung 1833 Advokat, verzichtete 1833 auf Wiederwahl. 1838 erneut Abgeordneter. Galt als radikaler Demokrat, schlug aber nach Ausbruch der Revolution

1848 eine gemäßigte Richtung ein. Wurde württ. März-Minister. Mitglied des Vorparlaments und der Frankfurter Nationalversammlung. Gab 1849 als Regierungschef Württembergs den Befehl zur Verhaftung Ficklers und zur Sprengung des Rumpfparlaments. Seit 1851 Präsident der Zweiten Kammer in Stuttgart.

Ronge, Johannes (1813-1887). 1841 Kaplan in Grottkau. Schrieb 1842 *Rom und das Breslauer Domkapitel* und wurde daraufhin abgesetzt. Wandte sich am 1. Okt. 1844 in einem offenen Brief an Bischof Arnoldi von Trier wegen der Ausstellung des sog. Heiligen Rockes. Wurde dadurch Gründer der deutschkatholischen Gemeinden 1845. 1848 im Vorparlament. Flüchtete 1849 nach London wegen eines offenen Briefes an König Friedrich Wilhelm IV. Kehrte 1861 nach Deutschland zurück.

Rotteck, Karl Wenzeslaus Radecker v. (1775-1840). Historiker, Staatswissenschaftler. Prof. in Freiburg. Liberaler Abgeordneter der bad. Zweiten Kammer von 1831 bis zu seinem Tode. Verfasser zahlreicher populärer Schriften. Gab gemeinsam mit Welcker das *Staatslexikon* heraus, zu dem u.a. Mathy und Struve Beiträge lieferten.

Rotteck, Karl v. (1812-1862). Advokat in Freiburg, Republikaner. Formulierte die *Offenburger Forderungen* vom 13. Mai 1849. Unter der prov. Regierung Stadtdirektor in Freiburg. Emigrierte in die Schweiz. Kehrte nach seiner Amnestierung 1856 zurück.

Rousseau, Jean-Jacques (1712-1778). Französischer Staatstheoretiker.

Ruge, Arnold (1803-1880). Publizist. Gründete 1838 die *Deutschen Jahrbücher für deutsche Wissenschaft und Kunst*, die zu einem Sammelpunkt der vorrevolutionären Intelligenz wurden. 1848 Mitglied der Frankfurter Nationalversammlung. Emigrierte nach London. Bekannte sich nach 1866 zu Bismarck.

Arnold Ruge

Saint-Simon, Claude Henry de Rouvroy Graf v. (1760-1825). Französischer utopischer Sozialist.

Sand, Karl Ludwig (1795-1820). Student. Mitglied der Jenaer Burschenschaft, Teilnehmer am Wartburgfest von 1812. Gehörte zum Kreis um den radikalen Prof. Karl Follen. Ermordete am 23.3.1819 August von Kotzebue. Wurde im Mai 1820 zum Tode verurteilt und enthauptet.

Savigny, Friedrich Carl von (1779-1861). Berühmter deutscher Jurist, Begründer der sog. Historischen Rechtsschule. Nachfolger Fichtes als Rektor der Berliner Universität (1812). 1842-1848 preuß. Minister für Gesetzgebungsrevision. Am 19.3.1848 zum Rücktritt gezwungen.

Schaaff, Friedrich Theodor (1792-1876). 1813-15 Freiwilliger Offizier, 1819 Assessor in Lahr, 1827 Stadtdirektor in Freiburg. Konservativ-klerikaler Abgeordneter 1831-66. 1844 Direktor des Unterrheinkreises in Mannheim. 1848 noch im Vorparlament, doch danach zwangsweise in Ruhestand versetzt. 27. Juni 1849 Generalkommissär beim Prinzen von Preußen. 1850 Direktor des Oberrheinkreises, 1864 Mitglied des Ministeriums des Innern. Trat 1864 in den Ruhestand.

Schimmelpennig, Reinhart (auch Schimmelpenninck). Ehemaliger preuß. Offizier. Mitglied von Herweghs Deutscher Legion. Fiel 1848 im Gefecht bei Niederdossenbach.

Schimmelpfennig, Alexander v. (auch Schimmelfennig) (1824-1865). Ehemaliger preuß. Offizier. 1849 Teilnehmer an der Revolution in Kiel. Emigrierte über London in die USA. Nahm auf seiten der Union am amerik. Bürgerkrieg teil und stieg bis zum Divisionsgeneral auf. Zeichnete sich besonders in der 2. Schlacht am Bull Run aus.

Schlöffel, Friedrich Wilhelm, genannt der Ältere. Besitzer einer Maschinenpapiermanufaktur im schlesischen Hirschberg. Beschäftigte sich 1847 auf Veranlassung Bettina v. Arnims mit der Lage der schlesischen Weber und wurde dadurch zum Revolutionär. 1848/49 Mitglied der Frankfurter Nationalversammlung.

Schlöffel, Gustav Adolf (ca. 1828-1849). Student. Nach der Berliner Märzrevolution Herausgeber des preuß. *Volksfreunds*. 1849 Teilnehmer an der Revolution in Ungarn und in Baden. Fiel am 21.6.1849 bei Waghäusel.

Schnauffer, Karl Heinrich (1823-1854). Freiheitsdichter. Enger Mitarbeiter Struves beim Mannheimer *Journal.* Teilnehmer an allen drei bad. Revolutionen. Emigrierte über London in die USA. Seit 1851 Redakteur des *Wecker* in Baltimore.

Schurz, Carl (1829-1906). Geriet als Student unter Kinkels Einfluß in die Revolution von 1849. Entkam aus der Festung Rastatt und befreite später Kinkel aus dem Gefängnis. Emigrierte in die USA, wo er als Wahlhelfer Lincolns politische Karriere machte. Im amerik. Bürgerkrieg verlieh ihm Lincoln ein Generalspatent.

Scott, Winfried (1786-1866). Amerikanischer General. 1841-1861 Oberbefehlshaber der US-Armee. Unter Lincoln anfangs Kriegsminister. Wurde abgelöst, weil er sich zu Beginn des amerik. Bürgerkriegs nicht zur Offensive drängen ließ.

Seward, William H. (1801-1872). US-Senator. Entschiedener Sklavereigegner. Unterlag Lincoln bei der Nominierung zur Präsidentschaftskandidatur 1860. 1861-1869 Staatssekretär. Überlebte Attentat vom 14.4.1865.

Siebenpfeiffer, Philipp Jakob (1789-1845). Journalist. Mitinitiator des Hambacher Festes.

Franz Sigel

Sigel, Franz (1824-1884). Ursprüngl. bad. Offizier. 1847 verabschiedet, studierte Jura. 1848 am Aufstand beteiligt, 1849 Kommandant der Truppen des Oberrhein- und Seekreises, dann Oberkommandant der Truppen am Neckar, zeitweise Kriegsminister, Mitglied der prov. Regierung, Generaladjudant Mieroslawskis, Obergeneral der bad.-pfälz. Truppen. Emigrierte in die Schweiz. 1850 ausgewiesen, ging er nach London und 1852 nach Nordamerika. Zeichnete sich im amerik. Bürgerkrieg aus und wurde General der Union. Nach dem Sezessionskrieg Chefredakteur des *Baltimore Wecker.* Starb in St. Louis, USA.

Soiron, Alexander v. (1806-1855). Advokat und Politiker. 1834 Oberhofgerichtsadvokat in Mannheim. 1845 von Lahr in die Zweite Kammer gewählt. Vorsitzender des Fünfziger-Ausschusses. 1848 für Heidelberg in der Frankfurter Nationalversammlung. Vorsitzender des Verfassungsausschusses. 1850 für Mannheim im sog. Unionsparlament.

Spatz, Carl Alexander. Advokat aus Frankenthal. 1848 Mitglied des Fünfziger-Ausschusses des Vorparlaments und der Frankfurter Nationalversammlung.

Spurzheim, Johann Gaspar (1776-1832). Arzt, Phrenologe. Mitarbeiter Franz Joseph Galls.
Stanton, Edwin McMasters (1814-1869). US-Generalstaatsanwalt 1860/61. Kriegsminister von Januar 1862 bis Mai 1868.
Stein, Reichsfreiherr vom und zum (1757-1831). Jurist und preuß. Staatsbeamter. Gegner des Absolutismus, Schöpfer der nach ihm benannten preuß. Reformen von 1808. Von 1812-1816 Berater des Zaren Alexander I.
Stephanie Louise Adrienne (geb. Beauharnais) (1789-1860). Seit 1811 Großherzogin von Baden. Verwandte Napoleons.
Streuber, Valentin. Wagmeister in Mannheim und Haupt der sog. Mehlhändlerpartei. Bürgerwehrhauptmann und Republikaner. Wurde 1849 standrechtlich erschossen.
Stromeyer, Franz (1804-1848). Journalist. Gründete 1832 in Mannheim den *Wächter am Rhein* bei dem auch Jakob Venedey und Karl Mathy mitarbeiteten. Bruder der Frau Karl Mathys.
Sumner, Charles (1811-1874). US-Senator (Mass.) 1851-74. Entschiedener Sklavereigegner und Führer der radikalen Republikaner.
Sybel, Heinrich v. (1817-1895). Historiker. Prof. in Bonn (1844 und 1861), Marburg (1846) und München (1856). Begründer der *Historischen Zeitschrift*.
Thibaut, Anton Friedrich Justus (1772-1840). Jurist. Professor für röm. Recht in Kiel, Jena und (seit 1806) in Heidelberg. Akad. Lehrer Struves.
Tiedemann, Gustav Nikolaus. Offizier. 1849 Rev. Kommandeur der Festung Rastatt.
Trützschler, Wilhelm Adolph v. (1818-1849). Appellationsgerichtsassessor in Dresden. 1848/49 Mitglied der Frankfurter Nationalversammlung. Einer der Führer des Zentralen Märzvereins. Nahm als Abgesandter des Frankfurter Parlaments an den Sitzungen des Landesausschusses teil und schloß sich der bad.-pfälz. Revolution an. Wurde deshalb von preußischem Militär standrechtlich erschossen.

Wilhelm Adolph v. Trützschler

Tschech, Heinrich Ludwig (1789-1844). Bürgermeister in Storkow bei Berlin. Verübte am 27.7.1844 ein Attentat auf Friedrich Wilhelm IV., das ohne ernsthafte Folgen blieb. Wurde enthauptet.
Tzschirner, Samuel Erdmann (ca. 1812-1870). Sächsischer Advokat. Abgeordneter des Landtags in Dresden. 1849 einer der Anführer des sächs. Maiaufstandes. Danach Beteiligung an der bad.-pfälz. Revolution. Emigrierte nach Genf und von dort nach London.
Uhland, Ludwig (1787-1862). Schwäbischer Dichter, Abgeordneter der Frankfurter Nationalversammlung.
Uria-Sarachaga, Mariano von (geb.1813). Eigentlich Mariano de Sarachaga y Uria. Gebürtiger Spanier. Jurist und Staatsbeamter. Amtmann in Freiburg. Nach seiner Verabschiedung als Mannheimer Zensor 1846 Stadtdirektor in Freiburg.
Venedey, Jakob (1805-1871). Schriftsteller. Abgeordneter des linken Flügels der Frankfurter Nationalversammlung.
Voß, Johann Heinrich (1751-1826). Prof. für Philologie in Heidelberg.
Wänker, Otto von (1808-1885). 1848/49 Staatsanwaltssubstitut beim Freiburger Hofgericht.

Karl Theodor Welcker

Weishaar. Wirt des Gasthofs Post in Lottstetten. Einer der Führer des bad. Aprilaufstandes 1848.

Weitling, Wilhelm (1808-1871). Geboren als unehelicher Sohn eines Magdeburger Dienstmädchens. Schneidergeselle. Entwikkelte unter dem Einfluß von Saint-Simon, Fourier und Cabet eine radikale Soziallehre, zehn Jahre bevor Marx bekannt wurde. Von diesem bekämpft und verdrängt, emigrierte er 1846 nach New York. Gab 1854 überraschend seine Weltverbesserungspläne auf und glaubte, als Amateurastronom die Kraft entdeckt zu haben, die das Weltall zusammenhält.

Welcker, Karl Theodor (1790-1869). Prof. der Rechte an der Universität Freiburg. Seit 1831 Abgeordneter in der bad. Zweiten Kammer. Neben Rotteck und von Itzstein die herausragende Gestalt des bad. Liberalismus. Gab mit Rotteck das *Staatslexikon* heraus, für das u.a. Struve und Mathy Beiträge lieferten. 1848 vertrat Welcker überraschend eine sehr gemäßigte Richtung, und ging sogar als bad. Gesandter zu dem von ihm jahrzehntelang bekämpften Deutschen Bundestag. Mitglied der Frankfurter Nationalversammlung.

Werner. Rechtsanwalt aus Oberkirch. Gehörte im Frankfurter Parlament zum linken Flügel. 1849 Mitglied des Landesausschusses der Volksvereine in Baden. Zeitweise Angehöriger der prov. Regierung.

Wesendonck, Hugo. Düsseldorfer Rechtsanwalt. 1848 Mitglied des linken Flügels der Frankfurter Nationalversammlung.

Weydemeyer, Joseph (1818-1866). Bis 1845 preuß. Artillerieleutnant. Teilnehmer an der Revolution 1848/49 in Deutschland. Zusammenarbeit mit Marx und Engels in London. 1851 Emigration in die USA. Im amerik. Bürgerkrieg Oberst in der Unionsarmee.

Willich, August (1810-1878). Ursprüngl. preußischer Premierleutnant. Verließ wegen seiner politischen Überzeugung das Militär. Mitglied des Bundes der Kommunisten. 1849 Führer der Freikorps in der bad.-pfälz. Revolution. Emigrierte in die USA. Nahm als General der Unionsarmee am Bürgerkrieg teil.

Windischgrätz, Alfred Fürst zu (1787-1862). Österreichischer Feldmarschall. Leitete die Niederschlagung des Prager Juniaufstandes, des Wiener Oktoberaufstandes und die Niederwerfung der revolutionären Ungarn.

Winter, Christian Friedrich (1773-1858). Heidelberger Verlagsbuchhändler.

Winter, Jonathan (1811-1886). Seit 1848 Staatsanwaltssubstitut am Freiburger Hofgericht.

Winter, Ludwig Georg (1778-1839). Badischer Staatsminister. Arbeitete zeitweise mit der liberalen Landtagsopposition Badens zusammen und galt als verfassungstreu und unabhängig.

Wirth, Johann Georg August (1798-1848). Nach der Julirevolution von 1830 einer der Wortführer der deutschen Republikaner. Gab 1831/32 die *Deutsche Tribühne* heraus und war die treibende Kraft bei der Veranstaltung des Hambacher Festes 1832. Danach Verfolgung und mehrjährige Gefängnisstrafe. Von 1836-1847 im Exil in Frankreich und der Schweiz. Gehörte noch der Frankfurter Nationalversammlung an.

Wittgenstein, Wilhelm Ludwig Georg Graf (Fürst) zu Sayn-Wittgenstein-Hohenstein (1770-1851). Preußischer Minister.

Wrangel, Friedrich Heinrich Ernst Graf v. (1784-1877). Preußischer Generalfeldmarschall. 1848 Oberbefehlshaber der Bundestruppen in Schleswig-Holstein. Leitete am 10. November 1848 den Einsatz preuß. Truppen in Berlin ein und ließ den Sitzungssaal der preuß. Nationalversammlung besetzen.
Würth, Joseph v. Advokat. Mitglied der Frankfurter Nationalversammlung.
Zachariä, Heinrich Albert (1806-1875). Jurist, Staatsrechtslehrer in Göttingen. 1848/49 Mitglied der Frankfurter Nationalversammlung und der Kaiserdeputation.
Zitz, Franz Heinrich (1803-1877). Mainzer Weinhändler. Mitglied des Vorparlaments und der Frankfurter Nationalversammlung. Bildete mit Ludwig Simon und dem älteren Schlöffel ein radikales Trio. Oberst der Mainzer Bürgergarde. Nach der Niederschlagung der Revolution Emigration nach Nordamerika. Notar in New York. Kehrte erst in den 70er Jahren zurück und starb in München. Seine Frau Kathinka war eine bedeutende Schriftstellerin.

Franz Heinrich Zitz

KGR. DÄNEMAR
HZM. SCHLESWIG
Nordsee
HZM. HOLSTEIN
HAMBURG
Elbe
KGR. DER VEREINIGTEN NIEDERLANDE
KGR. NIEDER- LANDE
GHZM. OLDEN- BURG
Oldenburg
BREMEN
KGR. HANNOVER
Hannover
Maas
Westfalen
Rheinprovinz
Rhein
KGR. P
Köln
KFSM. HESSEN
Gotha
THÜRINGISC
STAATEN
Giessen
KGR. BELGIEN
GHZM. LUXEMBG.
Wiesbaden
Frankfurt
Hanau
Mainz
Bingen
Darmstadt
Kirchheimbolanden
Heppenheim
Hemsbach
Worms
Würzburg
Bamberg
Frankenthal
Mannheim
Fürth
Kaiserslautern
Speyer
Heidelberg
Nürnb
Germersheim
Waghäusel
Landau
Bruchsal
Gaildorf
Metz
Karlsruhe
Eppingen
Ettlingen
Durlach
Rastatt
Calw
KGR. WÜRTTEM- BERG
Baden-Baden
Stuttgart
FRANKREICH
Achern
Gernsbach
Renchen
Tübingen
Donau
Offenburg
GHZM. BADEN
BAYEF
Wolfahrtsweiler
Mün
Kembs
Bodensee
Biel
SCHWEIZ
Tirol